Nach dem Wirtschaftswunder

Nach dem Wirtschaftswunder

Der Gewerkschafter, Politiker und Unternehmer
Hans Matthöfer

von
Werner Abelshauser

Bibliographische Information der Deutschen Bibliothek

Die Deutsche Bibliothek verzeichnet diese Publikation in der
Deutschen Nationalbibliographie; detaillierte bibliographische
Daten sind im Internet über *http://dnb.ddb.de* abrufbar.

978-3-8012-4171-1

Besuchen Sie uns im Internet: *www.dietz-verlag.de*

Inhalt

Einleitung: Ein biographisches Modell

Als mich Dieter Dowe vor Jahren auf den umfangreichen »Vorlass« Hans Matthöfers im Archiv der sozialen Demokratie der Friedrich-Ebert-Stiftung aufmerksam machte, hatte er wohl von Anfang an den Hintergedanken, mich für die Biographie des sozialdemokratischen Politikers zu interessieren. Je tiefer ich mich später im Bad Godesberger Archivkeller in das nur grob verzeichnete und noch weitgehend ungeordnete Matthöfersche Depositum einlas, desto mehr wuchs in mir die Überzeugung, mich auf ein lohnendes intellektuelles Abenteuer einzulassen. Zum einen waren mir die für einen Politiker erstaunlich hohe fachliche Kompetenz auf so vielen und wichtigen Gebieten und die ernsthaften gesellschaftspolitischen Ambitionen Matthöfers – auch seine an Sturheit grenzende Geradlinigkeit in der Führung zahlreicher öffentlicher Ämter – noch nach einem Vierteljahrhundert gut in Erinnerung. Dies ist umso bemerkenswerter, als er sich der politischen Talkshow-Kultur entzog,[1] die von nicht wenigen seiner politischen Peers gerade im Ruhestand systematisch zur Konstruktion der eigenen Biographie genutzt wird. In der Forschung bin ich ihm dagegen umso häufiger begegnet. Es ist fast unmöglich, sich mit den großen wirtschaftlichen und politischen Fragen der westdeutschen Nachkriegsgeschichte auseinanderzusetzen, ohne auf seine Spuren zu stoßen. Der 1925 in Bochum geborene katholische Arbeitersohn war Volksschüler, Lehrling, Soldat, Schwarzhändler, Sprachlehrer, Studentenführer, Publizist, Wirtschafts- und Automationsexperte, Diplomat, Leiter der Bildungsabteilung der IG-Metall, Bundestagsabgeordneter, Kämpfer gegen die Franco-Diktatur, Parlamentarischer Staatssekretär beim Bundesminister für wirtschaftliche Zusammenarbeit, Forschungsminister, Finanzminister, Postminister, Schatzmeister der SPD, Chef der Gewerkschaftsholding BGAG, vielfacher Aufsichtsrat und internationaler Wirtschaftsberater, kurz, ein zentraler Protagonist der westdeutschen Politik, Wirtschaft und Gesellschaft.

Mich faszinierte aber auch die einmalige Gelegenheit, mit der Sonde biographischer Forschung tief in jenen Bereich der wirtschaftlichen und politischen Nachkriegsgeschichte der Bundesrepublik Deutschland einzudringen, den Historiker noch nicht von den engen zeitlichen Fesseln politikwissenschaftlicher und zeitgeschichtlicher Analyse befreit haben. Matthöfers Hochphase als Politiker liegt nämlich in einem neuen, zusammenhängenden Abschnitt der westdeutschen Wirtschaftsgeschichte, der nach dem Ende der langen fünfziger Jahre, nach der Ära Adenauer und der wirtschaftlichen Rekonstruktion einsetzte und dabei wesentlich von der politischen Kultur des demokratischen Sozialismus und der Arbeiterbewegung geprägt war. Ich war überzeugt, es lohne sich, die politische Dynamik dieses

---

1 Eine Ausnahme bestätigt die Regel. Am 19. Februar 1982 nahm er – noch als Finanzminister – zum ersten und zum letzten Mal an einer solchen Gesprächsrunde teil. Dass diese Sendung aus der Reihe ›3nach9‹ des NDR in die Geschichte dieser Gattung von Fernsehunterhaltung eingehen sollte, verdankte sie freilich mehr dem »Tintenattentat« des ›Kommunarden‹ Fritz Teufel als den Ausführungen Matthöfers über »Gutes Benehmen«, dem eigentlichen Thema der Runde.

Umbruchs und die Substanz der sozialdemokratischen Regierungspolitik in der Zeit von 1966 bis 1982 zu ergründen, weil sich in ihr – noch wenig erforscht – die eine jener beiden konkurrierenden politischen Kulturen widerspiegelt, aus denen seit 1949 und wohl noch auf absehbare Zeit die alternativen Perspektiven deutscher Politik ihren Ausgang nehmen. Sozialdemokratische Regierungspolitik schien zwar nach dem Ende des Wirtschaftswunders und dem glanzlosen Zwischenspiel der Regierung Erhard besser geeignet, die ›Modernisierung‹ der westdeutschen Industriegesellschaft voranzubringen, doch verbarg sich hinter den anfänglichen Erfolgen von Willy Brandt und Helmut Schmidt ein tiefgreifender und nicht immer reibungsloser Wandlungsprozess ›linker‹ Programmatik. Die Sozialdemokratie musste während ihrer Regierungszeit die meisten ihrer Ziele mittlerer Reichweite wie Mitbestimmung, Vollbeschäftigung, Gemeinwirtschaft, aber auch ihre pragmatischen Vorstellungen von der Rolle des Staates oder den Prinzipien der internationalen Solidarität neu definieren. Sie waren nämlich allesamt noch am Paradigma der Industriegesellschaft orientiert, das seine prägende Kraft am Ende der Rekonstruktionsperiode der westdeutschen Wirtschaft immer mehr verlor. Auch diese Entwicklung blieb der Öffentlichkeit weitgehend verborgen, damals wie heute, und wurde kaum reflektiert. Matthöfer gehörte zwar – wie die meisten seiner Zeitgenossen – zu denen, die das Rückzugsgefecht der Industriegesellschaft aktiv führten. Er zählte aber gleichzeitig auch schon zu den Pionieren eines sich noch undeutlich abzeichnenden neuen Weges in die nachindustrielle Zeit. Matthöfers Lebens- und Wirkungsgeschichte zu schreiben, würde mich, wie ich hoffte, in die Lage versetzen, die wichtigsten Entwicklungsstränge der wirtschaftlichen, sozialen und politischen Geschichte der Bundesrepublik nach dem Ende des ›Wirtschaftswunders‹ kritisch zu verfolgen. Gleichzeitig eröffnete sie mir die Chance, die inhaltliche Substanz jener ersten sozialdemokratischen Regierungszeit auf Bundesebene kennen zu lernen, die auf zahlreichen Gebieten eine Neuorientierung der zweiten deutschen Republik mit sich brachte. Keines der Themen, die dabei eine wesentliche Rolle spielten, wie Vollbeschäftigung, Staatsverschuldung, Technologiepolitik, Entwicklungshilfe, Weltmarktorientierung oder die Weiterentwicklung des sozialen Systems der Produktion, das in den siebziger Jahren als ›Modell Deutschland‹ zum ersten Mal auch internationale Beachtung fand, hat seitdem als Herausforderung der deutschen Politik an Bedeutung verloren. Die Biographie eines mit diesen Themen eng vertrauten und für ihre Gestaltung verantwortlichen Politikers könnte also auch die Gelegenheit zum besseren Verstehen gegenwärtiger Probleme bieten.

War der vielversprechende und neuartige Zugriff auf diese Themen für mich auch Grund genug, dem Projekt schließlich näher zu treten, so gab es doch auch Überlegungen, die zur Vorsicht rieten. Zwischen dem Genre der Biographie, einer mir bis zu dieser Arbeit fremd gebliebenen Form der Geschichtsschreibung, und der generalisierenden strukturgeschichtlichen und sozialwissenschaftlichen Analyse, durch die sich wirtschafts- und sozialhistorische Untersuchungen im Allgemeinen auszeichnen, herrscht ein nahezu unauflösliches Spannungsverhältnis. Der biographische Ansatz bietet zwar die Chance, Generalisierungen auf der Mikroebene einem Realitätstest zu unterwerfen und politische Strukturen mit menschlichem, lebendigem Inhalt zu füllen. Er ist aber vor allem der Gefahr ausgesetzt, die Rolle individueller Akteure in der Politik zu überschätzen, die Wirkung politischen Handelns auf die wirtschaftliche und soziale Entwicklung zu übertreiben, sich von der suggestiven Macht selektiver Quellenbestände einseitig für den jeweiligen »Helden« einnehmen zu lassen und am Ende in die Hagiographie abzuleiten. So erscheint die Warnung Sigmund Freuds angebracht, der die Biographie für ein ganz und gar unmögliches Unterfangen hielt:[2] »Wer Biograph wird, verpflichtet sich zur Lüge, zur Verheimlichung, Heuchelei, Schönfärberei und selbst zur Verhehlung seines Unverständnisses, denn die biographische Wahrheit ist nicht zu haben, und wenn man sie hätte, wäre sie nicht zu brauchen.« Wer je eine Biographie geschrieben hat, wird diesen Standpunkt nachvollziehen können. Jedenfalls zwingt diese Warnung zur äußersten Vorsicht im Umgang mit Lebensgeschichte.

Angesichts der offenkundigen Problematik dieses methodischen Zugriffs ist seit langem von einer »Krise der Biographie« die Rede, auch weil das Genre – zumindest in seiner vom deutschen Historismus begründeten Form – nicht in der Lage sei, die von Kollektivphänomenen beherrschten Vorgänge in industrialisierten Gesellschaften sinnvoll abzubilden.[3] Diese Krise besteht nun nicht etwa in einem mangelnden Bedürfnis, Geschichte aus dem erzählten Leben Einzelner zu verstehen; es ist vielmehr die wissenschaftliche Legitimation des biographischen Ansatzes, seiner Methoden und seiner Erkenntnisziele, welche fraglich geworden ist. Die neueren Sozialwissenschaften und mit ihnen die Geschichtsforschung als historische Sozialwissenschaft, die Psychohistorie, die Psychoanalyse, die Sozialpsychologie, die Neurowissenschaft und die aktuellen Strömungen in der Politikwissenschaft haben die herkömmliche biographische Methode infrage gestellt und neue Sonden zum Ausloten des Verhältnisses von Individuum und Gesellschaft geliefert. Ein festes methodisches Fundament für eine »neue Biographie« ist dabei allerdings nicht entstanden,[4] obwohl es dringend nötig wäre; sind doch in jüngster Zeit Probleme auf die wissenschaftliche Tagesordnung gerückt, die sich ohne den biographischen Zugriff kaum lösen lassen.

Lange schien es so, als blieben die Regeln des Denkens und Handelns, innerhalb derer sich Wirtschaft und Gesellschaft entfalten konnten, im 20. Jahrhundert relativ stabil und keiner besonderen Aufmerksamkeit bedürftig. Diese Wahrnehmung hat sich inzwischen dramatisch verändert. Heute scheint nichts stärker in Bewegung geraten zu sein, als gerade jener institutionelle Rahmen, der den Akti-

2   Freud an Arnold Zweig am 31. Mai 1936, zit. nach Detlev Claussen, Freundschaft mit Freud. Ein Besuch im Arnold-Zweig-Archiv samt Fundstücken, Frankfurter Rundschau vom 11. März 1989.
3   Hans-Erich Bödecker, Biographie. Annäherungen an den gegenwärtigen Forschungsstand, in: ders. (Hg.), Biographie schreiben, Göttingen 2003, S. 11–63.
4   Siehe z. B. Hans-Ulrich Wehler: Zum Verhältnis von Geschichtswissenschaft und Psychoanalyse, in: ders. (Hg.), Geschichte und Psychoanalyse, Köln 1971, S. 9–30, S. 11. und Ulrich Borsdorf, Hans Böckler: Arbeit und Leben eines Gewerkschafters von 1875 bis 1945, Köln 1982, S. 17–19.

onsspielraum der Handelnden in Wirtschaft, Politik und Gesellschaft absteckt. Damit stellt sich – zum ersten Mal wieder seit über hundert Jahren – die Frage nach den Bestimmungsgründen der Entstehung und des Wandels von Institutionen – im Sinne von Denk- und Handlungsweisen, Regeln, Normen, Konventionen, Sitten und Gebräuchen und anderen freiwillig getroffenen Einschränkungen individueller Handlungsfreiheit. Zwar entfalten Institutionen ihre stabilisierende, innovatorische, wettbewerbsfördernde, kostensenkende oder irenische Wirkung als wirtschaftliche und gesellschaftliche ›Spielregeln‹ nur dann, wenn sie fest im kollektiven Bewusstsein verankert sind.[5] Dessen ungeachtet muss jedoch ihr *Ursprung* über die Denk- und Verhaltensweisen ›strategischer‹ Akteure erschlossen werden, da *sie* es sind, die durch ihre Entscheidungen den institutionellen Wandel verhindern oder fördern. An dem Beispiel strategischer Akteure lassen sich deshalb *Innovationen* im Denken und Handeln einer Epoche am ehesten nachweisen. Dort wo diese Neuerungen die Chance erhalten, geschichtsmächtig zu werden, wächst auch die Aussicht, ihren Entstehungsprozess zu analysieren.

Für den Wirtschaftshistoriker liegt es nahe, sich diesem Ziel zu nähern, indem er auf Erfahrungen aus der Unternehmensgeschichtsschreibung zurückgreift. Insbesondere die deutsche ›New Business History‹ (Hans-Ullrich Wehler) erlebt seit einem Jahrzehnt eine erstaunliche Metamorphose, die sie von einer weithin verachteten, da oftmals korrumpierten und wissenschaftlich irrelevanten Festschriftliteratur zu einer geachteten und anspruchsvollen Gattung wirtschaftshistorischer Arbeit aufsteigen ließ. Sie verdankt diese Wandlung nicht allein der Einsicht der Unternehmen und anderer Hüter privater Quellenbestände, dass die Unabhängigkeit der Forschung zu den Grundvoraussetzungen für die Qualität ihrer Ergebnisse gehört – wenngleich damit schon eine zentrale Erfolgsbedingung umschrieben ist. Hinzu kommt, dass die neuere Unternehmensgeschichtsschreibung über theoretische und methodische Ansätze verfügt, die sie in die Lage versetzen, vergangene institutionelle Neubildungen und Wandlungsprozesse nicht nur herauszuarbeiten, sondern sie auch für das Verständnis gegenwärtiger Problemstellungen nutzbar zu machen. Vor allem aber ist es ihr gelungen, das wechselseitige Verhältnis von *Unternehmens-* und *Unternehmer*geschichte neu zu bestimmen und damit das Rollenbild der handelnden Personen über das von Joseph A. Schumpeter geprägte »heroische« Interpretationsmuster hinauszuführen.[6]

Das meiste, was die neuere Unternehmensgeschichtsschreibung dem Unternehmer idealtypisch an charakteristischen Eigenschaften zurechnet[7] – die Meisterschaft in der Netzwerkbildung (d. h. in der Informationsbeschaffung zu niedrigen Transaktionskosten), die besondere Fähigkeit zur Urteilsbildung in wirtschaftlichen Entscheidungsprozessen (auch bei Entscheidungssituationen unter Unsicher-

5   Dies festzustellen, bietet ein weites Anwendungsfeld für prosopographische Ansätze.
6   Ulrich Pfister, Werner Plumpe, Plädoyer für eine theoriegestützte Geschichte von Unternehmen und Unternehmern, in: Westfälische Forschungen 50 (2000), S. 1–21.
7   Mark Casson, Der Unternehmer. Versuch einer historisch-theoretischen Deutung, in: Geschichte und Gesellschaft (GG) 27 (2001), S. 524–545.

heit), und schließlich einen wirksamen Theorie- und Erfahrungsschatz zur Lösung neuartiger Probleme – lässt sich *mutatis mutandis* auch auf die Sozialfigur des Politikers übertragen. Das Spannungsverhältnis zwischen dem Typus des Unternehmers und des Managers spiegelt sich in der Politik ebenfalls getreu wider. Letzterer ist nicht – wie der Unternehmer – auf die Entscheidungsfindung spezialisiert, sondern auf die Durchsetzung von Entscheidungen innerhalb der Unternehmensroutine. Auch in der Politik gibt es diese Rollenverteilung, die in der Regel den kreativen und entscheidungssicheren Typus des Politikers von dem des ›Strippenziehers‹ und ›Whip‹ unterscheidet. Für die Übertragbarkeit der Rollenmuster in Wirtschaft und Politik gibt es keine universelle Garantie, doch lässt sie sich vor allem angesichts der deutschen Verhältnisse zwanglos unterstellen, wo Unternehmer und Politiker im Rahmen des sozialen Systems der Produktion bzw. der korporativen Marktwirtschaft und Interessenpolitik ganz ähnliche Entscheidungs- und Handlungsbedingungen vorfinden.[8] Während Unternehmern in der Marktwirtschaft im allgemeinen relativ kurzfristige Entscheidungshorizonte gesetzt sind, Politiker dagegen zumindest über die mittelfristige Perspektive einer Wahlperiode verfügen, nähern sich diese Relationen in Deutschland paradoxerweise stärker einander an als anderswo. Dem deutschen Produktionsregime ist eine vergleichsweise langfristige unternehmerische Perspektive eigen, während die föderale Verfassung mit ihrer hohen Wahlkampffrequenz der Politik eine gewisse Kurzatmigkeit der Entscheidungsprozesse aufnötigt. Der Vergleich zwischen den beiden Bereichen erscheint auch deshalb zulässig, weil sich ihre jeweiligen Entscheidungsprozesse weitgehend am Modell des Konsenses orientieren, was durch die Besonderheiten des sozialen Systems der Produktion in Deutschland und die hiesige Verfassungswirklichkeit bedingt ist. Lässt sich die Übertragung von Erfahrungen aus der Unternehmensgeschichtsschreibung schon im Allgemeinen gut begründen, so trifft dies in unserem besonderen Fall noch mehr zu. Hans Matthöfer verkörpert beide Profile – das des Politikers und das des Unternehmers – in einer Person, war er doch nach zehn Jahren unterschiedlichster Regierungstätigkeit weitere zehn Jahre mindestens ebenso hoch motiviert (und möglicherweise sogar erfolgreicher) als Vorstandsvorsitzender einer Konzern-Aktiengesellschaft tätig. Die Herausbildung und den Wandel der spezifischen Charakteristika dieser Eigenschaften, Denk- und Handlungsweisen und anderer institutioneller Prägungen aus der Lebensgeschichte Matthöfers nachzuzeichnen, den institutionellen Rahmen, in dem sie sich entfalten können, zu analysieren und den institutionellen Wandel, den sie bewirken, in seiner Geschichtsmächtigkeit auszuloten, ist daher eine doppelte Herausforderung – für den politischen Biographen wie für den Wirtschaftshistoriker.

Der Wandel der Lebensweise eines jeden Akteurs, sei er nun Arbeiter, Politiker, Unternehmer, Künstler oder Gelehrter, lässt sich aus dieser Perspektive mit Hilfe eines einfachen analytischen Modells als *black box* beschreiben, auf die einerseits

---

8 David Soskice, Globalisierung und institutionelle Divergenz: Die USA und Deutschland im Vergleich, in: GG (1999), S. 201–225; Werner Abelshauser, Kulturkampf. Der deutsche Weg in die Neue Wirtschaft und die amerikanische Herausforderung, Berlin 2003.

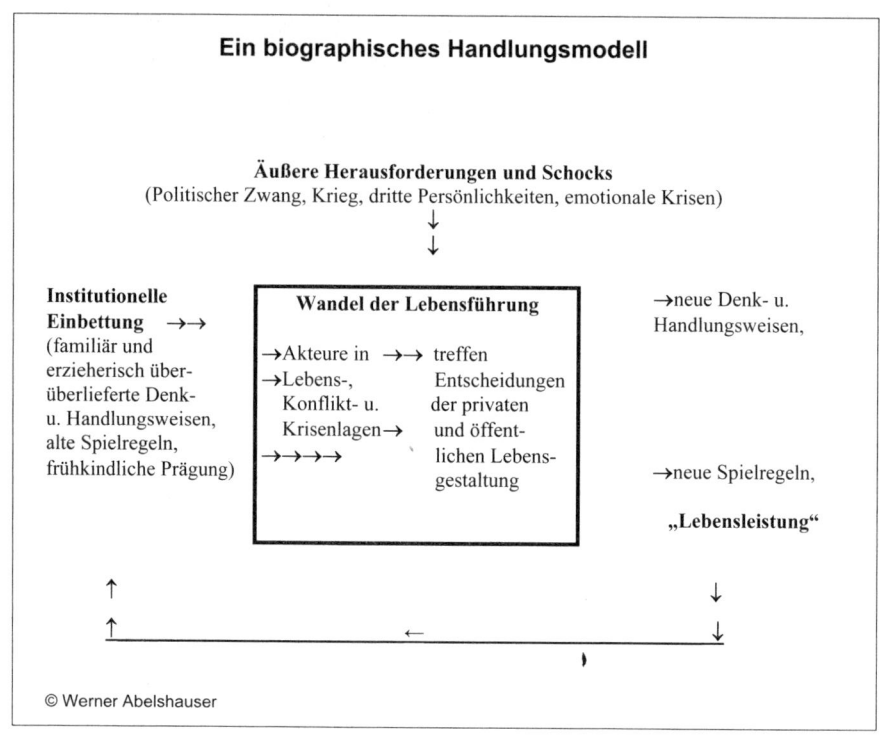

Ein biographisches Handlungsmodell

Äußere Herausforderungen und Schocks
(Politischer Zwang, Krieg, dritte Persönlichkeiten, emotionale Krisen)
↓
↓

Institutionelle Einbettung →→
(familiär und erzieherisch über- überlieferte Denk- u. Handlungsweisen, alte Spielregeln, frühkindliche Prägung)

Wandel der Lebensführung

→Akteure in →→ treffen
→Lebens-,   Entscheidungen
Konflikt- u.   der privaten
Krisenlagen→   und öffent-
→→→→   lichen Lebens-
                   gestaltung

→neue Denk- u. Handlungsweisen,

→neue Spielregeln,

„Lebensleistung"

© Werner Abelshauser

Das Modell erklärt den Wandel der Lebensführung aus der Herausforderung beharrender Kräfte durch exogene Schocks.

ganz unterschiedliche Einflüsse einwirken, in deren Innern andererseits aber auch relativ autonome Bewusstseinsprozesse ablaufen.[9] Der Akteur ist in seinem Handlungsraum zunächst in überlieferte Muster eingebettet und in gesellschaftliche ›Spielregeln‹ eingebunden, deren Sinn sich ihm – wenn überhaupt – nur allmählich erschließt. Sie konstituieren seinen Platz innerhalb einer bestimmten Schicht der Gesellschaft, im lokalen oder weltanschaulichen Milieu, seine Zugehörigkeit zu einer sozialen Klasse, zu einer Nation oder Konfession. Mit diesen Spielregeln zu brechen, ist nur unter bestimmten Voraussetzungen sinnvoll, etwa dann, wenn

9 ›Black Box‹ wird hier ausdrücklich nicht im Sinne eines gesellschaftlichen Input-Output-Modells des programmierten Lernens durch negative oder positive Verstärkung von Verhaltensformen verstanden (Burrhus F. Skinner, Contingencies of Reinforcement, New York 1969). Das Modell verdankt seine Grundstruktur vielmehr einer auf die Unternehmens- und Unternehmergeschichtsschreibung angewandten methodischen Variante der Institutionenökonomie, die ich bereits an anderer Stelle erprobt habe; so z. B.: Die BASF – Eine Unternehmensgeschichte, 2. Aufl. München 2003 und: Rüstungsschmiede der Nation? Der Kruppkonzern im Dritten Reich und in der Nachkriegszeit 1933–1951 (= Krupp im 20. Jahrhundert. Die Geschichte des Unternehmens vom Ersten Weltkrieg bis zur Gründung der Stiftung, hrsg. v. L. Gall, Berlin 2002, Teil III). Seine formale Gestalt wurde angeregt von Renate Mayntz u. Fritz W. Scharpf, Der Ansatz des akteurszentrierten Institutionalismus, in: dies. (Hg.), Gesellschaftliche Selbstregelung und politische Steuerung, Frankfurt am Main 1995, S. 39–72.

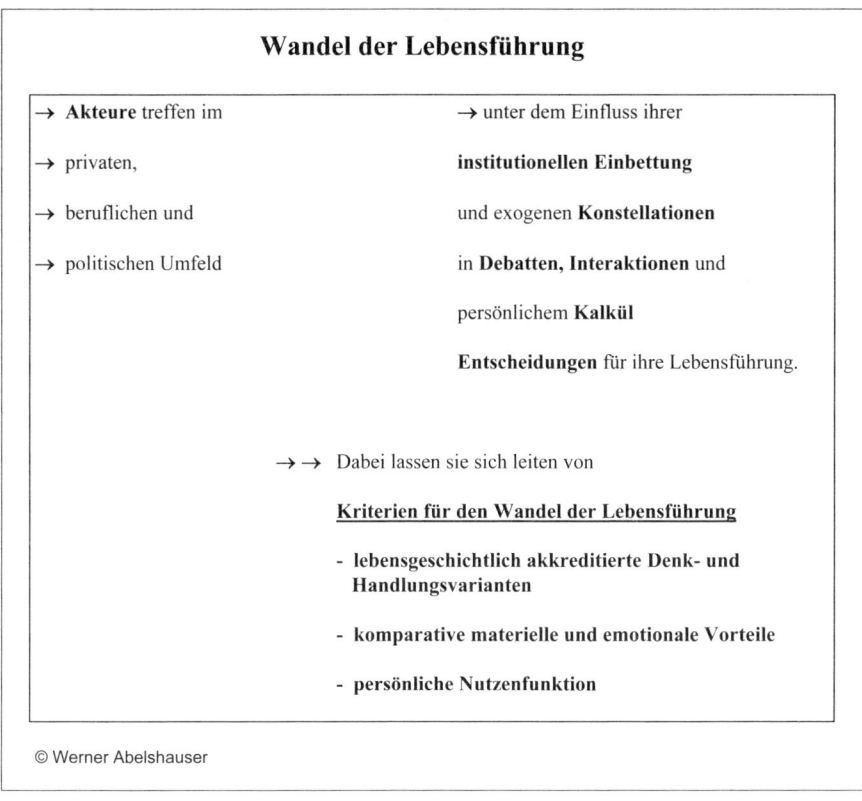

Wandel der Lebensführung

→ **Akteure** treffen im   → unter dem Einfluss ihrer

→ privaten,   **institutionellen Einbettung**

→ beruflichen und   und exogenen **Konstellationen**

→ politischen Umfeld   in **Debatten, Interaktionen** und

                                  persönlichem **Kalkül**

                                  Entscheidungen für ihre Lebensführung.

→ → Dabei lassen sie sich leiten von

Kriterien für den Wandel der Lebensführung

- **lebensgeschichtlich akkreditierte Denk- und Handlungsvarianten**

- **komparative materielle und emotionale Vorteile**

- **persönliche Nutzenfunktion**

© Werner Abelshauser

Äußere Einwirkungen sind notwendig, aber nicht hinreichend für den Wandel. Entscheidend sind lebensgeschichtlich akkreditierte Handlungsvarianten.

steigende materielle oder emotionale Kosten der Akzeptanz institutioneller Rahmenbedingungen neue intellektuelle und strategische Ziele attraktiver erscheinen lassen. In der Regel greifen Akteure auf Handlungsvarianten zurück, die bei ihnen seit längerem akkreditiert sind. Zu diesem endogenen institutionellen Rahmen, dem der Mensch in der Familie, in der Schule und auf den anderen Stationen seines Sozialisationsprozesses begegnet, kommen exogene Einflüsse hinzu, die nicht institutioneller Art sind. Solche Faktoren können Schicksalsschläge in der Familie und im eigenen Leben sein, aber auch äußere Ereignisse in Krieg und Frieden, die jeden Akteur vor Herausforderungen stellen, auf die er reagieren *muss*. Weil sich der Einzelne der Wucht ihrer lebensgestaltenden Wirkung nicht entziehen kann, sind sie in der Regel geeignet, die persönliche Nutzenfunktion überkommener Regeln grundlegend zu verändern. Exogene Faktoren wirken als Härtetest, den gewachsene Denk- und Handlungsweisen, aber auch vertraute gesellschaftliche Spielregeln selbst unter extremen Bedingungen bestehen müssen. Auf dieser äußeren Ebene wird das Generationenprofil eines Menschen geschärft. Zusammen mit dem institutionellen Rahmen zieht sie seiner individuellen Handlungs- und Entscheidungsfreiheit Grenzen. Jenseits dieser inneren und äußeren Einflusssphären liegt der ›Ernstfall‹, in dem sich die eigenen Institutionen bewähren müssen, aber im Inneren der *black box* selbst. Hier vollzieht sich unter bestimmten personellen Konstellationen, individuellen Lebens-, Konflikt- und Krisenlagen und in konkreten Interaktions- und Denkmustern die eigene Lebensgestaltung. Die Handlungsfreiheit, die einem Individuum in Reaktion auf exogene Herausforderungen zur Verfügung steht, erscheint dabei umso weiter, je größer der Vorrat an persönlichen ›Handlungstheorien‹ ist, d. h. an mit der eigenen Persönlichkeit und dem Charakter abgestimmten Handlungsvarianten, die es zur Verarbeitung neuer Lebenskonstellationen einsetzen kann. Hier schlagen sich praktische Erfahrungen ebenso nieder wie normative Zielsetzungen, die bis dahin akkumuliert wurden. Je größer der Vorrat an akkreditierten Handlungsvarianten ist, über den ein Akteur im Ernstfall verfügt, desto souveräner kann er (im Rahmen der erwähnten Grenzen) über Änderungen seiner Lebensweise entscheiden. Nur in solchen Ausnahmesituationen »durchbricht die Kraft des wirklichen Lebens die Kruste einer in Wiederholung erstarrten Mechanik«.[10] Am Ende stehen neue Muster des Denkens und Handelns, neue Spielregeln und schließlich eine ›Lebensleistung‹, in der sich die Summe der institutionellen Innovationen eines Lebens bilanzieren lässt. Dann schließt sich der Kreis: Institutionelle Neuentwicklungen, die ihren Ausgangspunkt in individuellen Entscheidungen haben, modifizieren die Rahmenbedingungen, mit denen sich dann eine neue Generation konfrontiert sieht.

Ergebnisse der neueren Hirnforschung ziehen jenen weitgehend freien Willensentscheidungsprozess, wie er von diesem Modell unterstellt wird, allerdings in Zweifel. Neurowissenschaftler verweisen auf eine Einbettung von Vernunft und Verstand in die affektive und emotionale Natur des Menschen.[11] Wenn sich der einzelne Akteur gleichwohl frei fühlt und die unbewussten Antriebe nicht als ›fremde‹ Einflüsse identifiziert, sei dies lediglich einer »List des limbischen Systems« geschuldet.[12] Sollte sich diese Vision des Menschen als »neuronales Wesen« als richtig erweisen, verlagert sich ein Großteil der individuellen Verhaltensspielräume auf genetische und frühkindliche Prägungen. Aus dieser Perspektive sind

---

10 Carl Schmitt, Politische Theologie. Vier Kapitel zur Lehre von der Souveränität (1922), 2. Aufl., München u. Leipzig 1934, S. 22; Der Satz »Die Ausnahme […] denkt das Allgemeine mit energischer Leidenschaft«, den Schmitt auf Probleme der Verfassung bezieht, verweist ebenso eindringlich auf die Rahmenbedingungen des institutionellen Wandels im biographischen Kontext.

11 Gerhard Roth, Fühlen, Denken, Handeln. Wie das Gehirn unser Verhalten steuert, Frankfurt a. M. 2001, S. 452 f.

12 Roth, Fühlen, S. 449. Schon David Hume hat in seiner 1748 in London erschienenen »Untersuchung über den menschlichen Verstand« darauf hingewiesen, dass die Möglichkeit einer wirklich freien Willensentscheidung (im Sinne einer durch nichts determinierten Entscheidung) unvereinbar mit einem friedlichen und geregelten Zusammenleben der Menschen wäre. Jede Gesellschaft beruhe vielmehr auf der hinreichenden Kalkulierbarkeit des Verhaltens ihrer Mitglieder. Inwieweit die Ergebnisse der Hirnforschung, die auf die Selbstbewertung und die sich daraus ergebende Selbststeuerung (Autonomie) des menschlichen Gehirns abzuheben versuchen, mit den Kernthesen der Neuen Institutionenökonomik korrespondieren, wäre ein lohnendes interdisziplinäres Forschungsfeld, in dem der biographische Ansatz einen wichtigen Platz einnehmen müsste.

menschliche Persönlichkeitsmerkmale in späterer Jugend und im Erwachsenenalter nur noch wenig wandelbar. Wie groß die Bedeutung derartiger biologischer Determinanten ist, muss wohl – angesichts des noch unbefriedigenden Forschungsstandes – offen bleiben. Immerhin lassen sich aus diesen Überlegungen einige Konsequenzen ableiten, die bei jeder Biographie zu beachten sind. Nicht nur für Politiker gilt, dass Änderungen persönlicher Einstellungen, Denk- und Handlungsweisen so lange ausbleiben, wie es an äußeren Anlässen dazu fehlt. Während der Neurobiologe solche Entscheidungen aber lediglich für bewusstseinsunabhängige Reaktionen des limbisches Systems hält, die sich mit neuen, bildgebenden Verfahren der Hirnforschung sichtbar machen ließen, kann der wirtschaftshistorisch geschulte Biograph immerhin geltend machen, dass diese Entscheidungen nur dann zu tatsächlichen Veränderungen der Lebensweise führen, wenn ihnen ein Kalkül vorausgegangen ist, in welchem die materiellen und emotionalen Kosten des institutionellen Wandels erwogen wurden (Abb. 2). Mehr noch: Was ein Individuum im emotionalen Erfahrungsgedächtnis abspeichert, um es im ›Ernstfall‹ abzurufen, läßt sich nicht durch Messungen der rechten Hälfte des dorsolateralen präfontalen Cortex feststellen, jenem Ort im Gehirn, an dem Entscheidungen unter Unsicherheit ablaufen.[13] Die akkumulierte persönliche Erfahrung muss *beschrieben* werden – und gerade hier liegt die Domäne biographischer Forschung.

Der biographische Ansatz erstreckt sich also über drei Ebenen: die (endogene) Strukturebene und die (exogene) Ereignisebene außerhalb der *black box* sowie die Handlungs- und Entscheidungsebene in ihrem Inneren. Während ›Struktur‹ und ›Ereignis‹ Dimensionen darstellen, die den klassischen Feldern historischer Analyse nicht fremd sind, tritt auf der Handlungs- und Entscheidungsebene der komparative Vorteil biographischer Fallstudien offen zu Tage. Wo anders als in den Köpfen der Akteure selbst sollte sich jener institutionelle Wandel vollziehen, der sich in neuen intellektuellen und strategischen Zielen niederschlägt? Es genügt schließlich nicht, deren Veränderungen zu dokumentieren und in plausible Zusammenhänge zu rücken – etwa nach dem Prinzip ›post hoc, ergo propter hoc‹. Notwendig ist vielmehr, nach einer »brauchbaren Angebotsfunktion für institutionelle Neuentwicklung«[14] zu suchen, die es uns erlaubt, diesen Wandel in seinen Ursachen zu ergründen. Aus dieser Perspektive wird die Kritik an dem biographischen Ansatz, er sei unfähig, Kollektivphänomene zu erklären, hinfällig. Er könnte sich im Gegenteil gerade als ein besonders sicherer, wenn auch etwas aufwändiger Weg zu diesem Ziel erweisen. Es versteht sich dabei von selbst, dass die Übertragung wirtschaftlicher Ursachenzusammenhänge auf politische Verhältnisse an ihre Grenzen stoßen muss, was die Reichweite der Instrumente der neuen Unternehmergeschichte begrenzt, wenn sie auf Personen außerhalb ihres wirtschaftlichen Opera-

---

13 Birger P. Priddat (Hg.), Neuroökonomie, Marburg 2008.
14 Die Suche nach einer »brauchbaren Angebotsfunktion für institutionelle Neuentwicklung« gehört von Anfang an (und noch immer) zu den Desiderata der Neuen Institutionenökonomie; s. Douglass C. North, Theorie des institutionellen Wandels, Tübingen 1988, S. 70.

tionsfeldes angewandt werden. Verloren geht dabei aber nur die Illusion, es gäbe einen präzisen Zusammenhang zwischen messbaren wirtschaftlichen Parametern wie Preisen, Löhnen oder Gewinnen einerseits und dem Verhalten der Akteure andererseits. Indem die Institutionenökonomie den »homo oeconomicus« durch den »satisficing man« und damit auch das Prinzip der »Maximierung« durch das Prinzip der Orientierung des Handelns an individuellen und kollektiven Anspruchsniveaus ersetzt hat (»maximizing« versus »satisficing«),[15] streift sie die engen Fesseln des ökonomischen Nutzenkalküls ab und öffnet sich weiteren Handlungszielen wie Stabilität, Vertrauen, Machterhalt oder (gesellschaftliche) Innovation, die in der Politik ebenso Geltung haben wie in der Wirtschaft. Mit der Einführung »weicher« Parameter verliert das hoch entwickelte methodische und theoretische Instrumentarium der Institutionenökonomie keineswegs seine Anwendbarkeit für den Historiker. Es wird für ihn im Gegenteil erst dadurch attraktiv.

Hans Matthöfer sollte für die Anwendung des Modells ein dankbares Objekt sein. Dafür spricht seine schon erwähnte Doppelnatur als Politiker *und* Unternehmer, und noch viel mehr die Stärke der Einflüsse, der seine eigene ›Traumwelt‹ immer wieder ausgesetzt war. Für einen 1925 geborenen Mann bot das 20. Jahrhundert wahrlich genügend Anlässe, überkommene Regeln und Überzeugungen infrage zu stellen. Die frühkindliche Einbettung in das katholische Milieu, die Sozialisation des Heranwachsenden im Kader der Regimejugend, die existenzielle Not des Soldaten an der Front, die Verunsicherung durch den militärischen und staatlichen Zusammenbruch von 1945, die ›Moral der 1000 Kalorien‹ auf dem Schwarzmarkt, der Zwang zur Neuorientierung in der Nachkriegszeit – all das konnte nicht ohne Folgen auf einen Menschen in ungefestigter Lebenslage bleiben. Die Lebensumstände des jungen Hans Matthöfer generierten vor allem Träume – Angstträume, Wunschträume, Lebensträume –, deren Orientierungskraft sich in der Konfrontation mit der Wirklichkeit immer wieder behaupten musste.

Das skizzierte biographische Modell soll und kann uns vor der »biographischen Illusion« bewahren, zu der die vertraute Alltagsvorstellung einer Lebens*geschichte* im Sinne der kohärenten Erzählung einer bedeutungsvollen und gerichteten Abfolge von Ereignissen allzu leicht verleitet.[16] Seine Handlungs- und Entscheidungsorientierung setzt kein »Lebensprojekt« voraus, in dem eine subjektive oder gar objektive Absicht ihren einheitlichen Ausdruck findet. Das Modell erlaubt dem Biographen, sich der »natürlichen Komplizenschaft« zu entziehen, die der Neigung des Politikers, sich »zum Ideologen seines eigenen Lebens zu machen«, erst die nötige Durchsetzungskraft verleihen würde.[17] Anderseits kann es aber auch eine Erklärung dafür finden, wie aus der Sammlung von Zufällen, die eine Biographie

---

15 Siehe dazu vor allem Herbert Simon, Models of Man, London, New York 1957 und ders., Homo rationalis, Frankfurt a. M., New York 1993.

16 Pierre Bourdieu, Die biographische Illusion, in: BIOS, Zeitschrift für Biographieforschung und Oral History, Heft 1, 1990, S. 75–81.

17 Ebenda, S. 76.

im Grunde ausmachen, etwas Kontinuierliches wird – je nachdem, welches Maß an antizipatorischer Sensibilität für Neues und welcher Grad mentaler Vorbereitung auf kontingente Ereignisse die innere Handlungs- und Entscheidungsebene des Einzelnen, eingebettet in ihren institutionellen Kontext, aufbringen kann.[18]

Die besondere Fähigkeit zur Urteilsbildung in politischen Entscheidungsprozessen, ein Urteilvermögen, das den Politiker in die Lage versetzt, richtige Entscheidungen auch unter Unsicherheit zu treffen, der Rückgriff auf einen wirksamen Theorie-und Erfahrungshaushalt zur Lösung neuartiger Probleme – all das wird im Laufe des Lebens nicht jedes Mal aufs Neue und von Grund auf im operativen Geschäft entwickelt. Es muss abrufbar sein, wenn die Entscheidung ansteht. Vor allem deshalb ist es sinnvoll und notwendig, das ganze Leben eines Politikers zu überschauen, wenn der Erfolg oder das Scheitern seiner Politik auf dem Prüfstand stehen. Die anspruchsvolle Absicht, damit die Anatomie politischer Entscheidungsprozesse offen zu legen, wird sich nur selten realisieren lassen, weil an ihnen in aller Regel auch Akteure teilhaben, deren Interessen und Handlungsvoraussetzungen nicht transparent zu machen sind. Es würde aber auch schon hohen wissenschaftlichen Ansprüchen genügen, herauszufinden, wie der Standpunkt eines *homo politicus* entstanden ist, der seinen Handlungen Kohärenz und Konstanz verlieh, und warum er sich etwa im Zeitablauf gewandelt hat. Damit ließe sich ein substantieller Beitrag zu dem Problem institutioneller Neuentwicklungen aus der biographischen Mikroperspektive leisten.

Matthöfers eigene Vorstellungen von dem, was eine Biographie leisten kann, entsprechen übrigens ganz dieser bescheidenen Absicht. In einer Diskussion über die Lebensgeschichte des schwedischen Sozialdemokraten und *elder statesman* Tage Erlander[19] stellte er Mitte der achtziger Jahre folgende Mindestforderungen an eine Biographie: »Ich halte die Aufgabe, ›über Entscheidungsprozesse aufzuklären‹, für praktisch unlösbar. Mir würde es schon genügen, einmal verständlich dargestellt zu sehen, welche Ziele man verfolgt hat, warum, was gelungen ist, was fehlschlug und was der an Politik interessierte Leser daraus für sein eigenes Verhalten lernen kann, um es besser zu machen, wenn er sich selbst engagiert.« Er hielt es aber gleichwohl für »noch besser«, herauszufinden, ob ein Politiker »eine ›durchdachte Anschauung‹ hatte, die seinen ›Handlungen Festigkeit und Konsequenz‹ verlieh.«[20] Was so einfach klingt, ist es in Wirklichkeit nicht. Warum welche Ziele verfolgt werden, warum sie sich durchsetzen lassen oder scheitern, woher (wenn überhaupt) durchdachte Anschauungen kommen und wer oder was sie beeinflusst

---

18 Vorsicht vor zu raschem Verstehen. Niklas Luhmann im Fernsehgespräch mit Alexander Kluge, in: Wolfgang Hagen (Hg.), Warum haben Sie keinen Fernseher, Herr Luhmann? Berlin 2003, S. 50; s. auch »Der Zettelkasten kostet mich mehr Zeit, als das Bücher schreiben«. Der Soziologe Niklas Luhmann im Gespräch mit Rainer Erd und Andrea Maihofer. Frankfurter Rundschau vom 27. April 1985, S. 3.
19 Tage Erlander, Erinnerungen, 1901–1939, Bonn, Bad Godesberg 1974.
20 Matthöfer an Gerhard Beier am 21.9.1984; Archiv der sozialen Demokratie der Friedrich-Ebert-Stiftung (AdsD), Depositum Matthöfer (DM) 0404; die Zitate innerhalb des Zitats beziehen sich auf Formulierungen Erlanders.

haben, das sind alles Fragen, deren Beantwortung einen aufwändigen analytischen Rahmen voraussetzen, den sich Biograph und Leser immer vor Augen führen sollten. Das heißt freilich nicht, dass es notwendig wäre, den zu untersuchenden Lebensweg auf theoretischen Stelzen abzulaufen.

Die Problematik eines solchen biographischen Unterfangens stellt sich im Falle Matthöfers völlig anders als in Biographien, die unter der Fülle des Materials zur Person des ›Helden‹ geradezu leiden. Es fehlt von ihm über weite Strecken seines aktiven Lebens eigentlich alles, was für eine klassische Biographie notwendig wäre: Es existiert aus diesem Zeitraum nicht ein einziger privater Brief, es gibt kein klassisches Tagebuch oder andere zeitnahe authentische Texte, die nicht zur Veröffentlichung bestimmt waren. Für diese Quellenarmut und den Mangel an ›Ego-Dokumenten‹ fehlt es nicht an Erklärungen: ein proletarisches Leben – oder auch eines, das im Proletariat beginnt – hinterlässt weniger Zeugnisse als eine bürgerliche Existenz. Bei Matthöfer spielt aber wohl noch mehr der Habitus des politischen Einzelkämpfers eine Rolle. Sein Temperament hielt ihn – bei aller Fähigkeit, ein Team zu führen – davon ab, Bündnisse einzugehen, sich gewerkschaftlichen, innerparteilichen oder unternehmensinternen Flügeln anzuschließen und sich durch Netzwerkbildung einer größeren Hausmacht zu versichern. Niemand erkannte diese vielleicht größte Schwäche des Politikers Matthöfer besser als Herbert Wehner, wenn dieser seiner Klage, der Fraktionschef verweigere ihm gegen seine eigene Überzeugung die Solidarität, kühl entgegenhielt: »Du hattest ja nichts hinter Dir.«[21] Matthöfer verließ sich auf die eigene Kraft und die seiner engsten Mitarbeiter – auch auf die Gefahr hin, sich größere Wirkungsmöglichkeiten entgehen zu lassen. Der Drang, anderen Menschen intime Erwägungen mitzuteilen, der Hang, die innersten Gedanken auch schriftlich zu reflektieren, der Intellektuellen bis hin zur narzistischen Selbstbespiegelung oft eigen ist, geht Matthöfer – sehr zum Leidwesen des Biographen – völlig ab.

Zur Sache selbst hat er sich freilich in zahlreichen, auch substanziellen Publikationen immer wieder geäußert, wie das Verzeichnis seiner Schriften im Anhang eindrucksvoll dokumentiert. Eine große Zahl weiterer Veröffentlichungen in Form von Presseerklärungen, eigene und fremde Berichte über seine Arbeit, wichtige Briefe, Interviews und andere öffentliche und interne Äußerungen sind in einem ›Diensttagebuch‹ dokumentiert, das Gerhard Beier Anfang der achtziger Jahren nach den professionellen Gesichtspunkten des Historikers aus der laufenden Dokumentation der dienstlichen Tätigkeit und anderen zeitnahen Quellen zusammengestellt hat. Es enthält fast tägliche, oft mehrmalige Einträge. Später (um das Jahr 2000) hat Matthöfer viele dieser Vorgänge noch einmal mit eigenen Kommentaren versehen und in den jeweiligen Zusammenhang gerückt. Auch fehlt es aus seiner Feder nicht an weiteren *post festum* formulierten Einschätzungen und Kommentaren über die eigene Tätigkeit. So hat Matthöfer 2004 autobiographi-

---

21 Hans Matthöfer, »Du hattest ja nichts hinter Dir«, Chronik meiner Tätigkeit als Gewerkschafter, Politiker und Manager (Maschinenschriftliches Manuskript), Frankfurt am Main 2002, AdsD, DM.

sche Notizen zu einem umfangreichen maschinenschriftlichen Manuskript zusammengestellt, das die ersten 36 Jahre seines Lebens behandelt.[22] Gerade für diese ›private‹ Phase seines Lebens, zu der nur wenige Quellen zu finden sind, stellt dieses Manuskript für den Biographen eine große Hilfe dar. All dies kann aber die auffällige Lücke in den zeitnahen authentischen Quellen nicht kompensieren. Es ist daher notwendig, über die Dokumentation und Analyse der Selbstwahrnehmung Matthöfers hinaus auch dessen Fremdwahrnehmung und die Widerspiegelung seiner Tätigkeit in den Handlungen anderer in die Analyse einzubeziehen. Da im Übrigen auch ein biographischer Ansatz ›strukturelle‹ Entwicklungen nicht vernachlässigen kann, weil sich personeller und ›struktureller‹ Handlungsrahmen wechselseitig bedingen (womit sich der oft beschworene Gegensatz von Biographie und Strukturgeschichte als ein künstlicher erweist), ist die Darstellung von Matthöfers Leben notwendigerweise tief in Feldstudien eingebettet, die ungeachtet ihrer biographischen Perspektive durchaus auch für sich allein stehen könnten. Dies ist zwar für Lebensbeschreibungen nicht ungewöhnlich. Was den Fall Matthöfer so besonders macht, ist aber die Vielzahl der Schauplätze und die Diversität der zu untersuchenden Felder.

Umso wichtiger werden vor diesem Hintergrund die Akten aus den Ministerien, dem Deutschen Bundestag, der SPD, den Gewerkschaften und den Unternehmen, in denen er tätig war. Dazu gehören in erster Linie Archivalien des Bundesministeriums der Finanzen, des Bundesministeriums für Forschung und Technologie, des Bundesministeriums für das Post- und Fernmeldewesen, des Bundesministeriums für wirtschaftliche Zusammenarbeit und der Deutschen Stiftung für Entwicklungsländer (DSE). Diese Dokumente fallen für den hier relevanten Zeitraum noch unter die dreißigjährige Sperrfrist des Bundesarchivgesetzes (soweit sie nicht klassifiziert und damit noch länger gesperrt sind), waren mir jedoch im Depositum Matthöfer zugänglich, wo sie den Löwenanteil ausmachen. Daneben waren die Akten der Vorstände der SPD und der IG Metall, die im Archiv der sozialen Demokratie eingesehen wurden, für die Arbeit ebenso wenig verzichtbar wie Materialien der BGAG. Das Unternehmen, das seit 2005 einen Dornröschenschlaf hält, nachdem es durch eigene Finanzspekulation praktisch ruiniert war, antwortete nicht auf meine wiederholt vorgetragene Bitte, in seinem Archiv zu arbeiten. Ob sich die deutschen Gewerkschaften damit einen Dienst erweisen, wenn sie sich der Forschung gegenüber restriktiver verhalten als die meisten Unternehmen, ist sicher zweifelhaft. Auch hier erwies sich das Matthöfersche Depositum allerdings als eine wahre Fundgrube, aus der die Unternehmensgeschichte der BGAG weitgehend rekonstruiert werden konnte.

Die Arbeit an diesem Buch geht über Jahre zurück. Ohne den Rat und die Hilfe zahlreicher Kollegen, Archivare, Bibliothekare, Mitarbeiter und Studierender wäre sie wohl immer noch nicht abgeschlossen. Dank gebührt vor allem Dieter Dowe,

---

22 Hans Matthöfer, Die Jahre von 1925 bis 1961: Aus dem Kohlenpott in den Bundestag, Kronberg i. T. 2004. Ein Privatdruck dieses Manuskripts, den Matthöfer 2006 an Freunde und ehemalige Mitstreiter verteilte, stand mir nicht zur Verfügung.

der das Projekt von Anfang an großzügig unterstützt und am Ende das Manuskript kritisch gelesen hat. Dank auch an Michael Schneider, der sowohl als sein Nachfolger an der Spitze der Forschungsabteilung der Friedrich-Ebert-Stiftung als auch als Archivleiter am Zustandekommen der Arbeit wesentlich beteiligt war. Im Archiv für soziale Demokratie in Bad Godesberg halfen mir vor allem Christoph Stamm, Michael Oberstadt und Mario Bungert beim Zurechtfinden in den reichen, aber zum Teil unerschlossenen Beständen. Am Bielefelder Lehrstuhl für Wirtschaftsgeschichte haben Tristan Graefen, Sebastian Knake und John W. Löwen unermüdlich recherchiert, Literatur beschafft und Abbildungen bearbeitet. Christel Schwigon besorgte die umfangreiche Sekretariatsarbeit. Petra-Monika Jander hat mich in jeder Hinsicht unterstützt, am Ende kritisch das Manuskript gelesen und geholfen, Fehler zu vermeiden. Alexander Behrens und Stefan Schmauke haben im Dietz-Verlag das Manuskript mit professionellem Engagement zum Druck gebracht.

Ihnen allen sei herzlich gedankt.

Enger, im Juni 2008   W.A.

TEIL I

Ein Politiker aus der skeptischen Generation

Die skeptische Generation

»Die Menschen machen ihre eigene Geschichte, aber sie machen sie nicht aus freien Stücken, nicht unter selbstgewählten, sondern unter unmittelbar vorgefundenen, gegebenen und überlieferten Umständen.«[1] Die Vorstellung, die Karl Marx um die Mitte des 19. Jahrhunderts von der sozialen Konstruktion eines jeden Lebensweges hatte, ist seitdem fast zum Gemeinplatz geworden. Der französische Soziologe Pierre Bourdieu hat sie am Ende des 20. Jahrhunderts nur noch drastisch zugespitzt, wenn er formuliert: »Den Versuch zu unternehmen, ein Leben als eine einzigartige und für sich selbst ausreichende Abfolge aufeinander folgender Ereignisse zu begreifen, ohne andere Bindungen als die an ein Subjekt, dessen Konstanz zweifellos lediglich in der des Eigennamens besteht, ist beinahe genauso absurd wie zu versuchen, eine Metro-Strecke zu erklären, ohne das Streckennetz in Rechnung zu stellen.«[2] Beide Aussagen leugnen nicht die individuelle Freiheit zur eigenen Geschichte, stellen sie aber konsequent in den Zusammenhang jener institutionellen Zwänge, die die sozialen und politischen Kosten des individuellen Entscheidungsspielraums von Fall zu Fall bestimmen.

Für den Werdegang eines Politikers kann das Marxsche Diktum in doppelter Hinsicht Geltung beanspruchen. Zum einen sind es die Umstände seiner persönlichen Herkunft, die den institutionellen Rahmen seines Lebensweges abstecken. Zum anderen steht er aber auch in der Pfadabhängigkeit überlieferter politischer Zusammenhänge und früherer Entscheidungen. Auch muss er sich in einem gegebenen politischen Kommunikationsraum bewegen. All dies hindert ihn daran, die eigenen Vorstellungen »aus freien Stücken« zu entwickeln. Schließlich müssen nicht nur der angehende Politiker selbst, sondern auch seine Zeitgenossen den Umständen Rechnung tragen, die sie vorfinden. Es lohnt sich daher, die Lebensgeschichte des Hans Matthöfer mit einem Blick auf die Generation zu beginnen, in die er hineingeboren wurde – die ›45er‹, jene »Jugend des deutschen Wiederaufbaus«, der Helmut Schelsky in seiner klassischen »Soziologie der deutschen Jugend« den Namen der »skeptischen Generation« gegeben hat.[3] Matthöfers Geburtsjahrgang – 1925 – macht ihn zu einem Repräsentanten jener Hitlerjugend-,

---

1 Karl Marx, Der 18te Brumaire des Louis Bonaparte (1852), in: MEW 8, Berlin 1978, S. 115.
2 Bourdieu, Illusion, S. 80.
3 Helmut Schelsky, Die skeptische Generation. Eine Soziologie der deutschen Jugend, Düsseldorf, Köln 1957; Franz-Werner Kersting, Helmut Schelsky's »Skeptische Generation« von 1957. Zur Publikations- und Wirkungsgeschichte eines Standardwerkes, in: Vierteljahrshefte für Zeitgeschichte (VfZ) 50 (2002), S. 465–496.

Flakhelfer- und Kriegsgeneration, deren Weltbild am Ende des Zweiten Weltkrieges in Trümmern lag. Für sie, die skeptische Generation mit ihrer durch den Krieg verspäteten Jugendphase, haben Historiker und Soziologen scheinbar unverwechselbare Kennzeichen gefunden. Desillusionierung und Entideologisierung der Politik stehen für dieses kollektive Generationenverhalten ebenso wie die weite Verbreitung anti-totalitärer (aber auch anti-idealistischer) Überzeugungen. Am Ende wird ihr eine »gelungene Anpassungsleistung an die westliche Wertegemeinschaft« (Melvin J. Lasky) bescheinigt. Diese Generation war, so die Kernaussagen der Schelskyschen Analyse, in ihrem sozialen Bewusstsein und Selbstbewusstsein »kritischer, skeptischer, misstrauischer, glaubens- oder wenigstens illusionsloser als alle Jugendgenerationen vorher«.[4] Das machte sie tolerant gegenüber eigenen und fremden Fehlern und ließ sie weitgehend auf Pathos, Programme und Parolen verzichten. Dem entsprach eine für die Jugend ungewöhnliche Lebenstüchtigkeit, gepaart mit angepasstem, wirklichkeitsnahem, zupackendem und erfolgssicherem Verhalten – Eigenschaften, die im Zusammenspiel mit den wirtschaftlichen Rekonstruktionsbedingungen der Nachkriegszeit eine bis dahin unbekannte Dynamik entwickelten.[5] Egal, ob die 45er vor dem Zusammenbruch überzeugte Nationalsozialisten oder Opportunisten waren, Mitläufer oder Gleichgültige, Opfer oder Widerstandskämpfer – sie hatten doch meist ihre Lektion gelernt und gingen entschlossen daran, Zerstörtes wieder aufzubauen. Kurz: »Sie machten, was immer sie waren, die Bundesrepublik zu dem, was sie wurde.«[6]

Für das Weltbild dieser Generation, zumal für das wirtschaftliche, sollte dies weitreichende Folgen haben. Es wuchs eine Jugend der Industriegesellschaft heran, die sich zum ersten Mal in der deutschen Geschichte freiwillig mit deren nüchternen Spielregeln identifizieren konnte. Aus der Erfahrung des Wiederaufbaus richtete sie ihre Energie auf die Verbesserung ihrer wirtschaftlichen Funktionsfähigkeit und nicht zuletzt auch der eigenen Arbeitsbedingungen. Nicht Oberschüler und Studenten, sondern junge Arbeiter und Angestellte prägten das Verhalten dieser Generation.[7] Zu einem Zeitpunkt, als die materielle Produktionsweise schon lange nicht mehr das Tempo des wirtschaftlichen Fortschritts bestimmte, suchten die Deutschen in Ost und West »die langsame Vollendung der Modernität« in der Industriegesellschaft.[8] Hier sollte später eine wichtige Front im Generationenkonflikt mit den 68ern liegen, deren Aktionsbasis nicht in den Betrieben, sondern in den (Vorbereitungs-)Stätten der immateriellen Produktion lag. Auch das politische Weltbild der skeptischen Generation blieb nicht unangefochten. Aus einer Grunderfahrung der sozialen Unsicherheit heraus, aus dem Erlebnis der Verwundbarkeit

---

4 Schelsky, Generation, (Taschenbuchauflage) 1984, S. 381.
5 Zu den Rekonstruktionsbedingungen siehe Werner Abelshauser, Deutsche Wirtschaftsgeschichte seit 1945, München 2004.
6 Klaus Harpprecht, Die Glosse: die skeptische Generation, in: Die Neue Gesellschaft/Frankfurter Hefte 46 (1999), S. 898 f.
7 Schelsky, Generation, 1984, S. XV.
8 Ralf Dahrendorf, Gesellschaft und Demokratie in Deutschland, München 1965, S. 467.

jeder sozialen und menschlichen Stabilität und Sicherheit dominierten im politischen Verhalten der 45er Nüchternheit, nationale Bescheidenheit und eine Vergangenheitsvergessenheit, die die Linien der Tradition ebenso kappte wie die Verbindung zur Weltpolitik. Die nachfolgende Generation der 68er hat daraus später den Schluss gezogen, ihre Väter hätten die Lehren aus der Katastrophe verdrängt und sich um die ›Aufarbeitung‹ der historischen Schuld gedrückt. Zu Unrecht – haben sie doch übersehen, dass es gerade die Lehren der Vergangenheit waren, die dem verinnerlichten generationellen Verhalten der 45er zugrunde lagen. So steht die Zugehörigkeit zur skeptischen Generation gerade auch für jene beharrliche »kritische Aufklärungsarbeit«, die der 1926 geborene Historiker Martin Broszat ihr zurechnet: »Hätte ich nicht dieser HJ-Generation angehört und ihre spezifischen Erfahrungen gemacht, wäre es für mich nach 1945 wahrscheinlich nicht ein solches Bedürfnis gewesen, mich so kritisch und, wie wir damals empfanden, zugleich mit ›heiliger Nüchternheit‹ mit der NS-Vergangenheit auseinanderzusetzen.«[9] Der Gestus inszenierter Rituale (der ihnen aus eigener Erfahrung mit dem NS-Erziehungswesen wohlbekannt war) fehlte dieser Aufklärungsarbeit ebenso wie die selbstgefällige Verurteilung derer, die Unrecht begangen hatten. Es waren derer auch zu viele; und wer die Indoktrination der HJ-Zeit selbst unbeschadet überstanden hatte, wusste nur zu gut, dass es auch anders hätte kommen können. Am Ende stand im wahrsten Sinne des Wortes ›Aufarbeitung‹: Bewältigungsversuche, die mehr der Tat als dem Wort verpflichtet waren.

So sehr auch das Gemeinsame in den prägenden äußeren Einflüssen überwiegt, so lohnt es sich doch, auch innerhalb der skeptischen Generation noch weiter zu differenzieren. Für das Weltbild politischer Jugendlicher war es in den fünfziger Jahren nämlich nicht unerheblich, ob sie zur Front- oder zur HJ-Generation gehörten.[10] Helmut Schmidt, der das Bild der Frontgeneration »im abgeschabten Offiziersledermantel« wie kein anderer verkörpert, hat oft auf das Widersprüchliche der Fronterfahrung hingewiesen.[11] Millionen deutscher Soldaten durchlebten einen schizophrenen Zustand, der sie tagsüber kämpfen ließ, um zu erfüllen, was sie für ihre Pflicht hielten; für viele auch nur um zu überleben oder nicht in Gefangenschaft zu geraten. Nachts dagegen – und in den nicht enden wollenden Tagträumen des leeren Frontbetriebs – wünschten sie sich sehnlich das Ende des Krieges und der NS-Diktatur herbei. Aus dieser Erfahrung erwuchs eine emotionale Verfassung, die diesem Widerspruch entsprach und sie nicht selten zu Einzelgängern mit autoritärem Habitus werden ließ. Die Frontgeneration der jungen Sozialdemokraten konnte sich zwar mit den politischen Zielen und dem asketi-

---

9 Martin Broszat/Saul Friedländer, Um die »Historisierung des Nationalsozialismus«. Ein Briefwechsel, in: VfZ 36 (1988), S. 361.
10 Tilman Fichter, Vom linken Offiziersbund zur Revolte. Vier SDS-Generationen, in: Jürgen Seifert, Heinz Thörmer, Klaus Wettig (Hg.), Soziale oder sozialistische Demokratie? Beiträge zur Geschichte der Linken in der Bundesrepublik. Freundesgabe für Peter von Oertzen zum 65. Geburtstag, Marburg 1989, S. 11–20.
11 Verhandlungen des Deutschen Bundestages 10 (1986) 139, Protokoll vom 10.9.1986, S. 17 683.

schen Charisma eines Kurt Schumacher weitgehend identifizieren, stand aber seinem nationalen Pathos skeptisch gegenüber. Angst vor dem emotionalen Appell an die Massen, weitgehendes Desinteresse an filigranen Gesellschaftstheorien und eine gefühlsmäßige Distanz zu den tradierten Werten, Symbolen und Umgangsformen der alten Arbeiterbewegung sind weitere Bestandteile dieses generationsspezifischen Bewusstseins.

Die HJ-Generation war dagegen zu jung, um noch die Schrecken der Ostfront zu erfahren, die Not der Gefangenschaft zu erleben oder jene Schizophrenie zu entwickeln, mit der ihre älteren Kameraden nicht selten ihre anfängliche Begeisterung für die ›soziale Revolution‹ des Regimes büßten. Diesen Jüngeren blieb der Krieg ebenfalls nicht fremd, insoweit sie als Flakhelfer, Ausgebombte, Vertriebene oder letztes Volkssturmaufgebot noch in den Kampf um den ›Endsieg‹ hineingezogen wurde. Ihre Perspektive verharrte aber häufig bis zuletzt im Rahmen der Volksgemeinschaft, auf die sie in den Hitlerjugend- bzw. Bund-Deutscher-Mädel-Schulungen ihrer Kindheit eingeschworen wurden. Ihr Generationenbewusstsein ist daher nicht selten durch eine unbewältigte, »unbewußt glückliche Jugend« im Dritten Reich geprägt: »Es waren Jahre, in denen Jugendliche erwachsen spielen durften, Jahre der Kameradschaft, der Geborgenheit in der Gruppe, des Abenteuers«.[12] Der HJ-Alltag vermittelte dabei durchaus auch praktisch verwertbare Fähigkeiten, wie Organisationsvermögen oder Führungsstärke. Sie sollten sich schon bald auch unter Nachkriegsbedingungen bewähren, als der Schwarzmarkt oder der Wiederaufbau des politischen Lebens wieder auf solche und ähnliche Talente angewiesen waren. Gewiss lassen sich die Denk- und Verhaltensweisen von ›Frontgeneration‹ und ›HJ-Generation‹ nur unter analytischen Gesichtspunkten trennscharf auseinander halten. Sie gehören jedoch als immer wiederkehrende Facetten zu den typischen Bewusstseinslagen, die sich im Leben der »skeptischen Generation« mit unterschiedlicher Gewichtung mischen. Legt man diese Unterscheidung zugrunde, gehört Hans Matthöfer zweifellos zur Frontgeneration. Zum Zeitpunkt der ›Machtergreifung‹ war er aber gerade erst sieben Jahre alt, sodass zehn Jahre der Indoktrination in der Staatsjugend des Dritten Reiches vor ihm lagen, ehe er sein Fronterlebnis hatte.

Jugend in Bochum

Nichts deutete darauf hin, dass der junge Hans Matthöfer einmal in die Spitzengruppe deutscher Politiker und Unternehmer aufsteigen würde. Als er am 25. September 1925 in Bochum-Riemke geboren wurde, war die Weimarer Republik gerade ihren turbulenten Anfängen entwachsen. Das Fenster zur erfolgreichen Entfaltung der deutschen Demokratie stand noch offen. Doch auch die ›goldenen

---

12 Peter Schneider, Im Todeskreis der Schuld, DIE ZEIT, Nr. 14 vom 27. März 1987, S. 65 f.; Fichter, Offiziersbund, S. 12 f.

Erster Phototermin im Bochumer Stadtpark. 1926 war die Welt der Familie Matthöfer noch halbwegs in Ordnung.

Jahre‹ der Ersten Republik boten für Matthöfer kaum Chancen des gesellschaftlichen und wirtschaftlichen Aufstiegs. Sein familiärer Hintergrund entsprach keinem der damals denkbaren Mobilitätsmuster im Kreislauf der Eliten. Nicht einmal die außerhalb der bürgerlichen Gesellschaft offenen Karrierewege – etwa in die Funktionsränge der Arbeiterbewegung oder die Berufung ins katholische Priesteramt – waren realistisch. Matthöfer war der Sohn eines ungelernten Arbeiters und einer dem katholischen Milieu nur locker verbundenen Mutter. Sein 1901 in Bochumer Arbeiterviertel Hamme geborener Vater Johann musste seinen geplanten Berufsweg vom Lampenjungen in einer Zeche über eine Lehre als Former in einem Stahlwerk zum technischen Zeichner schon 1917 vor Abschluss der Lehrzeit jäh abbrechen, weil er einen schweren Arbeitsunfall in der Stahlgießerei erlitt. Nach einem überlangen Arbeitstag geriet er mit einem Fuß in einen Tiegel mit glühendem Stahl und musste über zwei Jahre hinweg mehrfach operiert werden. Eine Behinderung blieb zurück, sodass er nicht mehr in der Lage war, einen qualifizierten Beruf als Facharbeiter auszuüben. Er schlug sich als Gelegenheits- oder Leiharbeiter ›beim Unternehmer‹ durch, bevor er 1929 vollends arbeitslos wurde. Erst 1936, als die Aufrüstung auf Touren kam, konnte er wieder als Kranführer in der

Putzerei des Bochumer Vereins für Gussstahlfabrikationen AG, seinem früheren Lehrbetrieb, Arbeit finden. Johann Matthöfer gehörte vor 1933 weder einer Gewerkschaft an, noch war er Mitglied in einer politischen Partei. Am ehesten noch lässt sich sein politischer Standort in die anarcho-syndikalistische Tradition der Arbeiterbewegung des Ruhrgebiets stellen, deren Höhepunkt in den bürgerkriegsähnlichen revolutionären Auseinandersetzungen der Nachkriegsjahre 1925 gerade überschritten war.[13] Auch ohne feste organisatorische Bindung verfügte er allerdings über den sicheren Instinkt eines Mannes, der sich bewusst war, auf welcher Seite der Klassenauseinandersetzung seine Interessen besser aufgehoben waren. Dies schloss eine resignativ-kritische Distanz zur organisierten Arbeiterbewegung nicht aus, auch wenn er gelegentlich an deren Kundgebungen im Revier teilnahm. Er gab diese Fähigkeit, seinen gesellschaftlichen Standort sicher zu bestimmen und die eigene Interessenlage richtig zu erkennen, an seinen Sohn Hans weiter. Diesem mag es geholfen haben, angesichts der Versuchungen, die zunächst von der ›sozialen Revolution‹ der Nationalsozialisten und nach 1945 von den Heilsbotschaften linker Splittergruppen ausgingen, nüchtern seinen eigenen Weg zu gehen. Feste Wurzeln im politischen Arbeitermilieu oder Ambitionen, sich im Spektrum der gesellschaftlichen Auseinandersetzungen der Weimarer Republik zu exponieren, fehlten Johann Matthöfer jedenfalls völlig.

Ähnliches lässt sich über die Einbindung seiner Mutter Genoveva, geb. Elz, in das katholische Milieu des Reviers sagen. 1904 in Kruft bei Andernach geboren, aufgewachsen in Niedermendig, nahm die junge Arbeiterin ihre religiöse Grundüberzeugung aus der Eifel mit ins Ruhrgebiet. Dort entwickelte sie jedoch keine engeren Bindungen an das Gemeindeleben oder gar an den politischen Katholizismus, wie er im überwiegend protestantischen Bochum durch die relativ starke Zentrumspartei vertreten wurde. Immerhin war die katholische Soziallehre tief in die kulturelle Unterströmung des alltäglichen Katholizismus eingezogen und gehörte somit zu den selbstverständlichen Grundlagen auch der Matthöferschen Weltanschauung.

Hans Matthöfer und sein um vier Jahre jüngerer Bruder Heinrich wuchsen also unter Bedingungen auf, die für das Ruhrgebiet der Zwischenkriegszeit nicht untypisch waren. Das Revier war eher katholisch und anarcho-syndikalistisch als sozialdemokratisch geprägt und keineswegs die sprichwörtliche Kaderschmiede der Arbeiterbewegung, die es nach dem Zweiten Weltkrieg allmählich geworden ist. Es fehlte dem ›Ruhrvolk‹ gewiss nicht an proletarischer Substanz, wohl aber an sozialistischer Tradition und Erfahrung. Die aus nah und fern eingewanderte, meist vormals ländliche Mischbevölkerung des Reviers besaß kein organisationsfähiges Klassenbewusstsein. Dies gilt auch für die Lebensverhältnisse der Familie Matthöfer, deren männliche Linie polnische Wurzeln hat. Die Traditionen des

---

13 Siehe dazu Werner Abelshauser, Umsturz, Terror, Bürgerkrieg: Das rheinisch-westfälische Industriegebiet in der revolutionären Nachkriegsperiode, in: Revolution in Rheinland und Westfalen, hrsg. v. Ralf Himmelmann, Essen 1988, S. XI-LXII.

Genoveva und Johann Matthöfer mit ihren Söhnen Hans (rechts) und Heinrich (vorn) 1938. Johann Matthöfer hatte wieder Arbeit.

Herkommens wurden allerdings ebenso wenig bewahrt wie die ursprüngliche Tätigkeit im Bergbau, die noch Großvater Lorenz Maciejewski und zwei seiner fünf Söhne ausübten. Beide gingen elend an der ›Staublunge‹ zugrunde und bestätigten so den schlechten Ruf, der diesem Beruf im Revier anhing. Johann Matthöfer – sein Vater hatte inzwischen seinen Namen geändert[14] – schloss jedenfalls für seine Söhne die Arbeit untertage wegen ihrer ›mörderischen‹ Anforderungen aus. Seine drastische Drohung – »Wennze innen Pütt gehs, schlach ich dich tot«[15] – war nicht nur scherzhaft gemeint. Ihm selbst hatte die Entscheidung gegen den Bergmannsberuf allerdings kein Glück gebracht. Seine Behinderung machte ihn zu einem der ersten Opfer der Massenarbeitslosigkeit, die die 1929 hereinbrechende Weltwirtschaftskrise mit sich brachte. Schon vorher lebte die Familie in ärmlichen Verhältnissen. Zunächst in einer kleinen Mansardenwohnung in der Poststraße am Rande der Kokerei der Zeche Konstantin – ohne Strom, fließend Wasser und eigene Toilette, später in der Schmechtingstraße unter ähnlichen Bedingungen. Die seit 1930 vierköpfige Familie musste zeitweilig von einem wöchentlichen Einkommen von 11 Reichsmark leben,[16] wovon die kleine, in der Krise noch gekürzte Unfallrente, die Johann Matthöfer bezog, den Hauptanteil ausmachte.

14 Über die Namensänderung wurde innerhalb der Familie nie gesprochen. Sie fiel in eine Zeit, in der sich die »Ruhrpolen« entscheiden konnten, ob sie in die besser zahlenden nordfranzösischen Bergwerke weiterziehen, in den nach dem Weltkrieg wiederhergestellten nationalpolnischen Staat zurückkehren oder im Revier bleiben wollten. Die meisten von ihnen entschieden sich unter den wirtschaftlich schwierigen und teilweise chaotischen Verhältnissen der unmittelbaren Nachkriegszeit dafür, das Ruhrgebiet zu verlassen. Diejenigen, die blieben, hatten nun keinen Grund mehr, an ihren polnischen Wurzeln kämpferisch festzuhalten, und wählten endgültig den Weg der Assimilation. Lorenz Maciejewski / Matthöfer, der sich ausdrücklich als Preuße fühlte, gehörte offenbar zu denen, die diese Entscheidung für sich bereits seit langem getroffen hatten und ihren Willen zu bleiben mit der Namensänderung besiegelten.

15 Hans Matthöfer, Die Jahre von 1925 bis 1961: Aus dem Kohlenpott in den Bundestag, Manuskript, Kronberg i. T. 2004, S. 42.

16 Ebenda, S. 35. Der durchschnittliche Hilfsarbeiter-Wochenlohn betrug zu dieser Zeit etwa 36 RM (s. Dietmar Petzina u. a., Sozialgeschichtliches Arbeitsbuch III. Materialien zur Statistik des Deutschen Reiches 1914–1945, München 1978, S. 98 f.).

Dieser empirische Befund bedeutet nun freilich nicht, dass Not zu den prägenden Eindrücken der Kindheit Hans Matthöfers zählte. Dafür gab es keinen Grund. Der Lebensstandard der Familie unterschied sich nicht wesentlich von den Verhältnissen in ihrer Umgebung. Die Mutter sorgte mit Heimarbeit für Nebenverdienst und trug morgens Milch aus, um aus ihrem Deputat die Söhne zu ernähren. Aber auch Schwarzarbeit und handwerkliche Eigenleistungen des Vaters, die Mithilfe der Kinder im Haus und im Schrebergarten sowie die Solidarität des überschaubaren familiären Netzwerks verhinderten ein Absinken ins Elend und sorgten immer wieder für kleine Erfolgserlebnisse im Alltag. Für die Kinder standen nicht die prekären Finanzen und der Mangel an Zukunftsperspektiven im Vordergrund, sondern die Geborgenheit eines intakten Familienlebens. Vater Johann war – wie Hans auf dem Höhepunkt seiner politischen Karriere einer Illustrierten anvertraute – »ein ausgesprochen nichtautoritärer Typ«. Diese Umschreibung dürfte freilich eher ein Euphemismus gewesen sein, um einen Menschen zu charakterisieren, der nicht alle Bedürfnisse des Sohnes nach väterlicher Autorität und vorbildlicher Führung befriedigen konnte. Hier mag einer der Gründe für die große emotionale Bindung liegen, die der Gewerkschafter und Politiker später mit Männern einging, die, wie Otto Brenner und Helmut Schmidt, große Autorität ausstrahlten. Der Umgang, den die Familie miteinander pflegte, war herzlich, doch wurden Gefühle selten ostentativ zur Schau gestellt, geschweige denn über sie gesprochen. Es herrschte ein familiäres Klima, das Hans Matthöfer im Rückblick immer als »angenehm unsentimental« bezeichnete,[17] eine Charakterisierung, die auch seinen eigenen Umgang mit Gefühlen bis ins hohe Alter hinein beschreibt. Mehr als die materiellen Einschränkungen im Alltag der Arbeitslosenfamilie waren es die Begleitumstände der Behinderung seines Vaters, die der Sohn als demütigend empfand. Er reagierte geradezu allergisch auf wirkliche oder vermeintliche herablassende Behandlung durch Menschen, die der Familie helfen wollten, ohne das nötige Fingerspitzengefühl zu zeigen. Sechzigjährig erinnerte sich Matthöfer in der emotional prekären Situation der Flick-Affäre an die Folgen der Mildtätigkeit eines Nachbarn, der der Familie gelegentlich ein Stück Wildschwein- oder Rehfleisch schenkte, das er als Jagdpächter selbst geschossen hatte.[18] Obwohl dies Anfang der dreißiger Jahre in seinem Elterhaus sicher hoch willkommen war, war der Sechsjährige nicht in der Lage, den Braten zu genießen. Der Widerwille – gegenüber Wildbret wie gegenüber herablassender Karitas – sollte sein ganzes Leben lang anhalten.

Bis zum Ausbruch des Zweiten Weltkrieges spielten die sich zuspitzenden politischen Ereignisse in Deutschland und der Welt kaum eine Rolle für die Formung des jugendlichen Weltbildes. Jedenfalls kommen sie trotz aller redlichen Bemühungen, sich zu erinnern, in den autobiographischen Notizen des reifen Hans Matthöfer nicht vor. Das mag am Mangel an Informationen über das politische

---

17 Matthöfer, Jahre, S. 307 f.
18 Hans Matthöfer, Die Flick-Affäre aus meiner Sicht, MS, Bonn 1984, S. 81.

Erster Schultag (1931). Der skeptische Blick war unangebracht. Die Volksschule an der Feldsieper Straße ist keine ›Restschule‹.

Geschehen liegen, konnte sich die Familie doch weder Tageszeitung noch Rundfunkgerät leisten. Man lebte im Bochumer Norden am Rande des Weltgeschehens, gewissermaßen im Windschatten der Geschichte, voll damit beschäftigt, die eigenen kleinen und großen Alltagsprobleme zu bewältigen. Über Politik wurde dabei so gut wie nie gesprochen.[19] Auch die zwischen 1932 und 1940 liegende achtjährige Volksschulzeit macht da in der Retrospektive keinen Unterschied. Eine besondere Schulung im Sinne nationalsozialistischer Indoktrination hat in der Volksschule an der Feldsieper Straße entweder wirklich nicht stattgefunden oder sie blieb für den ideologisch kaum vorgeprägten Schüler unauffällig im Zeitgeist der dreißiger Jahre eingebettet.

Hans Matthöfer gehörte mit Abstand zu den besten Schülern seines Jahrgangs. Dies hätte ihm auch im frostigen Bildungsklima des Dritten Reiches den Anspruch begründet, sich der Aufnahmeprüfung eines Gymnasiums zu stellen und den Wechsel in die ›höhere‹ Bildung zu vollziehen. Da für den Besuch einer höheren Schule aber Schulgeld zu entrichten war und auch sonst einige Kosten angefallen wären, konnte sich die Familie diesen ›Luxus‹ nicht leisten. Wirtschaftliche Zwangslagen wie diese illustrieren eine Entwicklung, die schon in den Krisenjah-

19 Matthöfer, Jahre, S. 66

Klassenbild mit Lehrer Ferdinand Traude Anfang der dreißiger Jahre. Hans steht als 5. von links in der vorletzten Reihe.

ren der Weimarer Republik einsetzte und dazu führte, dass in den dreißiger Jahren die Zahl der Schüler an deutschen Gymnasien um mehr als 15 Prozent sank.[20] Immerhin standen für besonders begabte Schüler auch einige Freiplätze und Stipendien zur Verfügung, doch musste am Beginn einer solchen Förderung die Empfehlung des Klassenlehrers stehen. Eine weitere Voraussetzung lag in der Bereitschaft der Eltern, die Opfer auf sich zu nehmen, die eine längere Schulzeit und zahlreiche Nebenkosten auch im Falle eines Stipendiums für das Familienbudget bedeuteten. Gewöhnlich mussten Lehrer, die sich für die schulische Karriere eines begabten Schülers aus einer Arbeiterfamilie einsetzten, deshalb zuerst (und keineswegs immer erfolgreich) um die Zustimmung der Eltern werben, bevor sie einen Zögling auf den mit Hürden gespickten Weg zur Aufnahme in eine höhere Schule schicken konnten. Im Falle Matthöfers verhielt es sich jedoch genau umgekehrt. Mutter Genoveva war offenbar dazu bereit, für eine bessere Ausbildung ihres Sohnes Opfer zu bringen, stieß aber mit ihrer Bitte um eine Empfehlung auf den entschiedenen Widerstand des Lehrers Ferdinand Traude. Dieser war seinem von ihm »Johannes« gerufenen Musterschüler zwar grundsätzlich gewogen. Da er aber kurz zuvor schlechte Erfahrungen mit einer Empfehlung gemacht hatte, wollte er nicht erneut das Risiko eingehen, mit einem seiner Kandidaten an der restriktiven Praxis zu scheitern, die eine Grenzüberschreitung innerhalb des gesellschaftlich stark fragmentierten Schulsystems so außerordentlich erschwerte. Den Schüler Hans Matthöfer mag diese Entscheidung nicht sonderlich belastet haben. Mit dem Übergang

20 Petzina, Arbeitsbuch, S. 167.

Genoveva und Hans Matthöfer.
Hans nannte seine bildungshungrige
Mutter später liebevoll eine »petite
bourgeoise«.

aufs Gymnasium wären schließlich auch schwer abschätzbare Herausforderungen auf ihn zugekommen und er hätte den beliebten und vertrauten Klassenlehrer verloren. Im gesellschaftspolitischen Gewissen des späteren Politikers war jedoch der Umstand, dass ihm eine höhere Schulbildung versagt geblieben war, ein steter Stachel. Die ungerechte Weichenstellung im eigenen Bildungsweg nährte seine entschiedene Kritik an einem Bildungssystem, das bis in die sechziger Jahre hinein nicht wesentlich durchlässiger geworden war. Sie trug auch die Schuld daran, dass sich selbst der spätere Akademiker nicht immer restlos von tiefsitzenden Ressentiments gegen die bürgerliche akademische Oberschicht freihalten konnte.

Ganz ohne Folgen für die Bildung und den geistigen Reifeprozess des Arbeiterkindes blieb die Volksschule indessen nicht. So sehr sie ihn auch intellektuell unterforderte, ließ sie ihm doch große Freiräume, seine Phantasie und Urteilsfähigkeit zu entdecken, zu erproben und im eigenen Kopf auszuleben. Alles, was er dazu brauchte, hatte ihm sein Lehrer Traude vermittelt: vor allem die Motivation und die Fähigkeit, intensiv, rasch und gern zu lesen und Sicherheit im Umgang mit der Sprache zu entwickeln. Allerdings fehlte ihm eine systematische Anleitung, die seinem Leseeifer lohnende Ziele gesetzt hätte. So spannte sich der Bogen der Lektüre von katholischer Erbauungsliteratur aus dem Küchenschrank der Mutter bis zur Zeitschrift »Arbeitertum« der Nationalsozialistischen Betriebszellenorganisation (NSBO), die Vater Johann vom Arbeitsplatz nach Hause mitbrachte. Die schiere Menge an Lesestoff, die der Junge in seinem gewaltigen Lesehunger verschlang, brachte es dann aber geradezu zwangsläufig mit sich, dass sich das wahllos zusammengestellte Programm neben Liebes- und Detektivromanen auch auf anspruchsvolle Literatur erstreckte. Die Pfarrbibliothek des katholischen Borromäus-Vereins und die Bochumer Stadtbibliothek lieferten nahezu unentgeltlichen Nachschub, aber auch private Leihbüchereien in der Nachbarschaft, die seine Mutter regelmäßig in Anspruch nahm, sorgten dafür, dass ihm der Lesestoff nie ausging. Seine Mutter musste den Stubenhocker immer wieder nötigen, doch auch mal im Freien zu spielen, um unter Gleichaltrige zu kommen.[21] Gegen Ende seiner Schulzeit wurde Hans Matthöfer noch mit zwei bildungspolitischen Innovationen konfrontiert, die für die ›modernisierende‹ Seite des Dritten Reiches typisch waren. Zum einen schaffte das Regime ›Sütterlins Schulschrift‹ ab, die 1917 als einheitliche deutsche Schreibschrift eingeführt worden war. An ihre Stelle trat, dem europäischen Standard entsprechend, die lateinische Schrift. Mitten im Krieg, auf dem Höhepunkt der von den Nationalsozialisten betriebenen europäischen Mobilisierung gegen den Bolschewismus, wurde 1942 der Buchdruck in ›gotischer‹ Fraktur schließlich sogar verboten, weil diese angeblich eine jüdische Erfindung war. Zum zweiten wandelten die Nationalsozialisten 1938 gegen den erbitterten Widerstand der katholischen Kirche die bis dahin üblichen Konfessionsschulen in Gemeinschaftsschulen um, sodass der junge Katholik nunmehr zusammen mit den protestantischen Kindern seines Jahrgangs gemeinsam die Schulbank drückte. Diese Maßnahme sollte dazu beitragen, die Jugendlichen aus alten Loyalitätsbeziehungen herauszulösen und in eine direkte Beziehung zum totalitären Staat zu setzen. Beide Schritte waren durchaus populär und dürften auch Matthöfers Beifall gefunden haben. Jedenfalls hatte sich sein Engagement für die katholische Kirche zu diesem Zeitpunkt bereits weitgehend abgekühlt. Weder wollte er sich als Messdiener länger willkürlichen Züchtigungen seines autoritären Pfarrvikars aussetzen, noch sah er sich als »vernunftsgeplagter Mensch« in der Lage, auch nur die wichtigsten kirchlichen Dogmen intellektuell nachzuvollziehen und mitzutragen.[22]

Im Grunde gehörte Hans Matthöfer damit zu den Jugendlichen, die den Gleichschaltungsansprüchen des Regimes offen und schutzlos ausgesetzt waren. Ohne formale Bindungen an eine der alten, partikularen Säulen der Gesellschaft musste das Angebot einer ›klassenlosen Gemeinschaft der Volksgenossen‹ auf ihn besonders attraktiv wirken. Die Dynamik der braunen Revolution und der sich anschließenden Mobilisierung für Rüstung und Krieg öffnete im Übrigen auch zahlreiche Aufstiegsmöglichkeiten für ›neue Männer‹, die bis dahin keine Chance hatten, aus dem Gefängnis ihrer herkömmlichen gesellschaftlichen Rollenzuweisung auszubrechen. Als zehnjähriger Schüler pflichtgemäß in das Jungvolk eingetreten, nutzte der Junge aus dem Bochumer Norden das nicht ganz unverbindliche

---

21 So erinnert sich seine Mutter gegenüber Gerhard Beier; AdsD, DM, Ordner 0397.
22 Matthöfer, Jahre, S. 25; Er vermied künftig, z. B. in den zahlreichen Lebensläufen, die er formulierte, jeden Bezug auf eine konfessionelle Bindung, trat aber nicht aus der katholischen Kirche aus. Erst als Minister kam er wieder öffentlich auf seine Konfession zu sprechen. Als ihn der Kölner Stadtanzeiger in einem Interview auf den »Sinn unserer Existenz« ansprach, antwortete er: »Ich bin immer noch sehr bewußter Katholik. Insofern beantwortet sich diese Frage aus meiner Religion.« Kölner Stadtanzeiger: »Das Tischgespräch: Ich bin immer noch aufbrausend und unbedacht« vom 22. August 1981.

Im Eckhaus Herner Straße 158 wohnte die Familie zunächst links unterm Dach. Ausgebombt dann darunter in einem Zimmer parterre neben der Backstube.

Angebot der Staatsjugend immer wieder gern. Es bereicherte seinen Alltag und ließ ihn neue Eindrücke gewinnen, die ihm bisher in der Enge seines Viertels und seiner familiären Lebensverhältnisse verschlossen geblieben waren. Dabei kam ihm zugute, dass die NS-Jugend in seinem Fall wenigstens im kleinen Format wahr machte, was die braune Revolution allen Deutschen als ›Volksgemeinschaft‹ versprach. Seine erste, zutiefst im proletarischen Milieu wurzelnde Jungvolk-Einheit hatte noch ihre eigene Vorstellung von der Praxis der ›sozialen Revolution‹. Weil sie sich deshalb häufig mit anderen, weniger ›revolutionären‹ Fähnlein heftige Kämpfe lieferte, wurde sie 1936 wohl aus Angst vor der Verfestigung des SA-Milieus aufgelöst und einem anderen, ›bürgerlichen‹ Stamm zugeschlagen. Damit gewann Matthöfer, der bis dahin die Grenzen seines Viertels praktisch nie überschritten hatte, mit einem Schlag vielfältige und langjährige Kontakte zu Kindern aus dem Bochumer Stadtparkviertel, das in sozialer Hinsicht ziemlich genau den Gegenpol zu seiner ›;Ecke‹ rund um die Herner Straße und die Agnesstraße markierte. In der Luftlinie keinen Kilometer von Bochum-Riemke entfernt – aber gesellschaftlich in einer anderen Welt –, standen hier die Villen der bürgerlichen Oberschicht der Bergbaustadt. Es hob das Selbstbewusstsein des Jungzugführers, dass nun veritable Direktoren und andere Honoratioren der bürgerlichen Gesellschaft die allfällige Entschuldigung für das gelegentliche Fernbleiben ihrer Söhne von den Heimabenden an ihn richten mussten. Die enge Kameradschaft mit Gymnasiasten aus dem Stadtparkviertel trug in diesem wichtigen Lebensabschnitt aber auch dazu bei, aufkommende Ressentiments gegenüber Absolventen des höheren

HJ-Scharführer Matthöfer zeigt seinen Kameraden, wie eine 98 ccm NSU-Quick funktioniert (1940).

Bildungsweges, der dem Volksschüler ja gerade verschlossen geblieben war, abzubauen und seine Motivation, sich fortzubilden und im Leben ›weiterzukommen‹, zu stärken.

Das Freizeitprogramm der Staatsjugend gab dem Kind armer Leute zum ersten Mal Gelegenheit, aus seiner Heimatstadt herauszukommen und mit anderen Jugendlichen zusammen die Ferien zu verbringen. Ein Ski-Lehrgang im Elsass, die Besichtigung von Hamburg, Zeltlager am Strand von St. Peter-Ording, am Staudamm des Möhnesees oder am Halterner See waren gewiss auch Orte sublimer ideologischer Beeinflussung. Weit im Vordergrund standen jedoch touristische Eindrücke, das Gemeinschaftserlebnis am Lagerfeuer oder die Chance, sich im Wettbewerb mit Gleichaltrigen auszuzeichnen. Der Jungzugführer nutzte dieses Angebot gern und nicht ohne persönliche Erfolgserlebnisse. Auch der Übergang in die Hitler-Jugend (HJ), den er 1940 schon ein halbes Jahr vor seiner ›Fälligkeit‹ vollzog, änderte an dieser Konstellation nichts. Er erlaubte dem 14-jährigen Schulabgänger vielmehr, sich teure Hobbies, wie Skifahren und Motocross zuzulegen, von denen er ansonsten nur träumen konnte. Er schloss sich bald der Motor-HJ, später dann noch der Feldscher-HJ an. Die Tatsache, dass er es in kürzester Zeit zum ›Hauptscharführer‹ und Stellvertreter des ›Gefolgschaftsführers‹, des Chefs der Einheit, brachte, macht deutlich, dass dem hochgewachsenen, blonden und blauäugigen Westfalen der Aufstieg innerhalb der NS-Staatsjugend im Prinzip weit offenstand. Er genoss die Privilegien, die damit verbunden waren. So verfügte er über ein geländegängiges 250er NSU-Krad und über eine 98er NSU-Quick, ein Kleinmotorrad, was ihm 1941 zum Führerschein der Klasse IV und zum ›Goldenen Motor-Sportabzeichen‹ der HJ verhalf. Beim Schießen mit dem Kleinkalibergewehr erwarb er das ›Goldene Scharfschützenabzeichen‹. Nach einer Ausbildung in einem ostwestfälischen Wehrertüchtigungslager konnte er sich schließlich auch Kriegsübungsleiter (KÜ) nennen – ein Titel, der in der Praxis freilich keinerlei Bedeutung hatte. Immerhin half ihm die so erworbene Fähigkeit, sich in unbekanntem Gelände zu orientieren und so später die Wirren des militärischen Zusammenbruchs einigermaßen glimpflich zu überstehen.

In die HJ-Zeit fiel auch eine gewisse körperliche Emanzipation des heranwachsenden Mannes. Matthöfer ließ sich im Bochumer Boxsportklub (BSK 19) zum Boxer ausbilden und betrieb diesen Sport bis zum Mai 1943, dem Zeitpunkt seiner Einberufung in den Arbeitsdienst, mit großem Ernst. Dies blieb nicht ohne Folgen für seine körperliche Konstitution und die Selbstsicherheit seiner Haltung und seines Auftretens. Auch wenn er schon im ersten (und letzten) Wettkampf seiner Amateurboxerlaufbahn im HJ-Gau Südwestfalen eine klare Niederlage einstecken musste, lebte er doch weiter wie ein Boxer, trainierte hart und achtete auf einen gesunden Lebenswandel. Allein der Ruf, zur Selbstverteidigung fähig zu sein, sollte den strammen Hitler-Jungen während des Krieges auch vor Attacken autonomer Jugendbanden schützen, die sich auf diese Art und Weise gegen die Gleichschaltung in der Staatsjugend wehrten.[23]

Politik blieb, wie schon in Familie und Schule, weitgehend außerhalb des Interessenspektrums des Jugendlichen, obwohl es ihm an Informationsquellen nun nicht mehr mangelte. Aber selbst »Der Stürmer«, das antisemitische Hetzblatt des fränkischen Gauleiters Julius Streicher, oder das intellektuell anspruchsvollere antiklerikale SS-Organ »Das Schwarze Korps« machten keinen nachhaltigen Eindruck auf den regelmäßigen und sicher auch sorgfältigen Leser dieser und anderer Kampfblätter des Regimes. Dies mag daran liegen, dass sich die meisten Themen, die dort behandelt wurden, im Alltag seines Milieus nicht widerspiegelten. So war die Verfolgung und Ausgrenzung der Juden bis zum staatlich inszenierten Pogrom der ›Reichskristallnacht‹ am 9. November 1938, deren Folgen er am Tag darauf eher zufällig noch in der Bochumer Innenstadt zu sehen bekam, nicht ins Bewusstsein des Hans Matthöfer eingedrungen.[24] Mit dem Ausbruch des Weltkrieges änderte sich diese politische Gleichgültigkeit in einem entscheidenden Punkt. Sein Vater hatte ihn schon früh für die Gefahren der Aufrüstung sensibilisiert. Schon nach den ersten sichtbaren Zeichen militärischer Präsenz in den Straßen von Bochum ahnte wohl Johann Matthöfer, was da noch kommen werde, und beeindruckte seinen Sohn mit der düster-hellsichtigen Prophezeiung: »Die werden nicht eher damit aufhören, bis wir keinen Nagel mehr in der Wand haben, an dem wir unsere Jacke aufhängen können.«[25] Diese väterliche Vorwarnung und eine immer

23 Dies berichteten Familienangehörige 1985 Gerhard Beier; AdsD, DM 0397.
24 Matthöfer, Jahre, S. 59 f.
25 Ebenda, S. 46 f.

noch wirksame katholische ›Imprägnierung‹ gegen die Ideologie des Nationalsozialismus mögen dazu beigetragen haben, dass auch der Sohn seine Zurückhaltung gegenüber dem Regime nie ganz ablegte. Bei allem Pragmatismus in der Wahrung eigener Vorteile und Chancen blieb eine gewisse innere Distanz immer bestehen, die ihn davor bewahrte, sich im Taumel der Volksgemeinschaft mitreißen zu lassen oder gar, wie einige seiner Kameraden, der menschenverachtenden Rassenideologie des Regimes zu verfallen. Dies mag auch der Grund dafür gewesen sein, dass er nicht ernsthaft in Erwägung zog, einer Einladung zu folgen, in eine der Nationalpolitischen Erziehungsanstalten (NAPOLA) einzutreten, die das Regime für die Elite seiner Staatsjugend eingerichtet hatte.[26]

Der 1. September 1939 war für ihn denn auch das Signal, seine eigenen Schritte künftig mit großer Vorsicht zu wählen. Er wollte nicht willenlos unter die Räder einer Entwicklung geraten, die ihm von Anfang an unheimlich und gefährlich erschien. Dies hinderte ihn aber nicht, wenn es darauf ankam, sich auch an Formen des Widerstandes zu beteiligen, deren Gefährlichkeit den Beteiligten nicht verborgen bleiben konnte. Dies gilt vor allem für die Kampagne des Münsteraner Bischofs Clemens August Graf von Galen gegen die ›Euthanasie‹ – einer groß angelegten Aktion der Nationalsozialisten zur Ermordung ›lebensunwerter‹ und ›unproduktiver‹ Menschen mit Geisteskrankheiten oder körperlichen Behinderungen. Die Predigten des Bischofs konnten ihre Widerstandskraft nur entfalten, weil zahlreiche Katholiken durch die Vervielfältigung und Verbreitung der Texte im In- und Ausland – aber auch an der Front – eine ›geheime Öffentlichkeit‹ herstellten, deren Druck auf das Regime schließlich im August 1941 die Einstellung der Aktion erzwang. Die dem Zentrum verbundene Familie des Bäckermeisters Friedrich Lammert, neben dessen Laden die Matthöfers seit 1932 wohnten, beteiligte sich an dieser Form des Widerstands. Die noch immer vorhandene emotionale Nähe zum katholischen Milieu, nachbarschaftliche Solidarität und die Freundschaft mit Ferdi[27], dem Sohn des Bäckers, ließen Hans Matthöfer das Risiko auf sich nehmen, sich an der Abschrift und Vervielfältigung der Galenschen Hirtenbriefe zu beteiligen. Um drohende Ermittlungen der Polizei zu erschweren, benutzte er dazu eine von der Handelsschule ausgeliehene Kofferschreibmaschine (eine Vorsichtsmaßnahme, die im Ernstfall wohl wenig geholfen hätte). Auch andere Nachbarn der Matthöfers zählten nicht zu den Sympathisanten des Regimes. Im selben Haus wohnte zum Beispiel Erich Volkmann, ein überzeugter Sozialdemokrat und Gewerkschafter. Sein Sohn betrieb in Riemke einen Seifengroßhandel, der seiner illegalen Tätigkeit für den Internationalen Sozialistischen Kampfbund (ISK) in London und den britischen Geheimdienst Tarnung und Freizügigkeit verschaffte.[28] Hans Matthöfer jobbte bis zu seiner Einberufung gelegentlich im Volkmann-

---

26 AdsD, DM 0397.
27 Ferdi Lammert führte das Geschäft seines Vaters fort. Sein 1948 geborener Sohn Norbert machte in der CDU politische Karriere und wurde 2005 zum Bundestagspräsidenten gewählt.
28 Hellmut Kalbitzer, Widerstehen oder Mitmachen – Eigensinnige Ansichten und sehr persönliche Erinnerungen, Hamburg 1987, S. 87.

schen Betrieb, ohne freilich auch nur die geringste Ahnung von dessen hintergründiger Bestimmung zu haben.

Nach Abschluss der Volksschule hätte es unter den gegebenen Umständen nahe gelegen, sofort in einem der benachbarten Industriebetriebe eine Lehre aufzunehmen. Eine Ausbildung zum Industriekaufmann hätte der offenkundigen intellektuellen Begabung des Volksschülers am ehesten Rechnung getragen. Dieser Beruf schien bei hinreichender Begabung und Durchsetzungsfähigkeit immer noch gute Aufstiegsmöglichkeiten über die Hierarchie des innerbetrieblichen Arbeitsmarktes zu öffnen. Um dafür die Bildungsgrundlagen ihres ältesten Sohnes zu verbreitern, schickten ihn die Eltern vor der Aufnahme seiner Lehre als Industriekaufmann noch auf die Handelsschule, ein zweijähriges berufsorientiertes Bildungsangebot der Bochumer Industrie- und Handelskammer (IHK). Dies war keineswegs selbstverständlich und auch keine einfache Entscheidung, verschlang doch das Schulgeld Monat für Monat fast den Rest der väterlichen Unfallrente, der nach den Kürzungen durch Notverordnungen des ›Sparkanzlers‹ Heinrich Brüning der Familie noch geblieben war. Auf die Handelsschule wäre in der Regel eine weitere zweijährige Aufbaustufe gefolgt, die der besseren Vorbereitung auf zahlreiche Angestelltenberufe dienen sollte. Der Besuch dieser ebenfalls von der IHK geführten Höheren Handelsschule musste aber von Anfang an außer Betracht bleiben, weil eine der Voraussetzungen für die Aufnahme, das Versetzungszeugnis nach Obersekunda, nicht gegeben war – von der finanziellen Belastung der Familie ganz zu schweigen. Zwar hatte Johann Matthöfer 1936, im beginnenden Rüstungsboom, wieder einen festen Arbeitsplatz gefunden, doch verdiente er als Kranführer zunächst kaum mehr als ein Hilfsarbeiter. Gelehrt wurden an der Handelsschule vor allem die Fächer Buchhaltung, kaufmännisches Rechnen, Wirtschaftsgeographie und Englisch. Während des Krieges verlief der Unterricht jedoch nicht mehr reibungslos. Es kam zu Ausfällen und Lücken im Lehrangebot, weil immer wieder Lehrer zum Kriegsdienst eingezogen wurden. Für den Handelsschüler und späteren Lehrling begannen zweieinhalb Jahre ruhiger, wenn auch nicht sehr effektiver Ausbildung, die aber bereits im Schatten der drohenden Einberufung zum Arbeitsdienst und zur Wehrmacht standen. Während der zahlreichen Unterbrechungen des Schulbetriebs hatte er bei Aushilfsarbeiten als Anreißer und Körner im Behälterbau, als Presskarrenschieber in einer Ziegelei und als Schrottsortierer im Stahlwerk seines späteren Lehrbetriebs Gelegenheit, erste eigene Eindrücke von der Arbeitswelt zu sammeln. Sie stärkten zweifellos seine Motivation, im Drang zum beruflichen Aufstieg nicht nachzulassen. Den Stoff der Handelsschule bewältigte er mühelos. Am Ende dieses ersten Ausbildungsabschnitts ließ er sogar schon deutliche Zeichen eines hochentwickelten intellektuellen Selbstbewusstseins erkennen, das nicht einmal davor haltmachte, die Aufgabenstellung seiner Prüfer zu korrigieren, wenn er sie für fehlerhaft hielt. Auch in politischer Hinsicht war er nun nicht mehr so einfach einzuschüchtern. Jahrelange Schulung im Jungvolk und in der Hitler-Jugend hatten ihn im Umgang mit der Phraseologie des Dritten Reiches so sicher werden lassen, dass er sich ihrer routiniert bedienen konnte, um seine Interessen mit Nachdruck zu verteidigen. Er tat dies ohne jede Skrupel, als er kurz vor seiner Einberufung zum Arbeitsdienst die Flucht nach vorne antrat und sich freiwillig zum Dienst in der Luftwaffe meldete. Er verband damit die Hoffnung, den drohenden Fronteinsatz um einige – vielleicht entscheidende – Monate hinauszuschieben, weil die Ausbildung zum Fliegerpersonal wesentlich länger dauern würde als der Drill zum Infanteristen. Die Rechnung ging freilich nicht auf, weil die Luftwaffe kommentarlos auf seine Dienste verzichtete. Trotzdem versuchte er auch danach noch gelegentlich, durch freiwillige Meldungen seine Überlebenschancen zu verbessern. Alle derartigen Versuche blieben jedoch ohne durchschlagenden Erfolg. Jedenfalls wurde er, wie es üblich war, mit 17 Jahren, im Mai 1943, zum Arbeitsdienst einberufen. Er musste deshalb seine auf zweieinhalb Jahre angelegte kaufmännische Lehre bei der Bochumer Eisen- und Hüttenwerke AG, die damals zur Otto-Wolff-Gruppe gehörte[29], schon nach einem Jahr unterbrechen.

Zum Zeitpunkt seiner Einberufung war dem Siebzehnjährigen der Krieg längst nicht mehr fremd. An seiner Lehrstelle drehte sich alles um die Rüstung. Stahl- und Walzwerk der Eisen- und Hüttenwerke an der Castroper Straße belieferten vor allem den Panzerbau des Unternehmens. Dort wurden fieberhaft Gehäuse für den Tigerpanzer zusammengeschweißt, auf dem alle Hoffnungen ruhten, in den großen Panzerschlachten im Osten doch noch das Blatt zugunsten der Wehrmacht zu wenden. Aber auch Abwurfkanister zur Versorgung der in Stalingrad eingeschlossenen 6. Armee des Feldmarschalls Paulus gehörten zum Produktionsprogramm, das der kaufmännische Lehrling auf seinen Ausbildungsstationen durch den Betrieb kennenlernte. Noch näher rückte der Krieg allerdings nach Dienstschluss an die Menschen des Ruhrgebiets heran. Bochum lag, wie andere Revierstädte auch, von Anfang an im Visier der gegnerischen Luftkriegsführung. Seit 1942 fielen ganze Stadtviertel den britischen Flächenbombardierungen zum Opfer, vor allem wenn sie, wie im Bochumer Nordwesten, im Gemenge mit ausgedehnten Anlagen der Schwerindustrie und des Bergbaus lagen. Noch bevor die elterliche Wohnung im Dachgeschoß der Herner Straße 158 im November 1943, von Brandbomben getroffen, völlig ausbrannte, musste der als Luftschutzhelfer und Brandwache eingesetzte Hitler-Junge die Schrecken des Krieges am eigenen Leibe erfahren. Im Frühjahr 1943 entging er nur knapp dem Tod, als beim Versuch, das von ihm bewachte Mädchengymnasium am Ostbahnhof vor den Flammen zu retten, eine Treppe unter ihm zusammenbrach. Er konnte sich nur noch in letzter Sekunde aus der Gefahrenzone hangeln. Viele seiner Zeitgenossen reagierten auf den Bombenterror der feindlichen Luftwaffen mit Trotz und schlossen die Reihen fester, auch wenn sie bis dahin noch nicht der Volksgemeinschaftsideologie des Regimes erlegen waren. Für Hans Matthöfer war die Trümmerlandschaft Bochums hingegen ein Menetekel des drohenden Zusammenbruchs. Als er zum Arbeitsdienst ausrückte, hatte er nur noch ein einziges Ziel: Er wollte überleben.

29 Das Bochumer Werk war dem großen Stahl-Trust der Vereinigten Stahlwerke angeschlossen. Nach dem Zweiten Weltkrieg ging das Unternehmen unter dem Namen Stahlwerke Bochum AG im Thyssen-Konzern auf.

Matthöfer (Kreuz auf dem Spaten) mit seiner Schweriner Arbeitsdienstgruppe (1943).

Im Krieg

Im Vergleich zu den Schrecken der Heimatfront musste ihm der Arbeitsdiensteinsatz wie eine Sommerfrische erscheinen. Das Lager des Reichsarbeitsdienstes, in dem er ausgebildet wurde, lag in einem Vorort von Schwerin und damit weit ab von den Brennpunkten des Bombenkrieges. Erst die Auswirkungen der nächtelangen Flächenangriffe auf Hamburg im Juli/August 1943 (›Unternehmen Gomorrha‹), die zehntausenden Zivilisten das Leben kosteten, deckten das Trügerische an der Mecklenburgischen Idylle auf. Die Arbeitsmänner, die bis dahin mit Drill am Spaten (›Den Spaten über!‹) die Zeit totschlugen oder sich beim Bau primitiver Luftschutzunterstände nützlich machten, mussten den aus Hamburg evakuierten Frauen und Kindern helfen, in den umliegenden Mecklenburgischen Ortschaften Notunterkünfte zu beziehen. Vor dem Hintergrund solcher Eindrücke erschien es dem jungen Arbeitsdienstmann umso erstrebenswerter, seinen Dienst in Schwerin möglichst lange fortzusetzen. Im Vergleich zu dem, was ihn nach der Einberufung zur Wehrmacht erwarten mochte, ließ sich der Arbeitsdienst leicht ertragen. So meldete er sich kurz vor Ablauf der dreimonatigen Dienstpflicht freiwillig für eine hauptberufliche Laufbahn im Arbeitsdienst. Dies führte dazu, dass sich seine Dienstzeit bis zur Entscheidung über den Antrag um sechs Wochen verlängerte, die er ebenfalls in Schwerin verbrachte. Seine Aufgabe bestand nun darin, im Gebäude der örtlichen und regionalen Arbeitsdienstführung einen kleinen Laden mit Dingen des täglichen Bedarfs zu bewirtschaften. War seine Verzögerungsstrategie bis dahin erfolgreich gewesen, scheiterte sie am Ende doch, weil auch diese allzu durchsichtige Freiwilligenmeldung unberücksichtigt blieb. Nach einem kurzen ›Heimaturlaub‹ kam seine Einberufung zur Wehrmacht nicht später als die seiner Altersgenossen – wenige Tage nach seinem 18. Geburtstag.

Die Fahrt zum Dienstantritt bei der Wehrmacht konnte der Bochumer mit der Straßenbahn antreten. Sie brachte ihn fast von der eigenen Haustür über Hattingen in das völlig zerstörte Wuppertal-Ronsdorf, wo ihn in der Diedenhofen-Kaserne eine dreimonatige Grundausbildung zum Panzergrenadier erwartete. Geübt wurde vor allem das Gefecht im Verband von Schützenpanzern oder gepanzerten Mannschaftstransportern und Kampfpanzern, das den Panzergrenadieren viel körperliches Geschick abverlangt. Das mühsam Erlernte sollte ihm an der Ostfront aber wenig nützen, weil seine Einheit in den wenigen ernsthaften Gefechten, an denen er beteiligt war, schon längst über keine Schützenpanzer mehr verfügte und sich somit nicht von der klassischen Infanterie unterschied. Um so mehr machte sich eine andere militärische Fähigkeit bezahlt, die der Rekrut während der Grundausbildung in einer Ersatzeinheit des Panzergrenadier-Regiments 361 entwickelt hatte. Der Träger des Goldenen Scharfschützenabzeichens der Hitler-Jugend erwies sich als ›Schütze 1‹ in der Beherrschung seines Maschinengewehrs, des MG 42, geradezu als Meister. Kein anderer konnte es im Tempo eines kombinierten Lauf- und Schlosswechsels oder in der Präzision und der Wirtschaftlichkeit des Wirkungsschießens mit ihm aufnehmen. Dies war keineswegs nur einem Talent geschuldet. Wie er es von Kindheit an im Umgang mit schwer absehbaren Herausforderungen gewohnt war, hatte er diese und andere soldatische Praktiken heimlich und gründlich in der Freizeit geübt. Er war von ihrem Nutzen für den bevorstehenden Frontdienst überzeugt – und dies nicht ganz zu Unrecht. Seine soldatischen Leistungen verschafften ihm einerseits Respekt bei den Vorgesetzten und ließen sie über seine ansonsten nicht durchweg freudige Dienstauffassung hinwegsehen. Andererseits machte ihn diese wichtige Qualifikation aber auch zu einem der ›Leistungsträger‹ seiner Einheit, dem man es nicht gestattete, sich auf weniger gefährliche Posten zurückzuziehen. Sein längst gefasster Entschluss, kühl jede erreichbare Gelegenheit zu nutzen, um abzutauchen, in volle Deckung zu gehen und sich »aus diesem verdammten Krieg herauszuhalten«,[30] ließ sich unter diesen Bedingungen nur schwer umsetzen. Umso wichtiger wurde ihm sein einziges und vorrangiges Ziel: den Krieg, dessen Ende zwar unbestimmt, aber doch im Prinzip absehbar war, lebend und körperlich möglichst unversehrt zu überstehen. Wenn es dazu nötig war, ein guter Soldat zu werden, so sah er darin keinen Widerspruch. Zeitweise gefiel ihm sogar der Umgang mit der Waffe und er sah in der Herausforderung durch den ›Barras‹ ein zwar nicht ungefährliches, aber doch auch interessantes Katz- und Mausspiel, bei dem er nicht immer die Rolle der Maus spielen wollte. Zu Hilfe kam ihm dabei auch eine gewisse Furchtlosigkeit vor dem Verwaltungs- und Befehlsapparat der Wehrmacht. Seine Vertrautheit mit den Regeln des NS-Staates, der bei aller politischen Willkür im Großen immer auch den Anschein rechtsstaatlicher Korrektheit im Kleinen aufrechterhielt, steigerte noch sein Selbstbewusstsein. Er traute es sich durchaus zu, eventuelle Übergriffe seiner Vorgesetzten mit ihren eigenen Mitteln abzuwehren. Diese innere Entschlossenheit war ihm offenbar anzumerken[31], sodass er sie nie wirklich auf die Probe stellen musste.

---

30 Matthöfer, Jahre, S. 97.
31 Ebenda, S. 114–117.

Der kurze Weihnachtsurlaub nahm dem schon lange an Sinn und Vernunft des Krieges zweifelnden jungen Panzergrenadier die letzten Illusionen über einen guten Ausgang des nationalsozialistischen Abenteuers. Seine elterliche Wohnung unter dem Dach des Lammertschen Hauses war inzwischen ausgebombt, sodass er mit seinem Vater in einer Einzimmerwohnung im Erdgeschoss wohnen musste. Die Mutter und Heinrich, der jüngere Bruder, waren in die Soester Börde evakuiert bzw. nach Pommern ›kinderlandverschickt‹. Das Zimmer musste auch als Lager für die geretteten Möbel der Familie dienen. In dieser drangvollen Enge gab es für die beiden Männer neben dem Schachspiel nur eine Abwechslung: das allabendliche gemeinsame konspirative Abhören des Londoner Rundfunks, das einen einigermaßen zuverlässigen und realistischen Einblick in die Lage an allen Fronten des Weltkriegs versprach.

So eingestimmt, erlebte Hans Matthöfer seinen Aufbruch an die Front wie einen krankhaften Albtraum. Der Marsch seiner auf rollendes Material der Reichsbahn verladenen Einheit in das vorgesehene Einsatzgebiet dauerte länger als zwei Wochen. Da zunächst ein Truppenübungsplatz in der Eifel angesteuert wurde, keimte kurzzeitig die Hoffnung auf, den Krieg in der französischen Etappe aussitzen zu können. In Eupen-Malmedy wurde aber lediglich der Transport an die Ostfront zusammengestellt. Als die Odyssee Mitte Januar endlich ihr Ende fand, war auch die letzte Illusion geplatzt. Die Endstation dieser langen Fahrt an die Front lag in einem kleinen ukrainischen Dörfchen in der Nähe von Odessa, nicht weit vom Ufer des Schwarzen Meeres. Dort, in Staryi Beljare, das die Deutschen Alt-Annental nannten, lebten noch Nachfahren schwäbischer oder rheinhessischer Bauern, die nicht vor der anrückenden Wehrmacht nach Sibirien verschleppt worden waren. Odessa lag zu dieser Zeit noch weit ab von der Offensive der 3. Ukrainischen Front, die sich am Dnjepr gegen Nikopol und Kriwoi-Rog aufbaute, deren wichtige Mangan- und Eisenerzgruben von deutschen Truppen aus wehrwirtschaftlichen Gründen erbittert verteidigt wurden.[32] Im Hinterland blieb dem frischgebackenen Russlandkämpfer Zeit, sich ›zahnkrank‹ zu melden, um sich so einige Tage in Odessa umzusehen. Er bezahlte das eindrucksvolle Erlebnis dieser kosmopolitischen südrussischen Hafenstadt nicht nur mit dem Verlust eines gesunden Backenzahns, sondern holte sich in einem Soldatenheim auch Läuse. Sie plagten ihn zehn Wochen lang und verursachten das wolhynische Fieber, dessen sporadisches Wiederaufflackern ihn bis in die Nachkriegszeit immer wieder verfolgte. Weniger unangenehm – und durchaus einkalkuliert – war, dass er bei seiner Rückkehr nach Alt-Annental den Abmarsch seine Truppe verpasste und so nicht an deren ersten, verlustreichen Kämpfen teilnehmen musste. Auch seine nächste Station auf dem Weg zum ersten Kriegseinsatz, die an den Flüssen Bug und Ingul gelegene Hafenstadt Nikolajew, bot dem achtzehnjährigen Landser neue Eindrücke. Er verliebte sich in eine junge russische Germanistikstudentin, die ihm nicht

---

32 Werner Abelshauser (Hg.), Goering's Atlas. Das Handwerkszeug des Rüstungsdiktators. Geheimes Kartenmaterial aus dem Büro des Beauftragten für den Vierjahresplan Reichsmarschall Hermann Goring, Braunschweig 2004, Karte 28 und Kommentar.

nur Russisch beibrachte, sondern auch kommunistische Propagandaschriften in deutscher Sprache schenkte. Die kurze, aber heftige Liebesbeziehung stärkte seine Kampfmoral nicht, als er schon nach zwei Wochen weiterziehen musste, um in der Nähe von Nowyi Bug seine militärische Feuertaufe zu erleben.

Seine Einheit hatte inzwischen alle ihre Schützenpanzer verloren und wurde im Verband der 23. Panzerdivision als motorisierte Infanterie eingesetzt. Sie hatte den Auftrag erhalten, einen gerade errichteten sowjetischen Brückenkopf hinter den Fluss zurückzuwerfen, was in zähen und verlustreichen Nahkämpfen auch gelang. Am Ende lagen sich beide Seiten buchstäblich auf den Leichen der Gefallenen gegenüber, zwei Tage lang, ohne die Deckungslöcher verlassen zu können. In dem Dorf am Bug fand keine der für den Krieg im Osten typischen spektakulären Artillerie- und Panzerschlachten statt. Es war auch kein anonymes Massensterben im schreckenerregenden Raketenfeuer der Stalin-Orgeln, das die Kulisse für den ersten Auftritt Matthöfers als Kämpfer in der Schlacht bot. Extreme militärische Operationen dieser Art sind ihm auch später erspart geblieben. Die Erfahrungen aus diesem eher an die Grabenkämpfe des Ersten Weltkriegs erinnernden Kampf gegen einen offenbar hoch motivierten und gut ausgebildeten Gegner reichten aber aus, um ihn in Todesangst zu versetzen und erste Gedanken an einen Ausstieg aus dem Wahnsinn des Krieges aufsteigen zu lassen. Der Feuertaufe im Kampf Mann gegen Mann folgten einige Wochen eines lähmenden Stellungskrieges am Bug. Beide Seiten belauerten sich gegenseitig, ohne zum Angriff überzugehen. Dann kam für die deutschen Panzergrenadiere der erlösende Befehl zum Rückzug, der einer ziellosen Flucht ähnlicher war als einer wohlgeordneten Absetzbewegung. Die Front hatte sich aufgelöst, und den im Süden der Ukraine stehenden deutschen Truppen drohte die Einkesselung.

Der neue rumänische Frontabschnitt von Matthöfers Einheit gehörte nicht zu den Brennpunkten des östlichen Kriegsschauplatzes, an denen die großen Entscheidungen in dramatischen Panzerschlachten fielen. In Rumänien ging es vielmehr darum, das Chaos zu begrenzen, um einen einigermaßen geordneten Rückzug der deutschen Verbände aus Südrussland offen zu halten. Eine weitere Aufgabe der deutschen Truppen war es, dem faschistischen Verbündeten den Rücken zu stärken, um einen Koalitionswechsel Rumäniens möglichst lange hinauszuschieben. Dafür standen nicht die wenigen noch verbliebenen Elitetruppen der Wehrmacht und der Waffen-SS zur Verfügung, sondern ein schillernd bunter Haufen, wie ihn die Kriegsgeschichte bis dahin kaum gesehen hatte. Es war das letzte Aufgebot eigener und verbündeter Truppen, das im Südosten vergeblich versuchte, der wachsenden Übermacht der Roten Armee standzuhalten. Mit Matthöfer kämpften Luxemburger, Elsässer und Österreicher, ehemalige Fremdenlegionäre, Bessarabien-Deutsche und Volksdeutsche aus vielen anderen Ländern Osteuropas – nicht wenige von ihnen ›malgré nous‹ zu den deutschen Fahnen gerufen, wie es im Elsass hieß. Sie wurden unterstützt durch ungarische, rumänische, italienische und spanische Angehörige verbündeter Truppen, die Seite an Seite mit den holländischen, flämischen, wallonischen und schwedischen Männern der Waffen-SS ›gegen den

Auf einem Photo seiner Wuppertaler Wehrmachtsausbildungsgruppe markierte Matthöfer (6. v. rechts) die Bilder der später Gefallenen mit einem Kreuz.

Bolschewismus‹ ins Feld zogen. Hinzu kamen noch die von den Wehrmachtsangehörigen abfällig ›Hiwis‹ genannten Ukrainer, Kosaken, Araber und Mongolen. Für den jungen, noch wenig welterfahrenen Westfalen bot dieses Gemenge von Nationalcharakteren, das babylonische Sprachengewirr und die bizarren Einzelschicksale seiner Leidensgenossen ein reiches Feld zur Befriedigung einer gleichsam ethnologischen Neugierde. Das wochenlange, ereignisarme Warten in Bereitstellungsräumen – der Krieg bestand für die Grenadiere hauptsächlich in der Abwehr von Ungeziefer – und die langen Fußmärsche von einem Einsatzort zum anderen gaben ihm darüber hinaus die Gelegenheit, einige interessante oder nützliche Brocken der verschiedenen fremden Idiome aufzuschnappen.

Am 4. März 1944 trat die Rote Armee in Rumänien zur Großoffensive an, nachdem sie das Erzrevier von Kriwoi-Rog bereits im Februar zurückerobert hatte. Um den drohenden Einschluss ihrer im Süden operierenden Verbände durch den Vormarsch der 3. Ukrainischen Front abzuwenden, versuchte die Wehrmachtsführung mit Hilfe starker rumänischer Kräfte und versprengter deutscher Truppenteile, nördlich der Linie Jassy – Kischinew – unterer Dnjestr eine neue Verteidigungsstellung aufzubauen. Damit erhielt auch die ziellose Flucht der Matthöferschen Einheit eine neue Richtung. In wochenlangen Gewaltmärschen über Odessa, Kischinew und Hussy erreichte sie schließlich Jassy, die alte Hauptstadt des rumänischen Fürstentums Moldau. Hier lag nun für vier unruhige und spannungsgeladene Wochen der Verfügungsraum der Truppe. Seit dem 12. April war der Nordwesten von Jassy Ausgangspunkt für fast tägliche Vor- und Gegenstöße der deutschen und rumänischen Truppen, die bis Mitte Juni anhalten sollten.[33] Für Matthöfer brachte diese Lage neue, gefährliche Einsätze und Nahkämpfe in der Umgebung der Stadt mit sich, in denen er als MG-Schütze 1 immer wieder im Brennpunkt stand. Die fast sichere Aussicht, mit den Resten seiner schon stark dezimierten Kompanie früher oder später aufgerieben zu werden, ließ ihn die Idee wieder aufgreifen, sich dieser Gefahr durch ›Selbstverstümmelung‹ zu entziehen. Schon in der Ukraine hatte er mit dem Gedanken gespielt, den Ratschlägen der Feindpropaganda zu folgen und sich mit Gelbsucht zu infizieren. War ihm dies noch zu riskant erschienen, nahm bald eine andere Methode in seinem Kopf Gestalt an. Er wollte sich selbst den klassischen ›Heimatschuss‹ verpassen, um so möglicherweise den Rest des Krieges im Lazarett zu überleben. Als sein Schütze 2, mit dem er von Beginn an alle Gefahren teilte, durch Granatsplitter im Kopf schwer verletzt ausfiel, gab dies den Ausschlag.[34] Er begann mit der systematischen Planung seines Vorhabens und wägte das Risiko ab. Bei einem der zahlreichen örtlichen Gegenvorstöße, mit denen seine Kompanie immer wieder aufs Neue russische Angreifer zurückwerfen musste, die in die deutschen Linien eingedrungen waren, schoss er sich am 28. April 1944 mit einer erbeuteten polnischen Radom-Pistole in den linken Unterarm. Er fügte sich so einen Splitterbruch zu, der ihn für fast neun Monate außer Gefecht setzen sollte. Wie man sich einen solchen Schuss mit Hilfe eines zwischen Unterarm und Mündungsöffnung gelegten halben Kommissbrotes fachmännisch selbst setzen kann, ohne verdächtige Schmauchspuren zu hinterlassen, hatte ihm ironischerweise im Februar 1943 ein SS-Unterscharführer während eines HJ-Ski-Lagers im Elsass beigebracht. Dieser eigentlich für die ideologische Betreuung der Hitler-Jungen zuständige, renommiersüchtige SS-Mann gab an sein staunendes Publikum weiter, was erfahrene Landser über die Praxis des ›Heimatschusses‹ zu wissen glaubten, aber nur selten selbst praktizierten. Nach dem Vorfall hatte sich Matthöfer eine plausibel scheinende Legende zurechtgelegt, musste sich für die Umstände der Verwundung aber nie rechtfertigen. Dass der Schuss ›feindverursacht‹ war, wurde von allen Beteiligten als völlig selbstverständlich und keiner weiteren Erklärung bedürftig akzeptiert. Später, während des Genesungsurlaubs, erhielt er das Verwundetenabzeichen in Schwarz, zusammen mit dem bronzenen Panzerkampfabzeichen und seiner Beförderung zum Gefreiten.

Lazarettaufenthalte in Krakau, in Pleschen im Warthegau, im niedersächsischen Lemförde und in Soest erlaubten dem nur langsam Genesenden, in sicherer und relativ angenehmer Umgebung das herbeigesehnte Ende des Krieges zu erwarten. Sie boten dem Neunzehnjährigen auch Gelegenheit, die in Rumänien begonnenen ›ethnologischen Studien‹ fortzusetzen und sich weiterhin rudimentäre Kenntnisse in fremden Sprachen anzueignen. Bei aller Neugier für Menschen und Ereignisse hat er dabei nur wenig über die Abgründe der nationalsozialistischen

---

33 Die Wehrmachtsberichte 1939–1945, Band 3, S. 79–103.
34 Sein MG-Schütze 2, Herbert Maatmann, schätzte Matthöfers Verhalten als Soldat als »eher draufgängerisch« ein. Umso mehr überraschte ihn Matthöfers Darstellung. Interview am 21. September 2005 in Nordhorn.

Als Rekrut trägt Matthöfer das Sportleistungsabzeichen an der Uniformjacke. Später kamen Orden hinzu.

Schreckensherrschaft erfahren, obwohl er in Krakau nicht weit von Auschwitz entfernt war. Nichts von dem, was in dem SS-Vernichtungslager an ungeheuerlichen Verbrechen vor sich ging, drang auch nur andeutungsweise in Gesprächen oder durch Gerüchte in sein Bewusstsein. Dabei waren ihm im Januar 1944 auf dem Weg an die Ostfront immer wieder Züge mit Deportierten begegnet, deren Elend so offensichtlich war, dass es spontan sein Mitleid weckte. Woher diese abgezehrten, stöhnenden und weinenden Menschen in ihren stacheldrahtbewehrten Güterwagen kamen und wohin sie weiterrollten, darüber dachte der junge Soldat nicht nach. Er war zu sehr mit seinem eigenen ungewissen Schicksal beschäftigt. Die wirklichen Destinationen und Hintergründe dieser Transporte hätten aber auch ganz entschieden seine Vorstellungskraft überstiegen, wie die brutale Wirklichkeit der Vernichtungslager die Phantasie der meisten Zeitgenossen überforderte. Der Erfahrungshorizont des einzelnen Landsers hing natürlich auch davon ab, in welche Operationen seine Einheit jeweils verwickelt wurde. So war Matthöfers Regiment beispielsweise nie an der Umsetzung der ›Strategie der verbrannten Erde‹ beteiligt, obwohl ausgerechnet seine 23. Panzerdivision von russischer Seite als »Mord- und Branddivision« bezeichnet wurde. Die Praxis der mutwilligen Zerstörung der Häuser und sonstiger wirtschaftlicher Grundlagen der Zivilbevölkerung wurde beim Rückzug aus der Ukraine häufig befohlen und auch entsprechend umgesetzt.

Den Genesungsurlaub verbrachte Hans Matthöfer bei seinem Vater in Bochum, nachdem er den Lazarettaufenthalt in Soest dazu genutzt hatte, mit seiner Mutter im benachbarten Berlingsen zusammen zu sein. Danach erreichte ihn der Marschbefehl nach Reutlingen, wo ihm in einer Genesungskompanie nur eine Galgenfrist vor dem Rückmarsch an die Front vergönnt schien. Hier herrschten vergleichsweise idyllische Verhältnisse. Um möglichst lange davon zu profitieren, meldete sich der frisch dekorierte Gefreite schon nach wenigen Tagen zu einem Lehrgang für Reserve-Unteroffiziers-Bewerber, der in einem der Gebäude des Kasernenkomplexes eingerichtet war. Der Dienst stellte an den inzwischen schon routinierten Soldaten keine besonders hohen Ansprüche, weckte aber sein Interesse und seinen Ehrgeiz, tiefer in die Regeln des ›Kriegshandwerks‹ einzudringen. Der erfolgreiche Abschluss des Lehrgangs bedeutete für den Volksschüler noch nicht die Beförderung zum Unteroffizier. Als Anwärter auf diesen Dienstgrad war er jedoch berechtigt, sich für die Laufbahn des Berufsunteroffiziers zu bewerben. Unter normalen Bedingungen mochte dies weder im Krieg noch im Frieden eine erstrebenswerte Karriere sein. Die Bewerbung zog aber einen einjährigen Aufenthalt an einer Schule für Berufsunteroffiziere in Potsdam nach sich und lockte deshalb mit der – wie sich bald zeigen sollte, trügerischen – Aussicht, weitere lange Monate außerhalb der Reichweite tödlicher Waffen zu bleiben.

Nach fast drei Monaten in Reutlingen verbrachte der zukünftige Unteroffizier deshalb die Silvesternacht des Jahres 1944/45 im D-Zug nach Potsdam. Dort erwartete ihn ein öder, wenig inspirierender Kommissbetrieb, der ihm aber immer noch als die bessere Alternative zur Ostfront erschien. Dies änderte sich, als die Rote Armee am 12. Januar 1945 zu einer großangelegten Offensive ansetzte. Schon eine Woche später wurde der Lehrgangsbetrieb unterbrochen, weil die Wehrmachtsführung angesichts der verzweifelten Lage der deutschen Streitkräfte an allen Fronten auf erfahrene Soldaten, wie es die Potsdamer Unteroffiziersschüler zweifellos waren, nicht verzichten wollte. Matthöfers Hoffnung, durch die Unteroffiziersausbildung wenigstens noch einige Monate der Front fernzubleiben, zerschlug sich. Neu ausgerüstet, fuhr die Potsdamer Alarmeinheit mit dem Zug an die Front, die irgendwo im Warthegau, dem früheren Regierungsbezirk Posen, östlich der Städte Grätz und Kosten für kurze Zeit zum Stehen gekommen war. Nach vergeblichen, aber für die Angreifer verlustreichen Anstrengungen, improvisierte Stellungen in Kosten, im niederschlesischen Luschen und in Neusalz an der Oder zu halten, schlug sich der Unteroffiziersschüler im Chaos der zusammenbrechenden Front nach Cottbus durch – immer in der Gefahr, in sowjetische Gefangenschaft zu geraten oder sein Leben zu verlieren. Ein gefälschter Marschbefehl verschaffte ihm noch einige Tage Zeit, um bei einer Freundin in Königs Wusterhausen ›abzutauchen‹, ehe er sich wieder in Potsdam zurückmeldete. Er war inzwischen abgebrüht genug, um – freilich immer nach sorgfältiger Abwägung des Risikos – jede Möglichkeit der Täuschung zu nutzen, um ›in volle Deckung‹ zu gehen.

Die in den wenigen Wochen ihres Fronteinsatzes rasch in alle Winde zerstreuten Kompanien, Züge und Gruppen der Potsdamer Schule blieben ohne jeden Einfluss auf die militärische Lage. Ihr Einsatz war ein einziger Fehlschlag. Vielleicht lag darin der Grund für die Entscheidung, die Schule noch in den letzten Kriegstagen nach Århus, an die Ostküste Jütlands, zu verlegen. Hier im besetzten Dänemark verlief im März 1945 der Alltag fast wie in Friedenszeiten, zumal die Aktivität der dänischen Widerstandsbewegung – so es sie in Århus gegeben hat – den Unteroffiziersschülern verborgen blieb. Jedenfalls wurden sie von der Bevölkerung der Stadt freundlich aufgenommen und mussten sich um ihre Sicherheit keine Sorgen machen. Da der Zahlmeister die gute Gelegenheit nutzte, um den angehenden Unteroffizieren auf einen Schlag den gesamten ausstehenden Sold von mehr als zwei Monaten – einschließlich der Frontzulage – auszuzahlen, war man auch kaufkräftig genug, um das lange entbehrte Konsumangebot zu genießen. Was an Geld übrigblieb, nahm per Reichspost über Kiel den Weg nach Bochum, wo es der Geldbriefträger im Oktober 1945 zur allgemeinen Überraschung auch an der Wohnungstür ablieferte. Der Schulbetrieb selbst lief nur noch auf Sparflamme weiter, führte für Matthöfer aber schließlich doch zu dem gewünschten Ergebnis. Am 1. April wurde er zum Berufsunteroffizier befördert. Auch wenn abzusehen war, dass diese Laufbahn bald im Nichts enden werde, machte ihn der Erfolg doch ein bisschen stolz. Es war in der Wehrmacht nicht häufig der Fall, dass ein Soldat ohne Abitur eine nur anderthalb Jahre lange Dienstzeit mit diesem Dienstgrad abschloss. Sehr zu seinem Leidwesen übrigens schien die Wehrmachtsbürokratie für den Rest des Krieges nicht mehr in der Lage, ihm die eigentlich verdiente Nahkampfspange in Bronze zu verleihen. Zusammen mit den bereits in den Einsätzen in der Ukraine und in Rumänien erworbenen Ansprüchen wären wohl gut und gern jene 15 Nahkampftage zusammengekommen, die dafür erforderlich waren. Nach Kriegsende sollte sich zeigen, dass die Wehrmacht in dieser Hinsicht besser war als ihr Ruf. Die Wehrstammkarte des Unteroffiziers wies aus, dass ihm das Eiserne Kreuz zweiter Klasse (E.K. II) verliehen worden war – eine Auszeichnung, die in den letzten Kriegstagen häufiger vergeben wurde, den Adressaten aber offenbar nicht mehr erreichte.

In taktischer Hinsicht kam die Beförderung zum Unteroffizier freilich zu früh. Mit ihr war der Lehrgang abgeschlossen, sodass der neue Unterführer wieder aktiv in den Kampf um den ›Endsieg‹ eingreifen musste. Dies war Anfang April allerdings schon aus logistischen Gründen nicht mehr so einfach. Gerüchte wollten wissen, dass sich der Auftrag der Gruppe Matthöfer, Prenzlau gegen die Rote Armee zu verteidigen, nicht mehr ausführen lasse, weil die Uckermärkische Stadt längst in russische Hand gefallen sei.[35] So führte der Marschbefehl die Gruppe zunächst nach Hamburg, wo man sich auflöste, damit – so die offizielle Lesart – jeder auf eigene Faust dem Auftrag möglichst weit nachkommen könne. Matthöfer entschied sich dafür, die Fahrt von Hamburg aus mit der Bahn fortzusetzen, um

---

35 Tatsächlich fiel Prenzlau erst Ende April 1945; Wehrmachtsberichte, Band 3, S. 559.

östlich der Hansestadt den Übergang über die Elbe zu suchen. Dann wollte er sich nach Bochum durchschlagen. Einige der aus Westdeutschland stammenden Soldaten seiner Gruppe folgten ihm dabei. Nachdem der Versuch, den Strom bei Wittenberge zu queren, kläglich misslungen war, schloss man sich zum Schutz vor fliegenden Standgerichten, die mit Fahnenflüchtigen kurzen Prozess machten, einem der zahlreichen ad hoc gebildeten ›Alarmhaufen‹ an. Matthöfer wurde durch einen Streifschuss leicht verwundet, als diese Kampfgruppe aus versprengten Wehrmachtsresten einen gerade gebildeten amerikanischen Brückenkopf auf die Westseite der Elbe zurückwarf. Nach diesem Pyrrhussieg an der Westfront wurde er noch einmal an die Ostfront in Marsch gesetzt, die sich inzwischen bereits mit dem Fahrrad erreichen ließ. Als Dorfkommandant von Fehrbellin sollte er den örtlichen Volkssturm gegen die anrückenden Russen in Stellung bringen. Die historische Aura dieses Dorfes am Rhinkanal war für den immer noch nicht ganz erloschenen Wunderglauben an den ›Endsieg‹ nicht ohne Symbolkraft, konnte doch der Große Kurfürst dort 1675 am Hakenberg die Schweden vernichtend schlagen und ihre Machtstellung südlich der Ostsee entscheidend schwächen. Aber Geschichte wiederholte sich nicht – nicht einmal als Farce. Von den topographischen Bedingungen her gesehen, eignete sich die im offenen Gelände gelegene Ortschaft nicht als Verteidigungsstellung gegen überlegene Angreifer. Matthöfer gelang es dennoch, eine erste Angriffswelle der zehnfach überlegenen Sowjets mit Hilfe seiner abenteuerlichen Streitmacht aus etwa zwanzig Rentnern, Hitler-Jungen und genesenden Luftwaffensoldaten zurückzuschlagen. Mit Hilfe einiger russischer Fremdarbeiter, die – wie in den meisten Fällen – keine große Lust hatten, von der Roten Armee befreit zu werden, hatte man Gräben ausgehoben und die Ungunst des Geländes etwas ausgeglichen. Auch mangelte es den Verteidigern nicht an Überlegenheitsgefühl gegenüber den meist schlecht geführten russischen Angreifern. Gerade die jungen Soldaten unter ihnen waren es leid, immer wieder davonlaufen müssen, und suchten trotzig das Gefecht. Ihr Führer zog es allerdings vor, Fehrbellin zu räumen, nachdem sowjetische Luftunterstützung die Überlegenheit der Angreifer noch deutlicher machte und Verluste zu beklagen waren. Erst als sich die Verteidiger von Fehrbellin in Richtung Elbe abgesetzt hatten, gelang es dem XXXXI. Panzerkorps des Generalleutnants Holste, den russischen Vormarsch bei Fehrbellin noch für eine Woche bis zum 1. Mai aufzuhalten.[36] Holste hatte es versäumt, den Ortskommandanten von Fehrbellin in seine taktischen Pläne einzubeziehen – was an dessen strategischer Entscheidung aber wohl wenig geändert hätte. Im Ergebnis schlug sich die zweite Schlacht von Fehrbellin nicht einmal als Fußnote im Kriegstagebuch des Oberkommandos der Wehrmacht nieder.

Inzwischen hatte die geschlagene Dorfwehr die Elbe erreicht und erneut versucht, diesmal auf einem Floß, den Fluss zu überqueren, um sich den Amerikanern zu ergeben. Sie musste dieses Unternehmen aber im Feuer der US-Army abbrechen

---

36 Percy R. Schramm, Kriegstagebuch des Oberkommandos der Wehrmacht 1944–1945, Teilband 2, Bonn o. J., S. 1267–1273; s. auch Tony Le Tissier, Der Kampf um Berlin. Von den Seelower Höhen zur Reichskanzlei, Berlin 1997, S. 152.

und lief am Ostufer der Elbe in einen Hinterhalt der Sowjets. Matthöfer geriet so am 2. Mai in russische Gefangenschaft – etwa zur gleichen Zeit, als sich Hitler im Führerbunker durch Selbstmord der Verantwortung entzog. Damit war buchstäblich im letzten Augenblick noch eingetreten, was er auf jeden Fall verhindern wollte. Er wusste aus den literarischen Schilderungen des Edwin Erich Dwinger[37], die im Deutschunterricht seiner Schule an der Feldsieper Straße gelesen wurden, wie es deutschen Soldaten des Ersten Weltkriegs in russischer Kriegsgefangenschaft ergangen war, und wollte unter gar keinen Umständen das gleiche Schicksal erleiden. Sein Entschluss, die erstbeste Gelegenheit zur Flucht zu nutzen, stand deshalb von Anfang an fest. Schon in der ersten Nacht, als die Bewachung noch nicht so rigoros war, setzte er ihn zusammen mit einem Fallschirmjägerleutnant aus dem heimatlichen Wattenscheid erfolgreich in die Tat um. Diesmal wählten die Ausreißer die Route nach Norden, wo sie in Mecklenburg zu Recht die Amerikaner vermuteten.[38] In Eldena bei Greifswald stellte sich Matthöfer schließlich den US-Truppen, die ihn nach einiger Zeit – wie alle in der britischen Besatzungszone wohnenden Kriegsgefangenen – an die Briten weiterreichten.

Das britische Kriegsgefangenenlager war weitläufig und offen in einem schattigen Laubwald bei Eutin in Ostholstein angelegt. Die völlig sorglosen und unbeschwerten Wochen, die der noch nicht Zwanzigjährige dort unter recht angenehmen Bedingungen verbrachte, wirkten wie eine Zeitschleuse, um den jungen Unteroffizier allmählich wieder auf die Höhe der Zivilisation zu tragen. Von den britischen Besatzern in Ruhe gelassen und von Arbeit unbehelligt, blieb während der viermonatigen Quarantäne der Gefangenschaft viel Zeit, die eigenen Gedanken zu ordnen und sich, soweit es ging, auf künftige Herausforderungen mental vorzubereiten. Während die meisten seiner Kameraden in Mannschaftszelten untergebracht waren, baute sich der notorische Einzelgänger seine eigene Unterkunft in einem Erdloch, das er mit einer großen Zeltplane und Drainagen sorgfältig gegen Regen und Sonne schützte. Es diente ihm als Refugium für eine Beschäftigung, der er seit seiner Schulzeit – aber auch während des Krieges im Felde – am liebsten nachging: schlafen, dösen und tagträumen. In diesen Träumen ging es freilich am allerwenigsten um Illusionen oder Fluchten, die das Leben erträglicher machen sollten. Sie brachten ihn vielmehr auf eine andere Wellenlänge der Realität, um, von Umwelteinflüssen ungestört, gedankliche Experimente anzustellen, künftige Konstellationen vorauszudenken, deren Risiken und Chancen lange und wohlbedacht abzuwägen oder einfach nur dem intellektuellen Vergnügen zu frönen, der eigenen Phantasie freien Lauf zu lassen. Bücher gehörten seit seiner Kind-

---

37 Seine auf eigenem Erleben aufbauenden Romane »Die Armee hinter Stacheldraht« und »Zwischen Weiß und Rot« hatten eine unübersehbar nationalistische Tendenz; Dwinger, dessen Mutter Russin war, hatte sich 1914 freiwillig zur Kavallerie gemeldet und geriet 1915 schwer verwundet an der Ostfront in Gefangenschaft. Im Bürgerkrieg kämpfte er mit der Weißen Armee Koltschaks gegen die Bolschewiki. Später gelang ihm die Flucht aus Sibirien.
38 Die Flucht wird ausführlich beschrieben in: Hans Matthöfer, Zwischen Wittenberge und Eldena, in: Werner Filmer, Heribert Schwan (Hg.), Mensch, der Krieg ist aus! Zeitzeugen erinnern sich, Düsseldorf und Wien 1985, S. 243–246.

heit zu den Drogen, die den Einstieg in diese gedankliche Welt erleichterten. Zu den wenigen persönlichen Habseligkeiten, über die der Gefangene noch verfügte, gehörten deshalb neben der Zeltplane und einer Wolldecke auch ein in Dänemark gekaufter englischsprachiger Kriminalroman und ein Volksbrockhaus. Letzteren hatte er in einem von seinen Bewohnern verlassenen Haus an der Ostfront ›mitgehen‹ lassen und ihn seitdem in Århus und in den Wirren des Zusammenbruchs immer mit sich geführt. Mit Hilfe des Lexikons erlernte er ein wissenschaftliches Grundvokabular, indem er sich bisher unbekannte Begriffe wie z. B. Psychologie, Philosophie und Physiologie einprägte. Daneben blieb reichlich Zeit für praktische Vorbereitungen auf das Leben nach dem Kriege. Der Erwerb von Sprachkenntnissen, da musste man kein Prophet sein, gehörte ganz sicher dazu und machte dem Autodidakten seit seiner Handelsschulzeit auch noch großen Spaß. Im weitläufig angelegten Gefangenenlager, das völlig unter deutscher Selbstverwaltung stand, gab es ein breites Angebot selbstorganisierter Vorlesungen, deren Spektrum von der Theologie bis zum Englischunterricht reichte. Matthöfer machte reichen Gebrauch davon, was seine Skepsis gegenüber den Dogmen seiner katholischen Kirche noch vertiefte, ihm aber auch zu einem ganz passablen Englisch verhalf. Über seine berufliche Zukunft machte er sich wenig Gedanken. Mit der Aussicht, die vor der Einberufung zum Arbeits- und Kriegsdienst begonnene Lehre fortzusetzen, blieb sein Wunschtraum, sich einmal selbstständig zu machen, recht vage. Allerdings hatte ihn der Krieg in seiner Abneigung bestärkt, sich von anderen vorschreiben zu lassen, was er zu tun oder zu lassen habe.

Der Mann, der da zufrieden mit sich und der Welt in einem Erdloch an der Ostsee lag und sein Leben Revue passieren ließ, hatte allen Grund, gelassen in die ungewisse Zukunft zu blicken. Vorbei war die Spannung ständiger Wachsamkeit; geblieben ein Instinkt, der ihn den Rest seines Lebens begleiten und vor Gefahr warnen sollte. In die Erleichterung, den Krieg ohne Schaden an Leib und Seele überlebt zu haben, mischte sich wachsendes Selbstbewusstsein, nun auch und erst recht mit den Herausforderungen des Friedens fertig zu werden. Es war ihm, allen Widrigkeiten zum Trotz, gelungen, seine intellektuellen Fähigkeiten – soweit es der Mangel an formaler Bildung zuließ – zu entwickeln. Vor allem hatte er gelernt, selbstständig zu denken und Möglichkeiten und Risiken sorgfältig abzuwägen. Wann immer er dem eigenen Verstand vertraute, wurde er nie im Stich gelassen. Der Krieg hatte den introvertierten jungen Mann aber auch robust und durchsetzungsfähig gemacht, und, wenn es sein musste, sogar abgebrüht und gerissen. Er teilte dieses Persönlichkeitsprofil mit vielen Zeitgenossen aus seiner Generation – doch waren es nicht gerade diese Eigenschaften, die in den ersten Nachkriegsjahren zählten und ihnen den besonderen Charakter verliehen?

Erfahrungen mit der Marktwirtschaft

»An meinem 20. Geburtstag war ich wieder zu Hause, ließ meine Uniform blau färben, machte mich an die Arbeit und wurde bald Sozialdemokrat.«[39] Auf diesen kurzen Nenner brachte der sechzigjährige Matthöfer im Rückblick die ersten fünf Nachkriegsjahre bis zu seinem Eintritt in die Partei Kurt Schumachers. Tatsächlich wurde er schon kurz vor seinem 20. Geburtstag aus der Kriegsgefangenschaft nach Bochum entlassen. Seine Eltern nahmen ihn herzlich, aber ohne viele Umstände und Worte zu machen, in ihre Wohnung auf. Die jetzt wieder vierköpfige Familie lebte noch immer in einem einzigen Zimmer neben der Lammertschen Bäckerei, weil Ihre Wohnung im Dachgeschoss noch nicht wiederhergestellt war. Nach der Sorglosigkeit und Weite des selbst gewählten Einsiedlerlebens in Eutin ließ sich ein größerer Kontrast kaum vorstellen. In der drangvollen Enge des Notquartiers setzte sich der tägliche Kampf ums wirtschaftliche Überleben fort, den die Familie schon seit der Zwischenkriegszeit führen musste. Immerhin hatte Johann Matthöfer seinen Arbeitsplatz als Kranführer beim Bochumer Verein behalten. Vor diesem Hintergrund verlor der ›Zusammenbruch‹ Deutschlands, der besonders tief im Bürgertum empfunden wurde, viel von seiner Dramatik. Die Rückkehr Matthöfers ins heimatliche Bochum verlief auch sonst völlig unspektakulär, fast routinemäßig und ohne besondere Formalitäten. Und doch war sie ein letzter, wichtiger Schritt, um den bösen Zauber zu lösen, der über dem albtraumhaften Geschehen der vergangenen zweieinhalb Jahre lag. Die Fortsetzung der Lehre trug ebenfalls zur Rückkehr der Normalität in das Leben Matthöfers bei. Schon am ersten Tag nach seiner Ankunft in Bochum meldete sich der angehende Industriekaufmann im Personalbüro seiner alten Lehrherrin, der Eisen- und Hütten AG, zurück. Der auch früher schon für ihn zuständige Lehrlingsbeauftragte wies ihn ohne weiteres wieder in dieselbe Abteilung ein, die er im Mai 1943 verlassen musste, um seinen Arbeitsdienst anzutreten. Auch hier war fast alles beim Alten geblieben und die Arbeitskollegen nahmen von seiner Rückkehr kaum Notiz, so als wäre er gar nicht lange weg gewesen. Die Hektik des Rüstungsbooms der Kriegszeit war freilich in ihr Gegenteil umgeschlagen, weil die Stahlindustrie von den Besatzungsmächten noch lange auf Sparflamme gehalten wurde. Lediglich der Lehrlingslohn hatte sich in der Zwischenzeit auf 70 Reichsmark im Monat verdoppelt und spiegelte so ein wenig das Ausmaß der durch die Bewirtschaftung des Grundbedarfs nur mühsam zurückgestauten Inflation wieder. Eine ›Stunde Null‹ gab es im Alltag des in die Jahre gekommenen Lehrlings offensichtlich ebenso wenig wie im Produktionsapparat der westdeutschen Wirtschaft.[40]

Eines aber hatte sich geändert. Hans Matthöfer wollte und musste sich nicht mehr mit der Rolle zufrieden geben, die sein gesellschaftlicher Status quo für ihn bereithielt. Der Lehrlingsbetrieb stellte kaum Anforderungen an ihn. Man ließ ihn

---

39 Ebenda, S. 246.
40 Werner Abelshauser, Deutsche Wirtschaft seit 1945, München 2004, S. 22–28.

in fürsorglicher Nichtbeachtung in Ruhe und gab ihm so Gelegenheit, seine Sprachstudien weiter zu vervollkommnen. Zweckmäßigerweise ließ er sich dazu bald für den Rest seiner Lehrzeit in das hauseigene Übersetzungsbüro der Eisen- und Hüttenwerke versetzen, wo er während unzähliger Verhandlungen über die Praxis der Demontagen und Reparationen sehr spezifische Sprachkenntnisse erwerben konnte. Gleichzeitig nutzte er jede Minute seiner Freizeit, um englischsprachige Bücher und Zeitschriften zu lesen, die ihm jetzt leicht zugänglich waren. Im benachbarten Herne besuchte er einen Berlitz-Sprachkurs für Fortgeschrittene und legte im Juli 1946 – immer noch als kaufmännischer Lehrling – vor der Industrie- und Handelskammer Dortmund eine Prüfung zum »sprachkundigen Übersetzer und Dolmetscher für leichte, mittelschwere und schwere Aufgaben« ab, die er mit der Note »gut« bestand. Damit war der Grundstein zu einem neuen beruflichen Anfang gelegt, den Matthöfer nach Abschluss der Lehre zunächst auch der Fortsetzung des Trotts in seinem Lehrbetrieb vorzuziehen schien. Jedenfalls verließ er die Eisen- und Hüttenwerke AG auf eigenen Wunsch, nachdem er zum Jahresende 1946 seine Prüfung zum Industriekaufmann »mit gutem Erfolg« abgelegt hatte, um sich eine Arbeit als Sprachlehrer zu suchen.

Sprachschulen schossen unmittelbar nach dem Krieg wie Pilze aus dem Boden. Es gab einen großen Nachholbedarf, denn Sprachkenntnisse versprachen nicht nur bessere Berufschancen auf vielen Gebieten, sondern auch Vorteile im täglichen Leben unter der Besatzungsmacht. Die Bochumer »Progress GmbH – Institut für Fremdsprachen«, in die der frischgebackene Industriekaufmann mit Übersetzer- und Dolmetscher-Diplom Anfang 1947 als Sprachlehrer eintrat, gehörte zu diesen *off shoots* des allgemeinen Fremdsprachenbooms, die nach schnellem wirtschaftlichen Erfolg strebten. Grundlage des Lehrbetriebs war eine für die Bedürfnisse von erwachsenen Sprachschülern abgewandelte Version des Berlitz-Prinzips, den Unterricht ausschließlich in der Fremdsprache zu führen. An der Entwicklung dieses – etwas übertreibend – »Progress-Methode« genannten Konzepts nahm Matthöfer regen Anteil, hatte er doch seine eigene Erfahrung gemacht, wie eine Sprache am besten zu lernen war. Am Ende beteiligte er sich nur wenige Monate aktiv als Lehrer am Unterricht des Instituts. Wie sehr ihm das Geschäft mit den Fremdsprachen aber am Herzen lag, zeigt die Tatsache, dass er sich im Herbst 1947, als er endgültig aus dem Lehrbetrieb ausschied, als Teilhaber in die Gesellschaft einkaufte. Offenbar war er von den wirtschaftlichen Erfolgsaussichten der Branche fest überzeugt.

Seine wirklichen Ambitionen galten aber zu diesem Zeitpunkt schon längst einer Branche, deren wirtschaftliche Dynamik den Boom der Sprachenschulen noch weit in den Schatten stellte. Schon bald nach seiner Entlassung aus der Kriegsgefangenschaft hatte er nämlich ein lukratives Betätigungsfeld auf dem Schwarzmarkt gefunden. Auch am Anfang dieser Karriere standen zunächst nicht nur wirtschaftliche Motive. Um ja keine Gelegenheit auszulassen, sein Englisch zu verbessern, suchte der Heimkehrer schon bald das Gespräch mit britischen Soldaten. An ihnen wollte er seine wachsende Sprachkompetenz Schritt für Schritt er-

An der Bahnhofstraße von Herne lag das Zentrum des Schwarzmarktes in der britischen Zone. Die Aufnahme stammt aus den frühen fünfziger Jahren.

proben. Um nicht mit leeren Händen dazustehen, hatte er einen »Führer zum Verständnis deutscher idiomatischer Ausdrücke« geschrieben, den er an Gesprächspartner verteilte, die Deutsch lernen wollten. Interessenten dafür zu finden, war im britisch besetzten Ruhrgebiet nicht allzu schwer. Schon gar nicht für Matthöfer, führte doch die Herner Straße aus dem heimatlichen Kiez geradewegs ins Zentrum der Besatzer-Szene des Reviers. Der junge Sprachschüler musste nur vor seiner Haustür in die Straßenbahn steigen, um in einer halben Stunde in Herne zu sein. In der Nachkriegszeit erstreckte sich dort, in der vom Bombenkrieg fast gänzlich verschonten Revierstadt, die renommierteste Amüsiermeile des Ruhrgebiets. Auf der Bahnhofstraße mit ihren zahlreichen Kneipen und Cafés flanierten Deutsche und Briten, um Jazz, Swing und deutsche Schlager zu hören, zu tanzen, im Kino händchenhaltend die neuesten Hollywood-Produktionen zu sehen oder im Theater bekannte Schauspieler und Regisseure zu bewundern, die in Herne eines der wenigen unzerstörten, noch voll bespielbaren Häuser vorfanden. Auch die Zentrale des britischen Geheimdienstes soll ihren Sitz an der Bahnhofstraße gehabt haben.[41] Matthöfers Stammlokal war das Restaurant ›Köster‹, in dessen hinteren Räumen eine Tanzkapelle für Unterhaltung sorgte. Im vorderen Teil ging es dage-

41 Auskunft Manfred Hildebrandt, Leiter des Herner Stadtarchivs.

gen unter den wachsamen Augen der Wirtin um ernstere Dinge. Hier trafen sich Deutsche und Briten, um über Gott und die Welt zu reden, vor allem aber auch, um Geschäfte abzuwickeln. Mit ›Trompeten-Sophie‹, wie die ›Köster‹-Wirtin nach früheren Solo-Auftritten in einem Damenorchester genannt wurde, verstand sich der junge Bochumer von Anfang an gut. Die Sympathie des Herner Originals für den höflich-zurückhaltend auftretenden, hochgewachsenen jungen Mann sollte sich als umso nützlicher erweisen, je mehr seine anfängliche ›beobachtenden‹ Sprachstudien in handfeste Schwarzmarktgeschäfte übergingen. Für diese war die Bahnhofstraße im Revier mindestens ebenso berühmt, wie für ihr üppiges Unterhaltungsangebot.

Der Schwarzmarkt war eine für beide Seiten nützliche, für viele Deutsche sogar lebensnotwendige Einrichtung. Inzwischen hatte sich vor dem Hintergrund weltweiter Nahrungsmittelknappheit die Ernährungslage der deutschen Bevölkerung dramatisch verschlechtert, sodass der berühmt-berüchtigte ›Normalverbraucher‹ nur noch selten über eine Monatsration von mehr als 1.000 Kalorien verfügte. Um bei diesen Hungerrationen zu überleben, war es notwendig, zusätzliche, auch illegale Versorgungsquellen zu erschließen. Hamsterfahrten, ›Kohlenklau‹, die Vermarktung ›überflüssiger‹ Sachwerte und andere, mehr oder weniger offene Manifestationen der verbreiteten ›Moral der 1.000 Kalorien‹ gaben dem schwarzen Markt reichlich Nahrung.[42] Nun hatte Matthöfer aber weder Sachwerte anzubieten, noch kannte er andere Quellen, aus denen sich die Versorgung der Normalverbraucher oder wenigstens seine eigene aufbessern ließ. Er verfügte aber gleichwohl über Ressourcen, die auf schwarzen Märkten besonders knapp und gefragt waren. Wie jeder Markt ist auch ein Schwarzmarkt, um die Kosten seiner Nutzung in Grenzen zu halten, darauf angewiesen, dass seine Teilnehmer bestimmte Spielregeln befolgen. Märkte sind nur dann funktionsfähig, wenn die Preise und das Warenangebot transparent sind und die Handelspartner sich für vertrauenswürdig und verlässlich halten. Im Prinzip fehlten dem schwarzen Markt in der Nachkriegszeit alle diese Voraussetzungen, weil sich das illegale Marktgeschehen in der Regel anonym, einzelfallweise und im wahrsten Sinne des Wortes im Dunkeln vollzog. Sowohl für Käufer als auch Verkäufer war unter diesen Bedingungen die Versuchung fast unwiderstehlich, die jeweilige ›Marktgegenseite‹ zu betrügen, weil man nicht Gefahr lief, dafür ›vom Markt‹ bestraft zu werden. Vor diesem Hintergrund gestaltete sich die Anbahnung von Geschäften äußerst schwierig. Für den Herner Schwarzmarkt kam erschwerend hinzu, dass Deutsche und Briten für die Abwicklung etwas komplexerer Geschäfte erst die Sprachbarriere überwinden mussten. Sie waren dann auf einen Dolmetscher angewiesen, dem im besten Falle auch die Rolle des Vermittlers zufiel, der beiden Seiten die korrekte Abwicklung des Geschäftes garantierte. Es konnte daher nicht ausbleiben, dass Matthöfer bei seinen Sprach-

---

42 Viele Schwarzmarktgeschäfte galten deshalb auch als »läßliche Sünden« – vor allem nachdem der Kölner Erzbischof Josef Kardinal Frings das »Organisieren« von Lebensmitteln von der Kanzel herunter öffentlich gerechtfertigt hatte. »Fringsen« wurde seitdem zu einem geflügelten Wort für eine Überlebensstrategie, die dringend auf den schwarzen Markt angewiesen war.

studien im ›Köster‹ fast unmerklich zuerst in die Rolle des Dolmetschers und dann in die des Maklers hineinwuchs. Dazu nahm er gewöhnlich seinen Standort vor dem ›Central Café‹ ein, in dem Kurt Edelhagen und sein Orchester Nat King Cole, Benny Goodman oder Cole Porter spielten. Das Café war für Deutsche *off limits,* sodass Matthöfer die Abwicklung der Geschäfte ins gegenüberliegende ›Köster‹ verlagerte, wenn nötig auch in die Privaträume der Wirtin. ›Trompeten-Sophie‹ führte ihm auch selbst viele Kunden zu. Er hatte aber auch Stammkunden, wie die Soldaten des »Royal Army Education Corps«, die auf dem Gelände der Eisen- und Stahlwerke AG an der Castroper Straße Lehrgänge für ausscheidende britische Soldaten organisierten. Sie sahen bald in ›Ken‹, wie sie den allzeit hilfsbereiten und kenntnisreichen Lehrling nannten, einen idealen Vermittler bei ihren Schwarzmarktgeschäften und baten ihn von Fall zu Fall um Hilfe. Abgewickelt wurden auch diese Transaktionen in Kens Handelsstützpunkt an der Herner Bahnhofstraße. Für den Makler fielen dabei fünf bis zehn Prozent Kommission ab, die zu Lasten des Verkäufers gingen. Weil Ken streng darauf achtete, dass keiner der beiden (oft unerfahrenen) Partner vom jeweils anderen übervorteilt wurde, erwarb er sich auf der ›goldenen Meile‹ von Herne bald den Ruf eines ehrlichen und kompetenten Maklers. Zum ersten Mal machte Matthöfer die Erfahrung, dass seine Ausstrahlung bei Dritten Vertrauen weckte – eine Eigenschaft, die ihm – nicht nur für seine spätere Karriere als Politiker – sehr zu Gute kommen sollte.

Ken wurde nun zwar immer häufiger von Briten und Deutschen für die Vermittlung von Geschäften in Anspruch genommen, doch fielen für ihn bei dieser Dienstleistung lediglich Brosamen vom Tisch der eigentlichen Schwarzhändler ab. Es war daher nur konsequent, dass er bald ebenfalls versuchte, sich auf eigene Rechnung und Gefahr in das Geschäft einzuschalten. Das Startkapital musste er sich zunächst aus Provisionen zusammensparen. Mit seinem Monatseinkommen von 70 Reichsmark hätte er gerade mal zehn Zigaretten kaufen können. Damit allein wäre ihm der Einstieg in den Schwarzmarkt wohl nie gelungen, denn die normale Grundausstattung eines Schwarzhändlers lag bei zehn Stangen im Einkaufswert von rund 10.000 Reichsmark. (Eine Stange amerikanischer ›Camel‹ oder ›Lucky Strike‹, die jeweils zehn Päckchen à 20 Zigaretten enthielt, kostete im Einkauf bis zu 1.000 Reichsmark; englische ›Navy Cut‹ oder ›Senior Service‹ waren nicht viel preiswerter zu haben.) Bei dieser ursprünglichen Akkumulation von Kapital kam dem früheren Boxer seine asketische Lebensweise sehr entgegen. Er rauchte nicht, trank keinen Alkohol, auch keinen Bohnenkaffee, aß keine Schokolade und wusch sich nicht mit amerikanischer Seife – alles begehrte Schwarzmarktartikel, zu denen er leicht Zugang hatte. Das Ansparen lohnte sich, ließen sich doch im Detailhandel in Herne mit einer Stange Zigaretten bis zu 1.400 Reichsmark erlösen. Auch der Schwarzmarktpreis für Bohnenkaffee hielt sich mit 500 Reichsmark je amerikanischem Pfund à 450 Gramm ziemlich stabil. Seit März 1947 nahmen die Schwarzmarktoperationen den Sprachlehrer so sehr in Anspruch, dass er sich dafür entschied, die ›Festanstellung‹ am »The Progress Institute of Languages« wieder aufzugeben. Er hatte nämlich inzwischen herausgefunden, dass es sich lohnte, überregionale Arbitragen auf den Märkten im mittlerweile ›Vereinigten Wirtschaftsgebiet‹ der britischen und amerikanischen Zone aufzuspüren und wirtschaftlich für sich nutzbar zu machen. Er fuhr deshalb immer häufiger – und schließlich bis zu zweimal die Woche – mit der Bahn über die Sauerlandlinie nach Frankfurt am Main, dessen Schwarzmarktumschlag die gewiss auch nicht gerade umsatzschwache Herner Bahnhofstraße weit in den Schatten stellte. Waren es zunächst vor allem amerikanische Marketenderwaren (Zigaretten, ›Lux‹-Seife, ›Hershey Bar‹-Schokolade, Bohnenkaffee), die sich mit Gewinn im Ruhrgebiet absetzen ließen, gelang es ihm schließlich sogar, auch in umgekehrter Richtung einen Markt zu erschließen.

Dabei kam ihm ein neuer Wind in der amerikanischen Besatzungspolitik sehr zu Gute. Anfang 1947 hatte sich der industriepolitische Kurs der Militärregierung gegenüber Westdeutschland um 180 Grad gedreht. Ging es bisher darum, Westeuropa *zu Lasten* der deutschen Industrie zu stabilisieren und wiederaufzubauen, wollte man nun dasselbe Ziel *mit Hilfe* der immer noch ungebrochenen inneren Kraft und Produktionskapazität der westdeutschen Wirtschaft erreichen. Zu den notorischen Engpässen, die auf diesem Weg zunächst zu überwinden waren, gehörte der Ruhrkohlenbergbau, dessen Produktivität nach wie vor weit hinter den Möglichkeiten zurückblieb.[43] Um den Leistungswillen der Bergleute anzukurbeln, stellte man ihnen deshalb, über ihre schon relativ hohen Schwerstarbeiterrationen hinaus, Sonderzuteilungen in Aussicht, wenn sie durch hohe Präsenz untertage eine bestimmte Punktzahl erreicht hatten. Dazu gehörte neben schierem, weißem Speck und Zigaretten auch Schnaps. Über dieses Kontingent aus dem ›Punktsystem‹ hinaus, das zu einem guten Teil wieder auf dem schwarzen Markt auftauchte, genossen die Bergleute aber noch das Privileg, auf ihrer Zeche einen Wacholderschnaps von recht guter Qualität als Sonderleistung zu beziehen. Viele Bergleute gaben auch dieses Kontingent an den schwarzen Markt weiter, sodass das Angebot kontinuierlich hoch war. Im Revier konkurrierte dieser ›Zechenschnaps‹ zudem mit selbstgebranntem ›Balkenbrand‹, der auf der Bahnhofstraße gelegentlich angeboten wurde. Alles in allem blieben deshalb die Preise auf dem Schnapsmarkt im Revier relativ moderat. Es gab jedenfalls zahlreiche Bergleute, die für 60 RM die Flasche gern ihr Deputat an die Matthöfers abtraten und sich damit den unangenehmen Umgang mit dem Herner Schwarzhändlermilieu ersparten. In Frankfurt dagegen lagen die Verhältnisse auf dem schwarzen Schnapsmarkt völlig anders. Dort gab es weder Sonderzuteilungen an deutsche Arbeiter, noch gehörte Alkohol zu den bevorzugten Angeboten amerikanischer PX-Läden,[44] in denen die Familien der amerikanischen Soldaten ihren gehobenen täglichen Bedarf decken konnten. Es lohnte sich deshalb, Bochumer Bergleuten den Wacholderschnaps gegen Aufpreis abzukaufen, um ihn mit der Bahn nach Frankfurt zu bringen. Dort tauschte

---

43 Werner Abelshauser, Der Ruhrkohlenbergbau seit 1945. Wiederaufbau, Krise, Anpassung, München 1984, S. 36–49.

44 Post-Exchanges (PX-Läden) wurden aus deutschen und amerikanischen Beständen beliefert und standen nur amerikanischen Soldaten und ihren Familien offen.

Hans Matthöfer die vom Vater und Bruder Heinrich mit phantasievollen Etiketten ›verschönerten‹ Flaschen bei amerikanischen Soldaten zum Gegenwert von 180 bis 240 RM die Flasche gegen Zigaretten, Schokolade oder Seife, die wiederum in Herne begehrt waren und einen guten Preis erzielten.

Das Leben eines Dauerpendlers und Schwarzhändlers an Main und Ruhr war anstrengend und riskant, warf aber eine hohe Rendite ab. Auch wenn Ken – wie viele seiner Zeitgenossen – noch immer seine inzwischen blau gefärbte Uniform trug, gab es doch auch schon erste Zeichen von Luxus. Auf der Bahnhofstraße kaufte er sich von einem Holländer einen dezent grau gestreiften Wollstoff, aus dem ihm sein ›Hausschneider‹ von der Schmechtingstraße zwei gute Anzüge anmaß. Das Fahrrad, das er sich ebenfalls – woher auch sonst? - vom Schwarzmarkt holte, war zwar sündhaft teuer, fiel aber schon deshalb nicht unter die Kategorie ›Luxus‹, weil es als ›Betriebskapital‹ zu Buche schlug. Mit der Reichsbahn nach Frankfurt verfrachtet, erhöhte es dort die Produktivität des Vertriebs signifikant. Vor allem aber ließ sich aus den steigenden Einkünften der Einstieg in eine selbstständige Existenz finanzieren, von dem der junge Soldat im Eutiner Kriegsgefangenenlager nur hatte träumen können. Im Herbst 1947 wurde Hans Matthöfer Gesellschafter der Progress GmbH. Paradoxerweise blieb ihm jedoch immer weniger Zeit, sich in die spezifischen Marktbedingungen dieser Branche einzuarbeiten, um zum unternehmerischen Erfolg seines Instituts einen nennenswerten Beitrag leisten zu können. Zur aktiven Mitarbeit als Sprachlehrer ließen ihm seine vielfältigen auswärtigen Verpflichtungen sowieso nur noch selten Gelegenheit. Im Februar 1948, als er schon endgültig nach Frankfurt umgezogen war, verkaufte er deshalb seinen Gesellschafteranteil und bezog aus dieser in Raten vollzogenen Transaktion bis weit nach der Währungsreform eine kleine »Schwarzhändler-Rente«. Jedenfalls lag seine spätere Frau, Traute Mecklenburg, nicht ganz falsch, wenn sie die regelmäßigen Überweisungen aus Bochum mit den dunklen Quellen seines Kapitalreichtums in Verbindung brachte.[45]

Studium

Es war jedoch nicht nur die Anziehungskraft seines wachsenden Reichsmarkvermögens, die ihn seit Frühjahr 1947 immer enger an die Main-Metropole fesselte. Er sah bald noch eine andere, weit bessere Chance, in Frankfurt sein Glück zu machen. Schon im April begann er damit, an der Universität Gastvorlesungen zu hören. Was als Studium Generale anfing, konzentrierte sich immer mehr auf ökonomische Themen, nachdem er durch Zufall erfahren hatte, dass dieses Studium unter bestimmten Voraussetzungen auch ohne Abitur zugänglich war. Im sozialdemokratisch regierten Hessen wurde bis 1949 von manchen Gymnasien eine »Eignungsprüfung zum Studium der Wirtschaftswissenschaften« angeboten, deren

---

45 Matthöfer, Jahre, S. 328.

erfolgreicher Abschluss ausschließlich zum Studium der Ökonomie berechtigte. Damit wollte man gerade für Kriegsteilnehmer, deren schulische Karriere vorzeitig unterbrochen worden war, einen verkürzten Weg zum Abitur öffnen, auch wenn der dadurch eröffnete akademische Radius eng begrenzt war. Matthöfer bot sich dadurch die einmalige Gelegenheit, mit einem Schlag die ungünstige Weichenstellung seines bisherigen Bildungsweges nachträglich zu korrigieren.

Bis zu dieser Sondereignungsprüfung und der sich anschließenden Aufnahmeprüfung der Universität war freilich noch ein langer Weg. So hatte der Volksschüler beispielsweise zu geringe Deutsch- und Mathematikkenntnisse für einen erfolgreichen Abschluss des ›Spartenabiturs‹. Es gab allerdings einen Vorbereitungskurs, der von Frankfurter Gymnasiallehrern an der Universität organisiert wurde und nach dem Namen seines Leiters ›Zeiger-Lehrgang‹ genannt wurde. Erst als Dr. Zeiger den Pendler aus dem Ruhrgebiet in seinen Lehrgang aufnahm, wurde aus Matthöfers Hoffnung eine handfeste Chance, die Wende zu einem besseren Leben auch tatsächlich zu schaffen. Jetzt überließ er nichts mehr dem Zufall. Er griff in die wohlgefüllte ›Kriegskasse‹, nahm sich in Bockenheim ein möbliertes Zimmer und verlagerte seinen Lebensmittelpunkt in die alte Reichsstadt. Der Reichsmarkmillionär scheute keine Kosten, um seinen Bildungsrückstand in privaten Unterrichtsstunden aufzuholen. Seine ursprüngliche Absicht, sich in Frankfurt als Sprachlehrer zu etablieren, ließ sich nun allerdings zeitlich nicht mehr realisieren. Die »Vorläufige Unterrichtserlaubnis für Englisch«, die ihm das Frankfurter Schulamt auf seinen Antrag hin im Juli 1947 erteilt hatte, musste ungenutzt bleiben. Andererseits war an einen Ausstieg aus dem Schwarzmarktgeschäft nicht zu denken – schon um sich den rasch steigenden Aufwand für Bildung weiter leisten zu können.

So kam es ihm vor allem darauf an, ›strategische Operationsbasen‹ für den schwarzen Markt zu finden, die mit der Vorbereitung auf die akademische Karriere kompatibel waren. Am besten gelang dies mit Jobs in einer der zahlreichen amerikanischen Einrichtungen, wie etwa als *night clerk* in der amerikanischen Siedlung im Dornbusch-Viertel rund um das als US-Hauptquartier dienende IG-Farben-Haus. Hier bot sich reichlich Gelegenheit, abends den ›importierten‹ Bergmanns-Gin gegen andere dem Normalverbraucher unerreichbare Genussmittel zu tauschen und sich dabei das Preisgefälle zwischen Main und Ruhr zunutze zu machen. Oder auf Streifzügen durch die von den Amerikanern ›Kaugummi-Park‹ genannte Taunusanlage, in deren Nachbarschaft das Amerikahaus zum Studium englischsprachiger Wirtschaftsliteratur einlud. Die Währungsreform vom 20. Juni 1948, die den Schwarzmarkt rasch austrocknete, traf den Zeiger-Lehrling deshalb ziemlich hart. Nicht nur schrumpfte das angehäufte Geldvermögen auf ein Zehntel seines früheren ›Wertes‹. Noch problematischer war, dass sich der Spagat zwischen Arbeiten und Lernen jetzt nicht mehr so leicht aushalten ließ. Je näher die Prüfung rückte, desto wichtiger wurde es, einen Job zu finden, der beides gleichermaßen erlaubte. Doch als Nachtwächter für die Frankfurter Wach- und Schließ-Kommandit-Gesellschaft Koch & Co. konnte Matthöfer alle Ziele gut miteinander vereinbaren: tagsüber den Zeiger-Lehrgang absolvieren und Gastvorlesungen hören, nachts lesend die nächsten Kurse vorbereiten und schließlich auch noch ganz legal Geld verdienen. Der Zufall wollte es, dass zu den von ihm bewachten Objekten auch das Frankfurter Goethe-Gymnasium gehörte, just als er dort im September vom staatlichen Prüfungsausschuss zur Eignungsprüfung bestellt war. Aus Zeitgründen kam er in seiner Nachtwächteruniform. Die Prüfer fanden dies nicht unziemlich, und ebenso wenig nahmen auch seine künftigen akademischen Lehrer Anstoß daran, dass er in seiner alten, eingefärbten Wehrmachtsuniform erschien, als sie einen Monat später über seine Zulassung an der Universität entschieden – sie selbst trugen den nämlichen blau gefärbten Waffenrock. Zwischen den Professoren und dem angehenden Studenten herrschte deswegen sofort eine unausgesprochene, aber spürbare Landser-Solidarität gegenüber den jüngeren, ungedienten Bewerbern. Jedenfalls überwand Matthöfer auch diese letzte Hürde vor dem Status eines *studiosus rerum politicorum* rasch und problemlos.

Die Staatswissenschaftliche Fakultät der Frankfurter Universität glänzte in den ersten Nachkriegsjahren mit einer Reihe berühmter Namen, die sie in jeder Beziehung zu einer guten Adresse für das wirtschaftswissenschaftliche Studium machte. Neben Wilhelm Gerloff, der als Ordinarius für wirtschaftliche Staatswissenschaft die ruhmreiche Tradition der Historischen Schule der Nationalökonomie verkörperte, standen namhafte Vertreter der Freiburger Schule des Reformliberalismus. Sowohl der ordoliberale Rechtswissenschaftler und Kartellexperte Franz Böhm als auch der Wirtschaftspolitik lehrende Leonhard Miksch gehörten zu den Mitbegründern der Sozialen Marktwirtschaft und traten für staatlich geordneten Wettbewerb als Grundprinzip einer freien Wirtschaft ein. Die ›Privatwirtschaftslehre‹ war an der Akademie für Handels- und Sozialwissenschaften, aus der die Johann Wolfgang Goethe-Universität hervorging, schon früh hoch entwickelt. Erich Gutenberg machte nun die ›Betriebswirtschaftslehre‹ – außerhalb Frankfurts noch vielfach eine Hilfswissenschaft der Volkswirtschaftslehre – zu einem respektierten Zweig der Wirtschaftswissenschaft und vertrat sie auch in glänzender Weise nach außen. Der Finanzwissenschaftler Fritz Neumark stieg, gerade aus dem türkischen Exil zurückgekehrt, rasch zum Doyen seiner Disziplin auf und verkörperte wie kein anderer den international hohen Standard der deutschen Staatswissenschaft. Richard Herzog und Heinz Sauermann waren dabei, auf ihren jeweiligen Gebieten, der Weltwirtschaft und der wirtschaftlichen Staatswissenschaft, zu erfolgreichen Professoren aufzusteigen. Der Wirtschaftshistoriker Ernst Fraenkel und der Sozial- und Wirtschaftspolitiker Emil Wehrle gehörten eher zu den Unauffälligen in ihrer jeweiligen wissenschaftlichen Disziplin und traten weniger ins Rampenlicht. Sie alle zählten zu den akademischen Lehrern Matthöfers und vermittelten ihm für rund 100 DM Hörergeld je Semester eine solide Ausbildung zum Volkswirt. Gleichwohl zählten die wirtschaftswissenschaftlichen Kernfächer nicht gerade zu den Favoriten des fleißigen Studenten. Zu seinem Glück war der Stoff recht überschaubar und ließ viel Zeit und Raum für die Verfolgung weiterer Interessen. Seine höchste Aufmerksamkeit nahmen denn auch von Anfang an industriesoziologische und sozialphilosophische Probleme in Anspruch. Gerade für diese

Art von Fragen war Frankfurt auch der ideale Ort. Mit der Rückkehr von Theodor W. Adorno, Max Horkheimer und Friedrich Pollock und dem Wiedererstehen des 1933 von den Nationalsozialisten geschlossenen Instituts für Sozialforschung war die Johann Wolfgang Goethe-Universität erneut zum Zentrum der sogenannten ›Kritischen Theorie‹ geworden, die in Frankfurt nach wie vor auf dem festen Fundament der empirischen Sozialforschung stand.

Zeitweise konzentrierte sich der junge Volkswirtschaftsstudent so sehr auf die Vorlesungen Adornos und Horkheimers, dass er sein Literaturstudium sogar ganz auf die Psychoanalyse lenkte, um den Thesen der beiden akademischen Superstars leichter folgen zu können. Auch wenn ihm dies nicht immer gelungen sein mag, bescherte ihm die Auseinandersetzung mit der Theorie doch gleich ein erstes Erfolgserlebnis. Das angelesene Wissen verschaffte ihm einen Namen als einfühlsamer Traumdeuter, was ihm auf den zahlreichen Schauplätzen des studentischen Arbeitsmarktes vor allem bei seinen weiblichen Arbeitskollegen manchen Vorteil verschaffte. Die Einheit von Theorie und Praxis als Ergebnis theoriegeleiteter empirischer Forschung gehörte jedenfalls zu den Selbstverständlichkeiten des wissenschaftlichen Erziehungsprozesses, den Matthöfer in Frankfurt durchmachte.

Herauszufinden, »was an der Zeit ist« (Horkheimer), war ihm ebenso wichtig, wie die Theorie der Gesellschaft durch Sozialforschung empirisch zu unterfüttern. Für die Kriegsgeneration der Frankfurter Studenten zeichnete sich die Chance ab, die gesellschaftlichen Schäden zu erkennen, deren Gefahren abzuschätzen und so rechtzeitig Mittel zu ihrer Beseitigung zu entwickeln.[46] Weit mehr als die Dioskuren der Frankfurter Sozialforschung war es freilich Friedrich Pollock (1894–1970), der ihm dabei die Richtung wies. Der Soziologe und Philosoph war bis 1933 Mitarbeiter am Institut für Sozialforschung und musste dann nach Genf emigrieren. Von dort zog er weiter nach New York, wo er bis 1950 am Institute for Social Research der Columbia Universität lehrte. In Frankfurt hatte er einen Lehrstuhl für Volkswirtschaftslehre inne. Bei ihm studierte Matthöfer Theorie und Praxis der Planwirtschaft und beschäftigte sich eine Zeit lang intensiv mit der Bedeutung der Wirtschaftsrechnung für eine geplante Wirtschaft. Größeren Eindruck auf den jungen Volkswirtschaftsstudenten machte aber offensichtlich das spektakuläre Thema des später in Los Angeles lehrenden Soziologen der dritten industriellen Revolution: die wirtschaftlichen und sozialen Folgen der Automatisierung.[47]

Ein anderes seiner Interessengebiete lag in der Politikwissenschaft. Auch hier war das Frankfurter Angebot beachtlich. Der sozialdemokratische Bundestagsabgeordnete und frühere Thüringische Ministerpräsident Hermann Brill, der als Honorarprofessor Politik lehrte, war schon aufgrund seiner Biographie beeindruckend. In der Zwischenkriegszeit im Widerstand gegen kommunistische Aufständische (1923) und nationalsozialistische Verfassungsfeinde (1930–33) erprobt,

---

46 So sieht Matthöfer im Februar 1953 in einem Artikel in »links« die Essenz der Sozialforschung, wie sie in Frankfurt betrieben wurde.

47 Automation. Materialien zur Beurteilung ihrer ökonomischen und sozialen Folgen, Frankfurt a. M. 1956.

Im Frankfurter Studentenmilieu. Matthöfer feiert im
Februar 1949 Karneval (3. v. links mit Hut).

hatte der Thüringische Innenminister als politischer Gefangener die Zuchthäuser
und Konzentrationslager der Nazis überlebt, um später von den Kommunisten aus
seinem Amt als Ministerpräsident des Landes Thüringen vertrieben zu werden, in
das die Amerikaner den überzeugten Demokraten 1945 eingesetzt hatten. Matthöfer hörte bei ihm Staatstheorie. Gegen Ende seines Studiums hatte er noch Gelegenheit, einen anderen Politiker in der Rolle des Hochschullehrers zu erleben:
Carlo Schmid, der ihn ebenfalls tief beeindruckte, obwohl er nur noch für kurze
Zeit sein akademischen Lehrer war. Auch in seinem Fall war es wohl eher die Ausstrahlung des aktiven Politikers und Intellektuellen als der Stoff seines Seminars
(›Machiavelli‹), die den Volkswirtschaftsstudenten anzog. Trotz der klangvollen
Namen seiner akademischen Lehrer widmete Matthöfer den Großteil seiner Zeit
und Energie jedoch Aktivitäten, die außerhalb der engeren akademischen Ausein-
andersetzung mit den Problemen von Wirtschaft und Politik lagen. Dies war vor
allem der wirtschaftlichen Notwendigkeit geschuldet, sich während der gesamten
Frankfurter Studienzeit den Lebensunterhalt durch studentische Nebentätigkeiten
verdienen zu müssen. Die Liste dieser Jobs ist eindrucksvoll und reicht vom Nachtwächter über den *research clerk* der Jewish *Restitution* Successor Organization, den
Redaktionsassistenten des Frankfurter Büros der United Press Assoziation und den
Hilfsbibliothekar einer amerikanischen Truppenbücherei bis zum Werkstudenten
in der Bank deutscher Länder, der Vorgängerin der Deutschen Bundesbank. Auf
manchen dieser unsteten Arbeitsplätze lernte er Menschen kennen, die seinen Weg
später wieder kreuzen sollten, so z. B. Walter Hesselbach, der ihn als Betriebsratsvorsitzender der Bank deutscher Länder in die Geheimnisse der Bankratsprüfung
und andere Fragen einer beruflichen Laufbahn bei der Zentralbank einführte.[48]

48 Walter Hesselbach, Frankfurt am Main als Zentrum der Arbeiterbewegung, der Gemeinwirtschaft
   und des Finanzwesens, in: Helmut Schmidt u. Walter Hesselbach (Hg.), Kämpfer ohne Pathos.
   Festschrift für Hans Matthöfer zum 60. Geburtstag am 25. September, Bonn 1985, S. 16.

Seit 1949 beanspruchte freilich die politische Arbeit, vor allem die beim Sozialistischen Deutschen Studentenbund (SDS), den bei weitem größten Anteil am Zeitbudget des Studenten. Obwohl selbst keine Gliederung der Sozialdemokratischen Partei Deutschlands, verstand sich der SDS zu diesem Zeitpunkt ganz selbstverständlich als loyale Vertretung der Partei an den Universitäten. Er konnte sich materiell und organisatorisch weitgehend auf die Infrastruktur der SPD und der ihr nahestehenden Gewerkschaften stützen, bewahrte sich aber selbst den Freiraum, der für eine gute Ausgangsposition im politischen Wettbewerb innerhalb des akademischen Milieus ganz unumgänglich schien. Während aber die meisten SDS-Hochschulgruppen selten den Elfenbeinturm seminaristischer Theoriediskussion verließen, verschaffte sich der Frankfurter SDS unter Matthöfers Einfluss rasch über die eigene Gruppe hinaus Gehör. Im Wintersemester 1949/50 zum ersten Mal zum Vorsitzenden dieser neben Hamburg und Berlin wichtigsten SDS-Hochschulgruppe gewählt, konzentrierte sich der angehende Volkswirt zunächst – und dies wohl zu Lasten eines ordentlichen und gründlichen Studiums der Wirtschaftswissenschaften – auf die im SDS ansonsten eher unbeliebte organisatorische Arbeit. Eine ebenso systematische wie erfolgreiche Mitgliederwerbung für den SDS und die SPD (SDS-Angehörige mussten nicht gleichzeitig Parteimitglieder sein) stärkte seine Position innerhalb der Frankfurter SPD. Die Zahl der Mitglieder verdoppelte sich während Matthöfers Amtszeit von 40 auf 80. Er gründete auch einen Förderer-Verein für den SDS, dem zahlreiche prominente Bürger und gut betuchte Sozialdemokraten angehörten, die er dazu motivierte, die Arbeit der Hochschulgruppe mit großzügigen Beträgen zu unterstützen. Dass er zahlreiche Unternehmungen des SDS als Veranstaltungen des »August-Bebel-Bildungswerks« plakatierte, zielte wohl nicht zuletzt auf diese Klientel. Wenn er sich später zu August Bebel eine gewisse sentimentale Verbundenheit bewahrte, so spielte gewiss auch der Umstand eine Rolle, dass der Name des Organisators der Massenpartei sich in Frankfurt so hervorragend zur Sponsorenwerbung geeignet hatte.[49] Matthöfers organisatorischem Talent war es auch zu verdanken, dass sich der SDS an den Wahlen zum Allgemeinen Studentenausschuss (ASTA) weit über die geisteswissenschaftlichen Fakultäten hinaus erfolgreich beteiligte. Am Ende seiner Zeit als SDS-Vorsitzender gelang es ihm sogar, seine guten Beziehungen zum hessischen Ministerpräsidenten Zinn dafür zu nutzen, ein Studentenwohnheim für den SDS zu bauen.[50] Obwohl nun immer häufiger auch prominente Sozialdemokraten vor dem Frankfurter SDS referierten, musste Matthöfer seinen Rückhalt in der Partei nicht mit der bedingungslosen Anpassung seiner Hochschulgruppe an den Kurs der Partei Schumachers und Ollenhauers bezahlen. Im Gegenteil: Es gelang ihm, eine offene politi-

---

49 Noch während seiner Zeit als Finanzminister gehörte ein kleines Bebel-Porträt zu den wenigen persönlichen Sachen, die er in sein Dienstzimmer mitbrachte. Matthöfer an Beier am 30. 9. 1984, AdsD, DM 0404.

50 Zinn war einer der wichtigsten Förderer von ›links‹; das Studentenheim steht noch immer am Frankfurter Beethovenplatz. Zur Entstehung dieses Plans s. Matthöfer an Freyh, Riezlern (Kleinwalsertal), den 21. III. 1952, AdsD, DM 0406 Ic.

sche ›Links‹-Orientierung mit beständiger Gruppenarbeit zur Marxismus-Rezeption zu verbinden.[51] Er spielte dabei weder die Rolle des Chefideologen, noch rückte er überhaupt seine Person in den Vordergrund. Seine Art, Diskussion zu organisieren und anzuregen, war anders. Er entdeckte fast vergessene sozialistische Literatur in öffentlichen und privaten Bibliotheken und lenkte das Studium des Marxismus vor allem auf in Deutschland weniger bekannte amerikanische Autoren. Das Amerikahaus war dafür gerade in Frankfurt eine Fundgrube, jedenfalls vor dem Ausbruch der McCarthy-Hysterie. Gleichzeitig versuchte Matthöfer, die notorische Theorielastigkeit seiner SDS-Zirkel auszutarieren, indem er Kontakte zu älteren Gewerkschaftsfunktionären aus dem linken Spektrum der Politik knüpfte, von denen er sich Hilfe und gewerkschaftlichen Praxisbezug für die Marxismus-Debatte versprach. Gerade der Kreis der linken Gewerkschafter, der vor dem Krieg noch außerhalb der SPD stand, hatte aus seinen Exil-Erfahrungen in den USA, in Skandinavien oder in England weitreichende Konsequenzen gezogen und zählte nunmehr in SPD und DGB zum Kern jener Reformer, die das ›Trauma von Weimar‹ endgültig überwinden wollten.[52] Die meisten von ihnen sahen sich – wie Richard (›Rix‹) Löwenthal, der großen Einfluss auf den Frankfurter SDS hatte – als Marxisten, aber ausdrücklich *nicht* als ›orthodoxe‹ Marxisten.[53]

Am 11. April 1950, dem 125. Geburtstag Ferdinand Lassalles, trat Hans Matthöfer der Sozialdemokratischen Partei Groß-Frankfurt bei. Ihm selbst war dieser historische Zusammenhang ebenso wenig bewusst wie den Genossen, die ihn aufnahmen. Aber auch sonst war sein eigener ideologischer Standort noch keineswegs gefestigt. Dem politischen Katholizismus hatte er sich nie sehr weit genähert, obwohl das Umfeld seiner Jugend dazu gute Voraussetzungen geboten hätte. Schuld daran mögen frühe Glaubenszweifel gewesen sein, die mit der Zeit ernste Formen annahmen. Immerhin gehörte der junge Panzergrenadier später zu den wenigen Angehörigen seines Regimentes, die sich ausdrücklich weigerten, am Feldgottesdienst teilzunehmen, obwohl dies in der Wehrmacht nicht gern gesehen und oft sogar mit Nachteilen verbunden war.[54] Mit wachsender Integration in die Staatsjugend lockerten sich auch rasch die bestehenden freundschaftlichen Bindungen zur katholischen Jugend. Gleichzeitig rückte die Tradition der sozialistischen Linken nach 1933 für ihn in unerreichbare Ferne. Gewiss legte ihm das Vorbild des Vaters nahe, seine politische Heimat irgendwo im sozialistischen Lager zu sehen. Aber auch nach 1945 musste er seine politischen Erfahrungen bruchstückweise durch Lektüre gewinnen und wurde nicht Teil einer Bewegung, die ihn getragen und unterstützt hätte. Wenn er sich am Ende doch als Marxist verstand, so war

---

51 Heinz Brakemeier, ein Mitstreiter Matthöfers aus den frühen fünfziger Jahren, im Juni 1985 auf dem SDS-Symposium an der Freien Universität Berlin. Niederschrift in: AdsD, DM 0397.

52 Siehe dazu Julia Angster, Konsenskapitalismus und Sozialdemokratie. Die Westernisierung von SPD und DGB, München 2003.

53 Sein unter dem Pseudonym Paul Sering geschriebenes einflussreichstes Werk »Jenseits des Kapitalismus. Ein Beitrag zur sozialistischen Neuorientierung« war 1947 im Nest-Verlag, Lauf bei Nürnberg, erschienen.

54 Matthöfer, Jahre, S. 187.

dies weniger eine politische als eine intellektuelle Position, wie sie in der unmittelbaren Nachkriegszeit weit verbreitet war. Erst als er sich schließlich ganz auf das wirtschaftswissenschaftliche Studium konzentrierte, wurde die Marxsche Theorie der von ihm bevorzugte analytische Zugang zum Verständnis wirtschaftlicher und gesellschaftlicher Zusammenhänge.

Auch wenn sein politischer Standort noch unbestimmt blieb, so hatte der frischgebackene Sozialdemokrat doch bereits früh zwei Grenzen gezogen, die er auf keinen Fall überschreiten wollte: Weder den Nationalsozialismus, noch den Stalinismus und andere pathogene Spielarten des Marxismus war er bereit zu tolerieren. Beide gehörten Anfang der fünfziger Jahre zu seinen politischen Feindbildern, die er aktiv bekämpfte. Die nationalsozialistische Indoktrination hatte er als Jugendlicher am eigenen Leib erfahren und sich ihr zeitweise weit geöffnet. Allerdings war er auch persönlich mit den Folgen dieser Politik konfrontiert worden, und so hatten ihn die Fakten mit ihrer vollen didaktischen Überzeugungskraft davor bewahrt, dem Nationalsozialismus ganz zu verfallen. Hitler, so seine Erfahrung, bedeutete Krieg – und Krieg galt es zu verhindern. Matthöfer zögerte deshalb keinen Moment, jeden Versuch alter Nationalsozialisten, wieder in der Öffentlichkeit wirksam zu werden, im Keime zu ersticken – wenn es sein musste, auch mit Gewalt. Proteste gegen den neuen Film »Unsterbliche Geliebte« von Veit Harlan, dem Regisseur nationalsozialistischer Propagandafilme wie »Jud Süß« oder »Kolberg«, machten den Anfang. Demonstrationen gegen den rückkehrwilligen ehemaligen NS-Oberbürgermeister von Frankfurt, Friedrich Krebs, folgten. Der Politiker der ›Deutschen Partei‹ des Bundesverkehrsministers Hans-Christoph Seebohm kandidierte im Frühjahr 1952 unter schwarz-weiß-roten Fahnen für das Amt des Stadtoberhaupts. Sein provokatives Auftreten gab den Anlass zur Gründung der »Kampfgemeinschaft Sozialistischer Jugend« (KSJ), die zu ihrer Glanzzeit 200 bis 300 Aktivisten auf die Straße und in die Säle bringen konnte. An ihrer Spitze standen »ausgewählte Tatfunktionäre«[55], unter ihnen der spätere Chef der Bank für Gemeinwirtschaft, Walter Hesselbach, und der spätere Frankfurter Oberbürgermeister, Walter Möller, für die Jungsozialisten; der Gewerkschaftssekretär und Stadtrat Ewald Geißler für ›Die Falken‹ – und Hans Matthöfer für die Hochschulgruppe des SDS. Obwohl Matthöfer innerhalb des KSJ einen ›Arbeitskreis Volkswirtschaft‹ leitete, machte sich die ›Kampfgemeinschaft‹ keinen Namen mit theoretischer Arbeit. Eher war sie Keimzelle einer informellen innerparteilichen ›Interessengemeinschaft‹, die den Kurs der Frankfurter und südhessischen SPD noch wesentlich mitbestimmen sollte. Das Gemeinschaftserlebnis im ›Kampf gegen Rechts‹ dürfte sehr dazu beigetragen haben, das gegenseitige Vertrauensverhältnis der KSJler zu festigen. Matthöfer holte sich in Straßenschlachten gegen den rechtsradikalen ›Bund Deutscher Jugend‹ und in den Saalkämpfen des Bundestagswahlkampfes 1953 gegen die ›Deutsche Reichspartei‹ einen blutigen Kopf. Zim-

---

55 So der Frankfurter Bundestagsabgeordnete und SPD-Landesvorsitzende Willy Knothe; der Gewerkschaftshistoriker Gerhard Beier an Th. Ewald am 24. 11. 1986; AdsD, DM, Ordner BGAG-Vogel.

perlich war der Student aus dem Ruhrpott gewiss nicht. Als eine Gruppe linker Demonstranten unter der Führung des SPD-Bundestagsabgeordneten Willi Birkelbach im Juni 1953 eine Wahlkampfveranstaltung der ›Deutschen Reichspartei-Reichsblock‹ mit dem General a. D. Alexander Andrae sprengte, warf er sich mitten ins Getümmel. Später wurde er mit den Worten zitiert:[56] »Ich kann beruhigt sterben. Ich habe einem General in die Fresse geschlagen.« Willi Birkelbach hielt ihn gar für einen der Anführer der Gegendemonstranten. So umstritten solche Saalschlachten in ihrer Außenwirkung auch waren, im Innenverhältnis festigten sie das Ansehen der KSJ und machten damit im Kampf um Spitzenpositionen und Parteitagsmehrheiten langfristig stabile Bündnisse möglich.

Die andere Grenze, deren Überschreitung Matthöfer auf der Suche nach seiner politischen Heimat definitiv ausschloss, war die zum orthodoxen, stalinistischen Marxismus. Er hatte die menschenverachtende Hybris, Intoleranz und Brutalität eines totalitären Systems durchschaut und war argwöhnisch genug, sie auch dem Stalinismus zu unterstellen. Bereits an der Ostfront hatte er sich bewusst dafür entschieden, nicht zum Gegner überzulaufen, und alles versucht, um der Gefangennahme durch die Rote Armee zu entgehen. Nach 1945 hatte er bald Gelegenheit, Genaueres über die Praktiken des Kommunismus zu erfahren und seinen Standpunkt auch rational zu untermauern. Bei dem Versuch, eine eigene Position innerhalb der politischen Arbeiterbewegung zu finden, hat ihn nach eigenem Bekunden vor allem die in der Pariser Emigration 1938/39 geschriebene und 1947 nachgedruckte »Kritik der politischen Moral« des marxistischen Sozialarbeiters Henry Jacoby beeindruckt.[57] Er las dort, dass eine Planwirtschaft zu »Formen bürokratisch dirigierten Wirtschaftens« führen konnte, »unter der die Menschen endgültig als bloße Objekte und Anhängsel des Wirtschaftsapparats betrachtet werden«. Er verstand, dass die Überführung der Produktionsmittel in Gemeineigentum nicht eo ipso Sozialismus ist und dass man die Freiheit der Menschen nicht nur verteidigen, sondern auch ausweiten musste. Francks Streitschrift machte ihm den Gegensatz zwischen autoritären Organisationsformen in der Produktion und einer lebendigen Demokratie in Staat und Gesellschaft bewusst. Sie schärfte sein Mißtrauen gegen »Geschäftsführermentalität«, »Apparatsmoral« und den »moralischen Verfall« des Stalinismus »mit seinen Methoden der Lüge, Verleumdung und des Meuchelmords«.[58] Kernsätze aus Francks Kritik der politischen Moral bestimmten für Matthöfer im Rückblick des Jahres 1980 die eigene politische Lebensstrategie:

---

56 Beier im Gespräch mit Heinz Brakemeier und Willi Birkelbach am 5. Juni 1986; AdsD, DM 0406.
57 Sebastian Franck [Henry Jacoby], Zur Kritik der politischen Moral. Kritik des politischen Verhaltens. Ein Beitrag zur Konzeption einer neuen sozialistischen Bewegung, (Prolit – Argumentationen, 3), Giessen 1972. Zur persönlichen Rezeptionsgeschichte siehe Matthöfers Vorwort »Bücher können wirken« in: Henry Jacoby, Von des Kaisers Schule zu Hitlers Zuchthaus. Erlebnisse und Begegnungen. Geschichte einer Jugend links-außen in der Weimarer Republik, Frankfurt a. M. 1980, S. 7–9. In den siebziger Jahren arbeitete der pensionierte FAO-Direktor – wie Matthöfer – ehrenamtlich für Amnesty International.
58 Franck, Kritik, S. 76.

»Im Sozialismus liegt die veränderte Stellung des Menschen im Arbeitsprozeß vor allem in der Ausdehnung seines Urteilsbereichs (was die Hebung seiner Urteilsfähigkeit zur Aufgabe macht). ... Dann erst wird der Produktionsprozeß wieder zum schöpferischen Lebenswerk. ... Die Freisetzung des Leistungswillens, der heute gehemmt oder gebrochen ist, ist die große sozialistische Möglichkeit.«[59]

Schon als Lehrling las er auch Arthur Koestlers gleichnishaften Roman »Darkness at noon«, der 1940 im Londoner Exil erschienen war.[60] Der handwerklich perfekte Politkrimi des kommunistischen Renegaten entlarvte bis in kleinste Einzelheiten die Mechanismen der Gewalt und die Perfidie der Moskauer Schauprozesse der dreißiger Jahre, die regelmäßig mit ›freiwilligen‹ Geständnissen und oft mit der Hinrichtung der Angeklagten endeten. Die Darstellung Koestlers zwang marxistische Intellektuelle in aller Welt zur Stellungnahme, wobei sich nicht wenige von ihnen dazu herabließen, Lüge, Betrug, Mord und Tyrannei zu rechtfertigen, wenn sie nur der Herrschaft des Proletariats dienten. Matthöfer gehörte nicht zu ihnen. Er war im Gegenteil zum Widerstand entschlossen, wo immer opportunistische Funktionäre sich dem mystischen Willen einer allmächtigen Partei unterwarfen und versuchten, deren Verbrechen mit der »Dialektik der Geschichte« zu rechtfertigen. Nur wenige Tage vor seinem Eintritt in die SPD hatte er genau dies in seiner nächsten Umgebung erleben müssen. Kurt (›Kutschi‹) Müller, Mitglied des Deutschen Bundestages und stellvertretender Vorsitzender der Kommunistischen Partei Deutschlands (KPD), war aus Frankfurt in die DDR verschleppt, dort verhaftet und schließlich wegen »Terrors, Spionage, Sabotage, Gruppenbildung und trotzkistischer Tätigkeit« zu 25 Jahren Haft verurteilt worden, die er in der Sowjetunion absitzen musste. Erst drei Jahre nach Stalins Tod wurde er rehabilitiert und durfte in die Bundesrepublik zurückkehren. Matthöfer hatte Müller als einen sympathischen und integeren Mann kennengelernt, den er wegen seiner offenen und vernünftigen Art schätzte. Als er sich nach Müllers Verschwinden in der Frankfurter KPD-Zentrale in der Gutleutstraße nach seinem Verbleib erkundigte, wurde ihm das ganze Elend des stalinistischen Machtsystems erst richtig bewusst. Obwohl seine kommunistischen Kollegen und Kommilitonen nicht die Spur eines Beweises hatten, zögerten sie keinen Moment, sich schamlos dem Willen der Partei zu unterwerfen und auch die absurdesten, von der Geheimpolizei erfundenen ›Verbrechen‹ ihres Genossen Kurt Müller zu verdammen. Als Hans Matthöfer daraufhin zusammen mit seinem Bruder Heinrich auf einer Bochumer Kundgebung des Ersten Sekretärs der KPD, Max Reimann, öffentlich gegen die Verhaftung Müllers protestierte, wurden beide mundtot gemacht und von Ordnern aus dem Saal getrieben.

Die Affäre Müller gab wohl den letzten Anstoß, endlich auch Mitglied der SPD zu werden, mit der er als SDS-Vorsitzender schon seit längerem erfolgreich zusam-

59 Ebenda, S. 43.
60 Die deutsche Fassung, »Sonnenfinsternis«, erschien 1946 in London (und gleichzeitig im Stuttgarter Behrend-Verlag) als Rückübersetzung aus dem Englischen, weil das deutsche Originalmanuskript verloren gegangen war.

menarbeitete. Für Matthöfer sprach zu diesem Zeitpunkt freilich weniger die Anziehungskraft des Spitzenpersonals der Partei für einen Eintritt, als vielmehr die deutliche Abgrenzung der SPD zu den anderen Parteien. Kurt Schumachers Reden machten zwar Eindruck auf den jungen Sozialisten, der sich dem Charisma des SPD-Vorsitzenden nicht entziehen konnte. Ihren nicht immer klaren Inhalt zu verstehen, hatte er jedoch große Mühe. Innerhalb der Partei fühlte er sich von dem Erbe jener politischen Strömungen aus der Weimarer Zeit angezogen, die in kritischer Distanz zum Mainstream der SPD und zur KP-Orthodoxie gestanden hatten. Die ehemaligen Angehörigen des Internationalen Sozialistischen Kampfbunds (ISK), der Sozialistischen Arbeiterpartei Deutschlands (SAP) oder der Kommunistische Partei Opposition (KPO) bereicherten die Substanz der Nachkriegs-SPD. Matthöfers Wunsch, sich politisch zu engagieren und Verantwortung für das Gemeinwesen zu übernehmen, stand für ihn nicht mehr zur Disposition. Schon die Arbeit im SDS lässt sich zweifellos als ein erster Schritt in diese Richtung interpretieren, ging es doch bereits dort nicht nur um akademische Sandkastenspiele.

Ob diesem Schritt eine singuläre Entscheidung zugrunde lag, die sich sachlich und zeitlich genauer bestimmen ließe, mag bezweifelt werden, da sich Matthöfer bei verschiedenen Gelegenheiten dazu unterschiedlich geäußert hat. Alle Versionen, den Anfang seiner Politikerlaufbahn zeitlich und inhaltlich zu begründen, gehen wohl auf seine Zeit im Finanzministerium zurück, als Journalisten dem prominenten Regierungsmitglied die politische Gretchenfrage stellten. Die Antwort, die er darauf gewöhnlich gab, entsprach der Rolle des Finanzministers, der die Staatsfinanzen mitten durch den Strudel der ›Weltwirtschaftskrise‹ der siebziger Jahre steuern musste: Matthöfer habe die Zeit der politischen Quarantäne in britischer Kriegsgefangenschaft dazu genutzt, sich intensiv mit dem Wahnsinn des Krieges, seinen Ursachen und seinen menschlichen und materiellen Kosten auseinanderzusetzen. Die Schlussfolgerung, die er daraus gezogen habe, war ebenso einfach wie heroisch: »Ich muss mit allen Kräften dazu beitragen, den drohenden nächsten Krieg zu verhindern.«[61] Zu diesem Zweck galt es ihm herauszufinden, wie genau Wirtschaft und Politik zusammenhingen; hatte ihn doch die Lebenserfahrung gelehrt, dass zwischen der Massenarbeitslosigkeit in der Weltwirtschaftskrise, dem Aufstieg Hitlers und dem Zweiten Weltkrieg ein enger Zusammenhang bestand. Zunächst musste er dazu Englisch lernen, »um später vielleicht einmal Amerikaner und Briten besser beeinflussen zu können«, Ökonomie zu studieren – und Politiker zu werden. Später, als ihn der Gewerkschaftshistoriker Gerhard Beier für eine Festschrift zu seinem 60. Geburtstag zum selben Thema befragte, verlegte er den Schauplatz seiner Entscheidung für die Politik in die Wälder des Taunus, wo er, einundzwanzigjährig und »in seinem Bewusstsein völlig durcheinander und unentschieden«, herausfinden wollte, was er »im Leben eigentlich anfangen« sollte.[62] In einer »ehrlichen, rückhaltlosen Bestandsaufnahme« zeichneten sich aller

---

61 Matthöfer, Jahre, S. 306.
62 Ebenda, S. 352.

dings nur unscharfe Bilder möglicher Lebenswege ab. Auf der einen Seite hielt er es für ein erstrebenswertes Ziel, eine wirtschaftlich selbstständige Tätigkeit auszuüben. Zu diesem Zeitpunkt hatte sich Matthöfer gerade in der Bochumer Progress GmbH als Gesellschafter engagiert, was seiner Neigung entgegenkam, »nicht gerne Weisungen von anderen Leuten entgegenzunehmen«. Sein unternehmerisches Talent hatte am Schwarzmarkt schon die Probe bestanden, sodass er sich völlig sicher war, auch als Unternehmer etwas »Ordentliches und Erfolgreiches« zu schaffen. Auf der anderen Seite spürte er eine zweifelnde, unsichere, aber doch beharrliche Neigung, politisch zu arbeiten, um sein eigenes Gewicht »auf die richtige Seite der Waagschale der Geschichte zu werfen«. Eine politische Tätigkeit, darüber war er sich völlig im Klaren, mochte mit Nachteilen, Gefahren und Beschwerden verbunden sein, und eine Entscheidung zu ihren Gunsten wahrscheinlich irreversibel, weil es ihm unmöglich schien, »unter einigermaßen guten Bedingungen später wieder in ein normales Erwerbsverhältnis umzusteigen«.[63] – Gewiss keine leichte Entscheidung, wenn sie sich denn wirklich so gestellt haben sollte. Auf seinen endlosen, grüblerischen Spaziergängen in der klaren Waldluft des Taunus fiel sie jedenfalls nicht. Immerhin läßt sich die Sprache der Fakten in den anschließenden Monaten kaum missverstehen. Im Herbst 1947 trennte sich Matthöfer von seinen Gesellschafteranteilen und wandte sich dem Studium der Volkswirtschaftslehre zu. Das Fenster für die politische Arbeit war nun geöffnet und blieb es – bis zum Ende der Studienzeit, als sich ihm die Frage des beruflichen Einstiegs konkret stellte.

Den teils unbewussten Entscheidungsprozess beeinflussten nach Matthöfers eigener Erinnerung vor allem drei literarische Erlebnisse. Jeder dieser Texte sprach offenbar eine andere Seite seiner Persönlichkeit an, sodass es sich lohnt, etwas näher auf sie einzugehen. Da ist zunächst eine Interpretation des Hamlet-Monologs zu nennen, die der Anglist Max Deutschbein im Shakespeare-Jahrbuch 1946 zur Diskussion gestellt hatte.[64] Matthöfer war das Jahrbuch beim Herumstöbern in einem Bochumer Antiquariat zufällig in die Hände gefallen, und er las den Aufsatz während seiner nächtlichen Arbeit als Wachmann in der Pförtnerloge eines großen Frankfurter Baukonzerns. Deutschbein versucht nachzuweisen, dass der berühmte Monolog in der Shakespeare-Zeit durch häufiges Abschreiben sinnentstellend verfälscht worden sei, indem man am Schluss ein »them« hinzugefügt habe. Ohne diesen Zusatz nehme die Passage, in der Hamlet den Sinn des Lebens bezweifelt und über Selbstmord nachdenkt, eine andere Wendung:

»To be or not to be, – that is the question:
Whether 'tis nobler in the mind to suffer
The slings and arrows of outrageous fortune,
Or to take arms against a sea of troubles
And by opposing end [them].«

63 Ebenda, S. 347.
64 Max Deutschbein, Der Hamletmonolog »To be or not to be«. (Hamlet III, 1, 56 ff.) in: Shakespeare Jahrbuch, Bd. 80/81, Weimar 1946, S. 31–69. Deutschbein (1876–1949) war Vizepräsident der Deutschen Shakespeare-Gesellschaft und Herausgeber ihres Jahrbuches.

Hamlet gehe es, so die Lesart des renommierten Shakespeareforschers, nicht mehr darum, den Plagen des Schicksals ein *Ende* zu bereiten. Vielmehr frage er sich, was edler sei: die Schicksalsschläge in stoischer Ruhe hinzunehmen und dabei im innersten Wesen unversehrt und unberührt zu bleiben, oder den aktiven Kampf gegen das Schicksal aufzunehmen, in der Gewissheit, dass man *unterliegen* werde. Matthöfer sah in dem solcherart interpretierten Hamletmonolog eine theatralische Variante seiner eigenen Frage, warum gerade er dazu beitragen sollte, die aus den Fugen geratene Welt wieder in Ordnung zu bringen. Warum sollte er in der Politik einen hohen Preis dafür zahlen, wenn er auch einfach nur Geld verdienen und damit wie alle anderen ruhig und angenehm leben konnte?[65]

Sydney Hooks geschichtsphilosophisches Werk »The hero in history«,[66] das sich Matthöfer im Frankfurter Amerikahaus ausgeliehen hatte, bestärkte ihn jedoch in seiner Entscheidung für die Politik. Hook liefert eine einfache Begründung für den Widerstand gegen unmenschliche bürokratische Apparate, seien sie nationalsozialistisch oder stalinistisch: »Wenn wir unser ›normales Leben‹ nicht durch einen Sprung in den Strudel der Politik aufgeben wollen und lieber anderen die Macht überlassen, dann wachen wir eines schönen Tages mit der Erkenntnis auf, dass die Leute, denen wir die Macht anvertrauten, drauf und dran sind, unser ›normales Leben‹ zu zerstören, das wir fürchteten, aufgeben zu müssen.« Freiheit und Demokratie hingen daher – so Hook materiell wie qualitativ nicht zuletzt von der Bereitschaft ab, für sie zu *kämpfen*.[67] Matthöfer, der die schmerzliche Logik dieses Gedankens am eigenen Leibe erfahren hatte, leuchtete die Schlussfolgerung des amerikanischen Geschichtsphilosophen unmittelbar ein. Wurde hier der Verstand des politologischen Autodidakten angesprochen, so berührte ihn die Botschaft eines anderen Buches offenbar sehr emotionell: »For Whom the Bell Tolls«, Ernest Hemingways dramatische Erzählung aus dem spanischen Bürgerkrieg.[68] Der Romanheld, Robert Jordan, ein republikanischer Spanienkämpfer aus Montana, sieht sich in die Pflicht genommen, als ihn das Schicksal vor die Entscheidung stellt, sein Leben zu retten oder im Dienste einer für richtig erkannten Sache zu sterben. Selbst schwer verletzt, gelingt es ihm, die Verfolger mit dem Maschinengewehr aufzuhalten und den Rückzug seines Sabotagetrupps zu decken. Er folgte damit dem Titelmotiv, das Hemingway seinem Roman vorangestellt hatte: »No man is an *Island,* entire of itself; … And therefore never send to know for

---

65 Matthöfer an Beier am 11. Juni 1984, AdsD, DM 0404; siehe auch Matthöfer, Jahre, S. 347 f.
66 Das Original entstand 1943 in New York und erschien 1945 in London: The hero in history: a study in limitation and possibility. Eine deutsche Übersetzung (Der Held in der Geschichte – eine Untersuchung seiner Grenzen und Möglichkeiten) publizierte 1951 der Nürnberger Nest-Verlag, der sich auf die sozialistische Jugend als Zielgruppe spezialisiert hatte. Hook, Jg. 1902, der u. a. über die Schriften von Hegel und Marx gearbeitet hat, wurde 1960 zum Präsidenten der American Philosophical Association gewählt.
67 Ausgabe Brunswick u. London 1992, S. 15 und 157.
68 Das 1940 erschienene amerikanische Original wurde in deutscher Übersetzung Anfang der vierziger Jahre im Stockholmer Exil unter dem Titel »Wem die Stunde schlägt« im S. Fischer-Verlag publiziert. Matthöfer hat den Roman zuerst 1948 auf Englisch, dann auch auf Deutsch, Spanisch und Französisch gelesen. Matthöfer, Jahre, S. 350.

whom the *bell* tolls; It tolls for *thee*.«[69] Matthöfer konnte sich in die Lage Robert Jordans aufgrund seiner eigenen Kriegserfahrungen sehr gut hineinversetzen, obwohl er als Soldat wohl selbst andere Entscheidungen getroffen hatte als Hemingways Figur. Vielleicht mag dies mit ein Grund dafür gewesen sein, dass er sich nun umso stärker mit ihr identifizierte. Der Wirkung der Hemingway-Lektüre auf Matthöfers politische Entwicklung ist jedenfalls nicht zu unterschätzen – liefert sie doch vielleicht sogar ein Motiv für seine spätere Hinwendung zur spanischen Innenpolitik.

Die USA und die Folgen

Die Zeit, die Helden wie Robert Jordan nötig hatte, war freilich vorüber, und so pflegte Matthöfer sein Leitbild des Kämpfers vorzugsweise als Ausdruck seiner Geistesverfassung. Wofür es sich in unheroischen Zeiten zu kämpfen lohnte, sollte sich ihm während eines Studienaufenthaltes in den USA deutlicher abzeichnen als in den Hörsälen der Frankfurter Schule. Den Tipp, sich auf ein Stipendium des US-State Departements zum Studium an amerikanischen Universitäten zu bewerben, gab ihm ein amerikanischer Bekannter aus der Schwarzmarktzeit. Am Ende gehörte er zu seiner großen Überraschung zu jenen 350 Studenten, Professoren und Lehrern, die aus der großen Zahl von 5000 Bewerbern für geeignet befunden wurden, ein Jahr in den USA zu studieren, weil man sie von amerikanischer Seite als »potential leaders« einschätzte. Der junge Volkswirtschaftsstudent entschied sich dafür, das knappe Jahr in New York und in Madison (Wisconsin) vor allem für das Studium der Theorie und Praxis der Gewerkschaften zu nutzen. Tatsächlich sollte er aber die meiste Zeit einem Phänomen widmen, das es nach der Meinung vieler Beobachter in den USA im Unterschied zu Europa gar nicht gab: der Praxis des amerikanischen Sozialismus.[70]

Austauschprogramme dieser Art waren unter der Ägide des Marshallplanes keine Seltenheit, auch wenn sie sich meist an wirtschaftliche Zielgruppen richteten. Gewerkschafter, Unternehmer und andere Führungskräfte sollten Gelegenheit haben, den Stand der Technik, der Produktivität und der Wissenschaft in den USA kennenzulernen, um ihr Wissen dem *productivity drive* nutzbar zu machen, der Europas Wirtschaft auf ein höheres Entwicklungsniveau heben sollte. Auch wenn der Aufenthalt diesem Ziel nicht immer diente, verfehlte er doch in den seltensten Fällen seine Wirkung. Dies lag auch daran, dass die Vereinigten Staaten auf einen Versuch der Indoktrination der Studienreisenden weitgehend verzichteten und ihnen Gelegenheit gaben, sich selbst einen Eindruck von den Verhältnissen in der Neuen Welt zu verschaffen. Kaum einer der Gäste aus dem alten, verarmten und zerstörten Europa konnte sich der Faszination eines Landes entziehen, das auf dem

69 Der Titel ist einem Gedicht (Meditation XVII) von John Donne (1572–1631) nachempfunden und im Deutschen mit »Wem die Stunde schlägt« nur sehr unzulänglich wiedergegeben.

70 Werner Sombart, Warum gibt es in den Vereinigten Staaten keinen Sozialismus? Tübingen 1906.

Bascom Hall, das Hauptgebäude der Universität von Wisconsin, thront eindrucksvoll auf einem Hügel über Madison.

Höhepunkt seines Wohlstands, seiner Macht und seiner kulturellen Entfaltung stand. Für Matthöfer musste dies ganz besonders gelten, beschränkten sich seine Auslandserfahrungen bis dahin doch auf einige wenige mitteleuropäische Kriegsschauplätze.

Vom amerikanischen Hochkommissar für Deutschland, John J. McCloy, im Frankfurter Hauptquartier offiziell verabschiedet, schiffte sich die Gruppe Anfang August 1950 von Cannes aus über Lissabon nach New York ein, wo sie ein zweiwöchiger Einführungskurs an der Columbia University erwartete. Über Washington und Chicago ging die Reise dann für Matthöfer ganz individuell weiter nach Madison, dem Ort des zweisemestrigen Studienaufenthaltes an der Wisconsin University. Dort nahm er sich zusammen mit einem Chemiker eine Studentenbude, für die er wöchentlich 5 Dollar aus seinem Monatsscheck von 120 Dollar aufbringen musste. In Wisconsin war in den fünfziger Jahren der Einfluss deutscher und schwedischer Einwanderer mit sozialdemokratischem Hintergrund noch deutlich spürbar. Hier lag auch das historische Zentrum des sozialreformerischen ›Progressive Movement‹ der USA, und selbst die sozialistische Partei spielte hier und da in der Kommunalpolitik eine wichtige Rolle. Dies war kein schlechtes Umfeld für ein Studienprogramm, dessen Schwerpunkte auf den amerikanischen Arbeitsbeziehungen und der Theorie und Geschichte der amerikanischen Gewerkschaften lagen. Ergänzt wurde es durch Kurse in amerikanischer Wirtschafts- und Technikgeschichte (unter besonderer Berücksichtigung ihrer Trends und Zyklen) sowie in Wirtschaftsmathematik und Französisch. Als wissenschaftlicher Betreuer und *major professor* fungierte Selig Perlman (1888–1959), was angesichts der Studien-

schwerpunkte naheliegend war: Perlman, 1918 aus Polen nach Wisconsin einge-
wandert, hatte 1928 in seinem Hauptwerk ›A Theory of the Labor Movement‹ die
These entwickelt, der amerikanische Arbeiter sei nicht *klassen-*, sondern *arbeits-
platzbewusst.* Er erklärte den Mangel an Klassenbewusstsein nicht nur aus historisch gewachsenen ideologischen Unterschieden zwischen der europäischen und
der amerikanischen Arbeiterbewegung. Vielmehr sah er den Grund für die große
Bedeutung des Arbeitsplatzes für das politische und gesellschaftliche Bewusstsein
von Industriearbeitern in den technologischen und organisatorischen Innovationen der Unternehmen, die in den USA besonders stark ausgeprägt waren. Indem
Perlman die Arbeit des Gewerkschaftshistorikers und Mitbegründers der Neuen
Institutionenökonomie John R. Commons (1862–1945) fortführte,[71] machte er
die Universität von Wisconsin in den frühen fünfziger Jahren zu einem Zentrum
der Forschung über *labor relations.* Perlman schlug Matthöfer ein entsprechendes
Thema zu einer wissenschaftlich anspruchsvollen *master's thesis* vor: »The evolving
social philosophy of the German Trade Unions: Staatsbejahung, Wirtschaftsdemo-
kratie, Mitbestimmungsrecht«. Offenbar wollte er den jungen Sozialisten dazu
anregen, die aktuelle westdeutsche Mitbestimmungsdiskussion, die im Mai 1951
zur Montanmitbestimmung und im Oktober 1952 zum Betriebsverfassungsgesetz
führte, in ihre historische Dimension zu rücken. Auf den ersten Blick scheint es,
als habe Perlman damit tatsächlich die Grundlage für das spätere Interesse Matthöfers an der Gewerkschaftsarbeit gelegt.

Bei näherer Betrachtung täuscht dieser Eindruck jedoch gewaltig. Nicht, dass
sich der Student der *labor relations* nicht mit Perlmans Arbeit auseinandergesetzt
hätte; aber es fiel ihm schwer, die Bedeutung von Perlmans Erkenntnissen angemessen zu würdigen und sie mit seinen eigenen, noch bruchstückhaften und wirren Vorstellungen von einer richtigen gewerkschaftlichen und politischen Strategie
in Übereinstimmung zu bringen. Im Stillen hielt er Perlman sogar für einen Opportunisten, der seine Theorie an die in den Vereinigten Staaten herrschende Meinung anpasste, um seinen akademischen Erfolg nicht zu gefährden. Jedenfalls blieb
sein Verhältnis zu dem Hochschullehrer distanziert. Matthöfer sah sich nach einigen Wochen der Materialsuche und des Ausprobierens außerstande, eine einigermaßen vernünftige Arbeit zu dem von Perlman vorgeschlagenen Thema zustande
zu bringen. Dies mag zum Teil an der Schwierigkeit gelegen haben, in Madison
ausreichend Literatur über die deutschen Gewerkschaften zu finden oder sie sich
in angemessener Zeit zu beschaffen. Perlman hatte aber wohl auch die Voraussetzungen grob überschätzt, die sein Schüler für die Bearbeitung eines so anspruchsvollen Themas mitbrachte. Noch wusste der spätere Rationalisierungs- und Bildungsexperte der IG Metall viel zu wenig über die Theorie und Praxis der deutschen
Gewerkschaften.

71 Commons' wissenschaftlicher Ruf gründet heute auf seinem einflussreichen Buch »Institutional
economics: Its place in political economy« (1934). Für die Geschichte der amerikanischen Arbeiterbewegung war indes sein zehnbändiges, zusammen mit Perlman verfasstes Werk »The History of
Labor in the United States« (1918) ein Klassiker.

Die Distanz zu dem ›revisionistischen‹ Gewerkschaftstheoretiker Perlman und das Scheitern seiner akademischen Bemühungen um die Arbeiterbewegung hatten aber noch einen tieferen Grund. Schon in Frankfurt war er auf eine Rede Max Shachtmans gestoßen, die der amerikanische Trotzkist im März 1950 in der Webster Hall von New York City gehalten hatte.[72] Der Führer der Independent Socialist League hatte darin »the cold horror of Stalinist despotism« angeklagt und die Sowjetunion als ein einziges, riesiges Gefängnis von Menschen und Nationen angeprangert. Dem *new barbarism* des stalinistischen Russland stellte er das Ideal einer sozialistischen Gesellschaft gegenüber, in welchem materielle Not, Unterdrückung und Klassenherrschaft eliminiert seien und die Menschheit sich geistig und kulturell frei entwickeln könnte. Diese militant antistalinistischen Töne begeisterten den jungen Sozialisten, zumal er kurz zuvor in der Affäre Kurt Müller seine eigenen Erfahrungen mit dem politischen Alltag des Stalinismus in Deutschland gemacht hatte. In den USA hatte er daher nichts Eiligeres zu tun, als Kontakt mit den *Shachtmanites* aufzunehmen, die sich in der Independent Socialist League (ISL), einer Abspaltung der amerikanischen kommunistischen Partei (Socialist Workers Party), gesammelt hatten. In New York traf er sich mit zwei der aktivsten ISL-Mitgliedern, Hal Draper[73] und Herman Benson,[74] die ihn sofort unter ihre Fittiche nahmen und ihn dem weitverzweigten Netzwerk der ISL empfahlen.

An der Universität von Madison schloss sich Matthöfer dem *Socialist Club* an. Dort gaben die Anhänger der *Socialist Party of America* (SPA) den Ton an. Hier, wie im benachbarten Minnesota, hatte die SPA ihre bescheidenen Hochburgen und stellten mit Frank P. Zeidler bis 1960 den Oberbürgermeister der Millionenstadt Milwaukee. Für die Studenten war freilich Norman Mattoon Thomas (1884–1968) das große Vorbild. Der Pazifist und Theologe war seit 1928 regelmäßig Präsidentschaftskandidat seiner Partei und der unangefochtene Sprecher des demokratischen Sozialismus in den USA. Die *International Socialist League* fusionierte erst 1957 mit der SPA, doch standen sich beide Lager politisch recht nahe, nachdem die Trotzkisten unter Shachtman immer weiter nach rechts gerückt wa-

---

72 Shachtman (1904–1972) hatte 1940 die moskautreue SWP verlassen und die trotzkistische Workers Party gegründet, die sich als antistalinistisch ausgerichtete marxistisch-leninistische Organisation verstand. Aus ihr entwickelte sich 1948 die ISL, die sich immer deutlicher zum demokratischen Sozialismus bekannte. 1949 strich sie die US-Staatsanwaltschaft nach längerer Debatte von der Liste der subversiven Organisationen; die Rede ist dokumentiert in: www.spartacus.schoolnet.co. uk/USAshachtman.htm

73 Hal Draper (1914–1990) stand am linken Flügel der ISL und stemmte sich 1957/58 vergeblich geben die Fusion mit der Socialist Party of America (SPA); er war Herausgeber der Wochenzeitschrift »Labor Action« und Autor zahlreicher Schriften über Marxismus und Gewerkschaftsbewegung.

74 Herman Benson war Herausgeber der Zeitschrift »Union Democracy in Action«. Seinen Lebensunterhalt verdiente er als kleiner selbstständiger Schraubenfabrikant, »wie eine Ameise, die sich in einer Felsnische unter dem kapitalistischen Wasserfall eingerichtet hat, und sich dabei sogar wohl fühlt« (Matthöfer, Jahre, S. 363). Als Ziel seiner eigenen selbstständigen Existenz kam für Matthöfer freilich eine solche Selbstbeschränkung, wie sie Benson praktizierte, nicht infrage. Diese und ähnliche Erfahrungen in den USA stärkten in ihm vielmehr die Überzeugung, dass Sozialismus nur in großen Verbänden und Organisationen machbar ist.

Matthöfer (rechts) demonstriert mit Anhängern von
Norman Thomas gegen den Hunger in der Dritten Welt.
Eines der Schlagworte: »Bread – not Bombs!«.

Signatur Norman Thomas

ren. Beide Gruppierungen konzentrierten ihre politische Arbeit weitgehend auf die Gewerkschaften, wo die SPA mit populären Arbeiterführern wie Victor und Walter P. Reuther vor allem in der Automobilarbeiter-Gewerkschaft *United Automobile Workers* (UAW) Einfluss nehmen konnte. Für einen europäischen Außenseiter wie Hans Matthöfer, war es deshalb ohne weiteres möglich, die Verbindungen zu beiden Seiten zu pflegen, ja, es fiel ihm sogar manchmal die Rolle des Moderators zu, wenn an der Basis des *Socialist Club* über eine mögliche Vereinigung der beiden Bruderparteien diskutiert wurde. Was ihm in der theoretischen Arbeit im Seminar von Selig Perlman verwehrt blieb, konnte er so durch Einblicke in die Gewerkschaftspraxis wieder wettmachen. Diese öffnete ihm mindestens ebenso faszinierende Perspektiven wie die wissenschaftliche Forschung, waren doch die amerikanischen Gewerkschaften Anfang der fünfziger Jahre auf dem Höhepunkt ihrer Macht und Wirksamkeit angekommen. Eine weitere Gelegenheit, die Praxis der Gewerkschaften kennenzulernen, ergab sich im Frühjahr 1951. Der deutsche Austauschstudent stellte sich dem DGB-Vorstandsmitglied Werner Hansen unendgeltlich als Dolmetscher zur Verfügung, als dieser eine Studienreise zu befreundeten amerikanischen Gewerkschaftsverbänden unternahm. Auf diese Weise lernte Matthöfer auch die Brüder Reuther in ihrem neuen Detroiter Hauptquartier ›Solidarity House‹ kennen. Hansen, 1905 als Werner Heidorn geboren, gehörte vor und nach 1933 dem Internationalen Sozialistischen Kampfbund (ISK) an und musste 1937 über Frankreich nach Großbritannien emigrieren. Nach 1945 schlug er sich auf die Seite der Reformer, die innerhalb der westdeutschen Gewerkschaften das amerikanische Demokratie- und Gewerkschaftsmodell durchsetzen wollten. Sie konnten sich enger Verbindungen mit der American Federation of Labor (AFL) und ihren Mitgliedsverbänden bedienen und verfügten gerade in den ersten Nachkriegsjahren über beträchtliche Mittel, die zu einem großen Teil aus dem State Department und anderen Regierungsquellen flossen. Die Symbiose schien beiden Seiten zu nutzen und hielt bis Ende der fünfziger Jahre ein Netzwerk am Leben, dem auf deutscher Seite bemerkenswerterweise »kein einziger gelernter Sozialdemokrat« angehörte.[75] Matthöfer war selbstverständlich viel zu jung, um in diesen Kreis um Werner Hansen und Otto Brenner, den sogenannten ›Zehnerkreis‹, einzutreten. Er wurde jedoch schon 1951 auf beiden Seiten des Atlantik als jemand wahrgenommen, der mit seinem politischen Standort und seiner wachen Intelligenz durchaus das Zeug zu einem zukünftigen Mitglied dieses Kreises hatte.

Unter den zahlreichen Emigranten, denen der junge Sozialdemokrat vor allem während seiner Aufenthalte in New York begegnete, ragt Fritz Sternberg (1895–1963) hervor. Matthöfer hatte den Ökonomen, marxistischen Theoretiker und sozialistischen Politiker schon in Frankfurt schätzen gelernt, als dieser auf einer Parteiveranstaltung im Hinterzimmer der ›Festeburg‹, eines Lokals in Preun-

---

75 Peter von Oertzen, Nachruf auf Otto Brenner, in: Gewerkschaftliche Monatshefte 6/1972, S. 339; s. auch Angster, Konsenskapitalismus, S. 398 f.

Grand Canyon, Arizona, Ostern 1951. Andere Ausflüge führten ihn nach New York und Chicago.

gesheim, über Fragen des Stalinismus referierte. Jetzt traf er ihn zufällig in Manhattan wieder und nutzte die Gelegenheit, um in Sternbergs Privatwohnung viele Stunden über dieses und andere Themen zu sprechen. Sternberg machte ihn dabei als erster auf die Notwendigkeit der ›Humanisierung‹ der Industriearbeit aufmerksam und hob die Bedeutung der wirtschaftlichen und politischen Entwicklung in den unterentwickelten Ländern für eine weltweite Strategie des demokratischen Sozialismus hervor – beides Themen, die Matthöfer später noch intensiv beschäftigen sollten. Ansonsten nötigte Sternberg ihn mit sanftem Druck, je zehn seiner beiden jüngsten Bücher zu kaufen, um sie – vom Autor signiert – in Madison an Studienkollegen loszuschlagen.[76] An der Universität von Wisconsin machte der Austauschstudent jedoch weniger als Verkaufstalent, sondern mehr durch sein Organisationstalent von sich reden. Ob es darum ging, auf dem Campus für die Hilfsaktion ›Food for India‹ des International Rescue Committee Geld zu sammeln oder die Präsidentschaftskampagne von Norman Thomas voranzubringen – Matthöfer trieb seine Mitstreiter durch das eigene Vorbild stets zu außergewöhnlichen Leistungen an. Die Art und Weise, wie er dabei vorging, machte ihn zwar nicht immer beliebt, verschaffte ihm aber doch den Respekt seiner Kommilitonen und Genossen. Im Übrigen nahmen während seines Amerikaaufenthalts Politikspiele in kleinen sektiererischen Gruppen (vor allem trotzkistischer Provenienz) viel Zeit in Anspruch, vielleicht sogar zuviel. Immerhin machten sie ihn offen für die Re-

---

76 Es handelte sich dabei um »The coming crisis«, New York/Toronto 1947 und »Living with the crisis – the battle against depression and war«, New York 1949. Zu Leben und Werk Fritz Sternbergs siehe Helga Grebing (Hg.), Fritz Sternberg – Für die Zukunft des Sozialismus. Werkproben, Aufsätze, unveröffentlichte Texte; Bibliographie und biographische Daten, Frankfurt a. M. 1981.

zeption der ganzen Bandbreite des demokratischen Sozialismus und für den Umgang mit unkonventionellen Ideen, wenn sie der Lösung von Problemen dienten. Die Erfahrung immunisierte ihn aber auch ein für allemal gegen die im Grunde unpolitische Arbeit, die in solchen Zirkeln meist sinn- und wirkungslos geleistet wurde. Alles in allem überwogen jedoch die positiven Eindrücke bei weitem: Das Jahr in Amerika hat sein Interesse für die Gewerkschaftsarbeit geweckt und für die neuen Methoden, die zu ihrer Verbesserung in den USA entwickelt worden waren. Er sprach nun ausgezeichnet Englisch, hatte sein Weltbild erweitert und zahlreiche – auch dauerhafte – Kontakte geknüpft. Amerika wurde nun für viele Jahre zum Maßstab seines Denkens. Nach Frankfurt zurückgekehrt, konnte er sich lange nicht entscheiden, ob seine Zukunft nicht doch in den USA liege – so stark hatte ihn das Studienjahr geprägt.

In Deutschland nahmen Leben und Arbeit des Hans Matthöfer sehr rasch schärfere Konturen an. In der Frankfurter SPD wurde er nun als ein Mann wahrgenommen, der sich »einen reichen Fundus an Wissen und praktischer Erfahrung«[77] erworben hatte und zum hoffnungsvollen politischen Nachwuchs gehörte. Erneut stellte er bei Großereignissen sein Organisationstalent unter Beweis. Schon wenige Tage nach seiner Rückkehr im Juni 1951 avancierte er zum Leiter des von der SPD gestellten freiwilligen Ordnungsdienstes, der an der Organisation des Ersten Kongresses der Sozialistischen Internationalen (SI) in Frankfurt wesentlichen Anteil hatte. Die SI nahm als weltweiter Zusammenschluss von damals 40 sozialistischen, sozialdemokratischen und Arbeits-Parteien die Tradition der Zweiten Internationale wieder auf, die am Vorabend des Ersten Weltkrieges gescheitert war. Ihr Schwerpunkt lag eindeutig in Europa, ihre politische Stoßrichtung zielte im Wesentlichen gegen den Kommunismus. Im Juni/Juli 1951 war noch nicht abzusehen, dass sie sich für lange Jahre zu einer unverbindlichen Informations- und Kontaktbörse von 143 Parteien entwickeln sollte, die ansonsten wenig miteinander verbindet. Die Anwesenheit auf dem Gründungskongress verschafften dem jungen Internationalisten Gelegenheit, Verbindungen zu Sozialisten aus den Entwicklungsländern zu knüpfen, deren Bedeutung für den weltweiten Erfolg jedweder sozialistischen Strategie ihm gerade in den USA klar geworden war. Zu seinen Gesprächspartnern, mit denen er lang und kontrovers über erfolgversprechende Entwicklungskonzepte diskutierte, gehörten der Delegierte der indischen Samyukta (United) Socialist Party, Ram Manohar Lohia,[78] und der Vertreter der indonesi-

---

77 So eine etwas spätere Charakterisierung der südhessischen Parteizeitung »Volksstimme« in einem »Porträt der Woche« (»Kämpfer ohne Pathos«) vom 20. Juni 1953. Von der »Volksstimme«, deren Chefredakteur Matthöfers KSJ-Freund Walter Möller war, wurde er schon bald nach seiner Rückkehr aus den USA gelegentlich ins Gespräch gebracht.

78 Der 1932 an der Berliner Universität promovierte Lohia (1910–67) war einer der großen parlamentarischen Gegenspieler des indischen Ministerpräsidenten Jawaharlal Nehru und wurde in Indien nach seinem frühen Tod als »the Che of Non-Violence« gefeiert (so auch der Titel eines Nachrufes von Niranjan Ramakrishnan in der US-Zeitschrift »counterpunch« vom 23.3.2005). Während eines Abendessens, das Traute Mecklenburg und ihr späterer Mann Hans Matthöfer für ihn in der Eckenheimer Landstraße gaben, erläuterte er seine Vorstellungen einer wirksamen Entwicklungspolitik

schen Sozialisten, ›Koko‹ Soedjatmoko, der spätere Rektor der UNO-Universität in Tokio. Beide waren ihm an Lebenserfahrung und Fachwissen turmhoch überlegen, akzeptierten den entwicklungspolitisch interessierten Studenten aber trotzdem als gleichberechtigten Gesprächspartner.

Sein praktisches politisches Engagement verlagerte sich vor dem Hintergrund seiner amerikanischen Erfahrungen nun aber zunächst auf die Gewerkschaftsarbeit. Als Lehrling war er 1946 in die IG Metall eingetreten, 1948 aber – seiner neuen beruflichen Orientierung entsprechend – in die Gewerkschaft Öffentliche Dienste, Transport und Verkehr (ÖTV) übergetreten. Politisch attraktiver waren in Frankfurt aber zweifellos die Metaller, die hier ihre Zentrale hatten. Eine gute Gelegenheit, sich das Vertrauen vieler jungen IG Metall-Funktionäre zu erwerben, bot sich während des hessischen Metallarbeiterstreiks, an dem sich 75.000 Arbeiter und Angestellte beteiligten. Fast vier Wochen lang ging es im August und September 1951 darum, die Streikfähigkeit der Gewerkschaft gegen kampfbereite Arbeitgeber und eine große Zahl arbeitswilliger Streikbrecher durchzusetzen. Als Mitglied eines mobilen Streikkommandos der IG Metall fuhr Matthöfer zusammen mit dem späteren Frankfurter Bezirksleiter der IG Metall, Hans Pleitgen, dem späteren Bevollmächtigten der IGM-Verwaltungsstelle Frankfurt, Günter Otto, und anderen handfesten Junggewerkschaftern im offenen Pritschenwagen von einem Brennpunkt zum anderen, um Streikbrechern durch gutes Zureden oder, wenn es sein musste, durch physische Blockade den Zutritt zu den bestreikten Betrieben zu verwehren. Dies ging nicht immer gut aus, weil die Polizei in – für hessische Verhältnisse – sehr entschiedener Weise den Streikbrechern zu ihrem Recht verhalf und viele Streikposten wegen Nötigung, Widerstand gegen die Staatsgewalt und Landfriedensbruch anzeigte. Am Ende des Streiks hatten die Ausständigen magere 6 (statt der geforderten 12) Pfennige Lohnerhöhungen erstritten. Doch die IG Metall gewann immerhin eine neue Generation im Arbeitskampf erprobter aktiver Anhänger, zu denen fortan auch das ÖTV-Mitglied Matthöfer gehörte.

Inmitten der Turbulenzen, die der Hessenstreik in den Alltag des Rückkehrers trug, fand der mobile Streikposten noch Zeit zu heiraten. Er hatte Traute Mecklenburg im September 1948 kennengelernt, als beide vergeblich in einer Warteschlange vor dem Lebensmittelkartenamt im Frankfurter Stadtteil Bornheim anstanden. Die gemeinsame Frustration bekämpften sie im Café Hahnenhof am Scheffeleck erfolgreich mit Kaffee und Kuchen und verabredeten sich für den Abend in ein Kino am Hauptbahnhof. Das war der Beginn einer dauerhaften Partnerschaft, die zunächst als ›wilde Ehe‹ begann, bevor sie am 6. September 1951 ›legalisiert‹ wurde. Traute Mecklenburg war in Stettin geboren und in Ueckermünde am Stettiner Haff sowie in Hamburg-Barmbeck aufgewachsen. In den letzten Kriegswochen half sie als zweiundzwanzigjährige Operationsschwester auf den

(durch die Verbreitung arbeitsintensiver Technologien) und seine These, dass die Kasten-Schranken eine wichtige politische Größe seien als der Klassenkampf. Matthöfer, der später ähnliche Gedanken entwickelte, blieb an diesem Abend skeptisch (Matthöfer, Jahre, S. 377).

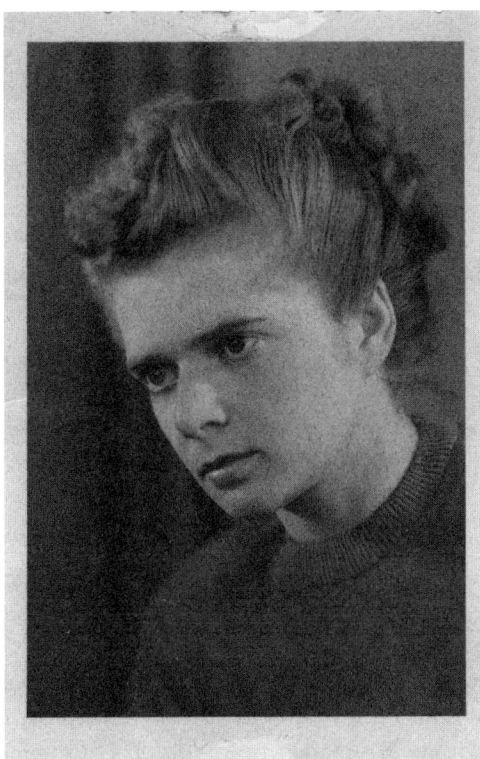

Traute Mecklenburg schickte im September 1950 Liebesgrüße nach Amerika – auf der Rückseite ihres neuesten Porträts.

provisorischen Lazarettschiffen ›Nadir‹ und ›Rigel‹ bei der Evakuierung ostdeutscher Flüchtlinge über die Ostsee. Sie wurde dafür in den letzten Kriegstagen noch mit dem Eisernen Kreuz 2. Klasse ausgezeichnet. Zuvor war sie in Barth dienstverpflichtet, wo sie Granaten mit Gelbkreuz füllen musste, einem hochgiftigen Kampfgas. Es gelang ihr schließlich, als Lernschwester in einem Marinelazarett in Stralsund eine sinnvollere Arbeit zu finden, die sich freilich als noch gefährlicher herausstellte, als die Evakuierung der Flüchtlinge begann. 1948 studierte sie im Frankfurter Stadtteil Sachsenhausen am »Seminar für Sozialarbeit«, einem Vorläufer der Fachhochschule, das in einer Villa am südlichen Mainufer untergebracht war. Die Beziehung von Traute und Hans wurde auf die Probe gestellt, als sich die angehende Sozialarbeiterin während des Amerikaaufenthaltes ihres Freundes gezwungen sah, ihre 15 Jahre jüngere Schwester Heidi, die zur Waise geworden war, bei sich aufzunehmen, und dadurch in große materielle Not geriet. Als Matthöfer davon erfuhr, überwies er ihr aus den USA spontan hundert Dollar, die er sich von seinem Stipendium abgespart hatte. Danach schickte er ihr regelmäßig ›Care-Pakete‹. Nach seiner Rückkehr nahm sie den ›Obdachlosen‹ dann in ihre Dachgeschosswohnung in der Eckenheimer Landstraße auf, wo sie zu Dritt auf engstem Raum zusammenlebten. Die Trauung, die nach dem Ende der Aufgebotsfrist in einer Außenstelle des Frankfurter Standesamtes in der Gutleutstraße stattfand, verlief geschäftsmäßig und ebenso unromantisch wie die geplante Hochzeitsreise nach Miltenberg im Spessart. Wegen heftiger Zahnschmerzen der Braut, die dringend der Behandlung bedurften, musste das Paar die Rückfahrt antreten, bevor es Miltenberg überhaupt erreicht hatte.

Die Heirat war also eine recht nüchterne Angelegenheit. Sie kam sicher dem Wunsch des Vermieters nach klaren Verhältnissen in seinem Hause entgegen. Sie brachte den Eheleuten aber auch noch andere, handfeste Vorteile. Durch die Heirat hessische Staatsbürger geworden, fielen sie nunmehr unter den sogenannten Hessenerlass, der Landeskinder von der Zahlung aller Arten von Schulgeld befreite. Der Hochzeit folgte die ›Familiengründung‹ auf dem Fuße. Traute Matthöfer musste Heidi die Mutter ersetzen, während ihr Mann die Rolle des Vaters einübte, indem er die Vormundschaft für die Zwölfjährige übernahm.

›links‹

Bereits vier Monate nach seiner Heimkehr aus den USA startete Matthöfer ein Projekt, das für viele Jahre einen großen Teil seiner Zeit und Energie in Anspruch nehmen sollte. Am 1. November 1951 erschien an der Frankfurter Universität die erste Nummer von ›links‹, der ›Zeitschrift des Sozialistischen Deutschen Studentenbundes‹. Was zu Beginn aussah wie eines von vielen, meist eng beschriebenen und mittels Saugpost vervielfältigten Diskussionsblättchen studentischer Gruppierungen, mauserte sich schon im Sommer 1952 zu einem veritablen Nachrichtenmagazin im Zweifarbendruck, mit großzügigem Layout und großformatigen Photos, das auch am Kiosk außerhalb der Universität zum Preis von 60 Pfennig seine Leser fand. Als ›Redaktion‹ des ersten Heftes firmierten Hans Matthöfer und Joachim (›Achim‹) Peter. Für Peter (Jg. 1928) und sich selbst hatte Matthöfer 1952 nach einem Gespräch mit dem hessischen Ministerpräsidenten Georg August Zinn Stipendien in Höhe von jeweils 400 DM erlangt, mit denen die Mitarbeit an ›links‹ finanziert wurde.[79] Neben Peter gehörten noch Richard Freyh, Karl-Heinz Liebe und Hans-Joachim Buss der Redaktion an. Beginnend mit dem Jahrgang 1952, übernahm Matthöfer die Herausgeberschaft, ohne sich freilich aus dem Redaktionsgeschäft zurückzuziehen. Die Funktion des Herausgebers entsprach aber in der Tat eher seinem politischen Organisationstalent als das Schreiben selbst. ›links‹ war der erste Versuch, aus dieser Vorliebe für Organisatorisches einen persönlichen Stil zu entwickeln, der sein politisches Leben von nun an begleiten sollte. Nacheinander war er Herausgeber, Verleger und meist auch Redakteur und Autor einer gan-

---

79 Matthöfer an Beier am 25.1.1986, AdsD, DM o. Nr. – Das Gespräch mit Zinn führte darüber hinaus zu einem Haushaltsansatz für 1952, aus dem 10 Stipendien für Arbeiterkinder finanziert wurden. (Zinn an den Minister für Erziehung und Unterricht Ludwig Metzger am 4. Dezember 1951, AdsD, DM 0321.) Peter übernahm nach Matthöfer und Werner Thönnessen 1956 den Vorsitz des Frankfurter SDS und war später Leiter des Presse- und Informationsamtes der Stadt Frankfurt.

links

Preis 0,60 DM

**FRIEDEN
FREIHEIT
SOZIALISMUS**

Frankfurt am Main   Oktober 1952   Jahrgang 2   Nummer 1

Vom Herausgeber immer wieder neu gestaltet, konkurrierte ›links‹ am Kiosk eine Zeit
lang mit Blättern wie dem ›Spiegel‹ und anderen politischen Magazinen.

zen Reihe von Blättern sehr unterschiedlichen Gewichts: ›links‹, ›Ziel und Weg‹,[80] ›Tatsachen‹,[81] ›Alle in einer Gewerkschaft‹,[82] ›Nordost-Anzeiger‹,[83] ›Bei uns SPD‹,[84] Exprés Español[85] und ›Vorwärts‹.[86] ›links‹ setzte aber auch in seiner inhaltlichen Orientierung Standards, die als Leitmotive der künftigen Arbeit des Gewerkschafters und Politikers gelten können. In einem Werbetext für seine Zeitschrift beschrieb sie der Herausgeber selbst folgendermaßen:«›links‹ untersucht die Tatsachen, denen sich die Menschen bei ihrem Bestreben, die Welt zu verändern, gegenübersehen. … ›links‹ beschreibt die großartige Konzeption des demokratischen Sozialismus, den Kampf um die Einheit Deutschlands, um ein vereinigtes, sozialistisches Europa, um die Beseitigung der feudalen und imperialistischen Ausbeutung in den unterentwickelten Gebieten der Erde, den Kampf gegen alle Feinde der Freiheit, den Kampf gegen Not, Hunger, Ungerechtigkeit und Ausbeutung überall auf der Welt. ›links‹ zeigt die Entwicklung der Technik und der Produktivkräfte, die die Fesseln der kapitalistischen Wirtschaftsordnung sprengen. ›links‹ berichtet über die Träume und Pläne der Menschheit, über das Ringen aller guten Menschen um ein besseres Leben für alle, noch in unserer Zeit auf dieser Erde.«[87] Herausgeber und Redakteure erhoben zwar für sich den Anspruch, die »erste wirkliche sozialistische, ›theoretische‹ Zeitschrift der Nachkriegszeit« herauszubringen.[88] Matthöfer wollte aber nicht das sozialistische Rad immer wieder neu erfinden. Es ging ihm vielmehr darum, jene Ideen und Argumente des demokratischen Sozialismus in seinem Blatt aufzugreifen, die Anfang der fünfziger Jahre im englischsprachigen Raum am weitesten entwickelt waren. Sie wollte er in möglichst hoher Auflage unter den Studenten verbreiten. Die redaktionelle Praxis bestand oftmals im Nachdruck bereits publizierter, gelegentlich redaktionell leicht modifi-

---

80 Interimstitel von ›links‹ (mit dem Untertitel »Frieden, Freiheit, Sozialismus«) von Ende 1951 bis Mai 1952, als der Originaltitel verboten war.

81 ›Tatsachen‹, die während der sog. Ford-Aktion in den Kölner Fordwerken verteilt wurde, war eine der seltenen gewerkschaftlichen Betriebszeitungen. Vorbild war die in Detroit für die Beschäftigten der Fordwerke erscheinende UAW-Zeitschrift ›Ford Facts‹.

82 Mitteilungen für die Arbeitnehmer der AEG in Frankfurt. Erschienen sind neun Ausgaben 1966/67 zur Unterstützung einer Aktion betriebsnaher Gewerkschaftspolitik nach dem Muster der Ford-Aktion.

83 Mitteilungsblatt für die Frankfurter Stadtteile: Bornheim, Nordend, Ostend, Dornbusch, Eckenheim, Fechenheim, Frankfurter Berg, Bonames, Preungesheim, Riederwald, Seckbach, Berkersheim; Wahlkreiszeitung im Bundestagswahlkampf 1961 für den Wahlkreis 142, Auflage je Ausgabe 60.000 Exemplare. Matthöfer war Herausgeber und Redakteur der Nummern 1–11.

84 Wahlkreiszeitung im Bundestagswahlkampf 1965 für den Wahlkreis 142. Acht Auflagen von jeweils 60.000 Exemplaren.

85 Revista mensual de información, Ffm. Nr. 1/Oktober 1970 – Nr. 80/Mai 1977. Matthöfer war bis März 1973 Herausgeber und Verleger der damals einzigen sozialistischen illustrierten Zeitschrift in spanischer Sprache in Europa. Darüber hinaus war er über die 13 Jahre seines Bestehens hinweg wesentlich an der Organisation des von der IG Metall herausgegebenen wöchentlichen Pressedienstes ›Servicio de Prensa‹ beteiligt.

86 Als Schatzmeister der SPD (September 1985 – Januar 1987) fungierte Matthöfer zugleich als Verleger des Organs der Sozialdemokratie.

87 ›links‹, 3 (1953), 5.

88 Matthöfer an Briem am 16. Juli 1968. AdsD, DM 0185.

zierter und ›modernisierter‹ Artikel und Buchauszüge von ›Klassikern‹ der sozialistischen und sozialdemokratischen Literatur. Die Schwerpunkte lagen aber eindeutig auf der Programmatik der britischen *Labour Party* und auf der Berichterstattung über die amerikanische Gewerkschaftsszene. Aneurin Bevan und Harold J. Laski, die Brüder Reuther und Norman Thomas zählten in diesem Zusammenhang zu den häufigsten Bezugspersonen. Aber auch Wolfgang Abendroth, Leo Kofler, Fritz Sternberg und Carlo Schmid gehörten zu den Autoren von ›links‹.

Nach Vorbildern befragt, hat der Herausgeber von ›links‹ immer wieder auf das *Time Magazine* hingewiesen, dem die Zeitschrift in der Tat seit Oktober 1952 äußerlich immer ähnlicher wurde. So nahm er auch dem Hamburger Nachrichtenmagazin ›Der Spiegel‹ den Wind aus den Segeln, als ihm vorgeworfen wurde, er plagiiere mit ›links‹ dessen Erscheinungsbild.[89] In den Anfängen ist freilich von einer Orientierung an dem amerikanischen Magazin noch nichts zu spüren, weder hinsichtlich des Inhalts noch der äußeren Aufmachung. Matthöfers erster Anlauf, ›links‹ 1952 ein völlig neues, professionelles Äußeres zu geben und es an populären Vorbildern auszurichten (»Das ganze Format und die Aufteilung werde ich wie der »Spiegel«, »Time« oder »Newsweek« machen.«)[90], stieß zunächst bei Richard Freyh,[91] der nach dem Herausgeber das größte Engagement für das Blatt aufbrachte, auf entschiedenen Widerstand. Freyh reagierte »ziemlich erschrocken« auf entsprechende Vorschläge zur Reorganisation des Blattes, das er nicht als eine Kopie der »organisierten amerikanischen Massenbeeinflussungsmittel« verstanden wissen wollte.[92] Jedenfalls treten die Parallelen zu den trotzkistischen Organen ›Labor Action‹ und ›Union Democracy in Action‹ zu Beginn weitaus deutlicher hervor als die in der Frühzeit kaum erkennbaren Anklänge an den Stil des von Henry Luce[93] herausgegebenen Nachrichtenmagazins ›Time‹. Schließlich hatte Matthöfer als Austauschstudent bei Hal Draper und Herman Benson gelernt, wie man eine Zeit-

---

89 Matthöfer an Beier am 30. Juni 1984, AdsD, DM 0404.
90 Matthöfer an Freyh, Riezlern (Kleinwalsertal), den 21. III. 1952, AdsD, DM 0406 Ic. Dazu als Anlage: Hans H. Matthöfer, Wie entsteht ein Bericht für »Ziel und Weg«? (»Beilage zu meinen Briefen, damit ich nicht jedem zu erklären brauche, wofür wir sein Material benötigen.«). Darin erläutert Matthöfer die drei Stadien eines jeden Artikels seiner »Zeitschrift, die von sozialistischen Werkstudenten als Beitrag im Kampf für eine sozialistische Gesellschaftsordnung herausgegeben wird«: 1. Recherche, 2. Plot, 3. Schreiben / Umschreiben; Ebenda.
91 Freyh (1919–1976) setzte nach Kriegsteilnahme und Gefangenschaft 1945/46 das Studium der Geschichte, Klassischen Philologie und Orientalistik an der Universität Frankfurt fort und promovierte 1950 über »Die Franken und Italien 535–570«. Bis 1948 gehörte er der KPD an, um dann der SPD beizutreten. 1952 wurde er – nach einer Intervention Matthöfers bei Ministerpräsident Zinn (Zinn an Metzger, Wiesbaden den 4.12.1951, AdsD, DM 0321) – Dozent am Pädagogischen Institut in Jugenheim an der Bergstraße. Der Professor für Didaktik der Geschichte war 1961 einer der Gründer der Hochschule für Erziehung in Frankfurt. Später initiierte er den »Arbeitskreis für sozialdemokratische Hochschulreform«, dessen Vorsitz er übernahm.
92 Freyh an Matthöfer am 2. April 1952, AdsD, DM 0406 Ic.
93 Luce (1898–1967) gründete 1923 das Wochenmagazin ›Time‹. Layout und äußere Aufmachung wurden nach 1945 stilbildend für zahlreiche Neugründungen von Zeitschriften (u. a. ›Der Spiegel‹). Politisch stand er auf Seiten der Republikaner und unterstützte in den zwanziger und dreißiger Jahren die faschistischen Bewegungen in Europa.

Der Historiker Richard Freyh war in der Redaktion von ›links‹ – und weit darüber hinaus – einer von Matthöfers engsten Freunden.

schrift erfolgreich als Instrument einsetzen kann, um die eigene, geringe politische Reichweite zu vergrößern oder wenigstens organisatorisch zu kompensieren. Auch die Finanzierung des neuen SDS-Organs ist ohne Verbindungen zu den deutschlandpolitischen Unterstützungsfonds der amerikanischen Regierung und der US-Gewerkschaften kaum vorstellbar. Gewiss haben einzelne Frankfurter Bürger und Genossen das Projekt gefördert,[94] und gewiss mag auch der eine oder andere vom Munde abgesparte Dollar aus dem ›Foreign Leadership Programme‹, dem amerikanischen Stipendium des Herausgebers, in die Herstellung der ersten Nummer eingeflossen sein. Auf die Dauer hätte sich das ambitionierte Unternehmen aber nicht aus Traute Matthöfers Haushaltskasse bezahlen lassen. Zur Finanzierung haben denn auch die Jungsozialisten von Hessen-Süd und Hamburg sowie der

---

94 Zu den Förderern der ersten Stunde zählten Erich F. W. Altwein, Mitglied des Vorstands der Degussa AG, Dr. med. Hans Hayn (der ›rote Hayn‹), Oberbürgermeister Walter Kolb, Karl Wittrock, der spätere Staatssekretär im Verkehrsministerium und der Präsident des Bundesrechnungshofes sowie Ministerpräsident Georg August Zinn; Matthöfer an Freyh am 16.12.1951, AdsD, DM 0405.

Nl. Richard Freyh

Riezlern, den 21. III. 52

Lieber Richard!

Hier sieht es z. Z. recht trübe aus, und ich
habe mir in den letzten Tagen noch einmal die Organisation der Zeitung durch
den Kopf gehen lassen. Das Nummernsystem
ist nicht sehr praktisch und ich werde es
aufgeben. Das ganze Format und die
Aufteilung werde ich wie der „Spiegel,"
„Time" oder „Newsweek" machen. Die haben
ja auch Rubriken, wie „International"
„Sport" usw. Wir können ja da ganz unsys-
tematisch vorgehen und jeweils eine neue
Rubrik erfinden, wenn wir sie brauchen.
Für jede Rubrik, die ständig oder doch
öfter vorkommt, müßte ein Redakteur
zuständig sein. Ich glaube aber nicht,
daß sich das organisatorisch gut machen
läßt. Man sollte es aber versuchen.

*Matthöfer versuchte, wie hier in einem Brief an Freyh, ›links‹ zu einem professionell
geführten Organ des Demokratischen Sozialismus zu machen.*

hessische Landesverband des SDS beigetragen, für die jeweils Teile der Auflage mit eigenem Impressum und Wechselseiten gedruckt wurden. Viel Geld war von diesen Verbänden freilich auch nicht zu holen, waren sie doch selbst finanziell notleidend. Das Projekt war somit auf Sponsoren angewiesen, die sich für die Inhalte und Absichten von ›links‹ erwärmen ließen. Dafür kamen in Frankfurt nach Lage der Dinge nur die großen Gewerkschaften infrage, die in der Main-Metropole ihr Hauptquartier aufgeschlagen hatten. Wer sonst hätte ein Interesse haben können, ein Organ zu fördern, das sich dem ganzen Spektrum des unorthodoxen internationalen Sozialismus öffnete und über Theorie und Praxis der Arbeiterbewegung berichtete – noch dazu vorzugsweise aus dem englischsprachigen Raum?

Neben der IG Metall unterstützte insbesondere die Gewerkschaft der Eisenbahner Deutschlands (GdED) mittels großzügiger Sach- und Geldspenden den Druck und die Verbreitung von ›links‹, vor allem durch ihren Vorsitzenden Hans Jahn und das Vorstandsmitglied Fritz Schreiber.[95]. Das Blatt wurde zunächst auf einem ›Heidelberger‹-Offset-Drucker der GdED-Hausdruckerei in Frankfurt hergestellt, dann in der partei- und gewerkschaftseigenen UNION-Druckerei, aus der auch die ›Volksstimme‹ kam. Die Kosten dafür übernahm zu einem großen Teil Hans Jahn. Er konnte dazu auf einen Fonds zurückgreifen, der mit hoher Wahrscheinlichkeit aus Mitteln der Central Intelligence Agency (CIA) gespeist war und sinnigerweise ›Übersee-Post‹ genannt wurde. Jahns Verbindungen zu amerikanischen Regierungsstellen und Gewerkschaften waren eng und vertrauensvoll. Im Londoner Exil hatte er sich im Herbst 1944 bereit erklärt, als einer von Hundert sogenannter ›Bach Guides‹ hinter den deutschen Linien zu operieren, um den deutschen Widerstand und die sich neu formierenden Gewerkschaften über die Absichten der SPD und der anderen Exilgruppen zu informieren.[96] Den einrückenden alliierten Truppen leisteten sie politische Orientierungshilfe bei der Besetzung der wichtigsten Ämter mit deutschen Regimegegnern. Wie Werner Hansen in Köln fiel Hans Jahn diese Aufgabe in Leipzig zu. 1945 gehörte er dann zu den ersten, die mit amerikanischen Ressourcen in der US-Zone Gewerkschaftsbüros einrichteten und in Osteuropa Widerstandsgruppen organisierten. Als altgedienter Weimarer Gewerkschaftsfunktionär[97] war er alles andere als ein entschiedener Anhänger des amerikanischen *Laborism*. Aufgrund seiner Erfahrung im Exil

95 Der 1905 geborene gelernte Klempner war seit 1950 Vorstandsmitglied der GdED; Walter Dörrich u. Klaus Schönhoven (Bearbeiter), Die Industriegewerkschaft Metall in der frühen Bundesrepublik (Quellen zur Geschichte der deutschen Gewerkschaftsbewegung im 20. Jahrhundert 10), Köln 1991, Dok. 46, S. 260.

96 Genannt wurden die ›Guides‹ nach Johann Sebastian Bach, um an die bessere deutsche Tradition anzuknüpfen. Zu ihren Ausbildern gehörten Ludwig Rosenberg, Erich Ollenhauer und Hans Gottfurcht, die ebenfalls in London für das Office of Strategic Services (OSS), den militärischen Geheimdienst der US-Army, arbeiteten; Angster, Konsenskapitalismus, S. 255 f.

97 Jahn (1885–1960) saß seit 1922 im Vorstand des Deutschen Eisenbahnerverbands, von 1926 bis 1933 war er auch Mitglied des Reichswirtschaftsrates. Er hatte bei Erich Nölting an der Frankfurter Akademie der Arbeit Volkswirtschaft studiert. 1949 wurde er zum Vorsitzenden der Eisenbahnergewerkschaft gewählt und zog für die SPD in den Ersten Deutschen Bundestag ein. 1955 übernahm er auch den Vorsitz der Internationalen Transportarbeiter-Förderation (ITF). (Ebenda, S. 474).

schlug er sich aber gleichwohl zu jenen Kräften innerhalb der Gewerkschaften und der SPD, die dem amerikanischen Demokratie- und Gewerkschaftsmodell auch in Deutschland Geltung verschaffen wollten. Durch Hansen und Siegmund (›Siggi‹) Neumann[98] war er darüber hinaus eng mit dem ›Zehnerkreis‹ verbunden, der dieses Ziel auch mit konspirativen Methoden in Zusammenarbeit mit dem amerikanischen Gewerkschaftsbund AFL-CIO verfolgte. So fiel Matthöfers Werben für ›links‹ bei Jahn natürlich auf fruchtbaren Boden. Die neue Zeitschrift passte gut zur Pflege der politischen Landschaft, wie sie von den Reformern betrieben wurde – zumal ›links‹ dabei noch einen dezidiert antistalinistischen Standpunkt einnahm. Das SDS-Organ wurde dadurch freilich noch nicht zu einem Sprachrohr des ›Zehnerkreises‹, obwohl es objektiv gesehen ganz ähnliche Positionen vertrat. Von den konspirativen Absichten des ›Zehnerkreises‹ wusste der ›links‹-Herausgeber wahrscheinlich ebenso wenig wie von der CIA-Verbindung seines Förderers. Für eine Einflussnahme auf die redaktionelle Arbeit durch Jahn oder gar durch amerikanische Gewerkschaftsvertreter im Auftrag der US-Regierung gibt es keine Anzeichen. Sie wäre auch kaum sinnvoll gewesen, pflegte Matthöfer doch auch seinerseits direkte Beziehungen zu amerikanischen Regierungs- und Gewerkschaftsvertretern. So z. B. zu Henry Rutz, der seit 1945 als *Manpower Chief for Wuerttemberg-Baden* in der amerikanischen Militärregierung fungierte und dann noch bis 1955 die American Federation of Labor in Westdeutschland vertrat. Der ehemalige Sozialist hatte wie Matthöfer an der Universität von Wisconsin studiert, was den Kontakt der beiden *old boys* sicher erleichterte. Rutz hielt 1952 vor dem Frankfurter SDS einen Vortrag über Planwirtschaft in der Tennessee Valley Authority.[99]

Eigenhändig einen programmatischen Leitartikel zu verfassen, der als politisches Manifest oder als Richtlinie der praktischen Redaktionsarbeit hätte dienen können, war Matthöfers Sache nicht. Stattdessen setzte er einen Artikel an die Spitze des Blattes, der aus der Feder von Morgan Phillips stammte, dem Generalsekretär der britischen Labour Party und Präsidenten der Sozialistischen Internationale. Er lautete: »Sozialismus: Der Schlüssel der Zukunft«, und war durchaus geeignet, einen Leitartikel zu ersetzen. Phillips forderte darin, die sozialistischen Hauptprinzipien, »die Gleichheit aller Menschen« und »das Recht aller Individuen auf Freiheit vor jeder Versklavung durch politische und wirtschaftliche Mächte« auf die internationalen Beziehungen anzuwenden. Es gelte, den Reichtum der Welt gleichmäßig zu verteilen und den »unterentwickelten Gebieten« einen höheren Lebensstandard zu ermöglichen. Richard Freyh schrieb für die erste Ausgabe den zweiten Aufmacher. In einer längeren Besprechung von ›One way only‹, dem Programm der Bevan-Gruppe der Labour Party, machte er sich deren Grundsätze

---

98 Neumann (1907–1960; ursprünglich Paul Brandenburg) wurde 1934 als ›Versöhnler‹ aus der KPD ausgeschlossen, kämpfte im Spanischen Bürgerkrieg in den Internationalen Brigaden und ging danach ins schwedische Exil. Nach dem Krieg leitete er das verdeckt operierende Ostbüro der SPD und das Betriebsgruppenreferat beim Vorstand der SPD. Ab 1954 übernahm er in der Zentrale der IG Metall Sonderaufgaben. Ebenda, 475.

99 Matthöfer an Beier am 22.6.1984, AdsD, DM 0404.

zu eigen: »Die demokratischen Sozialisten haben sich zu ihrem Nachteil von den Kommunisten bisher oft durch ihren Mangel an Energie unterschieden. Was wir brauchen, ist nicht nur Klarheit über unsere Ziele, sondern auch Mut, Entschlossenheit und Energie auf dem Weg zu ihnen. Auf dieser Bahn möchten die Verfasser von »One way only« die englische Arbeiterbewegung festhalten.« Matthöfers erster Beitrag erschien erst im dritten Heft, war aber auf seine Weise ebenfalls programmatisch: »Freiheit für die Verdammten dieser Erde«. Darin setzte er sich mit der Behauptung des Schweizer Existenzialisten Denis de Rougemont[100] auseinander, die Welt sei in zwei Lager geteilt, »die sich nur in einer Beziehung zur Freiheit klar voneinander unterscheiden: auf der einen Seite die Völker, die sich frei nennen und es bleiben wollen, – auf der anderen diejenigen, die unter totalitärem Regime leben und unsere Freiheiten nicht besitzen.« Dem hielt Matthöfer entgegen: »Es scheint mir, als habe der Autor sich die Sache ein wenig zu leicht gemacht. In welches Lager gehört zum Beispiel Franco-Spanien? Was unterscheidet denn einen unterernährten Analphabeten in Indo-China von einem unterernährten Analphabeten in der chinesischen Provinz Kwangsi? Lebt der eine im Lager der Freiheit, weil er einem Großgrundbesitzer einen beträchtlichen Teil seines kärglichen Arbeitsertrages abliefern darf? Weiß Denis de Rougemont nicht, wie 800 Millionen Menschen im ›Lager der Freiheit‹ ihr Leben fristen müssen? Sie leben in elenden Wohnungen und trinken verseuchtes Trinkwasser aus fauligen Zisternen zu ihren Hungerrationen. Im Nahen und Fernen Osten, in Afrika, in Südamerika sind die Menschen unterernährt, leben sie an der Grenze des physischen Existenzminimums. Der ständige Hunger macht sie anfällig für Seuchen, für Typhus, Malaria, Cholera; Tuberkulose, Skorbut und Darmparasiten sind alltägliche Erscheinungen. Lebt ein Mensch im ›Lager der Freiheit‹, wenn er täglich 17 Stunden schwer arbeiten muss, wenn ihn die Würmer plagen, seine Frau krank ist und seine Kinder sterben? Wenn er noch mehr hungert, um dem Wucherer Zinsen zahlen zu können, für ein Darlehen, das er benötigte, um seine Verpflichtungen gegen den Feudalherren zu erfüllen? Die Massen hungernder Menschen in Asien, Afrika und überall beginnen zu ahnen, daß es ein besseres Leben gibt und viele unter ihnen sind entschlossen, sich und ihren Brüdern dieses bessere Leben zu schaffen. Die ›Verdammten dieser Erde, die stets man noch zum Hungern zwingt‹ wachen auf. Demokratie? Freiheit? Ja, aber erst die nationale Unabhängigkeit erkämpfen, Fabriken, Schulen, Straßen, Krankenhäuser errichten, saubere Städte bauen, in denen es keine Rattenplage und keine Moskitos mehr gibt.« Die Schärfe dieser Kritik kommt nicht allein vom moralischen Rigorismus, wie er auf der Linken in der Diskussion um Dekolonialisierung und anti-imperialistische Politik Anfang der fünfziger Jahre weit verbreitet war. Die Erkenntnis, dass Freiheit nicht gleich Freiheit ist, sondern in ihrer Bedeutung für die Menschen auch von der materiellen

---

100 Denis de Rougemont (1906–1985) war einer der Begründer der europäischen föderalistischen Bewegung, die vor allem von den Sozialisten getragen wurde. In seinen Schriften versuchte er zwischen den Extremen des liberalistischen Individualismus und des sozialistischen Kollektivismus einen eigenen Standpunkt zu entwickeln.

Qualität ihrer praktischen Erscheinungsform abhängt, macht für Matthöfer den harten Kern sozialistischer Politik aus. Der Beitrag zeigt gleichzeitig, wie groß die Hoffnung war, die er – wie viele andere junge Sozialisten – an den weltweiten Umbruch der Machtverhältnisse knüpfte, der sich mit der Dekolonialisierung anzubahnen schien.

Kaum war die erste Nummer von ›links‹ auf dem Frankfurter Campus erschienen, verschwand der Name auch schon wieder für einige Zeit von der Bildfläche. Der Titel wirkte auf die scheinbar unpolitische akademische Welt der frühen fünfziger Jahre so provozierend, dass der Rektor der Johann Wolfgang Goethe-Universität, der Biophysiker Boris Rajewski,[101] das Blatt auf den Index setzte und den verantwortlichen Redakteuren bestellen ließ, er könne die Verteilung eines Studentenblattes unter diesem Titel nicht zulassen. Matthöfers feinsinniger Hinweis auf die doppelte Bedeutung von ›links‹, das ja im Englischen die ›Glieder einer Kette‹, die ›Verbindung von Vergangenheit und Gegenwart‹ oder den ›Zusammenhalt von Personen und geistigen Beziehungen untereinander‹ bezeichne, konnte den Rektor nicht umstimmen. Die Redaktion reagierte darauf nicht nur mit einer (vorübergehenden) Namensänderung, sondern auch mit einer programmatischen Konsolidierung des Blattes. In einem Sonderheft von ›Ziel und Weg‹, wie die Zeitschrift nun hieß, formulierte der Herausgeber unmissverständlich, worum es den Blattmachern ging. Unter der Überschrift ›Der Kampf um das Bewußtsein der an den Hochschulen ausgebildeten Berufsgruppen‹ schrieb er im März 1952: »Es muß eine leistungsfähige Theorie des demokratischen Sozialismus geschaffen werden, die ihren Ausdruck in wissenschaftlichen Werken und einer theoretischen Zeitschrift von Format finden muß.« Das Maiheft erschien in neuer Aufmachung, mit erweitertem Umfang und dem alten Namen: »links – Frieden, Freiheit, Sozialismus«. Matthöfer war damit seinem Ziel, eine »theoretische Zeitschrift von Format« zu machen, einen bedeutenden Schritt näher gekommen, denn es brachte ›links‹ den Durchbruch von einem studentischen Lokalblatt zu einer weit verbreiteten, viel gelesenen und häufig zitierten Zeitschrift für Theorie und Praxis des demokratischen Sozialismus. Auch der Rektor kam nun nicht mehr umhin, den Verkauf auf dem Campus zu erlauben, zumal ihn die Redaktion unter sanften politischen Druck setzte. Richard Freyh, der Historiker unter den Redakteuren, hatte herausgefunden, dass Walter Hallstein,[102] ein früherer Rektor der Frankfurter Universität, 1943 in einem Festvortrag zum zehnten Jahrestag der ›Machtergreifung‹ die »Sozialisierung des Privatrechts« gefordert hatte, während er sich nach 1945 an die Spitze derer setzte, die die »Reprivatisierung des Privatrechts« einklagten. Die einschlägigen Bände der ›Juristischen Wochenschrift‹, in denen diese Volte nach-

---

101 Rajewski (1893–1974) war auch Vorsitzender der Biologisch-Medizinischen Sektion des Wissenschaftlichen Rates der Max-Planck-Gesellschaft. Im Dritten Reich hatte er über die Auswirkungen von Strahlen auf den Menschen geforscht.
102 Hallstein (1901–1982) stieg 1951 unter Adenauer zum Staatssekretär im Auswärtigen Amt auf und bestimmte die auswärtige Politik der Bundesrepublik viele Jahre lang wesentlich mit (›Hallstein-Doktrin‹).

zulesen war, ließen sich freilich in Frankfurt und an einigen anderen Universitäten nicht auffinden. Um einen Skandal zu vermeiden, lenkte das Rektorat im Streit um den Namen des SDS-Blattes ein.

Die Reorganisation des Blattes verlief alles andere als reibungslos. Matthöfer hatte einige Schlechtwettertage in Riezlern im Kleinwalsertal, wo er mit Traute Mecklenburg Skiurlaub machte, dazu genutzt, sich »noch einmal die Organisation der Zeitung durch den Kopf gehen [zu] lassen«.[103] Im Vordergrund seine Überlegungen standen dabei organisatorische Fragen des Vertriebs und der Aufmachung, doch enthielten die recht apodiktisch vorgetragenen Pläne auch Aussagen über die inhaltliche Orientierung. Dabei stand offensichtlich die Absicht Pate, aus der Zeitschrift mehr zu machen als ein Diskussionsforum für sozialistische Werkstudenten: »Wir glauben, daß es eine geschlossene Theorie des demokratischen Sozialismus gibt, die bisher nur noch nicht von einem großen Geist oder einer Gruppe zusammengefasst wurde. Der theoretische Teil von ›Ziel und Weg‹ ist kein Diskussionsforum. Beiträge werden von sachkundigen Redakteuren nach Möglichkeit umgearbeitet und in einen uniformen Stil geschrieben. (Soweit das praktisch und zulässig ist).«[104]Auch wenn Richard Freyh zu Konzessionen in Fragen der äußeren Gestaltung bereit war, so endete seine Kompromissbereitschaft doch bei den Inhalten. Seine brüske Antwort lautete: »Wenn ich irgendeine Auffassung des Sozialismus für falsch halte, dann ist es diese.« Freyh fuhr schweres Geschütz auf, um den Herausgeber davon abzuhalten, das neue ›links‹ zu einem jener »kleine[n] Geistesdiktaturblättchen« zu machen, von denen es seiner Meinung nach allzu viele gab. Theorie ohne Diskussion hielt er für »Dogmatismus«, jede »geschlossene Theorie« für das »Ende der Demokratie so gut wie des Sozialismus« – und »sachverständige Redakteure«, die einkommende Beiträge umschreiben sollten, gingen ihm »ganz besonders auf die Nerven«.[105] Matthöfer erschrak ob dieser Reaktion seines Freundes und konzentrierte sich noch stärker als zuvor auf die organisatorischen Probleme der Zeitschrift, die in ihrem neuen Outfit eine zeitlang geeignet erschien, den großen Nachrichtenmagazinen Konkurrenz zu machen. Wenn er je beabsichtigt hatte, Herausgeber eines professionell geführten Nachrichtenmagazins zu werden, wofür es durchaus Anzeichen gibt, musste er nun erkennen, dass seine Mitstreiter ihm auf diesem Weg nicht folgen wollten.

Überraschenderweise kam auch der nächste Querschuss aus den eigenen Reihen. Seit November 1950 gab der Landesverband Berlin des SDS ein »Mitteilungsorgan« heraus, das sich ›Unser Standpunkt‹ nannte und das der Bundesvorstand des SDS formal zum »Bundesorgan des Sozialistischen Deutschen Studentenbundes« erklärt hatte.[106] Nach der Gründung von ›links« beantragte Matthöfer im

---

103 Matthöfer an Frey am 21.3.1952, AdsD, DM 0406 Ic. Ein zweiter Brief ist in seiner Kernaussage durch ein längeres wörtliches Zitat in Freyhs Antwort enthalten.
104 Zit. nach Freyh an Matthöfer am 2. April 1952, AdsD, DM 0406 Ic.
105 Ebenda.
106 Finanziert wurde das Blatt von Emil Groß, dem Mitherausgeber der Bielefelder »Freien Presse«, die in der »Neuen Westfälischen Zeitung« aufging. Der nordrhein-westfälische Landtagsabgeordnete (SPD) war vor 1933 Vorsitzender der Sozialistischen Studentenschaft von Berlin.

Bundesvorstand im Juni 1952 für sein Blatt ebenfalls den Status eines »Bundesorgans«. Zeitweilig einigte man sich auf die »Mitfinanzierung« beider »Organe« durch John van Nes Ziegler.[107] ›links‹ sollte als »Theoretische Zeitschrift des SDS« firmieren und sich an Partei und Öffentlichkeit wenden, ›Unser Standpunkt‹ hingegen vornehmlich als Forum der inneren Diskussion dienen. Die Berliner Redaktion sah in der Frankfurter Neugründung, die sich ausdrücklich als »Zeitschrift des Sozialistischen Deutschen Studentenbundes« bezeichnete, jedoch ein Konkurrenzunternehmen und pochte auf ihr innerverbandliches Informationsmonopol.[108] Unausgesprochen ging es wohl auch um politische Differenzen. Das Berliner Verbandsorgan zog die Grenze zum Kommunismus deutlich enger als ›links‹, das lediglich den Stalinismus ausgrenzte, sonst aber allen Variationen des demokratischen Sozialismus ihre Seiten öffnete. Auf Intervention der Berliner Redaktion beim SDS-Vorstand kam es im November 1952 zu einer Auseinandersetzung zwischen den Beteiligten, an der auch Matthöfer teilnahm. Als dieses Treffen ergebnislos blieb, kam es zum Eklat. Der Bundesverband des SDS verbot auf seiner Sitzung am 22./23. November in Hamburg der Zeitschrift ›links‹ die künftige Verwendung des Namens »Sozialistischer Deutscher Studentenbund« im Untertitel, weil – wie es hieß – »aus technischen, finanziellen und aus politischen Gründen eine andere Einigung mit dem anwesenden Herausgeber von ›links‹, Hans Matthöfer, nicht zu erreichen war«.[109] Der Beschluss kam mit knapper Mehrheit gegen die Stimme des Vorsitzenden und späteren SPD-Bundestagsabgeordneten Ulrich Lohmar zustande. Die Herausgeber von ›links‹ führten das Blatt daraufhin als »Zeitschrift des Sozialistischen Deutschen Studentenbundes, Landesverband Hessen« weiter.

Als Hans Matthöfer im Mai 1953 die Geschäftsführung niederlegte, hinterließ er eine funktionsfähige kleine Redaktion, in der neben Joachim Peter vor allem Richard Freyh für Kontinuität sorgte. Die Zeitschrift hatte sich zu einer Publikation entwickelt, die über ein volles redaktionelles Programm verfügte, von der Innen- bis zur Außenpolitik, von der Glosse bis zur Nachricht, von der Wirtschaft bis zum Feuilleton, von der Theorie bis zur Praxis.[110] Der Rückzug des Gründers aus dem operativen Geschäft hatte zunächst ganz praktische Gründe. Der Volkswirtschaftsstudent wollte und musste sich nach neun Semestern mehr oder weniger intensiven Studiums als cand. rer. pol. ernsthaft auf die Diplom-Prüfung vorbereiten. Im Hintergrund schwelte jedoch auch ein Dauerkonflikt im Herausgebergremium und der Redaktion, die Matthöfer immer wieder seinen angeblich autoritären Führungsstil vorwarfen. Dieser hatte sich regelmäßig damit verteidigt,

107 Auf der Sitzung des Bundesvorstandes am 25.6.1952 in Bonn. Der 1921 geborene Sozialdemokrat war von 1948 bis 1951 als Nachfolger Helmut Schmidts Bundesvorsitzender des SDS. 1952 arbeitete er als Rechtsanwalt mit eigener Kanzlei in Köln. Später war er Landtagspräsident von Nordrhein-Westfalen (1966–70/1980–85) und Oberbürgermeister von Köln (1973–80).
108 Tilman Fichter, SDS und SPD. Parteilichkeit jenseits der Partei, Opladen 1988, S. 130–134.
109 Unser Standpunkt, Nr. 12/1, Dezember 1952/Januar 1953, S. 7.
110 Joachim Peter, Die Frankfurter Zeitschrift »links« – ein Forum für Praxis und Theorie des demokratischen Sozialismus; in: Schmidt/Hesselbach, Kämpfe, S. 23.

dass man ihn jederzeit abwählen könne, wenn seine Methoden den Vorstellungen der Genossen von kollektiver Führung nicht entsprächen. Er wolle jedenfalls »aus Gründen der Effektivität nicht jede organisatorische Detailentscheidung einer Gruppendiskussion unterwerfen«.[111] Nach seinem Rückzug entbrannte eine scharfe Auseinandersetzung innerhalb des Herausgebergremiums von ›links‹, über die Richard Freyh am 22. Oktober 1953 in seinem Tagebuch notierte: »Bei ›links‹ ist ein erbitterter Krieg zwischen Carlheinz Hell und Hans Matthöfer ausgebrochen, in dem ich Recht und Unrecht vorerst nicht zu beurteilen vermag. Auf alle Fälle sollte man verlangen, dass alle vier Herausgeber einen knappen zusätzlichen Geschäftsbericht bekommen, aus dem wenigstens der Stand der Finanzen hervorgeht.«[112] Materiell ging es in dieser Auseinandersetzung um einen Betrag von 600 DM, den der geschäftsführende Herausgeber im Verkehr mit der UNION-Druckerei nicht nachweisen konnte oder wollte. Politisch gipfelte der Streit, zu dessen Wortführer sich schließlich vor allem Olaf Radke machte, in dem Vorwurf, Matthöfer wolle einen persönlichen und privateigenen Pressekonzern aufbauen.[113] So richtig diese Vermutung im Kern auch war – nichts hätte der junge Matthöfer lieber getan, als einen sozialistischen Pressekonzern aufzubauen –, so grotesk weit lag sie neben den tatsächlichen Verhältnissen. Niemand unter den Mitstreitern des Herausgebers hatte den politischen Willen oder auch nur die Phantasie, das Blatt über ein Diskussionsforum linker Meinungen hinaus zu einem populären politischen Magazin zu entwickeln, dem »eine geschlossene Theorie des demokratischen Sozialismus« zugrunde lag. Das Zerwürfnis folgte damit einem politisch-mentalen Muster, wie es im linken Milieu bis heute nicht untypisch ist, wo Pragmatismus, auch wenn er Effizienz entwickelt, nicht zu den politischen Tugenden gezählt wird. Nur den ausgleichenden Bemühungen Freyhs war es zu verdanken, dass der Konflikt nicht offen ausbrach. Im Hintergrund schwelte er jedoch weiter. Nach Matthöfers Ausscheiden als Herausgeber von ›links‹ rückte Radke zur führenden Figur des Blattes auf. Als Vorsitzender der hessischen Jungsozialisten war er in der Lage, Landesmittel zur Finanzierung von ›links‹ zu akquirieren. Eine Zeitlang konnte das Blatt seinen hohen Standard halten, ehe es von Seiten der Geldgeber zu Einmischungen kam und ›links‹ schließlich nach der Ausgabe vom Juni 1956 auch an »innerer Auszehrung« einging.[114] Matthöfer sorgte 1958 dafür, dass die Abonnentenkartei an die Monatszeitschrift »Sozialistische Politik« (SoPo) abgegeben wurde. Dieses unter dem Namen »Der Sozialist« 1954 gegründete Monatsblatt wurde u. a. von Wolfgang Abendroth, Theo Pirker und Peter von Oertzen redigiert und fand bis zu seinem Ende 1966 seine Leser vor allem unter linken Gewerkschaftern. Es geriet dabei immer stärker unter den Einfluss der deutschen Sektion der (trotzkis-

---

111 Matthöfer an Beier am 30.9.1984, AdsD, DM 0404.
112 Antje Freyh an Beier am 4.2.1986. AdsD, DM o.Nr. Allgemein; Hell war der Anzeigenakquisiteur von ›links‹ und mit Olaf Radke befreundet.
113 Matthöfer an Beier am 25.1.1986, AdsD, DM 0404.
114 Peter, Zeitschrift, S. 23.

tischen) IV. Internationale.[115] Da sich dies 1958 bereits andeutete und der Gründer mit dem bekannten Frankfurter Trotzkisten Rudolf Segall zu Freyh kam, um die Kartei abzuholen, fand das ›links‹-Projekt ein resignatives Ende. Freyh hielt die Tatsache, dass »ausgerechnet Segall« die Kartei abholen wollte, für »doch ein wenig sehr geschmacklos«. Er würde es traurig finden, schrieb er seinem inzwischen beruflich reüssierten Freund ins sozialistische Stammbuch, »wenn Du Dich in die große Zahl derer eingliedern würdest, die im Laufe der Zeit und mit wachsendem Machtstreben an Menschlichkeit stark verlieren«.[116]

Berufliche Weichenstellungen

Im Frühjahr 1953 hatte sich Matthöfer bei den jüngeren Mitgliedern der Frankfurter SPD schon einen Namen gemacht. Dazu beigetragen hatten sein Einsatz gegen Rechtsradikalismus in der Kampfgemeinschaft Sozialistischer Jugend, sein Renommee als Amerikakenner, sein Engagement während des hessischen Metallarbeiterstreiks, seine Arbeit im SDS, für den er u. a. öffentlichkeitswirksame, attraktive Vorträge organisierte, und *last but not least* seine Rolle als Gründer und Herausgeber von ›links‹. Im Juni hatte ihn die ›Volksstimme‹ in ihrem »Porträt der Woche« einer breiteren Parteiöffentlichkeit vorgestellt als einen »scharf denkenden, zielbewussten Menschen, der Vitalität und genügend Weitblick besitzt, um die schwierigen Probleme zu meistern, die das Leben heute an uns alle stellt«.[117] Matthöfer sei »ein stiller Kämpfer für eine bessere Ordnung zwischen den Menschen, von dem es sich lohnt, einmal öffentlich zu reden«. Gleichzeitig gab sie dem Jungsozialisten Gelegenheit, selbst zu erläutern, was er sich zu seiner Lebensaufgabe gemacht habe: »Eine Besserung auf sozialem Gebiet kann nur eintreten, wenn Arbeiter und Angestellte in geschlossener Front eine den Zeitverhältnissen entsprechende Reform der Wirtschaftsordnung durchsetzen und den Mut zu rückhaltloser Kritik aufbringen.« Mit seiner Charakterisierung als »Kämpfer ohne Pathos« traf die Parteizeitung durchaus einen Grundzug der Matthöferschen Einstellung zum Leben und zur Politik. Wenn er sich nach langer abwägender Überlegung zu etwas entschlossen hatte, handelte er konsequent und kämpferisch. Stetigkeit und eine gewisse Hartnäckigkeit vereinten sich in ihm mit Nüchternheit und Skepsis. Für die ›Volksstimme‹ war klar: »Er ist einer aus der nüchternen Kriegsgeneration, der ohne falsches Pathos nach eigenen Erkenntnissen an die Arbeit geht.« Walter Möller, der als Chefredakteur des sozialdemokratischen Wochenblatts am Zustandekommen dieses Porträts sicher nicht ganz unschuldig war, gehörte zu seinen

---

115 Die Redaktion von SoPo wurde gegen ihren Willen immer abhängiger von Willy Boepple und Georg Jungclas, die gleichzeitig auch die Leitung der deutschen Sektion der IV. Internationale repräsentierten. Dem am Ende rein trotzkistischen Blatt blieb 1966 nur noch die Fusion mit ›express international‹, dem Organ der Trotzkisten.
116 Freyh an Matthöfer am 30. September 1958, AdsD, DM 0405.
117 ›Kämpfer ohne Pathos‹, in: Volksstimme vom 20.6.1953, S. 7.

engsten Freunden in der Partei. Er förderte Matthöfers Karriere nach Kräften. Seine Unterstützung war nicht zu unterschätzen, gewann doch Möller durch eigenes Verdienst, aber auch durch seine Einheirat in die alte sozialdemokratische Familie des Frankfurter Parteivorsitzenden und Bundestagsabgeordneten Georg Stierle immer mehr Einfluss auf die Delegierten. Auch im Gewerkschaftsflügel der Partei hatte Matthöfer sich unter den jüngeren Genossen Freunde gemacht. Sie sahen in ihm einen kompetenten und zuverlässigen Mitstreiter, der sich auch für höhere Ämter empfahl. Im Frühjahr 1953 stellte ihn daher eine große Mehrheit der Delegierten des Unterbezirksparteitages Frankfurt als Spitzenkandidaten für die hessische Landesliste zur Wahl des Bundestages auf. Die Nominierung eines achtundzwanzigjährigen Studenten aus dem Ruhrgebiet, der erst seit drei Jahren Mitglied der Partei war, passte selbstverständlich überhaupt nicht in das Profil einer Partei, deren Funktionärskader überaltert waren und traditionell die ›Ochsentour‹ vom Ortsverein durch die Gremien absolvieren mussten, ehe sich ihnen der Zugang zu wichtigen Positionen öffnete. Matthöfer musste das bereits vor dem Beginn der Landesdelegiertenkonferenz, die in der Festhalle von Heuchelheim bei Gießen stattfand, ernüchtert zur Kenntnis nehmen. Auf dem Weg dorthin machte ihm Stierle klar, dass sein Name nicht einmal Eingang in die Liste gefunden hatte, die der Landesvorstand dem Parteitag zu Abstimmung vorlegen wollte. Stierle, der auch Mitglied des Landesvorstandes war, hatte für den Kandidaten seines Unterbezirks ebenfalls keinen Finger gerührt. Nur einer der Delegierten, Heiner Halberstadt,[118] versuchte mit einer engagierten Rede, Matthöfer doch noch nach vorne zu bringen. Vergeblich, denn gegen die Kraft der vorbereiteten Vorstandsliste hatte der Jungsozialist keine Chance. Er landete mit nur wenigen Stimmen abgeschlagen auf den hintersten Plätzen der Liste, die Erich Ollenhauer anführte.

Nach dieser bitteren Erfahrung zog sich Matthöfer zunächst aus dem aktiven politischen Geschehen zurück und konzentrierte sich bis Ende des Jahres ganz auf sein Diplom-Examen. Er hatte das Volkswirtschaftsstudium in Frankfurt stark vernachlässigt. Auch aus seinem Aufenthalt in Madison konnte er nur wenige anrechenbare Studienleistungen vorweisen, da er die *master's thesis* bei Selig Perlman vorzeitig abgebrochen hatte. Aus seinen Vorlesungen und Seminaren zur amerikanischen Wirtschaftsgeschichte hatte er immerhin Material nach Frankfurt mitgebracht, das er für sein Studium der Wirtschaftskrisen gesammelt hatte. Es diente ihm nun als Quellengrundlage für eine Diplom-Arbeit zum Thema »Die großen Krisen in den USA (1860–1940)«, für die er in Ernst Fraenkel einen nachsichtigen Betreuer fand. Das gute Verhältnis zu Fraenkel rührte noch aus der Zeit vor seinem Amerikaaufenthalt. Matthöfer hatte sich als SDS-Vorsitzender in Wiesbaden für den endgültigen Verbleib des Emigranten eingesetzt, der 1947 mit einem Lehrauftrag aus England nach Frankfurt gekommen war. Wenig später war Fraenkel auch

---

118 Halberstadt, Jg. 1928, Stadtverordneter und Fraktionsvorsitzender der PDS in Frankfurt, wurde 1962 wegen Unvereinbarkeit mit dem SDS aus der SPD ausgeschlossen, trat 1971 wegen Willy Brandt wieder ein und verließ die Partei endgültig 1998, um Kreisvorsitzender der PDS zu werden.

Dozent am Pädagogischen Institut in Jugenheim an der Bergstraße geworden, und der SDS-Vorsitzende hatte seinem Professor dabei geholfen, am Mainufer eine angemessene Wohnung zu finden. Fraenkel revanchierte sich mit einer Empfehlung für das US-State Department, als sich Matthöfer für das Stipendium in Madison bewarb. Aus Amerika zurück, nahm er bei Fraenkel die Rolle des Famulus ein und wurde auch gelegentlich mit seiner Frau Traute zum Abendessen eingeladen. Wissenschaftlich war Fraenkel freilich kein Vorbild für ihn. Der 1891 in Breslau geborene Wirtschafts- und Sozialhistoriker, der in Freiburg, Heidelberg und Breslau studiert hatte, liebte die große geisteswissenschaftliche Geste, bisweilen hart an der Grenze zur Phrase: »Wirtschaft und Gesellschaft, Ideen und die großen Persönlichkeiten als ihre Träger und Künder, die Lehre von den Beziehungen der Menschen zueinander und die gesellschaftlichen Formen, in denen diese Beziehungen als Institutionen, als Klassen, als Parteien usw. Gestalt angenommen haben [...] unter dem Aspekt des Geschichtlichen, [...] also der Einheit von Gewordenem, Seiendem und Werdenden, das ist Objekt meines Erkenntnisstrebens mein Leben lang gewesen und bis zu diesem Tag geblieben.« Als Sozialhistoriker sah er es vor allem als seine Aufgabe, »die geschichtlichen Tatsachen soziologisch [zu] interpretieren« und die »soziale Totalität« eines isolierten Einzelzusammenhangs zu untersuchen. »Konkret« ging es ihm um die Beantwortung der Frage: »Wo stehen wir im historischen Gesellschaftsprozess?«[119]

Die Diplomarbeit, die Matthöfer am 31. Januar 1953 bei Fraenkel einreichte, beeindruckte allein durch ihren Umfang von 88 Seiten. In jeder anderen Hinsicht enttäuschte sie den Leser. Sie ging weder von einer klaren Fragestellung aus, noch kam der Autor zu einem konzisen Ergebnis. Seine analytischen Fähigkeiten blitzten nur gelegentlich auf. Fraenkels Urteil fiel entsprechend kritisch aus. Matthöfers Ergebnis zu den Ursachen der Krise von 1929 bezeichnet er zu recht als »dünn«.[120] Er vermisste vor allem sozialistische Autoren im Literaturverzeichnis wie Bernstein, Hilferding, Jerussalimski, Lenin, Marx und Sweezy. Darüber hinaus hatte sich der Diplomand auch nicht mit jenen Autoren auseinandergesetzt, die für sein Thema einschlägig waren, wie etwa John M. Keynes, Nikolai Kondratieff, Eugen Varga oder Hans Rosenberg. Der knappe Schluss kam zu keinem nennenswerten Ergebnis, das den Aufwand gerechtfertigt hätte. Lediglich der letzte Satz enthielt eine These, deren Zusammenhang mit dem Rest der Arbeit freilich im Unklaren blieb: »Erst der Zweite Weltkrieg zeigte, was eine kapitalistische Wirtschaft leisten kann, wenn Zugewinn investiert werden kann. Seit dieser Zeit füllt der Staat die Lücke zwischen Produktion und Konsum durch Rüstungsausgaben, die zum Teil mehr als 50 Mrd. Dollar jährlich betragen.«[121] Warum der sozialistische Autor nicht ernsthaft auf das Instrumentarium der marxistischen Krisentheorie zurückgriff, darüber lässt sich nur spekulieren. Die naheliegende Erklärung ist, dass er sie zu diesem Zeitpunkt noch nicht wirklich kannte. Ungeachtet seiner Kritik, die

---

119 Alles aus ›links‹, Februar 1953.
120 Diplomarbeit, S. 61. AdsD, DM, ohne Signatur.
121 Ebenda, S. 80.

sich in den Marginalien zur Arbeit niederschlug, rang sich der Direktor des Seminars Wirtschafts- und Sozialgeschichte zu einer milden Beurteilung durch. In seinem Gutachten vom 7. Mai hielt Fraenkel seinem Schüler Matthöfer zu gute, dass er das Material auf seiner Studienreise in die USA selbst gesammelt habe. Schließlich kam er zu dem Ergebnis: »Matthöfer ist, meiner Ansicht nach, ein junger Mann, der zu den besten Hoffnungen berechtigt. Er ist intelligent und hat eine große Begabung Probleme zu erkennen und sie zu analysieren. Dazu kommt, dass er außerordentlich große kritische Fähigkeiten hat.« Er lobte auch seine »guten Charaktereigenschaften«, die ihn »zuverlässig« und »in jeder Beziehung vertrauenswürdig« machten.[122] Am Ende bewertete er die Arbeit mit ›gut‹ und setzte damit eine erste Marke für die Examensnote. In seinem Diplomzeugnis vom 16. November, das die Professoren Neumark, Fraenkel, Sauermann, Gerloff, Hagen, Müller, Erler und Ridder als Prüfer unterschrieben haben, wichen nur die Fächer »Wirtschafts- und Sozialpolitik« und »Öffentliches Recht« mit »befriedigend« davon ab. Fritz Neumark, bei dem Matthöfer zum Thema ›Überinvestitionstheorien‹ geprüft wurde, setzte schließlich auch die Gesamtnote auf »gut« fest. Für die mündliche Prüfung war sicher hilfreich, dass mit Herbert Geyer ein befreundeter Genosse aus dem SDS an Neumarks Seite assistierte.[123] Das Ergebnis muß um so höher bewertet werden, als der frischgebackene ›Diplom-Volkswirt‹ während seines Studiums zahlreichen sehr unterschiedlichen Interessen nachging, die mindestens ebenso viel Zeit und Energie beanspruchten und für die Vorbereitung seiner beruflichen Laufbahn ebenso wichtig waren wie die akademische Arbeit selbst. Matthöfer war jedenfalls immer stolz auf seinen Titel und definierte sich, was seine beruflichen Fähigkeiten anging, in erster Linie als Volkswirt, obwohl er später viele Jahre lang eher als Industriesoziologe arbeitete. Nach dem Examen hätte er das Angebot seines Volkswirtschaftsprofessors Richard Herzog annehmen können, Vorstandsassistent bei einem süddeutschen Unternehmen der Metallindustrie zu werden.[124] Er entschied sich aber ohne große Überlegung für einen anderen Weg, auf den er sich durch seinen bisherigen Werdegang besser vorbereitet fühlte. Ohne viel Zeit zu verlieren, bewarb er sich schon am 24. November auf eine temporäre Hilfskraftstelle bei der IG Metall. Der knappe Lebenslauf, den er bei dieser Gelegenheit verfasste, endet mit dem stolzen Satz: »Seit Entlassung aus der Volksschule habe ich mir meinen Lebensunterhalt selbst verdient.«[125] Am 1. Januar 1954 trat er seinen Dienst in der Wirtschaftsabteilung der Gewerkschaft an. Er hatte eine Probezeit bis 15. Februar und bezog ein Gehalt von 450 DM – gerade mal 50 DM mehr als das Stipendium des Landes Hessen, das er als Herausgeber von ›links‹ bezogen hatte.

---

122 AdsD, DM O406 Ic.
123 Geyer ging nach seiner Habilitation in die USA, wo er an der New York City University Finanzwissenschaft lehrte.
124 Matthöfer, Jahre, S. 391 f.
125 AdsD, DM 0404.

Matthöfer blieb bis 1955/56 an der Frankfurter Universität immatrikuliert; vielleicht weil er gehofft hatte, bei Fraenkel noch promovieren zu können. Um sich diese Option offen zu halten, mußte er allerdings zuerst noch bürokratische Hürden überwinden. Sein Prädikatsexamen hatte ihm eigentlich den Weg zur Promotion geöffnet, doch gab es in der Fakultät Stimmen, die ihm diese Möglichkeit vorenthalten wollten, weil ihm mit dem Abitur die allgemeine Hochschulreife fehlte. Erst auf seine Beschwerde hin entschied Dekan Wehrle auf gut schwäbisch: »Wer drin ischt, ischt drin.«[126] Es gelang dem frisch Diplomierten jedoch nicht, Fraenkel von der wissenschaftlichen Dringlichkeit der von ihm vorgeschlagenen Problemstellung – die Auswirkungen des technischen Fortschritts in der Stahlindustrie – zu überzeugen.[127] Nachdem schon der Beruf des Politikers vorerst in weite Ferne gerückt war, schied damit auch eine akademische Karriere als Alternative aus. Dies hatte auch sein Gutes, konnte sich der Berufsanfänger jetzt doch auf absehbare Zeit ganz und gar auf seine gewerkschaftliche Arbeit konzentrieren.

Am Ende seiner biographischen ›Sattelzeit‹ waren wichtige Entscheidungen gefallen, die den weiteren Lebensweg des *homo novus* aus dem Kohlenpott bestimmen sollten. So sehr er sich auch wünschte, sein eigener Herr zu sein und Schwierigkeiten hatte, von Dritten Anweisungen entgegenzunehmen, so stand er doch – mehr durch eigene Weltanschauung als durch Herkommen verpflichtet – mit beiden Beinen im Lager der ›Abhängigen‹, der Arbeiterklasse oder, um es dramatisch in seinen eigenen Worten zu formulieren, der ›Verdammten dieser Erde‹. Seine Leidenschaft für Politik erhielt aus diesem gesellschaftlichen Standort ihre Nahrung. Aus ihm bezog er den moralischen Anspruch und die intellektuelle Legitimität, Politik in großer Radikalität zu *denken*. Andererseits hatte er gerade aus den Erfahrungen in den USA gelernt, zwischen den Kategorien des Denkens und des Handelns sehr wohl zu unterscheiden, um über politisches Sektierertum hinaus praktische Politik zu realisieren. Diese offen zur Schau gestellte Rationalität trug ihm das Image eines ›Kämpfers ohne Pathos‹ ein. Sie verdeckte aber nur äußerlich die Leidenschaft, die ihn dazu motivierte, Politik über alles andere in seinem Leben zu setzen. Von dieser Leidenschaft hatte er sich gelegentlich treiben lassen und darüber fast den bürgerlichen Bildungsauftrag vergessen, den er sich nach 1945 selbst erteilt hatte, als sich ihm noch einmal unerwarteterweise die Chance bot. Das politische Leben, das er in den USA von seiner bizarren Seite her kennenlernte, hatte ihn gleichermaßen abgestoßen und angezogen. Wenn auch am untauglichen Objekt, so hatte er doch gelernt, dass Politik zu einem befriedigenden Lebensinhalt werden konnte. In gewisser Weise ließ sich mit (sozialistischer) Politik sogar die Frage nach dem Sinn des Lebens beantworten. Hier lag ein ungestilltes metaphysisches Bedürfnis des vom katholischen Glauben abgefallenen jun-

---

126 Matthöfer, Jahre, S. 391.
127 Matthöfer an Beier am 27.10.1984, AdsD, DM 0404; noch 1971/72 spielte er mit dem Gedanken an eine Promotion, dann über die Rolle von Meinungsmultiplikatoren für eine basisorientierte Entwicklungsstrategie; Tagebuch 1973a, Kommentar zu: Entwicklung und Zusammenarbeit (1973)1, 3.

gen Mannes. Jedenfalls übten die meisten praktischen und intellektuellen Erscheinungsformen von Politik starken Reiz auf ihn aus, der sie jenseits materieller Ziele zu einem attraktiven Inhalt seiner Lebensgestaltung machte. John F. Kennedy hat diese Einsicht später auf den Punkt gebracht: »Politics beats the hell out of chasing the Dollar«. Sein Beispiel macht aber auch deutlich, dass Politiker weder das Gelübde der Armut, noch das der Keuschheit ablegen müssen, um den Reiz der Politik voll auszukosten.

Monetäres Kapital hatte der achtundzwanzigjährige Volkswirt am allerwenigsten akkumuliert, als er im Januar 1954 ins Berufsleben eintrat. Das beachtliche Vermögen, das sich während der Schwarzmarktzeit angesammelt hatte, wurde vollständig in die eigene Bildung investiert, soweit es nicht schon in der Währungsreform untergegangen war. Von den Einkünften aus den diversen Nebentätigkeiten, die er zur Finanzierung des Lebensunterhalts während des Studiums annehmen musste, ließen sich ebenso wenig größere Rücklagen bilden wie aus den relativ bescheidenen Stipendien. Seit dem Studienaufenthalt in den USA ließ der unmittelbare materielle Überlebensdruck allerdings deutlich nach. Vor allem das US-Stipendium erwies sich als überraschend ergiebig. Es erlaubte nicht nur Reisen innerhalb der USA, die ihn von Madison bis Neu Mexiko durch mehrere Staaten des Westens führten, sondern reichte auch noch zur Unterstützung der Schwestern Mecklenburg und für die Anschubfinanzierung von ›links‹. Später trug auch Traute Matthöfer zur Aufbesserung der Haushaltskasse bei, als sie für die Gewerkschaft der Eisenbahner Deutschlands arbeitete. Diesen, alles in allem geringen Einkünften entsprach eine sehr einfache Lebensführung, die sich allerdings Anfang der fünfziger Jahre durchaus im Rahmen vergleichbarer studentischer Möglichkeiten hielt. Immerhin konnte die Kleinfamilie im Mai 1953 aus der drückenden Enge ihrer Einraumwohnung in der Eckenheimer Landstraße in die Riederwaldsiedlung im Frankfurter Osten umziehen, wo sie auf Vermittlung eines Genossen eine etwas größere Dachgeschosswohnung bezog. Der Baukostenzuschuss von 1.600 DM, den die Matthöfers dafür an die gemeinnützige Aktienbaugesellschaft für kleine Wohnungen entrichten mussten, nahm ihre letzten Reserven in Anspruch und zwang sie endgültig, von der Hand in den Mund zu leben. Daran sollte sich auch weit über das Examen hinaus wenig ändern. Das gewerkschaftliche Salär hielt sich auch dann noch in engen Grenzen, als die Hilfskraftstelle nach Ende der Probezeit in eine normale Mitarbeitertätigkeit überging. Aber auch dies bildete für Berufsanfänger keine Ausnahme. Ändern sollte sich der bescheidene Zuschnitt der finanziellen Verhältnisse erst, als Matthöfer 1957 in den Dienst der Organisation for European Economic Cooperation (OEEC) trat.

Was ihm an materiellem Vermögen gebrach, ersetzte Matthöfer am Ende seiner Studienzeit durch das kulturelle und soziale Kapital, das er bis dahin akkumuliert hatte. Schon seine Mutter, darin ganz *petite Bourgeoise,* hatte sich den sozialen Aufstieg ihres Sohnes sehnlich herbeigewünscht und war bereit gewesen, im Rahmen ihrer bescheidenen Möglichkeiten in seine Bildung zu investieren. Immerhin hat sie ihm in einer entscheidenden Phase seiner intellektuellen Entwicklung den Weg in die Welt der Literatur gewiesen. Diese familiäre Prägung, seine Zurückweisung durch das Schulsystem des Dritten Reiches und frühe Einblicke in die bürgerliche Welt des Bochumer Stadtparkviertels mögen den gewaltigen Bildungshunger verursacht haben, den er dann, wo immer er ging und stand, im Schützengraben ebenso wie auf dem Schwarzmarkt, geradezu zwanghaft stillen musste. Die Bilanz dieser Anstrengungen konnte sich sehen lassen. Er war in der Lage, sich auf vielen Gebieten durch eigenes Denken ein Urteil zu bilden, indem er alle verfügbaren Informationen sorgfältig abwog und bewertete. Diese Fähigkeit war es vor allem, die ihm intellektuelle Unabhängigkeit und Kraft sicherte und ihm im eigenen wie im gegnerischen Lager Respekt verschaffte. Darüber hinaus verfügte er über erstaunlich gute Englischkenntnisse für einen Autodidakten und über eine breite, angelesene Allgemeinbildung, die ihm das Überleben in akademischer Umgebung erleichterte. Durch das Studium der Wirtschaftswissenschaften erwarb er sich Expertise auf einem wichtigen Gebiet der gesellschaftlichen Praxis und damit gute Voraussetzungen für eine berufliche und politische Karriere. Nicht, dass er auf irgendeinem Gebiet der Ökonomie zum Spezialisten geworden wäre; doch hatte er gelernt, in ökonomischen und soziologischen Kategorien zu denken. Seine Stärke lag in der projektbezogenen, die Grenzen der sozialwissenschaftlichen Disziplinen überschreitenden Gesamtsicht des wissenschaftlichen Instrumentariums, das zur Lösung von Problemen verfügbar war. Sie half ihm dabei, flexibel zu reagieren, als sich bald abzeichnete, dass weder Fragen der Krisentheorie noch der Planwirtschaft, die ihn während des Studiums besonders interessiert hatten, in den fünfziger Jahren (und auch später) auf der Tagesordnung standen. Die Fähigkeit zum interdisziplinären, projektbezogenen Denken fiel mit einem ausgeprägten Talent zur Organisation zusammen, das er seit seiner HJ-Zeit immer wieder erproben und weiterentwickeln konnte. Ob auf dem Schwarzmarkt in Frankfurt oder im *Socialist Club* von Madision, im SDS oder in der SPD: ›Organisation‹ wurde unter diesen Voraussetzungen zum Schlüsselbegriff jeder Matthöferschen Problemlösung.

Wer auf dem Weg nach oben ist, entwertet gleichzeitig das soziale Kapital seiner ursprünglichen Herkunft. Dies gilt selbst dann, wenn er nicht die Absicht hat, alle Brücken hinter sich abzubrechen. Die alte soziale Währung verliert im neuen Lebenszusammenhang einfach ihre Gültigkeit. Tatsächlich pflegte der Bochumer Junge in Frankfurt weder zu einem der wenigen Freunde seiner Kindheit, noch zu einem seiner Kameraden aus der Militärzeit Kontakte, die über ein zufälliges Zusammentreffen hinausgingen. Die Bindungen zur elterlichen Familie waren immer noch herzlich, hatten sich aber seit seinem endgültigen Umzug nach Frankfurt noch weiter gelockert. Die eigene kleine Familie trat an ihre Stelle und war von jetzt an wichtigster Bestandteil des neuen sozialen Vermögens, das der Aufsteiger am neuen Wirkungskreis gebildet hatte. Seine Frau Traute, die von Anfang an die Arbeit ihres Mannes unterstützte, besaß Fähigkeiten, die dem oft dröge und verschlossen wirkenden westfälischen Einzelgänger abgingen. Insbesondere war es ihr Talent zum *network building,* das einen Kreis persönlicher Freunde zusammen hielt, ohne dass es dazu immer einen sachlichen Anlass geben musste. Sie war es, nicht er, die zahllose Briefe schrieb und Telefonate führte, um diese Kontakte zu pflegen. Es gelang ihr selbst in der drangvollen Enge der Eckenheimer Landstraße, Besuchern ein gastliches Haus zu bieten. Vollends zur Netzwerksspezialistin entwickelte sie sich, als es in den sechziger Jahren darum ging, den Frankfurter Wahlkreis zu organisieren und ihm eine besondere politisch-menschliche Note zu geben. Außerhalb der Familie waren es vor allem die Freunde im Frankfurter SDS und in der SPD, allen voran Walter Möller, die zur sozialen Kapitalbildung beitrugen. Obwohl Matthöfer seit Mitte 1953 kaum noch die Zeit fand, sich intensiv um den Studentenverband und die Partei zu kümmern, erwuchsen aus diesen Verbindungen belastbare Arbeitsbeziehungen und politische Koalitionen, die ihren beruflichen und politischen Nutzen später noch klar erweisen sollten. Welchen Nutzen die Beziehungen zu deutschen und amerikanischen Gewerkschaftern stifteten, die während seines USA-Aufenthaltes zustande kamen, ist hingegen schwierig zu sagen. Einige von ihnen, wie die zu den Brüdern Reuther, hielten ein Leben lang; und zumindest für den ersten beruflichen Abschnitt, der ihn in wichtige Stabsabteilungen der IG Metall und der OEEC führte, ist die Bedeutung seiner Einführung bei den wichtigsten Vertretern des *German desk* der amerikanischen Gewerkschaftsbewegung kaum zu überschätzen.

TEIL 2

Der Wert der Mitbestimmung: alternative gewerkschaftliche Strategien

Automationsexperte der IG Metall

In Brenners Braintrust

Als Hans Matthöfer im Dezember 1953 seinen Dienst in der IG Metall-Zentrale am Frankfurter Untermainkai antrat, stand »die größte Metallarbeiter-Gewerkschaft der Welt«[1] mitten in einem dramatischen personellen und programmatischen Umbruch. Nach dem Zweiten Weltkrieg hatte sich die Metallgewerkschaft bereits Anfang der fünfziger Jahre auf erstaunliche Weise regeneriert. Mit ca. 1,4 Millionen Mitgliedern übertraf sie 1953 bei weitem die Größe ihrer Vorgängerorganisation, des Deutschen Metallarbeiter-Verbandes, obwohl traditionelle Kerne der Metallindustrie in Brandenburg, Mitteldeutschland und Sachsen nunmehr außerhalb des Verbandsgebietes lagen. Als größte unter den Einzelgewerkschaften repräsentierte sie rund ein Viertel der Mitglieder des 1949 neu gegründeten Deutschen Gewerkschaftsbundes (DGB). Auch ihre Organisationsstruktur hatte sich bereits konsolidiert. Auf Druck der Besatzungsmächte war man von der anfänglichen Vorstellung einer zentralistischen Einheitsgewerkschaft wieder abgerückt und hatte sich als autonome Industriegewerkschaft mit einem starken föderativen Unterbau in Bezirken und Verwaltungsstellen etabliert. Während die operativen Aufgaben vor allem den Bezirken zugeordnet blieben, zeichnete der Vorstand für die übergeordneten und strategischen Entscheidungen sowie die Stabsarbeit verantwortlich, ohne dazu statutsgemäß über die notwendigen klaren Kompetenzen zu verfügen. In dem parteipolitisch, weltanschaulich und regional austarierten Vorstand entschieden deshalb vor allem die Führungsfähigkeiten des Spitzenpersonals über die Effizienz der Verbandsarbeit. Bei anfangs drei gleichberechtigten Vorsitzenden – Hans Brümmer, Walter Freitag und Wilhelm Petersen – und einem Altersdurchschnitt von 60 Jahren im geschäftsführenden Vorstand sprach vieles dafür, die Stagnation der Mitgliederbewegung und die geringe Schlagkraft der Organisation, wie sie sich etwa im Hessen-Streik gezeigt hatte, auf einen Mangel an Führungskraft zurückzuführen. Seit 1952 war deshalb innerhalb der Organisation und nicht zuletzt an der Frankfurter Spitze ein Machtkampf ausgebrochen, dessen Fronten auf den ersten Blick zwischen den Generationen, bei näherem Hinsehen aber auch zwischen den Vertretern unterschiedlicher gewerk-

---

1 Hans Brümmer, Geschäftsbericht, in: Niederschrift der Verhandlungen des 1. ordentlichen Gewerkschaftstages der Industriegewerkschaft Metall für die Bundesrepublik Deutschland im Gewerkschaftshaus Hamburg vom 18. bis 22. September 1950, o. O., o. J., S. 43.

Otto Brenner (1907–1972) förderte lange Matthöfers Träume und gab ihm für Experimente die nötige Rückendeckung in der IG Metall.

schaftlicher Konzepte, Zielsetzungen und Methoden lagen. Mit dem 1907 geborenen Otto Brenner war Ende 1952 anstelle des auf den Posten des DGB-Vorsitzenden weggelobten Walter Freitag ein deutlich jüngerer Mann zu einem der beiden Vorsitzenden der IG Metall gewählt worden. Da innerhalb sehr kurzer Zeit noch vier weitere jüngere Vorstandsmitglieder – Fritz Strothmann (*1907), Kuno Brandel (1907–1983), Fritz Biggeleben (1907–1983) und Heinz Dürrbeck (1912–2001) – hinzukamen, begann sich die Bilanz der Generationen im zehnköpfigen geschäftsführenden Vorstand allmählich zugunsten jener Jahrgänge zu verschieben, der die im Dritten Reich »verfolgten, aber nicht gebrochenen« Gewerkschafter angehörten.[2] Spätestens 1956, als der Kongress der IG Metall für hauptamtliche Gewerkschaftsfunktionäre eine Altersgrenze von 65 Jahren festlegte, war die Macht der alten Vorstände, die ihre Sozialisation noch im Kaiserreich erlebt hatten, gebrochen. Brenner wurde nunmehr zum alleinigen ersten Vorsitzenden gewählt und konnte seinen Kurs konsequent durchsetzen.[3]

Inhaltlich ging es bei dieser Auseinandersetzung darum, den Verband wieder aus der Sackgasse herauszuführen, in die er sich durch die Neuordnungsdebatte der unmittelbaren Nachkriegszeit offensichtlich hineinmanövriert hatte. Im Kampf um die Sozialisierung der Schlüsselindustrien hatte die Gewerkschaft 1947/48 gegen die amerikanische Militärregierung ebenso den Kürzeren gezogen wie 1952 in der Frage der Ausweitung der paritätischen Mitbestimmung auf alle Unternehmen der Großindustrie gegen die konservativ-liberale Mehrheit des Deutschen Bundestages. Es zeigte sich nun, dass die Durchsetzung der Montanmitbestimmung nicht der eigenen Kraft zu verdanken gewesen war, sondern einer besonderen Konstellation der Jahre 1950/51, in der die Bundesregierung vor dem Hintergrund der

2   Walter Dörrich u. Klaus Schönhoven (Bearbeiter), Die Industriegewerkschaft Metall in der frühen Bundesrepublik (Quellen zur Geschichte der deutschen Gewerkschaftsbewegung im 20. Jahrhundert 10), Köln 1991, S. XXXIII.
3   Vgl. Rainer Kalbitz, Die Ära Otto Brenner in der IG Metall (Schriftenreihe der Otto-Brenner-Stiftung, Band 77), Frankfurt am Main 2001.

Koreakrise die ganz große Auseinandersetzung mit den Gewerkschaften gescheut hatte.[4] Brenner und seine Mitstreiter erkannten die Gefahr, die der Glaubwürdigkeit und der Attraktivität der Organisation bei den Mitgliedern drohte, wenn sie ihren bisherigen, auf absehbare Zeit aussichtslosen Kurs fortsetzten. Anders als ihre älteren Kollegen hatten die jüngeren Vorstandsmitglieder um Otto Brenner ein Konzept, wie sie konkrete Erfolge für die Mitglieder erzielen konnten, ohne sich in der Neuordnungsfrage zu verrennen oder die ›Kommandohöhen‹ der Wirtschaft auf dem politischen Wege zu stürmen. Die meisten von ihnen hatten im Exil in England, Schweden oder den USA gelernt, durch aktive Gewerkschaftspolitik Tarife, Arbeitszeit oder auch andere Arbeitsbedingungen so als Hebel zu nutzen, dass sich der Lebensstandard der Arbeiter auch *innerhalb* der kapitalistischen Ordnung schrittweise verbesserte. Durch die Orientierung an diesen und anderen Formen des angelsächsischen ›Laborism‹ wollten sie der Gewerkschaft Initiativkraft zurückgewinnen und den stagnierenden Organisationsgrad wieder ausbauen.

Dass sich Brenner und seine Mitstreiter innerhalb der IG Metall mit diesen Gedanken durchsetzen konnten, lag sicher an ihrem Konzept des gewerkschaftlichen Aktivismus, das mit der bisherigen »Unsicherheit und Feigheit«[5] aufräumen wollte. Der Erfolg der Neuerer war aber auch der geschlossenen und konzertierten Strategie zu verdanken, die sie entwickelt hatten, um »eine verkalkte Bonzokratie, die jeden Kontakt mit den Menschen verloren hat«, abzulösen.[6] Brenner konnte sich als Bezirksleiter von Hannover auf die Unterstützung des ›Zehnerkreises‹ verlassen, der innerhalb der Sozialdemokratie und der Gewerkschaften auch mit verdeckten Operationen für die Durchsetzung des angelsächsischen Gewerkschaftsmodells kämpfte und sich dabei der Hilfe der amerikanischen Gewerkschaftsbewegung AFL-CIO sicher sein konnte. Dieser Kreis von Reformern verstand sich als »Plattform aller kämpferischen Elemente«, die »aus Weimar gelernt haben und nicht bereit sind, einfach hinzunehmen, daß wir einem neuen Ruin entgegengeführt werden«.[7] Einer der Organisatoren des ›Zehnerkreises‹, Siggi Neumann, war als Leiter des Betriebsgruppenreferats beim Vorstand der SPD strategisch besonders günstig positioniert. Er riet Brenner, nach der frustrierenden Erfahrung des Hessen-Streiks nicht länger mit seinen innergewerkschaftlichen Gegnern zu diskutieren, sondern »auf dem nächsten Verbandstag eine Abrechnung vor[zu]nehmen, daß ihnen Hören und Sehen vergeht, und die ganze verkalkte Garnitur aus[zu]wechseln«.[8] Dazu sollte der Bezirksleiter von Hannover zuerst »Niedersachsen durchkneten, so daß es einen festen Block darstellt«. Die von Neu-

---

4 Horst Thum, Mitbestimmung in der Montanindustrie. Der Mythos vom Sieg der Gewerkschaften (Schriftenreihe der Vierteljahrshefte für Zeitgeschichte, 45), Stuttgart 1982.

5 Brenner an Neumann am 1.10.1951, zit. in: Dörrich, Schönhoven, Industriegewerkschaft, Dok. 33, S. 193.

6 SPD-Parteivorstand, Referat Betriebsorganisation (S. Neumann) an Otto Brenner zum Hessen-Streik und zu innergewerkschaftlichen Auseinandersetzungen (27.9.1951), in: Dörrich, Schönhoven, Industriegewerkschaft, Dok. 33, S. 192.

7 Ebenda, S. 193 f.

8 Ebenda, S. 193.

mann betriebene ›Blockbildung‹ hatte offensichtlich Erfolg, denn drei der vier neuen Vorstandsmitglieder, die neben Brenner Anfang der fünfziger Jahre in das Führungsgremium der IG Metall aufstiegen, vertraten den Kurs der Reformer. Zum engeren Kreis der Frondeure gehörte neben Neumann und Brenner auch Kuno Brandel[9], der von 1949 bis 1954 Redakteur des Verbandsorgans ›Metall‹ war, bevor er in den geschäftsführenden Vorstand aufrückte. Aus seiner Zeit als Redakteur war ihm Hans Matthöfer wohlbekannt. Brandel traf ihn häufig in den Räumen der UNION-Druckerei, wo neben ›Metall‹ und anderen Gewerkschaftsorganen auch ›links‹ hergestellt wurde. Beide verstanden sich gut, sowohl als leidenschaftliche ›Zeitungsmacher‹, als auch aufgrund gemeinsamer politischer Überzeugungen. Brandel gehörte deshalb bald auch zu denen, die das Zeitschriftenprojekt des SDS und seinen Herausgeber mit Rat und Tat kräftig unterstützten. Das Triumvirat des ›Zehnerkreises‹ innerhalb der Führung der IG Metall war komplett, als Neumann Anfang 1954 aus der ›Baracke‹ in die Frankfurter IGM-Zentrale wechselte. Offiziell wurde er mit der Aufarbeitung der Gewerkschaftsgeschichte beauftragt, doch diente diese Aufgabenstellung wohl vor allem zur Legitimierung seiner Rolle als ›Vordenker‹ im Braintrust des Vorsitzenden Brenner. Der charismatische Autokrat mit dem asketisch-intellektuellen Habitus, der seine Gewerkschaft wie einen Orden führte, pflegte die Mitglieder seines Stabes sehr sorgfältig auszuwählen. Der kleinen Denkfabrik, die Brenner nach und nach in seiner Umgebung aufbaute, gehörten neben dem ›Strategen‹ Siggi Neumann konservative Fachleute ebenso wie linke Intellektuelle an. Zu nennen sind auf der einen Seite die beiden Volkswirte Karl-Heinz und Dr. Günter Friedrichs sowie der Justitiar Robert Lung, auf der anderen Seite der Adorno-Schüler und Pressechef Dr. Werner Thönnessen (Jg. 1929), der Abendroth-Schüler und Brenner›Ghostwriter‹ Dr. Fritz Opel (Jg. 1912) und der Arbeitsrechtler Olaf Radke (Jg. 1922). Es handelte sich ausnahmslos um Akademiker, denen der proletarische Stallgeruch weitgehend fehlte. Diese Personalauswahl wich deutlich von den Usancen anderer Gewerkschaftszentralen ab, wo Stabsstellen häufig der Versorgung von Funktionären dienten, die in der ›Linie‹ nicht länger Verwendung fanden. Die Denkfabrik der IG Metall erstreckte sich auf alle Abteilungen der Vorstandsverwaltung, nahm großen Einfluß auf die Entscheidungen des Vorsitzenden und schuf die Grundlage für die geistige Führungsrolle der IG Metall innerhalb des DGB.

---

9 Der 1907 geborene Werkzeugmacher wurde 1928 aus der Kommunistischen Partei ausgeschlossen und rückte 1932 in die Reichsleitung der Kommunistischen Jugend Opposition (KJO) auf. Nach Gestapohaft emigrierte er nach Frankreich und nahm am Spanischen Bürgerkrieg teil. 1941 bis 1949 lebte er in den USA, wo er im ›Free Trade Union Committee‹, d. h. der Europa-Abteilung der AFL, mitwirkte. Innerhalb der IG Metall nahm er, gestützt auf Herbert Wehner und amerikanische Gewerkschaftskreise aus der AFL, einen strikt antikommunistischen und die Westintegration propagierenden Standpunkt ein. 1961 verlor er deshalb als »Rechtsabweichler« seinen Posten als geschäftsführendes Vorstandsmitglieg der IG Metall und arbeitete bis 1970 in der Hauptverwaltung der IG Bau, Steine, Erden, die unter der Leitung von Georg Leber, einem Intimfeind von Otto Brenner, stand.

Werner Thönnessen, Brenners Vertrauter, war Matthöfers engster Verbündeter auf dem schwierigen Terrain des Gewerkschaftsapparats.

Matthöfers persönliches und fachliches Profil passte sehr gut zu den Anforderungen, die an ein künftiges Mitglied des Brennerschen Braintrusts gestellt wurden. Sein Prädikatsexamen wies ihn als hochqualifizierten Volkswirt aus, sein Studium an der Universität von Wisconsin befähigte ihn in besonderer Weise für gewerkschaftliche Aufgaben, und seine Erfahrungen mit dem amerikanischen Gewerkschaftssystem waren hochwillkommen, wenn es darum ging, die deutschen Gewerkschaften in eine sozialreformerische Offensive nach amerikanischem Muster zu führen. Als Herausgeber von ›links‹ und als Jungsozialist hatte er sich als dezidierter Gegner des Stalinismus ausgewiesen, sodass seine offene Position innerhalb der sozialistischen Linken der SPD frei von politischen Risiken für die Gewerkschaft erschien. Es war Brenner sicher auch nicht verborgen geblieben, dass Matthöfer in einem ›links‹-Artikel seine Wahl in den Vorstand der IG Metall geradezu enthusiastisch begrüßt hatte, weil es mit ihm »kein brüderliches Arm in Arm von ›Sozialpartnern‹ gebe.[10] Objektive Vorzüge des Kandidaten kamen hinzu. Er gehörte der durch den Krieg dezimierten Generation der 20- bis 40jährigen an, die in der IG Metall sowohl unter den Mitgliedern als auch im Funktionärskader nur schwach vertreten war. Seine proletarische Herkunft als Sohn eines Metallarbeiters, auf die er in seinem Bewerbungsschreiben selbstbewusst hinwies,[11] hat seiner Beurteilung sicher ebenfalls nicht geschadet, auch wenn dies – wie der bürgerliche Hintergrund anderer Mitglieder des Braintrusts zeigt[12] – kein wirklich wichtiges

10 »Otto Brenner«, in: ›links‹ 2/1953, S. 5.
11 AdsD, DM 0404.
12 Dies trifft z. B. für Thönnessen zu, der aus großbürgerlicher Familie stammte.

Auswahlkriterium sein mochte. Die solide Lebensführung des Bewerbers verfehlte wohl ebenfalls nicht ihre Wirkung auf den asketisch lebenden IGM-Chef. Der junge Brenner, der bei HANOMAG, einem bedeutenden Hannoveraner Maschinenbauunternehmen, als Elektriker arbeitete, hatte in Hannover den Arbeiter-Abstinenten-Bund geführt und stand dem von Leonhard Nelson gegründeten Internationalen Sozialistischen Kampfbund (ISK) nahe, der als weltlicher Orden von seinen Anhängern ebenfalls eine streng asketische Lebensführung verlangte. Ein Bewerber, der rauchte oder trank, hätte bei ihm wohl kaum Chancen gehabt. Vor allem aber konnte Matthöfer Referenzen vorweisen, die auf Brenner ihren Eindruck gewiss nicht verfehlten. Sowohl Werner Hansen als auch Kuno Brandel waren in der Lage, eine Empfehlung für Matthöfer auszusprechen, und auch Fritz Schreiber, der zusammen mit seinem Vorstandskollegen Hans Jahn von Seiten der GdED die Herausgabe von ›links‹ unterstützte, gehörte als Verbindungsmann seiner Gewerkschaft zum ›Zehnerkreis‹ zu Brenners Vertrauensleuten.[13] Die Einstellung des frischgebackenen Akademikers als Hilfskraft in der volkswirtschaftlichen Abteilung der Gewerkschaftsverwaltung war demnach keineswegs ein Routinevorgang, sondern eine gezielte Personalentscheidung. Dass Otto Brenner persönlich Matthöfers Bewerbung genehmigte und die Vorlage als einziger abzeichnete, obwohl die Wirtschaftsabteilung in den Vorstandsbereich seines Kollegen Hans Brümmer fiel, ist ein starkes Indiz dafür.[14] Dafür spricht aber vor allem, dass Brenner den jungen Gewerkschaftsangestellten schon bald nach seiner Einstellung unter seine Fittiche nahm und nach Kräften förderte.

Eine Zweite Industrielle Revolution?

Leiter der Wirtschaftsabteilung der IG Metall war seit Mai 1953 der 1906 geborene Hans Ils.[15] Ihn hatte der Vorstand ausdrücklich dazu ausersehen, die volkswirtschaftliche Abteilung der Hauptverwaltung auf den neuesten Stand der »zeitlich bedingten Anforderungen« zu bringen, denen sie bis dahin nicht gerecht worden war.[16] Weder Ils noch eines der Vorstandsmitglieder hatte wohl eine klare Vorstellung davon, was die Wirtschaftsabteilung einer Gewerkschaft leisten müsse. Jedenfalls gab es nur wenige Pflichtaufgaben, wie etwa Bilanzanalysen für die Aufsichtsratsarbeit der Vorstandsmitglieder zu erstellen oder volkswirtschaftliche Begründungen für Lohnerhöhungen oder Arbeitszeitverkürzungen auszuarbeiten. So

---

13 Dörrich, Schönhoven, Industriegewerkschaft, Dok. 46: Exposé von Siggi Neumann für Otto Brenner und Kuno Brandel zu organisatorischen Fragen (23.1.1953), S. 260.
14 Matthöfer an IGM am 24.11.1953; DM Ordner Ic (1948/49–1956/57)
15 Der promovierte Volkswirt und Rechnungsprüfer wurde schon 1954 zum Arbeitsdirektor der Osnabrücker Georgsmarienhütte der Klöckner-Werke AG berufen. Er gehörte seit 1928 der SPD an, für die er 1965 über die Landesliste Niedersachsen in den Bundestag einzog. Sein Nachfolger als Leiter der Wirtschaftsabteilung wurde der Volkswirt Karl-Heinz Friedrichs.
16 Sitzung des Beirates (8.5.1953), in: Dörrich, Schönhoven, Industriegewerkschaft, Dok. 48, S. 269.

musste sich jeder Neuling selbst Arbeitsgebiete aussuchen, von denen angenommen werden konnte, dass sie für die Mitglieder der IG Metall und die Vorstandsarbeit von Nutzen waren. Matthöfer entschied sich nach kurzer Einarbeitungszeit für folgende Arbeitsschwerpunkte: Wirtschaftliche und technische Entwicklung in der Stahlindustrie, soziale und wirtschaftliche Folgen der Mechanisierung und Automatisierung für die Arbeitnehmer der Metallindustrie, volkswirtschaftliche Gesamtrechnung und Bilanzanalysen. Zunächst nutzte aber der neue Mitarbeiter den Freiraum, um sich nach bewährtem Muster einen ›kollektiven Organisator‹ seiner gewerkschaftspolitischen Vorstellungen zu schaffen. Er bereitete für die Abteilung Wirtschaft den Druck eines ›Metall-Dienstes‹ vor, um die Wirksamkeit und Reichweite der Abteilungsarbeit zu verbessern. Trotz intensiver Arbeit an diesem Informationsdienst, der monatlich erscheinen sollte, ließ sich das Projekt aber doch nicht realisieren, weil ihm der Vorstand die Zustimmung versagte. Der Neuling machte so seine ersten Erfahrungen mit der Gewerkschaftshierarchie und musste nach anderen Wegen suchen, seine wirtschaftspolitischen Anschauungen zu verbreiten. Er begann deshalb, regelmäßig Artikel für verschiedene Zeitungen zu schreiben, die er unter dem Pseudonym Joos Fritz oder Fritz Joß veröffentlichte, weil er nicht wusste, wie die Mitglieder des Vorstandes der IG Metall auf kritische Beiträge ihres Angestellten reagieren würden. Als *nom de plume* führte er den Namen des Hauptorganisators mehrerer Bundschuhaufstände in Südwestdeutschland im Vorfeld des Bauernkrieges von 1525. Offenbar faszinierte ihn die Lebensgeschichte dieses ungewöhnlichen Mannes, dessen hervorstechendes Talent zweifellos die Fähigkeit zur politischen Organisation war.[17] Damit konnte sich Matthöfer leicht identifizieren, während er andere Qualifikationen des Joos Fritz eher staunend bewunderte: charismatische Ausstrahlung und rhetorische Überzeugungskraft. Matthöfer war überzeugt, dass der Bauernkrieg unter der organisatorischen Führung von Joos Fritz einen glücklicheren Ausgang hätte nehmen können, und mit ihm auch der weitere Verlauf der deutschen Geschichte.[18] Jedenfalls sah er in ihm ein Vorbild für die Kraft des Organisatorischen in der Politik. Unter diesem Namen schrieb er allein im ersten Halbjahr 1954 sieben Artikel, die in der ›Volksstimme‹, in ›links‹, im ›Neuen Vorwärts‹ und in der ›Hessischen Zeitung‹ veröffentlicht wurden. Sie trugen Titel wie: »Die Rechten wissen nicht, was die Linken schreiben«, »Geht die Atempause zu Ende? Der Kapitalismus beginnt erneut, am

---

17 Joos Fritz (auch Jos oder Joß bzw. Friz) wurde in Untergrombach bei Bruchsal geboren und organisierte die Bauernaufstände von Schlettstadt (1493), im Bistum Speyer (1502), im Breisgau (1513) und am Oberrhein (1517). 1522 verliert sich seine Spur im Dunkel der Geschichte; Matthöfer kennt Joos Fritz vor allem über Wilhelm Zimmermann, Der große deutsche Bauernkrieg (Volksausgabe), Berlin 1952, S. 45 f. Zu den ernüchternden Resultaten der neueren Forschung s. Peter Blickle u. Thomas Adam (Hg.), Bundschuh. Untergrombach 1502, das unruhige Reich und die Revolutionierbarkeit Europas, Stuttgart 2004.

18 Matthöfer, Jahre, S. 396 f.; Joos Fritz muss den jungen Gewerkschafter sehr stark beeindruckt haben, erinnert sich doch der reife Matthöfer noch bei der Niederschrift seiner autobiographischen Notizen sehr genau an die Devise des Bundschuhführers, die ihm während der Rangeleien vor den bestreikten hessischen Betrieben durch den Kopf gegangen sei: »Und wann gesprochen wird: wohl uff. Wer dann nit uff will sin, dem wird der Hals gestochen und geschnitten.« Ebenda, S. 379.

Überfluss zu ersticken«, »Einkommensverteilung in den USA«, »Neue volkswirtschaftliche Erkenntnisse. Sparen und Investieren«, »Die andere Seite des Wohlstands«, »Investitionen und Konjunktur« und »Eine gute Lektion im Marxismus. Die kapitalistische Wirtschaft als Fessel der Produktion«.

Was sich zunächst als die Fortsetzung des Studiums in anderer Umgebung anließ, vermittelte dem angehenden Gewerkschaftstheoretiker aber dann doch noch nützliche praktische Erfahrungen. Kernstück des Brennerschen Aktionsprogramms, das er den westdeutschen Gewerkschaften zur Übernahme empfahl, war das Konzept einer aktiven Lohnpolitik. Dabei ging es nicht mehr allein um die Anpassung der Löhne an den sich verändernden Rahmen der Kosten der Lebenshaltung. Brenner und der von ihm geförderte Chefökonom des DGB, Victor Agartz, versuchten vielmehr mit Hilfe einer expansiven Lohnstrategie, den Anteil der abhängig Beschäftigten am Volkseinkommen, die Lohnquote, signifikant und nachhaltig zu erhöhen. Der Angriff auf die bestehenden Verteilungsrelationen setzte voraus, dass es den Gewerkschaften gelang, in den Tarifverhandlungen für die Arbeitnehmer einen höheren Anteil an den laufenden Produktivitätszuwächsen der Volkswirtschaft durchzusetzen als jener Anteil, der den Arbeitgebern verblieb. Tatsächlich war jedoch die ›kumulierte Reallohnposition‹, mit der in den sechziger Jahren der Sachverständigenrat diese Verteilungsrelation maß, in der ersten Hälfte der fünfziger Jahre rückläufig und veränderte sich erst im Laufe der sechziger und frühen siebziger Jahre deutlich zugunsten der Arbeitnehmer.[19] Schuld an dieser Entwicklung war aber weniger die tarifpolitische Strategie der Gewerkschaften, sondern viel mehr die Lage auf dem Arbeitsmarkt, die sich im Laufe der Zeit immer mehr zugunsten der Anbieterseite entwickelte. Agartz war sich dieses Zusammenhangs durchaus bewusst und machte auf die Notwendigkeit einer betriebsnahen Tarifpolitik wie in den USA aufmerksam. Gleichzeitig wies er aber auch auf die grundlegenden Unterschiede zu den tarifpolitischen Rahmenbedingungen in Deutschland hin. Da der zwischen den Gewerkschaften und den Arbeitgeberverbänden ausgehandelte Flächentarif hierzulande Mindestbedingungen festschrieb, war er »im Laufe der Jahrzehnte zu einem Instrument geworden, das einen entscheidenden Einfluss auf die volkswirtschaftliche Entwicklung unseres Landes ausgeübt hat«.[20] Matthöfer war vielleicht der einzige unter den Anwesenden, der dieses Dilemma einer expansiven Lohnstrategie in Deutschland auch wirklich verstanden hat. Ohne »den Betrieb und die Gewerkschaften in ein engeres Verhältnis zu bringen« (Agartz), musste aktive Lohnpolitik scheitern. Die Abschaffung des Flächentarifs hätte aber auf der anderen Seite weitreichende Folgen für das Gleichgewicht im sozialen System der Produktion nach sich gezogen und die Position der

19 Werner Abelshauser, Wirtschaftsgeschichte der Bundesrepublik Deutschland 1945–1980, Frankfurt a. M. 1983, S. 136.
20 Viktor (sic!) Agartz, Gedanken zu einem gewerkschaftlichen Aktionsprogramm, in: Dörrich, Schönhoven, Industriegewerkschaft (5.11.1953), Dok. 57, S. 335 und (in Anwesenheit Matthöfers) zum selben Thema: »Aktennotiz betrifft: Sitzung anlässlich des Referats des Kollegen Dr. Victor Agartz am 13.7.1954 im Sitzungssaal der IG Metall«, DM Ordner Ic.

Gewerkschaften ernsthaft infrage gestellt – ganz zu schweigen, welche Konsequenzen das Ende des Flächentarifs für die Machtverteilung innerhalb der Gewerkschaften gehabt hätte.

In der Lohnbewegung von Württemberg-Baden, die nach der Kündigung des Tarifvertrages im Juni 1954 einsetzte, schien die Rechnung der expansiven Lohnstrategie zunächst aufzugehen. Mit dem Rückenwind einer bis dahin nicht gekannten Hochkonjunktur demonstrierte die IG Metall ihre organisatorische Stärke und Streikentschlossenheit, die das Arbeitgeberlager nicht unbeeindruckt ließen. Nach Urabstimmung und politischer Vermittlung gab es den Forderungen weitgehend nach. In Bayern dagegen stieß die Gewerkschaft auf den entschlossenen Widerstand der Metallarbeitgeber. Hier hatte die IG Metall mit 17 Prozent eine doppelt so hohe Anhebung des tariflichen Lohnniveaus verlangt wie im westlichen Nachbarbezirk. Zum ersten Mal wollte man strukturelle Lohnrückstände aufholen und dazu deutlich über eine Anpassung an den Lebenshaltungsindex hinausgehen. Nach vierwöchigem erbitterten Streik von 98.000 Metallarbeitern musste der Münchner Bezirksleiter Erwin Essl,[21] der zu den engeren gewerkschaftspolitischen Mitstreitern Brenners zählte, Ende August einen Schiedsspruch akzeptieren, der mit knapp sieben Prozent lediglich das Württemberg-Badische Niveau erreichte.[22] Der Arbeitskampf machte deutlich, dass die Streikwaffe stumpf bleiben musste, wenn die eigene Mobilisierungsfähigkeit gering und der Widerstand in der Öffentlichkeit groß waren. Es zeichnete sich nämlich schon in der bayerischen Tarifauseinandersetzung ab, dass die Öffentlichkeit eher die Position der Arbeitgeber honorierte, weil sie in hohen Lohnforderungen lediglich den Anstoß zu einer Lohn-Preis-Spirale sah. Für Matthöfer, der im Einsatzstab den Tarifstreit aus nächster Nähe verfolgen konnte, war es ein Lehrstück für die Grenzen einer aktivistischen Gewerkschaftsstrategie unter den Bedingungen von Flächentarifverträgen. Für den Geschäftsbericht 1954/55 formulierte er das Ergebnis der Lohnbewegung zwar im Sinne einer expansiven Strategie als »eine verhältnismäßig spät erfolgte Korrektur der weit vorausgeeilten Produktivitätsentwicklung«.[23] In Wirklichkeit wurde ihm aber schon jetzt allmählich klar, dass ›amerikanische‹ Gewerkschaftsstrategien, sollten sie erfolgreich sein, die Deregulierung des bestehenden Tarifwesens zugunsten betriebsnaher gewerkschaftlicher Organisationsstrukturen voraussetzten. Es gibt handfeste Indizien dafür, dass er sich bereits im ersten Jahr seiner Gewerkschaftstätigkeit mit diesem Problem, das ihn später noch intensiv beschäftigen sollte, näher befasste. Während einer Studienfahrt deutscher Jungsozialisten nach London, bei der im Wesentlichen kommunalpolitische Fragen auf der Tagesordnung standen, klinkte sich Matthöfer aus dem offiziellen Besuchsprogramm

---

21 Der 1910 geborene Maschinenschlosser war von 1948 bis 1950 Mitglied des Vorstandes der IGM in der Bizone, 1950 bis 1975 Bezirksleiter der IGM in München und von 1954 bis 1974 Landtagsabgeordneter (SPD) in Bayern.
22 Dörrich, Schönhoven, Industriegewerkschaft, S. LII-LIII.
23 Geschäftsbericht 1954/55 des Vorstandes der Industriegewerkschaft Metall für die Bundesrepublik Deutschland, Frankfurt a. M. 1956, S. 33.

aus, um sich in aller Ruhe über die Arbeits- und Entlohnungsbedingungen im Ford-Werk von Daggenham zu informieren. Nur wenige Tage nach dem Ende des Bayern-Streiks war die Gelegenheit verlockend. »Betriebsnahe gewerkschaftliche Organisationsstrukturen« bedeuteten für den im Londoner Norden an der Themse gelegenen ›Tempel der standardisierten Massenproduktion‹ etwas anderes als für die Stammwerke des Konzerns in Detroit, die Matthöfer während seines USA-Aufenthalts ebenfalls besichtigt und studiert hatte – von den Verhältnissen der Kölner Fordwerke ganz zu schweigen. In Daggenham trafen nicht weniger als 16 Berufsgewerkschaften zusammen, die ihre Arbeit lediglich in großen Zügen in einem ›jockeying committee‹ koordinierten. Dennoch erhielten rund 90 Prozent der Ford-Arbeiter den gleichen Stundenlohn, eine *flat rate* von sechs Shilling und sechs Pence (›six and six‹), nach der sich Dauer, Intensität und Qualifikation der Arbeit richteten und nicht umgekehrt, wie es deutscher Denkweise entsprochen hätte. Spätestens hier dürfte der junge Gewerkschaftsangestellte begriffen haben, dass sich jede denkbare Spielart eines deutschen ›Laborism‹ nicht in der Übernahme amerikanischer oder gar britischer Modelle erschöpfen konnte. Vielmehr lag vor ihm ein langer Weg, um eine den deutschen Verhältnissen angemessene Theorie und Praxis betriebsnaher Gewerkschaftspolitik zu entwickeln.

Auch ein zweites Leitmotiv seiner gewerkschaftlichen Arbeit klang bereits früh an. Im Frühjahr 1955 nahm er als Vertreter der IG Metall an einer vom DGB und der European Productivity Agency (EPA) organisierten Automations-Tagung teil, die an der DGB-Bundesschule in Hattingen an der Ruhr stattfand. Als Hauptreferent trat Jean Fourastié auf, dessen epochales Werk »Le grand espoir du XXième siècle – Progrès technique, progrès économique, progrès social« gerade unter dem Titel »Die große Hoffnung des zwanzigsten Jahrhunderts« auf deutsch erschienen war.[24] Fourastiés Arbeit lenkte den Blick auf den Zusammenhang zwischen der Entwicklung menschlicher Arbeitsproduktivität und den Verbrauchs-, Beschäftigungs- und Preisstrukturen der Wirtschaft. Sie versuchte den Nachweis zu führen, dass die Produktivitätsentwicklung nicht nur ein gutes Analyse-, sondern auch ein gutes Prognoseinstrument für den langfristigen Strukturwandel ist. Der französische Sozialwissenschaftler legte damit gleichzeitig den ersten umfassenden Versuch einer theoretischen Bewältigung der wirtschaftlichen und sozialen Automatisierungsfolgen vor. Für jeden Gewerkschafter musste dieses Thema eine Herausforderung sein, versprach es doch Einblick in die ›objektiven‹ Bedingungen seiner Arbeit, in die Bewegungsgesetze der Wirtschaft, die letztlich auch die Rahmenbedingungen des Arbeitsmarktes determinierten. Automationsprozesse waren offensichtlich so bestimmend für die Produktivität, dass es sinnvoll schien, in diesem Zusammenhang von einer zweiten industriellen Revolution zu sprechen, die ähnlich der englischen Industriellen Revolution im späten 18. Jahrhundert die Welt radikal verändern würde. Von dieser Erkenntnis zu Matthöfers Aufstieg zum Rationalisierungsexperten der IG Metall war es nur noch ein kurzer Schritt. Seinen

24 Paris 1949 u. Köln 1954.

deutschen Kollegen hatte er einen großen Vorteil voraus. Er verfügte bereits über gute Beziehungen zu wichtigen amerikanischen Metallgewerkschaftern und saß in der Wirtschaftsabteilung der IG Metall an der richtigen Stelle, um sie weiter zu pflegen und auszubauen. Auf der Hattinger Automationskonferenz knüpfte er auch gute Beziehungen zur Gewerkschaftsabteilung der EPA, die mit Robert Cottave aus Grenoble vertreten war. Mit ihm sollte er später noch intensiv zusammenarbeiten.

Ernüchterung

Besonders in der amerikanischen Stahl- und Automobilindustrie, die sich gerade anschickte, mit der sog. ›Detroit-Automation‹[25] eine neue, bis dahin ungeahnte Qualität des technischen Fortschritts im Produktionsprozess zu erreichen, hatten sich die Gewerkschaften schon seit längerem mit den Automationsfolgen auseinandersetzen müssen. Insbesondere Fords 1951 in Detroit eröffnete Cleveland Engine Plant setzte in dieser Beziehung neue Maßstäbe und degradierte das Traditionswerk am River Rouge geradezu zu einem Museum der Automobilproduktion. Das Produktivitätswachstum verdoppelte sich fast schlagartig auf 5 Prozent, während der Rest der amerikanischen verarbeitenden Industrie bei 2,5 Prozent verharrte. Die Revolution im Automobilbau setzte die um ihren Arbeitsplatz fürchtenden Arbeiter und Angestellten unter Schock. Die Furcht vor Massenarbeitslosigkeit und Dequalifizierung nahm zeitweise panische Formen an. Ganz zu Ende gedacht, bedeutet Automation ja nichts anderes als die vollkommene Technisierung des Arbeitsprozesses. Das Ziel, jedwede manuell geleistete Arbeit durch den Einsatz von Maschinen zu ersetzen, schien greifbar nahe; und wenn es gleichzeitig gelingen sollte, woran kaum noch Zweifel bestanden, diesen Maschinen auch die Bedienung, Steuerung und Überwachung des Produktionsprozesses zu übertragen, war abzusehen, dass von der Vorbereitung der Arbeit bis zum fertigen Produkt kein menschlicher Eingriff mehr erforderlich sein würde. Nach verbreiteten Schätzungen würden auf absehbare Zeit bis zu 30 Prozent der Gesamtwirtschaft davon betroffen sein.[26] – Amerika erwartete die Ankunft der automatischen

25 Der Begriff ›Automation‹ wurde in den USA Mitte der dreißiger Jahre geprägt, war aber erst seit 1947 richtig im Schwange. Die volle Automation à la Detroit bestimmte ein knappes Jahrzehnt die amerikanische Produktivitätsentwicklung. Deren Zuwachsraten fielen dann aber wieder auf den früheren Durchschnittswert zurück, während die Löhne ihr Wachstumstempo beibehielten. Selbst der kleinste Modellwechsel verursachte schließlich außerordentlich hohe Kosten, weil bei dieser Gelegenheit alle Spezialmaschinen (special purpose machines) erneuert werden mußten. Mitte der sechziger Jahre wurde die Detroit-Automation im Vergleich zu den flexibleren japanischen und deutschen Methoden ein Synonym für eine altmodische, ineffiziente und starre Produktionsweise. James P. Womack et al., The Machine That Changed the World, New York 1990: s. auch David A. Hounshell, Planning and Executing ›Automation‹ at Ford Motor Company, 1945–65: Its Consequences, in: Fordism Transformed. The Development of Production Methods in the Automobile Industry, hrsg. v. Haruhito Shiomi u. Kazuo Wada, Oxford 1995, S. 49–86.
26 Automation and Technological Change. Hearings before the Subcommittee on Economic Stabili-

Fabrik mit gemischten Gefühlen. Es schien ein reines Rechenexempel zu sein, bis auch die letzte von Menschen verrichtete repetitive Arbeit besser und billiger von Automaten verrichtet würde. Mitte der fünfziger Jahre galt in den USA die Faustregel, dass für jede Investition von 5000 Dollar, die in die Automatisierung floss, ein Arbeiter von der Lohnliste gestrichen werden konnte.[27] Obwohl die amerikanischen Gewerkschaften nicht müde wurden, vor der Gefahr der Massenarbeitslosigkeit zu warnen, mussten sie aber doch anerkennen, dass die amerikanische Wirtschaft allein vom August 1954 bis August 1955 mehr als 3 Millionen zusätzliche Arbeitsplätze geschaffen hatte, obwohl es ein Jahr sprunghaft gestiegener Industrieproduktivität gewesen war. Die Gründe für diesen kompensatorischen Effekt lagen allerdings nicht allein in dem immer noch relativ langsamen Vordringen der Automation. Der Boom wurde zum einen durch staatliche Rüstungsinvestitionen gefördert, zum anderen war das soziale Verantwortungsbewusstsein der Großindustrie unter dem Druck der Gewerkschaften geschärft worden, sodass ›freigesetzte‹ Arbeitskräfte weiter beschäftigt wurden. Die Bereitschaft der Regierung, im Sinne einer keynesianischen Konjunkturpolitik zu intervenieren, sobald ernsthafte Krisenzeichen sichtbar wurden, erleichterte Unternehmern und Gewerkschaftern gegenseitige Zugeständnisse, sodass die Sozialpolitik im öffentlichen wie im privaten Sektor der amerikanischen Wirtschaft zum »Bahnbrecher des sozialen Fortschritts« wurde.[28] Vor diesem Hintergrund ist es den Gewerkschaften gelungen, ein Programm durchzusetzen, das geeignet schien, wenigstens die dringendsten Probleme zu lösen: gezielte Umschulung der freigesetzten Arbeiter, Schutzmaßnahmen für die älteren Arbeiter, Verkürzung der Arbeitszeit, Beteiligung der Arbeitnehmer an der Produktivitätsentwicklung durch aktive Lohnpolitik, garantierter Jahreslohn und nach konjunkturellen Phasen gesteuerte, schrittweise Umsetzung des technischen Fortschritts.

Damit war der Rahmen abgesteckt, in dem sich auch das von der IG Metall forcierte und 1955 durchgesetzte Aktionsprogramm des DGB bewegte. Mit seiner Spezialisierung auf das Automatisierungsthema gelang es Matthöfer bald, zu einem anerkannten und vielgefragten Experten in seiner Gewerkschaft und bei Otto Brenner aufzusteigen. Dabei halfen ihm auch seine guten Beziehungen zu wissenschaftlichen Kennern der amerikanischen Automations-Problematik. Friedrich Pollock, Matthöfers Lehrer an der Frankfurter Universität, zählte inzwischen zu einem auch international geachteten Fachmann für die sozialen und wirtschaftlichen Folgen der Automation, dessen Publikationen weltweite Beachtung fanden.

zation of the Joint Committee on the Economic Report of the United States Eighty-Fourth Congress, First Session, Washington D.C. 1955, S. 57, 61.

27 Friedrich Pollock, Die wirtschaftlichen und sozialen Folgen der Automatisierung, in: Revolution der Roboter. Untersuchungen über Probleme der Automatisierung. Eine Vortragsreihe der Arbeitsgemeinschaft Sozialdemokratischer Akademiker München, hrsg. v. Fritz Erler et al., München 1956, S. 77. Vgl. auch John Diebold, Automation. The Advent of the Automatic Factory, Princeton, N.J. 1952 (dtsch. im sozialistischen Nest-Verlag: Die automatische Fabrik. Ihre industriellen und sozialen Probleme, Lauf bei Nürnberg 1954; 2. Aufl. Frankfurt a. M. 1955).

28 Pollock, Folgen, S. 80 f.

Pollock erkannte Matthöfers Kompetenz auf diesem Gebiet und bot ihm an, die deutsche Bearbeitung eines seiner einschlägigen Bücher zu übernehmen.[29] Fritz Sternberg, mit dem er seit dem ersten Zusammentreffen in Manhattan immer wieder das Gespräch suchte, war auf diesem Gebiet ebenfalls ein gefragter Ratgeber. Eingeladen von Otto Brenner, den er aus gemeinsamen Tagen in der Sozialistischen Arbeiterpartei (SAP) kannte, referierte Sternberg im Oktober 1955 vor dem Beirat und dem Vorstand der IG Metall über das Thema »Die Aufgaben der Gewerkschaften in der zweiten industriellen Revolution«. Dieser Auftritt gab dem Sachbearbeiter Matthöfer, der nur als Zaungast zugelassen war, die Gelegenheit, sich zum ersten Mal selbst in den Mittelpunkt der Aufmerksamkeit eines wichtigen Gremiums der Gewerkschaft zu stellen.[30] Auch in der Öffentlichkeit gelang es ihm nun immer häufiger, als Automationsexperte für sich und seine Gewerkschaft zu punkten. Nicht zuletzt dank Matthöfers Arbeit entstand schließlich »der Eindruck, daß die Unternehmer die zweite industrielle Revolution auf sich zukommen lassen, während die Gewerkschaften mit einem festumrissenen Schlachtplan in die Auseinandersetzung marschieren«.[31] Ein Reporter der Süddeutschen Zeitung fällte dieses 1956 schon weitverbreitete Urteil nach einem der zahlreichen Auftritte Matthöfers auf einer Automationstagung, wo Arbeitgeber, Gewerkschafter und Wissenschaftler aufeinander trafen. Sie unterschied sich von den für diese Zeit typischen Veranstaltungen nur dadurch, dass sie in der von Reinhard Höhn geleiteten ›Akademie für Führungskräfte der Wirtschaft‹ in Bad Harzburg stattfand, die in den fünfziger Jahren mit ihrem ›Harzburger Modell‹ führend in der Ausbildung von Managern war. Es war offenbar ein Standardauftritt des Gewerkschaftsvertreters, der auch hier, in der Höhle des Löwen, seinen Eindruck nicht verfehlte: »Da trat zum Abschluß des zweiten Tages Hans Matthöfer von der Volkswirtschaftlichen Abteilung der IG Metall, Frankfurt, ans Rednerpult [...] und überrollte mit der Präzision und Geschwindigkeit einer vollautomatischen Maschine die Versammlung. Mit dem Anspruch volkswirtschaftlicher Unantastbarkeit legte Matthöfer dar, was die Gewerkschaften, voran die avantgardistische IG Metall, von der Automatisierung halten. Er kündigte ein ›langfristiges Forderungsprogramm‹ an und bat mit der Mine des Experten seine Diskussionspartner, ihn zu widerlegen. Es fand sich keiner.« Die Aussichten der ›zweiten industriellen Revolution‹ stellte Matthöfer bei dieser Gelegenheit, wie auch bei anderen, im Wesentlichen positiv dar. Sie gipfelten in der Hoffnung auf die »Befreiung des Menschen von immer wiederkehrenden, monotonen Arbeiten«. Die negativen Auswirkungen hielt er für beherrschbar, sei es durch expansive Lohnpolitik, die Anpassung der Tarife an veränderte Arbeitsweisen und »staatlich gelenkte, von allen wechselnden Gewinnerwartungen der Unternehmer befreite Investitionspolitik«, »damit die Vollbeschäf-

---

29 Automation. Materialien zur Beurteilung der ökonomischen und sozialen Folgen (Frankfurter Beiträge zur Soziologie, 5), Frankfurt a. M. 1956.
30 Helga Grebing, Zeitgenosse sein – Zum 100. Geburtstag von Fritz Sternberg (1885–1985), in: Gewerkschaftliche Monatshefte 46 (1985) 7, S. 424–432.
31 Josef Schmidt in seinem Tagungsbericht; Süddeutsche Zeitung vom 30. November 1956.

*Victor und Walter P. Reuther (1. u. 3. von links) waren nicht nur in Spanien
wichtige Verbündete. Hier mit DGB-Chef Willi Richter (2. v. links).*

tigung gewährleistet ist«. Aus wirtschaftstheoretischer Perspektive wies er sich
damit als Keynesianer reinsten Wassers aus und war so der bundesrepublikanischen
Realität in der Wirtschaftspolitik um zehn Jahre voraus. Der Bericht endete mit
einer lebhaften Schilderung des Höhepunktes seines Auftritts im Gesellschaftssaal
des ›Harzburger Hofes‹: »Matthöfer, 32 Jahre alt, spickt fast jede einzelne Forderung mit Zahlen. Er faßt zusammen: ›Dieses Programm wird stufenweise in Verhandlungen und Arbeitskämpfen oder durch Beeinflussung des Gesetzgebers verwirklicht werden.‹ Mit einem kampfeslustigen Blick in die Runde faltet er das
Manuskript, in das er kaum einmal geblickt hatte, zusammen und begibt sich auf
seinen Platz.«

Die zunehmende Spezialisierung auf die Automationsfrage gab Matthöfer Gelegenheit, seinen Kontakt zur amerikanischen Gewerkschaftsszene nicht nur zu
halten, sondern ihn noch weiter auszubauen. Mit Meyer Bernstein, dem Europa-
Vertreter der United Steelworkers of America, Woodrow (›Woody‹) Ginsburg aus
der Forschungsabteilung des Vorstands der United Automobile Workers (UAW)
in Detroit und vor allem mit Nate Weinberg, dem Leiter dieser Abteilung, konnte
er auf internationalen Tagungen – von Hattingen bis Paris – neue und dauerhafte
Beziehungen knüpfen. Bei aller Anerkennung der Notwendigkeit internationaler
Solidarität und einer engen Zusammenarbeit gab es allerdings unterschwellige

Der Automobil-Gewerkschafter Nate Weinberg war ein enger Vertrauter Matthöfers mit gemeinsamen Interessen in der Gewerkschafts- und Entwicklungspolitik.

Spannungen zwischen der UAW und der IG Metall. Die amerikanischen Gewerkschafter waren sehr an einem engeren internationalen Zusammenschluss der Arbeitnehmer der großen Automobilkonzerne interessiert. Die IG Metall – und in besonderem Maße Otto Brenner – betrachtete dagegen auch die geringsten zentrifugalen Tendenzen in ihren Reihen mit Argwohn und tat alles, um das Entstehen eines noch so schwachen Ansatzpunktes für eine autonome Automobilgewerkschaft in der Bundesrepublik zu verhindern. Vor diesem Hintergrund verhielt sich ein Angestellter der Vorstandsverwaltung taktisch klug, wenn er nicht die direkten Beziehungen zur UAW suchte, sondern sich dabei einer in dieser Beziehung neutralen internationalen Organisation bediente. Dafür kam in erster Linie die Organisation für Europäische Wirtschaftliche Zusammenarbeit (OEEC) infrage, in der neben den assoziierten Mitgliedern USA und Kanada alle europäischen Länder vertreten waren, die einst Marshallplanhilfe empfangen hatten. Ursprünglich im Rahmen des European Recovery Programs (ERP) als Nukleus des europäischen Integrationsprozesses installiert, hatte die OEEC ihren Zenit bereits überschritten. Die europäische Einigungsbewegung hatte sich seit der Umsetzung des Schuman-Plans durch die Gründung der Europäischen Gemeinschaft für Kohle und Stahl (Montanunion) längst andere Mittel und Wege gesucht. Als Forum für transnationale europäische und transatlantische Forschungs- und Studienkontakte diente die OEEC aber noch immer ihrem ursprünglichen Zweck. In ihren zahlreichen Abteilungen und Kommissionen trafen sich nicht nur Vertreter von Staaten, sondern auch Repräsentanten unterschiedlichster sozialer Gruppen, unter denen die jeweiligen nationalen Tarifparteien naturgemäß eine wichtige Rolle spielten. Dies gilt vor allem für die European Productivity Agency (EPA), die als halbautonomes Organ der OEEC besonders herausgehoben war und über ein eigenes Direktorat und eine eigene Kommission verfügte.[32] Seit der Frühzeit des European Recovery Programs machte sie große Anstrengungen, das Produktivitätsgefälle zwischen den USA und Europa einzuebnen. Die amerikanischen Gewerkschaften und nicht zuletzt die UAW verfügten dort über großen Einfluß, weil ihnen die US-Regierung noch immer die Aufgabe zuwies, das amerikanische ›gospel of productivity‹ zu verkünden, um so die europäischen Arbeiter mit der Aussicht auf wachsenden Wohlstand gegen kommunistische Einflüsse zu immunisieren.

Matthöfer, der inzwischen innerhalb der Wirtschaftsabteilung eine eigene, kleine Automationsabteilung eingerichtet hatte, die eigentlich aus ihm allein bestand, gelang es bald, die administrative Klaviatur der European Productivity Agency virtuos zu bedienen. Er nutzte sie zu seiner eigenen Informationsgewinnung, aber auch zur Finanzierung gewerkschaftlicher Projekte, die den Aufbau eines Vorwarnsystems der wirtschaftlichen und sozialen Folgen der Automation zum Ziel hatten. Ende 1955 begann er im Rahmen eines EPA-Projektes, »alle erhältlichen Unterlagen hinsichtlich des Umfanges, in welchem moderne automatische Verfahren gegenwärtig mit Erfolg im Bereich der Fertigung wie auch der Büroarbeit zur Anwendung kommen, zu sammeln«.[33] Gleichzeitig nutzte er jede Gelegenheit, die Ressourcen der EPA dafür einzusetzen, die eigene Expertise auf dem Gebiet der Automation zu vervollkommnen – sei es in London oder in den USA.[34] Es dauerte freilich nicht lange, bis Matthöfer Zweifel kamen, ob die Entwicklung der Automation wirklich so dramatische Folgen haben werde, wie er es fast täglich auf Betriebsversammlungen oder öffentlichen Versammlungen darstellte. Seine Bestandsaufnahme dokumentierte sowohl in den USA als auch in Europa ein erstaunlich schmales Angebot an *special purpose machines,* wie sie für automatisierte Produktionsprozesse Verwendung fanden. Offenbar waren die Anwendungsgebiete der »automatisierten Fabrik« noch sehr überschaubar. Vor allem in Deutschland musste er die Erfahrung machen, dass sich der bei weitem größte Teil der Metallindustrie, wie der Maschinenbau und Teile der Elektrotechnik, ge-

---

32 Die Europäische Produktivitätszentrale (EPZ), wie sie auf Deutsch genannt wurde, hatte wie die Organization for European Economic Co-operation (OEEC) ihren Sitz in Paris.

33 OEEC, Ausschuß für Produktivität und angewandte Forschung, EPA-Projekt Nr. 360, Paris, 29. November 1955; Friedrich-Ebert-Stiftung, AdsD, Bestand IG Metallvorstand, W 255.

34 Rationalisierungskuratorium der Deutschen Wirtschaft an Matthöfer, Frankfurt a. M., den 8.5.1956, betr. EPA-Projekt 175/2, Intra European Trade Union Labour Team Development, hier: Trade Union Seminar on Automation, London 14.–17.5.1956; AdsD, Bestand IG Metallvorstand, W 255; Hans Matthöfer, Bericht vom 4. April 1957 über die Teilnahme am EPA-Projekt PIO 07-43-175-60043 »Automation in Handel und Industrie« 18. Februar – 2. April 1957 in den USA, ebenda.

radezu automatisierungsresistent zeigte. Zwar hatten sich in der Automobilindustrie und einigen kleineren Branchen der standardisierten Massenproduktion seit dem Zweiten Weltkrieg fordistische Produktionsmethoden stark ausgebreitet. Der Kern der deutschen Metallindustrie war jedoch nach wie vor einer anderen, den Prinzipien des Fordismus entgegen gesetzten Produktionsweise verpflichtet, die hier seit dem späten 19. Jahrhundert erfolgreich angewandt wurde: der diversifizierten und im kleineren Umfang auch standardisierten Qualitätsproduktion. Darunter ist eine Fertigungsmethode zu verstehen, die einen großen und ständig wachsenden Anteil immaterieller Wertschöpfung hervorbringt, der aus der Verwissenschaftlichung des Produktionsprozesses resultiert. Integriertes Wissen über Bedürfnisse am Markt, Problemlösungen durch Forschung und Entwicklung, Herstellungsverfahren, Anwendungs- und Verarbeitungsmöglichkeiten sowie integrierte Dienstleistungen, die die zeitgerechte Produktbereitstellung, Finanzierung und Sicherung anderer qualitativer Eigenschaften garantieren, erlaubten es, den unterschiedlichsten Kundenwünschen auf höchstem technologischen Niveau entgegen zu kommen.[35] Dieser Produktionsweise entsprachen aber eher Einzelfertigungen im Maschinen- und Anlagenbau bzw. Kleinserien im Fahrzeugbau – und weniger ein automationsgerechtes industrielles Design, das den Einsatz von Spezialmaschinen voraussetzt.

Typisch für diese Diversifizierung und Qualitätsorientierung der deutschen Metallindustrie war die Antwort des Technischen Direktors einer Münchener Maschinenfabrik auf eine entsprechende Anfrage der Wirtschaftsabteilung der IG Metall: »Im übrigen glaube ich, dass die Automatisierung in der Metallindustrie lange nicht den großen Umfang annehmen wird, wie er tatsächlich von Nichtfachleuten Besorgnis erregend geschildert wird. Die klassische Automation kann sich nur auf ganz bestimmte Produktionen und da wiederum nur in ganz bestimmten Grenzen entfalten. Unsere Aufgabe besteht zunächst in der Verfeinerung und Erleichterung der Automatik, auf einzelne Maschinen abgestimmt, also eine Fortsetzung der Entwicklung der Werkzeugmaschinenkonstruktionen, wie sie schon seit 30 Jahren im Gange ist, vielleicht aber jetzt ein schnelleres Tempo annehmen wird.«[36] Andere Bestandsaufnahmen der Entwicklung und Folgen der Automation, die im Rahmen der IG Metall erfolgten, kamen zu einem ähnlichen Ergebnis. So stellte sich der Arbeitskreis Automation der Münchener Bezirksleitung Anfang 1957 die Frage: »Wieweit ist die Automatisierung in unserem Bezirk schon fortgeschritten?«, und ließ dafür zusammen mit dem DGB von allen Kreisausschüssen umfangreiche Erhebungen anstellen.[37] Nachteilige Folgen der Automation brachte auch diese En-

---

35 Siehe dazu W. Abelshauser, Kulturkampf. Der deutsche Weg in die Neue Wirtschaft und die amerikanische Herausforderung, Berlin 2003, S. 104 f.
36 Schreiben der Maschinen- und Zahnradfabrik Carl Horth, München an Herrn Karlheinz Friedrichs, c/o. Industriegewerkschaft Metall Hauptverwaltung, München den 7.12.1956, AdsD, Bestand IG Metallvorstand, W 255.
37 IGM Bezirksleitung München an Matthöfer, München, den 6.5.1957, betr. Sitzungen des Arbeitskreises Automation, AdsD, IGM, W 255. Ansonsten beschäftigte sich der Arbeitskreis 1957 vorrangig mit den friedlichen Verwendungszwecken der Atomenergie.

quete nicht zu Tage. Noch Mitte der sechziger Jahre erklärte sich der IGM-Vorstand diese Tatsache mit den Wirkungen der Hochkonjunktur, die die nachteiligen Folgen der Automation »überdeckt« hätten.[38] Der Verdacht, dass diese Befunde seiner Feldforschung auf dem Gebiet der angewanden Automatisierungstechnik nicht allein Deutschland betrafen, sondern den internationalen *mainstream* des technischen Fortschritts, kam Matthöfer erstmals während einer USA-Reise, die er im Rahmen der EPA im Frühjahr 1957 antrat. Sie führte ihn von Mitte Februar bis Anfang April von Paris über Washington, New York, Detroit und Chicago zu zahlreichen notorischen Brennpunkten der Automation, blieb jedoch in ihren Ergebnissen weit hinter den Erwartungen zurück. In seinem Bericht über die Reise formulierte der Automationsexperte der IG Metall seine »Erkenntnisse« ungewöhnlich offen:[39] »Man sollte die Bedeutung der Automation nicht übertreiben. Es kommt darauf an, ihre Bedeutung im Rahmen des allgemeinen technischen Fortschritts zu verstehen. Die Automation schafft im Wesentlichen keine neuen Probleme, aber sie verschärft schon vorhandene. Für sich allein gesehen ist die Automation keine revolutionäre Entwicklung, aber im Rahmen des allgemeinen technischen Fortschritts kann sie umwälzende Folgerungen haben.« Nach zahlreichen Gesprächen mit Praktikern aus unterschiedlichen amerikanischen Metallgewerkschaften und dem Gewerkschaftsbund AFL-CIO gewann er den Eindruck, dass der Mythos der Automation für die meisten Insider längst verblasst war. Soweit die Aufmerksamkeit der amerikanischen Gewerkschaften nicht völlig vom Kampf gegen die Korruption und von den Machtkämpfen des gewerkschaftlichen Vereinigungsprozesses zwischen AFL und CIO in Anspruch genommen wurde, hatten sie für Probleme der Automation nur ein müdes Lächeln übrig. Für den Beobachter ließen sich daraus neue Konsequenzen für die gewerkschaftliche Arbeit ableiten: »Es gibt wichtige Vertreter von Metallarbeitern in den USA, die nicht glauben, dass die Automation neue gewerkschaftliche Probleme schafft. So sagte uns z. B. ein Kollege in der Wirtschaftsabteilung der International Association of Machinists: ›Wir haben 8.000 Verträge, unsere Kollegen sind in 250 Industriezweigen beschäftigt, aber der erste Brief, der sich auf Probleme der Automation bezieht, der muss erst noch bei uns einlaufen.‹ Am gleichen Tag konnte man aber in der Zeitung lesen, dass der Vorsitzende der Maschinistengewerkschaft ›angesichts der Auswirkungen der Automation‹ die Verkürzung der Arbeitszeit auf weniger als 40 Stunden forderte. Das zeigt, dass die Automation dazu benutzt werden kann, allgemeine gewerkschaftliche Forderungen zu dramatisieren.« Dies festzustellen, hieß für Matthöfer aber nicht, sich diesen taktischen Gesichtspunkt auch zu eigen zu machen. Zynismus war nicht seine Sache. Er hatte in der Revolution der Produktivkräfte den Hebel gesehen, den er mit einer mächtigen Organisation im Rücken zur Realisierung seines politischen Traums nutzen konnte. Er hatte sich vorgenommen, entscheidend zur Ent-

38 Entschließungsentwurf zum 8. Gewerkschaftstag (3.8.1965) in Bremen, Niederschrift der Sitzung des Vorstands am 14. und 15. Juni 1965; AdsD, Bestand IG Metallvorstand 5/IGMA 000119 Nr. 8/65.
39 Matthöfer, Bericht, AdsD, Bestand IG Metallvorstand, W 255.

wicklung einer sich auf die Selbstbestimmung freier Menschen gründenden, mit sich selbst und ihren Nachbarn in Frieden lebenden Gesellschaft beizutragen. Mit der Entzauberung des Mythos »Automation« als der zweiten industriellen Revolution, die diese neue Gesellschaft hätte hervorbringen können, war dieser Traum jäh zu Ende. Schon nach drei Jahren seiner Tätigkeit bei der IG Metall wurde ihm bewusst, dass die Hoffnung geplatzt war, einen erfolgreichen und erkennbaren Beitrag auf dem Weg zu einer solchen neuen Gesellschaft zu leisten. Gleichzeitig wuchsen seine Zweifel an der Fähigkeit der Gewerkschaften, in ihrer derzeitigen Verfassung mit den Fortschritten der wissenschaftlichen Organisationsforschung Schritt zu halten, die von der unternehmerischen Gegenseite ganz selbstverständlich angewandt wurde. Die Organisation von Menschen galt ihm als »Brot und Butter der Gewerkschaftsfunktionäre«.[40] Wenn die Organisation aber zu einer Wissenschaft geworden war, die sich beispielsweise in der betriebswirtschaftlichen Disziplin des *operations research* niederschlug, warum bedienten sich die Gewerkschaften dann dieser Wissenschaft nicht? Seine Schlussfolgerung war klar: »Entweder die führenden Gewerkschaften bedienten sich der neuen Methoden, die Wissenschaft und Technik für sie bereitstellen, oder die Gewerkschaften werden weiter an Boden verlieren und schließlich unfähig sein, ihre großen Ziele zu verwirklichen, denn ihre Feinde sind unermüdlich an der Arbeit.« Diese Einsichten stellten für den 31jährigen Sozialisten nicht nur ein intellektuelles Problem dar; sie führten 1956 auch zu einer ernsthaften psycho-somatischen Erkrankung, die sich in heftigen, bald unerträglichen Magenschmerzen äußerte, gegen die die ärztliche Kunst nichts ausrichten konnte. Ärzte rieten Matthöfer, den Beruf oder wenigstens seinen Tätigkeitsbereich zu wechseln.

Diplomat der Arbeit

In Paris und Washington

In dieser schwierigen Lage kam im Mai 1957 die Anfrage des holländischen Leiters der EPA-Gewerkschaftsabteilung, Adrianus Vermeulen, wie gerufen. Er bot Matthöfer an, für zwei Jahre in den Dienst der Europäischen Produktivitätszentrale zu treten. Das Einverständnis der IG Metall vorausgesetzt, sollte ihr Automationsexperte die europäischen Gewerkschaften in der EPA-Mission in Washington vertreten. Zu diesem Zeitpunkt hatte die Europäische Produktivitätszentrale den Höhepunkt ihrer Bedeutung schon lange überschritten. Die USA zogen sich weitgehend aus ihrer Leitung und Finanzierung zurück, sodass eine gewisse Europäisierung der ursprünglich ganz nach dem Willen der amerikanischen Regierung geformten Einrichtung stattfand. Längst ging es auch nicht mehr um den Transfer von techni-

---

40 Fritz Joos [Hans Matthöfer], Von den Großbetrieben lernen. Moderne Methoden für die gewerkschaftliche Organisationsarbeit? ›links‹, Februar 1956, 11–16.

schem Wissen. Der Schwerpunkt der Tätigkeit der EPA hatte sich auf die Vermittlung amerikanischer Managementmethoden verlagert, wobei die Übertragung amerikanischer Gewerkschaftspraktiken nach Europa nicht mehr so attraktiv erschien wie am Anfang der fünfziger Jahre. Die Stelle eines EPA-Vertreters in Washington glich deshalb bis zur Auflösung der Europäischen Produktivitätszentrale Mitte 1960 einer *Sinekure,* deren inhaltliche Ausfüllung weitgehend der Initiative des Stelleninhabers überlassen blieb. Sie schien deshalb bestens geeignet, in der beruflichen und politischen Sinnkrise des jungen Gewerkschaftsangestellten einen attraktiven Ausweg aus der »zermürbenden IG Metall-Routine-Mühle«[41] zu weisen. Sie verschaffte ihm Gelegenheit, sich attraktive Optionen aufzubauen, neue Kontakte zu knüpfen und alternative Strategien zu entwickeln, wie er seinen Lebenstraum doch noch erfüllen konnte, ohne sich die Rückkehr in die IG Metall zu versperren. Die Stelle war aber auch in finanzieller Hinsicht bemerkenswert gut ausgestattet. Für den Gewerkschaftsangestellten, der inzwischen knapp 900 DM im Monat verdiente, musste der Sprung auf ein steuerfreies Gehalt von 8.300 Dollar – bei einem Wechselkurs von 4,20 DM – märchenhaft erscheinen. Als er seinem jüdischen Freund Josef (›Jola‹) Lang, dem Leiter der Niederlassung des Bund-Verlages im Frankfurter Gewerkschaftshaus, der selbst einige Jahre mit seiner Frau Erna in New York in der Emigration gelebt hatte, diese Summe nannte, strahlte dieser über das ganze Gesicht: »Sehr gut, wenn Du schon trefer ißt, dann muß Dir das Fett die Backen herunterlaufen.«[42] Matthöfer genoss das üppige Salär ganz offensichtlich, teilte er doch seinem SDS-Freund Richard Freyh aus dem Pariser OEEC-Hauptquartier als erstes mit, dass er »schon die ersten 100.000 ffs. Vorschuß im Sack« habe.[43]

Otto Brenner war sofort damit einverstanden, seinen Automationsexperten als diplomatischen Horchposten in Washington zu platzieren. In gewisser Weise stieg Matthöfer damit endgültig in den erweiterten Kreis des Brennerschen Braintrusts auf, So schrieb der ›Spiegel‹ später in einer Story über die »Gehirnzentrale« des IGM-Chefs: »Schließlich hat Brenner noch ein Gehirn nach Amerika vorgetrieben. Von dort übermittelt sein Metall-Diplomat Matthöfer jede Woche Informationen über die Auswirkungen der Automation.«[44] Schon im Juni 1957 konnte Alois Wöhrle Matthöfer mitteilen, dass er durch Vorstandsbeschluss für zwei Jahre von der IG Metall beurlaubt sei, um als Gewerkschaftsvertreter der European Productivity Agency im Verbindungsbüro der OEEC in Washington D.C. zu arbeiten. Es vergingen dann mehr als drei Jahre, ehe das Washingtoner Intermezzo zu

---

41 Matthöfer, Jahre, S. 432.
42 ›Diensttagebuch‹, 14.6.1957, AdsD, DM 0404. Der 1902 in Ungarn geborene Lang gehörte vor 1945 wie viele der älteren politischen Freunde und Mitstreiter Matthöfers der SAP an, nachdem er zuvor aus der KPD ausgeschlossen worden war. 1934 emigriert, kehrte er 1950 wieder nach Frankfurt zurück, wo er in die SPD eintrat. Lang zählte zu den engsten Freunden Otto Brenners und war der Kopf einer Diskussionsrunde aus Gewerkschaftern, Politikern und Verlegern, die weit über Frankfurt hinaus Einfluß nahm.
43 Matthöfer an Freyh, Paris, den 30. Juni 1957; DM Ordner Bezugspersonen und Freunde Ia
44 Titelgeschichte »Otto der Gusseiserne«, in: DER SPIEGEL 45/1959 vom 4.11.1959, S. 43.

Ende war und Matthöfer am 1. Oktober 1960 wieder nach Frankfurt zurückkehrte, nachdem der Vorstand der IG Metall im Mai 1960 seine Wiedereinstellung beschlossen hatte.

Die ersten sechs Wochen seiner Tätigkeit als »agent permanent de l'Organisation Européenne de Coopération Economique« verbrachte der frischgebackene Arbeitsdiplomat in Paris, wo er im Hauptquartier der OEEC, dem Château de la Muette, die Grundzüge der Organisation, die Perspektiven der künftigen Arbeit und die Technik der Finanzierung seiner neuen Arbeitgeberin kennen lernen sollte. Die Atmosphäre in dem am Rande des Bois de Boulogne gelegenen ehemaligen Palais der Frankfurter Bankiersfamilie Rothschild war ruhig und völlig stressfrei, das Leben im Quartier Latin, wo Matthöfer nahe der Place St. Michel in dem ihm von früher vertrauten Hôtel de Capucine wohnte, so angenehm, dass seine Magenschmerzen schlagartig aufhörten. Dies blieb auch so, als er Ende Juli nach Washington D.C. weiterflog, das nun für drei Jahre sein Dienstort sein sollte. Seine Frau Traute, die unter den neuen finanziellen Verhältnissen ihre Arbeit bei der Eisenbahnergewerkschaft aufgab, reiste ihm mit dem Schiff nach, weil sie an Flugangst litt. Sie nutzte die Gelegenheit, um die Passage mit einer längeren Kreuzfahrt im Mittelmeer zu verbinden, und kam am 14. August in New York an – einen Tag vor dem offiziellen Dienstantritt ihres Mannes in der amerikanischen Hauptstadt. Es dauerte nicht lange, bis sie das Leben der Diplomatengattin leid war. Um nicht den ganzen Tag damit verbringen zu müssen, allein zu Hause auf die Rückkehr ihres Mannes zu warten, nahm sie eine Arbeit als Kassiererin im Sheraton Park Hotel an.

Ganz in der Nähe, im obersten Stockwerk des Dupont Circle Buildings, wo die Büroräume der OEEC-Mission lagen, dachte der neue Gewerkschaftsattaché nun darüber nach, wie er das unerwartete Geschenk der vor ihm liegenden ›Sabbatjahre‹ nutzen konnte. Über die Arbeit, die der Chef de Mission und spätere Planungschef der NATO, Ottino Caraciolo di Forino, von ihm erwartete, gab es nur vage Vorstellungen. Klar war nur, dass er führende europäische Gewerkschafter, die die USA besuchten, betreuen und die Verbindung der EPA zu den amerikanischen Gewerkschaften aufnehmen und stärken sollte. Weitere feste Arbeitsgebiete lagen in der Beobachtung des Gesetzgebungsprozesses der beiden Häuser des Kongresses, soweit er Gewerkschaftsthemen betraf, und im gründlichen Studium der technologischen Entwicklung der Vereinigten Staaten, wobei er sich vorrangig der Metallindustrie zuwenden wollte. Diese Aufgabe war die Geschäftsgrundlage für seine Beurlaubung bei der IG Metall, zumal sich sein eigenes Interesse für Fragen der Automation weitgehend abgekühlt hatte. Mit einigen kleineren Arbeiten für deutsche Gewerkschaftszeitungen[45] und einer dicken Broschüre zum Thema »Techno-

---

45 Zu nennen sind hier beispielhaft die Artikel »Automation und Atomenergie« (Der Gewerkschafter 6/1958, Heft 4) und »Metallindustrie vor völlig neuen Problemen und Möglichkeiten« (Der Gewerkschafter 6/1958, Heft 5), in denen Matthöfer eine neue Wirtschaftspolitik forderte, die »unsere freiheitlichen, demokratischen Institutionen vor dem gewaltigen Ansturm der zur Zentralisierung und Machtzusammenballung treibenden Technik retten« könne. Im selben Zuge wies er auch auf

logical change in the metal industries. A survey of U.S. technical literature«[46] blieb der Ertrag auf diesem Gebiet denn auch eher überschaubar. Immerhin zeigte der Literaturbericht, für den der EPA-Diplomat regelmäßig alle für die Beobachtung der Produktivitätsentwicklung in der Metallindustrie einschlägigen technischen Fachzeitschriften auswertete, dass Matthöfers frühe Erkenntnis richtig und Automation nur einer von vielen für die gewerkschaftliche Arbeit bedeutsamen Aspekten des technischen Fortschritts war.

Neben diesen wenigen Pflichtaufgaben blieb Matthöfer reichlich Zeit für seine Lieblingsbeschäftigungen: Tagträumen und Netzwerkarbeit. Während sich ersteres auf die Lebensplanung für die Zeit nach der Rückkehr konzentrierte, konnte er für die Erschließung neuer Informationsquellen auf alte Beziehungen zurückgreifen. Victor Reuther, der innerhalb der amerikanischen Automobilarbeitergewerkschaft UAW für internationale Angelegenheiten zuständig war, ließ es sich nicht nehmen, gleich zu Beginn einen Empfang für seinen deutschen Kollegen zu geben, den er 1950/51 als sozialistischen Studenten kennen- und schätzen gelernt hatte, und der nun die europäischen Gewerkschaften – und was fast noch schwerer wog – die mächtige IG Metall repräsentierte. Es war Reuther auch nicht verborgen geblieben, dass Matthöfer das Vertrauen Otto Brenners genoss. Der neue Gewerkschaftsattaché der OEEC-Mission lernte so in Reuthers Haus in der Porterstreet im Nordwesten der Hauptstadt gleich alle wichtigen Freunde und Vertrauensleute der UAW und des früheren (sozialistischen) Gewerkschaftsbundes CIO in den Ministerien und Gewerkschaftsvorständen kennen. Er konnte sich dadurch von Anfang an auf ein Netzwerk stützen, das ihm – wenn notwendig – bei der Informationsbeschaffung behilflich war. Dies galt gleichermaßen für eine Gruppe demokratischer Sozialisten, die eng mit der UAW zusammenarbeitete und auch im Arbeitsministerium personell gut verankert war. Von dieser Gruppe, der sich Matthöfer während seiner Washingtoner Zeit anschloss, gab es wiederum Beziehungen zu den »Americans for Democratic Action« (ADA), die am linken Flügel der demokratischen Partei standen. Hier beeindruckte ihn vor allem Senator Hubert H. Humphrey, den die ADA auf seinem Weg zum Präsidentschaftskandidaten der Demokraten unterstützte. Humphrey begeisterte ihn allein schon deshalb, weil ganze Passagen seiner Reden genau dem entsprachen, was er selbst auch in Deutschland oft vorgetragen hatte. Er hielt die Tatsache, dass zwei Menschen, die in unterschiedlichen wirtschaftlichen und politischen Umgebungen aufgewachsen waren, unabhängig von einander zu den selben politischen Schlussfolgerungen kamen, wohl mit Recht für ein starkes Indiz der Richtigkeit ihrer Meinungen.[47]

die gewaltigen Anstrengungen hin, die in den USA zur Förderung der wissenschaftlichen und technischen Forschung unternommen wurden.

46 Der erste Teil der Studie erschien 1961 in Paris in der OEEC-Reihe Union Studies No. 18, hrsg. v. Trade Union Research and Information Service der European Productivity Agency. Der zweite Teil folgte 1962. Beide Teile sind auch auf Französisch veröffentlicht worden: L'évolution technologique des industries métallurgiques – D'après les publications techniques des État-Unis.

47 Matthöfer, Jahre, S. 437.

Umso mehr freute es ihn, dass er nun – sozusagen dienstlich und auf Spesen – einige Male mit seiner Frau und einigen Freunden an den teuren *fund-raising dinners* der ADA teilnehmen konnte, die veranstaltet wurden, um die Kandidatur des gewerkschaftsnahen Präsidentschaftskandidaten der demokratischen Partei zu fördern.

Zu den zumeist selbst gewählten Dienstpflichten des EPA-Diplomaten gehörten auch zahlreiche Reisen innerhalb der USA und in Länder, deren Gewerkschaftsverhältnisse besondere Aufmerksamkeit erforderten. Schon im Vorfeld seiner Tätigkeit in Paris und Washington hatte er eine längere Studienreise in die USA dazu genutzt, auf dem Rückweg auch Kuba und Mexiko zu besuchen. Dienstliche Missionen führten ihn dann unter anderem nach Puerto Rico, Haiti, Jamaika, Griechenland, die Türkei und Jugoslawien. Die Reise nach Haiti war nicht ungefährlich. Matthöfer sollte auf Wunsch der Auslandsabteilung der AFL-CIO mit dortigen Gewerkschaftern Kontakt aufnehmen und vor allem den im Untergrund lebenden Generalsekretär der Union Nationale des Ouvriers d'Haiti, Nathanael Michel, mit Geld versorgen. Das geheime Treffen, bei dem es auch darum ging, einen von Michel verfassten Bericht außer Landes zu schmuggeln, wäre beinahe am amateurhaften Verhalten der Genossen in Port-au-Prince gescheitert, die ganz offenbar das ABC der konspirativen Arbeit nicht beherrschten. Matthöfer und seine Frau, die ihn nach Haiti begleitet hatte, mussten schon ein gehöriges Maß an Kaltblütigkeit aufbringen, um den Kontakt zu Michel herzustellen – unter Anwendung professioneller geheimdienstlicher Methoden und praktisch unter den Augen der berüchtigten Terrortruppe der Tontons Macoutes des Diktators François (›Papa Doc‹) Duvalier.[48] Der offizielle Versuch der Organización Regional Interamericana de Trabajo (O.R.I.T.), mit Michel Kontakt aufzunehmen, um seinen rechtmäßigen Anspruch auf die Vertretung der Haitianischen Arbeiter zu stärken, war wenige Tage zuvor unter großem Medieninteresse gescheitert und hatte zur Inhaftierung zahlreicher Gewerkschafter geführt.[49] Auf die Hilfe der CIA konnte der OEEC-Diplomat bei solchen Aktionen übrigens nicht rechnen, grenzte er doch in seinem Reiseverkehr für die OEEC ganz gezielt jene Personen aus, die nach Meinung der Reuther-Brüder in der Abhängigkeit des US-Geheimdienstes standen. Zwar hatten die Reuthers in den ersten Nachkriegsjahren selbst sehr eng mit der CIA zusammengearbeitet, doch führten sie inzwischen einen gewerkschaftsinternen Kampf gegen jene Kräfte in der AFL-CIO, die sich ihre internationalen Aktivitäten aus nichtgewerkschaftlichen Quellen finanzieren ließen.[50] Im

---

48 Später traf Matthöfer zusammen mit Otto Brenner im Casino der Vereinten Nationen zufällig auf Michel und wollte ihn freundlich begrüßen. Dieser ließ ihn jedoch kalt abblitzen. Wahrscheinlich hielt er ihn für einen professionellen Geheimagenten und wollte sich durch die Bekanntschaft mit ihm nicht diskreditieren. ›Diensttagebuch‹, 18.8.1958, AdsD, DM 0404.

49 Am 18. August 1958 berichtete das US-Nachrichtenmagazin ›Time‹ ausführlich darüber.

50 So wandten sie sich zum Beispiel im Internationalen Bund Freier Gewerkschaften (IBFG) – gemeinsam mit den Deutschen und den Schweden – ständig gegen die sogenannten ›unabhängigen‹ Auslandsaktivitäten, die nicht von internationalen Verbänden durchgeführt wurden und deshalb in ihrer Finanzierung auch von diesen nicht überprüft werden konnten. Darauf wies Matthöfer später

US-Arbeitsministerium war Matthöfers Praxis, informelle Mitarbeiter der CIA im Reiseverkehr der OEEC zu schneiden, durchaus bekannt. Da sie aber nicht nachweisbar war, beließen es die Beamten bei einer – nicht einmal unfreundlich gemeinten – drastischen Warnung: »Don't come screaming to us when you got your balls in the wringer.«[51]

Dramatische Szenen wie bei der Mission nach Haiti blieben aber die Ausnahme. Alles in allem glich die Arbeit des OEEC-Diplomaten eher einer Fortsetzung der Austauschstudentenzeit der frühen fünfziger Jahre – wenn auch auf höherem Niveau. Selbst eine Reise nach Madison stand wieder auf dem Programm. Matthöfer konnte dort an die seit 1951 gepflegten Beziehungen anknüpfen. Besonders wichtig war die Zusammenarbeit mit der AFL-CIO, vor allem mit Stanley Ruttenberg, dem Leiter der Forschungsabteilung, und seinem Stellvertreter Nat Goldfinger. Bei der UAW standen selbstverständlich Walter und Victor Reuther als Ansprechpartner an erster Stelle, aber auch der Leiter der Forschungsabteilung, Nate Weinberg, und sein Stellvertreter Woody Ginsburg gehörten zu Matthöfers häufigen Gesprächspartnern. Zu dem engeren Kreis befreundeter Gewerkschafter zählten noch Meyer Bernstein und Otis Brubaker von der Pittsburgher Stahlarbeitergewerkschaft, Solomon Barkin von den New Yorker Textilarbeitern und Rudi Faupel von der Gewerkschaft der Maschinisten, die nicht der AFL-CIO angeschlossen war. Matthöfers Interessen richteten sich dabei immer mehr auf die Suche nach einer neuen, effektiveren Strategie für die Bildungsarbeit der IG Metall. Dies hatte viel mit den Ergebnissen seines Nachdenkens über seine künftige Lebensplanung zu tun, für das ihm das Alltagsgeschäft des diplomatischen Dienstes sehr viel Zeit ließ.

Tagträume

Überraschenderweise spielte die Option, in den USA zu bleiben, anders als 1951 keine Rolle. Wenn er an einem wunderschön frischen, sonnigen Indian-Summer-Morgen aus seinem Appartement in der Cathedral Avenue trat, um sich über den Rock Creek Park hinweg auf den Weg zum Dupont Circle zu machen, konnte er diesen Spaziergang durchaus genießen. Er war sich aber auch immer bewusst, ein Fremder zu sein, der eigentlich nicht hierher gehörte. Auch wenn ihn das Leben in den USA noch immer faszinierte, konnte die Lebensqualität und das kulturelle Angebot von Washington D.C. nicht gegen den warmherzigen Charme europäischer Metropolen wie Paris (oder auch Frankfurt) bestehen. Größeren Reiz als ein Neuanfang in der Neuen Welt übte die Vorstellung auf Matthöfer aus, vollends in den diplomatischen Dienst zu treten. Innerhalb der EPA öffneten sich dazu allerdings keine Perspektiven. Mehr als eine Verlängerung seiner Beurlaubung auf drei

in einem Leserbrief für DIE WELT vom 17.5.1967 hin, um die Reuther-Brüder gegen – die ersten Nachkriegsjahre betreffende – Vorwürfe der CIA-Abhängigkeit zu verteidigen.

51 Matthöfer, Jahre, S. 453.

Jahre ließ der 1961 bevorstehende Umbau der OEEC in die stärker entwicklungs-politisch ausgerichtete Organization for Economic Cooperation and Development (OECD), dem die EPA zum Opfer fiel, nicht zu. Gleichwohl erschien ihm nach den Erfahrungen, die er auf dem internationalen Parkett gemacht hatte, der Beruf des Diplomaten – etwa als Sozialattachée an einer Deutschen Botschaft – durchaus attraktiv. Eine vergleichbare Karriere im Auswärtigen Amt lag auch keineswegs außerhalb seiner Reichweite. Immerhin besaßen die Gewerkschaften für die Posi-tion des Sozialattachées ein Vorschlagsrecht, sodass eine Fortsetzung der alles in allem angenehmen Tätigkeit eines Diplomaten durchaus denkbar war. Tatsächlich musste Matthöfer während eines Besuchs Otto Brenners in den USA nur einmal leise andeuten, dass er sich eine entsprechende Position an der Deutschen Bot-schaft in Tokio vorstellen könnte, damit sich der Chef der IG Metall persönlich – wenn auch in diesem Fall ohne Erfolg – in Bonn für ihn einsetzte.[52] Offenbar war Brenner nicht abgeneigt, seinen Technologieexperten auf wichtige Außenposten zu etablieren, um sich und seiner Organisation in zentralen Fragen wichtige Infor-mationsvorteile zu verschaffen. Es wäre also keine unrealistische Karriereplanung gewesen, wenn sie Matthöfer nur mit einer gewissen Hartnäckigkeit verfolgt hätte. Aber auch eine erfolgreiche diplomatische Laufbahn hätte für den jungen Sozialis-ten bedeutet, Abschied von seinen immer noch hochfliegenden politischen Ziel-setzungen zu nehmen – und dazu war er nicht bereit.

Einfach an seinen alten Platz in der IG Metall zurückzukehren, war aus dem-selben Grund ebenfalls undenkbar. Die Automation als Schrittmacher der sozialen Revolution und des demokratischen Sozialismus – diese Hoffnung war gerade wie eine Seifenblase geplatzt. Nun galt es, neue Handlungsstrategien zu entwickeln. Seine Entscheidung für die gewerkschaftliche Arbeit stand dabei nicht zur Dispo-sition. Sie gehörte für den jungen Sozialisten zu den ›Lehren aus der Geschichte‹, die ihm seine intensive Beschäftigung mit Fragen der historisch-politischen Bil-dung schon früh nahegelegt hatte. Wenn ein Sozialist etwas für sein eigenes poli-tisches Handeln aus der Geschichte lernen wollte – so seine Überzeugung –, musste er zuerst nach den Gründen des Scheiterns ›fortschrittlicher‹ Bewegungen in lang-fristig geschichtsmächtigen Krisensituationen fragen. Der aus seiner Sicht unbe-friedigende Ausgang säkularer politischer Weichenstellungen – vom Großen Bau-ernkrieg über die unvollendeten Revolutionen von 1848 und 1918/19 bis zur ›Machtergreifung‹ Hitlers – schien ihm immer wieder auf dasselbe Problem hin-zudeuten: Fortschrittliche Bewegungen scheiterten in historischen Krisensituatio-nen an ihrer organisatorischen Unzulänglichkeit, vor allem aber, weil sie nicht über hinreichende eigene, politisch bewusste und handlungsfähige Kader verfügten. Um in einer für die nahe Zukunft zu erwartenden kritischen Entscheidungslage eine weitere Niederlage des demokratischen Sozialismus in Deutschland zu verhin-dern, mussten also feste Kader geformt werden, die wussten, was sie in einer Kri-

---

52 Ebenda, S. 443; offenbar hatte ihn die Bekanntschaft mit Axel von dem Bussche-Streithorst (1919–1993), der zur gleichen Zeit Sozialattaché an der Deutschen Botschaft in Washington war, auf diese Idee gebracht.

sensituation zu tun hatten, und auch den Mut zu entschlossenem Handeln aufbringen würden. Konsequenterweise wollte Matthöfer mit seiner Lebensarbeit
dazu beitragen, eine genügend große, politisch gebildete, organisatorisch erfahrene
und in ihrem sozialen Milieu fest verankerte Gruppe demokratischer Sozialisten
zu schaffen. Auf diese ebenso einfache wie heroische Erkenntnis liefen die meisten
der nicht enden wollenden politischen Tagträume hinaus, in die sich der Gewerkschaftsattaché der OEEC am Potomac River in und außerhalb seiner Dienstzeit
auf der Suche nach einem Ausweg aus seiner Lebenskrise immer wieder treiben
ließ. Die Frage, die sich an diese Erkenntnis anschloss, lag auf der Hand: Wie sollte
er sein Ziel je verwirklichen, wenn er bei der IG Metall wieder die alte Tätigkeit
aufnahm? In den ersten drei Jahren seiner Arbeit als Gewerkschaftsfunktionär
hatte er eine verhältnismäßig intensive Vortrags- und Referententätigkeit entfaltet.
Er war auch an vielen Wochenenden unterwegs gewesen, um Lehrgänge durchzuführen. Meist ging es dabei um die Folgen des technischen Fortschritts und ihre
Bewältigung durch gewerkschaftliche Arbeit. Er hatte erwartet, dass die gewerkschaftlichen Forderungen gleichsam von selbst erfüllt würden, da sie sich einfach
zwingend aus dem gesellschaftlichen und wirtschaftlichen Strukturwandel ergeben
mussten, der durch die technologische Umwälzung eingeläutet wurde. Auch die
zahlreichen einschlägigen Artikel, die er in der Gewerkschafts- und Parteipresse
veröffentlichte, hatten diese antizipative Verstärkung der ›zweiten‹ industriellen
Revolution zum Gegenstand. Nun aber, ohne diesen ›objektiven‹ Rückenwind,
musste ihm sein Engagement sinn- und wirkungslos erscheinen. Er hätte an drei-
hundert Tagen im Jahr dreimal täglich zu 350 Menschen sprechen müssen, um in
sechs Jahren wenigstens ein Auditorium in der Größenordnung der Mitgliedschaft
der IG Metall zu erreichen. Vor allem aber hätte selbst diese unrealistisch große
Anstrengung nicht die Gewähr geboten, jenen festen Kader zu schaffen, der im
›Ernstfall‹ für den demokratischen Sozialismus eingestanden wäre. So gesehen war
seine bisherige Arbeit – wie ein russisches Sprichwort sagt – »mit Gabeln auf Wasser geschrieben«.[53] Er musste also seine Arbeitsweise ändern, wollte er zur Bildung
jener einflussreichen Gruppe beitragen, die in einer alsbald aufziehenden Krisen-
situation zuerst die Richtung der IG Metall, dann der deutschen Gewerkschaftsbewegung und schließlich der deutschen Politik bestimmen sollte.

Am Ende aller seiner Überlegungen stand also regelmäßig die Einsicht, dass
sein Ziel ohne die Multiplikatorwirkung einer gut organisierten gewerkschaftlichen Bildungsarbeit nicht zu erreichen war, und dass Bildungsarbeit allein nicht
ausreicht, um Nachhaltigkeit im Sinne der Kaderbildung politisch bewusster demokratischer Sozialisten zu erzielen. Bildungsarbeit musste mit einer Mobilisie-
rungsstrategie für Gewerkschaftsmitglieder im Arbeitsleben Hand in Hand gehen,
um die künftigen Kader frühzeitig in verantwortungsvolle Positionen zu bringen.
Die Suche nach Vorbildern für eine neue, effektivere Art der Bildungsarbeit für die
IG Metall blieb in den USA freilich ohne größeren Erfolg. Zwar verfügten die

53 Ebenda, S. 431.

meisten amerikanischen Gewerkschaften über eigene Bildungseinrichtungen, wie beispielsweise die Maschinistengewerkschaft im Rahmen der ›School for Workers‹ an der Universität in Madison. Die Konzepte der dortigen Bildungsarbeit, die der OEEC-Diplomat in seiner reichlich bemessenen Freizeit Gelegenheit hatte, selbst kennen zu lernen, waren aber eher konventioneller Art und nicht mit bestimmten Strategien gewerkschaftlicher Arbeit verknüpft. Immerhin lernte Matthöfer dort die Redensart, die den entscheidenden Unterschied zwischen Erwachsenenbildung im Allgemeinen und Arbeiterbildung im Besonderen auf den Punkt brachte: Erwachsenenbildung ist, wenn man lernt, aus Knochen eine gute Suppe zu kochen. Arbeiterbildung ist, wenn man lernt, wo das Fleisch geblieben ist, das vorher an den Knochen war.

Als Matthöfers Zeit als Diplomat der Arbeit 1960 zur Neige ging, wurde er noch einmal in die EPA-Zentrale nach Paris versetzt. Neben seiner vertrauten Reisetätigkeit in Länder mit schwierigen gewerkschaftlichen Verhältnissen, wie Griechenland, die Türkei oder Jugoslawien, konzentrierte er sich hier voll auf das Studium des gewerkschaftlichen Bildungswesens, um für seine Tätigkeit in der IG Metall nach seiner Rückkehr gewappnet zu sein. In der zweiten Jahreshälfte 1960 fand er dabei in der Bildungsarbeit der Confédération Française des Travailleurs Chrétiens (CFTC)[54] ein Modell, das er alsbald auch in die IG Metall übertrug. Die CFTC arbeitete nämlich mit sogenannten »animateurs«, die in den Betrieben weitgehend unabhängig von der Gewerkschaftszentrale Bildung und Ausdrucksfähigkeit ihrer Mitglieder förderten. Dabei war es weniger die von den *animateurs* angeregte Lektüre der Klassiker und wichtiger literarischer Neuerscheinungen, die Matthöfer zur Nachahmung anregte, obwohl ihn die daraus resultierende freie und lebendige Debattenkultur in den Betrieben durchaus beeindruckte. Dem bildungspolitischen Anfänger kam es vielmehr auf den Vorrang der betrieblichen Arbeit und des Prinzips des lebenslangen Lernens in der gewerkschaftlichen Bildungsarbeit an, die von den ›Bildungsobleuten‹, wie er sie dann als Leiter der Bildungsabteilung der IG Metall nannte, verkörpert werden sollten. Mit dem Begriff der ›Bildungsobleute‹ knüpfte er übrigens an die revolutionäre Tradition des Deutschen Metallarbeiterverbandes (DMV) an, dessen »revolutionären Obleute« 1917 den Widerstand gegen die deutsche Kriegswirtschaft angeführt hatten.[55] So reifte in diesen letzten Pariser Monaten vor dem neuen Abschnitt seiner gewerkschaftlichen Arbeit die Idee, in den Bildungsobleuten jene politisch bewussten und entschlossenen Kader heranzubilden, die der Arbeiterklasse in revolutionären Zeiten jenen organisatorischen Rückhalt geben konnten, der ihr bisher nach Matthöfers Eindruck fehlte.

---

54 Später: Confédération Française Democratique des Travailleurs (CFDT).
55 Friedrich Helm, Peter Schmitt-Egner, Einleitung, in: Allgemeiner Kongreß der Arbeiter- und Soldatenräte Deutschlands. Vom 16. bis 21. Dezember 1918 im Abgeordnetenhause zu Berlin. Stenographische Berichte, Glashütten im Taunus 1972, S. 7.

Bildungsarbeit in der IG Metall

Noch während Matthöfer in Paris die letzten Monate seiner Sabbatjahre genoss und sich in gewohnter Weise auf seine künftige Arbeit vorbereitete, beschloss der Vorstand der IG Metall am 10. Mai 1960, den beurlaubten Automationsfachmann wieder einzustellen und ihm die Leitung der Bildungsabteilung der Vorstandsverwaltung zu übertragen. Diese bestand zu diesem Zeitpunkt aus einem einzigen Mitarbeiter, der sich hauptsächlich auf den Unterricht in den Jugendheimen, Internatslehrgängen und Wochenendschulungen der Gewerkschaft konzentrieren musste. Der neue Leiter sollte der »dringenden Notwendigkeit« Rechnung tragen, »größeren Einfluß auf die allgemeine Gestaltung der Internats- und Wochenendlehrgänge von der Vorstandsverwaltung her stärker als bisher zu nehmen bzw. die Themenstellung auf den Lehrgängen intensiver zu koordinieren.«[56] Dahinter verbarg sich eine sehr allgemeine Vorstellung der wachsenden Bedeutung gewerkschaftlicher Bildungspolitik, wie sie Matthöfer gegenüber Otto Brenner erläutert hatte, als dieser während eines seiner Besuche in Washington auf die künftige Verwendung seines ›Zöglings‹ zu sprechen gekommen war.[57] Dabei ging es im Wesentlichen wieder um die revolutionären Folgen des technischen Fortschritts, mit denen sich noch immer nahezu alles begründen ließ, was ansonsten nur schwer über die Hürden der Gewerkschaftsbürokratie gegangen wäre. Die Rolle der Bildungsarbeit sollte vor dem Hintergrund der zu erwartenden Änderungen in der Beschäftigungsstruktur und der betrieblichen Wirklichkeit neu überdacht werden. Von Alois Wöhrle, dem zu diesem Zeitpunkt für die Bildungsarbeit zuständigen Zweiten Vorsitzenden der IG Metall, war eine solche konzeptionelle Arbeit nicht zu erwarten. Immerhin war er aber Bildungsfragen gegenüber aufgeschlossener als seine Vorstandskollegen, hatte er doch schon vor 1933 Erfahrungen an der Wirtschaftsschule des Deutschen Metallarbeiterverbandes im Thüringischen Bad Dürrenberg gesammelt.[58] Matthöfer, der alle Voraussetzungen für einen konzeptionellen Neuanfang mit sich brachte, war allerdings nur kurze Zeit Wöhrle direkt zugeordnet. Seine Mini-Abteilung unterstand seit 1962 den Weisungen des mit allen ideologischen Wassern gewaschenen Heinz Dürrbeck, der im Geschäftsführenden Vorstand bis 1972 für Angestellte und Bildungsarbeit zuständig war.[59]

---

56 Beschluß zit. nach ›Diensttagebuch‹, 10.05.1960; AdsD, DM 0404.
57 Matthöfer, Jahre, S. 461 f.
58 Industriegewerkschaft Metall, Ein Leben in der Organisation, o. O., o. J., S. 145.
59 Heinz Dürrbeck (1912–2001), seit 1928 Mitglied des DMV, war fest in der kommunistischen Arbeiterbewegung der Weimarer Republik verwurzelt. Nach einer Elektrikerlehre absolvierte er die Technische Lehranstalt und arbeitete seit 1934 als Radiotechniker und Ingenieur. 1946 trat er in Braunschweig der IG Metall bei und wurde dort Betriebsratsvorsitzender der AEG. Er stand im Verdacht, als Agent der DDR-Staatssicherheit 1961 an der Entführung des ›Metall‹-Journalisten Heinz Brandt beteiligt gewesen zu sein. Den Ermittlungen entzog er sich 1975 durch die Flucht nach Jugoslawien und Ungarn. Während eines Arztbesuches in Deutschland wurde er 1994 verhaftet, wegen Verjährung der ihm vorgeworfenen Taten aber wieder freigelassen. AdsD, Bestand IG-Metall Vorstand 1- 2 Nr. 2361.

Organisationsfachmann Alois Wöhrle zählte anfangs zu Matthöfers Fürsprechern im Vorstand der IG Metall.

Nachdem er schon häufig in seinem neuen Opel Automatik zwischen Paris und Frankfurt gependelt war, übernahm Matthöfer nach Ablauf seiner Beurlaubung am 1. Oktober 1960 auch offiziell seine neue Funktion als Leiter der Bildungsabteilung. Noch im selben Monat begann er mit den systematischen Vorbereitungen für eine betriebsnahe Bildungspolitik und der Ausbildung von Bildungsobleuten für die Betriebe. Seine Vorgehensweise folgte dabei von Anfang an wissenschaftlichen Standards, indem er neuere industriesoziologische Ansätze nutzte, die von ebenso engagierten wie kompetenten studentischen Praktikanten in seiner Abteilung angewandt wurden. So führte er schon drei Wochen nach Dienstantritt zusammen mit Michael Schumann[60] auf dem 6. ordentlichen Gewerkschaftstag der IG Metall in Berlin wissenschaftlich konzipierte Tonbandinterviews mit 41 ausgesuchten Funktionären aus Betrieben, Verwaltungsstellen, Bezirken und Schulen der IG Metall durch, um einen ersten Überblick über die Praxis der gewerkschaftlichen Bildungsarbeit zu erhalten. Erwartungsgemäß fiel das Ergebnis der Interviews mehr als dürftig aus und war als Anregung für neue Ideen völlig unergiebig.

60 Der 1937 geborene Frankfurter Soziologiestudent war Anfang Oktober 1960 zum Bundesvorsitzenden des mit der SPD hadernden SDS gewählt worden. Er veröffentlichte 1970 zusammen mit Horst Kern (1940) das industriesoziologische Standardwerk »Industriearbeit und Arbeiterbewußtsein – Eine empirische Untersuchung über den Einfluß der aktuellen technischen Entwicklung auf die industrielle Arbeit und das Arbeiterbewußtsein«. Später machten die Autoren, die beide als Praktikanten der Matthöferschen Bildungsabteilung ihre ersten empirischen Studien angestellt und inzwischen Lehrstühle für Soziologie an den Universitäten Göttingen und Bremen inne hatten, mit einer weiteren innovativen Arbeit Furore (»Das Ende der Arbeitsteilung? Rationalisierung in der industriellen Produktion«, München 1984).

So mussten die Autoren schließlich mehr darüber berichten, »was die Kollegen nach unserer Meinung hätten sagen sollen«.[61] Gleichwohl haben akademische Beobachter der Matthöferschen Arbeit, wie der Göttinger Industriesoziologe Klaus Peter Wittemann, schon in dieser ersten »Defizitanalyse« eine wichtige Grundlage für die Ausarbeitung des Gesamtkonzepts gesehen, weil sie, über eine reine Bestandsaufnahme hinausgehend, eine »klare Botschaft« enthielt.[62]

Konzentrierte sich die bisherige Bildungsarbeit der Gewerkschaften vor allem darauf, dem arbeitenden Menschen ein Selbstverständnis seiner gesellschaftlichen Situation zu ermöglichen, so ging es nun um viel mehr. In dem Maße, wie die Gewerkschaften an gesellschaftlicher Anerkennung und wirtschaftlicher Aufgabenstellung hinzugewonnen hatten, sollten den Funktionären die entsprechenden Sachkenntnisse vermittelt werden. Mehr noch: »instrumentelles Wissen« durfte nicht den Funktionären als professionellen Spezialisten vorbehalten bleiben, sondern »jeder, der überhaupt bildungswillig sei, sollte an der Schulung teilnehmen können«.[63] Und schließlich müsste das Wissen über die gesellschaftlichen Verhältnisse und deren richtige Beurteilung »der Antrieb zum wirkungsvollen und angemessenen gewerkschaftlichen und politischen Handeln sein«.[64] Damit war der Bogen von der Bewusstseinsbildung zu einer basisorientierten Aktionspolitik geschlagen, die den Kern einer betriebsnahen Gewerkschaftsarbeit bilden sollte. Bei dieser Aktionspolitik, die als Ergänzung und Erweiterung der Bildungsarbeit gedacht war, sollte den Bildungsobleuten als politisch bewussten und handlungsfähigen Kadern des demokratischen Sozialismus in kritischen Lagen der gesellschaftlichen Entwicklung eine entscheidende Rolle zukommen. Ganz neu war diese Programmatik in der Bildungsarbeit der Metallarbeitergewerkschaft allerdings nicht. So bestand das »Ziel« der Wirtschaftsschule des Deutschen Metallarbeiterverbandes in Bad Dürrenberg in den zwanziger Jahren ausdrücklich nicht in der »Heranzüchtung einiger weniger außergewöhnlich veranlagter Führernaturen«, sondern vielmehr in der »Heranbildung eines Stammes von Menschen, die imstande sind, den geistigen und gesellschaftlichen Emanzipationskampf des Proletariats durch tätige Mitarbeiter zu beschleunigen«.[65] Abgesehen davon, dass sich die Vorkriegspraxis ausschließlich auf die Weiterbildung von Betriebsräten und Vertrauensleuten konzentrierte, hatte diese Tradition innerhalb der IG Metall freilich nur noch rhetorischen Charakter.

Als Matthöfer seinem Förderer Otto Brenner in Washington die Einrichtung einer Bildungsabteilung unter seiner Leitung schmackhaft gemacht hatte, bewegte

---

61 Matthöfer, Jahre, S. 463. Die Antworten sind dokumentiert und kommentiert in: Michael Schumann, Ergebnisse einer Befragung über die Bildungsarbeit der IG Metall (vervielfältigtes Manuskript), Frankfurt am Main 1961.
62 Klaus Peter Wittemann, Ford-Aktion. Zum Verhältnis von Industriesoziologie und IG Metall in den sechziger Jahren, Marburg 1994, S. 74.
63 Schumann, Ergebnisse, S. 7.
64 Ebenda, S. 8.
65 Ernst Fraenkel, Die Wirtschaftsschule des Deutschen Metallarbeiterverbandes in Bad Dürrenberg, in: Die Tat, 18 (1926/7), S. 333.

er sich zwar innerhalb dieses rhetorischen Musters, war aber vorsichtig genug, den Plan einer betriebsnahen gewerkschaftlichen Bildungsarbeit auf breiter Basis nicht zu erwähnen. Schon gar nicht schien es ihm angebracht, Brenner auf die Schlüsselrolle der Bildungsobleute in diesem Konzept hinzuweisen. So vertrauensvoll sein Verhältnis zu Brenner ansonsten auch war, hielt er es doch zunächst für besser, über die weitreichenden gewerkschaftspolitischen Konsequenzen, die sein Konzept geradezu zwangsläufig nach sich ziehen musste, zu schweigen. Auch sein umfangreiches schriftliches Exposé der künftigen Arbeit der Bildungsabteilung, das er bei seinem Amtsantritt Alois Wöhrle vorlegte, blieb in Sachen ›Bildungsobleute‹ sehr im Unverbindlichen: »Eine systematische Zusammenfassung und Unterrichtung aller an der Bildungsarbeit aktiv teilnehmenden Kollegen, mit dem Ziel des Aufbaus eines Kaders von Bildungsobleuten, wäre ratsam.«[66] Schließlich war in seinem Plan, wenn er konsequent umgesetzt wurde, nicht mehr und nicht weniger als eine völlige Umkehrung der innergewerkschaftlichen Machtverhältnisse angelegt, die zu Lasten der Zentrale gehen musste. Erst später, als es bei der Frage einer betriebsnahen Tarifpolitik zum innergewerkschaftlichen Konflikt gekommen war, formulierte Matthöfer auch öffentlich, was ihm von Anfang an vorgeschwebt hatte:[67] »Das wäre eine Politik, die das aktive Engagement möglichst vieler Mitglieder herausfordert. Sie könnte helfen, die gewerkschaftlichen Organisationsstrukturen, die zurzeit vor der Gefahr stehen zu verbürokratisieren und in einfallsloser Routine zu erstarren, wieder zu demokratisieren und ihnen eine neue Dynamik zu geben.« Der Preis, den die Zentrale dafür zu zahlen hätte, ließ sich an der Tarifpolitik beispielhaft festmachen, insoweit »eine Verschiebung von Macht vom Vorstand und den Bezirksleitungen hin zu den betrieblichen Tarifkommissionen erfolgen würde«. Kein Zweifel, mit der Verbindung von Organisations- und Bildungsarbeit – zumal als Teil eines Plans von geradezu säkularer Dimension – stellte sich auf vielen Gebieten der gewerkschaftlichen Arbeit die Machtfrage.

Zunächst schien es so, als könnte sich Matthöfer innerhalb jenes rhetorischen Konsenses bewegen, der innerhalb der IG Metall über die wachsende Bedeutung der Bildungsarbeit im Allgemeinen und der betriebsnahen Gewerkschaftspolitik im Besonderen herrschte. Wie so oft lieferte das Automations-Paradigma dafür die Plattform, schien es die Arbeiterbewegung doch vor neue Herausforderungen zu stellen, denen sie in der Gewerkschaftsarbeit begegnen müsse. So findet sich im »Handbuch für die Vertrauensleute der IG Metall«[68] von 1964 eine Begründung für »betriebsnahe Bildungsarbeit«, die sich nicht allein in der Forderung nach

---

66 Hans Matthöfer, Diskussionsvorschläge zur Bildungsarbeit der IG Metall, 29 S., Dezember 1960, S. 10; AdsD, IG Metall, G 1014 a.

67 Hans Matthöfer, Betriebsnahe Tarifpolitik, in: Express International vom 28. August 1968, S. 7.

68 Das Handbuch wurde 1962 zum ersten Mal von der Abteilung Vertrauenskörper und Betriebsräte, die von Fritz Strothmann geleitet wurde, konzipiert. Obwohl von Fritz Vilmar, einem Soziologen und Mitstreiter Matthöfers, herausgegeben, gab es nicht einfach die Position der Bildungsabteilung wieder, sondern bemühte sich um einen verbandsoffiziellen Standpunkt. Dies führte z. B. dazu, dass die erste Version kaum in Umlauf gebracht wurde, weil sie in der politischen Beurteilung der Gewerkschaftsgeschichte nicht konsensfähig war und deshalb zensiert wurde.

räumlich-zeitlicher Betriebsnähe erschöpfte: »Hier und nur hier erleben die Kollegen den Zusammenstoss und damit den Interessengegensatz zwischen Arbeitnehmer und Arbeitgeber, nur hier werden sie davon bewegt, weil ihre eigene Existenz unmittelbar betroffen wird.« Daraus folgerte das Handbuch unmittelbar: »Gewerkschaftliche Bildungsarbeit muss sich deshalb bewusst auf den Bereich konzentrieren, der in besonderem Maße an der Bewusstseinsbildung der Kollegen mitwirkt: den Bereich betrieblicher Erfahrungen.«[69] Damit ließ sich zwar nur mit Mühe eine so weitreichende Maßnahme wie der Einsatz von Bildungsobleuten neben den Betriebsräten und Vertrauensleuten in den Betrieben legitimieren. Matthöfer hinderte dies aber nicht, unmittelbar nach seinem Dienstantritt einfach Lehrgänge einzurichten, aus denen Bildungsobleute rekrutiert wurden. Er schuf der Bildungsabteilung damit einen betrieblichen Unterbau, der schon nach wenigen Jahren auf 1800 Personen angewachsen war, wovon 762 Aktivisten waren.[70] Ganz reibungslos ging dieser Coup freilich nicht vonstatten. Etwa ein Jahr nach Beginn der Initiative beschloss der Vorstand aus heiterem Himmel und ohne dem Leiter der Bildungsabteilung Gelegenheit zu einer Stellungnahme zu geben, dass es in der IG Metall keine Bildungsobleute geben sollte.[71] Damit war Matthöfers Konzept infrage gestellt, noch ehe es richtig umgesetzt werden konnte. Im Vorstand hatten sich offenbar diejenigen durchgesetzt, die in den Bildungsobleuten die Speerspitzen einer Systemveränderung sahen, die die Zentrale nicht akzeptieren wollte. Vielleicht regte sich aber auch nur instinktives Misstrauen gegen einen Aufsteiger in den eigenen Reihen, der durch seine Wahl in den Deutschen Bundestag gerade ein Maß an Unabhängigkeit erworben hatte, das seine Disziplinierung im Sinne des Vorstandskurses schwieriger gestalten musste. Der neue politische Status des Leiters der Bildungsabteilung mochte paradoxerweise aber auch dazu beigetragen haben, dass der Vorstandsbeschluss der IG Metall nicht konsequent durchgesetzt wurde. Nur wenige Wochen später forderte nämlich der Bundesvorstand des Deutschen Gewerkschaftsbundes die Einzelgewerkschaften auf, sie sollten zur Koordinierung der örtlichen Bildungsarbeit Bildungsobleute bestellen.[72] Damit hatte Matthöfer eine neue Legitimationsbasis gewonnen, die es seinen Gegnern im Vorstand erschwerte, den Beschluss zur Abschaffung der Bildungsobleute ohne größeres Aufsehen umzusetzen. Matthöfer konnte deshalb einfach so weitermachen, als sei nichts geschehen, ohne dass der Vorstand auf seinen Beschluss zurückkam.

Zur Ausbildung der Bildungsobleute entwickelte Matthöfer zusammen mit Albert Schengber und Karin Benz-Overhage, die für die Koordination der betriebs-

---

69 Handbuch für die Vertrauensleute der IG Metall, Frankfurt am Main 1964, S. 143 f.
70 Bis 1967 war ihre Zahl bereits auf 4.000 angewachsen; Hans Matthöfer, Die Erhöhung der Wirksamkeit der Bildungsarbeit der IG Metall, Vortrag im Bildungsausschuß des DGB am 17.11.1967 (IGM-Diskussionsbeiträge), AdsD, IGM – A, 328a. Zur Zahl der aktiven Bildungsobleuten siehe Matthöfer, Bericht über meine Tätigkeit als Leiter der Abteilung Bildungswesen der IG Metall von 1962 bis 1972, Kronberg 1994, S. 14. AdsD, DM 0321.
71 Matthöfer, Jahre, S. 462.
72 Ebenda.

Matthöfer bildete auch selbst Bildungsobleute aus. Hier im Dortmunder Heiderhof, einer Gewerkschaftsschule.

nahen Bildungsarbeit zuständig waren, ein dreistufiges Kurssystem. Durch aufeinander aufbauende Ein-, Drei- und Sechswochenlehrgänge wurde das Netz örtlicher Bildungsarbeit immer dichter geknüpft. In der ersten Phase (bis 1966) herrschten seminaristische Lehrformen vor, die sich an Ergebnissen wissenschaftlicher Forschung orientierten. In der zweiten Phase (von 1966 bis 1969) ging es stärker um die Vermittlung der Inhalte der inzwischen vorliegenden zentralen Arbeitsmaterialien und die praktische Vorbereitung auf die Tätigkeit als Bildungsobmann. Während der dritten Phase (von 1969 bis 1972) wurde versucht, das bis dahin in der Ausbildung zum Bildungsobmann vorherrschende didaktische Prinzip, in praxisnahen »Fällen« zu denken, durch das »Prinzip der soziologischen Phantasie und des exemplarischen Lernens« abzulösen. Bei diesem von Oskar Negt entwickelten theoretischen Ansatz ging es nicht primär um abstrakte Wissensvermittlung, sondern um die Anwendung soziologischer Phantasie und Denkfähigkeit. Auf diese Weise sollten juristische, politische, gesellschaftliche und ökonomische Sachverhalte in anschauliche »außerwissenschaftliche Sprach- und Denkformen« übersetzt werden.[73] Der Bildungsobmann verfügte damit idealiter über Orientierungsmaßstäbe, die ihm eine selbstständige Verarbeitung von Informationen aus zahlreichen Wissensgebieten ermöglichten. Bildungsobleute, die schon länger in der praktischen Arbeit standen, kamen ab 1968 zu Erfahrungsaustauschseminaren zusammen. Ziel der Arbeit war es, die Teilnehmer zu selbstständiger betriebsnaher Bildungsarbeit zu befähigen. Daneben ging es auch um die

---

73 Oskar Negt, Soziologische Phantasie und exemplarisches Lernen, Frankfurt a. M. 1971, S. 28 f.

Verbesserung der Unterrichtsmethoden in den Schulen der IG Metall. Diese entsprachen längst noch nicht dem didaktischen *state of the art* und mussten vom Frontalunterricht auf neue Unterrichtsformen wie z. B. Unterrichtsgespräche, Gruppen- und Einzelarbeit umgestellt werden, um eine aktive Teilnahme der Lehrgangsteilnehmer zu ermöglichen. Die Ausweitung der Bildungsarbeit durch den Einsatz von Bildungsobleuten machte aber auch Innovationen auf dem Gebiet der Lehrmittel notwendig. Konnte man noch hoffen, dass hauptberufliche Lehrende in der Lage waren, sich geeignete Unterrichtsmaterialien selbst auszuwählen und zu beschaffen, wären die ehrenamtlich tätigen Bildungsobleute damit überfordert gewesen. Mit großer Energie betrieb Matthöfer deshalb die Entwicklung von Arbeitshilfen wie Tonbildschauen, Arbeitsheften, Diskussionsleitfäden und methodischen Hinweisen. Sie dienten der Qualitätssicherung und versprachen darüber hinaus eine gewisse Multiplikatorwirkung für die zahlreichen didaktischen, pädagogischen und inhaltlichen Innovationen, die die Bildungsabteilung jetzt in rascher Folge einführte. Mit der minimalen personellen und finanziellen Ausstattung der Kleinst-Abteilung wäre dies alles nicht möglich gewesen. Ihr Leiter musste deshalb auf das Engagement hochqualifizierter Nachwuchssoziologen zurückgreifen, die sich mit einem bescheidenen Hilfskraftsalär zufrieden gaben, wenn ihnen Matthöfer nur Gelegenheit gab, neue Ideen in einem professionellen und politisch attraktiven Verwendungszusammenhang umzusetzen. Ein fast unerschöpfliches Reservoir dafür bot der SDS, der mit der Göttinger »Sozialwissenschaftlichen Vereinigung« eine fachlich anspruchsvolle Plattform für die Entwicklung neuer Gesellschaftsentwürfe und industriesoziologischer Methoden gebildet hatte. Schon unmittelbar nach der Trennung von der SPD hatte Matthöfer allen Vorstandsmitgliedern des SDS in seiner Abteilung Praktikantenstellen angeboten, um ihnen so wenigstens ein Minimum an materieller Unterstützung zu sichern. Dies zahlte sich vielfach wieder aus. Auch die Angestellten von »Arbeit und Leben«, einer Arbeitsgemeinschaft der Gewerkschaften und der Volkshochschulen in Niedersachsen, zählten zu den nicht etatisierten Hilfstruppen der Bildungsabteilung, die darüber hinaus eine erfolgreiche Zusammenarbeit mit der Industriegewerkschaft Chemie, Papier, Keramik pflegte. Zu den Autoren, die in diesem Netzwerk regelmäßig für die Bildungsabteilung schrieben, gehörten so renommierte Namen wie Siegfried Braun, Manfred Heckenauer, Horst Kern, Achim von Loesch, Peter Märthesheimer, Oskar Negt, Willi Pöhler, Michael Schumann, Monika und Jürgen Seifert, Dietrich Sperling, Diether Sterzel, Manfred Teschner, Fritz Vilmar, Werner Vitt und Thomas von der Vring.[74] Man entwickelte einen Rahmenplan, in dem die Themen der Bildungsarbeit ebenso abgestimmt wurden wie ein formaler Leitfaden, »nach dem das Material zusammengestellt und geschrieben werden kann«. Zu den eher unkonventionellen Methoden, die Matthöfer mit großem Geschick anwandte, gehörte anfangs auch die Zusammenarbeit mit der Pariser EPA-Zentrale,

---

74 Protokoll des Autoren-Seminares, Frankfurt/M. vom 11.–13.7.1961, AdsD, DM 0321.

der er offiziell noch bis April 1961 angehörte.[75] Tonbildschauen ließen sich über die Gewerkschaftsabteilung der Europäischen Produktivitätszentrale finanzieren, wenn sie die sozialen Auswirkungen des technischen Fortschritts thematisierten. Angeblich ging das so: Hatte der Doppel-Funktionär morgens eine Idee, konnte er tagsüber für die IG Metall ihre Finanzierung beantragen und am nächsten Morgen selbst den Antrag genehmigen, den er im Schlafwagen nach Paris gebracht hatte.[76]

So sehr auch zunächst der Neuaufbau der Bildungsabteilung im Vordergrund stand, so kam diesem doch von Anfang an lediglich die Rolle einer notwendigen Voraussetzung zur Durchsetzung weiterreichender gewerkschaftlicher Ziele zu. Damit war noch nicht einmal der Aufbau jener strategischen Kader gemeint, die in Matthöfers Washingtoner Tagträumereien künftige revolutionäre Situationen zugunsten der Arbeiterklasse entscheiden konnten. Diese letzte Stufe seines großen Plans blieb in der Praxis der sechziger Jahre naturgemäß immer ausgeblendet.[77] Jenseits der praktischen Bildungsarbeit ging es in erster Linie um eine betriebsnahe Gewerkschaftspolitik, mit der er die gewerkschaftliche Arbeit vom Kopf auf die Füße stellen wollte. Im Mittelpunkt der taktischen und strategischen Überlegungen stand dabei der Übergang zu einer betrieblichen Tarifpolitik. Sie sollte den festgefahrenen »Stellungskrieg«, den Arbeitgeber und Gewerkschaften um den jeweiligen Anteil am Sozialprodukt führten, in Bewegung bringen. Statt den verlustreichen und letztlich vergeblichen Frontalangriff auf gut zu verteidigende Stellungen des Gegners fortzusetzen, riet er den Gewerkschaften, auf eine neue Strategie der Beweglichkeit und Schwerpunktbildung, der Überraschungseffekte und Verwirrspiele umzuschalten, um so eine Konzentration der eigenen Kräfte zu erreichen. Dazu gehörte, den Gegner dort anzugreifen, wo er es am allerwenigsten erwartete und seine strategische Position vergleichsweise schwach war. Für Matthöfer stand es außer Frage, wo diese Schwachstelle im Bollwerk der Arbeitgeber lag: im Betrieb als dem »eigentlichen Ort der Gewerkschaftsarbeit, ihr(em) Schützengraben«. Auch solche strategischen Überlegungen stellte Matthöfer nicht gewerkschaftsöffentlich an. Die Denkschrift, die er dazu verfasste, blieb der Verständigung im engsten Kreis der politischen Freunde vorbehalten.[78]

Obwohl die Forderung nach betriebsnaher Tarifpolitik grundsätzlich im Widerspruch zum Prinzip des Flächentarifs stand, aus dem die Bezirksleitungen und

---

75 Die Überlappung der Dienstzeiten resultierte aus akkumulierten Urlaubsansprüchen, die es ihm erlaubten, bereits vorzeitig seinen Dienst in Frankfurt anzutreten.

76 Matthöfer, Jahre, S. 473.

77 Er hat diese letzte Absicht erst 1983, also nach seinem Ausscheiden aus dem aktiven politischen Leben, in einem Interview mit Klaus Peter Wittemann angedeutet; Wittemann, Ford-Aktion, S. 41.

78 Hans Matthöfer, Die Rolle der Bildungsarbeit im Rahmen einer neuen gewerkschaftlichen Strategie und Taktik, Maschinenschriftliches Manuskript, Frankfurt Dezember 1963 (»Nur zur persönlichen Information des Empfängers. Nicht zur Veröffentlichung«), S. 8. Es handelte sich nicht um ein Papier der Bildungsabteilung, sondern ausdrücklich um einen »persönlichen Rundbrief« des Autors, der auch die Kosten selbst zahlte. Matthöfer an Dürrbeck am 13. Dezember 1963, AdsD, IGM 1–2, 2362.

die Vorstandszentrale den Großteil ihrer Existenzberechtigung ableiteten, war sie doch auch durch Beschlüsse der Gremien abgesichert. So hatte das für Tariffragen zuständige Vorstandsmitglied Fritz Salm schon 1958 auf dem 5. ordentlichen Gewerkschaftstag in Nürnberg gefordert, zur betriebsnahen Tarifpolitik überzugehen, doch blieb diese »Fanfare von Nürnberg« weithin ungehört.[79] Immerhin verlangte der 7. Gewerkschaftstag der IG Metall in Essen 1962 erneut die weitgehende Tarifierung der betrieblichen Lohn-, Gehalts- und Arbeitsbedingungen sowie den Abschluss von Zusatzabkommen oder Werksverträgen unter stärkerer Mitarbeit der betrieblichen Funktionäre. Der Gewerkschaftstag sah dafür allerdings nicht die betrieblichen Repräsentanten der Arbeiter und Angestellten in der Verantwortung, sondern die Bezirksleitungen – und machte so den Bock zum Gärtner. Sie sollten prüfen, wo regionale Tarifverträge durch die Einführung unternehmenseigener Lohnfindungsmethoden und Leistungsbewertungssysteme an unmittelbarer Bedeutung und Wirkung verloren hätten. In den Großunternehmen der Metallindustrie konnte der Abstand zwischen den Nominallöhnen und den Effektivlöhnen, die sogenannte Lohndrift, bis zu 30 Prozent erreichen. Die Ergebnisse der zentralen Tarifbewegungen blieben deshalb in der Regel innerhalb dieser Marge und mussten von den Betriebsräten *contra legem* nachverhandelt werden, damit Lohnerhöhungen für die Arbeitnehmer überhaupt fühlbar wurden.[80] Der Gewerkschaftstag forderte deshalb die Bezirksleitungen auf, gegebenenfalls Zusatztarifverträge abzuschließen, die den Arbeitnehmern einen Rechtsanspruch auf diese »freiwillig« über Tarif gezahlten Löhne garantierten.[81] Gegen diese zentralistische Interpretation betrieblicher Tarifpolitik setzte Matthöfer auf die Mobilisierung der Betriebe ›von unten‹, wodurch mehrere Aufgaben zugleich angegangen wurden: die Aktivierung der Gewerkschaftsmitglieder und die Rekrutierung neuer Mitstreiter, die Kontrolle über die Arbeitsbedingungen und die betriebliche Tarifierung der Löhne und Gehälter.

Würde die IG Metall seinem Konzept folgen, so war sich Matthöfer sicher, müsst sie sich nicht mehr an den »festen Stellungen« der Unternehmer, die überdies die öffentlich Meinung auf ihrer Seite hatten, die Köpfe einrennen. Auch der von der Bundesregierung neu berufene Sachverständigenrat zur Begutachtung der gesamtwirtschaftlichen Entwicklung sprach sich für eine »kostenniveau-neutrale« Lohnpolitik aus. Damit wandte sich der »Rat der fünf Wirtschaftsweisen«, wie er von der ehrfürchtigen Presse genannt wurde, gegen jede Form der aktiven Lohn-

---

79 Fritz Strothmann, Die gewerkschaftliche Situation in den Betrieben (17.8.1959), in: ders., Gewerkschaft und Betrieb, o. O. 1962, S. 15.

80 Im § 77, Abs. 3 des BVG heißt es: »Arbeitsentgelte und sonstige Arbeitsbedingungen, die durch Tarifvertrag geregelt sind oder üblicherweise geregelt werden, können nicht Gegenstand einer Betriebsvereinbarung sein. Dies gilt nicht, wenn ein Tarifvertrag den Abschluß einer ergänzenden Betriebsvereinbarung ausdrücklich zulässt.«

81 Strothmann, Situation, S. 8. Matthöfer hatte die Lohndrift schon früher analysiert und auf die Notwendigkeit einer betriebsnahen Tarifpolitik hingewiesen: Der Unterschied zwischen den Tariflöhnen und den Effektivverdiensten in der Metallindustrie der Bundesrepublik, Schriftenreihe der IG Metall, 24, April 1956.

politik, die über den Arbeitnehmeranteil am Produktivitätsfortschritt hinausgehen wollte, um die bestehenden Verteilungsrelationen anzugreifen.[82] Gegen diese geschlossene Phalanx aus Arbeitgebern, Wissenschaft und öffentlicher Meinung anzurennen, wäre sinnlos gewesen. Mehr noch: »90 % der Arbeiter glauben an einen automatischen Zusammenhang zwischen Lohnerhöhungen und Preissteigerungen. 80 % wären bereit, auf Lohnerhöhungen zu verzichten, wenn nur die Preise stabil blieben.«[83] Die klaffende Lücke zwischen Effektivverdiensten und Tariflöhnen machte den Arbeitnehmern zudem bewusst, dass die Tarifpolitik der IG Metall von der betrieblichen Wirklichkeit weit entfernt war: »Kein Wunder, daß die Arbeitnehmer – organisiert oder nicht – nicht glauben, daß sich irgend etwas für sie zum Besseren ändern würde, wenn ihr Betrieb gewerkschaftlich besser organisiert wäre.«[84] Matthöfer schlug deshalb vor, die Empfehlung des Sachverständigenrates, also Lohnabschlüsse auf der Basis Produktivitätszuwachs plus Kaufkraftsicherung, anzunehmen und im Übrigen die Lohnpolitik ganz auf die betriebliche Ebene zu verlagern. Damit ließe sich nach seiner Überzeugung die Vorherrschaft der Unternehmer über den öffentlichen Diskurs brechen und das Argument der Lohn-Preis-Spirale *ad absurdum* führen: »Die Tarifierung der bestehenden Verdienste kann kaum als ›preissteigernd‹ oder ›exportgefährdend‹ bezeichnet werden.«[85] Gleichzeitig schien der Strategiewechsel auch auf anderen Gebieten neue Perspektiven betriebsnaher Gewerkschaftspolitik zu öffnen: »Die Mitglieder würden Forderungen, die sich mit *ihrem* Arbeitstempo, *ihren* Arbeitsbedingungen und der Sicherung *ihres* Arbeitsplatzes beschäftigen, besser verstehen.«[86] Matthöfer war auch davon überzeugt, dass die Größenstruktur der Metallindustrie seiner neuen Strategie entgegenkäme. Allein in den 725 Betrieben mit 1000 Arbeitnehmern und mehr waren etwas mehr als die Hälfte der Beschäftigten, nämlich 1,2 von 2,3 Millionen, keine Gewerkschaftsmitglieder: »eine überschaubare, organisatorisch handhabbare Größe«. 700.000 bis 800.000 dieser außerhalb der Gewerkschaft stehenden Arbeitnehmer hielt er für organisierbar. Selbst wenn er die 720 Betriebe mit 500 bis 1000 Beschäftigten in die Rechnung mit einbezog, also weitere 700.000 Arbeitnehmer, hielt er sich der Aufgabe für gewachsen. Die Umsetzung des neuen Kurses war ganz nach seinem Geschmack. Vor einer Herausforderung durch organisatorische Aufgaben scheute Matthöfer nicht zurück: »Es bedarf keiner besonderen Erwähnung, daß für eine solche Taktik gründliche und präzise organisatorische Vorbereitungen getroffen werden müßten.« Darin lag zweifellos eine seiner größten Stärken.

Anfang der sechziger Jahre schien eine offizielle gewerkschaftliche Strategie, die auch nur im Entferntesten an diese Vorstellungen einer betriebsnahen, von unten

---

82 Sachverständigenrat zur Begutachtung der gesamtwirtschaftlichen Entwicklung, Jahresgutachten 1964/65, Stabiles Geld – stetiges Wachstum, Stuttgart und Mainz 1965, § 248.
83 Matthöfer, Rolle, S. 6 f.
84 Ebenda, S. 7.
85 Ebenda, S. 9.
86 Ebenda, S. 10 (Hervorhebungen im Original).

aufbauenden Gewerkschaftspolitik erinnerte, weit außerhalb jeder realistischen Möglichkeit. Selbst eine betriebsnahe Bildungsarbeit, wie sie Matthöfer auf den Weg brachte, wurde vom Vorstand der IG Metall nicht aktiv gefördert, sondern höchstens toleriert. Doch es war immerhin schon ein Schritt in die richtige Richtung, die Bildungsarbeit dort anzusetzen, »wo sie von den Arbeitnehmern konkret erlebt und erfahren« wurde, also bei der unzulänglichen betrieblichen Mitbestimmung, bei den Auseinandersetzungen um die Lohnhöhe und die Lohnfindung, an den hierarchischen Verhältnissen im Betrieb, an den Folgen des technischen Fortschritts, an schlechten Arbeitsbedingungen, Unfallgefahren und ähnlichem. Der betriebsnahen Bildungsarbeit ging es also um nichts Geringeres als den »Kampf um materielle Besserstellung, um Sicherheit, Würde, Gerechtigkeit und Freiheit des Arbeitnehmers«[87] Bis dahin war es noch ein langer Weg.

Betriebsnahe Gewerkschaftsarbeit

Die Ford-Aktion

Schon bald nach seinem Dienstantritt in der Zentrale der IG Metall bot sich Matthöfer ganz überraschend eine günstige Gelegenheit, seine Vorstellungen von einer neuartigen betriebsnahen Gewerkschaftsarbeit exemplarisch zu realisieren, um so den langen Marsch in eine neue Gewerkschaftspolitik etwas abzukürzen. Im Dezember 1960 hatte der Vorstand der IG Metall – wie schon gelegentlich zuvor – Schwerpunktaktionen zur Verbesserung der gewerkschaftlichen Organisation von Problembetrieben beschlossen. Unter anderem sollten Betriebe in den Verwaltungsstellen Bremen, Duisburg, Köln, Kempten und Landshut, deren Organisationsgrad weit unter dem Durchschnitt lag, unter Einsatz zusätzlicher personeller und finanzieller Ressourcen auf einen höheren Stand gebracht werden. Solche Aktionen fielen naturgemäß in den Zuständigkeitsbereich der Abteilung Organisation, sodass sich die Bildungsabteilung nicht angesprochen fühlen musste. Dennoch zögerte Matthöfer keinen Augenblick, sich aus der Liste der Problemfälle einen der schwierigsten herauszugreifen und für die Dauer der Schwerpunktaktion in die eigene organisatorische Verantwortung zu nehmen: die Ford-Werke in Köln-Niehl.

Er ging dieses selbst gewählte Engagement ein, obwohl die damit verbundene zusätzliche Arbeitsbelastung jedes erträgliche Maß überschritt – hieran mag man ersehen, wie wichtig es ihm damit war. Kurz zuvor erst hatte er sich nämlich für ein anderes Projekt entschieden, das neben der Arbeit in der Bildungsabteilung seine gesamte Kraft absorbierte: Die Kandidatur zum Deutschen Bundestag. Noch während seiner Pariser Zeit, im Herbst 1960, war sie ihm von Walter Möller und Emil Bernt, dem Vorsitzenden des SPD-Unterbezirks Frankfurt, angetragen wor-

---

87 Ebenda, S. 14 f.

den. Auf Zureden des Marburger Politologen und ›Godesberg-Abweichlers‹ Wolfgang Abendroth sowie »nach einem freundschaftlichen Abstimmungsgespräch mit Otto Brenner, der dafür war«,[88] willigte Matthöfer nach nur kurzem Zögern ein, weil er Gefallen an der Vorstellung fand, das Angenehme einer unabhängigen Position als frei gewählter Abgeordneter mit dem Nützlichen, der Schaffung eines ›zweiten Ausgangs‹ in seiner Lebensplanung, zu verbinden. Schließlich war sein erster Anlauf, innerhalb der Gewerkschaftsbewegung diese Pläne zu verwirklichen, ziemlich schmerzlich gescheitert. Und noch war nicht abzusehen, ob der zweite Versuch erfolgreicher enden werde. Er war daher fest entschlossen, sich diese Gelegenheit nicht entgehen zu lassen. Im Dezember, als die Ford-Aktion unmittelbar bevor stand, zeichnete sich auch schon ab, dass die Bundestagskandidatur kein Spaziergang werden würde, weil sich der bisherige langjährige Wahlkreisabgeordnete Georg Stierle nicht wie erwartet freiwillig zurückziehen wollte. Die Übernahme der neuen, den ganzen Mann fordernden Aufgabe in Köln-Niehl bedeutete vor diesem Hintergrund nicht mehr und nicht weniger, dass er nun drei Jobs zu erledigen hatte, die, wenn man den Maßstab normaler Arbeitsverhältnisse anlegte, jeder für sich allein den vollen Einsatz verlangte. Die Ford-Aktion musste ihm also wirklich eine Herzensangelegenheit gewesen sein, wenn er nicht auf sie verzichten wollte, um sich auf Wichtigeres zu konzentrieren.

Die Ausgangslage war aber auch zu verlockend, um nicht sofort zuzugreifen. Ford Köln war unter den großen Unternehmen der westdeutschen Metallindustrie mit Abstand das am schwächsten organisierte und galt deshalb als »Krebsschaden für die Gewerkschaftsbewegung im Kölner Raum«.[89] Lediglich 5 Prozent der Arbeiter und 2 Prozent der Angestellten waren Mitglieder der IG Metall. Es hätte schon mit dem Teufel zugehen müssen, wenn nicht wenigstens das vordergründige Ziel der Schwerpunktaktion, die Hebung des Organisationsgrades, erreicht worden wäre. Das Risiko des Scheiterns war deshalb relativ gering, während im Prinzip alle Möglichkeiten offen standen, darüber hinaus wichtige Ziele betriebsnaher Gewerkschaftsarbeit an einem gut sichtbaren Beispiel durchzudeklinieren. Gerade auch für die Durchsetzung betrieblicher Tarifabschlüsse boten die Ford-Werke eine wichtige Voraussetzung: Sie waren nicht Mitglied im Arbeitgeberverband und somit nicht in den Flächentarif eingebunden. Es gab keinen Tarifvertrag mit der IG Metall. Die Löhne und Gehälter bei Ford wurden allein mit dem Betriebsrat ausgehandelt. Auch dies war eine gute Ausgangsbedingung, wenn sich die IG Metall nun auf der Betriebsebene in den Lohnfindungsprozess einschalten wollte. Gerade für Matthöfer boten sich die Ford-Werke als Zielobjekt seiner neuen Gewerkschaftsstrategie an, weil der Mutterkonzern als drittgrößtes US-Unternehmen in Deutschland mit der Einführung der ›fordistischen‹ Produktionsweise, welche die Grenzen der Automobilindustrie längst überschritten hatte, auch seinen historischen Anteil an dieser Strategie besaß. Zudem standen ihm kompetente Verbün-

---

88 Matthöfer an Beier am 27. Oktober 1984, AdsD, DM 0404.
89 Aktenvermerk Matthöfer an Wöhrle am 27. Mai 1963; AdsD, DM 029.

dete zur Seite. Er musste nur seine exzellenten Beziehungen zur Union of Automobile Workers (UAW) spielen lassen, um sich professionelle Unterstützung im Machtkampf mit dem Kölner Autokonzern zu sichern. Lange Zeit hatte Henry Fords Imperium in den USA für die Gewerkschaften als uneinnehmbar gegolten, weil der autokratische Firmenchef alle Register zog, um jeden Gewerkschaftseinfluss von seinen Werken fernzuhalten. Erst 1941 nutzte die UAW die Gunst der Stunde, um in einer Großaktion das zentrale Werk in Dearborn zu organisieren. Wenn jemand mit den spezifischen Arbeitsbeziehungen bei Ford vertraut war, dann waren es die amerikanischen Kollegen, deren Expertise jederzeit zur Verfügung stand. Es war deshalb kein Zufall, dass Matthöfer wenige Tage vor dem offiziellen Schwerpunkt-Beschluss nach Paris reiste, wo er mit Victor Reuther und Nate Weinberg auf der 4. Internationalen Automobilarbeiterkonferenz des Internationalen Metallarbeiter-Bundes (IMB) über konkrete Möglichkeiten der Zusammenarbeit mit der UAW sprach.[90] Neben diesen sehr praktischen Vorzügen der geplanten Ford-Aktion gab es auch noch sehr allgemeine und grundsätzliche Erwägungen, die für Ford als ›Musterunternehmen‹ für seine Pläne sprachen. Matthöfer sah in der Automobilindustrie die für die künftige industrielle und technische Entwicklung dynamischste Branche, deren Bewegungsgesetze ihm als Automationsfachmann wohlvertraut waren. Kurz: mit den Ford-Werken stand ihm nicht nur ein würdiger Widersacher gegenüber, dessen Zähmung ihm weithin sichtbares Ansehen versprach, sie öffneten auch ein exemplarisches Testfeld für seine neue Gewerkschaftsstrategie, etwa in dem Sinne: Was bei Ford geht, läuft überall.

Wie nicht anders zu erwarten war, hielt sich die Kooperationsbereitschaft des Ford-Betriebsrates, der Kölner Ortsverwaltung und der Bezirksleitung der IG Metall in engen Grenzen. Man war sich dort sehr wohl darüber im Klaren, dass der Erfolg der Ford-Aktion geltende ›Besitzstände‹ innerhalb des Arbeitnehmerlagers infrage stellen und den Einfluss der Gewerkschaftsbasis zu Lasten des Betriebsrates und der lokalen Funktionärsebene stärken würde. Der Betriebsratsvorsitzende Peter Görres, ein charismatischer Arbeiterführer alten Stils, entwickelte sich daher, stärker noch als die Werksleitung, zu Matthöfers Gegenspieler. Görres, ein ehemaliges Mitglied der Kommunistischen Partei Opposition (KPO),[91] war gewieft genug, um in persönlichen Verhandlungen mit der Ford-Direktion Lohnzugeständnisse ›herauszuholen‹ und sich dafür auf Betriebsversammlungen feiern zu lassen. Dabei kam ihm die Strategie der Ford-Werke entgegen, relativ hohe Löhne zu zahlen, um die Gewerkschaften in den Augen der Belegschaft überflüssig zu machen, und um eine Arbeitsnorm zu legitimieren, die bis an die Grenzen der körperlichen

---

90 ›Diensttagebuch‹, 28.–30.11.1960; AdsD, DM 0404.
91 Die KPO hatte sich 1928 innerhalb der KPD organisiert, weil sie der Stalinschen Strategie des ›Sozialismus in einem Lande‹ nicht folgen wollte und auf der Durchsetzung eigener revolutionärer Ziele im Kapitalismus bestand. Nach 1945 fanden viele von ihnen – wie auch Matthöfers Mitstreiter Kuno Brandel – als überzeugte Antikommunisten und Anhänger der westlichen Demokratie Platz in der SPD und den Gewerkschaften.

und geistigen Leistungsfähigkeit der Arbeiter ging. Solange er nur wiedergewählt wurde, legte der populäre Betriebsratsvorsitzende keinen Wert auf eine aktive Beteiligung der Belegschaft.

Matthöfer musste sich also eine eigene Operationsbasis in den Ford-Werken schaffen und ging diese Aufgabe, wie es seine Art war, außerordentlich gründlich und mit wissenschaftlicher Methodik an. Nachdem schon das erste Treffen mit dem Betriebsrat zum Jahresende 1960 gezeigt hatte, dass von dort keine Hinweise auf innerbetriebliche Spannungen und andere erfolgversprechende Themen für betriebliche Aufklärungs- und Organisationsanstrengungen kommen würden, empfahl er dem Vorstand der IG Metall, zunächst eine gründliche sozialwissenschaftliche Befragung durch das Frankfurter Institut für Sozialforschung durchführen zu lassen. Auf der Grundlage eines halb-standardisierten Fragebogens wurden dabei von Frankfurter Soziologiestudenten, die zumeist dem SDS angehörten, 50 organisierte und 50 nicht-organisierte Fordarbeiter bei sich zu Hause befragt, um Ansatzpunkte für eine betriebsbezogene gewerkschaftliche Agitation zu finden. Selten hat wohl ein so minimaler Aufwand – die Studie kostete insgesamt 2.600 DM – einen so großen Ertrag gebracht.[92] Allein schon finanziell, denn die IG Metall-Beiträge der Ford-Arbeiter stiegen bereits während der ersten drei Jahre der Aktion von 71.900 auf 282.000 DM.[93] Aber auch inhaltlich, denn die Ergebnisse dieser Betriebsklima-Studie brachten eine Fülle von Problemen zum Vorschein, mit denen sich die Fordarbeiter täglich am Arbeitsplatz herumschlagen mussten. Im Mittelpunkt der Kritik stand der ungeheure Druck, den die Werksleitung durch die Festlegung der Bandgeschwindigkeit und damit des Arbeitstempos auf die Arbeiter ausübte. Sie ging dabei nach der Methode Zuckerbrot und Peitsche vor, indem sie einerseits den Meistern großen Spielraum für willkürliche Prämien einräumte, während sie andererseits Arbeiter, die nicht mit dem hohen Bandtempo Schritt halten konnten oder wollten, aus dem Werk auszuscheiden zwang. Objektive Leistungsanreize, wie etwa eine einvernehmlich festgelegte Akkordentlohnung, gab es nicht. Insbesondere das undurchsichtige, aber wirkungsvolle Druckmittel von Belohnungen in der alleinigen Verfügungsmacht der unmittelbaren Vorgesetzten (›Nasenprämien‹) stieß auf die einhellige Ablehnung der befragten Fordarbeiter. Darüber hinaus ergab die Befragung eine Vielzahl weiterer Beschwerden und Kritikpunkte, denen Matthöfer und seine Mitstreiter nun Punkt für Punkt nachgehen konnten. Eines der Ergebnisse der Studie stimmte die Metaller von Anfang an hoffnungsvoll: Rund die Hälfte der befragten nicht-organisierten Arbeiter erklärten sich schon jetzt bereit, in die Gewerkschaft einzutreten, falls sie dazu aufgefordert würden.

---

92 Für die Verhältnisse der IG Metall war dies allerdings eine kapitale Größenordnung. Wenn Matthöfer ein Flugblatt drucken oder einem Mitarbeiter für außerordentliche und gute Leistungen eine Anerkennung von 150 DM zukommen lassen wollte, mußte er dies bei Alois Wöhrle eigens beantragen; Matthöfer an Wöhrle am 11.4.1963, Matthöfer an Wöhrle am 11.3.1963; beide in AdsD, IGM-Vorstand 1–2, 2198.

93 Matthöfer an Wöhrle am 29.1.1964; ebenda.

In einem zweiten Schritt verschaffte sich Matthöfer Anfang 1961 mit der kontinuierlich und einigermaßen regelmäßig erscheinenden Betriebszeitung ›Tatsachen‹ eine weitere wichtige Aktionsgrundlage.[94] Wie er es von den trotzkistischen Gewerkschaftern in den USA gelernt hatte, sollte das Blatt als ›kollektiver Organisator‹ dienen, indem es gewerkschaftliche Informationen und Argumente unter der Belegschaft verbreitete, für einen Betriebstarifvertrag warb, neue Mitglieder rekrutierte und vor allem, indem es die vom Ford-Management gepflegten und durch ständige Wiederholung schließlich auch von den Arbeitern für wahr gehaltenen Ford-Mythen zerstörte. Als Herausgeber, Redakteur und oft auch als Autor kreierte er ein Instrument, das ganz bewusst an das alte Motto der anarcho-syndikalistischen ›Industrial Workers of the World‹, der sog. ›Wobblies‹ anknüpfte: »To Fan the Flames of Discontent«.[95] Auch der Name der Zeitung war nicht zufällig, lehnte er sich doch an das Vorbild ›Ford Facts‹ an, die Betriebszeitung der UAW, die gerade auch in Detroit für erfolgreiche gewerkschaftliche Organisationskampagnen bekannt war. Der Name ›Tatsachen‹ sollte alle Eingeweihten – und namentlich das Ford-Management – auf die Nähe zur UAW und deren organisatorische Methoden und tarifpolitische Ziele verweisen.

Ungeachtet seiner weiteren Verpflichtungen in der Bildungsabteilung, in seinem Frankfurter Wahlkreis und schließlich ab Herbst 1961 auch im Bundestag machte Matthöfer das Schreiben und Redigieren der ›Tatsachen‹ *nolens volens* zu seiner eigenen Angelegenheit. Viele Themen waren durch die Ergebnisse der Betriebsklima-Studie vorgegeben. Es erwies sich jedoch als schwierig, eine genügend große Zahl authentischer Berichte aus der Belegschaft anzuregen, schreibenden Gewerkschaftern die Augen für berichtenswerte Vorgänge, Zustände oder Konflikte zu schärfen und alle Tatsachenbehauptungen auf ihre Stichhaltigkeit zu überprüfen, damit die Glaubwürdigkeit der ›Tatsachen‹ über jeden Zweifel erhaben blieb. Wie schon bei ›links‹ routinemäßig praktiziert, wurden alle Artikel umgeschrieben, um der Zeitung ein professionelles Aussehen zu verleihen. Die ›Tatsachen‹ wiesen aber nicht nur darauf hin, wo den Belegschaftsmitgliedern im Einzelnen der Schuh drückte. Die immer wiederkehrenden Bezüge auf die katholische

---

94 Für die ›Tatsachen‹ trug zunächst die Ortsverwaltung Köln die presserechtliche Verantwortung, ab Nummer 10/1963 Matthöfer selbst. Die Zahl der Ausgaben steigerte sich von 9 in 1961 bis 29 in 1964. Angestrebt wurde eine 14-tägige Erscheinungsweise im Turnus mit ›Metall‹. Für die Auflage galt die Formel »Zahl der Organisierten plus 2500«; Aktenvermerk Matthöfer an Wöhrle am 27. Mai 1963; AdsD, DM 029.

95 Matthöfer, Jahre, S. 487. Die IWW (Spitzname: Wobblies) hatten den Höhepunkt ihrer Wirksamkeit schon in den zwanziger Jahren überschritten. 1905 in Cincinnati, Ohio, gegründet, kämpften sie mit »direct actions« für Demokratie am Arbeitsplatz und Arbeiterselbstverwaltung. Sie erzielten bemerkenswerte Erfolge, bevor sie durch innere Konflikte an Einfluß verloren. Als Matthöfer Anfang der fünfziger Jahre das amerikanische Gewerkschaftswesen studierte, waren sie auf eine kleine Gruppe von Sektierern zusammengeschrumpft, lebten aber noch weiter als Mythos und durch ein kleines rotes Liederbuch mit diesem Motto auf dem Titelblatt. Matthöfer bekannte sich später offen zu »einigen Elementen des Gedankenguts der Anarchisten – und noch mehr der Anarcho-Syndikalisten. Bericht über meine Tätigkeit als Leiter der Abteilung Bildungswesen der Industriegewerkschaft Metall von 1960 bis 1972, Kronberg i. T. 1994.

Soziallehre trugen ebenfalls Matthöfers Handschrift. Johannes XXIII. hatte im Mai 1961 mit seiner Enzyklika »Mater et Magistra« an die große Tradition der kapitalismuskritischen päpstlichen Lehrschreiben »Rerum Novarum« (1891) und »Quadragesimo Anno« (1931) seiner Vorgänger Leo XIII. und Pius XI. angeknüpft.[96] Mit seinen Forderungen nach einer »Angleichung von wirtschaftlichem und sozialem Fortschritt« und dem »Mitwirken der Arbeiter auf allen Ebenen«, sowie seinem Beharren auf der »sozialen Funktion und Verpflichtung des Eigentums«, ließ sich auch für Gewerkschafter gut argumentieren. Weil die meisten seiner Kölner Leser Katholiken waren, schienen Matthöfer diese Anspielungen auf die Lehren des Papstes recht erfolgversprechend zu sein, vor allem bei den Unorganisierten. Er musste jedoch in der Regel aus Mangel an geeigneten deutschen Zitaten auf Stellungnahmen französischer Kleriker zurückgreifen.[97] Matthöfer versuchte von Anfang an auch Kampagnen zu führen, bei denen es um die Zerstörung erfolgreicher Ford-Mythen ging.[98] Eine dieser Legenden war die Behauptung, die Unfallquote in den deutschen Fordbetrieben sei besonders niedrig, weil das Ford-Management dieser Frage traditionell große Aufmerksamkeit widme. Tatsächlich gab es aber Anzeichen dafür, dass dem gar nicht so war. Matthöfer besorgte sich über den Personalchef der Régie Nationale des Usines Renault, den er aus seiner EPA-Zeit in Paris kannte, sehr detaillierte interne Zahlen des Arbeitssicherheitsausschusses der deutschen Automobilindustrie. Dadurch konnte er nachweisen, dass die Unfallquote in bestimmten Betriebsteilen der Ford-Werke zum Teil doppelt so hoch war wie in anderen Werken der deutschen Automobilindustrie. Er wendete diese Tatsache gegen die Werksleitung, indem er in einer der ersten Ausgaben der ›Tatsachen‹ schrieb:[99] »Wer 80 Prozent aller Unfälle auf Charakterfehler der Arbeitnehmer zurückführt (Leichtsinn, Trägheit, Gewinnsucht, Eitelkeit, falsch verstandenes Heldentum, Großtuerei), der soll sich nicht wundern, wenn in seinem eigenen Einflußbereich die Unfallquote doppelt so hoch ist wie in anderen Werken. Wollen die Verantwortlichen bei Ford wirklich behaupten, daß die Fordarbeiter doppelt so leichtsinnig, doppelt so träge, doppelt so eitel, doppelt so gewinnsüchtig und doppelt so großtuerisch sind, wie die Arbeiter in anderen Automobilwerken? Es ist höchste Zeit, daß die Ford-Vertreter aufhören zu moralisieren und den Arbeitern Vorwürfe zu machen und sich endlich den objektiven Unfallursachen in ihrem Einflußbereich zuwenden.«

Mit diesen und ähnlichen Kampagnen traf er das Ford-Management ins Mark, hatte es doch selbst an seine eigene Legendenbildung geglaubt. Aber auch der Kölner Bevollmächtigte der IG Metall, Willy Monschau, und die Mehrheit des Betriebsrates fühlten sich getroffen. In ihren Augen hatten die ständigen »Ein-

---

96 Rundschreiben unseres Heiligen Vaters Johannes XXII. über die jüngsten Entwicklungen des gesellschaftlichen Lebens und seiner Gestaltung im Lichte der christlichen Lehre, Rom, am 15. Mai 1961. Deutsche Ausgabe, hrsg. vom Kartellverband der Katholischen Arbeiter-Bewegung Deutschlands, Köln, München 1961.
97 So z. B. in »Christen und Klassenkampf«, TATSACHEN 15/1963, S. 3 f.
98 »Fordlegenden«, TATSACHEN, 9/1961 S. 1 f.
99 »Steigende Unfallzahlen bei Ford«, TATSACHEN 7/1961, S. 1 f.

mischungen« Außenstehender einen kritischen Punkt erreicht. Schließlich mussten auch sie sich vorwerfen lassen, das Thema Arbeitssicherheit jahrelang vernachlässigt zu haben. Gerade diese Kampagne ging in ihrer Wirkung weit über einen propagandistischen Coup hinaus. Die Veröffentlichung der tatsächlichen Unfallzahlen durch die ›Tatsachen‹ und andere lokale Blätter, der wachsende Druck, der auf den Betriebsrat ausgeübt wurde, sich endlich des Themas anzunehmen, und schließlich der systematische Aufbau eines Netzes gut geschulter Sicherheitsbeauftragter durch die Bildungsabteilung der IG Metall – all dies zusammen bewirkte, dass die Werksleitung große Anstrengungen unternahm, die Unfallzahlen in den Ford-Werken drastisch zu senken. Diese Erfahrung bestärkte Matthöfer in seiner Überzeugung, dass die gewerkschaftliche Organisationskraft gesteigert werden könne, wenn die Rechte der Betriebsfunktionäre erweitert würden. Als Abgeordneter wirkte er deshalb in Ausschuss- und Arbeitsgruppensitzungen der SPD-Fraktion und in zahlreichen Einzelinitiativen darauf hin, dass die Rechtsstellung des Betriebsrats und der neu eingeführten ›Sicherheitsbeauftragten‹ durch das sogenannte »Unfallversicherungs-Neuregelungsgesetz« wesentlich gestärkt wurde. Die positiven Erfahrungen mit den Sicherheitsbeauftragten bei Ford trugen auch dazu bei, dass er später den (in der IG Metall sehr umstrittenen und schließlich abgelehnten) Vorschlag machte, in den Betrieben sogenannte Arbeitsgruppensprecher einzuführen, deren Rechte durch das Betriebsverfassungsgesetzt geregelt werden sollten.

Von Anfang an arbeitete die Ford-Aktion auch mit Mitteln der ›verdeckten Kampfführung‹. So gelang es dem neu in der Kölner Verwaltungsstelle eingestellten ›Schwerpunktsekretär‹ Theo Röhrig[100] schon zu Beginn der Aktion, einen vollständigen Satz der Personal-Lochkarten aller Arbeiter und Angestellten des Unternehmens zu besorgen. Ihre Auswertung erlaubte es, mit Hilfe der Betriebspläne besondere Organisationsbemühungen auf bestimmte Personen zu richten, die an Schlüsselstellen oder Engpässen des Produktionsprozesses arbeiteten. Das war nicht zuletzt im Hinblick auf einen möglichen Arbeitskampf von großer Bedeutung. Nach Röhrig begleitete Karl Krahn[101] als hauptamtlicher Mitarbeiter die

---

100 Röhrig hatte seine ersten Sporen im Betriebsrat der Klöckner-Humboldt-Deutz AG in Köln verdient und gerade eine einjährige Ausbildung an der Akademie der Arbeit in Frankfurt am Main absolviert. Er kannte alle Besonderheiten des Kölner IG Metall-Klüngels, erwies sich als guter Organisator und bewährte sich als gewiefter Taktiker in den internen Auseinandersetzungen mit dem Ford-Betriebsrat. Zu seinen Aufgaben gehörte auch die Akquirierung von Beiträgen für ›Tatsachen‹, das Schreiben eigener Artikel und die Sicherung der Solidität der Berichterstattung. Im April 1963 wechselte er als Lehrassistent zum Dortmunder Heiderhof, einer Schulungsstätte der IG Metall, ohne sich völlig aus der Ford-Aktion auszuschalten. Sein Nachfolger wurde Karl Krahn. Matthöfer, Jahre, S. 488, 494.

101 Der gelernte Kfz-Mechaniker hatte gerade ein zweijähriges Studium an der Hamburger Akademie für Gemeinwirtschaft absolviert. Als Außeneinsteiger fehlten ihm – anders als Röhrig – der Stallgeruch und das *standing*. Zu ungestüm, um die subtile, aber wirksame Sabotage des Kölner Bevollmächtigten der IG Metall an der Aktion widerspruchslos zu ertragen, wurde er deshalb schon nach kurzer Zeit, im Sommer 1963, von Monschau fristlos entlassen. Er legte wenig später die Hochbegabtenprüfung ab und schlug die akademische Laufbahn ein, die ihn schließlich auf eine Professur für Industriesoziologie an der Universität Bielefeld brachte. Sein Nachfolger wurde Heinz Wientgen, der die Ford-Aktion nicht vorbehaltlos unterstützte. Ebenda, S. 494.

Aktion. Er ließ sich zunächst für einige Wochen in den Betrieb einschleusen, wo er am Band arbeitete. Nachdem er mit den betrieblichen Verhältnissen wohlvertraut war, wechselte er in die Kölner Ortsverwaltung über. Weitaus spektakulärer geriet allerdings die verdeckte Aktion eines anderen Fließbandarbeiters. Jakob Moneta, Chefredakteur von ›Metall‹ und einer der engsten Mitstreiter Matthöfers, war es gelungen, Günter Wallraff dazu zu bewegen, sich als Arbeiter in der Lackiererei der Ford-Werke einstellen zu lassen. Wallraff, der damals noch ganz am Beginn seiner Karriere als sozialkritischer Schriftsteller stand, verfasste über seine Erfahrungen eine Serie von Artikeln, die in der Gesamtausgabe von ›Metall‹ erschienen.[102] Mit anderen Reportagen zu einem Buch zusammengefasst, wurden sie später zu einem großen Verkaufserfolg. Innerhalb der IG Metall stießen sie nicht nur auf Zustimmung. Vor allem Betriebsräte monierten, dass nur ein Intellektueller, der lediglich vorübergehend einmal in einem Betrieb arbeite, die Arbeitsbedingungen eines Industriearbeiters als so schlecht empfinden könne. Tatsächlich bediente Wallraff immer wieder aufs Neue das in den frühen dreißiger Jahren geprägte Klischee von den bleichen, zermürbten, abgestumpften, apathischen, verhärteten oder zittrigen ›Ford-Leichen‹ (»Viele haben bei der Arbeit einen nervösen, gereizten Ausdruck im Gesicht. Oder einen starren Blick.«)[103] Für die Ford-Aktion waren Wallraffs »unerwünschte Reportagen« allerdings eine willkommene Begleitmusik, die ihre Resonanz nach innen und außen erheblich verstärkten.

Unter diesen Bedingungen hatte die Ford-Aktion einen sehr guten Start. Dies läßt sich an den rasch zunehmenden Mitgliederzahlen ebenso ersehen wie am steigenden Interesse der Belegschaft an den ›Tatsachen‹. Allmählich gewannen die Aktionisten auch mehr Einfluss auf den Betriebsrat und die Vertrauensleute von Ford, obwohl ihnen zunächst heftiger Widerstand geboten wurde. So hob die nicht kooperationswillige Betriebsratsmehrheit die Freistellung zweier Betriebsratsmitglieder auf, die zu den wichtigsten Unterstützern der Aktion gehörten: Günter Tolusch und Ernst Lück mussten zurück ans Fließband — wegen angeblich ›gewerkschaftsschädigender Aktivitäten‹. Es bedurfte einiger Monate intensiver Arbeit von Röhrig und anderen, bis die IG Metall-Vertrauensleute-Konferenz eine Kandidatenliste aus Reformern für die bevorstehenden Betriebsratswahlen aufstellen konnten. Dies führte dazu, dass nach der Wahl im April 1963 von den 28 Arbeitervertretern des amtierenden Betriebsrats 25 ausgewechselt wurden. Die meisten Stimmen erhielten jene Kandidaten, die von den ›Tatsachen‹ propagiert worden waren.[104] Nachdem der neue Betriebsrat auch noch Günter Tolusch zum Betriebs-

102 Siehe auch H. Günter Wallraff, »Wir brauchen Dich« – Als Arbeiter in deutschen Industriebetrieben, München 1966, S. 7–36; die Reportage wurde nachgedruckt als Arbeitsheft 215 der Abteilung Bildungswesen beim Vorstand der IG Metall.
103 Wallraff, Arbeiter, S. 31; s. auch: »Laufen bei Ford die Fließbänder zu schnell? DIE ZEIT, 41/1964, S. 38 f.
104 Der frühere Betriebsratsvorsitzende Görres mußte sich gleichwohl nicht auf der ganzen Linie geschlagen geben. Als er nicht mehr für den Betriebsrat kandidierte, wurde er mit 6.600 gegen 6.200 Stimmen vor Tolusch in den Aufsichtsrat gewählt. Matthöfer an Wöhrle am 11.3.1963 und am 11.4.1963; AdsD, IGM-Vorstand 1–2, 2198.

ratsvorsitzenden wählte, genoss die Ford-Aktion zum ersten Mal die uneingeschränkte Unterstützung der großen Mehrheit des gesamten Betriebsrates. Gleichzeitig konnte Matthöfer seinem Vorstand melden, dass sich die Zahl der IGM-Mitglieder seit Beginn der Aktion vervierfacht hatte (von 1000 auf 4000). Die Auflage der ›Tatsachen‹ stieg dabei auf 10.000 an, d. h. auf drei Ford-Arbeitnehmer kam ein Exemplar.[105]

Damit konnte die Ford-Aktion als Exempel betriebsnaher Gewerkschaftsarbeit recht eigentlich erst beginnen. Als nächstes Ziel stand die Durchsetzung eines betrieblichen Tarifvertrags mit der Gewerkschaft auf der Agenda. Matthöfer hatte diesen Punkt schon im Februar 1961 gegenüber Wöhrle als »Voraussetzung für den Erfolg der Aktion« hervorgehoben: »Es muß unbedingt ein Werktarifvertrag für Ford geschaffen werden. Dieser Vertrag sollte alle Vorschriften des Rahmenvertrages von Nordrhein-Westfalen und der augenblicklichen Ford-Betriebsvereinbarung in verbesserter Form enthalten. Außerdem sollten etwa fünf Sonderforderungen, die sich aus der betrieblichen Situation bei Ford ergeben, aufgenommen werden. Für die Ausarbeitung sollte eine betriebliche Tarifkommission gebildet werden. Auf diesen Vertrag muß als konkretes Ziel hin organisiert und geschult werden.«[106]

Dafür hatte die Bildungsabteilung in der Zwischenzeit zwar schon einige Vorarbeit geleistet, indem sie für Ford-Vertrauensleute zusätzliche Lehrgangsplätze zur Ausbildung im Tarifwesen bereitstellte und die Bildungsarbeit bei Ford forcierte. Auch hatte sich bereits im Oktober 1961 nach langwierigen innerorganisatorischen Schwierigkeiten eine Tarifkommission der IG Metall für die Ford-Werke gebildet, die einen »brauchbaren« Vertragsentwurf vorlegte.[107] Dort war beispielsweise die Mitbestimmung des Betriebsrats bei der Festlegung der Geschwindigkeit der Fließbänder und eine Formel zur Bestimmung der Zahl der »Springer«[108] an den Bändern vorgesehen. Die Unternehmensleitung weigerte sich aber beharrlich, darüber zu verhandeln. Für Matthöfer gab es keinen Zweifel daran, dass dies im unausgesprochenen Einverständnis mit der Bezirksleitung Köln der IG Metall geschah.[109] Die neue Phase der Aktion, die im Frühjahr 1963 starten sollte, begann daher mit einem an Alois Wöhrle gerichteten Appell an die eigenen Reihen: »Mit den Tarifverhandlungen rührt sich immer noch nichts. Kannst Du nicht einmal bei der Bezirksleitung anfragen und Dampf machen?«[110] Es dauerte noch mehrere Monate, bis es im Oktober 1963 zu ersten Besprechungen zwischen den Vertretern

---

105 Matthöfer an Wöhrle am 26.3.1963, ebenda.
106 Matthöfer an Wöhrle am 5.2.1961, »Vorschläge für die Schwerpunktarbeit bei Ford für das Jahr 1961«, ebenda.
107 Matthöfer, Jahre, S. 499 f.
108 So werden freie Ersatzleute bezeichnet, die einspringen, wenn ein Bandarbeiter seine Arbeit kurz unterbrechen muß.
109 In einer umfangreichen Punktation des innergewerkschaftlichen Konflikts versuchte Matthöfer, ein Zusammenspiel zwischen den Arbeitgebern und der Bezirksleitung und namentlich mit dem Bevollmächtigten Paul Niedermair nachzuweisen. AdsD, DM 0321.
110 Matthöfer an Wöhrle am 11.3.1963; AdsD, IGM-Vorstand 1–2, 2198.

der IG Metall und des Arbeitgeberverbandes kam, dem Ford inzwischen beigetreten war. Mit diesem Schritt hatte der deutsche Ford-Chef, John S. Andrews, wieder die Initiative ergriffen: »Nach sorgfältiger Prüfung haben wir uns zur Aufgabe der bisherigen Regelung entschlossen, Löhne, Gehälter und sonstige Arbeitsbedingungen durch Betriebsvereinbarung festzulegen. Stattdessen wollen wir die betrieblichen Vereinbarungen für uns gelten lassen, jedoch nicht durch Abschluß eines Haustarifes, sondern in der allgemein üblichen Form der Mitgliedschaft im Arbeitgeberverband.«[111] Die IG Metall bestritt freilich, dass allein durch den Eintritt der Ford-Werke AG in den Arbeitgeberverband ein Vertragsverhältnis zustande gekommen sei, das eine Friedenspflicht der Gewerkschaft begründet hätte. Vor allem aber bestand zu diesem Zeitpunkt gar kein Vertrag zwischen dem Arbeitgeberverband und der IG Metall über die Lohnrahmenbestimmungen: »Und einem nicht bestehenden Vertrag kann selbst Ford nicht beitreten.«[112] Bevor diese Rechtsfrage nicht geklärt war, hing das weitere Schicksal der Ford-Aktion in der Luft.

Damit trat der Plan zur Verwirklichung einer betriebsnahen Tarifpolitik in eine kritische Phase ein. Was Matthöfers Zielsetzung betraf, so blieb durch den Schritt der Gegenseite natürlich alles beim Alten. Nach wie vor ging es um die Tarifierung der Arbeitsbedingungen und vor allem um die Absicherung der Lohndrift, welche durch den Beitritt zum Tarifvertrag nun sogar noch deutlicher hervortrat. Die Handlungsbedingungen, unter denen Matthöfer die Aktion fortsetzen musste, hatten sich aber durch die neue Taktik der Unternehmensleitung völlig verändert. Mit dem Rückzug der Ford-Werke in die Wagenburg der Arbeitgeber verlagerten sich die Zuständigkeiten von der Peripherie der Schwerpunktaktion ins Zentrum der Tarifpolitik, d. h. in die Kölner Bezirksleitung und die Frankfurter Zentrale. Dort entschied sich Otto Brenner zwar unverzüglich für einen harten Gegenkurs. Die Bezirksleitung sollte mit Ford verhandeln, die Verhandlungen gegebenenfalls für gescheitert erklären und Kampfmaßnahmen organisieren.[113] Als dennoch über viele Wochen nichts geschah, versuchte Matthöfer noch einmal, das Momentum der Aktion für sich zu nutzen, indem er den Arbeitskampf ernsthaft ins Auge fasste. Er schlug Wöhrle im Oktober vor, den noch vorhandenen Spielraum durch Verhandlungen auszuloten. Aus seiner Sicht musste es dann so oder so zu einer Entscheidung kommen, weil es nur zwei Möglichkeiten gab:

»a) Ford weigert sich weiterhin, in Verhandlungen mit der IG Metall einzutreten. Dann wird der Kollege Fritz Salm dem Vorstand die Durchführung der Urabstimmung empfehlen. Sagt der Vorstand ja, dann muß entsprechend mobilisiert werden. Sagt er nein, dann ist der Bart ab und wir müssen uns neu überlegen, wie es weitergehen soll.

---

111 Ford-Information Nr. 45/63 vom 13. Mai 1963. In der Praxis führte der Schritt zu Lohnerhöhungen und einer Nachzahlung, weil Ford aus taktischen Gründen dem zum 1. April 1963 wirksam gewordenen Tarifvertrag rückwirkend beitrat.
112 »Unsere Aufgaben für 1964«, TATSACHEN 18/1963, S. 1.
113 ›Diensttagebuch‹, 18. März 1963, AdsD, DM 0404.

b) Ford verhandelt. Dann muß ebenfalls äußerstenfalls eine Urabstimmung durchgeführt werden.«[114]

Gleichzeitig skizzierte er eine Streikplanung, in der er März oder April 1964 als den besten Zeitpunkt für einen Arbeitskampf ins Auge faßte. Noch einmal zog er alle Register, um möglichst viele der 27.000 Ford-Mitarbeiter für die Ziele der Aktion zu mobilisieren. Es ging um das übliche Programm: betriebsnahe Bildungsarbeit, Schulungslehrgänge, Aufklärung durch noch mehr ›Tatsachen‹, Einbeziehung der ausländischen Arbeiter, die rund ein Drittel der Belegschaft ausmachten, und eine weitere, größere ›Betriebsklima-Studie‹ durch das Institut für angewandte Sozialwissenschaft (›infas‹).

Erneut verzögerten sich die Entscheidungen in unangemessener Weise. Erst im April 1964 wurde die zweite sozialwissenschaftliche Untersuchung realisiert. Ihr Ergebnis war ermutigend. Nahezu alle Befragten unterstrichen die Notwendigkeit eines betriebsspezifischen Tarifvertrags, der seinen Schwerpunkt in der Mitsprache bei der Festlegung des Arbeitstempos und der Kompetenzen der Vorgesetzten haben sollte. Es wurde betont, dass die Gestaltung der Arbeitsbedingungen eine gewerkschaftliche Aufgabe sei, und man signalisierte eine überdurchschnittlich hohe Streikbereitschaft sowohl der Gewerkschaftsmitglieder als auch der Unorganisierten. Vor diesem Hintergrund verstärkte die IG Metall jetzt ihre Anstrengungen, die Unternehmensleitung an den Verhandlungstisch zu bringen. Dann ging es Schlag auf Schlag. Am 22. Mai erklärte der Vorstand die Verhandlungen für gescheitert und legte am 9. Juni auf Antrag von Fritz Salm die Urabstimmung für den 22. Juni fest. Beide Seiten bereiteten sich verstärkt auf den sich abzeichnenden Arbeitskampf vor. Ford konterte mit einer Einstweiligen Verfügung durch das Kölner Arbeitsgericht, das der IG Metall die Durchführung der Urabstimmung untersagte. Ein Widerspruch der IG Metall wurde am 26. Juni endgültig zurückgewiesen.

Die gerichtliche Klärung der Streitfrage folgte im Großen und Ganzen der in der Rechtsprechung herrschenden Lehre. Wenn der regionale Tarifvertrag für Ford Geltung hatte, unterlag die Gewerkschaft der Friedenspflicht und war nicht berechtigt, Arbeitskampfmaßnahmen zu ergreifen. Dazu zählte nach vorherrschender Meinung auch schon die Urabstimmung. Ob der Flächentarifvertrag in allen Punkten rückwirkend Geltung hatte, war allerdings umstritten. Für Matthöfer, der seit der Verlagerung des Konflikts auf die Spitzenebene kaum noch an den Verhandlungen beteiligt war, verstärkte sich gerade hier der Eindruck, dass die Bezirksleitung und der Frankfurter Vorstand eine exemplarische Umsetzung betriebsspezifischer Tarifpolitik gar nicht ernsthaft im Sinn hatten.

Der Leiter der Ford-Aktion beschwerte sich schon im März über die Bezirksleitung, weil deren Bevollmächtigter Paul Niedermair die Verhandlungen so führte, »daß die Kollegen (des Betriebsrates) sich mit Recht im Stich gelassen und an der Nase herumgeführt vorkommen«.[115] Niedermair hatte den Eindruck erweckt, die

---

114 Aktennotiz Matthöfer an Wöhrle vom 15. 10.1963; AdsD, IGM-Vorstand 1–2, 2198.
115 Matthöfer an Wöhrle am 31. März 1964; AdsD, IGM-Vorstand 1–2, 2198.

(noch abzuschließenden) Ford-Verträge seien sofort hinfällig, wenn es in Nordrhein-Westfalen zu einem Tarifabschluss käme. Außerdem reduzierte er die betrieblichen Forderungen auf die Lohnfindung und versetzte den Betriebsrat mit defätistischen Redensarten in eine »niedergeschlagene Stimmung«. Der Protest blieb ohne Folgen, weil Matthöfer längst nicht mehr ›Herr des Verfahrens‹ war und die Vorstandsspitze offenbar ratlos war, wie sie das hehre Prinzip der betriebsnahen Tarifpolitik noch durchsetzen konnte, ohne die eigenen Interessen innerhalb der Gewerkschaftshierarchie zu schädigen. Für Matthöfer war es deshalb durchaus vorstellbar, dass der Rechtsvertreter der IGM im Ford-Prozess, Olaf Radke, sein alter Kampfgefährte im SDS und bei den Jungsozialisten, vor dem Arbeitsgericht alles getan hatte, um den Prozess zu *verlieren*. Ihm schien es, als habe Radke wieder wettmachen wollen, was er als ursprünglich überzeugter Anhänger der Idee der Mitbestimmung am Arbeitsplatz innerhalb des Vorstandes an Reputation verloren hatte. Später behauptete der Rechtsreferent der Vorstandsverwaltung denn auch bei jeder passenden Gelegenheit, es sei dieses Engagement gewesen – er hatte ein entsprechendes Arbeitsheft verfasst, eine Tonbildschau konzipiert und einen Artikel im ›Gewerkschafter‹ geschrieben –, was ihn die angestrebte Wahl in den IGM-Vorstand gekostet habe. Jedenfalls hatte er inzwischen seinen Standpunkt gewechselt und sollte dies auch noch bei späterer Gelegenheit unter Beweis stellen.[116]

Schon unmittelbar nach der Niederlage vor Gericht versuchte die IG Metall in einem Spitzengespräch mit Gesamtmetall, das auf Schloß Reinhartshausen bei Erbach stattfand, eine gesichtswahrende Lösung des Konflikts zu finden. Man einigte sich rasch auf folgendes Verfahren:[117] Die IG Metall erkannte die Friedenspflicht und den Vorrang des Flächentarifs an. Im Gegenzug sollten »unverzüglich« Verhandlungen aufgenommen werden mit dem Ziel, »die bei Ford bestehenden spezifischen Lohn- und Arbeitsbedingungen in einer Zusatzvereinbarung zu den für Nordrhein-Westfalen jeweils geltenden Tarifverträgen zu regeln«. Diese Regelungen sollten zwar »unabhängig von dem Stand der regionalen Mantel und Lohn rahmen-Tarifverhandlungen« in Kraft gesetzt werden, aber wieder außer Kraft treten, soweit sie durch regionale Abkommen jeweils überlagert wurden.

Damit blieb im Prinzip immer noch Raum, um ein Exempel der betriebsnahen Tarifpolitik zu statuieren. Allerdings lief die Verhandlungslinie der Arbeitgeberseite naturgemäß darauf hinaus, alles zu vermeiden, was nach einem selbstständigen Tarifvertrag aussah. Das eigentliche Problem lag aber nicht bei dem Arbeitgeber, sondern auf der Arbeitnehmerseite, die sich alles andere als einig war. Die schiefe

116 Interview des Verfassers mit Hans Matthöfer am 17. 10. 2005 in Berlin. Protokoll im AdsD, DM 0404. »Olaf Radke behauptete, wahrscheinlich sogar mit Recht, dieser Artikel und das ›Arbeitsheft‹ über betriebsnahe Tarifpolitik hätten ihn die Wahl in den Vorstand der IG Metall gekostet. Das war aber nicht zu schlimm. Da er ein guter Intellektueller war, wandelte er sich vom Paulus wieder zum Saulus, sprach und schrieb gegen diese Art von Tarifpolitik, die er mit ausgearbeitet hatte, und der nächste Gewerkschaftsrat korrigierte seinen Irrtum und Olaf kam dann doch noch in den Vorstand.«
117 Diese sogenannte Reinhartshausener Empfehlung ist abgedruckt bei Wittemann, Ford-Aktion, S. 220.

Schlachtordnung, die dabei entstand, macht deutlich, dass es nicht allein um vordergründige Gruppeninteressen ging. Die Protagonisten der Ford-Aktion wollten einen vollständigen Mantel- und Lohnrahmentarifvertrag durchsetzen, für den es ja bereits Entwürfe gab. Obwohl mehrheitlich im Betriebsrat verankert, ging es ihnen dabei vor allem darum, einen Einstieg für die Gewerkschaft zu finden, um *neben* dem Betriebsrat an der Gestaltung des Betriebsalltags mitzuwirken. Dies stieß auf den Widerstand der Bezirksleitung, die mit Niedermair den Verhandlungsführer stellte. Er strebte eine Minimallösung an, die im Wesentlichen in der Absicherung bestehender Abweichungen zur bisherigen regionalen Regelung bestand. Er konnte sich im eigenen Lager nur durchsetzen, weil er den Eindruck vermittelte, im Einverständnis mit dem Frankfurter Vorstand zu handeln. Gleichwohl stimmten die Vertreter des Vorstandes dem Verhandlungsergebnis nicht zu, das mit der Arbeitgeberseite auf dieser Grundlage erzielt wurde, und folglich kam es auch zu keiner Zusatzvereinbarung. – Otto Brenner, der sich in diesem Stadium persönlich einschaltete, warnte zwar den Betriebsrat davor, jetzt wieder Betriebsvereinbarungen alten Stils abzuschließen, konnte aber auch keine andere Perspektive anbieten, als abermals den Versuch zu machen, mit den Arbeitgebern zu verhandeln.[118] Als diese Verhandlungen ihr vorhersehbares negatives Ende nahmen, blieb dem Betriebsrat gar nichts anderes übrig, als doch eine Betriebsvereinbarung abzuschließen.

In der Öffentlichkeit wurde dieser Ausgang der Ford-Aktion allzu bereitwillig in ein altes Klischee gepresst. So machte sich der Gewerkschaftsexperte der FAZ, Ernst Günter Vetter, in einem Kommentar folgenden Reim auf die Kölner Ereignisse:[119] »Damit wurde eine schwerwiegende Interessenkollision innerhalb der Gewerkschaft offenbar. Die ›betriebsnahen‹ Funktionäre waren zufrieden. Ihr Wunsch, die Sondervergünstigungen durch Tarifvertrag zu sichern, wurde durch den neuen Vertrag erfüllt. Der Gewerkschaftsleitung war aber der entscheidende Durchbruch zu einer betriebsnahen Tarifpolitik nicht gelungen, schon gar nicht war sie ihrem Ziel innerbetrieblicher Mitbestimmung einen Schritt näher gekommen. Im Grunde handelt sie konsequent, wenn sie einen Vertrag nicht anerkennen will, der sie in ihren Grundsatzforderungen nicht von der Stelle bringt.« Aus der Nähe betrachtet, sah die Bilanz der Gewinner und Verlierer der Ford-Aktion aber ganz anders aus. Gerade die aktivsten »betriebsnahen Funktionäre«, die Träger der Ford-Aktion, mussten zutiefst unzufrieden über diesen Ausgang sein – und es gehörten bei weitem nicht alle Mitglieder der Frankfurter Zentrale zu den Verlierern. Einige Vorstandsmitglieder, wie Fritz Salm, empfanden das Ergebnis gewiss als Niederlage. Die große Mehrheit der Technokraten und Pragmatiker, wie etwa Alois Wöhrle, waren aber froh, nicht über den eigenen Schatten springen zu müssen. Sie konnten sich mit dem zählbaren Organisationserfolg zufrieden geben, den

---

118 Tolusch, Protokoll vom 7. 9. 1964, S. 3 f. Matthöfer nahm an der Sitzung nicht mehr teil, hatte er doch schon am 11. August rückwirkend zum 1. August die operative Leitung der Ford-Aktion niedergelegt.

119 ›Betriebsnahe‹ Tarifpolitik. Der mißglückte Versuch, FAZ vom 25.9.1964, S. 29.

die Ford-Aktion unter dem Strich mit sich brachte. Der Vorsitzende selbst neigte wohl eher zu den Neuerern, wollte aber auch nicht die Entstehung einer selbstständigen Automobilarbeitergewerkschaft innerhalb der IGM begünstigen und legte somit nicht sein volles Gewicht in die Waagschale. Er überließ es seinem gewerkschaftspolitischen Zögling, die Kastanien aus dem Feuer zu holen. Ohne Einschränkung zu den Gewinnern gehörten sicher die nordrhein-westfälische Bezirksleitung und die Kölner Verwaltungsstelle der IG Metall. Sie hatten ihr Terrain zäh und erfolgreich verteidigt.

Hans Matthöfer gelang es nur mühsam, sich mit der Niederlage abzufinden und sie nach außen hin zu einem Erfolg zu stilisieren, der ihm das Gesicht wahrte. Im Normalbetrieb der Frankfurter Zentrale war das gar nicht so schwer. Er musste sich nur dazu überwinden, dieselben pragmatisch-technokratischen Maßstäbe anzulegen, an denen sich seine Vorgesetzten von Anfang an orientierten. Am 11. August 1964, also schon vier Wochen vor dem internen ›Begräbnis‹ der Ford-Aktion, hielt Matthöfer in einem formalen »Aktenvermerk« an Alois Wöhrle den Zeitpunkt für »günstig, um die Verantwortung für die Fortführung der Ford-Aktion wieder an die Abteilung Organisation zurückzugeben«.[120] Er datierte seinen Ausstieg rückwirkend auf den 1. August und trug damit der Tatsache Rechnung, dass er bereits seit Wochen faktisch ›kalt gestellt‹ war und kaum noch Einfluss auf das Kölner Geschehen hatte. Er kündigte an, noch »einige Nummern der TATSACHEN fertig [zu] machen« und auch künftig »ein Programm betriebsnaher Bildungsarbeit« in den Ford-Werken zu unterstützen. Seine letzter Rat in Sachen Ford fiel eher technokratisch aus und erreichte damit den Organisationsfachmann Wöhrle sicher besser als viele früheren: »Ich empfehle dringend, noch einmal einen ernsten Versuch zu machen, den Beitragsabzug durch das Lohnbüro <u>vertraglich</u> zu vereinbaren.« Erst mehr als zwei Jahre später, Ende November 1966, folgte »gewissermaßen als Vollzugsmeldung der Ford-Aktion« sein »Schlußbericht«.[121] Er war durch und durch im organisationstechnischen Grundton gehalten und stellte einen »soliden, haltbaren« Mitgliederzuwachs in den Mittelpunkt. Dieser hielt noch immer leicht an und summierte sich auf mehr als 6.000 neue Mitglieder, die als Folge der Schwerpunktaktion dazu gestoßen waren und den Organisationsstand auf insgesamt 7.000 Mitglieder erhöht hatten. Für die IG Metall bedeutete dies immerhin einen laufenden jährlichen Einkommenszuwachs von rund einer halben Million DM. Gleichzeitig stieg der Organisationsgrad bei den deutschen Arbeitern bei Ford von 5 auf mehr als 50 Prozent. Mehr noch: durch die hohe Beschäftigungsfluktuation hatte sich der Mitgliederzuwachs bei Ford auch positiv auf den Organisationsgrad der umliegenden Metallindustrie ausgewirkt. Ganz verkneifen konnte sich der Leiter der Ford-Aktion seine weiterreichenden Ambitionen dann aber doch nicht: »Zum Schluß möchte ich noch der Überzeugung Ausdruck geben, dass der Mitgliederzuwachs noch stärker gewesen wäre, wenn wir einen kleinen Schritt auf

120 Matthöfer an Wöhrle am 11. August 1964; AdsD, IGM-Vorstand 1–2, 2198. Hervorhebungen im Original.
121 Matthöfer an Wöhrle am 28. November 1966; ebenda.

dem Gebiete der betriebsnahen Tarifpolitik hätten durchsetzen können.« Das war kleinlaut, gemessen an den Ansprüchen, die er noch auf dem Höhepunkt der Ford-Aktion erhoben hatte:[122] »Die Aktion soll eine Erhöhung des Lebensstandards der Kolleginnen und Kollegen der Ford-Werke durch höhere Löhne und längeren Urlaub ermöglichen; sie soll die Arbeitsbedingungen verbessern, eine gerechte Lohnfindung einführen, Mitbestimmungsrechte am Arbeitsplatz durchsetzen, die Unfallquote senken und die Sicherheit des Arbeitsplatzes erhöhen. Das ist nur möglich durch eine starke gewerkschaftliche Organisation der Fordarbeitnehmer. Wir streben deshalb an: einen Organisationsgrad von 80 Prozent (oder etwa 22.000 Mitglieder), einen aktiven, bewußten Kader von etwa 800 Vertrauensleuten und einen betriebsnahen Tarifvertrag.« Gewiss, Ende 1966 war nicht mehr der Zeitpunkt, über verschüttete Milch zu klagen. Und einige der Ziele waren ja auch erreicht worden, auch wenn sie nicht mehr im Schlussbericht auftauchten. So konnte Matthöfer mit Recht stolz darauf sein, dazu beigetragen zu haben, dass die Unfallquote bei Ford dauerhaft gefallen war. Und auch der Kader der Vertrauensleute bewegte sich auf die von ihm angestrebte Größenordnung zu. Die Niederlage im Kern der Ford-Aktion musste Matthöfer gleichwohl hart getroffen haben. Er hatte den Kampf auf einem ihm wohlvertrauten Terrain angenommen und ihn dennoch verloren. Bis dahin war er fest davon überzeugt gewesen, in der amerikanischen Entwicklung der standardisierten Massenproduktion auch die Zukunft der deutschen Wirtschaft zu erkennen, sodass Strategien, die im US-Kontext wirksam waren, auch in Deutschland mit Erfolg anwendbar sein müssten. Dies galt in erster Linie für die technologische Entwicklung, musste aber in deren Gefolge auch Konsequenzen für die industriellen Arbeitsbeziehungen und die Interessenpolitik haben.[123] Wenn er nun in der Hauptsache erfolglos blieb, obwohl er die Operation generalstabsmäßig vorbereitet und engagiert geführt hatte, so musste es dafür Gründe geben, die in den Besonderheiten des deutschen sozialen Systems der Produktion lagen. Diese überlagerten selbst im ›fordistischen‹ Sektor der Industrie die ursprünglich dort geltenden amerikanischen Spielregeln. Ironischerweise hatte Matthöfer durch seinen Angriff auf den Außenseiter Ford-Werke selbst dafür gesorgt, dass eine der letzten großen Ausnahmen ihr Ende fand. Damit musste er auf einem weiteren Anwendungsgebiet seine früheren, für sicher gehaltenen Zukunftsbilder revidieren. Schon vor und während seines zweiten Amerika-Aufenthaltes hatte ja sein Glauben an die revolutionäre Gestaltungskraft der Automation einen Dämpfer erfahren. Nun musste er daraus auch Konsequenzen für den Kampf um die soziale Wirklichkeit in den Betrieben ziehen. Dies galt nicht nur für die Ebene der täglichen

---

122 Aktenvermerk Matthöfer an Wöhrle am 27. Mai 1963; AdsD, DM 029.
123 In diese Richtung argumentierte schon 1948 der für Gewerkschaftspolitik zuständige Abteilungsleiter der ›Ford Foundation‹, Neil W. Chamberlain, den Matthöfer während seiner OEEC-Zeit in Washington kennenlernte und dessen Buch ›The Union Challenge to Management Control (New York 1948) ihn schon in Madison in Richtung einer betriebsnahen Politik der Gewerkschaften beeinflusst hatte. Bericht über meine Tätigkeit als Leiter der Abteilung Bildungswesen der Industriegewerkschaft Metall von 1960 bis 1972, Ms., Kronberg i. T. 1994.

gewerkschaftlichen Arbeit. Auch wenn der Traum, einen eigenen zählbaren Beitrag zu einer historisch vielleicht entscheidenden organisatorischen Vorbereitung der kommenden sozialen Revolution zu leisten, noch nicht völlig erloschen war, so regten sich doch Zweifel, ob er sich im Rahmen der IG Metall je werde realisieren lasse. Seit dem Ende der Ford-Aktion stand der Leiter der Bildungsabteilung innerhalb seiner Gewerkschaft unter verschärfter Beobachtung. Überraschungscoups, wie er sie zu Beginn seiner Arbeit in der Bildungsabteilung noch landen konnte, waren jetzt nicht mehr möglich. In Frankfurt lagen nun die Mühen der Ebenen vor ihm. Er selbst muss diese Zäsur zutiefst verinnerlicht haben. Selbst vier Dekaden später, als er sich an die ersten 36 Jahre seines Lebens erinnerte, konnte er sich nicht zu einem Eingeständnis seiner Niederlage durchringen.

Nachgefechte

Das Scheitern seiner Ambitionen in der Ford-Aktion zwang Matthöfer, erneut über Strategie und Taktik nachzudenken, wie er es schon in seinem Papier vom Dezember 1963 getan hatte.[124] Den britischen Militärtheoretiker Liddell Hart zitierend – »es sei nicht die Aufgabe der Strategie, Widerstand zu überwinden«, sondern »vielmehr die Möglichkeiten des Widerstandes zu verringern« –, hatte er dafür plädiert, »keinen fehlgeschlagenen Angriff in gleicher Richtung [zu] wiederholen«. Mehr denn je war jetzt »indirektes Vorgehen« angezeigt. In ihm sah er den »Schlüssel zum praktischen Erfolg bei der Lösung eines jeden Problems, wo zwei verschiedene Willensrichtungen miteinander ringen«.[125] Er wies der Bildungsarbeit (und implizit auch der politischen Arbeit im Deutschen Bundestag) die Aufgabe zu, zwischen der Tagesroutine und »der Notwendigkeit des Kampfes um die Zentralen der gesellschaftlichen, politischen und wirtschaftlichen Macht, in denen im zunehmenden Maße die Entscheidungen fallen«, zu vermitteln. Wollten die Gewerkschaften ihre Aufgabe »ernsthaft« wahrnehmen, müssten sie erstens »Einfluß nehmen auf die politischen Entscheidungen, die die Verteilung des Sozialprodukts bestimmen«; zweitens die Arbeitnehmer »intensiver als bisher« über die dabei wirksamen Zusammenhänge aufklären; und drittens »ihre Aufmerksamkeit mehr als bisher auf die Vertretung der Interessen ihrer Mitglieder am Arbeitsplatz und auf den Kampf um mehr Mitbestimmung am Arbeitsplatz richten«.[126] Es war sicher kein Zufall, dass Matthöfer auf allen drei Schauplätzen, die er den Gewerkschaften im Kampf um die gesellschaftspolitische Hegemonie zuwies, selbst gut positioniert war. Im Hinblick auf die Erfahrungen aus der Ford-Aktion war freilich zuerst »die Überbetonung der Zuständigkeiten, die sich in unserer Organisation breitmacht«, zu überwinden. Darunter verstand Matthöfer jene Verkrustung des Denkens, die zu starren Abteilungszuständigkeiten führte, »die ein gemeinsames

124 Matthöfer, Rolle.
125 Ebenda, S. 1, 6.
126 Ebenda, S. 8.

Vorgehen nach einem für alle verbindlichen Strukturplan oder Arbeitsprogramm praktisch kaum noch zulassen«. Eine erfolgreiche gewerkschaftliche Betriebspolitik erforderte in seinen Augen vielmehr »eine koordinierte, vollsynchronisierte Politik (das bedeutet Übereinstimmung in der Tarifpolitik, Organisations- und Bildungsarbeit, Jugend-, Frauen-, Angestellten-, Betriebsräte- und Vertrauensleutearbeit im konkreten Betrieb)«. Davon habe sich die IG Metall »im Zuge der Bürokratisierung« weit entfernt, und so gelte es, diese Voraussetzung über die Bildungsarbeit wieder frei zu legen und allgemein verständlich zu machen.

Wenn Matthöfer schon während und dann auch nach der Ford-Aktion weitere Schwerpunktaktionen in Angriff nahm, so ging es dabei nicht mehr in erster Linie um betriebsnahe Tarifpolitik oder die Mitbestimmung am Arbeitsplatz. Die neuen Aktionen dienten vielmehr der Sammlung von Fall*studien,* um der Bildungsarbeit zu allererst eine Grundlage für die indirekte Vorgehensweise im Sinne der neuen Strategie zu verschaffen. Folgerichtig nahm sich jede Studie einen typischen Fall in der Unternehmenslandschaft vor, um daran exemplarisch das jeweils unterschiedliche Vorgehen zu demonstrieren. Mit der Firma VDO Adolf Schindling AG, einem Frankfurter Zuliefererbetrieb des Fahrzeugbaus, wurde von 1962 bis 1967 ein Unternehmen mit standardisierter Qualitätsproduktion ins Visier genommen, das unter seinen 4.000 Mitarbeitern vor allem Frauen beschäftigte. Anfangs waren weniger als 20 Prozent der Belegschaft organisiert, unter den Frauen sogar nur weniger als 10 Prozent. Zweck der Aktion war, neben den Erfahrungen in einem Großbetrieb mit standardisierter Massenproduktion und hauptsächlich männlicher Belegschaft (Ford) auch Lehren für die betriebsnahe Bildungsarbeit der IG Metall aus der Organisation eines Betriebes mit weiblicher Belegschaft zu ziehen. Später sollten noch Erfahrungen mit einer hauptsächlich von Angestellten dominierten Hauptverwaltung (AEG) und einem Weltkonzern (Siemens) gesammelt werden. Die Vorgehensweise bei VDO entsprach in etwa der bei den Ford-Werken angewandten Taktik. Matthöfer entfaltete seit dem Herbst 1962 – wenn auch bis 1965 »auf kleiner Flamme« –, erneut das gesamte Repertoire industriesoziologischer Methoden, um das Betriebsklima zu erkunden und Ansatzpunkte für die betriebliche Agitation zu finden. Wieder übernahm es Michael Schumann, detaillierte Informationen über die Lohnzufriedenheit, die Kritik an den Arbeitsbedingungen, über das Verhältnis zu den Vorgesetzten, die Einstellung zum Betriebsrat und zur Gewerkschaft auszuwerten und das gewerkschaftliche Organisationspotential der VDO-Beschäftigten auszuloten. Matthöfer selbst schrieb den Bericht über die VDO-Befragung dann später in eine »Fallstudie« um, die in der Bildungsarbeit der IG Metall, vor allem aber auf den Internatslehrgängen als Muster für ein betriebliches Bildungsprogramm dienen sollte.[127] Abermals gründete, redigierte und schrieb er eine Betriebszeitung (»Rundschreiben«), die sich – ähnlich wie bei Ford –, gestützt auf die Umfrageergebnisse, auf allgemeine Recherchen, auf Pres-

---

127 Bericht über eine Befragung von Arbeiterinnen aus einem Frankfurter Betrieb, IGM-Vorstand – Abt. Bildungswesen, Fallstudie 001, Frankfurt a. M. o. J.; AdsD, DM 036.

seberichte und auf Berichte aus dem Betrieb mit konkreten Problemen aus der Erfahrungswelt der VDO-Arbeiterinnen auseinandersetzte und als ›kollektiver Organisator‹ der Aktion fungierte. Bei der Auswahl der Themen war er nicht gerade zimperlich. Besonderes Aufsehen erregte ein Vergleich der vorbildlichen und außerordentlich fürsorglichen Bedingungen, unter denen die Haupteigentümerin ihre Pferde im Kronberger »Schafhof« hielt, mit den schockierenden Einzelheiten der alles in allem miserablen Zustände, unter denen die Frauen am Fließband des VDO-Werkes im Frankfurter Stadtteil Bockenheim arbeiten mussten. Da es sich dabei um die Pferde von Liselott Linsenhoff, einer in den sechziger Jahren weithin populären Dressur- und Turnierreiterin, handelte, war die Aufregung über das Unternehmen hinaus groß. Bei den Frauen am Fließband kam diese Art der Polemik durchaus an, während sie die Unternehmensleitung nicht etwa als abgeschmackt, was noch verständlich gewesen wäre, sondern als »kommunistisch« diffamierte. Unter dieser Begleitmusik lief das Organisationsprogramm nach bewährter Methode gut an. Mit betrieblichen Bildungsprogrammen, ›Rundschreiben‹-Kampagnen, Hausbesuchen, Betriebsversammlungen u. ä. gelang es, die Zahl der IG Metall-Mitglieder bei VDO von 350 auf weit über 1000 anzuheben.[128] Dennoch wurde die Aktion schließlich 1967 auf Verlangen des Bevollmächtigten der Verwaltungsstelle Frankfurt eingestellt, der dafür angeblich Kompensationen der Arbeitgeberseite anstrebte. Matthöfer wollte nicht noch einmal eine Schwerpunktaktion gegen den ausdrücklichen Willen des lokalen IG Metall-Vertreters weiterführen.

Das im November 1966 von Matthöfer initiierte AEG-Programm entsprach in seinen Grundzügen ebenfalls dem nun schon bewährten Muster. Die Ergebnisse aus 1000 Interviews einer sozialwissenschaftlichen Untersuchung lieferten die Munition, die den Start einer neu gegründeten Betriebszeitung erleichterte. Sie trug den programmatischen Titel ›alle in **e**iner **g**ewerkschaft‹ und entwickelte sich wie immer rasch zum Hauptinstrument der gewerkschaftlichen Betriebspolitik.[129] Der »Reiz, eine moderne Zentralverwaltung zu organisieren und ein Modell für gleichartige Programme zu schaffen«, lag in der Erwartung, »wichtige Beiträge zur Verbesserung der gewerkschaftlichen Position für die hoffentlich bald mögliche Mitbestimmung im Betrieb und Unternehmung [zu] leisten«.[130] Sie stellte gleichzeitig erheblich höhere Anforderungen an die Organisatoren. Die Schwierigkeit bestand in der großen Divergenz beruflicher und betrieblicher Positionen unter den 5.500 Beschäftigten, die ein ebenso differenziertes Vorgehen nötig machte. Außerdem stellte sich das Problem, mit einer konkurrierenden Gewerkschaft, der Deutschen Angestellten Gewerkschaft (DAG), zurecht zu kommen. Diese lag mit 145 Mitgliedern zu Beginn der Aktion signifikant über dem Organisationsgrad der IG

128 Matthöfer an Wöhrle am 28. November 1966; AdsD, IGM-Vorstand 1–2, 2198.
129 Das 4-seitige Blatt erschien alle 6 bis 8 Wochen in einer Auflage zwischen 3500 und 4200 Exemplaren. Franz Täubl, Bericht über das AEG-Programm in Frankfurt, ca. Ende 1968, AdsD, DM 036, S. 8.
130 Ebenda, S. 2.

Metall, der mit 120 Mitgliedern nur knapp über 2 Prozent erreichte. Am Ende der Aktion hatte sich das Verhältnis aber deutlich zugunsten der IG Metall verschoben (455 : 65), ohne dass es zu nennenswerten Überlaufbewegungen gekommen wäre. Dennoch blieb der Organisationsgrad mit etwas mehr als 8 Prozent weit unter dem selbst gesetzten Ziel von 30 bis 40 Prozent. Das war selbst für eine Aktion, die von Anfang an bescheiden als »Maßnahmen zur Erhöhung des Organisationsgrades« deklariert wurde, recht wenig.[131] Ähnlich bescheiden fielen die Ergebnisse einer Siemens-Aktion aus. Dafür hatte Matthöfer Otto Brenner einen ausführlichen Plan vorgelegt.[132] Er sah vor, durch eine Kombination unterschiedlicher Aktionsstränge (Frauen, Angestellte, Fließbandbetriebe, Schwerpunkt-Verwaltungsstellen) das Großunternehmen Siemens in der gesamten Bundesrepublik besser gewerkschaftlich zu organisieren, ohne dass dies in der ersten Phase der Aktion dem Unternehmen bekannt werden sollte. Der Plan kam allerdings – wie Matthöfer vermutete, »wegen der ihm zugrunde liegenden, für die Führung der IG Metall ungewöhnlichen Denkweise« – nie über die ersten Stufen des innergewerkschaftlichen Entscheidungsprozesses hinaus. Für den ungeduldigen Strategen noch frustrierender, weil noch weniger erwartet, war die Erfahrung, dass es den Teilnehmern an den Lehrgängen der Bildungsabteilung fast unmöglich war, die Fallstudien im Analogieschluss auf die Zustände in ihrem jeweiligen Herkunftsbetrieb zu übertragen und daraus Pläne für eigene Aktionen abzuleiten oder Schlussfolgerungen auf das individuelle organisatorische Verhalten zu ziehen.

Als Gewerkschafter im Bundestag

Im Wahlkreis

Bei seinem Dienstantritt hatte Matthöfer geplant, von 1960 bis 1967 in fünf Stufen die Voraussetzungen dafür zu schaffen, »eine dreijährige Bildungsaktion ähnlich der Aktion Vertrauenskörper oder dem Angestelltenjahr durchführen zu können«.[133] Je mehr er sich nun aber erfolgreich der Realisierung dieses ursprünglichen Stufenplans zum Ausbau der Bildungsarbeit der IG Metall näherte, desto weiter rückten seine anfänglich damit verbundenen ambitionierten Hoffnungen in die Ferne. Die Bildungsarbeit war intensiver geworden, verfügte über mehr Ressourcen, hatte ein didaktisches Konzept entwickelt und wurde bewusst auf die Brennpunkte gewerkschaftlicher Arbeit konzentriert. Insoweit hatte ihr Leiter erreicht, was er versprochen hatte. Für ihre Wirkung als Katalysator einer neuen, betriebsnahen Gewerkschaftsarbeit fehlten dagegen noch die Belege. Nach den Erfahrungen der Aktionsphase mussten die Ambitionen der Bildungsarbeit realistischer bestimmt werden. Vor diesem Hintergrund erwies sich die neue Bühne, die

---

131 Matthöfer an Dürrbeck am 10. Oktober 1966, AdsD, IG Metall, B 653.
132 ›Diensttagebuch‹, 31.8.1964; AdsD, DM 0404.
133 Matthöfer, Diskussionsvorschläge, S. 21–23, AdsD, IG Metall, G 1014 a.

Matthöfer im Deutschen Bundestag für seine Arbeit gefunden hatte, immer attraktiver. Es zeigte sich jetzt, dass die Überlegungen, die ihn zur Annahme der Kandidatur geführt hatten, durchaus zutrafen. Das Abgeordnetenmandat sicherte ihm nicht nur seine Unabhängigkeit vor den wachsenden Disziplinierungsversuchen, die von seiner Gewerkschaft ausgingen, es öffnete ihm auch neue Perspektiven, um seine politischen Träume doch noch zu realisieren.

Auch dieser Weg war freilich alles andere als bequem. Als ihm die Kandidatur angeboten wurde, hatte er ganz selbstverständlich angenommen, dass seine politischen Freunde dafür längst die Voraussetzungen geschaffen hatten. Dies erwies sich jedoch als ein Irrtum. Der seit 1949 amtierende dreiundsechzigjährige Wahlkreis-Abgeordnete Georg Stierle hatte zwar immer wieder angedeutet, er werde aus Gesundheitsgründen einem jüngeren Kandidaten Platz machen. Vor die Entscheidung gestellt, wollte er aber dann doch nicht freiwillig auf die Kandidatur verzichten. Einen alten, verdienten Genossen aus dem Amt zu verdrängen, entsprach nicht dem Stil, den die stark überalterte SPD im Umgang mit ihrem Führungspersonal pflegte. Wie weit der Arm Stierles in der Frankfurter SPD reichte, hatte Matthöfer ja schon 1953 erfahren müssen, als der alteingesessene Spitzenfunktionär seinem ersten Anlauf, auf dem Weg über die hessische Landesliste in den Deutschen Bundestag einzuziehen, ziemlich brutal ein Ende bereitet hatte. Möglicherweise war da noch eine Rechnung offen, denn Matthöfer zog seine Kandidatur keineswegs zurück, wie es den parteiinternen Spielregeln entsprochen hätte, sondern nahm den Kampf auf. Jede andere Entscheidung hätte politischen Gesichtsverlust bedeutet, seinem Image als »Kämpfer ohne Pathos« sicher nachhaltig geschadet und seine Chancen, in vier Jahren erneut anzutreten, deutlich vermindert. Die Erfolgsaussichten waren nicht schlecht, weil viele Sozialdemokraten im Wahlkreis – und nicht zuletzt auch der *shooting star* der Frankfurter SPD, Stierles Schwiegersohn Walter Möller – eine Ablösung des altgedienten Funktionärs für notwendig hielten; schließlich hatte er 1957 den Wahlkreis nicht mehr direkt gewonnen. Zudem passten Hintergrund und Erscheinungsbild des Gegenkandidaten besser in die für damalige Verhältnisse stark »amerikanisierte« Wahlkampf-Kampagne der SPD, die ihren Spitzenkandidaten Willy Brandt mit dem Image des ›modernen‹, jungen und dynamischen ›deutschen Kennedy‹ gegen das politische Urgestein Adenauer antreten ließ. Möglicherweise gab dies den Ausschlag, als sich die beiden Bewerber in der Wahlkreis-Delegiertenversammlung im zweiten Wahlgang gegenüberstanden und der jüngere von ihnen schließlich mit hauchdünner Mehrheit den Sieg davontrug. Bis dahin hatte Matthöfers Position in der IG Metall und als gewerkschaftspolitischer Ziehsohn Otto Brenners im Auswahlprozess kaum eine Rolle gespielt. Das sollte sich aber nach seiner Nominierung durch die Parteigremien ändern, konnte er sich doch jetzt der gewerkschaftlichen Unterstützung mit Geld und anderen Wahlkampfhilfen sicher sein. Brenner hatte für alle IG Metall-Bundestagskandidaten bei den Arbeitsdirektoren der Stahlindustrie Geld gesammelt, das nun, aus anderen Quellen zusätzlich angereichert, auch dem Bewerber um das Mandat für den Wahlkreis Frankfurt III zur Verfügung stand.

Gemeinsame Auftritte von Traute und Hans Matthöfer, wie hier im Wahlkampf 1980, waren selten. Meist organisierte Traute den Wahlkreis allein.

Der IGM-Chef setzte sich umso bereitwilliger für seinen Angestellten ein, weil in einem anderen der drei Frankfurter Wahlkreise sein innergewerkschaftlicher Gegenspieler und persönlicher Intimfeind Georg Leber kandidierte. Der Chef der IG Bau-Steine-Erden verfolgte einen gewerkschaftspolitisch diametral entgegen gesetzten Kurs, da er auf vertrauensvolle Kooperation mit der Arbeitgeberseite setzte. Leber verfolgte die pragmatischen Ziele seiner Gewerkschaft unter dem plakativen

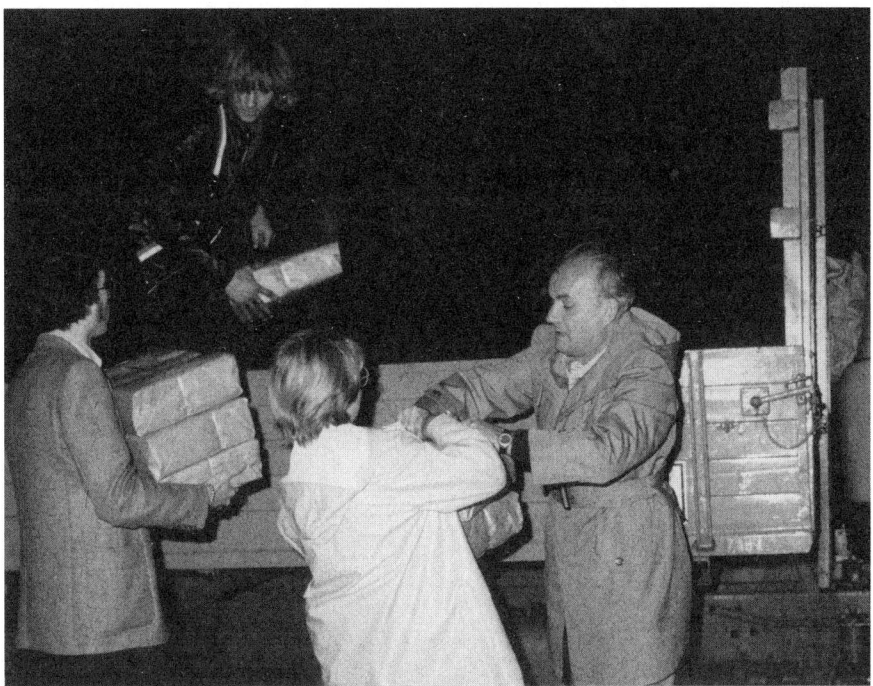

Der politische Organisator in den Niederungen des Wahlkampfes.

Stichwort der ›Sozialpartnerschaft‹. Matthöfer, der wie sein Chef eher das konflikt-orientierte amerikanische Gewerkschaftsmodell der *countervailing power* (Gegen-macht) bevorzugte, konnte da als politisches Gegengewicht im Deutschen Bundestag aus der Sicht Brenners nur nützlich sein.

Bis zum Urnengang am 17. September 1961 führten er und seine Frau Traute einen an amerikanischen Methoden orientierten Wahlkampf. Traute Matthöfer hatte ihre Tätigkeit bei der Gewerkschaft der Eisenbahner vor ihrem Aufenthalt in den USA aufgegeben und konnte sich nun ›hauptamtlich‹ der Wahlkreisarbeit widmen, die bis 1987 ihre Domäne blieb. Gerade jener öffentlichkeitswirksame Aspekt des amerikanischen Wahlkampfstiles, der persönliche, die ganze Familie einschließende Kontakt mit den Wählern, setzte kommunikative und empathische Fähigkeiten voraus, die Traute Matthöfer weitaus besser beherrschte als ihr im direkten Umgang mit dem Wahlvolk eher dröge wirkender Mann. Dessen Stärken lagen eher in der Anwendung der ›technischen‹ Methoden des amerikanischen Wahlkampstils, die Anfang der sechziger Jahre in Deutschland noch kaum angewandt wurden, wie etwa die Nutzung sozialwissenschaftlich fundierter Analysen und der Einsatz einer persönlichen Tonbildschau (»Ich heiße Hans Matthöfer, mein Vater war Metallarbeiter«). So ließ er das Wahlergebnis von 1957 sorgfältig analysieren, um Nutzanwendungen für seinen Wahlkampf zu ziehen. Heraus kam

dabei unter anderem, dass Frankfurt III wegen seiner konfessionellen Heterogeni-
tät – es gab eine starke Minderheit der Katholiken – anfällig für eine gewisse politische Solidarität nach Bekenntnisrichtungen war. Daraufhin ließ er die evangelische Mehrheit herunterspielen und »die zahlreich neuerbauten katholischen
Kirchen und deren übermäßig starken sonntäglichen Besuch überdimensional und
effektvoll herausstellen«. All dies geschah »in der Hoffnung, evangelische Wähler
der CDU zu entfremden«.[134] Zu den Wahlkampfhilfen, die dies ermöglichten,
gehörte eine professionell gemachte Wahlkreiszeitung. In der heißen Phase des
Wahlkampfes erschien der ›Nordost-Anzeiger‹[135] wöchentlich, insgesamt elfmal
mit einer Auflage von jeweils 60.000 Exemplaren. Das von Matthöfer selbst her-
ausgegebene, finanzierte, redigierte und zum großen Teil auch selbst geschriebene
Blatt stand im Mittelpunkt einer Kampagne, in der neben der Forderung nach sozialer Gerechtigkeit[136] vor allem deutschlandpolitische Themen großen Raum einnahmen. Als Kronzeuge für eine neue Deutschlandpolitik bemühte Matthöfer vor
allem John F. Kennedy, dessen politisches und persönliches Charisma er eindrucksvoll in Kontrast zu Adenauers Unbeweglichkeit und Starrsinn im Herbst seiner
Kanzlerschaft setzte. Mit amerikanischer Rückendeckung fiel es der SPD und ihrem Frankfurter Kandidaten leichter, zu ihrer traditionell nationalen Linie zu stehen, ohne den Vorwurf des Bündnisverrats einstecken zu müssen: »Es ist heute
notwendig die Konsequenzen aus der gescheiterten Wiedervereinigungspolitik zu
ziehen und Vorschläge zu machen, die, befreit von den Illusionen einer Politik der
atomaren Abschreckung, dazu geeignet sind, ›eine politische Regelung mit Abrüstung segensreich zu kombinieren‹ (Kennedy). Die Adenauer-Regierung ist 12 Jahre
nicht dazu imstande gewesen, eigenständige Vorschläge zur Wiedervereinigung zu
liefern und einen Beitrag zur Entspannung zu leisten; statt dessen hat sie unbeirrt
an ihren Rüstungszielen festgehalten. Schon heute zeichnet sich, nicht zuletzt
durch die Berlin-Krise bedingt, eine Entwicklung ab, durch die die CDU immer
mehr in die Verteidigungsposition einer veralteten, ideenlosen Interessentenpartei
gedrängt und die SPD zur eigentlichen Repräsentantin der Gesamtinteressen des
deutschen Volkes wird.«[137] Matthöfer war zu dieser Zeit noch entschieden gegen
die Westintegration, weil er sie mit seiner Grundidee eines unabhängigen, sozialistischen und demokratischen Europas nicht für vereinbar hielt. Diese, in Frankfurt
vor allem auch von Walter Möller vehement vertretene Position erwies sich als
umso überzeugender, als mit dem Bau der Berliner Mauer am 13. August 1961 die

134 ›Wahlkampfstrategiepapier‹ in AdsD, DM 0182.
135 »Mitteilungsblatt für die Frankfurter Stadtteile: Bornheim, Nordend, Ostend, Dornbusch, Eckenheim, Fechenheim, Frankfurter Berg, Bonames, Preungesheim, Riederwald, Seckbach, Berkersheim.« Die Stadtteile, die den Bundestagswahlkreis 142 bilden, liegen alle im Frankfurter Nordosten.
136 Dafür stehen Beiträge wie »Ungerechte Vermögensbildung«, (Nordost-Anzeiger 6/1961, S. 2) oder
»Wohlstand ist für alle da«, Nordost-Anzeiger 7/1961, S. 3).
137 »John F. Kennedy – Wege zum Frieden«, in: Nordost-Anzeiger 11/1961, S. 6–13; Verfasser dieses
richtungsweisenden Artikels waren Hans Matthöfer und Oskar Negt, der sich während seiner Zeit
als Praktikant der Bildungsabteilung auch als Wahlkämpfer engagierte.

Ausweglosigkeit der Adenauerschen Deutschlandpolitik offenbar wurde. Der Kandidat von Frankfurt III gab sicher kein schlechtes Bild ab, als er zusammen mit Willy Brandt in einem offenen creme-weißen Mercedes durch den Frankfurter Nordosten fuhr, um schließlich vor dem Riederwälder Volkshaus eine Kundgebung abzuhalten. Die Frankfurter Bevölkerung wusste freilich mit dieser Art der amerikanischen Wahlkampfführung noch nichts anzufangen, sodass die Straßen ziemlich leer blieben und sich den Kandidaten wenig Gelegenheit bot, ihre jugendlich-hellen Hüte zu schwenken. In Matthöfers Wahlkreis fand auch die Schlusskundgebung des bundesweiten SPD-Wahlkampfes mit Willy Brandt als Hauptredner statt. Als Zehntausende von Menschen auf die Bertramswiese strömten, um den Kanzlerkandidaten und Regierenden Bürgermeister von Berlin zu feiern, zeichnete sich schon ab, dass der ›Genosse Trend‹ auf Matthöfers Seite stehen würde. Tatsächlich wurde die SPD mit 36,2 Prozent der Zweitstimmen zum ersten Mal stärkste Partei im Deutschen Bundestag.[138] Matthöfer blieb mit 34,6 Prozent der Erststimmen zwar knapp unter dem Zweitstimmenergebnis seiner Partei, teilte dieses Schicksal aber mit den beiden anderen SPD-Kandidaten Georg Leber (Frankfurt I) und Willi Birkelbach (Frankfurt II). Er gewann das Direktmandat für die SPD gegen Franz Böhm (33,6 Prozent), der jedoch über die CDU-Landesliste abgesichert war und – anders als der Kandidat der FDP und spätere hessische Wirtschaftsminister Heinz-Herbert Karry (16,2 Prozent) – ebenfalls in den Bundestag einzog. Böhm gehörte schon in den frühen fünfziger Jahren zu den prominentesten Professoren der Johann Wolfgang Goethe-Universität und hätte gut und gern auch Matthöfers akademischer Lehrer sein können, wenn dieser sein volkswirtschaftliches Studium ernsthafter betrieben hätte. In den Sitzungen des Wirtschaftsausschusses, dem sie nun beide angehörten, war der ordoliberale Wirtschaftsexperte immer an seiner Seite, wenn es darum ging, die Rechte des Individuums zu sichern und es vor Eingriffen des Staates in seine Privatsphäre zu schützen.

Schon bald nach den Wahlen, am 1. Januar 1962, gaben die Matthöfers ihre Dachgeschosswohnung in der Riederwaldsiedlung auf, um nordwestlich von Frankfurt in Schwalbach am Taunus ein Einfamilienhaus zu beziehen. Während ihrer fetten Washingtoner Jahre hatten sie genügend Geld zurücklegen können, um den Bau eines Hauses zu finanzieren. Sie fanden aber in Frankfurt nichts Passendes und schon gar nicht im Wahlkreis, dessen mögliche Bedeutung für den zukünftigen Lebensmittelpunkt sich ja schon im Herbst 1960 abzeichnete. In dieser Lage griffen sie dankbar auf ein Angebot Otto Brenners zurück, sein Grundstück am Sossenheimer Weg zu übertragen. Der IGM-Chef wollte es loswerden, da es in seinen Augen dadurch entwertet worden war, dass sich zwei Häuser weiter Georg Leber niedergelassen hatte. Matthöfer teilte diese Aversion nicht. Aus Matthöfers Perspektive wurde das Grundstück dadurch eher aufgewertet, traute er doch Leber

---

138 Die Unionsparteien stellten zwar zusammen die größte Fraktion mit 45,3 % der Zweitstimmen, die CDU allein erzielte allerdings nur 35,7 %.

in geschäftlichen Dingen – anders als in politischen – ein gutes Urteilsvermögen zu. Unter Traute Matthöfers ›Bauleitung‹ konnte deshalb der Hausbau beginnen. Der künftige Hausherr hätte dafür in seinem achtzehnstündigen Arbeitstag keine Zeit gefunden. Paradoxerweise zog also der Abgeordnete, kaum dass er gewählt war, aus seinem Wahlkreis Frankfurt III weg. Bei Leber war dies übrigens nicht anders, lag doch sein Wahlkreis im Süden Frankfurts. Immerhin besaß Matthöfer einen Stützpunkt im Frankfurter Stadtteil Seckbach, also mitten in seinem Wahlkreis, wo er bei seiner Schwägerin Heidi Jost, geb. Mecklenburg, zur Untermiete wohnte. Dies war notwendig, um für den Stimmzettel eine Wahlkreisadresse zu haben. So war auch sichergestellt, dass der Wahlkreis nicht wegen *einer* fehlenden Stimme verloren gehen konnte.

In Bonn war die ›Wohnungsfrage‹ ebenfalls rasch geklärt. Die Bundestagsverwaltung wies ihm ein Büro im 4. Stock des Abgeordnetenhochhauses zu, das er sich mit Willi Michels teilte. Michels war als geschäftsführendes Vorstandsmitglied der IG Metall für den Stahlbereich zuständig und hatte seinen ständigen Arbeitsplatz im Düsseldorfer Gewerkschaftsbüro. Er war daher nicht auf die Bonner Ressourcen angewiesen und entsprechend selten in seinem Abgeordnetenbüro anzutreffen. Diese glückliche Konstellation entschärfte den Kampf um das einzige Telefon, und der Neuling konnte ungestört seine vielfältigen Aufgaben und Interessen aus seiner Bonner Zentrale verfolgen. Im Parlament selbst entwickelte der Sozialdemokrat während seiner ersten Zeit als Abgeordneter der vierten Legislaturperiode (1961–1965) keinen allzu großen Eifer. Zu den Themen, die er sich vornahm, gehörten die kritische Beobachtung der politischen Lage in Spanien und in Südamerika, die Bekämpfung der Korruption in den Entwicklungsländern sowie die Aktienrechtsreform. Um an der Novellierung des Aktiengesetzes, die 1965 zum Abschluss kam, mitzuarbeiten, ließ er sich von Heinrich Deist, dem Obmann der Arbeitsgruppe Wirtschaft der SPD-Fraktion, als Mitglied des Wirtschaftsausschusses und des Unterausschusses »Aktienrechtsreform« vorschlagen. Im Plenum des Bundestages war er dagegen vor 1967, als die Debatte um die Notstandsgesetzgebung einsetzte, kaum aktiv. Die Ford-Aktion, der forcierte Ausbau der Bildungsarbeit in der IG Metall, die VDO-, AEG- und Siemens-Schwerpunktaktionen, Reisen nach Spanien und Südamerika sowie die intensive Arbeit im Wahlkreis ließen dies kaum zu. Auch war das Bonner Ambiente für einen ambitionierten Jungpolitiker, der sich große Ziele gesteckt hatte, nicht gerade attraktiv. Schon die erste Sitzung der SPD-Bundestagsfraktion, an der der frisch gewählte Frankfurter Abgeordnete teilnahm, wirkte da ernüchternd. Wenn es nur die Langeweile gewesen wäre, die unter der Leitung des Fraktionsgeschäftsführers Karl Mommer selbst in Debatten über Vietnam herrschte, wäre es Matthöfer noch erträglich vorgekommen. Einige »ausgesprochen spießbürgerliche Beiträge« von Fraktionskollegen, aber auch die ihm »unglaublich mies vorkommende Atmosphäre« deprimierten ihn jedoch so sehr, dass es ihm buchstäblich »zum Kotzen« ging.[139]

---

139 Matthöfer, Jahre, S. 508.

Seine ersten Schritte, die der Abgeordnete mit dem Ausweis Nr. 302 auf dem glatten Parkett des Hohen Hauses unternahm, führten ihn ein Stück zurück in die eigene Vergangenheit. Ende Oktober fragte er Herbert Wehner nach den Gründen für die Ablehnung des SDS und seiner Förderorganisation durch die SPD und erhielt auch prompt eine Dokumentation der »Verfehlungen« einzelner Mitglieder des sozialdemokratischen Studentenverbandes. Sie lief auf den Vorwurf hinaus, der SDS sei zu einem organisatorischen Sammelpunkt parteifeindlicher Kräfte geworden. Schon wenige Tage später antwortete er Wehner – mit Durchschlag an den Parteivorsitzenden Erich Ollenhauer – mit einer umfangreichen Gegendarstellung, die er mit Hilfe von Jürgen Seifert formuliert hatte. Matthöfer versuchte, die zahlreichen Unrichtigkeiten über den SDS in Wehners Dossier zu widerlegen und kritisierte die verkürzte Darstellung und verzerrte Bewertung der darin gesammelten Nachrichten. So hatte die Dokumentation z. B. eine Persiflage des sächselnden Funktionärsjargons Walter Ulbrichts, die Oskar Negt zur Erheiterung einer politischen Reisegruppe zum besten gegeben hatte, als Plädoyer für die »Zwangskollektivierung in der Zone« dargestellt. Matthöfer kam zu dem Schluss, dass es sich bei der ›Dokumentation‹ lediglich um eine »Materialsammlung« handele, in der sehr einseitig belastendes Material zusammengetragen worden sei: »Fragwürdig erscheint mir auch die Tatsache, daß vielfach Äußerungen aus dem Zusammenhang gerissen und Einzeläußerungen als bestimmend für die Politik des Verbandes ausgegeben werden. Ich habe in Einzelfällen feststellen müssen, daß diese Äußerungen falsch oder entstellend wiedergegeben worden sind. Eine wirkliche Dokumentation hätte meines Erachtens darüber hinaus Äußerungen an den grundsätzlichen Entscheidungen der Delegiertenkonferenzen und des Bundesvorstands messen müssen. […] Die Materialsammlung hat m. E. ferner nicht berücksichtigt, daß sich der SDS wie die Partei und die Gewerkschaften in den vergangenen Jahren mit denselben Kräften auseinandersetzen mußte, die später in der DFU in Erscheinung traten.« Am Ende drehte er Wehners Kernsatz, der zum Ausschlussargument wurde, um und schloss das 9-Seiten-Papier mit der Frage, »ob nicht gerade ein SDS, in dem nicht mehr ein großer Prozentsatz Mitglieder unserer Partei sind, zu einem organisatorischen Sammelpunkt für parteifeindliche Kräfte werden kann«.[140] Die Intervention in letzter Minute konnte den SPD-Beschluss vom 6. November, in dem die Unvereinbarkeit der Mitgliedschaft im SDS und in der Partei verkündet wurde, nicht mehr abwenden. Sie hat aber gewiss dazu beigetragen, dass es über die Position des ehemaligen SDS-Vorsitzenden innerhalb der politischen Geographie der SPD-Fraktion von Anfang an keinen Zweifel gab: Matthöfer befand sich auf dem äußersten linken Flügel.

---

140 ›Diensttagebuch‹, 29.10.1961, AdsD, DM 0404. Siehe dazu auch die Darstellungen bei Fichter, SDS und SPD, S. 365 f. und Willy Albrecht, Der Sozialistische Deutsche Studentenbund (SDS) – Vom parteikonformen Studentenverband zum Repräsentanten der Neuen Linken, Bonn 1994, S. 419 f.

Kampf um die Notstandsgesetze

Im politischen Bonn pfiffen es die Spatzen von den Dächern, dass der neue Abgeordnete ›Brenners junger Mann‹ war und somit auch ohne Vorstandsmandat die Hausmacht der IG Metall hinter sich hatte. Bis 1968 war dies zumindest so weit richtig, als es in gewerkschaftspolitischen Fragen und weit darüber hinaus zahlreiche Gemeinsamkeiten in den Positionen der Gewerkschaft und denen ihres Angestellten gab. Er sah in dieser Nähe keineswegs ein Problem, »weil ich immer bemüht war, wo möglich, meine Tätigkeit in der IG Metall mit meinen Bundestagsverpflichtungen zu verbinden«.[141] Das gute und vertrauensvolle Verhältnis zu Brenner öffnete auch auf dem Gebiet der allgemeinen Politik die Möglichkeit einer engen Zusammenarbeit. Diese erlaubte es Matthöfer, gelegentlich auch ›Aufträge‹ seines Chefs zu übernehmen, ohne sich dadurch in der Wahrnehmung seiner Mandatsfreiheit eingeschränkt zu fühlen. Auf diese Weise kam der junge Abgeordnete zum ersten Mal mit Fragen der Notstandsgesetzgebung in nähere Berührung. Als die SPD-Fraktion im Januar 1962 eine »Kommission zur Beratung von Problemen der gesetzlichen Notstandsvorsorge« einrichtete, war Matthöfer wohl weniger aus eigener Neigung als aus Loyalität zur IG Metall dazu bereit, an der Antwort der SPD auf den Entwurf des Bundesinnenministers Hermann Höcherl mitzuarbeiten.[142] Tatsächlich wirkte der junge, in Rechts- und Verfassungsfragen unerfahrene Abgeordnete zwischen den politischen Schwergewichten, die mit ihm in der Kommission saßen, wie Fritz Erler, Gerhard Jahn, Erich Ollenhauer, Fritz Sänger, Georg Leber und Herbert Wehner, wie der Platzhalter Otto Brenners: dazu aufgeboten, dem »rechten« Gewerkschafter Leber von »links« Paroli zu bieten. Jedenfalls berichtete er Brenner regelmäßig über den neuesten Stand der Entwicklung und scheute sich auch nicht, Äußerungen seines Schwalbacher Nachbars in der Kommission zum Anlass zu nehmen, in der Fraktion die Position der Gewerkschaften im Allgemeinen und der IG Metall im Besonderen deutlich gegen Angriffe der Kommissionsmehrheit zu verteidigen.[143] Leber hatte zuvor die IG Metall indirekt als Handlanger des »Ostens« bezeichnet, der die Opposition gegen die Notstandsgesetze schüre. Matthöfers Intervention veranlasste Ollenhauer, das bisherige Vorgehen der Notstandskommission – und damit auch Lebers Kritik – in der Fraktion zur Abstimmung zu stellen. In seinem Schlusswort zur Diskussion, das auch eine Entgegnung auf Matthöfers Redebeitrag einschloss, kritisierte der Fraktionsvorsitzende offenbar auch mit einer Spitze gegen die IG Metall »außerhalb der SPD stehende Kräfte«, die auf die innerparteiliche Meinungsbildung Einfluss nehmen wollten. Entsprechend klar fiel das Ergebnis der Abstimmung aus: Nur Matthöfer

---

141 ›Diensttagebuch‹, 12.2.1963; AdsD, DM 0404.

142 ›Diensttagebuch‹, 9.1.1962; AdsD, DM 0404.

143 Im Oktober 1962 hatte sich auch der DGB-Bundeskongress auf Antrag der IG Metall und gegen den Widerstand Lebers mit Zweidrittelmehrheit gegen jede zusätzliche Notstandsgesetzgebung ausgesprochen; DGB-Bundesvorstand (Hg.), Protokoll des 6. Ordentlichen DGB-Bundeskongresses in Hannover, 22.–27. Oktober 1962, Düsseldorf o. J., S. 256.

selbst stimmte mit ›nein‹, zehn von 203 Abgeordneten der SPD-Fraktion enthielten sich der Stimme.[144] Für den Parlamentsneuling war dies mehr als eine Niederlage. Er musste befürchten, zum Inventar der IG Metall gezählt und als eigene politische Persönlichkeit nicht ernst genommen zu werden. Vor die Wahl gestellt, diese Rolle anzunehmen oder sich um ein eigenes Profil zu bemühen, entschied er sich dafür, den Kampf aufzunehmen – auch wenn ihm das Terrain der Notstandsgesetzgebung bis dahin weitgehend fremd war. Da es nicht seiner Art entsprach, halbe Sachen zu machen, ließ er sich im Mai 1963 von der SPD-Fraktion für den für dieses Gesetz federführenden Rechtsausschuss nominieren und wurde bald eines seiner aktivsten Mitglieder.

Solange die SPD in der Opposition stand, sprachen vor allem taktische Gründe gegen eine Entscheidung, mit der eine starke Minderheit innerhalb der Partei ausgegrenzt worden wäre. Vor der Beschlussfassung in den Führungsgremien der Partei fiel es Matthöfer, der mittlerweile zum Experten für die Notstandsgesetze geworden war, entsprechend leicht, Fritz Erler, der inzwischen die Nachfolge Ollenhauers als Fraktionsvorsitzender angetreten hatte, davon zu überzeugen, dass in dieser Frage eine Spaltung der SPD drohe.[145] Tatsächlich beschlossen Parteivorstand, Parteirat und Kontrollkommission am 29. Mai 1965 auf einer gemeinsamen Sitzung in Saarbrücken, die Notstandsgesetze »in der vorliegenden Fassung« abzulehnen.[146] Damit war die Frage zwar im Wahljahr von der Agenda der SPD abgesetzt, doch ließ sich leicht voraussehen, dass dies aus verfassungsrechtlichen Gründen noch nicht das letzte Wort gewesen sein konnte. Die Partei, die 1959 in ihrem Godesberger Programm ihren Frieden mit der Rolle der Bundesrepublik im westlichen Bündnis gemacht hatte, wollte sich nicht der Unzuverlässigkeit in Sicherheitsfragen bezichtigen lassen. Sie konnte sich auf Dauer nicht der Aufgabe entziehen, die Vorbehaltsrechte der Alliierten, die noch aus der Besatzungszeit stammten, zugunsten einer vollständig souveränen westdeutschen Bundesrepublik abzulösen. Matthöfer war deshalb fest davon überzeugt, »dass es nicht noch einmal möglich sein wird, die SPD zeitlich und sachlich in die Lage zu versetzen, kommende Entwürfe [zur Notstandsgesetzgebung] auf der Grundlage ihrer Beschlüsse ablehnen zu können«.[147] Noch vor den Wahlen nannte er deshalb in einer Aktennotiz für Brenner die Forderungen, die seiner Meinung nach erfüllt sein müssten, damit sich

144 Prot. der Sitzung der SPD-Bundestagsfraktion am 27. November 1962; AdsD, SPD-BTF, 1032. Matthöfer stellte die Konfrontation mit Ollenhauer Anfang der achtziger Jahre wie folgt dar: »Nach der Sitzung kam ich beim Verlassen des Fraktionsaales zufällig an ihm vorbei und sagte: ›Du hast mich ja ganz schön außerhalb der Partei gestellt.‹ Worauf er gutmütig lächelnd, verbindlich und freundlich-väterlich antwortete: ›Aber ich meine doch nicht dich, mein Junge.‹« ›Diensttagebuch‹, 27.11.1962; AdsD, DM 0404.
145 ›Diensttagebuch‹, 29.5.1965; AdsD, DM 0404.
146 Die ›Saarbrücker Beschlüsse der SPD‹ sind abgedruckt in Friedrich Schäfer, Die Notstandsgesetze. Vorsorge für den Menschen und den demokratischen Rechtsstaat, Köln, Opladen 1966, S. 154. Sieben »einfache«, d. h. nicht verfassungsändernde Notstandgesetze wurden gleichwohl im Juni 1965 verabschiedet, zum Teil mit den Stimmen der SPD. Sie blieben bis Mitte 1968 unwirksam, weil entsprechende Haushaltsmittel nicht bereitgestellt wurden.
147 Aktennotiz, Matthöfer an Brenner am 2.8.1965, AdsD, DM 018.

auch die Gewerkschaften mit der Notstandsgesetzgebung abfinden könnten: die eindeutige und klare Ablösung der alliierten Vorbehaltsrechte, die Offenlegung der ›Schubladengesetze‹[148], eine Sicherung des Arbeitskampfrechts und der Ausschluss jeden Missbrauchs der Grundgesetzartikel 12 (Verbot der Zwangsarbeit) und 91 (Innerer Notstand). Auch Brenner ging es vor allem um die Sicherung des Streikrechts und die Abwehr weitreichender Dienstverpflichtungen im Notstandsfall. Der Entwurf der CDU/CSU/FDP-Koalition sah eine Neuformulierung des Artikels 12 vor, die nach Auffassung Brenners die Freizügigkeit der Arbeitnehmer beseitigte und das Streikrecht aushöhlte. Sie rückte damit seiner Ansicht nach wieder bedenklich in die Nähe jener problematischen Regelungen des Vaterländischen Hilfsdienstgesetzes vom 5. Dezember 1916, das die Spaltung der SPD weiter vertieft hatte, und der Gesetze und Verordnungen »zur Regelung des Arbeitseinsatzes«, die während des »Dritten Reiches« tief in die Freizügigkeit der Metallarbeiter eingegriffen hatten.[149] Der Parlamentarische Rat hatte 1949 angesichts der leidvollen Erfahrungen aus dem Ersten Weltkrieg und aus dem »Dritten Reich« in Artikel 12 Abs. 2 und 3 ein klares Verbot der Dienstverpflichtung und der Zwangsarbeit ausgesprochen, und die Regierungskoalition war nun dabei, dies wieder zurückzunehmen. Für Brenner war damit die Grenze des Hinnehmbaren überschritten: »Nach unserer Auffassung ist das Recht zur freien Wahl des Arbeitsplatzes, zur Kündigung eines Arbeitsverhältnisses durch den Arbeitnehmer eines der wichtigsten sozialen Grundrechte. Seine Aufhebung würde mit einem Schlag den mühsam zurückgelegten Weg zum sozialen Rechtsstaat wieder rückgängig machen.«[150]

Mit der Bildung der ersten Großen Koalition im Dezember 1966 änderte sich die politische Landschaft auch im Hinblick auf die Notstandsgesetzgebung grundlegend. Obwohl sie zu den Pflichtaufgaben der Großen Koalition gehörte, gab es in den Augen vieler Angehöriger der beiden Volksparteien wichtigere Projekte, die eine solche Koalition wünschenswert machten. Wenn Matthöfer zu den entschiedenen Befürwortern der Großen Koalition gehörte, so bestimmt nicht wegen der Notstandsgesetzgebung. Ihre Verabschiedung im Sinne einer ›schlanken‹ Regelung wäre mit den Liberalen viel eher möglich gewesen. Gerade für den Gewerkschafter war es aber unvorstellbar, dass die SPD-Parlamentarier, »erpresst bis dorthinaus«, »auf die Stimmen der reaktionärsten sechs FDP-Abgeordneten angewiesen gewesen wären«.[151] Es erschien ihm völlig unmöglich, in einer Kleinen Koalition die schwierigen innen- und außenpolitischen Fragen zu lösen, die zur Entscheidung anstanden. Tatsächlich hatte er sich schon um die Jahreswende 1962/63 für eine

---

148 Unter Berufung auf die Vorbehaltsrechte der ehemaligen Besatzungsmächte aus Art. 5, 2 des Deutschlandvertrages hatte die Bundesregierung bei den Länder- und Gemeindebehörden geheime Notverordnungen deponiert, die jeder parlamentarischen Kontrolle entzogen waren.

149 Gesetz über den vaterländischen Hilfsdienst vom 5. Dezember 1916, RGBl I, S. 1333 ff., sowie Gesetz vom 15. Mai 1934, RGBl I, S. 381 und 1. bis 6. Anordnung zur Durchführung des Vierjahresplans, alle vom 7. November 1936, RGBl I, S. 292 ff.

150 Brenner an den Vorsitzenden des Bundestagsausschusses für Inneres Hermann Schmitt-Vockenhausen am 3. Mai 1965 (mit Durchschlag an Matthöfer); AdsD, DM 01.

151 Matthöfer an Erich S. Nitzling, Frankfurt, 6. November 1967, AdsD, DM 0184.

Große Koalition ausgesprochen, als die FDP seiner Partei vor dem Hintergrund der Spiegelaffäre und Kanzlerkrise das Angebot eines konstruktiven Misstrauensvotums gegen Adenauer machte und sich für die Geschlossenheit der Liberalen verbürgte. Allerdings zerschlug sich dieser Plan der FDP ebenso wie Matthöfers Wunschkoalition, obwohl Herbert Wehner in Geheimverhandlungen mit dem CSU-Abgeordneten Freiherr von und zu Guttenberg den Eindruck erweckt hatte, die SPD wolle »dem Kanzler nachlaufen« und seine Bedingung – die Änderung des Wahlgesetzes – erfüllen.[152] Nicht ohne Bedauern berichtete Matthöfer seinem Freund Karl Leuteritz nach Chicago:[153] »Die Koalition hat sich ja zerschlagen. Grundsätzlich bin ich allerdings ein Anhänger der Koalition.« Er blieb deshalb auch 1966 standhaft, als der Vorstand des SPD-Unterbezirks Frankfurt ›seine‹ Bundestagsabgeordneten telegraphisch aufforderte, sich gegen eine Große Koalition zu stellen und sich stattdessen für eine Regierung aus SPD und FDP stark zu machen. Insbesondere die avisierte Kanzlerschaft des baden-württembergischen Ministerpräsidenten Kurt Georg Kiesinger und ein Ministeramt für den CSU-Vorsitzenden Franz-Josef Strauß wurde vehement abgelehnt. Unter tumultuösen Begleitumständen ernteten die Frankfurter Bundestagsabgeordneten Georg Leber und Hans Matthöfer laute Buh-Rufe, als der Unterbezirksvorsitzende Walter Möller während der Sitzung verkündete, die beiden hätten in der Bundestagsfraktion für die Große Koalition votiert.[154] Matthöfer verteidigte seine Entscheidung in einer Wahlkreisdelegiertenkonferenz, an der auch Möller teilnahm, als »die Ermöglichung einer Regierung auf der Grundlage der politischen Kräfte, die in der Bundesrepublik auch die Einheitsgewerkschaft tragen«. Er scheute sich auch nicht, seinen Freund Walter Möller frontal anzugreifen, als er dessen Telegramm an den neu ernannten Verkehrsminister Georg Leber vor den Delegierten verlas: »Herzlichen Glückwunsch! Frankfurts U-Bahn ist gerettet.«[155] Aber auch dies konnte den Zorn der Delegierten nicht von ihm ablenken. Einige drohten sogar, ihn bei den nächsten Bundestagswahlen nicht wieder als Kandidaten aufzustellen. »Wenn man einen Gummimann suche«, so seine knappe Antwort, »der in dieser oder in anderen wichtigen Fragen gegen seine eigenen festen Überzeugungen stimme,

152 Karl-Hermann Flach (Frankfurter Rundschau) an Matthöfer am 18. Dezember 1962. AdsD, DM 0183. Die offiziellen Verhandlungen über eine Große Koalition, die Ende November begannen, scheiterten schließlich am Widerstand in der SPD-Fraktion (Kurt Klotzbach, Der Weg zur Staatspartei. Programmatik, praktische Politik und Organisation der deutschen Sozialdemokratie 1945 bis 1965, Berlin, Bonn 1982, S. 528 f.).

153 Matthöfer an Leuteritz (Deutsches Generalkonsulat) am 14. Januar 1963, AdsD, DM 0183. Leuteritz hatte ihn zuvor beschworen: »Macht jetzt keine Koalition mit dem Alten!« (Leuteritz an Matthöfer am 4. Dezember 1962, ebenda).

154 »Strauß und Wehner – das will keener« und »Schäm dich, Willy! – Frankfurt vor 30 Jahren: Proteste gegen die große Koalition / Buhrufe bei der SPD für Georg Leber und Hans Matthöfer«, FAZ vom 27.11.1996, S. 52. Einzig die Nachfolgerin von Willi Birkelbach im Wahlkreis Frankfurt II, Brigitte Freyh, die geschiedene Frau von Matthöfers ›links‹-Freund Richard Freyh, stimmte gegen die Große Koalition.

155 ›Diensttagebuch‹, 1. Dezember 1966; AdsD, DM 0404. »Dem Pragmatiker Möller machte das nichts aus. Er saß dabei, strahlte – sein Telegramm bestätigend – und argumentierte unverdrossen weiter gegen die neue Koalition.«

müsse das dann wohl so sein.« Auch gegen Angriffe aus den Reihen der IG Metall musste sich Matthöfer wehren. In den Presse- und Funk-Nachrichten der IG Metall vom 1. 12. 1966 wurde an erster Stelle eine Meldung der ›Frankfurter Neue Presse‹ wiedergegeben, in der es hieß: »Matthöfer und Leber wurden von Delegierten als ›Verräter an den Prinzipien der SPD‹ bezeichnet.« Dass ausgerechnet seine Metall-Kollegen diese Unterstellung unkritisch übernahmen, muss ihn sehr getroffen haben. Entsprechend resignativ klang seine Gegendarstellung an den Pressesprecher der Gewerkschaft, Werner Thönnessen:[156] »Ich will nur ganz einfach feststellen, daß diese Meldung falsch ist. Niemand unter den mehr als 30 Delegierten, mit denen ich bisher gesprochen habe, hat etwas Derartiges gehört. […] Wie soll ich mich jetzt gegen die Verleumdung, ich sei ein ›Verräter an den Prinzipien der SPD‹, die an alle wichtigen Funktionäre der IG Metall verbreitet wurde, wehren?«

Die Große Koalition erleichterte ihm die Arbeit in Sachen Notstandsgesetzgebung nicht. Zwar fehlten im neuen Regierungsentwurf einige der schwersten Zumutungen für den Gewerkschafter. Doch war auch die neue Vorlage weit davon entfernt, seine Zustimmung zu finden. Gegenüber der Frankfurter Rundschau vertrat er sogar die Auffassung, die Bedenken gegenüber der Vorlage des Innenministers Paul Lücke seien innerhalb der Fraktion zur Zeit noch stärker als bei den Beratungen 1965.[157] Diese Behauptung war nicht aus der Luft gegriffen. Tatsächlich fanden sich 62 Mitglieder der SPD-Fraktion, die kurz vor der 1. Lesung der Notstandsgesetze am 29. Juni 1967 mit ihrer Unterschrift eine Gegenposition unterstützten. Die elfseitige Vorlage war während einer Besprechung in Matthöfers Haus in Schwalbach entstanden. Unter Mithilfe von Jürgen Seifert wurde sie formuliert von Kurt Gscheidle, Rudolf Kaffka, Helmut Lenders und natürlich von Matthöfer selbst.[158]

Seine Schlüsselrolle für die Führung der Opposition gegen die Notstandsgesetzgebung verdankte er seiner Fähigkeit als Brückenbauer zwischen gewerkschaftlichen und universitären Protestgruppen einerseits und der SPD-Fraktion andererseits. Er und seine Mitstreiter waren klug genug, nie den Verdacht einer innerparteilichen Fraktionsbildung aufkommen zu lassen. Seine Loyalität zur Partei und zur Fraktion ließ sich keinen Augenblick in Zweifel ziehen. Das Papier enthielt 16 Änderungsanträge und mehrere Hilfsanträge. So sollte z. B. in Artikel 9 des Grundgesetzes (Vereinigungsfreiheit) das Streikrecht »auch für den Streik, der der Aufrechterhaltung der freiheitlichen demokratischen Grundordnung dient«, verankert werden. Damit wäre durch die Hintertür das Recht auf den ›politischen Streik‹ in das Grundgesetz eingeführt worden, dessen Zulässigkeit freilich auch unter den Gewerkschaften sehr strittig war. Die nach Artikel 12 zulässigen Dienstverpflichtungen sollten auf den Zustand der äußeren Gefahr und auf den Spannungszustand beschränkt werden. Die Antragsteller wollten den Gemeinsamen

---

156 Matthöfer an Dr. Werner Thönnessen am 05. 12. 1966; AdsD, DM 01.
157 Frankfurter Rundschau vom 28. Juni 1967.
158 Kurt Gscheidle, Rudolf Kaffka, Helmut Lenders, Hans Matthöfer und andere, Änderungsanträge zur Bundestagsdrucksache V/1879, Bonn 26. Juni 1967; AdsD, DM 03.

Ausschuss, der als Notparlament fungierte, entsprechend dem Stärkeverhältnis der im Bundestag vertretenen Parteien besetzt sehen. Die geplante Ausdehnung des Artikels 91 auf den Fall eines inneren Notstandes hielten sie insgesamt für obsolet. Auch für den Fall des äußeren Notstandes schlugen sie abweichende Regelungen vor. Neben den Spannungszustand und den Verteidigungsfall sollte der Zustand äußerer Gefahr treten. Dessen Feststellung sei nach vier Wochen zu erneuern, solange es nicht zu bewaffneten Auseinandersetzungen komme. Der Zustand der äußeren Gefahr, der definitionsgemäß mit dem Beginn eines Angriffs auf die Bundesrepublik Deutschland als eingetreten galt, musste – so der Vorschlag im Gegenantrag – innerhalb von drei Tagen von Bundestag und Bundesrat oder dem Gemeinsamen Ausschuss ausdrücklich erklärt werden.

Mehr noch als die Anträge selbst übte die Unterschriftensammlung Einfluss auf den weiteren Gang der innerparteilichen Debatte aus. Bis dahin war es noch nie vorgekommen, dass in der SPD-Fraktion für erst noch zu stellende Änderungsanträge Unterschriften gesammelt wurden. Matthöfer ließ es bewusst im Unklaren, wer die Anträge unterschrieben hatte und wie viele Unterschriften schon zusammen gekommen waren.[159] Das reizte die Presse zu allerlei Spekulationen, die von den Kritikern der Notstandsgesetze aber als Teil ihrer psychologischen Kriegsführung gegen den Fraktionsvorstand nicht ungern gesehen wurden, weil sie zu dessen Verunsicherung beitrugen. Jedenfalls konnte er keineswegs sicher sein, bei wichtigen Abstimmungen zu den vorliegenden Entwürfen der Notstandsgesetze die Mehrheit der Fraktion noch immer hinter sich zu haben. Die Fraktionsführung war deshalb schon im Vorfeld wesentlich kompromissbereiter, als sie es sonst wohl unter normalen Umständen gewesen wäre.

Auch die enge Zusammenarbeit mit der IG Metall trug dazu bei, die Schlagkraft der Gruppe größer erscheinen zu lassen, als sie es tatsächlich war. In strategischen Fragen waren sich Matthöfer und Brenner noch immer völlig einig, auch wenn sie taktisch meist ganz unterschiedliche Wege einschlugen. Otto Brenners eigene Position in der Notstandsdiskussion, und damit auch die Haltung der IG Metall, war sehr einfach und in gewisser Weise auch bequem: Die Gewerkschaft war gegen diese Gesetze und wollte sich nicht auf die Diskussion von Einzelheiten einlassen. Anderenfalls fürchtete man, sich in den Augen der Öffentlichkeit und der eigenen Mitgliedschaft in Nebensächlichkeiten zu verlieren und dann im Ernstfall nicht mehr in der Lage zu sein, den Widerstand großer Massen gegen das Vorhaben zu organisieren. Gleichwohl war Otto Brenner sehr damit einverstanden, dass sich Matthöfer in den zuständigen Ausschüssen und Arbeitsgruppen als Abgeordneter bemühte, den Entwürfen die ›Giftzähne‹ zu ziehen. Das hatten die beiden Gegner der Notstandsgesetze in einem Gespräch zu Beginn der Legislaturperiode in Anwesenheit des Persönlichen Referenten Brenners, Karlfred Zander, so vereinbart.[160] Auch vor dem Beirat, dem höchsten Gremium der IG Metall zwi-

---

159 So war die weit verbreitete Größenordnung von 100 Dissidenten viel zu hoch gegriffen. »Mehr Notstandsgegner in der SPD«, Frankfurter Rundschau vom 6. November 1967.

160 ›Diensttagebuch‹, 16.11.1967; AdsD, DM 0404

schen den Gewerkschaftstagen, ließ der Leiter der Bildungsabteilung im April 1968 keinen Zweifel an seiner Rolle aufkommen: »Jeder Abgeordnete, auch wenn er grundsätzlich dazu neigt, eine Notstandsgesetzgebung abzulehnen, hat aber die Verpflichtung, auch auf den Inhalt der gegen seinen Willen zu verabschiedenden Gesetze Einfluss zu nehmen. Es wird also die Aufgabe derjenigen sein, die von außen den Kampf gegen die Notstandsgesetze führen, zu entscheiden, wie ihre Strategie in diesen entscheidenden nächsten 2½ Monaten aussehen soll.«[161] Allerdings funktionierte diese taktische Linie nach dem Motto »Getrennt marschieren, vereint schlagen« nicht immer. Ausgerechnet auf dem Höhepunkt der öffentlichen Debatte, während der zum ersten Mal in der deutschen Parlamentsgeschichte im Fernsehen übertragenen Expertenanhörung, kam es zu einem Missverständnis, das den Auftritt Brenners im Bundestag überschattete. Nach dem einleitenden Vortrag des IGM-Chefs versuchte Matthöfer, durch Zusatzfragen die gemeinsame Position zu stützen und die für Brenners Befragung vorgesehene Zeit so zu verkürzen, dass den Abgeordneten der CDU/CSU weniger Gelegenheit für Fangfragen bliebe. Diese in vielen Hearings erprobte Taktik schlug jedoch fehl, weil Brenner ganz offenbar von den Fragen überrascht und auch überfordert war. Anscheinend war er nicht darauf vorbereitet worden. Dies wäre die Aufgabe des für Rechtsfragen zuständigen Referenten Olaf Radke gewesen, dem Matthöfer alle Fragen rechtzeitig zugesandt hatte. Vielleicht wollte sich Otto Brenner aber auch ganz bewusst nicht auf die Diskussion von Detailfragen einlassen. Er versteifte sich auf die Aussage, die Notstandsgesetzgebung sei »aus grundsätzlichen Erwägungen« abzulehnen, weil schon jetzt genügend Möglichkeiten beständen, »mit Notstandssituationen fertig zu werden«.[162] Jedenfalls handelte sich der ›übereifrige‹ Fragesteller bei seinen Kollegen in der IG Metall großen Ärger ein, weil es in der Fernsehübertragung des Hearings so schien, als hätte er Brenner durch seine Fragen absichtlich in Verlegenheit bringen wollen.[163]

Alles in allem war die Anhörung aber ein großer Erfolg für die Gegner der Gesetzesvorlage des Innenministers. Ihr Sprecher verbreitete aus taktischen Gründen (aber nicht völlig unüberzeugend) Optimismus, wenn er die Hoffnung aussprach, die SPD-Fraktion könnte seine Vorbehalte zur Notstandsplanung übernehmen.[164] Vor den Delegierten des Frankfurter SPD-Unterbezirks verriet Matthöfer noch einen anderen Weg, der zur Ablehnung der Gesetzesvorlage führen könnte:[165]

161 Niederschrift über die Sitzung des Beirates der Industriegewerkschaft Metall am 10. April 1968 in Frankfurt am Main. AdsD, DM 04.

162 Protokoll der 2. öffentlichen Informationssitzung des Rechtsausschusses und des Innenausschusses am 16. November 1967, S. 46.

163 ›Diensttagebuch‹, 16.11.1967; AdsD, DM 0404. Während der Anhörung des Bundestages zur Notstandsgesetzgebung wurden neben Brenner unter anderem der DGB-Vorsitzende Ludwig Rosenberg und der ÖTV-Vorsitzende Heinz Kluncker zur Haltung des DGB und der ÖTV befragt.

164 »Matthöfer gibt sich optimistisch – Übernimmt SPD-Gesamtfraktion Vorbehalte zur Notstandsgesetzplanung?«, Frankfurter Rundschau vom 27. November 1967.

165 »›Dissidente‹ SPD hat Chancen beim Notstand« Frankfurter Rundschau vom 19. Dezember 1967.

»Die FDP wird den Regierungsentwurf ablehnen, weil sie einen eigenen Entwurf eingebracht hat, der sich auf Regelungen für den äußeren Notstand beschränkt. Eine große Minderheit in der SPD-Fraktion wird ebenfalls gegen den Regierungsentwurf stimmen. Die SPD-Gruppe [...] wird in der Lage sein, so entscheidende Änderungen am Regierungsentwurf durchzusetzen, daß der rechte Flügel der CDU nicht mehr mitmacht; ihm sei ohnehin der Regierungsentwurf viel zu zahm.«

Tatsächlich schien die SPD-Fraktion auf einer Klausurtagung am 15. und 16. Januar 1968 in Bonn bereit, den ›Dissidenten‹ ein ganzes Stück entgegen zu kommen. Nach einer zum Teil kontroversen Debatte über das Streik- und Widerstandsrecht, für deren Verankerung vor allem Matthöfer kämpfte, wurden signifikante Korrekturen am Koalitions-Entwurf ins Auge gefasst.[166] Der Verteidigungsfall sollte vom Spannungszustand unterschieden werden, der mit Zweidrittelmehrheit des Bundestages festgestellt werden müsse; außerdem sollten Katastrophenfall und innerer Notstand voneinander getrennt werden. Der Gemeinsame Ausschuss dürfe erst in Aktion treten, wenn das Parlament ausgefallen sei, dementsprechend entfiele der Informationsanspruch schon in Friedenszeiten. Dienstverpflichtungen sollten nur unter Mitwirkung des Bundestages und unter weitgehender Wahrung der Freiwilligkeit erfolgen. In Artikel 9 war das Streikrecht ausdrücklich zu garantieren, wobei der Begriff des Arbeitskampfes vermieden werden sollte, um nicht auch die Aussperrung mitzuerfassen. Letzteres war Matthöfer so wichtig, dass er sich später, in seiner Rede zur 2. Lesung, einen ebenso offenen wie aussichtslosen Schlagabtausch mit dem Rechtsexperten der SPD-Fraktion, Martin Hirsch, lieferte.[167] Außerdem wollte die Fraktion ein Widerstandsrecht in Artikel 18 verankern. Schließlich sollte im Katastrophenfall der waffenlose Einsatz von Bundeswehr und Bundesgrenzschutz zugelassen werden; unklar blieb, ob die Bundeswehr bei einem Aufstand militärisch bewaffneter Verbände eingesetzt werden solle. Damit hatte sich in entscheidenden Fragen – Widerstandsrecht, Koalitionsfreiheit, Dienstverpflichtungen – die Gruppe um Matthöfer und Gscheidle durchgesetzt, während sich die SPD-Fraktion von der Regierungsvorlage distanzierte.

Nun sah es so aus, als könnte sich der Minderheitssprecher mit dem Gesetz abfinden. Es kam ihm ja nicht darauf an, die Vorlage scheitern zu lassen. Wichtig war ihm, dass die Grundrechte nicht eingeschränkt werden würden und insbesondere nicht das Koalitions-, Versammlungs- und Streikrecht der Arbeitnehmer. Vor allem aber ging es ihm zusammen mit der Fraktionsmehrheit darum, die alliierten Vorbehalte zu beseitigen und damit die Übertragungsmöglichkeit an die Bundesregierung, was die Grundlage für die Rechtskonstruktion der ›Schubladenentwürfe‹

---

166 Siehe dazu Michael Schneider, Demokratie in Gefahr? Der Konflikt um die Notstandsgesetze, Bonn 1986, S. 232.

167 Notstandsdebatte, 2. Beratung am 15. Mai 1968; Hirsch erklärte im Namen der Fraktionsmehrheit, Matthöfer habe »am Thema vorbeigeredet«, weil im Entwurf »das Streikrecht sogar bis in den Krieg hinein sichergestellt« sei. Deutscher Bundestag, Chronik der 5. Legislaturperiode, Bonn o. J., S. 142.

darstellte. Auch die alliierte Telefon- und Briefkontrolle sollte endlich verschwinden. Ferner bestand Matthöfer darauf, zahlreiche Rechte, die nun die Regierung ausüben konnte, an den Bundestag zurück zu gegeben. Mit dem Fraktionskompromiss war freilich lediglich eine Schlacht gewonnen, während der Ausgang der Kampagne noch immer ungewiss blieb. Je mehr die Gegner der Notstandsgesetzgebung im Parlament an Boden gewannen, desto mehr verloren Teile der außerparlamentarischen Opposition in ihrer Kritik an einem im Grunde mustergültigen demokratischen Verfahren jedes Maß. So musste sich Matthöfer Anfang Februar in einem Schreiben an den früheren SDS-Vorsitzenden Helmut Schauer gegen die Kritik des Kuratoriums ›Notstand der Demokratie‹ an der »nachgiebigen Haltung« der SPD-Bundestagsfraktion bei den Verhandlungen über die Notstandsgesetzgebung verwahren.[168] Er warnte davor, »aus dem Kampf gegen Einschränkungen der Grundrechte durch die Notstandsgesetzgebung einen Kampf gegen die SPD zu machen«. Das Kuratorium war im September 1966 nicht zuletzt auf Betreiben der IG Metall gegründet worden und sollte die außerparlamentarische Opposition koordinieren. Selbst im direkten Aufeinandertreffen mit Freunden, wie etwa mit Oskar Negt, fiel Matthöfer nun immer häufiger die Rolle zu, »das abzuwiegeln, was er aufwiegelte«.[169] Zwischen den Fronten stehend, fiel es der ›parlamentarischen Opposition‹ immer schwerer, sich ausschließlich auf das Gebiet der Notstandsgesetzgebung zu konzentrieren, alle Nebenkriegsschauplätze strikt zu meiden, den Kontakt zu den Gewerkschaften, zu der außerparlamentarischen Antinotstands-Bewegung und zu ihren akademischen Beratern, wie Jürgen Seifert, nicht zu verlieren. Es galt schließlich, zwei Vorwürfen auf jeden Fall schon im Ansatz den Boden zu entziehen, weil sie die Effektivität und Durchsetzungsfähigkeit der parlamentarischen Arbeit entscheidend gemindert hätten: den Vorwurf der Fraktionsmacherei innerhalb der Partei oder der Fraktion und den der Kumpanei mit anderen Parteien oder SPD-feindlichen außerparlamentarischen Gruppierungen. Im Großen und Ganzen ist Matthöfer dieser Drahtseilakt ganz gut gelungen.

Allerdings kam es auch zu handfesten Einschüchterungsversuchen der Fraktionsführung gegenüber ihm und Kurt Gscheidle. Matthöfer notierte darüber später in seinem ›Diensttagebuch‹: »Anläßlich einer Fraktionssitzung in Berlin wurden wir dringend gebeten, an einer abendlichen Aussprache im Dahlemer Hause des Berliner MdB Martin Hirsch, des stellvertretenden Fraktionsvorsitzenden und spä-

---

168 Schreiben vom 01. 02. 1968; AdsD, DM 01. Das Kuratorium wurde zu diesem Zeitpunkt auch von der IG Metall finanziell und materiell unterstützt. Helmut Schauer wurde von der IG Metall als Funktionär in der Tarifabteilung der Frankfurter Hauptverwaltung eingestellt. Erst als das Kuratorium in einem Flugblatt auch Otto Brenner angriff, drängte die Gewerkschaft auf seine Auflösung. IGM-Vorstand. Niederschrift der Sitzung des Geschäftsführenden Vorstandes am 1. Juli 1968; AdsD, 5/IGMA 000338. Zum Kongreß ›Notstand der Demokratie‹ siehe Helmut Ridder et al., Notstand der Demokratie, Referate, Diskussionsbeiträge und Materialien vom Kongreß am 30. Oktober 1966 in Frankfurt a. M., Frankfurt a. M. 1967.

169 Wenige Tage vor der 3. Lesung auf einer Podiumsdiskussion der Anti-Notstands-Bewegung in einem Hörsaal der medizinischen Fakultät der Universität Frankfurt. Matthöfer an Beier am 26. September 1984, AdsD, DM 0404.

teren Bundesverfassungsrichters, teilzunehmen. Als wir hinkamen, saßen schon ungefähr zehn bis zwölf Abgeordnete, die alle dem rechten Flügel der Fraktion zuzuordnen waren, im Kreise um einen niedrigen Tisch. Es wurde – wie es sich bei einer zünftigen Kanalarbeiter-Zusammenkunft gehörte – kräftig Bier und Schnaps getrunken.[170] Der sich als Chef der Kanalarbeiter verstehende Egon Franke hatte offenbar die Aufgabe übernommen, uns den Marsch zu blasen und uns aufzufordern, unsere Anträge zur Notstandsgesetzgebung – soweit noch nicht berücksichtigt – unverzüglich zurückzuziehen. Wir ließen ihn gar nicht erst ausreden und lehnten das rundweg ab. Daraufhin sagte der auch anwesende [Fraktionsvorsitzende – W.A.] Helmut Schmidt, dann müßten wir auch die Fraktionsführung übernehmen, was wohl als Rücktrittsdrohung verstanden werden sollte. Nach kurzer Blickverständigung mit Kurt Gscheidle sagte ich: ›Na klar, machen wir, wenn es denn unbedingt sein muß.‹ Kurt und ich standen danach kurz entschlossen auf und wollten gehen, weil wir nicht mehr bereit waren, uns noch weiter diesen amateurhaften Pressionsversuchen auszusetzen, aber Helmut Schmidt bat uns dringend, noch etwas zu bleiben. Es wurde dann noch stundenlang getrunken und über andere Sachen diskutiert, wohl um den schlechten Eindruck zu verwischen, der bei uns entstanden war, bis dann die Unterhaltung mit zunehmendem Alkoholkonsum zu dem obligatorischen Witzeerzählen und den üblichen Blödeleien degenerierte. Niemand erwähnte mehr an diesem Abend unsere Anträge oder deren weiteres Schicksal. Vielleicht ist es auch auf die Vorgänge an diesem Abend zurückzuführen, daß Helmut Schmidt – auch in den späteren Jahren – nie wieder versucht hat, mich selbst unter Druck zu setzen oder von anderen setzen zu lassen.«[171]

Seit Anfang April wehte den Dissidenten der Wind wieder ins Gesicht. Dies gilt nicht nur für die Welle des Studentenprotestes, die, begleitet von Brandanschlägen und Blockaden des Springer-Konzerns und heftigen Reaktionen auf das Attentat auf Rudi Dutschke, das Diskussionsklima anheizte. Sie richtete sich nicht zuletzt auch gegen alle, die sich der Gesetzgebung nicht völlig verweigerten. Rückschläge traten auch in der Ausschußarbeit ein. Eine neue Vorlage des Rechtsausschusses ließ nicht nur zahlreiche Bedenken der öffentlichen Anhörungen unberücksichtigt, sie verletzte zugleich auch die Nürnberger Parteitagsbeschlüsse[172] der SPD und stand im Widerspruch zu den Änderungsvorschlägen der SPD-Fraktion von Mitte Januar. Danach sollte es nun möglich sein, die Bundeswehr im Innern ein-

---

170 ›Kanalarbeiter‹ war der Name einer Gruppe von SPD-Abgeordneten des rechten Parteiflügels, der anlässlich einer Protestaktion gegen Preiserhöhungen in der Bundestagskantine enrfunden wurde. Von Journalisten nach der Absicht des Kantinenboykotts befragt, antwortete Karl Herold, neben Egon Franke einer der Protagonisten der Gruppe, spontan: »Wir sind die Gewerkschaft der Kanalarbeiter.« Die Gruppe traf sich jeden Dienstag in der Bonner Kneipe Rheinlust – daher der Ruf der Trinkfestigkeit, auf den Matthöfer anspielt. Vgl. DER SPIEGEL 47/1977 vom 14.11.1977, S. 41.

171 ›Diensttagebuch‹ vom 16.04.1968; AdsD, DM 0404.

172 In Nürnberg hatte der Parteivorstand im März seine Haltung zu den Gesetzen durchgesetzt, die in etwa mit dem Fraktionskompromiß vom Januar übereinstimmten. Vorstand der SPD (Hg.), Parteitag der Sozialdemokratischen Partei Deutschlands vom 17. bis 21. März 1968 in Nürnberg. Protokoll der Verhandlungen, Bonn 1968, S. 1096–1099.

Keine Scheu vor handfesten politischen Auseinandersetzungen. Gerangel mit Links-radikalen vor der Neu-Isenburger Hugenottenhalle 1980.

zusetzen. In der entsprechenden Vorlage hieß es: »Zur Abwehr einer drohenden Gefahr für den Bestand oder die freiheitlich demokratischen Grundordnung des Bundes oder eines Landes kann die Bundesregierung die Streitkräfte zur Unterstützung der Polizei beim Schutze von zivilen Objekten und zur Bekämpfung von Gruppen militärisch bewaffneter Aufständischer einsetzen.« Matthöfer nannte diesen Passus unverblümt einen »Vietnam-Artikel«, weil die Bundeswehr praktisch eine Art Guerilla-Kampfauftrag erhalten hätte.[173] Die Formulierung »Gruppen militärisch bewaffneter Aufständischer« verdrehte nach seiner Ansicht völlig den Sinn des SPD-Änderungsantrages, der die »Bekämpfung eines Aufstandes militärisch bewaffneter Verbände« zulassen wollte. Vor dem Hintergrund von Massendemonstrationen der außerparlamentarischen Opposition in Bonn mussten nun die Koalitionsfraktionen erneut nach Lösungen suchen. Vor der 2. Lesung am 15. Mai stimmte die SPD-Fraktion mit wechselnden Mehrheiten über Änderungsanträge zum Notstandsgesetzentwurf ab. Die wesentlichen Meinungsverschiedenheiten bestanden nach wie vor in den Fragen: Bundeswehreinsatz im Innern, Auslösung des Spannungsfalls durch Bündnisbeschluss, ›Streikrecht‹ oder ›Recht auf Arbeitskampf‹ und Dienstverpflichtungen. Die Fraktionssitzung endete erst spät

173 »Soll die Bundeswehr gegen Demonstranten eingesetzt werden?« Kölner Stadtanzeiger vom 26. 04. 1968.

nach Mitternacht mit der Annahme von vier Änderungsanträgen, die im Wesentlichen Matthöfers Position entsprachen. Sie wurden aber von der CDU/CSU-Fraktion abgelehnt. Nachdem die 2. Lesung schon begonnen hatte, einigten sich die Fraktionsspitzen Barzel und Schmidt auf einen neuen Kompromiss: Kassationsrecht des Bundestages im Falle des Bundeswehreinsatzes im Innern und des Spannungsfalles auf Grund eines Bündnisbeschlusses; Dienstverpflichtung im Spannungsfall nur nach besonderem Beschluss mit Zweidrittel-Mehrheit. Auf einer kurzen Fraktionssitzung betonte Helmut Schmidt, wie weit ihm die CDU entgegenkommen sei. Dies war gewiss auch ein taktisches Spiel, doch hatte gerade auch der Druck, den die Gegner der Notstandsgesetze innerhalb der SPD ausübten, den Deal erleichtert. Rainer Barzel wollte den Erfolg der Großen Koalition nicht aufs Spiel setzen, indem er die SPD einer Zerreissprobe aussetzte. Am Ende herrschte auch bei den meisten Dissidenten der SPD das Gefühl der Erleichterung, weil sie so viel erreicht hatten. Die SPD-Fraktion nahm den Kompromiss schließlich gegen 10 Stimmen bei 15 Enthaltungen an. Weitere Änderungsanträge in der SPD-Fraktion, die Matthöfer und andere kurz vor der 3. Lesung stellten, um das Streikrecht in Artikel 9 des Grundgesetzes zu verankern, blieben in der Minderheit. 132 Mitglieder stimmten für und 34 gegen den mit der CDU/CSU ausgehandelten Kompromiss; 37 waren nicht anwesend.

Vor diesem Hintergrund war die Rede, die Matthöfer als Sprecher der Minderheit innerhalb der SPD-Fraktion während der 3. Lesung hielt, keine der großen rhetorischen Glanzleistungen der westdeutschen Parlamentsgeschichte, aber gewiss doch einer der mutigsten Auftritte eines Abgeordneten vor dem Hohen Haus. Die Problematik seiner Rede war ihm wohl bewusst: »Gerade deshalb, weil die dann von der Fraktion gefällten Entscheidungen mit eindrucksvollen Mehrheiten in allen wichtigen Punkten gefallen sind und ich weiß, daß Geschlossenheit und Schlagkraft einer Partei im Parteienkampf – das ist ja in einer parlamentarischen Demokratie nichts Verächtliches – wichtig sind, fällt es mir schwer, nicht nur gegen meine Fraktion zu stimmen, sondern auch gegen den Beschluß zu sprechen.«[174] Eine große Rede folgte diesem Bekenntnis in soweit, als sie Zeugnis ablegte für die Kraft des Parlamentarismus, auch fundamentale Meinungsunterschiede auf zivilisierte Weise zu regeln. In der Sache selbst begründete Matthöfer das ›Nein‹ der Minderheit in sechs Punkten:

Erstens hielt er es für verfassungsrechtlich nicht vertretbar, Eingriffe in das Post- und Fernmeldegeheimnis den Betroffenen auch nachträglich nicht mitzuteilen und den Rechtsweg auszuschließen.

Zweitens wollte er nicht hinnehmen, dass die Freizügigkeit auch zur Abwehr einer Gefahr für den Bestand und die freiheitliche demokratische Grundordnung des Bundes oder eines Landes eingeschränkt werden konnte.

---

174 Rede anlässlich der 3. Lesung des verfassungsändernden Notstandsgesetzes, Verhandlungen des Deutschen Bundestages (5) 178, Bonn, den 30. Mai 1968, Sp. 9631–9635. An der Abfassung des Redemanuskriptes in seinem Schwalbacher Haus waren Oskar Negt (!) und Jürgen Seifert beteiligt.

Drittens wehrte er sich gegen jede Einschränkung der durch Artikel 12 gewährleisteten Berufsfreiheit.

Viertens führte die vorgesehene Schutzklausel für Arbeitskämpfe im Gegensatz zur Lösung in den anderen großen EWG-Ländern Aussperrung und Streik gleichermaßen in das Grundgesetz ein.

Fünftens sah er im künftig möglichen Einsatz der Streitkräfte im Innern eine Erweiterung oder sogar eine drastische Änderung ihres Auftrags, die er ablehnte.

Sechstens hielt er auch die vorgesehene Regelung des ›Spannungsfalles‹ und des ›Bündnisfalles‹ für problematisch, weil der Spannungsfall nicht definiert und das Bündnissystem veränderlich sei.

Am Ausgang der namentlichen Abstimmung änderte Matthöfers Intervention erwartungsgemäß nichts mehr. Das 17. Gesetz zur Ergänzung des Grundgesetzes, das die verfassungsrechtlichen Voraussetzungen für die Notstandsgesetze schuf, fand die notwendige Zweidrittel-Mehrheit der 496 stimmberechtigten Mitglieder des Bundestages: 384 (und 20 Berliner Abgeordneten) stimmten mit Ja, 100 (und ein Berliner Abgeordneter) mit Nein. Zwei Volksvertreter (davon ein Berliner) enthielten sich der Stimme. Damit war das Quorum um 53 Stimmen überschritten. Von den 100 Nein-Stimmen kamen 54 von der SPD, 45 von der FDP und eine von der CDU.

Matthöfers trotzige Rede fand nur den Beifall weniger Gewerkschafter in der Fraktion. Niemand solidarisierte sich mit ihm. Selbst der Platz neben ihm in der zweiten Reihe der SPD-Fraktion blieb leer. Da stand – nur kurze Zeit später – in der ersten Reihe ein Mann auf und setzte sich demonstrativ neben den einsamen Redner. Wer da seinen Arm um ihn legte, war der Fraktionsvorsitzende Helmut Schmidt. Er wusste, dass Matthöfer mehr zur demokratischen Legitimation dieses parlamentarischen Kraftaktes beigetragen hatte, als die meisten der Jasager. Schmidts Geste besiegelte eine Freundschaft, die während der Auseinandersetzung um die Notstandsgesetze im wachsenden gegenseitigen Respekt entstanden war. Schon 1964, als sich die beiden – Helmut Schmidt noch als Innensenator der Freien und Hansestadt Hamburg – gerade in der Ausschussarbeit kennen gelernt hatten, stimmte die Chemie. Die Wertschätzung, die beide Kontrahenten für einander empfanden, war also weder spontan aus der Gefühlslage der 3. Lesung zu den Notstandsgesetzen hervorgegangen, noch beschränkte sie sich auf die Anerkennung charakterlicher Stärken. Später urteilte Matthöfer über seinen Kontrahenten nicht ohne respektvolle Anerkennung:[175] »Sicher, zimperlich ist der Mann nicht, welcher Politiker wäre das schon. Aber er kann auch ganz schön einstecken. Ich glaube nicht, dass er durch verbale Aggressionen zu beleidigen ist. Nur Amateure nehmen übel. [...] Schmidt ist unter den gegebenen Umständen genau der richtige Mann, den wir für diese Phase unseres Kampfes brauchen. Wer mehr will, wer davon träumt, die Massen zu mobilisieren und am Parlament vorbei den Sozialismus zu erkämpfen, der wird sich – hier wie anderswo – einen Bruch heben.«

---

175 »Hans Matthöfer über Helmut Schmidt«, in: Konkret 1974/11, 4.

Der sichere Rückhalt des Kanzlers machte die Vetoposition des Finanzministers im Kabinett unangreifbar (Kabinettssitzung vom 10. November 1978).

Es war daher nur folgerichtig, dass Helmut Schmidt im Dezember 1967 in der »Welt der Arbeit«, der Wochenzeitung des DGB, als Chef der SPD-Bundestagsfraktion sehr grundsätzliche Ausführungen zum Verhältnis zwischen SPD und Gewerkschaften veröffentlichte, die zum großen Teil auf einem Entwurf beruhten, den ihm Matthöfer geschrieben hatte. Schmidt übernahm dessen Argumente weitgehend unverändert. Gleich zweimal insistierte er auf der Notwendigkeit betriebsnaher Tarifpolitik, um die Arbeitnehmer bei rückläufiger Verhandlungsmacht des Gewerkschaftsapparates gegen den Abbau übertariflicher Leistungen zu schützen.[176] Er sah darin auch eine Chance, den Bemühungen der Gewerkschaften um eine Ausweitung der Mitbestimmung mehr Nachdruck zu verleihen, »wenn sie in ihren Betrieben mit Hilfe der ihnen zur Verfügung stehenden gewerkschaftlichen Mittel an Ort und Stelle noch konkreter als bisher um die Mitbestimmung der Arbeitnehmer am Arbeitsplatz kämpfen«. Es wunderte dann auch nicht, dass der Fraktionschef bei den Gewerkschaften »ein modernes, großzügig finanziertes Programm allgemeiner politischer Bildungsarbeit« einklagte. Die Identität der Standpunkte ging so weit, dass es sich Karl Fred Zander nach der Lektüre des Artikels

---

176 Helmut Schmidt, Mit dem gleichen Ziel unterwegs, Welt der Arbeit, Nr. 50 vom 15. Dezember 1967, S. 3 f. Der Aufsatz wurde dadurch weiter aufgewertet, dass Otto Brenner im März 1968 in einer grundsätzlichen Stellungnahme darauf antwortete: Vom Verhältnis zwischen Gewerkschaften und der SPD, Welt der Arbeit, Nr. 10 vom 8. März 1968, S. 3 f.

nicht verkneifen konnte zu witzeln: »Jetzt wissen wir auch, wer dir immer deine Reden schreibt.«[177] In Sachen Notstandsgesetzgebung beharrte Schmidt freilich darauf, mit der Mehrheitsposition des Berliner Gewerkschaftskongresses vom Mai 1965 konform zu gehen. Matthöfer wiederum war voller Bewunderung für die sachliche Kompetenz, rednerische Brillanz und intellektuelle Klarheit, mit der Schmidt im Ausschuss die Gegenposition zu der von ihm und der IG Metall eingenommen ablehnenden Linie bezog. Die Freundschaft sollte sie schon bald zu absolut loyalen politischen Partnern machen, die sich gegenseitig blind vertrauen konnten. In dem Maße, wie Matthöfer nach dem Ende der Antinotstands-Kampagne immer mehr seinen Rückhalt in der IG Metall verlor, gewann er in Schmidt einen Förderer, der bald die wesentlichen Stationen seiner politischen Karriere bestimmen sollte.

In Kurt Gscheidle fand er einen weiteren Freund, der freilich für den Fortgang seiner politischen Laufbahn eine wesentlich unglücklichere Rolle spielen sollte. Der zweite Vorsitzende der Postgewerkschaft war nicht nur ein enger Mitstreiter gegen die Notstandsgesetze. Er engagierte sich gleichzeitig für Mitbestimmung am Arbeitsplatz und stand auch in anderen gewerkschaftspolitischen Fragen, wie in der Ablehnung der von Georg Leber propagierten Pläne einer öffentlich subventionierten Vermögensbildung in Arbeitnehmerhand, an der Seite des IG Metall-Kollegen. Matthöfer empfand es daher auch für sich selbst als einen ausgesprochenen Glücksfall, als der Bundesvorstand des DGB im Februar 1969 nach ausführlichen Diskussionen innerhalb der einzelnen Gewerkschaften Gscheidle zum Nachfolger Ludwig Rosenbergs im Amt des DGB-Vorsitzenden nominierte. In der Nacht vor der Bundespräsidentenwahl[178] wurde Kurt Gscheidle dann aber in der Innenstadt von Westberlin beim Verlassen eines Nachtlokals so schwer zusammengeschlagen, dass er – vom Fernsehen immer wieder in Szene gesetzt – im Rollstuhl zu den Wahlgängen gefahren werden musste. Die stillen Gegner seiner Wahl zum DGB-Vorsitzenden, die diesen Vorschlag nur zähneknirschend akzeptiert hatten, nutzten diese für sie günstige Gelegenheit, um seine Wahl zu verhindern. Vor allem Otto Brenner, der zeitlebens ein Freund asketischer und abstinenter Lebensführung war, nahm an den Begleitumständen des Berliner Unfalls heftigen Anstoß. Matthöfer verlor so die große Chance, einen engen persönlichen Freund als Verbündeten an der Spitze des DGB zu haben.

Während der Debatte um die Notstandsgesetze profilierte sich Matthöfer als einer der aktivsten und sachkundigsten Parlamentarier der Linken. Er löste sich aus der Masse der Abgeordneten, die den Deutschen Bundestag zum Marktplatz der Interessen ihrer engeren Klientel machten und nicht in der Lage waren, über den Tellerrand ihrer eigenen beruflichen und gesellschaftlichen Bindungen hinaus-

---

177 ›Diensttagebuch‹, Februar 1968; AdsD, DM 0404.
178 Gustav Heinemann wurde am 5. März 1969 nach einer langen und mehrfach unterbrochenen Sitzung in Berlin von der Bundesversammlung mit der knappen Mehrheit von 512 zu 506 Stimmen zum Bundespräsidenten gewählt, was ein Signal für die kommende sozial-liberale Kolition setzte.

Mit dem Postgewerkschafter Kurt Gscheidle verband Matthöfer seit der gemeinsamen Anti-Notstandskampagne eine enge Freundschaft.

zusehen. Je länger die Auseinandersetzung um die Notstandgesetze dauerte, desto mehr trat er auch aus dem Schatten seines väterlichen Freundes Otto Brenner heraus. Die spezifische Mischung seiner Haltung aus pragmatischer Vernunft und Prinzipienfestigkeit hatte sich am Ende der Brennerschen Strategie des ›alles oder nichts‹ als überlegen erwiesen. An Aufträge und Weisungen nicht gebunden und nur seinem Gewissen unterworfen, kam er dem im Grundgesetz postulierten Ideal eines Abgeordneten jetzt ziemlich nahe. In der Praxis bedeutete dies freilich, dass er sich immer weniger auf eine eigene politische Hausmacht stützen konnte. In der Öffentlichkeit wie auch im Parlament wurde er zwar immer noch als Bonner Vorposten der IG Metall wahrgenommen, und er vermied alles, um diesem Eindruck entgegenzutreten. In Wirklichkeit vertrat er aber nur noch seinen Wahlkreis, wo ihm Traute Matthöfer mit großer Energie und warmherzigem Engagement den Rücken frei hielt. Seine politische Stärke lag in der Rolle des Einzelkämpfers, der seine Ziele mit Hilfe langfristiger, in eigener gedanklicher Arbeit konzipierter strategischer Operationen zu erreichen suchte und sich dazu jeweils ad hoc der Unterstützung Gleichgesinnter mit organisatorischen Mitteln versicherte. Es waren diese Merkmale seiner politischen Arbeitsweise, die Helmut Schmidt später zum Anlaß nahm, ihn gleichzeitig als »Loner« *und* als »Teamer« zu charakterisieren.[179] Den

179 Helmut Schmidt, Walter Hesselbach (Hg.), Kämpfer ohne Pathos. Festschrift für Hans Matthöfer, Bonn 1985, S. 9.

Mangel an rhetorischer Brillanz und charismatischer Ausstrahlung machte er durch Kampfgeist und unerschrockenes Durchsetzungsmögen wett. Es war wohl doch kein Zufall gewesen, dass die ›Volksstimme‹ den Jungsozialisten 1953 bei seinem ersten Medienauftritt als Politiker einen »Kämpfer ohne Pathos« nannte.

Der Bruch mit der IG Metall

Irritationen im Verhältnis zum IG Metall-Vorstand hatte es schon früh gegeben. Die Art und Weise, wie Matthöfer aus der Führung der Ford-Aktion gedrängt wurde, hinterließ erste Wunden. Auch seine Rolle im Kampf gegen die Notstandsgesetze wurde nicht von allen IGM-Kollegen verstanden. Seiner engen Zusammenarbeit mit Industriesoziologen aus dem SDS begegneten viele Funktionäre mit Skepsis und Misstrauen. Ganz am Anfang seiner Arbeit in der Bildungsabteilung hatte er Alois Wöhrle noch stolz seinen neuen studentischen Mitarbeiter Oskar Negt als potentiellen Lehrer an einer IG Metall-Schule vorgestellt und Wöhrles Verdikt zur Kenntnis nehmen müssen: »Soziologen brauchen wir in dieser Gewerkschaft nicht«.[180] Das hatte ihn nicht davon abgehalten, in der Bildungsabteilung neben den beiden hauptamtlichen Mitarbeitern eine wachsende Schar von Praktikanten und wissenschaftlichen Hilfsarbeitern zu beschäftigen, die häufig für innovative Ideen gut waren, sich aber nicht immer in die Disziplin der Funktionärsarbeit einbinden ließen. Bei seinen Vorgesetzten weckte er damit eine gewisse irritierte Aufmerksamkeit und stand fortan unter kritischer Beobachtung, die gelegentlich auch Grund zur Kritik fand. Ende 1969 scheiterte die von Matthöfer geplante Doppelberufung von Negt, den er zum Leiter des IG Metall-Bildungszentrums Sprockhövel und zugleich zum Lehrstuhlinhaber für Sozialphilosophie und Erwachsenenbildung in Bochum machen wollte, sowohl am Widerstand von Mitgliedern des IGM-Vorstandes als auch der zuständigen Gremien der Ruhr-Universität. Weder das Konzept noch die Person des Habermas-Assistenten waren unumstritten. Interventionen Matthöfers beim Dekan der Philosophischen Fakultät, Hermann Lübbe, und beim Ministerpräsidenten von Nordrhein-Westfalen, Heinz Kühn, blieben naturgemäß erfolglos. Auch die Idee, zwischen dem Bildungszentrum und der Ruhr-Universität ein ›Westfalenkolleg‹ für den zweiten Bildungsweg einzurichten, ließ sich nicht realisieren. Sein zweiter Wunschkandidat für diese Spagat-Stellung zwischen Schulung und Wissenschaft, Willi Pöhler, wurde ebenfalls von beiden Seiten nicht akzeptiert.[181] Auch Matthöfers eigenes gewerkschaftspolitisches Engagement, das sich in zahlreichen ›Denkschriften‹ niederschlug, stieß bei einzelnen Vorstandsmitgliedern gelegentlich auf misstrauisches

---

180 Oskar Negt, Hans Matthöfer. Sendschreiben an einen, der auszog, die Verhältnisse zu verbessern. Loyalität als politische Arbeitseigenschaft, in: ders., Unbotmäßige Zeitgenossen. Annäherungen und Erinnerungen, Frankfurt a. M. 1994, S. 15.
181 ›Diensttagebuch‹, 1.2.1967 und 24.11.1969, AdsD, DM 0404. Erst 1975 kam es zu einer lockeren »Vereinbarung über Zusammenarbeit« zwischen der Ruhr-Universität und der IG Metall.

*Im Vorstand der IG Metall (von links): Tarifexperte Fritz Salm, Bildungsexperte
Heinz Dürrbeck, Otto Brenner und dessen Stellvertreter Alois Wöhrle.*

Interesse. Matthöfer ging deshalb dazu über, kritische Papiere, wie seine Denkschrift zur Strategie und Taktik der IG Metall, »privat« in Umlauf zu bringen und
die Druckkosten »persönlich« zu übernehmen.[182] Bis 1968 hielten sich solche Reibereien freilich in engen Grenzen, zumal Heinz Dürrbeck, der seit 1962 im geschäftsführenden Vorstand für die Bildungsarbeit zuständig war, sich mit Matthöfers Vorstellung von der Rolle der Bildungsobleute weitgehend identifizierte.
Matthöfers Bedenken gegen »den Charakter und die autoritäre Arbeitsweise« des
neuen Bildungsvorstandes, die er Otto Brenner besorgt unterbreitete,[183] schienen
zunächst nicht gerechtfertigt. Im Vorstand sorgte der wissenschaftlichen Methoden gegenüber durchaus aufgeschlossene Radiotechniker für die notwendigen Ressourcen und den raschen Ausbau des bestehenden Schulsystems. Vor allem der Bau
des Bildungszentrums in Sprockhövel bei Bochum war seiner Initiative zu verdanken. Dürrbeck bewies auch im Umgang mit seinem vielbeschäftigten, selbst-
bewussten und immer ungeduldigen Abteilungsleiter zunächst viel Geduld und
Verständnis. Es kam immer wieder zu Kompetenzstreitigkeiten und Missverständ-
nissen, die nicht nur Matthöfers Verhältnis zu ihm, sondern auch zu anderen Mitarbeitern belasteten. Gleichwohl versuchte Dürrbeck solche Irritationen im Sinne

182 Aktennotiz an Dürrbeck am 13. Dezember 1963; AdsD, IGM 1–2, 2362.
183 Matthöfer erinnerte in einem Aktenvermerk an Brenner vom 11. November 1968 an seine Beden-
     ken. AdsD, DM 0249.

der Arbeit, »der wir uns gemeinsam verschrieben haben«, durch verbesserte Kommunikation auszuräumen, was angesichts des randvollen Terminkalenders des Abgeordneten nicht einfach war.[184]

Erst 1968 kühlte sich der persönliche Umgangston zwischen den beiden Bildungsfunktionären deutlich ab. Im November beschwerte sich Matthöfer bei Otto Brenner ausführlich über die Behandlung durch Dürrbeck.[185] Auslöser war dessen Äußerung, Matthöfer, der zuvor ihm gegenüber hartnäckig und scharf auf seinen Rechten und Zuständigkeiten als Abteilungsleiter bestanden hatte, sei ein »pflichtvergessener Erpresser, der sich wie ein Schuhputzer benimmt und deshalb als Schuhputzer behandelt werden muß«. Matthöfer verlangte – vergeblich – eine Entschuldigung. Über die verbale Entgleisung hinaus, die der beleidigte Abteilungsleiter von nun an immer häufiger mit gleicher Münze heimzahlte,[186] belasteten Matthöfer vor allem Gerüchte über seine Stellung zur betriebsnahen Tarifpolitik, zur Mitbestimmung am Arbeitsplatz und zur Bildungsarbeit der IG Metall. Insgeheim wurde verbreitet, der Angestellte der Vorstandsverwaltung gehe in diesen Fragen eigene Wege und verlasse die Linie der IG Metall – alles Gründe, die dafür sorgen würden, dass er »ziemlich schnell herausfliege«, wie ihm Dürrbeck offenbar androhte.[187] Da es innerhalb der Gewerkschaft keine offene Diskussion darüber gab, wies Matthöfer die Kritik von Dürrbeck, Radke und anderen pauschal zurück: »Bis jetzt hat uns noch niemand, auch nicht das zuständige Vorstandsmitglied, eine konkrete Stelle in einem konkreten Arbeitsheft gezeigt und uns erklärt, warum das nicht in die Linie der IG Metall paßt. Niemand von uns in der Abteilung will einen eigenen Laden aufmachen. Wir sind bereit, uns in das Konzept des Vorstandes einzufügen, sonst würde ich lieber meinen Hut nehmen. Noch ist es ja nicht zu spät, mich wieder um mein Fachgebiet Ökonomie zu kümmern. Nur muß man uns sagen – oder besser noch schreiben –, wo unsere Arbeiten konkret gegen Beschlüsse und Intentionen der Gewerkschaftstage oder des Vorstandes verstoßen, damit man sich danach richten kann.« Eine Antwort erhielt Matthöfer wie üblich auch dieses Mal nicht, sodass die Angelegenheit – um es mit einem seiner Lieblingsbegriffe auszudrücken – immer mehr »kafkaeske« Züge annahm. In der Sache liefen mehrere Entwicklungsstränge zusammen, die den Konflikt herausforderten. Stein des Anstoßes war zunächst ein Artikel, den Matthöfer im Sommer 1967 in Lloret de Mar, seinem traditionellen Urlaubsort geschrieben

184 »Es wäre mir lieb, wir würden uns über solche Angelegenheiten aussprechen. Ich glaube nicht, dass auch noch so prägnant gehaltene Aktennotizen die unbedingt notwendige mündliche Aussprache ersetzen können.« Dürrbeck an Matthöfer am 6. April 1965, AdsD, IGM, B 711.

185 Matthöfer an Brenner am 11. November 1968, AdsD, DM 0249. Dem Schreiben waren zwei Anlagen beigefügt, die den Konflikt mit Dürrbeck dokumentierten und Matthöfers gewerkschaftspolitische Position in der IG Metall rechtfertigten.

186 So sah er für eine kleinliche Strafaktion Dürrbecks nur die »einzige rationale Erklärung [...] dass diese fast an kindliche Omnipotenzphantasien erinnernden verbalen Kraftmeiereien tiefe unterbewußte Ängste kompensieren sollen.« Matthöfer an Dürrbeck am 28. Dezember 1970, AdsD, IGM, B 582.

187 Matthöfer an Brenner am 11. November 1968, AdsD, DM 0249.

hatte. Er fasste darin das Ergebnis jahrelangen eigenen Nachdenkens und jener Erfahrungen zusammen, die er in den USA und bei den Schwerpunktaktionen bei Ford, VDO und AEG gemacht hatte. Der Aufsatz formulierte gewissermaßen sein »Credo« der gewerkschaftlichen Bildungsarbeit und sollte ihm und anderen zum »strategischen Leitfaden« für die künftige Arbeit werden. Er wurde Anfang 1968 unter dem Titel »Die Bedeutung der Mitbestimmung am Arbeitsplatz und im Betrieb für die politische Bildungsarbeit der Gewerkschaften« in der sozialdemokratischen Monatszeitschrift »Die Neue Gesellschaft« veröffentlicht.[188] Matthöfer verteilte einige Hundert Sonderdrucke des Aufsatzes, auch an die Vorstandsmitglieder der IG Metall, ohne eine Resonanz zu erfahren. Immerhin teilte ihm Dürrbeck beiläufig mit, seine Überlegungen zur Gewerkschafts- und Bildungsstrategie würden im Vorstand der IG Metall missbilligt.[189]

Wundern musste er sich darüber nicht, hatte er doch in dem Artikel die innergewerkschaftliche Machtfrage gestellt und zugunsten der betrieblichen Basis beantwortet. Er führte den Einflussverlust der Gewerkschaften und den Rückgang ihres Organisationsgrades auf den Umstand zurück, dass »die deutschen Industriegewerkschaften [...] bisher die Auseinandersetzung mit der konkreten Unternehmermacht im Betrieb weitgehend den Betriebsräten überlassen [haben]«. Nur eine gewerkschaftliche Betriebspolitik, die das Bedürfnis nach Sicherheit, Gerechtigkeit, Freiheit und Würde durch eine betriebsnahe Tarifpolitik sinnvoll und wirksam befriedige, könne aber die Mitglieder für die aktive Mitarbeit mobilisieren. Forderungen, die sich mit ihrem Arbeitstempo, ihren Arbeitsbedingungen und der Sicherung ihres Arbeitsplatzes beschäftigten, würden sie schließlich unmittelbar verstehen. Eine Neuorientierung an den Verhältnissen der Betriebe könne daher helfen, »die gewerkschaftlichen Organisationsstrukturen zu demokratisieren«. Eine Gewerkschaft – so der Anspruch des Autors – müsse nämlich nicht nur in ihrer eigenen Organisationsstruktur demokratisch sein, sie sei darüber hinaus auch einer Politik verpflichtet, die das Unabhängigkeitsstreben ihrer Mitglieder und damit deren Teilnahme am innergewerkschaftlichen Prozess der demokratischen Willensbildung systematisch förderte. Der Preis dafür sei für viele Funktionäre sehr hoch, müsse aber entrichtet werden: eine Machtverschiebung von den Vorständen und Bezirksleitungen hin zu betrieblichen Tarifkommissionen. Tausende Arbeitnehmer würden dann in diesen Kommissionen mitarbeiten und damit eine Politik belohnen, die das aktive demokratische Engagement möglichst vieler Mitglieder herausforderte.

An den Konsequenzen für die Bildungsarbeit der Gewerkschaften ließ Matthöfer ebenfalls keinen Zweifel aufkommen. Sie müsse sich stärker an den Konflikten orientieren, die von den Arbeitnehmern im Betrieb erlebt und erfahren würden. Wenn sich betriebsnahe Bildungsarbeit mit den Problemen auseinandersetze, mit denen sich Vertrauensleute und Betriebsratsmitglieder täglich konfrontiert sähen,

---

188 15 (1968) 1, S. 37–45. Eine kürzere, noch weitaus kämpferischere Version erschien am 28. August 1968 unter dem Titel »Betriebsnahe Tarifpolitik« in ›Express-International‹, S. 7.

189 ›Dienstagebuch‹, Januar 1968, AdsD, DM 0404.

könne sie eine wirksame Verbindung von gewerkschaftlicher Tätigkeit und Einsicht in gesellschaftliche und politische Zusammenhänge herstellen. Bildungsarbeit müsse dabei versuchen, den Willen zur Veränderung der Verhältnisse zu stärken. Voraussetzung dafür sei aber Selbstvertrauen, welches nur entstehe, wenn es sich auf eine »unabhängige gewerkschaftliche Gegenmacht« im Betrieb stützen könne. Diese Formulierung von der »Veränderung der Verhältnisse« ließ sich als Aufruf zur Systemveränderung interpretieren. Gewiss wollte Matthöfer nicht das kapitalistische System als solches beseitigen. Aber die Interpretation ist trotzdem nicht ganz falsch, lag es ihm doch daran, dass jenes soziale System der Produktion, welches in der Bundesrepublik herrschte, abgeschafft würde. Es verweist die Gewerkschaften traditionell auf die Zusammenarbeit mit den Arbeitgebern, und zwar nicht nur auf dem engeren Feld der ›Tarifpartnerschaft‹, sondern darüber hinaus auch auf weiteren wichtigen Bereichen der Produktion, wie den Arbeitsbeziehungen, dem Ausbildungssystem oder der Interessenpolitik.[190] Dieser Rahmen der korporativen Marktwirtschaft war weitgehend auf eine Produktionsweise abgestimmt, die seit dem Kaiserreich als (nach-)industrielle Maßschneiderei ›Made in Germany‹ die Weltmärkte eroberte. Mit dem Vormarsch der ›fordistischen‹ Produktionsweise, die sich nach 1945 weit über die Automobilindustrie hinaus durchsetzte, schien aber auch in Deutschland die Zeit gekommen, das soziale System der standardisierten Massenproduktion hier anzuwenden und das Prinzip der Kooperation durch ein konfliktorientiertes Modell von *countervailing power* zu ersetzen.[191] Dessen Funktionsweise hatte Matthöfer in den USA aus nächster Nähe kennen gelernt; und mit den theoretischen Implikationen dieses Modells hatte ihn Selig Perlman bekannt gemacht, der den Betrieb als gesellschaftliche Grundeinheit ansah und konsequenterweise den Begriff des Klassenbewusstseins durch den Begriff der *job-consciousness* ersetzte. Damals hatte er Perlmans Ansatz als ›revisionistisch‹ glatt abgelehnt. Jetzt teilte er dieses Konzept, das den Gewerkschaften die Funktion einer ›Gegenmacht‹ zuwies, aus eigener Überzeugung mit Otto Brenners IG Metall, die es im Prinzip zu ihrem Handlungsmuster machte. Nicht zuletzt darin lag ja der Kern der Auseinandersetzung mit Georg Leber, der ganz auf die Partnerschaft mit den Arbeitgebern setzte und damit beachtliche materielle Erfolge für die Mitglieder seiner Bau-Gewerkschaft durchsetzen konnte. Es ging also in der Auseinandersetzung mit dem IG Metall-Vorstand nicht um den Zusammenprall grundsätzlich unterschiedlicher Vorstellungen von der Rolle, die Gewerkschaften in Wirtschaft und Gesellschaft übernehmen sollten; vielmehr stieß der politisch ambitionierte Angestellte der Vorstandsverwaltung auf den Widerstand seiner Vorgesetzten, die nicht bereit waren, die Konsequenzen dieser Strategie der gewerkschaftlichen Gegenmacht für ihre eigene Position konsequent zu Ende zu denken. Dies lag nicht allein an der Machtfrage, die den Spitzenfunktionären am Ende ei-

---

190 Werner Abelshauser, Kulturkampf. Der deutsche Weg in die Neue Wirtschaft und die amerikanische Herausforderung, Berlin 2003.
191 John K. Galbraith, American Capitalism. The concept of countervailing power, Boston, Mass. 1952.

ner erfolgreichen Betriebspolitik eine ungewisse Zukunft verhieß.[192] Gegen eine radikale Umsetzung ihrer eigenen Konzeption sprach auch die ›normative Kraft des Faktischen‹, da man von den Spielregeln der korporativen Marktwirtschaft auszugehen hatte, denen sich die IG Metall nicht so ohne weiteres entziehen konnte. Wenn es noch eines Beweises bedurft hätte, dass betriebsnahe Tarifpolitik nicht einfach in das bestehende soziale System der Produktion zu installieren war, so hatte ihn gerade Matthöfers Ford-Aktion geliefert. Und auch auf der Bundesebene der Wirtschaftspolitik passte das Modell der Gegenmacht immer weniger in die Landschaft einer staatlich moderierten ›Konzertierten Aktion‹, die von den Tarifvertragsparteien eher Kooperations- denn Konfliktbereitschaft erwartete.

Eigentlich hätte man erwarten können, dass sich die IG Metall der ihr von der Großen Koalition zugedachten Rolle als Ordnungsmacht einer keynesianischen Konjunkturpolitik entziehen würde. Die von Karl Schiller, ihrem Wirtschaftsminister, sorgfältig austarierten und mit viel Sinn für öffentliche Inszenierung den Tarifvertragsparteien und den übrigen Wirtschaftsverbänden offerierten neuen Spielregeln verstärkten nur noch die in der deutschen Wirtschaft schon angelegten kooperativen Tendenzen. Mehr noch, sie sollten diesen ordnungspolitischen Rahmen verstetigen und auf eine wissenschaftlich-reflektierte Basis stellen. Brenner lehnte die Konzertierte Aktion deshalb nicht einfach ab. Im Gegenteil: er sah in ihr vor allem den Fortschritt, »dass mit der mittelfristigen Wirtschaftspolitik wenigsten in den Umrissen eine Art von Wirtschaftsplanung und Wirtschaftslenkung im Entstehen begriffen ist, wie wir sie als Gewerkschaften in unserem Grundsatzprogramm schon lange gefordert haben.«[193] Dafür war er sogar bereit, bestimmte Zielprojektionen der Wirtschaftspolitik auch dann zu tolerieren, wenn sie nach Ansicht des DGB gefährlich in die Nähe von Lohnleitlinien kamen. Solange sie nicht allein auf die Lohnentwicklung beschränkt blieben, hielt er makroökonomische Orientierungsdaten »sogar für nützlich und notwendig«. Im Prinzip wehrte er sich auch nicht gegen die zahlreichen unpopulären Eingriffe der Regierung, wie z. B. Lohn- und Einkommenssteuervorauszahlungen, die der antizyklischen, d. h. nur vorübergehenden Abschöpfung von Massenkaufkraft dienen sollten. Er empfahl jedoch dringend, dabei die »psychologischen Momente« zu berücksichtigen, zumal er glaubte, dass »es in erster Linie der gemäßigte Kern der Arbeiterschaft [war], der politisch sogar der SPD nahe steht, der diese Maßnahmen als empörend und unzumutbar empfindet«.[194] Selbstbewusst setzte er sich über die defensive Taktik des Leiters der Abteilung Wirtschaftspolitik beim Bundesvorstand des

---

192 Matthöfer brachte diese Überlegung in seiner Korrespondenz mit dem Gewerkschaftshistoriker Gerhard Beier vom 26. September 1984 sarkastisch auf folgende Formel: »Man könnte beim Studium der damaligen Reaktionen wirklich fast zu der Schlussfolgerung kommen, dass jemand, der seinen Lebensunterhalt damit verdient, die Ware Arbeitskraft möglichst günstig zu verkaufen, wahrscheinlich alles, was den Warencharakter der Arbeit zu überwinden geeignet ist, als tendenziell gewerkschaftsfeindlich betrachten muß.« AdsD, DM 0404.
193 Brenner vor dem Beirat der IG Metall am 3. Oktober 1967. AdsD, IGM 1–2, 1118.
194 Brenner, Vorlage für Gespräch in der Konzertierten Aktion am 17. 7. 1970. AdsD, IGM 1–2, 1119b.

DGB, Rudolf Henschel, hinweg, der in der Konzertierten Aktion weniger den Fortschritt als die in der Tat von Schiller angestrebte und auch von Brenner konjunkturpolitisch für sinnvoll erachtete »Einengung des Tarifspielraumes« sah. Der DGB malte deshalb die Gefahr einer »autoritären« Planung an die Wand und wollte vor allem verhindern, »dass ein sozialdemokratischer Minister zum Steigbügelhalter einer späteren antigewerkschaftlichen Planwirtschaft« werden könnte.[195] Die Gewerkschaften näherten sich daher der Konzertierten Aktion in schiefer Schlachtordnung. Ausgerechnet der DGB, in dem viele Einzelgewerkschaften vertreten waren, die den Weg der ›Sozialpartnerschaft‹ vorzogen, blieb in kritischer Distanz, während Otto Brenner den Ball aufnahm und sich am Spiel konstruktiv beteiligte. Er wollte in der Konzertierten Aktion zuerst und vor allem eine Chance sehen und signalisierte dem ebenfalls kooperationswilligen Hanns Martin Schleyer, seinem Kontrahenten auf der Arbeitgeberseite, seinen Willen zur Zusammenarbeit. Für eine Konfrontationsstrategie in den Betrieben blieb vor diesem Hintergrund wenig Raum.

Auch Matthöfer betrachtete die neue keynesianische Wirtschaftspolitik wie Brenner als Ausdruck eines europaweiten Trends zu mehr Planwirtschaft und Wirtschaftslenkung, dessen konkrete Begleiterscheinungen »mehr und mehr in Richtung Programmierung und Planifikation gehen«.[196] Er sah ihn im Zusammenhang mit dem technischen Fortschritt, dessen Erscheinungsformen er ja gründlich studiert hatte. Für ihn lag es daher nahe, beide Seiten derselben Medaille, die technische und die wirtschaftliche, miteinander in Verbindung zu bringen und auf *Spin off*-Effekte zu achten. Nicht zuletzt auf seine Anregung hin gründeten die Ministerien für Arbeit und Sozialordnung und für Wirtschaft im Rahmen der Konzertierten Aktion Ende 1967 einen »Arbeitskreis Automation«, der sich von Anfang an auch mit wirtschaftlichen und sozialen Fragen des technischen Wandels im weiteren Sinne befasste.[197] Die Ergebnisse der fünfjährigen Anstrengung bestätigten Matthöfers langjährige eigene Studien. Automation war nicht der Schlüssel zur deutschen wirtschaftlichen Entwicklung, sondern ein kontinuierlich wirksamer Bestandteil einer immer weiter auf der Grundlage wissenschaftlicher Wissensproduktion wachsenden immateriellen Produktionsweise. Trotzdem hielt er wie die meisten seiner Zeitgenossen den Siegeslauf der standardisierten Massenproduktion für unaufhaltsam, weshalb er sie zum Ausgangspunkt seiner Forderung nach Mitbestimmung machte: »Ein möglichst schnelles Wachstum des Ausstoßes privat produzierter Massenverbrauchsgüter ist nicht das alleinige und nicht das wichtigste Ziel menschlichen Wirtschaftens. Wichtigstes Ziel ist vielmehr die Qualität des einzelnen menschlichen Lebens. Das schließt auch die Bedingungen ein,

---

195 Henschel an Thönnessen am 7. Juli 1967, AdsD 1–2, 1118.

196 Matthöfer, Raus aus der Konzertierten Aktion? in: ›Express International‹ vom 16. November 1968, S. 6.

197 Arbeitskreis Automation, Bericht an die Konzertierte Aktion über die Tätigkeit des »Arbeitskreises Automation« vom Februar 1968 bis Oktober 1970. AdsD, IGM 1–2, 1119b.

unter denen der Einzelne sein Arbeitsleben verbringt.«[198] Überraschenderweise eröffnete nun gerade die Konzertierte Aktion gute Aussichten, um diesem Ziel mit praktischer politischer Arbeit näher zu kommen. Der auf mittlere Frist angelegte keynesianische Planungsprozess konnte nämlich einerseits nur dann ohne größere Reibungsverluste funktionieren, wenn die Bilanz des Gebens und Nehmens für alle Beteiligten ausgeglichen war. Andererseits lag es in der Logik antizyklischer Wirtschaftspolitik, dass nicht jede konjunkturpolitische Maßnahme Arbeitnehmer und Arbeitgeber gleichermaßen begünstigte oder belastete. Die Konzertierte Aktion stand und fiel deshalb mit dem Prinzip der ›Sozialen Symmetrie‹. Schiller, der diesen Begriff geprägt hatte, umschrieb damit die politische Notwendigkeit, die Einbußen der jeweiligen ›Verlierer‹ einer Lohnrunde durch »soziale« Zugeständnisse zu kompensieren.

Dies öffnete gerade für die Arbeitnehmerseite ein weites Feld für Forderungen, die nicht unmittelbar in die konjunkturelle Entwicklung eingriffen. Eine dieser Forderungen betraf die von Georg Leber propagierte Vermögensbildung in Arbeitnehmerhand, eine andere die Mitbestimmung. In Sachen Vermögensbildung lieferte Matthöfer sich immer wieder heftige Wortgefechte mit Georg Leber, bei denen der kritische wirtschaftliche Sachverstand auf seiner Seite war, der Beifall der Genossen jedoch auf der Lebers.[199] Matthöfer hielt das Konzept schon aus wirtschafts- oder besser kapitalismustheoretischen Gründen für falsch und sah darin die reale Gefahr von »Kapitalflucht« und »Investitionsstop«. Er kritisierte aber auch die »gesellschaftspolitische Funktion der Ideologie der sogenannten Vermögensbildung in Arbeitnehmerhand«, weil sie bei den Arbeitnehmern »Illusionen über ihren gesellschaftlichen und politischen Standort« wecken konnte. Lebers Vorschlag war für ihn »eine Scheinlösung, die uns wertvolle Zeit kostet, vielleicht die wirklich erforderlichen politischen Lösungen psychologisch unmöglich macht«. Er wirkte etwas schulmeisterlich, wenn er empfahl, »der Genosse Schiller sollte sich einmal die Mühe machen, den Genossen Leber darüber aufzuklären«. Der Bundesverkehrsminister pochte dagegen auf die »Hunderte von Millionen«, die die Bauarbeiter, deren Vorsitzender er gewesen war, »in der Zwischenzeit bekommen haben«, und verbat sich jede Einmischung in die Tarifautonomie. Leber hatte das Argument auf seiner Seite, dass die Vermögensbildung der Arbeitnehmer kompatibel war mit dem kooperativen Modus der deutschen Interessenpolitik, dessen Erfolgsaussichten er vehement betonte. Wurde in der Debatte um die Vermögensbildung vor allem der Intellekt des Volkswirts in Matthöfer angesprochen, ging es bei der Auseinandersetzung um die Mitbestimmung um sein Herzblut. Unterstützt von Helmut Schmidt und Kurt Gscheidle, gelang es ihm, die SPD-Bundestagsfraktion davon zu überzeugen, seine Vorstellungen zur Novellierung des Betriebsverfassungsgesetzes und der Unternehmensmitbestimmung Anfang 1969 als

---

198 Rede zu den Gesetzentwürfen der SPD zur Mitbestimmung am 22. Januar 1969; Deutscher Bundestag (5) 210, Sp. 11 360–11 367.
199 So beim Rededuell auf dem Parteitag der SPD vom 17. bis 21. März 1968 in Nürnberg (Protokoll der Verhandlungen, S. 447–452).

Entwurf in den Bundestag einzubringen.[200] Matthöfers Vorschlag war Teil eines Pakets von Mitbestimmungsgesetzen, die das reformerische Profil der SPD im bevorstehenden Wahlkampf schärfen sollten. Dazu gehörte der ebenfalls von Matthöfer vorgeschlagene bezahlte Urlaub zur politischen Bildung, die Lohnfortzahlung im Krankheitsfall, die Abschaffung der Preisbindung zweiter Hand und weitere Verbesserungen auf dem Gebiet der sozialen Sicherheit. Mit seinem Vorschlag ging es Matthöfer im Prinzip darum, die Möglichkeiten für eine betriebsnahe Gewerkschaftsarbeit auf dem Wege der Rahmengesetzgebung zu verbessern. Es galt, das Ziel mit politischen Mitteln neu zu erfassen, nachdem die Taktik des Überraschungsangriffs, wie die Ford-Aktion gezeigt hatte, erfolglos geblieben war. Die Chancen dafür standen seit Beginn der Konzertierten Aktion gut, weil Fortschritte auf dem Gebiet der Mitbestimmung sehr wohl geeignet schienen, den Spielraum der Tarifpolitik zugunsten der Konjunkturpolitik zu erweitern. Seine Rede aus Anlass der Einführung des Gesetzentwurfs in den Deutschen Bundestag gab Matthöfer Gelegenheit, seine Vorstellung von Mitbestimmung einer breiten Öffentlichkeit zu erläutern und die Diskussion innerhalb der Gewerkschaften neu zu entfachen. Seine Absicht war unverkennbar: er wollte die Mitbestimmung für alle Seiten attraktiv gestalten, ohne damit langfristige systemverändernde Intentionen aufzugeben. Auch wenn er den Fokus seiner Argumentation für eine Ausweitung der Mitbestimmungsrechte auf den Aspekt der Humanisierung der Arbeit legte, gab er sich auch jede erdenkliche Mühe, ihren wirtschaftlichen Wert hervorzuheben. Es erschien ihm geradezu paradox, die Beibehaltung der »autokratischen Praxis« in der Industrie mit dem Hinweis auf ihre Leistungsfähigkeit zu rechtfertigen, wo er doch wusste, dass die Mehrheit der Industriesoziologen seit langem davon ausging, dass eine »Demokratisierung betrieblicher Entscheidungsprozesse« die Produktivität in der Regel erhöhte. Als Beleg führte er den innovatorischen Vorsprung der hiesigen, mitbestimmten Stahlindustrie vor der »von Mitbestimmungsfesseln angeblich freien amerikanischen« ins Feld und brachte eine umfangreiche Beispielsammlung von technologischen Durchbrüchen der Stahlbranche, wie etwa bei der direkten Reduktion des Eisenoxids, beim Sauerstoffaufblaseverfahren, bei der Vakuumtechnik usw. Was diese Entwicklungen anging, konnte niemand dem EPA-Experten so leicht etwas vormachen, hatte er sie doch jahrelang intensiv verfolgt und ihre Wirkung im Zusammenhang mit den jeweiligen betrieblichen Verhältnissen studiert. Der ungebremste Strom des technischen Fortschritts zeigte, dass die Prinzipien der immateriellen Produktionsweise, wie sie im späten 19. Jahrhundert in den Neuen Industrien der Chemie, der Elektrotechnik und des Maschinenbaus zum ersten Mal angewandt worden waren, inzwischen längst auch in den »alten« Industrien Einzug gehalten hatten. Die paritätische Mitbestimmung, die seit 1951 in der westdeutschen Montanindustrie galt, hatte dies weder zu verhindern versucht, noch in der Praxis gehemmt. Nun wollte Matthöfer einen

---

200 Matthöfers Vorschläge sind wiedergegeben in: Gewerkschaftliche Monatshefte, 19 (1968) 12, S. 751 f.

Schritt weitergehen und die Mitbestimmungsrechte auf der Ebene des Arbeitsplatzes verbessern, nämlich durch die tarifvertragliche Einführung sogenannter Arbeitsgruppensprecher. Der Entwurf sah das Recht auf »Arbeitsgruppenbesprechungen« vor, um die Mitwirkung der Arbeitnehmer bei der Einführung neuer Produktionsverfahren sicherzustellen und ihnen die Möglichkeit zu geben, die Einrichtung neuer Arbeitsplätze zu diskutieren, Änderungen des Arbeitsablaufs zu besprechen oder in die Lohn- und Gehaltsfindung einzugreifen, soweit sie die jeweilige »Arbeitsgruppe« betrafen. Die Arbeitsgruppensprecher wären damit neben die gewerkschaftlichen Vertrauensleute getreten, jedoch als Organe der Betriebsverfassung, d. h. den Gesamtinteressen des Betriebes verpflichtet. Die Wahl der Arbeitsgruppen als Basiseinheit arbeitsplatznaher Mitbestimmung teilte Matthöfer übrigens mit brandneuen Konzepten des betrieblichen Qualitätsmanagements, die von japanischen Erfahrungen inspiriert waren, und erhielt dafür auch entsprechenden Beifall aus dem Unternehmerlager.[201] Er machte jedoch auch vor dem Hohen Hause keinen Hehl aus seiner wirklichen Absicht: »Unsere Regelungen sollen Kontroll- und Gegenmachtelemente als Ergänzung und Unterbau eines umfassenden Mitbestimmungssystems für alle Entscheidungsstufen sein.«[202] Die in einigen Punkten positive Reaktion der Arbeitgeber nahm er zwar »mit Interesse zur Kenntnis«, warnte aber davor, zu glauben, »man könne Produktivitätssteigerungen erzielen, indem man nur so tut, als ob, und versucht, Arbeitnehmern zwar Diskussions- und Informationsrechte am Arbeitsplatz zu geben, nicht jedoch echte Zuständigkeiten in den Gremien des Unternehmens, wo die wirklich wichtigen Entscheidungen fallen.«

Die neue Strategie zur Novellierung der Unternehmensmitbestimmung wurde von den Gewerkschaftsführungen, insbesondere auch von Otto Brenner, offenbar abgelehnt. Jedenfalls rührten sie keine Hand, um den Gesetzentwurf im Parlament voranzubringen. Schon die 1. Lesung der von der SPD eingebrachten Gesetzentwürfe zur Mitbestimmung fand in kleinem Rahmen statt. Die Debatte bestritten fünf Redner vor schwach besetztem Plenum. Fraktionschef Schmidt und seine Mitstreiter Matthöfer und Buschfort, der ebenfalls der IG Metall angehörte, begründeten zwar, warum mehr Mitbestimmung nötig sei, fanden aber nicht einmal in den eigenen Reihen große Resonanz. Gerade die Gewerkschaften hielten sich auffallend zurück. Kein Spitzenfunktionär der Gewerkschaften war bereit, im Plenum die Einbringungsrede zu halten, obwohl Georg Neemann, Mitglied des DGB-Bundesvorstands, und Willi Michels, für die Montan-Mitbestimmung zuständiges Mitglied des Vorstands der IG Metall, ebenfalls der SPD-Bundestagsfraktion angehörten. Schon im Vorfeld der Einbringung hatte die IG Metall alle Register gezogen, um den Gesetzentwurf in der SPD-Fraktion zu Fall zu bringen. Sie setzte die Arbeitsgruppensprecher realistischerweise mit den Vertrauensleuten

201 Bundesvereinigung der deutschen Arbeitgeberverbände, Freiheitliche soziale Ordnung – heute und morgen, in: ›Der Arbeitgeber‹ vom 20. Oktober 1968, S. 558 f.
202 Rede zu den Gesetzentwürfen der SPD zur Mitbestimmung am 22. Januar 1969; Deutscher Bundestag (5) 210, Sp. 11 360–11 367.

gleich und unterstrich die Gefahren, »die in der betriebsverfassungsrechtlichen Bindung dieser Vertrauensleute und damit doch auch zwangsläufig in ihrer Unterwerfung unter die Friedenspflichtbestimmungen dieses Gesetzes lägen«.[203] Dies war freilich ein sehr formalistischer Standpunkt, waren doch gerade die »an das Gemeinwohl gefesselten Betriebsräte« bei sinkendem Einfluss der Gewerkschaften in den Betrieben ihre stärksten organisatorischen und inhaltlichen Stützen. Auch Olaf Radke kam in einem Rechtsgutachten für den IGM-Vorstand zu dem Schluss, dass die Vorschläge über die Arbeitsgruppen und ihre Besprechungen »soziologische Gefahren« enthielten und »in ihrer praktischen Umsetzung nicht durchdacht« seien.[204] Vor allem aber würden sie die Systematik des Betriebsverfassungsgesetzes sprengen. Damit meinte er wohl die Einführung von Unternehmensversammlungen der Arbeitnehmer, die das Recht haben sollten, Aufsichtsratsmitglieder der Arbeitnehmerbank mit Zweidrittelmehrheit rückzuberufen, wenn sie nicht mehr ihr Vertrauen besaßen. Gerade dies nämlich lehnten die Gewerkschaftsführungen entschieden ab. In der Tat zielte Matthöfers Entwurf mehr auf die Selbstbestimmung der Produzenten und nicht vorwiegend auf die Mitbestimmung der Vertreter von Gewerkschaftsapparaten ab, vor allen Dingen, was die Besetzung des Aufsichtsrats betraf. Brenner und seinem Stellvertreter Eugen Loderer passte die ganze Richtung nicht. Loderer warnte seine Vorstandskollegen vor dem Entwurf, weil »hier ein weiteres Organ geschaffen werde, das die Arbeit im Betrieb erschweren könnte«.[205] Brenner ging noch weiter. Er rief zum Widerstand auf: »Es kommt darauf an, dass unsere Vertrauensleute sich nicht das Heft aus der Hand nehmen lassen.« Die Absichten Matthöfers würden darauf hinauslaufen, »die Gewerkschaften zu schwächen« und das »Ausspielen gegeneinander im Betrieb« zu ermöglichen. Brenner wollte sogar einen »Zusammenhang mit Erscheinungen in unserer Bildungsarbeit« feststellen und nahm dabei Dürrbeck ausdrücklich aus der Verantwortung.[206] Offenbar war zu diesem Zeitpunkt das Tischtuch zwischen Brenner und seinem früheren Schützling bereits zerschnitten. Die IG Metall-Führung hatte die potentielle Sprengkraft der Matthöferschen Strategie bemerkt und wollte die Organisation vor ihr schützen. Später hat Matthöfer in seinem ›Diensttagebuch‹ den Gesetzentwurf als eine radikale Vorstellung von Mitbestimmung charakterisiert, die als »Etappe auf dem Wege zur Selbstbestimmung« gedacht war und als Teil seiner »Transformationsstrategie zu einem demokratischen Sozialismus«.[207] Dahinter verbarg sich die Absicht, in einem langfristigen, allmählichen Prozess

203 Gerd Muhr an Otto Brenner am 10. September 1968 betr. Initiative von Hans Matthöfer zur Novellierung des BetrVG, AdsD, IGM 1–2, 2186. Muhr war geschäftsführendes Vorstandmitglied und Leiter der Abteilung Sozialpolitik der IGM.

204 »Stellungnahme zu dem Begriff ›Mitbestimmung am Arbeitsplatz‹ nach den Vorstellungen von Hans Matthöfer und Fritz Vilmar« vom 17. Oktober 1968, AdsD, IGM 0 608.

205 Niederschrift über die Sondersitzung (Klausurtagung) des Vorstandes vom 25. Januar bis 27. Januar 1969 in Hauerskopf. Vertraulich! AdsD, IGM-Vorstand, 5/IGMA 000 129, Sitzungen 1/69–2(69), S. 29.

206 Ebenda, S. 31, 34.

207 Kommentar zum Eintrag am 22. Januar 1969; AdsD, DM 0404.

»die Weisungsrechte der Eigentümer zu vermindern und die Mit- und Selbstbestimmungsrechte der noch Arbeitnehmer schrittweise auszuweiten«. Der Entwurf sei deshalb dem Grundsatz verpflichtet gewesen: Unternehmen müssen zwar geführt werden können, die Legitimation der Führung darf aber nicht aus dem Eigentum an den Produktionsmitteln, sondern aus der in festgelegten zeitlichen Abständen immer wieder herbeigeführten Zustimmung der Geführten kommen. Ziel dieser langen Entwicklung sollte sein: Keine Herrschaft von Menschen über Menschen, die sich aus dem privaten Eigentum an Produktionsmitteln ergibt.

Im Störfeuer der Gewerkschaften kam der parlamentarische Durchgang des Gesetzentwurfs ins Stocken, um schließlich ins Leere zu laufen. Er wurde innerhalb der Legislaturperiode im Ausschuss nicht abschließend beraten und somit nicht mehr zur Abstimmung gestellt. Die stillschweigende Übereinstimmung zwischen Brenner und dem Chef der CDU-Sozialausschüsse, Hans Katzer, der als Bundesminister für Arbeit die Federführung hatte, blockierte eine gesetzlichen Regelung, für die im Bundestag höchstwahrscheinlich sogar die erforderliche Mehrheit vorhanden gewesen wäre. Jedenfalls war Matthöfer fest davon überzeugt, dass die Gewerkschaftsführung eine nicht mehr wiederkehrende Chance »aus kleinkariertem organisatorischem Egoismus kampflos und völlig überflüssigerweise verschenkt hatte«.[208]

Das gleiche Schicksal ereilte eine weitere Gesetzesinitiative Matthöfers schon in der Fraktion.[209] Im März 1968 hatte er den Entwurf eines »Gesetzes über den Bildungsurlaub« vorgelegt und dazu erläutert: »Die jährlich für den Arbeitgeber entstehende zeitliche Belastung würde ungefähr einem bezahlten Feiertag entsprechen.« Jedes Fraktionsmitglied wusste, dass damit der 17. Juni gemeint war. Er hatte den Versuch, durch eine gesetzliche Regelung den 17. Juni als Feiertag gegen einen Bildungsurlaubsanspruch der Arbeitnehmer einzutauschen, vorher mit Otto Brenner abgesprochen. Der IGM-Chef hatte sich zwar damit einverstanden erklärt (»Dies ist nie unser Feiertag gewesen«), selbst aber – wie auch der aus politischen Gründen zögernde DGB – nie die Initiative öffentlich oder intern unterstützt.

An Matthöfers Wertschätzung der keynesianischen Wirtschaftspolitik der Großen Koalition änderten diese Misserfolge nichts. Gegenüber der Frankfurter Rundschau gab er zu Protokoll, er habe niemals die Gewerkschafter verstanden, die aus der Konzertierten Aktion des Bundeswirtschaftsministers Schiller austreten wollten. In der vergangenen Wirtschaftskrise sei nichts anderes möglich gewesen, als zunächst den Unternehmern mit Investitionshilfen beizuspringen. Es komme jetzt darauf an, von der Lohn- und Gehaltspolitik zu einer Einkommenspolitik überzugehen.[210] In öffentlichen Auftritten, wie etwa vor den Delegierten seiner Wahl-

---

208 1974, während seiner Zeit als Bundesminister für Forschung und Technologie, nutzte er die Gelegenheit im Rahmen des Regierungsprogramms ›Humanisierung der Arbeitswelt‹ auch Versuche zur Förderung der Gruppenarbeit. Die meisten Projekte wurden jedoch beendet, als die Zuschüsse ausliefen.

209 ›Diensttagebuch‹, 07.03.1968; AdsD, DM 0404.

210 Frankfurter Rundschau vom 8. Mai 1969.

kreiskonferenz, wollte er eine Koalition mit der FDP nicht ausschließen, wenn es das Wahlergebnis denn erlaube. Insgeheim wäre er aber dafür gewesen, die Große Koalition weiterzuführen, das Mehrheitswahlrecht einzuführen und dann das deutsche Volk 1973 über die Mehrheit für eine Partei im Bundestag entscheiden zu lassen. Er selbst wurde von 77 der 85 Wahlkreisdelegierten erneut als Bundestagskandidat aufgestellt. Im Prestigeduell mit Georg Leber um den ersten Platz auf der hessischen Landesliste unterlag er dagegen im Bezirksvorstand der SPD Hessen-Süd in geheimer Wahl. Bei den Bundestagswahlen am 28. September 1969 erhielt die CDU/CSU 46,1, die SPD 42,7, die FDP 5,8 Prozent der Wählerstimmen. Mit knapper Mehrheit bildeten FDP und SPD eine Koalition. Matthöfer konnte mit 53,1 Prozent der Erststimmen zum ersten Mal seine Partei in der Gunst der Wähler hinter sich lassen. Auf die Bildung der von ihm ungeliebten ›Kleinen Koalition‹ reagierte Matthöfer auf seine Art. Er verfasste eine neunseitige Schrift, die unter dem Titel »Zur aktuellen Diskussion in der Bundesrepublik über die Ausweitung der Mitbestimmung« die Spielräume seiner Bonner Arbeitsmöglichkeiten bis 1973 auslotete.[211]

An seinem Frankfurter Arbeitsplatz verdüsterten sich die Perspektiven zur gleichen Zeit immer mehr. Seit Brenner vor den versammelten Vorstandsmitgliedern der IG Metall seine schützende Hand von ihm abgezogen und ihn offen zum Feind der Gewerkschaften erklärt hatte, wurde er immer häufiger das Ziel systematischer Mobbing-Attacken seines Vorgesetzten. Bis dahin hatten Dürrbeck und Matthöfer ungeachtet kleinerer Reibereien im Zweifel doch zusammengehalten, um gemeinsam nach außen die Interessen des ›Bildungswesens‹ zu vertreten. Jetzt wusste Dürrbeck, dass er sich von seinem Abteilungsleiter distanzieren musste, wollte er selbst im Vorstand überleben. Matthöfer reagierte auf wiederholte Eingriffe in seinen Zuständigkeitsbereich, die Untergrabung seiner Autorität als Chef der Bildungsabteilung und verbale Rempeleien zuerst mit scharfer Ironie, dann aber mit offener Gegenwehr, sodass schließlich das Betriebsklima eisig wurde. So legte Matthöfer seinem Vorgesetzten einen Auszug aus den »Allgemeinen Führungsleitsätzen der Hoesch AG« vor, um zu dokumentieren, dass dessen Vorgehen »den elementarsten Regeln der Höflichkeit gegenüber Mitarbeitern« widerspreche, die »nach Ansicht fortschrittlicher Manager selbst in kapitalistischen Unternehmen eingehalten werden sollten«.[212] Es ging bei solchen Rangeleien um Kompetenzen keineswegs nur um verletzte Eitelkeiten. Dürrbeck stellte immer öfter abgewählte Bevollmächtigte und andere Funktionäre, die an ihren operativen Aufgaben gescheitert waren, als Lehrer an IGM-Schulen ein oder beschäftigte sie gar über den Kopf des Abteilungsleiters hinweg als Sachbearbeiter in der Bildungsabteilung. Oft eilte diesen abgehalfterten Funktionären auch noch der Ruf der Bildungsfeindlichkeit voraus, sodass Matthöfer entsetzt fragte: »Sind das die Männer, mit denen wir ein Bildungswesen von der Qualität aufbauen wollen, auf die unsere Organisation

---

211 AdsD, IGM, W 259.
212 Matthöfer an Dürrbeck am 2. Mai 1969, AdsD, IG Metall, B 653.

angesichts ihrer historischen Aufgaben und auch angesichts der eingesetzten finanziellen Mittel einen Anspruch hat?« Als die Intensität des Mobbings noch zunahm, änderte Matthöfer seine Taktik, um auf Zumutungen und Übergriffe Dürrbecks zu reagieren:[213] »Wie Du sicher bemerkt hast, verwende ich seit längerer Zeit nicht mehr einen beachtlichen Teil meiner Arbeitskraft darauf, mich dagegen zu wehren, dass mir im Laufe der Jahre von Dir, Salamischeibchen nach Salamischeibchen, Zuständigkeiten und sinnvolle Arbeitsmöglichkeiten weggenommen werden.« Er beschränkte sich auf gelegentliche Proteste und versuchte, seine Arbeit, gestützt auf loyale Mitarbeiter wie Albert Schengber, fortzusetzen. Dürrbeck antwortete mit Matthöfers bürokratischer Eliminierung. Er tilgte seinen Namen einfach aus dem Verteiler der IGM-internen Kommunikation, und löste das Problem damit auf seine Weise. Ende 1970 hatte die Kampagne ihr Ziel erreicht, den Leiter der Bildungsabteilung zu entmachten. Paradoxerweise war zu diesem Zeitpunkt die Diskrepanz zwischen Schein und Sein im Leben des Gewerkschaftsfunktionärs am größten. Es war ihm ganz unabhängig von seinem jeweiligen Status gelungen, von der Öffentlichkeit als eine der führenden Persönlichkeiten der deutschen Gewerkschaften anerkannt zu werden. Er selbst pflegte allerdings Unterstellungen dieser Art mit der ironischen Wendung zu dementieren, »dass ich nicht der Führung der IG-Metall angehöre, sondern deren Angestellter bin, ein Unterschied, der für meine politische Bewegungsfreiheit leider nicht ganz ohne Bedeutung ist.«[214]

Seit 1971 öffnete sich im Machtkampf um die gewerkschaftliche Bildungsarbeit noch eine zweite Front. Die Strategie der betriebsnahen Bildungsarbeit begann Früchte zu tragen, sodass immer mehr Bildungsobleute in die Betriebe zurückkamen und sich in den Vertrauensleutegremien engagierten. Offenbar nahmen sie dabei in vielen Fällen eine besonders kritische Haltung ein und forderten die Routine der gewerkschaftlichen Praxis in den Betrieben durch neue Fragestellungen und Methoden heraus. Auf dem zehnten ordentlichen Gewerkschaftstag der IG Metall, der in der Rhein-Main-Halle in Wiesbaden stattfand, schlug sich diese neue Qualität der Bildungsarbeit gleich doppelt nieder. Zum einen mischten sich Bildungsobleute – mehr noch als 1968 in Nürnberg – aktiv in die Diskussion ein. Sie vertraten eine basisbezogene Gewerkschaftspolitik und forderten sie auch von der Führung der IG Metall. So wurde das für die Tarifpolitik zuständige Vorstandsmitglied Hans Mayr offen angegriffen, weil er aus der Sicht der Bildungsobleute vor den Delegierten das Elend der betriebsnahen Tarifpolitik bewusst beschönigt hatte: »Wir sind von der betriebsnahen Tarifpolitik weiter entfernt als jemals zuvor! (Beifall) [...] Die jetzt unbegreifliche Zurückhaltung in der Tarifpolitik treibt die Funktionäre an der Basis zur Selbsthilfe, ohne dabei den besonderen Schutz der Organisation zu erhalten. Ihnen dabei auch noch betriebssyndikalistisches Denken vorzuwerfen, ist bei der bahnbrechenden Arbeit der Betriebsräte und Vertrauensleute verantwortungslos. (Beifall).« Dass betriebliche Funktionäre auf Gewerk-

213 Matthöfer an Dürrbeck am 12. Januar 1970, AdsD, IG Metall, B 582.
214 Matthöfer in einem Brief an Henrich von Nussbaum vom Pressedienst ›Kritischer Katholizismus‹, Redaktion Süd, vom 28. April 1970; AdsD, DM 025.

schaftstagen der IG Metall Probleme unverblümt beim Namen nannten, war neu und deshalb für die hauptamtlichen IG Metall-Vertreter ungewohnt. Wenn die Redner sich dabei auch noch des Beifalls einer starken Minderheit der Delegierten sicher sein konnten, läuteten beim Vorstand die Alarmglocken. Wie auf Gewerkschaftstagen üblich, äußerte sich auch der Protest der Bildungsobleute keineswegs spontan. Matthöfers loyaler Mitarbeiter Albert Schengber hatte ihre Auftritte gut vorbereitet. Man traf sich vor Beginn des Gewerkschaftstages zu einer Vorbesprechung, an der auch Matthöfer teilnahm, in einem Wiesbadener Hotel.[215] In gewisser Weise war der kaltgestellte Leiter der Bildungsabteilung damit in seinem eigenen Kompetenzbereich zur Untergrundarbeit übergegangen. Auch noch eine weitere, viel einflußreichere Gruppe von Delegierten übte Kritik am Vorstand: die Arbeitsdirektoren aus der paritätisch mitbestimmten Stahlindustrie. Wie sie das Auftreten der Bildungsobleute in den Betrieben der Montanindustrie attackierten, machte noch mehr Eindruck auf den IGM-Vorstand als die Attacken der Betroffenen selbst. Auf einer Sitzung mit dem IGM-Vorstand im Vorfeld des Gewerkschaftstages kulminierte diese Kritik in dem Schlagwort von der »Honecker-Politik«: »Die Vertrauensleute spielen sich als Kontrolleure der Betriebräte auf.«[216] Ein Arbeitsdirektor der Hoesch AG gab, wie es im Protokoll über diese Sitzung hieß, »seiner Sorge über die wachsende Politisierung in den Betrieben Ausdruck«. Ein anderer empörte sich darüber, »dass der Betriebsrat unter dem Druck der Vertrauensleute gezwungen worden sei, Forderungen vorzutragen, gegen die er sich bewusst ausgesprochen hatte«. Auf derselben Sitzung sprach Fritz Strothmann schließlich von »Entartungserscheinungen, die zu Lasten der Mitbestimmung gehen, von einer sich abzeichnenden Politisierung der Vertrauenskörper und sichtbarem Missbrauch dieser Vertrauenskörper durch gewisse Gruppen«.[217] Eine paradoxe Entwicklung zeichnete sich ab: Je mehr die betriebsnahe Bildungsarbeit Wirkung zeigte und je lauter sich ihre Protagonisten artikulierten, desto entschiedener formierte sich der Widerstand gegen ihre Arbeit in den eigenen Reihen. Es sollte freilich bis zum Tod Otto Brenners im April 1972 dauern, bis der Tanker IG Metall in Sachen Bildungskonzept seine Richtung sichtbar änderte. Dürrbeck, der noch in Wiesbaden mit großer Mehrheit wiedergewählt worden war, verlor nun jeden Einfluss im Vorstand und wurde bei einer Neuverteilung der Vorstand-Ressorts von der Verantwortung für die Bildungsarbeit entbunden. Dürrbecks Nachfolger Hans Preiss gehörte seit langem zu jenen Kräften im Vorstand der IG Metall, die eine Zusammenarbeit mit Matthöfer systematisch sabotierten[218] und auch inhaltlich eine andere Linie vertraten. Tatsächlich verschwand das Projekt der Bil-

---

215 ›Diensttagebuch‹, 27.09.–02.10.1971; AdsD, DM 0404.
216 IG Metall, 10. ordentlicher Gewerkschaftstag vom 27. September bis 2. Oktober 1971 in Wiesbaden, Protokoll, S. 208. Die Sitzung fand kurz vor dem Gewerkschaftstag statt und wurde während des Wiesbadener Treffens in Redebeiträgen kolportiert.
217 Ebenda, S. 209.
218 Matthöfer an Preiss am 29. Dezember 1970; AdsD, IGM, B 582. Matthöfer hielt aufgrund administrativer Eingriffe von Preiss in seinen Kompetenzbereich eine »weitere Zusammenarbeit [für] unmöglich« und »jede produktive Arbeit in unserer Organisation behindert«.

dungsobleute alsbald in der Versenkung, ohne dass dies von den Gremien legitimiert worden wäre. Die Bildungsarbeit der IG Metall wurde wieder stärker zentralisiert, inhaltlich enger an die Organisationsinteressen gebunden und in ihrer kritischen Dimension stark eingeschränkt. Nur noch aufbauende Kritik war erlaubt: »Die gewerkschaftliche Bildungsarbeit darf Kritik an der Organisation nicht verstärken, indem sie die Skepsis der Kritiker bewusst vertieft. Sie muß mögliche Ursachen feststellen und Fehleinschätzungen korrigieren.«[219] Immer häufiger übte der Vorstand auch direkte Kontrolle über Angelegenheiten der Bildungsabteilung aus. Jeder Bewerber um eine Dozentenstelle im neuen Bildungszentrum Sprockhövel musste sich persönlich im Vorstand vorstellen, was nicht selten zum Verzicht auf Bewerbungen oder zur Ablehnung von Kandidaten führte, die von Matthöfer und Dürrbeck vorgeschlagen wurden. Selbst die Liste der Bücher, die in Sprockhövel Verwendung finden sollten, musste dem Vorstand zur Genehmigung vorgelegt werde.[220]

Noch im Frühjahr war Matthöfer sehr optimistisch gewesen, durch die Neuregelung des Betriebsverfassungsgesetzes die Früchte seiner langjährigen Arbeit in der Bildungsabteilung ernten zu können.[221] Zwar war es ihm zu diesem Zeitpunkt längst klar, dass er davon nicht mehr persönlich profitieren würde. Er konnte aber noch hoffen, dass es auf der neuen gesetzlichen Grundlage möglich sei, die von ihm entwickelten organisatorischen Instrumente und Methoden der betriebsnahen Bildungsarbeit im großen Stil anzuwenden. Das am 10. November 1971 verabschiedete Gesetz war das Resultat der Bemühungen der beiden Koalitionsparteien SPD und FDP, ihre jeweiligen Gesetzentwürfe aus der vergangenen Legislaturperiode auf einen Nenner zu bringen. Matthöfer spielte dabei kaum eine Rolle, zumal er sich nicht um eine Mitgliedschaft im federführenden Ausschuss für Arbeit und Sozialordnung bemühte. Die SPD-Fraktion griff seinen von den Gewerkschaften abgelehnten Gesetzentwurf zur Einführung von Mitbestimmungsrechten für Arbeitsgruppensprecher nicht mehr auf. Sie überließ damit der Opposition das Feld, die Matthöfers Vorschläge in abgewandelter Form gegen den Regierungsentwurf in Stellung brachte.[222] Im Ergebnis wurde in dem neuen Gesetz die Mitbestimmung am Arbeitsplatz durch zahlreiche Änderungen ausgeweitet: mehr Mitbestimmungsrechte in sozialen, personellen und wirtschaftlichen Angelegenheiten, bessere Arbeitsgrundlagen für den Betriebsrat, Schutzbestimmungen in Form von Informations- und Unterrichtungsrechten für den einzelnen Arbeitnehmer, aber auch eine umfassendere Anerkennung der gewerkschaftlichen Präsenz und eine breitere Basis für die Tätigkeit der Jugendvertretung. Die Frage der Mitbestim-

---

219 These 10 der »Thesen zur Bildungsarbeit der IG Metall«, die Preiss auf dem Gewerkschaftstag 1974 vorlegte. IGM-Vorstand, Geschäftsbericht 1971/1973, S. 310.

220 Vorstandssitzungen 7/71 bis 14/71 sowie Niederschrift der Klausurtagung des Vorstandes am 24./26. Februar 1972; AdsD, IG-Metall-Vorstandsprotokolle, 5/IGMA 000139.

221 Hans Matthöfer, Gewerkschaftliche Bildungsarbeit und Betriebsverfassungsgesetz am Beispiel der IG Metall, in: Gewerkschaftliche Monatshefte 23 (1972) Heft 2, S. 124–127.

222 Deutscher Bundestag, 6. Wahlperiode, Drucksache VI/1806. Mitwirkungs- oder Mitbestimmungsrechte waren dort nicht vorgesehen.

mung auf Unternehmensebene wurde vorläufig ausgeklammert und auf das Mitbestimmungsgesetz von 1976 vertagt. Insbesondere für die Bildungsarbeit öffnete die Novellierung neue Möglichkeiten. Noch im Februar 1972 forderte Matthöfer daher in einem zehnseitigen Schreiben an Heinz Dürrbeck – ergebnislos – eine Lehrerkonferenz von längerer Dauer, um gemeinsam »einige Grundsatzfragen der Weiterentwicklung des Bildungswesens der IG Metall« zu diskutieren.[223] Tatsächlich stand die gewerkschaftliche Bildungsarbeit vor quantitativ kaum zu bewältigenden Herausforderungen. Die Einführung eines zusätzlichen, mindestens dreiwöchigen Anspruchs auf bezahlten Bildungsurlaub für eine wachsende Zahl von Betriebsräten und Jugendvertretern sicherte die Finanzierung einer um ein Vielfaches erweiterten betrieblichen Bildungsarbeit. Matthöfer musste dies wie die Erfüllung vieler seiner Wünsche vorkommen: »Jetzt können die bisherigen Ansätze und Bemühungen, die örtliche Bildungsarbeit der IG Metall inhaltlich, personell, räumlich, zeitlich und methodisch am Betrieb und an den betrieblichen Erfahrungen der Arbeiter und Angestellten zu orientieren, endlich auf breiter Basis entwickelt und wirksam gemacht werden.« Darüber hinaus sah er Ansatzpunkte für weitere Verbesserungen: »Die bei der Ausübung und Weiterentwicklung der neuen Rechte notwendigerweise entstehenden Konflikte mit den Inhabern noch immer unkontrollierter wirtschaftlicher Macht eignen sich zudem hervorragend als Ausgangspunkt und zur Motivierung betrieblicher Bildungs- und Aufklärungsprozesse.« Nach dem Kurswechsel in der Bildungsarbeit der IG Metall erfasste ihn freilich »eine große Wehmut, wenn ich meine hoffnungsvoll optimistischen Aussagen und Einschätzungen in diesem Artikel lese. Wenig von dem, praktisch gar nichts, wofür ich mitgeholfen hatte, in der gewerkschaftlichen Bildungs- und Organisationsarbeit und im Betriebsverfassungsgesetz die methodischen und rechtlichen Grundlagen zu legen, wurde nach meinem – nicht ganz freiwilligen – Ausscheiden aus der Bildungs- und Organisationsarbeit der IG Metall von den verantwortlichen Kollegen in der IG Metall und in den anderen Gewerkschaften aufgegriffen, genutzt und ausgebaut.«[224]

Nicht lange nach dem Tode Otto Brenners wurde Matthöfer im Juli 1972 auch offiziell von der Leitung der Abteilung Bildungswesen entbunden. Otto Brenner hatte seinem Schützling auf dessen Befürchtung, er könne seine Zuständigkeit für die Bildungsabteilung wegen des latenten Konfliktes verlieren, einmal geantwortet: »Ich bin doch kein Apparatschik, der solche Fragen administrativ löst.« Er überließ es anderen, den Vorstandsangestellten zu entmachten und zu isolieren. Vor der letzten Konsequenz schreckte er aber – vielleicht aus sehr persönlichen Motiven – immer wieder zurück. Diese Haltung fand ihre Entsprechung in Matthöfers eigenem Verhältnis zu seinem früheren Förderer. Obwohl es Brenner war, der dem Spiel ein Ende bereitete und ihn in die Quarantäne des Apparats zwang, richtete sich Matthöfers vergeblicher Widerstand gegen dessen Handlanger und Nachfol-

223 ›Diensttagebuch‹, 7.02.1972; AdsD, DM 0404.
224 Kommentar zu dem Eintrag vom 7. Februar 1972, ›Diensttagebuch‹, AdsD, DM 0404.

Eugen Loderer vollzog als Nachfolger Otto Brenners 1972 die Trennung der Organisation von ihrem sperrigen Leiter der Bildungsabteilung.

ger, obwohl sie lediglich Brenners Bannspruch vollstreckten. Der väterliche Freund stand selbst außerhalb der Kritik. Eugen Loderer, Brenners Nachfolger, war von derartigen Skrupeln nicht geplagt. Das Modell der gewerkschaftlichen Gegenmacht, das Matthöfer und Brenner zwar nicht konsequent verfolgten, aber doch im Prinzip gut hießen, stand ihm fern. Er verkörperte wie kein zweiter die in Süddeutschland besonders ausgeprägte Tradition der Qualitätsarbeit und der produktivitätsorientierten Mitbestimmung, die Anfang der siebziger Jahre noch größere Bedeutung für das sozialen System der Produktion gewann, weil die Expansionsphase der standardisierten Massenproduktion vorüber war. Der Stil dieses deutschen Modells der Tarifautonomie zwischen Kooperation und Konflikt bildete sich nicht zuletzt in den Stuttgarter Auseinandersetzungen mit Arbeitgebervertretern wie Herbert van Hüllen und Hanns Martin Schleyer heraus, an denen Loderer aktiv teilnahm. Matthöfers gedanken- und fintenreiches, immer theoriegeleitetes Zusammenspiel aus Strategie und Taktik musste Loderers konzeptarmem und perspektivlosem Praktizismus verdächtig erscheinen. Was Brenner kraft seiner Autorität zugefallen war, musste er sich mühsam – oft gegen Intrigen und offenen Widerstand – erarbeiten, ohne jemals in die Lage zu kommen, die Organisation unangefochten zu führen. Um als Hecht im Haifischbecken der Frankfurter IG Metall-Zentrale zu überleben, hielt er es offenbar für notwendig, die linke Fraktion innerhalb der Vorstandsverwaltung zu schwächen. Einem leitenden Mitarbeiter die Gründe für seine Kaltstellung mitzuteilen, gehörte nicht zu den Gepflogenheiten der größten Einzelgewerkschaft der Welt, und so hielt es auch der neue Vorstandsvorsitzende nicht mit den Grundregeln der Mitarbeiterkommunikation. Im Protokoll der Sitzung des IGM-Vorstands hieß es dazu lediglich: »Matthöfer wird ab sofort in den Geschäftsbereich des 1. Vorsitzenden als Abteilungsleiter für besondere Aufgaben übernommen.«[225] Ähnlich der Stellung eines Titularbischofs, die der Vatikan auf der Grundlage eines längst untergegangenen historischen Bistums vergibt, fand sich auch für Matthöfer ein klingender Titel, der ebenso wenig Bezug zur Realität hatte. Von Hans Mayr gebeten, sich selbst einen Namen für seine ›Abteilung‹ auszudenken, entschied sich der Abteilungsleiter ohne Geschäftsbereich zunächst für den Titel »Leiter der Abteilung für internationale Wirtschaftsbeziehungen«. Damit stieß er freilich bei Loderer auf Ablehnung – wohl weil er zu bedeutungsvoll klang.[226] Man einigte sich schließlich auf die völlig abwegige Denomination »Leiter der Abteilung für Probleme der Entwicklungsländer und der internationalen Konzentrationsbewegung unter besonderer Berücksichtigung des Kapitalexports in Niedriglohnländer«. Resigniert versicherte Matthöfer seinem Arbeitgeber:[227] »Ich betone noch einmal, dass über die zwischen uns abgesprochenen Arbeitsbedingungen hinaus von mir daraus keine Zuständigkeiten abgeleitet werden. Ich werde auch – um Schwierigkeiten zu vermeiden – von der Bezeichnung so wenig wie möglich Gebrauch machen.« Die Ausstattung der neuen Abteilung bestand aus einer Halbtagssekretärin, die alsbald einen seit längerer Zeit vorhersehbaren Mutterschaftsurlaub antrat. Auf die sich abzeichnende neue Mobbingrunde musste Matthöfer nicht lange warten. Das Jahresende brachte die endgültige Auflösung des Arbeitsverhältnisses als Abteilungsleiter bei der IG Metall, nachdem er im Dezember als Parlamentarischer Staatssekretär in die Bundesregierung eingetreten war. Der Abschied war eisig. Loderer verweigerte Matthöfer die durchaus übliche und im persönlichen Gespräch versprochene Wiedereinstellungszusage. Freiwillig wollte der politische Beamte nicht darauf verzichten, wohl weil es seinem Sicherheitsbedürfnis entsprach, immer einen »zweiten Ausgang« in Reserve zu haben. Auf seine Bitte antwortete Loderer kühl:[228] »Wir bitten Dich um Verständnis, wenn wir aus grundsätzlichen Erwägungen keine schriftliche Zusage eines Rückkehrrechts geben können. In allen ähnlichen Fällen ist diese nicht erfolgt, und zwar auch deshalb nicht, weil es sich hierbei um das Ausscheiden aus einer hauptamtlichen gewerkschaftlichen Tätigkeit handelt. Das schließt selbstverständlich nicht aus, daß wir bei einer etwa späterhin beabsichtigten Rückkehr zur IG Metall jederzeit bereit sind, mit Dir ein diesbezügliches Gespräch zu führen.«

---

225 ›Diensttagebuch‹, 24.07.1972, AdsD, DM 0404.
226 Vermerk an Hans Mayr, ohne Datum (Juli / August 1972) und Matthöfer an Loderer am 7. August 1972; AdsD, IG-Metall, G 69 b.
227 Ebenda. Später beschrieb er seine Situation plastisch in dem Bild, die IG Metall habe ihn »gewissermaßen aus dem Fenster herausgehängt«. ›Diensttagebuch‹, 19.1.1990, AdsD, DM 0404.
228 Loderer an Matthöfer am 03. April 1973 und Matthöfer an Loderer am 15. Januar 1973, ›Diensttagebuch‹, AdsD, DM 0404.

Der Konflikt mit der IGM-Spitze und sein unfreiwilliges Ausscheiden aus der Bildungsabteilung fanden keine Resonanz in der Öffentlichkeit, was auch damit zu tun hat, dass Matthöfer längst nicht mehr in erster Linie als Gewerkschafter wahrgenommen wurde – hatte er doch seinen Arbeitsschwerpunkt seit der sechsten Wahlperiode in die Entwicklungspolitik verlagert. Wichtiger noch war, dass beide Seiten kein Interesse an einem Skandal hatten und die Angelegenheit deshalb vertraulich behandelten. Die Gewerkschaft hätte sich schwer getan, dem Publikum zu erklären, warum man sich von einem so prominenten und erfolgreichen Mitarbeiter trennte. Matthöfer dagegen war rational genug, um sich vor einer Don Quijoterie zu hüten, die ihm politisch schwer geschadet und ihm zahlreiche Wirkungsmöglichkeiten verschlossen hätte. Zum einen glaubte er nicht, mit Kritik von außen die Verhältnisse in der Gewerkschaft ändern zu können, nachdem ihm dies schon als strategisch gut platzierter Insider nicht gelungen war. Außerdem hätte sie der IG Metall geschadet, und das wäre nicht in seinem Interesse gewesen. Vor allem aber hätte eine offene Auseinandersetzung seinen Ruf als Mann der IG Metall auf einen Schlag ruiniert und den Erfolg von neunzehn Jahren hauptamtlicher Arbeit demonstrativ abgewertet. Er war daher bereit, bis an den Rand einer politischen Farce zu gehen, als er nach seinem faktischen Rauswurf aus der IG Metall dem Hessischen Rundfunk in der Sendung »Stimme der Arbeit« Rede und Antwort über sein neues »Ressort« stand.[229] Inhaltlich war das ja kein Problem für ihn, kannte er sich doch in entwicklungspolitischen Fragen seit langem bestens aus. Tatsächlich gelang es ihm, die IG Metall über die Trennung hinaus als seine virtuelle Hausmacht zu erhalten und in wichtigen Fragen mit ihren Vertretern zusammenzuarbeiten. Noch Jahre später, als der Bruch mit der IG-Metall-Führung längst unüberbrückbar war, gehörte es zu den Stereotypen der journalistischen Berichterstattung, Matthöfer selbst in höchsten Bonner Ämtern als ›Mann der Gewerkschaften‹ zu bezeichnen und sein politisches Gewicht daran zu messen.

---

229 »Gespräch mit Herrn Matthöfer über seine Aufgabe bei der IG Metall«, Sendung am 21. August 1972; AdsD, DM 0249.

TEIL 3

Entwicklungspolitik:
Realismus und internationale Solidarität

Die Berufung

Wenn es je ein Amt gegeben hat, das Hans Matthöfer zielsicher und systematisch, ja mit dem Mut der Verzweiflung angestrebt hat, dann war es die Position des Parlamentarischen Staatssekretärs beim Minister für Wirtschaftliche Zusammenarbeit, bei Erhard Eppler. Auf seinem politisch wie beruflich angestammtem Gebiet der Arbeitsbeziehungen stand er vor einem Scherbenhaufen. Das galt für seine parlamentarische Arbeit ebenso wie für die berufliche, musste er doch an seinem Arbeitsplatz in der Frankfurter IG Metall-Zentrale mit der Fortsetzung des seit langem anhaltenden, quälenden Kleinkrieges rechnen – seit seiner Verdrängung aus der Bildungsabteilung noch dazu auf niedrigstem Niveau. Von dem neuen Ersten Vorsitzenden seiner Gewerkschaft, Eugen Loderer, hatte er nichts Gutes zu erwarten. Und ohne die Hausmacht der Gewerkschaften im Rücken war auch im Parlament auf dem Feld der Arbeits- und Sozialpolitik kein Blumentopf zu gewinnen. Angesichts derart entmutigender Aussichten musste die Hoffnung auf ein Regierungsamt, das noch dazu ein neues Politikfeld öffnete, verheißungsvoll erscheinen. Auf ein Ministeramt zu spekulieren, wäre unrealistisch gewesen. Seine einzig verlässliche ›Hausmacht‹ bestand aus der im Kern asymmetrischen freundschaftlichen Beziehung zu Helmut Schmidt, der ihn tatsächlich schon 1969 für ein Ministeramt ins Gespräch bringen wollte.[1] Der stellvertretende SPD-Vorsitzende war jedoch weder 1969 noch 1972 in der Lage, entscheidenden Einfluß auf die Regierungsbildung zu nehmen. Sein Argument, mit Matthöfer sei auch die Linke im Kabinett gut vertreten, wird Brandt nicht sonderlich beeindruckt haben. In Schmidts eigenem Ressort war für Matthöfer kein Platz. Schmidt selbst musste ja sein Superministerium, das er nach dem Rücktritt Karl Schillers im Juli 1972 überraschend übernahm, auf das Normalmaß des Finanzministerium reduzieren, auch wenn er dessen Zuständigkeiten auf Kosten des Wirtschaftsministeriums erweitern konnte. Matthöfers persönliches Verhältnis zu Willy Brandt war eher gespannt und ließ ebenfalls keine besondere Förderung erwarten. Trotz gemeinsamer politischer Freundschaften mit ehemaligen SAP-Genossen, die Brandt gut kannte und mit denen auch Matthöfer sympathisierte,[2] kamen sich beide persönlich nie näher.

1 Gespräch mit Bundeskanzler a. D. Helmut Schmidt am 25. Mai 2004 in seinem Hamburger Büro in der ZEIT. Protokoll im AdsD, DM 0404.
2 U. a. Fritz Sternberg, Peter Blachstein, Boris Goldenberg, Jola Lang, Otto Brenner, Max Diamant, Walter Fabian, Paul Frölich, Rosi Frölich-Wolfstein und Herbert Tulatz. Matthöfer hatte Brandt zum ersten Mal 1958 bei einer Veranstaltung der amerikanischen ›Socialist Party‹ kennengelernt

In der Regierungszeit der Großen Koalition missfiel Brandt wohl Matthöfers oppositioneller Geist – erst nur in den Debatten der SPD-Bundestagsfraktion, später aber auch im Plenum des Deutschen Bundestages, z. B. bei der parlamentarischen Behandlung einiger Vorschriften des Ausländergesetzes oder des Entwicklungshilfesteuergesetzes. Matthöfers Rolle in den Auseinandersetzungen über die Notstandsgesetze und die Methoden, die er zur Durchsetzung seiner Änderungsvorschläge einsetzte, bezeichne der Kanzlerkandidat der SPD sogar als »schrecklich«. Umgekehrt fand der junge Abgeordnete, Brandt und seine engeren Freunde hätten sich in der Notstandsfrage opportunistisch verhalten, indem sie zu den großen Themen beredt schwiegen. Matthöfers Kritik und Schmidts klare Aussprache ließen sich mit Brandts Konzept nur schwer vereinbaren.[3] Entsprechendes gilt auch für Brandts Zeit als Außenminister, als der ›Abgeordnete von Barcelona‹ dem Auswärtigen Amt im Bundestag ständig mit kritischen Fragen zu Details der Beziehungen der Bundesrepublik zu Spanien lästig fiel.[4] Brandt und Matthöfer waren aber auch schon persönlich aneinander geraten, und zwar ausgerechnet auf dem Gebiet der Entwicklungspolitik. In der letzten Fraktionssitzung vor den Wahlen von 1972 hatten die beiden eine Kontroverse über die Wünschbarkeit deutscher Kapitalexporte in die Entsendeländer der ›Gastarbeiter‹ ausgetragen. In der sich zuspitzenden Debatte über die Grenzen der Ausländerbeschäftigung in der Bundesrepublik bezog der Bundeskanzler eine nach Meinung seines Kritikers populistische und noch dazu ökonomisch völlig verfehlte Position. Brandt meinte, mit deutschem Kapital ließen sich in diesen Ländern genug Arbeitsplätze schaffen, um die Auswanderung von Arbeitskräften zu erübrigen. In der Kontroverse, die darüber in einer Sitzung der SPD-Fraktion ausbrach, agierte Matthöfer ungeschickt, ja geradezu grob, da er von Brandt Argument überrascht worden war und sich auf seine Widerlegung nicht vorbereitet hatte. Er drohte, ihm auch öffentlich zu widersprechen, falls er diese in seinen Augen verfehlte Meinung im Wahlkampf vertreten sollte. Brandt musste sich bei dieser Gelegenheit anhören, seine Theorie könne schon von den Größenordnungen her in der Praxis nicht funktionieren, und »Kapitalausfuhr mit Staatshilfe« sei nichts anderes als die alte marxistische Definition von Imperialismus. Es gehört nicht viel Einfühlungsvermögen dazu, sich vorzustellen, dass der Bundeskanzler diese Lektion von der hohen Warte des Volkswirtes als überheblich und auch als persönlich verletzend empfunden hat. Im Wahlkampf benutzte Brandt dann seine in der Fraktionssitzung vorgetragenen Ar-

(Matthöfer an Brandt am 10. Mai 1961, AdsD, DM 0182). Willy Brandt redet Matthöfer mit »lieber Hans Matthöfer« an, umgekehrt schreibt Matthöfer: »lieber Willy«.

3   Schmidt sieht darin den Hauptgrund dafür, dass »Brandt und seine Entourage« über Matthöfer »verärgert« gewesen seien. Gespräch mit Bundeskanzler a. D. Helmut Schmidt am 25. Mai 2004 in seinem Hamburger Büro in der ZEIT. Protokoll im AdsD, DM 0404.

4   Was Spanien angeht, gab es auch inhaltliche Differenzen, doch fand sich nie eine Gelegenheit zur Aussprache. Erst 1976, als sich die beiden in Spanien beim Rotwein näher kamen, gelang es, die atmosphärischen Probleme beiseite zu schieben, sodass Brandt schließlich zu dem Urteil kam: »Hans, ich glaube, wir haben diese ganzen Jahre aneinander vorbeigelebt.« ›Diensttagebuch‹ 15.12.1972, AdsD, DM 0404.

Erhard Eppler bot Matthöfer einen Ausweg aus der gewerkschaftlichen Sackgasse und eine neue Bühne für politische Träume (Oktober 1972 in Frankfurt a.M.).

gumente zwar nicht mehr. Matthöfers schulmeisterliche Intervention wird er aber nicht so schnell vergessen haben, denn er hatte in solchen Fragen – wie die meisten durchsetzungsfähigen Politiker – ein langes Gedächtnis. Schlimmer noch: sie mag ihn nur zu gut an seine leidvollen Erfahrungen mit ›Schmidt Schnauze‹ erinnert haben und damit an Matthöfers Position innerhalb des innerparteilichen Kräftespiels, da ihm die enge und freundschaftliche Zusammenarbeit von Schmidt und Matthöfer nicht verborgen geblieben sein dürfte. Gewiß war auch ihm nicht entgangen, dass der linke Schmidt-Bewunderer die Kanzlerqualitäten seines Vorbildes ungleich höher einschätzte als die des Amtsinhabers. Matthöfer machte schließlich keinen Hehl daraus.

Es war daher durchaus nachvollziehbar, wenn Brandt die Nominierung des Leiters einer windigen Briefkastenabteilung für Probleme der Entwicklungsländer beim Vorstand der IG Metall durch seinen designierten Entwicklungshilfeminister Erhard Eppler mit äußerster Zurückhaltung aufnahm. Eppler begründete seinen Vorschlag mit der hohen Professionalität des im Februar 1971 zum Präsidenten des Kuratoriums der Deutschen Stiftung für Entwicklungsländer (DSE) gewählten profunden Lateinamerikakenners.[5] Er musste allerdings erst nachhaltigen Druck

5 Gespräch mit Erhard Eppler über Hans Matthöfer am 25. Februar 2006 in Elmshorn, Hotel Sommergarten; Protokoll in AdsD, DM 0404. Die Wahl zum Vorsitzenden des Kuratoriums der DSE verdankte Matthöfer Wehner. Als die Mehrheit für den Vorschlag trotz bester Voraussetzungen in

auf Brandt ausüben, um den Kandidaten als seinen Parlamentarischen Staatssekretär durchzusetzen. Als der Kanzler zögerte, seinem Wunsch zu folgen, weigerte sich Eppler einfach, einen anderen Personalvorschlag zu machen, und formulierte diesen Standpunkt auch schriftlich, als ihm Brandt einen Gesprächstermin vorenthielt. Dem Vernehmen nach hatte Brandt eigentlich aus landsmannschaftlichen Proporzerwägungen den Saarbrücker Bundestagsabgeordneten Alwin Brück, langjähriges Mitglied im Bundestagsausschuß für wirtschaftliche Zusammenarbeit und Stammgast in Egon Frankes ›Kanalarbeiterrunde‹, auf den 13.000 Mark-Posten (einschließlich Abgeordneten-Diäten) hieven wollen.[6] Erst als Kanzleramtsminister Horst Ehmke, nun designierter Bundesminister für Forschung und Technologie, seinen Freund und Kanzler an das dem Entwicklungshilfeminister gegebene Versprechen erinnerte und ihm die Konsequenzen einer Ablehnung des Epplerschen Wunschkandidaten vor Augen führte, erhielt Matthöfer in letzter Minute den Zuschlag. Noch unmittelbar vor der Fraktionssitzung, auf der Brandt seine Kabinettsliste bekannt gab, waren Matthöfers Sondierungen bei Ehmke und Schmidt noch negativ beschieden worden.[7] So erfuhr er von seiner Ernennung zum Parlamentarischen Staatssekretär bei Erhard Eppler gleichzeitig mit den anderen SPD-Abgeordneten. Von der Sache her kam Matthöfers Berufung in die Bundesregierung nicht besonders überraschend. Um seine neue Rolle zu verstehen, bedurfte es jedenfalls nicht jener wilden Spekulationen, die ein Teil der Presse an seinen Aufstieg knüpfte. So verriet ›Der Spiegel‹ seiner staunenden Leserschaft, Brandt habe »dem Linksgespann Eppler-Matthöfer« die strategische Rolle zugedacht, »gemeinsam mit der Entwicklungspolitik Signale für den progressiven Parteinachwuchs zu setzen«. Das Hamburger Nachrichtenmagazin zitierte zum Beleg Karlfred Zander, ein weiteres Mitglied des Brennerschen Braintrusts, der nach dem Tode des Gewerkschaftsführers im Bundestag eine Heimat suchte: »Nach Beendigung des Vietnam-Krieges wird das der Juckepunkt für die junge Linke.«[8] Bei aller Anziehungskraft, die er auf die SPD-Linke ausübte, lagen Matthöfers Verdienste in Wirklichkeit doch woanders. Er war seit 1969 Mitglied des Bundestagsausschusses für wirtschaftliche Zusammenarbeit (und im Ausschuss für Entwicklungsländer der Friedrich-Ebert-Stiftung), galt als profilierter Kenner der entwicklungspolitischen Szene und nahm mit seiner Führungsposition in der Deutschen Stiftung für Entwicklungsländer eine Schlüsselstellung in der institutionellen Landschaft der deutschen Entwicklungshilfe ein. Darüber hinaus fungierte er seit 1966 als Vizepräsident der Deutsch-Lateinamerikanischen Parlamentariergruppe im Bundestag und war in offizieller Mission für die Organisation Amerikanischer Staaten (OAS) tätig gewesen. Als Vertreter seiner Bundestagsfraktion pflegte der

---

der Fraktion nicht zusammenkam, intervenierte der Vorsitzende mit den Worten: »Das könnt ihr mit dem nicht machen, das ist ein anständiger Mann.« ›Diensttagebuch‹, 19.1.1990, AdsD, DM 0404.

6 »Juckepunkt für Linke«, DER SPIEGEL 53 (1972).
7 ›Diensttagebuch‹, 15.12.1972, AdsD, DM 0404.
8 »Juckepunkt für Linke«, DER SPIEGEL 53 (1972).

polyglotte Sozialdemokrat den Kontakt zur Interparlamentarischen Union, einer nichtstaatlichen internationalen Vereinigung zur Förderung der persönlichen Kontakte zwischen den Parlamentsabgeordneten aller Länder. Anfang 1971 war er sogar als Botschafter in Chile im Gespräch. Dass der Frankfurter Abgeordnete längst nicht mehr auf sein früheres Arbeitsgebiet im engeren innenpolitischen Feld der Arbeits-, Wirtschafts- und Sozialpolitik zu reduzieren war, macht schon die Tatsache deutlich, dass er im März 1972 von seiner Fraktion als stellvertretendes Mitglied in den Auswärtigen Ausschuß entsandt worden war, wenngleich auch hauptsächlich nur als Mehrheitsbeschaffer für die Verabschiedung der Ostverträge.[9] Der neue Minister für wirtschaftliche Zusammenarbeit hatte diese seit langem angezielte politische Neuorientierung des Abgeordneten Matthöfer offenbar sehr aufmerksam verfolgt und daraus personelle Konsequenzen für die Spitze seines Ministeriums gezogen. So öffnete sich am 15. Dezember 1972 für Matthöfer wieder einmal ein glücklicher ›zweiter Ausgang‹ aus einem prekären Karriereabschnitt.

Politische Neuorientierung

Traute

Nach dem gescheiterten Misstrauensvotum gegen Willy Brandt und der daraufhin vorgezogenen Bundestagswahl am 19. November 1972 stellte die SPD zum ersten Mal in der Geschichte der Bundesrepublik die stärkste Fraktion im Deutschen Bundestag. Ihr Zweitstimmen-Anteil erhöht sich um 3,1 Prozentpunkte von 42,7 Prozent auf 45,8 Prozent bundesweit. In Hessen stieg ihr Anteil nur leicht um 0,3 Prozentpunkte auf 46,5 Prozent, wobei der Zweitstimmenanteil in Frankfurt sogar sank. Matthöfers Wahlkreis Frankfurt III behauptete sich am besten. Dort stieg der Erststimmenanteil noch einmal um 0,9 Punkte auf 54 Prozent. Ohne Zweifel war dies das Verdienst einer intensiven und innovativen Wahlkreisarbeit, für die vor allem Traute Matthöfer verantwortlich war. Während der Bewerber seit 1969 auf eine eigene Wahlkreiszeitung als ›kollektiven Organisator‹ verzichtete, wurde seine Frau nicht müde, mit und ohne den Kandidaten die Veranstaltungen der lokalen Vereine, die SPD-Sommerfeste und die zahlreichen Dämmer- und Frühschoppen in den Ortsvereinen werbend zu frequentieren. Das war kein geringer Aufwand: Die meisten Veranstaltungen mussten plakatiert werden, Einladungen waren zu verteilen, Presseberichte waren zu schreiben. Neben diese eher konventionellen Werbeträger traten aber auch neue, innovative Wege der politischen Überzeugungsarbeit. Die gelernte Sozialarbeiterin übertrug die neuesten und erfolgreichsten Vertriebsmethoden der Haushaltswaren-, Kosmetik- und Dessous-Branche auf das politische Geschäft. ›Politik im kleinen Kreis‹ hieß diese Neuinszenierung des traditionellen Kandidaten-Schaulaufens und kam wie so viele

9 ›Diensttagebuch‹, 1.3.19/2, AdsD, DM 0404.

andere Wahlkampfmethoden der sechziger und siebziger Jahre aus den USA. Traute Matthöfer bat ausgewählte SPD-Sympathisanten, Freunde und Bekannte in ihre Wohnung, um ihnen dort Gelegenheit zu geben, aus nächster Nähe und in vertrauter Umgebung mit ihrem Abgeordneten zu diskutieren. Traute Matthöfer hatte für diese Neuerung im politischen Werbegeschäft das richtige ›Produkt‹ anzubieten – Ihr Mann, der sich schwer tat, große Auditorien zu Begeisterungsstürmen hinzureißen, konnte im kleinen Kreis seine besonderen Fähigkeiten voll zur Geltung bringen: argumentative Kompetenz, fachliche Brillanz, sympathische Ausstrahlung und einen unpathetischen kämpferischen Habitus, der in diesem überschaubaren Ambiente durchaus Wirkung zeigte. Kein Wunder, dass die ›Verkaufszahlen‹ in die Höhe gingen. Allerdings setzte diese Vertriebsstrategie auch gründliche Vorbereitung voraus, die ohne eine langfristige Pflege des Wahlkampfteams und der Netzwerke nicht funktionieren konnte. Die Wahlkreisarbeit beschränkte sich deshalb auch nicht auf die eigentliche Kampagne wenige Wochen vor den Wahlen; es gehörten zum Beispiel auch der jährlich stattfindende Frühschoppen am Neujahrstag im Bornheimer ›Ratskeller‹ dazu, Hausbesuche, Straßendiskussionen und die Teilnahme an ›Bunten Abenden‹ mit Sängern, Zauberern, Turnern und anderen Attraktionen, wie sie vor allem in den Ortsvereinen Seckbach und Fechenheim Brauch waren. Meist waren diese Veranstaltungen ein wenig hausbacken, doch gab es auch Beispiele für eine gewisse Professionalität. Einer der Stars unter Matthöfers Wahlkampfhelfern aus dem Show Business war Iwan Rebroff, der unter seinem bürgerlichen Namen Hans Rolf Rippert in Fechenheim wohnte und mit der SPD sympathisierte. Rebroff, der behauptete, von einer russischen Mutter abzustammen, trat mit großem Erfolg als volkstümlicher Sänger russischer Folklore auf. International bekannt wurde er, als er 1969 in über 1400 Vorstellungen die Rolle des Milchmanns *Tevje* im Musical Anatevka im Pariser Theater Marigny spielte.

Weniger glamourös, dafür aber umso wirksamer war die intensive Organisations- und Sozialarbeit von Traute Matthöfer im Hintergrund. Sie verteilte unermüdlich Werbematerial, sodass sie bald jeden Briefkasten des Frankfurter Nordostens persönlich kannte. Sie vereinbarte Versammlungstermine und organisierte die turnusmäßig viermal im Jahr stattfindenden Wahlkreisdelegierten-Konferenzen, deren Teilnehmer jeweils reichlich Informationsmaterial und von ihrem Abgeordneten ausgesuchte politische Bücher zum Mitnehmen vorfanden. Selbstverständlich übernahm sie auch ganz persönlich das ›Catering‹ zu diesen Veranstaltungen. Wichtig für den guten Ruf eines Abgeordneten, für den es sich gehörte, dass er sich wirklich um seinen Wahlkreis kümmerte, war auch eine professionelle Klientelarbeit. Hans Matthöfer nahm es daher gern in Kauf, dass er im Wahlkreis nicht immer die Hauptrolle spielte. Die Formel »Tag, Hans. Wo ist Traute?« wurde bald zur Standardbegrüßung.[10] Wer immer zu Traute Matthöfer kam, um in per-

---

10 Aus der Dankesrede zum Empfang der BGAG zu Matthöfers Verabschiedung im Frankfurter Palmengarten; ›Diensttagebuch‹, 16.1.1997, AdsD, DM 0404.

sönlichen Angelegenheiten um Hilfe zu bitten, nahm den Eindruck mit nach Hause, dass sein Abgeordneter alles in seiner Macht Stehende für ihn unternahm – auch wenn es tatsächlich die Frau des Abgeordneten war, die sich um die einzelnen Anliegen kümmerte. Sie half Leuten, die vielleicht ihr Leben lang für die Partei gearbeitet hatten und ein einziges Mal Hilfe brauchten, Hierarchien zu überspringen oder das Dickicht der Verordnungen zu durchdringen. Darüber hinaus kümmerte sie sich um die Beschaffung von Wohnungen oder Heimplätzen, gab allgemeine Lebenshilfe für ältere oder in Not geratene Menschen, nahm Einfluss auf Dienstpostenbewerbungen oder Beförderungen in der Stadtverwaltung, organisierte die Zusammenarbeit mit der Arbeiterwohlfahrt, half bei der Vermittlung heimatnaher Bundeswehr-Standorte für die eingezogenen Söhne, arrangierte Busfahrten nach Bonn zum Besuch des Bundestages und kümmerte sich um die Weiterleitung und Befürwortung von Stipendien- oder Sozialhilfeanträgen – kurz, sie leistete alle möglichen politischen Dienstleistungen, durch welche die Wähler bei Laune gehalten werden und die den Nimbus von Hilfsbereitschaft und Einfluß des Gewählten festigen. Bevorzugt bedient und individuell betreut wurden naturgemäß die Wahlkreisdelegierten. Sie waren regelmäßige Adressaten von Geburtstagsbriefen, Weihnachtspräsenten und Bücherlisten zur Auswahl von Buchgeschenken, sie wurden in aktuelle Diskussionen einbezogen und kontinuierlich mit Informationsmaterial beliefert. In allen diesen Angelegenheiten der Wahlkreisbetreuung und des permanenten täglichen Wahlkampfes konnte sich Traute Matthöfer auch auf die Hilfe ihrer Schwester Heidi Jost verlassen. Sie wohnte, anders als die Matthöfers, selbst im Wahlkreis 142, und war dort als Vorsitzende des Ortsbeirates für Seckbach, Riederwald, und Fechenheim und als ehrenamtliche Sozialpflegerin öffentlich präsent. Anfangs hatte ›das Kind‹, wie sie ihr früherer Vormund nannte, das Angebot abgelehnt, das Wahlkreissekretariat hauptamtlich zu übernehmen, weil sie fürchtete, den hohen Ansprüchen ihres Schwagers nicht gerecht zu werden.[11] Dies hat sie aber nicht davon abgehalten, ihn dann aus freien Stücken und aus eigener politischer Überzeugung zu unterstützen. Nach wie vor wohnte Matthöfer bei ihr zur Untermiete, um eine Adresse im Wahlkreis auszuweisen. Sein Gegenkandidat, der CDU-Bundestagsabgeordnete Helmut Link, ebenfalls Mitglied der IG Metall, musste manchmal das Gefühl haben, von der Familie Matthöfer regelrecht umzingelt zu sein.

Diese Präsenz ›vor Ort‹ war umso wichtiger, als sich der Familienwohnsitz Anfang 1971 noch weiter von seinem Wahlkreis entfernte: von Schwalbach nach Kronberg im Taunus. Dort, wo sich auf dem sogenannten ›Millionärshügel‹ zahlreiche prominente Politiker, Bankiers und Wirtschaftskapitäne niedergelassen hatten, baute nun auch Traute Matthöfer ihr neues Domizil. Allerdings sollte in der Schreyerstraße keine repräsentative Villa entstehen, sondern nur ein dreistöckiges Mehrfamilienhaus. Für sich selbst nutzten die Eigentümer die großzügige Penthouse-Wohnung mit dem unverbaubaren Taunusblick. Bevor das Ehepaar einzie-

11 Matthöfer an Beier am 20. August 1984, AdsD, DM Bezugspersonen u. Freunde Ia.

hen konnte, musste Traute Matthöfer, die den Bau allein plante, finanzierte und beaufsichtigte, allerdings einen langwierigen Rechtsstreit durchstehen, weil es unklar war, ob der Bebauungsplan aus dem Jahre 1955 an dieser Stelle eine derart »rentierlich verwertende Bauweise« erlaubte. Der Streit wurde vor Gericht ausgetragen, schlug sich aber im Juni 1970 auch auf den Lokalseiten des Kronberger Anzeigers nieder, sodass Otto Brenner davon erfuhr. Er ließ unverzüglich seinen Vertrauten und Pressechef Werner Thönnessen recherchieren, wie Matthöfer in der Lage sei, ein derartiges Projekt zu finanzieren. Thönnessen konnte seinen Chef beruhigen. Er fand heraus, dass die Mittel zum Bau des Renditeobjekts im Wesentlichen aus dem Erbe der Schwestern Mecklenburg stammten und der Bau im Grundbuch auf Traute Matthöfers Namen eingetragen sei.[12] Tatsächlich floss der gesamte Erlös aus dem Verkauf eines von ihren Eltern geerbten Bunker-, Haus- und Lagergrundstücks am Osterbekkanal in Hamburg-Winterhude in die Baufinanzierung ein. Trautes Vater war in Hamburg Kohlenhändler gewesen und hatte dieses Grundstück bei seinem Umzug von Ueckermünde nach Hamburg für sein neues Geschäft gekauft. In dem dazu gehörigen Wohnhaus hatten Traute und Heidi in ihrer Jugend einige Jahre gewohnt und nach dem frühen Tode ihres Vaters, als die gesamte Last der Versorgung auf ihren Schultern lag, im Kohlenhandel mitgearbeitet. Traute Matthöfer kaufte das Kronberger Grundstück sehr kostengünstig von einem Frankfurter Pelzhändler, und überdies erfuhr der misstrauische Brenner, dass der Bau mit einer Hypothek der Nassauischen Sparkasse finanziert wurde, deren Konditionen wesentlich günstiger waren als die der gewerkschaftseigenen Bank für Gemeinwirtschaft, bei der die Matthöfers ›pflichtgemäß‹ zuerst nachgefragt hatten.

Die prominente Nachbarschaft auf dem ›Millionärshügel‹ bei den Taunusstädten Kronberg und Königstein sollte sich mit dem wachsendem Terror der Rote Armee Fraktion (RAF) als ein zweifelhaftes Privileg erweisen. Seit Ende November 1974, als auf die häusliche Saunatür des CDU-Bundesschatzmeisters Walther Leisler Kiep ein Revolverattentat verübt wurde, gehörte das Kronberger Areal zum bestbewachten Gebiet in der gesamten Bundesrepublik.[13] Neben Kiep und bald auch Matthöfer selbst standen Hermann Josef Abs (Deutsche Bank), der Präsident des Bundesverbandes des Groß- und Außenhandels, Fritz Dietz, diverse Vorstandsmitglieder der Farbwerke Hoechst, der Lebensmittelkettenhändler Latscha, der Textilkaufmann Brenninkmeyer (C&A) sowie – pikanterweise – die Fabrikantin und Dressurreiterin Liselott Linsenhoff, gegen die Matthöfer seinerzeit in der VDO-Betriebszeitung angeschrieben hatte, auf der Liste der gefährdeten Personen. Später, als Matthöfer in der Rolle des Bundesfinanzministers zu einem der prominentesten ›Terrorziele‹ avancierte, hatte er zumindest einmal den Eindruck, von Terroristen verfolgt zu werden. Es gelang seinem Fahrer, die mutmaßlichen Verfolger im roten Alfa Romeo Spider kurz vor Kronberg abzuschütteln. Der Vorfall ließ

---

12 Thönnessen an Brenner am 14. Juli 1970, AdsD, IG Metall 1–2, 2188.
13 »Prominenz im Taunus wird gut bewacht. Zwischen den Villen überall Polizei«. Ruhrnachrichten vom 4. Dezember 1974.

einige Zweifel an der Sicherheit des Abgeordneten aufkommen. Die Einschaltung des BKA über die Alarmnummer des Autotelefons scheiterte an einer völlig überforderten Schreibkraft, die den Anruf entgegennahm. Die Ringfahndung der örtlichen Polizei führte nach einer halben Stunde zwar zum Erfolg, doch wurde der Fahrer nicht angehalten. So verlief die ›Affäre‹ im Sande, bevor sie zu einer werden konnte.[14]

In die Zeit des Umzugs fiel auch die – nach den psychosomatischen Störungen in den fünfziger Jahren – zweite ernsthafte Erkrankung Matthöfers. Im Januar legte er Otto Brenner ein Attest des Chefarztes des Stadtkrankenhauses Kassel, Prof. Dr. Rolf Heinecker, vor, das dem Gewerkschaftsangestellten lakonisch bescheinigte, er sei für die nächsten zwei Monate »gezwungen, sich körperlich streng zu schonen«. Das dazugehörige ärztliche Bulletin lieferte freilich nicht der Mediziner, sondern der Patient selbst. Er habe sich, so schilderte er seinem Chef die Begleitumstände der Erkrankung, vor den hessischen Landtagswahlen bei stundenlangen Diskussionen an der Frankfurter Hauptwache eine Lungenentzündung geholt, die eine Herzmuskelinfektion verursachte. Da sie noch immer nicht ausgeheilt und mit schwelenden Entzündungen zu rechnen sei, müsse er diese Ruhepause einlegen, »wenn ich mir keinen lebenslangen Schaden zuziehen will«.[15] Ob die Erkrankung wirklich ernsthafter Natur war, ob sie als psychosomatische Reaktion auf das Mobbing in der Gewerkschaftszentrale verstanden werden muß oder nur als Finte im Kleinkrieg mit Heinz Dürrbeck, läßt sich kaum noch klären. Die Möglichkeit, seine Herzrhythmusstörungen »frei laufen zu lassen«, diente Matthöfer seitdem jedenfalls des Öfteren als Vorwand für eine ›politische Krankheit‹, wenn ihm dies aus taktischen Gründen angezeigt schien.[16]

Der zweite Ausgang

Je dünner das Eis in der Frankfurter IGM-Zentrale für ihn wurde und je eisiger das Klima, desto wertvoller erwies sich der ›zweite Ausgang‹, den er sich mit seiner Arbeit im Parlament geschaffen hatte. Allerdings zeigte sich rasch, dass ohne die Unterstützung der Gewerkschaften oder gar gegen ihren Widerstand kaum Aussicht auf Erfolg bestand, auf Politikfeldern wie der Mitbestimmung oder der betriebsnahen Bildungsarbeit zu reüssieren. Das hatte sich schon Ende 1964 angedeutet. Zunächst war es Matthöfer zusammen mit 74 Delegierten aus vier Bezirken gelungen, den SPD-Parteitag in Karlsruhe zur Aufnahme weitgehender Mitbe-

---

14 Wilfried Haesen, Betreff Vorfälle anlässlich der Fahrt von BM Matthöfer am 09. Oktober 1981 von Bonn nach Kronberg/Ts. Bonn, den 19. Oktober 1981, verschlossen – persönlich; AdsD, DM 07.
15 Matthöfer an Brenner (mit Durchschlag an Dürrbeck) am 18. Januar 1971, sowie Ärztliche Bescheinigung vom 11. Januar 1971; AdsD, IG Metall 1–2, 2188.
16 So sein späteres ›Geständnis‹ in der Sendung Alpha-Forum des Bayerischen Rundfunks mit Klaus Kastan am 23. September 2000.

stimmungsforderungen in das »Regierungsprogramm« Willy Brands zu bewegen.[17] Zuvor hatte er ein Pflichtprogramm absolviert, indem er Karl Schillers Vorschläge zur Vermögensbildung in Arbeitnehmerhand im Rahmen der Arbeitsgemeinschaft »Wirtschafts- und Finanzpolitik als Einheit« kritisierte und die wirtschaftspolitische Konzeption der IG Metall verteidigte. Sein anschließender Ergänzungsantrag mit der Nummer 166 bezog sich dabei auf einen Mitbestimmungsentwurf des DGB, der die Forderung nach Ausdehnung der qualifizierten Mitbestimmung der Arbeitnehmer »über die Montanindustrie hinaus auf alle Großunternehmen« postulierte. Was ihm auf dem Parteitag glückte, fand jedoch nicht seinen Weg in die SPD-Führung, der es gelang, die Gewerkschaftsspitze davon zu überzeugen, dass die Resolution der Parteitagsmehrheit, die als einzige gegen den ausdrücklichen Willen des Parteivorstandes angenommen wurde, wahlpolitisch nicht opportun sei. Willy Brandt schob die Angelegenheit auf die lange Bank, indem er den Gewerkschaften versprach, »daß sich eine sozialdemokratische Bundesregierung um eine solide Sammlung und Klärung der Erfahrungen mit der Mitbestimmung durch Beteiligte und Sachverständige bemühen wird, daß sie eine genügende publizistische Erörterung dieser Fragen in der Öffentlichkeit fördern wird und daß sie an einer möglichst breiten politischen Basis gerade für diesen Teil ihrer Politik interessiert sein muß.«[18] Dem Versuch Matthöfers, auch in der Fraktion eine Mehrheit für die Initiative zu organisieren, wurde der Boden entzogen, als der DGB daraufhin seinen Entwurf vorerst zurückzog. Ähnlich erging es ihm 1968 mit seinem Entwurf eines »Gesetzes über den Bildungsurlaub«. Der Vorschlag, bezahlten Bildungsurlaub der Arbeitnehmer gegen die Abschaffung des Feiertags der nationalen Einheit, des 17. Juni, einzutauschen, war mit Otto Brenner abgesprochen, der dann aber wie auch der DGB dieses Projekt aus Opportunitätsgründen wieder fallen ließ. Noch drastischer fiel die Abfuhr aus, die sich Matthöfer 1969 für seine Initiative zur Einführung von Arbeitsgruppensprechern holte. Als er versuchte, bei seinem Fraktionsvorsitzenden Herbert Wehner mehr Solidarität der Fraktion für seine Arbeit einzuklagen, wehrte Wehner ab mit der Begründung: »Du hattest ja nichts hinter Dir.«[19] Damit war Matthöfers Problem auf den Punkt gebracht. Spätestens als er nicht mehr in die parlamentarische Arbeit zur Novellierung des Betriebsverfassungsgesetzes einbezogen wurde, musste ihm klar geworden sein, dass er ein neues thematisches und personelles Koordinatensystem brauchte, wollte er seine politische Arbeit in Bonn mit Aussicht auf Erfolg fortsetzen.

Beides betrieb Matthöfer seit Ende der sechziger Jahre mit großer Energie und organisatorischem Geschick. Im März 1969 hatte er sich in einem Brief an den

---

17 Matthöfers Plädoyer für die Würde des Menschen am Arbeitsplatz, in: Parteitag der Sozialdemokratischen Partei Deutschlands vom 23. bis 27. November 1964 in Karlsruhe, Protokoll der Verhandlungen – Anträge, Karlsruhe 1964, S. 672; Wortlaut des Zusatzantrags auf S. 1028.
18 In einem Brief an den IG-Chemie-Vorsitzenden Wilhelm Gefeller, dessen Gewerkschaft zu einem spektakulären Vorpreschen in der Mitbestimmungsfrage bereit zu sein schien; Parteipräsidiums-Sitzung am 29.1.1965, zit. nach Klotzbach, Weg, S. 543.
19 ›Diensttagebuch‹, 10.11.1971, AdsD, DM 0404.

Soziologen Hermann Huss, den er als Bundestagsassistenten gewinnen wollte, für die kommenden acht Abgeordnetenjahre ein umfangreiches Arbeitsprogramm vorgenommen:[20] »Ich möchte Fragen wie Förderung von Wissenschaft und Forschung, gleichgewichtiges Wirtschaftswachstum, regionale und sektorale Strukturplanung, Abbau leistungsunfähiger Bürokratien (vor allem in staatlichen und im Dienstleistungs- und Verteilungsbereich), Produktivitätssteigerungen und ihre Auswirkungen, Qualifizierung des Arbeitskräftepotentials, Schaffung gleicher Startchancen für alle Bürger, Konzentrationsvorgänge (auch im Pressewesen), Bildung von Ballungsgebieten und damit verbundene Bodenspekulation, Sicherung unserer Absatzmärkte in der Welt durch Entwicklungshilfe, politischer Bildungsurlaub und Weiterentwicklung der Mitbestimmung zur Selbstbestimmung der Arbeitnehmer einbetten in eine gesellschaftspolitische Konzeption für die langfristige Entwicklung in der Bundesrepublik.« Entwicklungshilfe kam dabei nur unter ›ferner liefen‹ vor – noch dazu in einem Kontext, den der Entwicklungspolitiker Matthöfer später ausdrücklich ablehnte. Weitere Ziele wie »die Unterstützung demokratischer Strukturreformen in Entwicklungsländern, von Demokratisierungsvorgängen in kommunistischen Ländern und aller Tendenzen in Richtung auf demokratischen Sozialismus in kapitalistischen Ländern« verdrängte er in die außenpolitischen Rahmenbedingungen. Offenbar muß ihm die Orientierungslosigkeit, die aus diesem politischen Warenhauskatalog sprach, rasch bewusst geworden sein, denn er konzentrierte sich bald darauf nur noch auf ein Gebiet: die Entwicklungspolitik. Der fließend spanisch sprechende Abgeordnete versuchte die komparativen Vorteile aus seinen seit den fünfziger Jahren gewachsenen, zum Teil auch professionellen Kontakten mit Lateinamerika und sein sehr persönliches, ja leidenschaftliches Interesse an der Demokratisierung Franco-Spaniens für die Schaffung eines neuen politischen Kompetenz- und Aufgabenbereichs fruchtbar zu machen. Die Strategie hatte Erfolg. Anfang der siebziger Jahre galt er zwar immer noch als Gewerkschaftspolitiker, wurde aber auch bereits als »versierter Lateinamerikakenner« anerkannt.[21] Er hatte sich damit in einem Politikfeld eingerichtet, dessen nationale und internationale Bedeutung im Wachsen begriffen war, seit sich die Schlachtfelder des Kalten Krieges von Europa weg in die Dritte Welt verlagert hatten. Gleichzeitig arbeitete er am Aufbau eines politischen Netzwerkes. Er konnte sich zwar immer noch auf eine ganze Reihe unabhängiger Gewerkschafter stützen, bezog aber darüber hinaus auch die ›undogmatischen‹ Linken in der SPD-Fraktion in dieses Beziehungsnetz ein. Es handelte sich um Abgeordnete, die wie Matthöfer in der Lage waren, ideologische Prinzipienfestigkeit mit pragmatischer Nüchternheit und Beweglichkeit zu verbinden. Im März 1970 lud Matthöfer diesen Personenkreis zum ersten Mal zu einer Gesprächsrunde ein, für die sich nach dem Rhythmus ihres Zusammentreffens der Name »Donnerstagskreis« einbürgerte. Es

---

20 Matthöfer an Huss am 12. März 1969. AdsD, DM 0186. Huss ließ sich nicht abschrecken und akzeptierte Matthöfers Angebot, sein Bundestagsassistent zu werden. Der Arbeitsvertrag nach BAT I (1330 DM) datiert vom 1. April 1969; AdsD, DM 0405.
21 »Juckepunkt für Linke«, DER SPIEGEL 53 (1972).

war kein Zufall, dass bei diesem ersten Treffen des Kreises die politische Lage in Spanien auf der Tagesordnung stand. Die Gruppe, die sich während der Sitzungswochen in der Parlamentarischen Gesellschaft zusammenfand, verstand sich »als bescheidenes organisatorisches Gegengewicht gegen die einflußreiche rechte Gruppierung der Kanalarbeiter«.[22] Hier wurde allerdings weniger getrunken oder Skat gespielt, sondern politisch debattiert. Gelegentlich dienten die Treffen auch der Besprechung und Vorbereitung gemeinsamer politischer Aktionen und Interventionen in den Sitzungen der SPD-Fraktion. Die Presse sah in der Arbeit des Kreises von Anfang an den Versuch, die »ernsthaften Kritiker der Schwächen des Wirtschaftssystems« in der SPD-Bundestagsfraktion zu sammeln, ohne dabei »wie neuerdings viele Jungsozialisten« in die »Fundamentalopposition gegen das spätkapitalistische System« zu verfallen.[23] Immerhin schätzte DIE ZEIT den Einzugsbereich der Linken auf etwa ein Drittel der SPD-Fraktion, was zu diesem Zeitpunkt sicher eine überzogene Vorstellung war. Jedenfalls konnte der Diskussionskreis, der sich um den Abgeordneten Matthöfer scharte, der Gruppe der konservativen ›Kanalarbeiter‹ in der Fraktion zu keiner Zeit Paroli bieten. Egon Franke verfügte über eine Truppe von etwa 120 Mann, denen die ›progressiven‹ Ziele und Aktionen des linken Flügels ein Dorn im Auge waren. Mit der Vetomacht dieses Stimmenblocks verhinderte er zuverlässig und dauerhaft, dass Hans Matthöfer als einer der Repräsentanten der nur lose organisierten linken Parlamentariergruppe in den Fraktionsvorstand einrückte. Als er die Vorstandswahlen im Juni 1971 verlor, nahm dies die Frankfurter Rundschau zum Anlaß, schon den Nachruf auf »Willy Brandts sanfte Rebellen« zu schreiben: »Matthöfer, das ›Haupt‹ der Linken, erhielt bei der letzten Vorstandswahl eine vernichtende Niederlage – obwohl er der ›16. Etage‹ nur ganz lose angehört hatte.«[24] Ganz so verheerend fiel die Niederlage dann doch nicht aus. Regelmäßig und ohne große Umstände wurde er als Vertreter der Bundestagsfraktion immer wieder als Parteitagsdelegierter ohne Stimmrecht gewählt. Es reichte ihm auch völlig, auf den Parteitagen anwesend zu sein und dort sprechen zu können. Nach außen hin oder im Protokoll wurde der Unterschied kaum sichtbar. Er ersparte sich damit die Wahlprozedur zum ordentlichen Bundesparteitags-Delegierten auf den Frankfurter Unterbezirks-Parteitagen, deren schwierigen Aushandlungsprozeduren und erschöpfenden Diskussionsritualen er sich nach Möglichkeit entzog. Das Risiko, sich in diesem politisch verminten Gelände falsch zu bewegen und eine Wahl zu verlieren, ließ sich in Frankfurt nie ausschließen, und ein Misserfolg hätte ihm nur schaden können. Die Rechnung ging auf. Auch als Gastdelegierter der SPD-Bundestagsfraktion konnte er sich im März

22 ›Diensttagebuch‹, 4.3.1970; AdsD, DM 0404.
23 Rolf Zundel, Willy Brandts sanfte Rebellen. Die Sozialdemokraten müssen auf die neuen Linken Rücksicht nehmen, DIE ZEIT vom 06. März 1970.
24 »Die sanften Rebellen werden immer sanfter«, Frankfurter Rundschau vom 23. 06. 1971. Der 16. Stock des Abgeordnetenhochhauses ›Langer Eugen‹ war zu einem Treffpunkt der linken Minderheit in der Fraktion geworden, wo ebenfalls donnerstags ein Kreis um die ›linken‹ Abgeordneten Björn Engholm, Dietrich Sperling und Karlfred Zander zusammenkam, denen sich auch Matthöfer gelegentlich zugesellte.

1973 auf dem Bundesparteitag in Hannover so gut in Szene setzen, dass er im ersten Wahlgang mit 244 Stimmen in den SPD-Bundesvorstand gewählt wurde.[25] Die Wahl war das Ergebnis einer Listenabsprache zwischen dem ›Altlinken‹ Harry Ristock vom ›Frankfurter Kreis‹, einer überregionalen linken Gruppierung der Partei, und Hermann Heinemann, dem langjährigen Vorsitzenden des Bezirks Westliches Westfalen. Harry Ristock revanchierte sich auf diesem Weg bei Matthöfer, der 1968 auf dem Parteitag in Nürnberg einen eleganten Weg gefunden hatte, Ristock und andere Linke vor einem Parteiausschluss wegen einer Anti-Vietnam-Demonstration zu bewahren. Der Parteitag hob aufgrund der Intervention Matthöfers und anderer Parteimitglieder rückwirkend die ›Gefahr in Verzug‹-Klausel im Parteistatut auf, eine Art Notstands-Artikel, auf den sich die Ausschlüsse zunächst gestützt hatten.[26] Jetzt wurde Ristock, der spätere Berliner Bausenator, zusammen mit Matthöfer für den linken Flügel in den Vorstand gewählt. Auch der ›Donnerstagskreis‹ überlebte die Konfrontation mit den ›Kanalarbeitern‹. Er ging unmittelbar nach den Wahlen von 1972 in dem von den politischen *youngsters* Peter Conradi und Wolfgang Roth gegründeten ›Leverkusener Kreis‹ auf, zu dessen Protagonisten Matthöfer ebenfalls gehörte. Während der Sitzungswochen trafen sich dort regelmäßig ›linke‹ SPD-Bundestagsabgeordnete, um ihre gemeinsamen Interessen zu verfolgen. Als verbindender Nenner dienten dabei weniger inhaltliche Fragen. Der Schwerpunkt lag vielmehr in der Netzwerkarbeit. Offenbar waren die ›Leverkusener‹ darin sehr erfolgreich, denn viele von ihnen wurden später als Minister oder Parlamentarische Staatssekretäre in die Regierung Schmidt berufen. Neben Matthöfer waren dies Rolf Böhme (im Finanzministerium), Jürgen Egert (im Arbeitsministerium), Björn Engholm (Wissenschaftsminister), Volker Hauff (Forschungsminister, Verkehrsminister), Gunter Huonker (Staatsminister beim Bundeskanzler), Eckart Kuhlwein (im Wissenschaftsministerium), Jürgen Schmude (Justizminister, Innenminister), Dietrich Sperling (im Bauministerium) und Karlfred Zander (im Familienministerium). Auf den ersten Blick erscheint es nicht selbstverständlich, dass sich eine ›linke‹ Seilschaft wie der ›Leverkusener Kreis‹ an dem ›rechten‹ Helmut Schmidt orientiert, dem Berührungsängste vor den ›Kanalarbeitern‹ ganz und gar fremd waren. Matthöfer und seinen Mitstreiter beurteilten aber die ›rechte‹ Terminologie und Argumentationsweise ihres Vorbilds vor allem im Lichte des Erfolgs, den Schmidt damit hatte. Seine ungebrochene Popularität bei den Wählern belegte schließlich überzeugend, dass er die öffentliche Meinung richtig einschätzte. Was für die ›Leverkusener‹ letztlich zählte, war, dass der stellvertretende SPD-Vorsitzende in konkreten Tagesentscheidungen meist – wenn auch nicht immer – eine ›linke‹ Position bezog. Dies gilt unter anderem für Fragen der Mitbestimmung, der Abrüstung, der Wiedervereinigung, der Gleichberechtigung der Frauen, der Vollbeschäftigung, des Radikalenerlasses, der Kriegsdienstverweigerung und – für Matthöfer inzwischen ebenso wichtig wie die

---

25 ›Diensttagebuch‹, 10.–14.4.1973; AdsD, DM 0404.
26 Harry Ristock, Neben dem roten Teppich – Begegnungen, Erfahrungen und Visionen eines Politikers, Berlin 1991, S. 97.

Mitbestimmung – der Entwicklungspolitik. Schmidt unterschied sich damit – nicht im Prinzip, aber im praktischen Handeln – deutlich von Willy Brandt. Vor diesem Hintergrund hatte Matthöfer Anfang der siebziger Jahre seine Position innerhalb der politischen Schlachtordnung der Sozialdemokratie neu bestimmt. In Fragen der Mitbestimmung und der Sozialpolitik reihte er sich weiterhin in die Front der Gewerkschaften ein, auf dem weiten Feld der Wirtschafts- und Entwicklungspolitik sowie der inneren Reformen stieß er dagegen zu den neuen Bataillonen, die Helmut Schmidt um sich zu sammeln begann. Dass es ihm dabei nicht nur vordergründig um die eigene Karriere ging, zeigt sein langjähriger persönlicher Einsatz für die Demokratisierung Spaniens. In Deutschland waren damit keine Lorbeeren zu ernten, und doch reizte ihn dieser selbsterteilte Kampfauftrag zu ungewöhnlichem Engagement.

Spanien: Kämpfer ohne Auftrag

Das Spanien des Bürgerkrieges faszinierte den Bochumer Arbeitersohn schon als Kind. Wer Augen hatte zu sehen, den konnten die spanischen Ereignisse nicht gleichgültig lassen – sei es als Abenteuer, in dem sich archaische Konfliktmuster mit dem Einsatz modernster Technologie verbanden, oder als Tragödie, die von kommendem, noch größerem Unheil kündete und deren internationale Dimension zur Identifizierung geradezu einlud. Den Schüler wird wohl – wie viele seiner Altersgenossen auch – vor allem die neue Dimension der kriegerischen Auseinandersetzung beeindruckt haben, über die seine Quellen vorzugsweise Auskunft gaben. Er las die Kriegsberichterstattung im ›Schwarzen Korps‹, die in einem Schaukasten in der unmittelbaren Nachbarschaft regelmäßig angeschlagen war. Er verschlang auch jedes Buch, das ihm über Spanien, den Bürgerkrieg und die deutsche Intervention in die Hände fiel, sodass er sich noch 45 Jahre später an einzelne Titel erinnern konnte.[27] Vor allem aber nutzte die Gelegenheit, einen Veteranen der Legion Condor persönlich über den Bürgerkrieg in Spanien auszufragen. Der beinamputierte Flieger verkehrte in der Bäckerei des Friedrich Lammert, über der die Matthöfers wohnten, und war an seinem handtellergroßen silbernen Spanienkreuz mit Schwertern, das er an der Jacke trug, leicht als Spanienkämpfer auszumachen. Nach dem Krieg lernte Matthöfer die republikanische Perspektive kennen und konnte deren Wahrheitsgehalt an den eigenen Erfahrungen mit dem Krieg und dem Nationalsozialismus messen. Dies steigerte noch die Faszination, die Hemingways Bürgerkriegsroman auf ihn ausübte. Wahrscheinlich war es diese Affinität zu Spanien, die ihn schon früh, als Auslandsferienreisen noch keineswegs selbstverständlich waren, Jahr für Jahr an die katalanische Küste zog. Seit 1953 verbrachten die Matthöfers ihre Sommerferien in Lloret de Mar, einem Badeort an

---

27 So z. B. an das 1939 in München erschienene Buch von Max Graf Hoyos »Pedros y Pablos – Fliegen, Erleben, Kämpfen in Spanien«, das vom Einsatz einer Ju 52-Staffel der Legion Condor im Bürgerkrieg handelte. Matthöfer an Beier am 11. Juni 1984; AdsD, DM 0404.

der Costa Brava, fünfzig Kilometer nordöstlich von Barcelona, wo sie regelmäßig im Hotel ›Excelsior‹ an der Strandpromenade wohnten. Dort und vor allem im regimefeindlichen Barcelona bahnten sich erste vorsichtige politische Kontakte zur demokratischen Opposition an. Reisen nach Madrid, Tanger, Tetuán, Algeciras und Sevilla, aber auch nach Toulouse, dem Hauptquartier des sozialistischen Exils, schlossen sich an. Matthöfer konnte sich dabei auf das Netzwerk der Hilfsorganisation ›Spanish Refugee Aid‹ stützen, die in Frankreich und Spanien eine große Zahl von Bürgerkriegsinvaliden und politisch Verfolgten materiell und moralisch unterstützte. Es handelte sich um eine Filiale des 1933 von Albert Einstein gegründeten ›International Rescue Committee‹, zu dessen Repräsentanten in den USA auch der sozialistische Präsidentschaftsdauerkandidat Norman Thomas zählte. Seinem Vorbild folgend, unterstützte Matthöfer während seines ersten Aufenthalts in den USA aktiv zahlreiche Hilfsaktionen. Aus dieser Zeit pflegte er mit Nancy Macdonald, der Geschäftsführerin der ›Spanish Refugee Aid‹, gute Kontakte und half ihr gelegentlich durch finanzielle Zuwendungen.[28] Politische Gespräche zu führen, war im Spanien der fünfziger Jahre alles andere als einfach. Lediglich die kommunistische Opposition des Partido Comunista Español (PCE; in Katalonien: PSUC, Partido Socialista Unificado de Catalunya) unter Santiago Carillo und ihr späterer gewerkschaftlicher Arm, die Comisiones Obreras (CC.OO.)[29], hielten im Innern Spaniens eine feste Organisation aufrecht. Bis Anfang der fünfziger Jahre war politische Untergrundarbeit im falangistischen Spanien sogar mit dem Tode bedroht, und auch danach mussten illegal tätige demokratische Politiker und Gewerkschafter mit schweren Strafen rechnen. Im sozialistischen Spektrum der demokratischen Parteien, die sich nach 1945 im französischen Exil organisiert hatten, ragte der Partido Socialista Obrero Español (PSOE) weit hervor. Er hatte in den letzten freien Wahlen in Spanien, am 12. Februar 1936, 25 Prozent der Stimmen auf sich vereinigen können und war vor dem Krieg eng mit der sozialistischen Gewerkschaftsunion UGT (Unión General de Trabajadores) verbunden. Daneben gab es freilich noch die anarchosyndikalistische Confederación National del Trabajo (CNT), die bei weitem die meisten Arbeiter organisierte, während die kommunistischen Gewerkschaften vor dem Bürgerkrieg kaum eine Rolle gespielt hatten. Der PSOE hatte sich im Toulouser Exil mit der Unión de Fuerzas Democraticas (UdFD) verbündet, die als Vereinigung der demokratischen Kräfte aus dem liberalen, christlich-demokratischen, republikanischen, monarchistischen und sozial-

---

28 ›Diensttagebuch‹, 15.8.1957; AdsD, DM 0404.
29 Die Comisiones Obreras entstanden im Zuge der 1958 durch das Kollektivvertragsgesetz eingeleiteten Reform des falangistischen Staatssyndikats ›Organización Nacional Sindicalista‹ (ONS). Zum ersten Mal wurde die Fiktion der organischen Einheit aller an der Produktion Beteiligten aufgegeben und die Bildung von Arbeiterkommissionen zugelassen, die sich innerhalb enger Grenzen in den Lohnfindungsprozeß einschalten durften. Dem PCE gelang es, auf die Zusammensetzung der CC.OO. Einfluß zu nehmen, während sich die klassischen Gewerkschaften CNT und UGT, die erst 1977 legalisiert wurden, weigerten, die während der langen Götterdämmerung des Franco-Regimes angestrebte Autotransformation des Systems in funktionsfähige und halbwegs zivilisierte Institutionen zu unterstützen.

demokratischen Lager jedoch nur auf dem Papier existierte. Andere sozialistische und sozialdemokratische Gruppierungen, wie der Partido Socialista Popular (PSP), ein ganz auf die Person Enrique Tierno Galváns[30], des späteren Bürgermeisters von Madrid, bezogener linkssozialistischer Verband, und die Asociación Reforma Social Española (ARSE) arbeiteten mit den Kommunisten in der Junta Democrática zusammen bzw. unterwarfen sich den Regeln der falangistischen Nationalen Bewegung, um ihren eigenen Handlungsspielraum zu vergrößern. In der UGT arbeiteten sie aber mit dem PSOE zusammen. Um die politische Landschaft noch unübersichtlicher zu machen, war der PSOE nicht in allen Landesteilen vertreten. So hatte sich beispielsweise in Katalonien (wie auch in Valencia, in Galizien, im Baskenland und in Andalusien)[31] mit dem Moviment Socialista de Catalunya eine eigenständige demokratische sozialistische Bewegung entwickelt, die den direkten Kontakt zu den wirtschaftlichen und sozialen Problemen ihrer Region suchte.

›Der Abgeordnete von Barcelona‹

SPD und IG Metall pflegten mit allen demokratischen Parteien und Gewerkschaften lockere Beziehungen, konzentrierten die Zusammenarbeit aber auf die in Toulouse ansässigen Exilorganisationen. Zu den demokratischen Kräften im spanischen Untergrund unterhielten sie dagegen während der fünfziger und sechziger Jahre praktisch keinen Kontakt. Die allzu schematische Anwendung des allseitigen formalen Boykotts des Franco-Regimes traf zwangsläufig auch dessen Opfer. Suchte die spanische Opposition auf direktem Wege Hilfe, stieß sie meist auf Ablehnung, weil sie im Verdacht stand, mit dem Regime zu kollaborieren. Als im Laufe der Zeit die Kluft zwischen den inländischen Widerstandskämpfern und ihren überalterten und von der Basis abgehobenen Exilvertretern wuchs und immer mehr junge sozialistische Gruppen in Spanien ohne Mitwirkung und Wissen des Exils gegründet wurden, drohte der Toulouser Alleinvertretungsanspruch zur Farce zu verkommen. Aus diesem Spannungsverhältnis von ›Exilio y el Interior‹ erwuchs bis zum Tode des »Caudillo« Francisco Franco ein nicht enden wollender Konflikt, der den Widerstand gegen das Regime schwächte. Matthöfers Explorationen in die spanische Innenpolitik stießen daher bei den Exilspaniern und bei den deutschen Partei- und Gewerkschaftsfunktionären, die mit Toulouse Verbindung hielten, zunächst auf Misstrauen, weil er sich dabei am Exil vorbei direkt an den Untergrund wandte. Die Skepsis entwickelte sich in Toulouse vollends zur

---

30 1918–1986; Professor für Verfassungsrecht an der Universität von Salamanca 1953–1965, Entlassung aus politischen Gründen. Nach einem Aufenthalt in Princeton 1967/68 gründet er den Partido Socalista del Interior, aus welcher der PSP hervorgeht. Nach Fusion mit dem PSOE wird er dessen Ehrenvorsitzender (1978). Zuletzt in Koalition mit dem PCE Bürgermeister von Madrid (1979–1986). Kritisch zum Opportunismus Tiernos: César Alonso de los Ríos, La verdad sobre Tierno Galván, Madrid 1997, vor allem S. 19 f.

31 Dort nannten sie sich Acció Socialista de Valencia, Partido Socialista de Galicia, Partido Socialista de Euzkadi und Federación Socialista de Andalucía.

Feindschaft, als der Leiter der Bildungsabteilung der IG Metall Anfang der sechziger Jahre begann, sich in diesen Konflikt mit allen ihm zur Verfügung stehenden organisatorischen und politischen Mitteln aktiv einzumischen. Dazu boten sich zahlreiche Anlässe.

Franco hatte in den ersten beiden Jahrzehnten seiner Herrschaft in wechselnden Koalitionen mit konservativen Katholiken, Militärs und Monarchisten vorwiegend Politiker zur Regierungsbildung herangezogen, die aus seiner Staatspartei ›Falange‹ kamen, die sich allmählich domestizierte und bürokratisierte. Jetzt, Ende der fünfziger Jahre, dominierte das ›Opus Dei‹,[32] ein katholischer Laienorden mit politischen und wirtschaftlichen Ambitionen und Verbindungen, dessen technokratische Elite die innere Wirtschaftsentwicklung beschleunigen und Spanien in die westeuropäische Wirtschaftsgemeinschaft integrieren wollte. Unter dem Einfluß von ›Opus Dei‹ gab Spanien 1959 seinen wirtschaftlichen Autarkiekurs auf, der zwar den Aufbau international nicht konkurrenzfähiger Basisindustrien nach außen hin abschirmte, die Wirtschaft aber in die Stagnation geführt hatte. Mit der Öffnung der Märkte begann eine mehr als zehnjährige stürmische Periode des wirtschaftlichen Wachstums, das ›milagro español‹, das auch wieder Bewegung in die während der Autarkiezeit zum Stillstand gekommenen gesellschaftlichen Verhältnisse brachte. Vor diesem Hintergrund musste sich notgedrungen auch das autoritäre falangistische Modell eines vertikal organisierten Zwangssyndikats aus Arbeitgebern und Arbeitnehmern öffnen, um die Arbeiter wieder stärker an den Regelungen der Arbeitsbeziehungen zu beteiligen. Der Öffnungsprozess ging der zahlenmäßig an Bedeutung zunehmenden Arbeiterschaft zu langsam, und sein Ergebnis wurde als unzureichend empfunden. So kam es zu Streiks und Protesten, die seit 1962/63 an Intensität zunahmen. In diesem Klima wuchs die Zahl der in der illegalen UGT und dem PSOE organisierten Arbeiter rasch an. Gleichzeitig verlor das Exil die Fühlung zu diesen neuen Gruppen. Während die alten Funktionäre in Toulouse weiter an der ursprünglichen Idee der Richtungsgewerkschaft aus der Zeit vor dem Bürgerkrieg festhielten und sie nach dem endgültigen Abgang des Franco-Regimes restaurieren wollten, machten sich die innerspanischen ›Militantes‹ des PSOE und der UGT Gedanken über neue Modelle gewerkschaftlicher Arbeit. Matthöfer hatte ein solches Modell anzubieten: das deutsche Modell der Einheitsgewerkschaft, in dem sowohl die Erfahrung mit der nationalsozialistischen ›Deutschen Arbeitsfront‹ verarbeitet als auch der Weimarer Fehler der Aufsplitterung der Arbeiterbewegung in politische und weltanschauliche Richtungsgewerkschaften vermieden worden war. Für die Übernahme dieses Modells sprachen sein in Deutschland verbürgter Erfolg – und die Chance, die sich allmählich von innen heraus auflösende falangistische CNS zu beerben, wie dies die Kommunisten in

---

32 Die 1928 in Madrid von Josemaria Escrivá gegründete Praelatura Sanctae Crucis et Opus Dei, die nach den Regeln einer Geheimgesellschaft geführt wird, hatte es sich zum Ziel gesetzt, die Franco-Herrschaft in ein zivilisiertes konservatives Regime zu transformieren, um einen Sieg des Kommunismus oder auch des Liberalismus nach dem Tode des Generalissimo zu unterbinden. In den sechziger Jahren nahmen seine Mitglieder regelmäßig rund die Hälfte aller Regierungsposten ein.

den Comisiones Obreras gerade erfolgreich vorexerzierten. Im Oktober 1962 gründeten daher Mitglieder der UGT und der CNT die ›Alianza Sindical Obrera‹ (ASO). Sie sollte nicht als Dachorganisation fungieren, sondern als Einheitsgewerkschaft Mitglieder beider Traditionsgewerkschaften aufnehmen, aber zusätzlich auch junge Arbeiter, denen weder UGT noch CNT ein Begriff waren, und christliche Arbeiter, die aus einem antiklerikalen Reflex heraus bisher nicht berücksichtigt worden waren. Matthöfer war nicht der einzige ausländische Beobachter, der diese Entwicklung nach Kräften förderte. Vor allem der Metallarbeiterbund der ASO, die Federación Siderometalúrgica, erfreute sich großzügiger Unterstützung durch die Automobilarbeitergewerkschaft der Brüder Victor und Walter P. Reuther, die über den Internationalen Metallarbeiterbund (IMB) nach Spanien floß und wohl zum Teil aus Mitteln amerikanischer Regierungsstellen stammte.[33] In Deutschland waren es neben Matthöfer vor allem Max Diamant[34] und Werner Thönnessen[35], die sich hinter das ASO-Modell stellten und die wütenden Proteste aus Toulouse abblockten. Für das Exil war die Gründung der ASO gleichbedeutend mit Verrat, und manche seiner Vertreter, wie etwa Tierno Galván, scheuten nicht davor zurück, Matthöfer als »Kollaborateur und Franco-Freund« zu beschimpfen und seine spanischen Mitstreiter als ›nützliche Idioten‹ des Franco-Regimes oder des Opus Dei.[36]

Nicht allein der Druck der wirtschaftlichen und sozialen Entwicklung verlieh Matthöfers Kampf gegen die ideologisch angeschlagene und international isolierte spanische Diktatur eine gewisse Hebelwirkung. Auch die Europapolitik wirkte in diese Richtung. Nach der Gründung der Europäischen Wirtschaftsgemeinschaft (EWG) sah das Opus Dei bald in einem Beitritt Spaniens in das westeuropäische Integrationsgebiet das Allheilmittel – und die Chance, den Prozeß der Autotrans-

---

33 [Gruppe der innerspanischen Sozialisten], Der 9. Kongress der PSOE im Exil und die Lage des Sozialismus in Spanien, Frankfurt, den 16. Oktober 1964, S. 11; AdsD, DM 010. Zu einer mutmaßlichen CIA-Verbindung vgl. das Interview des Verfassers mit Santiago Rodriguez am 16. Oktober 2005 in Berlin; Protokoll in AdsD, DM 0404. Der IMB wurde 1973 in ›Internationaler Metallgewerkschaftsbund‹ umbenannt.

34 Der um 1908 in Lodz geborene und in Mannheim aufgewachsene Max Diamant vertrat während des Spanischen Bürgerkriegs die Auslandsleitung der Sozialistischen Arbeiterpartei Deutschlands (SAP) und stand dort dem trotzkistischen Partido Obrero de la Unificatión Marxista (POUM) nahe. Von 1945 bis 1961 lebte er im Exil in Mexiko, wo ihn Matthöfer, aus den USA kommend, mehrmals aufsuchte. Danach war er bis 1973 Leiter der Abteilung Ausländische Arbeitnehmer beim Vorstand der IG Metall.

35 Der 1929 geborene Sohn eines Vorstandsmitglieds einer saarländischen Maschinenfabrik promovierte an der Frankfurter Universität bei Theodor W. Adorno und war im Vorstand des SDS aktiv. Zusammen mit Matthöfer gehörte er nach der Unvereinbarkeitserklärung der SPD der SDS-Fördergesellschaft an. Matthöfer vermittelte ihm ein Stipendium aus dem ›Foreign Leadership Programme‹, das auch ihm selbst den Aufenthalt in den USA ermöglicht hatte, und brachte ihn dort mit seinen Freunden zusammen. 1957 trat Thönnessen in die Vorstandsverwaltung der IG Metall ein, wo er bald die Funktion des Pressesprechers übernahm und in den engsten Kreis des Brennerschen Braintrusts aufrückte. 1971 wurde er zum stellvertretenden Generalsekretär des IMB in Genf gewählt. Werner Thönnessen, Mein Tor zur Welt. Ein Lebensweg als Gewerkschafter und Intellektueller, Hamburg 2005.

36 Matthöfer an Brenner am 12. Juni 1970; AdsD, DM 010.

formation ohne größere Erschütterungen der Wirtschaft und Zugeständnisse an die demokratische Widerstandsbewegung fortzusetzen. 1962 stellte die spanische Regierung deshalb den Antrag, Mitglied der EWG zu werden. Damit öffnete sich – vor allem auch für die Opposition außerhalb Spaniens – ein riesiges Arbeitsfeld, das abzuarbeiten war, wollte Spanien in die Gemeinschaft der europäischen Demokratien aufgenommen werden. Gerade der *Abgeordnete* Matthöfer sah darin eine lohnende Aufgabe, dieses europapolitische Junktim für die innerspanische Auseinandersetzung zu nutzen. Am 1. Mai 1962 sagte er im Anschluß an die Maifeier des DGB auf dem Römerberg vor etwa tausend spanischen Arbeitern im Hof des Frankfurter Gewerkschaftshauses: »Podeis contar con nuestro apoyo para que no entren hasta que la libertad triunfe en España.«[37] Ein Versprechen auf demokratische Grundrechte, das er in den kommenden Jahren bei Reden vor spanischen Arbeitern zu seinem *ceterum censeo* in der Behandlung des Franco-Regimes machen sollte. Da sich die Öffnung der spanischen Wirtschaft auch auf den Arbeitsmarkt erstreckte, waren antifrankistische Politikansätze der deutschen Parteien und Gewerkschaften bald nicht mehr allein auf den Kontakt mit dem Exil oder auf vereinzelte Verbindungen in Spanien selbst angewiesen. Mehrere Hunderttausend spanischer Arbeiter kamen seit Beginn der sechziger Jahre nach Deutschland, um hier als ›Gastarbeiter‹ bessere Verdienstmöglichkeiten zu suchen.[38] Sie hatten hier die Gelegenheit zu einer »Emanzipation auf Zeit« (Matthöfer) und konnten Erfahrungen sammeln, wie demokratische Parteien und freie Gewerkschaften arbeiteten oder was ein sozialer Rechtsstaat und eine föderalistische Staatsordnung zu leisten im Stande waren. 1962, als sich die Zahl der spanischen Arbeitnehmer in Deutschland der Hunderttausendermarke näherte, begann Matthöfer, zusammen mit Max Diamant, die Ressourcen seiner Bildungsabteilung auch auf diese Klientel anzuwenden. Es entstanden Unterrichtsmaterialien, Tonbildschauen und Arbeitshefte auf Spanisch. Die IG Metall gründete ›El Noticiero‹, eine Zeitschrift für spanische Gastarbeiter. Offiziell wurde sie von der UGT herausgegeben und von Manuel (Manolo) Fernández Montesinos und Manuel Puente, zwei Mitstreitern Matthöfers in Sachen Einheitsgewerkschaft, redaktionell geleitet. Der 1932 geborene Montesinos stammte aus der Familie García Lorca. Deren prominentester Sproß, der Schriftsteller Federico García Lorca, wurde zu Beginn des Bürgerkrieges wie Montesinos Vater Fernando Lorias, der Botschafter der Republik in Washington und Bürgermeister von Granada war, von der falangistischen Guardia Civil ermordet. Bevor Montesinos nach Deutschland kam, hatte er 1956 an der Studentenrevolte der Agrupación Socialista Universitaria (ASU) teilgenommen und war deshalb zu einer Gefängnisstrafe verurteilt worden. Bei der IG Metall war er zusammen mit Max Diamant für die ›Gastarbeiterbetreuung‹ zuständig, übernahm aber bald die Führung der ASO. Als im Juli 1963

37 »Ihr könnt Euch auf unsere Unterstützung verlassen, dass sie nicht [in die EWG] hineinkommen, bevor die Freiheit in Spanien triumphiert.« ›Diensttagebuch‹, 1.5.1962; AdsD, DM 0404.
38 Die Zahl der spanischen ›Gastarbeiter‹ stieg bis 1966 auf mehr als 185.000 an, ging dann im Durchschnitt auf 130.000 zurück, um Anfang der siebziger Jahre erneut das alte Niveau zu erreichen.

in Asturien 11.000 Bergarbeiter in den Ausstand traten, um einen Monat bezahlten Urlaub durchzusetzen, intensivierte die IG Metall noch ihre auf Spanien gerichtete Pressearbeit. Im Oktober erschien die erste Nummer des wöchentlichen ›Servicio de Prensa‹, der Dank der organisatorischen und materiellen Unterstützung durch Werner Thönnessen dreizehn Jahre lang regelmäßig Artikel aus deutschen, englischen und französischen Zeitungen in spanischer Übersetzung unter das Publikum brachte. Chefredakteur des Pressedienstes war Santiago Rodriguez[39], der die Beiträge redigierte und übersetzte, während zunächst die UGT, dann die IG Metall als Herausgeber auftraten. Während der ›Noticiero‹ der laufenden Unterrichtung und politischen Bildung der spanischen Gewerkschaftsmitglieder in Deutschland diente, wollte der Pressedienst durch die Verbreitung von Auszügen aus Zeitungen, die in Spanien nicht zugänglich waren, systematisch die spanische Zensur unterlaufen. Er wurde daher auch illegal in Spanien verbreitet und erreichte je nach Brisanz der Nachrichtenlage Auflagen zwischen 5.000 und 50.000 Exemplaren. Obwohl offiziell nicht in die Pressearbeit der IG Metall einbezogen, spielte Matthöfer bei der inhaltlichen Ausrichtung und beim Vertrieb des ›Servicio de Prensa‹ eine »fördernde Rolle«.[40]

Wie wichtig ihm der Kampf um die Wiedererrichtung der Demokratie in Spanien war, wird auch daran deutlich, dass er im Oktober 1970 mit ›Exprés Español – Revista mensual de información‹ eine eigene Monatszeitschrift in spanischer Sprache gründete, die sich an die 180.000 spanischen Arbeiter und ihre Angehörigen in der Bundesrepublik wendete.[41] Die Voraussetzungen dafür schienen günstig, hatte sich doch nach der Ernennung von Prinz Juan Carlos zum Nachfolger Francos und nach der Besetzung aller wichtigen Regierungs- und sonstigen Machtpositionen durch Anhänger des Opus Dei der harte Griff der Falange auf die spanische Innenpolitik etwas gelockert. Der Kampf um die Erbfolge des »Caudillo« begann das Land zu polarisieren, und das Ende des Franco-Regimes schien bevorzustehen.[42] Matthöfer mochte diese – wie sich bald zeigen sollte, zu optimistische – Aussicht vor Augen gehabt haben, als er sich mit seinem ambitiösen Projekt in die innerspanische Diskussion einschalten wollte. Er finanzierte das Projekt aus der eigenen Tasche, was bei einer Startauflage von 4.000 Exemplaren und Kosten in Höhe von 10.000 DM ein überschaubares Defizit von 3.500 DM

39 Servicio de Prensa. Resumen De Prensa Internacional Sobre España, hrsg. v. IG Metall, Frankfurt a. M. 1963–1976. Siehe auch die von Manuel Moral besorgte gleichnamige Faksimile-Ausgabe aus dem Jahre 1986. Der 1935 geborene Rodriguez hatte in Madrid Jura und in Frankfurt Betriebswirtschaftslehre studiert, ehe er zur IG Metall stieß und bis 1973 eng mit Matthöfer zusammenarbeitete. Interview mit Santiago Rodriguez am 16. Oktober 2005 in Berlin; Protokoll in AdsD, DM 0404.
40 Ebenda.
41 Nr. 1/Oktober 1970 – Nr. 80/Mai 1977. Matthöfer war Herausgeber, seit Nr. 30/März 1973 auch Verleger. ›Diensttagebuch‹, 1.10.1970; AdsD, DM 0404. Zur Redaktionsmannschaft des 32-Seiten Blattes gehörten zeitweise auch Montesinos, Rodriguez, Manuel Moral, Salvador Justel, José Moll Marqués und Ramón Cotarelo.
42 Hans Matthöfer, Das Franco-Regime in Spanien – 35 Jahre nach dem Putsch, in: Die Neue Gesellschaft 18(1971)7, S. 448–501.

bedeutete.[43] Zusammen mit Carlos Pardo Cavado, einem galizischen Sozialisten, der bei der IG Metall die Nachfolge von Montesinos angetreten hatte, verantwortete er das Profil der Zeitschrift. Er übernahm einen großen Teil der praktischen Redaktionsarbeit, d. h. er sorgte für Manuskripte und Illustrationen, machte den Umbruch und erledigte die Arbeiten mit der Druckerei, besorgte Adressen für die Abonnentenwerbung in Spanien und anderen europäischen Ländern und belieferte sie zum Teil unter den erschwerten Bedingungen der Illegalität. So durften z. B. die Versandtaschen kein einheitliches äußeres Erscheinungsbild haben, da große Versandzahlen vom selben Ort zur gleichen Zeit verdächtig gewesen wären. Dies setzte besonderen Erfindungsreichtum voraus und machte die Arbeit sehr zeitraubend und aufwändig. Exprés Español war die einzige spanischsprachige sozialdemokratische Zeitschrift, die in Europa frei verkauft wurde. Matthöfer belieferte auch die Vertriebsagenturen der Länder, die einen hohen Anteil spanischer Migranten hatten, um die Zeitschrift dort an die Kioske zu bringen; er akquirierte Anzeigen, besorgte die Buchführung, die notwendigen Abrechnungen und die Steuererklärung. Zunächst hatte Exprés Español den Charakter einer ›Illustrierten‹ mit einem bunten, scheinbar unpolitischen Programm. Erst seit 1973, als sich Matthöfer nach der Verhaftung von Carlos Pardo in Spanien notgedrungen stärker in das Redaktionsgeschäft einschalten mußte, wandelte sich auch das äußere Bild. Der inhaltliche Schwerpunkt der Monatszeitschrift verlagerte sich offen auf die Politik. In Spanien wurde Exprés Español deshalb nur im Schwarzhandel und unterm Ladentisch vertrieben. Oft mußte das Blatt auf Eseln über die steilen Bergpfade der Pyrenäen ins Land gebracht werden. Einerseits schätzte man in Madrid durchaus, dass die Zeitschrift ein Gegengewicht gegen die ›massive kommunistische Propaganda-Infiltration‹ bildete, der das Regime seine Staatsbürger in Mitteleuropa permanent ausgesetzt sah.[44] Doch Enthüllungen über die Praktiken der spanischen Zwangssyndikate, kritische Rückblenden auf die Anfänge des Franco-Staates und die Demaskierung falangistischer Ultras, auf die sich das Regime zur Verteidigung seiner letzten ideologischen Festung, des sog. ›Bunkers‹ stützte, waren in Regierungskreisen höchst unwillkommen. Die spanische Polizei schlug deshalb sofort zu, als der Chefredakteur des Blattes im Mai 1971 in Madrid landete, um von dort aus über die spanischen Syndikatswahlen zu berichten. Er musste mit einer Anklage vor einem Sondergericht rechnen, hatte er doch in den Augen des Regimes gegen den Artikel 132 des Strafgesetzbuches verstoßen, der Meinungsäußerungen von Spaniern im Ausland gegen Akte des Staates mit Gefängnisstrafen bis zu zwölf Jahren bedrohte. Im Exprés Español war zuvor eine Karikatur erschienen, die den General Franco in Frauenkleidern auf dem Arm Hitlers zeigte. Die Justiz machte nun Pardo für diese ›Beleidigung des Staatsoberhauptes‹ verantwortlich. Damit war die grundsätzliche Frage aufgeworfen, ob spanische Staatsbürger

43 Matthöfer an Nau (SPD-Parteivorstand) am 22. Oktober 1970. AdsD, DM 0187. Später schoss er nach eigenen Angaben je Ausgabe rund 1.000 DM zu. Interview in: Praline Nr. 50 vom 5. Dezember 1974, AdsD, DM 014.
44 So die Einschätzung des sozialdemokratischen Parteiorgans ›Vorwärts‹ vom 18. November 1971.

für die Ausübung ihrer verfassungsmäßigen Rechte in Deutschland von den spanischen Behörden zur Rechenschaft gezogen werden konnten. Sie wurde in Deutschland sehr unterschiedlich beantwortet. Das Auswärtige Amt verwies auf die spanische Staatsangehörigkeit Pardos und war lediglich bereit, die Deutsche Botschaft in Madrid Erkundigungen einziehen zu lassen, nicht aber in das schwebende Verfahren einzugreifen. Der von Matthöfer alarmierte SPD-Fraktionsvorsitzende Herbert Wehner bot dagegen sofort Unterstützung an und koordinierte auf der Suche nach möglichen Sanktionen im Falle einer Verurteilung Pardos die Reaktionen der SPD-geführten Ministerien. Heraus kam der Vorschlag, sämtliche Verträge über den Aufenthalt spanischer Gastarbeiter zu kündigen. Mit dieser Drohung im Gepäck reiste Matthöfer nach Madrid, um mit dem spanischen Justizminister Antonio María de Oriol y Urquijo zu verhandeln, der dem Opus Dei angehörte. Über das Ergebnis dieser Intervention berichtete ›Der Spiegel‹: »Nach langen, ergebnislosen Gesprächen stand Matthöfer abrupt auf und raunzte den Dolmetscher an: ›Sagen Sie den Herren, sie sollen sich eine warme Jacke anziehen. Es kommt ein kalter Winter.‹ Die Androhung [...] verfehlte ihre Wirkung nicht.«[45] Nachdem auch der ehemalige Staatssekretär Friedrich Schäfer[46] nach Madrid gereist war, um der Forderung Nachdruck zu verleihen, gab das Regime nach. Oriol und der amtierende Außenminister Gabriel Fernández de Valderrama y Moreno sagten zu, dass es auch in Zukunft bei der in elf Jahren geübten Praxis bleibe, nach der spanische Gastarbeiter in der Bundesrepublik vom Recht auf Koalitions- und Meinungsfreiheit Gebrauch machen durften. Sie sollten auch weiterhin nichts von der spanischen Polizei zu befürchten haben, wenn sie in Deutschland von den gleichen politischen Rechten Gebrauch machten, wie sie das Grundgesetz deutschen Staatsbürgern garantiert. Die spanische Seite rettete sich zur Gesichtswahrung in die Formel, dass gerichtliche Kompetenzfragen bis zu ihrer Klärung nicht zu Lasten einer Einzelperson ausgefochten werden dürften. Damit stand fest, dass der Fall Pardo eine Ausnahme war. Pardo selbst, der nach fünfwöchiger Untersuchungshaft von der spanischen Sicherheitspolizei gegen eine Kaution von umgerechnet 2600 Mark freigelassen wurde, konnte seiner Arbeit in Deutschland weiter nachgehen und wie alle Spanier auch nach Spanien reisen.[47] Exprés Español erfüllte seine Mission weiter – gerade in den kritischen Jahren der Agonie des Regimes. Die Monatsschrift erklärte den Spaniern die deutschen Verhältnisse, damit sie Vergleiche ziehen und vielleicht das eine oder andere, was vor ihren Augen Bestand hatte – wie etwa das Prinzip der Einheitsgewerkschaft oder des Bundesstaates – aufnehmen konnten. Die Redaktion trat aber auch für Demokratie und So-

---

45 DER SPIEGEL 30 (1975) 27, S. 23.
46 Der 1915 in Sindelfingen geborene Schäfer kam über Fritz Erler zur SPD und nahm von 1957 bis 1980 als parlamentarischer Geschäftsführer und stellvertretender Fraktionsvorsitzender in der Bundestagsfraktion der SPD eine hervorgehobene Stellung ein. Er galt als ihr Innen-, Rechts- und Verfassungsexperte. Für seine Unterstützung der spanischen Demokratiebewegung verlieh ihm König Juan Carlos 1986 den Orden »Encomienda de Isabella la Católica«.
47 Süddeutsche Zeitung vom 23. Juni 1971.

zialismus in Spanien ein, wobei sie versuchte, linkes Sektierertum möglichst zu vermeiden und wichtige Beiträge aller großen Organisationen der spanischen Arbeiterbewegung, ihren Ideenreichtum und ihre kämpferische Tradition zu würdigen. Und sie berichtete über internationale Ereignisse, besonders aber über die Entwicklung in Lateinamerika, die mit der chilenischen Revolution eine für das spanische Publikum spannende und lehrreiche Wende zu nehmen schien. Nach Matthöfers Berufung zum Parlamentarischen Staatssekretär verbot ihm das Ministergesetz, ein Gewerbe zu betreiben. Während seine Frau im Innenverhältnis alle finanziellen Verpflichtungen übernahm, die sich aus der Herausgabe von Exprés Español ergaben, erfüllte zunächst Peter Blachstein, Brandt-Intimus aus SAP-Zeiten und republikanischer Spanienkämpfer mit Verbindung zur POUM, die juristische Feigenblatt-Funktion des Verlegers. Als es zu politischen Differenzen mit der Redaktion kam, rückte Peter Corterier, ein ausgewiesener ›Kanalarbeiter‹ und Spanienfreund, nach. Erst 1977, als in Spanien wieder Pressefreiheit herrschte, stellte der eigentliche Zeitungsmacher das Erscheinen von Exprés Español ein.

Mit dieser publizistischen Macht im Rücken wurde Matthöfer zum Albtraum der spanischen Botschaft in Deutschland. Sein ›Deutsches Komitee zur Verteidigung und Unterstützung spanischer Demokraten‹ e. V.[48], dessen Kuratorium u. a. Herbert Wehner, Otto Brenner und Walter Möller angehörten, ließ keine Gelegenheit aus, die spanische Regierung daran zu erinnern, dass ein Staat, der beanspruchte, ein Rechtsstaat zu sein, in seiner Justiz auf »barbarische Terrormethoden« verzichten müsse. Es forderte für die Angeklagten das Recht auf ordentliche Verteidigung ein und machte die spanischen Behörden immer wieder darauf aufmerksam, dass es in Europa zum rechtsstaatlichen Standard gehörte, Prozesse öffentlich zu führen und neutrale Beobachter zuzulassen. Immerhin war es ihm bis zu diesem Zeitpunkt, d. h. in achtjähriger Tätigkeit, schon gelungen, 40 Gefangene freizubekommen. Im Hinblick auf diesen Erfolg, der nicht zuletzt auch der Mobilisierung parlamentarischen Einflusses zu verdanken war, ließ es sich Matthöfer gern gefallen, wenn er im Deutschen Bundestag – halb kritisch-ironisch, halb bewundernd – auch ›der Abgeordnete von Barcelona‹ genannt wurde.[49] Allerdings hielt sich Matthöfer bei Prozessen, Urteilen oder Vollstreckungen gegen Kommunisten, Anarchisten oder baskische Separatisten mit Protesten und öffentlichen Kommentaren deutlich zurück, um die Wirksamkeit seiner Interventionen zum Schutz spanischer Sozialdemokraten und UGT-Gewerkschafter zu erhöhen. In anderen Fällen beschränkte er seinen Protest auf rechtsstaatliche Mängel im Verfahren, ohne sich politisch mit den Zielen der Angeklagten zu identifizieren.[50] Als sich Anfang 1970 der politische Terror gegen streikende Arbeiter noch steigerte und gleichzei-

---

48 Siehe das Protokoll der Gründung des Vereins »Deutsches Komitee zur Verteidigung und Unterstützung spanischer Demokraten e. V.« am 22.6.1970 im Hause der IG Metall in Frankfurt. Max Diamant wurde zum Vorsitzenden, Matthöfer zum Sprecher gewählt. AdsD, DM 040.

49 Auch in Spanien wurde dieser Ehrentitel – gelegentlich auch kritisch – wahrgenommen. Siehe dazu Enrique Baron, El Herr Diputado por Barcelona, Diario 16 vom 10. März 1977.

50 So etwa im Falle der Todesurteile gegen die Terroristen der Euskadi ta Askatasuna (ETA) im Prozeß von Burgos im Dezember 1970, ›Diensttagebuch‹, 16.12.1970; AdsD, DM 0404.

tig 137 Vertreter der spanischen Opposition in Madrid ein Mindestprogramm demokratischer Forderungen veröffentlichten, startete Matthöfer in Bonn eine eindrucksvolle und bis dahin einmalige Initiative: Amtierende Minister einer europäischen Regierung erklärten sich mit der Opposition eines anderen (west-) europäischen Landes in der Forderung auf Wiederherstellung elementarer demokratischer Rechte ausdrücklich solidarisch. In einer ›Erklärung zur Unterstützung der demokratischen Opposition in Spanien‹ protestierten 196 von insgesamt 237 SPD-Bundestagsabgeordneten gegen den neuerlichen politischen Zivilisationsbruch des Franco-Regimes. Entscheidend dabei war, dass sich der Erklärung nicht nur der gesamte Fraktionsvorstand mit dem Vorsitzenden Herbert Wehner an der Spitze angeschlossen hatte, sondern auch die Bundesminister Egon Franke, Alex Möller und Helmut Schmidt, der Bundestagsvizepräsident Hermann Schmitt-Vockenhausen, die parlamentarischen Staatssekretäre Alfons Bayerl, Holger Börner, Klaus von Dohnanyi, Karl Ravens, Helmut Rohde und Heinz Westphal, der SPD-Bundesgeschäftsführer Hans-Jürgen Wischnewski und der in ganz Europa angesehene *elder statesman* Professor Carlo Schmid. In jedem Fall – wie etwa auch beim Protest gegen die Verhaftung des späteren spanischen Justizministers Enrique Múgica Herzog und weiterer demokratischer Sozialisten – machte Matthöfer in Telegrammen an den spanischen Botschafter José Sebastián de Erice und andere Repräsentanten der Regierung unmissverständlich klar, dass Willkürakte des Regimes nicht ungeahndet bleiben würden: »Sollten unsere Freunde nicht sofort freigelassen werden, so versichere ich Ihnen, daß wir uns alle Mühe geben werden, daß diese neue Provokation der demokratischen Kräfte in Europa tiefgreifende und langfristige Konsequenzen für das Franco-Regime haben wird.«[51] Den Verteidigern des ›Bunkers‹ wurde rasch klar, dass sie Matthöfer ernst nehmen mussten, da er auch die nötigen Mittel hatte, seine Drohung wahr zu machen.

Beim Aufbau der sozialen Demokratie

Dennoch – oder wohl gerade deshalb – musste Matthöfer in Spanien auch Rückschläge hinnehmen. Die von ihm mit Kräften unterstützte Initiative der spanischen Gewerkschafter von der UGT und CNT, demokratische Sozialisten und Christen in der Einheitsgewerkschaft ASO zusammenzubringen, machte zunächst gute Fortschritte. Gegen den erbitterten Widerstand des Exils bildeten sich in vielen Regionen Spaniens ASO-Gruppen, die sich meist um legale Beratungsbüros für Fragen des Arbeitsrechts (›asesorías laborales‹) gruppierten. Zur Führungsfigur

---

51 ›Kieler Nachrichten‹ vom 3. Februar 1971. Múgica hatte kurz vor seiner Verhaftung noch am Parteitag der SPD in Saarbrücken teilgenommen, sodass es Matthöfer als eine »systematische Provokation« der deutschen Sozialdemokraten und Gewerkschaften bezeichnete, »wenn regelmäßig Spanier, die uns besucht haben, einige Monate später verhaftet und vor Gericht gestellt werden«. Nach Múgicas Ernennung zum Justizminister 1988 telegrafierten Hans und Traute Matthöfer: »Ahora la victoria es completa«. ›Diensttagebuch‹, 3.2.1971, AdsD, DM 0404.

der nach deutschem Muster organisierten Gewerkschaft stieg Manolo Montesinos auf, der sein Handwerk bei der IG Metall gelernt hatte. Die Exilgruppe der UGT ließ daher nichts unversucht, um Otto Brenner davon zu überzeugen, dass Montesinos »sowohl ein Zutreiber der Kommunisten, als auch ein Agent des Franco-Regimes« sei.[52] Im Fadenkreuz der UGT-Kritik bewegte sich auch Pardo, der vor seiner Verhaftung mehrmals in Spanien ASO-Gruppen mit größeren Geldbeträgen unterstützt hatte, die er am Exil vorbei zum Aufbau der Einheitsgewerkschaft oder zur Gefangenenhilfe verwendet sehen wollte. Dies gab Anlaß zu Gerüchten, Pardo handle im Auftrag von Matthöfer und Diamant, die in Zusammenarbeit mit der CIA eine starke antikommunistische Gewerkschaftsbewegung in Spanien errichten wollten.[53] Die UGT verlangte deshalb von Brenner ihre Anerkennung als alleinige Verbindungsorganisation zu den deutschen und internationalen Gewerkschaften, was Diamant, Matthöfer und Thönnessen, die geschlossen hinter dem ASO-Projekt standen, zunächst zu verhindern wussten. Montesinos und andere ASO-Funktionäre traten 1965 aus der UGT aus und machten damit die Spaltung zwischen den Traditionalisten des Exils und den Reformern im Inland offenkundig. Deren Erfolg rief jedoch auch die spanische Polizei auf den Plan. Im September wurden vier ASO-Aktivisten – unter ihnen Montesinos – verhaftet und zusammen mit drei weiteren Mitstreitern, die sich in Frankreich aufhielten, vor dem Tribunal de Orden Público (TOP), einem der berüchtigten Sondergerichte des Regimes, wegen illegaler Gewerkschaftsarbeit angeklagt. Obwohl Matthöfer sogleich in Telegrammen an den Präsidenten des TOP und an den spanischen Justizminister Oriol protestierte und auch sonst alle Hebel in Bewegung setzte, um die Verhafteten zu befreien, ließ sich das Regime dieses Mal nicht einschüchtern. Um wenigstens die Aufmerksamkeit der Öffentlichkeit zu nutzen, produzierte der ›Servicio de Prensa‹ eine 16-seitige Sondernummer, die mit erhöhter Auflage in Deutschland und Spanien verteilt wurde. Darin stellte Josep Pallach Carolá, einer der in Absentia angeklagten Funktionäre, ausführlich das Programm der ASO vor und argumentierte für die Notwendigkeit von Einheitsgewerkschaften in Spanien.[54] Umso überraschender war es, dass Matthöfer im August 1966 im Madrider Prozess gegen die sieben Gewerkschaftsfunktionäre in den Zeugenstand gerufen wurde. Es war das erste Mal in der frankistischen Rechtsgeschichte, dass ein Ausländer als Zeuge vor dem Sondergericht für politische Strafsachen aussagen durfte.

---

52 Diamant an Brenner am 9. Juni 1965, betr. Schreiben des Kollegen Paul Schalmey vom 14.4.1965, AdsD, DM 010. Schalmey, ein Funktionär der GdED, hatte Partei für die Exil-UGT ergriffen und deren Forderungen zustimmend an Brenner weitergeleitet.

53 Zusammengefaßt sind diese Vorwürfe in der Informe Confidencial der Confederación Centro del PSOE, Sobre los origines y situación actuales PSOE nacidos del Congreso faccioso de Toulouse: Agosto 1972, London, 30. Mai 1973. Sie wurden nach der Spaltung des PSOE von den Verlierern der parteiinternen Auseinandersetzung in denunziatorischer Absicht erhoben, beruhen aber auf Gerüchten, die die ASO seit ihrer Gründung begleiteten. Siehe dazu auch Pilar Ortuno Anaya, European Socialists and Spain. The Transition to Democracy, 1959–77, Houndmills, Basingstoke 2002, S. 172 f.

54 ›Diensttagebuch‹, Weihnachten 1965, AdsD, DM 0404.

Demonstration gegen die gewaltsame Unterdrückung des Streiks der asturischen Bergarbeiter durch das Franco-Regime (Juli 1963 im Frankfurter Börnepark).

Matthöfer hatte sich am Abend vor der Gerichtsverhandlung mit Manolo Montesinos, der sich als zugelassener Anwalt selbst verteidigte, im ASO-Büro in der Madrider Calle General Sanjurjo ein ›Libretto‹ für die Vernehmung durch die Verteidiger geschrieben, deren Fragen ihm ja im Voraus bekannt waren. Er lernte es über Nacht im Hotel auswendig, sodass er am nächsten Morgen vor Gericht und bei den anwesenden Pressevertretern mit seinen Spanischkenntnissen einen guten Eindruck hinterließ. Als er abschließend vom Vorsitzenden Richter gefragt wurde, ob er bereit sei, ›bei den Lehren der katholischen Kirche‹ zu schwören, antwortete er mit einem klaren ›Si, su señoria‹ – und blieb unvereidigt.[55]

In der Sache selbst gelang es ihm, dem Gericht deutlich zu machen, dass die ASO den deutschen Vorstellungen von einer demokratischen Gewerkschaftsbewegung besonders nahe kam: Industriegewerkschaftsprinzip, Einheitsgewerkschaft, Unabhängigkeit vom Staat, von politischen Parteien und von den Arbeitgebern. Die Strategie der ASO sei geeignet, so der Tenor seiner Aussage, eine friedliche Umwandlung der Syndikate in international anerkannte demokratische Gewerkschaften herbeizuführen. Damit konnte er die Richter nicht wirklich beeindrucken, trug aber möglicherweise dazu bei, dass sie das Strafmaß weit unterhalb des in den Anträgen der Ankläger geforderten ansetzten. Lediglich Montesinos musste

---

55 ›Diensttagebuch‹, 6.8.1966, AdsD, DM 0404.

als Wiederholungstäter für sechs Monate ins Gefängnis. Schlimmer als der erwartbare Ausgang der Verhandlung war die Tatsache, dass die ASO-Funktionäre auch von ihren Kollegen aus der Exil-UGT verurteilt wurden. Schließlich hatten sie sich ja nicht nur gegen das herrschende System der falangistischen Syndikate, sondern auch gegen die Vorstellungen der alten Gewerkschaften und Parteien der ehemaligen Republik Spaniens gewandt. Matthöfer wurde dies bei Treffen mit Vertretern der ›oposición tolerada‹ und der Exil-UGT klar. Er war verblüfft und deprimiert über die Naivität von Leuten wie José María de Areilza, Conde de Motrico, dem späteren Außenminister, der kaum etwas vom PSOE oder der UGT wusste; noch mehr schockierte ihn aber der Hass und die Aggressivität, die Enrique Tierno Galván von der Exil-UGT der ASO und ihren Funktionären entgegenbrachte. Offenbar beabsichtigte Tierno, mit den kommunistisch gesteuerten Comisiones Obreras eng zusammenzuarbeiten. Mit den Kommunisten verband ihn die Orientierung an der Monarchie, während sich die ASO gegen die Monarchie und für eine Republik ausgesprochen hatte. Tierno beschuldigte schließlich – offenbar nicht ganz zu Unrecht – mehrere Mitglieder der ASO der Kollaboration mit den Falangisten, bezichtigte die ASO pauschal der Zusammenarbeit mit dem Opus Dei, um sich dann sogar in der Hitze der Diskussion zu der Ankündigung zu versteigen: »Destruiremos ASO«.[56] Aber auch Matthöfer selbst versuchten UGT-Funktionäre in die Nähe des Regimes zu rücken, indem sie ihm unterstellten, mit Hilfe der ASO »eine innere Demokratisierung der Staatssyndikate« anzustreben.[57] Sie warfen ihm vor, ähnlich opportunistisch vorzugehen wie die Kommunisten, die ihre Leute in den Apparat der Staatssyndikate einschleusten, um diese von inner her zu beeinflussen. Mit der »absurden Theorie einer friedlichen Transformation der faschistischen Syndikate Francos« unterstütze er jene, die »mit der Diktatur kollaborieren«. Matthöfer antwortete: »Wie stellt man sich denn eigentlich unter den jetzigen Umständen eine nichtfriedliche Transformation vor? Das sind doch radikale Sprüche, denen keinerlei soziale und politische Realität entspricht.«[58] Der Konflikt wurde vor allem von der Exil-UGT mit großer Erbitterung ausgetragen, und es gelang ihnen, die Einheitsgewerkschaft zu verhindern. Matthöfer und Diamant konnten jedoch für sich in Anspruch nehmen, schon früh die aktive Linie der – in der Mitte der sechziger Jahre noch gar nicht organisierten – Inlandssozialisten vertreten zu haben, die erst 1972 vom PSOE als Strategie ›übernommen‹ werden sollte.

Nachdem die organisatorischen Ansätze der Einheitsgewerkschaft von der politischen Polizei zerschlagen worden waren und wichtige ASO-Vertreter ins Ge-

---

56 ›Diensttagebuch‹, 4.8.1966, AdsD, DM 0404. In seinen Erinnerungen (Cabos sueltos, Barcelona 1981, S. 302, 304) läßt Tierno Galván bei der Beschreibung einzelner Mitglieder der ASO, wie z. B. von Josep Pallach und Josefina Arrillaga, ganz unverhohlen antisemitische bzw. baskenfeindliche Untertöne anklingen.

57 Rogelio G. Barroso von der Frankfurter Sektion der UGT in einem Leserbrief an die FAZ vom 18. Oktober 1966.

58 Matthöfer in einem Leserbrief an die FAZ vom 18. Oktober 1966.

fängnis mussten, war es für das Exil ein Leichtes, die Traditionslinie noch einmal durchzusetzen. Auch in Deutschland gelang es der UGT-Lobby, Otto Brenner und andere Gewerkschafter und Politiker mit dem Argument zu verunsichern: »Wollt Ihr wirklich besser wissen als wir, was für Spanien gut ist, und wollt Ihr uns tatsächlich mit Euren Aktionen in den Rücken fallen?« Weil kaum jemand in der Lage war, sich über die Lage in Spanien ein eigenes Urteil zu bilden, gerieten die Anhänger der Einheitsgewerkschaft nach und nach in die Isolierung und verloren am Ende jede politische und organisatorische Unterstützung durch die Führungen der IG Metall, des DGB und der SPD.[59] Dass dessen ungeachtet einiges für die Richtigkeit des Konzepts der Einheitsgewerkschaft spricht, hat die spätere Entwicklung der Arbeitsbeziehungen nach der demokratischen Wende in Spanien gezeigt. Wiedererstanden sind freilich die Richtungsgewerkschaften, nämlich die UGT und die Comisiones Obreras, die heute insgesamt weniger als 20 Prozent der spanischen Arbeiter organisieren. Die UGT war nie in der Lage, in Spanien einen leistungsfähigen Gewerkschaftsbund mit Beitrag zahlenden Mitgliedern aufzubauen. Die einst mächtige anarchosyndikalistische CNT passte auch nach der Liberalisierung von 1977 nicht in die Landschaft der spanischen Arbeitsbeziehungen und ist völlig von der Bildfläche verschwunden.

Neben bitteren Niederlagen hielt das langjährige Engagement für die Demokratisierung Spaniens aber auch Erfolgserlebnisse bereit. Schon früh erkannte Matthöfer, dass unter den zahlreichen sozialistischen Gruppierungen, die sich im französischen, belgischen oder mexikanischen Exil gesammelt hatten, nur eine einzige das Potential zu einer linken Volkspartei hatte. Wenn er dabei auf den PSOE setzte, dann nicht wegen dessen früherer Verdienste oder der erfolgreichen Arbeit im Exil. Matthöfer konnte über viele Jahre hinweg verfolgen, wie sich die Partei nach ihrem absoluten Tiefpunkt im Jahre 1958 langsam aber sicher auch im Inneren Spaniens wieder organisierte und dabei konsequent den Prinzipien des demokratischen Sozialismus verpflichtet blieb. Um sich den PSOE als eine der führenden Volksparteien der Zeit nach Franco vorzustellen, bedurfte es bis Mitte der siebziger Jahre großer Phantasie. Während die UGT, deren Mitglieder mit denen des PSOE zum großen Teil identisch waren, wenigstens indirekt in Erscheinung trat, wenn sie z. B. Beratung in Arbeitsrechtsfragen anbot, mußte sich die Partei im Untergrund völlig von der Öffentlichkeit abschließen, um ihre Mitglieder nicht zu gefährden. Entsprechend geheimbündlerisch war auch ihre Organisationsweise. Sie bestand auf der untersten Ebene aus sogenannten Sektionskomitees oder Basisgruppen, die in Zellen gegliedert waren, denen in der Regel nicht mehr als zehn Personen angehörten. Lediglich zwei Mitglieder der Zelle verfügten über die Unterlagen, die für den Verkehr mit den 27 übergeordneten Provinzkomitees notwendig waren. Das Nationalkomitee, das den Generalsekretär wählte, war in ähnlicher Weise von den Provinzgremien abgeschottet und hatte seinen Sitz bis 1974 in Tou-

---

59 [Spanische Sozialisten, die gleichzeitig als Funktionäre der UGT illegal im Innern Spaniens tätig sind] an Schalmey, GdED, Madrid, den 6. Mai 1970, sowie der Briefwechsel Schalmay an Brenner am 26. Mai 1970 und Matthöfer an Brenner am 12. Juni 1970, alle in AdsD, DM 010.

louse. Diese Zellenstruktur der Parteiorganisation stand einer Expansion der Mitgliedschaft naturgemäß sehr im Wege, sodass sich die Mitgliederzahl von praktisch Null im Jahre 1958 bis Mitte der siebziger Jahre lediglich auf rund 8.000 erhöhte. Nur 6 Funktionäre waren für die Parteiarbeit freigestellt.[60] Die Zahl der Mitglieder im Exil wurde Anfang der sechziger Jahre auf höchstens 2.600 geschätzt. Sie nahm im Gegensatz zur Mitgliederbewegung im Inneren Spaniens rasch ab.[61] Da es praktisch keine Untersuchungen über den PSOE gab und die Partei auch selbst nichts über sich preisgab, musste es Beobachtern von außen sehr schwer fallen, sie ideologisch in das übliche Parteienspektrum einzuordnen. Für jemanden wie Matthöfer, der Gespräche mit den ›Militantes‹ im Innern führen konnte, erschlossen sich aber rasch drei Prinzipien, an denen sich die Partei ohne große Debatten orientierte. Sie bekannte sich *erstens* zu einem pluralistischen Sozialismus, der sich in wirtschaftlichen Fragen stärker als die SPD an marxistischen Mustern orientierte. Dazu gehörte etwa die Überführung der Produktionsmittel in Gemeineigentum nach Form der jugoslawischen Arbeiterselbstverwaltung. Mitbestimmung als wirtschaftspolitische Alternative rückte, nachdem die ASO Episode geblieben war, erst in der zweiten Hälfte der siebziger Jahre stärker in den Vordergrund parteiinterner Diskussionen. Der PSOE erkannte *zweitens* bestehende außenpolitische Bindungen einschließlich der militärischen Stützpunktabkommen mit den USA an. Damit akzeptierte man die faktische Einbindung Spaniens in das NATO-Konzept der Verteidigung Westeuropas. Dies war nicht unumstritten und galt vor allem in Universitätskreisen als ›fauler Kompromiss‹. Schließlich lehnte man *drittens* jede Form autoritärer Politik ab, was insbesondere die Zusammenarbeit mit dem PCE und den Parteien der Junta Democrática ausschloß.

Mit diesem Programm grenzte sich der PSOE nicht nur gegen Kommunisten ab. Die Partei öffnete sich auch für eine künftige Koalitionsregierung der linken Mitte. Dass es ohne Koalitionen nicht gehen würde, ergab sich angesichts der Unübersichtlichkeit der spanischen Parteienlandschaft geradezu zwangsläufig. Wie schon in der Frage der Einheitsgewerkschaft hielt Matthöfer die Konzentration der demokratischen Kräfte auf zwei große politische Gruppierungen mit Volksparteicharakter für sinnvoll.[62] Für ein Land mit so ausgeprägter, historisch gewachsener Regionalstruktur entsprach dies aber eher einem Wunschdenken. Tatsächlich vollzog sich die Zersplitterung des Parteiensystems wegen der Nationalitätenfrage vor allem auf der rechten Seite des Spektrums, sodass sie dem PSOE weniger geschadet hat, als ursprünglich zu vermuten gewesen war. Dies alles gehörte aber Mitte der sechziger Jahre, als sich Matthöfer nach dem Rückschlag im Kampf um die Einheitsgewerkschaft verstärkt der Unterstützung des PSOE zuwandte, aber noch ins

---

60 Dieter Koniecki, Sachbericht über eine Sondierungsreise nach Spanien im Auftrag der Friedrich-Ebert-Stiftung, mit dem Ziel, die Voraussetzungen einer längerfristigen gesellschaftspolitischen Arbeit in diesem Lande zu prüfen, Madrid, den 13. Dezember 1975; AdsD, DM 039.
61 [Gruppe der innerspanischen Sozialisten], Der 9. Kongress der PSOE im Exil und die Lage des Sozialismus in Spanien, Frankfurt, den 16. Oktober 1964, S. 11; AdsD, DM 010.
62 ›Diensttagebuch‹, 27.4.1970, AdsD, DM 0404.

Reich der reinen Spekulation. Es bedurfte erst zäher Aufbauarbeit der verbliebenen ASO-Kader und einer neuen Generation von jungen ›Militantes‹ im Innern Spaniens, um aus der nahezu inaktiven Zellenorganisation im Laufe der Jahre eine Partei zu formen, die wenigstens Ansätze gemeinsamer politischer Arbeit zeigte. Für diese Entwicklung maßgebend war wohl die weitgehende Aussöhnung der früheren ASO-Funktionäre mit jenen Mitgliedern des PSOE, die sich der Tradition der UGT verpflichtet fühlten. An der Herstellung dieser neuen Einheit war Matthöfer nicht ganz unbeteiligt. Gelegenheit dazu bot seine Teilnahme an einem politischen Prozeß gegen 13 Sozialdemokraten der PSOE und der UGT, der im April 1970 vor dem Madrider ›Tribunal de Orden Público‹ inszeniert wurde. Der Parteivorstand der SPD hatte ihn als offiziellen Beobachter entsandt – in seinem Gepäck die erwähnte Solidaritätserklärung der 159 Bundestagsabgeordneten und Minister. Der Prozeß selbst verlief ganz nach vertrautem Muster: Sozialdemokratische Gesinnung wurde vor dem Sondergericht in weniger als drei Stunden Verhandlungsdauer als kriminelles Delikt verurteilt, hohe Strafen wurden verhängt. Das sich vor den Augen zahlreicher internationaler Beobachter entfaltende »klassische Ritual des Mißbrauchs der Strafjustiz zum Zwecke der Festigung politischer Macht«[63] unterlief alle Anforderungen der Rechtsstaatlichkeit. Die Anklage lieferte keinen Beweis dafür, dass sich die Arbeiter dessen schuldig gemacht hätten, was ihnen zu Last gelegt wurde – der Gebrauch demokratischer Grundrechte. Die Verteidigung durfte nicht einmal ungerügt darauf hinweisen, dass auch die Regierungschefs von Deutschland und Großbritannien sich des Verbrechens schuldig machten, organisierte Sozialdemokraten zu sein. Das Verfahren endete mit vier Freisprüchen und neun Haft- und Geldstrafen wegen ›Geheimbündelei‹ und ›illegaler Propaganda‹. Das Gericht verhängte Freiheitsstrafen von drei Monaten bis zu vier Jahren und acht Monaten. Viel wichtiger als der Verlauf oder der Ausgang dieses ›Sozialistenprozesses‹ waren jedoch die Ereignisse, die sich unmittelbar nach der Justizfarce in einem Madrider Restaurant zutrugen. Dort versammelten sich 48 Angeklagte, Familienangehörige, Advokaten und internationale Beobachter zum Mittagessen. Nicht einmal diese Selbstverständlichkeit wäre im Franco-Spanien ohne Genehmigung durch die ›Dirección General de Seguridad‹ möglich gewesen. Die Polizei erschien auf dem Plan. Als sich die Lage zuspitzte, zückte der Abgeordnete Matthöfer seinen Diplomatenpass, bestand darauf, die Anwesenden seien alle von ihm persönlich eingeladen und erklärte sich bereit, die volle Verantwortung zu übernehmen. Er durchkreuzte damit die offenkundige Absicht der Polizei, das Treffen als eine illegale Versammlung der UGT aufzulösen. So notierte die Polizei lediglich die Zahl der Anwesenden sowie die verzehrten Speisen auf einem Meldezettel, und die versammelten Sozialisten und Demokraten konnten in aller Ruhe und nunmehr völlig ungestört von der Polizei weiter essen und diskutieren. Die Solidarisierung Matthöfers mit seinen Gegnern im Kampf um die Einheitsgewerkschaft und sein Einsatz für die verfolgten Sozialisten fand weit über die

---

63 Manfred von Conta in seinem Bericht in der Süddeutschen Zeitung vom 19. April 1970.

Tischrunde hinaus ein nachhaltiges, positives Echo bei den Anhängern von UGT/PSOE und wurde allgemein als Zeichen der Versöhnung auf der Linken empfunden.[64] Matthöfers Ansehen bei den spanischen Sozialisten, das unter den innergewerkschaftlichen Grabenkämpfen gelitten hatte, war nun wieder makellos. Nunmehr forderte auch die UGT die Einheitsgewerkschaft, wobei sie freilich ihre eigene Rolle im spanischen Gewerkschaftssystem meinte.[65] Vor allem wurde Matthöfer aber nicht mehr von Seiten des Exil-PSOE als Kollaborateur und Franco-Freund beschimpft, was seinen Anstrengungen, dem innerspanischen PSOE zu einer organisatorischen Mindestausstattung zu verhelfen, nur zugute kam. Das zeigte sich schon im Mai, als Hans und Traute Matthöfer über den historisch-berüchtigten Grenzübergang Hendaya, wo sich Hitler und Franco 1940 nach dem Frankreichfeldzug getroffen hatten, nach Bilbao, Pamplona und Barcelona fuhren. Die Reise nahm an einigen ihrer Stationen geradezu triumphale Züge an. In Bilbao kam es zu intensiven und zum Teil sehr emotionalen Kontakten mit einigen illegalen UGT-Gruppen. Man traf sich mit den neuen und alten Freunden, wozu auch Angehörige von politischen Gefangenen gehörten, die von Deutschland aus unterstützt wurden, wie die Familie von Agustín (Pepin) Serrano, der im Gefängnis von Jaén einsaß. Die neue Herzlichkeit war nicht zuletzt dem 64jährigen Ramón Rubial zu verdanken, der zu den Angeklagten im Madrider ›Sozialistenprozeß‹ gehört hatte. Der spätere Ehrenpräsident des PSOE hatte als Bürgerkriegsveteran zwanzig Jahre in Francos Gefängnissen gesessen und war zur Symbolfigur des Widerstandes geworden. Nun begleitete er die Matthöfers zu den von ihm organisierten Treffen mit einigen kleinen UGT-Gruppen in Bilbao. Vordergründiger Anlass der Reise war ein Vortrag, den der deutsche Abgeordnete vor der Anwaltskammer in Barcelona hielt.[66] Er wurde in Spanien weithin beachtet. Die interessanteste Reaktion kam freilich vom Exil-PSOE aus Frankreich. Vor dem Sozialistenprozess hätte der PSOE den Vortrag vor einer Korporation des Franco-Staates als Kollaboration gedeutet. Nun druckte die Partei Matthöfers Interview mit der größten spanischen Tageszeitung, der gleichgeschalteten, aber seriösen ›La Vanguardia‹[67], in ihrer eigenen, in Toulouse publizierten Wochenzeitung ›El Socialista‹ im Faksimile ab. Die Aufgabe der strikten Boykotthaltung zeigte, dass auch bei der ›PSOE en il exilio‹ die Dinge in Bewegung geraten waren.

Der neue Friede erstreckte sich freilich nicht auf alle Gruppierungen des spanischen Sozialismus. Als der Sprecher des ›Deutschen Komitees zur Verteidigung und Unterstützung spanischer Demokraten‹ als neu ernanntes Mitglied des Ehren-

---

64 [Spanische Sozialisten, die gleichzeitig als Funktionäre der UGT illegal im Innern Spaniens tätig sind] an Schalmey, GdED, Madrid, den 6. Mai 1970, AdsD, DM 010. Der an Brenner weitergereichte Brief gipfelt in der Aussage: »Matthöfers Benehmen und Handlungsweise in Madrid waren bei diesem Prozeß eines Sozialisten und Gewerkschafters würdig.«
65 Matthöfer an Brenner am 12. Juni 1970, AdsD, DM 010.
66 El camino hacia una Europa democratica y la ampliación de los Comunidades, Manuskript, Mai 1970, 12 S. [Der Weg in die Demokratie und die Erweiterung der Europäischen Gemeinschaften].
67 4. Juni 1970.

Matthöfers Kindergarten (von links): Felipe González, Blanca López Ramires, Luis Fajardo Spinola, später führende Politiker der PSOE, 1975 auf Lanzerote.

präsidiums der deutschen Sektion von ›Amnesty International‹ im Juli eine Gesamtaufnahme aller politischen Gefangenen anstrebte, um zu intervenieren und zu helfen, gehörte Tierno Galván zu den wenigen, die sich der Aufforderung entzogen. Einem »notorischen Feind des innerspanischen Sozialismus«, für den er Matthöfer noch immer hielt,[68] wollte er keine Informationen geben, wohl um zu verschleiern, dass es keine Gefangenen aus seinem PSP gab. Tierno sah in Matthöfers Bemühungen um den PSOE den Versuch, »den fortschrittlichen Neokapitalisten und einigen Gruppen der Opposition« zu helfen, aber gleichzeitig »die Kräfte des Widerstands gegen Francos Erbe« zu spalten. Vor allem aber kritisierte er die SPD, die mit ihrer Unterstützung des PSOE in Spanien »die Schaffung eines sozialdemokratischen Staates nach nordischem Vorbild« zu fördern suche, was den spanischen Verhältnissen jedoch nicht angemessen sei.[69] Vermutlich war die Führungsfigur der ›Volkssozialisten‹ – zu Recht – auch der Meinung, Matthöfers Arbeit trage dazu bei, dass der PSOE die Aufforderung des PSP nach Fusionsverhandlungen zwischen den sozialistischen Parteien unbeachtet ließ, bis er sich 1978 stark genug fühlte, Tiernos schrumpfende Gefolgschaft ohne Zugeständnisse an die eigene Programmatik zu absorbieren.

Anfang der siebziger Jahre waren die Strukturen des Inlands-PSOE noch lange nicht stark genug, um eine charismatische, aber politisch schillernde Persönlichkeit wie Tierno in Zaum zu halten. Das sollte sich erst mit dem Aufstieg einer anderen charismatischen Führungsfigur ändern, die im PSOE an die Spitze drängte.

---

68 »[…] conocido enemigo del socialismo español en el interior«. So in einem Schreiben an Matthöfer, ›Diensttagebuch‹, 3.7.1970, AdsD, DM 0404.

69 So fasste Walter Haubricht in der FAZ vom 07. Februar 1976 Tiernos Motive zusammen.

*Im Moncloa-Palast gratuliert Matthöfer 1983 dem neuen Ministerpräsidenten
Felipe González. Rechts der deutsche Botschafter, links Minister der PSOE.*

Da der *shooting star* der Partei, der erst 1942 geborene Felipe González Márquez,
als Anwalt für Arbeitsrecht in Sevilla praktizierte, hatte Matthöfer lange nicht die
Gelegenheit, den neuen Hoffnungsträger persönlich kennenzulernen. Im Frühjahr 1971 kam es dann zu einem ersten Treffen – in Bonn. González berichtete
dort dem einflussreichen Freund der spanischen Sozialdemokraten über seine politischen und organisatorischen Erfahrungen, über seine Zukunftspläne für den
Aufbau des PSOE im Inneren Spaniens und über seine frischen Erfahrungen aus
der persönlichen Konfrontation mit dem repressiven Franco-Regime. Matthöfer
fasste das Ergebnis des Gesprächs im Abgeordnetenbüro des Neuen Hochhauses des
Bundestages später so zusammen: »Weil mir alles sehr einleuchtete und vernünftig schien, was er mir sagte, und weil ich ihn persönlich sympathisch und solide
fand, beschloß ich, ihn nach Kräften zu unterstützen und habe das nie bereut.«[70]
Die Tragfähigkeit des Bündnisses zeigte sich schon im August, als Matthöfer im
Auftrage des Parteivorstands der SPD am XII. Exil-Parteitag des PSOE in Toulouse teilnahm. Dort gelang González zwar noch nicht der Sprung auf die Position
des Generalsekretärs, doch erreichten die Vertreter der Inlandspartei erstmals die
Mehrheit im Vorstand, der sich auf das Prinzip der kollegialen Führung geeinigt

70 ›Diensttagebuch‹, Frühjahr 1971, AdsD, DM 0404. Zu diesem Ergebnis trug sicher auch die un-
prätentiöse Art des jungen Mannes bei, der Matthöfer auf die Frage »Aber wie werde ich dich [am
Bahnhof] erkennen?« antwortete: »Du wirst mich schon erkennen, yo con cara del moro.« Ähnlich
ging es Willy Brandt (Erinnerungen, 5. Aufl. Frankfurt a. M., Berlin 1993, S. 347), der bekennt:
»Dem jungen Anwalt [...] fühlte ich mich vom ersten Augenblick an verbunden und zugetan.«

hatte. González wurde zum Pressesekretär gewählt, und weitere Vertraute Matthöfers, wie Enrique Múgica und Nicolás Redondo, besetzten die Sekretariate für Organisation und politische Beziehungen. Die Anwesenheit Matthöfers, »der seit langem über weitreichende Kontakte informativer und politischer Art zur neuen PSOE verfügte«, war es auch – so die Meinung außenstehender Beobachter –, die der Gruppe González zum Sieg verhalf.[71] Der Durchbruch der unter der Führung ihres neuen Stars angetretenen ›Erneuerungskräfte‹ aus dem *interior* hatte freilich seinen Preis: Er führte zu einer vorübergehenden Spaltung der Partei in den PSOE *historico* und den PSOE *renovado*. Der seit 1944 amtierende Generalsekretär der Partei, Rodolfo Llopis Ferrándiz, der den XII. Parteitag boykottierte, verstand offenbar die Welt nicht mehr und schien die Ereignisse auf dem Kongress »ausschließlich auf eine gemeinsame Verschwörung von politischer Franco-Polizei, CIA und KGB gegen ihn persönlich zurückzuführen«.[72]

Llopis stützte seine Position vor allem auf nostalgische Beziehungen zur alten Garde der Spanienkämpfer und auf taktische Interessen François Mitterrands, der als sozialistischer Präsidentschaftskandidat ein Oppositionsbündnis mit den französischen Kommunisten (Union de la Gauche) gebildet hatte. Auf Mitterrand zielte offenbar sein Schachzug ab, mit der PSP Tierno Galváns zu fusionieren, der ebenfalls für eine Kooperation mit den spanischen Kommunisten eintrat. Es war jedoch ein Griff nach dem Strohhalm, der die Spaltung der sozialistischen Parteien Spaniens noch zusätzlich vertiefte und auch bei den europäischen Bruderparteien keinen Anklang fand. Sowohl die britische Labourpartei als auch die Mehrheit der französischen Sozialisten stellten sich auf die Seite von Felipe González. In Deutschland blieb die Entscheidung bis 1975 offen, doch gelang es Matthöfer, auch hier Unterstützung zu mobilisieren. Der Machtkampf war entschieden, als sich die Sozialistische Internationale im Januar 1974 dafür aussprach, allein den PSOE *renovado* um den Reformer Felipe González als Vertreter des »wahren« PSOE anzuerkennen.[73] Die ›Conferencia de Unidad Socialista‹, auf der im Juni und September die spanischen Parteien des demokratischen Sozialismus unter französischer und deutscher Schirmherrschaft in zwei Sitzungsrunden in Paris und Bonn zusammentrafen, besiegelte den neuen Alleinvertretungsanspruch des PSOE *renovado*. Der Häutungsprozess fand seinen Abschluss im Oktober, als auf dem letzten Parteikongress des PSOE im Exil Felipe González zum Ersten Sekretär der Partei gewählt wurde.

Damit war für Matthöfer der Weg frei, die organisatorische Erneuerung des PSOE in professionelle Bahnen zu lenken. Auf zahlreichen Treffen in Bonn, Bad Münstereifel, Frankfurt am Main, Madrid, Mannheim, Kronberg und Teguise auf Lanzarote diskutierte er mit dem neuen Generalsekretär – aber auch mit Alfonso Guerra, Nicolás Redondo und Manuel Chávez – die Marschroute, die von nun an

---

71 Ricardo de la Cierva, Historia del socialismo en España, Barcelona 1983, S. 247 f.
72 ›Diensttagebuch‹, 13.–15.8.1972, AdsD, DM 0404.
73 Pilar Ortuno Anaya, European Socialists and Spain. The Transition to Democracy, 1959–77, Houndmills, Basingstoke 2002, S. 133.

den PSOE zu einer modernen linken Volkspartei machen sollte. Nicht immer waren sich die beiden Freunde dabei einig. So hätte Matthöfer gern das ›O‹ aus dem Parteinamen gestrichen, weil die Entwicklung der Beschäftigungsstruktur auch in Spanien dazu führen würde, dass es kaum noch ›Obreros‹, was in etwa mit Hilfsarbeiter zu übersetzen wäre, gäbe. González lehnte strikt ab und prophezeite, »wenn wir überhaupt einen Buchstaben aus dem Parteinamen herausnehmen, dann wird es das ›E‹ sein«.[74] In der Praxis hat sich dann durchgesetzt, dass sich die Regionalparteien in den spanischen ›Autonomías‹ nach ihrer Region nannten, also etwa ›Partido Socialista Canario‹, und dann – gewissermaßen als gesamtstaatliches Erkennungszeichen – die Abkürzung PSOE in Klammern dahinter setzten. In Nuancen unterschiedliche Positionen nahmen die beiden auch in der Frage der Beziehungen zu den Kommunisten ein. Während Matthöfer konsequent bei seiner Gegnerschaft blieb, war Gonzalez durchaus bereit, die Legalisierung des Partido Comunista Español (PCE) zu unterstützen.[75] Was die aktuelle politische Entwicklung in Spanien und die konkreten Möglichkeiten zur Unterstützung des PSOE durch die SPD anging, war man sich jedoch rasch einig:[76] »Wir müssen die PSOE zu einem Schwerkraftzentrum machen, das gewichtig, gleichzeitig aber flexibel genug ist, die kleineren demokratischen sozialistischen Gruppen anzuziehen.« Matthöfer hatte schon im Juli 1975 am Rande einer Tagung des Club of Rome in Guanajuato, Mexiko, Verbindung mit Dieter Koniecki aufgenommen, der ihm als guter Kenner der PSOE-Exilszene von González empfohlen worden war. Koniecki hatte lange in der Tschechoslowakei im Gefängnis gesessen, weil er gegen das stalinistische Regime in Prag gekämpft hatte. Für Matthöfer, dessen Antistalinismus auch in Spanien deutlich hervortrat, garantierte dieser politische Hintergrund eine solide Grundlage für die künftige Zusammenarbeit. Es fiel ihm nicht schwer, den Vertreter der mexikanischen Niederlassung der Friedrich-Ebert-Stiftung von der »Notwendigkeit einer künftigen Tätigkeit einer der SPD angeschlossenen oder nahestehenden Organisation« in Spanien zu überzeugen. Er fand in ihm einen kongenialen Verfechter des Primats der Organisation in der Politik, der noch dazu bereit war, sich in dieser prekären Umbruchphase der spanischen Politik auf das Abenteuer einzulassen, in Spanien ein Büro der Stiftung einzurichten, das eine immer noch verbotene Partei und eine ebenfalls noch nicht zugelassene Gewerkschaft unterstützen sollte.[77] Nachdem die Zentrale in Bad Godesberg das Projekt abgesegnet hatte, traf auch der Mannheimer Parteitag der SPD (14.–17. November 1975) eine Grundsatzentscheidung zugunsten des PSOE. Es war vor allem Helmut Schmidt, der von Anfang an Matthöfers Initiative unterstützte und dafür sorgte, dass die deutsche Hilfe für den Aufbau demokratischer Strukturen in Franco-

---

74 ›Diensttagebuch‹, 21.9.1974, AdsD, DM 0404.

75 Interview mit Dieter Koniecki am 27. Oktober 2007 in Hamburg. AdsD, DM 0404.

76 »Europas Brücke nach Lateinamerika. Für den Demokratisierungsprozeß in Spanien trägt die SPD eine besondere Verantwortung« (Interview), ›Vorwärts‹ vom 24. Februar 1977.

77 Dieter Koniecki, Sachbericht über eine Sondierungsreise nach Spanien im Auftrag der Friedrich-Ebert-Stiftung, mit dem Ziel, die Voraussetzungen einer längerfristigen gesellschaftspolitischen Arbeit in diesem Lande zu prüfen, Madrid, den 13. Dezember 1975; AdsD, DM 039.

Spanien sich nicht in moralischen Appellen erschöpfte. Der Bundeskanzler setzte den gut ausgestatteten operativen Fond des Bundesnachrichtendienstes ein.[78] Mit diesem Rückhalt versehen, konnte Koniecki im November eine vierwöchige Sondierungsreise durch Spanien antreten.

Konieckis ›Sachbericht‹ bestätigte in den wesentlichen Zügen Matthöfers Einschätzung, dass »die PSOE die einzige nahestehende politische Oppositionsgruppe in Spanien ist, die eine potentielle Massenpartei ist, die über eine dringendst ausbaubedürftige und -fähige organisatorische Minimalstruktur verfügt und über eine Verwurzelung in breiten Volksschichten, besonders der Industriearbeiterschaft, – ein Element, das allen anderen sozialistischen und sozialdemokratischen Gruppierungen Spaniens fehlt.«[79] Daraus folgte, dass »jede praktische Hilfsmaßnahme, einschließlich gesellschaftspolitischer Förderungsmaßnahmen durch Seminare und Schulungskurse [...] auf die Stärkung dieser Organisationsstruktur gerichtet [werden muß] und zwar in der Anfangsphase fast ausschließlich«. Dies setzte die Gründung eines operativen Standorts in Spanien voraus. Allein für »Initialinvestitionen«, wie ein regionales Netz von Rechtsberatungsstellen (›asesorías laborales‹) als legalen Ausgangspunkten für den Auf- und Ausbau des Partei- und Gewerkschaftsapparates sowie die Anfinanzierung von 50 »befreiten Mitarbeitern«, waren nach Konieckis vorsichtiger Schätzung 4 Millionen DM notwendig. Zu diesem Zeitpunkt hatte der PSOE aus Mitteln der Sozialistischen Internationale (SI) einen laufenden Zuschuß von rund 300.000 DM beantragt, den das Büro der SI gewährte und der solidarischen Verantwortung ihrer einzelnen Mitglieder anheim stellte. Das Engagement der Friedrich-Ebert-Stiftung sprengte diesen Rahmen und konstituierte ein besonderes Verhältnis zur größten spanischen Oppositionspartei. Die kontrollierte Verwendung dieser Mittel war nicht immer einfach, weil »Felipe und seine Freunde leider [...] am liebsten das gesamte Geld für Lohnkosten und Reisen, sowie die Einrichtung recht schwammiger Forschungsinstitute verwenden wollen und das vor allem zwischen Sevilla, dem Baskenland und ein bißchen Asturien aufteilen möchten«.[80] Der Stiftungsreferent mußte konkrete Planungshilfe leisten, denn »unsere Freunde haben nämlich ein recht großzügiges Verhältnis zum Geld, – und noch großzügiger, wenn es um fremdes Geld geht«. Die Stiftung hatte jedoch nach ihren Richtlinien bei der Verwendung eigener Mittel strenge Maßstäbe anzulegen. Das galt auch für die Einrichtung der UGT-Zentrale im Santo Domingo-Hochhaus, in der Madrider Jaquo-Metrezo-Straße, für die ein Kostenvoranschlag von jährlich 712.851 DM vorgelegt wurde. »Wirklich ein starkes Stück«, kommentierte Koniecki, »ich glaube, die Zentralverwaltung von General Motors hätte sich kaum aufwendiger verhalten«.[81] Vor allem in der Frage der regionalen Dislozierung des Partei- und Gewerkschaftsapparates über die 27 Provinzen mußten die deutschen Finanziers ihre spanischen Freunde zu ihrem Glück zwin-

---

78 Interview mit Dieter Konietzki am 27. Oktober 2007 in Hamburg. AdsD, DM 0404.
79 Ebenda.
80 Koniecki an Matthöfer, Madrid, den 7. Februar 1976, AdsD, DM 039.
81 Ebenda.

gen. Jedenfalls war der Vertreter der Friedrich-Ebert-Stiftung von der Richtigkeit des gemeinsamen Konzepts fest überzeugt: »Ich glaube, Felipe und seine engeren Freunde werden uns schon sehr bald danken, wenn wir den Gedanken, an jede einzelne Provinz Hilfe zur Selbsthilfe zu leisten, vorantreiben.«

Da ausländische finanzielle Zuwendungen an spanische Parteien seit 1977 verboten waren, verlagerte sich das Gewicht der Hilfe nun noch mehr auf den Erfahrungsaustausch und auf die Unterstützung der UGT. Auch dazu gab es bis Anfang der achtziger Jahre Gelegenheit genug. Noch einmal musste der Kampf um die Einheitsgewerkschaft aufgenommen werden – diesmal gegen die Comisiones Obreras. Carlos Pardo, der dies als Repräsentant des internationalen Metallarbeiterbundes in Spanien und Portugal in die Hand nahm, bediente sich dabei nicht zuletzt jener Methoden, die Matthöfer in der Ford-Aktion exemplarisch entwickelt und dokumentiert hatte: konkrete Interessenvertretung im Einzelfall, betriebsnahe Tarifpolitik, Betriebszeitung, betriebsbezogene Bildungsarbeit, gezielte Mitgliederwerbung. Die Aktion war in jeder Hinsicht erfolgreich, konnte doch der Organisationsgrad der UGT erhöht und der Einfluß der kommunistischen Gewerkschaften zurückgedrängt werden.[82] Die Unterstützungsmaßnahmen für diese Kampagne, die z. B. in den Betrieben des Automobilbauers SEAT ansetzte, wurden über den Internationalen Metallgewerkschaftsbund (IMB) in Genf nach Spanien geleistet. Schien es Matthöfer darüber hinaus nötig, »dass wir in der Metallindustrie eine besondere organisatorische Hilfe geben, die es ihr [der UGT] in diesem Schlüsselbereich ermöglicht, ihre Stellung gegenüber den CC.OO. auszubauen und den kommunistischen Einfluss zurückzudrängen«, mobilisierte er Hilfe über den Chef des Bundeskanzleramtes, Manfred Schüler, der immer wieder Mittel und Wege fand, die Freunde in Spanien zu unterstützen.[83] Die Mittel dazu stammten entweder aus dem Haushalt des Auswärtigen Amtes oder aus anderen, weniger bekannten Fonds der Bundesregierung. Zur Weiterleitung standen die Kanäle der Friedrich Ebert Stiftung und des IMB zur Verfügung, wo mit Werner Thönnessen ein weiteres Mitglied des alten Brennerschen Braintrusts die Regie führte. Nach 1977, als die ausländische Parteienfinanzierung verboten war, verlagerte sich die materielle Unterstützung auf die gewerkschaftliche Arbeit, wenn auch die Übergänge fließend waren. Matthöfer hatte die alte ASO-Strategie noch nicht völlig abgeschrieben. Anfang Dezember 1976 verhandelte Matthöfer zusammen mit Willy

---

82 Matthöfer hatte besonders der katalanischen Richtung des PSOE helfen wollen, dessen ersten öffentlichen Parteitag er besuchte. Unter dem »verheerenden« Eindruck, den er von der Veranstaltung gewann, die so tat, »als sei die chilenische Erfahrung der größte sozialistische Sieg aller Zeiten gewesen«, und auf der die spanische Situation ganz unrealistisch eingeschätzt wurde, entschloss er sich, Pardo bei einer SEAT-Aktion zu unterstützen. ›Diensttagebuch‹, 8.–9.1.1977, AdsD. DM 0404. Nach Pardo übernahm Rodriguez diese Aufgabe. Interview mit Santiago Rodriguez am 16.10.2005 in Berlin; Protokoll im AdsD, DM 0404.

83 Matthöfer an den Chef des Bundeskanzleramtes, Herrn Staatssekretär Dr. Manfred Schüler, 15. Juni 1980. AdsD, DM ›Spanien‹. 1981 forderte Matthöfer über den Nachfolger Schülers, seinen ehemaligen Staatssekretär im Finanzministerium, Manfred Lahnstein, zu weiterer Hilfe für den selben Zweck auf. ›Diensttagebuch‹, 15.10.1981, AdsD, DM 0404.

Brandt mit dem spanischen Ministerpräsidenten Adolfo Suarez in der Moncloa über die Rückerstattung des nach dem Bürgerkrieg beschlagnahmten UGT-Vermögens und versuchte König Juan Carlos im Palacio de la Zarzuela von der Notwendigkeit einer unabhängigen Einheitsgewerkschaft zu überzeugen. Eine Denkschrift in dieser Sache blieb freilich unbeantwortet.[84]

Es sollte sich zeigen, dass die spanische Aufbauarbeit eine langfristige Perspektive benötigte. Der Tod des ›Caudillo‹ am 20. November 1975 führte keineswegs zum raschen Zusammenbruch der Diktatur. In gewisser Weise hatte der Generalsekretär des PSOE Recht, als er die Todesnachricht, die er im Kronberger Haus der Matthöfers aus der ›Tagesschau‹ erfuhr, spontan mit den Worten kommentierte: »Ich glaube das nicht. Ich wette, der wird auch noch die Autopsie überleben.«[85] Auch wenn nach der offiziellen Akkreditierung der Friedrich-Ebert-Stiftung in Madrid und der Legalisierung des PSOE und der UGT im Vorfeld der ersten freien Wahlen im Jahre 1977 das Engagement Matthöfers für die Demokratisierung Spaniens Züge der Normalität annahm, verschwand das Land keineswegs von seiner politischen Agenda. Der deutsche Minister stellte González auch seine Erfahrungen in der Organisation von Wahlkämpfen zur Verfügung, so bei einer Kundgebung, die der spanische Oppositionsführer mit Willy Brandt, Matthöfer und Montesinos Ende April 1977 vor 1.300 in Deutschland arbeitenden Spaniern im Frankfurter Nordweststadt-Zentrum abhielt. Matthöfer übernahm immer wieder auch die Rolle des Feuerwehrmannes, wenn die spanischen Sozialdemokraten logistische oder moralische Unterstützung brauchten.

Daneben diente er González als Berater in praktischen Fragen der Wirtschafts-, Finanz- und Technologiepolitik – auch wenn sein Rat nicht immer bequem war. Als die demokratische Linke legalisiert war, warnte er seine Freunde, die ihn auf ihrem ersten Parteitag in Freiheit stürmisch umjubelten, vor den Militärs. Er riet Spanien, bald in die NATO einzutreten, um den Offizieren den Minderwertigkeitskomplex zu nehmen und sie für die Demokratie zu gewinnen. Das hat den PSOE freilich nicht davon abgehalten, sich gegen einen NATO-Beitritt Spaniens stemmen. Selbst nach dem Putschversuch vom Februar 1981 gab der spanische Oppositionsführer in dieser Frage dem Drängen Matthöfers nicht nach.[86] Der ›Abgeordnete von Barcelona‹ wurde auch nicht immer verstanden, wenn er prognostizierte, in der Frage der Beurteilung der Monarchie und der Kirche werde im PSOE noch ein Reifungsprozeß einsetzen. Doch sollte er Recht behalten. In den Wahlen vom Oktober 1982 gelang es dem PSOE, mit absoluter Mehrheit die Regierungsmacht zu übernehmen. Felipe González wurde Ministerpräsident der ersten rein sozialistischen Regierung Spaniens und blieb es bis 1996.

---

84 ›Diensttagebuch‹, 30.11.–7.12.1976, AdsD, DM 0404. Anlaß der Madrid-Reise war die Teilnahme am ersten legalen zentralen Parteitag des PSOE nach der Franco-Diktatur in Spanien, der im Hotel Melia stattfand.
85 ›Diensttagebuch‹, 14. 11. 1975, AdsD, DM 0404.
86 Vermerk über das Gespräch des Bundeskanzlers mit Felipe González am 18. März 1981 im Bundeskanzleramt, Bonn, den 19. März 1981, AdsD, DM 039.

Glanz und Elend der Entwicklungspolitik

In der ›Propaganda-Agentur‹ für Entwicklungshilfe

Nach seiner Berufung im November 1972 ins Bundesministerium für wirtschaftliche Zusammenarbeit verfügte der neue Parlamentarische Staatssekretär zum ersten Mal in seiner beruflichen Laufbahn über einen persönlichen Stab von Mitarbeitern. Bis dahin war er zumeist auf die Mitarbeit von Praktikanten angewiesen, die mehr aus eigener politischer Neigung oder wissenschaftlicher Neugier, denn aus finanziellem Anreiz oder beruflicher Karrierehoffnung seine Projekte unterstützt hatten. In diese Kategorie fiel auch der letzte ihm nach seinem sukzessiven Ausscheiden aus der IG Metall noch verbliebene Mitarbeiter. Hermann Huss fungierte in der Rolle des Bundestagsassistenten als Matthöfers »privates wissenschaftliches Institut«,[87] um an dem Projekt »Kampfformen der Gewerkschaften« mitzuarbeiten, für das sein Arbeitgeber seit seiner Studienzeit Material zusammengetragen hatte. Daraus resultierte zunächst ein Aufsatz, der 1971 unter Matthöfers Namen erschienen ist.[88] Der Abschluß der großen Forschungsarbeit, die das Projekt krönen sollte, ließ freilich auf sich warten. Matthöfer machte auch keine Anstalten, Huss innerhalb seines neuen Zuständigkeitsbereichs ein Arbeitsverhältnis anzubieten. Er war lediglich bereit, für ihn beim BMZ und bei der Friedrich-Ebert-Stiftung Forschungsprojekte zu beantragen, die um sein neues Interessengebiet – die Multinationalen Konzerne – kreisten. In der »späten Einsicht, dass politisches Handeln und Erfolg wesentlich basieren auf einem Minimum von Geschäftstüchtigkeit und dass andere Faktoren (Solidarität eingeschlossen) in jedem Zweifels- und Konfliktfall untergeordnete Variable sind«, kündigte Huss daraufhin sein Arbeitsverhältnis mit dem Abgeordneten.[89]

Zu seinem persönlichen Referenten im Ministerium machte der Parlamentarische Staatssekretär Hans-Jürgen Wefelmeier, den er schon kennen- und schätzengelernt hatte, als der Spezialist für Europarecht noch für seine Vorgängerin Brigitte Freyh arbeitete. Matthöfer hatte mit der geschiedenen Frau seines Freundes Richard Freyh, die 1961 in den Bundestag nachrückte und seit 1965 in seinem Frankfurter Nachbarwahlkreis 141 kandidierte, schon vor der Berufung in seine neue entwicklungspolitische Funktion zusammengearbeitet und dabei auch zu Wefelmeier ein gutes Verhältnis entwickelt. Der promovierte Jurist begleitete ihn dann in wechselnden Funktionen auf seinem langen Weg durch die Ministerien. Zuletzt war er Leiter der Grundsatzabteilung des Bundesministeriums der Finanzen, als ihn nach

---

87 Huss an Matthöfer am 12. April 1973, AdsD, DM 0405. Matthöfer zahlte Huss inzwischen rund 2.000 DM mit der Maßgabe, sich die Differenz zu BAT II (2.853,52 DM) durch IGM-Lehrgänge dazuzuverdienen.

88 Streiks und streikähnliche Formen des Kampfes der Arbeitnehmer im Kapitalismus, in: Zur Theorie und Praxis des Streiks, hrsg. v. Dieter Schneider, Frankfurt a. M. 1971, S. 155–209. Zwei große Kisten mit Manuskriptentwürfen zum Thema »Kampfformen der Gewerkschaften« (Autor: Matthöfer) und mit Material zu diesem Thema sind im Depositum Matthöfer des AdsD überliefert.

89 Huss an Matthöfer am 12. April 1973, AdsD, DM 0405.

dem Regierungswechsel der neue Finanzminister Gerhard Stoltenberg 1982 in den einstweiligen Ruhestand versetzte.[90] Wenige Monate später trat mit Wilfried Haesen noch ein zweiter Mitarbeiter in das Büro des Parlamentarischen Staatssekretärs ein. Dabei half die Freundschaft mit Wefelmeier, doch war er als Assistent der SPD-Bundestagsfraktion für Matthöfer ebenfalls kein Unbekannter mehr.[91] Er übernahm den Arbeitsbereich ›Multinationale Unternehmen‹, der bald zu einem wichtigen Thema auf der Agenda des Parlamentarischen Staatssekretärs werden sollte. Da es im BMZ nur eine offene Stelle für einen »Beamten zu Ausbildungszwecken für einen Einsatz im Ausland« gab und Haesen kein Beamter war, musste Johannes Rau helfen, der ihn für eine logische Sekunde in seinem nordrhein-westfälischen Wissenschaftsministerium verbeamtete und ihn dann sofort ins BMZ versetzte. Seit 1974 war auch Alwin Steinke mit von der Partie, der Pressesprecher des Bundesministeriums für Forschung und Technologie. Damit hatte der Ministergehilfe das Dreierteam zusammen, auf das er sich bis an das Ende seiner Regierungstätigkeit im Wesentlichen stützte. Dies entsprach seiner Art, im kleinen Kreis zu arbeiten. Das BMZ ließ ihm freilich auch keine andere Wahl, verfügte das Ministerium doch noch kaum über eine eigene Ministerialbürokratie.

Als Erhard Eppler im Oktober 1968 als Nachfolger von Hans-Jürgen Wischnewski in das Kabinett der Großen Koalition eintrat, war er sich rasch darüber im Klaren, daß er kein Ministerium übernommen hatte, sondern »allenfalls eine Propaganda-Agentur für Entwicklungshilfe«.[92] Er trug zwar vor Parlament und Öffentlichkeit die Verantwortung für sein Haus, verfügte aber noch nicht einmal über ein Viertel des Einzelplans 23 (Entwicklungshilfe) des Bundeshaushaltes. Agrarprojekte wurden vom Landwirtschaftsministerium verwaltet, das Bundespresseamt vereinbarte Rundfunkprojekte, das Gesundheitsministerium entsandte Ärzte und so weiter. Vor allem aber lag etwa die Hälfte des Etats – die bilaterale Kapitalhilfe, also die Vergabe von verbilligten Krediten an Entwicklungsländer – nach wie vor beim Wirtschaftsministerium. Karl Schiller vertrat die Bundesregierung darüber hinaus auch dort, wo die multilaterale Kapitalhilfe, die ein weiteres Fünftel des Etats ausmachte, hinfloss: bei der Weltbank und beim Europäischen Entwicklungsfonds. In der Regie des BMZ standen praktisch allein die Gewerbeschulen, in denen junge Afrikaner oder Asiaten von deutschen Meistern an deutschen Maschinen ausgebildet wurden. Diese Aufsplitterung der Zuständigkeiten hatte his-

---

90 Der 1943 in Lüdenscheid geborene Wefelmeier wurde in Köln über ein europarechtliches Thema promoviert und studierte danach ein Jahr an der École Nationale d'Administration in Paris, ehe er 1970 in das BMZ eintrat. Nach der Berufung Matthöfers zum BGAG-Vorstandsvorsitzenden folgte er ihm 1986 nach Frankfurt, bevor er 1991 als Staatssekretär in das hessische Ministerium für Wirtschaft, Verkehr und Technologie überwechselte.

91 Der promovierte Jurist hatte in Köln bei Eberhard Franzen Arbeits- und Gesellschaftsrecht studiert und als sein erstes Arbeitsgebiet das Betriebsverfassungsgesetz von 1972 ausgewiesen. Im BMFT übernahm er dann die Stelle des persönlichen Referenten, im BMF rückte er nach der Beförderung Wefelmeiers zum Büroleiter auf. In letzter Minute zum Unterabteilungsleiter befördert, wechselte er später in die Vertretung des Landes Berlin in Bonn. 1991 folgte auch er Matthöfer in die BGAG.

92 Erhard Eppler (»Die eigentliche Aufgabe liegt noch vor uns«) in der ZEIT 46 (1991) 47, S. 14.

torische Gründe, gehörte das BMZ doch nicht zu den organisch gewachsenen Ministerien. Erst als Anfang der sechziger Jahre die amerikanische Forderung nach *burden sharing* im Kalten Krieg immer lauter wurde, reagierte die Bundesregierung mit einem ersten großen Entwicklungshilfeprogramm, das rund eine Milliarde DM aus öffentlichen und privaten Mitteln bereitstellte. Auf diese Weise bekannte sich Westdeutschland ausdrücklich zu der Aufgabe, die Lasten der westlichen Welt für eine Entwicklungshilfestrategie in der Dritten Welt mitzutragen und die USA entsprechend zu entlasten. Um dieses Engagement auch glaubhaft nach außen zu demonstrieren, wurde 1961 rasch ein Ministerium gegründet, dessen Chef Walter Scheel allerdings nur die Brosamen einsammeln konnte, die vom Tisch der reichen, klassischen Ministerien abfielen. Nach zehnjähriger Erfahrung mit dieser unbefriedigenden Praxis waren sich aber alle Experten einig: Entwicklungshilfe, die diesen Namen verdiente, war nur möglich, wenn sie im zuständigen Ministerium nach dessen eigenen Kriterien konzipiert und entschieden wurde. Solange aber das Wirtschaftsministerium über zwei Drittel des Etats verfügte, gingen im Zweifel die Interessen der deutschen Wirtschaft den Bedürfnissen der armen Länder vor. Beispielhaft für diesen Zusammenhang war das umstrittene ›Entwicklungshilfesteuergesetz‹. Es versprach Unternehmen, die an einem nach formalen Kriterien als ›Entwicklungsland‹ ausgewiesenen Standort investierten, Steuervergünstigungen. Auf die Art der Investition kam es dabei nicht an. Das Ergebnis war vorhersehbar. 1972 mußte sich der deutsche Steuerzahler mit rund 250 Millionen DM vornehmlich an Investitionen für Hotels und Restaurants auf den Kanarischen Inseln und an Fabriken in hoch entwickelten Regionen der Dritten Welt, wie etwa dem Gebiet um São Paulo in Brasilien, beteiligen. Allein auf Spanien und die Kanarischen Inseln entfielen 62 Prozent der subventionierten Investitionen. Dagegen nahmen die 25 nach den Kriterien der Vereinten Nationen ärmsten Länder lediglich 0,8 Prozent der begünstigten Investitionen auf. Der deutsche Steuerzahler subventionierte private ›Entwicklungshilfe‹ fast ausschließlich in ›Schwellenländern‹ – und dort in Projekte, die auch ohne staatliche Hilfe rentabel gewesen wären. Das Gesetz hatte also lediglich Bedeutung für die deutsche Wirtschaft, nicht aber für die Entwicklungsländer. Dennoch verlängerte es der Bundestag mit den Stimmen aller Parteien 1972 noch einmal um ein Jahr. Lediglich Matthöfer, der es für den »Ausdruck des schlechten Gewissens« hielt,[93] stimmte dagegen. Andere Kritiker, wie der Freund und früh verstorbene Frankfurter Oberbürgermeister Walter Möller, sahen in der Entwicklungspolitik deshalb sogar »eine neue (staatlich subventionierte) Form von *privatwirtschaftlicher* Ausbeutung, Fehlentwicklung und Korrumpierung der Dritten Welt«.[94] Eppler führte daher – nach Kräften vom Abgeordneten Matthöfer unterstützt – einen vierjährigen zermürbenden Graben-

93 Udo Bergdoll, Sinnlose Subventionen im Namen der Entwicklungshilfe. In allen Parteien regt sich Widerstand gegen die unangebrachte Verschleuderung von Steuergeldern, Süddeutsche Zeitung vom 6. Juli 1973.
94 »Da halte ich es mit Napoleon«, Interview mit Hans Matthöfer in Konkret vom 18. Januar 1973, S. 8. Hervorhebung und Klammer im Original.

krieg um Kompetenzen gegen den auf diesem Gebiet hochempfindlichen Karl Schiller. Willy Brandt, dem Matthöfer in der vergangenen Legislaturperiode in einem Gespräch die Richtigkeit, Notwendigkeit und Dringlichkeit einer Zuständigkeitsübertragung klarmachen wollte, reagierte mit blankem Entsetzen, weil ihm Schiller bereits bei wesentlich kleineren Kompetenzproblemen mit dem Rücktritt gedroht hatte.[95] Priorität hatte in solchen Fällen auch bei Brandt der Imperativ der Machterhaltung, d. h. die Notwendigkeit, das Kabinett zusammenzuhalten. Erst als Schiller – aus anderen Gründen – zurückgetreten war, fand Brandt den Mut, in der Frage der Kapitalhilfe zugunsten des BMZ zu entscheiden. Erst mit der zweiten Regierung Brandt fiel so dem BMZ die Federführung über etwa 95 Prozent seines Etats zu. In gewisser Weise war dies, im Januar 1973, die eigentliche Geburtsstunde des Ministeriums.

Nachdem Matthöfer zu den Verfechtern des Zuständigkeitstransfers gehört hatte, sah er sich nun auch in der Verantwortung, die Konsequenzen zu ziehen, die sich daraus für die Arbeit des Ministeriums ergaben. Es galt nun, den im eigenen Hause vorhandenen Sachverstand der Fach- und Regionalreferate unter Einbeziehung der Kapitalhilfe besser zu kombinieren. In enger Abstimmung mit dem Auswärtigen Amt und dem Wirtschaftsministerium sah er das Ziel dieser Anstrengungen in der »Anerkennung und Forcierung autonomer Entwicklungsziele« der Länder der Dritten Welt.[96] Im Mittelpunkt der Arbeit des Ministeriums sollte nicht mehr die Handelpolitik der Industrieländer stehen, wie das bisher unter der Ägide des Wirtschaftsministeriums der Fall gewesen war, sondern die »eigene optimale Dynamik« der Entwicklungsländer. Wichtiger noch war für ihn, diese Wachstumspolitik nach dem Interesse der Entwicklungsländer nicht »als Aperçu-Politik« zu betreiben. Sie musste im Gegenteil langfristig angelegt und sorgfältig geplant werden, d. h. aus dem Stadium der Projekthilfe in die Programmhilfe übergehen. Mit der Integration der Kapitalhilfe in das BMZ hatten sich die Voraussetzungen dazu nun stark verbessert, doch blieben immer noch »bürokratische Hochgebirge« zu überwinden, weil die Bedeutung des Wirtschaftsministeriums für die Entwicklungshilfe auch nach dem ›Verlust‹ der Zuständigkeit für die Kapitalhilfe der des BMZ kaum nachstand. Selbst in einem gestärkten BMZ blieb die Entwicklungshilfe »eine Sandkastenspielerei«, solange sich die ›allgemeine‹ Wirtschaftspolitik nicht wenigstens die originären Entwicklungsziele der Dritten Welt zu eigen machte. Wichtiger als das spezifische Instrumentarium der Entwicklungshilfe waren nach wie vor die Zollpolitik, die Handelsvertragspolitik, die Schaffung von Präferenzen, höhere Importquoten aus Entwicklungsländern und ähnliches. Hier

95 Als Wirtschaftssenator von Berlin hatte Schiller die Zuständigkeit für eine Aktion zur Eindämmung der Taubenplage reklamiert und dazu aus seinem Urlaubsort in Italien dem Regierenden Bürgermeister, der sich in Norwegen aufhielt, mit seinem Rücktritt gedroht. Tauben gehörten zur Landwirtschaft, diese wiederum in Berlin zum Wirtschaftsressort. ›Dienstagebuch‹, 15.12.1972, AdsD, DM 0404.

96 Hans Matthöfer, Kapitalhilfe und Entwicklungspolitik, internes Positionspapier, Ende 1972, AdsD, DM 016.

lag das politische Gewicht entwicklungspolitischer Optionen, und nicht auf »den Antiimperialismus-Beteuerungen eines Ministers«. Der Realist Matthöfer wußte nur zu gut, dass auch nach dem glücklichen Ausgang des Kompetenzgerangels noch nicht viel gewonnen war. Verbessert hatte sich lediglich die Chance, »daß offensichtlicher Unsinn in den interministeriellen Beziehungen eine geringere Rolle spielt als bisher«. Analog galt dies auch für das Verhältnis zur Außenpolitik. Nach der bisherigen Praxis der Vorbereitung von Entwicklungshilfe-Projekten kam das BMZ erst zum Zuge, wenn die wesentlichen Entscheidungen »teils von inkompetenter (AA), teils von interessierter Seite (Privatunternehmer)« schon getroffen waren. Matthöfer wußte daher nur zu genau: »Jede Programmplanung und langfristige politische Orientierung ist unter solchen Umständen farcenhaft.«[97]

Von dieser Einsicht zur konkreten Arbeit an der Organisation und dem Konzept der neuen Entwicklungsstrategie war es freilich ein langer Weg. Dies betraf insbesondere die Person des Parlamentarischen Staatssekretärs selbst, der sich weiterhin mit der Rolle des Frontmanns in einer Propaganda-Agentur für Entwicklungshilfe zufrieden geben musste. Zum einen lag das an der Aufgabenstellung seines Amtes, die – relativ weit weg von den operativen Vorgängen – auf dem Gebiet der Kommunikation zwischen Ministerium, Parlament und Öffentlichkeit lag. Zum andern gab es aber auch persönlich Gründe, die im Weg standen, dass Matthöfer sein großes Organisationsvermögen in den Dienst des Ministeriums stellen konnte. Er verstand sich nicht gut mit dem beamteten Staatssekretär Karl-Heinz Sohn, der zwar wie er aus der Gewerkschaftsbewegung kam und vom DGB ins Ministerium übergewechselt war, gleichwohl aber alles daran setzte, seinen parlamentarischen Kollegen von allen wichtigen Vorgängen fernzuhalten. Dies mag am Mißtrauen des ›Fachmanns‹ gegenüber den politisch exponierten Vorstellungen des Seiteneinsteigers gelegen haben oder auch an Statusfragen. Jedenfalls bestand Matthöfer bei jeder sich bietenden Gelegenheit auf dem protokollarischen Vorrang des Parlamentariers »als gewähltem Vertreter des Volkes vor dem höchsten Beamten«, obwohl die Verhältnisse in Wirklichkeit umgekehrt lagen – auch wenn sich dies in den Gehältern nicht widerspiegelte.[98] Die Blockade des Staatssekretärs hinderte ihn auch daran, Analogien für die praktische Entwicklungsarbeit fruchtbar zu machen, die er bei der gewerkschaftlichen Bildungsarbeit und der Entwicklungspolitik zu sehen glaubte. Er war fest davon überzeugt, dass es vor allem darauf ankomme, auf beiden Aktionsfeldern Akteure aus unterprivilegierten Schichten zu finden, die mithelfen würden, ihre Schicksalsgenossen für eine Änderung ihrer Lebensbedingungen zu mobilisieren. Diese Denk- und Verhaltensweisen waren ihm wohlvertraut – sei es aus der gewerkschaftlichen Bildungsarbeit zu Hause, sei

97 Ebenda.
98 Der Parlamentarische Staatssekretär bezog eine »Entschädigung« (d. h. zuzüglich zu den Diäten des Abgeordneten) von jährlich 85.000 DM. Sie lag damit rund achttausend DM über den Dienstbezügen des beamteten Staatssekretärs (Bes.-Gr. B 11; Bundeshaushaltsplan für das Haushaltsjahr 1974, Einzelplan 23, S. 2532 f.), was Matthöfer offenbar für angemessen hielt. ›Diensttagebuch‹, Oktober 1973, AdsD, DM 0404.

Tito im Herbst 1974 auf Staatsbesuch in Bonn. Ganz außerhalb des Protokolls suchte Matthöfer das Gespräch mit dem autonomen Sozialisten.

es aus seiner Erfahrung mit dem Aufbau des demokratischen Sozialismus in Spanien. Daher die anfängliche Hoffnung, »daß ich einige Erfahrungen aus der Organisation des gewerkschaftlichen Bildungswesens auf die entwicklungspolitische Bildungsarbeit transferieren kann«.[99] Tatsächlich reifte in ihm in den Jahren, als er sich auf sein Engagement in der staatlichen Entwicklungshilfepolitik vorbereitete, der Plan, für ein Buch »oder vielleicht auch für eine mögliche Dissertation« die Bedeutung von »Meinungsführern, Animateuren oder Multiplikatoren« herauszuarbeiten. Er wollte untersuchen, welche Rolle sie in einem demokratischen Entwicklungsprozeß der Länder der Dritten Welt spielten, der sich auf die Mobilisierung breiter Massen stützen konnte. Dies erschien ihm wichtig, weil es Schlußfolgerungen für eine basisorientierte Entwicklungsstrategie der Bundesrepublik zuließ. Es bedarf nicht viel Phantasie, um darin das Konzept der Bildungsobleute wiederzufinden, das Matthöfer aus seinem ursprünglichen Zusammenhang einer noch bevorstehenden Revolution in der Ersten Welt auf die bereits aktuelle revolutionäre Praxis der Dritten Welt übertragen wollte. Wenn er nun wegen der Übernahme der neuen Aufgabe im BMZ seine weit fortgeschrittene Material- und Gedankensammlung aufgeben musste, so nicht etwa deshalb, weil er jetzt dazu in der Lage gewesen wäre, sein Projekt politisch zu realisieren. Die

99 Inga Krugmann-Randolf, E + Z-Interview mit Hans Matthöfer, in: Entwicklung und Zusammenarbeit (1973) 1, S. 4.

Vorstellung, er könne durch gezielte Kaderbildung die Weichenstellung historischer Prozesse nachhaltig beeinflussen, war und blieb ein unerfüllter Tagtraum.

Multinationale Konzerne: Versuch einer Zähmung

Neben Enttäuschungen bot das neue Amt aber auch befriedigende Aspekte, die freilich das Scheitern von Lebensträumen kaum kompensieren konnten. Im Mai 1973 erreichte Matthöfer der ehrenvolle Ruf des Generalsekretärs der Vereinten Nationen, Kurt Waldheim, Mitglied einer »Gruppe von hervorragenden Persönlichkeiten« zu werden, die die Einflüsse Multinationaler Unternehmen auf den Entwicklungsprozeß in der Dritten Welt und auf die internationalen Beziehungen überprüfen sollte.[100] Zusammen mit 19 Mitstreitern sollte der Deutsche künftig über eines der in den Augen Waldheims »brennendsten Probleme« beraten, denen sich die internationale Staatenwelt konfrontiert sah.[101] Zu den Mitgliedern dieser ›Group of Eminent Persons‹ gehörten unter anderen: Emerik Blum, ein jugoslawischer Spitzenmanager, Mohamed Diawara, Planungsminister der Elfenbeinküste, Antonio Estrany y Gendre, argentinischer Professor für Außenwirtschaft, I. D. Ivanov, Leiter der Wirtschaftsabteilung des Instituts für US-Studien an der Sowjetischen Akademie der Wissenschaften, Senator Jakob Javits (USA), L. K. Iha, Gouverneur von Jammu und Kaschmir, Sicco Mansholt, früherer Präsident der Europäischen Kommission, Hans Schaffner, Aufsichtsratsmitglied der Sandoz S.A., Mario Trindade, Vice-Präsident der brasilianischen National Bank of Commerce, und Pierre Uri, einer der französischen Vordenker der EWG. Der Gruppe waren zwei Berater beigeordnet. Raúl Prebisch, einer der führenden Experten für Fragen der internationalen Entwicklungspolitik, galt als intimer Kenner der im Rahmen der UNCTAD geführten Diskussion über eine neue Weltwirtschaftsordnung. Nate Weinberg, der mit Matthöfer seit Jahren befreundete Leiter der Forschungsabteilung der UAW, sollte seine Erfahrungen als Gewerkschafter einbringen. Im Umfeld der Studiengruppe machte er auch zum ersten Mal die Bekanntschaft mit der späteren Sprecherin der Partei der ›Grünen‹, Petra Kelly, die regelmäßig im Gefolge Sicco Mansholts anreiste, des langjährigen Landwirtschaftskommissars und Präsidenten der Europäischen Kommission. Matthöfer hatte sich zuvor schon viele Male öffentlich sehr grundsätzlich und kritisch über die Rolle der Multinationalen Unternehmen (MNC) geäußert und dabei deren negative Auswirkungen auf die Entwicklungsländer angeprangert. Schon jetzt, so sein Plädoyer für eine scharfe Kontrolle der auf mindestens drei Kontinenten operierenden Konzerne, würden nur noch

---

100 Der offizielle Name der Studiengruppe lautete ›Group of Eminent Persons to study the role of transnational corporations (TNC) and their impact on the development process, especially in developing countries, as well as their implications for international relations‹. Angeregt wurde sie durch den United Nations Economic and Social Council (Ecosoc) auf Antrag Chiles (resolution 1721 – LIII vom 2. Juli 1972).
101 ›Diensttagebuch‹, 8.5.1973, AdsD, DM 0404; s. auch DER SPIEGEL 27 (1973) vom 11. Juni 1973, S. 50–52.

wenige der 150 Mitgliedsstaaten der Vereinten Nationen über ein größeres Produktionspotential verfügen als General Motors, das größte US-Weltunternehmen. Prognosen für die achtziger Jahre schätzten den Anteil der Multinationalen am Bruttosozialprodukt der nicht-kommunistischen Welt auf nicht weniger als 50 Prozent.[102] Hier spitzte sich ganz offenbar ein Grundproblem des Wirtschaftssystems der westlichen Welt auf dramatische Weise zu: die Frage nach der Verfügung und Kontrolle über die Produktionsmittel und die dafür bestehende Legitimationsbasis. Dennoch plädierte Matthöfer nicht für eine »Weltregierung als vereinigte, aufgeblasene Superstruktur der heutigen nationalen Regierungen«, wäre dies doch »genau das, was die Weltunternehmen sich dringend wünschen«.[103] Dann hätten sie nämlich den idealen Partner, der sie vor nationaler Behinderung schützte und ihrem wirtschaftlichen Anspruch die politische Legitimation verlieh. Obwohl langfristig angelegt, hatte das Problem der Transnationalen Unternehmen auch eine aktuelle Seite. In Chile stand International Telephone & Telegraph (ITT), einer der weltweit mächtigsten multinationalen Konzerne, im Verdacht, die Wirtschaftsreformen der sozialistischen Regierung unter Präsident Salvador Allende Gossens zu sabotieren, weil der nordamerikanische Weltkonzern unter die Regelungen der chilenischen Verstaatlichungspolitik gegenüber den Schlüsselindustrien fiel. Es war daher kein Zufall, dass gerade Chile beim Economic and Social Council der Vereinten Nationen die Einsetzung des UN-Sonderausschusses beantragt hatte. Ungeachtet dieser politischen und ideologischen Dimension des Problems sah der deutsche Vertreter wenig Sinn darin, die Frage der MNCs von der grundsätzlichen Seite anzugehen, um etwa zu internationalen Übereinkünften mit mehr oder weniger nichtssagenden Kompromißformeln zu gelangen, die dann nur noch Experten des Völkerrechts interessierten. Er hielt auch nichts davon, einen Verhaltenskodex aufzustellen, der nur den Anschein erwecken könnte, die Welt der multinationalen Unternehmen sei im Grunde doch in Ordnung. Er strebte an, die Ausschussarbeit auf eine einzige wirklich wichtige operative Forderung zu konzentrieren, sie so populär zu machen und damit ihre Durchsetzung zu erleichtern. Als Beispiel nannte der die Forderung nach einer Verpflichtung der Multinationalen Unternehmen, für jeden nationalen Standort eine selbstständige und den Tatsachen entsprechende betriebliche Rechnungsführung den jeweiligen staatlichen Stellen offenzulegen und gleichzeitig eine weltweite Konzernrechnungsführung vorzulegen. Damit wäre nach seiner Überzeugung eine der wichtigsten Voraussetzungen geschaffen, um ein vollständiges und ungeschminktes Gesamtbild der innerbetrieblichen Vorgänge zu gewinnen. Auf dieser Grundlage – so die optimistische Erwartung – ließen sich dann weitere Probleme mit den Multis leichter lösen.[104] Groß war die Hoffnung freilich nicht, dass dieses Rezept von den anderen 17 UNO-Weisen übernommen und als Emp-

---

102 Hans Matthöfer, Internationale Kapitalkonzentration und Gewerkschaftsbewegung, in: Gewerkschaftliche Monatshefte 22 (1971), S. 470.
103 Ebenda, S. 475.
104 Hans Matthöfer, Die Multinationalen in den Griff bekommen, in: SPD-Pressedienst vom 1. August 1973.

fehlung an die 132 Mitgliedsstaaten der Weltorganisation weitergereicht wurde: »Es müßte mich schon sehr wundern, wenn der Schweizer und der Amerikaner die gleichen Empfehlungen machen würde wie ich.« Größer noch fiel die Enttäuschung über das Verhalten des sowjetischen Vertreters I. D. Ivanov aus. Der russische Karrierediplomat wandte sich mit rücksichtsloser Offenheit gegen alle Gewerkschaftsforderungen. Die Sowjets zogen es um der eigenen ökonomischen Leistungssteigerung willen offenbar vor, die Organisationsmethoden der internationalen kapitalistischen Konzerne nachzuahmen, statt ihren Einflussbereich durch die Ausweitung demokratischer Arbeitnehmerrechte einzuschränken.

Als die Studiengruppe im September zum ersten Mal im New Yorker UNO-Gebäude am Hudson River zusammentrat, waren es nicht nur diese unterschiedlichen Einschätzungen, die ihre Arbeit erschwerten. Noch während der Sitzungszeit brach in Chile der Reformkurs der Regierung Allende unter den Schlägen eines Militärputsches zusammen, der von den im Lande operierenden Transnationalen Unternehmen mehr oder weniger offen unterstützt wurde. Unter dem Eindruck der heraufziehenden Katastrophe nahm Matthöfer jetzt einen weit grundsätzlicheren Standpunkt ein.[105] Nunmehr interpretierte er den Auftrag an die Studienkommission so, dass sie die Gefahren, die von Multinationalen Unternehmen ausgehen, benennen und Vorschläge machen sollte, wie diese Gefahren zu bekämpfen wären. Nach seiner Überzeugung ging die größte Gefahr davon aus, dass in einigen wenigen Konzernzentralen Manager, die demokratisch weder legitimiert noch kontrolliert würden, Entscheidungen treffen und Entwicklungen in Gang setzen könnten, die für die betroffenen nationalen Volkswirtschaften tiefgreifende Auswirkungen haben. Er hielt es daher für die entscheidende Frage, ob diese Staaten in der Lage sind, ihre gesellschaftlichen Prioritäten selbst zu formulieren und sie auch gegenüber den Multinationalen Unternehmen durchzusetzen. Dies galt umso mehr für die Entwicklungsländer, unter deren besonderem Blickwinkel die Studiengruppe die Multinationalen Unternehmen ja beurteilen sollte. Für Matthöfer sprach vieles für die Annahme, dass die Vorzüge der Multinationalen Unternehmen in den Industrieländern zu Buche schlügen, während die dunklen Schatten ihrer Tätigkeit in besonderem Maße auf die Entwicklungsländer fielen. Er sah die Gefahr einer neuen Abhängigkeit der Entwicklungsländer von den Industrieländern heraufziehen. Entscheidungsmacht, Technischer Fortschritt, Kapitalakkumulation und nicht zuletzt auch der Gewinn fielen den wenigen hochindustrialisierten Zentren zu, während den Entwicklungsländern nur die Rolle von Rohstofflieferanten bliebe. Sie hätten die am wenigsten qualifizierte und daher am niedrigsten bezahlte Arbeit zu verrichten, als verlängerte Werkbänke für billige Massenproduktion zu fungieren und vielleicht noch als Steueroasen zu dienen. Damit drohte den Entwicklungsländern die Unterdrückung ihrer eigenständigen Produktionskapazität, weil die Methoden der Multis keine Rücksicht auf ihren

---

105 Hans Matthöfer, Zur Problematik multinationaler Unternehmen – Studienkommission der Vereinten Nationen, in: Zeitschrift für die Vereinten Nationen und ihre Sonderorganisationen, Oktober 1973, S. 1007 f. Siehe auch ›Diensttagebuch‹, 1.–13.9.1973, AdsD, DM 0404.

technologischen Ausbildungsstand, ihren Überfluß an unqualifizierter Arbeitskraft und ihren Kapitalmangel nähmen. Dies alles vor Augen, war Matthöfer freilich skeptisch, ob internationale Organisationen je in der Lage sein könnten, diese Gefahren abzuwenden. Er billigte ihnen lediglich eine, allerdings keineswegs unwichtige, Ergänzungs- und Koordinierungsfunktion im Kampf gegen die Macht der Multis zu. Diese sollte sich auf zwei Ebenen auswirken. Zum einen musste auf internationaler Ebene eine umfassende Datensammlung und Durchleuchtung der bestehenden internationalen Verflechtungen und Wirtschaftsströme erfolgen, um als Grundlage einer rationalen Entwicklungspolitik zu dienen. Dazu bat er die Studiengruppe zu prüfen, ob bei einer der bestehenden internationalen Organisation ein statistisches Amt eingerichtet werden könnte, dessen Daten nicht nur Regierungen, sondern auch wissenschaftlichen Institutionen, Gewerkschaften und sonstigen gesellschaftlichen Gruppen zur Verfügung gestellt werden sollten. Mit der besseren Information und Dokumentation öffnete sich die Möglichkeit, den Entwicklungsländern Beratungshilfe bei Verhandlungen mit multinationalen Konzern anzubieten. Zum anderen sollte die UNO alles tun, um einer breiten Öffentlichkeit das Problem bewusst zu machen, damit diese mit mehr Wissen und Interesse an den Multinationalen Unternehmen damit beginnen konnte, politischen Druck zu mobilisieren und ernsthafte Reformen in Angriff zu nehmen.

In diesem Sinne befragte die Studiengruppe mehr als 50 Fachleute und Betroffene, Politiker, Gewerkschafter und Manager, um das Ergebnis schließlich in mehreren Veröffentlichungen zusammenzufassen.[106] Eines der Ergebnisse der Hearings ließ ein neues Thema in das Blickfeld des UN-Sonderausschusses geraten: Korruption. Auch auf diesem Gebiet brachte Matthöfer eigene Erfahrungen aus seiner Tätigkeit als Abgeordneter mit. Nachdem ihm der wissenschaftliche Dienst des Deutschen Bundestages bestätigt hatte, dass ›Schmiergelder‹ und Bestechungszahlungen – auch wenn sie ungesetzlich oder sittenwidrig waren – den Charakter steuerlich absetzbarer Betriebsausgaben hatten, startete er im Parlament eine Initiative zur Abschaffung dieser Regelung.[107] Er fand in Erhard Eppler einen Mitstreiter, der wie er in der »Zahlung von Schmier- und Bestechungsgeldern durch Firmen der Industrieländer an Beamte und Politiker in Entwicklungsländern« eine erhebliche Behinderung der wirtschaftlichen Entwicklung dieser Länder sah. Eppler erklärte sich bereit, das Problem mit dem Finanzminister zu erörtern. Die ausweichende Antwort des Finanzministeriums und das Echo auf den Vorstoß im Bundestag waren aber nicht gerade ermutigend. Bis auf das im Protokoll verzeichnete »Hört! Hört!« des Abgeordneten Wehner, der wie immer auch in der Frage-

---

106 United Nations, Department of Economic and Social Affairs, Summary of the hearings before the Group of Eminent Persons to study, New York 1974; Dass., Multinational Corporations in World Development, New York 1973; Dass., The impact of multinational corporations on development and on international relations, New York 1974; Dass., The impact of multinational corporations on development and on international relations. Technical papers: taxation, New York 1974.

107 Dt. Btg. 6/87 vom 16. Dezember 1970, S. 4782. Angeregt hatte ihn die Lektüre von Gunnar Myrdals Streitschrift, »Politisches Manifest über die Armut in der Welt« (Frankfurt a. M. 1970).

stunde auf seinem Abgeordnetenplatz saß, blieb auch in der SPD-Fraktion jede Reaktion aus. Die Regierung war unzugänglich, das Presseecho herablassend bis feindlich, Unterstützung aus anderen gesellschaftlichen Gruppen blieb aus. Auch ein weiterer Vorstoß Matthöfers, das Thema in der entwicklungspolitischen Debatte des Parlaments als Sprecher der SPD-Fraktion voranzutreiben, um »einen internationalen Feldzug gegen die Korruption [zu] organisieren«, blieb im Sperrfeuer der Opposition und im Trägheitsfeld der eigenen Partei stecken.[108] Matthöfer hatte in den »korrupten Kräften« die Ursachen dafür gesehen, dass »Entwicklungshilfe unvermeidlich eine Farce« bleibt, und dieses Urteil auf Nachfrage der Opposition »auf die Mehrheit der Entwicklungsländer« verallgemeinert. Nun war Gelegenheit, diese Forderungen auf der weltweit sichtbaren Bühne der Vereinten Nationen wirkungsvoll vorzutragen.

Weit davon entfernt, Lösungsvorschläge für dieses alte Problem zu machen, diskutierte die Studiengruppe Wege, wie Bestechungsgelder, mit denen sich gerade auch Multinationale Unternehmen Vergünstigungen verschafften, wenigstens nicht mehr steuerlich absetzbar zu machen wären. Es war schließlich offenkundig »widersinnig«, auf unterschiedlichsten Ebenen »mit öffentlichen Mitteln Anstrengungen zur Bekämpfung von Korruption in Entwicklungsländern zu unternehmen und sie gleichzeitig aus Steuergeldern mitzufinanzieren«.[109] Bei der Beratung des Schlussberichts des Komitees auf der abschließenden Sitzung der ›Group of Eminent Persons‹ stellte Matthöfer deshalb einen Antrag, der unter anderem vorsah, dass die Heimatländer der MNCs die steuerliche Abzugsfähigkeit von Schmiergeldern streichen sollten.[110] Der Antrag wurde abgelehnt. Die Mehrheit beauftragte jedoch die noch zu gründende ›UN-Commission on Transnational Corporations‹, entsprechende Vorschläge zur Bekämpfung der internationalen Korruption auszuarbeiten. Fast fünf Jahre später, im Mai 1979, verabschiedete eine weitere Unterkommission des Wirtschafts- und Sozialrates der Vereinten Nationen (Ecosoc), das ›Committee on an International Agreement on Illicit Payments‹, den Entwurf einer Übereinkunft. Dieser deckte sich weitgehend mit Matthöfers Vorschlägen und sah im Einzelnen vor:

– eine Verpflichtung der beteiligten Staaten, Bestechungen durch ihre Unternehmen im Ausland zu pönalisieren, effektiv zu verfolgen und zu bestrafen;
– eine Verpflichtung der Unternehmen, Bestechungs- und Vermittlungsgelder aufzuzeichnen;
– Vereinbarungen über gegenseitige Rechts- und Amtshilfen.

In Anwesenheit von Matthöfer wurde schließlich der »Report of the group of eminent persons to study the impact of Multinational Corporations on development and on international relations« bei einem letzten Treffen der Gruppe im Mai 1974

---

108 Dt. Btg. 6/115 vom 28. April 1971, S. 6784 f.
109 »Multinationale im Verhör.« Hans Matthöfer kommentiert die Befragung von Vertretern multinationaler Unternehmen durch den UN-Sonderausschuß, in: Manager Magazin 3 (1973) 10, S. 24.
110 ›Diensttagebuch‹, 25.3.–5.4.1974, AdsD, DM 0404.

dem Generalsekretär der Vereinten Nationen in New York übergeben.[111] Der Abschlußbericht erreichte weltweite Aufmerksamkeit und war Teil einer breiten Offensive der United Nations Conference on Trade and Development (UNCTAD) für eine neue Weltwirtschaftsordnung, die den Entwicklungsländern bessere Chancen einräumen sollte. Die Arbeit des UN-Sonderausschusses mündete in die Gründung des ›United Nations Center on Transnational Corporations‹ (UNCTC) und war somit ein erster Schritt auf dem langen und verschlungenen Weg zu einer Selbstverpflichtung der Multinationalen Unternehmen, gewisse Standards im Umgang mit Entwicklungsländern zu beachten. Es sollte fast ein Vierteljahrhundert dauern, bis es 1999 (!) zu einem ersten, weithin akzeptierten Verhaltenskodex der Multinationalen Unternehmen kam, dem Global Compact, den UN-Generalsekretär Kofi Annan auf dem Weltwirtschaftsforum von Davos vorgeschlagen hatte.[112]

Entwicklungspolitik war für den Parlamentarischen Staatssekretär im BMZ nicht gleichbedeutend mit Entwicklungshilfe im Sinne von unentgeltlicher oder subventionierter Übertragung von Leistungen an ärmere Länder. Er verstand Entwicklungspolitik vielmehr als »umfassende Gesamtheit politischer Entscheidungen, die die Beziehungen zwischen wirtschaftlich fortgeschrittenen und wirtschaftlich schwachen Ländern so gestalten soll, daß eine gerechtere Verteilung von Arbeitsmöglichkeiten und Wohlstand auf dieser Welt möglich wird«.[113] Einer Entwicklungspolitik, die nicht mit dem »revolutionären Umbruch vieler Machtstrukturen« einherging, gab er keine Chance. Die Menschen in den Entwicklungsländern sollten für die »Idee massiver Anstrengungen für den Fortschritt« begeistert werden. Das Modell, das dieser Überzeugung zugrunde lag, bezog Matthöfer offensichtlich aus seiner langjährigen Erfahrung mit der sozialen Wirklichkeit Lateinamerikas, die er seit den fünfziger Jahren immer wieder in vielfältigen Zusammenhängen studiert hat. Andere Problemzonen der Weltwirtschaft, wie etwa Afrika und Asien, die für die deutsche Entwicklungshilfe eine große Rolle spielten, waren ihm aus eigener Anschauung wenig vertraut. Das sollte auch so bleiben. Es fehlte zwar nicht an gut gemeinten Ansätzen, auch die afrikanischen Entwicklungsprobleme besser zu verstehen, doch endeten sie in der Regel in resignativer Skepsis, weil die kulturelle Barriere für ihn schwer zu überwinden war und die Lücke zwischen Anspruch und Wirklichkeit zu groß. So trat er 1971 dem Deutschen Komitee für Angola, Guinea-Bissao und Mosambik bei, das sich vorgenommen hatte, die Zustände, die in den portugiesischen Kolonien an der Nahtlinie zwischen dem rassistischen Südafrika und den unabhängigen Staaten Schwarzafrikas herrschten – Unfreiheit, Kolonialismus und Ausbeutung –, zu verändern. Das Komitee zielte zunächst darauf ab, das politische Bewusstsein der hiesigen Bevölkerung zu verändern; die Deutschen sollten erkennen, dass es in Afrika Menschen

111 ›Diensttagebuch‹, 22.5.1974, AdsD, DM 0404.
112 www.uno.de/wiso/globalcompact/(deutsch)
113 Hans Matthöfer, Die entwicklungspolitische Konzeption der Bundesregierung, Redemanuskript, Nürnberg, 29. Mai 1973 (überarbeitet am 6.6.1974); AdsD, DM 016.

gibt, die nicht darüber bestimmen dürfen, wie ihr staatliches Leben gestaltet wird. Dann stand jedoch die praktische Hilfe für die Freiheitsbewegungen der Kolonien im Vordergrund der Komiteearbeit, d. h. die Mobilisierung von Ressourcen für die sozialen Zentren, die die Freiheitsbewegungen für Einheimische und Flüchtlinge in den von den Befreiungsfronten kontrollierten Gebieten gegründet hatten. Hier mußten Schulen gebaut, ein Gesundheitsdienst geschaffen und der Bevölkerung neue landwirtschaftliche Bebauungsmethoden vermittelt werden.[114] Matthöfer kam jedoch schon bald zu der Überzeugung, dass er mit diesem Komitee diese guten Absichten nicht einmal ansatzweise werde verwirklichen können. Schon bevor das Komitee über eigenes Geld verfügen konnte oder einen konkreten und aussichtsreichen Plan hatte, es aufzubringen, wurden in Bonn ein Büro angemietet, Möbel und Geräte gekauft, ein Telefon bestellt, ein Geschäftsführer eingestellt und weitere kostspielige bürokratische Vorbereitungen getroffen. Die weitere Entwicklung ließ sich leicht antizipieren:[115] »Mir grauste schon vor den Reisekosten, von denen es sich unschwer erahnen ließ, dass es sie auch bald für angeblich unabwendbar wichtige Reisen zur UNO nach New York oder nach Afrika, wahrscheinlich alles in Flügen der 1. Klasse, geben würde.« Als dann noch endlose Diskussionen zwischen den beteiligten Gruppen gepflegt wurden, in denen es mehr ums Ideologische denn ums Praktisch-Organisatorische ging, ließ er seine Mitarbeit »sanft einschlafen« und konzentrierte sich auf andere Projekte, die, wie in Spanien, bei gleichem Zeit- und Geldaufwand größere Wirkungen versprachen. Aber auch später, als er mit dem Apparat des Ministeriums wesentlich effektiver eingreifen konnte, wurden ihm die Grenzen der afrikanischen Entwicklungsmöglichkeiten schmerzhaft bewusst. Schon wenige Monate nach seinem Eintritt in das BMZ regte er in Zusammenarbeit mit dem Sonderbeauftragten der FAO, Raymond Scheyven, ein Entwicklungsprogramm für die Sahel-Zone an. Eine anhaltende Dürre bedrohte dort sechs Millionen Menschen mit dem Hungertod, und Matthöfer hoffte, dass man die Wiederkehr solcher Katastrophen durch eine gigantische Aufforstungsmaßnahme verhindern könne.[116] Damit wollte er zugleich an die Phantasie junger Leute appellieren, die von Studien zu den »Grenzen des Wachstums«, wie sie etwa der ›Club of Rome‹ präsentiert hatte, sensibilisiert waren. Er las die meisten der ihm zugänglichen Studien über die Probleme der Sahel-Zone, des breiten Gebiets zwischen der südlichen Sahara und der Dornstrauchsavanne, sprach mit Robert S. McNamara, dem Präsidenten der Weltbank, und mit Claude Cheysson, dem für Entwicklungshilfe zuständigen Kommissar der EG und späteren französischen Außenminister, der in seinen jüngeren Jahren als französischer Beamter für die Südsahara zuständig gewesen war und sich von daher ein persönliches Interesse an diesem Teil der Erde bewahrt hatte. Das Ergebnis war niederschmetternd, mußten doch mit großer Wahrscheinlichkeit alle Bemühungen, von außen auf die Entwicklung der Region einzuwirken, immer wieder an

114 Interview mit ›Afrika Heute‹ (1971) 13, S. 275.
115 ›Diensttagebuch‹, 1.7.1971, AdsD, DM 0404.
116 ›Diensttagebuch‹, 28.5.1973, AdsD, DM 0404.

den alten fortschrittsfeindlichen inneren Machtverhältnissen, Traditionen und Gewohnheiten der Bevölkerung der Sahel-Zone und an den nationalen Rivalitäten der Sahel-Staaten scheitern. So endeten Matthöfers Annäherungen an die Entwicklungsprobleme Afrikas immer wieder in einer Mischung von Resignation und erneuter Auflehnung gegen scheinbar unvermeidliche Rückschläge: »Trotz meiner mangelnden persönlichen Beziehungen zu Afrika, trotz meiner großen, fast unüberwindbaren Schwierigkeiten bei der Kommunikation mit Schwarzafrikanern, auch wenn sie fließend englisch oder französisch sprachen, [...] versuchte ich später immer wieder – auch noch als Finanzminister – allerdings ergebnislos, ein wirksames, d. h. ein langfristiges und umfassendes internationales Hilfsprogramm für die Sahel-Zone zu organisieren.«[117]

Lateinamerika: Modelle für Entwicklung

In Lateinamerika lagen die Dinge anders. Hier kannte Matthöfer eine ganze Reihe von Ländern aus eigener Anschauung. Als OEEC-Repräsentant der europäischen Gewerkschaften war er von Washington aus häufig in Mittel- und Südamerika gewesen, wobei der Schwerpunkt seiner Reisen zunächst auf der Karibik lag. Vor allem Kuba hatte er vor und nach der Revolution mehrmals besucht. Fast immer ging es dabei nicht allein um touristische oder landeskundliche Studien. Der junge Gewerkschafter nahm in aller Regel auch die Gelegenheit wahr, sich mit Sozialisten, meist ehemaligen Mitgliedern der SAP, zu treffen, die in Lateinamerika im Exil lebten und von deren Erfahrung er lernen wollte. Teils aus professioneller Neugier, teils aus persönlicher Neigung nutzte er aber vor allem die reichlichen Gelegenheiten, um die prekären Bedingungen gewerkschaftlicher Arbeit kennenzulernen und über diese hinaus auch die drängenden sozialen Probleme dieser Länder. Später, bei seinen Reisen als Gewerkschaftsexperte der ›Allianz für den Fortschritt‹ innerhalb der Organisation Amerikanischer Staaten (OAS), als Bundestagsabgeordneter oder als Berater der Friedrich-Ebert-Stiftung, verlagerte sich der geographische Fokus seiner Studien von Mittelamerika auf den Kontinent. Seit Anfang der sechziger Jahre besuchte er mindestens einmal im Jahr Länder wie Argentinien, Brasilien, Peru, Venezuela und Chile. Aber auch Bolivien, Kolumbien und Uruguay standen neben Mexiko, Panama, Costa Rica, Jamaika und einigen kleineren Inselstaaten der Kleinen Antillen auf seinem Besuchsprogramm. Dabei lernte er viele der Männer, die der Politik in Südamerika den Stempel aufprägten, persönlich kennen, wie etwa Victor Paz Estenssoro (Bolivien), Pepe Figueras (Costa Rica), Fernando Belaúnde Terry und seine Widersacher Víctor Raúl Haya de la Torre und Luis (Lucho) Alva Castro (Peru) oder die konkurrierenden chilenischen Sozialreformer Eduardo Frei Montalva und Salvador Allende Gossens. Matthöfer hatte folglich schon bei seinem Amtsantritt im BMZ feste Vorstellungen von der

---

117 Ebenda.

Mit Victor Raúl Haya de la Torre, dem Vorkämpfer der indo-amerikanischen Revolution, sprach Matthöfer 1961 in der Bildungsabteilung der IG Metall.

entwicklungspolitischen Landschaft in Lateinamerika, die sich auch durch die bald danach einsetzende Zuspitzung der Lage nicht erschüttern ließen. Seine Einschätzung stellte sich bis 1973 etwa so dar:[118] Bei aller Ungleichheit der Verhältnisse

118 1969 hatte Matthöfer eine Denkschrift über Entwicklungspolitik für Lateinamerika geschrieben und sie bis 1974 immer wieder aktualisiert. Der Stand von 1969 ist dokumentiert im ›Diensttagebuch‹ vom 11.6.1969, AdsD, DM 0404, der von 1974 in AdsD, DM 133. Auszüge wurden unter

wuchs seit Jahren das Sozialprodukt je Kopf der Bevölkerung in Lateinamerika nur geringfügig. Elend, Hunger, Unwissenheit, Infektions- und Mangelkrankheiten, Wohnungsnot, Arbeitslosigkeit schienen unüberwindlich. Der Unterschied im Lebensstandard und der technologische Rückstand gegenüber den Industrieländern nahmen immer weiter zu. Noch immer starben in Lateinamerika vier- bis fünfmal soviel Kinder je hundert Neugeborenen wie in den Industrieländern. All dies geschah, obwohl Lateinamerika nicht arm war. Es hatte ausreichend Fläche, Rohstoffe und Energiequellen. Dem stand eine Produktivität gegenüber, die nur ein Viertel bis ein Sechstel der Produktivität der Arbeitskräfte in den Industrieländern erreichte. Auch der Außenhandel entwickelte sich zu Ungunsten der südamerikanischen Länder. Die Austauschbedingungen im Außenhandel, die *terms of trade* zwischen Lateinamerika und den entwickelten Industrieländern verschlechterten sich immer mehr – mit einer Einheit Rohstoffe oder anderer Erzeugnisse aus lateinamerikanischen Ländern ließen sich seit Jahren immer weniger Fertigwaren oder andere Industrieerzeugnisse kaufen. Anders ausgedrückt: die Lateinamerikaner bekamen relativ weniger Geld für ihre Ausfuhren und mußten relativ mehr für ihre Einfuhren zahlen. Daraus ließen sich Konsequenzen für die Entwicklungsökonomie ableiten. Wenn das Wirtschaftswachstum jährlich auch nur sechs bis sieben Prozent betragen sollte, mußte die Sparquote, als Voraussetzung für höhere Investitionen, von 16 auf mindestens 20 bis 24 Prozent angehoben werden. Das konnte nur durch Einschränkung des Konsums der oberen Einkommensgruppen geschehen. Die oberen 5 Prozent der Einkommensbezieher verbrauchten pro Kopf fünfzehnmal so viel wie der Durchschnitt der unteren Einkommenshälfte der Bevölkerung. Dies ließ Rückschlüsse auf die Ursachen der schwachen Investitionsneigung zu. Angesichts dieser sehr ungleichen Verteilung sprach vieles dafür, dass die niedrige Sparquote im Wesentlichen auf die feudalistische Konquistadoren-Mentalität der herrschenden Oligarchien zurückzuführen war. Diese war nicht nur für einen sehr hohen privaten Prestigekonsum verantwortlich. Die den Staat beherrschende Oberschicht übertrug ihre Verhaltensweisen auch auf die Ebene der öffentlicher Ausgaben, die infolgedessen ebenfalls durch überall sichtbare Projekte eines staatlichen Prestige- und Rüstungskonsums gekennzeichnet war, was sich angesichts des dringenden Bedarfs an öffentlichen Infrastrukturinvestitionen kaum rechtfertigen ließ. Vor diesem Hintergrund war klar: nachhaltig höhere Wachstumsraten der lateinamerikanischen Wirtschaft waren nicht durch mehr Entwicklungshilfe zu erzielen. Sie hingen vielmehr vor allem von inneren Reformen ab, die bestehende Defizite in den Entwicklungsvoraussetzungen durch institutionelle Innovationen kompensierten. Dieses Modell hatte schon im 19. Jahrhundert im Verhältnis des europäischen Kontinents zu Großbritannien, der »first industrial nation« Pate gestanden und gehörte längst zu den Klassikern der empirischen wie theore-

dem Titel »Denken in Divisionen sichert den Frieden nicht. Die immer bedrohlicher werdende Situation in Lateinamerika erfordert eine neuartige Politik« in der Frankfurter Rundschau vom 11. Juni 1969 veröffentlicht.

tischen Entwicklungsforschung.[119] Ohne eine grundlegende Änderung der eigenen wirtschaftlichen Rahmenbedingungen – davon war der frischgebackene entwicklungspolitische Experte der SPD-Bundestagsfraktion überzeugt – musste die Arbeitslosigkeit weiter wachsen, die Ungleichheit der Einkommensverteilung noch ausgeprägter, das Elend der Massen noch größer werden, und damit auch das Potenzial für städtische und ländliche Guerilla-Bewegungen. Es gab in Lateinamerika keine demokratische soziale Reformbewegung, die die Aussicht gehabt hätte, ohne Hilfe von außen die erforderlichen Strukturreformen auf friedlichem Wege durchzusetzen und die Widerstände der Oberschicht gegen höhere Ausgaben für Investitionen in die materielle und soziale Infrastruktur zu überwinden.

Matthöfer hielt es daher für die Aufgabe sozialdemokratischer Parteien in Europa und einsichtiger Kräfte in den USA, den Aufbau und die laufende Unterstützung demokratischer sozialistischer Parteien und leistungsfähiger Gewerkschaften zu organisieren, damit ein Programm radikaler Strukturveränderungen und Reformen durchgesetzt werden konnte. Diese mussten sehr umfassender Art sein: Agrar-, Steuer-, Verwaltungs- und Bildungsreform, Sicherung und Ausweitung des Rechtsstaates und der demokratischen Beteiligungsrechte der Bevölkerung; Reorganisation des Systems der Sozialversicherung, Verbesserung der gesellschaftlichen Mobilität, das heißt Abbau der Klassenschranken, Reform des Kreditwesens und der Unternehmensverfassung, Aufbau einer leistungsfähigen Wirtschaftsplanung, Ausbau der Infrastruktur, Förderung der Aktivität öffentlicher Unternehmen und der Genossenschaften, Nationalisierung der Bodenschätze, Schaffung größerer Märkte. Hier sollten sich die europäischen Parteien, Gewerkschaften und politischen Stiftungen stärker engagieren, etwa durch Hilfe bei der Ausbildung der jüngeren Führungskader, beim Aufbau leistungsfähiger Kommunikations- und Koordinationsinstrumente sowie durch sozialwissenschaftliche Analysen der Probleme, Methoden und Erfahrungen der lateinamerikanischen demokratischen Linken und deren Verbreitung. Darüber hinaus galt es, die lateinamerikanischen Reformbewegungen, sobald sie die Regierung stellten, mit massiven Entwicklungshilfeprogrammen zu unterstützen, weil der Ausstrahlungseffekt eines einzigen Beispiels erfolgreicher Reformen für andere Länder entscheidend sein konnte. Sozialdemokraten sollten dabei nicht dogmatisch oder sektiererisch denken. Aus der Perspektive von 1969 wären für ihn durchaus auch die Christdemokraten für eine solche Hilfe infrage gekommen, wenn es ihnen die eigene soziale Basis und die politischen Institutionen Chiles erlaubt hätten, ihr eigenes Reformprogramm energischer auszuführen. Matthöfer setzte umso mehr auf die Arbeit der christlich-demokratischen Parteien Lateinamerikas, als sich ein Teil der katholischen Kirche unter dem Einfluß der Theologie der Befreiung weiter nach links bewegte und sich damit zu einem potentiellen Verbündeten entschiedener Reformkräfte machte. Auf dieser Grundlage ließ sich auch gut mit der Konrad-Adenauer-Stiftung und deren

---

119 Alexander Gerschenkron, Economic backwardness in historical perspective, in: The progress of underdeveloped areas, hrsg. v. Bert F. Hoselitz, Chicago 1952, S. 3–29.

Chile-Beauftragten, dem Hamburger CDU-Bundestagsabgeordneten Heinrich (Heinzi) Gewandt zusammenarbeiten. Das Kuratoriumsmitglied der deutsch-chilenischen Vereinigung war ein guter alter Bekannter seiner Frau Traute und in Chile ob seines markanten Äußeren als ›el gordito con la plata‹ bekannt.

Anfang der siebziger Jahre hatte sich an der Lage der südamerikanischen Reformbewegungen im Grundsatz wenig geändert. Es schälten sich jedoch drei unterschiedliche entwicklungspolitische Strategien heraus, die im ideologischen Wettbewerb mit einander lagen. Da war zum einen das brasilianische Modell einer rechten Militärdiktatur, in dem die Unterentwicklung als ein rein wirtschaftliches Problem betrachtet wurde. Die Militärs sahen in der Bereitstellung von Kapital, fortschrittlicher Technologie und effizientem Management den Schlüssel zu seiner Lösung und setzten deshalb auf Kredite ausländischer Banken, mehr noch auf ausländische Direktinvestitionen. Letztere brachten nicht nur Kapital ins Land. Sie hatten den Vorzug, gleichzeitig auch das technische Know how und die Managementmethoden der Mutterfirmen mitzubringen. Die Nachteile dieses technokratischen Modells lagen für Matthöfer gleichwohl auf der Hand: Politisch war es nicht auf die Emanzipation der Massen angewiesen. Im Gegenteil, parlamentarische Demokratie mit rechtsstaatlichen Garantien wurde als Risiko bewertet, ein repressiver Polizeiapparat dagegen als legitim angesehen. Aber auch in ökonomischer Hinsicht trug es wenig zur Verbesserung der Lage der breiten Bevölkerungsschichten bei, weil kapitalintensive Unternehmen kaum neue Arbeitsplätze schufen und die wirtschaftliche Ausstrahlung der neuen Entwicklungszentren in Sao Paulo oder in Rio de Janeiro in die Fläche gering war. Für Matthöfer, der Entwicklung als »eine höhere Ausschöpfung des menschlichen Leistungspotentials« definierte, konnte eine Entwicklung, die an der großen Mehrheit der Menschen vorbeiging, nicht als Vorbild infrage kommen. Das zweite Entwicklungsmodell, das Lateinamerika anzubieten hatte, stellte zwar soziale Reformen an die Spitze der Agenda, verzichtete aber weitgehend auf demokratische Legitimation. Dies war vor allem in Kuba und Peru der Fall. Matthöfer sah hier zwar »die Qualität der Politik beeinträchtigt«, riet aber gleichwohl, sorgfältig zu analysieren, was Kuba trotz Blockade und ungeachtet großer wirtschaftlicher Rückschläge geleistet hatte.[120] Was dort für die Bildung, die Gesundheitsversorgung, die Ernährung und ganz allgemein für die Hebung des Selbstwertgefühls erreicht wurde, hielt er gleichwohl für einen »großen Fortschritt«. Ähnlich sein Urteil über Perus »Revolution von oben«. Er erkannte die ernsthaften Bemühungen der linken Militärregierung an, die Indios in den Entwicklungsprozess einzubeziehen, und lobte die peruanischen Errungenschaften im Schul- und Genossenschaftswesen. Das kubanische bzw. peruanische Entwicklungsmodell blieb für ihn alles in allem ein widersprüchliches Konzept, doch schien es ihm immer noch besser, als in diesen Ländern auf »theoretisch reine Modelle« zu warten. Das dritte Entwicklungsmodell kam diesem Ideal am nächsten. Argentiniens Peronismus war in der Vergangenheit

---

120 Ebenda.

ein Stück in diese Richtung sozialer Reformpolitik gegangen. Nach der Rückkehr des radikalen Populisten aus dem Exil wich die Hoffnung jedoch bald völliger Desillusionierung. Der Primat staatlicher Wirtschaftspolitik und eine strenge Kontrolle ausländischer Konzerne allein machten noch keine soziale Reform. Eine relativ kleine Gruppe hielt in Argentinien alle politischen Schlüsselpositionen besetzt, sicherte sie mit Hilfe des Militärs und lenkte einen großen Teil des nationalen Reichtums in ihre Taschen. Damit ruhten alle Hoffnungen auf dem Land mit der »ältesten und vor allem unerschütterlichsten demokratischen und parlamentarischen Tradition« Lateinamerikas: auf Chile.

Tatsächlich schien hier der Weg, über die soziale Reform zur wirtschaftlichen Entwicklung zu kommen, weit offen zu stehen. Der Andenstaat hatte politische Parteien hervorgebracht, die sich am ehesten mit europäischen Parteien vergleichen ließen. Der Partido Demócracia Christiano, die mit Eduardo Frei jahrelang den Präsidenten stellte, hatte auch starke reformerische Kräfte in seinen Reihen. Die Christdemokraten hatten seit 1964 damit begonnen, eine Landreform durchzuführen, die mehr als 3 Millionen Hektar Großgrundbesitz an Bauerngenossenschaften umverteilte, ehe die ›Revolution der Freiheit‹ an der ebenfalls eingeleiteten Verstaatlichung der Kupferminen scheiterte. Daneben verfügten die kommunistische und die sozialistische Partei nebst kleineren sozialistischen Gruppierungen über eine große Anhängerschaft. Als 1970 mit Salvador Allende in diesem von konservativen Kräften regierten und kapitalistisch kontrollierten Land mit knapper Mehrheit ein Marxist zum Präsidenten gewählt wurde,[121] sahen Millionen Menschen, die bisher am Rand des Existenzminimums lebten, ihre Zeit gekommen. Die ›Unidad Popular‹ sollte zentrale Bereiche der Wirtschaft einschließlich der Banken nationalisieren, die Einkommen umverteilen, die Macht der Großgrundbesitzer brechen, Arbeitermitbestimmung in der Wirtschaft einführen, das Parlament reformieren sowie eine unabhängige Außenpolitik verfolgen. Das nun einsetzende, ungestüme Reformtempo stieß jedoch auf Widerstand. Das Parlament verweigerte Allende, der durchaus im Rahmen seiner verfassungsmäßigen Kompetenz handelte, die notwendige loyale Unterstützung. Ausländische Konzerne reagierten auf die Verstaatlichung der Kupferminen und anderer wirtschaftlicher Schlüsselbereiche mit Repressalien. Übereifrige Anhänger ruinierten mit Streiks und Betriebsbesetzungen die Produktivität der ›Revolutionswirtschaft‹. Die Boykottbewegung der politischen Rechte lähmte weite Teile des öffentlichen Lebens. Dilettantismus in der Wirtschaftspolitik und Nepotismus von Parteifunktionären fügten der chilenischen Revolution ebenfalls großen Schaden zu. Und doch gab es auf dem ganzen Kontinent kein anderes Land, das wie Chile rechtsstaatliche Legitimität mit dem Willen zur sozialen Reform verband und eine sozialistische Wirtschaftsordnung auf demokratischer Grundlage anstrebte. Wenn in Lateinamerika – wie Matthöfer annahm – der Schlüssel zur Bekämpfung von Ar-

---

121 Das aus sechs Parteien bestehende linke Wahlbündnis ›Unidad Popular‹ erreichte 36,2 Prozent, die Konservativen unter Jorge Alessandri 34,9 Prozent und der Christdemokrat Radomiro Tomiç 27,8 Prozent.

mut und menschlicher Not in der Überwindung von »Herrschafts- und Ausbeu-
tungsstrukturen« lag, dann bot allein Chile ein Entwicklungsmodell an, das in der
Lage war, die Menschen zu mobilisieren, um soziale Institutionen langfristig und
nachhaltig zu verändern. Es konnte überall dort als Vorbild dienen, wo Alternativen zum technokratischen und autokratischen Weg gesucht wurden, wie z. B. in
Spanien.

Chile: ein Traum zerplatzt

Vor diesem Hintergrund war Matthöfer fest entschlossen, die chilenische Revolution mit all seinen Kräften zu unterstützen. Seine Möglichkeiten waren jedoch sehr
begrenzt. Für persönlichen Rat und Einflussnahme boten die jährlichen Visiten in
Santiago de Chile wenig Raum. Immerhin unterhielt aber die Friedrich-Ebert-
Stiftung in der chilenischen Hauptstadt ein Büro, dessen Leiter Karl-Heinz Stanzick er aus langjähriger Zusammenarbeit als Mitglied des Ausschusses für Entwicklungsländer gut kannte und schätzte. Das gleiche galt für Stanzicks Frau Hannelore,
die er in der gewerkschaftlichen Bildungsarbeit und seiner Tätigkeit für die Stiftung in Montevideo kennengelernt hatte. In vielen Fragen hatte das FES-Büro
sogar besseren Zugang zu Regierungsmitgliedern als die Deutsche Botschaft, sodass Matthöfer gut eingespielte und effiziente Informationswege offen standen.
Seine Chance, auf die chilenischen Entscheidungen Einfluß zu nehmen, war zwar
dennoch sehr gering, wuchs aber mit jedem Ressourcentransfer aus der deutschen
Entwicklungshilfe, für die er im Bundestag, in der SPD-Fraktion und im BMZ
›Lobbyarbeit‹ leisten konnte. Ausgerechnet die politischen Voraussetzungen für
diese Art von Unterstützung hatten jedoch die Chilenen im April 1971 selbst infrage gestellt, indem sie die DDR diplomatisch anerkannten. Damit hing über der
Regierung Allende das Damokles-Schwert der Hallstein-Doktrin, nach der die
Bundesrepublik jeden Staat (außer der Sowjetunion), der Botschafter mit Ost-
Berlin austauschte, mit dem Abbruch der diplomatischen Beziehungen bedrohte.[122] Diese letzte Konsequenz war zwar unter der sozialliberalen Regierung nicht
mehr zu erwarten, doch lag es in der Logik der Hallstein-Doktrin, diesen »un-
freundlichen Akt« nicht unbeantwortet zu lassen. Unter diesen Bedingungen über
materielle Hilfe zu reden, schien aussichtslos. Mehr noch, der diplomatische Konflikt lief darauf hinaus, dass die Bundesrepublik jeden Einfluß auf die chilenischen
Ereignisse verlor und der DDR das Feld überlassen mußte. Vor diesem Hintergrund bat Matthöfer Bundeskanzler Brandt dringend, bei den Beratungen des Kabinetts über die »unglückliche Entscheidung« der chilenischen Regierung, diplo-

---

122 Diese nach dem früheren Staatssekretär im Auswärtigen Amt, Walter Hallstein, benannte Maxime
der Außenpolitik der Adenauer-Ära postulierte einen Alleinvertretungsanspruch der Bundesrepublik für das ganze deutsche Volk. Sie wurde zuletzt 1963 angewandt: Die diplomatischen Beziehungen wurden abgebrochen, als Fidel Castro die DDR als Staat anerkannte. Die Doktrin wurde
seit 1969 nur noch in eingeschränkter Form aufrechterhalten.

matische Beziehungen zur DDR aufzunehmen, die »besondere Bedeutung des Gelingens des chilenischen Experiments für eine friedliche Entwicklung in Lateinamerika« in Betracht zu ziehen. Matthöfer bedauerte zwar die Entscheidung der Chilenen, betonte aber zugleich: »Wir müssen gleichwohl versuchen, den Chilenen auch in Zukunft verstärkt zu helfen, weil das Gelingen der chilenischen Politik im Interesse der Erhaltung des Friedens in der Welt, das heißt auch in unserem eigenen Interesse, liegt.«[123] Kanzleramtsminister Horst Ehmke, der den Brief beantwortete, ließ jedoch kaum Zweifel daran, dass der Automatismus der Hallstein-Doktrin greifen werde: »Bei der Erörterung der deutsch-chilenischen Beziehungen im Kabinett haben wir Deine Argumente sehr sorgfältig erwogen. Leider bleibt eben nur das auch von Dir bedauerte Faktum bestehen, dass die chilenische Regierung die Beziehungen zur DDR aufnahm, obwohl wir ihr eigentlich dargelegt hatten, dass ein derartiger Schritt geeignet sei, den innerdeutschen Dialog zu stören und die Entspannungen in Europa zu erschweren. Dass sie trotzdem an ihrer Entscheidung festhielt, konnte nicht ohne Rückwirkung auf das traditionell gute deutsch-chilenische Verhältnis bleiben.«[124] Das Kabinett beschloss eine Überprüfung der Beziehungen, in die »alle Aspekte« einbezogen werden sollten. Die laufenden Verträge blieben davon unberührt. Es gab also noch Spielraum, den Matthöfer nutzen wollte, um der chilenischen Revolution doch noch Hilfe zu leisten. In der Öffentlichkeit sprach er Klartext: »Das Gelingen des chilenischen Experiments für Lateinamerika ist außerordentlich wichtig. Sollte es durch Widerstand im eigenen Lande oder wegen mangelnder internationaler Unterstützung fehlschlagen, so würde es sehr schwer sein, denjenigen politischen Kräften in Lateinamerika, die auf radikale Strukturänderungen drängen, klarzumachen, daß Reformen auch ohne bewaffnete Aufstände möglich sind.«[125] Um sich ein klareres Bild über die Lage in Chile zu verschaffen, unternahm er mit Unterstützung der Friedrich-Ebert-Stiftung im November 1971 eine einwöchige Studienreise nach Santiago de Chile. Zu einem offiziellen Treffen mit Regierungsmitgliedern kam es nicht, doch nutzte Matthöfer die Zeit, um sich in der ›Comisión Económica para América Latina y el Caribe‹ der UNO (CEPAL) von Raúl Prebisch und anderen Entwicklungsökonomen sowie von chilenischen Wirtschaftsexperten auf den neuesten Stand der Entwicklung bringen zu lassen. Der Argentinier Prebisch war nicht nur ein führender theoretischer Kopf auf dem Gebiet der Entwicklungsökonomie, sondern beeinflusste innerhalb der UNCTAD ganz wesentlich auch die politische Debatte über eine neue Weltwirtschaftsordnung.[126] Matthöfer sollte ihn später im UN-Sonderausschuß über die Multinationalen Unternehmen als Berater der ›Group of Eminent Persons‹ wiedertreffen. Im November 1971 vermittelten ihm die Diskussionen in der CEPAL den Eindruck eines chilenischen Experiments, das ins Schlingern geraten war und Gefahr lief, den Primat der Produktion über tak-

---

123 Matthöfer an Brand am 22. April 1971, ›Diensttagebuch‹, 22.4.1971, AdsD, DM 0404.
124 Ehmke an Matthöfer am 27. April 1971, AdsD, DM 015.
125 »Eine Lanze für Chile«, Telegraf vom 1. Mai 1971.
126 Adolfo Gurrieri, La obra de Prebisch en la Cepal, 3 Bd., Mexico Stadt 1982.

tische Winkelzüge und schwere ›handwerkliche‹ Fehler in der Wirtschaftspolitik zu vergessen.

Der sich rasch zuspitzende Konflikt um das chilenische Wirtschaftsexperiment hielt Matthöfer von Anfang an auch in seinem neuen Amt in Atem. Die Auseinandersetzung über die Entscheidung einer demokratisch legitimierten Regierung, die Schlüsselindustrien und die Rohstoffressourcen ihres Landes zu verstaatlichen, wurde weltweit ausgetragen – auch in Deutschland. Im Januar 1973 gelang es einem nordamerikanischen Kupferproduzenten, der Kennecott Copper Corporation, die in Chile Eigentumsrechte verloren hatte, per Einstweiliger Verfügung des Landgerichts eine im Hamburger Hafen festliegende chilenische Schiffsladung mit 3.000 Tonnen Kupfer beschlagnahmen zu lassen. Der Richter entschied den Antrag des Konzerns, ohne zuvor die Betroffenen in mündlicher Verhandlung anzuhören. Der antragstellende Konzern musste bis zur Entscheidung in der Hauptsache lediglich die geringe Summe von 200.000 DM als Sicherheit hinterlegen. Das Kupfer stammte aus der verstaatlichten chilenischen Mine ›El Teniente‹. Matthöfer nannte den Spruch des Hamburger Landgerichts »einen sehr zweifelhaften Akt«, weil hier offensichtlich die deutsche Justiz missbraucht worden sei, um die Privatinteressen eines ausländischen Konzerns gegen eine mit der Bundesrepublik befreundete Macht durchzusetzen.[127] Einen wichtigen Verbündeten in seiner Chile-Politik fand der Parlamentarische Staatssekretär in Herbert Wehner. Der Fraktionsvorsitzende verfügte offenbar über gute Kontakte zum neuen Staatsratsvorsitzenden der DDR, Erich Honecker, und wollte die Chile-Krise dazu nutzen, um – der Hallstein-Doktrin zum Trotz – das Verhältnis zwischen den deutschen Teilstaaten zu verbessern. Beide deutschen Seiten hatten ein Interesse daran, das Experiment der Regierung der Volkseinheit nicht scheitern zu sehen. Zu den wichtigsten Verbündeten des ›Partido Socialista‹ Allendes in der ›Unidad Popular‹ zählten die Kommunisten. Sie zeichneten sich – im Gegensatz zu den Sozialisten, die oft zu Utopien und weltfremden Illusionen neigten – durch einen bemerkenswerten Realitätssinn aus. So faßte zum Beispiel ihr überall in Chile propagierter politischer Schlachtruf »Aumentar la producción es hacer la revolución«[128] am besten zusammen, was den Kern der deutschen Ratschläge aus Ost und West ausmachte. Matthöfer und wohl auch Wehner hatten zwar ein Interesse, die demokratischen Sozialisten Allendes zu stärken, konnten aber vor diesem Hintergrund zumindest in diesem wichtigen Punkt in der Unterstützung der Kommunisten durch die DDR keinen Interessengegensatz erkennen. Wehner unterstützte deshalb auch den Vorstoß des Parlamentarischen Staatssekretärs, gegen den Geist der Hallstein-Doktrin erneut einen Anlauf zu starten, die Regierung der Volkseinheit wieder in den

---

127 »Kritik an der Beschlagnahme von Chile-Kupfer«, Politisch-Parlamentarischer Pressedienst vom 10.1.1973.
128 »Die Produktion zu steigern heißt, Revolution zu machen.« Auch die chinesische KP hatte den chilenischen Sozialisten in einem langen und ausführlichen Brief ein vorsichtigeres, realistischeres Vorgehen empfohlen, wie Matthöfer später von Außenminister Clodomiro Almeyda erfuhr, der als Sozialist zu einer engen Zusammenarbeit mit den Kommunisten neigte.

Genuss deutscher Entwicklungshilfe kommen zu lassen. Matthöfer sah sich in dieser Absicht bestärkt, als auch die innerchilenische Opposition der Christdemokraten um eine Wiederaufnahme der Kapital- und Nahrungsmittelhilfe bat. Er pflegte gute Kontakte zur loyalen Opposition, die mit Estéban Tomiç, dem Sohn des christdemokratischen Präsidentschaftskandidaten gegen Salvador Allende, Radomiro Tomiç, in der Chilenischen Botschaft in Bonn gut vertreten war.[129] Die innenpolitischen Gegner der Volksfront teilten ausdrücklich Matthöfers Überzeugung, Entwicklungspolitik dürfe kein Knüppel zur Einmischung in die inneren Verhältnisse eines demokratischen Landes sein. Unterstützung fand der Parlamentarische Staatssekretär für diese Politik vor allem auf dem linken Flügel seiner Partei – was freilich nicht immer nützlich war. So wollten sich die Jungsozialisten nicht damit zufrieden geben, die Hallstein-Doktrin zu ›knacken‹ und den Andenstaat mit erhöhter technischer und Kapitalhilfe zu normalen Bedingungen, die auch einige Freijahre bis zur Tilgung von Darlehen vorsahen, kräftig zu unterstützen. Sie nahmen sich vielmehr vor, bei dieser Gelegenheit gleich das gesamte System der deutschen Entwicklungshilfe umzustürzen, indem sie forderten, die Kapitalhilfe müsse den Chilenen zinslos und ohne Rückzahlungsverpflichtung gegeben werden.[130] Entscheidend für die Wiederaufnahme der Entwicklungshilfe für Chile war aber wohl die Zustimmung des Finanzministeriums, an dessen Spitze Helmut Schmidt ›linke‹ Politik mit Augenmaß praktizierte. Noch schien es auch nicht zu spät. Noch einmal konnte Salvador Allende in Kongresswahlen bei seinen Landsleuten Zustimmung für seinen Kurs finden. Er gewann im März noch einmal 8 Prozentpunkte an Stimmen dazu und bewies damit vor der Weltöffentlichkeit, dass die chilenische Bevölkerung das Wirtschaftsexperiment billigte.[131] Offenbar war auch den meisten Chilenen klar, dass die Volksfront ein schweres Erbe angetreten hatte und einen Kampf gegen mächtige Wirtschaftsinteressen führte. Sie hatte eine große Schuldenlast von der Vorgänger-Regierung übernommen und sah sich jetzt einer Kreditblockade ausgesetzt, der sich fast alle westlichen Staaten anschlossen; und schließlich hatte sie während der Übergangsphase ihrer Landreform schwere Produktionsrückschläge hinnehmen müssen. Der Kupferpreis war abgesackt und damit eine der Haupteinnahmequellen für Devisen fast versiegt. Die Opposition versuchte alles, um das Experiment zum Scheitern zu bringen. Vor allem der Verband der Fuhrunternehmer legte immer wieder durch ›Streiks‹ die Wirtschaft lahm, die nicht auf andere Verkehrsmittel ausweichen konnte. Hinzu kam noch der Streik der Kupferbergleute in der Grube El Teniente, der etwa 180 Millionen DM an Deviseneinnahmen gekostet hatte. All dies zeigte, dass ein

---

129 Der Botschaftssekretär trat nach dem Pinochet-Putsch aktiv und öffentlich gegen das Militärregime auf und wurde daraufhin aus dem diplomatischen Dienst seines Landes ausgeschlossen. ›Diensttagebuch‹, 13.2.1973, AdsD, DM 0404.

130 Resolution auf dem Juso-Kongress in der Stadthalle in Bad Godesberg. ›Diensttagebuch‹, 9.3.1973, AdsD, DM 0404.

131 Die Volksfront erreichte damit zwar 44,2 Prozent (davon die Sozialisten 18,4 Prozent und die Kommunisten 16,2 Prozent), blieb aber nach wie vor im Parlament in der Minderheit.

solches Experiment unter demokratischen Rahmenbedingungen außerordentlich schwierig durchzuführen war und die Regierung Allende viel Lehrgeld kostete. Ob sie noch zu retten war, war mehr als fraglich. Für Matthöfer standen die chilenischen Reformer jetzt endgültig am Scheideweg:[132] »Ob sie nun konsolidieren; sich darauf konzentrieren, die Arbeitsproduktivität zu steigern; den Außenhandel wieder in Ordnung zu bringen; die Preissituation unter Kontrolle zu bekommen; langsam auszubauen, was sie errungen haben. Oder ob sie im gleichen Tempo unvermindert oder gar noch schneller vorangehen. Dann weiß ich allerdings nicht, wie es weitergehen wird.«

Während sich die Lage in Chile immer unübersichtlicher gestaltete, brach Matthöfer Mitte April 1973 mit einem großen Tross von Ministerialbeamten und Journalisten zu einer dreiwöchigen offiziellen Reise durch Südamerika auf, die ihn vor allem auch nach Santiago de Chile führte. Dort unterzeichnete er mit Außenminister Clodomiro Almeyda Medina ein Kapitalhilfabkommen und verabredete weitere Hilfsmaßnahmen für die Regierung der Volkseinheit. Damit war es ihm nach nur wenigen Monaten seiner Regierungtätigkeit gelungen, die Hallstein-Doktrin endgültig außer Kraft zu setzen. Dennoch waren die Begleitumstände des Besuchs keineswegs geeignet, neue Hoffnung auf den Erfolg des chilenischen Weges aufkommen zu lassen. Vor einem gemeinsamen Mittagessen in der Moneda, dem Präsidentenpalast in Santiago, hatte der Staatsbesucher Gelegenheit, mit Salvador Allende längere Zeit allein zu sprechen. Der Präsident kam mit einer selbst für ›lateinische‹ Verhältnisse beachtlichen Verspätung, weil er zuvor Verhandlungen mit einer Abordnung der streikenden Kupferarbeiter geführt hatte, die sich extrem schwierig gestalteten. Er war deshalb sichtlich deprimiert und fast den Tränen nahe, weil die Gewerkschaft, die er sein ganzes politisches Leben lang mit aller Kraft unterstützt und verteidigt hatte, nun aus engstirnigen egoistischen Gründen streikte, um ihre Privilegien zu verteidigen, auch wenn sie damit die wichtigste Devisenquelle des Landes zeitweise zum Versiegen brachte. Allendes Regierung stand vor dem Abgrund und er selbst war sich dessen am besten bewusst. Auch die Gespräche, die Matthöfer mit anderen Mitgliedern der ›Unidad Popular‹ führte, ließen nichts Gutes ahnen. Clodomiro Almeyda arrangierte für ihn ebenfalls ein Mittagessen mit anschließender Diskussion in seinem Privathaus, an der auch Carlos Altamirano, der Generalsekretär der Sozialistischen Partei Chiles teilnahm. Beide machten im Verlauf dieser Unterhaltung auf den deutschen Sozialisten einen »verheerenden Eindruck« ob der Leichtfertigkeit, mit der sie ihre »abwegigen organisatorischen und ökonomischen Theorien« entwickelten.[133] Altamirano zeigte sich als wahrer Meister in der Kunst, für alle negativen Erscheinungen, die er nicht kontrollieren oder ändern konnte, eine positive theoretische Begründung zu geben. So vermittelte er den Eindruck, eine Parteiorganisation sei im Grunde überflüssig, weil er die Sozialistische Partei für die Verkörperung der chilenischen Seele

132 ›Diensttagebuch‹, 9.3.1973, AdsD, DM 0404.
133 ›Diensttagebuch‹, 15.4.–5.5.1973, AdsD, DM 0404.

Salvador Allendes Beurteilung der Lage Chiles fiel extrem pessimistisch aus. Die friedliche Revolution des demokratischen Sozialismus stand vor dem Scheitern.

hielt, die deshalb keine weitere publizistische oder organisatorische Vermittlung benötige, um sich den Massen verständlich zu machen. Noch utopischer erschienen dem Gast Altamiranos Meinungen zu wirtschaftspolitischen Fragen. Angesichts der galoppierenden Inflation wollte er sich darauf beschränken, die Preise stabil zu halten, die in den Warenkorb der Arbeiter fielen. Die Preise der Lebenshaltung der oberen Einkommensschichten sollten dagegen ungebremst weiter steigen. Wie dies in die Praxis umzusetzen war, wußte er auf Fragen allerdings nicht zu sagen. Er hatte auch keine plausible Erklärung für den offensichtlichen und raschen Preisanstieg, mit dem auch die Arbeiter konfrontiert wurden, sobald ihre Nachfrage über den engen Rahmen des zuteilungspflichtigen täglichen Bedarfs hinausging. Die Inflationsrate lag zu diesem Zeitpunkt bereits bei mehreren hundert Prozent. Ein ähnliches Gespräch führte Matthöfer auch mit Vertretern des Partido Radical, der zur Sozialistischen Internationale gehörte. Hier musste er sich sehr selbstbewusste und drängende Forderungen nach materieller Unterstützung für die Partei anhören. Die Radikalen, die ebenfalls der ›Unidad Popular‹ angehörten, waren offenbar auch bereit, die Wirtschaftspolitik der Volksfront in der »revolutionären Übergangsperiode« allgemeinen politischen Erwägungen völlig unterzuordnen und wollten nicht einsehen, dass eine Inflation dieses Ausmaßes die chilenische Wirtschaft zerrütten musste.

Vor diesem Hintergrund fiel es dem Parlamentarischen Staatssekretär zu Hause immer schwerer, den Spagat zwischen seiner eigenen, wachsenden Kritik an der Volksfront und der Werbung für ihre Unterstützung zu halten. Die FAZ brachte diesen Widerspruch auf einen relativierenden Nenner:[134] »Wenn die Bundesregierung zum Beispiel in den ärmlichen Agrarzonen Brasiliens die Einrichtung von Krankenhäusern bezahlt, obwohl in Brasilia (wirtschaftlich effiziente) Militärdiktatoren residieren, so sollte sie erst recht bereit sein, den unterprivilegierten Chilenen zu helfen – auch wenn die wirtschaftlich unfähigen Genossen des Präsidenten Allende für viele nur ›Nochdemokraten‹ mit totalitären Ambitionen sind.« Die Zeitung hob an Matthöfers Chile-Engagement vor allem »die beinahe überschwengliche Art« hervor, »mit der er sich während und nach seinem letzten Chile-Besuch für die Regierung Allende eingesetzt hat und die halsbrecherisch kühne Analyse, in der er den Weg der Volksfront als exemplarisch für ganz Lateinamerika anpries«. Wenigstens war ihm die chilenische Regierung dankbar. Außenminister Almeyda überreichte ihm während des Aufenthalts in Santiago den von Salvador Allende verliehenen Orden ›Gran Oficial de la Orden de Bernardo O'Higgins‹.[135] Die eigentlichen Schwierigkeiten im Verhältnis mit der chilenischen Volksfront-Regierung begannen nach dem Besuch, als es darum ging, das Verhandlungsergebnis in vertragliche Regelungen umzusetzen. Nachverhandlungen wurden notwendig, weil die chilenische Regierung darauf bestand, die Verträge müssten dieselbe ›Berlin-Klausel‹ enthalten, die Bonn den Ostblockländern zugestanden hatte, allen anderen Handelspartnern aber in Anlehnung an die Hallstein-Doktrin verweigerte. Es passte in das Bild, das die deutsche Delegation sich von der wirtschaftlichen Kompetenz ihrer chilenischen Gesprächspartner machen konnte, dass man nun der Feuerwehr aus ideologischen Gründen den Eintritt verwehrte, obwohl das Haus bereits lichterloh brannte. Der deutsche Unterhändler brachte das Problem auf den Punkt:[136] »Als wesentliches Ergebnis des Besuches in Chile ergab sich, dass die chilenischen Partner in der Frage der Vertragsgestaltung einen derartig dogmatischen Standpunkt einnehmen, dass sich der Abschluss der Umschuldungs-, Warenhilfe- und eventuellen neuen Kapitalhilfeverträge um ungewisse Zeit verzögern wird.« Die Verträge konnten erst im Herbst abgeschlossen werden, weil es vorher nicht gelang, die chilenische Seite – oder besser Almeyda – davon zu überzeugen, dass der Vertrag unmöglich die von ihm gewünschte Klausel enthalten konnte.

Die Tinte unter den Verträgen war noch nicht trocken, als der Traum zerplatzte. Am 11. September 1973 putschte das Militär unter Führung des Generals Augusto Pinochet Ugarte gegen die demokratisch gewählte Regierung. Präsident Salvador Allende Gossens überlebte die Erstürmung des Präsidentenpalastes ›La Moneda‹ durch aufständische Truppen nicht. Matthöfer sah in dem Militärputsch den Endpunkt einer langen Entwicklung:[137] »Am Beginn der Entwicklung stand die Er-

---

134 Martin Gester, Santiago erwartet jetzt wieder Kapitalhilfe von Bonn, FAZ vom 2. April 1973, S. 3.

135 Der Namensstifter des Ordens, der ›Libertador‹ Chiles im Kampf um die Unabhängigkeit des Landes von Spanien Anfang des 19. Jahrhunderts, gilt als chilenischer Nationalheld.

136 Dr. W. D. Wabnitz, Kreditanstalt für Wiederaufbau, an Matthöfer am 2. Juli 1973. AdsD, DM 101.

137 In einem Interview zur Rolle multinationaler Großkonzerne beim Umsturz in Chile im Südwestfunk am 18. September 1973. ›Diensttagebuch‹, 18. 09. 1973, AdsD, DM 0404. Gleich zu Beginn

mordung des chilenischen Oberkommandierenden René Schneider durch Rechtsradikale, dann folgten die Enthüllungen über die Versuche des ITT-Konzerns, die CIA dazu zu bringen, mit Hilfe von Geldzahlungen in Chile einen Putsch zu organisieren.« Er hatte während seines Aufenthaltes in Chile aus verlässlicher Quelle erfahren, dass sowohl der Kupferarbeiterstreik als auch der Streik der Lastwageneigentümer von außen finanziert wurden, und war überzeugt, dass diejenigen, die ein Interesse hatten, »daß in Chile eine demokratische Entwicklung abgebrochen wurde und die mit Hilfe von standrechtlichen Erschießungen, Konzentrationslagern und Verhaftungen alte Zustände wieder eingeführt haben, daß die an dieser Sache beteiligt sind.« Die Ereignisse in Chile gingen dem Parlamentarischen Staatsekretär im BMZ gleich doppelt an die Nieren, weil er befürchten musste, dass nun alle Hilfen, Begünstigungen und Zusagen, die er gegen hartnäckigen Widerstände der Bonner Opposition für die Allende-Regierung durchsetzt hatte, dem Militärregime zugute kamen. Als erstes ging es dabei um eine Schiffsladung Weizen, die im Oktober endlich über den Hafen von Antwerpen nach Santiago de Chile verschifft werden sollte. Die Lieferung war im Rahmen eines seit 1971 bestehenden bilateralen Nahrungsmittelhilfe-Übereinkommens von Matthöfer als unentgeltliche humanitäre Hilfe vereinbart worden. Jetzt musste er sich aus dem rechten politischen Spektrum hämische Kommentare anhören:[138] »15 000 Tonnen Weizen, die der linksextremistische Staatssekretär im Entwicklungsministerium, Matthöfer (SPD), dem von ihm so geliebten Allende-Regime zugedacht hatte, kommen jetzt gerade rechtzeitig im Lande an, um die Versorgung im Sinne der Militärregierung mit sicherzustellen. Die Allende-Regierung hatte die Lieferung nämlich um Monate verzögert, indem sie in den Schenkungsvertrag mit Bonn eine Berlin-Klausel im Sinne des Sowjet-Blocks aufzunehmen verlangte.« Gerade weil diese Beobachtung im Kern richtig war, traf sie bei Matthöfer den Nerv und ließ ihn den Kampf aufnehmen. Nicht nur um seinen rechten Kritikern die Schadenfreude zu verderben, zog er nun alle Register, um die Ladung der MS ›Tarpon Silver‹ nach Pakistan umzuleiten, das nach jüngsten Überschwemmungen die Hilfe angeblich dringender benötigte als die Südamerikaner. Die Lieferung an Chile wollte er auf 1974 verschieben, um Zeit zu gewinnen. Als Vorwand diente die nicht wirklich zutreffende Behauptung, der Schenkungsvertrag enthalte keine Verpflichtung, das Getreide zu einem bestimmten Termin auf den Weg zu bringen. Diese Kampfansage an das Militärregime war aber nicht mit der Haltung des Auswärtigen Amtes vereinbar, das durch seinen Parlamentarischen Staatssekretär Karl Moersch zuvor im Bundestag erklärt hatte:[139] »Die Bundesregierung wird völkerrechtlich eingegan-

---

der Regierungszeit Allendes hatte die CIA Rechtsradikale zu einem Putschversuch ermuntert, dem Schneider zum Opfer fiel, und auch ITT machte den Versuch, die Volksfront zu destabilisieren. Siehe dazu Alan Angell, Chile since 1958, in: The Cambridge History of Latin America, Vol. VIII, Cambridge 1991, S. 339.

138 »Matthöfers Hilfe für die Militärjunta«, in: Deutscher Bauer (München), Oktober 1973.
139 55. Sitzung des Bundestages am 5. Oktober 1973. Die Erklärung war zuvor mit dem BMZ – wenn auch nicht mit dessen Parlamentarischem Staatssekretär – abgestimmt worden.

gene Verpflichtungen auch gegenüber der neuen chilenischen Regierung erfüllen. Sie wird außerdem auch in Zukunft bereit sein, für die in Not befindlichen Menschen humanitäre Hilfe zu leisten.« Außenminister Walter Scheel intervenierte in dieser Sache massiv bei Bundeskanzler Brandt, wies Matthöfers fadenscheinige Argumente scharf zurück und bestand darauf, die Bundesrepublik nicht vertragsbrüchig werden zu lassen:[140] »Als für die außenpolitischen Beziehungen zuständiger Bundesminister kann ich es nicht hinnehmen, daß andere Ressorts durch einseitige Maßnahmen die Erfüllung völkerrechtlicher Verpflichtungen der Bundesregierung verhindern.« Matthöfer blieb nichts anderes übrig, als den geordneten Rückzug anzutreten. Er wies die Argumente des Außenministers zwar zurück, gab aber in der Sache nach. Er interpretierte freilich die Intervention Scheels in diesem speziellen Fall so, »daß es keine weiteren außenpolitischen Gründe gibt, an Chile Entwicklungshilfe zu leisten, solange der eklatante Verfassungsbruch und die brutale Verfolgung demokratischer Kräfte durch die Militärjunta andauern«.[141]

Zunächst galt es zu retten, was zu retten war. Die Bundesrepublik gehörte zu jenen Staaten, die Chile-Flüchtlingen Asyl gewährten – einige Bundesländer großzügig, andere restriktiv, Baden-Württemberg gar nicht. Nach dem Staatsstreich legte die Friedrich-Ebert-Stiftung ein unbürokratisches und rasch wirksames Stipendienprogramm auf, mit dessen Hilfe etwa 150 chilenische Sozialwissenschaftler und Politiker sich vor der Verfolgung durch die Militärs in Sicherheit bringen konnten. Die Mittel dafür kamen aus dem Haushalt des BMZ. Mit diesen Stipendien war es den verfolgten Chilenen möglich, in Deutschland, aber vor allem auch in lateinamerikanischen Ländern Zuflucht zu suchen. Im Januar waren es schon 800 Regimegegner, die auf diese Weise den Konzentrationslagern entkamen oder aus ihrem Botschafts-Asyl in Santiago befreit wurden. In besonderen Fällen gelang es Matthöfer auch, die Zurücknahme bereits völkerrechtlich verbindlich gegebene Kreditzusagen – ungeachtet rechtlicher Bedenken – als Druckmittel einzusetzen. So musste das Regime den früheren Außenminister Almeyda aus der Haft entlassen und ausreisen lassen, ehe ein vereinbarter Kredit über 21 Millionen DM überwiesen wurde. Für Matthöfer gab es in solchen Fällen keinen Kompromiss: »Da hilft keine Taktik. Da muß man inhaltlich klar sein.«[142] Matthöfer hatte auf den Hilferuf der Ehefrau Almeydas mit der Rückendeckung Helmut Schmidts geantwortet: »Sie können sich darauf verlassen, daß von deutscher Seite aus keine Hilfe irgendwelcher Art an Chile gegeben werden wird, bevor ihr Mann sich nicht in Freiheit befindet und – falls er dies wünschen sollte – das Land verlassen hat.«[143] Die humanitäre Flüchtlingspolitik des BMZ, der Friedrich-Ebert-Stiftung und anderer deutscher Hilfseinrichtungen fand jedoch nicht nur Beifall. Einzelne Bun-

---

140 Scheel an Brandt am 17. Oktober 1973, AdsD, DM 041.
141 Matthöfer an den Chef des Bundeskanzleramtes Horst Grabert, persönlich, am 22. Oktober 1973, AdsD, DM 041.
142 Udo Bergdoll, Ein Einzelgänger, der gern provoziert, Süddeutsche Zeitung vom 10. April 1975.
143 Irma Cáceres an Matthöfer am 11. Juli 1974; Matthöfer an Cáceres am 26. August 1974. ›Diensttagebuch‹, AdsD, DM 0404.

destagsabgeordnete der CDU übernahmen die Sprachregelung der Junta und behaupteten, aus Chile seien unter dem Druck einer falsch verstandenen sozialistischen Solidarität Terroristen, Bankräuber, Guerrilla-Ausbilder und Gewalttäter in die Bundesrepublik eingereist. Sie warfen der Bundesregierung vor, Parlament und Öffentlichkeit über den wahren Charakter der Asylpolitik getäuscht zu haben. Matthöfers Gegenspieler im Parlament, der entwicklungspolitische Sprecher der CDU, Jürgen Todenhöfer, legte auch schon früh den Finger in eine andere Wunde, wenn er den Parlamentarischen Staatssekretär des BMZ im Bundestag fragte, ob er beabsichtige, seine dem chilenischen Staat vor dem Umsturz gegebene Zusage für einen Kapitalhilfekredit in Höhe von 45 Millionen DM nach dem Zustandekommen eines bilateralen Umschuldungsabkommens einzulösen und der chilenischen Bevölkerung Entwicklungshilfe in diesem Umfang zur Verfügung zu stellen.[144] Matthöfer bestritt eine verbindliche Zusage, musste aber einräumen, dass ein Kredit ähnlicher Höhe in Aussicht gestellt worden war. Auch wenn er zähneknirschend im Falle verbindlich geschlossener Verträge nachgeben mußte, so war er fest entschlossen, mündliche Zusagen an die Regierung Allende nicht auf die Putschisten zu übertragen. Todenhöfer hatte die deutsche Öffentlichkeit nach einem Treffen mit Pinochet mit dessen Geschäftsidee überrascht, alle politischen Gefangenen gegen die Gewährung dieses in Aussicht genommenen Kredits aus den Gefängnissen zu entlassen. Der Junta-Chef dachte allerdings nicht daran, die Gefangenen zu ihren Familien zu entlassen, sondern wollte sie des Landes verweisen. Für Matthöfer war dies »ein grausames Spiel mit der Würde, dem Heimatrecht und den Bürgerrechten der Menschen in Chile«.[145] Ein »besonderes Element der Infamie« dieses von Todenhöfer überbrachten Angebots sah er in der Bindung an die Aufnahmebereitschaft anderer Länder – erschwerten doch gerade einige CDU-geführte Bundesländer Exil-Chilenen die Einreise. Die SPD-Bundestagsfraktion blieb deshalb in der Sache hart, und auch die Bundesregierung entschied sich, die mündliche Zusage nicht zu honorieren – auch wenn man im Falle des bereits vertraglich abgesicherten 21-Millionen-Kredits letzten Endes einlenkte. Bestärkt wurde diese entschiedene Haltung durch den Primus der katholischen Kirche in Chile, Kardinal Raúl Silva Enríquez, der nach dem Putsch zur zentralen Figur des moralischen Widerstandes gegen das Regime geworden war. Matthöfer war schon im April 1973 während seines Aufenthaltes in Santiago mit ihm zusammengetroffen und nahm auch danach jede Gelegenheit wahr, mit ihm zu sprechen. Dies ließ sich leicht arrangieren, weil der Kardinal bei seinen Besuchen in Deutschland als Mitglied des Salesianerordens meist in der Pfarrgemeinde St. Winfried in Bonn wohnte. Dort, ganz in der Nähe des Bundeshauses, fanden gelegentlich Frühmessen für Bundestagsabgeordnete statt, die auch der katholische Sozialist – »einerseits aus Nostalgie und zur Erinnerung an die vielen Stunden, die ich in vergangenen Kindheitstagen in der Kirche verbrachte und andererseits in der vagen Vorstellung

144 Verhandlungen des Deutschen Bundestages 7 (1974) 87, Protokoll vom 24. 04. 1974, S. 6306 f.
145 »Besonderes Element der Infamie«, Frankfurter Rundschau vom 9. April 1975.

oder Hoffnung, meine Anwesenheit könnte vielleicht politisch irgendwie nützlich sein« – nach Möglichkeit besuchte.[146]

Ein Jahr später, als Matthöfer schon das BMZ verlassen und die Leitung des Forschungsministeriums übernommen hatte, sollte die Kreditzusage noch einmal für politischen Sprengstoff sorgen. Die chilenische Militärregierung hatte der CDU ein Protokoll zugespielt, das die Opposition im entwicklungspolitischen Ausschuss des Bundestages zu einer Anklage gegen den früheren Parlamentarischen Staatssekretär im BMZ nutzte. Dort war festgehalten, dass Matthöfers mündliche Zusage einen höheren Grad der Verbindlichkeit enthielt, als dieser bisher zugegeben hatte.[147] Auch in einem Schreiben des früheren Parlamentarischen Staatssekretärs an den Finanzminister fanden sich Formulierungen, die an der Festigkeit der Zusage keinen Zweifel ließen.[148] Dagegen hatte Matthöfer immer wieder erklärt, er könne sich an eine *verbindliche* Zusage nicht erinnern. Als er Anfang April auf einer Ministerreise im Ruhrgebiet mit undiplomatisch scharfen Vorwürfen der Chilenischen Botschaft konfrontiert wurde, stellte er deshalb vor den mitreisenden Journalisten klar: »daß mit der möglichen Entwicklungshilfe für Chile beabsichtigt gewesen sei, entwicklungshemmende Strukturen in Chile zu überwinden. Deshalb habe er der demokratischen Regierung Allendes einen Kredit in Aussicht gestellt und nicht dieser Mörderbande, die tausende von Menschen ermordet, gequält oder des Landes verwiesen habe.«[149] Schon vorher hatte er mit Blick auf die chilenische Militärregierung keinen Hehl daraus gemacht, was er »von Machthabern halte, die Menschen foltern lassen: Es sind ehrlose Lumpen, verdorben und schmutzig bis in den letzten Winkel ihrer verrotteten und verlausten Seele«.[150] Die zwar zutreffende, im Verkehr mit ausländischen Regierungen aber undiplomatische Qualifizierung des Pinochet-Regimes als »Mörderbande« ließ die Bundesregierung auf Distanz zu ihrem Forschungsminister gehen. Regierungssprecher Klaus Bölling erklärte, »der Minister vertrete diese Formulierungen selber, er erbitte nicht die Schützenhilfe der gesamten Bundesregierung, er habe als ein Politiker gesprochen, der seine Überzeugung habe deutlich machen wollen«.[151] Die Bonner Unionsfraktion ließ sich die Gelegenheit nicht entgehen, den Kanzler aufzufordern, seinen Minister unverzüglich zu entlassen. Die Opposition warf Matthöfer nicht nur »skandalöses Verhalten« vor, sondern auch, dass er mehrfach und nachweisbar die Unwahrheit gesagt habe. Jürgen Todenhöfer nannte seinen Widersacher sogar einen »Amokläufer«.

---

146 ›Diensttagebuch‹, 08. 11. 1974, AdsD, DM 0404.
147 »Matthöfers Gedächtnis«, FAZ vom 04. April 1975.
148 »Union fordert Matthöfers Rücktritt«, FAZ vom 10. April 1975.
149 Alwin Steinke, Gedächtnisprotokoll eines Gesprächs von Minister Matthöfer mit Journalisten am 3. April 1975 in Essen, AdsD, DM 07.
150 Hans Matthöfer, Die Lehren, in: Konkret, Februar 1975. Er hatte diesen Satz bereits zuvor in einem Brief an den chilenischen Botschafter formuliert und damit möglicherweise dessen wütende Reaktion (»Wir wollen das Gedächtnis des Ministers auffrischen.«) erst ausgelöst. In seiner Konkret-Version richtete er sich nicht in erster Linie gegen die Putschisten selbst, sondern gegen die »Maulradikalen«, »linken Sektierer und »selbsternannten kleinbürgerlichen Avantgarden des Proletariats«, die den bewaffneten Aufstand predigen.
151 »Streit um Chile-Politik hat sich zugespitzt«, Süddeutsche Zeitung vom 5. April 1975.

Die FAZ machte sich diese Vorwürfe zu eigen und kam zu der gleichen Schlussfolgerung:[152] »Den sozialdemokratischen Altlinken Hans Matthöfer zum Bundesminister zu machen, war entschieden ein Missgriff. Sicher, auch Minister sind nur Menschen. [...] Aber daß ein amtierender Bundesminister, bar jeder Selbstkontrolle, eine ausländische Regierung (die chilenische) öffentlich eine ›Mörderbande‹ nennt, [...] das übersteigt denn doch das Maß des Erträglichen. Der Bundeskanzler kann die Sache nicht auf sich beruhen lassen.« Der Minister blieb unbeeindruckt, wußte er doch den Bundeskanzler hinter sich. Er kokettierte gar mit seinem engen Vertrauensverhältnis zu Schmidt, indem er öffentlich erklärte, er habe sich beim Bundeskanzler erkundigt, ob er noch Minister sei. Um dann mit sichtlicher Genugtuung festzustellen: »Dies ist der Fall«.[153] Aus dem Lager der Opposition schlug sich nur Norbert Blüm auf seine Seite. Der Hauptgeschäftsführer der Sozialausschüsse der Christlich-Demokratischen Arbeitnehmerschaft (CDA) und spätere Arbeitsminister der Regierung Kohl machte aus seinem Herzen keine Mördergrube und nannte die Heuchelei beim Namen:[154] »Nach der herkömmlichen Konvention darf Matthöfer die chilenische Regierung nicht Mörderbande titulieren. Aber was ist das für eine Konvention? Gehört die Welt einer Diplomatie, in der befrackt und schulterbandbeflaggt festlich diniert wird, während aus den Kellern des Festhauses die Schreie von Gefangenen mit den Klängen Mozartscher Tischmusik konkurrieren, nicht eher auf die Bretter des absurden Theaters? Wer sich über Matthöfers Beschimpfung der chilenischen Regierung aufregt, sollte nicht vergessen, seine Erregung ins Verhältnis zu den Taten derjenigen zu setzen, die Anlaß zu dem Titel Mörderbande gaben.« Der Skandal hatte ein parlamentarisches Nachspiel. Andere Abgeordnete der CDU/CSU-Fraktion versuchten in einer Fragestunde des Deutschen Bundestages in einer koordinierten Aktion, die Bundesregierung wegen Matthöfers Ausfall gegenüber einer der blutigsten Diktaturen Südamerikas in die Enge zu treiben und auf seine Zusage von 45 Millionen DM Kapitalhilfe für Pinochet festzulegen. Marie Schlei, der Parlamentarischen Staatssekretärin im Kanzleramt, gelang es, alle Fragen entschieden zu beantworten und Matthöfer als moralischen Sieger aus dieser Affäre hervorgehen zu lassen.[155] Der Bundeskanzler, der seinen Forschungsminister nicht beschädigt sehen wollte, hatte die Angelegenheit zur ›Chefsache‹ gemacht und am Tag zuvor mit Matthöfer und Marie Schlei in einer anderthalbstündigen Sitzung im Kanzleramt alle möglichen Fragevarianten und Antworten gründlich durchgesprochen.

152 »Als Minister unmöglich«, FAZ vom 5. April 1975. Der spätere Chef der Wirtschaftsredaktion der FAZ, Hans D. Barbier, sah dies anders, wenn er über die »beherzte Chile-Bemerkung« sagte, dass sie sein »musste« und auch sein »durfte«. Interview im Rahmen des Oral-History-Projekts der FES am 18. August 1999 in Frankfurt a. M.; AdsD, DM 0404.
153 »Die Bundesregierung distanziert sich von Matthöfer«, Frankfurter Rundschau vom 5. April 1975.
154 Norbert Blüm, Mörder muß man Mörder nennen, in: Konkret, Juni 1975.
155 Fragestunde zum Ausdruck »Mörderbande«, Verhandlungen des Deutschen Bundestages (7) 164, S. 11 529–11 535 vom 17. April 1975.

Von der Kür zur Pflicht

Matthöfers enge Beziehung zu Schmidt hatte sich, als dieser noch Finanzminister war, auch schon in Mark und Pfennig im finanziellen Handlungsspielraum des BMZ niedergeschlagen. Der Haushalt des Jahres 1972 wurde wegen des Stimmenpatts im Bundestag nicht rechtzeitig verabschiedet, sodass seine Ansätze nicht voll ausgeschöpft werden konnten. Dagegen stiegen die Ausgaben des Ministeriums 1973 sowohl absolut als auch im Verhältnis zum Bruttosozialprodukt deutlich an. Zwar blieben die Entwicklungshilfeausgaben nach wie vor weit unterhalb der international proklamierten und von der sozial-liberalen Bundesregierung 1969 übernommenen langfristigen Zielsetzung von 0,7 Prozent des Bruttosozialproduktes, doch verriet der starke Anstieg der Ausgabenermächtigungen des Ministeriums seine privilegierte Stellung unter den konkurrierenden Ansprüchen an den Bundeshaushalt.[156] Offenbar verfügte der Parlamentarische Staatssekretär des BMZ beim Finanzminister über sehr viel *good will*. Während es ansonsten üblich war, dass der für Haushaltsfragen zuständige Parlamentarische Staatssekretär beim Bundesfinanzminister die ›Chefgespräche‹ mit den Ministern der kleineren Häuser führte, war es bei Schmidt und Matthöfer umgekehrt. Hier sprach der Parlamentarische Staatssekretär des BMZ mit dem Bundesfinanzminister. Bei diesen Verhandlungen verabredeten die beiden für den gesamten Zeitraum der mittelfristigen Finanzplanung bis 1978 ein Haushaltsvolumen von sechs Milliarden DM und – was noch wichtiger war – überdurchschnittliche Zuwachsraten der Verpflichtungsermächtigungen im BMZ-Haushalt. Sie stiegen allein 1974 um rund 40 Prozent. Mehr ließ sich vernünftigerweise nicht ausgeben. Dies ging weit über die Vereinbarung hinaus, die Eppler schon 1969 mit Alex Möller getroffen hatte. Danach sollten die Verpflichtungsermächtigungen für die Entwicklungshilfe, die eigentliche Finanzierungsgrundlage für die Politik des Hauses, jährlich um 11 Prozent erhöht werden. Mit ihrer Hilfe konnten Projekte geplant werden, für deren Kosten der Bund aufzukommen hatte. Damit waren für die kommenden Jahre steigende Barausgaben programmiert. Ad Personam zustande gekommen, hatte die Vereinbarung freilich nicht über diese personelle Konstellation hinaus Bestand. Als Bundeskanzler nahm Helmut Schmidt 1974 vor dem Hintergrund einer sich abzeichnenden Weltwirtschaftskrise die Zusage zum Teil wieder zurück, die er als Finanzminister gegeben hatte. Da er die deutsche Selbstverpflichtung zu steigenden Beiträgen höchstpersönlich 1973 auf der Weltbankkonferenz in Nairobi *urbi et orbi* verkündet und damit den von Weltbankpräsident Robert S. McNamara erklärten »Krieg gegen die Armut« voll unterstützt hatte, ging es nun nicht mehr nur um das Innenverhältnis der Haushaltsverhandlungen, sondern auch um die inter-

---

156 In den zehn Jahren von Matthöfers Regierungstätigkeit – an deren Anfang und Ende er diese Entwicklung beeinflussen konnte – erhöhte sich der Anteil der Entwicklungshilfe am BSP von 0,32 Prozent (1972) auf 0,48 Prozent (1982). Antwort des Parlamentarischen Staatssekretärs beim BMZ, Dr. Volkmar Köhler, am 12. 09. 1983 auf Matthöfers schriftliche Anfrage im Bundestag. Dt.Btg. 10. WP, Drucksache 10/395 vom 12. 09. 1983.

nationale Reputation der deutschen Entwicklungshilfe. Weil er diesen Vertrauensbruch nicht einfach hinnehmen wollte und wohl auch noch andere Gründe hatte, reichte Erhard Eppler sieben Wochen nach der Regierungsbildung seinen Rücktritt ein. Der Vorgang trübte das bis dahin gute Verhältnis Epplers zu seinem parlamentarischen Gehilfen. Er hatte erwartet, dass ihm Matthöfer in der Auseinandersetzung um den Haushalt seines alten Ressorts zur Seite sprang und sich nicht »vornehm zurückhielt«. Der neue Minister war jedoch zu dieser Zeit viel zu sehr damit beschäftigt, den Haushalt seines eigenen Hauses vor dem Rotstift des ihm nicht freundlich gesinnten Bundesfinanzministers Hans Apel zu verteidigen, und hatte keine Zeit, sich weiter um die Probleme des BMZ zu kümmern. Eppler sah dahinter mehr als die Zeitnot eines vielbeschäftigten Ministers:[157] »Daß andere die Loyalität zu Personen über die Loyalität zur Sache stellten, hat mich damals verstört und empört. [...] Die Loyalität zu Helmut Schmidt war stärker als seine Neigungen in der Sache. Als acht Jahre später die Regierung Schmidt abgewählt wurde, war vom linken Hans Matthöfer nichts mehr übrig. Er hatte sogar seine politische Identität dem Freund geopfert.« Im umgekehrten Fall hatte Schmidts Bereitschaft, Wünsche seines Freundes zu erfüllen, durchaus Grenzen. Als Eppler in der Schlussphase der zweiten Regierung Brandt seinen Staatssekretär Karl-Heinz Sohn entließ und einen Nachfolger für ihn suchte, schlug ihm sein Parlamentarischer Staatssekretär vor, den alten Freund und IGM-Mitstreiter Werner Thönnessen auf diese Position zu berufen. Der stellvertretende Generalsekretär des Internationalen Metallgewerkschaftsbunds in Genf war nach dem Tod Otto Brenners in eine berufliche Sackgasse geraten, weil Eugen Loderer, anders als Brenner es für sich geplant hatte, nicht vom Amt des Präsidenten des IMB Abstand nahm und damit den Weg eines deutschen Nachfolgers auf den Posten des Generalsekretärs blockierte. Eppler stimmte dem Vorschlag zu, sodass mit einem Schlag Matthöfers Handlungsspielraum im BMZ gleich doppelt erweitert worden wäre. Mit Sohn war sein Widersacher innerhalb der Führungsspitze des Ministeriums aus dem Weg und mit Thönnessen ein kongenialer Verbündeter in Aussicht gestellt. Allein Helmut Schmidt machte ihm einen Strich durch die Rechnung. Er lehnte den Vorschlag ab, weil nach seiner Überzeugung nur ein »erstklassiger Fachmann« in der Rolle des beamteten Staatssekretärs dafür sorgen konnte, dass das Ministerium aus dem öffentlichen Gerede verschwand. Schmidt hatte selbst im Verteidigungsministerium mit dem Krupp-Vorstand Ernst Wolf Mommsen die Erfahrung gemacht, dass selbst erstklassige Manager ein gutes Jahr brauchten, ehe sie die Anfangsgründe des öffentlichen Verwaltungsrechts und die in der öffentlichen Verwaltung geübten Verfahren übersehen, geschweige denn beherrschen. Thönnessen bot ihm deshalb nicht die Garantie, seinen Minister vor Fehlern zu bewahren, »die dieses

---

157 Erhard Eppler, Komplettes Stückwerk. Erfahrungen aus fünfzig Jahren Politik, Frankfurt a. M., Leipzig 1996, S. 92. In der praktischen Zusammenarbeit gab es ansonsten keine größeren Probleme, wenngleich die Abstimmung bei Interviews gelegentlich mangelhaft war. Gespräch mit Erhard Eppler über Hans Matthöfer am 25.2.2006 in Elmshorn, Hotel Sommergarten; Protokoll in AdsD, DM 0404.

Haus in größerer Zahl macht, als einige andere Ministerien in Bonn«.[158] Matthöfer schlug schließlich einen anderen SDS-Freund, Prof. Dr. Dr. Udo Kollatz vor, der Ministerialdirektor im hessischen Landesdienst und ein guter Verwaltungsfachmann war.[159] Schmidt akzeptierte. Da aber Matthöfers Tage im BMZ nach dem Rücktritt Willy Brandts gezählt waren, konnte er nicht mehr von Kollatz' Berufung profitieren.

Eine Amtszeit von 17 Monaten war viel zu kurz für neue inhaltliche Weichenstellungen in der Entwicklungspolitik. In dieser Hinsicht bildete das Jahr 1969 die große Zäsur, als Erhard Eppler den Kampf um die Autonomie der deutschen Entwicklungshilfe aufnahm und sie – soweit innerhalb der beschränkten Zuständigkeit des Ministeriums möglich – auch durchsetzte. Dies bedeutete nicht nur den Übergang zum Primat der Interessen der Entwicklungsländer. Auch von anderen fest gefügten Vorstellungen galt es Abschied zu nehmen. Falsche Lehren aus dem Marshallplan hatten während der von John F. Kennedy 1961 ausgerufenen »Dekade der Entwicklung« die Hoffnung genährt, allein massive Kapitalhilfen könnten die Entwicklungsländer in wenigen Jahrzehnten an den Stand der Industrieländer heranführen.[160] Epplers neuer Kurs sollte dagegen dem Interessenausgleich zwischen Industrie- und Entwicklungsländern dienen und schienen damit in besonderer Weise geeignet sein, zur Sicherung des Friedens in der Welt und zur globalen Zusammenarbeit beizutragen. Bei dieser Richtungsänderung hat ihn der Abgeordnete Matthöfer kräftig unterstützt. Nach seiner Berufung in die Spitze des BMZ trug er dazu bei, das Erreichte zu konsolidieren und die organisatorischen Voraussetzungen für die Verwirklichung der neuen Entwicklungshilfepolitik zu schaffen. Einige seiner neuen Ideen, die er am Anfang seiner Amtszeit ins Spiel brachte, wie etwa die Ausbildung von entwicklungspraktischen Multiplikatoren nach dem Modell der gewerkschaftlichen Bildungsobleute, scheiterten an ihren utopischen Zielsetzungen. Andere, wie eine den Entwicklungsländern angemessene Technologieförderung, überforderten zunächst die Möglichkeiten des BMZ, kamen aber als *joint venture* mit dem Ministerium für Forschung und Technologie erneut auf die Tagesordnung, nachdem Matthöfer in dieses Ministerium gewechselt war. Ein Purist in Sachen (deutscher) Wirtschaftsförderung war Matthöfer übrigens nicht. Ob es um Streckenlokomotiven der Kasseler Rheinstahl-Henschelwerke für den Sudan oder für Ägypten ging oder um Kernkraftwerke der Mülheimer Kraftwerk Union AG für Spanien (Trillo I) – der Parlamentarische Staatsse-

---

158 Schmidt an Thönnessen am 14. 06. 1974, ›Diensttagebuch‹, 10. 05. 1974, AdsD, DM 0404.

159 Der Zufall wollte es, dass der 1931 in Königsberg geborene Kollatz 1945 als Vierzehnjähriger auf jenem Lazarettschiff in der Ostsee, auf dem Traute Matthöfer als Operationsschwester tätig war, wegen eines Bauchschusses operiert wurde. Sie konnte sich an den Jungen und an die unter schwierigsten äußeren Bedingungen durchgeführte Operation, bei der sie assistierte, gut erinnern. ›Diensttagebuch‹, 10. 05. 1974, AdsD, DM 0404.

160 BMZ, 15 Jahre Bundesministerium für wirtschaftliche Zusammenarbeit – 15 Jahre Entwicklungspolitik im Spiegel der entwicklungspolitischen Debatten des Deutschen Bundestages (Materialien Nr. 57), Bonn 1976; zur historischen Wirkung des Marshallplanes s. Werner Abelshauser, Deutsche Wirtschaftsgeschichte seit 1945, München 2004, S. 151–154.

kretär verschloss sich den Bitten um entwicklungspolitische Unterstützung aus der Kapitalhilfe nicht. Schließlich ging es um die Sicherung von 1.200 Arbeitsplätzen im nordhessischen Raum, was »auch im Hinblick auf die im nächsten Jahr anstehenden Landtagswahlen von großer Wichtigkeit« war.[161] Ansonsten hielt ihn die Chile-Krise während seiner gesamten Amtszeit in Atem – und noch darüber hinaus. Nach kurzer Euphorie nahm die Skepsis überhand, bevor der blutige Putsch allen Hoffnungen ein Ende machte, das chilenische Experiment könnte einen spektakulären Durchbruch in der politischen, sozialen und wirtschaftlichen Emanzipation Lateinamerikas bringen.

So kurz seine Amtszeit auch war, so markierte sie doch einen Übergang in einen neuen Lebensabschnitt Matthöfers. Dies ist nicht nur vordergründig als der Auftakt seiner zehnjährigen Zugehörigkeit zur Bundesregierung zu verstehen. Bis dahin und auch noch über weite Strecken seiner entwicklungspolitischen Arbeit ließ er sich von der Verwirklichung von Lebensträumen leiten, auf die er die ideellen und materiellen Ressourcen seiner jeweiligen beruflichen Stellung konzentrierte. Es war ihm über viele Jahre gelungen, sich die Freiräume zu schaffen, die er dafür brauchte. Dazu gehörte eine fast subversive Arbeitsweise, die sich, wenn es sein musste, auch gegen die offizielle Linie wendete. In der IG Metall ging dies so lange gut, wie Otto Brenner diesen Kurs deckte und in Matthöfer sein jüngeres *alter ego* sah, dem er – sei es in Deutschland oder in Spanien – in überschaubaren Grenzen eine Chance zur experimentellen Erprobung alternativer Gewerkschaftsmodelle gab. In gewisser Weise nahm Helmut Schmidt in der Chile-Krise eine ähnliche Rolle ein. Spätestens im Skandal um den Ausdruck »Mörderbande« machte er deutlich, dass er ohne Einschränkung hinter seinem jüngeren Freund stand. Anders als Brenner in seinem Apparat war jedoch selbst der Bundeskanzler nicht in der Lage, ein Regierungsmitglied ohne Rücksicht auf Verluste aus der Verantwortung vor der Öffentlichkeit herauszunehmen. Im Gegenteil, Schmidts – wie es schien – bedingungslose Bereitschaft zur Solidarität zwang seinen Minister geradezu, sich so zu verhalten, dass er das politische Überleben der Regierung Schmidt nicht durch riskante Manöver aufs Spiel setzte. Er vergalt die Freundschaft des Bundeskanzlers mit ebenso bedingungsloser persönlicher Loyalität, auch wenn dadurch – wie Eppler meinte – politische Ziele notfalls zurücktreten mussten. Konnte man bis dahin den Eindruck haben, Matthöfer sei es gelungen, seine Arbeit im Wesentlichen als ›Kür‹ zu absolvieren, so setzte jetzt die ›Pflicht‹ ein.

---

161 Albert Oswald, Hessischer Ministerpräsident, an den Parlamentarischen Staatssekretär Matthöfer am 15. November 1973, AdsD, DM 105. Am 23. Januar 1974 dankte Oswald Matthöfer für seinen »aktiven und wirksamen Einsatz« und unterstrich, »wie wertvoll eine solche Konsolidierung der Beschäftigungslage im Interesse der Arbeitnehmer und der politischen Stabilität in Kassel ist«. Ebenda. Klaus Barthelt, Vorsitzender des Vorstandes der Kraftwerk Union AG, an Matthöfer am 24. Juli 1980, AdsD, DM 039. Dort geht es um Trillo II, den möglichen Folgeauftrag, der die schwache Auslastung des Mühlheimer Kraftwerkherstellers (49 Prozent) verbessern sollte.

TEIL 4

Der Staat als Produktionsfaktor: Industriepolitik im Übergang zur *Neuen Wirtschaft*

Neue Aufgaben, neue Träume

Im Kabinett Schmidt

Dieses Mal hatte Hans Matthöfer den Karrieresprung nicht selbst angestrebt. Er verdankte seinen Aufstieg an die Spitze des Bundesministeriums für Forschung und Technologie (BMFT) indirekt den Rücktrittsentscheidungen zweier Männer – Willy Brandt und Horst Ehmke –, die in der Partei nicht zu seinen Freunden zählten. Jede dieser Entscheidungen kam für sich genommen ziemlich unerwartet, auch wenn sie in einem inneren Zusammenhang standen. Willy Brandt hatte – gesundheitlich angeschlagen und gelegentlich von Depressionen heimgesucht – nicht mehr die Kraft, sich gegen die Demontage seiner Autorität zu wehren, die Herbert Wehner seit der Regierungsbildung von 1972 reichlich direkt und offen betrieb. Helmut Schmidt nahm den Angriff auf den Bundeskanzler – wie es schien – billigend in Kauf und gab nach dem Ölpreisschock von 1973 der Kritik an Brandt durch seine offen zur Schau gestellte eigene Überlegenheit bei der Bewältigung der drängenden Weltwirtschaftsprobleme noch zusätzlich Nahrung. Dies waren aber nur Leitmotive politischen Handelns, die immer wieder von neuen taktischen Variationen überlagert wurden.[1] Vor ihrem Hintergrund konnte jedoch ein einzelnes Ereignis, die Verhaftung des Kanzlerreferenten Günter Guillaume, zum Katalysator einer sich seit längerem anbahnenden Entwicklung werden. Mit der Demission des ersten sozialdemokratischen Bundeskanzlers begann so am 6. Mai 1974 die Ära Helmut Schmidt, deren Anbruch Matthöfer seit Jahren für ebenso notwendig wie wünschenswert gehalten hatte. Der Wechsel an der Spitze der Regierung hätte für sich allein aber noch nicht genügt, um auch Matthöfers Karriere zu befördern. Mit der Kanzlerschaft Schmidts, die, wie die Dinge lagen, einem kleinen Machtwechsel gleichkam, verbesserten sich aber seine Chancen deutlich – wenn auch nicht unbedingt sofort. Die Nachfolge Schmidts als Finanzminister trat Hans Apel an – noch so ›eine Art Freund‹ (Schmidt) aus der wachsenden Schar der loyalen Gefolgsleute des neuen Kanzlers, die nun innerhalb der eisernen Kabinettsreserve in die erste Reihe rückten. Mit Apel hatte Matthöfer nur eines gemein: die Loyalität und Freundschaft zu Helmut Schmidt. Ansonsten verband sie eine herzliche gegenseitige Abneigung, möglicherweise aus demselben Grund, aber auch wegen ihrer jeweiligen Protagonistenrolle in den erbitterten Flü-

---

1 Arnulf Baring, Machtwechsel. Die Ära Brandt-Scheel, Stuttgart 1982, Kap. IV u. V.

gelkämpfen des Parteivorstandes.[2] Den Anlass für den Aufstieg des Ministergehilfen im BMZ zum Hausherrn in der Bad Godesberger Stresemannstraße gab der Rücktritt Horst Ehmkes, der damit seinen Teil der politischen Verantwortung für die Guillaume-Affäre auf sich nahm.[3] Dies war keineswegs selbstverständlich, lag doch Ehmkes Zeit als Chef des Bundeskanzleramtes schon anderthalb Jahre zurück. Er mochte zwar mitverantwortlich gewesen sein, dass Günter Guillaume, der rechte Parteifunktionär aus dem Frankfurter Umfeld Georg Lebers, auf Drängen Herbert Ehrenbergs ins Kanzleramt einzog – nicht aber an der unprofessionellen Handhabung des Falles, nachdem der Verdacht auf Spionage für die DDR aufgekommen war. Ehmke war aber klug genug, den Anlass für Brandts Rücktritt nicht mit der Ursache zu verwechseln. Er, der den Machtkampf innerhalb der Troika an der SPD-Spitze aus nächster Nähe erlebte, hatte eindeutig für Brandt Partei ergriffen. Dies musste er – wie auch andere »Hofschranzen« (Ehmke) des Kanzlers – schon bei der Regierungsbildung von 1972 mit seiner Verdrängung aus dem Kanzleramt büßen, die vor allem von Schmidt gefordert wurde. Ähnlich wie nur wenige Wochen später auch Erhard Eppler, zog Ehmke nun die Konsequenz aus dem Rücktritt Brandts, da sein Handlungsspielraum durch »Schmidts Rekrutenschule« (Eppler) auf ein Minimum zu schrumpften drohte und er jede Hoffnung auf eine Rückkehr in den inneren Kreis der Macht begraben musste. Vor diesem Hintergrund verstand es sich fast von selbst, dass sein Nachfolger an der Spitze des Forschungsministeriums zur Leibgarde des neuen Kanzlers gehörte. Im Übrigen kam der Wechsel im Kabinett nicht überraschend. Es gab viele glücklose Minister im zweiten Kabinett Brandt, die nun Platz machen mussten für Jüngere, die sich »durch solide Arbeit für die Beförderung in ein Ministeramt empfohlen« hatten, wie der Spiegel schon Anfang April aus unterrichteten Kreisen kolportierte.[4] Gemeint waren Hans Apel (BMF), Volker Hauff (PSts BMFT), Karl Ravens (BMBau), Helmut Rohde (BMBW) – und Hans Matthöfer. Sie alle zogen am 17. Mai in das Kabinett Schmidt ein.

Wenn sich Großes ereignet, bleibt für eigene Wünsche nicht mehr viel Raum. Helmut Schmidt hatte Matthöfer einige Tage vor der Kabinettsbildung in einem längeren Gespräch in seinem Bundestagsbüro auf die Chefposition im Bundesministerium für Forschung und Technologie festgelegt. Matthöfer begeisterte sich zunächst nicht für einen Wechsel in ein neues Arbeitsgebiet. Er hatte sich gerade gründlich in die Problematik, in die Funktionsmechanismen, Institutionen, Organisationen und Optionen der Entwicklungspolitik eingearbeitet und viele der handelnden Personen kennen gelernt. Er verfügte inzwischen über einen guten Überblick und hatte seine Kompetenz auf dem Gebiet der Entwicklungspolitik schon unter Beweis gestellt. So wusste er alles über die Probleme der Kakaoproduktion in Ghana, die Kupferförderung in Sambia, den Reisanbau in Sri Lanka,

2   Ebenda, S. 568 f.
3   Siehe dazu Horst Ehmke, Mittendrin. Von der Großen Koalition zur Deutschen Einheit, Berlin 1994, S. 218–246.
4   Kandidaten. Macker und Macher, DER SPIEGEL vom 8. April 1974, S. 24–26.

*So wahr mir Gott helfe! Der Forschungsminister bemühte die religiöse Eidesformel,
um seinen Gegnern keine Angriffsfläche zu bieten.*

die Alphabetisierung in Bolivien, die Wirtschaftsplanung in Tansania und die bakterielle Laugung von Kupferhalden in Peru. Tatsächlich hatte Matthöfer sich aber gar nicht zwischen Entwicklungs- und Forschungspolitik zu entscheiden. Er hatte – wenn überhaupt – zu wählen zwischen der Position des Ministergehilfen und der des Ministers.[5] Diese Wahl fiel ihm nicht schwer. Und auch fachlich musste er nicht bei Null anfangen. Sein neues Arbeitsgebiet war ihm aus seiner Zeit als Automationsexperte der IG Metall nicht völlig unbekannt. Allerdings hatte er sich schon 1957, als er noch die soziale und politische Sprengwirkung der ›zweiten industriellen Revolution‹ erwartete, ungeduldig von ihm abgewandt, als er herausgefunden hatte, wie träge sich der technische Fortschritt vollzog. Er wusste also, wie schwer es sein würde, mit diesem Ministerium politisch etwas zu bewegen. Weder verfügte das BMFT über genug kritische Masse, um Wirkungen zu erzielen, noch waren sie überhaupt innerhalb politisch relevanter Zeiträume zu erwarten. Und doch musste Schmidt nicht lange bitten, um Matthöfer in die Pflicht zu nehmen. Die Aussicht, in dem neuen Ministerium sein eigener Herr zu sein, in des Kanzlers Nähe an der Richtungsbestimmung der Regierungspolitik mitzuwirken und überhaupt eine wichtige Wegmarke seiner Politikerlaufbahn zu erreichen, stimmte ihn fast euphorisch – was ihn dazu verleitete, gleich zu Beginn

5   Mit der Ernennung zum Bundesminister war auch ein deutlicher Anstieg des Einkommens verbunden: von 85.000 DM auf 141.000 DM (ohne Diäten); Bundeshaushaltsplan für das Haushaltsjahr 1975, Einzelplan 30, S. 2735 f.

seiner Amtszeit eine falsche Entscheidung zu treffen. Von Schmidt befragt, wer als Nachfolger von Lauritz Lauritzen Verkehrsminister werden sollte, schlug er seinen Freund Kurt Gscheidle vor und empfahl, ihm noch zusätzlich das Bundesministerium für das Post- und Fernmeldewesen zu übertragen. Das Postministerium war bis dahin in Personalunion mit Ehmkes Forschungsministerium verbunden gewesen. Im Hochgefühl des unerwarteten Aufstiegs hielt es Matthöfer für klüger, die Doppelbelastung durch beide Ministerien nicht auf sich zu nehmen. Später sollte er erkennen, dass dieser aus der Laune geborene taktische Verzicht ein schwerer Fehler war. Die politische Einflussmöglichkeit des Bundes war nämlich mehr oder weniger auf die technisch-organisatorische Entwicklung des Kommunikationssektors beschränkt. Mit den Ressourcen beider Ministerien zusammen in seiner Hand wäre es ihm leichter gefallen, eine beispielhafte Industriepolitik auf dem Gebiet der Fernmelde- und Kommunikationstechnologien in eigener Zuständigkeit zu organisieren, ohne auf die Mitarbeit der Privatwirtschaft angewiesen zu sein.

Die Öffentlichkeit sah in der notwendigen Symbiose von staatlicher Forschungspolitik und den strategischen Entscheidungen der Industrie eines der Kriterien, an denen sich der neue Minister für Forschung und Technologie messen lassen musste. Auf den ersten Blick schienen die Tatsachen gegen ihn zu sprechen: »Denn der bisherige Parlamentarische Staatssekretär im Entwicklungshilfeministerium hat sich im Laufe seiner politischen Karriere so gut wie zu allem geäußert, nur nicht zur Forschung.«[6] »Pikant« an seiner Nominierung erschien auch, dass sich Matthöfer auf ein Terrain begab, in dem er *nolens volens* auf die Zusammenarbeit mit den von ihm ungeliebten Multinationalen Konzernen angewiesen war. Ein halbes Jahr nach dem Hearing vor dem UN-Sonderausschuss für die Multinationalen Unternehmen konnte man sich noch lebhaft daran erinnern, dass zu jenen Experten, die vom Mitglied der ›group of eminent persons‹ ins Kreuzverhör genommen worden waren, auch Gerd Tacke gehörte, der als ehemaliger Vorstandvorsitzender den Siemens-Konzern vertrat, der bis dahin die meisten Zuwendungen des BMFT erhalten hatte. Für viele Beobachter war dies keine ideale Ausgangslage: »Matthöfer, dessen antikapitalistische Grundeinstellung selbstverständlich ist, soll nun mit den großen Unternehmen, die für die Grundlagenforschung in der Bundesrepublik tätig sind, zusammenarbeiten. Daß das nicht ohne Reibungen gehen kann, ist jedem selbstverständlich. Am meisten Matthöfer selbst.«[7] Die Berufung des »Multi-Fressers« in ein Ministeramt löste ein breites Presseecho aus. Noch immer wurde die Personalie mit Stereotypen belegt, wie etwa »linker Gewerkschafter wird Minister für Forschungsfragen«. Man war sich einig, dass Schmidt einen SPD-Linken in sein Kabinett »einbinden« wollte, der nun zwar nicht seine Position als Flügelmann aufgeben, sich aber als Minister loyal verhalten würde. Zumal es nicht einfach war zu definieren, was in der SPD als ›links‹ zu gelten habe. Der Rheinische Merkur, kritisches Fachblatt für alles Preußische, wollte Matthöfer aus

---

6 »In Bonn: Neue Gesichter – neue Funktionen«, DIE WELT vom 15. Mai 1974.
7 Rheinischer Merkur vom 24. Mai 1974.

der Vielfalt der Linksströmungen hervorheben, indem er ihn als »preußischen« Linken bezeichnete, »also als Vertreter einer Richtung, die sich zugleich durch Seriosität wie durch Humorlosigkeit auszeichnet.«[8] Gerühmt wurde vor allem sein Pragmatismus, der ihm Sympathien auch bei Andersdenkenden verschaffte, die seine offene, manchmal kämpferische Art schätzten. Auch wer seinen ausgeprägten Sinn für die Realität, das Machbare und das politisch Angemessene mit kritischen Augen sah, musste doch auch gleichzeitig anerkennen, dass ihm »jene Konzessionsbereitschaft, die nach Opportunismus schmeckt«,[9] fehlte. Was den neuen Kanzler mit seinem Forschungsminister verband, war nach Meinung der Medien die Hochschätzung der »Tagespraxis«, das auf konkrete Ergebnisse gerichtete Handeln. Die Hamburger Wochenschrift DIE ZEIT zitierte einen anonymen Mitarbeiter, der über Matthöfer sagte, er sei »ein zum durchdachten Pragmatismus neigender Verfechter des demokratischen Sozialismus«, und ließ Matthöfer kommentieren: »Wenn Sie den Schwulst weglassen, nun gut.«[10] Bei aller weltanschaulicher Differenzierung war sich die Presse doch einig: »In den vergangenen knapp anderthalb Jahren als parlamentarischer Staatssekretär im Entwicklungsministerium hat er Profil gewonnen; er ist ›ministrabel‹ geworden. Im Hause Eppler betrachtet man seinen Fortgang als Verlust.«[11]

Herr im eigenen Haus

Von Horst Ehmke übernahm der neue Mann ein gut geführtes Haus, das über kompetente Mitarbeiter verfügte und ausbaufähige Konzepte anzubieten hatte.[12] Zur Übergabe des Ministeriums traf man sich im Restaurant des Bundestages, und Ehmke erklärte seinem Nachfolger – wie es unter Parteifreunden eigentlich selbstverständlich, aber keineswegs üblich war – anhand des Organisationsschemas die Arbeitsweise des Hauses, die Eigenarten der handelnden Personen, des Staatssekretärs, der Abteilungs- und Unterabteilungsleiter, die wichtigsten Probleme und die Perspektiven auf den verschiedenen Politikfeldern. Für Kontinuität sorgte nicht zuletzt Volker Hauff, der seit 1972 Parlamentarischer Staatssekretär im BMFT war und auch unter dem neuen Chef auf dieser Position blieb. Ehmke hielt den 34-jährigen Ökonomen und EDV-Spezialisten sogar schon für ministrabel, konnte sich aber bei Schmidt nicht durchsetzen, ihn zu seinem Nachfolger zu ernennen. Zum Leiter des Ministerbüros machte Matthöfer Dr. Jürgen Wefelmeier, zu seinem Persönlichen Referenten Dr. Wilfried Haesen. Beide wechselten – zusammen mit dem Fahrer Peter Leber – vom BMZ ins BMFT. Pressesprecher blieb Alwin Steinke. Der neue Chef übernahm auch Horst Ehmkes Sekretärin Lieselotte Lehmann, die

8 Ebenda.
9 Heinz Heck, Der linke Flügelmann, FAZ vom 27. Mai 1974.
10 »Änderungen nicht im Sinn«, DIE ZEIT 29 (1974) vom 31. Mai 1974.
11 Heinz Heck, Der linke Flügelmann, FAZ vom 27. Mai 1974.
12 ›Diensttagebuch‹, 17.5.1974, AdsD, DM 0404.

Die Führungsriege des BMFT: Neben dem Minister sitzen PStS Volker Hauff, StS Hans-Hilger Hauenschild und Unterabteilungsleiter Ekkehard Wienholtz.

ihn später noch auf den weiteren Stationen seines Ministerlebens begleitete. Damit war das engere Ministerteam, mit dem er bis 1982 arbeitete, komplett. Vor den Mitarbeitern des BMFT erklärte er seine Absicht, die von Horst Ehmke eingeleitete Neuorientierung der Forschungspolitik aufzugreifen und auch in diesem Bereich ›Kontinuität und Konzentration‹ – das war der Titel der Schmidtschen Regierungserklärung – als handlungsleitend anzusehen. Was hätte er auch sonst wohl sagen können? In den ersten Wochen im neuen Haus besuchte er – wie auch schon im BMZ und später im Finanz- und im Postministerium – alle Beamten des Ministeriums in ihren Diensträumen, jeweils ein Referat am Vormittag und eines am Nachmittag, um sich genauer über die Probleme und Pläne des Hauses zu unterrichten. Diese Methode, die er ›management by wandering around‹ nannte, entsprach seiner Neigung zur direkten Kommunikation und wurde von den Beamten, die wahrscheinlich noch nie einen Minister für so lange Zeit an ihrem Arbeitsplatz gesehen hatten, als Motivation empfunden. Er selbst sah den Umstand, dass er mitten in einer Legislaturperiode »ins Wasser geworfen« wurde und gleich »schwimmen« musste, nicht unbedingt als Nachteil an. Man erwartete »Kontinuität« von ihm, und niemand forderte gleich neue Konzepte oder Lösungsmöglichkeiten.[13] »Ich bin ja nicht«, schraubte der vermeintliche linke Flügelmann vor allem jene

13 »Matthöfer: Technik menschlicher machen«, Süddeutsche Zeitung vom 01. Juni 1974.

Erwartungen herunter, die sich von links an den Wechsel an der Spitze des Forschungsministeriums richteten, »ein Lenin, der die Möglichkeit hatte, in einer Stunde den Lauf der Weltgeschichte zu verändern.«[14] Er wollte sich Zeit nehmen, in Ruhe langfristige Entwicklungen einzuleiten oder zu begünstigen, die mehr waren als Akzentverlagerungen. Zunächst bot die Übernahme des Ministeriums aber die Gelegenheit, dessen Kompetenzen zu arrondieren. Ähnlich wie schon beim BMZ waren die Forschungsaufgaben des Bundes nämlich auf mehrere Ministerien verteilt und nur ganz unzulänglich koordiniert. Dass dies ganz besonders das Postministerium betraf, wurde ihm rasch klar. Da half die Freundschaft der beiden Minister nichts, entwickelten doch beide Häuser jeweils ganz unterschiedliche Vorstellungen, zu wessen Gunsten die Koordination verbessert werden sollte. Aber auch Hans Friderichs (BMWi), Josef Ertl (BMELF), Werner Maihofer (BMI) und Georg Leber (BMVtg) wehrten sich heftig gegen die Konzentration der Forschungskompetenzen des Bundes beim BMFT. Um eine Einigung in diesem Streit zu beschleunigen, hatte Finanzminister Apel für die forschungsaktiven Bundesressorts auch nach der Verabschiedung des Haushalts durch den Bundestag eine Ausgabensperre von 20 Prozent verhängt, um die Bundesregierung zu zwingen, ein neues Konzept zur Koordinierung ihrer Forschungs- und Entwicklungsaufgaben vorzulegen. Matthöfers Plan, sich auf diesem Wege einen zentralen Einfluss auch auf die Forschungsprojekte aller anderen Ressorts zu verschaffen, ging jedoch nicht vollständig auf. Nach seiner Vorstellung sollten die Forschungsmittel der einzelnen Ressorts erst dann in den Etat eingestellt oder vom Finanzminister freigegeben werden, wenn das jeweilige Projekt zwischen den Ressorts abgestimmt worden war. Eine solche Lösung hätte ihm eine Schlüsselrolle verschafft. Immerhin konnte er erreichen, dass sein Ministerium vor der Mittelvergabe an allen Forschungs- und Entwicklungsprojekten, die mehr als 200.000 DM beanspruchten, beteiligt wurde. Erst jetzt wurde ihm klar, welche Chance er mit dem freiwilligen Verzicht auf das Postministerium aufgegeben hatte.

Im Bundesministerium für Forschung und Technologie fand er vor allem zwei programmatische Ansätze vor, die er weiterführen wollte. Vor dem dramatischen Hintergrund des Ölpreisschocks hatte die Bundesregierung im Oktober 1973 ihr erstes Energieprogramm beschlossen. Es war bereits lange vorher konzipiert worden und konnte nicht dem ganzen Ausmaß der Krise Rechnung tragen. Um die Abhängigkeit vom Öl zu mildern, wurden die weitere Förderung des Steinkohlenbergbaus, der Ausbau von Braunkohle, Erdgas und Kernenergie, die Förderung des Energiesparens und die Intensivierung der Energieforschung zu vorrangigen energiepolitischen Zielen erklärt. Ehmke und sein Parlamentarischer Staatssekretär Hauff legten daraufhin ein neues Energieforschungsprogramm zur Einsparung und besseren Nutzung von Energie vor, in dessen Zentrum vor allem die Kohleveredelung stand. Die erste Fortschreibung des Energieprogramms, die Matthöfer im Oktober 1974 vornahm, stand dann voll im Zeichen der neuen energiepoliti-

---

14 »Im Interesse der Öffentlichkeit«, Stuttgarter Zeitung vom 11. Juni 1974.

schen Lage. Die Weiterentwicklung dieser Politik samt der umstrittenen Rolle, die darin die Kernenergie spielte, sollte den neuen Minister – bis über das Ende seiner Amtszeit hinaus – in Atem halten. Die zweite Hinterlassenschaft Ehmkes konnte Matthöfer hingegen mit seinen eigenen früheren Absichten verknüpfen, den Arbeitsplatz zum Zentrum gewerkschaftlicher Politik und des Arbeiterbewusstseins zu machen. Sein Vorgänger hatte zusammen mit dem populären Arbeitsminister Walter Arendt, einem früheren Bergarbeiterführer, ein Programm entwickelt, dem sie den attraktiven Namen »Humanisierung des Arbeitslebens« gaben. Es sollte die Ressourcen Forschung und Technologie gezielt einsetzen, um die Arbeitswelt menschenwürdiger zu gestalten. Den Anlass dazu hatte die Verabschiedung des Betriebsverfassungsgesetzes von 1972 gegeben, das den Arbeitgebern erstmals auferlegte, Arbeitsplätze, Arbeitsablauf und Arbeitsumgebung so zu gestalten, dass dabei die gesicherten arbeitswissenschaftlichen Erkenntnisse über menschengerechte Arbeitsgestaltung berücksichtigt werden.[15] Hier öffnete sich ein breiter Raum, um mit Forschung Politik zu machen. Zunächst aber nutzte Matthöfer die Chance, die ihm sein neues Amt bot, um ein Desiderat aus seiner Zeit im BMZ endlich zu verwirklichen. Er hatte schon in den fünfziger Jahren darüber nachgedacht, wie eine Technologie beschaffen sein müsste, die den Bedürfnissen der Dritten Welt angepasst war, d. h. möglichst arbeitsintensiv und doch nicht so, dass es die Entwicklungsländer zu Freiluft-Technikmuseen degradierte. Noch in seiner Rolle als Mitglied des UN-Sonderausschusses hatte er den Multinationalen Unternehmen vorgeworfen, sie würden durch die Übertragung ihrer technischen Standards auf die Dritte Welt die eigenständige Produktionskapazität der Entwicklungsländer unterdrücken, weil sie keine Rücksicht auf deren technologischen Ausbildungsstand nähmen und sowohl den Überfluss an unqualifizierter Arbeitskraft als auch den Mangel an Kapital ignorierten. Im BMZ waren seine Vorstöße, über angepasste Technologien für die Dritte Welt exemplarisch zu forschen, von den Abwehrreflexen seines beamteten Kollegen immer wieder gebremst worden. Nun sollte der Durchbruch gelingen. In einem ersten Spitzengespräch mit dem Eppler-Nachfolger Egon Bahr und dem neuen Staatssekretär Udo Kollatz bahnte sich endlich eine neue Qualität der bisher vernachlässigten Zusammenarbeit der Ministerien auf dem Gebiet von Forschung und Technologie für die Entwicklungsländer an. Für Matthöfer ging es dabei um zwei Bereiche: einmal um Forschung, die sowohl für die Entwicklungsländer relevant war als auch den Interessen der Geberländer diente, und zum anderen um speziell an die Bedürfnisse der Entwicklungsländer angepasste, »situationskonforme« Technologien.[16] Zur ersteren zählten beispielsweise Projekte wie der Einsatz von Strahlen zur Konservierung leichtverderblicher Lebensmittel, die Meerwasserentsalzung, die Entwicklung neuer Verfahren bei der Suche und Aufbereitung von Bodenschätzen, die Umwandlung von Sonnenenergie, den Einsatz von Satelliten für das Bildungsfernsehen, die Wet-

15 Betriebsverfassungsgesetz vom 15. Januar 1972, §§ 90, 91, BGBl I, S. 13.
16 »Forschung und Technologie für Entwicklungsländer« (Bericht über ein Interview mit Inga Krugmann-Randolf), in: Entwicklung und Zusammenarbeit 15 (1974) 11, S. 22.

tervorhersage und die Schädlingsbekämpfung. Zu den »situationskonformen« Technologien zählte Matthöfer z. B. die bessere Verwertung einheimischer Rohstoffe, wie etwa Erdnussschalen zum Pressen von Bauplatten, die Entwicklung einfacher Geräte, die Verbesserung der jeweils gebräuchlichen einfachen Transportmittel. Da die entwickelten Länder diese Technologien nicht brauchten und die Entwicklungsländer kaum Geld dafür hatten, sie systematisch zu erforschen, war gerade auf diesem Gebiet bis dahin wenig geschehen. Deshalb schlug Matthöfer vor: »Man muß den Entwicklungsländern helfen, ein eigenes technologisches Potential aufzubauen, Wissenschaftler auszubilden, Institute einzurichten, womit sie situationskonforme Technologien entwickeln können.« Wichtig war ihm dabei, die in der Dritten Welt im Überfluss vorhandene menschliche Arbeitskraft zu nutzen und den Einsatz des ohnehin knappen Kapitals gering zu halten – getreu seiner Überzeugung: »Das gesamte Kapital in der Welt reicht nicht aus, um die Entwicklungsländer so zu industrialisieren, daß alle Menschen Arbeitsplätze bekommen und unsere Produktions- und Konsummuster übernehmen.«[17] Aber auch ohne entwicklungsspezifische Programmförderung musste die Dritte Welt nach Matthöfers Überzeugung immer mitgedacht werden, wenn es um die politische Gestaltung des technischen Fortschritts ging. Entwicklungspolitisch motivierte Forschung war für ihn nämlich keine Einbahnstraße. Wer es zum Ziel deutscher Politik erklärte, die Lebenschancen der Menschen in der Dritten Welt zu verbessern, musste damit zu Hause beginnen. Es galt daher, auch den engen Zusammenhang zwischen Innovationsförderung und sektoraler Strukturpolitik zu erforschen, denn »die Absatzchancen, die wir der Dritten Welt bei uns einräumen, müssen wir durch neue Produktionen ausgleichen«.

Orientierungsprobleme

So wichtig sie auch waren: Keines der drei Programme, weder die beiden von Ehmke ›geerbten‹ noch das aus dem BMZ ›importierte‹, stand im Zentrum des Problems, dem sich die westdeutsche Wirtschaft nach dem Ende des Wirtschaftswunders neu stellen musste. Die wirtschaftlichen Eliten waren sich ebenso wenig wie die öffentliche Meinung der Realität bewusst, dass die deutsche Wirtschaft in ihrem dynamischen Kern bereits vor dem Ersten Weltkrieg den Status der alten Industriewirtschaft abgelegt hatte und auf dem Weg war, die neue, wissenschaftsbasierte Produktionsweise in jeden Winkel der Volkswirtschaft zu tragen. Der Prozess der Verwissenschaftlichung der Produktion begann vor mehr als einem Jahrhundert – etwa gleichzeitig mit dem der Globalisierung.[18] Neue Industrien wie die Chemie, der Maschinenbau und die Elektroindustrie traten auf den Plan – und mit ihnen ein neues Paradigma der Produktion: Wissenschaft als Produktionsfaktor einer

17 Ebenda.
18 Abelshauser, Kulturkampf.

von immaterieller Wertschöpfung bestimmten nachindustriellen Wirtschaft. Diese Neuen Industrien bildeten die Keimzellen der Neuen Wirtschaft der Gegenwart, die ihre Prinzipien übernommen hat. Lange noch stand das neue Leitbild freilich im Schatten der Industriewirtschaft. Doch sorgte es trotz vieler Rückschläge unaufhaltsam dafür, dass der Anteil der materiellen Produktion an der Zusammensetzung des Sozialprodukts stetig an Bedeutung verlor und immaterielle Wertschöpfung stattdessen in wachsendem Maße die Grundlage des Wohlstandes bildete. Was seitdem zählt, ist die produktive Symbiose von Wirtschaft und Wissenschaft. Sie hat im Laufe des 20. Jahrhunderts ihre eigenen Institutionen hervorgebracht und ein neues soziales System der Produktion begründet, das sich von dem der Industriellen Revolution des späten 18. Jahrhunderts klar unterscheidet. Auch wenn zeitnahe Erhebungen fehlen, so legen doch spätere Berechnungen des Deutschen Instituts für Wirtschaftsforschung nahe, dass Mitte der siebziger Jahre schon mehr als zwei Drittel der Beschäftigten und ein ebenso hoher Prozentsatz der gesamtwirtschaftlichen Wertschöpfung auf der Grundlage immaterieller, nachindustrieller Produktion standen.[19] Wenn sich die Bundesrepublik – und noch viel mehr die DDR – gleichwohl als ›Industriestaat‹ verstand und in der materiellen Produktion nach wie vor die wichtigste Quelle des gesellschaftlichen Reichtums vermutete, so hatte dies historische Gründe. Die Störung des wirtschaftspolitischen Orientierungssinns war in Deutschland besonders ausgeprägt, weil er sich mit großen Verwerfungen der säkularen wirtschaftlichen Entwicklung konfrontiert sah, die aus den hier für das 20. Jahrhundert so typischen politisch-ökonomischen Wechsellagen zwischen Krise und Rekonstruktion resultierten. Während die innere Uhr der deutschen Wirtschaft seit dem Ende des 19. Jahrhunderts von nachindustriellen, an immateriellen und wissenschaftsbasierten Produktionsprozessen ausgerichteten Kräften angetrieben wurde, standen die sichtbaren Zeiger des Wirtschaftsgeschehens in der Weimarer Republik, im Dritten Reich und während der Rekonstruktionsperiode nach dem Zweiten Weltkrieg noch immer im industriellen Bereich, um den Erfordernissen des jeweiligen Aufholprozesses nach Krieg und Depression gerecht zu werden. Die Wirtschaftspolitik konnte diesen Widerspruch lange nicht auflösen, und so blieb Deutschland bis weit in sein nachindustrielles Entwicklungsstadium hinein ein von industriellem Denken geprägtes Land.

Mit dem Ende der Rekonstruktionsperiode war dieser Anachronismus des wirtschafts- und forschungspolitischen Paradigmas noch keineswegs überwunden. Deutsche Wirtschafts- und Forschungspolitik orientierte sich vielmehr auch nach Ablauf der langen fünfziger Jahre nicht selten an vermeintlichen Notwendigkeiten industriewirtschaftlicher Entwicklung und traf Entscheidungen, die die Rückkehr des Landes an die Spitze der nachindustriellen Entwicklung weiter verzögert haben. Dies konnte auch nicht ohne Auswirkungen auf das Gebiet der technischen Innovation bleiben. Beispiele lassen sich dafür leicht finden. Zu den langfristig

---

19 DIW, Das Dienstleistungs-Puzzle. Ein aktualisierter deutsch-amerikanischer Vergleich, in: DIW-Wochenbericht 65 (1998) Heft 35, S. 625–629.

folgenreichsten Weichenstellungen, die unter diesen Voraussetzungen vorgenommen wurden, zählt gewiss die massenhafte Anwerbung von Ausländern, um in den sechziger und frühen siebziger Jahren die Versorgung des Arbeitsmarktes mit ungelernten Arbeitskräften sicherzustellen. Zweifellos war die Verfügbarkeit über ein wachsendes Arbeitskräftepotential gut ausgebildeter Menschen während der Rekonstruktionsperiode im internationalen Vergleich von großem Vorteil für die westdeutsche Wirtschaft. Die ›Gastarbeiter‹ der sechziger und siebziger Jahre versprachen aber eher, die Bedürfnisse der industriellen Massenproduktion nach einfachen Qualifikationen zu befriedigen, als an der Wiederherstellung der früheren technologischen Spitzenstellung der deutschen Wirtschaft mitzuwirken. Es ist vielmehr zu vermuten, dass die Verfügbarkeit über ein scheinbar unbegrenztes Reservoir von aus privatwirtschaftlicher Sicht relativ preiswerter Arbeitskraft den Einsatz teurer immaterieller Produktionsfaktoren zur Rationalisierung der Produktionsprozesse in allen Sektoren der deutschen Wirtschaft verzögert hat. Dies gilt vor allem im Vergleich mit jenen Wettbewerbern, die – wie Japan – von der Möglichkeit, ausländische Arbeitnehmer ins Land zu holen, gar keinen Gebrauch gemacht haben, oder die – wie die USA – sehr gezielt nach bestimmten Qualifikationen gesucht haben.

Langfristig verhängnisvoll sollte sich auswirken, dass es nicht gelang, die Konzeption staatlicher Wirtschafts- und Forschungspolitik von ihrer industriellen Orientierung abzulösen und auf eine produktive Ordnungspolitik hin zu orientieren, die geeignet war, nachindustriellen Bedürfnissen nach sicheren institutionellen Handlungsgrundlagen gerecht zu werden. Eine solche Politik war in der Praxis des 20. Jahrhunderts nicht ohne Vorbilder, doch wurden diese Erfahrungen immer wieder aufs Neue von mentalen Prägungen überlagert, die aus der Tiefe der industriegesellschaftlichen Vergangenheit aufstiegen. Hatte schon die Öffnung des Arbeitsmarktes für ausländische Arbeiter seit den sechziger Jahren zum Teil wie eine Erhaltungssubvention für alte Industrien gewirkt, so entschied sich die deutsche Wirtschaftspolitik – die ostdeutsche übrigens genauso wie die westdeutsche – unter der Illusion ihres industriellen Leitbildes in vielen Fällen auch direkt für die Erhaltung unrentabler Branchen durch öffentliche Beihilfen. Der Kohlenbergbau bietet dafür ein geradezu klassisches Beispiel. Dessen Sanierung in den sechziger Jahren sollte die wettbewerbsfähigen Teile des Bergbaus im Interesse der Gesamtwirtschaft erhalten, die öffentlichen Haushalte auf mittlere Frist entlasten und der Region an Rhein, Ruhr und Saar Zeit verschaffen, um sich dem wirtschaftlichen Strukturwandel zu öffnen. Damit schien unter beträchtlichen politischen und finanziellen Anstrengungen ein Muster für die Methode und die Richtung eines öffentlich flankierten Strukturwandels gefunden worden zu sein, das weit über den Bergbau hinaus den Weg in die nachindustrielle Wirtschaft hätte absichern können. Doch schon die Ölpreiskrise von 1973 – und endgültig der zweite Schock von 1979 – ließen diese Planungen zu Makulatur werden, weil sie von den beharrenden Kräften des Bergbaus zum willkommenen Anlass für eine Revision der wirtschaftspolitischen Zielvorgaben genommen wurden. In dieselbe falsche Richtung deutet die Tatsache, dass im Hochtechnologie-Land Deutschland bis in die achtziger Jahre hinein nicht der Ausbau der Informationstechnologie, sondern die Sicherung der konventionellen Energieversorgung durch die Förderung der Kohletechnologie ganz oben auf der Agenda deutscher Forschungs- und Technologiepolitik stand. Offenkundig fiel der deutschen Politik, gleich welcher Doktrin sie anhing, die wirtschaftliche Neuorientierung und Ortsbestimmung im diachronen wie im europäischen Vergleich besonders schwer. Dies gilt auch für die knapp vier Jahre, die Matthöfer für die westdeutsche Forschungs- und Technologiepolitik auf Bundesebene verantwortlich war. Einerseits noch tief in der alten industriellen Vorstellungswelt verwurzelt, nahm seine Arbeit mehr und mehr den Kurs zu neuen Ufern, auf welche die Bundesrepublik nach den schmerzlichen Unterbrechungen durch säkulare Krisen und Rekonstruktionsperioden unweigerlich zusteuern musste.

Der Humanisierungsminister

Das Programm ›Humanisierung des Arbeitslebens‹ konnte vor diesem Hintergrund – wenn überhaupt – nur einen peripheren Beitrag zu dieser Hauptaufgabe der deutschen Forschungs- und Technologiepolitik leisten. Seinem praktischen Nutzen und seiner politischen Anziehungskraft tat dies freilich keinen Abbruch. Es kam einer großen Zahl arbeitender Menschen zugute, weil es die Entstehung von Berufskrankheiten bekämpfte, der Prävention von Arbeitsunfällen diente und dazu beitrug, die physischen und psychischen Belastungen zu verringern, die an vielen Arbeitsplätzen nach wie vor im Übermaß auftraten. Das Programm beeindruckte eine reformfreudig gestimmte Öffentlichkeit, die in ihm zu Recht ganz konkrete Schritte zur Verbesserung der Lebensverhältnisse einer breiten Bevölkerungsschicht erkannte. Es ordnete sich auch nahtlos in die Anfang der siebziger Jahre einsetzende Debatte über die »Qualität des Lebens« ein, die nicht zuletzt in den Gewerkschaften und in der Sozialdemokratie geführt wurde. Hatte sich die IG-Metall in den sechziger Jahren auf großen internationalen Arbeitstagungen den Fragen der Automation gewidmet, wandte sie sich 1972 in diesem Rahmen zum ersten Mal der »Qualität des Lebens« als Zukunftsaufgabe der Gewerkschaften zu.[20] Die von 1250 Teilnehmern aus 22 Ländern eindrucksvoll dokumentierte neue Themensetzung umfasste zwar die Bereiche Bildung, Verkehr, Umwelt, Gesundheit, Regionalentwicklung, qualitatives Wachstum, Demokratisierung und die Zukunft der Gewerkschaften, ließ aber gerade die Arbeitswelt als Ort der Qualität des Lebens weitgehend außer Betracht. Matthöfer gehörte zu den Teilnehmern der Tagung und verfolgte den Leitvortrag von Erhard Eppler mit besonderer

---

20 Vierte Internationale Arbeitstagung der Industriegewerkschaft Metall für die Bundesrepublik Deutschland 11. bis 14. April 1972 in Oberhausen. Die von Günter Friedrichs redigierten Ergebnisse der Tagung wurden in 10 Bänden (Aufgabe Zukunft: Qualität des Lebens, Frankfurt a. M. 1973) veröffentlicht.

Aufmerksamkeit. Überraschenderweise enthielt auch dieser für die Lebensstil- und Ökologie-Debatte der siebziger Jahre richtungsweisende Beitrag kaum Bezüge auf das Arbeitsleben.[21] Ähnliches galt auch für das Dortmunder Wahlprogramm der SPD, wo der Begriff der Lebensqualität 1972 zum ersten Mal in die Programmatik einer Massenpartei Eingang fand: »Lebensqualität meint Bereicherung unseres Lebens über den materiellen Konsum hinaus.«[22] Lediglich die OECD kam, als sie im Mai 1973 versuchte, das neue Konzept zu konkretisierten, in die Nähe des Programms ›Humanisierung der Arbeitswelt‹: »Die Lebensqualität der Gesellschaft wird dadurch bestimmt, wie viele Menschen in ihrer Arbeit Befriedigung finden und wie viele darin eine widerwillig und missmutig ertragene Form des Broterwerbs sehen.« Vor allem aber konnte sich das Programm im Betriebsverfassungsgesetz auf eine sichere Rechtsgrundlage stützen und eröffnete den Tarifvertragsparteien zusätzliche Spielräume für kooperatives Handeln. ›HdA‹, wie das Programm im Jargon des Ministeriums genannt wurde, erfüllte damit in nahezu perfekter Weise die Bedingungen, die es zu einer idealen Materie der Politikgestaltung machten. Jeder Minister hätte sich ihrer freudig und engagiert angenommen. Matthöfer, der den HdA-Haushalt von 11,3 Millionen Mark (1974) während seiner Amtszeit auf insgesamt 234 Millionen Mark (1974–78) erhöhte, machte da keine Ausnahme, sondern sah in der HdA-Forschung – weit über ihre offenkundigen sozialen Wirkungen hinaus – sogar ein objektiv notwendiges Begleitprogramm zur Meisterung des Technischen Fortschritts in hoch entwickelten Industriegesellschaften. Bis dahin hatte er sich als demokratischer Sozialist und Gewerkschafter darauf konzentriert, die revolutionären Folgen der Automation zu antizipieren und die personellen und institutionellen Bedingungen zu schaffen, um sie zum Guten zu wenden. Jetzt diente ihm die ›Humanisierung des Arbeitslebens‹ dazu, dem – wie es schien – langfristig programmierten, unaufhaltsamen und ambivalenten Entwicklungsprozess der kapitalistischen Industriewirtschaft die menschenverachtende Spitze zu nehmen.

Erneut konnte er auf Erfahrungen aus seiner amerikanischen Studienzeit zurückgreifen, um eine vernünftig gestaltete Praxis in einen größeren theoretischen Rahmen zu stellen, damit sie nicht zukunftsblind wurde. Hatte er sich schon – wenn auch mit erheblicher zeitlicher Verzögerung – in Sachen betriebsnaher Gewerkschaftspolitik des Theorieangebots seines Lehrers Selig Perlman bedient, war es nun die Arbeit Fritz Sternbergs, die ihm die Augen für die säkulare Bedeutung des HdA-Motivs öffnete. Auch hier bedurfte es einer langen Inkubationszeit, bis Sternbergs Plädoyer für die »Vermenschlichung der Arbeit« bei ihm Wirkung zeigte.[23] Schon bei ihrem ersten längeren Zusammentreffen in Manhattan hatte das

---

21 Ebenda, Band 1. Siehe auch Erhard Eppler, Maßstäbe für eine humane Gesellschaft: Lebensstandard oder Lebensqualität? Stuttgart 1974, S. 18–31.
22 Außerordentlicher Parteitag der SPD, Dortmund 12.–13.10.1972. Protokoll der Verhandlungen, hrsg. v. Vorstand der SPD, Bonn 1972, S. 458.
23 Etwas unmotiviert hat Sternberg diese Forderung als Epilog seiner Arbeit »Die militärische und die industrielle Revolution« (Berlin, Frankfurt a. M. 1957) angehängt, deren militärisch-technisches Hauptargument schon lange zu Matthofers Standardrepertoire für Vorträge gehörte.

Fritz Sternberg (1895-1963) gehörte – auch im Exil – der SAPD an. In zahlreichen Büchern analysiert er Gegenwart und Zukunft des amerikanischen Kapitalismus.

frühere SAP-Mitglied dieses Thema in den Vordergrund seiner privaten Lehrgespräche gestellt, damit bei Matthöfer aber weniger Eindruck gemacht als mit seinen revolutionären Visionen auf den Gebieten der Automation, der Atomenergie und der nuklearen Waffentechnik. Der junge Gewerkschafter räumte dies auch öffentlich ein, wenn er Sternberg auf einer Beiratssitzung der IG Metall öffentlich als seine Autorität in Zukunftsfragen anerkannte: »Lieber Kollege Sternberg, ich habe mich in den letzten Jahren daran gewöhnt, Dich als eine Art Orakel zu betrachten, und wenn ich also meine Ansicht über die Zukunft beziehen will, dann lese ich Deine Bücher oder unterhalte mich mit Dir.«[24] Zwanzig Jahre später, als Forschungsminister, folgte er wieder den Ratschlägen Sternbergs, um für die »zweite industrielle Revolution«, wie sein Mentor die ›Automation‹ gern nannte, sicherzustellen, »daß die Steigerung der Produktivität der Arbeit nicht erst nach Generationen von Leid, Elend, Qual und Arbeitslosigkeit dem arbeitenden Menschen zugute kommt, sondern daß Steigerung der Produktivität und Steigerung der Lebenshaltung des arbeitenden Menschen miteinander zusammengehen.«[25] Die Übernahme der Sternbergschen Forderung nach Vermenschlichung der Arbeit bedeutete allerdings gleichzeitig die Orientierung am Wirtschafts- und Technikbild der standardisierten Massenproduktion und an der Marxschen Vorstellung, das weniger entwickelte Land lese in dem weiter entwickelten seine eigene Zukunft wie in einem Spiegel. Dem entsprach die unter den Zeitgenossen weit verbreitete Überzeugung, dass Amerika den künftigen Weg Europas vorzeichne. Dieser Weg führte nach Sternbergs Analyse aber geradewegs in ein Dilemma. Zum einen schien die Chance zum Greifen nahe, noch im dritten Viertel des 20. Jahrhunderts einen gesellschaftlichen Zustand zu erreichen, der »bei einer 4-Tagewoche keine Armen mehr kennt, sondern nur noch Mittelständler«.[26] Gleichzeitig war aber auch zu befürchten, »daß die Massenproduktion mit ihrer Verunmenschlichung der menschlichen Arbeit vielfach Hand in Hand damit ging und geht, daß das Niveau der Beschäftigung in der Freizeit sich so gesenkt hat, und damit gleichzeitig das gesamte kulturelle Niveau.« Daraus zu schließen, dass »Freizeit allein« nicht mehr die menschlichen Werte wiederherstellen kann, »wenn sie durch die Degradierung der Arbeit mehr und mehr verloren gehen«, lag nahe.[27] Der Kapitalismus müsse deshalb in seinem fortgeschrittenen Stadium der Technik neue »Befehle« erteilen, die es dem Menschen wieder erlaubten, Freude bei der Arbeit zu empfinden und nicht länger »Zubehör der Maschine« zu sein.

Sternbergs Forderung war vor dem Erfahrungshorizont der fünfziger Jahre in den USA entstanden und fand im Westeuropa der siebziger Jahre zwei grundlegende Unterschiede in den Rahmenbedingungen ihrer Umsetzung vor. Zum einen repräsentierte die standardisierte Massenproduktion hier nur eine von mehreren, sehr unterschiedlichen Produktionsweisen – und nicht die wichtigste. Überall dort, wo diversifizierte Qualitätsproduktion vorherrschte, wie in Deutschland, stellt sich das Problem der Entfremdung und Degradierung der Arbeit nicht im gleichen Maße wie im fordistischen System. In etwas eingeschränkter Form galt dies auch für die standardisierte Qualitätsproduktion, wie sie in der Elektrotechnischen Industrie weit verbreitet war. Der Übertragung des amerikanischen Mo-

---

24 Bandabschrift der Diskussion über ein 1955 gehaltenes Referat Sternbergs. Zit. nach Helga Grebing, Zeitgenosse sein. Zum 100. Geburtstag von Fritz Sternberg (1895–1963), in: Gewerkschaftliche Monatshefte 46 (1995), Heft 7, S. 430.

25 Fritz Sternberg, Probleme und Auswirkungen der Automation, in: Automation – Gewinn oder Gefahr? Arbeitstagung des Deutschen Gewerkschaffs-Bundes am 23. und 24. Januar 1958 in Essen, hrsg. v. DGB, S. 16.

26 Ders., Die militärische und die industrielle Revolution, Berlin, Frankfurt a. M. 1957, S. 303.

27 Sternberg, Revolution, S. 310 f.

dells auf Europa waren daher enge Grenzen gesetzt. Es war zweifellos sinnvoll, Verbesserungsmöglichkeiten der Arbeitsbedingungen auch im Bereich der nachindustriellen Maßschneiderei der neuen deutschen Wirtschaft zu erforschen, doch hatte die Forderung nach Vermenschlichung der Arbeit dort bei weitem nicht dieselbe grundlegende Bedeutung wie in der fordistischen Arbeitswelt. Zum anderen setzte gerade zum Zeitpunkt der Einführung des Programms 1974 der weltweite Rückgang der Nachfrage nach standardisierten Massengütern ein, der – in Westeuropa wie in den USA – zu einem weitgehenden Zusammenbruch dieser Produktionsweise führte. Gleichzeitig machte die Rückkehr der Globalisierung auf die Agenda der europäischen und der US-Wirtschaft seit den siebziger Jahren die Fortsetzung des fordistischen Produktionsregimes immer unwahrscheinlicher und mündete auf beiden Seiten des Atlantiks in die Suche nach neuen, weltweit wettbewerbsfähigen Organisationsweisen der Wirtschaft. In Deutschland flüchteten sich die großen fordistischen Produzenten, allen voran die Automobilindustrie, in die Qualitätsarbeit, sodass das Problem der Degradierung der Arbeit in vielen Branchen an Schärfe verlor. Gewiss blieb für die HdA-Forschung noch immer viel zu tun, und es ließ sich nach wie vor vieles an der Organisation und den Rahmenbedingungen des Arbeitslebens ›humanisieren‹, doch betrafen diese Verbesserungen immer weniger den Kern der technologischen Entwicklung in den zentralen Branchen der deutschen Wirtschaft.

Der neue Forschungsminister war fest entschlossen, die Programme »Humanisierung des Arbeitslebens« und »Technik im Dienste der Gesundheit« weiter auszubauen. Sie entsprachen nach seiner damaligen Vorstellung sowohl den Notwendigkeiten der industrieller Entwicklung als auch seiner »praktischen Erfahrung« mit dem Arbeitsleben. In der Öffentlichkeit verwies er gern auf eine soziologische Studie über die Lage junger amerikanischer Arbeiter, die nachgewiesen hatte, dass Erkrankungen, Aggressionsausbrüche, Sabotage und »blau machen« in einem direkten Zusammenhang mit den Bedingungen ihrer Arbeit standen.[28] Er selbst hätte dieser Studie nicht bedurft, kannte er doch die inhumanen Züge industrieller Arbeitsprozesse zur Genüge – sowohl aus eigener Erfahrung, als auch aus den Erzählungen seines im November 1971 kurz vor dem 70. Geburtstag verstorbenen Vaters. Johann Matthöfer, der seine Berufsausbildung wegen eines Arbeitsunfalls abbrechen musste, hatte zwar wieder Arbeit als Kranführer gefunden. Als ungelernter ›Fabrikler‹ gehörte er aber genau zu jenem Personenkreis, dessen Arbeitsbedingungen durch das HdA-Programm ›vermenschlicht‹ werden sollten. Der Forschungsminister war nicht der einzige im Kabinett, der das Programm voranbringen wollte. Mit Arbeitsminister Walter Arendt und dem ebenfalls aus der Gewerkschaftsbewegung kommenden Bildungsminister Helmut Rohde bildete er ein Trio, das der ›Humanisierung der Arbeit‹ eine klare Interessenpriorität zumaß. Sie sahen in ihm die nahezu ideale Umsetzung ihres öffentlichen Auftrages, Belastungen der abhängig beschäftigten Menschen zu beseitigen oder wenigstens zu

---

28 Hans Matthöfer, Technik menschlicher machen, Süddeutsche Zeitung vom 1. Juni 1974.

mildern, allen Menschen die Chance zu geben, Arbeit als ebenso positiven Bestandteil ihres Lebens zu erfahren wie Freizeit oder, philosophisch formuliert, die Entfremdung der Menschen von ihrer Arbeit und in ihrer Arbeit wenn nicht aufzuheben, so doch zu vermindern. Was die Forschungsförderung anging, hatte das Programm noch einen weiteren Vorzug. Während die durch gezielte Innovationspolitik künftig erreichbaren komparativen Wettbewerbsvorteile nicht mit hinreichender Sicherheit vorhersagbar waren, ließen sich die Resultate der ›Humanisierungsforschung‹ besser abschätzen. Es ließ sich nur vermuten, dass die als Technologien der Zukunft angesehenen Bereiche wie z. B. elektronische Datenverarbeitung, elektronische Bauelemente oder Lasertechnik künftig eine große wirtschaftliche Rolle spielen würden. Sicher dagegen war, dass bei den Überlegungen zum Verhältnis von Forschung, Innovation, internationaler Wettbewerbsfähigkeit und sektoraler Strukturpolitik der qualitative Aspekt für die Gesellschaft und damit auch für die einzelnen Menschen nicht vernachlässigt werden durfte.[29]

Anknüpfungspunkte für Forschungsprojekte zur Verbesserung der Qualität des Arbeitslebens hatte die Arbeit der Bundesregierung und der Gewerkschaften in den letzten Jahren genug geliefert. Das Betriebsverfassungsgesetz verschaffte den Betriebsräten viel Raum für Initiativen im Interesse einer menschengerechteren Gestaltung der Arbeitsplätze. Seine Anforderungen an die Qualität der Arbeitsplätze verlangten förmlich nach weiteren Anstrengungen, um gesicherte arbeitswissenschaftliche Erkenntnisse zu erarbeiten. Der Bezirksleiter der IG Metall für Nordwürttemberg/Nordbaden, Franz Steinkühler, hatte bereits Ende 1973 den Faden aufgenommen und in einem innovativen Lohnrahmentarifvertrag mit den Metallarbeitgebern wesentliche Verbesserungen der Arbeitsorganisation, der Arbeitsbedingungen und der Mitbestimmung am Arbeitsplatz durchgesetzt.[30] Das Gesetz über Betriebsärzte, Sicherheitsingenieure und andere Fachkräfte für Arbeitssicherheit hatte den Arbeitgebern auferlegt, entsprechende Stellen zu schaffen. Das Gesetz über technische Arbeitsmittel schützte die Benutzer dieser Apparate besser als vorher vor Gefahren und Schädigungen. Die Arbeitsstättenverordnung führte eine Anpassung der Verhältnisse am Arbeitsplatz an moderne Erkenntnisse der Sicherheitstechnik, Arbeitsmedizin, Betriebshygiene und Ergonomie herbei. Die Verordnung über gefährliche Arbeitsstoffe verstärkte den Schutz der Arbeitnehmer vor entsprechenden Gefahren, Belästigungen und Beeinträchtigungen; desgleichen die Unfallverhütungsvorschriften und Richtlinien über Maßnahmen zum Schutz der Arbeitnehmer gegen Lärm am Arbeitsplatz. Dem Jugendarbeitsschutzgesetz war die Modernisierung und Weiterentwicklung der Schutzvorschriften für die im Arbeitsleben stehenden Jugendlichen zu verdanken. So schaffte ein

29 Hans Matthöfer, Forschungspolitik und Innovation (Vortrag auf der Festveranstaltung der Fraunhofer-Gesellschaft in München), Bulletin (1974) 82 vom 28. Juni 1974, S. 823–825.
30 Bestimmungen des Lohnrahmentarifvertrages II der Metallindustrie von Nordwürttemberg/Nordbaden vom 1.11.1973, in: Humanisierung der Arbeit als gesellschaftspolitische und gewerkschaftliche Aufgabe. Protokoll der DGB-Konferenz vom 16. und 17. Mai 1974 in München, hrsg. v. Heinz Oskar Vetter, Frankfurt a. M., Köln 1974, S. 280–284.

ganzes Netz aus Gesetzen und Verordnungen die Voraussetzungen und Grundlagen dafür, dass die Arbeitsbedingungen kontinuierlich verbessert werden konnten.[31] Voraussetzung für den Erfolg dieser Regelungen war freilich mehr Wissen darüber, welche Wege einzuschlagen waren und mit welchen Methoden sich Verbesserungen der Arbeitsbedingungen erreichen bzw. durchsetzen ließen. Matthöfer musste allerdings die Erfahrung machen, dass gerade viele Betriebsräte weder mit ihren gesetzlichen noch den tarifvertraglich abgesicherten Befugnissen viel anfangen konnten, weil ihnen Zeit und Fachwissen fehlten. Obwohl er sich große Mühe gab, den gewerkschaftlichen Einfluss auf das Programm zu erhöhen, zum Beispiel durch kräftige finanzielle Unterstützung bei der Umsetzung entsprechender Forschungsergebnisse, durch die die richtige Zusammensetzung des Beirats oder dadurch, dass die Genehmigung eines Projekts durch das BMFT von der Zustimmung des zuständigen Betriebsrats abhängig gemacht wurde, blieb die Einstellung vor allem linker gewerkschaftlicher Kreise zu dem Programm durchaus kritisch.[32] Sie sahen sein HdA-Programm zunächst als bloß »symbolisches Legitimationsprogramm« an, das erst ab 1976 durch seine finanzielle Ausstattung eine gewisse Ausstrahlung »in Richtung einer sozialorientierten Technologiepolitik« hätte entfalten können. In ihren Augen diente es »als soziale Abfederung« des politischen Konzepts der sozialliberalen Koalition zur Modernisierung der Volkswirtschaft. Entsprechend blieben Entscheidungen über Förderungsanträge und die Umsetzung der Ergebnisse – so die Kritik aus den Gewerkschaften – »weitestgehend« dem Bereich von Marktprozessen und Unternehmensentscheidungen verhaftet und die Maßnahmen der staatlichen Handlungsträger auf privatwirtschaftliche Strukturen ausgerichtet. Matthöfer hatte freilich noch nie etwas von gewerkschaftlichen Bemühungen gehört, das Programm *außerhalb* »privatwirtschaftlicher Strukturen« durchzuführen. Für ihn war diese Argumentation daher »typisch für eine bestimmte Art unüberzeugbarer ›linker‹ Opposition«, mit der er es bei seiner Arbeit nicht selten zu tun hatte.[33]

Es war das Ziel des Aktionsprogramms »Forschung zur Humanisierung des Arbeitslebens«, durch eine praxisorientierte Forschungsförderung methodische Lücken bei der Verbesserung der Arbeitsbedingungen zu schließen. Die meisten Forschungsprojekte lagen in den alten Industrien, insbesondere im Bergbau und in der Bauindustrie sowie in der standardisierten Massenproduktion der Metallindustrie. Das seit 1974 laufende Programm zielte auf die Erarbeitung von betrieblichen Modellen für menschengerechte Arbeitsbedingungen, die übertragbare Ergebnisse lieferten. Die unmittelbare Einbeziehung von Unternehmen und Arbeitnehmern

---

31 Stefan Remeke, Gewerkschaften und Sozialgesetzgebung. DGB und Arbeitnehmerschutz in der Reformphase der sozialliberalen Koalition, Essen 2005.

32 Klaus Lompe, Gewerkschaftliche Politik in der Phase gesellschaftlicher Reformen und der außenpolitischen Neuorientierung der Bundespolitik 1969 bis 1974, in: Hans Otto Hemmer, Kurt Thomas Schmitz (Hg.), Geschichte der Gewerkschaften in der Bundesrepublik Deutschland – Von den Anfängen bis heute, Köln 1990, S. 305 f.

33 Hans Matthöfer, Muß Fortschritt unmenschlich sein? Vier Jahre Forschung zur Humanisierung des Arbeitslebens, Vorwärts (1978) 11, S. 16 vom 16. März 1978.

und ihre Beratung durch Arbeitswissenschaftler verschiedener Disziplinen sollten in den Betrieben nach Möglichkeit zu sich selbst verstärkenden Lern- und Humanisierungsprozessen führen. Dazu mussten Schutzdaten, Richtwerte und Mindestanforderungen an Maschinen, Anlagen und Arbeitsstätten erarbeitet werden, um menschengerechte Arbeitstechnologien zu entwickeln. Vorrangig ging es dabei um Maßnahmen zur Erweiterung der Handlungs- und Entscheidungsspielräume von Arbeitnehmern an ihrem Arbeitsplatz, die zugleich Möglichkeiten und Anreize zur Höherqualifizierung enthielten. Im Einzelnen wurden aber auch mit Hilfe der Forschung Wege gesucht, um extrem einseitige Belastungen am Arbeitsplatz zu beseitigen, insbesondere im Bereich sich ständig wiederholender kurzzyklischer Teilarbeit. Es waren keine spektakulären Fortschritte, die hier erzielt werden konnten, sondern graduelle Verbesserungen des Arbeitslebens, wie sie die sozialpolitische Maschinerie der sozialliberalen Koalition unter tatkräftiger und sachkundiger Mithilfe der Gewerkschaften ermöglicht hatte. Zusammen mit Walter Arendt und Helmut Rohde fiel dem Forschungsminister die Aufgabe zu, die Kraft, die aus dem Maschinenraum der Sozialpolitik kam, auf der Kommandobrücke zu repräsentieren und in politische Vorwärtsbewegung umzusetzen. Matthöfer ist dies zweifellos gut gelungen – auch wenn dieser Teil seiner Arbeit zu einer neuen Kursbestimmung der deutschen Wirtschafts- und Forschungspolitik wenig beigetragen hat. Ebenso wichtig war aber die Tatsache, dass die HdA-Thematik (neben der Sozialpolitik) eines der wenigen Politikfelder war, das über die Grenzen der Parteien und Weltanschauungen hinweg im Konsens behandelt wurde. Dazu hat der ›Humanisierungsminister‹, wie er in der Öffentlichkeit gelegentlich genannt wurde, nicht wenig beigetragen. Die Bücher, die er dem Thema widmete, fanden auch bei Lesern, die dem demokratischen Sozialismus nicht nahe standen, lebhafte Zustimmung. So war sich Hanns Martin Schleyer sicher, dass Matthöfers Abriss einer sozialdemokratischen Forschungs- und Technologiepolitik, die er 1976 unter dem Titel »Für eine menschliche Zukunft« veröffentlichte,[34] »neben der Information über die Forschungspolitik der Regierung auch zum besseren Verständnis der gegenwärtigen wirtschaftlichen Probleme in der Öffentlichkeit beitragen« werde.[35] Er versicherte ihm daher, dass er mit den Zielsetzungen seiner Forschungspolitik »weitgehend übereinstimme«. Dies war keineswegs selbstverständlich, handelte es sich bei diesem Buch doch um eine von Matthöfers Mitarbeitern besorgte Kollage von Texten aus dem politischen Alltag, die ihren parteipolitischen Hintergrund nicht verhehlte. Das zweite Buch, das der Minister für Forschung und Technologie während seiner Amtszeit ›seinem Thema‹ widmete, war mit weit mehr Herzblut geschrieben: »Humanisierung der Arbeit und Produktivität in der Industriegesellschaft« verkaufte sich gut und erlebte drei Auflagen.[36] Sein Inhalt ging weit über

---

34 Hans Matthöfer, Für eine menschliche Zukunft. Sozialdemokratische Forschungs- und Technologiepolitik, Düsseldorf, Wien 1976. Wesentlich beteiligt war Jürgen Wefelmeier.
35 Der Präsident der Bundesvereinigung der Deutschen Arbeitgeberverbände an Matthöfer am 11. November 1976, AdsD, DM 0405.
36 1. Aufl. Köln, Frankfurt a. M. 1977; 3. überarbeitete Aufl. Köln 1980.

einen Rechenschaftsbericht in Sachen HdA hinaus und schloss einige der Lieblingsthemen des Verfassers mit ein. So griff er erneut auf die Ergebnisse seiner Studien über »Streiks und streikähnliche Formen des Kampfes der Arbeitnehmer im Kapitalismus«[37] zurück, um den irenischen und produktiven Wert der Humanisierung der Arbeitswelt zu begründen. Mitbestimmung und Tarifpolitik reihte er in das Instrumentarium zur Vermenschlichung der Arbeit ein, ohne die auf von ihm bevorzugten betriebsnahen Ausprägungen zu bestehen. Vor allem aber schränkte er die Reichweite staatlicher Vollbeschäftigungspolitik auf die Sorge ein, »daß das Beschäftigungsangebot der Nachfrage und möglichst auch ihrer Qualifikationsstruktur entspricht«.[38] Neu war die Erkenntnis, dass »die Mängel der Fähigkeit des Staates, den Ablauf der Wirtschaft zu steuern, offenbar werden«, und ebenso die Prognose, dass sich »mit einer Politik der Globalsteuerung allein ... die Beschäftigungsprobleme unserer Zeit nicht mehr bewältigen« ließen. Noch bis in die siebziger Jahre hinein hatte er »Vollbeschäftigung im allgemeinen – und für Wissenschaftler im besonderen – für ein reines Organisationsproblem gehalten«.[39] Auch die »Antworten auf menschenwidrige Bedingungen und Strukturen der Arbeit«, die naturgemäß im Mittelpunkt des Buches standen, atmeten Matthöfers persönliches Engagement und gaben so der spröden Materie ein unverwechselbares Profil. Das Echo auf Matthöfers populärstes Buch war ungewöhnlich positiv. Vor allem aus der katholischen Kirche kam lebhafte Zustimmung. Der Nestor der katholischen Soziallehre, der Jesuit Oswald von Nell-Breuning, hielt das Buch »ohne Übertreibung« für »außergewöhnlich wohlgelungen«, weil es »hohes Ethos mit nüchterner Sachlichkeit« verbinde:[40] »Für das hohe Ethos spricht nicht nur das angestrebte Ziel, sondern ebensosehr, dass der Verfasser ohne Aggressivität, ohne Anklagen oder Schuldsprüche über Widersacher auskommt und – für einen Politiker besonders bemerkenswert – sich mit einem wohltuend geringfügigen Maß an Eigenlob für seine politische Partei oder die politische Koalition, der er angehört, begnügt, immer die Sache selbst sprechen läßt und diese nicht nur – was sich von selbst versteht – sachverständig, sondern – was sich leider nicht von selbst versteht – auch für jedermann verständlich darlegt.« Auch der Kölner Kirchenfürst Joseph Kardinal Höffner war offenbar von Matthöfers Arbeit beeindruckt, widmete er ihm doch – mit »Gottes Segen« - ein Exemplar seiner »Christlichen Gesellschaftslehre«.[41] Solche zustimmenden Äußerungen waren nur die Spitze des Eisbergs. Matthöfers unermüdliche und ehrliche Bemühungen machten das Humanisierungsthema ungeheuer populär. Das half ihm sicher auch, Wahlen zu gewinnen. Im Grunde war das Programm aber nicht als Wahlkampfschlager konzi-

37 Abgedruckt in: Zur Theorie und Praxis des Streiks, hrsg. v. Dieter Schneider, Frankfurt a. M. 1971, S. 155–209.
38 Matthöfer, Humanisierung, S. 45–47.
39 Im Gespräch mit dem Gewerkschaftshistoriker Gerhard Beier am 29. Juni 1984; AdsD, DM 0404.
40 Der Bund-Verlag druckte von Nell-Breunings Urteil als Werbetext auf der hinteren Umschlagseite der 3. Auflage ab.
41 7. erw. Aufl. Kevelaer 1978.

piert. Der Forschungsminister machte keinen Hehl daraus, dass die »inhumansten Arbeitsplätze in der Bundesrepublik« mit Ausländern besetzt seien.[42] In diesen 2,4 Millionen nicht wahlberechtigten Gastarbeitern, »die sich ihre Lebenszeit abkaufen lassen mussten«, sah er seine eigentliche Klientel. Am Ende seiner Amtszeit als Minister für Forschung und Technologie war sein Name jedenfalls nicht allein mit den Unwägbarkeiten der Atomenergiepolitik, sondern gerade auch mit der ›Humanisierung des Arbeitslebens‹ eng verbunden. Aber auch als Finanzminister sorgte er dafür, dass sich der HdA-Haushalt kontinuierlich entwickeln konnte. Die Mittel stiegen von 11,3 Mio. DM im Jahr 1974 auf 107,3 Mio. DM im Jahr 1982. Unter der Regierung Kohl fielen sie 1984 auf 83.1 Mio. DM zurück und sollten nie mehr das frühere Niveau erreichen.

Zukunftsminister mit Bodenhaftung

Von den USA lernen

Der neue Bundesminister für Forschung und Technologie war kein Technikfreak, der sich von neuen Technologien Wunder versprach. In dieser Hinsicht hatte er bereits in den fünfziger Jahren Lehrgeld bezahlt. Für ihn gab es auf dem Gebiet von Forschung und Technologie keinen ›archimedischen Punkt‹, der sich dazu eignete, die Wirtschaft aus den Angeln zu heben. Vor allem aber war er sich im Klaren darüber, wie wenig sich der technische Fortschritt planen ließ:[43] »Erst nachträglich interpretieren wir in bestimmte Erfindungen oder Innovationen die Schlüsselstellung für den Beginn einer neuen ›langen Welle‹ hinein.« Mitte der siebziger Jahre musste man aber kein Prophet sein, um jene neuen Technologien zu identifizieren, die in den kommenden Jahrzehnten den Takt der wirtschaftlichen Entwicklung bestimmen würden. Aus deutscher Perspektive genügte ein Blick in die USA und nach Japan, um die neuesten Trends zu erkennen. Matthöfer hatte schon Anfang der sechziger Jahre, unmittelbar nach seiner Rückkehr aus den USA, in der »elektronischen Industrie« die strategische Größe ausgemacht, die für den Erfolg in den übrigen Brennpunkten der künftigen Entwicklung, der Luft- und Raumfahrtindustrie, dem Fahrzeugbau, dem Maschinenbau und der Chemischen Industrie bestimmend sein würde.[44] Er kannte auch die Gründe, die dazu geführt hatten, dass die Vereinigten Staaten unangefochten an der Spitze der technologischen Ent-

---

42 Technik menschlicher machen, Süddeutsche Zeitung vom 11. Juni 1974.

43 ›Ausblick auf 1975 – Die technologischen Entwicklungen. Referat mit Diskussion vor dem Hohenstein-Seminar in Bonn am 19. November 1974; ›Diensttagebuch‹ 19.11.1974, AdsD, DM 0404.

44 Hans Matthöfer, Entwicklungstendenzen des technischen Fortschritts in der Metallindustrie, o. O.u.J. (1963); AdsD, DM 025. Heute (2008) werden mehr als die Hälfte der deutschen Industrieproduktion und mehr als 80 Prozent der Exporte von Produkten der digitalen Wirtschaft gesteuert. Die Informations- und Kommunikationstechnologiebranche (ITK) hat einen Anteil von 6,2 Prozent am Bruttoinlandsprodukt und ist mit 800.000 Beschäftigten größer als die Automobilindustrie.

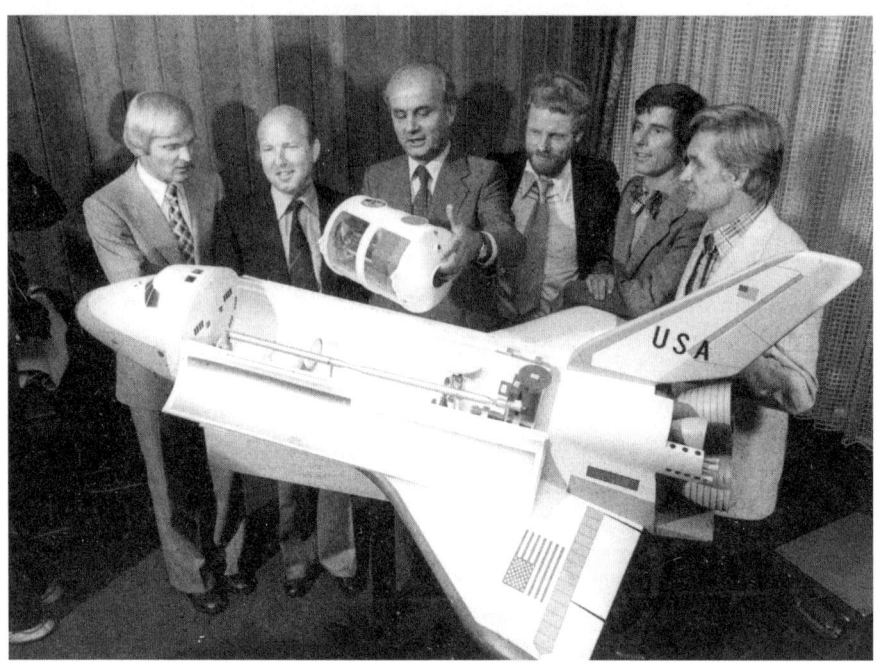

In der Raumfahrttechnik (hier mit dem Modell der Apollo-Raumfähre) sah der Forschungsminister eine der großen Herausforderungen für Europa.

wicklung lagen. Da war zum einen die rapide Zunahme der Forschungsausgaben, deren Zusammensetzung sich dabei gleichzeitig immer mehr zugunsten der staatlichen Förderung verschob. Binnen eines Jahrzehnts (1953 bis 1963) hatte sich das Verhältnis der staatlichen zu den privaten Forschungsausgaben genau umgekehrt. Die Privatindustrie finanzierte nur noch ein Drittel der Forschungsausgaben. Von den staatlichen, d. h. vor allem militärischen Ausgaben für Forschung und Entwicklung flossen 90 Prozent in die genannten fünf Zukunftsindustrien. Matthöfer hatte auch schon früh erkannt, warum die elektronische Industrie gerade in den USA diese Dynamik entwickelte und so stark gefördert wurde. Mit Kopierautomaten und magnetband- oder lochstreifengesteuerten Werkzeugmaschinen ließ sich eine viel größere Präzision und Gleichmäßigkeit der Produktionsprozesse erreichen als mit Hilfe herkömmlicher Bearbeitungssysteme. Dies kam zwar zunächst dem militärischen Raketenbau zugute, der die Elektronikindustrie zu vielen Pionierleistungen anspornte, ließ aber auch erhebliche Produktivitätszuwächse in der zivilen Serienproduktion erwarten, deren technisches Design schon immer eine hohe Normungspräzision und eine perfekte Austauschbarkeit der eingesetzten Teile voraussetzte. Damit war ein großer, homogener, innovationsorientierter Anwendungsmarkt für elektronische Bauelemente vorhanden. Indirekt hatte der Automationsexperte und intime Kenner der amerikanischen Metallindustrie mit dieser Analyse bereits auch *en passant* erklärt, warum Deutschland nicht zu den

Pionieren der neuen Entwicklung der Elektronik gehörte, obwohl es auch hier nicht an einschlägigen Kenntnissen und technischen Voraussetzungen fehlte: Zum einen war die Luft- und Raumfahrt in Deutschland nach dem Zweiten Weltkrieg aus politischen Gründen weit ins Hintertreffen geraten, und eine innovative deutsche Rüstungsindustrie entwickelte sich nur spät und zögerlich.[45] Zum anderen verlangte der deutsche Markt nicht im selben Maße nach elektronischen Bauteilen wie der amerikanische und später auch der japanische. Der fordistische Sektor der Wirtschaft, der in den USA neben der Rüstung am meisten von der Elektronik profitierte, hatte in Deutschland im Schatten der auf diversifizierte Qualitätsproduktion ausgerichteten Produktionsweise auch nicht annähernd dieselbe Bedeutung erlangt und spielte deshalb als Nachfrager keine bestimmende Rolle. Der deutsche Maschinenbau setzte nach wie vor auf diversifizierte Qualität und nutzte seine komparativen Wettbewerbsvorteile im Bau von maßgeschneiderten Maschinen nach Kundenwunsch. Es war daher kein Zeichen von Rückständigkeit, dass die deutschen Maschinen- und Anlagenbauer auf die Anwendung von Methoden der computergestützten Verknüpfung von Konstruktion, Arbeitsplanung und Fertigung (CAD) so lange verzichteten, sondern im Gegenteil Ausdruck ihres hohen Qualitätsstandes. Von daher konnte es nicht überraschen, dass in den siebziger Jahren die amerikanische und die japanische Industrie in der Elektronik eine Spitzenstellung erreichten, zumal in den USA riesige Ausgaben im militärischen Sektor und in der Raumfahrt den größten Teil der Forschungs- und Entwicklungsaufwendungen der amerikanischen Elektronikindustrie abdeckten, und Japan seine Elektroindustrie durch eine konsequente staatliche Industriepolitik unter der Ägide des Ministeriums für Außenhandel und Industrie (MITI) unterstützt hatte.

Inzwischen war auch deutlich geworden, dass sich die Bedeutung elektronischer Bauteile längst aus der engen Bindung zu dem im Niedergang begriffenen Fordismus gelöst hatte und dabei war, zu einer Schlüsseltechnologie aufzusteigen. Indem sie die Datenverarbeitung, die Mikroelektronik, die Nachrichtentechnik und die Informationsverarbeitung revolutionierte, schien sie die künftige Infrastruktur der gesamten Wirtschaft zu bestimmen. Vor dem Hintergrund des im Oktober 1973 ausgelösten ersten Ölpreisschocks gewann die Elektronikindustrie noch weiter an Attraktivität. Matthöfer hatte ihren relativ geringen Ressourcenverbrauch schon früh erkannt und stellte ihn bei jeder sich bietenden Gelegenheit deutlich heraus: »Wir brauchen in den 80er Jahren mit großer Wahrscheinlichkeit vor allem Industrien, die wachstumsorientiert sind, ohne die Umweltbelastung zu erhöhen.«[46] Er sah daher in der Halbleiterindustrie ein Musterbeispiel einer Zukunftsindustrie, in der mithalten musste, wer die wirtschaftliche Entwicklung eines Landes auf ein langfristig sicheres Fundament stellen wollte. Sie eröffnete große Wachstumschan-

45 Werner Abelshauser, Wirtschaft und Rüstung in den Fünfziger Jahren (= Anfänge westdeutscher Sicherheitspolitik 1945–1956, hrsg. v. Militärgeschichtlichen Forschungsamt, Bd. 4/1), München 1997, 2001, S. 156–178.
46 Bundesministerium für Forschung und Technologie, Programm elektronische Bauelemente 1974–1978, Bonn 1974.

cen, hatte einen geringen Energieverbrauch, belastete kaum die Umwelt und versprach, mit der Vielzahl ihrer Produkte wesentliche Bedürfnisse zu decken. In jedem Fall ließ ihre Fähigkeit, auf kleinstem Raum und zu extrem niedrigen Kosten komplexe logische Funktionen zu erfüllen, große Hoffnungen aufkeimen. Nachindustrielle Arbeitsplätze, öffentliche Dienstleistungen und die Produkte des täglichen Bedarfs mussten sich wahrscheinlich nachhaltiger verändern, als man sich das noch in den siebziger Jahren vorzustellen vermochte. Matthöfer war sich auch darüber im Klaren, dass das Tempo, bis zu einem gewissen Grad auch die Richtung der Veränderungen in dieser Industrie, von jenen Ländern bestimmt werden würde, die führend in der Entwicklung und Anwendung elektronischer Bauelemente waren. Wenn schon nicht genug Initiative für technologische Innovationen auf diesem Gebiet von der Privatindustrie ausging, so lag es nach der Auffassung des Forschungsministers in der Verantwortung des Staates, die Halbleiterindustrie der Bundesrepublik aus ihrer gegenwärtigen, keineswegs günstigen Position herauszuführen. Es zeichnete sich jedenfalls ab, dass es gerade auf den besonders zukunftsweisenden Gebieten der Halbleitertechnik außerordentlicher Anstrengungen bedurfte, um den Anschluss nicht zu verlieren. Das BMFT förderte daher Forschung und Entwicklung im Bereich der neuen elektronischen Bauelemente seit 1974 »gezielt und nachhaltig«.[47]

Asien: der neue Markt

Mitte der siebziger Jahre kehrte nicht nur die Globalisierung zurück auf die Agenda der europäischen Wirtschaftspolitik. Sie rückte – wie schon während der ersten Globalisierungswelle in der zweiten Hälfte des 19. Jahrhunderts – auch wieder den ostasiatischen Raum in den Mittelpunkt des Interesses, verlieh dem Weltmarkt seine bis heute gültige triadische Dimension und machte Japan zu seinem wirtschaftlichen *shooting star*. Die Öffnung des chinesischen Marktes, die das Reich der Mitte nach Jahrzehnten autozentrierter Entwicklung 1978 ausdrücklich vollzog, deutete sich bereits an. Kaum im Amt, begrüßte Matthöfer im Mai 1974 im BMFT die erste offizielle Fachdelegation aus der Volksrepublik China.[48] Die siebenköpfige Delegation, die vom Vizepräsidenten der Gesellschaft für Wissenschaft und Technik und Prorektor der Universität Peking, Professor Chou Pei-Yuan geleitet wurde, blieb drei Wochen in der Bundesrepublik und begab sich auf eine Erkundungsreise durch die deutsche Forschungs- und Technologielandschaft. Matthöfer wies in seiner Begrüßung auf die Gegenseitigkeit wissenschaftlicher Zusammenarbeit hin und betonte sicher nicht nur aus Höflichkeit, für ihn sei es von großem Interesse, »etwas mehr über die gesellschaftspolitischen Implikationen der

---

47 »Die Bedeutung neuer Technologien zur Lösung von Strukturproblemen« (Vortrag beim Verband deutscher Elektrotechniker in Hamburg am 8. Oktober 1974), Bulletin (1974) 119 vom 11. Oktober 1974, S. 1 209–1 211.

48 ›Diensttagebuch‹, 31.5.1974, AdsD, DM 0404.

chinesischen Technologiepolitik zu erfahren«. Gelegenheit dazu bot sich ihm 1976, als er in China mehrere Forschungsinstitute besuchte: Einrichtungen der Chinesischen Akademie der Wissenschaften in Peking, Forschungseinrichtungen für Kohletechnologie in Tungschan, für Nachrichtentechnik und Halbleitertechnologie in Schenyang und Institute der Eisen- und Stahlindustrie in Anschan.[49] Die zwölftägige Reise auf Einladung der Akademie der Wissenschaften konzentrierte sich auf die Mandschurei – das chinesische ›Ruhrgebiet‹ – und schloss das leichtindustrielle Ballungszentrum von Schanghai und das Pekinger Atom-Institut ein. In der Hauptstadt wurde der Delegation das selten gezeigte Institut für Datentransport vorgeführt. Im Mittelpunkt der Gespräche mit den Chinesen standen Energie- und Rohstofftechnologien, Fragen biomedizinischer Technologien, der Festkörper- und Materialforschung sowie neue Technologien für terrestrische Nachrichten- und Datenübertragungssysteme. Während der zwölftägigen Reise versuchte Matthöfer den Chinesen vor allem drei Felder technisch-wissenschaftlicher Zusammenarbeit schmackhaft zu machen: Er bot China einen Teil der Kapazität des Nachrichtensatelliten ›Symphonie‹ an, der als Gemeinschaftsprojekt mit Frankreich entwickelt worden war. Zweitens lud er China ein, eine Expertendelegation zum Studium des Tunnel- und Stollenbaus in die Bundesrepublik zu senden. Und drittens empfahl der deutsche Forschungsminister den Chinesen, die Möglichkeiten technischer Zusammenarbeit auf dem Gebiet der Kohleveredelung zu prüfen. Zu Matthöfers Delegation gehörten u. a. der Atomphysiker Carl Friedrich von Weizsäcker, Karl-Heinz Beckurts, Wissenschaftlicher Geschäftsführer der Kernforschungsanlage Jülich und später Vorstandsmitglied der Siemens AG, sowie Heinrich Mandel, Vorstandsvorsitzender der Rheinisch-Westfälischen Elektrizitätsgesellschaft. Diese personelle Zusammenstellung verweist darauf, dass man auf Wünsche der chinesischen Seite vorbereitet war, über Fragen der Energieerzeugung aus Nuklearanlagen zu sprechen, die bis dahin in China noch keine Rolle spielte. Die Deutsche Botschaft in Peking hatte die Delegation zuvor darüber unterrichtet, dass die Chinesen am Bau von Atomkraftwerken in Sinkiang und Tibet interessiert seien.[50] Für die deutsche Seite mindestens ebenso interessant war die Information, dass China in Zukunft Uran exportieren wolle. Man fand jedoch bald heraus, dass die Chinesen in naher Zukunft nicht beabsichtigten, mit Kernenergie Elektrizität zu erzeugen. Sie hatten aber immerhin eine Planungsgruppe, die sich mit der Frage beschäftigte, was China tun solle, wenn es sich irgendwann einmal entscheiden müsse. Das BMFT und die einschlägige Industrie waren bereit, mit dieser Planungsgruppe zusammenzuarbeiten, auch ohne die Absicht, nun gleich Kernkraftwerke zu verkaufen.[51] Tatsächlich hielt sich das Interesse der Kraftwerk Union Aktiengesellschaft am China-Geschäft sehr in Grenzen. Zu groß war die Befürch-

---

49 ›Diensttagebuch‹, 29.2.–12.3.1976, AdsD, DM 0404.
50 Botschaft der Bundesrepublik Deutschland in Peking an das Auswärtige Amt betr. China-Reise von französischen Atomwissenschaftlern und Vertretern von Firmen, die sich mit dem Reaktorbau befassen. Dezember 1975, AdsD, DM 047.
51 Interview in DIE ZEIT 31(1976), 24 vom 19. März 1976.

tung, dass die Ausführung von größeren Anlagen in China mit einigen Problemen hinsichtlich des gewünschten Transfers von Know how verbunden sei.[52] Mit viel größerer Aufgeschlossenheit begegnete die deutsche Delegation dagegen dem Hinweis, China sei besonders interessiert an der modernen Halbleitertechnik. Im Mittelpunkt der Vorschläge, die deutsche Unternehmen für die Agenda der Verhandlungen machten, nachdem sie Matthöfer aufgefordert hatte, ihm Wünsche für seine Chinareise vorzutragen, standen aber eher konventionelle Technologien. So waren die Kabel- und Metallwerke der Gutehoffnungshütte Aktiengesellschaft besonders erfolgreich mit ihrem Angebot, die Einführung von Kabelnetztechnik mit dem Ausbau des chinesischen Telefonkabelnetzes in den ›Angebotskatalog‹ deutscher Technologieexporte aufzunehmen.

Matthöfer war keiner jener China-Touristen, die jeder Erklärung mit Staunen und Kopfnicken folgen. Er stellte präzise Fragen, wollte die allgemeinen Schilderungen durch Details erläutert haben.[53] Wie funktioniert die Arbeitermitverwaltung im Revolutionskomitee einer Fabrik? Was wird vom Parteikomitee des Betriebs entschieden? Wer beschließt über Investitionen oder die Einstellung neuer Arbeiter? Mehr noch als die ersten eindrucksvollen Beweise chinesischen Aufholens in Technik und Industrie interessierten den deutschen Forschungsminister die Zeichen der Agitation der maoistischen »Viererbande«, die mit dem »Kampf gegen den Wind von rechts« ihre schwindende Machtstellung verteidigen wollte. In allen Städten hatte Matthöfer diese Parolen in den Straßen und in den Fabriken gesehen. Wo immer er hinkam, sei es in die Maschinenbaufabrik von Schenyang (Mukden) oder das Stahlkombinat Anschan, ließ er sich deshalb ausführlich erklären, wie das Verfassungsmodell der Arbeitermitverwaltung aussieht und funktioniert, das anderthalb Jahrzehnte lang in den politischen Linienkämpfen umstritten war und nun wieder Modellcharakter hatte. Die ausführlichste Darstellung bekam er in Anschan, das sich schon 16 Jahre zuvor eine von Mao bekräftigte Betriebsversammlung gegeben hatte. Nach dem Modell von Anschan sollte nun nach dem Willen der Maoisten das Verhältnis von Arbeitern, Technikern und Funktionären in der ganzen chinesischen Industrie geregelt werden. Die Anschan-Verfassung für Betriebe war als Gegenmodell gegen die in den Anfangsjahren des Aufbaus von den Sowjets übernommenen Betriebsordnungen entstanden, die auf dem Prinzip der Ein-Mann-Führung aufgebaut waren. Parteiorgane waren ebenso wie die Arbeiterschaft vom Entscheidungsprozess ausgeschlossen, der allein in der Hand der Direktoren und Spezialisten lag. Die Direktion entschied nach dem Maßstab des Profits, den Arbeitern wurde durch ein Prämiensystem ein materieller Anreiz zu höherem Einsatz gegeben. Doch ein Stahlwerk, so lautete die neue Parole der Maoisten, sei nicht nur dazu da, um Stahl zu produzieren, sondern auch dazu, um auf dem Wege des Sozialismus voranzuschreiten. – Die Diskussion von Anschan fand im Badehaus des Arbeitersanatoriums statt. Für alle Gäste war ein Bad mit Rheuma

52 Vermerk der Kraftwerk Union Aktiengesellschaft betr. den chinesischen Markt aus der Sicht der KWU, Erlangen, den 19.12.1975, AdsD, DM 047.
53 Gerd Ruge, in: DIE WELT vom 09. 03. 1976.

linderndem Wasser aus den heißen Quellen bereitet, aber danach stand Matthöfer nicht der Sinn. Er zog es vor zu diskutieren, was ihm seine Gastgeber nicht übel nahmen. Offensichtlich gefiel es ihnen, dass ihr Besucher nicht wie alle früheren in die Wanne stieg, sondern lieber sachverständige Fragen stellte, die von echtem Interesse zeugten. Sie legten ihm offen Ziele und Probleme einer Wirtschaftsentwicklung dar, in der Klassenkampf und politische Bewusstseinsbildung Vorrang vor technisch-industriellem Fortschritt hatten.

Dass die Tage der Arbeitermitverwaltung gezählt waren, zeichnete sich freilich deutlich ab, als Matthöfer mit dem amtierenden Minister für Kohlebergbau, Tschong Tse-yue, zusammentraf, um mit ihm in detaillierter Form Kooperationsbereiche abzustecken. Schon beim Eintritt in das Gebäude des Ministeriums für Kohlebergbau wurde ihm klar, dass mit hoher Wahrscheinlichkeit die Konservativen den seit längerer Zeit tobenden internen Machtkampf der Fraktionen bereits gewonnen hatten. In der Eingangshalle gab es keine Spruchbänder mit den üblichen Parolen gegen den ›Wind von rechts‹ oder gegen ›Leute, die von der Geschichte gefällte Urteile wieder rückgängig machen wollen‹. Es fehlten auch die üblichen Großporträts von Mao Tse Tung. Lediglich einige kleinere Schwarzweiß-Fotos des im Januar 1976 verstorbenen Chou En Lai, den man wohl eher zu den ›Rechten‹ zählen muss, waren zu sehen. Die Gespräche im Ministerium begannen auch ohne die üblichen, rituell abgespulten Parolen. Hier waren ganz offensichtlich bereits jene Kräfteverhältnisse erkennbar, die sich erst nach dem Tode Maos einige Monate später im September 1976 vollends durchsetzten und zu der endgültigen Ausschaltung der ›Viererbande‹ führten. Der Machtkampf warf allerdings bereits seinen Schatten voraus, indem er den geplanten Flug nach Kanton, der Hauptstadt der südchinesischen Provinz Kwangtung, verhinderte. Nachdem die deutsche Delegation eine Weile im abflugbereiten Flugzeug gesessen hatte, musste sie ins Hotel nach Schanghai zurückfahren, angeblich wegen unlösbarer technischer Probleme mit dem Flugzeug. Matthöfer vermutete den wirklichen Grund in der Absicht der Chinesen, das geplante Zusammentreffen mit einem von Hongkong angereisten deutschen Fernseh-Team auf dem Gelände der unruhigen Universität Kanton zu verhindern. Damit entfiel auch die geplante Bahnreise von Kanton nach Hongkong, die die Gastgeber vielleicht auch als ungewöhnlich empfanden.[54] Stattdessen musste die Delegation einen langen Umweg nehmen, um von Schanghai über Tokio nach Hongkong zu gelangen.

Bei allem erkennbaren Fachinteresse, das der Besuch der deutschen Delegation in China ausgelöst hatte, konnte jedoch nicht übersehen werden, dass eine kleine Delegation von deutschen Oppositionspolitikern angesichts ihrer in Peking eher geschätzten Moskau-Politik protokollarisch besser abgeschnitten hatte. Wenige Tage zuvor hatten Alfred Dregger, stellvertretender Fraktionsvorsitzender der CDU/CSU und Werner Marx, Leiter des außenpolitischen Arbeitskreises der CDU/CSU-Fraktion, der chinesischen Führung einen Besuch abgestattet. Wäh-

---

54 ›Diensttagebuch‹, 9.3.1976, AdsD, DM 0404.

rend die beiden Bundestagsabgeordneten vom amtierenden Ministerpräsidenten Hua Kuo-feng empfangen worden waren und darüber hinaus Gelegenheit zu politischen Gesprächen auch mit Spitzenvertretern der Partei hatten, blieb Matthöfers Kontakt auf ein Gespräch mit dem stellvertretenden Ministerpräsidenten Sun Tschien beschränkt, einem Politiker, den bisher kaum jemand kannte. Irritierender noch für den deutschen Auftritt in China war, dass die beiden CDU-Politiker in Peking Angebote zur Zusammenarbeit in der Kernenergieforschung unterbreitet hatten, ohne dies vorher mit dem zuständigen Bundesminister abgesprochen zu haben.[55]

Ungleich wichtiger als das Studium der ersten Schritte Chinas aus der von Mao verordneten autozentrierten Entwicklung zurück auf den Weltmarkt war die Zusammenarbeit mit Japan. Der Amerikakenner Matthöfer betrat hier Neuland. Zum einen gab es bis dahin – anders als im Verhältnis zu den USA – keine organisierte Zusammenarbeit in der Forschung und in der Technologiepolitik beider Länder. Zum anderen gestaltete sich eine mögliche Kooperation ungleich schwieriger, weil sich Deutschland und Japan in vielerlei Hinsicht – von der Produktionsweise bis zu den Märkten – viel zu ähnlich waren, um eine offene Zusammenarbeit ohne wettbewerbspolitische Hintergedanken zu gestalten. Dies war auch der Grund dafür, dass sich die Arbeit des im Mai 1975 neu gegründeten deutsch-japanische Komitees zur Förderung der wissenschaftlich-technischen Zusammenarbeit zunächst auf die Entwicklungshilfe für die Dritte Welt konzentrierte:[56] »Japan und die Bundesrepublik sind wirtschaftlich und industriell weit entwickelte Länder. Es fällt uns darum nicht schwer, gemeinsame Interessen im wissenschaftlich-technischen Bereich zu finden und effektiv zu verfolgen. Uns verbindet aber auch die Aufgabe und der Wille, die Früchte wissenschaftlich-technischer Kooperation mit jenen Ländern zu teilen, die später in den Kreis weltweiter industrieller Entwicklung eingetreten sind. Darum sollte auch die Entwicklung und Übertragung besonders geeigneter technologischer Verfahren in diese Länder ein Anliegen unserer Zusammenarbeit sein.« Matthöfer diskutierte mit dem japanischen Wissenschaftsminister Y. Sasaki aber auch Felder zukünftiger Zusammenarbeit, bei der besonders Fragen der Reaktorsicherheit, der nicht-nuklearen Energieforschung, der biomedizinischen Forschung, der Informations- und Dokumentationstechnik im wissenschaftlichen Bereich und die technische Bewältigung von Umweltproblemen zur Sprache kamen. Obwohl die japanische Reaktortechnik bis dahin stark unter amerikanischem Einfluss gestanden hatte, hoffte Matthöfer, dass das deutsche Konzept Japan so überzeugen werde, dass sich deutsche Kernkraftwerke nach Japan verkaufen ließen. Unter dem Dach des deutsch-japanischen Komitees für wissenschaftlich-technische Zusammenarbeit wurden zugleich Fachausschüsse für nicht-nukleare Energieforschung, Reaktorsicherheitsforschung, biomedizinische

---

55 FAZ vom 15. März 1976.
56 Aus der Einführungsrede bei der Gründung des Komitees am 9. Mai 1975. Matthöfers Reise in Begleitung von Beamten des BMFT und von Journalisten nach Japan fand vom 05. bis 13. 05. 1975 statt. ›Diensttagebuch‹, 5.–13.5.1975, AdsD, DM 0404.

Forschung sowie Meeresforschung gebildet und unter anderem geothermische und Solarenergie, Kohlevergasung, Wasserstofferzeugung, Krebsforschung, Algentechnologie und Unterwasserlabors als spezielle Themen festgelegt.

Der Aufenthalt des deutschen Forschungsministers in Japan stand für die Öffentlichkeit völlig im Schatten der Japanreise der englischen Königin. In Tokio wurde die deutsche Delegation durch Absperrungen für den britischen Staatsgast fast eine Stunde im Verkehrsgewühl aufgehalten. Und bei einer Zwischenlandung in Hongkong hatte der zu einer folkloristischen Parade für Queen Elizabeth II. gebetene Minister standhaft im Monsunregen auf das um 70 Minuten verspätete britische Staatsoberhaupt gewartet, während andere Delegationsmitglieder es vorzogen, ins Trockene zu flüchten. Dem ›Spiegel‹ gegenüber begründete Matthöfer sein konsequentes Ausharren im Regen so:[57] »Wenn ich gegangen wäre, dann wäre das politisch bewertet worden. Und ich habe für dieses Jahr mein Kontingent an außenpolitischen Zwischenfällen schon voll ausgeschöpft.« Er spielte dabei auf den Eklat, den sein Wort von der chilenischen »Mörderbande« ausgelöst hatte. Mit seiner Arbeit als Minister für Forschung und Technologie war er auf dem besten Wege, diesen Imageschaden wieder gut zu machen.

›Ich bin ein Kohlemann‹

Dass der Forschungsminister »weitere Vorteile langfristiger Energieersparnis« durch die Verstärkung der Investitionen in der elektronischen Industrie so betonte, war kein Zufall. Gewiss, die Halbleiterindustrie hatte in der Tat einen im Verhältnis zu ihrer Wertschöpfung besonders niedrigen Energieverbrauch. Es gehörte aber auch zur Strategie des neuen Forschungsministers, gewissermaßen als sein politisches Markenzeichen, Forschung nicht als *l'art pour l'art* zu fördern, sondern immer auch ihre soziale, umweltschonende oder energiesparende Funktion mit zu berücksichtigen. Die Umsetzung dieser Strategie war ihm in erster Linie beim Programm »Humanisierung des Arbeitslebens« gelungen. Doch stand das Schwerpunktprogramm »Kohlevergasung und Kohleverflüssigung« der HdA in dieser Hinsicht kaum nach. Der Ölpreisschock hatte vorübergehend die Hoffnung genährt, steigende Ölpreise könnten die im Wesentlichen deutsche Technologie der Treibstoffsynthese wieder marktgängig machen und damit nicht nur der deutschen Kohle einen neuen, gigantischen Markt erschließen. Bis weit in die fünfziger Jahre hinein hatten die Synthesewerke an der Ruhr noch Treibstoff aus Kohle hergestellt. Sie führten damit eine technologische Linie fort, an die sich seit den zwanziger Jahren die Hoffnung der IG Farbenindustrie geknüpft hatte, nach der allgemein erwarteten raschen Erschöpfung der Erdölvorräte die Welt mit synthetischem Treibstoff und den zu seiner Herstellung notwendigen technischen Anlagen zu versorgen. Diese Rechnung war freilich in den dreißiger Jahren nicht aufgegangen,

---

57 DER SPIEGEL 29(1975) vom 19. Mai 1975.

nachdem neue, anscheinend unerschöpfliche Vorräte auf den Markt drängten und die Weltwirtschaftskrise den Ölpreis nahezu ungebremst auf einen ungeahnten Tiefstand fallen ließ. Das endgültige Aus für die Treibstoffsynthese aus Kohle kam in Deutschland Ende der fünfziger Jahre, nach der Bewältigung der Suez-Krise. Die vorübergehende Unterbrechung der Mittelmeerpassage hatte einen Boom im Großtankerbau ausgelöst, sodass die Transportkosten für Erdöl nach dem Ende der Spannungen dramatisch einbrachen. Nun setzte auch die Bundesregierung auf die ›Modernisierung‹ der Energieversorgung und öffnete dem Öl Schritt für Schritt die Grenzen.[58] Es war schließlich eine der wichtigsten Aufgaben der Großen Koalition gewesen, den Ruhrkohlenbergbau durch die Überführung in die montanmitbestimmte Einheitsgesellschaft ›Ruhrkohle AG‹ zu sanieren und seine Kapazität im Zuge eines kooperativen Modernisierungsprozesses planmäßig zurückzufahren. Von 1957, dem letzten ›Normaljahr‹ vor der Kohlenkrise, bis 1973/74, dem Jahr des ersten Ölpreisschocks, sank der Anteil der Kohle am Primärenergieverbrauch von 90 Prozent auf 30 Prozent ab, während der Anteil des Erdöls von 5 Prozent auf 55 Prozent stieg. Nach dem Ölpreisschock stand dieser Konsens freilich erneut zur Disposition. Es erschien nun sogar riskant, freiwillig auf eine Primärenergiequelle zu verzichten, die zwar nach wie vor nicht wettbewerbsfähig, aber immerhin doch in ausreichendem Maße im eigenen Land verfügbar war. Gerade für Sozialdemokraten und andere Traditionshüter des Ruhrreviers bot sich nun die günstige Gelegenheit, eine Entscheidung zu revidieren, die zwar einen gewichtigen Platz in der Erfolgsbilanz der Konzertierten Aktion von Wirtschaftsminister Karl Schiller einnahm, mit der sich aber nicht alle Sozialdemokraten emotional identifizieren konnten. Vor diesem Hintergrund lag auch für ein breites Publikum außerhalb des Reviers und der Traditionskompanie der Sozialdemokratie der Königsweg aus der Energiepreiskrise in der Chance, alle Möglichkeiten auszuloten, wie durch die Rückkehr zu der inzwischen weiter verbesserten Synthesetechnologie Erdöl mit Kohle substituiert werden könnte. Selbst in der chemischen Industrie, wo man sich noch gut an die Glanzzeit der Treibstoffsynthese erinnern konnte, stellte sich die Frage, inwieweit wieder auf Technologien vergangener Zeiten zurückgegriffen werden konnte.[59] Dort gewann man jedoch rasch die Erkenntnis, dass es sich dabei nur noch um Phantomschmerzen eines endgültig der Vergangenheit angehörenden technologischen Zeitalters handelte. Erste Rentabilitätsüberlegungen gelangten schon Ende der sechziger Jahre zu dem Ergebnis, die Kohlehydrierung könne nur dann wirtschaftlich werden, wenn extrem billiger ›Atomstrom‹ zur Verfügung stehe – und das hieß wiederum, die Entwicklung der sogenannten ›Schnellen Brüter‹, also der urananreichernden Atommeiler voranzutreiben. Vor dem Hintergrund ungelöster Sicherheitsprobleme wurden hochgespannte Erwartungen dieser Art aber längst von vielen Experten angezweifelt. Al-

58 Werner Abelshauser, Der Ruhrkohlenbergbau seit 1945. Wiederaufbau, Krise, Anpassung, München 1984, Kap. III.
59 Werner Abelshauser, Die BASF seit der Neugründung von 1952, in: ders. (Hg.), Die BASF. Eine Unternehmensgeschichte, 2. Aufl. München 2003, S. 456.

lerdings mangelte es auch nicht an renommierten Sachkennern, die öffentlich behaupteten, schon jetzt lägen die Kosten der Kohleverflüssigung in besonders geeigneten Bergwerken sogar unter den gegenwärtigen Ölförderkosten. So ließe sich etwa die in den mächtigen Tagebau-Flözen von Wyoming (USA) geförderte Steinkohle »vermittels deutscher Verfahren« leicht verflüssigen – zu Methodol, zu Methylalkohol, zu Gas.[60] Prognosen wie diese stießen gerade in Deutschland auf offene Ohren, weil sie einen Ausweg aus der Abhängigkeit von der Organisation der Erdöl exportierenden Staaten des Nahen Ostens (OPEC) versprachen – und einen lukrativen Markt für deutsche Verfahrenstechnologie dazu.

Wenn auch im Herzen des Reviers aufgewachsen, gehörte Matthöfer ganz sicher nicht zu den Traditionalisten innerhalb der SPD, die im Revier einen Kraftquell der Arbeiterbewegung sahen und deshalb nostalgische Gefühle für die Montanindustrie empfanden. Er zögerte aber trotzdem keinen Augenblick, den Konsens aufzukündigen, den die Konzertierte Aktion in den späten sechziger Jahren für das Ende des Steinkohlenbergbaus in der Bundesrepublik gefunden hatte. Zum einen schien eine wichtige Geschäftsgrundlage entfallen zu sein – die sichere Versorgung mit Erdöl. Zum anderen sah der Forschungsminister gerade jetzt die Chance, die kooperative Modernisierung der Steinkohlenreviere nicht *zu Lasten,* sondern *mit Hilfe* der Kohlenförderung zu realisieren. Er hielt es deshalb für eine seiner wichtigsten Aufgaben, nach neuen Wegen zu suchen, um das deutsche Kohlepotential noch besser und auf lange Sicht zu erschließen und so die zukünftige Energieversorgung der Republik auf eine breitere Basis zu stellen.[61] Für ihn bedeutete dies, die Möglichkeiten des Kohlenbergbaus, der Kohleveredelung und der Nutzung der Kohle durch neue Technologien zu verbessern. Als entscheidenden Nebeneffekt wollte er auch die komparativen Vorteile einer in Deutschland entwickelten und immer noch führenden Technologie wieder zur Geltung bringen. Es lag ebenfalls nahe, mit der energiepolitischen zugleich eine strukturpolitische Aufgabe zu verbinden: »Das Ruhrgebiet z. B. ist einer der großen industriellen Ballungsräume, und hier stellt sich ständig die Aufgabe der Modernisierung der Wirtschaft. Modernisierung der Volkswirtschaft heißt Erhöhung der Produktivität durch neue und bessere Technologien.« Damit war eine Umkehrung der regionalwirtschaftlichen Sanierungsstrategie verbunden. Bis dahin sollte an die Stelle der Kohle eine neue Wirtschaftsstruktur treten, die alte Industrien durch neue *ersetzen* sollte. Dagegen schlug nun der Technologieminister vor, die alten Industrien des Ruhrgebietes und an der Saar gezielt in neue Industrien zu *verwandeln:* »Wir müssen mit der Vorstellung aufräumen, Kohlegewinnung und Kohleverarbeitung bedeute gleich-

---

60 »Das ist durchaus zu machen.« So Carroll L. Wilson, Professor am Massachusetts Institute of Technology und Mitglied des Club of Rome, in einer von der Wochenzeitung DIE ZEIT Anfang 1974 veranstalteten Diskussionsrunde, an der auch Finanzminister Helmut Schmidt, Carl Friedrich von Weizsäcker, Ralf Dahrendorf und andere hochkarätige Kenner der technischen und wirtschaftlichen Szene nach dem Ölpreisschock teilnahmen. Ralf Dahrendorf u. a., Die Energiekrise. Episode oder Ende einer Ära? Hamburg 1974, S. 18.

61 Die Grundzüge seiner Politik hielt er in der Rede zum Verstromungsgesetz bzw. Energie-Programm der Bundesregierung am 8. November 1974 fest. Dt. Btg. (7) 129, 8 724–8 727.

Der ›Kohlemann‹ während einer der unvermeidlichen Grubenfahrten 1977 im Bergamtsbezirk Dortmund.

zeitig Anwendung altmodischer Technologien. Hier müssen modernste Technologien entwickelt und angewandt werden. Im Rahmenprogramm ›Energieforschung‹ werden rd. 300 Millionen DM für die Verbesserung von Bergbautechnik und Aufbereitung bereitgestellt. Da geht es z. B. darum, bessere Methoden der Vorerkundung von Lagerstätten und bessere Vortriebstechniken zu entwickeln.« Neben diese konventionellen Anwendungsgebiete der Energieforschung sollten aber auch teils nostalgische, teils neuartige, jedenfalls aber aus der Krise geborene Forschungsfelder treten: »Für das Schwerpunktprogramm ›Kohlevergasung und Kohleverflüssigung‹ wurden rd. 600 Millionen DM bereitgestellt. Leistungsfähige großtechnische Verfahren zur Kohlevergasung und -verflüssigung sollen das Anwendungsspektrum der Kohle als Energieträger verbreitern. [...] Erdöl und Erdgas können teilweise durch Produkte auf Kohlebasis ersetzt werden.« Aus Mitteln des Bundes wurde bei der Kokerei Fürstenhausen im Saarland mit dem Bau eines Technologiezentrums für Kohlevergasung begonnen. Da der Preisschock die Konsumenten in erster Linie an der Tankstelle erreicht hatte, setzte das Ministerium zugleich auch ein Forschungsprogramm zur Suche nach wirtschaftlich vertretbaren Alternativen zum Benzin in Gang. Auch dies war eine populäre, aber sehr langfristig angelegte Antwort auf die Herausforderung durch die OPEC. Und schließlich fehlte auch der Hinweis auf die künftige Rolle der Kernenergie nicht: »Wenn für diese Verfahren einmal nukleare Prozeßwärme zur Verfügung stehen wird, kann die Wirtschaftlichkeit dieser Verfahren weiter verbessert werden. Damit ist auch

Der Leiter der Bochumer Volkssternwarte Heinz Kaminski (vorn) war zur Zeit des Sputniks Westdeutschlands bekanntestes Auge und Ohr zum Weltall.

die Möglichkeit verbunden, unsere Kohlevorräte noch besser auszunutzen.« Kein Zweifel, Hans Matthöfer war ein »Kohlemann« und er rühmte sich dessen auch öffentlich.[62] Während seiner Amtszeit nahm die Förderung der Kohletechnologie auf der Agenda des BMFT eine Spitzenstellung ein, und der Anteil seines Budgets, der in die Reviere an Ruhr und Saar floss, stieg signifikant an.

Auch wenn Matthöfer ein ›Kohlemann‹ war, so nicht aus einer konservativen forschungspolitischen Einstellung, sozialdemokratischer Traditionspflege oder gar aus Bochumer Lokalpatriotismus. Er war von der Zukunftsfähigkeit der Kohle fest überzeugt und erlag darüber hinaus der Faszination möglicher sozialer, politischer und technologischer Nebeneffekte, die eine Renaissance der Kohle mit sich gebracht hätte. Sachfremde Erwägungen, auch wenn sie parteipolitisch noch so attraktiv erschienen, waren seine Sache nicht. So legte er sich ohne Not mit seiner Heimatstadt und fast der gesamten Führungsriege seiner Partei an, als er sich weigerte, der Volkssternwarte Bochum Subventionen zu gewähren, die sie zum Überleben dringend nötig hatte. Es ging dabei nicht um irgendein beliebiges Planetarium, von denen es allerdings in westdeutschen Großstädten damals nur fünf gab.

62 Matthöfer im Gespräch mit NRZ-Redakteuren, NRZ vom 26. März 1976. Das Bekenntnis zur Kohletechnologie durchzieht auch das Spiegelgespräch »Den unsterblichen Tiger am Schwanz gepackt« wie ein roter Faden; DER SPIEGEL 30 (1976), S. 30–34.

Heinz Kaminski, der die Sternwarte und das angeschlossene ›Institut für Weltraumforschung‹ leitete, hatte das Haus in Bochum-Sundern mit seiner genialen Öffentlichkeitsarbeit zu einem Wahrzeichen des sich erneuernden Ruhrgebietes gemacht, auf das die ganze Region stolz war. Dem ehemaligen Marinefunker und Autodidakten der astronomischen Wissenschaft war es am 5. Oktober 1957 mit seiner Funkempfangsstation als erstem außerhalb der Sowjetunion gelungen, die Signale des Sputnik 1, des ersten künstlichen Satelliten im All, zu empfangen. Seine Tonbandaufnahmen, die er mit einer selbstgebauten Antenne auf der Wiese vor seinem Wohnhaus aufzeichnete, gingen als Gründungsdokumente der Weltraumfahrt um die ganze Welt. Als er dann 1961 die Leitung der 1946 von ihm selbst gegründeten Volkssternwarte Bochum übernahm, gelang es ihm, die Öffentlichkeit davon zu überzeugen, dass im Herzen des Ruhrgebietes innovative Weltraumforschung betrieben werde, und inszenierte sich ein ums andere Mal als Deutschlands bekanntestes Auge und Ohr zum Weltall. Insgesamt 10 Millionen DM aus dem BMFT trugen dazu bei, dass ›Kap Kaminski‹ Weltruf erlangte und alles, was Rang und Namen hatte, nach Bochum pilgerte, um der Weltraumstation des Reviers seine Reverenz zu erweisen. Kaminski selbst wurde zum Honorarprofessor an der Universität Essen ernannt und fand Eingang in die populäre Weltraumliteratur. Kein Zweifel, die Volkssternwarte Bochum und das ihr angeschlossene ›Institut für Weltraumforschung‹ trugen ebenso viel zu einem fortschrittlichen Image des Ruhrgebiets bei wie ihr Leiter als unermüdlicher Wahlkämpfer zum Erfolg der SPD.

Das Schicksal der Bochumer Sternwarte schien gleichwohl besiegelt, weil das Bundesforschungsministerium im Juni 1975 nicht bereit war, einen nur unzulänglich mit wissenschaftlicher Forschung verbrämten Zuschuss von 450.000 DM zu gewähren, den das Institut in höchster Finanznot beantragt hatte.[63] Matthöfer hätte wohl gern etwas für eine Einrichtung in seiner Heimatstadt getan, aber von Forschung im Sinne des BMFT konnte in dieser Sternwarte wirklich nicht die Rede sein. Einfach ablehnen konnte er den Antrag aber auch nicht, denn Kaminski mobilisierte vor allem über die ›Bild-Zeitung‹ und die im Ruhrgebiet einflussreiche ›Westdeutsche Allgemeine Zeitung‹ viel Unterstützung für sein Projekt, vor allem auch in der SPD. Sogar Herbert Wehner schickte dem Minister einen handgeschriebenen Brief von zwei vollen DIN-A-4-Seiten, in dem er ihn ausführlich darüber aufzuklären versuchte, wie wichtig die Unterstützung der Sternwarte durch das BMFT für die SPD im Ruhrgebiet sei. Willy Brandt stieß in das gleiche Horn, nachdem sich der Bochumer Oberstadtdirektor Herbert Jahofer im August 1975 bei ihm über die Weigerung des BMFT beklagt hatte, das ›Institut für Weltraumforschung‹ mitzufinanzieren, was nichts anderes als den Tod des Instituts bedeuten würde. Auch Jahofer erinnerte an die »Wahlkampfbedeutung des Genossen Prof. Heinz Kaminski« und schloss mit dem Ausdruck tiefen Unverständnisses: »Immerhin hat doch der Bund in den letzten Jahren über 10 Mio. DM in die An-

---

63 NRZ vom 13. Juni 1975.

lage investiert und will sie nun einfach ihrem Schicksal überlassen.«[64] Tatsächlich war es in Bonn über die Parteiengrenzen hinweg nicht leicht nachzuvollziehen, warum sich Matthöfer weigerte, Geld auszugeben, das ihm der zuständige Bundestagsausschuss für das Weltrauminstitut des Professors Heinz Kaminski nur zu gern bewilligt hätte. Der Grund war einfach: Der Minister wusste, dass die in Bochum ausgeführten Erdforschungsprojekte mit Hilfe der von amerikanischen Satelliten gefunkten Fotos und Daten in der Bundesrepublik Deutschland als einem »gut erforschten und gut bekannten Land« nicht wirklich benötigt wurden. Er war deshalb nicht bereit, für ein »überflüssiges und sinnloses« Forschungsprojekt weitere Mittel aufzuwenden.[65] Auch als die Stadt Bochum alle seine – wohl prohibitiv gemeinten – Bedingungen erfüllte und selbst 700.000 DM für den laufenden Betrieb des Instituts etatisierte, blieb er hart. Zwar schloss er sich weder der Rufmordkampagne des ›Spiegel‹ an (»Kap Kaputt«), noch machte er sich den Spott der Astronomenzunft der Ruhr-Universität zu eigen (»Professor Kannicki«), doch sah auch er in Sundern »zuviel Diskrepanz zwischen Können und Wollen«, die er nicht mit Mitteln des Steuerzahlers verkleistern wollte. Zu seiner Beliebtheit innerhalb der SPD trug diese Episode nicht bei. Eher vermehrte sie die Zahl derer, die ihm fachliche Besserwisserei und politische Überheblichkeit vorwarfen.[66]

Ebenfalls wenig populär und in der Umsetzung wesentlich zäher als nötig erwiesen sich die meisten Maßnahmen, die Matthöfer vorschlug, um kurz- und mittelfristige Antworten auf die Ölpreiskrise zu geben. Wenn schon Einigkeit darüber bestand, dass Energie knapper und teuer werden würde, lag es nahe, dem Problem durch rationellere Nutzung zu begegnen. Wo dabei anzusetzen war, lag auf der Hand. Mehr als die Hälfte der in der Bundesrepublik verbrauchten Primärenergie blieb ungenutzt, und 40 Prozent des gesamten Energiebedarfs in der Bundesrepublik wurde für Raumheizung verwandt. Damit war die Frage nach der Verbesserung der Energieeffizienz aufgeworfen. Eine Verringerung des Energiebedarfs durch geringeren privaten Energiekonsum oder durch Beschränkungen im produktiven Bereich hielt auch Matthöfer für möglich und wünschenswert. Er lehnte es aber kategorisch ab, aus Gründen der Energieeinsparung real erreichbare Wachstumsraten niedriger anzusetzen. Damit trat er der Auffassung einer – gerade auch innerhalb der SPD – wachsenden Zahl umweltbewusster Menschen entgegen, die unter dem Eindruck des vom Club of Rome angestoßenen Diskurses über die ›Grenzen des Wachstums‹ für Ressourcen schonendes ›Null-Wachstum‹ eintraten. Der Forschungsminister hielt es für lohnender, darüber nachzudenken, welche Konsequenzen sich für die Struktur des künftigen Wirtschaftswachstums aus der Energieverknappung ergaben. In der Dynamik des wirtschaftlichen Wachstums

---

64 Jahofer an Brandt am 15. August 1975, AdsD, DM 113.
65 Saarbrücker Zeitung vom 31. Oktober 1975; Der Minister und der Autodidakt, WAZ vom 12. August 1975.
66 Der ›Spiegel‹ gab dieser sich akkumulierenden Kritik aus den eigenen Reihen später in einem Artikel (Am Rande der Hybris, Nr. 23/1977, S. 36–41) Ausdruck, den Matthöfer als Generalangriff auf seine politischen Grundsätze und seine politische Glaubwürdigkeit empfand.

und der damit verbundenen Hinwendung zur immateriellen Produktion sah er eher einen Ausweg aus der Krise denn eine Ursache, die es durch eine bewusst und gezielt herbeigeführte wirtschaftliche Stagnation zu bekämpfen galt. Anders beurteilte er die offenkundige Verschwendung von Energie im Bereich der privaten Haushalte. Obwohl sein Ressort nicht dafür zuständig war, begann er über radikale Lösungen nachzudenken, wie die Einfuhr von Treibstoffen zur Entlastung der deutschen Zahlungsbilanz und der Umwelt nachhaltig verringert werden könnte. Seine Überlegungen dazu formulierte er schließlich 1982 in einer Denkschrift, in der er die 1999 eingeführte Ökosteuer vorwegnahm und vorschlug, mit den Erträgen mehrere Zwecke gleichzeitig zu erfüllen: fiskalische, volkswirtschaftliche und ökologische.[67] Die Ablehnung seiner Vorschläge durch Fraktion, Regierung und Bundesbank trug wesentlich dazu bei, dass er im April 1982 vom Amt des Finanzministers zurücktrat. Auch seine Initiative vom August 1976, auf *allen* Straßen allgemeine Geschwindigkeitsbeschränkungen einzuführen, stieß auf erbitterten Widerstand. Die vereinigte Lobby der Autofahrer und der Automobilindustrie unter der Führung des ADAC machte den Mahner rasch mundtot.[68] Der Problemdruck war noch lange nicht groß genug, um Akzeptanz für wirksame, aber für den Einzelnen schmerzhafte Maßnahmen zu erzeugen. Immerhin zielten einige der Energiespar-Programme des BMFT auch auf den privaten Bereich. Zum einen ging es darum, Energieverluste durch Anreize zu besserer Isolierung und durch energiebewusste Hausplanung zu verringern. Zum anderen ließ Matthöfer untersuchen, ob nicht durch die Einführung von Fernwärmeverbundnetzen signifikante Einsparungen beim Ölverbrauch möglich waren. In der Theorie sah alles gut aus. Durch den Anschluss von 50 Prozent aller Haushalte und 20 Prozent aller Industrieanlagen an ein Fernwärmeverbundnetz hätten rund 800 Millionen Tonnen Steinkohleneinheiten pro Jahr eingespart werden können. Das war immerhin ein Viertel des damaligen Primärenergieeinsatzes. Um die Planungsvoraussetzungen für die breite Nutzung von Fernwärmenetzen zu schaffen, gab das BMFT einen sogenannten Wärmeatlas für die Bundesrepublik Deutschland in Auftrag und ließ präzise Planungsunterlagen für vier exemplarische Siedlungsräume in der Bundesrepublik erstellen. Für seinen Chef sollte dies aber nur der Auftakt zu Größerem sein:[69] »Wir könnten alle Städte mit mehr als 40 000 Einwohnern in der Bundesrepublik mit Fernwärme versorgen. Das würde bedeuten, daß wir dann 17 bis 20 Milliarden D-Mark bei heutigen Preisen an Öl einsparen würden. Wir hätten

---

67 ›Mut zur Vollbeschäftigung‹, MS vom 3. April 1982, 73 S., AdsD, DM 023; Gesetz zum Einstieg in die ökologische Steuerreform vom 24. März 1999, BGBl. I S. 378.

68 In einer »BMFT-Pressemitteilung« vom 11. 08. 1976 folgte ein schwaches Dementi. Auf Fragen von Journalisten habe er seine persönliche und allgemeine Meinung zu einer Geschwindigkeitsbegrenzung geäußert. Dabei habe er sich weder auf Autobahnen bezogen, wie fälschlich behauptet werde, noch sei er auf bestimmte Höchstgeschwindigkeiten oder den Zeitpunkt des Inkrafttretens möglicher neuer Vorschriften eingegangen. Im Übrigen habe er darauf hingewiesen, dass er eine Diskussion über Geschwindigkeitsbegrenzungen gegenwärtig nicht für sinnvoll halte.

69 Interview in der ZDF-Sendung ›Bilanz‹ am 23. April 1975. ›Diensttagebuch‹ 23.4.1975, AdsD, DM 0404.

wohltuende Umwelteffekte. Wir würden die Flüsse nicht mehr aufheizen, das Kleinklima nicht mehr durch Naßkühltürme verändern, die vielen individuellen Ölbrennstellen würden keine Schadstoffe mehr in die Luft abgeben.« Es ging dabei nicht nur um eine rationelle Nutzung der Energie, sondern auch um den zusätzlichen Einsatz heimischer Kohle in Heizkraftwerken oder die Nutzung der relativ versorgungssicheren Kernenergie in Anwendungsbereichen, die in ganz erheblichem Maße von der Mineralölversorgung abhingen. Wie für die Verbesserung der Kohletechnologie waren auch für die Vorbereitung eines Fernwärmenetzes gewaltige Investitionen erforderlich. Dies führte dazu, dass sich der Anteil der nichtnuklearen Energieforschungsausgaben an den gesamten Forschungsausgaben des Bundes während Matthöfers Amtszeit von 10 auf 30 Prozent verdreifachte.[70] Es ging dabei freilich nicht in erster Linie um die Förderung hochinnovativer Forschung. Die Ausgaben-Prioritäten des BMFT lagen auch nicht bei Forschungsprojekten für neue Spitzentechnologien in der Elektronikindustrie. Die starke Anwendungsorientierung seiner Programme sorgte vielmehr vor allem für Anreize zur Entwicklung relativ fortgeschrittener Formen der Verfahrenstechnik.

Der Siemens-Minister

Wenn die deutsche Wirtschaft im Vergleich mit den USA durchaus gut dastand, war es auf den Vorsprung Deutschlands in der Verfahrenstechnologie zurückzuführen. Matthöfer machte nach einem Arbeitsbesuch in den USA »unsere gezielte Forschungs- und Technologiepolitik« dafür verantwortlich, dass sich die »technische Lücke« zwischen den beiden Ländern weitgehend geschlossen habe.[71] Tatsächlich lag das technologische Niveau der Bundesrepublik auf den Gebieten Energieforschung, Medizintechnik, Verkehrssysteme und Kommunikationseinrichtungen für Satelliten, die der Minister zum Beleg der Gleichwertigkeit anführte, wie auf vielen anderen Gebieten mit und ohne staatliche Förderung auch, weltweit an der Spitze. Schon in den siebziger Jahren hatte sich aber jene komplementäre technologische Spezialisierung im Vergleich mit den USA herausgebildet, die auch heute noch gültig ist. Der Fokus der Spezialisierung der deutschen Hochtechnologie-Patentbilanz lag auf Branchen, deren Technologie bereits zu einer gewissen Reife entwickelt war, sodass sich das Innovationsziel verstärkt konkreten wirtschaftlichen Anwendungen zuwenden konnte. Zu diesen Technologiefeldern gehörten der Maschinenbau, die Chemie und die klassische Elektrotechnik. Die Stärken des deutschen Standorts begannen also dort, wo Basisinnovationen in technologisch nicht weniger kreative und wirtschaftlich profitable Verfahrensverbesserungen übergingen. Entsprechend schwach war die Fähigkeit der deutschen Wirtschaft in hochinnovativen Branchen ausgeprägt, d. h. dort, wo der Anteil der Forschung und Entwicklung am Umsatz 8,5 Prozent übersteigt, wie z. B. in der Informationstechnologie, der

70 Dr. Albert Probst, MdB, an Matthöfer 30. November 1983; AdsD, DM 013.
71 Pressemitteilung des BMFT vom 13. Oktober 1975, AdsD, DM 104.

Halbleitertechnik oder der Biotechnologie. Dort lagen aber gerade die stärksten Innovationspotentiale der USA. Andererseits war die Innovationsfähigkeit in den USA schon in den siebziger Jahren unterdurchschnittlich entwickelt, wo es auf langfristige Unternehmenshorizonte oder auf eine hohe und breit gestreute Qualifikation der Arbeitskraft ankam. Beide Innovationsmuster ergänzten sich also. Das machte die Bundesrepublik einerseits zu einem »gleichwertigen Partner«, ließ aber gleichzeitig auch die USA zum wichtigsten Forschungspartner und -vorbild Deutschlands werden. Die Forschungslandschaft der Amerikaner war attraktiv, weil sie einerseits gewaltige Mittel für Forschung und Technologie aufwendeten und über ein großes technisches und wissenschaftliches Potential verfügten, und weil es andererseits notwendig erschien, den US-Vorsprung auf den mutmaßlichen ›Zukunftsmärkten‹ einzuholen.

Obwohl sich das deutsche Technologieangebot also international durchaus sehen lassen konnte, wuchs angesichts des Rückstandes im Spitzentechnologiebereich schon in den siebziger Jahren die Verunsicherung, ob Deutschland seine führende Stellung als nachindustrieller Produzent auch künftig verteidigen könne. Matthöfer hielt die Beherrschung hoch entwickelter Technologien wie der Datenverarbeitung (DV) für die Bundesrepublik Deutschland »angesichts der zu erwartenden Veränderungen in der Weltwirtschaft und unserer Abhängigkeit von diesen Veränderungen« für unverzichtbar.[72] In der Produktion industrieller Investitions- und Konsumgüter sah er kein Privileg der hoch entwickelten Industrieländer mehr. Angesichts der weltweiten Krise der fordistischen Massenproduktion war er davon überzeugt, dass auch weniger entwickelte Länder bald in die Lage kämen, ihren Bedarf an technischen Gütern aus eigener Produktion zu decken. Sie wären dann nicht mehr in dem Maße wie bisher auf Importe aus den höher entwickelten Ländern angewiesen, sondern würden selbst zu Exportländern von technischen Erzeugnissen aufsteigen. Er zog daraus den Schluss: »Die Industrieländer sind daher gezwungen, sich hochwertigen Wirtschaftsgütern und Dienstleistungen, zu denen auch die Datenverarbeitung und das Wissen um ihre Anwendung gehören, mit allem Nachdruck zuzuwenden, um sie im weltweiten Handelsverkehr gegen die lebensnotwendigen Rohstoffe und Nahrungsgrundstoffe einzutauschen.« Hochwertige Produkte im Austausch gegen Rohstoffe – hier klang gewiss jenes Stereotyp an, das seit der von Globalisierungsangst inspirierten »Industriestaatsdebatte« des späten 19. Jahrhunderts in Deutschland weit verbreitet war. Doch auch unabhängig davon kam der Datenverarbeitung ganz unbestreitbar eine wachsende Bedeutung für die nachindustrielle Produktionsweise zu. Mit der Entwicklung der Mikroelektronik erschloss sie auch der diversifizierten Qualitätsproduktion immer neue Anwendungsgebiete und übernahm dabei allgemeine Steuerungsaufgaben. Die Wettbewerbsfähigkeit der fortgeschrittenen Handelsnationen schien daher in doppelter Weise von der Beherrschung der EDV und der Mikroelektronik abzu-

---

72 Hans Matthöfer, Die gesellschaftspolitische Bedeutung der EDV, DATA REPORT 10 (1975) 5, S. 6–7.

hängen: Wer diese Möglichkeiten nicht nutzte, musste im Herstellungsprozess Kostennachteile in Kauf nehmen, und Investitionsgüter, die nicht mit der neuesten EDV und Elektronik ausgestattet waren, verloren gleichzeitig qualitativ ihre Wettbewerbsfähigkeit.

Entsprechend ambitioniert zeigte sich die westdeutsche Forschungspolitik auf diesem Gebiet, auch wenn sie bei weitem nicht die Mittel aufbrachte, die in den USA seit vielen Jahren Maßstäbe setzten. Immerhin galten die insgesamt 286,5 Millionen DM, die von der Bundesregierung – also auch den übrigen forschungsfördernden Ministerien – für Forschung und Entwicklung auf dem Gebiet elektronischer Bauelemente bis zum Jahre 1978 bereitgestellt wurden, ausdrücklich als »eine notwendige Reaktion auf die staatliche Hilfe und Auftragsförderung in anderen Ländern, insbesondere in den USA und Japan«, die die führende Stellung dieser Länder auf dem Weltmarkt begründete. Um auch mit geringen Mitteln Wirkung zu erzielen, verzichtete Matthöfer ausdrücklich darauf, kurzfristig Entwicklungsrückstände aufzuholen, sondern wollte neue, besonders zukunftsträchtige Gebiete erschließen, sodass »wir am Ende des Jahrzehnts international wettbewerbsfähig sind und zugleich eine vordere Position in der Anwendung neuartiger Bauelemente erreicht haben«.[73] Förderungsschwerpunkte lagen bei den integrierten Schaltungen (85,5 Mio. DM), den opto-elektronischen Bauelementen (62,0 Mio. DM), bei den Materialentwicklungen (36,0 Mio. DM), den Fertigungsverfahren für Halbleiter (28,5 Mio. DM) sowie in der Grundlagenentwicklung für neue Bauelemente (56,0 Mio. DM). Die Förderung setzte voraus, dass die Firmen dem BMFT ihr Gesamtkonzept für den jeweiligen Schwerpunkt offen legten. Waren alle Voraussetzungen erfüllt, erhielten Firmen bis zu 50 Prozent der Gesamtkosten als Zuschüsse vom Staat. Insgesamt konzentrierte sich das DV-Programm auf vier Förderungsschwerpunkte:

- 36 Prozent der Mittel kamen der Anwendung zugute. Dazu gehörten die Gebiete Datenbanksoftware, Programmierwerkzeuge, Datenfernverarbeitung, Mustererkennung und Verwaltungsautomatisierung. Auch das Gesundheits- und Bildungswesen zählte zu den geförderten Anwendungsbereichen.
- Forschung und Entwicklung bei der deutschen Industrie wurden mit insgesamt 35 Prozent der Mittel gefördert. Davon sollten kleine, mittlere und große EDV-Systeme sowie die Entwicklung von Geräten der Computer-›Fernperipherie‹ mit den zugehörigen Technologien, Rechnerstrukturen und Computersprachen profitieren.
- Im Hochschulbereich standen insgesamt 17 Prozent der Mittel für regionale Rechenzentren, Informatik und wissenschaftlichen Erfahrungsaustausch zur Verfügung.
- Der Rest (12 Prozent) floss in die Gesellschaft für Mathematik und Datenverarbeitung (GMD).

Ausdrücklich sollten von dieser Förderung nicht nur die großen Unternehmen

---

73 »Bonn fördert elektronische Bauelemente«, Computerwoche, Nr. 03 vom 27. November 1974.

profitieren. Jedenfalls hatte Matthöfer das amerikanische Beispiel vor Augen, wenn er erklärte, »daß es auch kleinen und mittleren Unternehmen möglich ist, in der Entwicklung elektronischer Bauelemente eine bedeutende Rolle zu spielen, denn von diesen Unternehmen werden Innovationsimpulse ausgehen, die den eher bürokratisch organisierten Industriegiganten häufig schwer fallen.«[74]

Hier war wohl auch Wunschdenken mit im Spiel, stand der Minister doch unter dem Eindruck eines ersten schweren Rückschlags, den seine Politik der Förderung eines nationalen Champions auf dem Gebiet der Elektronischen Datenverarbeitung, der Siemens AG, hinnehmen musste. 1974 hatte Matthöfer den Vorstandsvorsitzenden von Siemens, Bernhard Plettner, dringend aufgefordert, die angeschlagene AEG-Telefunken Tochter in Konstanz zu übernehmen, weil er für im langfristigen deutschen Interesse erforderlich hielt, die dortige Computer-Entwickler-Mannschaft zusammenzuhalten.[75] Am 18. November 1974 fasste der Siemens-Aufsichtsrat den Beschluss, bei der kurz zuvor übernommenen Konstanzer Telefunken Computer GmbH sämtliche Arbeiten zur Entwicklung eines Großrechners einzustellen und damit das sogenannte TR 440- und TR 540-Projekt zu verschrotten, das schon Bundesfördermittel in Höhe von über 200 Millionen DM verschlungen hatte. Bis dahin galt der speziell für wissenschaftliche Aufgaben entwickelte TR 440 der früheren Computer-Gesellschaft-Konstanz (CGK), der in seinem Marktsektor immerhin einen Anteil von 30 Prozent errungen hatte, als Paradefall für den Erfolg staatlicher Technologieförderung. Noch vier Tage nach (!) dem Beschluss von Siemens schrieb der Bundesminister für Forschung und Technologie dem Bundesrechnungshof, es sei zu erwarten, dass das Programm der Telefunken Computer GmbH nach der Übernahme durch die Siemens AG kontinuierlich fortgeführt werde. Er musste dafür eine handfeste Rüge des Bundesrechnungshofes einstecken: »Dies zeigt, in welchem Maße dem Bundesminister die Steuerung der Projekte entglitten war.«[76] Vor allem aber machte der Skandal die Grenzen staatlichen Einflusses auf geförderte Projekte offenkundig und demonstrierte die Anfälligkeit des Ministeriums für den übertriebenen Optimismus der Industrie-Lobby. Das BMFT musste eine »kapitale Fehleinschätzung« einräumen, hatte es doch nicht durchschaut, dass es bei dem Konstanzer Vorzeigeobjekt um ein windiges Projekt handelte, dem von vornherein ein langfristig angelegtes, sowohl fachlich wie gesamtpolitisch adäquates und durch sorgfältige Marktanalysen abgesichertes Konzept fehlte. Das Vertrauen in den Sachverstand der Ministerialbürokratie war erschüttert. Offenbar waren vage Zielvorgaben wie etwa die Herstellung von »ausreichendem Wettbewerb« und »Lebensfähigkeit aus eigener Kraft« nicht ausreichend, um den zeitlichen und sachlichen Programmrahmen eindeutig zu bestimmen. Das »Dritte DV-Förderungsprogramm«, das sich im Anschluss an ein Förderungsvolumen von bis dahin 2 Milliarden DM bis zum Ende der siebzi-

74 Ebenda.
75 Hans Matthöfer, Die Flick-Affäre aus meiner Sicht, Ms., Bonn 1984, S. 102.
76 Bemerkungen des Bundesrechnungshofes zur Bundeshaushaltsrechnung für das Haushaltsjahr 1975, Bonn 1977, S. 125.

ger Jahre auf weitere 1,6 Milliarden DM belief, litt unter seiner Abhängigkeit vom Sachverstand und der technischen Dominanz der wenigen großen westdeutschen Computerfirmen, ohne deren Bereitschaft und Fähigkeit zur Kooperation die technologiepolitischen Ziele des BMFT unerreichbar bleiben mussten. Schließlich waren auf dem Markt für mittlere und große Rechner nur zwei deutsche Hersteller tätig. Die Siemens AG (35 %) und AEG-Telefunken (21,7 %) hielten zusammen einen Anteil von knapp 57 Prozent am deutschen Markt für installierte Prozessrechner.[77] Dagegen betrug der Anteil von Siemens am Weltmarkt – gemessen am Wert des Anlagenbestandes – weniger als ein Prozent. Hierin lag ein Dilemma, das den Handlungsspielraum der Politik stark beschränkte. Einerseits konnten dort, wo Staatshilfe in Anspruch genommen wurde, die Gesetze der Marktwirtschaft nicht mehr uneingeschränkt gelten. Wer bezahlte, musste auch ein Recht auf die Steuerung und Kontrolle der geförderten Projekte haben. Immerhin gingen 6 von 10 DM Forschungsförderung an insgesamt 15 große Firmengruppen. Andererseits bedeutete der Umstand, dass Forschung Geld kostet, das nicht ausschließlich privat aufgebracht werden kann, auch nicht, dass die Ministerialbürokratie planen und bestimmen durfte, auf welchen Gebieten geforscht werden darf und auf welchen nicht. Was für die Grundlagenforschung in den Max-Planck-Instituten galt, musste der Privatwirtschaft *mutatis mutandis* ebenfalls zugestanden werden.[78] Matthöfer blieb also gar keine Wahl. Er musste auf die Kompetenz und die Seriosität des nationalen Champions vertrauen und mit dem Vorwurf der ›echten‹ Parteilinken leben, ein ›Siemens-Minister‹ zu sein.[79]

In einem vertraulichen Schreiben an den Vorsitzenden des Ausschusses, Ulrich Lohmar, erläuterte Matthöfer seine langfristige Förderungsstrategie für die deutsche Computer-Industrie. Anlass zu dem Brief gab eine Anfrage des Bundestagsausschusses für Forschung und Technologie an die Bundesregierung. Lohmar wollte von Matthöfer vor allem wissen, wie die Aussichten einer nationalen Computer-Politik bestellt waren, nachdem der Versuch einer Fusion oder Kooperation zwischen deutschen und ausländischen EDV-Firmen zu einem europäischen Champion (Unidata) gescheitert war. Der Minister ging ausführlich auf die Fragen ein und fügte dem Schreiben einen »Bericht über die Einschätzung der Lage der Datenverarbeitungshersteller in der Bundesrepublik Deutschland« bei.[80] Daraus ließ

---

77 BMFT, »Bericht über die Einschätzung der Lage der Datenverarbeitungshersteller in der Bundesrepublik Deutschland«, Stand: 9.9.1975, AdsD, DM 025.

78 Gesellschaftliche Perspektiven der Forschungspolitik. Vortrag vor der Festversammlung der Max-Planck-Gesellschaft am 21. Juni 1974. ›Diensttagebuch‹, 21.6.1974, AdsD, DM 0404.

79 Wolfgang Hoffmann, Der Linke, der ein Pragmatiker wurde, DIE ZEIT, Nr. 7 vom 10. Februar 1978, S. 21; Kritik kam auch von liberaler Seite. So flachste Wirtschaftsminister Friderichs Matthöfer angeblich im Kabinett an, er vergebe mehr Mittel an Siemens, als das Unternehmen Dividende ausschütte. Interview am 7. September 1999 in Mainz im Rahmen des Oral-History-Projektes der FES; AdsD, DM 0404.

80 Matthöfer an Lohmar am 9. September 1975, AdsD, DM 025. Soweit der Inhalt des Briefes in der Öffentlichkeit bekannt wurde, löste er eine lebhafte Debatte aus. Siehe dazu: In den frühen 80er Jahren aus der Verlustzone. Hinweise für die Computer-Industrie auf die künftige Bonner Förder-Politik, Manager Magazin 5 (1975), S. 109–110.

sich schließen, dass die Siemens AG ihn detailliert über ihre Geschäftspolitik bis zum Jahre 1980 unterrichtet hatte. Die Prüfung dieser vertraulichen Unterlagen hatte ihn offenbar davon überzeugt, dass ein eigenständiges, nationales Konzept sinnvoll und zweckmäßig war und das dritte Datenverarbeitungsprogramm der Bundesregierung die EDV-Sparte des Elektrokonzerns bis in die frühen achtziger Jahre aus der Verlustzone herausführen konnte. Die Systemkooperation (gemeinsame, arbeitsteilige Entwicklung und Fertigung sowie gemeinsamer Vertrieb einer ganzen Systemfamilie) mit ausländischen Firmen schien zwar grundsätzlich möglich, war aber gleichzeitig – wie konkrete Erfahrungen zeigten – auch sehr problematisch. Sie war nach Matthöfers Überzeugung aber auch nicht nötig: »Überzeugende Vorteile für den deutschen Partner sind nicht zu sehen, denn die technologischen Lücken bei deutschen Datenverarbeitungsherstellern sind weitgehend geschlossen.« In dem wachsenden Maße, wie die Datenverarbeitung, die Nachrichtentechnik, die Ausrüstung von Investitionsgütern mit EDV-Anlagen und die Bauelemente-Entwicklung in ein übergreifendes Gesamtkonzept integriert werden mussten, wurde es immer wichtiger, die einzelnen Bereiche konzeptionell unabhängig von Partnern und deren Interessen zu steuern. Die Siemens AG fertigte zum Beispiel Magnetbandgeräte, Drucker und andere Peripheriegeräte teilweise in Lizenz und wollte dies auch künftig so halten, wenn dieser Weg wirtschaftlicher erschien als die Eigenentwicklung und wenn die Lizenzfertigung in Bezug auf die Erhaltung von Arbeitsplätzen und die Einhaltung von Terminen erfolgversprechender war als der Bezug der Geräte auf dem Markt. In Kooperationsgesprächen mit potenten ausländischen Datenverarbeitungsherstellern, die die Siemens AG geführt hatte, war jedoch oft genug deutlich geworden, dass ausländische Firmen vor allem daran interessiert waren, ihre Produkte auf dem deutschen Markt zu vertreiben und sich dazu der etablierten Vertriebsorganisationen der deutschen EDV-Hersteller zu bedienen: »Damit würde den deutschen Partnern die Pflege und die finanzielle Verantwortung für den Anlagenbestand des ausländischen Partners aufgebürdet.« Matthöfer unterstrich gleichzeitig die Absicht der Bundesregierung, das Verhältnis der Förderung mittlerer und großer zu kleinen Rechnern von etwa 2:1 im Jahr 1976 auf etwa 1:1 im Jahr 1979 zu verschieben. Darin spiegelte sich der Wille, die besonderen Fähigkeiten und Problemkenntnisse der deutschen Kleinrechner-Hersteller für die weitere Entwicklung der Datenverarbeitung besser zu nutzen. Die Bedeutung dieses Marktsegments nahm rasch zu. Allein der Inlandsumsatz der Nixdorf AG entsprach inzwischen schon der Hälfte des Umsatzes, den Siemens mit mittleren und großen Rechnern machte. Hier lag das Problem eher in der Zersplitterung des Angebots, tummelten sich doch neben Siemens noch 13 weitere Firmen auf dem Markt. Auch hier sah Matthöfer aber keinen Grund für eine engere internationale Zusammenarbeit. Im Gegenteil: Kleinrechner müssten in zunehmendem Umfang als ›intelligente Endgeräte‹ in größeren Verbundsystemen eingesetzt werden, sodass gerade branchenspezifische Endgeräte, die direkt in die Arbeitsplätze integriert würden, auf die Arbeitsplatzverhältnisse in der Bundesrepublik Deutschland und deren spezifische Anforderungen zugeschnitten sein müssten: »Es wäre deshalb wenig sinnvoll, wenn die Kleinrechner-hersteller in ihrer Produktionsplanung starken ausländischen Einflüssen ausgesetzt wären.« Allein auf dem Markt für elektronische Bauelemente fiel die Bilanz rundum positiv aus. Es war den deutschen Herstellern gelungen, die technologische Lücke zu den führenden ausländischen Bauelementeherstellern großenteils zu schließen. Die am weitesten fortgeschrittenen Unidata-Rechner der Siemens AG (Serie 7.700) waren mit Halbleiterspeichern ausgestattet, die auf einem Siliziumkristall (chip) 1024 bit (1 Kilobit) speichern konnten. Chips mit einer Packungsdichte von 16 und 64 Kbit waren in Vorbereitung. Insoweit war eine wesentliche technologische Voraussetzung für die internationale Wettbewerbsfähigkeit der deutschen EDV-Hersteller gegeben.

Offensichtlich ging es dem BMFT unter Matthöfers Führung vor allem darum, in Deutschland »Anreize zur Schaffung leistungsfähiger industrieller Strukturen« zu schaffen, um auf der Basis größerer unternehmerischer Einheiten oder von Kooperationen die Position der deutschen Hersteller für künftige internationale Zusammenarbeit zu verbessern. Daraus ergab sich eine »besondere Priorität« für Gemeinschaftsentwicklungen, wie sie im klassischen Branchensystem der deutschen Wirtschaft durchaus Tradition hatten. Offenbar ging es Matthöfer aber vor allem auch darum, Abhängigkeiten von amerikanischen Konzernen zu vermeiden, »weil ein ausschließlicher oder überwiegender Bezug von ausländischen Bauelementen auf der Basis langfristiger Kooperationsverträge [...] die Entfaltung der geförderten Bauelemente-Hersteller behindern [würde]«. Noch als Finanzminister gehörte der Appell an die eigenen Kräfte zum Standardrepertoire seiner Wahlkampfreden: »Wir können es uns nicht leisten, in eine Abhängigkeit zu einem Unternehmen wie der IBM zu geraten. Wir sind gegenwärtig auf die Forschungs- und Entwicklungsergebnisse in den USA angewiesen und das ist auf Dauer ein unguter Zustand.« Vor allem im Bereich der Halbleiter- und Opto-Elektronik, der Mikroprozessoren und der elektronischen Speicher- und Sensoren-Technik hielt er deshalb »eine nationale unabhängige Forschung« für unverzichtbar. Diese Besinnung auf die Entfaltung der eigenen produktiven Kräfte, wie sie Friedrich List schon im 19. Jahrhundert als probates Mittel zur Überwindung der industriellen Rückständigkeit Deutschlands empfohlen hatte, stieß nicht nur bei den deutschen Filialen der US-Konzerne auf Kritik. Auch deren Arbeitnehmervertreter in den mitbestimmten Aufsichtsräten verwahrten sich gegen die offensichtliche Diskriminierung ausländischer Anbieter und demonstrierten so die prägende Praxis der auf das Gesamtwohl des Unternehmens ausgerichteten deutschen Mitbestimmung.[81] Aber auch gegenüber Kritik aus den eigenen Reihen beharrte Matthöfer ungerührt auf seiner Überzeugung, dass es »legitim sein muß, mit staatlichen Mitteln deutsche Wettbewerber zu unterstützen«.[82] Für ihn stand außer Frage, »daß die Verfüg-

---

81 Otto Gotschlich an Matthöfer am 24. März 1980, AdsD, DM 120. Das Aufsichtsratsmitglied der International Business Machines Deutschland (IBM) formulierte seinen geharnischten Protest unter dem Briefkopf der IG Metall-Verwaltungsstelle Stuttgart.
82 Matthöfer an Gotschlich am 21. Mai 1980; AdsD, DM 120.

barkeit eigenen in Deutschland erarbeiteten technischen Wissens für wichtige Bereiche unserer Volkswirtschaft angesichts des auf uns zukommenden verschärften internationalen Wettbewerbs zu einer wirtschaftlichen Überlebensfrage werden kann«.

Schwierige Kooperation in Europa

Das Unidata-Debakel

Matthöfers entschiedenes Eintreten für die Bildung nationaler Champions auf dem Gebiet der elektronischen Datenverarbeitung kam nicht von Ungefähr. Zuvor war sein Versuch, einem *europäischen* Champion zum Erfolg zu verhelfen, der sich aus Teilen der Siemens AG, der französischen Compagnie Internationale pour l'Informatique (CII)[83] und des niederländischen Elektronikkonzerns Philips zusammensetzte, unter frustrierenden Begleiterscheinungen gescheitert. Die Bundesregierung hatte wesentlich dazu beigetragen, dass die drei Firmen Mitte 1973 beschlossen, ihre Aktivitäten auf dem Gebiet der kommerziellen und technisch-wissenschaftlichen Datenverarbeitung zu koordinieren und partiell unter dem Namen Unidata zu vereinigen. Nach ersten Anlaufschwierigkeiten, die bei der Abstimmung von Entwicklung und Produktstrategien zu überwinden waren, verlief die technische Integration, wenn auch mit einer Verzögerung von einem bis zwei Jahren und erheblichen Mehrkosten, erfolgreich. Auf mittlere Sicht war jedoch eine sinnvolle Aufteilung der jeweiligen Produktionsschwerpunkte unter selbstständig bleibenden Partnern nicht vorstellbar. Ein dauerhafter wirtschaftlicher Erfolg hätte die Fusion der beteiligten Firmen vorausgesetzt. Modellhaft hatte dies die Gründung der Airbus Industrie vor Augen geführt, die 1969 als *Groupement d'Intérêt Économique* (GIE) zwischen Deutschland und Frankreich vollzogen worden war, um eine schon 1965 begonnene Kooperation wirtschaftlich zu konsolidieren. Beide Länder brachten ihre Flugzeugbaukapazität in das *Joint Venture* ein, dem 1971 noch der spanische Flugzeugbauer Casa und 1979 die British Aerospace beitraten. Ziel der Operation war es, der Übermacht der amerikanischen Konzerne Boeing und McDonnell Douglas auf dem Flugzeugmarkt etwas Gleichwertiges entgegenzusetzen, um die technologische Unabhängigkeit Europas auf diesem Markt zu sichern. Die Parallele zum Markt für Großrechner und der wirtschaftlichen Bedeutung der EDV-Technologie lag auf der Hand. In allen drei beteiligten Ländern verfügte der amerikanische Spitzenreiter IBM über die bei weitem größten Marktanteile (gemessen am EDV-Anlagenbestand) – mit großem Abstand vor dem jeweiligen nationalen Marktführer. Die deutsche Siemens AG musste sich mit 17,9 Prozent einer übermächtigen IBM (59,1 Prozent) ebenso geschlagen geben

---

83 Die CII war 1966 im Zuge des De Gaulleschen ›Plan Calcul‹ gegründet worden, um Frankreich von der amerikanischen Computerindustrie unabhängig zu machen, die sich geweigert hatte, das französische Streben nach atomarer Rüstung zu unterstützen.

wie die französische CII, die dem in Frankreich ebenfalls knapp 60prozentigen Marktanteil der IBM lediglich einen Anteil von 4,7 Prozent entgegensetzen konnte. Die niederländische Philips rangierte in diesem Wettbewerb nur unter ›ferner liefen‹. Zusammen erreichte der Dreibund Unidata 1973, gemessen am Liefervolumen, lediglich 4,7 Prozent des Umsatzes am Weltmarkt. Angestrebt war eine Verdoppelung bis Verdreifachung dieses Anteils, sollte doch verhindert werden, dass »wir auf dem Gebiet der DV zu einer amerikanischen Kolonie werden«.[84]

Schon im Juni 1974, bei seinen ersten Verhandlungen im Rahmen der deutschfranzösischen Regierungskonsultationen in Paris, wurde dem neuen Technologieminister bewusst, wie groß die Vorbehalte auf französischer Seite waren, sich mit der Rolle des Juniorpartners von Siemens abzufinden. Anders als bei der Airbus-Fusion, wo Frankreich eine starke Luftfahrtindustrie einbrachte, musste Paris jetzt befürchten, dass seine Großrechner-Herstellung auf lange Sicht in einer europäischen Lösung aufgehen werde, in der entweder Siemens oder später auch die britische International Computers Limited (ICL) den Ton angeben würden. Für die Großaktionäre der CII, für die Compagnie Général d'Electricité und den Halbleiterproduzenten Thomson, war eine auf Autonomie abzielende europäische Industriepolitik kein Wert an sich. Sie zogen es vor, mit einer weltweit operierenden US-Firma zu kooperieren, um einen lukrativen Zugang zum amerikanischen Markt zu gewinnen und von der dortigen Spitzentechnologie zu profitieren. Dagegen versprach der Weg über Unidata erst auf lange Sicht Erfolg, und höhere Renditen waren keineswegs garantiert. Gleichwohl erweckte der französische Forschungs- und Industrieminister Michel d'Ornano bei seinem deutschen Kollegen zunächst den Eindruck, dass Frankreich die europäische Lösung präferiere. Das Verhältnis zwischen dem Bochumer Arbeitersohn und dem Nachfahren eines von Napoleon geadelten Generals entwickelte sich zunächst ausgesprochen positiv. Die sprachliche Verständigung war fast problemlos. Der französische Kollege, der in der typisch französischen Kombination gleichzeitig als Abgeordneter der Nationalversammlung und als Bürgermeister einer Kleinstadt fungierte, war mit einer Frau verheiratet, die lange in Amerika gelebt hatte, und sprach ausgezeichnet und gern Englisch. D'Ornano hatte freilich eine verhängnisvolle Neigung, immer wieder zu versuchen, seine Vertragspartner zu übertölpeln. Er wollte ohne Rücksicht auf das gegenseitige Vertrauensverhältnis den Preis, den Frankreich für seine Zustimmung verlangte, möglichst hochtreiben, und stellte »zum Teil ziemlich exorbitante, sogar ungebührliche und immer wieder neu nachgeschobene Forderungen«.[85] Matthöfer versuchte daher im September während eines dreitägigen Englandaufenthalts, die britische Regierung dazu zu bewegen, ebenfalls für Unidata zu optieren. Er betonte die Dringlichkeit einer »autonomen europäischen Computertechnologie« und hielt es nicht für akzeptabel, »daß wir auf diesem Gebiet von den Vereinigten

84 Erst Unidata, dazu ICL, vielleicht auch einen amerikanischen Partner und dann rund 12 Prozent vom Weltmarkt. Dr. Gerhard Maurer und Konrad Müller sprachen mit Minister Matthöfer, Computer-Woche Nr. 6 vom 7. Februar 1975.
85 ›Diensttagebuch‹, 18.6.1975, AdsD, DM 0404.

Staaten abhängig sind«.[86] Er verwies darauf, dass der Jahres*umsatz* der vier größten europäischen Computerhersteller (Unidata und ICL) nur 60 Prozent des Jahres-*gewinns* von IBM ausmache. Der britische Industrieminister Tony Benn machte ihm aber deutlich, dass ein Beitritt des britischen Computerherstellers ICL – in Großbritannien immerhin fast gleichauf mit IBM – zu dem europäischen Daten-verarbeitungsverbund Unidata »vorerst nicht zu erwarten« sei, da ICL eine »andere Computersprache« entwickelt habe. Hinderlich sei auch das unterschiedliche Ge-haltsniveau der Ingenieure, das in Großbritannien angeblich nur ein Drittel des deutschen Niveaus erreiche. Tatsächlich stand hinter der Ablehnung des Projekts aber viel mehr. Benn, der seinen Adelsnamen Anthony Neil Wedgwood Benn, Second Viscount Stansgate demonstrativ abgelegt hatte, pflegte die kuriosesten Vorurteile gegenüber ›den Deutschen‹. Vor allem aber hasste er die Europäische Gemeinschaft, wie er seinem Tagebuch anvertraute.[87] In seinen Augen war sie »bürokratisch und zentralistisch« und, was für ihn noch schlimmer war, »wirklich von Deutschland beherrscht«. Da aber alle Mitgliedstaaten der EG außer Großbri-tannien im Zweiten Weltkrieg von Deutschland besetzt waren, »schwanken sie in ihrem Verhältnis zu Deutschland zwischen Haß und Unterwürfigkeit«. Der La-bourpolitiker, dessen Familie in einem Nebenzweig auch die bekannte Wedgwood-Manufaktur gegründet hatte, gehörte daher weit über die Unidata-Frage hinaus zu den erklärten Gegnern der europäischen Integration.

Noch im Dezember, als d'Ornano mit Matthöfer in Bonn konferierte, bekräf-tigten beide Minister ihre Absicht, eine leistungsfähige europäische Datenverarbei-tungsindustrie zu schaffen, und einigten sich rasch auf das Verfahren, wie die noch offenen Fragen zu klären wären. In Wirklichkeit setzte sich währenddessen in Paris eine Kontroverse über das Schicksal der CII fort, die von den beiden Hauptaktio-nären des französischen Champions schon vor Monaten initiiert worden war. Da-bei spielten Optionen eine Rolle, die bisher noch nicht auf der politischen Agenda standen: Sollte der Versuch einer europäischen Kooperation fortgesetzt oder sogar der Integrationsprozess eingeleitet werden? Sollten die Vertragsbedingungen neu ausgehandelt werden? Sollte Frankreich die Position der CII gegenüber Siemens stärken? War es sinnvoll, weitere europäische oder amerikanische Partner in das Unidata-Projekt einbeziehen? Vor allem die Großaktionäre der CII hatten enge Beziehungen zum amerikanischen EDV-Konzern Honeywell Bull, der in Frank-reich nach IBM und noch vor CII den zweiten Platz in der Rangordnung der Marktwettbewerber einnahm. Auf dem Höhepunkt der Kontroverse, als sogar Ar-beiter des CII-Werkes in Toulouse einen ›Marsch auf Paris‹ unternahmen, um auf die unsichere Zukunft ihres Unternehmens aufmerksam zu machen, schaltete sich Matthöfer in einem Interview mit dem Bonner Korrespondenten von Le Monde,

---

86 Ebenda, 01.–03. 09. 1974.
87 Tony Benn, The Benn Diaries, London 1995, S. 410, 432. Benn ist in vielerlei Hinsicht eine Aus-nahmeerscheinung. So läßt sich seine Parteikarriere als Beleg dafür werten, dass Politiker auch wäh-rend und nach ihrer Ministerzeit weiter nach links rücken können.

Daniel Vernet, in die innerfranzösische Debatte ein.[88] Er versuchte, Zweifel an der Ernsthaftigkeit des Projekts zu zerstreuen, äußerte Verständnis für die »beträchtliche finanzielle Belastung«, die die Fusion »in der gegenwärtigen Konjunktur« für CII und die französische Regierung bedeute, und versteckte seine Skepsis über die Überlebensfähigkeit von CII in einer Partnerschaft mit Honeywell Bull in dem Hinweis auf mangelnde Kompatibilität der Produkte und Technologien. Vor allem aber lockte er die französische Seite mit dem Versprechen auf staatliche Subventionen, die sich allein 1975 auf 150 Millionen DM beliefen, einem Drittel aller BMFT-Ausgaben für die EDV-Forschung. Er bekräftigte gleichzeitig den Willen der Bundesregierung, nicht »einen kranken Riesen« aufzupäppeln, »aus dem nichts wird«: »Siemens und die Regierung wollen eine Gesellschaft mit vernünftiger Struktur, einer straffen Führung und einer einheitlichen Politik in Europa.«

Bereits die nächsten deutsch-französischen Konsultationen im Februar 1975 säten Zweifel an einer reibungslosen Fortsetzung der Unidata-Kooperation. Sowohl die Franzosen als auch die englische Seite, die von Matthöfer als präsumptiver Partner umworben wurde, waren inzwischen offenbar fest entschlossen, der Kooperation mit amerikanischen Unternehmen den Vorzug zu geben. Noch einmal unternahm Matthöfer den Versuch, die Absetzbewegungen zu kanalisieren. Er wollte nun nicht mehr ausschließen, dass Unidata auch auf den amerikanischen, japanischen oder australischen Markt ginge. Schließlich zielte er eine autonome, nicht eine autochthone europäische Technologie an: »Unidata und ICL in einem schlagkräftigen Unternehmen vereint und dann noch ein potenter amerikanischer Partner als Know-how-Lieferant, das wäre eine ideale industrielle Kombination.« Dieser Schritt müsste allerdings von Unidata selbst verantwortet werden, die Bundesregierung solle sich nicht einmischen. Der Traum von einem europäischen Champion in der Computerindustrie platzte schließlich, als sich Frankreich am 20. Mai 1975 »plötzlich und ohne jegliche Vorwarnung«[89] gegen Unidata entschied und die Fusion von CII mit Honeywell Bull beschloss. Michel d'Ornano teilte Matthöfer die Entscheidung in einem überraschend von französischer Seite anberaumten Treffen im Nassauischen Hof in Wiesbaden als einen »unabänderlichen und nicht mehr verhandlungsfähigen Beschluß seiner Regierung« mit. Matthöfer konnte es sich nicht verkneifen, während der kurz darauf stattfindenden internationalen Flugzeugschau auf dem Pariser Flughafen Le Bourget den französischen Präsidenten Valérie Giscard d'Estaing nicht gerade sehr diplomatisch auf das französische Vorgehen anzusprechen. Er bezeichnete die Entscheidung gegen Europa als »einen noch lange in die Zukunft wirkenden Schlag gegen eine gemeinsame europäische Technologiepolitik«. Er sagte Giscard voraus, die gewählte Lösung, ein »schwerer Fehler«, werde zu einem »kostspieligen Fehlschlag« führen, den die Franzosen noch einmal zu bereuen hätten. Vor allem aber beklagte er sich, dass »wir Deutschen« durch das »uns völlig unverständlich und gegen jede Absprache

---

88 Die Zukunft der europäischen Datenverarbeitung. Interview mit Hans Matthöfer, Le Monde vom 28. Januar 1975.
89 ›Diensttagebuch‹, 18.6.1975, AdsD, DM 0404.

und gegen Treu und Glauben erfolgte französische Verhalten entscheidende Entwicklungszeit verloren« hätten. Der sichtlich verärgerte Staatspräsident brach daraufhin das Gespräch ab und wandte sich brüsk von Matthöfer ab. Tatsächlich erwies sich der Scherbenhaufen, den d'Ornano und der ebenfalls mit der amerikanischen Konkurrenz kollaborierende Tony Benn in der europäischen Technologiepolitik angerichtet hatten, als irreparabel. Weder CII noch ICL überlebten die amerikanische Umarmung. Auch Siemens musste langfristig die Kooperation mit IBM und anderen außereuropäischen Konkurrenten suchen, um seine EDV-Sparte wettbewerbsfähig zu halten. Anders als auf dem Markt für Luftfahrzeuge spielte Europa keine Rolle mehr auf dem Markt der informationstechnischen Industrie, den sich nun die amerikanischen und japanischen Konzerne endgültig untereinander aufteilten. Als Frankreich Anfang der neunziger Jahre endlich bereit war, mit einer gemeinsamen grenzüberschreitenden Kooperation gegen die Expansion der japanischen Elektronikindustrie Front zu machen, war es zu spät. Weder Frankreich noch Großbritannien verfügten noch über nennenswerte Kapazitäten, nachdem ICL 1990 nach einem Zwischenspiel an der Seite der amerikanischen Standard Telephone and Cables (STC) schließlich von Fujitsu übernommen worden war und damit der Japan AG als Brückenkopf auf dem europäischen HighTech-Markt diente.[90]

Im Schatten der Weltwirtschaftskrise

Ungeachtet dieser Rückschläge wollte Matthöfer 1975 die Europa-Rhetorik auf dem Gebiet der Datenverarbeitungstechnologie noch nicht preisgeben. Noch immer suchte er die Konzentration der Kräfte im europäischen Raum, weil die Wettbewerbsfähigkeit auf dem Markt für integrierte Schaltkreise nicht nur eine Frage der Technologie war, sondern vor allem auch der Stückzahlen. Das Dritte Datenverarbeitungsprogramm des BMFT konzentrierte sich daher stärker auf den Bereich der kleinen und mittleren Rechner sowie auf die Entwicklung intelligenter Endgeräte. Nach wie vor war das Ziel der Aufbau einer unabhängigen EDV-Industrie, die ohne staatliche Zuschüsse lebensfähig war. Damit ging es nun um die Förderung eines nationalen Champions, um der deutschen Technologiepolitik ein Stück Handlungsspielraum zu bewahren: »Wir beabsichtigen nach dem Fehlschlag mit Unidata nicht, einen nationalen Alleingang zu unternehmen. Wir versuchen weiterhin, zu internationaler Kooperation zu kommen, allerdings auf der Basis einer eigenen autonomen Kapazität.«[91]

Es war deshalb sicher kein Zufall, dass auch die Verhandlungen der EG-Forschungsminister über eine Mittelaufstockung für das mehrjährige europäische Forschungsprogramm, die im Juni 1975 in Luxemburg stattfanden, am Veto des

---

90 DIE ZEIT 45 (1990), S. 15.
91 Statement auf der Bundespressekonferenz anläßlich der Verabschiedung des Dritten Datenverarbeitungsprogramms 1976–1979 am 14. Juli 1975. ›Diensttagebuch‹, 14.7.1975, AdsD, DM 0404.

deutschen Forschungsministers scheiterten. Vordergründig ging es dabei um die Genehmigung von Forschungsmitteln in Höhe von 150 Millionen DM, die den Betrieb der vier europäischen Kernforschungszentralen der Gemeinschaft in Ispra (Italien), Geel (Belgien), Petten (Holland) und Karlsruhe sicherstellen sollten. Tatsächlich stand aber ein neues Konzept für die europäische Forschungspolitik zur Debatte, das die Verwendung der 1,5 Milliarden DM, die in das gemeinsame Forschungsprogramm flossen, auf eine neue Grundlage stellen sollte. Matthöfer forderte die Straffung des Programms und die Einstellung überholter Teilprogramme. Auch vor der Schließung von Forschungszentren wollte er nicht zurückschrecken. Er kritisierte vor allem die mangelnde Verzahnung der Gemeinschaftsprogramme mit den nationalen Forschungsprogrammen. Da die Zentren nach seiner Überzeugung weit davon entfernt waren, »eine sinnvolle und bedeutende Aufgabe zu erfüllen«, schien es ihm nicht sinnvoll zu sein, zusätzliche Mittel zur Verfügung zu stellen, bevor nicht die Grundsatzfragen erörtert waren.[92] Neun Monate nachdem die Regierung Schmidt mit ihrem Veto gegen eine fünfprozentige Agrarpreiserhöhung in Brüssel ein erstes Signal gegen die ständig wachsenden Geldforderungen der Europäischen Gemeinschaft gesetzt hatte, zog nun auch der Forschungsminister die Notbremse. Der EG-Rat der Forschungsminister musste sich ohne Ergebnis vertagen, weil Matthöfer nicht bereit war, eine noch bestehende Finanzlücke von 42 Millionen DM nur um des lieben Friedens willen zu schließen. Das Unidata-Debakel hatte ihm lebhaft vor Augen geführt, dass Europa weit davon entfernt war, seine gemeinsamen Interessen zu definieren. Kamen nun auch organisatorischer Schlendrian und finanzielle Verschwendung an der Basis ins Spiel, wurde für den Perfektionisten in Sachen Organisation und rationaler Mittelverwendung der Widerstand zur Pflicht:[93] »Wir sind für eine europäische Gemeinschaftsforschung, wir möchten sie nur so leistungsfähig wie möglich haben. Deshalb haben wir als Voraussetzung für unsere Zustimmung gebeten, daß eine mehrjährige Planung vorgelegt wird, so wie sie vor zwei Jahren versprochen wurde.«

Matthöfers Brüsseler Auftritt begründete ein nachhaltig schlechtes Image, das er sich in der Zitadelle der Europäischen Bürokratie erwarb und das er während seiner Zeit als Finanzminister weiter ausbaute und pflegte. Europäische Beamte kolportierten, der deutsche Forschungsminister habe sein unerbittliches Nein »im Stil eines sowjetischen UN-Diplomaten« vorgetragen.[94] Die ›Bild-Zeitung‹ stellte zwar auch die drastische Redeweise des »Arbeiterführers und Genossen Forschungsminister« in den Vordergrund ihrer Berichterstattung. Sie entschuldigte diese aber mit dem »Gewerkschaftlichen« an Matthöfer:[95] »Die tun gerne so, als hätten sie ständig einen Hammer zwischen den Zähnen.« Doch sah das Flaggschiff des Springer-Konzerns »diesmal keinen Grund, über den Kollegen Matthöfer bestürzt zu

---

92 ›Diensttagebuch‹, 27.6.1975, AdsD, DM 0404.
93 Interview mit dem Nordwestdeutschen Rundfunk am 27. Juni 1975. ›Diensttagebuch‹, 27.6.1975, AdsD, DM 0404.
94 Matthöfer im Augiasstall, DIE ZEIT, 29(1975) vom 4. Juli 1975.
95 Des Teufels Genossen, ›Bild-Zeitung‹ vom 18. Juli 1975.

sein«. Kein Zweifel, das Machtwort des Ministers stieß in der deutschen Öffentlichkeit auf eine überwiegend positive Resonanz, und auch das Bundeskabinett billigte seine harte Haltung vorbehaltlos. Der Rat der EG-Außenminister übernahm am Ende die deutschen Forderungen, indem er sich für eine zielgerichtete Planung, die Abstimmung aller Programme mit den Aktivitäten in den Mitgliedsstaaten und für die Planung einer soliden und sorgfältigen Arbeit in den Forschungszentren aussprach. Matthöfer hatte erreicht, dass auf der Sachebene nicht wider besseres Wissen gehandelt wurde, und damit demonstriert, dass es keinen Einigungszwang geben dürfe, der um einer bloß formal verstandenen europäischen Solidarität willen die verantwortlichen Ressortminister dazu zwänge, im europäischen Bereich weniger Sorgfalt im Umgang mit Steuermitteln zu üben als in nationalen Angelegenheiten. Und schließlich hatte er wenigstens sichtbar zu Protokoll gegeben, dass die europäische Forschungspolitik – wie andere Felder der Europapolitik auch – schmerzhafte Defizite aufwies.

Auch wenn sie nicht in die Irre führen, wie beim Eklat um das Scheitern des Unidata-Projektes, sind die Wege der europäischen Forschungspolitik doch lang und verschlungen. Schon 1973 hatten sich die Forschungsminister der EG auf den gemeinsamen Bau und Betrieb einer Großversuchsanlage zur Gewinnung von Energie durch Kernverschmelzung geeinigt. Sie waren davon überzeugt, damit ein Jahrhundertprojekt für die Energieversorgung kommender Generationen auf den Weg zu bringen. Tatsächlich sollte es über dreißig Jahre dauern, ehe aus den Erfahrungen mit dieser Forschungsanlage heraus wenigstens die Errichtung eines Versuchsreaktors beschlossen werden konnte.[96] Doch auch dieser ›International Thermonuclear Experimental Reactor‹ (Iter), mit dessen Bau 2009 begonnen werden soll, ist nicht etwa schon das Ziel, sondern nur ein weiterer Schritt, mit dem die sieben Projektpartner EU, USA, Japan, China, Russland, Indien und Südkorea der Erschließung einer neuen Energiebasis näher zu kommen versuchen. Erst 2050 soll der erste wirtschaftlich arbeitende Kernfusionsreaktor ans Netz gehen können. Als 1973 alles begann, verbanden die Forschungsminister der Europäischen Gemeinschaft damit die Hoffnung, eine Technologie zu entwickeln, die Europa unabhängig machen werde von Erdöl- und Uranimporten. Kernfusion entspricht dem physikalischen Vorgang, der das Sonnenfeuer entfacht. Der Rohstoff Wasserstoff ist unerschöpflich, der Fusionsvorgang weitgehend ungefährlich, weil er jederzeit kontrolliert abgebrochen werden kann, und die dabei entstehende Radioaktivität klingt im Laufe von hundert Jahren ab, bedeutend schneller also als Uranbrennstäbe, die über Tausende von Jahren noch gefährlich strahlen und die Betreiber vor ein bis heute nicht gelöstes Entsorgungsproblem stellen. Gerade im Hinblick auf Umweltschutz und Unfallsicherheit sollte die Kernfusion neue Maßstäbe setzen. Jedenfalls glaubten viele Experten an einen gewaltigen Durchbruch in der Forschung zur Energiegewinnung, der mit der europäischen Versuchsanlage erreicht werden könnte. Hoffnungsfroh stimmte auch die Tatsache, dass europäische For-

---

96 Der Kernfusionsreaktor Iter wird gebaut, FAZ vom 22. November 2006, S. 1.

scher auf diesem Gebiet den Wettbewerb mit den USA nicht scheuen mussten. Im März 1977 gelang es zwar US-Forschern, für den Augenblick von nur einer Billionstelsekunde jenen Prozess nachzuvollziehen, der bei der Explosion einer Wasserstoffbombe und im Inneren der Sonne abläuft. Die Forscher der US-Labors in Los Alamos mussten freilich zur Erzeugung der erforderlichen Verschmelzungstemperatur von über 45 Millionen Grad mehr Energie aufbieten, als die kurzfristige Fusion erbrachte. Mit der Verschmelzung von Wasserstoff-Atomkernen gelang den USA zwar ein Teilerfolg, aber das Entscheidende hatten sie nicht geschafft: eine kontrollierte Kernfusion mit einem Nettogewinn an Energie. Matthöfer war sich durchaus bewusst, dass es »noch Dutzende von Jahren dauern [konnte], bis die Kernfusion wirtschaftlich anwendbar ist«.[97] Überdies wusste er, dass auch der kontrollierte Kernverschmelzungsprozess wie der Kernspaltungsvorgang Radioaktivität und giftige Abfallstoffe erzeugt, weshalb er der immer wieder aufgestellten Behauptung widersprach, Kernfusion zur Energie-Erzeugung sei problemlos und keinesfalls umweltschädlich. Sie erinnerte ihn an die Diskussionen der fünfziger Jahre, als man von der Kernspaltung dasselbe behauptet hatte.

Dessen ungeachtet wollte er aber doch, dass die Europäer mit von der Partie wären, wenn es darum ging, eine wichtige Option der Energieversorgung zu wahren. Offen geblieben war jedoch, wo dieser ›Joint European Torus‹ (JET), wie die Anlage von den Wissenschaftlern genannt wurde, gebaut werden sollte. Die Forschungsminister hatten im Juli 1976 eine Grundsatzentscheidung getroffen, die ganz den Vorstellungen Matthöfers entsprach:[98] »Jawohl, wir wollen JET bauen. Zweitens wollen wir die Kriterien festlegen, nach denen der Standort bestimmt wird. Es sollen rationale Kriterien sein, die z. B. auch die Fusionserfahrung der Wissenschaftler an dem betreffenden Standort mit in Betracht zieht. Wenn in einem solchen rationalen Entscheidungsprozess eine vernünftige Entscheidung gefallen ist, werden wir diese akzeptieren.« Das Kriterium der Fusionserfahrung, auf das man sich in dieser Vorentscheidung geeinigt hatte, engte den Kreis der Bewerber auf Frankreich, Großbritannien und Deutschland ein. Nicht gerade hilfreich für den Entscheidungsprozess war, dass Frankreich Ende 1976 erklärte, es würde gegen jeden nicht-französischen Standort sein Veto einlegen. Der deutsche Forschungsminister, der wenig Hoffnung hegte, den eigenen Standort in Garching bei München durchzusetzen, war aber grundsätzlich nicht geneigt, sich einem französischen Diktat zu beugen – noch dazu zu einem Zeitpunkt, da die in der Unidata-Affäre geschlagenen Wunden noch nicht verheilt waren. Eher hätte er sich auf der Sitzung der Forschungsminister überstimmen lassen, wenn es eine große Mehrheit der anderen europäischen Länder für den britischen Vorschlag gegeben hätte. Damit wäre Culham bei Oxford zum Zuge gekommen – wenn nicht Frankreich eine Entscheidung überhaupt verhindert hätte. Aber auch sein britischer Kollege Tony Benn machte Matthöfer eine rationale Entscheidung in der Standortfrage nicht

97 ›Diensttagebuch‹, 7.3.1977, AdsD, DM 0404.
98 Interview Matthöfers in der ZDF-Sendung ›Bonner Perspektiven‹ am 18. Juli 1976.

gerade leicht. Bei einem Treffen in London hatte er den Labour-Politiker wissen lassen, dass er eine Mehrheitsentscheidung für Culham sofort akzeptieren würde.[99] Er sah in einem britischen Standort eine begrüßenswerte weitere Bindung Großbritanniens an die Gemeinschaft. Benn verkündete daraufhin in einem Fernschreiben an alle britischen Vertretungen in den Gemeinschaftsländern, sein deutscher Kollege habe dem Standort Culham seine Zustimmung gegeben. Über die deutschen Botschaften wurde dies selbstverständlich sofort nach Bonn berichtet. Da Matthöfer sich nicht der »Pro-Garching-Propaganda von Franz Josef Strauß hilflos ausliefern wollte«, musste er dementieren[100] und sah sich »überflüssigerweise« gezwungen, die deutsche Haltung gegenüber den Briten wesentlich härter zu vertreten, als dies ansonsten nötig gewesen wäre.[101] Obwohl Culham schließlich doch das Rennen machte, stärkte dieses Procedere nicht unbedingt seinen Glauben an die Vernunft in der Europapolitik. Freilich war auch die deutsche Position in erster Linie von politisch-taktischen Überlegungen bestimmt. Der deutsche Versuch, Großbritannien stärker in Europa zu engagieren, muss wohl aus heutiger Sicht als gescheitert angesehen werden. Da das Vereinigte Königreich weder willens noch in der Lage war, seine *special relationship* zu den Vereinigten Staaten aufzugeben, schwächte sein Eintritt in die Europäische Gemeinschaft jeden Versuch, eine eigene europäische Position in Abgrenzung zu amerikanischen Interessen zu finden. Seit den siebziger Jahren, als der säkulare Globalisierungsprozess wieder triumphierend auf die Agenda der Wirtschaftspolitik zurückkehrte, wäre dies aber eine vorrangige Aufgabe der europäischen Kernländer gewesen, deren soziales System der Produktion auf der Einhaltung von Spielregeln beruhte, die vom Standard-Kapitalismus angelsächsischer Prägung stark abwichen. Vor diesem Hintergrund ist es fraglich, ob die politische Entscheidung für Culham wirklich ›rational‹ auch im Sinne der Matthöferschen Vorstellungen von europäischer Industriepolitik gewesen war. Tatsächlich wird demnächst der neue International Thermonuclear Experimental Reactor (Iter) nicht in Culham, sondern in Cadarache auf dem Gelände der französischen Atomenergiebehörde in der Nähe von Aix-en-Provence gebaut werden, wo Frankreich nach seiner Niederlage in der Standortfrage ›Tore Supra‹, eine eigene nationale Versuchsanlage errichtet hatte.

Ähnliche Erfahrungen mit der Irrationalität europäischer Entscheidungsprozesse machte Matthöfer im Mai 1975 anlässlich der Unterzeichnung der Gründungskonvention der Europäischen Weltraumorganisation ESA in Paris. Die ESA sollte eine einheitliche europäische Industriepolitik entwickeln, die – unter Wahrung der Interessen der Mitgliedsstaaten an einer angemessenen geographischen

---

99 ›Diensttagebuch‹, 26.1.1977, AdsD, DM 0404.
100 Bei dieser Gelegenheit kritisierte er Franz Josef Strauß nicht nur wegen der Instrumentalisierung dieser Frage im bayerischen Landtagswahlkampf. Er sah in der versuchten Legendenbildung zur angeblichen Benachteiligung Garchings auch ein Lehrstück für die »Mechanismen faschistoider Agitation«, die da waren Verschwörungstheorie, Verfolgungswahn und die Unterstellung der nationalen Unzuverlässigkeit des Gegners. Rede zur Standortfrage des JET (27. Januar 1978), Dt. Btg. 8(69), 5548–5550.
101 ›Diensttagebuch‹, 26.1.1977, AdsD, DM 0404.

Verteilung der Industrieaufträge – auf Arbeitsteilung und Vermeidung von Doppelarbeit ausgerichtet war. Diese Zielsetzung lag ganz im Sinne der europapolitischen Strategie Matthöfers, denn nur so konnte die europäische Industrie wettbewerbsfähig sein und die Kommerzialisierung der Weltraumtechnik gegen leistungsstarke Konkurrenten durchgesetzt werden. Mit der Gründung der ESA entstand deshalb in seinen Augen nicht nur eine Organisation für technologische Entwicklung. Sie erfüllte darüber hinaus eine wichtige politische Funktion und leistete damit einen Beitrag zur europäischen Integration, wie sich ihn der deutsche Forschungsminister wünschte. Der Weg dorthin war allerdings mit nationalen Egoismen gepflastert. Wieder war es Michel d'Ornano, der sich dabei besonders profilierte. Schon um die Tagesordnung gab es heftigen Streit. Die deutsche Seite wollte die Frage der Finanzierung der französischen Weltraumbasis Kourou auf französisch Guinea möglichst lange aufschieben, um Zeit zu gewinnen, damit das gleichzeitig tagende Kabinett in Bonn noch rechtzeitig eine Entscheidung treffen konnte.[102] Deutschland sollte rund 10 Millionen Verrechnungseinheiten (ca. 50 Millionen DM) beisteuern, während Frankreich, das Eigentümer der Anlage blieb, mit 50 Millionen Verrechnungseinheiten den Löwenteil trug. Weil d'Ornano darauf bestand, den wichtigsten Punkt zuerst zu klären, kam es zu langen fruchtlosen Debatten. Schließlich setzte Matthöfer eine Unterbrechung der Sitzung durch, um das Ergebnis der Bonner Kabinettssitzung abzuwarten. Erst nachdem Schmidt seine Zustimmung gegeben hatte, konnte die Sitzung der EG-Forschungs- und Industrieminister fortgesetzt werden. Als dann der ESA-Vertrag in Paris vollständig und endgültig fertig zur Unterzeichnung ausverhandelt und paraphiert war, wollte der französische Industrieminister von seinen Partnern unter einem durchsichtigen Vorwand noch einige hunderttausend Verrechnungseinheiten für das Sitzland Frankreich zusätzlich herausschlagen. Vermutlich rechnete er mit der Scheu seiner Kollegen, wegen einer jeweils relativ kleinen Summe, das Gesamtergebnis zu gefährden. Auf die Bundesrepublik wären davon aber immerhin etwa 50.000 Dollar entfallen. Matthöfer weigerte sich deshalb standhaft, nach dem endgültigen Abschluss der Verhandlungen auch nur eine einzige Mark nachzubessern. D'Ornano ließ daraufhin die Sitzung erneut unterbrechen und versuchte hartnäckig immer wieder, in Einzelgesprächen Druck auf seine Verhandlungspartner auszuüben, und hielt mit solchen Manövern das Unterzeichnungsverfahren für einige Stunden auf. Er musste schließlich aber doch einsehen, dass er »mit solchen Erpressermethoden« bei seinem westfälischen Kollegen »auch in Zukunft auf Granit beißen würde«.[103] In der Sache selbst kam es während Matthöfers Amtszeit zu bemerkenswerten Fortschritten. Der britische Generaldirektor Roy Gibson tat sein Bestes, um zu verhindern, dass die ESA wie eine beliebige internationale Organisation geführt wurde. Mit ihrer Ausrichtung an den Führungs- und Entscheidungsprinzipien eines Wirtschaftsunternehmens wollte er verhindern, dass die

---

102 John Krige, Arturo Russo u. Lorenza Sebesta, A History of the European Space Agency 1958–1987, Vol. II, The story of ESA, 1973 to 1987, Nordwijk 2000, S. 33.
103 ›Diensttagebuch‹, 30.5.1975, AdsD, DM 0404.

ESA »zu einem überbezahlten und unterbeschäftigten Sanktuarium werden konnte, dessen Bewohner weit ab von der rauhen Wirklichkeit ihren beruflichen Lebensabend verbrachten«.[104] Beispielsweise fiel auf dem ersten ESA-Ministerrat im Februar 1977 die Grundsatzentscheidung über die Entwicklung eines europäischen Kommunikationssatelliten (ECS). Der erste ECS-Satellit wurde schließlich 1983 mit einer Ariane-Rakete auf eine Umlaufbahn geschossen. Allerdings blieb die Weltwirtschaftskrise der siebziger Jahre nicht ohne Auswirkungen auf den finanziellen Spielraum, der für Prestigeprojekte dieser Art verfügbar war. Unter den inflationären Bedingungen, die nach der ersten Erdölpreiskrise fast in allen Staaten der Gemeinschaft herrschten, stand der ESA-Haushalt permanent unter Druck. Gerade die deutsche Seite nutzte die heillose Interessendivergenz unter den beteiligten Staaten, um immer wieder Vorschläge zur Straffung des europäischen Weltraumprogramms zu machen und sie auch durchzusetzen. In dieselbe Richtung zielte Matthöfers Weigerung, das schon lange angekündigte Weltraumprogramm der Bundesregierung für die Jahre 1975–78 dem Parlament vorzulegen, weil er es nicht für finanzierbar hielt. Er setzte sich lieber der Kritik der CDU-Opposition aus, die auf die unverzügliche Vorlage eines in sich geschlossenen, langfristig angelegten Weltraumprogramms drängte und dem Ressortminister dabei haushaltspolitische Unterstützung anbot.[105] In gewisser Weise verhielt sich Matthöfer hier weniger wie ein ressortegoistischer Minister, sondern unter der beifälligen Beobachtung seines Kanzlers eher wie ein für den Gesamthaushalt verantwortlicher Finanzminister.

Der Atom-Minister

›Den unsterblichen Tiger am Schwanz gepackt‹

›Atoms for Peace‹, die friedliche Nutzung der Atomkraft als ebenso nachhaltige wie preiswerte Quelle der Energieversorgung, gehörte seit den fünfziger Jahren auch für den Automationsexperten der IG Metall zu jenen Kräften des technischen Fortschritts, von denen die Verheißung der nahenden Revolution auszugehen schien. Insoweit passten Kernkraft und demokratischer Sozialismus auch noch für den Minister für Forschung und Technologie gut zusammen. Für das BMFT, das 1955 als ›Ministerium für Atomfragen‹ gegründet worden war, spielte die Förderung der Kernenergie noch immer eine zentrale Rolle. Anfangs war es wohl auch die machtpolitische Dimension der atomaren Frage, die das Ministerium unter seinen ersten Chefs, Franz Josef Strauß und Siegfried Balke, im Auge hatte, als es damit begann, in Westdeutschland die Infrastruktur einer Atommacht aufzubauen. Im Herbst 1957 nahm Konrad Adenauer sogar das Angebot der Regierung der Vierten Französischen Republik unter Ministerpräsident Felix Gaillard an, zu-

---

104 Krige u. a., History, S. 34
105 CDU-Kritik an Matthöfer, Handelsblatt vom 5. März 1975, AdsD, DM 011.

sammen mit Frankreich Atomwaffen zu bauen.[106] Zuvor hatte schon im Dezember 1956 das Bundeskabinett unter dem Eindruck der Radford-Krise, einem schweren Vertrauensbruch der Vereinigten Staaten gegenüber ihren kontinental-europäischen Bündnispartnern, eine Richtlinie verabschiedete, die vorsah, den Bau von Kernwaffen auch auf deutschem Boden voranzutreiben, obwohl die Bundesrepublik in den Pariser Verträgen von 1954 auf dieses Recht ›freiwillig‹ verzichtet hatte. Die deutsch-französische atomare Partnerschaft überlebte den Untergang der Vierten Republik freilich nicht. Der neue starke Mann an der Spitze der Fünften Französischen Republik, General Charles de Gaulle, versuchte zunächst, Frankreichs Weg zur Atommacht über die Zusammenarbeit mit den USA und Großbritannien zu gehen, ehe er – von den ›Angelsachsen‹ zurückgewiesen – wieder die Annäherung an Deutschland suchte. Adenauer hatte sich aber in der Zwischenzeit *nolens volens* mit den USA arrangiert. Die enge und weitgehende militärische Zusammenarbeit auf dem Gebiet der atomaren Waffen, die die Bundesrepublik daraufhin mit den USA einging, öffnete zwar der Bundeswehr den Zugang zu atomaren Sprengköpfen und den dazugehörigen Trägersystemen, ließ die eigene Waffenproduktion aber in der Schwebe.[107] Erst die internationale Debatte über den Abschluss eines Atomwaffensperrvertrages, die Mitte der sechziger Jahre einsetzte und im November 1969 zur Unterzeichnung durch die sozial-liberale Bundesregierung führte, rückte diese Option endgültig in den Hintergrund. Insbesondere Altkanzler Adenauer und sein politischer Ziehsohn Strauß sahen in einem Vertrag über die Nichtverbreitung von Kernwaffen einen »Morgenthau-Plan im Quadrat«, bzw. ein »neues Versailles von kosmischen Ausmaßen«, und bestätigten damit indirekt die ›hidden agenda‹ hinter dem Atomprogramm der Regierung Adenauer. Tatsächlich hatte die Bundesrepublik zu diesem Zeitpunkt den Status einer nuklearen Schwellenmacht, die im Begriff stand, im Kernforschungszentrum Karlsruhe eine Wiederaufarbeitungsanlage für Kernbrennstoffe (WAK) zu bauen und damit die letzte noch bestehende Lücke im Kreislauf einer möglichen deutschen Bombenproduktion zu schließen. Das Atomministerium hatte durch seine Forschungspolitik wesentlich dazu beigetragen, diese Option offen zu halten. Spätestens mit der Ratifizierung des Atomwaffensperrvertrages durch die Bundesrepublik im Jahre 1973 war dieses Kapitel aber endgültig geschlossen, sodass sich das inzwischen umbenannte Haus unter sozialdemokratischer Leitung auf die Förderung der friedlichen Nutzung der Kernenergie konzentrieren konnte.

Paradoxerweise setzte erst jetzt der öffentliche Protest gegen die wirtschaftliche Nutzung der Kernenergie ein. Nachdem die im engeren Sinne politische Stoßrichtung von Protestbewegungen der sechziger Jahre wie die Kampagne »Kampf dem

---

106 Protokoll der Sitzung des Bundeskabinetts vom 19. Dezember 1956, Bundesarchiv/Militärarchiv (BA-MA), BM1/48957, p. 389; Protokoll der Gespräche im Hotel Matignon in Paris, Politisches Archiv des Auswärtigen Amtes (AA/PA), Büro StS, Band 12. Siehe dazu auch W. Abelshauser, Wirtschaft und Rüstung, S. 39–47.

107 W. Abelshauser, The Burden of Power: Military Aspects of International Financial Relations during the Long 1950s, in: International Financial History in the Twentieth Century. System and Anarchy, hrsg. v. M. Flandreau, C.-L. Holtfrerich u. H. James, Cambridge 2003, S. 197–212.

Atomtod« kein Ziel mehr fand, verlagerte sich die öffentliche Kritik an der Atomwirtschaft auf das Gebiet des Umweltschutzes. Seit 1974/75 nahmen Umweltproteste in Westdeutschland sprunghaft zu und erreichten ein im internationalen Vergleich unverhältnismäßig großes Ausmaß. Annähernd drei Viertel der Umweltproteste richteten sich gegen die Atomwirtschaft, wobei nun im wachsenden Maße Sicherheitsfragen in den Vordergrund rückten. Unter den ›Atomprotesten‹ waren zwar nur 2,4 Prozent gewaltsam und 12,8 Prozent konfrontativ, doch prägten gerade diese Aktionsformen immer mehr das Bild der Proteste in der Öffentlichkeit.[108] Sie fanden im Kampf gegen das geplante Atomkraftwerk (AKW) in Wyhl (1975), in den bürgerkriegsähnlichen Auseinandersetzungen um das Baugelände der Atomkraftwerke Brokdorf an der Unterelbe (1976) und Grohnde an der Weser (1977), im Widerstand gegen den Schnellen Brüter (SNR 300) in Kalkar am Niederrhein (1977) sowie im Dauerprotest gegen das geplante atomare Endlager in Gorleben 1977 ihre ersten Höhepunkte, also mitten in der Amtszeit des im Mai 1974 neu berufenen ›Atomministers‹.

Matthöfer wurde mit dieser neuen Qualität des Protests zuerst in Wyhl am Kaiserstuhl konfrontiert, wo südbadische, Elsässer und Schweizer Bürgerinitiativen im März 1975 zum ersten Mal zum Mittel der Gewalt und der Platzsetzung griffen, um den Bau eines Kernkraftwerkes inmitten einer alten Kulturlandschaft zu verhindern. Seine Reaktion auf diese Herausforderung seiner im 4. Atomprogramm der Bundesregierung (1973–1976) festgelegten Politik fiel zweischneidig aus. Einerseits verteidigte er die Notwendigkeit der Nutzung von Kernenergie im Rahmen der Energieplanung der Bundesregierung. Andererseits tadelte er aber die Regierung von Baden-Württemberg wegen des Ungeschicks ihres Polizeieinsatzes. Vor allem aber kritisierte er die These des Ministerpräsidenten Hans Filbinger, wonach die Masse der Demonstranten aus »kommunistisch gesteuerten Mitläufern« bestehe:[109] »Ausgerechnet in Wyhl […] in seiner eigenen südbadischen Heimat! Er bezeichnet sie als ›Erfüllungsgehilfen‹ ortsfremder politischer Extremisten‹. Es wird hier langsam der normale Stil, Bürger, die um wichtige Dinge in unserem Land besorgt sind, als ›Extremisten‹ zu disqualifizieren und sich auf diese Art und Weise vor der Diskussion von Problemen zu drücken.« Allerdings hatte auch Matthöfer Schwierigkeiten, die Demonstranten ganz ernst zu nehmen. Ganz im Gegensatz zu Filbinger sah er in ihnen hauptsächlich »Bürgersöhnchen«, die im Auto des Vaters anreisten, um in Wyhl zu demonstrieren. Die Bereitschaft der den Wählerschichten der CDU zugehörigen örtlichen Weinbauern, die Demonstrationen zu unterstützen, führte er auf gravierende Fehler der Landesregierung zurück, die dazu beitrugen, dass sich unter den Weinbauern »schwere Frustrationspotentiale aufgestaut hätten«. Tatsächlich standen unter den Motiven für das ungewohnte politische Verhalten der Winzer und Gastwirte am Kaiserstuhl handfeste wirtschaftliche Interessen im Vordergrund. Sie fürchteten einen schweren Imagescha-

---

108 Auskunft Dieter Rucht, Wissenschaftszentrum Berlin, am 28. November 2006 in der ›Werkstatt für Wirtschafts- und Umweltgeschichte‹ an der Universität Bielefeld.
109 Rede im Bundestag am 14. März 1975, Dt. Btg. (7)156, 10 892–10 895.

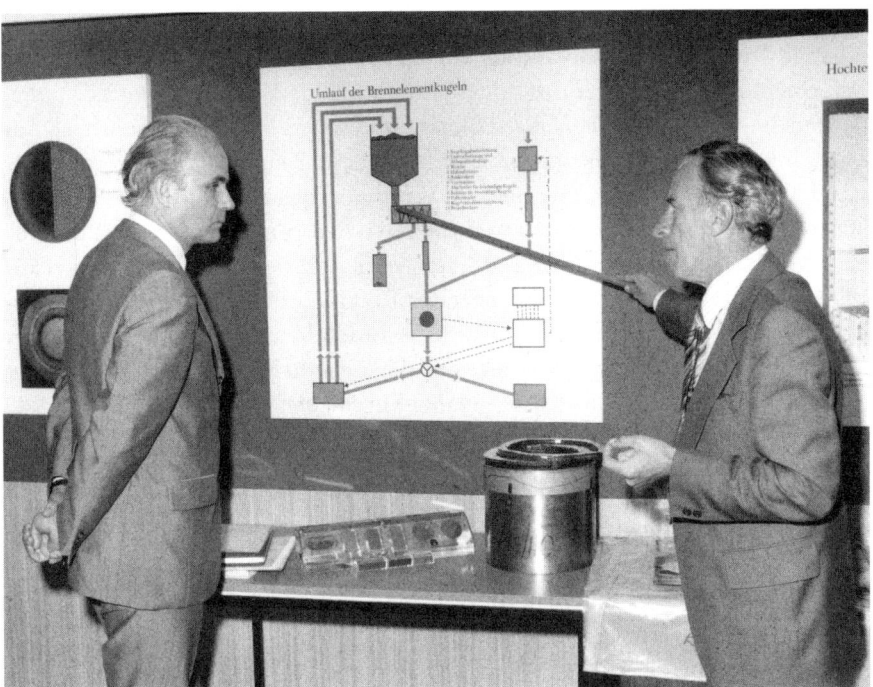

Kraftwerksleiter Erwin Glahe erläutert dem Forschungsminister die Funktionsweise des Hamm-Uentroper Kugelhaufen-Reaktors THTR 300 (März 1975)

den und sorgetn sich um die Vermarktungsfähigkeit ihrer Produkte, wenn sich infolge des Kernkraftwerks das örtliche Kleinklima verändern würde. Matthöfer nahm aber über den Einzelfall hinaus zur Kenntnis, »daß die Kernenergie Befürchtungen auslöst, die eine andere Dimension erreichen als die Unruhe über die Umweltbelastungen als Folge des bisherigen industriellen Wachstums«.[110] Dafür machte er vor allem drei Faktoren verantwortlich. Zum einen lag die Kernenergie noch immer im »Schatten der kriegerischen Vernichtungsgewalt«. Hinzu kam, dass die Vorgänge bei der Kernenergiegewinnung für die Mehrheit der Menschen nicht mehr nachvollziehbar waren und damit unheimlich wurden. Und schließlich weckte die Produktion von Stoffen, die eine so hoch konzentrierte Gefährlichkeit entwickelten und sie für Tausende von Jahren behielten, die Angst, dass der Mensch Kräfte freisetze, die er nicht mehr beherrschen könne – und sei es nur, weil niemand vorhersagen konnte, wie menschliches Versagen und Unvernunft sich in späteren Jahrhunderten einmal auswirkten.

Auch Matthöfer war nicht frei von Zweifeln an der Praktikabilität der Energieversorgung aus Kernkraft. Neu ins Amt gekommen, fand er auch schon eine Vor-

---

110 Hans Matthöfer, Kernenergie und Öffentlichkeit, in: Bulletin (1975)48, 455–458 (10. 04. 1975).

lage der Ministerialbürokratie auf dem Schreibtisch, die ihm eine Entscheidung über die Weiterführung des Projekts des Schnellen Brüters in Kalkar abverlangte. Bei seinem Amtsantritt war der Brüter schon im Bau. Alle Verträge mit den Niederlanden und Belgien waren abgeschlossen und unterzeichnet und angeblich nur unter Inkaufnahme extrem hoher Kosten wieder zu kündigen. Auch stand die Glaubwürdigkeit der Bundesrepublik als Vertragspartner auf dem Spiel – von möglicherweise verspielten Exportchancen ganz zu schweigen. Viel Spielraum blieb da dem Minister nicht, obwohl er es vorgezogen hätte, wenn der Bund stärker die Entwicklung des Thorium-Hochtemperatur-Reaktors (THTR), wie er in der Kernforschungsanlage Jülich entwickelt wurde, gefördert hätte. Matthöfer sah in dieser Reaktorlinie unverkennbare Vorteile, was die Sicherheit und die Nutzungsmöglichkeiten anging. Vor allem der sogenannte Kugelhaufen-Reaktor, wie er von 1983 bis 1988 in Hamm-Uentrop erprobt wurde, schien ihm eine weniger riskante, weil besser dosierte Handhabung der Brennelemente zu erlauben. Außerdem war er für die Erzeugung von Prozesswärme geeignet, was für den Ausbau eines energiesparenden Fernwärmenetzes, seines energiepolitischen Lieblingsprojekts, von Vorteil gewesen wäre. Allerdings stellte sich seine Ministerialbürokratie geschlossen auf die Seite des bundeseigenen Kernforschungszentrums Karlsruhe, das die Entwicklung des Schnellen Brüters bevorzugte. Die Kernforschungsanlage Jülich stand dagegen unter der Aufsicht des Landes Nordrhein-Westfalen und seines profilierten Forschungsstaatssekretärs Leo Brandt. Damit waren Pfadabhängigkeiten und Zwänge geschaffen, denen sich Matthöfer letztlich nicht entziehen konnte: »Trotz großem Unbehagen habe ich dann notgedrungen weitergemacht.«[111] Es blieb ihm nur übrig, seinem Staatssekretär Hans-Hilger Hauenschild durch das Ministerbüro einige Änderungswünsche zu übermitteln und seine Reserven gegenüber dem Weiterbau des Schnellen Brüters in Kalkar aktenkundig zu machen.[112] Er unterstrich seine Vorliebe noch durch einen ganztägigen Besuch der Kernforschungsanlage Jülich, um sich vor allem über die Möglichkeiten zu informieren, die der Hochtemperaturreaktor auch für die Kohlevergasung bot.[113] Beide Optionen, der Schnelle Brüter *und* der Hochtemperaturreaktor, fanden im politischen Raum breite Zustimmung. Auch Matthöfers parlamentarischer Gegenspieler, der forschungspolitische Sprecher der CDU/CSU-Fraktion im Deutschen Bundestag und spätere Forschungsminister Heinz Riesenhuber, hätte »ohne jede Einschränkung« ebenso entschieden und beide Projekte für »uneingeschränkt« richtig gehalten.[114]

Allzu groß war Matthöfers Unbehagen über die friedliche Nutzung der Kernenergie zu Beginn nicht. Es sollte aber immer konkretere Formen annehmen, je länger er als ›Atomminister‹ fungierte. Schon bald nach seinem Amtsantritt hatte er sich ›vor Ort‹ über die Bergwerkstechniken bei der Ablagerung radioaktiver Abfälle aus Kernforschungszentren, Kernkraftwerken, Anlagen des Brennstoffkreis-

111 ›Diensttagebuch‹, 27.6.1975, AdsD, DM 0404.
112 ›Diensttagebuch‹, 9.9.1974, ebenda.
113 ›Diensttagebuch‹, 10.9.1974, ebenda.
114 Spiegel-Gespräch mit Heinz Riesenhuber, in: DER SPIEGEL Nr. 18, 1983, S. 106.

laufs, aus Betrieben, Krankenhäusern und Universitäten informiert. Mit ihm fuhren die Experten der Gesellschaft für Strahlen- und Umweltforschung sowie Journalisten in die Unterwelt des stillgelegten Kali- und Salzbergwerks Asse II bei Wolfenbüttel. Hier warteten in mehreren hundert Metern Tiefe bereits 37.000 Fässer mit verfestigten schwachaktiven und mittelaktiven Abfällen ihre ›Abklingzeiten‹ ab, die 300 bis 500 Jahre betragen. Anschließend versicherte er den Journalisten, alle diskutierten Methoden zur Beseitigung radioaktiver Abfälle seien bei weitem für nicht so sicher befunden worden wie die Ablagerung in dem völlig trockenen Salzgestein. Wert legte er auf die Feststellung, dass Asse II noch immer eine »Versuchsanlage« sei und seiner Meinung nach auch keinen Atommüll aus anderen Staaten aufnehmen sollte.[115] Damit rührte er an einen wunden Punkt des Kernkraftkonzeptes der Atomindustrie, das immer noch von der Hoffnung lebte, es würde im Zuge des weiteren Ausbaus der Kernkraft gelingen, rechtzeitig eine überzeugende technische Lösung der Atommüllentsorgung zu finden. Noch 1978, am Ende der Matthöferschen Amtszeit als ›Atomminister‹, war die Industrie freilich nicht über »gut fundierte Pläne« hinausgekommen.[116] Zu Recht wurde der Minister daher immer wieder mit dem Wort des amerikanischen Biologen Paul R. Ehrlich konfrontiert, der die Bewachung des radioaktiven Mülls mit dem Versuch verglichen hatte, einen unsterblichen Tiger am Schwanz zu packen, in der Hoffnung, dass irgend jemand eine sichere Methode entdecken werde, wie man ihn eines Tages loslassen könnte.[117] Selbst einer der wenigen Ansätze, die zur Verringerung und zum Recycling des Atommülls entwickelt wurden, die Wiederaufbereitung abgebrannter Brennelemente, schuf mehr neue Probleme, als er zu lösen versprach. Zunächst sprangen freilich die angeblichen Vorteile der Wiederaufbereitung ins Auge. Durch die Rückgewinnung des nicht verbrannten Urans aus den in der Bundesrepublik bis dahin üblichen Leichtwasserreaktoren schien ein Einsparungseffekt von bis zu 25 Prozent möglich. Hinzu kam noch, dass die Wiederaufbereitungsanlagen den Betrieb von Schnellen Brütern möglich machten. Diese Reaktoren verbrauchten zwar im Betrieb Plutonium, ›erbrüteten‹ jedoch gleichzeitig durch Neutronenbestrahlung des Urans eine wesentlich größere Menge an Plutonium, als sie verbrannten. Das neu gewonnene Plutonium konnte dann ebenso wie das nicht verbrauchte Uran in der Wiederaufbereitungsanlage abgetrennt und erneut als Brennstoff eingesetzt werden. Insgesamt schien durch den Einsatz Schneller Brüter im Vergleich zu den bis dahin üblichen Leichtwasserreaktoren ein 50- bis 60fach höherer Nutzungsgrad des eingesetzten Urans erzielbar zu sein.[118] Damit bot sich für die Bundesrepublik mit der Brütertechnik ein Ausweg aus der

115 Atommüll-Lager Asse II, FAZ vom 03. August 1974. Aus Asse II wurde nie ein »Versuchsendlager«. Seit den neunziger Jahren treten dort hoch belastete Grubenwässer auf, die dazu zwingen können, die eingelagerten Stoffe zurückzuholen.
116 Karl Winnacker, Schicksalsfrage Kernenergie, Düsseldorf, Wien 1980, S. 235.
117 Spiegel-Gespräch: Den unsterblichen Tiger am Schwanz gepackt, DER SPIEGEL 30(1976)17, 30–34.
118 Dieter Rucht, Von Wyhl nach Gorleben. Bürger gegen Atomprogramm und nukleare Entsorgung, München 1980, S. 46.

fast völligen Abhängigkeit von nordamerikanischen Uranlieferanten. Neben dem ›Charme der erneuerbaren Energien‹, den die Schnellen Brüter ausstrahlten, war es vor allem die Faszination des technologischen Großprojektes, die dieser Spielart von *big science* den Charakter von Ikonen der Technik verlieh – nur vergleichbar mit den Kathedralen des Mittelalters oder den Pyramiden des alten Ägyptens.[119] Die Promotoren des Projekts, das bis 1977 im Wettlauf mit Frankreich durchgezogen wurde, sahen in der atomaren Großforschung sogar ein Unternehmen, das als deutsche Variante des amerikanischen ›Mondfahrt-Programms‹ dafür sorgen würde, dass Deutschland den Anschluss an die Weltspitze der technologischen Entwicklung nicht verpasste.[120]

Sicherheitsprobleme der besonderen Art gaben Matthöfer allerdings schon früh Anlass zu Bedenken, die er freilich lange zurückstellte. Bei einem Besuch der Nuklearfirmen Nukem, Alkem, Reaktorbrennelementegesellschaft und Transnuklear in Wolfgang bei Hanau ließ er sich über die Probleme des nuklearen Brennstoffkreislaufs und Fragen der sicheren Lagerung von spaltbarem Material unterrichten, wobei es vor allem um das hochgiftige Plutonium und um hoch angereichertes Uran ging.[121] Anschließend war er »überrascht, wie leicht man mit einiger organisatorischer Phantasie kleinere Mengen des Kurzstrahlers Plutonium aus dem angeblich sicheren Bereich schmuggeln konnte.« Wenn er dennoch am Konzept des geschlossenen Brennstoffkreislaufs mit seinen erhöhten Risiken im Umgang mit Plutonium festhielt, hatte dies vor allem politische Gründe. Wie schon auf dem Gebiet der Datenverarbeitung und anderer neuer Technologien kam es ihm darauf an, die Abhängigkeit Deutschlands und Europas von den Vereinigten Staaten so gering wie möglich zu halten. Anlaß, diese Abhängigkeit gerade auch bei der friedlichen Nutzung der Kernenergie zu fürchten, gab es genug. Im April 1975 setzten die USA – und später auch der Natururanlieferant Kanada – zum ersten Mal die Genehmigungsverfahren für die Ein- und Ausfuhr von nuklearen Brennstoffen aus. Der von den Vereinigten Staaten überraschend verfügte vorläufige Lieferstopp für hoch angereichertes Uran an die Bundesrepublik verursachte in Bonn erhebliche Irritationen. Zwar betonten die Amerikaner, es handele sich keinesfalls um ein Embargo. Als Grund für die angekündigte Überprüfung der Lizenzvorschriften für Export und Import von Kernmaterial und Kernausrüstungen nannten sie ausschließlich interne prozedurale Fragen. Angeblich sollte eine Neuregelung des Verhältnisses der Genehmigungsbehörde zu anderen Regierungsstellen vorgenommen werden. Die willkürlichen Umstände der Lieferunterbrechung machten jedoch

---

119 Zu diesem Vergleich ließ sich der Leiter des Karlsruher Schnellbrüter-Projekts, Wolf Häfele, hinreißen: Neuartige Wege naturwissenschaftlich-technischer Entwicklung, in: Forschung und Bildung (Schriftenreihe des Bundesministeriums für wissenschaftliche Forschung, 4), Bonn 1963, S. 37.

120 Wolf Häfele, Dt. Btg., Ausschuß für Bildung und Wissenschaft, 6. WP, 27/20, 17.12.1970. Siehe dazu auch Joachim Radkau, Aufstieg und Krise der deutschen Atomwirtschaft 1945–1975. Verdrängte Alternativen in der Kerntechnik und der Ursprung der nuklearen Kontroverse, Reinbek bei Hamburg 1983, S. 208, 222.

121 ›Diensttagebuch‹, 13.9.1974, AdsD, DM 0404.

den Betroffenen klar, dass sie vom Regen in die Traufe kämen, wenn sie die Abhängigkeit vom Erdölkartell der OPEC durch den Einsatz von Uran zur Stromproduktion mildern wollten. Es war wohl kein Zufall, dass die »interne Überprüfung der Genehmigungsverfahren« ins Vorfeld der Unterzeichnung des Abkommens über deutsch-brasilianische Zusammenarbeit bei der friedlichen Nutzung der Kernenergie fiel. Die USA wollten offenbar die Muskeln spielen lassen, um der deutschen Atomwirtschaft, die sich im Wettbewerb um lukrative Aufträge in Brasilien gegen amerikanische Firmen durchgesetzt hatte, ihre Grenzen zu zeigen. Matthöfer war gegenüber den versteckten amerikanischen Drohgebärden machtlos, konnte sich aber nicht eine zumindest symbolische Reaktion verkneifen. Unmittelbar nach der Verkündung der einseitigen US-Maßnahmen traf er sich demonstrativ mit dem niederländischen Wirtschaftsminister Richard F. M. Lubbers im holländischen Almelo. Hier befand sich der Sitz des deutsch-britisch-niederländischen Gemeinschaftsprojekts einer Uran-Anreicherungsanlage nach dem Gaszentrifugen-Verfahren, die unter Anwendung eigener Technologie und von Natururan aus Namibia die europäische Atomwirtschaft von den Vereinigten Staaten unabhängiger machen sollte.[122] Der amerikanische Lieferstopp hatte keine unmittelbaren Folgen für die deutsche Elektrizitätsversorgung, da der Atomstrom an ihr nur einen Anteil von 4 Prozent hatte. Auch für den Betrieb der deutschen Kernkraftwerke blieb der Lieferstopp folgenlos. Es gehört nämlich zu den Vorteilen der Kernenergie aus Uran, dass es nicht, wie beim Öl, bei zeitlich befristeten Lieferverzögerungen rasch zu Produktionsengpässen kommt. Der Forschungsminister sprach zunächst vorsichtig von einer Karenzzeit von einigen Monaten, ließ dann aber ausrechnen, dass mit den Vorräten, die sich bei den Betreibern von Kernkraftwerken, den Brennelementefabriken und im Bundesbesitz befanden, eine Weiterarbeit der Kernkraftwerke ohne Einschränkung ihrer Leistungsabgabe für etwa drei Jahre möglich sei.[123] So hatte der amerikanische Lieferstopp zwar keinen entscheidenden Einfluß auf den Betrieb von Kernkraftwerken, stärkte aber Matthöfers Bereitschaft, die eigene Toleranzschwelle gegenüber den Risiken der Plutoniumwirtschaft niedriger zu setzen.

Noch mehr als die Entscheidung über die Weiterführung des Schnellen Brüters von Kalkar verlangte das Abkommen über die deutsch-brasilianische Zusammenarbeit bei der friedlichen Nutzung der Kernenergie von Matthöfer, über den eigenen Schatten zu springen. Auch dieses Abkommen lag bei seinem Amtsantritt im BMFT schon völlig ausverhandelt vor. Zunächst weigerte er sich, die Kabinettsvorlage zu unterzeichnen und einzubringen, weil er »ein tiefes Mißtrauen in die Atom-Politik der brasilianischen Militärs und – wenn es um den Verkauf von Kernkraftwerken und anderen Anlagen der Kernenergie-Technologie im Ausland ging – in den ungebremsten Verkaufseifer der zuständigen BMFT-Beamten

122 ›Diensttagebuch‹, 15.4.1975, AdsD, DM 0404.
123 Interview am 11. April 1975 in der ZDF-Sendung ›Heute‹. ›Diensttagebuch‹, 11.4.1975, AdsD, DM 0404.

Gegen sein Gewissen unterschrieb Matthöfer 1976 zusammen mit seinem Kollegen Shigeaki Ueki den Atomvertrag mit der brasilianischen Militärregierung.

hatte«.[124] Als klar wurde, dass der Forschungsminister trotz des hohen Drucks, den man »mit allen möglichen Argumenten« auf ihn auszuüben versuchte, in dieser Angelegenheit nicht nachgeben würde, sorgte die Kernenergie-Lobby aus Beamten und Industrievertretern dafür, dass Außenminister Hans-Dietrich Genscher als der für internationale Verträge zuständige Bundesminister die Angelegenheit dem Kabinett zur Beschlußfassung vorlegte. Dort enthielt sich Matthöfer – ganz gegen seine sonstige Gewohnheit – der Stimme. Damit blieb er zwar seinem Grundsatz treu, sich an einer falschen Sache – wenn er sie schon nicht verhindern konnte – wenigstens nicht aktiv zu beteiligen. Er scheute aber davor zurück, eine klare Position zu beziehen, weil er vor der Konsequenz eines möglichen Rücktritts zurückschreckte. Noch konnte er nicht alle Konsequenzen, die ein frontaler Angriff gegen die sehr einflussreiche Atom-Lobby und ihre in der Öffentlichkeit noch kaum diskutierte Kernenergiepolitik haben würde, voraussehen. Später kam ihm diese Vorsicht übertrieben vor, zumal sie der Öffentlichkeit einen falschen Eindruck vermittelte: »Auf jeden Fall war es falsch, weil völlig überflüssig, dass ich mich dann doch an den Zeremonien der Vertragsunterzeichnung mit den Brasilianern aktiv beteiligte.«[125] Knapp drei Monate nach dem Skandal, den seine Qualifizierung der chilenischen Militärjunta als »Mörderbande« auslöste, wollte er offenbar nicht er-

124 ›Diensttagebuch‹, 27. 06. 1975: Unterzeichnung des Abkommens über deutsch-brasilianische Zusammenarbeit bei der friedlichen Nutzung der Kernenergie. Anschließend Empfang mit dem Außenminister Brasiliens im Bonner Tulpenfeld. AdsD, DM 0404.
125 Ebenda, in einem später hinzugefügten Kommentar.

neut die Solidarität seines Kanzlers strapazieren. In der Sache selbst wäre eine kritische Haltung durchaus angemessen gewesen. Erst Ende 1990 waren die brasilianischen Streitkräfte bereit, das geheime Atomprogramm, das sie mit deutscher Hilfe gestartet hatten, in die Hände von Zivilisten zu übergeben. Zuvor hatte der erste frei gewählte Staatspräsident Brasiliens, Fernando Collor de Mello, zugegeben, dass die Streitkräfte an militärischen Atomprogrammen arbeiteten, und versichert, er habe einen Stopp angeordnet.[126] Offenbar hatte bis dahin auch ein Vertrag zwischen Brasilien, der Bundesrepublik und der Internationalen Atomenergie-Organisation (IAEO) einen Missbrauch der Zusammenarbeit nicht verhindern können. Dieser dreiseitige Vertrag ergänzte das Abkommen über Zusammenarbeit bei der friedlichen Nutzung der Kernenergie, das die beiden Staaten im Juni 1975 geschlossen hatten.[127] Matthöfer wollte durch umfassende Vereinbarungen mit der IAEO sicherstellen, dass die geplante langfristige Zusammenarbeit beim Bau mehrerer Kernkraftwerke sowie auf dem Gebiet des Kernbrennstoffkreislaufs, die von der Uranprospektion über die Urananreicherung und von der Errichtung einer Brennstoffelementefabrik bis zur Wiederaufbereitung reicht, ausschließlich friedlichen Zwecken diente.

Vom Saulus zum Paulus

Die Notwendigkeit, als ›Atomminister‹ die eine oder andere Kröte zu schlucken, konnte seine grundsätzliche Zustimmung zur friedlichen Nutzung der Atomenergie lange Zeit nicht erschüttern. Sie schmälerte auch nicht sein Engagement für die Exportchancen der deutschen Atomwirtschaft. So trug er persönlich entscheidend dazu bei, dass Spanien für deutsche Atomkraftwerksbauer ein »ganz besonders interessanter Markt« wurde, »der viel für die Zukunft verspricht«, wie ihm der Vorstandsvorsitzende der Kraftwerkunion in einem Dankschreiben versicherte.[128] Nachdem Matthöfer beim Verkauf eines ersten Kernkraftwerkes geholfen hatte, standen nun Folgeaufträge bevor: »Wenn wir uns sehr rasch einig werden können, so rasch, dass die Amerikaner keine Chance haben, ihren Fuß in die Tür zu stellen. Mir hat es bei unserer besonderen Situation – immerhin sind wir in unserer Mülheimer Fabrik jetzt nur noch zu 49 % ausgelastet – besonderen Spaß gemacht, und ich hatte die Wunschvorstellung, Sie an diesem Vergnügen, an dem Sie schließlich nicht ganz ›unschuldig‹ sind, teilhaben zu lassen.« Diese Art der politischen Dienstleistung gehörte zu Matthöfers Selbstverständnis des Regierens, und die Förderung der Kernkraft machte da keine Ausnahme. Er konnte sich aber nicht auf Dauer der Erkenntnis verschließen, dass die Proteste gegen den ›Atomstaat‹ von anderer Qualität waren als alle bisherigen Manifestationen gegen die zerstörerischen Folgen des

---

126 Frankfurter Rundschau vom 02. November 1990.
127 ›Diensttagebuch‹, 26.2.1976, AdsD, DM 0404.
128 Klaus Barthelt, Vorsitzender des Vorstandes der Kraftwerk Union Aktiengesellschaft, an Matthöfer am 24. Juli 1980 (Grußformel: Mit sehr vielen, sehr herzlichen Grüßen), AdsD, DM 039.

Industrialisierungsprozesses. Diesen Ängsten Rechnung zu tragen, hielt er nicht nur für taktisch klug, sondern auch dem Anspruch der sozialen Demokratie an die Transparenz des Regierungshandelns für angemessen. Er sah daher den Rechtsstaat nicht infrage gestellt, wenn er angesichts von Protesten erst einmal einlenkte, auch wenn er sie für sachlich nicht begründet hielt: »Ich glaube nicht, daß die Durchsetzungsfähigkeit des Rechtsstaats gefährdet wird, wenn der Staat Unsicherheit und Ablehnung in der Bevölkerung zum Anlaß nimmt, sich – geduldiger und gründlicher als mancher sich das wünschen mag – mit den Artikulationen dieser Unsicherheit und Ablehnung auseinanderzusetzen.« In der Sache selbst war er von der Notwendigkeit des Rückgriffs auf die Kernenergie fest überzeugt, um die Energieversorgung der Industriegesellschaft nach den Erfahrungen der Ölpreiskrise von 1973 langfristig zu garantieren. Er glaubte, gute Gründe dafür zu haben, warum eine prosperierende und demokratische Entwicklung der Bundesrepublik ohne Kernenergie nicht gut vorstellbar war. Seine Technik-Euphorie der fünfziger Jahre war allerdings verflogen, und so nahm er inzwischen gegenüber dem technischen Fortschritt eine bemerkenswert defensive Haltung ein. Wenn Strom aus Uran, so seine Prophezeiung, nicht die Lücke schloss, die von 1985 an die herkömmlichen Energiearten offen ließen, werde es einen »Kurzschluß in der Gesellschaft« geben: Massenarbeitslosigkeit, die die Demokratie zerstört. Immer wieder berief er sich auf dieses politische Trauma seines eigenen Lebens und der Sozialdemokraten, als 1933 die Arbeitslosigkeit von Millionen Hitler an die Macht brachte: »Ich will gerne zugeben, daß eine zwanzigjährige bezahlte und berufsmäßige Vertretung der Interessen der Arbeiter und Angestellten in der Metallindustrie auch bei mir das bewirkt haben könnte, was die Franzosen ›déformation professionelle‹ nennen, und daß ich deshalb die mit Arbeitslosigkeit verbundenen Probleme überschätze. Vielleicht trägt auch das politische Urtrauma meiner Jugend, das Erlebnis des Elends der Massenarbeitslosigkeit der frühen dreißiger Jahre, die ich als eine wesentliche Ursache des verhängnisvollen Sieges der Nationalsozialisten betrachte, zu dieser möglichen Überbewertung bei. Ich glaube das aber nicht. Man kann nicht mit Sicherheit ausschließen, daß es auf Erfahrung beruhender Sachverstand sein könnte, der da zum Vorschein kommt.«[129] Was die Prognose anging, so sollte er, wie viele andere Sachkenner auch, Unrecht behalten. Aber in der Diskussion um die Atomkraftwerke ging es nicht um Gutachten, Statistiken oder Formeln. Denn die Entscheidung ›pro oder contra Atom‹ wurde von den Gegnern gar nicht als pragmatische, sondern als moralische betrachtet. Für Hans Matthöfer zählte jedoch in erster Linie die Ebene der technischen Rationalität und des Pragmatismus – zumal auch er eine tiefere moralische Legitimation für sein Handeln rechtmäßig zu beanspruchen glaubte. Vor allem aber befand er sich mit seiner Einschätzung in voller Übereinstimmung mit Helmut Schmidt, der am Vorabend

---

129 Aus einer Rede, in der er komprimiert die sich entwickelnde Argumentation des BMFT in der mehrjährigen Kernenergiedebatte vortrug, gehalten auf dem außerordentlichen Bezirksparteitag der SPD Hessen-Süd, der ausschließlich dem Thema Kernenergie gewidmet war, in der Hugenottenhalle in Neu-Isenburg. ›Diensttagebuch‹, 17.9.1977, AdsD, DM 0404.

seiner Kanzlerschaft in einer vertraulichen internen Denkschrift ein ähnliches Szenario entwickelt hatte.[130] Schmidt zufolge stand die Weltwirtschaft inmitten einer bisher »in Friedenszeiten nie erlebten tiefgreifenden Inflationskrise«, die von nationalstaatlich-egoistischen Eingriffen in den internationalen Handel und von rezessiven Erscheinungen begleitet war. Der Zusammenbruch des Bretton-Woods-Systems, der 1972 in der Ablösung des Dollars als Leitwährung der Weltwirtschaft offenbar wurde, war dabei nur der Prolog eines noch größeren Dramas. In der »Ölkrise« sah Schmidt den Beginn des ersten Aktes; weitere Rohstoffkartelle könnten folgen. Im zweiten Akt befürchtete Schmidt den weitgehenden Rückfall in den handelspolitischen Bilateralismus, dessen Beginn sich in Italien bereits abzeichnete, des weiteren scheiternde Autarkieversuche, Stagnation oder gar Rückgang der Realeinkommen in den Industriestaaten und zunehmendes Elend rohstoffarmer Entwicklungsländer. Bei einem solchen Verlauf würden in einem dritten Akt die demokratischen Strukturen in den Industriegesellschaften zerbrechen. Der angehende Bundeskanzler sah darin keineswegs eine »apokalyptische Vision«, sondern eine »reale Möglichkeit der Weltwirtschaft«.

Sein Forschungsminister teilte diese Befürchtungen in jeder Hinsicht. Auf seine Widersacher machten sie jedoch wenig Eindruck. Vor dem Hintergrund der ›apokalyptischen Visionen‹, die sie mit der Kernkraft verbanden, verloren die ›realen Möglichkeiten der Weltwirtschaft‹ ihren Schrecken. Die Mehrzahl der Atomkraftgegner war längst nicht mehr in das klassische parlamentarische Richtungsmuster von ›links‹ und ›rechts‹ einzuordnen. Am meisten irritierte Matthöfer die Kritik von links, die sich weit von den Prinzipien einer wirtschaftlich fundierten Gesellschaftskritik entfernt hatte. Viele Leute, die sich heute links nennen, so seine Kritik an seinen linken Kritikern, könnten sich nicht mehr auf Grundlagen stützen, die sich bei Marxisten in der Regel voraussetzen ließen, nämlich auf eine sehr gründliche Kenntnis nicht nur der eigenen theoretischen Grundlagen, sondern auch der bürgerlichen ökonomischen Theorie und des Standes der Produktivkräfte:[131] »Wer sagt, er will kein Wachstum, den muß man fragen, welche Wirtschaftsordnung er will. Denn die Wirtschaftsordnung, in der wir leben, ist voll auf Wachstum angelegt. Sie ist auf demokratische Art und Weise auch nicht kurzfristig zu ändern. Wir brauchen Wachstum.« Wachstumskritik war bis dahin vor allem eine Domäne der Konservativen und hatte ihren ersten Höhepunkt schon in den zwanziger und frühen dreißiger Jahren des 20. Jahrhunderts erreicht. Der Ruf nach einer ›stationären Wirtschaft‹, wie die Forderung nach ›Null-Wachstum‹ von den Zeitgenossen Adolf Hitlers genannt wurde, hatte unter dem Eindruck der Weltwirtschaftskrise und dem weit verbreiteten Verlangen nach Autarkie aber auch

---

130 Helmut Schmidt, Exposee zur aktuellen ökonomischen Problematik unter dem Gesichtspunkt ihrer außenwirtschaftlichen Bedingtheiten (amtlich geheimgehalten), 15. April 1974, AdsD, DM 014.

131 Kernenergie ja – aber nicht mit Gewalt, Spiegel-Interview mit Forschungsminister Hans Matthöfer über die Zukunft der deutschen Atomenergie, DER SPIEGEL 31(1977) vom 28. März 1977, S. 49.

schon prominente Verkünder auf der linken Seite des politischen Spektrums gefunden. Zu ihnen gehörte auch der renommierte Nationalökonom Werner Sombart, der der Arbeiterbewegung ursprünglich sehr nahe stand. Seine dramatisch-trotzige Beschwörung des ›Null-Wachstums‹ hätten 1977, auf dem ersten Höhepunkt des Atomprotestes, gewiss viele linke wie konservative Atomkraftkritiker gleichermaßen unterschrieben: »Wenn man also als den Hauptnachteil der Beseitigung des Kapitalismus Verlangsamung des technischen und wirtschaftlichen Fortschritts bezeichnet, so antworten wir, daß wir gerade darin einen Segen erblicken würden.« Und er fügte kämpferisch hinzu: »Alles in allem, wir sind nun auch reif für eine stationäre Wirtschaft und schicken die ›dynamische‹ Wirtschaft des Kapitalismus dahin, woher sie gekommen ist: zum Teufel.«[132] In den siebziger Jahren waren es nicht in erster Linie die Ökonomen, die für Null-Wachstum plädierten oder gegen die »Bedürfnisweckungswirtschaft« zu Felde zogen. Es irritierte den »demokratischen Sozialisten« in der Rolle des Forschungsministers aber umso mehr, dass es nun »fortschrittliche Schriftsteller« wie Carl Amery waren, die »sich auf einmal an der Seite von Konservativen und religiösen Schwärmern finden und sich in Gegensatz stellen zu denjenigen, die bisher […] für Demokratie und Fortschritt gekämpft haben«.[133] Fundamentalistische Kapitalismuskritik, wie sie im linken Politikspektrum habituell vertreten wurde und auch unter wertkonservativen ›Umweltschützern‹ einen günstigen Nährboden fand, war für einen am marxistischen Denken geschulten und am demokratischen Sozialismus orientierten Kapitalismuskritiker wie Matthöfer eine irrationale und irreführende Botschaft, die ihm bis zuletzt fremd blieb.

Ähnlich große Schwierigkeiten hatte er mit der Lebensstildebatte jener Zeit, die vor allem in der jungen Generation Maßstäbe für neue gesellschaftliche Ziele setzte. Ihn interessierten vor allem die volkswirtschaftlichen Konsequenzen neuer Lebensstile, die er in den fortgeschrittenen Industrieländern als »›Rückwärts‹bewegungen« interpretierte.[134] Er sah deshalb eine Reihe von Gründen, »die dagegen sprechen, daß solche ›alternativen‹ Lebensmodelle, mit denen derzeit experimentiert wird, ein Lebens- und Wirtschaftsmodell für die ganze Gesellschaft sein könnten«. Der »grünen Bewegung« und den »nahtlos« aus ihr hervorgehenden »bunten Gruppierungen« und Versuchen, »alternative Lebensformen auszuprobieren«, stand er deshalb im Prinzip zwar tolerant, im Kern aber skeptisch gegenüber. Er hatte sich intensiv mit der Konsumkritik des Psychoanalytikers Erich Fromm auseinandergesetzt, die sich in ihren Grundzügen gut mit seinem eigenen intellektuellen Habitus vereinbaren ließ. Im Grundsatz teilte er Fromms Kennzeichnung

132 Werner Sombart, Deutscher Sozialismus, Berlin 1934, S. 318 f.
133 So Matthöfer gegen Carl Amery in: Die Frage heißt: Wie wollen wir künftig leben? (Sonderdruck eines Streitgesprächs in der Redaktion des ›Vorwärts‹ zwischen Matthöfer und Carl Amery in Bonn am 18. November 1976 über dessen Buch ›Natur als Politik‹), Moderation: Jens Fischer und Ulrich Rosenbaum, Bonn 1976, S. 4.
134 Hans Matthöfer, Wachstumsgrenzen – Die Wirtschaft und die Lebensstilfrage, in: Karl Ernst Wenke et al., Die Lebensstilbewegung. Eine Zwischenbilanz, (Sonderheft Wissenschaft und Praxis in Kirche und Gesellschaft (1980)), S. 164.

des Massenkonsums als »Befriedigung von künstlich stimulierten Phantasievorstellungen« durchaus.[135] Er lehnte aber den Vorschlag des im linken Spektrum der jungen Generation einflussreichen Gesellschaftskritikers ab, zwischen ›sinnvollen‹ und ›exzessiven‹ Konsumformen zu unterscheiden und die entsprechenden Entscheidungen ›repräsentativen Räten‹ zu überlassen. Er hielt es vielmehr für zwingend, Rahmenbedingungen zu schaffen, die zwar Wertorientierungen, Lebensvorstellungen und Bedürfnisse der Menschen aufnehmen, »zugleich aber auch aktiv auf die Entwicklung solcher Zielvorstellungen Einfluß zu nehmen, um sie in Einklang mit ›Grenzen des Wachstums‹ zu bringen«.[136]

Die Vorstellung, in der friedlichen Nutzung von Kernkraft liege eine Chance, aus der Aporie der Endlichkeit der Ressourcen auszubrechen, bestimmte seine persönliche Einstellung gegenüber der künftigen Rolle der Atomenergie. Zunächst schob er technokratische Argumente vor, um einer inhaltlichen Beurteilung umstrittener Projekte, wie z. B. der Schnelle Brüter von Kalkar, möglichst lange auszuweichen. Die Argumente blieben dabei dieselben wie bei seinem Amtsantritt: Abbruch sei teurer als Fortsetzung und im Falle eines Abbruchs würden Schadensersatzforderungen in Milliardenhöhe fällig. Als er für die Fertigstellung des immer teurer werdenden Reaktors 1977 vom Bundestag weitere 620 Millionen DM verlangte, hatte er sich zuvor in einem Gutachten belegen lassen, der Abbruch werde zu einer Massenentlassung von mehr als 2000 am Projekt Beschäftigten führen und insgesamt 920 Millionen DM kosten, die Fertigstellung hingegen nur 820 Millionen. Zu den Abbruchkosten kämen auch noch Rückforderungen der Partnerländer Belgien und Niederlande hinzu. Einschließlich sonstiger Abfindungen, die beide Länder für ihre Mitwirkung verlangten, müsse mit einer Rückerstattung von einer Milliarde DM gerechnet werden.[137] Als zweite Verteidigungslinie der Atompolitik der Bundesregierung verwies er auf die »Grundfrage der repräsentativen Demokratie«. Hier vertrat er die strenge These, dass auch gegen Widerstände in der Öffentlichkeit Kernkraftwerksprojekte durchgesetzt werden müssten, »wenn es in überwiegendem Gemeininteresse liegt«.[138] Anders liege die Sache erst, »wenn der Widerstand so breit wird, daß man sagen muß, die Mehrheit der Bevölkerung ist dagegen«. Dem dezentral und politisch heterogen organisierten Widerstand der Bürgerinitiativen hätten diese Verteidigungslinien durchaus standhalten können, solange sie, wie in der ersten Hälfte der siebziger Jahre, in Umfragen nur maximal 15 Prozent der Gesamtbevölkerung auf ihrer Seite hatten. Tatsächlich aber weitete sich das Unbehagen an der Kernenergie immer weiter aus, je unübersichtlicher sich die Lage in den Jahren 1975 und 1976 entwickelte. Die energiepolitische Diskus-

135 Erich Fromm, To Have or to Be (dt. Haben und Sein: die seelischen Grundlagen einer neuen Gesellschaft, Stuttgart 1977) London 1978, S. 176–178.
136 Matthöfer, Wachstumsgrenzen, S. 167.
137 Wolfgang Hoffmann in Die ZEIT 46 (1991) vom 29. März 1991, S. 23. Das Projekt eines Schnellen Brutreaktors in Kalkar wurde am 21. März 1991 endgültig aufgegeben. Damit war eine Forschungsfehlinvestition von sieben Mrd. DM endgültig geworden.
138 ›Diensttagebuch‹, 24.7.1975, AdsD, DM 0404.

sion und insbesondere die Auseinandersetzung um die Kernenergie hatten ihren Höhepunkt offensichtlich noch vor sich. Nach den Gewaltexzessen von Brokdorf und Grohnde, nach den Gerichtsentscheidungen über den Baustopp in Wyhl (14.3.1975) und in Brokdorf (15.12.1976), nach einem erneuten Uranlieferstopp (diesmal der Kanadier), angesichts des Tauziehens um den Standort für ein ›integriertes Entsorgungszentrum‹ (Gorleben) schien so vieles in Bewegung zu geraten, dass besondere Anstrengungen nötig wurden, um die Kontrolle über das Geschehen zu behalten.

Diesem Zweck sollte die dritte Verteidigungsstellung dienen, die Matthöfer erstmals im Juli 1975 im Gespräch mit 21 Vertretern von Bürgerinitiativen aus Wyhl, dem Elsass, Bremen und Hamburg bezog. Das Gespräch war der Auftakt zu insgesamt zwölf Runden eines ›Bürgerdialogs Kernenergie‹, der den Widerstand kanalisieren sollte. Der für das Energieprogramm der Bundesregierung federführende Minister sah sich zwar nicht in erster Linie für die Brennpunkte der Debatte verantwortlich, die wie die Standortfrage oder die Sicherheitsproblematik eher in die Ressorts des Innenministers Werner Maihofer (FDP) und des Wirtschaftsministers Hans Friderichs (FDP) fielen. Er hatte aber von Anfang an die Position vertreten, dass politische Mehrheitsentscheidungen auch auf dem Gebiet der Kernenergie nur nach gründlicher Information und weitgehender Partizipation der betroffenen Bürger legitim seien. Zur Auslösung der Initiative »Bürgerdialog Kernenergie« hatte auch der Eklat um eine vom BMFT in Auftrag gegebene Studie des Battelle-Instituts beigetragen. Die Verfasser selbst hatten nämlich Kritik am Sinn der Studie geäußert und sich mit dem Widerstand der Bürgerinitiativen gegen Atomkraftwerke solidarisiert.[139] Der konkrete Anlass war ein dreiwöchiger Hungerstreik des ehemaligen Lehrers Hartmut Gründler, des Vertreters der Bürgerinitiative Wyhl, der die Beendigung seiner Aktion davon abhängig machte, dass der Bonner Minister auf den Dialogwunsch der Bürgerinitiative einging. Nach diesem Auftakt, bei dem es um die »demokratische Legitimation« der Bürgerinitiativen ging, warb das BMFT in Zeitungsanzeigen um das Vertrauen der Betroffenen und bot gleichzeitig mehr Information an. Die Resonanz war beachtlich. Innerhalb von sechs Wochen musste der Minister auf Anforderung 70.000 Broschüren über die Kernenergie verschicken, bevor in Essen die zweite Phase des ›Bürgerdialogs‹ begann. Zehn weitere Veranstaltungen sollten folgen, auf denen das Thema Kernenergie unter Beteiligung der Bürgerinitiativen wie auch der interessierten Industrie diskutiert wurde. Hinzu kamen rund 25 Seminare über Einzelaspekte des Jahrhundertthemas. Über drei Millionen DM ließ sich das BMFT das Unternehmen kosten, um eine breitere Vertrauensbasis in der Bevölkerung für die Kernenergie zu schaffen. Die zunehmende Sachaufklärung, die mit dem Bürgerdialog verbunden war, führte freilich nicht zur Entspannung, sondern im Gegenteil zur Verschärfung und Fundierung der Kritik. In der Konfrontation mit den Vertretern

---

139 Battelle-Institut, Bürgerinitiativen im Bereich von Kernkraftwerken. Bericht für das Bundesministerium für Forschung und Technologie, Frankfurt a. M., Februar 1975. Ihre Erklärung (»Das Kernenergieprogramm ist ein Verbrechen«) ist in ›psychologie heute‹ 7/1977, S. 19 abgedruckt.

der Atomwirtschaft zeigte sich bald, dass die Kritik einen »rationalen und informierten Kern« hatte.[140] Die Wirkung des Dialogs blieb gleichwohl begrenzt. Für Matthöfer bot er die Chance, in der Bundesrepublik zu einer breiten Diskussion zu kommen, damit sich möglichst viele Bürger über Risiken und Nutzen der Kernenergie ein informiertes Bild machen konnten, um dann im bewährten demokratischen Prozess zu einer vernünftigen Entscheidung zu kommen. Ziel einer solchen Abstimmung war für ihn nicht die Feststellung, wer Recht hatte, sondern was getan werden musste. Die meisten Bürgerinitiativen sahen dagegen im Dialog im Wesentlichen eine Strategie zur nachträglichen Beschaffung ihrer Zustimmung für bereits getroffene Entscheidungen. Viele Teilnehmer waren auch gar nicht dialogfähig, wie der Selbstmord des eben erwähnten Anti-Atom-Aktivisten Hartmut Gründler vor der Kulisse des Hamburger Parteitags der SPD 1977 im Extremfall demonstrierte. Bevor er sich öffentlich verbrannte, hatte er sich in einem Brief an Matthöfer für dessen »ritterliche Haltung bei unseren Diskussionen« bedankt.[141] In einer Hinsicht war der »Bürgerdialog Kernkraft« jedoch ein voller Erfolg. In seiner Mitte stand ein Minister, »dem es in eineinhalb Jahren offensichtlich gelungen war, sich bei den mißtrauischen Umweltschützern ein erkleckliches Vertrauenskapital anzusparen«, und der diesen Vertrauensvorrat nun weiter ausbauen konnte.[142]

Die Zuspitzung der Debatte war für die Regierung auch deshalb gefährlich, weil sie sich immer mehr auf den Meinungsbildungsprozess innerhalb der Koalitionsparteien übertrug. Vor allem die Diskussion innerhalb der SPD polarisierte dabei immer stärker und drohte die Handlungseinheit der Partei infrage zu stellen. Zunächst stand Matthöfer in diesem innerparteilichen Streit eindeutig auf der Seite der Kernkraftbefürworter. Er entwickelte dabei schon früh ein Gespür für den tiefgreifenden generationellen und beruflichen Wandel in der Partei, die sich immer stärker von ihren Wurzeln in der *Arbeiter*bewegung löste:[143] »Ich muß gestehen, daß mir erst durch die geradezu leichtfertige Art, mit der neuerdings manchmal in SPD-Versammlungen bei der Behandlung von Fragen der friedlichen Nutzung der Kernenergie Beschäftigungsprobleme, die die Arbeiter und Angestellte in der Industrie, insbesondere in der Metallindustrie haben, als geradezu unbeachtlich vom Tisch gewischt werden, die veränderte soziologische Zusammensetzung und der veränderte Erfahrungshintergrund eines größeren Teils der aktiven Mitgliedschaft unserer Partei bewußt geworden ist.« Sein eigener politischer Standort in dieser Auseinandersetzung war klar: In einer Zeit, in der schon fast eine Million Arbeitsplätze geschaffen werden mussten und Hunderttausende weitere Stellen gefährdet waren, war es nicht zu verantworten, »auch noch einen

140 Rucht, Wyhl, S. 207.
141 ›Diensttagebuch‹, 24.7.1975, AdsD, DM 0404.
142 Winfried Didzoleit, Werden Risiken verharmlost oder gar verschwiegen? Frankfurter Rundschau vom 2. Februar 1976.
143 Rede in der Hugenottenhalle in Neu-Isenburg am 17. September 1977. ›Diensttagebuch‹, 17.9.1977, AdsD, DM 0404.

strategischen Faktor im Wachstumsprozeß zu drosseln«. Sein Sinn für das Machbare und die Angst vor Abspaltungstendenzen des ›grünen‹ Flügels der SPD, die er an der Parteibasis immer häufiger ausmachte, bestimmten ihn gleichwohl Anfang 1977 dazu, die hochfliegenden Ziele seines Energieprogramms zurückzuschrauben. Er fing damit die erste große Unmutswelle in der SPD ab, in der sich die 1980 vollzogene Gründung der ›Grünen‹ ankündigte und die bereits jetzt die Handlungsfähigkeit von Regierung und Fraktion bedrohte. Auf dem Rückzug in eine politisch stabile Auffangstellung plädierte er zunächst für die Relativierung der energiepolitischen Bedeutung der Kernenergie, ehe er für den (nur noch) »vorsichtigen Ausbau«, dann für eine »Denkpause« und schließlich für einen mehrjährigen Baustopp in der Atomwirtschaft eintrat. Noch waren erst 15 Kernkraftwerke am Netz, von denen vier als Forschungsreaktoren nur über ein geringes Leistungsvermögen verfügten. Doch waren elf weitere Reaktoren im Bau und elf in der Planung. Wyhl und Brokdorf waren gerichtlich gestoppt, zwei Anlagen (Niederaichbach und Grundremmingen) waren bereits stillgelegt, eine (Lingen) sollte 1979 stillgelegt werden.[144]

Gerade weil er in der Partei als ›Linker‹ die Mehrheitsposition vertrat und den Schulterschluss mit den Gewerkschaften suchte, konnte er glaubwürdig für die Überbrückung der Gegensätze eintreten. Seine neue Flexibilität in Sachen Kernkraft verdankte Matthöfer seinen alten Prioritäten in der Energiepolitik, die es ihm ermöglichten, in taktischer Hinsicht nachzugeben, ohne von seiner Grundüberzeugung abzurücken. So wirkte seine »erste Priorität« aus dem Jahre 1977 umso überzeugender, als er seit Jahren für das Energiesparen eingetreten war und mit Projekten wie dem Ausbau regionaler Fernwärmenetze oder der Wärmeversorgung von Wohnhäusern durch Sonnenenergie auch schon konkrete Schritte auf diesem Weg vorweisen konnte. Schon Anfang 1975 demonstrierte das BMFT in der Nähe von Aachen mit einem Großversuch die Möglichkeit der Wärmeversorgung von Wohngebäuden durch Sonnenenergie. Matthöfer förderte ein Versuchshaus des Philips-Forschungslabors, das mit einer Kollektoroberfläche von 20 m² im Jahresmittel 14000 Kilowattstunden sammelte. Es sollte Architekten, Bautechnikern und Heizungsbauern als Demonstrationsobjekt dienen. Noch eindrucksvoller wirkte das Projekt eines sonnenbeheizten Freibades in Wiehl.[145] Mit einer Kollektoroberfläche von rund 1500 m² war es die größte Solaranlage zur Erzeugung von Niedertemperaturwärme in Europa. Es benötigte nur einen Bruchteil des üblichen Sekundärenergiebedarfs vergleichbarer Anlagen. Auch die »zweite« und »dritte Priorität« – die Verringerung der Abhängigkeit von Ölimporten und der Vorrang für die heimische Kohle – entsprachen alten Vorlieben des Forschungsministers. Dem ›Kohlemann‹ nahm die Öffentlichkeit auch ab, dass es ihm mit dem Ausbau um-

---

144 Heute (2008) sind noch 17 Atommeiler in Betrieb. Die erste der 1976 neu hinzugekommenen Anlagen, das Kernkraftwerk Neckarwestheim I, ist für 2009 für den Ausstieg aus der Kernkraft markiert, der im Jahre 2021 abgeschlossen sein soll.

145 BMFT-Mitteilungen 1 (1975), S. 2; als Mitte der achtziger Jahre die Ölpreise sanken, brach die durch diese Förderung ausgelöste Expansion der Solarenergie wieder zusammen.

Das Pilotprojekt eines Solar-Hauses des Philips-Laboratoriums bei Aachen unterstützte der Forschungsminister mit 21,5 Mio. DM (Januar 1975).

weltfreundlicher Kohlekraftwerke ernst war. Der Ausbau der Kernkraftwerke rangierte auf Matthöfers Prioritätenliste ganz hinten – noch dazu unter der Maßgabe, dass zunächst die Entsorgung der abgebrannten Kernbrennstäbe gesichert sein müsse.[146] Gerade weil er mit der Förderung der Kohletechnologie seine Hausaufgaben gemacht hatte, strahlte Matthöfer große Gelassenheit aus, wenn er auf diese Rückzugslinie angesprochen wurde: »Warum denn auch nicht? Wir geben viel Geld aus für die Kohletechnologie. Wir haben zum Beispiel Kohleverflüssigungsprojekte auch in den USA, weil die Kohle dort so billig ist. Unsere deutschen Teams könnten wir in dem Moment, wo bei uns die Kohleverflüssigung wirtschaftlich vertretbar sein sollte, zurückholen.«[147] Noch hielt er einen »vorsichtigen

146 Rede zu Umweltschutz und Kernkraftfragen, Dt. Btg. (8)51, 3 941–3 945 vom 26. Oktober 1977.
147 Spiegel-Gespräch: Den unsterblichen Tiger am Schwanz gepackt, DER SPIEGEL 30(1976)17, 30–34 vom 19. April 1976.

Ausbau« der Kernenergie für unerlässlich, weil eine sichere Energieversorgung für ihn die ausgewogene Ausnutzung aller »praktikablen« Energiequellen bedeutete. Bei der Sonnenenergie-Nutzung sei man zwar durch Fortschritte in der Technologie schon ein gutes Stück weitergekommen und auch die »mühsame, aber stetige« Durchsetzung des Fernwärmekonzeptes deute in die Richtung, doch zeichne sich ohne die Kernenergie auf mittlere Sicht eine Versorgungslücke ab.[148] Tatsächlich war in der allgemeinen Verwirrung um die Kernenergie längst jene ›Denkpause‹ eingetreten, für die der Forschungsminister eintrat, um die bisherige Politik zu revidieren und neue Entwicklungslinien für die Zukunft abzustecken. Je näher aber der für November 1977 in Hamburg angesetzte Parteitag der SPD heranrückte, desto klarere Positionen verlangte die Parteiräson. Schon zeichnete sich »nach der Beschlußlage der Bezirke« ein drei- bis fünfjähriger Baustopp für Kernkraftwerke ab. Auch diese Forderung schloß der sozialdemokratische Forschungsminister nicht kategorisch aus. Er sah bei einer Verzögerung der Genehmigungsverfahren in dieser Größenordnung nicht die Gefahr, »daß 1985 die Lichter ausgehen«. Sein eigener Vorschlag sah jedoch Alternativen vor. Es galt, die Option Kernenergie offen zu halten, und gleichzeitig die Möglichkeit zu schaffen, aus der Kernenergie auszusteigen. Für die Opposition im Deutschen Bundestag roch diese Haltung des einst überzeugten Kernkraftanhängers nach »parteitaktisch motiviertem Opportunismus«, weil die damit verbundene Ankündigung einer Preiserhöhung für Strom »geradezu abenteuerlich sei angesichts steigender Arbeitslosigkeit«. Für Matthöfer gebe es nur zwei Möglichkeiten: Entweder er kämpfe für die Durchsetzung der Regierungspolitik, oder er müsse zurücktreten.[149] Matthöfer wies diese Forderung unverzüglich in einem Interview mit der ›Bild-Zeitung‹ zurück. Er rief zum Energiesparen auf und machte auf die Frage nach den Erfolgschancen aus seinem Herzen keine Mördergrube: »Schwer zu sagen – nur wenn wir viel sparen und Glück haben und der Baustopp nicht länger als zwei Jahre dauert. Auf jeden Fall aber darf man das Risiko nicht unterschätzen. Der Strom wird sicher teurer, und die Arbeitsmarktprobleme werden größer. Mir wäre es lieber, wir gehen auf Nummer sicher und bauen weiter Kernkraftwerke.«[150] Er nahm dabei als gewählter ›Interessenvertreter‹ für sich in Anspruch, zwischen seiner Verpflichtung für das Gemeinwohl und seiner Verpflichtung gegenüber dem SPD-Wähler abwägen zu müssen, und fügte in einem Anflug von Rabulistik hinzu: »Dabei muß man doch sehen, daß die Sorgen gegenüber der Kernenergie auch Sorgen um das Gemeinwohl sind, Sorgen, die nicht auf die leichte Schulter genommen werden können.«[151] In Wirklichkeit hatte er längst, wie es seine Art war, in einer Denkschrift die Konsequenzen einer Genehmigungspause für Kernkraftwerke erörtert und war zu einem klaren Ergeb-

148 Ausbau der Kernenergie mit gedrosseltem Tempo, Handelsblatt vom 03. März 1977
149 Handelsblatt vom 08. August 1977.
150 Matthöfer: »Ich trete nicht zurück!« BILD-Interview mit dem Forschungsminister vom 10. August 1977.
151 Interview: Eine List gegen die Basis der Partei, Welt am Sonntag vom 14. August 1977.

nis gekommen:[152] Sie würde das Wirtschaftswachstum in den kommenden Jahren drosseln, »womit auch die vollständige Wiederherstellung der Vollbeschäftigung unmöglich bzw. wachsende Arbeitslosigkeit unvermeidlich« werde. Er konnte ihr auch sonst nichts Positives abgewinnen. Da ihm sein Sinn für das politisch Machbare aber unmißverständlich eingab, dass an einer Genehmigungspause kein Weg vorbeiführen werde, konzentrierte er sich sogleich auf den Entwurf einer Energiesparpolitik, »die die größten Einsparerfolge ohne nachteilige Strukturwirkungen und unvertretbare Haushaltsbelastungen bewirken« sollte. In der innerparteilichen Diskussion im Vorfeld des Parteitages nahm Matthöfer gleichwohl nicht die Rolle des Getriebenen ein. Er selbst setzte sich an die Spitze der Bewegung und machte sich zum Anwalt des Unvermeidlichen. Weder wollte er »den Entwicklungsprozeß einer unabhängigen Rechtsprechung« mit administrativer Repression abbrechen, noch glaubte er, »daß man die Kernenergie in der Bundesrepublik mit Gewalt durchsetzen könnte«.[153] Für viele in der SPD machte ihn das nur noch glaubwürdiger. Vorwürfe von Freund und Feind, er habe sich in der Energie-Politik »gewunden wie eine Girlande«, wies Matthöfer energisch zurück:[154] »In der Atomenergiefrage hat es Kräfte in der Opposition gegeben, die erreichen wollten, dass die SPD sich gegen die Regierung wendet und sich dann auch innerhalb der Regierung Fronten bilden. Ich hatte mir das Ziel gesetzt, daß 90 Prozent der SPD-Parteitagsdelegierten dem Kernenergie-Beschluß zustimmen sollten, und das habe ich erreicht.« Tatsächlich waren die innerparteilichen Gräben, die es zu überbrücken galt, tief.[155] Eppler trat für eine Genehmigungspause bis zum Ende des Jahrhunderts ein. Andere Vorstandsmitglieder, wie Freimut Duve (Hamburg) oder Wolfgang Roth, gingen in ihrer grundsätzlichen Ablehnung der Kernenergie noch weiter. Ihnen standen Hardliner wie Herbert Ehrenberg und die mächtigen Gewerkschaftsvorsitzenden gegenüber. Auf ihrer Seite stand auch Helmut Schmidt, der die Kernenergie aus ökonomischen *und* ökologischen Gründen für unverzichtbar hielt, weil »möglicherweise die Anreicherung des Kohlendioxydgehalts in der Gesamtatmosphäre des Erdballs [...] Gefahren mit sich bringt, die noch keiner richtig abschätzen kann«.[156] Dies war kein kurzfristig eingesetztes taktisches Argument. Schmidt drängte auch Brandt, im Bericht der ›Nord-Süd-Kommission‹ (Brandt-Bericht) auf die CO_2-Problematik einzugehen, weil er sich die Frage stellte, »ob Öl und Kohle im Jahr 2000 überhaupt noch verbrannt werden

---

152 Hans Matthöfer, Konsequenzen einer Genehmigungspause für Kernkraftwerke, etwa Mitte 1977, AdsD, DM 011.

153 Kernenergie ja – aber nicht mit Gewalt. Spiegel-Interview mit Forschungsminister Hans Matthöfer über die Zukunft der deutschen Atomenergie, DER SPIEGEL (1977), Nr. 14 vom 28. März 1977, S. 53.

154 Nur auf dem Gebiet der Steuern betrete ich Neuland (Gespräch mit Hilde Purwin), NRZ vom 17. Februar 1978.

155 Die Divergenz der Positionen trat auf der Fachtagung der SPD über »Energie, Beschäftigung, Lebensqualität«, die am 28. und 29. April 1977 in Köln stattfand, deutlich hervor; Vorstand der SPD (Hg.), Dokumente, Bonn 1977.

156 Ebenda.

dürften«.[157] Angesichts der Divergenzen innerhalb der SPD war es fast ein Wunder, dass die Ergebnisse des Parteitages der Regierung sogar den notwendigen Spielraum ließen, um weitere Atomkraftwerke zu genehmigen. Die befürchtete Forderung nach einem Baustopp blieb aus. Noch einmal war es gelungen, die Positionen Epplers und Schmidts in einem Zwei-Optionen-Beschluss zu vereinen. Die Partei hat es Hans Matthöfer gedankt, dass ihr eine Zerreißprobe erspart blieb. Bei den Wahlen zum Vorstand erhielt er 392 Stimmen, nur drei weniger als der Bundeskanzler. Der Forschungsminister, der bis dahin eher als extremer Flügelmann galt, war plötzlich für Rechte und Linke innerhalb der SPD gleichermaßen wählbar geworden.

---

157 Aufzeichnung über das Gespräch des Bundeskanzlers mit Willy Brandt über den Bericht der »Independent Commission on International Development Issues« am 25. September 1979 im Bundeskanzleramt, Bonn, den 27. September 1979, AdsD, DM 034.

TEIL 5

Binnenmarkt und Weltwirtschaft: Postkeynesianische Finanzpolitik

Der Schatzkanzler

In die Pflicht genommen

Es war ein klassisches *déjà-vu*-Erlebnis. Erneut – wie schon im Mai 1974 – hatte Helmut Schmidt den Freund und Mitstreiter zum *tête-à-tête* in sein abgedunkeltes, nur vom Lichtkegel der grünen Schreibtischlampe beleuchtetes Büro gebeten, um ihn auf ein neues Aufgabengebiet innerhalb der Bundesregierung einzuschwören. Die Bilder glichen sich nicht nur äußerlich. Wieder musste der Kanzler sanften Druck auf einen scheinbar widerstrebenden Anwärter auf ein neues Ministeramt ausüben. Immerhin konnte dieser gute Gründe nennen, warum ihm der Wechsel zu diesem Zeitpunkt ungelegen kam. Er saß wieder fest im Sattel seines Ministeriums, nachdem er die schwere Krise im Umgang mit der Atomenergie mit Geschick und Durchsetzungsfähigkeit überwunden und dabei sowohl im Kabinett als auch in der Partei deutlich an politischer Statur gewonnen hatte. Doch gerade deshalb sah er auch diesmal keine Chance, sich des Kanzlers Appell zu entziehen. Er war wohl auch tief befriedigt darüber, dass Schmidt ihn als ersten über seine geheimsten Pläne ins Vertrauen zog, deren Realisierung er sich für den im Sommer 1978 bevorstehenden europäischen Gipfel in Bremen und die Weltwirtschaftskonferenz in Bonn vorgenommen hatte. Jedenfalls gelang es Schmidt, seinen loyalen Mitstreiter davon zu überzeugen, dass seine Mitarbeit im engsten Zirkel der politischen Führung des Landes für die Durchsetzung der gemeinsamen Ziele nach innen und außen unverzichtbar war.

Notwendig wurde die Kabinettsumbildung durch den Rücktritt Georg Lebers als Bundesminister der Verteidigung. Der auf der Bonner Hardthöhe beliebte ›Soldatenminister‹ hatte sich schützend vor den Militärischen Abschirmdienst gestellt, der sich in der Spionageaffäre Lutze/Wiegel unerlaubter Abhörpraktiken bedient hatte. Während der Haushaltsdebatte von der Opposition heftig attackiert, wählte er eine doppelte Abwehrstrategie. Er deklarierte den ›Lauschangriff‹ als Ausnahmefall und ging gleichzeitig zum Angriff über, indem er auf vergleichbare frühere Fälle unter christ-demokratischer Regierungsverantwortung anspielte. Er zieh die CDU/CSU-Opposition der Heuchelei und verglich sie mit den ›Philistern und Pharisäern‹, die Jesus auch heute wieder »aus seinem Tempel jagen« würde.[1] Die

---

1 Georg Leber, Rede zur Einbringung des Verteidigungshaushaltes am 26. Januar 1978. Verhandlungen des Deutschen Bundestages, 8. WP, Plenarprotokoll 8/69, 26. Januar 1978, 5479.

Im ersten Kabinett Helmut Schmidt galt Matthöfer als Linksaußen, stand aber in der hinteren Reihe ganz rechts.

C-Fraktion verließ unter Protest das Plenum des Bundestages, und der Skandal um »die öffentliche Selbstverstümmelung eines Bundesministers der Bundesrepublik Deutschland« (Helmut Kohl) war da. Als dann noch heraus kam, dass die Abhöraffäre Lutze/Wiegel kein Ausnahmefall war, Leber also die Unwahrheit gesagt hatte, reichte der Verteidigungsminister auf der Kabinettsitzung am 1. Februar 1978 seinen Rücktritt ein. Da es um die Führung eines klassischen Ministeriums ging und Leber in der Regierungsmannschaft Helmut Schmidts ein politisches Schwergewicht war, reagierte die Ministerrunde betroffen. Selbst Matthöfer – nicht gerade ein Freund des früheren Baugewerkschaftsführers – versuchte ihn zum Bleiben bewegen: »Mensch, Schorsch, denk doch an das alte preußische Soldatenprinzip, eine Entscheidung wie diese erst einmal zu überschlafen. Du bist doch nach dieser Nacht völlig übermüdet.«[2] Offenbar ahnte er schon, dass Lebers Entscheidung auch seine eigene Planung nachhaltig verändern würde. Auch der Kanzler wollte seinem Minister noch 24 Stunden Bedenkzeit einräumen, doch blieben alle Versuche, ihn im Kabinett zu halten, vergeblich.

2 ›Diensttagebuch‹, 03.02.1978, AdsD, DM 0404.

So kam es am 3. Februar zu dem Treffen im sonntäglich verwaisten Kanzleramt, bei dem Schmidt seinen Freund und politischen Joker in die Pflicht nahm. Für Matthöfer bedeutete dies, Abschied zu nehmen von einem lieb gewonnenen Ressort. Als der Kanzler rief, war der Bundesminister für Forschung und Technologie gerade abflugbereit, um auf dem 8. Europäischen Management-Symposium in Davos über »Die Bedeutung technologischer Innovationen für Staat und Wirtschaft« zu referieren. Das Thema des Vortrages, den er zum Ärger aller Beteiligten absagen musste, war ihm zum wichtigsten politischen Anliegen überhaupt geworden. So konnte er in seinem Gespräch mit dem Kanzler mit Recht darauf verweisen, dass es auf dem Gebiet der Forschungs- und Technologiepolitik darauf ankomme, ausreichend Zeit zu haben, um angefangene Projekte auch zu Ende zu führen. Von diesen gab es aus seiner Perspektive genug. Er dachte dabei an die von ihm geförderten Strategien zur Energieeinsparung, vor allem an die Kraft-Wärme-Kopplung, die Entwicklung alternativer Energiequellen, darunter vor allem die ihm wichtig erscheinende Förderung der Nutzung der Sonnenenergie, die Humanisierung der Arbeit, die Technikfolgen-Abschätzung und den Aufbau einer Systemanalyse- und Prognosekapazität für politische Entscheidungen mit all ihren methodischen, organisatorischen und personellen Problemen. Insbesondere das letzte Thema hatte er in den vergangenen Monaten mit einer gewissen Penetranz immer wieder angesprochen. Im Kabinett war er damit nicht selten angeeckt, weil er in die Kompetenzen anderer Ressorts einzugreifen drohte.

Das Hamburger Nachrichtenmagazin ›Der Spiegel‹, das bis dahin Matthöfers politische Karriere eher wohlwollend kommentiert hatte, sah ihn im Juni 1977 sogar »am Rande der Hybris«, weil er in den Kabinettsdebatten »gesamtpolitische Zukunftskriterien« vermisste und angeblich Schmidt im Visier hatte, als er zu Protokoll gab: »Diese Regierung hat überhaupt keine Zukunftsperspektive.«[3] Anlass war die Debatte des »Investitionsprogramms für die Bundesverkehrswege bis zum Jahr 1985«, das immerhin ein finanzielles Gesamtvolumen von 111 Mrd. DM umfasste. Matthöfer war nicht bereit, »Entwicklungen der Vergangenheit, mit denen wir schon in der Gegenwart nicht mehr zufrieden sind, von scheinbar technokratischen Experten in die Zukunft fortschreiben zu lassen […], anstatt zunächst die Wünschbarkeit zukünftiger Entwicklungen zu klären und politisch zu bewerten«.[4] Da der Forschungsminister seine Kritik an den mangelnden Zukunftsperspektiven der Kabinettsarbeit zum dritten Mal innerhalb von drei Monaten vorgebracht hatte, reagierten einige seiner Kollegen ungehalten. Der Kanzler forderte ihn – wie in den früheren Fällen auch – dazu auf, eine Vorlage für eine kommende, aber noch nicht anberaumte, jedenfalls aber von Matthöfer zu koordinierende Kabinettsklausur einzubringen. Für den ›Spiegel‹ reichte dies aus, um zu folgern: »Vor versammelter Regierungsmannschaft brachte Helmut Schmidt seinen Freund Hans Matthöfer auf Null.« Schlimmer noch: »Der Forschungsminister wurde exekutiert.«

3 Am Rande der Hybris, DER SPIEGEL (1977)23, S. 36.
4 Hans Matthöfer, Stellungnahme zum Spiegel-Artikel »Am Rande der Hybris« (Nr. 23/1977, S. 36–41), Juni 1977, S. 3; AdsD, DM 025.

Der Spiegel nutzte die Gelegenheit auch, um den angeblichen »politischen Opportunismus« des als »Renommier-Linker« ins Kabinett eingetreten Forschungsministers anzuprangern. Er legte ihm Entscheidungen zur Last, denen er zwar nicht selbst zugestimmt hatte, für die er aber als Mitglied der Bundesregierung politische Mitverantwortung trug. Dazu zählten das Atomgeschäft mit der brasilianischen Militärdiktatur und die Lieferung von U-Booten an das autoritäre Regime in Indonesien. Angekreidet wurden ihm auch die enge Kooperation mit der Siemens AG und die »unkritische« Förderung der Atomindustrie. Die Ursache des Matthöferschen ›Opportunismus‹ sah der Spiegel in der »nahezu grenzenlosen Bewunderung«, die der Minister seinem Kanzler entgegenbringe, »eine Liebe«, die sogar nach der Meinung seiner politischen Freunde soweit gehe, dass er sich »widerlich anbiedert«. Schließlich ließ das politische Nachrichtenmagazin die Katze aus dem Sack und kam zu dem eigentlichen Zweck der Attacke. Matthöfer – so ließ es verlauten – mache keinen Hehl daraus, dass er – sollte Hans Apel einmal Herbert Wehner als Fraktionschef ablösen – gern Finanzminister würde. Es seien jedoch Zweifel erlaubt, dass es so weit komme: »Inzwischen sieht der Regierungschef, so streuen Schmidt-Vertraute aus, in seinem früheren Freund, dem er einst sogar Kanzler-Qualitäten zutraute, immer mehr einen ›Eiertänzer‹, der sich gelegentlich ›am Rande der Hybris‹ aufhält.«

Obwohl Matthöfer wusste, »daß es sich nicht lohnt, mit der Presse Streit zu suchen«[5], musste er natürlich diesen Angriff auf seine politische Glaubwürdigkeit und Grundsatztreue begegnen. Er schrieb eine 25-seitige Erwiderung, in der er den Spiegel-Artikel Absatz für Absatz kritisch analysierte und dabei mustergültig seine Machart als »hatchet-job« offen legte: eine Ansammlung falscher Zitate und frei erfundener ›Nachrichten‹, in der Absicht geschrieben, ihn fertig zu machen. Obwohl er die Gegendarstellung an alle Abgeordneten der SPD-Fraktion verteilte, konnte er doch nicht verhindern, dass etwas ›hängenblieb‹. Seitdem musste er mit dem Image leben, er opfere seine politische Überzeugungen dem pragmatischen Alltagsbetrieb und bezahle die Freundschaft des Bundeskanzlers mit dem Verlust seiner eigenen politischen Persönlichkeit. Im Gravitationsfeld des Kanzlers politisch neutralisiert, sahen ihn viele der Linken entfremdet, von der Rechten in der SPD dennoch nicht voll akzeptiert – und nach dem Ende der Regierung Schmidt fallen gelassen.[6] Wer hinter der Attacke stand oder ob es nur ein journalistischer Versuchsballon war, der kurz vor der Sommerpause hoch gelassen wurde, um ein mögliches Thema für das ›Sommerloch‹ zu sondieren, läßt sich schwer beurteilen. Jedenfalls hatte sich Matthöfer keine Freunde gemacht, als er die ›Zukunftsthematik‹ nutzte, um sich als politischer Koordinator innerhalb des Kabinetts zu profilieren. Nicht nur bei Kanzleramtschef Manfred Schüler mochte solch ein Übergriff Ressentiments erzeugt haben. Auch die meisten Minister – mit dem Kanzler an der Spitze – fühlten sich durch Matthöfers Initiative an den »wirkungslosen Planungs-

---

5   Ebenda, S. 1.
6   So Erhard Eppler zum Verfasser. Gespräch mit Erhard Eppler über Hans Matthöfer am 25.2.2006 in Elmshorn, Hotel Sommergarten; AdsD, DM 0404.

überperfektionismus« erinnert, den seinerzeit Horst Ehmke als Chef des Kanzleramts eingeführt hatte.[7] Matthöfer selbst hielt Hans Friderichs, den Bundeswirtschaftsminister, dem er in herzlicher Abneigung verbunden war, für den Informanten des ›Spiegel‹. Er hatte Matthöfer dem Blatt gegenüber als »Spinner« bezeichnet.

Vor diesem Hintergrund stellte der Aufstieg des Forschungsministers in ein klassisches Ministerium dreierlei richtig: Zum einen war es auch dem ›Spiegel‹ nicht gelungen, das Vertrauensverhältnis zwischen Kanzler und Minister auch nur im Geringsten zu erschüttern. Schmidt sah in Matthöfer nicht nur den Freund, auf den er sich blind verlassen konnte. Er glaubte angesichts der personellen Situation in der Fraktion auch keine andere Wahl zu haben, als ihn zum Finanzminister zu machen, hielt er ihn doch für einen der wenigen in der SPD, die wenigstens »rudimentäre ökonomische Vorstellungen« hätten.[8] Das war in hanseatischer Manier durchaus als Kompliment gemeint und wurde vom designierten Finanzminister auch so verstanden. Damit war aber zum zweiten auch klar, dass der Kanzler in Matthöfer nicht nur den Kassenwart sah, der mit westfälischer Sturheit für solide Finanzen sorgte. Der neue Hausherr in der ehemaligen Kavallerie-Kaserne an der Graurheindorfer Straße im Bonner Norden sollte darüber hinaus auch dort politische Gestaltungsmöglichkeiten eröffnen, wo die Finanzierungsspielräume bei wachsender Staatsverschuldung immer enger zu werden schienen. Und zum dritten schließlich macht die Spiegel-Episode auch deutlich, dass zwar der Anlass der Kabinettsumbildung ungeplant kam, nicht aber das Muster der Personalentscheidung.[9] Schmidt musste jederzeit mit dem Ausscheiden Wehners aus der Fraktionsführung rechnen und hatte Matthöfer für diesen Fall als Finanzminister schon lange auf der Rechnung, um dort den designierten Wehner-Nachfolger Apel zu ersetzen. Vermutlich spielten bei Schmidt auch Überlegungen eine Rolle, seine engsten politischen Vertrauten durch eine Rochade der Dienstposten in bessere Ausgangsstellungen für künftige, höhere Aufgaben zu bringen. Das wurde auch in der internationalen Presse so gesehen.[10] Dagegen wäre eine direkte Lösung der von Leber aufgeworfenen Personalfrage, ein Einzug des Forschungsministers auf der Hardthöhe, wohl von weiten Teilen der Öffentlichkeit, der Ministerialbürokratie und des Offizierskorps als Provokation empfunden worden, weil sie mit Matthöfer noch immer den Kampf gegen die Notstandsgesetze verbanden. So schien der auf

---

7 Hans Matthöfer an den Gewerkschaftshistoriker Gerhard Beier, Kronberg, den 19. Juni 1984; AdsD, DM 0404.

8 ›Diensttagebuch‹, 03.02.1978, AdsD, DM 0404.

9 Schon am 30. September 1976 hatte sich Matthöfer in einem Leserbrief im ›Spiegel‹ über eine Meldung des Magazins lustig gemacht, er solle Finanzminister werden: »Meine bisherige Erfahrung mit Leuten, die ähnlich erfolgreich waren, zeigt mir, daß ich jetzt wie ein Schießhund aufpassen muß, damit ich wenigstens Forschungsminister bleiben darf.«

10 So etwa in der NZZ, die diese personelle Konstellation perspektivisch analysierte: »Den Ministern Apel und Matthöfer hatte Schmidt neue Ressorts zugewiesen, im Sinne von Lehr- und Wanderjahren hin zu einer möglichen Kanzlerkandidatur oder anderen gewichtigen Posten. Apel steht das eigene Naturell manchmal im Weg, Matthöfer erweist sich als ein überzeugender, lernfreudiger Argumentierer, dem in der Partei eine breitere Basis zuwächst.« (23. Dezember 1978)

Bundespräsident Walter Scheel, Verteidigungsminister Hans Apel und Finanzminister Hans Matthöfer (von links) 1978 auf einer Veranstaltung in Oldenburg.

internationalem Parkett erfahrenere Hans Apel dort die bessere Wahl zu sein, ob-wohl ihm, der als ›weißer Jahrgang‹ nicht ›gedient‹ hatte, die Welt des Militärs – wie sich noch zeigen sollte – in jeder Beziehung verschlossen blieb.

Völlig überrascht konnte Matthöfer also nicht gewesen sein, als ihn Schmidt in die Pflicht nahm. Wenn er sich zierte, schon am Telefon seine Einwilligung zu ge-ben und in der Öffentlichkeit mit der zu schweren Bürde des Amtes kokettierte, so entsprach dies eher einem schützenden Ritual als dem Ausdruck ernster Skru-pel. Während der Chef beim Bundeskanzler noch letzte taktische Rückzugsge-fechte führte, handelte die Kernmannschaft um seinen Büroleiter Jürgen Wefel-meier schon Einzelheiten der Übernahme des Finanzministeriums mit dessen Staatssekretär Manfred Lahnstein aus. Und auch Matthöfers Pressesprecher Alwin Steinke hatte die neue Lage bereits voll verinnerlicht. Als dem designierten Finanz-minister in der Hektik der Besprechungen einige Schweizer Franken aus der Jackentasche fielen, die ihm seine Frau vorsorglich für die Fahrt nach Davos hin-eingesteckt hatte, mahnte er ihn, schon ganz der neue Pressesprecher des BMF:[11] »Das kannst Du jetzt nicht mehr machen, sonst heißt es morgen: ›Matthöfer läßt Schweizer Franken fallen.‹« Es kam deshalb sicher nicht von ungefähr, dass Apel von der Schnelligkeit des Amtswechsels überrascht war.[12] Kein Zweifel, sein Nach-

11 Ebenda.
12 Hans Apel, Der Abstieg, Stuttgart 1990, S. 31.

folger hatte sich längst auf alle Eventualitäten vorbereitet, war mental für den Aufstieg in das politisch hochsensible Amt gerüstet und traute sich zu, mit dessen Herausforderungen fertig zu werden. Schon einen Tag nach der Vereidigung ließ er die Öffentlichkeit in einem Gespräch mit einer befreundeten Journalistin in der Neuen Ruhr-Zeitung wissen, dass er mit den meisten Politikfeldern seines neuen Hauses wohlvertraut sei.[13] Abstrakt formuliert, hatten sowohl der Forschungs- und Technologieminister als auch der Finanzminister die Aufgabe, langfristig die Vollbeschäftigung zu sichern und eine leistungs- und wettbewerbsfähige Wirtschaftsstruktur zu schaffen. Insofern war er davon überzeugt, viele Überlegungen, die er zur Einbettung der Forschungs- und Technologiepolitik in eine langfristige Strategie der Sicherung der Leistungs- und Wettbewerbsfähigkeit der Wirtschaft angestellt hatte, auch auf die Arbeit als Finanzminister übertragen zu können. Lediglich auf dem Gebiet der Steuern sah er noch Nachholbedarf. Vor allem aber machte er klar, an wem er sich künftig messen wollte, als er den von der Opposition erhobenen Vorwurf der mangelnden Qualifikation mit einer rhetorischen Frage zurückwies: »Im übrigen: Was hat den Strauß qualifiziert, als er 1955 Atomminister, 1956 Verteidigungsminister und 1966 Finanzminister wurde?«[14]

Ein Element der Kontinuität im Amtswechsel war seine persönliche Kernmannschaft, die er aus dem Ministerbüro des BMFT vollständig ins Finanzministerium mitnahm: seine Sekretärin Lieselotte Lehmann, seinen Persönlichen Referenten Dr. Wilfried Haesen, den Leiter des Ministerbüros Dr. Jürgen Wefelmeier und den Pressesprecher Alwin Steinke. Dazu gehörten noch Matthöfers Fahrer Peter Leber und Günter Eberhard, der als Kriminalhauptkommissar im Bundeskriminalamt Kommandoführer der Sicherheitsbegleitung des Ministers war. Einer der unzweifelhaften Vorzüge des Finanzministeriums lag in seiner hohen Kompetenz in einem Kernbereich der Staatsverwaltung, die traditionell mit einer überdurchschnittlichen Qualifikation seiner Beamten einherging. Dies gilt auch und gerade für die Leitungsebene, deren Ausstattung mit insgesamt vier Staatssekretären der politischen Bedeutung des Hauses in der Kabinettshierarchie gerecht wurde. So saß der neue Minister, wie es Brauch war, jeden Dienstagmittag einer Runde von Männern vor, die aus sehr unterschiedlichen Karrierezusammenhängen dorthin gelangt waren. Den 1934 geborenen Dr. Rolf Böhme hatte Matthöfer dem Kanzler als seinen Parlamentarischen Staatssekretär insbesondere für Steuerfragen vorgeschlagen. Böhme war auf diesem Gebiet, auf dem sich der Hausherr anfangs ziemlich schwach fühlte, ein hervorragender Sachkenner und »ließ hier kein Loch in der Deckung entstehen«.[15] Obschon Böhme entschieden gegen die Körperschaftssteuerreform, gegen die Vermögensteuersenkung und für die Erhöhung des

---

13 ›Nur auf dem Gebiet der Steuern betrete ich Neuland‹ (Gespräch mit Hilde Purwin), Neue Ruhr-Zeitung vom 17. Februar 1978. Der Oppositionsführer im Deutschen Bundestag, Helmut Kohl, hatte den Wechsel zuvor mit den Worten kommentiert, warum Helmut Schmidt den Matthöfer zum Finanzminister berufen habe, bleibe des Kanzlers persönliches Geheimnis.
14 Ebenda.
15 ›Diensttagebuch‹, 16.2.1978, AdsD, DM 0404.

Der neue Finanzminister mit seinen Parlamentarischen Staatssekretären
Karl Haehser (links) und Rolf Böhme.

Grundfreibetrages eingetreten war, hatte er die entsprechenden und ihm unsympathischen Koalitionsvereinbarungen stets loyal mitgetragen. Parlamentarischer Staatssekretär mit den besonderen Aufgabengebieten Haushalt und Bundesunternehmen blieb Karl Haehser. Der 1928 geborene Pfälzer war ein ehemaliger Angehöriger der Arbeitsgruppe ›Haushalt‹ der SPD-Fraktion und hielt die Beziehungen des Finanzministers zu dieser wichtigen Gruppe immer intakt, auch in schwierigen Lagen. Er wäre mit aller Wahrscheinlichkeit im Haushaltsausschuss des Bundestages zum Vorsitzenden aufgestiegen, hätte seine Partei nicht regiert, denn Karriere im Ausschuss ist nun einmal bei den ›Haushältern‹ an das Oppositionsdasein ihrer Fraktion gebunden. Haehsers Urteil hatte daher im Haushaltsausschuss auch über die eigene Partei hinaus Gewicht. Er verfügte seit vielen Jahren über gute Sachkenntnisse auf dem Gebiet der Bundesbeteiligungen und kannte dort insbesondere alle personellen und sachlichen Schwachstellen. Damit hielt er seinem Chef auch auf diesem spezifischen Feld der Finanzverwaltung den Rücken frei. Da vorherzusehen war, dass die erste harte politische Probe des neuen Finanzministers in der Aufstellung des Bundeshaushalts 1979 liegen werde, agierte der gelernte Lehrer auf einer entscheidenden Position. Beide, Böhme und Haehser, gehörten zu den persönlichen Freunden und Verbündeten ihres Chefs. Während Karl Haehser als alter ›Kanalarbeiter‹ mehr zum rechten Teil des Spektrums der Fraktionsmeinung Verbindung hielt, verfügte Rolf Böhme auch weiterhin über gute Verbindungen zum linken Flügel.

Von den beiden beamteten Staatssekretären war Dr. Günter Obert unter anderem für Haushalts- und Steuerfragen zuständig. Matthöfer hatte ihn von der Spitze der Haushaltsabteilung in das neue Amt befördert. Der Ostpreuße vereinigte sämtliche guten Beamtentugenden in seiner Person – etwas, das im politischen Bonn selten zu werden begann. Sehr sachkundig, in jeder Beziehung zuverlässig und fleißig, bis ins kleinste Detail korrekt, in jedem Sinne loyal, menschlich sympathisch, nicht ohne Sinn für Humor und von den Beamten des Hauses respektiert und geachtet, war er für Matthöfer für die Dauer seiner gesamten Amtszeit eine sichere Stütze in der Leitung des Ministeriums.[16] Obert war der einzige Matthöfer-Gehilfe ohne Parteibuch und gehörte damit zum aussterbenden Typus des Ministerialbeamten, der ausschließlich über eine Fachkarriere nach oben kommt. Staatssekretär, unter anderem für Geld- und Währungsfragen, Bankpolitik und Schuldenmanagement, blieb Manfred Lahnstein. Fleißig, zuverlässig und immer heiter, beeindruckte der 1937 geborene Rheinländer seinen Chef durch seine Fähigkeiten als Ökonom, durch polyglotte Sprachkenntnisse und vor allem durch seine ungewöhnliche diplomatische Begabung. Er war bei der EG-Kommission in Brüssel Büroleiter – oder wie man dort sagt: ›Chef des Kabinetts‹ – beim Vizepräsident Wilhelm Haferkamp gewesen,[17] der den DGB-Sekretär des Europäischen Gewerkschaftsbundes 1967 mit ins Amt genommen hatte. Seit 1972 machte Lahnstein dann in Bonn eine Blitzkarriere. Der kreative Wirtschaftsfachmann mit dem Kölner Kaufmanns-Diplom wurde bald sogar in konservativen Bankierskreisen ebenso positiv beurteilt wie sein zum Vizepräsidenten der Deutschen Bundesbank aufgerückter Vorgänger Karl Otto Pöhl. Helmut Schmidt schätzte seine Talente offenbar genauso hoch ein und holte ihn später ins Kanzleramt, um ihn dann 1982 zu Matthöfers Nachfolger an der Spitze des BMF zu machen.

Bei aller personellen Kontinuität griff Matthöfer jedoch in einem Punkt in den Verwaltungsablauf des Ministeriums ein. Helmut Schmidt hatte als Bundesminister der Finanzen den Parlamentarischen Staatssekretären Linienfunktionen zugeordnet und sie für bestimmte Abteilungen unmittelbar verantwortlich gemacht. Hans Apel hatte das beibehalten. Sein Nachfolger, der als ehemaliger Parlamentarischer Staatssekretär in politischen Stilfragen sehr empfindlich war, sah darin eine zu starke Vermischung der Funktionen von Verwaltung und Parlament, die in seinen Augen nicht nur systemwidrig, sondern auch unzweckmäßig war. Deshalb machte er sie sofort nach seinem Amtsantritt wieder rückgängig. Um die strikte Trennung zwischen Exekutive und Legislative einzuhalten, verfügte der Minister darüber hinaus, dass alle Mitteilungen von Rang, die aus seinem Haus an den Bun-

---

16 Auch Manfred Lahnstein und Gerhard Stoltenberg, Matthöfers Nachfolger im Amt, schätzten Oberts ungewöhnliche berufliche und menschliche Qualitäten und behielten ihn als Staatssekretär, bis er 1989 aus gesundheitlichen Gründen vorzeitig in den Ruhestand treten mußte.

17 Haferkamp gehörte der EG-Kommission von 1967 bis 1985 als Vizepräsident an und war zunächst für den Energiemarkt (1967–1973), dann für Wirtschafts- und Währungspolitik (1973–1977), Binnenmarkt und Rechtsangleichung (1977–1981) und zuletzt für Auswärtige Angelegenheiten einschl. Atomfragen (1981–1985) zuständig.

destag und dessen Mitglieder gingen, nur über die beiden Parlamentarischen Staatssekretäre Karl Haehser und Rolf Böhme abgewickelt wurden. Überdies sollte die Leitungsebene unverzüglich darüber unterrichtet werden, wer aus dem Parlament mit dem Finanzministerium sprach oder korrespondierte. Abteilungsleiter, ja zum Teil sogar Referenten, verloren damit die ihnen liebgewordene Bewegungsfreiheit und auch ein Stück ihrer bürokratischen Allmacht. In einem anderen Punkt stärkte Matthöfer dagegen die Bedeutung der eigenen Ministerialbürokratie, die sich mit rund 34.000 Bediensteten (einschließlich des Zolls) auch schon zahlenmäßig gegen die 500 Mitarbeiter des Forschungsministeriums abhob. Er stellte von Anfang an klar, dass er bei Beförderungen – wie schon im Forschungsministerium – »nicht auf Herren von außen« zurückgreifen werde.[18] Er war sichtlich stolz darauf, an die Spitze eines der großen, klassischen Ressorts treten zu können, das »von jeher zum Kernbereich der Staatsverwaltung zählt«, und machte keinen Hehl daraus, dass er »die Kompetenz des BMF schon in vielen Bereichen kennen und schätzen gelernt« hatte. Der demonstrative Beifall, den er dafür bei seiner Amtseinführung vor der großen Betriebsversammlung erntete, unterstrich nur noch die »ausgezeichnete Figur«, die er bei den Bediensteten des Ministeriums machte. Dabei hatte sich Matthöfer demonstrativ klein gemacht, als er sich mit Grusches Klage aus Brechts Kaukasischem Kreidekreis einführte: »Da dich keiner nehmen will / Muß nun ich dich nehmen / Mußt dich, da kein andrer war / Schwarzer Tag im magern Jahr / Halt mit mir bequemen.« Die Beamten nahmen die Bescheidenheit, mit der sich ihnen der elfte Hausherr im Bundesfinanzministerium vorstellte, als das, was sie in Wirklichkeit war: das Understatement eines politischen Schwergewichts, das auch in seiner neuen Position das Machbare voll ausreizen wollte.

Chefvolkswirt zwischen Marx und Keynes

Kaum jemand hat Matthöfer abgesprochen, auch in schwierigen Zeiten ein erfolgreicher Finanzminister gewesen zu sein. Der SPD-Obmann im Haushaltsausschuss des Bundestages, der Berliner Abgeordnete Lothar Löffler, bezeichnete ihn respektvoll als den »wahrscheinlich besten Finanzminister«, »den die Bundesrepublik je hatte«.[19] Aber auch liberale Journalisten attestierten ihm, »ein gescheiter Ökonom« zu sein und ein »nachdenklicherer Minister« – mit »gründlicheren wirtschafts-, finanz- und gesellschaftspolitischen Kenntnissen«, als sie sein Vorgänger hatte.[20] Selbst die bürgerliche Presse, die Matthöfers strukturpolitischem Programm mit

---

18 ›Der Platow Brief‹ vom 17. Februar 1978. Dass das Lob vom Verfasser des ›Platow-Briefes‹, eines wirtschaftsliberalen Börsen-Informationsdienstes, kam, der ihm zuvor und auch wieder danach wenig gewogen war, machte die Vorschusslorbeeren nur noch größer.
19 Almut Haunschildt, in: DIE WELT vom 28. April 1978.
20 Dieter Piel, Zu links oder zu rechts? DIE ZEIT vom 8. Juni 1978; Vom Staat abhängig, Börsenzeitung vom 3. Oktober 1979.

Für die Arbeit am Wochenende verfügte Matthöfer in seinem Kronberger Haus über eine gut sortierte Bibliothek.

wachsender Reserve begegnete, fand seine Gedanken »bemerkenswert weitgreifend« und respektierte den politischen Willen, den sie »ohne Zweifel« hinter seinen Plänen ausmachte.[21] Sie alle waren beeindruckt von der Aura des Chefvolkswirts der Bundesrepublik Deutschland, die den Finanzminister umgab. Sein betont fachmännisches Auftreten war alles andere als eine lediglich auf Außenwirkung zielende Attitüde. Das Denken in volkswirtschaftlichen Kategorien gehörte vielmehr zu Matthöfers verinnerlichter Weltsicht. Es stand regelmäßig am Ausgangspunkt seiner politischen Phantasie, die freilich nicht im bloß ökonomischen Kalkül verharrte. Dass wirtschaftswissenschaftliches Denken allein nicht ausreichte, war zum Beispiel am ungelösten Problem der Beschäftigungskrise zu sehen. Weltweit mussten die Anhänger der führenden konjunkturpolitischen Lehre ihre Unfähigkeit eingestehen, mit den wirtschaftlichen Problemen der siebziger Jahre fertig zu werden. Der Keynesianismus, eine aus der krisenhaften Erfahrung der Zwischenkriegszeit geborene Konjunkturtheorie, hatte seine Feuertaufe in der Weltwirtschaftskrise der frühen dreißiger Jahre bestanden und sich nach 1945 in den meisten Industrieländern als herrschende Lehre etabliert. Sie vermittelte bis in die siebziger Jahre die Illusion, durch gezielte staatliche Beeinflussung des Wirtschaftskreislaufes Konjunkturschwankungen glätten und krisenhafte Unterbrechungen des Wirtschaftswachstums schon im Ansatz verhindern zu können. Dazu

21 FAZ vom 10. August 1978.

sollte der Staat zunächst die im konjunkturellen Abschwung nachlassende Investitionsneigung der Unternehmen mit Mitteln der Geld- und Fiskalpolitik zu neuer Stärke anreizen. So ließen sich, wie Keynes es umschrieb, die Pferde zwar zur Tränke führen – saufen mussten sie jedoch immer noch selber.[22] Für den Fall, dass weder die Politik des leichten Geldes noch Steuersenkungen etwas fruchteten, sollte der Staat deshalb selbst die Funktion der Investoren wahrnehmen und zusätzliche Mittel in den Wirtschaftskreislauf pumpen. In Deutschland gab es unter den Rekonstruktionsbedingungen der Nachkriegszeit zunächst wenig Anlass, die gesamtwirtschaftliche Nachfrage durch Globalsteuerung zu stabilisieren. Erst als sich Mitte der sechziger Jahren der Rekonstruktionseffekt erschöpfte und das ›Wirtschaftswunder‹ verblasste, hielt die ›keynesianische Revolution‹ auch in Westdeutschland Einzug, wo sie unter der Ägide von Karl Schiller besonders ehrgeizige Ziele verfolgte.[23] In der deutschen Spielart der Globalsteuerung verbanden sich antizyklische Fiskalpolitik und konzertiertes Handeln der Akteure zu einer perfekt ausgearbeiteten Regieanweisung für Staat, Gebietskörperschaften und Verbände, die – ganz im Sinne ihres Erfinders – ein Höchstmaß an gesamtwirtschaftlicher Planung und Kooperation mit der Stärkung marktwirtschaftlicher Prinzipien in Übereinstimmung brachte. Schiller ging aber noch einen Schritt weiter als Keynes. Während dieser staatliche Kompensation als *ultima ratio* ansah, um die Wirtschaft aus der ›Liquiditätsfalle‹ herauszuführen, wenn sie die hartnäckige Abstinenz der Investoren dorthin gebracht haben sollte, ging es seinem deutschen Epigonen Schiller um eine nachhaltige Verstetigung des Zyklus selbst.

Auch Matthöfer erlag – wie sein Vorbild Otto Brenner – für einige Jahre der Faszination dieses Konzepts der Erneuerung der korporativen Marktwirtschaft, das gerade auch den Arbeitnehmern mehr Partizipation und Mitgestaltungsmöglichkeiten versprach. Mehr noch mag ihn aber die keynesianische Perspektive einer langfristigen Sozialisierung der Investitionen unter demokratischen Rahmenbedingungen beeindruckt haben. John Maynard Keynes hielt seine Theorie zwar einerseits für »in ihren Folgerungen gemäßigt konservativ«, um andererseits aber doch »eine ziemlich umfassende Verstaatlichung der Investition […] als das einzige Mittel zur Erreichung einer Annäherung an Vollbeschäftigung« für nötig zu halten. Ihren Vorteil sah er nicht zuletzt darin, dass sie »allmählich eingeführt werden (könne) und ohne einen Bruch in den allgemeinen Überlieferungen der Gesellschaft«.[24] Matthöfer, der im Gegensatz zu den meisten deutschen Ökonomen auch die sozialphilosophischen Schlussfolgerungen des britischen Konjunkturtheoretikers gelesen hatte, hielt deshalb an dessen Grundannahmen auch dann noch fest, als sich nach der Ölpreiskrise von 1973/74 zeigte, dass antizyklische Finanzpolitik *allein* der ›Kleinen Weltwirtschaftskrise‹ nicht gewachsen war. Er war

---

22 Im Original: »We cannot […] make the horses drink. […] But we can provide them with water.« John M. Keynes, The Means to Prosperity, London 1933, S. 25.

23 Siehe dazu Abelshauser, Deutsche Wirtschaftsgeschichte, S. 409–420.

24 John M. Keynes, Allgemeine Theorie der Beschäftigung, des Zinses und des Geldes, unveränderter Nachdruck der Erstausgabe von 1936, Berlin 1955, S. 318 f.

Wirtschaftspolitiker sind gewöhnlich die Sklaven verblichener Ökonomen.
Bei Matthöfer übernahmen Karl Marx und John Maynard Keynes diese Rolle.

allerdings in seiner Hinwendung zum Keynesianismus nie so weit gegangen, von ihm die Überwindung des zyklischen Charakters der marktwirtschaftlichen Entwicklung zu erwarten. Vor der Illusion, mit Hilfe der Globalsteuerung könne man den Konjunkturzyklus auflösen, hatte ihn in erster Linie seine Kenntnis der Marxschen Krisentheorie bewahrt. Seine Diplomarbeit über die »großen Krisen in den USA« erwies sich, so unzulänglich sie nach dem Urteil seines akademischen Lehrers Ernst Fraenkel auch gewesen sein mochte, in dieser Hinsicht durchaus als ein solider Einstieg in die Auseinandersetzung mit dem marxistischen Ansatz. Sie schärfte seinen Blick für ganz grundsätzliche Zusammenhänge der Konjunktur und half auch im kritischen Umgang mit konkurrierenden Ansätzen, denen sich der Gewerkschafter Matthöfer keineswegs verschloss. Seine frühe Hochschätzung der Marxschen Position hat er dabei nie aufgegeben:[25] »Die marxsche Krisentheorie ist halt doch die beste, und das Verständnis etwa der ›Distribution auf antagonistischer Basis‹ oder des ›Sturmvogel‹-Theorems geben einem Analyseinstrumente für konjunkturelle Situationen, die eigentlich unverzichtbar sind, aber leider von wenigen – von Sozialdemokraten und Gewerkschaftern schon garnicht – beherrscht werden.« Marx hatte im zweiten Band des ›Kapital‹ nachgewiesen, dass die zyklische Entwicklung der Wirtschaft aus dem Antagonismus von Arbeit und Kapital zwangsläufig folgt, weil der Markt die Koordination von dezentraler Pla-

25 Matthöfer am 10. November 1984 an den Gewerkschaftshistoriker Gerhard Beier; AdsD, DM 0404.

nung und kaufkräftiger Nachfrage übernehmen muss. Die Anpassung an die Nachfrage führt dabei zwingend zu Korrekturen der privaten Investitionspläne und schafft neue, realistischere Grundlagen für die Investitionsentscheidung.[26] Marx verkennt nicht die Tatsache, dass sich im Laufe des Zyklus die Stärke der industriellen »Reservearmee« reduziert, die Einkommen der Arbeiter steigen und ihre Kaufkraft ebenfalls zunimmt. Die Arbeitseinkommen entsprechen aber nicht der gesamtwirtschaftlichen Nachfrage und treten für die Kapitalisten als Kosten und damit auf dem Höhepunkt des Aufschwungs als sinkende Gewinne in Erscheinung:[27] »Die Akkumulation erschlafft infolge des steigenden Arbeitspreises, weil der Stachel des Gewinns abstumpft.« Unter den Bedingungen der Distribution auf antagonistischer Basis lassen sich deshalb die Zunahme der Beschäftigung und die Steigerung der Massenkaufkraft nicht stabilisieren:[28] »Es scheint also, daß die kapitalistische Produktion vom guten oder bösen Willen unabhängige Bedingungen einschließt, die jene relative Prosperität der Arbeiterklasse nur momentan zulassen, und zwar immer nur als Sturmvogel einer Krise.« Für Marx hat die Verteilungswirkung höherer Reallöhne und niedrigerer Arbeitslosigkeit »nur« zur Folge, »daß der Umfang und die Wucht der goldenen Kette, die der Lohnarbeiter sich selbst geschmiedet hat, ihre losere Spannung erlauben«;[29] den Zyklus können sie aber gerade nicht aufheben, weil sie zu seinen konstituierenden Elementen gehören. Damit befindet sich die Marxsche Zyklentheorie mit der heute herrschenden Lehre in größerer Übereinstimmung als der Keynesianismus. Matthöfer scheute sich nicht, mit Marx auch gegen einseitige Forderungen der Gewerkschaften nach Steigerung der Massenkaufkraft zu argumentieren. Es könne – so seine Schlussfolgerung aus dem Sturmvogeltheorem – nicht ohne Folgen für die Investitionsentscheidungen der Unternehmer bleiben, wenn ihre Gewinnspannen schrumpfen. Daraus folge aber auch, dass »die Zerstörung oder Verminderung der Investitionsmotivation der Unternehmer durch das Zusammendrücken der Gewinnspannen mit Hilfe hoher Lohn- und Gehaltssteigerungen ... allein noch kein Beitrag zur Erreichung oder Sicherung der Vollbeschäftigung [ist]«.[30] Vielmehr müssten »Investitionsquoten in bestimmter Höhe« ebenfalls berücksichtigt werden, und beide Voraussetzungen zur Sicherung der Vollbeschäftigung dürften »nicht außerhalb des Zusammenhangs von Leistungsbilanzüberschüssen oder -defiziten [und der] Kreditschöpfung – sowohl für investive wie für konsumtive Zwecke – gesehen werden.«

26 Karl Marx, Das Kapital, Band 2, MEW 24, 20. Kapitel, IV.
27 Karl Marx, Das Kapital, Band 1, MEW 23, 23. Kapitel, VII, S. 651.
28 Ebenda, Band 2, S. 409 f.
29 Ebenda, Band 1, S. 650.
30 Beschäftigungssichernde Finanzpolitik. Rede in der Arbeitsgruppe I der DGB-Konferenz »Beschäftigungspolitik in den 1980er Jahren« in Düsseldorf am 21./22. Oktober 1980; ›Diensttagebuch‹, 21.–22.10.1980, AdsD, DM 0404. Der DGB, gegen dessen Vorstandsmitglied Alois Pfeiffer Matthöfer argumentiert hatte, distanzierte sich in seinem Funktionärsorgan »Die Quelle« (11/1981, S. 585) umgehend von der Position des sozialdemokratischen Finanzministers: »Natürlich hat der DGB zu einigen Ausführungen Matthöfers eine andere Auffassung.«

Um die keynesianische Illusion ärmer, fiel es Matthöfer umso leichter, die Ursachen der sich seit den siebziger Jahren aufbauenden Massenarbeitslosigkeit zu verstehen. Dass es sich dabei viel mehr um ›strukturelle‹ Gründe als um Folgewirkungen konjunktureller Schwankungen handelte, vermuteten zwar auch viele seiner Zeitgenossen. Die wenigsten waren jedoch in der Lage, der Struktur-Metapher auch Substanz zu verleihen. Die Antwort darauf, worin das ›strukturelle‹ Problem der deutschen Wirtschaft lag, fiel je nach dem ideologischen Standort der Beteiligten ganz unterschiedlich aus. Die Liberalen in Koalition und Opposition waren davon überzeugt, dass zunehmende staatliche Interventionen in die Wirtschaft und steigende Belastungen durch sozialpolitische Leistungsgesetze die ›unsichtbare Hand‹ des Marktes daran hindern würden, mit der neuen Herausforderung fertig zu werden. Eine wachsende Zahl von Sozialdemokraten und Gewerkschaftern – unter ihnen auch immer mehr Anhänger der neuen ökologischen Bewegung – setzte dagegen umgekehrt auf die Stärkung der ›sichtbaren Hand‹ staatlicher Wirtschaftslenkung. Die SPD hatte dazu 1972 nach zweijähriger innerparteilicher Debatte einen Orientierungsrahmen entworfen, der für nahezu alle Bereiche von Wirtschaft und Gesellschaft konkret planbare Reformschritte bis 1985 vorsah.[31] Das Programm trug einem weit verbreiteten Bedürfnis nach Orientierung Rechnung, besann sich auf vorhandene Lenkungsmöglichkeiten des Staates und der Gebietskörperschaften[32] und wollte diese vorausschauend, transparent und aufeinander abgestimmt für Reformen in Wirtschaft und Gesellschaft nutzen. Dahinter stand ein technokratisches Verständnis der Machbarkeit des Fortschritts, das in einer offensiven gesellschaftspolitischen Strategie permanenter »innerer Reformen« kulminierte.

Helmut Schmidt, der diesen Kurs politisch durchsetzte und wie kein anderer verkörperte, hatte freilich Mühe, die Geister, die er rief, als Regierungschef zu bändigen. Zwar vertraute auch das sozial-liberale Kabinett Schmidt zunächst noch auf die Wirkung der keynesianischen Globalsteuerung, weil es »eine Brüningsche Deflationspolitik nicht wollen darf und kann«.[33] Es musste jedoch entschieden der Versuchung widerstehen, beschäftigungspolitisch notwendig erscheinende Mehrausgaben mit den Wunschlisten des Orientierungsrahmens '85 zu verbinden, soweit diese zu dauerhaften, leistungsgesetzlichen Verpflichtungen führten. Schließlich lag es in der Logik antizyklischer Ausgabenpolitik, den Leistungssockel der öffentlichen Haushalte nicht immer weiter steigen zu lassen, um auch für die Zu-

---

31 SPD, Langzeitprogramm 1. Entwurf eines ökonomisch-politischen Orientierungsrahmens für die Jahre 1973–1985. Vorschläge zur Reform der Bodenordnung. Entwurf der gesundheitspolitischen Leitsätze. Leitsätze zur Vermögensbildung. Texte, Bonn-Bad Godesberg 1972 sowie Langzeitprogramm 2. Kritik zum »Entwurf eines ökonomisch-politischen Orientierungsrahmens für die Jahre 1973–1985, hrsg. v. Horst Heidermann, Bonn-Bad Godesberg 1972.

32 Siehe dazu das einflußreiche Plädoyer des ehemaligen Bundesfinanzministers Alex Möller im Parteiorgan der SPD: Der Staatseinfluß ist größer als man denkt, in: ›Vorwärts‹ vom 18. Juli 1974, S. 13–16.

33 Ausführungen des Bundeskanzlers Helmut Schmidt vor der [SPD-] Fraktion am 23. September 1975, AdsD, DM 113.

kunft noch konjunkturpolitischen Spielraum zu bewahren. Ebenso sehr musste dem Bundeskanzler daran gelegen sein, die ›Bündnisfähigkeit‹ seiner Partei zu erhalten, die vom linken Rand her mit planwirtschaftlichen Interpretationen des Orientierungsrahmens '85 immer wieder infrage gestellt wurde. Dort – und in den Quartieren der außerparlamentarischen Opposition – wähnte man die Bundesrepublik im Stadium des »staatsmonopolistischen Kapitalismus« (Stamokap) und wollte dem Staat die gesamtwirtschaftliche Lenkung der Investitionen übertragen. Im Einzelnen hielt es die ›Stamokap-Fraktion‹ der deutschen Politik angesichts des sozioökonomischen Entwicklungsstands für angemessen, dem Staat die Entscheidung über Ausmaß, Art und Ort der Investitionen zu überlassen, einen ›volkswirtschaftlichen Rahmenplan‹ aufzustellen und Infrastrukturkonzepte und -pläne zwischen Bund und Ländern abzustimmen. Mit diesen eher konventionellen sozialistischen Zielsetzungen verbanden sich neue und weitgehende umweltpolitische Ambitionen, die den Bundeskanzler zu der Warnung veranlasste, »dass man dann Arbeitsplätze vernichtet«, »wenn man es ins aschgraue treibt mit der Umweltschutzpolitik.[34] Schmidt war sich der Grenzen der nationalen Lenkungsfähigkeit einer Volkswirtschaft bewusst, die mit einem Viertel ihres Sozialprodukts vom Ausland abhängig und für beinahe die Hälfte ihrer Industrieproduktion auf ausländische Märkte angewiesen war. »Sozialismus in einem Lande« konnte sich der westdeutsche Handelsstaat ebenso wenig erlauben, wie die prekäre Vertrauensgrundlage der Regierungskoalition einen »gegenseitigen Schaukelprozess« ideologischer Unzumutbarkeiten. Anstatt die Zentralen der großen Unternehmen durch Investitionslenkung zu entmachten, zog es der Regierungschef vor, »daß das Unternehmen in seinen Organen die Entscheidungen in paritätisch mitbestimmter Weise trifft«. Die Vorzüge dieser Strategie lagen auf der Hand. Die Erweiterung der Mitbestimmung war mit den langfristigen Entwicklungslinien und Strukturen der korporativen Marktwirtschaft kompatibel, belastete nicht den Staatshaushalt, kam den Zielen der Gewerkschaften entgegen und bewegte sich gerade noch auf der Grenze der Gemeinsamkeiten, die innerhalb der Regierungskoalition denkbar erschienen.

Matthöfer war staatlicher Investitionslenkung nicht grundsätzlich abgeneigt – im Gegenteil. Mit offensichtlicher Lust an der Provokation machte er selbst der bürgerlichen Presse gegenüber keinen Hehl daraus:[35] »Ich will Investitionslenkung betreiben. Diesen Vorwurf nehme ich gern auf mich.« Nicht ›Oberbuchhalter der Nation‹ wollte er sein, sondern bessere und zukunftssichere ›Strukturen‹ schaffen. Für ihn war das Problem der Investitionslenkung jedoch keine Prinzipenfrage:[36] »Wer Investitionslenkung betreiben will, aber nicht weiß, was die Zukunft z. B. an Strukturänderungen bringt, der kommt mir vor wie einer, der die Windschutzscheibe dick schwarz – oder rot – angestrichen hat, nichts sehen kann, aber trotzdem unentwegt nach Servolenkung ruft.« Wichtiger als neue Institutionen, wie die

34 Ebenda.
35 FAZ vom 10. August 1978.
36 Matthöfer am 19. Juni 1984 an den Gewerkschaftshistoriker Gerhard Beier; AdsD, DM 0404.

Helmut Schmidt und Hans Matthöfer vor dem Porträt Kurt Schumachers.

von der Linken geforderten und auf dem Hamburger Parteitag der SPD gerade beschlossenen ›Strukturräte‹ zur Investitionslenkung der öffentlichen Hand oder der sozialen Gruppen war für ihn der Aufbau »einer vernünftigen Systemanalyse- und Prognosekapazität«. Seit den Tagen der Großen Koalition betrieb er deshalb als Abgeordneter – zusammen mit seinem Nachfolger als Automationsreferent der IG Metall, Dr. Günter Friedrichs – im Deutschen Bundestag die Einrichtung einer Kommission für wirtschaftlichen und sozialen Wandel, die sich mit der Prognose und Analyse der vom technischen Fortschritt hervorgerufenen zukünftigen Veränderungen befassen sollte. In guter marxistischer Tradition sah er die zentrale Herausforderung der Wirtschafts- und Finanzpolitik in der Frage, wie die Entwicklung der Produktivkräfte die Produktionsverhältnisse determiniert. Im ersten Anlauf scheiterte die Initiative gegen Ende der Legislaturperiode mit einer Stimme im Bundestagsausschuß für Bildung und Wissenschaft. Erst im zweiten Anlauf gelang es ihm zusammen mit Walter Arendt und Helmut Rohde, die sozial-liberale Bundesregierung vom Sinn dieser Kommission zu überzeugen. Als ihre Ergebnisse 1977 schließlich vorlagen,[37] hielten sich deren politische Umsetzungspotentiale jedoch in engen Grenzen, zumal im Kabinett außer dem Forschungsminister nie-

37 Kommission für wirtschaftlichen und sozialen Wandel, Gutachten ›Wirtschaftlicher und sozialer Wandel in der Bundesrepublik‹, Bonn 1977.

mand Interesse daran zeigte. Dabei hatte dieser am allerwenigsten wissenschaftliche Nachhilfe nötig, um zu wissen, was ›strukturpolitisch‹ angesagt war. In Bonn gab es deshalb schon wenige Monate nach Beginn seiner Amtszeit als Finanzminister keinen Zweifel daran, dass sich Matthöfer zutraute, »die ›notwendigen Strukturen‹ zu kennen, die die Bundesrepublik brauche, um international wettbewerbsfähig zu sein«.[38] In seiner Position als Forschungsminister hatte er schließlich – so nah wie kaum ein anderer – an der Quelle gesessen, an der sich die wahre Natur des deutschen Wirtschaftsproblems studieren ließ.

Je klarer sich abzeichnete, dass die Bedingungen für die außerordentlich hohen Wachstumsraten der Wirtschaftswunderzeit der Vergangenheit angehörten, desto weniger hatte es noch Sinn, das keynesianische Instrumentarium der antizyklischen Finanzpolitik zur Bekämpfung der Arbeitslosigkeit einzusetzen. So richtig es im Prinzip war, dass die öffentliche Hand durch expansive Gestaltung ihrer Ausgaben Nachfrage schaffte, so »falsch und gefährlich« erschien Matthöfer jetzt die Vorstellung, »jede Art von deficit spending oder der öffentlich finanzierten Arbeitsbeschaffung sei in wirtschaftlichen Schwächeperioden geeignet, die Rückkehr zu Wachstum und Vollbeschäftigung zu fördern«.[39] Damit meinte er, dass es ein Gebot der politischen Klugheit sei, die Nettokreditaufnahme des Staates als einen vorübergehenden, umkehrbaren Prozess zu gestalten – wofür zum einen die Logik der keynesianischen Finanzpolitik selber sprach, die kreditfinanzierte öffentliche Nachfrage zurückzufahren, sobald die wirtschaftliche Belebung dies erlaubte; und wofür zum anderen die Einsicht sprach, dass ein verstetigtes *deficit spending* zwangsläufig zu einer Kumulation der Verschuldung führen musste, deren notwendige Konsolidierung zu einer immer schwereren Belastung jeder Aufschwungerwartung zu werden drohte. Noch viel wichtiger erschien ihm aber, dass die öffentlichen Finanzspritzen ihr Ziel verfehlen mussten, wenn sie allein das Wachstum ins Visier nahmen, ohne gleichzeitig auch die Qualität der wirtschaftlichen Entwicklung positiv zu beeinflussen. Genau hier lag aber das Problem der deutschen Wirtschaft, das am Ende des Wirtschaftswunders sichtbar wurde und das vor dem Hintergrund der weltwirtschaftlichen Entwicklung immer deutlicher hervortrat. Die besonderen Wachstumsbedingungen der Rekonstruktion hatten die materielle Produktionsweise gestärkt und so die Branchenstruktur der westdeutschen Wirtschaft in anachronistischer Weise konserviert. Die neuen Industrien mit den Märkten für immaterielle Waren und Dienstleistungen, auf denen die komparativen Wettbewerbsvorteile der deutschen Wirtschaft beruhten, blieben dadurch hinter ihren Entwicklungsmöglichkeiten zurück. Insbesondere hatte sich unter den Bedingungen des Wiederaufbaus nach dem Zweiten Weltkrieg auch in Deutschland ein großer Sektor standardisierter Massenproduktion herausgebildet und weite Teile des Arbeitsmarktes seinen Bedürfnissen angepasst. Als nun vor dem Hintergrund der

---

38 FAZ vom 10. August 1978.
39 Hans Matthöfer, Möglichkeiten und Grenzen der Finanz- und Währungspolitik in der gegenwärtigen weltwirtschaftlichen Lage, in: Alfred Nau, Hg., Wirtschaft International. Hamburger Wirtschaftstage der FESt [27.–28.04.1978], Bonn 1978, S. 23.

›Kleinen Weltwirtschaftskrise‹ der siebziger Jahre die Gesetze der ›Globalisierung‹ wieder die Handlungsbedingungen der wirtschaftlichen Akteure bestimmten und die fordistische Produktionsweise weltweit zusammenbrach, geriet die westdeutsche Wirtschaft unter einen Anpassungsdruck, wie sie ihm bis dahin noch nicht ausgesetzt gewesen war. Die Konsequenzen waren Matthöfer schon als Forschungsminister nicht verborgen geblieben. Die deutsche Wirtschaft musste sich wieder stärker auf ihre Fähigkeit zur nachindustriellen Maßschneiderei konzentrieren, d. h. weg von der Massenproduktion und hin zu qualitativ hochwertigen, innovativen und auf spezifische Kundenwünsche abgestellten Gütern und Dienstleistungen gehen, für die sie im weltweiten Wettbewerb schon seit einem Jahrhundert komparative institutionelle Vorteile mitbrachte. Vor diesem Hintergrund sah der Finanzminister jetzt die Chance, die Strategie der Förderung der Verwissenschaftlichung des deutschen Produktionsprozesses, die er schon als Forschungsminister punktuell verfolgt hatte, fortzusetzen und systematisch auszubauen.

In der Anpassungskrise

Es war keineswegs selbstverständlich, dass Matthöfer zu den ersten gehörte, die die neuen Zeichen der Zeit erkannten. Bis Anfang der siebziger Jahre hatte er sein wirtschaftliches Weltbild vor allem an den Vereinigten Staaten orientiert und den Fordismus, wenn schon nicht als die Zweite Industrielle Revolution, so doch als die Produktionsweise der Zukunft betrachtet. Die eigene Anschauung während seiner Aufenthalte in den USA, der sichtbare Erfolg der amerikanischen Metall-Gewerkschaften, aber auch die theoretischen Analysen seines Vorbildes Fritz Sternberg hatten ihn darin bestärkt. Erst die Praxis des Forschungsministers lehrte ihn, wo die eigentlichen Stärken der deutschen Wirtschaft lagen, die wiederzubeleben er sich dann auch alle Mühe gab. Die Anpassungskrise, die die deutsche Wirtschaft am Ende des ›Wirtschaftswunders‹ bei ihrer Rückkehr auf ihren nachindustriellen Entwicklungspfad durchlebte, deutete sich bereits 1972/73 an. Schon zwei Jahre vor der ersten Ölpreiskrise stagnierten die Investitionen im Unternehmensbereich, um dann einen in dieser Größenordnung bis dahin nicht gekannten Einbruch zu erleben. Erst 1977 sollte sich das private Investitionsniveau wieder auf den Durchschnitt der Jahre 1971 bis 1973 heben. Die Folge dieses Schrumpfungsprozesses war eine Halbierung der Wachstumsrate des Produktionspotentials von 5 Prozent (1971) auf 2 Prozent (1977).[40] Der dramatische Anstieg der Kartellpreise der OPEC, der auf den Jom-Kippur-Krieg im Herbst 1973 folgte, war nicht die Ursache dieser Anpassungskrise, beschleunigte sie aber und trennte rasch die Spreu vom Weizen. Alte Industrien, wie die Textilindustrie, mussten vom deutschen Wirtschaftsstandort weichen oder wurden – wie die Stahlindustrie – in ihrer Existenz

---

40 DIW, Eine mittelfristige Strategie zur Wiedergewinnung der Vollbeschäftigung, Wochenbericht des DIW 15/78 vom 13. April 1978, S. 149 f.

bedroht. Aber auch neue Industrien, deren Unternehmer die neue Entwicklung verkannten und weiter auf standardisierte Produkte setzten, wie die optische Industrie oder die Werften, gerieten in den Strudel der ›Kleinen Weltwirtschaftskrise‹. Sich in dieser Lage allein auf die Selbstheilungskräfte des Marktes zu verlassen, erschien dem organisationsbegeisterten Pragmatiker an der Spitze des Finanzministeriums keine vernünftige Option. Noch viel weniger gefiel ihm die Vorstellung, blind der herrschenden wirtschaftlichen Doktrin zu folgen und im antizyklischen Takt der Konjunktur auf öffentlichen Expansionskurs zu gehen. Mit dem Sinn für das politisch Machbare versuchte Matthöfer vielmehr, das in nahezu allen politischen Lagern als legitim anerkannte keynesianische Regelwerk dafür zu nutzen, Strukturpolitik zu treiben. Die Devise »Wir werden niemals langfristige strukturelle Arbeitslosigkeit in unserem Lande akzeptieren« verlangte geradezu nach einer Erweiterung des keynesianischen Instrumentariums. Wollte man sie umsetzen, das war ihm schon als Forschungsminister klar, »braucht man neben einer vernünftigen Konjunkturpolitik auch eine vorausschauende Strukturpolitik zur Sicherung der Leistungs- und Wettbewerbsfähigkeit unserer Wirtschaft, d. h. zur langfristigen Sicherung der Arbeitsplätze«.[41] Dazu berief er sich gern und mit Nachdruck auf das Gesetz zur Förderung der Stabilität und des Wachstums der Wirtschaft vom 8. Juni 1967 und den am 12. Mai 1969 geänderten Artikel 115 des Grundgesetzes, beide von der Großen Koalition im Hochgefühl keynesianischer Steuerungsgewissheit geschaffen, um eine höhere Nettokreditaufnahme zu rechtfertigen, als sie bis dahin von der Verfassung erlaubt war.[42] Das Stabilitätsgesetz definiert wirtschaftliches Gleichgewicht als den Zustand gleichzeitiger Geltung von Vollbeschäftigung, Geldwertstabilität und ausgeglichener Leistungsbilanz bei stetigem und angemessenem Wirtschaftswachstum. Der ebenfalls neue Grundgesetz-Artikel 109 Abs. 2 verpflichtet Bund und Länder ausdrücklich, ihre Haushaltswirtschaft nach den Erfordernissen des gesamtwirtschaftlichen Gleichgewichts zu gestalten.[43] »Zur Abwehr einer Störung des gesamtwirtschaftlichen Gleichgewichts« – und nur dazu – eröffnet deshalb der neue Artikel 115 Abs. 1 Satz 2 der Regierung die Möglichkeit, die Nettokreditaufnahme über die ansonsten vorgeschriebene Grenze der im Haushaltsplan veranschlagten Investitionen hinaus expansiv zu gestalten. Diese gesetzliche Grundlagen ließen sich von Matthöfer leicht als Generalermächtigung für jedwedes wirtschaftspolitisches Handeln interpretieren:[44] »Sicherlich kann bei mehr als 1 Mill. Arbeitslosen nicht von Vollbeschäftigung gesprochen werden, sodass für die Bundesregierung der vorrangige gesetzliche Auftrag besteht, alles Vertretbare zu tun, um unter Beachtung der anderen Ziele auch das Ziel der Vollbeschäftigung zu erreichen.« Gerade weil der

41 Humanisierung der Arbeitswelt. Referat auf der Konferenz des DGB-Landesbezirks Nordrhein-Westfalen am 23. September 1976 in Gelsenkirchen, in: Reformpolitik im Interesse der Arbeitnehmer, hrsg. vom DGB-Landesbezirk NRW, Düsseldorf 1976, S. 12.
42 Stabilitätsgesetz: BGBl. I S. 582; Artikel 115 GG: BGBl. I S. 357.
43 BGBl. I S. 581 (8.6.1967).
44 Interview mit Hans-Henning Zencke, Rheinische Post vom 17. Februar 1978.

gelernte Volkswirt wusste, dass sich unter den gegebenen Umständen mit konjunkturpolitischen Mitteln die Vollbeschäftigung kaum wiederherstellen ließ, zögerte er nicht, das vorhandene Instrumentarium ›umzufunktionieren‹, um mit seiner Hilfe nicht mehr und nicht weniger als »eine neue Industriestruktur« zu schaffen.[45] Dazu wollte er »Wirtschaftszweig für Wirtschaftszweig« genau unter die Lupe nehmen, um zu sehen, wo dort die Probleme im Einzelnen lagen. Waren sie identifiziert, galt es dann, »Punkt für Punkt Entwicklungswiderstände und Barrieren mit öffentlichen und privaten Investitionen zu beseitigen«. 30 bis 40 Milliarden Mark sollte der Bund, so sein Konzept, in den kommenden drei Jahren in neue Technologien der Energie- und Rohstoffwirtschaft stecken, vor allem in eine innovative und Arbeitsplätze schaffende Umweltschutztechnik. Mit dem Programm wollte er private Investitionen in etwa der gleichen Höhe auch in den Unternehmen auslösen. Die Vorstellung, mit seinem Milliardenprogramm zunächst und in erster Linie die Verwertungsbedingungen des Kapitals zu verbessern, bereitete ihm keine Schwierigkeiten. Von Marx wusste er, dass Kapital und Lohnarbeit zwei Seiten eines und desselben Verhältnisses sind:[46] »Solange der Lohnarbeiter Lohnarbeiter ist, hängt sein Loos vom Kapital ab. [...] Und unterstellen wir den günstigsten Fall: Wenn das produktive Kapital wächst, wächst die Nachfrage nach Arbeit.« Gerade auch für den Marxisten Matthöfer war daher die Einsicht selbstverständlich, dass eine spürbare Zunahme der Beschäftigung und des Arbeitslohns ein rasches Wachstum des produktiven Kapitals voraussetzte.

Die Grenze zwischen seiner Art der vorausschauenden staatlichen Strukturpolitik und der produktiven Ordnungspolitik, wie sie in Deutschland traditionell vom Staat erwartet wurde, war dabei fließend. Konzentrierte sich letztere auf die Bereitstellung von Potentialfaktoren, d. h. von Infrastruktur, die materielle und immaterielle Voraussetzungen für potentielles nachindustrielles Wirtschaftswachstum schuf, so wollte Matthöfer noch einen Schritt weiter gehen. Er offerierte finanzielle Anreize für den direkten Strukturwandel in den mutmaßlichen Zukunftsbranchen, war aber auch bereit, wenn die Pferde *partout* nicht saufen wollten, eigene staatliche Initiative zu entfalten. Schon jetzt war der Einfluss der öffentlichen Hände auf den Wirtschaftskreislauf größer, als viele meinten. Allein die staatlichen Investitionen machten 1978 rund 16 Prozent der gesamten Anlageinvestitionen aus, in der Bauindustrie sogar ein Viertel. Bezieht man die Ausgaben der Sozialversicherung in die Rechnung ein, flossen mehr als 47 Prozent des Bruttosozialproduktes durch die öffentlichen Kassen. Jeder siebte Beschäftigte war im öffentlichen Dienst tätig. Der 6. Subventionsbericht des Bundes zählte insgesamt 121 Finanzhilfen, 13 Finanzhilfen zur Arbeitsbeschaffung und 122 Steuervergünstigungen auf.[47] Für das Jahr 1978 wurden 12,6 Mrd. DM als Finanzhilfen des

---

45 ›Diensttagebuch‹, 21.4.1978, AdsD, DM 0404.
46 [Karl Marx], Lohnarbeit und Kapital, in: Neue Rheinische Zeitung, Nr. 266 und 267 vom 7. und 8. April 1849, S. 1498, 1503.
47 Bundesministerium der Finanzen (Hg.), Subventionsbericht. Bericht der Bundesregierung über die Entwicklung der Finanzhilfen des Bundes und der Steuervergünstigungen für die Jahre 1975–1978,

Bundes ausgewiesen. Steuervergünstigungen in Höhe von 23,9 Mrd. DM kamen noch hinzu, von denen 11,4 Mrd. DM zu Lasten des Bundes gingen. *Last but not least* war der Bund auch mit 7,9 Milliarden Mark an insgesamt 915 Unternehmen beteiligt. Wenn der Finanzminister jetzt mit diesen Pfunden wuchern wollte, indem er sie wirtschaftlich bewusster einsetzte, entwickelte er in gewisser Weise die keynesianische Idee weiter, der es ursprünglich ausschließlich auf die expansive Kreislaufwirkung staatlicher Zusatzhaushalte ankam. Keynes hatte den Anwendungsbereich seiner Methode der Krisenbekämpfung in polemischer Zuspitzung – aber durchaus mit realen Hintergedanken – auf bizarre Szenarien bezogen: »Das Bauen von Pyramiden, Erdbeben, selbst Kriege mögen dazu dienen, den Reichtum zu vermehren …«. Er hatte aber auch hinzugefügt: »… wenn die Erziehung unserer Staatsmänner in den Grundsätzen der klassischen Wirtschaftslehre etwas Besserem im Wege steht.«[48] Matthöfer, der Volkswirt, handelte also in der spezifischen Situation der siebziger Jahre durchaus ›keynesianisch‹, wenn ihm Besseres und Wirksameres einfiel, um die Massenarbeitslosigkeit zu bekämpfen, als das vergleichsweise grobschlächtige, weil ungerichtete Mittel der globalen Kreislaufsteuerung.

Auch wenn der öffentlichen Finanzpolitik von vielen Seiten quantitativ und qualitativ enge Grenzen gesetzt waren, wollte er nicht akzeptieren, dass eine Regierung passiv abzuwarten hätte, bis der Markt ›früher oder später‹ auf neue Herausforderungen reagieren würde. Angesichts wachsender Produktivität, ungenutzter privater Kaufkraft und brachliegendem Investitionskapital und vor dem Hintergrund neuer, ungenutzter Möglichkeiten des technischen Fortschritts erschien es ihm unverantwortlich, tatenlos mit anzusehen, wie eine Million Menschen erfolglos eine Beschäftigung suchte und ein aufwändiges Bildungssystem Jugendliche auf die Straße entließ, sodass ihre Fähigkeiten ungenutzt blieben. Darum plädierte er dafür, »ausgehend von einer ohnehin expansiven Gestaltung der öffentlichen Haushalte die Gewichte noch stärker auf produktive Investitionen in der öffentlichen Infrastruktur zu legen, die Ausgaben für Forschung und Entwicklung weiter zu erhöhen, die Rahmenbedingungen für Technologie-Transfer und Innovationen in der Wirtschaft zu verbessern, Existenzgründungen und neue technologische Wagnisse zu fördern, die Anreize für zukunftsreiche, arbeitsplatzschaffende Investitionen zu stärken und durch die Vorgabe qualitativer Wachstumsziele, notfalls auch durch öffentliche Zusatzfinanzierung, die Phase des Zukunftspessimismus zu überwinden und die Grundlagen für einen neuen Wirtschaftsaufschwung zu legen«.[49] Folgerichtig hielt er es insbesondere für einen Irrtum zu glauben, die Ursachen der wirtschaftlichen Probleme seien allein oder auch nur überwiegend in überhöhten Tarifen und Lohnnebenkosten zu suchen und mit einer Strategie zu bekämpfen, die die leistungsgerechten Einkommen der Arbeitnehmer schmälern

---

Bonn 1977. BMF, Referat 137, Vorausschauende Strukturpolitik – ein ordnungspolitischer Eingriff in die soziale Marktwirtschaft, Mai 1978, S. 1–5. AdsD, DM 035.

48 Keynes, Theorie, S. 110.
49 Matthöfer, Möglichkeiten, S. 33.

würde: »Deutschland ist kein Niedriglohnland und soll es auch nicht werden. Denn ein hohes Lohnniveau ist nicht ohne weiteres mit einer schlechten Wettbewerbsposition gleichzusetzen. Das beweist die Gesamtentwicklung der deutschen Exporte.« Er räumte ein, dass – jedenfalls unter den gegenwärtigen Währungsrelationen – die Bundesrepublik inzwischen weltweit den höchsten Stand der Löhne und Lohnnebenkosten erreicht hatte und dass dahinter selbst die USA zurückblieben. Die entscheidende Frage war für ihn aber, ob darin für die Bundesrepublik eine Fehlentwicklung zu sehen sei, oder ob nicht vielmehr die beachtliche Höhe der Löhne und Gehälter und das damit verbundene hohe Maß an sozialer Sicherheit gerade die Voraussetzung für den bundesrepublikanischen Erfolg auf vielen Märkten war. Schließlich kam es in der Qualitätsproduktion auf ein hohes Qualifikationsniveau der Arbeitnehmer und auf den pfleglichen Umgang mit ihren menschlichen Vermögen an. Er betrachtete deshalb den privaten Wohlstand und insbesondere auch die relativen Einkommensverbesserungen der Arbeitnehmer und ihrer Familien zunächst einmal als einen Erfolg, gab jedoch zu bedenken, »daß dieses relativ hohe Einkommensniveau nur dann langfristig gesichert werden kann, wenn ihm weiterhin eine entsprechend hohe Produktivität gegenübersteht. Deshalb war es zu Recht immer der Standpunkt der Gewerkschaften, den technischen Fortschritt und die durch ihn ermöglichten Produktivitätssteigerungen, soweit sie nicht zu einer den Menschen überfordernden oder inhumanen Gestaltung der Arbeit führen, zu akzeptieren, ja ihn mitzutragen.« Noch in einem weiteren Punkt unterschied sich seine Position vom Hauptstrom der öffentlichen Meinung. Es gehörte zu seinen Erfahrungen aus der OEEC-Zeit in Washington und als Forschungsminister in Bonn, dass im Wettlauf um globale Marktanteile nicht allein dem technologischen Niveau und den komparativen materiellen Kostenvorteilen, sondern auch institutionellen Faktoren wie der Rolle des Staates entscheidendes Gewicht zukam. Atomenergie, Mikroelektronik, numerische Steuerung, Raketentechnologie – kaum eine der großen Innovationen der vergangenen Jahrzehnte war in den Vereinigten Staaten ohne die Hilfe massiver staatlicher Förderungsprogramme zustande gekommen. Er hielt es daher für gefährlich, in Sachen Subventionen ideologisch-puristische Maßstäbe anzulegen:[50] »Unsere elektronische Industrie steht im Wettbewerb mit den Japanern, mit den Amerikanern, und wenn wir nicht die gleichen Bedingungen geben, wie diese beiden sie bekommen, wird sie vom Markt gefegt werden. Dann kriegen wir die arbeitsplatzvernichtenden Wirkungen des technischen Fortschritts in der Bundesrepublik und die arbeitsplatzschaffenden Wirkungen spielen sich in Amerika oder Japan ab.« Aus seiner Praxis als Forschungsminister war er auch nicht um Beispiele verlegen: »Warum hat die amerikanische Flugzeugindustrie diese Monopolstellung? Wegen der Ausgaben der amerikanischen Luftwaffe! Warum sind wir Europäer beim Airbus einigermaßen wettbewerbsfähig? Wegen der staatlichen Unterstützung! Es ist doch

50 Wird der Staat zum Vormund der Wirtschaft oder tut er nur, was Unternehmen allein nicht leisten können? Streitgespräch zwischen Hans Matthöfer und dem Saarbrücker Ökonomieprofessor Wolfgang Stützel (FDP), DIE ZEIT, 34 (19/9), S. 33 f.

Ideologie zu sagen: Nur der Markt bringt den technischen Fortschritt hervor. In der ganzen Geschichte der Menschheit haben insbesondere die Militärs den technischen Fortschritt vorangetrieben, und ich möchte nun diese Umwege nicht gehen.« Die Subventionspraxis in den USA und in Japan war für ihn daher kein Tabu, sondern Vorbild. Er knüpfte allerdings an die Vergabe staatlicher Zuschüsse klare Bedingungen:[51] »Man mag darüber diskutieren, ob das Ausmaß staatlicher Hilfen im Vergleich zu anderen Ländern angemessen ist. Entscheidend ist, inwieweit unsere Maßnahmen (von den Unternehmen) als Anlaß und Rechtfertigung angesehen werden, ihrerseits entsprechende oder gar weitergehende Maßnahmen zu ergreifen.«

Auf den ersten Blick wirkte das strukturpolitische Konzept des Finanzministers einfach nur als Fortsetzung seiner bisherigen Arbeit in einem größeren Rahmen. Gewiss reizte es ihn, alle politischen Steckenpferde des Forschungsministers auch im neuen Amt weiter zu reiten. Einmal begonnene Projekte, wie die Förderung von Innovationen im Kohlenbergbau, der Aufbau von Fernwärmeverbundnetzen, die nicht-nukleare Energieforschung oder die Humanisierung des Arbeitslebens in allen ihren Facetten ließen sich darin gut integrieren. Neue Favoriten kamen hinzu. Die Autoindustrie könne, so Matthöfers neue Lieblingsidee, vom Staat für Entwicklung und Produktion eines umweltfreundlichen »Langzeitautos« zehn Milliarden Mark erhalten.[52] Das war nur etwa ein Drittel der Summe, die nach seiner Rechnung aus Steuermitteln aufzubringen wäre, um wenigsten alle neuen Straßen mit Lärmschutzwällen und -wänden auszustatten. Stattdessen wollte er Autos mit leiseren Motoren auf neu entwickelten Reifen fördern, die fast geräuschlos durch die Republik rollten. Tatsächlich ging es ihm aber um mehr, als nur populäre Innovationen zu fördern. Es galt, mit den Mitteln des Staates eine entscheidende Weichenstellung der wirtschaftlichen Entwicklung bewusst zu machen und zu unterstützen. Nach dem Zusammenbruch der fordistischen Produktionsweise gab es in Deutschland keine Alternative zur diversifizierten Qualitätsproduktion mehr. Die westdeutsche Wirtschaft musste sich noch stärker als dies bisher schon der Fall war, auf Märkte konzentrieren, auf denen sie ihre komparativen institutionellen Vorteile voll zur Geltung bringen konnte. Diese liegen zum einen in der Fähigkeit zur Verwissenschaftlichung der Produktion, die den Anteil der immateriellen Wertschöpfung seit dem späten 19. Jahrhundert stetig steigen ließ. Zum anderen in einer historisch gewachsenen Organisationsweise der Wirtschaft, die sie zur nachindustriellen Maßschneiderei befähigt. Anders als die standardisierte Massenproduktion war dieses Angebot auf dem Weltmarkt auch dann noch konkurrenzfähig, als sich dort in den siebziger Jahren die Rahmenbedingungen des Wettbewerbs dramatisch wandelten. Solange das Qualitätssegment der deutschen Wirtschaft durch Nachhaltigkeit der unternehmerischen Perspektive, ein auf Breitenwirkung angelegtes Ausbildungssystem, kooperative Arbeitsbeziehungen und

---

51 Matthöfer, Möglichkeiten, S. 34.
52 Mit einem Platten, DER SPIEGEL Nr. 19 vom 8. Mai 1978, S. 65.

international wettbewerbsfähige ›Cluster‹ regionaler Verbundwirtschaft wirksam unterstützt wurde, konnte es sich erfolgreich behaupten und darüber hinaus beachtliche Überschüsse erzielen. Damit zeichneten sich durch den Nebel der widersprüchlichen Struktur-Rhetorik die Konturen des rettenden Ufers deutlich genug ab, um die Angebotsstruktur der deutschen Wirtschaft gezielt der neuen Lage anzupassen. Aufgabe der Politik war es nach Matthöfers Überzeugung, diesen Prozess durch aktive vorausschauende Strukturpolitik ins öffentliche Bewusstsein zu rufen, zu beschleunigen und dafür zu sorgen, dass auch die Schiffbrüchigen der ›Kleinen Weltwirtschaftskrise‹ wieder Boden unter die Füße bekamen.

Vieles sprach allerdings dafür, dass ein gelungener Anpassungsprozess nicht auch *en passant* das Arbeitsmarktproblem lösen werde. Weder Wirtschaftswachstum noch Strukturwandel allein entwickelten aus sich selbst heraus die Kraft zur Vollbeschäftigung. Schuld daran war die mangelnde Qualifikation eines großen Teils der Arbeitslosen, die Matthöfer deshalb bei jeder Gelegenheit in den Mittelpunkt der Aufmerksamkeit rückte. Hier lag nach seiner Vorstellung der Schlüssel zu einer erfolgreiche Arbeitsmarktpolitik.[53] Der Zusammenbruch des fordistischen Sektors hatte seit 1974 vor allem ungelernte Kräfte in Bereichen mit mehr oder weniger einfachen mechanischen Tätigkeiten ›freigesetzt‹. Es gehörte zu den Charakteristika des fordistischen Arbeitsmarktsegments, dass es in seiner Expansionsphase vor allem ungelernte Arbeitskräfte anzog. In den fünfziger und sechziger Jahren waren freilich unqualifizierte Arbeiter in Deutschland noch knapp. Der Siegeszug des Fordismus sollte dies grundlegend ändern. Er erschütterte den bis dahin von der Bevölkerung verinnerlichten Ausbildungsstandard, dessen Grundlage in der Regel eine umfassende handwerkliche oder industrielle Lehre zum Gesellen oder Facharbeiter bildete. Die wachsende Nachfrage nach niedrig qualifizierten Arbeitern, die als Angelernte die Fließbandproduktion am Laufen hielten, ließ sich aber nach allgemeiner Überzeugung nur durch eine systematische, regierungsamtlich organisierte Anwerbung Hunderttausender ausländischer Arbeiter befriedigen. Ihre Qualifikation sollte ausdrücklich unterhalb des Facharbeiterniveaus liegen, um diese Lücke auf dem deutschen Arbeitsmarkt zu schließen. Dieser für nachindustrielle Volkswirtschaften beispiellose ›Import‹ von Menschen aus dem agrarischen Milieu, der von 1961 bis 1972 anhielt, ließ den Anteil der Niedrigqualifizierten an den Erwerbstätigen bis in die siebziger Jahre auf weit über ein Drittel ansteigen. Mit dem Ende der standardisierten Massenproduktion hatten diese Arbeitskräfte – wenn sie arbeitslos wurden – kaum noch eine Chance, einen neuen Arbeitsplatz zu finden. Ein hoher und noch steigender Teil der Arbeitsuchenden hatte keine abgeschlossene Berufsausbildung, oft nicht einmal eine ausreichende Schulausbildung und verfehlte damit die Einstellungsvoraussetzung für Arbeitsplätze in der prosperierenden neuen Wirtschaft. Es konnte daher nur einen oberflächlichen Betrachter irritieren, dass im Aufschwung des Jahres 1978 ein deutli-

---

53 Hans Matthöfer, Wachstumschancen durch Innovationen, Vortrag am Institut für Weltwirtschaft der Universität Kiel im Rahmen der ›Kieler Vorträge‹ am 1. November 1978; ›Diensttagebuch‹, 1.11.1978, AdsD, DM 0404.

cher Mangel an Facharbeitern zu spüren war, während gleichzeitig die Zahl der Arbeitslosen auf einem unbefriedigend hohen Stand verharrten. Aktive vorausschauende Strukturpolitik musste deshalb im Bereich der beruflichen Aus- und Fortbildung, der Umschulung und der Förderung der beruflichen und regionalen Mobilität beginnen. Die ausländischen Arbeitnehmer standen dabei Ende der siebziger Jahre im Zentrum der Bemühungen – und sollten es ein Vierteljahrhundert lang bleiben. Hatten die ›Gastarbeiter‹ noch in den sechziger Jahren als »Konjunkturpuffer« auf dem Arbeitsmarkt gedient, weil sie im Abschwung das Land wieder verließen, änderten sie nun ihr Migrationsverhalten und reihten sich in das von Konjunkturzyklus zu Konjunkturzyklus wachsende Heer der Arbeitslosen ein. Mehr noch, in der zweiten Generation der Familien dieser zu Einwanderern gewordenen ausländischen Arbeitnehmer zeichnete sich eine Fortsetzung dieser Qualifizierungsproblematik auf schulischer Ebene ab. Ohne »neue Stellen, neue Investitionen, Finanzierung von Modellprogrammen usw.« sah Matthöfer am Rande der Gesellschaft Problemgruppen entstehen, denen er auch als Finanzminister zu »Gerechtigkeit, Solidarität und Mitmenschlichkeit« verhelfen wollte:[54] »Eine solche Gruppe sind die Kinder ausländischer Arbeiter, über eine Million, davon die Hälfte in der Bundesrepublik geboren. Wir haben in Frankfurt – nur wenige hundert Meter entfernt von hier – eine Schule, in der 80 % der Kinder in der Eingangsklasse Ausländer sind. Ein großer Teil von ihnen spricht nicht deutsch. Der Lehrer spricht ihre Sprache nicht. Eine schöne Schule ist das. Das führt dazu, dass die Kinder den Hauptschulabschluss nicht schaffen werden und keine Lehre machen können. Wir schaffen uns auf diese Weise ein Jugendkriminalitätsproblem, ein Drogenproblem, ein Facharbeiterproblem. Es ist nicht nur moralisch richtig, etwas für diese Kinder zu tun. Es liegt auch in unserem ureigenen Interesse.« Populär war dieser prophetische und immer noch hochaktuelle Appell an Moral und Vernunft dennoch nicht, zumal Matthöfer auch im Wahlkampf vor schonungsloser Zuspitzung nicht zurückscheute:[55] »So, wie wir jetzt mit diesen Gastarbeiterkindern umgehen, ist das ein Skandal.« Matthöfers Versuche, bestimmten Randgruppen zu helfen, wie Strafgefangenen, Drogensüchtigen, Alkoholikern oder psychisch Kranken, blieben ebenfalls weitgehend erfolglos, obwohl der Finanzminister den Ressortchefs und den in erster Linie zuständigen Bundesländern die Finanzierung entsprechender Programme auf dem silbernen Tablett präsentierte. Als Antje Huber, die Bundesfamilienministerin, in seinen Augen ganz unzulängliche Konsequenzen aus dem schon 1975 veröffentlichten Bericht der Enquete-Kommission zur Lage der Psychiatrie ziehen wollte, bot er ihr 500 Millionen DM an, um endlich in einem groß angelegten, fünfjährigen Modellversuch lokale Alternativen zu den von den Sachverständigen beklagten archaischen Zu-

54 Arbeitnehmerinteressen und öffentliche Finanzwirtschaft. Referat auf der AfA-Bundesfachkonferenz »Sicherheit durch Zukunftsinvestitionen« in Frankfurt am Main am 16. August 1980. ›Diensttagebuch‹, 16.8.1980, AdsD, DM 0404.
55 Wahlkampfrede in der Sülzbacher Gemeindehalle am 22. Juli 1980, ›Heilbronner Stimme‹ vom 23. Juli 1980. ›Diensttagebuch‹, 23.7.1980, AdsD, DM 0404.

ständen in den zentralen Anstalten für physisch Kranke zu entwickeln.[56] Zu seiner Überraschung stieß er damit bei seiner Kollegin vom rechten Parteiflügel der SPD nicht gerade auf Gegenliebe. Offenbar wollte Huber in ihrer Politik andere Schwerpunkte setzen, und sah in dem ungefragt angebotenen Finanzierungsprogramm eine Art Danaer-Geschenk, dem sie mit großem Misstrauen begegnete. Matthöfer glaubte sogar, hinter der Ablehnung seines Angebots eine Strategie zu erkennen, mit der Apel, Ehrenberg und Huber immer wieder seine Arbeit sabotierten, weil sie verhindern wollten, dass er seine Position im Rennen um eine künftige Kanzlerschaft verbesserte. Allerdings wunderten sich auch ihm gewogene Parteifreunde wie Heinz Westphal, der Vorsitzende des Ausschusses für öffentliche Finanzwirtschaft in der SPD-Fraktion, über das Engagement für soziale Randgruppen. Westphal, der das Angebot übrigens für seinen Wahlkreis Herne dankbar in Anspruch nahm, vermutete, dass bei Matthöfer »ein persönlicher, tief sitzender Antrieb« dahinter steckte.[57] Wie schon früher beim Fernwärmeprojekt des Forschungsministeriums weigerten sich die meisten der von der CDU oder CSU geführten Bundesländer auch in diesem Fall, das Psychiatrie-Projekt umzusetzen. Bayern drohte sogar mit einer Verfassungsklage. Lediglich der Baden-Württembergische Ministerpräsident Lothar Späth ließ sich sofort überzeugen, als ihm Matthöfer die Notwendigkeit erklärte, die riesigen psychiatrischen Kliniken wieder auf ein menschliches Maß zurückzuführen. Er stimmte spontan mit der Bemerkung zu:[58] »Einverstanden! Ich bin gegen jede Konzentration von Verrückten, nicht nur in der Politik.«

Das gescheiterte Psychiatrie-Programm steht symptomatisch für die Schwierigkeiten, die die meisten Politiker – gleich welcher Couleur – mit der gezielten Bekämpfung struktureller Probleme hatten. Es war sicher bequemer, an der Illusion festzuhalten, es genüge, Globalsteuerung zu treiben und zusätzliche Mittel in den Wirtschaftskreislauf zu pumpen – am liebsten dort, wo es politisch gerade opportun erschien. Wollte man stattdessen den schwierigen Weg der Strukturpolitik beschreiten, bedurfte es zuallererst einer klaren Vorstellung über die künftigen Entwicklungslinien der Wirtschaft. Damit konnten die meisten Wirtschaftspolitiker freilich nicht dienen, weil sie ihr Handlungsmodell noch immer an den Erfahrungen der ›Wirtschaftswunderzeit‹ orientierten. Matthöfer hatte diese Neuorientierung früh vollzogen und glaubte genau zu wissen, wo er ansetzen musste, um den nachindustriellen Kurs der deutschen Wirtschaft wirksam zu unterstützen. Das Warten auf die ›unsichtbare Hand‹ des Marktes war seine Sache nicht. Marktwirtschaft, insbesondere wenn sie ihrer sozialen Verantwortung gerecht werden wollte, war vielmehr aus seiner Perspektive auf die ›sichtbare Hand‹ der Akteure geradezu

---

56 ›Diensttagebuch‹, 24.1.1979, AdsD, DM 0404. Bericht über die Lage der Psychiatrie in der Bundesrepublik Deutschland: Zur psychiatrischen und psychotherapeutisch/psychosomatischen Versorgung der Bevölkerung (Bundestagsdrucksache 7/4200+4201), Bonn 1975.

57 Heinz Westphal, Ungefährdet ist Demokratie nie – Erlebnisse und Erfahrungen mit deutscher Zeitgeschichte, Düsseldorf 1994, S. 154 f.

58 ›Diensttagebuch‹, 7.8.1981, AdsD, DM 0404.

angewiesen. Von seinen eigenen Fähigkeiten auf das System schließend, hielt er die Vollbeschäftigung für ein »reines Organisationsproblem.«[59] Die ›Systemfrage‹ stellte sich ihm dabei nicht: »Nach meiner Überzeugung wäre Vollbeschäftigung bei entsprechenden Kräfte- und Bewußtseinsverhältnissen auch bei kapitalistischen Eigentumsverhältnissen zu organisieren.« Beide Voraussetzungen – die organisatorischen wie die Bewusstseinsverhältnisse – waren, wie die Verhältnisse im Bonn der späten siebziger Jahre nun einmal lagen, auch nicht annäherungsweise erfüllt. Bis die zweite Ölpreiskrise Ende 1979 neue Zwangslagen schuf und die finanz- und wirtschaftspolitische Handlungsfreiheit des Finanzministers noch weiter beschränkte, versuchte Matthöfer nichtsdestotrotz, sein Konzept, so weit es eben ging, umzusetzen.

Europa und die Weltwirtschaft

Der Bonner Weltwirtschaftsgipfel

Die Bühne der Weltwirtschaft war für den deutschen Finanzminister kein Nebenschauplatz, wenn es darum ging, das ihm zur Verfügung stehende Instrumentarium der finanzpolitischen Intervention voll zur Geltung zu bringen. Schließlich gehörte er qua Amt zu ihren Regisseuren. Deutschland nahm im Internationalen Währungsfonds und in der Weltbank nach den USA und der allmählich an Einfluss verlierenden Finanzmacht Großbritannien den dritten Rang ein. Der Finanzminister vertrat zusammen mit dem Präsidenten der Bundesbank die deutschen Interessen im System der *global governance* der Weltwirtschaft, das in den siebziger Jahren seine bis dahin härteste Bewährungsprobe zu bestehen hatte.

Matthöfer nahm auch an den jährlichen Treffen der Staats- und Regierungschefs der G 7-Staaten teil,[60] deren Tagesordnung ebenfalls vorrangig – aber nicht allein – mit Fragen der Weltwirtschaft angefüllt war. Daneben tagten die Finanzminister und Notenbankchefs noch in der ursprünglichen G 5-Konstellation, also ohne Italien und Kanada. Hier war es – im Gegensatz zur G7-Gruppe, die schon weitgehend Politik für die Galerie inszenierte – noch möglich, vertrauliche Informationen auszutauschen und Absprachen über gemeinsame Vorgehensweisen zu treffen. Und schließlich gehörte der Finanzminister auch dem Europäischen Rat

---

59 Matthöfer an den Gewerkschaftshistoriker Gerhard Beier am 26. September 1984. AdsD, DM 0404.

60 Das Treffen ging auf eine Initiative des französischen Staatspräsidenten Valéry Giscard d'Estaing und des deutschen Bundeskanzlers zurück, die ihre Kollegen aus den USA, Großbritannien, Japan und Italien am 15. November 1975 zum ersten Mal zu einer informellen Konferenz auf Schloß Rambouillet einluden. 1976, in Puerto Rico, stieß auf Wunsch der USA der kanadische Ministerpräsident hinzu, sodass sich der feine Club zur G (Group) 7-Runde erweiterte. Daneben tagten die Finanzminister und Notenbankchefs noch in der ursprünglichen G 5-Konstellation, die aus der sogenannten *Library Group* (Schmidt, Giscard, Anthony Barber [UK], George Shultz [USA] und Takeo Fukuda) hervorgegangen war, die sich im April 1973 zum ersten Mal in der Bibliothek des Weißen Hauses getroffen hatte.

der Wirtschafts- und Finanzminister (Ecofin) an, der zweifellos zu den einflussreichsten Gremien der Europäischen Gemeinschaft zählte und auch die Ratstreffen der Staats- und Regierungschefs wesentlich mitbestimmte. Der politische Terminkalender wollte es, dass sowohl das europäische wie auch das globale Spitzentreffen in Deutschland unmittelbar bevor stand, als Matthöfer sein Amt antrat. Beide Ereignisse hatten mehr miteinander zu tun, als es zunächst schien. Das europäische Ratstreffen in der Hansestadt war von Schmidt zum Ausgangspunkt einer neuen Währungsordnung vorgesehen, und die Ergebnisse des Bonner Treffens der Staats- und Regierungschefs sollten der kränkelnden Weltwirtschaft wieder Auftrieb geben. Die Finanzminister saßen bei den für die Öffentlichkeit bestimmten Inszenierungen von *global governance* zwar nur am Katzentisch, bestimmten aber wesentlich die Arbeit der ›Sherpas‹, die für die Vorbereitung der Gipfel-Agenda verantwortlich waren. Die Vereinigten Staaten, von den weltwirtschaftlichen Turbulenzen der siebziger Jahre mit am härtesten betroffen, übten innerhalb der G 7 wachsenden Druck auf Deutschland und Japan aus. Die beiden Handelnationen, welche die Krise bis dahin am besten bewältigt hatten, sollten im Rahmen der Gipfelregie die Funktion von ›Lokomotiven der Weltwirtschaft‹ erfüllen, d. h. sie sollten sollten den Rest der Welt durch die Steigerung ihres nationalen Wachstumstempos und ihrer Nachfrage auf dem Weltmarkt aus den Turbulenzen der Ölpreiskrise und des Zusammenbruchs der fordistischen Produktionsweise herausziehen. Der japanische Ministerpräsident Takeo Fukuda hatte dem amerikanischen Druck schon im Vorfeld des Gipfels nachgegeben und sich im Rahmen eines neuen Handelsabkommens mit den USA zu einer expansiven Wirtschaftspolitik verpflichtet. Die Japaner wollten ein Wirtschaftswachstum von 7 Prozent anstreben und dazu ein zusätzliches Arbeitsbeschaffungsprogramm auflegen, das sich auf etwa 1,5 Prozent des Sozialprodukts belief.[61] So war schon vor dem Bonner Treffen klar, dass sich auch die Bundesrepublik, die aus der ersten Ölpreiskrise mit nach wie vor hohen Zahlungsbilanzüberschüssen herausgekommen war und deren Währung erneut unter starkem Aufwertungsdruck stand, dem dringenden Wunsch der Defizitländer nicht würde verschließen können.

Der erste Auftritt, den Matthöfer in neuer Funktion auf der Bühne der internationalen Währungspolitik hatte, führte ihn nach Mexiko Stadt. Dort tagte der Interimsausschuss des Internationalen Währungsfonds, dem der deutsche Finanzminister als Gouverneur des drittgrößten Anteilseigners angehörte. Das neue Gesicht aus Deutschland erregte bei den IWF-Vertretern schon deshalb Aufsehen, weil er hier, wie auch später bei passender Gelegenheit, seine Beiträge auf Spanisch vortrug.[62] Er verband den Pflichttermin mit einem Abstecher nach Washington D.C., wo er in informellen Gesprächen mit Mitgliedern des Kongresses die politische Kür pflegte. Es ging ihm ganz gezielt darum, das Terrain für einen erfolgreichen Ablauf des vierten Weltwirtschaftsgipfels der sieben führenden westlichen

---

61 Harold James, Rambouillet, 15. November 1975. Die Globalisierung der Wirtschaft, München 1997, S. 170 f.
62 Gespräch mit Ingrid Matthäus-Maier am 25. September 2003 in Berlin.

Zwischen Michael Blumenthal, dem US-Finanzminister, und seinem deutschen Kollegen stimmte von Anfang an trotz ideologischer Gegensätze die Chemie.

Wirtschaftsnationen in Bonn zu ebnen. Schon sein Auftritt auf der IWF-Sitzung in Mexiko Stadt wurde in den USA aufmerksam zur Kenntnis genommen und machte ihn über Nacht zum *shooting star* der internationalen Währungspolitik. Rasch galt er als ein neues, vielversprechendes Talent in der Weltwirtschaftspolitik, weil er unter den Bonner Ministern über den am höchsten entwickelten Sinn dafür verfügte, wie das amerikanischen System der politischen Ökonomie arbeitete.[63] Vor allem aber gelang es ihm, zu dem amerikanischen Finanzminister W. Michael Blumenthal ein herzliches, von gegenseitiger Sympathie getragenes Verhältnis aufzubauen, das die Kommunikation zwischen den beiden für die Weltwirtschaft so wichtigen Akteuren erheblich erleichtern sollte. Das war nicht selbstverständlich, zählte Blumenthal doch in ideologischer Hinsicht zu den liberalen Hardlinern der amerikanischen Wirtschafts- und Währungspolitik und war keineswegs der geborene Partner des deutschen Sozialdemokraten.[64] Es gab aber auch Gemeinsamkeiten. Immerhin hatte der Princeton-Ökonom in den fünfziger Jahren seine Disser-

63 Hobart Rowen, A new, deft economic hand, Washington Post vom 4. Mai 1978.
64 Der 1926 in Oranienburg geborene Werner Michael Blumenthal emigrierte 1939 mit seiner jüdischen Familie nach Shanghai, um dann 1947 in die USA einzuwandern. Dort studierte er Wirtschaftswissenschaften und lehrte als Professor in Princeton, NJ. Als Gründungsmitglied (1973) der Trilateralen Kommission, einer neoliberal orientierten, transnational (triadisch) organisierten, *global governance* anstrebenden Korporation gehörte er weit über seine Zugehörigkeit zur Carter-Regierung hinaus zu den einflussreichsten Politikern seiner Zeit.

tation über die deutsche Montanmitbestimmung geschrieben[65] und damit nachgeholt, was Matthöfer in seiner Konzentration auf das Studium des amerikanischen Systems bei Selig Perlman versäumt hatte. Man war also sehr gut über die Handlungsbedingungen der jeweiligen Gegenseite informiert. Blumenthal wusste, was es heißt, in Deutschland »als altgedienter Funktionär der IG-Metall« Finanzminister zu werden, und machte aus seinem »Erstaunen, ja seiner Verblüffung darüber« keinen Hehl.[66] Dieses positive Umfeld und Matthöfers Geschick, unangenehme Wahrheiten in scherzhaften Bemerkungen zu verpacken, nahmen seiner Kritik den Stachel, wenn er Kongressmitgliedern im gemächlichen Idiom des amerikanischen Nordwestens »einen pfleglichen Umgang mit dem Dollar« nahe legte und sie mahnte, »nicht immer grüne Scheine zu drucken und über die Welt zu verbreiten«.[67] Es verschaffte ihm auch gebührende Aufmerksamkeit, wenn er amerikanischen Korrespondenten die Bedingungen nannte, die aus deutscher Sicht für einen erfolgreichen Bonner Gipfel nötig waren.[68] Auf seiner Prioritätenliste der auf dem Gipfel zu lösenden Probleme stand die Stabilität der US-Währung noch vor der Institutionalisierung der europäischen Währungsbeziehungen. Erst dann folgten der Erhalt der durch die Weltwirtschaftskrise gefährdeten Branchen, die Aufnahme neuer Mitglieder in die Europäische Gemeinschaft und ein angemessenes deutsches Wirtschaftswachstum. Er deutete an, dass die Bundesrepublik wohl auch zu zusätzlicher Wachstumsstimulierung bereit sein könnte, wenn sich die USA darüber hinaus zu einer Reduzierung ihrer Ölimporte verstünden. Einzelheiten nannte er jedoch nicht, was die ›Baltimore Sun‹ zum Vergleich mit einem Pokerspieler anregte, der seine Karten ganz nahe am Körper hält.[69]

Noch bevor das Gipfeltreffen im Gobelinsaal des Bonner Palais Schaumburg am 16. Juli 1978 offiziell begann, lagen die Karten dann aber auf dem Tisch. Nach intensiven Vorbereitungen zeichnete sich schon das wesentliche Ergebnis des Gipfels ab. Die wichtigsten Entscheidungen waren auf bilateralen Treffen der Delegationen gefallen. Der amerikanische Präsident Jimmy Carter traf bereits drei Tage früher zu einem Staatsbesuch in Deutschland ein, um zusammen mit seinem Finanzminister Michael Blumenthal Bundeskanzler Schmidt und Finanzminister Matthöfer zu Zugeständnissen in der Frage eines deutschen Beitrages zur Stimulierung der Weltkonjunktur zu bewegen. Die deutsche Seite zierte sich noch, war aber längst bereit einzuwilligen, »daß sie ihren gesetzgebenden Körperschaften bis Ende August zusätzliche, qualitativ substantielle Maßnahmen um bis zu einem Prozent des Bruttosozialprodukts vorschlagen wird, um eine erhebliche Stärkung

65 W. Michael Blumenthal, Codetermination in the German steel industry; a report of experience, Princeton 1956.
66 In einer Ansprache beim Abendessen mit Matthöfer und Vertretern amerikanischer Banken in New York, ›Diensttagebuch‹, 28.1.1979, AdsD, DM 0404.
67 Heinz Murmann, Für ›Unsinn‹ hat er kein Geld, Rhein-Sieg-Anzeiger vom 13. Mai 1978.
68 Fernschreiben der Botschaft der Bundesrepublik Deutschland in Washington D.C. vom 28. Juni 1978, das auf den Bonner Korrespondenten der ›Baltimore Sun‹ Bezug nimmt. ›Diensttagebuch‹, 28.6.1978, AdsD, DM 0404.
69 Michael K. Burns, Dollar's health tops Bonn's list, Baltimore Sun vom 24. Juni 1978.

der Nachfrage und eine höhere Wachstumsrate zu erreichen«.[70] Beteiligen wollte man sich auch, wenn es darum ging, eine weltweite Strategie zur Stärkung der gesamtwirtschaftlichen Nachfrage, zur Schaffung von Arbeitsplätzen und zur Inflationsbekämpfung zu finden. Ferner stimmten Schmidt und Matthöfer jenen Formulierungen im Kommuniqué zu, die die Entschlossenheit der G 7 zum Ressourcentransfer in die Entwicklungsländer, zur Vermeidung von Protektionismus, zur Stabilisierung der Weltwährungsbeziehungen und zur Einsparung von Energie unterstrichen. Schmidt und Matthöfer verpflichteten sich zu einem Konjunkturprogramm in Höhe von 12,5 Mrd. DM, und die Deutsche Bundesbank gab einer entsprechenden Anhebung des Kreditrahmens der öffentlichen Hand ihr Einverständnis. Im Gegenzug war Carter bereit, die Ölpreise in den USA bis 1980 auf das globale Niveau anzuheben und mit weiteren Maßnahmen eine Reduzierung der Ölimporte bis 1985 um 2,5 Mio. Barrels pro Tag zu erreichen.

Der deutsche Finanzminister hatte zwar entscheidend dazu beigetragen, das Verhandlungspaket zu schnüren, doch fielen ihm während der Verhandlungen im Palais Schaumburg selbst nur protokollarische Aufgaben zu. Das große Wort führte Helmut Schmidt, dessen Kompetenz in Fragen der Weltwirtschaft auch von Carter öffentlich anerkannt wurde. Er sei noch »niemals einem Weltführer begegnet«, der sein ökonomisches Wissen in solchem Ausmaß bereichert habe.[71] Das selbstbewusste Auftreten des Bundeskanzlers bei der Leitung des Gipfelgesprächs (»Speak up, Jimmy!«) und seine unverhohlene Kritik an der amerikanischen Wirtschaftspolitik, aber auch an der »weltmissionarischen« Menschenrechtskampagne des Präsidenten, von der Schmidt befürchtete, sie werde die Sowjetunion »destabilisieren«, führten jedoch offensichtlich zu Spannungen zwischen den ›Weltführern‹, die Matthöfer nach Kräften zu glätten versuchte.[72] In dieser Frage weniger pragmatisch eingestellt als Schmidt, lag ihm mehr an der Durchsetzung der Menschenrechte als an der Stabilität der Sowjetunion. Vor allem aber hatte er es immer tief bedauert, dass die Regierung der Vereinigten Staaten ihre vielfältigen Möglichkeiten, in Lateinamerika Druck auszuüben oder Anreize zu schaffen, nicht nutzte, um die demokratischen Kräfte auf diesem Subkontinent zu stärken. Erst Carter machte der zynischen Machtpolitik ein Ende, mit der die USA offen Diktaturen unterstützt hatten, deren Menschenrechtsverletzungen stillschweigend oder sogar erkennbar wohlwollend toleriert wurden. Als Matthöfer bei einem Empfang am Rande des Wirtschaftsgipfels einmal längere Zeit allein und ungestört mit Präsident Carter sprechen konnte, versicherte er ihm, wie dankbar er sei, dass er nach seiner Kenntnis in Lateinamerika zur Befreiung von Hunderten politischer Gefangener beigetragen habe. Jimmy Carter nahm diese Bemerkung sichtlich befriedigt und erfreut zur Kenntnis und erzählte ihm angeregt, dass es in Indonesien z. B. noch sehr viel mehr, nämlich Tausende, vielleicht sogar zehntausende von Gefangenen gewesen seien, die auf seinen Druck hin nach mehr als zehn Jahren Lager-

---

70 ›Diensttagebuch‹, 16.–17.7.1978, AdsD, DM 0404.
71 Offene Sprache zwischen Carter und Schmidt, FAZ vom 15. Juli 1978, S. 1.
72 ›Diensttagebuch‹, 16.–17.7.1978, AdsD, DM 0404.

haft von der Militärregierung freigelassen worden seien. Auf das deutsch-amerikanische Verhandlungsklima hatten solche Unterhaltungen ebenso positive Rückwirkungen wie Matthöfers ausgesprochen freundschaftliches und vertrauensvolles Verhältnis zu Michael Blumenthal, der als für die amerikanische Hochzinspolitik verantwortlicher Minister ebenfalls den Zorn des Bundeskanzlers auf sich zog. Auch wenn sich die US-Regierung in der Währungsfrage nicht bewegte, fand Matthöfer in Blumenthal wenigstens einen Verbündeten im Kampf gegen die internationale Korruption. Einer gemeinsamen, in Bonn verabredeten Initiative war es zu verdanken, dass es 1979 im Rahmen des Wirtschafts- und Sozialrates der Vereinten Nationen doch noch zu einem kleinen Fortschritt, der Einberufung einer UN-Vertragskonferenz, kam. In der Diskussion, die auf und am Rande des Gipfels über die Entwicklungshilfestrategie der westlichen Welt geführt wurde, demonstrierte der ehemalige Parlamentarische Staatssekretär Erhard Epplers allerdings seine inzwischen noch gewachsene Skepsis gegenüber Vorstellungen, die Lage der Entwicklungsländer könnte durch großzügigen Mitteltransfer aus den entwickelten Ländern rasch verbessert werden. Vor allem die internationalen Gewerkschaftsverbände und der Europäische Gewerkschaftsbund (EGB), die sich vor dem Gipfel in Bonn getroffen hatten, um von den G 7 »einen Marshall-Plan für Südeuropa und die Dritte Welt« zu fordern, hatten diese Vorstellungen propagiert. Für Matthöfer beruhte diese Forderung auf dem »Missverständnis«, das Wirtschaftswunder der Bundesrepublik könne in der Dritten Welt wiederholt werden.[73] Mit seiner Skepsis befand er sich in voller Übereinstimmung mit den damals neuesten wirtschaftshistorischen Forschungsergebnissen,[74] obwohl sie seinen persönlichen Erfahrungen als ›Entwicklungshelfer‹ entsprungen sein dürfte. Von daher erklärt sich auch die wachsende Abneigung des Finanzministers, auf diesem Gebiet – übrigens sehr zum Ärger seiner früheren Mitstreiter – größere finanzielle Anstrengungen zu unternehmen.

Ansonsten ließ ihm das Gipfelgeschehen im Palais Schaumburg viel Zeit, Studien über den Sinn politischer Rituale zu treiben, die manchmal die politischen Inhalte ersetzten. So zwang ihn der französische Staatspräsident Valéry Giscard d'Estaing zu einem halbstündigen Rundflug über das Bonner Kanzleramt, weil er es seinem protokollarischen Rang für angemessen hielt, als letzter der Staats- und Regierungschefs den Tagungsraum zu betreten. Matthöfer hatte ihn im militärischen Teil des Flughafens Köln-Wahn abgeholt und begleitete ihn in einem großen französischen Armee-Hubschrauber vom Typ ›Puma‹ – bei ohrenbetäubendem und jedwede vernünftige Unterhaltung verhinderndem Lärm im Inneren – auf dem Flug zum Hubschrauber-Landeplatz im Garten des Kanzleramtes. Dort an-

---

73 Matthöfer und Len Murray, der Präsident des britischen Gewerkschaftsbundes TUC und Vizepräsident des EGB, referierten am 15. Juli auf einem Kolloquium des DGB über ›Arbeitslosigkeit und Unterentwicklung‹ aus Anlaß des Weltwirtschaftsgipfels in Bonn. ›Diensttagebuch‹, 15.7.1978, AdsD, DM 0404.

74 Werner Abelshauser, Wirtschaft in Westdeutschland 1945–1948. Rekonstruktion und Wachstumsbedingungen in der amerikanischen und britischen Zone, Stuttgart 1975.

*Helmut Schmidt, Jimmy Carter, Hans Matthöfer und Valéry Giscard d'Estaing
(von links) vor dem Beginn des Bonner Gipfeltreffens am 16. Juli 1978.*

gekommen, bestand Giscard darauf, den Hubschrauber so lange über dem Regierungsviertel kreisen zu lassen, bis ihm das Eintreffen des amerikanischen Präsidenten Jimmy Carter von unten gemeldet wurde. Die Rechnung ging auf, denn als die beiden mit dem Wagen, in den sie nach der Landung umgestiegen waren, im alten Kanzleramt, dem Palais Schaumburg, vorfuhren, standen dort schon Schmidt und Carter an der Eingangstür und warteten auf den Franzosen. Beamte, die dabei waren, berichteten glaubwürdig, Giscard habe schon früher als Finanzminister bei Sitzungen des Europäischen Rates der Wirtschafts- und Finanzminister (Ecofin) in Brüssel komplizierte Spielchen ähnlicher Art mit Karl Schiller gemacht. Beide hätten sich von Spähern berichten lassen, ob der andere schon im Sitzungssaal eingetroffen war, bevor sie sich selbst in Bewegung setzten.

Die eigentliche Arbeit, die Matthöfer mit dem Weltwirtschaftsgipfel hatte, setzte ein, nachdem die letzte Delegation wieder abgereist war. Wie die deutsche Zusage zu realisieren sei, war im Einzelnen offen geblieben. Es gab eine Fülle von Plänen, zum Beispiel sehr unterschiedliche Arten von Steuersenkungen, Maßnahmen zur Förderung privater wie öffentlicher Investitionen und Innovationen, Kindergelderhöhung, Erziehungsgeld für Mütter und vieles andere mehr. Kaum ein Viertel der möglichen und vorgeschlagenen Maßnahmen konnte im Rahmen des auf dem Gipfel vereinbarten und intern finanzierbaren Volumens auch verwirklicht werden. Für den Finanzminister ging es darum, die Chance zu nutzen, einen weiteren Schritt in die Richtung der von ihm angestrebten strukturpolitisch angereicherten Konjunkturpolitik zu machen. Die zusätzlichen Ausgaben, die noch vor dem Gipfel in einem knapp eine Milliarde Mark umfassenden Nachtragshaushalt für 1978 beschlossen worden waren, enthielten zwar bereits Ansätze vorausschauender Strukturpolitik, hinterließen aber insgesamt einen eher konventionellen Eindruck:[75] zusätzliche investive Hilfen für den Steinkohlenbergbau einschließlich Forschung und Innovation, Erhöhung der Förderbeihilfe für deutsche Kokskohle, Investitionshilfen für eine grundlegende Neugliederung saarländischer Stahlunternehmen, Schaffung von Ersatzarbeitsplätzen für die durch die Anpassungsmaßnahmen in der saarländischen Stahlindustrie freigesetzten Arbeitnehmer, Förderung der Stahlforschung und der nicht-nuklearen Energieforschung einschließlich der Entwicklung neuer Technologien auf diesem Gebiet, Kapitalzuführung an die Salzgitter AG sowie Hilfsmaßnahmen für die deutsche Seefischerei. Die Förderung neuer Technologien konzentrierte sich also – strukturpolitisch durchaus sinnvoll – im Wesentlichen auf die alten Montanindustrien. Wollte die Bundesrepublik nicht künftig als Stahlproduzent ausscheiden, mussten die Methoden der Herstellung verbessert und die Qualität der in Deutschland produzierten Stähle gesteigert werden. Es galt, aus einer Traditionsbranche einen Zweig der »neuen Wirtschaft« zu formen, der seine Wertschöpfung vor allem aus immateriellen Quellen, d. h. aus wissenschaftlich produziertem Wissen, bezog. Dabei musste keineswegs bei Null begonnen werden. Die deutsche Stahlindustrie hatte ihren Weg zu einer neuen Industrie bereits in der Zwischenkriegszeit erfolgreich beschritten und lag vor dem Krieg im direkten Vergleich mit der Konkurrenz ganz weit vorne.[76] Während der Kriegs- und Rekonstruktionszeit war dieser Vorsprung jedoch auf vielen Gebieten wieder verloren gegangen. Ebenso dringend wie die Modernisierung der Stahlindustrie war freilich die Anpassung der neuen Industrien – Elektrotechnik, Maschinenbau, Chemie und Fahrzeugbau – an die neuesten technologischen Entwicklungen. Dass es dazu kaum noch Spielraum für öffentliche Strukturpolitik gab, musste der Finanzminister schon anlässlich der Einbringung des Nachtragshaushaltes vor dem Parlament einräumen. Er war sich der Problematik bewusst, »die durch die kumulierte Kreditaufnahme der letzten Jahre geschaffen worden ist und die sich bei der weiterhin notwendigen expansiven öffentlichen Haushaltsgestaltung noch verschärfen kann«. Und aus gegebenem Anlass fügte er hinzu, dass der Bundesminister der Finanzen und die Bundesregierung den einstimmig gefassten Beschluss des Deutschen Bundestages, »mittelfristig auf eine Konsolidierung des Bundeshaushalts hinzuwirken«, respektieren werde. Ebenfalls noch kurz vor dem Gipfel war das Programm zur Förderung Heizenergie sparender Investitionen mit einem Volumen von 4,35 Mrd. DM in Kraft getreten.[77] Es mochte zwar ener-

---

75 Struktur- und beschäftigungspolitische Maßnahmen (Dt. Btg. (8) 93, 7 355–7 358). Rede am 1. Juni 1978.

76 Toni Pierenkemper, Von Krise zu Krise. Die Friedrich Krupp AG von der Währungsstabilisierung bis zum Ende der Weimarer Republik 1924 bis 1933, in: L. Gall (Hg.), Krupp im 20. Jahrhundert. Die Geschichte des Unternehmens vom Ersten Weltkrieg bis zur Gründung der Stiftung, Berlin 2002, S. 167–266.

77 Auf 1978 fielen davon 206 Mio. DM. Chronik der wichtigsten finanzpolitischen Entscheidungen in der Amtszeit des Bundesministers der Finanzen Hans Matthöfer (16.2.1978–18.3.1982). AdsD, DM 035.

giepolitisch sinnvoll sein, große Anstrengungen zur Wohnungsmodernisierung zu unternehmen, ein Beitrag zur Strukturpolitik ließ sich darin aber nur mit viel Phantasie erkennen. Umso näher lag es, die Bonner Verpflichtungserklärung als Chance zu nutzen, aus diesem engen Korsett auszubrechen.

Die Rechnung schien zunächst aufzugehen. Nach einem längeren Gespräch mit Helmut Schmidt in dessen Wohnung in Hamburg-Langenhorn und einem Abendessen mit Otmar Emminger, dem erfahrenen Präsidenten der Bundesbank, im Kronberger Schloßhotel schien die zügige Umsetzung der Beschlüsse des Weltwirtschaftsgipfels schon nach einer Woche in trockenen Tüchern zu sein. Auch die Spekulation, FDP und CDU/CSU könnten sich der internationalen Verpflichtung nicht entziehen und würden gegen ihren ursprünglichen Willen ein weiteres expansives Programm mittragen, erwies sich als richtig. Vor allem der Koalitionspartner hielt die »Nachfragestimulierung« in Milliardenhöhe »unter den Aspekten antizyklischer Finanzpolitik« angesichts der anhaltenden konjunkturellen Schwächephase durchaus »für angemessen«.[78] Der Streit um die Höhe der geplanten Steuererleichterungen wurde dadurch entschärft, dass die Steuerschätzung rechtzeitig im Konjunkturaufschwung höhere Einnahmen erwarten ließ. Der zusätzliche Spielraum von 2,5 Mrd. DM erlaubte es Matthöfer, das Paket im Vermittlungsausschuss so zu schnüren, dass es die Liberalen ihrer Klientel als »mittelstandsfreundlicher« und die CDU/CSU als »familienfreundlicher« anpreisen konnte. Die SPD hielt es sich zu Gute, die Abschaffung der Gewerbekapitalsteuer und die Wiedereinführung von Kinderfreibeträgen verhindert zu haben, die vor allem den Beziehern hoher Einkommen zu Gute gekommen wäre. Insgesamt sollten Entlastungen und Leistungsverbesserungen in Höhe von 36 Mrd. DM bis 1981 das Wirtschaftswachstum beflügeln.[79] Dem standen lediglich zusätzliche Steuereinnahmen in Höhe von 17 Mrd. DM gegenüber, die aus der für den 1. Juli 1979 geplanten Erhöhung der Mehrwertsteuer von 12 auf 13 Prozent resultierten. Matthöfer hatte sein Ministerium ausrechnen lassen, dass die Erhöhung der Umsatzsteuersätze vor allem die gut verdienende Mittelschicht treffen würde.[80] Die unteren Einkommensbezieher wurden kaum belastet, obwohl auch die Steuersätze für den Grundbedarf von 6 auf 6,5 Prozent stiegen. Die Verlagerung des Aufkommens auf die indirekten Steuern sollte den Spielraum für gezielte Erleichterungen bei den direkten Steuern erhöhen. Für den Finanzminister waren die Einbußen an der Steuerfront das Opfer, das er für Geländegewinne in der Strukturpolitik bringen musste. Dafür hatte er einen hohen Preis zu zahlen, denn es gelang ihm lediglich, 8,1 Mrd. DM an zusätzlichen Ausgaben des Bundes durchzusetzen, die mit

78 So der Gralshüter der sozialen Marktwirtschaft im Wirtschaftsministerium, Staatssekretär Otto Schlecht, im Interview am 8. November 1999 in Bonn im Rahmen des Oral-History-Projekts der FES; AdsD, DM 0404.

79 BMF, Finanzielle Auswirkungen der Maßnahmen zur Stärkung der Nachfrage und zur Verbesserung des Wirtschaftswachstums, Anfang 1982, AdsD, DM 035.

80 BMF, Die Belastung privater Haushalte mit »indirekten Steuern«, Anlage zu I A 5 – Vw 7270 – 1/78 vom 2. März 1978, AdsD, DM 035.

einiger Phantasie in die Kategorie »Strukturpolitik« fielen. Dagegen summierten sich die sozial- und familienpolitischen Maßnahmen des Bundes – über die steuerlichen Entlastungen hinaus – auf 10,4 Mrd. DM. Dazu gehörte eine kräftige Erhöhung des Kindergeldes und, als neue Leistung, die Einführung des Mutterschaftsurlaubs. Alles in allem gesehen hatte das Programm finanzielle Auswirkungen in Höhe von 47 Mrd. DM, wobei lediglich 17 Prozent auf strukturpolitische Ansätze entfielen. Wenn Matthöfer gehofft hatte, den Weltwirtschaftsgipfel als Lokomotive für eine mittelfristige Strategie zur Wiedergewinnung der Vollbeschäftigung einzusetzen, war er nun um eine Illusion ärmer. Weit und breit gab es keinen politischen Spielraum, um strukturpolitische Aufgaben in Angriff zu nehmen, die auch nur annähernd mit den Programmen zur Wiederherstellung einer angemessenen Wohnungsversorgung in den fünfziger und sechziger Jahren vergleichbar gewesen wären, wie sie das Deutsche Institut für Wirtschaftsforschung (DIW) noch im April vorgeschlagen hatte.[81] Schlimmer noch, das Programm zur Stärkung der Nachfrage und zur Verbesserung des Wirtschaftswachstums trug mit seinen auf Dauer angelegten Steuererleichterungen und sozialpolitischen Innovationen dazu bei, den künftigen Handlungsspielraum für eine politische Gestaltung der Wirtschaftsstruktur noch weiter einzuengen. Offenbar war der wirtschaftspolitische Leidensdruck nicht groß genug, um die Mentalität des sozialpolitischen *pairings* zu brechen: Wann immer Ausgaben für eine Reform der Wirtschaftsstruktur diskutiert wurden, verlangte die große Koalition der Sozialpolitiker, denen wirtschaftliche Zusammenhänge herzlich gleichgültig waren, einen paarigen Anteil an den ›inneren Reformen‹. Soweit sie der SPD-Fraktion angehörten, fanden sie in dem von Helmut Schmidt 1972 – also vor der ersten Ölpreiskrise – konzipierten Orientierungsrahmen '85 eine Anspruchsgrundlage, die sie nun, obwohl die Geschäftsgrundlage weitgehend entfallen war, als Aufforderung zum Tanz missverstanden.[82]

Bei nüchterner Betrachtung musste der Finanzminister aber noch nicht alle Hoffnung aufgeben, mit seinem Programm zur Stärkung der Nachfrage die Arbeitslosigkeit spürbar zu senken, zumal sich auch die 1977 gefassten Steuerentlastungsbeschlüsse und das »Programm für Zukunftsinvestitionen« im Umfang von 6 Mrd. DM erst jetzt voll auswirkten. Auch der Entwurf des Bundeshaushalts, den die Bundesregierung Ende Juli zusammen mit dem Finanzplan des Bundes für 1978 bis 1982 beschloss, atmete den Geist des Weltwirtschaftsprogramms von Bonn. Die mittelfristige Finanzplanung trug jetzt wieder deutlichere expansive Züge. Das neue Ausgabenvolumen lag in den kommenden Jahren um jeweils drei bis fünf Mrd. DM über dem bisherigen Finanzplan. Vor allem gelang es Matthöfer hier, die zukunftsweisenden Aspekte seiner Finanzpolitik in zweifacher Hinsicht zu verstärken. Zum einen stiegen die Ansätze für Forschung und Entwicklung gegenüber dem bisherigen Finanzplan um insgesamt 7 Mrd. DM. Zum anderen la-

---

81 DIW, Strategie, S. 153.
82 So heute das Urteil des Bundeskanzlers über die Rolle der »Sozialhysteriker« in der SPD-Fraktion. Gespräch mit Helmut Schmidt am 25. Mai 2004 in Hamburg. AdsD, DM 0404.

gen die Investitionsausgaben des Bundes jährlich um 3 bis 4 Mrd. DM über der alten Planung. Strukturpolitisch bedeutsam war schließlich auch noch die Änderung des ›Investitionszulagengesetzes‹ im Oktober, die ebenfalls vom politischen Klima des Gipfels profitierte. Sie begünstigte Forschungs- und Entwicklungsinvestitionen kleinerer und mittlerer Unternehmen, die jetzt bis zur Größenordnung von 500.000 DM jährlich 20prozentige Zulagen beantragen konnten. Während im Scheinwerferlicht des großen Gipfel-Kehraus um eher konventionelle Ausgabenprogramme gerungen wurde, gelang es dem Finanzminister, den Windschatten des Weltereignisses zur Durchsetzung eigener Vorstellungen zu nutzen, um die deutsche Wettbewerbsfähigkeit auf dem Weltmarkt zu stärken. Nimmt man alle Programme zusammen, rückte Matthöfer das 1978 konzipierte Ausgabenvolumen durchaus in die Nähe der vom DIW vorgeschlagenen Größenordnung. Dass nicht alle seine Elemente strukturpolischer Natur waren, musste keinen entscheidenden Einfluss auf die Wirkung des Manövers haben. Schließlich war es im Grunde gleichgültig, ob der Staat oder die private Wirtschaft in eine neue Industriestruktur investierte. Zusätzliche Ausgaben dieser Größenordnung waren auf jeden Fall geeignet, die Investitionsneigung der Unternehmer zu stärken – vorausgesetzt, ihre mittelfristige Gewinnerwartung fiel aus anderen Gründen nicht hoffnungslos unter jenen Grenzwert, den sich Investoren für eine angemessene Kapitalverwertung setzen. Dafür gab es zum Zeitpunkt des Bonner Gipfels keinen Anlaß. Tatsächlich wuchs das Bruttosozialprodukt 1979 real um 4,4 Prozent, und es waren gut 100.000 Menschen weniger arbeitslos als 1978. Doch mit der zweiten Ölpreiskrise des Jahres 1979 fiel der Aufschwung wieder in sich zusammen. Am 16. Juli überschritten die Benzinpreise zum ersten Mal die psychologisch wichtige Schwelle von einer Mark pro Liter. Anders als die erste Welle der Preiserhöhungen im Jahre 1973 löste der zweite Ölpreisschock auch bei den deutschen Investoren nachhaltigen Pessimismus aus, der durch staatliche Anreize, wie stark sie auch immer ausfallen mochten, nicht zu überwinden war.

An den Wurzeln des Euro

Die Ankurbelung der Weltkonjunktur war zweifellos auf allen Ebenen des politischen Diskurses das beherrschende Thema des Jahres 1978. Es löste schon im Vorfeld des Bonner Gipfels weltweit kontroverse Diskussionen aus und verlor – jedenfalls auf der nationalen Ebene der beteiligten Länder – auch nach dem Treffen nichts von seiner Aktualität. Die Realisierung der im Kommuniqué des Gipfeltreffens festgeschriebenen *commitments,* zu denen sich die »glorreichen Sieben« (NZZ) verpflichtet hatten, absorbierte in den Heimatländern einen Großteil des politischen Interesses. Der Weltwirtschaftsdiskurs wirkte dabei wie ein Schleier, hinter dem sich ein anderes – ebenso wichtiges – Thema lange der Aufmerksamkeit der Öffentlichkeit entziehen konnte: Das neue europäische Währungssystem (EWS). Selbst die eigentlich zuständigen nationalen und europäischen Gremien blieben viele Monate lang von den Überlegungen zum EWS ausgeschlossen, die unter weitgehender Geheimhaltung hinter den Kulissen stattfanden und als Teil der Gründungsgeschichte des Euro langfristig von großer Bedeutung waren. Seit Anfang des Jahres suchte der deutsche Bundeskanzler nach verlässlichen Partnern, um in Europa eine Zone der Währungssicherheit zu schaffen, die dem fragilen Europäischen Wechselkursmechanismus mehr Halt und Perspektive geben und die währungspolitische Spaltung der europäischen Gemeinschaft überwinden sollte. Seit dem Beginn seiner Kanzlerschaft war Schmidt fest davon überzeugt, dass »die Schaffung und Anwendung gleicher ökonomischer Instrumentarien für eine Wirtschaftsunion« auf längere Sicht unerlässlich bleibe.[83] Gleichzeitig überwog aber seine Skepsis über die Machbarkeit einer weiteren »supranationalen Koordination der ökonomischen Politiken«. Italien und England sah er nicht dazu in der Lage, Frankreich nicht willens. Theoretisch hielt er es zwar für denkbar, »daß unter Angebot sehr hoher deutscher Opfer (volle Bereitstellung und Hingabe unserer Währungsreserven, hohe finanzielle Beiträge unter Inkaufnahme von Reallohn-Einbußen in der BRD, Aufgabe des Preisstabilitätszieles) in den anderen EG-Hauptstädten neue Regierungen oder Regierungspersonen von der Notwendigkeit zum Sprung ins kalte Wasser überzeugt werden könnten«. Ein Fehlschlag einer solchen waghalsigen zweiten Stufe wäre freilich nach seinem Urteil wahrscheinlicher gewesen als ihr Erfolg. Er mußte sich deshalb zunächst mit der »Beschränkung auf gemeinsame Agrarpolitik« abfinden, wobei er darauf hoffte, dass dies für die Bundesrepublik ein »nicht allzu verlustreicher Beginn einer Politik des regionalen Ausgleichs« werde. Dahinter stand die nüchterne Einsicht, dass Agrarpolitik und Regionalpolitik aus der Perspektive des Jahres 1974 »in Wahrheit viel weniger der Strukturanpassung zwischen Mezzogiorno oder Schottland und Ruhr-Rhein-Main-Gebiet oder Paris« dienen; »sie sind vielmehr Verkleidung eines horizontalen Finanzausgleichs«. Gleichwohl blieb die Europapolitik der Regierung Schmidt unverändert auf die Überwindung dieses beklagenswerten Zustandes gerichtet, indem sie sich für eine engere Koordination in der Wirtschafts- und Finanzpolitik engagierte.

1978 schien sich dafür zum ersten Mal eine realistische Chance zu bieten. Schmidt fand einen Gleichgesinnten im französischen Präsidenten, der die Initiative aber erst nach seiner Wiederwahl im April offen unterstützen konnte. Überraschenderweise spielten diese Bemühungen, Europa vom Dollar unabhängig zu machen, dann aber weder in den bilateralen Gesprächen am Vorabend des Ereignisses noch während der Verhandlungen im Palais Schaumburg selbst eine große Rolle. Sie standen aber gleichwohl auf der *hidden agenda* aller Beteiligten, übten großen Einfluss auf ihre Verhandlungsstrategie aus und wurden im Kommuniqué des Bonner Gipfels gleichsam *en passant* zustimmend zur Kenntnis genommen. Die ›großen Sieben‹ begrüßten ausdrücklich die Absicht der EG, »ein System für

---

83 Helmut Schmidt: Exposee zur aktuellen ökonomischen Problematik unter dem Gesichtspunkt ihrer außenwirtschaftlichen Bedingtheiten. 15. April 1974 (amtlich geheimgehalten). AdsD, DM 014.

eine engere währungspolitische Zusammenarbeit zu prüfen«.[84] Die Tatsache, dass die europäischen Emanzipationsanstrengungen innerhalb der Weltwährungsordnung den Bonner Gipfel nicht belasteten, war an sich schon ein bemerkenswertes Faktum. Immerhin zeichneten sich zu diesem Zeitpunkt die Überlegungen zu einem neuen Europäischen Währungssystem, die für das nordatlantische und das innereuropäische Machtgefüge recht brisant waren, schon ziemlich genau ab. Aus einem der zahlreichen routinemäßigen Vorstöße der Europäischen Kommission heraus hatte sich im April 1978 auf einem Gipfeltreffen des Europäischen Rates in Kopenhagen eine außergewöhnliche, die übliche europäische Verfahrensweise missachtende Initiative entwickelt. Schmidt, Giscard und der britische Premierminister Jim Callaghan, die sich am Morgen des zweiten Konferenztages informell zum Frühstück trafen, setzten hinter dem Rücken ihrer Kollegen aus den kleineren EG-Ländern eine dreiköpfige Kommission aus deutschen, französischen und britischen Währungsexperten ein, die dem zögerlichen Entscheidungsprozess in Europa Beine machen sollte.[85] Sie tagte fünfmal unter strenger Geheimhaltung – aber auch ohne Ergebnis, weil Großbritannien offenbar nicht dazu bereit war, die amerikanischen Interessen den europäischen nachzuordnen. London hatte zwar seine in den Jahren 1951 und 1957 gegen die eigene Beteilung am europäischen Integrationsprozess getroffenen Grundsatzentscheidungen revidiert und war 1973 nach langjährigem Widerstand des Generals de Gaulle Mitglied der Europäischen Gemeinschaften geworden. In vielen Fragen stand man aber nach wie vor den USA näher als Europa, weil Großbritannien seine als ›special relationship‹ verbrämte wirtschaftliche und sicherheitspolitische Abhängigkeit von den Vereinigten Staaten nicht überwinden konnte. Schmidt und Matthöfer hatten schon im April während deutsch-britischer Konsultationen über Wirtschafts- und Währungsfragen in London versucht, Callaghan und seinen Schatzkanzler Dennis Healey von den Vorzügen einer Stärkung des bestehenden Europäischen Währungsmechanismus zu überzeugen, trafen aber bei den Labourpolitikern auf unübersehbare Skepsis. Sie waren daher auf eine dilatorisch-destruktive Taktik der Briten vorbereitet und planten für die deutsche EG-Präsidentschaft einen Überraschungscoup, um zusammen mit Frankreich das europäische und damit auch das Weltwährungsgefüge zu festigen und neu zu ordnen.

Eine wichtige Vertrauensgrundlage für diese deutsch-französische Initiative lag in den engen und freundschaftlichen Beziehungen, die sowohl Schmidt als auch Matthöfer seit Jahren mit ihrem jeweiligen französischen Partner aufgebaut hatten. Sowohl die Staats- und Regierungschefs als auch die Finanzminister beider Länder waren gleichsam politische Zwillingspaare, da sie ganz ähnliche Karriereverläufe hinter sich hatten. Matthöfer hatte René Monory schon kennen gelernt, als er selbst Forschungsminister und der Franzose Industrieminister war. Ungeachtet ihrer weltanschaulichen Differenzen waren beide – der Sozialist und der Liberale –

---

84 Communiqué des Weltwirtschaftsgipfel in Bonn, Artikel XXX, in: Süddeutsche Zeitung vom 18. Juli 1978, S. 6.

85 Peter Ludlow, The Making of the European Monetary System, London 1982, S. 93 f.

offenbar aus demselben realpolitischen Holz geschnitzt. Zu Beginn ihrer Bekanntschaft führten sie zum Beispiel Verhandlungen über die Zusammenarbeit bei der Entwicklung der deutsch-französischen Weltraumrakete ›Ariane‹, die später zu den erfolgreichen europäischen Gemeinschaftsprojekten zählte. Als die französische Seite grundsätzliche Schwierigkeiten hatte, die deutschen Vorschläge anzunehmen, wies der Bonner Forschungsminister – offenbar sehr glaubwürdig – auf den Kern seiner Absichten hin:[86] »Nous ne voulons que l'efficacité.« Monory gab ihm zur Verblüffung seiner Beamten sofort Recht, und sie kamen von da an vorzüglich miteinander aus. Beide wechselten dann fast gleichzeitig an die Spitze des Finanzministeriums. Als der deutsche Finanzminister an der Reihe war, den Vorsitz des Interimsausschusses des IWF zu übernehmen, eine Position, die in seinen Augen mit mehr Ärger als Ehre verbunden war, ließ er Monory den Vortritt – eine Geste, die sein französischer Gegenüber offenbar hoch einschätzte. Seine guten Sprachkenntnisse machten Matthöfer auch zu einem aufmerksamen und dankbarer Zuhörer, wenn der französische Kollege außerhalb der Tagesordnung auf seine Hobbies zu sprechen kam. (Monory war ein begeisterter Jäger und Hochsee-Angler und erzählte gern davon.) Das vertrauensvolle Verhältnis unter den Finanzministern fand seine Entsprechung auf der Ebene der Staats- und Regierungschefs. Sowohl Helmut Schmidt als auch Valéry Giscard d'Estaing waren, bevor sie an die Spitze ihrer Länder traten, Finanzminister und hatten dabei Gelegenheit, sich aus der Nähe kennen – und schätzen – zu lernen. Wenn Schmidt den liberal-konservativen Giscard seinen ›Freund‹ nannte *(et vice versa)*, so war dies gewiss mehr als ein unverbindliches verbales Ritual, wie es etwa im angelsächsischen Sprachraum gepflegt wird, um zu zeigen, dass man *business as usual* macht. Zwischen Schmidt und Giscard gab es eine politische Freundschaft ganz eigener Art, die den deutschen Bundeskanzler freilich nicht davon abhielt, das Prestigebedürfnis des französischen Staatspräsidenten für Fortschritte in der Sache zu nutzen. Je mehr sich die Bundesrepublik geradezu zwangsläufig zur Führungsmacht in Europa entwickelte, desto eher musste Bonn »Paris den Vortritt lassen«, d. h. »nicht nur protokollarisch, sondern auch politisch Frankreich den ersten Rang einräumen«.[87] Dem als eitel und arrogant geltenden Kanzler musste dieses ebenso staatskluge wie selbstlose Verhalten gewiss schwerer fallen als Matthöfer, der von solchen Anfechtungen nicht geplagt war.

Wie wichtig das Vertrauen zwischen den Akteuren für den Erfolg der EWS-Initiative war, wird vor allem am Beispiel der deutschen Ausgangslage deutlich. Während in Frankreich neben dem Finanzminister auch Notenbankpräsident Bernard Clappier von Anfang an in das gemeinsame Vorhaben eingeweiht und an seiner Umsetzung aktiv beteiligt war, stand Helmut Schmidt mit seinem Plan zunächst allein. Die Bundesbank verstand sich – anders als in Frankreich – nicht als operativer Arm der Regierung. Es sollte sich auch rasch zeigen, dass sie Schmidt

---

86 »Wir wollen nur effizient sein.« ›Diensttagebuch‹, 04. 02. 1980; AdsD, DM 0404.
87 Helmut Schmidt, Bonne Entente. Der General und seine Erben, DIE ZEIT vom 1. Mai 1987, S. 38.

im Gegenteil lieber in den Arm gefallen wäre, als ihn bei seinem Vorstoß zu unterstützen. Selbst Finanzminister Apel, bis dahin engster Vertrauter des Kanzlers, machte keinen Hehl aus seiner Ablehnung des vom neuen Kommissionspräsidenten Roy Jenkins am 21. November 1977 vorgelegten Berichts über die Fortschrittsperspektiven zu einer Wirtschafts- und Währungsreform und der seitdem in Europa kursierenden Vorschläge für eine stärkere monetäre Integration. Er hatte sich auch schon früh und bei vielen Gelegenheiten mit der ihm eigenen verbalen Bestimmtheit öffentlich festgelegt.[88] Apel sah hinter diesen Plänen kaum politische Inhalte, aber umso mehr Zahlungsverpflichtungen, was »zwangsläufig zu einer Überstrapazierung des Solidaritätsgefühls in der Gemeinschaft führen« müsse. Es traf sich deshalb gut, dass die Regierungsumbildung nach dem Rücktritt Georg Lebers Schmidt die Chance bot, einen Mann an die Spitze des Finanzministeriums zu holen, dessen Loyalität ihm absolut sicher war und auf dessen wirtschaftlichen Sachverstand er sich unbedingt verlassen konnte. Matthöfer war daher von Anfang an in Schmidts Pläne eingeweiht und diente ihm als verschwiegener Ratgeber, während Dr. Horst Schulmann, Chefökonom im Kanzleramt und später Staatssekretär im Finanzministerium, und nach ihm Manfred Lahnstein als Staatssekretär des Finanzministeriums die verdeckten operativen Aufgaben erledigten. Matthöfer war es auch, der über seine guten Beziehungen zu Michael Blumenthal die Reaktion der Carter-Administration auszuloten hatte. Entscheidend für den gemeinsamen Vorstoß auf der Bremer Ratstagung am 6. und 7. Juli, nur wenige Tage vor dem Bonner Gipfel, war aber die Gemeinsamkeit der Interessen, die für beide Länder einen wirksameren europäischen Währungsverbund erstrebenswert machte. Die Deutschen wollten die Mark vom permanenten Aufwertungsdruck befreien, den der Absturz des Dollars erzeugt hatte, und ihrer exportierenden Wirtschaft, vor allem den kleinen und mittleren Unternehmen, wieder eine feste Kalkulationsgrundlage geben. Auch der Versuch, die Macht der Bundesbank einzugrenzen, mochte eine Rolle gespielt haben.[89] Frankreich suchte die Solidarität des devisenreichen Nachbars, um sich vor künftigen Währungskrisen zu schützen und die eigene wirtschaftliche Schwäche zu kompensieren. Im europäischen Kontext war diese Anlehnung an Deutschland für das Nachbarland eher erträglich. Beide sahen aber auch über die eigenen nationalen Interessen hinaus eine Gelegenheit, dem europäischen Projekt, dem man grundsätzlich positiv gegenüberstand, neuen Schub zu geben.

Eine gemeinsame Währungspolitik zählte von Anfang an zu den Desiderata der Wirtschaftsgemeinschaft. Außer der Gründung eines Währungsausschusses im März 1958 und des Ausschusses der Zentralbankgouverneure 1964 geschah jedoch auf diesem Gebiet sehr wenig. Eine Initiative für eine dreistufige Währungsunion bis 1971, die der erste Kommissionspräsident, Walter Hallstein, 1962 angestoßen

---

88 »Mit Geld allein wird Europa nicht gebaut«, Handelsblatt vom 2. Dezember 1977, wiederabgedruckt in: Reden und Interviews 5. Dr. Hans Apel, hrsg. v. BMF, Bonn 1978, S. 125–130.

89 Daran erinnerte sich der Chef des Bundeskanzleramtes, Manfred Schüler, in einem Interview am 2. November 1999 in Bonn im Rahmen des Oral-History-Projekts der FES: AdsD, DM 0404.

hatte, verlief im Sande. De facto übernahm stattdessen die Deutsche Bundesbank allmählich die Rolle eines zentralen währungspolitischen Akteurs in Europa, dessen Entscheidung sich andere europäische Zentralbanken – nicht immer freiwillig – von Fall zu Fall anschlossen. Dem entsprach die Entwicklung der Deutschen Mark zur Ankerwährung der Gemeinschaft. Angesichts wachsender Turbulenzen auf den internationalen Devisenmärkten legte der Luxemburgische Ministerpräsident Pierre Werner 1970 einen Bericht vor, der die stufenweise Einführung der Wirtschafts- und Währungsunion bis 1980 vorsah. Schon zu Beginn dieser Periode war aber abzusehen, dass die hochgesteckten Ziele einer politischen Union, die Werner in der dritten Stufe erreichen wollte, nicht realistisch waren. Sie sah nicht nur ein europäisches Zentralbanksystem vor, sondern auch ein gemeinsames wirtschaftspolitisches Entscheidungsgremium, das dem Europäischen Parlament verantwortlich sein sollte.[90] Während die deutsche Seite dies für unverzichtbar hielt, war Frankreich nicht bereit, den EWG-Vertrag in dieser Richtung zu erweitern. Als Kompromiss einigten sich die Mitgliedsstaaten darauf, zunächst die erste Stufe zu realisieren, bevor weitere Schritte konkretisiert werden sollten. Damit reduzierte sich der Plan auf die Durchsetzung geringerer Schwankungsbreiten der europäischen Wechselkurse und auf gegenseitige Kredithilfen, die im Falle von Währungsspekulationen gegen einzelne Währungen der Gemeinschaft in Anspruch genommen werden konnten. Bald nach der Verabschiedung der ersten Stufe des Werner-Plans überschlugen sich aber die Ereignisse auf dem internationalen Währungsparkett, was die Europäer vor große Herausforderungen stellte. Im Mai 1971 hob die Bundesregierung die bestehende Parität der Mark zum Dollar auf, ohne die französische Regierung zuvor zu konsultieren. Im August mussten die USA die Goldbindung des Dollars aufgeben, weil es ihnen immer schwerer fiel, den Verpflichtungen aus dem Bretton-Woods-Abkommen von 1944 nachzukommen.[91] Noch einmal gelang es zwar – im Smithsonian Agreement[92] – Ende des Jahres die Wechselkurse zu stabilisieren, nachdem die USA den Dollar um 7,89 Prozent abgewertet hatten und eine größere Bandbreite für Wechselkursschwankungen akzeptiert worden war. Die Europäer verabredeten zur Stabilisierung ihrer Handelsbeziehungen für ihre eigenen Währungen im März 1972 eine nur halb so große Bandbreite von +/- 2,25 Prozent, sodass sich die europäischen Währungen gegenüber dem Dollar wie eine »Schlange im Tunnel« bewegen konnten. Dieser Rege-

90 Report to the Council and the Commission on the Realization by stages of Economic and Monetary Union in the Community (Werner-Report), in: Bulletin of the European Communities, Supplement II, Luxembourg, October 1970.

91 In Bretton Woods (New Hampshire/USA) legten die USA (Harry D. White) und Großbritannien (John M. Keynes) auf einer Konferenz der »Vereinten Nationen« die Grundzüge einer neuen Weltwirtschafts- und Währungsordnung fest. Daraus ging 1945 der Internationale Währungsfonds hervor, der die Stabilität fester, auf den Dollar bezogener Wechselkurse garantieren sollte. Kern der neuen Ordnung war die freie Gold-Konvertibilität des Dollar, die schon 1934 im Gold-Reserve-Act der USA festgelegt worden war.

92 Im Dezember 1971 zogen in Washington D.C. die zehn wichtigsten Handelsnationen der westlichen Welt (G 10) bei einem Treffen in der Smithsonian Institution, dem größten Museumskomplex der Welt, die ersten Konsequenzen für das Weltwährungssystem nach dem Fall des US-Dollars.

lung, dem Europäischen Wechselkursmechanismus (ERM), schlossen sich auch die designierten neuen Mitglieder der EG, Dänemark, Großbritannien und Irland an. Damit hatten die Europäer einen wichtigen ersten Schritt zur währungspolitischen Emanzipation von den Vereinigten Staaten gemacht.

Die Funktionsfähigkeit dieser Absprachen beruhte freilich auf einem Grundkonsens monetärer Disziplin, der in den siebziger Jahren nicht leicht zu finden war. Noch immer beharrten die meisten Staaten auf der keynesianischen Vorstellung, Wirtschaftskrisen und Arbeitslosigkeit nicht zuletzt mit den Instrumenten der Geld- und Währungspolitik zu bekämpfen. Vor die Wahl gestellt, entweder die Wechselkursstabilität auf Kosten der konjunkturpolitischen Handlungsfähigkeit des Nationalstaats zu stärken oder weiterhin selbstständige Beschäftigungspolitik treiben zu können, entschieden sich die meisten Mitgliedstaaten der EG für die Autonomie nationaler Wirtschaftspolitik. Großbritannien und Irland schieden deshalb schon im Sommer 1972 wieder aus dem Verbund aus. Der Druck auf die »Währungsschlange« nahm noch zu, als die USA im Februar 1973 das Smithsonian Agreement aufkündigten, den Dollar um weitere 10 Prozent abwerteten und zu freien, nach Angebot und Nachfrage schwankenden Wechselkursen (›Floating‹) übergingen. Jetzt war die »Schlange« auf sich allein gestellt und ebenfalls zum »Gruppen-Floating« ihrer verbundenen Währungen gezwungen. Wegen der negativen Auswirkungen der Ölpreiskrise auf die Arbeitsmärkte waren die Bedingungen für eine disziplinierte Währungspolitik der Mitglieder des »Europäischen Wechselkursverbunds« nicht gerade günstig. Infolgedessen ging es unter dem Dach des europäischen Währungsverbunds bald zu wie in einem Taubenschlag. Frankreich verließ den ERM gleich zweimal (1974 und 1976), nachdem es zwischenzeitlich wieder zurückgekehrt war. Auch Italien, Norwegen und Schweden zogen es vor, eigene Wege zu gehen. Über die zweite und dritte Stufe des Werner-Plans wollte unter diesen Bedingungen niemand mehr sprechen. Der Plan scheiterte am deutsch-französischen Gegensatz, der nicht zuletzt aus der führenden Rolle der Deutschen Bundesbank resultierte. Die Frankfurter Notenbank war unabhängig genug, um sich für den Vorrang der inneren und äußeren Währungsstabilität zu entscheiden – oft genug gegen die erklärte Absicht der Bundesregierung, die aus konjunktur- und arbeitsmarktpolitischen Gründen einen expansiven Kurs bevorzugt hätte. Andere Länder wollten und mussten sich der stabilitätsorientierten Führung der Deutschen Bundesbank nicht anschließen, sodass Ende 1978 der D-Mark-Block aus Westdeutschland, Dänemark und den Beneluxstaaten alleine in der »Schlange« blieb, während die Währungen der übrigen EG-Mitglieder sich frei am Markt bewegten. Über die Tatsache der währungspolitischen Spaltung hinaus wuchs damit die Gefahr eines Scheiterns der Europäischen Gemeinschaft.

Die Gründung des Europäischen Währungssystems, die 1978 auf der Bremer Ratstagung zwischen Bundeskanzler Helmut Schmidt und dem französischen Präsidenten Valéry Giscard d'Estaing verabredet wurde, hatte deswegen vor allem eine eminent politische Bedeutung. Es galt, ein Auseinanderdriften der Gemeinschaft abzuwenden und neuen Elan in die europäische Integrationsbewegung zu bringen.

Wirtschaftlich gesehen beeindruckte das EWS weniger. Im Prinzip blieb nämlich währungspolitisch alles beim Alten. Der Wechselkursmechanismus wurde in seinen wesentlichen Teilen fortgeführt. Allerdings einigten sich die beiden »Staatsökonomen« auf die Einführung kleinerer Neuerungen, die helfen sollten, Frankreich den Wiedereintritt in den ERM zu erleichtern und die Dominanz der Bundesbank wenigstens symbolisch zu verringern. Diese Aufgabe sollte die neue europäische Währungseinheit European Currency Unit (ECU) erfüllen, deren Namen in Frankreich an die mittelalterliche Goldwährung Ecu d'or (Goldener Schild) aus der Zeit Ludwig IX., des Heiligen, erinnerte und auch in Teilen Deutschlands und des übrigen Europa weit verbreitet war. Sie diente wie die bisherige europäische Rechnungseinheit EUA (European Unit of Account) als Bezugsgröße bei der Berechnung der Währungsrelationen, fungierte aber nun auch als Rechnungseinheit in einem neu geschaffenen Kreditmechanismus zwischen den Staaten und sollte nicht zuletzt die D-Mark wenigstens auf der symbolischen Ebene der Politik ersetzen. Der politische Psychotrick hatte Erfolg. Matthöfer konnte dies am Verhandlungstisch im Palais Schaumburg aus unmittelbarer Nähe beobachten, als der Bundeskanzler in einem seiner langen Monologe, die er, wenn er nicht als Vorsitzender sprach, auf deutsch hielt, den Begriff ›Ecu‹ in französischer Aussprache verwendete. Giscard d'Estaing strahlte den vis-à-vis sitzenden deutschen Finanzminister an, wiegte vergnügt den Kopf von links nach rechts und rollte ein wenig mit den Augen, um ihm durch sein Minenspiel Befriedigung über die Wahl des Namens der alten französischen Münze als europäische Währungseinheit auszudrücken.[93] Die Briten konnten dagegen nichts einwenden, weil ECU auch als Abkürzung der englischen Umschreibung für das neue Kunstgeld zu lesen war. Der Vorschlag kam von Giscard d'Estaing, weil er die im Entstehen begriffene neue europäische Währung in eine lange französische Tradition rücken und damit in der französischen Öffentlichkeit populär machen wollte. Helmut Schmidt war jede Bezeichnung recht, die der Akzeptanz des Projekts in Frankreich zuträglich war:[94] »Meine inzwischen hoch entwickelte Francophilie ließ mich den Vorschlag sofort akzeptieren, zumal abzusehen war, dass es beim besten Willen keine sinnvolle englische Abkürzung gab, die in der deutschen Sprache das Wort Taler ergeben hätte.« In die virtuelle Korbwährung ECU ging allerdings die D-Mark doch zu 33 Prozent ein, während der Franc mit 20 Prozent und das Pfund mit 13,5 Prozent die nächsten Plätze belegten. Um zu kursstützenden Interventionen fähig zu werden, brachten alle Mitgliedsstaaten zunächst 20 Prozent ihrer Gold- und Devisenreserven gegen

93 ›Diensttagebuch‹, 16.–17. 07. 1978; AdsD, DM 0404.
94 Helmut Schmidt, Die Deutschen und ihre Nachbarn, Berlin 1990, S. 228. Als ihm Hans Matthöfer später einmal einige französische Ecu schenkte, war er enttäuscht. Es handelte sich um Ecu (blanc), die 1726 von Ludwig XV. ausgegeben worden waren und als ›Franzgeld‹ den europäischen Markt überschwemmt hatten. Die Franzosen hatten in der absolutistischen Epoche nicht mehr wie zur Zeit Ludwigs des Heiligen (1270) Gold, sondern hauptsächlich Silber als Prägematerial verwendet. Vielleicht verdankte Schmidt aber gerade diesem Umstand, der sich entscheidend auf den Sammlerwert der Münzen auswirkte, das Geschenk seines im privaten Umgang als ›Pfennigfuchser‹ bekannten Freundes.

ECU-Gutschrift in einen Fonds ein, der alle zwei Jahre in der selben Größenordnung aus den nationalen Reserven weiter gefüllt werden sollte. Demnach wäre das EWS bis 1989 vollendet gewesen.

Der Start in das neue System verlief alles andere als reibungslos. In Deutschland lehnte die Opposition das EWS ab, weil sie dahinter eine europäische »Inflationsgemeinschaft« vermutete. Aber auch die Bundesbank musste erst in einem mühsamen Diskussionsprozess von den Vorzügen einer weiteren Währungsintegration überzeugt werden. Sie befürchtete den Verlust eigener Macht und Souveränität und damit eine schleichende Erosion ihrer hochgesteckten Stabilitätsstandards. Aus Matthöfers Sicht erwies sich vor allem Bundesbankpräsident Otmar Emminger als »ein elender Rechthaber und langwieriger und umständlicher Diskutant«.[95] Emminger hatte sein Metier von der Pike auf gelernt und im Bayerischen Wirtschaftsministerium, in der OEEC und in der Bank deutscher Länder schon während der Besatzungszeit reichlich Erfahrung im Umgang mit Deutschlands Nachbarn gesammelt. So war es wohl eher habituelles Misstrauen und weniger konkrete sachliche Anhaltspunkte, was zu seiner Ablehnung des Projekts führte. Schmidt konnte ihn daher in einer mehrstündigen bewegten Debatte im Kanzleramt, an der auch Matthöfer, Karl Otto Pöhl und Manfred Lahnstein teilnahmen, zur Mitarbeit bewegen, nachdem er ihm Punkt für Punkt seine Bedenken widerlegt hatte.[96] Emminger verlangte jedoch, stufenweise vorzugehen und einige Vorsichtsmaßnahmen in den Vertrag aufzunehmen. So wurde z. B. der Transfer von Teilen der Devisenreserve als eine Art Dauerleihgabe (revolvierende Dreimonatsswaps) behandelt, die jeweils wieder aufs Neue zu verlängern war. Auch der Vorbehalt der Bundesbank, sie werde »im äußersten Notfall auch die Intervention am Devisenmarkt vorübergehend suspendieren«, wenn eine Entscheidung über die Anpassung der Wechselkurse im EWS nicht rechtzeitig erfolgte, stieß bei Matthöfer auf klammheimliche Zustimmung, weil sie ihm als ›Knüppel hinter der Tür‹ das harte Geschäft der Kompromissfindung erleichterte.[97] Später hat er die Wirksamkeit gerade dieser Klausel am belgischen Beispiel im Zusammenspiel mit Emminger und Monory erfolgreich erprobt – was übrigens deutlich macht, dass es ihm keineswegs um eine Nachfragestimulierung um jeden Preis ging. Der belgische Finanzminister Gaston Geens hatte sich in einer langen sonntäglichen Nachtsitzung kategorisch geweigert, einer Abwertung des belgischen Franken zuzustimmen, und damit als letzter aller EWS-Partner die fünfte Neuordnung der Leitkurse blockiert. Als man in den frühen Morgenstunden Gefahr lief, keine Einigung vor Öffnung der Börsen zu erzielen, half nur noch Matthöfers Drohung, er werde der Bundesbank erlauben, am Montag nicht mehr zu intervenieren. Er war darin offenbar sehr glaubwürdig, denn Geens stimmte im letzten Moment zu – nicht ohne noch

---

95 ›Diensttagebuch‹, 3.4.1979, AdsD, DM 0404.
96 ›Diensttagebuch‹, 7.11.1978, AdsD, DM 0404.
97 Emminger im Handelsblatt vom 26. März 1979; Matthöfer hatte ihm zuvor deutlich gemacht, dass auch er es für unverzichtbar hielt, »daß die Bundesbank die Kontrolle über die deutsche Geldmenge behält«. Otmar Emminger, D-Mark, Dollar, Währungskrisen, Stuttgart 1986, S. 362.

einmal protestierend auf den anders lautenden Wortlaut des Vertrages hinzuweisen.[98]

Die Briten kamen in ihrer Beurteilung des EWS paradoxerweise genau zum
entgegengesetzten Ergebnis wie zunächst die Bundesbank. London sah im EWS
vor allem ein Instrument zur Durchsetzung deutscher Stabilitätsziele und gerade
die Labourregierung wollte nicht auf die Verfolgung eigener Wachstums- und Be-
schäftigungsziele verzichten. Von Margaret Thatchers Konservativen auf allen Gebieten der Politik herausgefordert, hielt man es in der Downing Street nicht für
opportun, sich wieder unter die faktische Hegemonie der Deutschen Bundesbank
zurückzubegeben. Mit dem eigenen Weltmachtanspruch schien es eher kompatibel, sich unter den Schutz der Supermacht USA zu stellen, wie schon auf dem Gebiet der Sicherheitspolitik. An der Art, wie Dennis Healey die deutsch-französische
Initiative zu Hause und in den USA als innereuropäische Fronde denunzierte,
wurde rasch klar, dass Großbritannien nicht ernsthaft am Erfolg des EWS interessiert war.[99] Das zeigte sich auch am Rollenverständnis seiner Emissäre am Brüsseler Verhandlungstisch, das sich vor allem in Verzögerungs- und Obstruktionsma-
növern manifestierte. Für Matthöfer, der während der deutschen EG-Präsidentschaft
die Verhandlungen führte und auch sonst die Kärrnerarbeit für das Zustandekommen des EWS leistete, war dies ein großes Ärgernis. Er wusste seit April, dass London nicht zu konstruktiver Mitarbeit bereit war, musste sich aber bis zuletzt immer
wieder mit geschickten und sachkundigen Einwänden seines sozialistischen Kollegen auseinander setzen. Je sicherer er war, dass Healey »von seinem Premierminister vorher vergattert und auf Ablehnung der Teilnahme Großbritanniens am Wechselkurssystem festgelegt« war, desto mehr empörte ihn »die doppelzüngige und
zeitraubende Obstruktionspolitik der Briten«.[100] Ablehnend verhielten sich übrigens auch die französischen Sozialisten unter Laurent Fabius. Sie verwiesen auf die
angebliche Tatsache, dass das EWS eine nationale Vollbeschäftigungspolitik unmöglich mache oder sie jedenfalls wesentlich erschwere. Zu einer Zeit, als ihre
deutschen Kollegen begannen, sich endgültig von keynesianischen Patentrezepten
abzuwenden, gaben sich die französischen Sozialisten »sehr aktivistisch-voluntaris-
tisch, so als sei eine nationale Vollbeschäftigungspolitik lediglich eine Frage des
eigenen starken nationalen Willens«.[101] Sie waren allerdings pragmatischer als ihre
britischen Genossen. Als Matthöfer nach der Bildung der neuen Mitterrand-
Regierung Fabius erneut traf, diesmal als französischen Haushaltsminister, antwortete dieser auf seine besorgte Frage nach seiner Einstellung zum EWS: »Mach Dir
mal keine Sorgen, jetzt sind wir an der Regierung.«[102]

---

98 So übereinstimmend der spätere Bundesbankpräsident Schlesinger im Interview im Rahmen des
  Oral-History-Projekts der FES am 29. September 1999 in Oberursel (AdsD, DM 0404) und
  Matthöfer im ›Diensttagebuch‹, 3.4.1979, AdsD, DM 0404.
99 Ludlow, Making, S. 185.
100 ›Diensttagebuch‹, 20.11.1978, AdsD, DM 0404.
101 So der Eindruck Matthöfers nach einem Treffen im Pariser Palais Beauharnais. ›Diensttagebuch‹,
  19.–22,10.1979, AdsD, DM 0404.
102 Ebenda. François Mitterrand und seine Linkskoalition hatten am 4. Mai 1981 die Parlaments- und

Nach Vorbereitung durch die EG-Finanzminister beschloss der Europäische Rat am 5. Dezember 1978 die Errichtung des europäischen Währungssystems EWS. Ziel war ein höheres Maß an Währungsstabilität in der Gemeinschaft. Das EWS sollte aber auch Bestandteil einer umfassenderen Strategie sein, die auf ein nachhaltiges Wachstum in Stabilität, eine schrittweise Rückkehr zur Vollbeschäftigung, die Angleichung des Lebensstandards und die Verringerung der regionalen Einkommensdisparitäten in der Gemeinschaft abzielte. Als Grundlage des neuen Wechselkurssystems dienten ECU-basierte Leitkurse, mit deren Hilfe ein Gitter bilateraler Wechselkurse festgelegt wurde. Die Bandbreite dieser Leitkursrelationen sollte +/- 2,25 Prozent betragen, im Ausnahmefall, den Italien für sich in Anspruch nahm, war auch eine größere Bandbreite bis zu 6 Prozent möglich. Insgesamt standen 25 Mrd. ECU für Währungskredite zur Verfügung. Wer nun geglaubt hatte, das EWS werde zum 1. Januar 1979 in Kraft treten können, sah sich getäuscht. Auf dem Höhepunkt ihres Triumphes wurden die Initiatoren einer neuen Qualität europäischer Integration peinlich daran erinnert, wie unzulänglich der Zustand der EG in ihrem wirtschaftlichen Kern war. Ausgerechnet Frankreich legte im Rat der Wirtschafts- und Finanzminister einen einstweiligen Vorbehalt ein. Er sollte so lange das Inkrafttreten des EWS verhindern, »bis die Ergebnisse der Beratungen des Agrarministerrates zu der Verordnung über die Auswirkungen des EWS auf die Agrarpolitik bekannt sind«.[103] Bei aller Euphorie über das EWS, die auch in Frankreich geteilt wurde, hatten die französischen Agrarbürokraten in Brüssel nicht vergessen, dass die neuen Wechselkursrelationen auch Auswirkungen auf das Herzstück des gemeinsamen Marktes, den Agrarmarkt, haben würden, von dem die französische Landwirtschaft bisher am meisten profitierte. Sie hatten rasch ausgerechnet, dass die Regelungen des EWS für sie nachteilig sein konnten, solange nicht das Ziel der Einheit der Agrarpreise durchgesetzt war. Sie forderten deshalb nachträglich einen Zeitplan zur Abschaffung des sogenannten Grenzausgleichs, eines schon vor dem EWS installierten Systems von Unterstützungen und Erstattungen, das den Druck von Währungsschwankungen auf bäuerliche Einkommen ausgleichen sollte. Aus französischer Sicht hatten die deutschen Bauern schon zu sehr von diesem Grenzausgleich profitiert, als dass man ihnen mit dem EWS noch weitere ungerechtfertigte Wettbewerbsvorteile zugestehen wollte. Matthöfer, von der französischen Verknüpfung von Währungs- und Agrarpolitik verstimmt, erinnerte dieses Verfahren lebhaft an die schlechten Erfahrungen, die er 1975 beim Abschluss des ESA-Vertrages mit dem französischen Industrieminister d'Ornano machen musste. Er war deshalb bereit, das EWS an diesem Punkt scheitern zu lassen: »Entweder es wird jetzt von allen Teilnehmern eingesehen, daß das EWS eine europäische Veranstaltung ist, die allen nutzt und an der deshalb alle ein gemeinsames Interesse haben, oder man wird versuchen, uns immer wieder zu erpressen. Dann wäre es schon besser, das System jetzt am Anfang scheitern zu lassen.«[104] Auf

Präsidentschaftswahlen gewonnen und Giscard d'Estaing im Elysée-Palast abgelöst.

103 Handelsblatt vom 20. Dezember 1978.
104 ›Diensttagebuch‹, 20.2.1979, AdsD, DM 0404.

Schmidt, der wohl zu einem letzten Kompromiss bereit gewesen wäre, machte diese Entschiedenheit seines Freundes großen Eindruck, sodass er sich ihm anschloss.[105] Die Entschlossenheit der Deutschen, den Vertrag im Zweifel noch scheitern zu lassen, entschied schließlich die Machtbalance in dem »agrarpolitischen Satyrspiel« (Helmut Schmidt) zwischen der mächtigen ›grünen Front‹, die in Premierminister Raymond Barre ihren Sprecher gefunden hatte, und den ›Europäern‹ um Giscard und Monory. Als Barre von Schmidt selbst erfuhr, dass er die Position des Finanzministers bedingungslos unterstützte, gaben die Franzosen im März 1979 stillschweigend nach, nachdem sie das Inkrafttreten des EWS um zehn Wochen verzögert hatten.

Mit Ausnahme Großbritanniens, das zwar dem EWS als Mitglied angehörte, nicht aber am Wechselkurssystem teilnahm, war die EU nun währungspolitisch geeint. Von einer Währungsunion, wie sie der Werner-Plan vorsah, war allerdings nicht mehr die Rede. Dies wäre angesichts der anhaltenden Unsicherheit und Instabilität des europäischen Währungsverbunds auch nicht angemessen gewesen. Allein bis 1983 kam es zu 7 Leitkursanpassungsrunden mit 21 Auf- und Abwertungen beteiligter Währungen, darunter vier Aufwertungen der D-Mark und drei Abwertungen des Französischen Franc.[106] Dann trat im Prinzip eine Trendwende ein, ohne dass dies auch schon ein Ende der währungspolitischen Unsicherheit bedeutet hätte. Immerhin änderte Frankreich 1983 seine währungspolitische Strategie. War Paris seit dem Wahlsieg des Sozialisten François Mitterrand von 1981 in der Konjunktur- und Beschäftigungspolitik vollends auf politischen Keynesianismus eingeschworen, schloss sich dieselbe Regierung jetzt in einer Grundsatzentscheidung dem eher stabilitätsorientierten Kurs der Bundesbank an.[107] Die neue Prioritätensetzung zog auch andere Länder mit sich, sodass es in einer zweiten Phase bis 1987 »nur« noch 5 Leitkursanpassungen mit 15 neuen nationalen Wechselkursen gab und damit eine gewisse Konsolidierung des Systems eintrat. Die Illusion einer bereits bestehenden Währungsunion trug viel dazu bei, dass 1991 mit dem Vertrag von Maastricht ein neuer Anlauf zu einer gemeinsamen Währung gemacht werden konnte, an dessen Ende die Einführung des Euro stand.

Die Wirklichkeit des europapolitischen Alltags bot Ende der siebziger Jahre freilich wenig Raum für Illusionen. Wurde das Hochgefühl der EWS-Gründer schon durch das französische Verhinderungsmanöver stark abgeschwächt, sorgten der europäische Agrarmarkt und seine finanziellen Folgen für das Gleichgewicht zwischen den EG-Beitragszahlern bald für weitere Turbulenzen. Während der Löwenanteil der Ausgaben der EG die Finanzierung des gemeinsamen Agrarmarktes betraf, profitierten die Mitgliedsländer sehr unterschiedlich von dessen Regulierungen. Dies betraf vor allem Großbritannien. Das Vereinigte Königreich gehörte

---

105 ›Diensttagebuch‹, 11.1.1979, AdsD, DM 0404.

106 Deutsche Bundesbank, Internationale Organisationen und Gremien im Bereich von Währung und Wirtschaft (Sonderdrucke der Deutschen Bundesbank 3) 5. Aufl. Frankfurt/M. 1997, S. 120 f.

107 Horst Ungerer, The EMS 1979–1990: Policies – Evolution – Outlook, in: Konjunkturpolitik 36 (1990), S. 329–362.

Die Wacht am Schrein   NRZ-Zeichnung: Bernd Bruns

In der Abwehr britischer Rückzahlungsforderungen war der deutsche Finanzminister
trotz entschiedener Haltung nicht immer erfolgreich (NRZ Juni 1980).

im EG-Finanzierungssystem in ähnlichem Umfang wie Deutschland zu den Nettozahlern. Anders als Deutschland – aber noch viel mehr als Frankreich – kamen
die Briten aber kaum in den Genuss von Agrarsubventionen und Ausgleichszahlungen, weil sich Großbritannien bereits im 19. Jahrhundert gegen eine eigene
Landwirtschaft und für den Freihandel entschieden hatte. Schon die Labourregierung in London drängte deshalb hartnäckig und mit großem Geschick auf einen
»Beitragsrabatt«. Nach dem Wahlsieg der Konservativen im Mai 1979 und der
Wahl Margaret Thatchers zum Premierminister vertrat London diese Forderung
immer aggressiver (»We want a very large proportion of our own money back«)
und schien darüber sogar die Mitgliedschaft Großbritanniens in der EG infrage zu
stellen. Aus deutscher Sicht konnte sich Europa gerade vor dem Hintergrund
wachsender weltpolitischer Spannungen eine Krise, die den Zusammenhalt der
Gemeinschaft gefährdete, nicht leisten. Auf der Tagung der Wirtschafts- und Finanzminister in Brüssel griff der deutsche Finanzminister deshalb nach geradezu
beschwörenden Formeln. Es sei »welthistorisch notwendig«, dass die Gemeinschaft
gemeinsam mit den USA in der Lage bleibe, eine führende Rolle in der Welt zu
spielen.[108] Offenbar dachte er dabei an die wachsenden Schwierigkeiten des Westens mit den Öl-Lieferländern und die zunehmende Unruhe in der Dritten Welt.
Er kritisierte daher die Brüsseler Kommission, weil sie bisher keine konkreten Vor-

108 Stuttgarter Zeitung vom 20. November 1979.

schläge unterbreitet hatte, die Großbritannien als Entgegenkommen hätte deuten können, machte aber gleichzeitig die Grenzen seiner eigenen Konzessionsbereitschaft deutlich. Die Lösung dürfe nicht einfach den britischen Rabattvorstellungen entsprechen, sondern müsse auch den Bedingungen der Gemeinschaft gerecht werden. Er schlug vor, den bereits bestehenden »Korrekturmechanismus« zu verbessern und einschneidende Änderungen der Agrarpolitik vorzunehmen, die freilich in das Ressort seines liberalen Kabinettskollegen Josef Ertl fielen. Konkret plädierte er für eine Anhebung der sogenannten Milcherzeuger-Abgabe zur Bekämpfung des ›Milchsees‹, eine Drosselung der Zuckerproduktionsquoten zum Abbau des ›Zuckerberges‹ und eine Beschränkung des Ankaufs von Rindfleischüberschüssen zur Verringerung der ›Rindfleischhalden‹. Solche Forderungen hatte London bereits früher erhoben, aber mit Rücksicht auf ein zu erwartendes französisches Veto zurückgestellt. Er verteidigte damit den Grundsatz, dass es keine Umverteilung der Rückflüsse geben dürfe, sondern bei den Aufgabenbereichen angesetzt werden müsse, die die Schieflage verursachten. Dies traf in besonderem Maße auf den gemeinsamen Agrarmarkt zu, der allein mehr als 70 Prozent aller EG-Ausgaben verursachte. Vor allem aber wollte er verhindern, dass eine Anhebung der Eigenmittel der EG über den Satz von jeweils einem Prozent der Mehrwertsteuer-Bemessungsgrundlage der Mitglieder nötig wurde.

Die Beschwörungsversuche blieben vergeblich. Weder rang sich der Europäische Agrarrat zu konkreten Sparmaßnahmen durch, noch hielten sie den Bundeskanzler davon ab, auf dem europäischen Gipfeltreffen in Luxemburg im April 1980 einen Kompromissvorschlag zu machen, der die Grenze des Vertretbaren aus der Sicht Matthöfers weit überstieg. Immerhin zog Schmidt sein Angebot, das zu einer zusätzlichen Belastung des Bundeshaushaltes in Höhe von 1,25 Mrd. DM geführt hätte, noch auf dem Gipfeltreffen zurück, weil es nicht zu dem gewünschten Ergebnis geführt hatte. Der Finanzminister nutzte die Chance, um künftigen Friedensangeboten zu Lasten des Bundeshaushaltes vorzubeugen. Wollte Schmidt dieses Angebot ein zweites Mal machen, ließ er verlauten, könne er mit seiner, Matthöfers Zustimmung nicht rechnen. Eine Rücktrittsdrohung sollte dies nicht sein. Er war sich sicher: »Wenn ich sage, das machen wir nicht so, dann macht er das nicht so.«[109] Er hatte die Rechnung aber ohne seinen Parteifreund Klaus von Dohnanyi gemacht, der als Staatsminister im Auswärtigen Amt im Brüsseler Rat seinen Außenminister Hans-Dietrich Genscher vertrat und einer Verringerung des britischen Beitrages zum Haushalt der EG um rund 2,9 Mrd. DM für 1980 und um 3,4 Mrd. DM für 1981 zustimmte.[110] Der dadurch entstehende Fehlbetrag sollte durch eine Erhöhung des Beitrags der anderen Mitgliedländer gedeckt werden. Der Beschluss bedeutete für den Bundeshaushalt in den beiden Jahren eine Mehrbelastung von insgesamt 2,022 Mrd. DM. Noch war nicht alles verloren, weil die Zustimmung wie üblich *ad referendum* erfolgte, d. h. von Dohnanyi die Ver-

---

109 ›Dienstagebuch‹, 1.5.1980, AdsD, DM 0404.
110 ›Diensttagebuch‹, 30.5.1980, AdsD, DM 0404.

pflichtung nur unter dem Vorbehalt der Zustimmung des Kabinetts übernommen hatte. Matthöfer war über »diesen wichtigtuerischen und die finanziellen Interessen der Bundesrepublik missachtenden Alleingang des deutschen Vertreters ... ziemlich sauer«.[111] Als er aber den Bundeskanzler fragte, »wie wir denn in Zukunft im Kabinett für finanzielle Disziplin sorgen könnten, wenn wir so etwas ohne Konsequenzen durchgehen ließen«, antwortete ihm Schmidt trocken: »Willst Du etwa ausgerechnet jetzt den Spitzenkandidaten der SPD für die nächste Landtagswahl in Rheinland-Pfalz aus der Regierung schmeißen?« Der Finanzminister fügte sich, denn selbst bürgerliche Kommentatoren wussten: »wegen einer Emotion tritt Hans Matthöfer nicht zurück. Da müsste ihm schon einer die Frage beantworten, wofür das gut sein soll.«[112] Wenigstens musste er den Milliardenbetrag nicht mit dem Hut in der Hand bei seinen Kabinettskollegen einsammeln. Er konnte sich der Unterstützung des Koalitionspartners ebenso sicher sein wie der eigenen Fraktion, die, um einen Koalitionskrach abzuwenden, übereinstimmend dem Finanzminister ihre volle Sympathie und Kooperationsbereitschaft versicherten. Herbert Wehner schützte ihn vor dem Unmut der SPD-Fraktion, die nicht verstehen konnte, dass immer mehr Anträge auf Erhöhung sozialer Leistungen abgelehnt wurden, während offenbar Geld für die Erfüllung internationaler Verpflichtungen reichlich zur Verfügung stand. Stattdessen entlud sich der Ärger über dem Haupt des Staatsministers, der noch dazu die Brüsseler Vereinbarung so »schludrig« verhandelt hatte, dass die Bundesrepublik ihr Geld nicht zurückbekam, als sich herausstellte, dass die bei den Verhandlungen unterstellten Voraussetzungen für die Zahlung an Großbritannien nicht eintraten.[113] Für den Finanzminister bot die Brüsseler Forderung eine gute Gelegenheit, um gleich die Flucht nach vorne anzutreten. Er setzte im SPD-Präsidium den Beschluss durch, die Nettokreditaufnahme für 1980 wegen der Europa-Vereinbarung nicht zu erhöhen. Darüber hinaus machte er klar, dass die Mehrbelastung nicht mehr aus der dem Bund zur Verfügung stehenden Finanzmasse gedeckt werden könne. Eine Anhebung der Mineralöl- und der Branntweinsteuer war daher aus seiner Sicht zwingend, wenn die Bundesländer – wie zu erwarten war – sich nicht durch eine entsprechende Erhöhung des Mehrwertsteueraufkommens an den Lasten beteiligten. Damit legitimierte er Steuererhöhungen, denen der Koalitionspartner und die Bundesratsmehrheit ansonsten kaum zugestimmt hätten. Die zusätzliche Belastung schien auch eine rigide Sparpolitik gegenüber dem Europahaushalt zu rechtfertigen, die sehr populär war, aber bei den sozialdemokratischen Europa-Parlamentariern auf Kritik stieß. Sie warfen der Bundesregierung »eine an ›Poujadismus‹ grenzende Haushaltspolitik« vor, weil sie zusammen mit Frankreich gegen einen europäischen Nachtragshaushalt von 600 Mio. DM Klage einreichte.[114] Tatsächlich brachte der

111 ›Diensttagebuch‹, 2.6.1980, AdsD, DM 0404.
112 Hans D. Barbier, Neue Klimmzüge statt eines Abgangs, FAZ vom 3. Juni 1980.
113 ›Diensttagebuch‹, 2.6.1980, AdsD, DM 0404.
114 Politisch-Parlamentarischer Pressespiegel vom 20. Januar 1981. Pierre Poujade hatte 1955 in Frankreich die populistisch-rechtsextreme Union de défense des commerçants et artisans (UDCA)

›Britenrabatt‹ den Matthöferschen Haushalt kaum in Schwierigkeiten. Da die Periodisierung des britischen Haushaltsjahres mit der deutschen nicht übereinstimmte, gelang es, die Zahlungen auf drei Haushaltsjahre zu verteilen, und ein Teil der ja nicht völlig überraschend kommenden Zusatzsatzausgaben war bereits in der Finanzplanung antizipiert. Die virtuelle ›Finanzkrise‹, die der ›Britenrabatt‹ in den deutschen Medien auslöste, wirkte aber wie ein Wetterleuchten vor dem aufziehenden Sturm.

Partner und Gegenspieler der USA

Die siebziger Jahre stellten nicht nur die Bundesrepublik Deutschland vor schwerste wirtschaftliche Herausforderungen, sondern insbesondere auch die Führungsmacht der westlichen Welt, die USA. Mehrere Ursachen kamen zusammen. Der Versuch, die sich abzeichnende Niederlage im Vietnamkrieg noch abzuwenden, überforderte den amerikanischen Staatshaushalt bis zur Mitte des Jahrzehnts. Die Washingtoner Administration reagierte darauf mit monetärer Expansion, d. h. mit einer inflationären Aufblähung der Geldmenge, um einen Teil der Kosten auf die Weltdevisenmärkte zu wälzen. Während sich Frankreich gegen den Missbrauch des »exorbitanten Privilegs« (Charles de Gaulle) der Hegemonialmacht nach Kräften zur Wehr setzte und Dollar gegen Gold einlöste, hatte sich die Bundesbank zur ›Nibelungentreue‹ gegenüber dem großen Bruder verpflichtet und fiel deshalb der amerikanischen Strategie zum Opfer.[115] Allein in den Jahren 1970 bis 1974 wurde sie zu einer unfreiwilligen Geldschöpfung in Höhe von 74 Mrd. DM gezwungen.[116] Auch nach dem Ende des Vietnamkrieges (1975) blieb der Dollarkurs unter Druck. Der Zusammenbruch der standardisierten Massenproduktion, der Anfang der siebziger Jahre einsetzte, traf die USA besonders hart, weil die fordistische Produktionsweise hier den Leitsektor der Wirtschaft prägte. Die Beschäftigungskrise verlangte nach niedrigen Zinsen, die wiederum den Kurs des Dollars sinken ließen. Die amerikanische Notenbank intervenierte nicht, um den schwächelnden Export zu stützen. Beide Verhaltensweisen ließen sich nicht mit den Pflichten einer Leitwährung für den Weltmarkt vereinbaren. Es fehlten wirksame Institutionen zur multilateralen Überwachung der Regeln, sodass das System leicht der nationalen Hybris unverantwortlicher US-Regierungen zum Opfer fallen konnte.[117]

gegründet und mit anti-etatistischen Parolen auf Anhieb knapp 12 Prozent der Wählerstimmen erzielt.

115 Bundesbankpräsident Karl Blessing hatte in einer der schwächsten Stunden der westdeutschen Zentralbank den USA schriftlich versichert, man werde auch in Zukunft die wachsenden Überschüsse an Dollarreserven der Bundesbank nicht in Gold eintauschen. Vielmehr beabsichtige die Bundesbank, »ihre bisherige Rolle als stabiler Partner der Amerikaner in der internationalen Währungspolitik fortzusetzen«. Er verzichtete damit auf einen wichtigen Teil der deutschen Währungssouveränität. Brief an den amerikanischen Notenbankpräsident William Martin vom 30. März 1967, Abelshauser, Burden, S. 210.

116 Emminger, D-Mark, S. 399.

117 James, Rambouillet, S. 139 f.

Nachdem die Weltwährungsordnung von Bretton Woods 1973 endgültig zusammengebrochen war, stieg der Wert der Deutschen Mark gegenüber dem Dollar um mehr als das Doppelte. Die Verbilligung der Importe, die dadurch zustande kam, trug dazu bei, die Auswirkungen der ersten Ölpreiskrise für Westdeutschland erträglich zu gestalten. Insbesondere blieb die Inflationsrate vergleichsweise niedrig. Da auch die Leistungsbilanz positiv blieb, gelang es Deutschland zusammen mit Japan und einigen kleineren Ländern wie z. B. Österreich, die Turbulenzen der ›Kleinen Weltwirtschaftskrise‹ vergleichsweise souverän zu meistern. Der Sturz des Dollarkurses zog aber auf lange Sicht negative Konsequenzen nach sich. Der steigende DM-Kurs verteuerte die Exporte und löste schwere Verwerfungen der Industriestruktur aus, da deutlich wurde, dass wichtige Branchen der alten Industrie nicht länger wettbewerbsfähig waren. Nach der Krise des Kohlebergbaus in den sechziger Jahren traf es nun – unter sehr viel schlechteren Rahmenbedingungen – die Textilindustrie, den Schiffbau und die Stahlindustrie, aber auch Hersteller standardisierter Qualitätsprodukte in der optischen Industrie. Ein langer und quälender Schrumpfungsprozess setzte ein, der mehr Arbeitskräfte freisetzte, als der Arbeitsmarkt aufnehmen konnte. Die zweite Ölpreiskrise von 1979 verschärfte die Probleme noch. 1982, auf ihrem Höhepunkt, mussten deutsche Importeure für dieselbe Menge Öl 15mal soviel ausgeben wie noch zehn Jahre zuvor. Erst Mitte 1983 ging der Ölpreis wieder zurück, um 1986 auf das Niveau vor 1979 zurückzufallen.[118]

Die Schockwellen aus der Weltwirtschaft führten der Bundesregierung schlagartig eine Tatsache zu Bewusstsein, die Politik und Öffentlichkeit bis dahin weitgehend verdrängt hatten. Die Bundesrepublik war »wirtschaftlich und finanzwirtschaftlich im internationalen Gefüge ein Schwergewicht geworden«.[119] Die europäische Führungsrolle der Bundesbank, die Stärke der D-Mark, die relative Krisenfestigkeit der westdeutschen Wirtschaft sowie die Politik und das Verantwortungsbewusstsein ihrer Eliten für die Weltwirtschaft addierten sich zu beachtlichen politischen Ressourcen. Sie machten die Bundesrepublik zu einem in Ost und West gleichermaßen respektierten Akteur auf der internationalen Bühne und den Bundeskanzler und seinen Finanzminister zu zentralen Figuren der sich allmählich im weltwirtschaftlichen Rahmen entwickelnden *global governance.* Es gab aber noch einen anderen handfesten Grund, warum Westdeutschlands Rolle auf der weltwirtschaftlichen Bühne der siebziger Jahre immer mehr an Bedeutung gewann. Von 1973 bis 1981 erhöhte sich der deutsche Beitrag an die Vereinten Nationen von 17 auf 132 Mio. DM, an andere internationale Organisationen von 61 auf 141 Mio. DM; die Ausgaben für Entwicklungshilfe hatten sich mehr als verdoppelt und die Abführungen an die Europäische Gemeinschaft waren von 4,9 auf 13,5 Mrd. DM gestiegen. Mit einer Nettoleistung von 6,5 Mrd. DM wurde die Bundesrepublik mit weitem Abstand zum größten der wenigen Nettozahler der

118 Jens Hohensee, Der erste Ölpreisschock 1973/74 (Historische Mitteilungen, Beiheft 17), Stuttgart 1996, S. 78.
119 Helmut Schmidt vor der SPD-Bundestagsfraktion am 26. Juni 1981, AdsD, DM 027.

EG.[120] Rund vier Fünftel (!) des gesamten Nettotransfers zwischen den Mitgliedsländern der Gemeinschaft wurden von Deutschland getragen. Die Summe aller ihrer internationalen Transferleistungen explodierte in den siebziger Jahren von 8 auf 20,1 Mrd. DM. Schon allein aus diesem Grund durfte es den Deutschen nicht mehr erlaubt sein, »sich nur um ihr eigenes Land zu kümmern«, und so sah sich der Bundeskanzler »in tiefster Weise zur Mitverantwortung für andere gezwungen«.[121]

Die Schauplätze der internationalen Kooperation waren zahlreicher geworden. Die Organisation der Vereinten Nationen in New York und Genf, der Internationale Währungsfonds und die Weltbank in Washington, die Bank für Internationalen Zahlungsausgleich (BIZ) in Basel, die Organisation für wirtschaftliche Zusammenarbeit und Entwicklung (OECD) in Paris, diverse GATT-Runden für globale Zollsenkungen, die Gipfeltreffen der G 7, die Ratsversammlungen der EG und ein dichtes Netz bilateraler Routinekonsultationen – sie alle boten Gelegenheit zur Abstimmung über die Spielregeln der Weltwirtschaft. Dabei standen die Finanzminister und Notenbankpräsidenten der wichtigsten Handelsnationen im Mittelpunkt. Und doch ging in den siebziger Jahren ein Gespenst um in der westlichen Welt: die Furcht vor einer Wiederkehr der Weltwirtschaftskrise der frühen dreißiger Jahre. Vieles kam zusammen. Der Zusammenbruch der Währungsordnung von Bretton Woods verlangte nach neuen Regeln der internationalen Währungspolitik. Das OPEC-Kartell sprengte den Rahmen liberaler Handelsbeziehungen – nicht wegen seiner ordnungspolitischen Implikationen, sondern allein schon durch erratische Preissprünge, deren Anpassungsdruck die Korrektur veralteter Strukturen der nationalen Volkswirtschaften zwingend – und praktisch über Nacht – nach sich zog. Die Krise der standardisierten Massenproduktion zerstörte traditionelle Führungssektoren der Weltwirtschaft. Mit der iranischen Revolution und dem sowjetischen Einmarsch in Afghanistan wuchs die Kriegsgefahr. Die Verschuldung der Dritten Welt und einiger »Schwellenländer« setzte das internationale Finanzsystem unter Druck und brachte schließlich die westliche Welt 1982 mit dem Zusammenbruch der mexikanischen Zahlungsfähigkeit an den Rand einer großen Weltwirtschaftskrise.

Aus deutscher Sicht lag eine wesentliche Ursache für die weltwirtschaftlichen Turbulenzen in der Führungsschwäche der USA. Weit davon entfernt, eine Gesamtkonzeption gegen die Wirtschaftskrise zu entwickeln, versuchte Washington seine eigenen Exportinteressen durch Währungsdumping zu verfolgen. Bis 1978 lag die daraus resultierende Aufwertung der D-Mark durchaus auch im Interesse der Bundesrepublik. Als aber bald nach Matthöfers Amtsantritt der Dollar unter die 2-DM-Schwelle fiel, um schließlich im Oktober auf 1,73 DM abzusacken, wurde es für den deutschen Export ernst. Seit dem Beginn der Talfahrt des Dollars im Frühjahr 1977 betrug der bilaterale Wertverlust der US-Währung mehr als 28 Pro-

---

120 Ebenda. Siehe auch Apel, Geld.
121 Helmut Schmidt vor der SPD-Bundestagsfraktion am 26. Juni 1981, AdsD, DM 027.

zent. Nun war klar, dass die D-Mark zum hauptsächlichen Gegenspieler des Dollars geworden war und aus dem ursprünglichen Vorteil der Dollarschwäche eine Gefahr für die deutsche Wirtschaft erwuchs. Als Folge der massiven Überbewertung der D-Mark verlor der deutsche Export Anteile am Weltmarkt, während die amerikanische Ausfuhr stark an Boden gewann. Mindestens ebenso bedrohlich war, dass viele Zentralbanken aus dem Dollar ausstiegen und einen Teil ihrer Währungsreserven in die D-Mark verlagerten. Sie avancierte daraufhin zur zweitwichtigsten Reservewährung der Welt, sodass sich ihr Anteil an den Devisenreserven der Welt bis 1980 auf 11,5 Prozent nahezu verdoppelte.[122] Allerdings änderte dies nichts an der zentralen Bedeutung der US-Wirtschaft und des Dollars für die Weltwirtschaft. Auf die USA entfielen rund 35 Prozent des Bruttosozialprodukts aller OECD-Länder. Knapp 80 Prozent der offiziellen Devisenreserven hielten die Zentralbanken nach wie vor in Dollar. Und bis zu 60 Prozent des Euromarktvolumens wurden in Dollar abgewickelt. An den außereuropäischen Offshore-Märkten war die US-Währung noch dominierender.[123] Kein Zweifel, eine Handelsnation, die, wie die deutsche, mehr als ein Viertel ihres Volkseinkommens im Ausland verdiente, konnte den dramatischen Verfall des Dollarkurses nicht einfach ignorieren.

Die Bonner Währungspolitik, für die der Finanzminister im Prinzip verantwortlich zeichnete, verfügte zur Abwehr drohender Nachteile für den deutschen Export vor allem über drei Strategien. Es stand ihr erstens frei, zugunsten der D-Mark auf den Devisenmärkten zu intervenieren, um den Aufwertungsdruck zu kompensieren. Sie konnte zweitens versuchen, der amerikanischen Politik im bilateralen Verhältnis durch Maßhalteappelle *(moral suasion)* ins Gewissen zu reden und sie an die Verantwortung der Hegemonialmacht für ihre europäischen Verbündeten zu erinnern. Und drittens schließlich standen ihr noch die Bühne und das Instrumentarium der *global governance* zur Verfügung, das die Internationalen Finanzierungsinstitutionen (IFIs) boten,[124] um die Bedeutung des Dollars ganz generell abzuschwächen. Matthöfer ließ keine Gelegenheit aus, um auf allen drei Ebenen die Initiative zu ergreifen, musste aber bald erkennen, dass seine Handlungsmöglichkeiten eng begrenzt waren. Die Bundesbank, die für die operative Währungspolitik zuständig war, fiel zwar in sein Ressort, hatte sich aber schon in der Ära Adenauer ein Maß an Unabhängigkeit erstritten, das in einer parlamentarischen Demokratie beispiellos war. Grundsätzlich durch Gesetz verpflichtet, »unter Wahrung ihrer Aufgaben die allgemeine Wirtschaftspolitik der Bundesregierung zu unterstützen«, war sie doch von Weisungen unabhängig.[125] Der Zentralbankrat, in dem sich die Präsidenten der Landeszentralbanken trafen, um zu-

122 Emminger, D-Mark, S. 374.
123 Diese Daten legte der deutsche ›Sherpa‹ des G 7-Gipfels in Ottawa, Matthöfers Staatssekretär Lahnstein, seinen Vorbereitungen zugrunde. Denkschrift betr. Wirtschaftsgipfel am 20./21.07.1981 in Ottawa – ökonomischer Teil, Bonn, den 13. Juli 1981, AdsD, DM 031.
124 Darunter lassen sich der Internationale Währungsfonds und die Weltbankgruppe mit ihren Spezialinstituten subsumieren.
125 Gesetz über die Deutsche Bundesbank vom 26. Juli 1957, BGBl. I, 747.

sammen mit dem Direktorium die Währungs- und Kreditpolitik der Bank zu bestimmen, operierte weitgehend im demokratiefreien Raum – und gerade die öffentliche Meinung tolerierte nicht den geringsten Versuch des Parlaments oder der Regierung, auf die Entscheidung des Zentralbankrates mit Argumenten Einfluss zu nehmen, obwohl es doch die gewählten Volksvertreter waren, die letztlich auch für die Auswirkungen der Bundesbankpolitik in Haft genommen wurden. In einer Bundestagsrede nahm Matthöfer Bezug auf eine kritische Bemerkung zur Zinspolitik der Bundesbank, worauf Oppositionspolitiker derart reagierten, dass er sich zu dem resignativen Kommentar veranlasst sah, dass »auch Sie nicht über den Inhalt der Bemerkung diskutiert, sondern die Tatsache der Bemerkung zum Anlass für Angriffe genommen haben, die weit über das Ziel hinausgeschossen sind.«[126] Dabei spielte in dieser Auseinandersetzung zwischen Bundesregierung und Zentralbankrat die Parteizugehörigkeit der Kombattanten so gut wie keine Rolle. Als im Januar 1980 der Sozialdemokrat Karl Otto Pöhl auf Vorschlag Matthöfers an die Spitze der Bundesbank aufrückte, änderte sich damit lediglich Atmosphärisches. In der Sache selbst entschied sich Pöhl Anfang der achtziger Jahre gegen die Interessen der Bundesregierung, und zwar »zu einem so harten Bremskurs, daß selbst wohlwollende Kritiker meinten, hier habe man des Guten zuviel getan«.[127] Schon als Vizepräsident hatte der ehemalige Staatssekretär, der im Kanzleramt und im Finanzministerium gedient hatte, die Seiten gewechselt und gerade wegen dieser ›Vorgeschichte‹ eher noch stärker den Schulterschluss mit den Gralshütern einer rigiden Währungsstabilität im Zentralbankrat gesucht. Dort erwiesen sich selbst Parteifreunde, die Matthöfer ausdrücklich zu verstehen gaben, »daß Du Dich als Freund und Sozialdemokrat auf mich verlassen kannst«, als beinharte Verfechter eines ebenso konservativen wie selbstgefälligen Kurses, wenn es ums Eingemachte ging.[128] Auch sie bedienten sich virtuos und unverblümt der schärfsten Waffe, die der Bundesbank zu Gebote stand. Sollte der Finanzminister nicht einlenken, so die stereotype Drohung, sei »eine öffentliche Auseinandersetzung unvermeidbar«, und er solle sich nichts vormachen: »die Regierung wird dabei nicht gut aussehen«. Jeder Versuch einer auf Vernunft gegründeten oder an die Vernunft appellierenden Argumentation, wie etwa: es müsse doch möglich sein, auch Entscheidungen des Zentralbankrates, eines Gremiums höherer Beamten, rational und ruhig in der Öffentlichkeit zu diskutieren, stießen seitens der veröffentlichten

---

126 Rede zu finanzpolitischen Fragen, Dt. Btg. (8)130, 10 145–10 154.
127 FAZ vom 31. Juli 1991, S. 13. Schmidt hätte wohl den Vorstandssprecher der Deutschen Bank, Wilfried Guth, vorgezogen, der nicht im Verdacht stand, willfähriger Helfer einer lockeren Finanzpolitik zu sein, und deswegen einen größeren Handlungsspielraum gehabt hätte. Guth hatte aber bereits 1977 das Angebot, Nachfolger Karl Klasens zu werden, abgelehnt. Schmidt, Weggefährten, S. 165. Pöhl räumte später »selbstkritisch« ein, er habe »den rechten Glauben manchmal ein bisschen übertrieben. Hier und da hätte ich vielleicht ein bisschen kooperativer sein können.« Interview am 13. Oktober 1999 in Frankfurt a.M im Rahmen des Oral-History-Projekts der FES; AdsD, DM 0404.
128 Hans Hermsdorf, Präsident der Landeszentralbank der Freien und Hansestadt Hamburg, an Matthöfer am 1. März 1982 (Persönlich/nicht ins Haus), AdsD, DM 023.

Meinung, die von der Bundesbank souverän beherrscht wurde, auf einhellige Ablehnung. Machte der Finanzminister von seinem Recht Gebrauch, an Sitzungen des Zentralbankrates teilzunehmen, musste er sich regelmäßig dagegen wehren, auf die Anklagebank gesetzt zu werden.[129] Matthöfer sah in dieser »Übervater-Rolle« des Zentralbankrates »ein wirkliches Demokratieproblem«: »Das vom Volk frei gewählte Parlament verzichtet nämlich darauf, in einem wichtigen Gestaltungsgebiet, der Geld- und Kreditpolitik, Einfluß auszuüben.« Als Parlamentarier sah er dies durchaus auch selbstkritisch, handelte die Volksvertretung doch »gewissermaßen aus Feigheit vor dem Freunde«.[130] Als Finanzminister bediente er sich sogar gern und häufig der Bundesbank als Schild, um den »Druck, die Ausgaben zu erhöhen und die Einnahmen zu vermindern«, von sich zu lenken, was auch nach seiner Überzeugung schwerer gefallen wäre, »wenn ich nicht die Drohung der durch eine laxe Ausgabenpolitik hervorgerufenen Gegenmaßnahmen der unabhängigen Bundesbank unausgesprochen immer im Rücken gehabt hätte«. Nicht einmal in Kleinigkeiten, wie der Einführung eines goldfarbenen Zehn-Mark-Stücks, war der Zentralbankrat bereit, dem Finanzminister entgegen zu kommen. Die neue Münze hätte den Betreibern von Verkaufsautomaten geholfen, aber auch Matthöfers Etat einen Münzgewinn in Höhe von 500 Mio. DM verschafft.[131] Andererseits blieb ihm gar nichts anderes übrig, als sich hinter die Bundesbank zu stellen, wenn es um die Abwehr währungspolitischer Zugeständnisse ging, die die US-Regierung von den Deutschen verlangte. Seit ihnen die Geldmengenexpansion wegen der massiven Intervention zugunsten des US-Dollars im zweiten Halbjahr 1978 völlig außer Kontrolle geraten war, hielten sich die Notenbanker am Frankfurter Devisenmarkt auffällig zurück. Das neue finanzpolitische Gespann der USA, Finanzminister William Miller und Notenbankpräsident Paul Volcker, reiste deshalb im September 1979 nach Hamburg, um in einem vertraulichen Gepräch im Überseeclub die Bundesregierung zu bitten, eine Verteidigungslinie für den Dollar zu ziehen.[132] Matthöfer stand dem amerikanischen Vorstoß sicher nicht völlig ablehnend gegenüber, hielt er den Dollar doch für um 20 bis 30 Prozent unterbewertet. Er betonte das deutsche Interesse an einem starken Dollar, sah den Weg dorthin aber vor allem über eine Senkung der amerikanischen Inflationsrate. Gleichzeitig unternahm Staatssekretär Lahnstein – sicher nicht ohne Rückendeckung seines Ministers und unter Beifall der amerikanischen Seite – den vorsichtigen Versuch, die Bundesbank wenigstens dazu zu bewegen, »eine flexible Zielzone aufzustellen und den Dollarkurs heraufzudrücken«. Der Bundeskanzler schlug sich jedoch voll auf die Seite Emmingers: »Er folge zwar der Bundesbank nicht in jedem Punkt, aber zu 95 %.«[133] Tatsächlich steckte das Gespann

129 Ebenda.
130 ›Diensttagebuch‹, 23.1.1979, AdsD, DM 0404.
131 ›Diensttagebuch‹, 12.12.1980, AdsD, DM 0404.
132 Vermerk über das Gespräch des Herrn Bundeskanzlers [und des Bundesministers der Finanzen] mit Secretary Miller und Chairman Volcker im Überseeclub Hamburg am 29. September 1979, Bonn den 1. Oktober 1979, AdsD, DM 034.
133 Ebenda. Dieses Bekenntnis war Schmidt sicher nicht leicht gefallen, hatte er doch ansonsten für

Schmidt / Matthöfer in einer währungspolitischen Zwickmühle. Eine Stärkung des Dollars war zwar außenwirtschaftlich wünschenswert, doch musste die unfreiwillige Geldmengenvermehrung, die eine Intervention der Bundesbank hervorgerufen hätte, steigende Zinssätze nach sich ziehen. Diese hatten bereits jetzt einen dämpfenden Effekt auf die Nachfrage. Vor allem aber waren Zweifel angebracht, ob das Dollar-Manko bei den grundlegenden amerikanischen Marktdaten, den *fundamentals,* durch Interventionen überhaupt kompensiert werden konnte. Schmidt trennte den Gordischen Knoten auf seine Weise: Gerade jetzt, wo er »vor dem härtesten Wahlkampf in seiner politischen Karriere« stand, könnten die Vereinigten Staaten »nicht von uns verlangen, daß wir ihretwegen unsere Volkswirtschaft ruinierten«.

Es sollte sich jedoch rasch erweisen, dass die deutsche Seite nur die Wahl zwischen Pest und Cholera hatte. Die hartnäckige Weigerung Emmingers, dem Dollar aus der Patsche zu helfen, trug in Washington – ganz im Sinne der Bundesbank – noch vor dem Amtsantritt Ronald Reagans zu einem fundamentalen Strategiewechsel bei. Seit Mitte 1980 stieg der Dollar unter starken Schwankungen auf ein Niveau, das jede Beziehung zu den Kaufkraftparitäten verlor. Zugrunde lag dieser Entwicklung eine Wendung der US-Geldpolitik hin zum ›Monetarismus‹, d. h. eine Politik, die darauf abzielte, die monetäre Basis der Kreditschöpfung strikt unter Kontrolle zu halten, ohne dabei die Auswirkungen auf die Zinsen zu beachten. Noch folgten aus dieser vorsichtigen Neuorientierung der amerikanischen Wirtschaftspolitik keine Interessengegensätze zwischen den USA und Deutschland. Carter und Schmidt waren sich auf dem Gipfeltreffen in Venedig über den Ernst der Lage einig. Sie stimmten Giscard d'Estaings Einschätzung, »die Zuversicht der sechziger Jahre sei [endgültig] dahin«, vorbehaltlos zu.[134] Übereinstimmung erzielten die beiden Kontrahenten auch in der Einsicht, daß »es … ein Fehler [wäre], wenn man auf Nachfragestimulierung umschaltete«. Damit würde auf Dauer kein einziger neuer Arbeitsplatz geschaffen werden, und die öffentliche Verschuldung überstiege jedes vernünftige Maß. Die Konfliktpunkte zwischen Schmidt und Carter lagen woanders. Der Bundeskanzler war schon in der Absicht angereist, »dem Carter eins zwischen die Hörner zu hauen«, weil ihn der amerikanische Präsident in einem vorab der Presse zugespielten Brief als unsicheren Kantonisten im Konflikt um die Stationierung atomarer Mittelstreckenraketen in Europa hingestellt hatte.[135] Angesichts *dieser* Kontroverse gehörte das Gebiet der internationalen Wirtschafts- und Währungspolitik im letzten Jahr der Demokratischen Präsidentschaft eher zu jenen Politikfeldern, welche die beiden Länder verband. Es war

die »Gerontokraten des Zentralbankrates« nur Verachtung übrig. Was er dazu viele Jahre später erinnerte, ist jedenfalls nicht druckfähig. Interview am 25. Mai 2004 in Hamburg, AdsD, DM 0404.

134 Vermerk über die ökonomischen Fragen gewidmeten Sitzungen des Venetianischen Gipfels am 22./23. Juni 1980, AdsD, DM 031.

135 ›Dienstagebuch‹, 21.–23.06 1980, AdsD, DM 0404. Die Kontroverse ist ausführlich von beiden Seiten dargestellt worden: Jimmy Carter, Keeping Faith. Memoirs of a President, London 1982, S. 536 f., und Helmut Schmidt, Menschen und Mächte, Berlin 1987, S. 255–263.

allerdings auch nicht zu übersehen, dass die Deutschen die Wirtschaft als ihre Domäne betrachteten, auf der sie zumindest moralisch Überlegenheitsgefühle entwickelten. Auch wenn Matthöfer nicht müde wurde zu betonen, er wolle die USA nicht schulmeistern, geizte er doch nicht mit Ratschlägen, wie Washington die Dollarschwäche bekämpfen könne.[136] Für ihn blieb es ein Rätsel, wie ein Land dieser Größe mit seinen gewaltigen Ressourcen und technischen Fähigkeiten nur eine schwache Produktivität entwickeln konnte. Er deutete an, dies könne zu tun haben »with your racial unrest and worker morale« und empfahl die deutsche Mitbestimmung, um dem Missstand abzuhelfen. Selten fielen gut gemeinte Ratschläge auf so unfruchtbaren Boden.

Nach der Inaugurierung des Republikaners Reagan als 40. Präsident der Vereinigten Staaten im Januar 1981 wurde aus dem pragmatischen Experiment der späten Carter-Administration die Grundlage einer noch umfassenderen Neuorientierung der amerikanischen Wirtschafts- und Finanzpolitik. Reagan folgte konsequent den Ratschlägen der Chicago-Schule Milton Friedmans und stellt die Geldpolitik auf eine monetaristische Basis, die eine völlige Abkehr von interventionistischen Praktiken an den Devisenmärkten voraussetzte, nach der Devise: ›Control the money supply, and everything else will fall into place.‹ Gleichzeitig vollzog die neue Administration eine strikte Wende hin zu einer angebotsorientierten Wirtschaftspolitik, deren Kernstück aus der Reduktion des Einkommensteuersatzes von 70 auf 33 Prozent bestand. Washington folgte damit dem Rat Arthur B. Laffers,[137] eines Ökonomieprofessors, der die Vorstellung vertrat, man könne durch massive Steuersenkungen nicht nur die Investitionsneigung stärken, sondern paradoxerweise auch die Staatseinnahmen erhöhen (›Laffer-Kurve‹). So entstand ein stark ideologisiertes und dogmatisch umgesetztes Konzept (›Reaganomics‹), das weit über die USA hinaus auch in Europa Anhänger fand (›Thatcherismus‹). Mehr noch als unter Carter konzentrierten sich die USA jetzt auf ihre eigenen wirtschaftlichen Interessen und ›straften‹ den Rest der Weltwirtschaft mit ›benign neglect‹, einer nahezu völligen Ignorierung der Außenbilanz und des Wechselkurses. Schon die Ankündigung des neuen Wirtschaftsprogramms löste in der amerikanischen Wirtschaft eine, bald auch das Ausland erfassende Welle von Optimismus aus, der einen steilen Höhenflug des Dollars hervorrief, obwohl sich materiell zunächst kaum etwas änderte. Im Gegenteil. Weil gleichzeitig die Ausgaben für Rüstung überproportional stiegen und die Steuereinnahmen ohne Rücksicht auf die Laffer-Kurve scharf zurückgingen, stieg das US-Haushaltsdefizit zunächst auf 100 Mrd. Dollar, um sich dann noch einmal zu verdoppeln.

Zusammen mit der Verabsolutierung der Geldmengensteuerung schaltete die Federal Reserve Bank auf eine entschiedene, angebotsorientierte Stabilitätspolitik um, die nicht nur hohe Zinsen in Kauf nahm, sondern auch die Versorgung des

---

136 New York Times vom 31. Januar 1979.
137 Laffer hatte die Charles B. Thornton-Professur für Business Economics an der University of Southern California inne. 1984 wurde er Mitglied des Executive Committee des Reagan/Bush Finance Committee.

Binnenmarktes mit Geld und Kredit knapp hielt. Eine traditionell geringere Sparneigung der amerikanischen Konsumenten, großzügige Steuerbegünstigungen für Schuldzinsen und immer wieder neue rekordbrechende Defizite der Leistungsbilanz und des Bundeshaushaltes machten die Vereinigten Staaten zu einem strukturellen Hochzinsland, das auf diesem Weg ausländische Kapitalströme ins Land lenken musste. Vor diesem Hintergrund stieg der Dollarkurs von 1,73 DM (1978) auf 3,47 DM (1983). Die Dollaraufwertung wirkte wie ein dritter Ölpreisschock. Dadurch verteuerten sich die seit 1979 erneut gestiegenen Ölimporte dramatisch, und die deutsche Leistungsbilanz rutschte zum ersten Mal deutlich in die roten Zahlen. Jetzt war auch Deutschland auf ausländisches Kapital angewiesen und musste *nolens volens* der amerikanischen Hochzinspolitik folgen. Für die Konjunktur und den Arbeitsmarkt war dies Gift, und so geriet die deutsche Wirtschafts- und Finanzpolitik erneut – wenn auch diesmal aus anderen Gründen – in einen Gegensatz zu den amerikanischen Interessen. Hatte die Bundesbank zuvor die Zinsen erhöht, um die importierte Inflation zu bekämpfen, musste sie jetzt das Zinsniveau hochhalten, um den raschen Abfluss der Devisenreserven einzudämmen und die Leistungsbilanz durch Kapitalimporte aus den OPEC-Ländern auszugleichen.

In Deutschland hatte die Bundesbank schon seit Jahren eine ›aufgeklärte‹ Geldmengensteuerung betrieben, ohne darin so etwas wie eine Wunderwaffe zu sehen.[138] Der Nestor der deutschen Finanzwirtschaft, Fritz Neumark, der einmal an der Frankfurter Universität Matthöfers akademischer Lehrer gewesen war, hielt das System der ›Reaganomics‹ sogar für »eine Art schwarzer Magie«.[139] Der neue Kult hatte in Ronald Reagan und seinem Finanzminister Donald Regan *blue believer*s gefunden, die gegen abweichende Vorstellungen oder gar Kritik weitgehend immun waren und darüber hinaus einen gewissen missionarischen Eifer entwickelten. Carter hatte die wirtschaftspolitische Kompetenz der deutschen Bundesregierung noch zähneknirschend anerkannt, und Blumenthal und Miller hatten auch auf der Ebene der Finanzminister den Dialog auf Augenhöhe gesucht. Doch nun änderte sich das Klima im Verhältnis der beiden wichtigsten Handelsnationen signifikant. Gewiss stand es Matthöfer frei, bei seinem ersten Treffen mit Regan im Schloßhotel Kronberg anzukündigen, »der Bundeskanzler werde den USA (auf dem Weltwirtschaftsgipfel von Ottawa) vorhalten, sie hätten uns 1978 zu einer Expansionspolitik gedrängt, die unser heutiges Leistungsbilanzdefizit mitverschuldet habe«.[140] Die Folge sei ein Realzins von 8 Prozent, »der in der gegenwärtigen Konjunkturlage große Schwierigkeiten« bereite. Man müsse deshalb dringend »einen weiteren Zinswettlauf vermeiden«. Der ebenfalls anwesende Bundesbankprä-

---

138 Emminger, D-Mark, S. 401.
139 Fritz Neumark, Reagans Finanzpolitik – ein Vorbild? FAZ vom 16. Oktober 1981. Als ›Voodoo-Politik‹ hatte auch Reagans Vizepräsident George Bush die neue Wirtschaftspolitik bezeichnet – als er noch im innerparteilichen Wahlkampf um die Präsidentschaftskandidatur gegen Reagan stand.
140 Bericht über das Treffen zwischen Minister Matthöfer [und Bundesbankpräsident Pöhl] und Minister Regan am 15. Mai 1981 in Kronberg, AdsD, DM 012.

sident Pöhl wollte deshalb, ohne die USA zu kritisieren, »nach der Möglichkeit eines anderen *policy mix* fragen«. Vor allem aber forderte er die amerikanische Seite auf, »dem Markt nicht den Eindruck zu vermitteln, daß überhaupt nicht mehr interveniert würde«. Immerhin war die D-Mark seit dem Einzug der neuen US-Administration gegenüber dem Dollar um 20,5 Prozent schwächer geworden, gegenüber den 23 wichtigsten Handelspartnern aber nur um 2,1 Prozent. Die deutschen Sorgen stießen bei Regan nur auf geringes Interesse, war dieser doch fest davon überzeugt, mit der neuen wirtschaftspolitischen Doktrin auch die Inflation zu besiegen, sodass am Ende auch den deutschen Interessen Rechnung getragen werde. Mehr noch als Regan machte Reagan im Gespräch mit Schmidt und Matthöfer am Rande des Gipfels von Ottawa deutlich, dass er zwar die Folgen der amerikanischen Hochzinspolitik für die wirtschaftliche Entwicklung in Europa kenne, aber gleichwohl »nicht die erfolgreich begonnene Wirtschaftspolitik aufgeben« könne.[141] Für den Propheten des neuen Dogmas des angebotsorientierten Monetarismus musste die deutsche Forderung nach einem *policy mix* wie Blasphemie klingen. Er wurde darin nur noch bestärkt, als Schmidt und Matthöfer die Probleme der deutschen Stahlindustrie zur Sprache brachten, die »bei Preisen von 25 % über den Amerikanern unter Kosten verkaufen muß«. Vor allem die von Matthöfer angestrebte »notwendige Re-Strukturierung (mehr Qualitäts- als Massenstahl)« stoße sich an den hohen Zinsen. Dagegen gründete der Präsident seine »Note des Optimismus« nicht zuletzt auf die Entwicklung der US-Stahlindustrie, wo schon »vor Ingangsetzung des Erneuerungsprogramms« Investitionen in Milliardenhöhe geplant seien. Er machte deshalb unmißverständlich klar, »daß traditionelle Keynesianische Rezepte nicht weiterhelfen«, und ging, als Schmidt auf dem Zinsthema insistierte, dazu über, Witze zu erzählen.

Noch im September 1979 waren die Amerikaner als Bittsteller nach Hamburg gekommen, um sich von der Bundesbank eine Abfuhr zu holen. Volcker ließ sich sogar von seinen deutschen Gesprächspartnern inspirieren, als er 1980 zu einem stärker stabilitätsorientieren Kurs der Federal Reserve überging. Jetzt drehte Reagan den Spieß um. Vor dem Wirtschaftsgipfel von Ottawa hatte der kanadische Premierminister Pierre Trudeau in seiner Rolle als guter Gastgeber die deutsche Delegation geradezu angefleht, »daß kein ›öffentlichkeitswirksamer‹ Versuch unternommen werde, Präsident Reagan zu isolieren«.[142] Neben Schmidt stand vor allem auch Gipfel-Neuling François Mitterrand im Verdacht, den auf internationalem Parkett noch unerfahrenen amerikanischen Präsidenten Mores lehren zu wollen. Tatsächlich stellte sich – vordergründig betrachtet – die befürchtete »6 : 1 Position« zuungunsten Reagans dann in der Konferenzwirklichkeit auch ein. Isoliert waren am Ende jedoch nicht Reagan, sondern seine sechs Partner, die vergeblich versuchten, ihn zu einer pragmatischen Handhabung der US-Wirtschaftspoli-

---

141 Vermerk über das Gesprächs des Bundeskanzlers [und des Finanzministers] mit Präsident Reagan am 19. Juli 1981 in Montebello, Montebello, den 20. Juli 1981, AdsD, DM 031.
142 Vermerk betr. Arbeitssessn auf Einladung Premierminister Trudeaus am Freitag, den 17. Juli 1981, Montebello, den 19. Juli 1981. AdsD, DM 031.

tik zu bewegen. Deutschland und seine wichtigsten Handelspartner mussten erkennen, dass sie im System der ›Reaganomics‹ nur noch Plätze an der Peripherie einnahmen. Sie würden sich – so die amerikanische Überzeugung – auf lange Sicht der Einsicht in die wirtschaftliche Notwendigkeit nicht entziehen können. Dagegen fanden sich die Europäer und Japan ihrerseits auf der Anklagebank wieder, als Reagan sie auf eine Verschärfung des strategischen Handelsembargos gegen die Sowjetunion verpflichten wollte. Vor allem die Deutschen mussten sich wegen ihres geplanten Erdgas-Röhren-Geschäfts mit den Sowjets rechtfertigen.[143] Die amerikanische Intervention weckte Erinnerungen an das Röhrenembargo des Jahres 1962/63, als die USA die Realisierung eines bereits geschlossenen Vertrages mit der Sowjetunion über die Lieferung von Röhren für die Ölpipeline ›Freundschaft‹ verhinderten. Schon damals setzte Washington seine Vorbehaltsrechte in Fragen, die Berlin oder Deutschland als Ganzes betrafen, als politischen Hebel ein. Während aber Großbritannien und Italien 1962 begierig waren, die deutschen Lieferverpflichtungen zu übernehmen, verfolgten die Europäer das Erdgas-Röhren-Geschäft des Jahres 1881/82 von Anfang an als Gemeinschaftsprojekt und waren auch in der Ablehnung des amerikanischen Vorstoßes solidarisch. Die Deutschen wehrten sich umso überzeugender, als sie Reagan in Montebello auf die »schlechten Erfahrungen« verweisen konnten, die Matthöfer als Forschungsminister in Bezug auf die USA und Kanada »bei der Versorgung mit Uranium« gemacht hatte. Als Zuckerbrot stellten die Amerikaner Alternativen zur Gasversorgung aus Sibirien in Aussicht und wollten auch »die nukleare Komponente« wieder herstellen, die unter Carter nahezu vollständig aus der Energieplanung der USA verdrängt worden war. Matthöfer versprach schließlich eine Begrenzung der Abhängigkeit von sibirischem Erdgas auf 30 Prozent des Gesamtverbrauchs und zeigte Interesse an den in Aussicht gestellten amerikanischen Angeboten, »da wir auch in Zukunft noch mehr Erdgas benötigen werden«. Es blieb jedoch – anders als 1962 – beim Erdgas-Röhren-Geschäft mit der Sowjetunion, und die Europäische Gemeinschaft feierte einen ihrer seltenen ›außenpolitischen‹ Erfolge. Für die Deutschen trug die Entspannungspolitik erste Früchte. Sie machte die Bundesrepublik weniger erpressbar, wo es ihr ungeachtet der Regelung des Deutschlandvertrages von 1952 nach wie vor an der »volle[n] Macht eines souveränen Staates« gebrach.[144] Durch Teilerfolge wie diesem ermuntert, aber auch durch die Intransigenz der Amerika-

143 Vermerk über das Gespräch des Bundeskanzlers [und des Finanzministers] mit Präsident Reagan am 19. Juli 1981 in Montebello, Montebello, 20. Juli 1981. AdsD, DM 031. Zum Gas-Röhren-Geschäft siehe Markus Engels u. Petra Schwartz, Alliierte Restriktionen für die Außenwirtschaftspolitik der Bundesrepublik Deutschland. Das Röhrenembargo von 1962/63 und das Erdgas-Röhren-Geschäft von 1982, in: Berlin-Brandenburgische Akademie der Wissenschaften (Hg.), »… die volle Macht eines souveränen Staates …« – Die Alliierten Vorbehaltsrechte als Rahmenbedingung westdeutscher Außenpolitik 1949–1990, Baden-Baden 1996, S. 227–242.
144 Der ›Deutschlandvertrag‹ sicherte der Bundesrepublik in Artikel 1, Abs. 2 »die volle Macht eines souveränen Staates« zu, schränkte sie aber gleichzeitig in Artikel 2 »in bezug auf Berlin und auf Deutschland als Ganzes« wieder ein. BGBl. 1955 II, 306. Erst der Zwei-plus-Vier-Vertrag vom 12. September 1990 beseitigte die Alliierten Vorbehaltsrechte und stellte die volle deutsche Souveränität wieder her.

ner herausgefordert, waren Deutsche und Franzosen fest entschlossen, auch auf dem kommenden G 7-Gipfel von Versailles »auf wirtschaftlichem Gebiet geschlossen gegen ihre derzeitige Politik Front [zu] machen«.[145] Die gemeinsame »Wirtschaftsfront« (Schmidt) der Deutschen und Franzosen blieb nicht ohne Eindruck auf Washington. Die Reagan-Administration empfahl den Europäern, »doch das eigene Haus erst einmal in Ordnung zu bringen, da die meisten Schwierigkeiten hausgemacht seien und mit dem amerikanischen Zinsniveau wenig zu tun hätten«.[146] Der Vorsitzende der Wirtschaftsberater des Präsidenten, Murray Weidenbaum, rechnete den Europäern darüber hinaus vor, dass die seit vielen Jahren wachsenden Defizite in den meisten europäischen Haushalten einen weitaus größeren Effekt auf das Zinsniveau gehabt hätten als der amerikanische Fehlbetrag. Auch wenn man den Deutschen noch am ehesten zugestand, »daß sich ihre Lage durch die hohen amerikanischen Zinsen erschwert und der Zinsspielraum weitestgehend erschöpft ist«, lag der Ball damit zunächst wieder in Matthöfers Feld.

So wie Helmut Schmidt dem US-Präsidenten vor dem Forum der G 7 wegen seiner die Weltwirtschaft schädigenden Hochzinspolitik immer wieder ins Gewissen redete, übernahm Hans Matthöfer diese Rolle auf der Ebene der IFIs; manchmal gebremst, meist aber gedrängt von seinen europäischen Kollegen.[147] Anders als auf den Weltwirtschaftskonferenzen der G 7 beschränkte sich die Einflussmöglichkeit der Finanzminister und Notenbankpräsidenten dort nicht lediglich auf die Vorbereitung und den Vollzug dessen, was die Staats- und Regierungschefs verhandelten. Als Vertreter deutscher Interessen im IWF und als Vorsitzender seines ›Zehnerausschusses‹, wo im Kreis der zehn wichtigsten Mitgliedsstaaten die Entscheidungen des Fonds programmiert wurden, verfügte Matthöfer in Washington über eigene Handlungsspielräume. Die Herausforderung der beiden Ölpreisschocks lenkte die Aufmerksamkeit der Weltmärkte stärker als je zuvor auf die Arbeit der Internationalen Finanzierungsinstitutionen. Auf dem Internationalen Währungsfonds und der Weltbankgruppe samt ihren Spezialagenturen lastete die Aufgabe, den Überschuss an Petrodollar zu ›recyclen‹, soweit das private Bankensystem dazu aus politischen oder wirtschaftlichen Gründen nicht in der Lage war. Allein 1981 erzielten die OPEC-Staaten einen Leistungsbilanzüberschuss von 120 Mrd. Dollar, dem Defizite der OECD-Länder von 70 Milliarden und der nicht-ölexportierenden Entwicklungsländer von 50 Mrd. Dollar entsprachen. Die Finanzierung

---

145 Auszug aus Dolmetscheraufzeichnung betr. Gespräch des Herrn Bundeskanzlers mit dem französischen Staatspräsidenten Mitterrand unter vier Augen am 30. 3. 1982 in der französischen Botschaft in Brüssel (Bonn, den 15. April 1982), AdsD, DM 032.

146 Vor allem Berryl Springel, Staatssekretär im US-Schatzamt, und Murray Weidenbaum, Chef-Wirtschaftsberater des Präsidenten, heizten die Debatte in der von ihnen »gewohnt unverblümten Art und Weise« an: Amerika wehrt sich gegen die Vorwürfe der Europäer, FAZ vom 4. März 1982, S. 14.

147 Vermerk über das Gespräch des Bundeskanzlers mit Präsident Reagan am 19. Juli 1981 in Montebello (Montebello, 20. Juli 1981), AdsD, DM 031 sowie Auszug aus Dolmetscheraufzeichnung betr. Gespräch des Herrn Bundeskanzlers mit dem französischen Staatspräsidenten Mitterand unter vier Augen am 30. 3. 1982 in der französischen Botschaft in Brüssel (Bonn, den 15. April 1982), AdsD, DM 032.

*Als deutscher Governor des Internationalen Währungsfonds sprach Matthöfer
aus Solidarität mit Lateinamerika gelegentlich demonstrativ Spanisch.*

der Defizite und – schwieriger noch – die Rückführung der OPEC-Überschusse
in den internationalen Finanzierungskreislauf stellten die IFIs vor neue Aufgaben.
Eine der Initiativen, die Matthöfer dort »mit großem Nachdruck« verfolgte, zielte
auf die rasche Verwirklichung eines sogenannten Substitutionskontos beim IWF
ab, mit dessen Hilfe »die in der Welt herumvagabundierenden Dollar eingefangen
werden« sollten.[148] Er wollte damit verhindern, dass sich die D-Mark immer mehr
zur Weltreservewährung entwickelte und damit gezwungen wurde, mit unzulänglichen Mitteln jene Rolle einzunehmen, die bis dahin der Dollar gespielt hatte. Mit
Hilfe des Substitutionskontos hätte der IWF den Notenbanken der Öl fördernden
Staaten die Möglichkeit bieten können, überschüssige Dollar in Sonderziehungsrechte des IWF umzutauschen. Er wollte damit allen Ländern, die einen sicheren
Hafen für ihre Devisenüberschüsse suchten, einen Ersatz für Anlagen in nationalen
Reservewährungen bieten und so ein Element der Unsicherheit aus den internati-

148 ›Diensttagebuch‹, 1.10.1979, AdsD, DM 0404.

onalen Devisenmärkten herausnehmen. Gleichzeitig wäre damit eine wichtige Voraussetzung für das Recycling der gewaltigen Petrodollarbestände geschaffen worden, das für den Ausgleich der Leistungsbilanzen der Handel treibenden Staaten entscheidend war. Insgeheim verfolgte er auch das Ziel, »die weltweite Bedeutung des Dollars als Zahlungsmittel, als Preismaßstab und als Wertaufbewahrungsmittel zu vermindern, weil die fast ausschließlich von innenpolitischen und egoistischen nationalen Erwägungen bestimmte Währungspolitik der USA […] das internationale Vertrauen in den Dollar selbstsüchtig missbrauchte, um sich selbst beachtliche Vorteile zu verschaffen«.[149] Es gelang Matthöfer zwar, die Zehnergruppe des IWF einstimmig hinter seinen Vorschlag zu bringen, doch hatte er die Rechnung ohne die Entwicklungsländer gemacht. Dort hätte man zwar ebenfalls von der Neuerung profitiert, doch ging es den Vertretern der Dritten Welt um mehr. Sie wollten die Gelegenheit nutzen, einen *link* zwischen einer möglichen Expansion der Sonderziehungsrechte und der Entwicklungshilfe herzustellen. Damit wäre aber nach Auffassung der reichen Länder Im IWF der monetäre Charakter der Sonderziehungsrechte infrage gestellt worden. Vor allem aber hätten die IFIs ihre Funktion als »Weltmarktpolizei«, die durch die Durchsetzung von »Konditionalitäten« eine ökonomische Verwendung öffentlicher Kredite garantierte, verloren. Auch Matthöfer teilte diese Auffassung und war nicht zu Kompromissen bereit. Die Berücksichtigung entwicklungspolitischer Zielsetzungen bei der Zuteilung von Sonderziehungsrechten lehnte er ebenso ab wie Geldschöpfung zu wohltätigen Zwecken. Die Entwicklungsländer hatten die Verlängerung der Kredite von 1977 gefordert, die die finanzstärksten Mitglieder des IWF – also auch Deutschland – den Ländern mit besonders großen Zahlungsbilanzungleichgewichten auf acht Jahre zur Verfügung gestellt hatten. »Es gehe nicht an«, so seine Antwort auf dem Treffen der Zehnergruppe in Belgrad, »Währungspolitik mit Entwicklungspolitik zu vermischen«.[150] Er sprach sich für die Beibehaltung der traditionellen Rolle des IWF als Währungseinrichtung aus und gegen seine Umwandlung in eine entwicklungspolitische Institution: »Eine Verwandlung in eine ›Ressourcen-Transfer-Agentur‹ liegt auch nicht im Interesse der Entwicklungsländer.« Letzten Endes scheiterte die Initiative für die Einrichtung eines Substitutionskontos an der Unvereinbarkeit der politischen Standpunkte in den Lagern der Ersten und Dritten Welt. Es gelang Matthöfer nicht einmal, seinen saudi-arabischen Kollegen, Sheik Muhammad-Ali Abal Khail, mit dem er auch außerhalb der offiziellen Gremien freundschaftliche Beziehungen pflegte und der eine wichtige Vermittlerposition zwischen den Lagern einnahm, von den Vorzügen des Substitutionskontos zu überzeugen.[151] Schließlich konnte er seine Beweggründe weder öffentlich noch

---

149 ›Diensttagebuch‹, 27.5.1980, AdsD, DM 0404.
150 ›Diensttagebuch‹, 2.10.1979, AdsD, DM 0404.
151 ›Diensttagebuch‹, 27.5.1980, AdsD, DM 0404. Am 24. Mai waren Matthöfer und Lahnstein mit einer Linienmaschine der Lufthansa nach Saudi-Arabien geflogen, um über die geordnete Finanzierung des deutschen Leistungsbilanzdefizits zu verhandeln. Nach erfolgreicher Mission kehrten die Emissäre mit einer Maschine des saudischen Königs zurück.

vertraulich darlegen, wollte er nicht in den Ruch antiamerikanischer Gesinnung kommen. Seine Motive wurden zwar von vielen Repräsentanten der Dritten Welt geteilt, doch scheiterte der Plan nach Matthöfers Überzeugung »im wesentlichen am Unverständnis der Vertreter der Entwicklungsländer, die gewissermaßen nicht zwischen den Zeilen lesen konnten und wohl auch den Mechanismus der vorge-schlagenen Operation nicht genau verstanden«. Wie sich im April 1980 auf der Hamburger Sitzung des Interimsausschusses des IWF herausstellte, wollten sie sich für ihre Zustimmung zu dem, was sie als Vorschlag eines einheitlichen Blocks der Industrieländer missverstanden, »insgesamt einen viel zu hohen Preis bezahlen las-sen«. Als ihm die politischen Kosten für die Einrichtung des Substitutionskontos zu hoch wurden, ließ der deutsche *Gouvernor* den Plan – sehr zur Verwunderung der Entwicklungsländer – ziemlich abrupt wieder fallen.

Die deutsche Öffentlichkeit betrachtete Matthöfers Politik in den IFIs mit ge-mischten Gefühlen. Anerkennung fand, dass er auf der Weltbühne durchsetzte, »was ihm zu Hause bisher kaum gelang: die Verteidigung ökonomischer Sachlich-keit gegen schlichtes Unverständnis und gegen – teils abenteuerliche – Politparolen«.[152] Andererseits rieb man sich auch verwundert die Augen, meinte man doch wahrzunehmen, dass »der Diplomvolkswirt Hans Matthöfer […] bei diesem Bemühen auch vor einem gerüttelten Maß an Brutalität nicht zurück[schreckte]«. Gerade von einem ehemaligen Entwicklungspolitiker hatte man nicht erwartet, sich so vehement gegen die Ansprüche der Entwicklungslän-der zu wenden. Dabei konnten auch seine Kritiker durchaus nachvollziehen, dass aus dem IWF »eine theorie- und richtungslose Weltinflationsmaschine mit ent-wicklungspolitischen Ambitionen« werden würde und aus der Weltbank »rasch ein Pleite-Institut«, wenn es ganz nach dem Willen der Dritten Welt ginge.[153] Andere Akteure, wie Außenminister Hans-Dietrich Genscher und große Teile der Kredit-wirtschaft, neigten eher dazu, gegenüber den Forderungen der Entwicklungsländer und der OPEC-Staaten etwas konzilianter zu sein, sahen sie doch in den IFIs vor allem eine politische Rückversicherung für private Kreditrisiken.

Die nationalen Volkswirtschaften wurden aber auch mit emergenten Struktu-ren der Weltwirtschaft konfrontiert, die, wie der Euro-Dollarmarkt, weder natio-naler noch internationaler Kontrolle unterlagen (Xenomärkte). Schieflagen auf diesen Märkten konnten jederzeit eine internationale Bankenkrise auslösen. Ende der siebziger Jahre hatte dieses vagabundierende Kapital mit einem Bruttovolumen von mehr als 1000 Mrd. Dollar derart besorgniserregende Ausmaße angenommen, dass es zum Problem der internationalen Politik avancierte und auf der Tagesord-nung des G 7-Gipfels von Venedig einen der oberen Plätze einnahm.[154] Die Staats- und Regierungschefs sowie die Finanzminister und Notenbankpräsidenten hatten es in diesem Zusammenhang mit einem dreifachen Problem zu tun: Es galt erstens

152 Reinhold Müller, Reine Lehre in Washington, Stuttgarter Zeitung vom 1. Oktober 1980.
153 Ebenda.
154 Vermerk über die ökonomischen Fragen gewidmeten Sitzungen des Venetianischen Gipfels am 22./23. Juni 1980, AdsD, DM 031.

zu verhindern, dass die nationale Geldpolitik durch diese Märkte in inflatorischer Weise unterlaufen wurde. Sie mussten zweitens sicherstellen, dass diese anonymen Finanzmärkte einer genauso strengen Bankenaufsicht unterworfen würden, wie dies auf nationaler Ebene seit den dreißiger Jahren selbstverständlich war. Und sie mussten drittens klären, wer im Notfall als geldpolitischer Feuerwehrmann *(lender of last resort)* in die Bresche springen würde, um katastrophale Kettenreaktionen auf den Xenomärkten zu verhindern. Der deutsche Vorschlag, die privaten Banken sollten selbst ein internationales Sicherheitsnetz schaffen, auf das einzelne Geschäftsbanken im Fall einer Liquiditätsklemme zurückkommen könnten, wurde schließlich zur weiteren Verfolgung an die nationalen Währungsbehörden verwiesen und so praktisch auf die lange Bank geschoben. Etwas konkreter war Matthöfers Vorschlag auf dem Tokioter Gipfel ausgefallen, die Clearingstelle der Baseler Bank für internationalen Zahlungsausgleich mit dieser Aufgabe zu befassen.[155] Dazu sollte die Zahl der berichtenden Länder stetig erweitert werden, damit die BIZ allmählich mehr Kontrolle über die Xenomärkte durchsetzen könnte. Weder der eine noch der andere Weg erwies sich indes als gangbar, weil er von amerikanischen Interessen blockiert wurde, sodass das Problem auch heute noch akut ist.

Schon Anfang der achtziger Jahre sollte sich zeigen, dass solche Befürchtungen und die Gefahr einer ›großen‹ Weltwirtschaftskrise nicht aus der Luft gegriffen waren. Während der laufenden Jahrestagung des Internationalen Währungsfonds am 28. September 1981 in Washington stürzten die Kurse an den großen Börsenplätzen der Welt ins Bodenlose, ohne dass es zunächst zu einer Intervention der Federal Reserve gekommen wäre. Der Anlass für den Crash war skuril. Der New Yorker Börsenguru Joseph Granville hatte für diesen Montag der Wall Street einen rabenschwarzen Tag prophezeit. Er sagte die schwersten Kursverluste seit dem legendären ›schwarzen Donnerstag‹ am 24. Oktober 1929 voraus. Diese Prophezeiung schockierte alle Börsen der Welt, als sie am Montagmorgen den Handel eröffneten. Die Börsen von Tokio, Sydney, Hong Kong, Singapur, Zürich, Frankfurt, Paris und London stürzten auf zum Teil bis dahin nicht gekannte Tiefstände. Auch Wall Street, die als letzte Börse in den Markt ging, begann mit Kursverlusten. Auch wenn sich die Markttendenz noch im Laufe des selben Tages in New York umkehrte und der »Blaue Montag« ohne unmittelbare Folgen blieb, steckte das Ereignis den verantwortlichen Notenbankpräsidenten und Finanzministern noch lange in den Knochen. Es war auch das beherrschende Thema eines informellen Treffens des sogenannten Leutwiler-Kreises, der regelmäßig am Rande von IWF-Tagungen zusammenkam und eine kleine Gruppe befreundeter Finanzminister und Notenbankpräsidenten aus ›reichen‹ wie ›armen‹ Ländern zusammenbrachte.[156] So woll-

---

155 Süddeutsche Zeitung vom 28. Juni 1979.
156 An der Sitzung, die am 1. Oktober 1981 auf Einladung von Paul Volcker in Washington stattfand, nahmen neben den drei Vertretern der Ersten Welt auf Seiten der Entwicklungsländer die Finanzminister Indraprasad G. Patel, Indien, Jorge Espinoza de los Reyes, Mexiko, und Sheik Muhammad-Ali Abal Khail, Saudi-Arabien, teil. Man sprach 5 Stunden über den bevorstehenden ersten Nord-Süd-Gipfel in Cancun, Mexiko, die neue US-Wirtschaftsphilosophie, die indische

ten der US-Notenbankpräsident Paul Volcker und sein Schweizer Kollege Fritz Leutwiler unter dem Eindruck des 28. Septembers nicht die »Hand dafür ins Feuer legen, dass sich 1929 nicht wiederholt«.[157] Wenn die Börsen der Welt schon willig einem Scharlatan folgten, was würde dann erst geschehen, wenn wirklich Grund zur Sorge wäre? So konnten z. B. jederzeit iranische Angriffe auf Öltanker in der Straße von Hormus eine neue Ölkrise auslösen und die Anleger in Panik versetzen. Es bedurfte freilich gar nicht derart dramatischer Vorgänge, um die Weltwirtschaft zu destabilisieren. Die Runde war sich einig, dass die hohen Zinsen in den USA Schleifspuren hinterließen, die über kurz oder lang zu größeren Firmenzusammenbrüchen führen müssten. Die internationalen Währungsexperten stimmten auch Matthöfers These zu, »dass unsere intellektuellen Fähigkeiten nicht Schritt gehalten haben mit der Realität der güter- und finanzwirtschaftlichen Integration unserer Märkte und dass infolgedessen auch Nationalstaaten von der Größe der Bundesrepublik nicht mehr sicher sein können, dass ihre noch so gut gemeinten Politiken von Erfolg gekrönt sind.«

Krisenmanagement am Bosporus

Andere, konventionelle Risiken machten die Koordination der nationalen Politik zur Stabilisierung des Weltfriedens und der Weltwirtschaft ebenfalls unverzichtbar. Neben der iranischen Revolution, die 1979 in die Auseinandersetzung des Mullah-Regimes mit den USA eskalierte, war es vor allem der sowjetische Einmarsch in Afghanistan, der im Nordatlantischen Bündnis (NATO) und in der Europäischen Gemeinschaft Irritationen hervorrief. Beide Brennpunkte der Weltpolitik wirkten umso bedrohlicher, als die geopolitische Südostflanke Europas und der NATO seit 1975 durch eine schwere politische und wirtschaftliche Krise der Türkei geschwächt war. Das seit der Kemalistischen Revolution[158] in den zwanziger Jahren westlich orientierte Land war bis dahin als militärisch starkes NATO-Mitglied, wirtschaftlich hoffnungsvoller EG-Beitrittskandidat und innenpolitisch stabiler, laizistisch-islamischer, sich rasch ›modernisierender‹ Staat ein verlässlicher Eckpfeiler des Westens in unmittelbarer Nachbarschaft zu einer der politisch und wirtschaftlich instabilsten Regionen der Welt. In der katastrophalen wirtschaftlichen

Ziehung auf den IWF, die US-Konjunktur und die Stabilität des internationalen Finanzsystems. Vermerk über das Treffen des sog. Leutwiler-Kreises in Washington am 1. Oktober 1981 (Bonn, den 7. Oktober 1981), AdsD, DM 07.

157 Ebenda.
158 Nach seinem Sieg über die griechischen Invasoren und der Revision des die Souveränität der Türkei einschränkenden Friedensvertrags von Sèvres gründete Mustafa Kemal (1881–1938) 1923 die Republik Türkei und errichtete eine ›Erziehungsdiktatur‹, die auf eine gründliche Verwestlichung des Landes abzielte. Die Prinzipien des Kemalismus sind in der Verfassung als republikanisch, nationalistisch, volksverbunden (im Sinne von klassenübergreifend), interventionistisch (im Sinne partieller Wirtschaftslenkung), laizistisch und revolutionär (im Sinne nachhaltiger Modernisierung) festgelegt. 1934, als alle Türken einen Familiennamen im westlichen Sinne annehmen mußten, verlieh das Parlament dem Staatspräsidenten den Nachnamen ›Atatürk‹ (Vater der Türken).

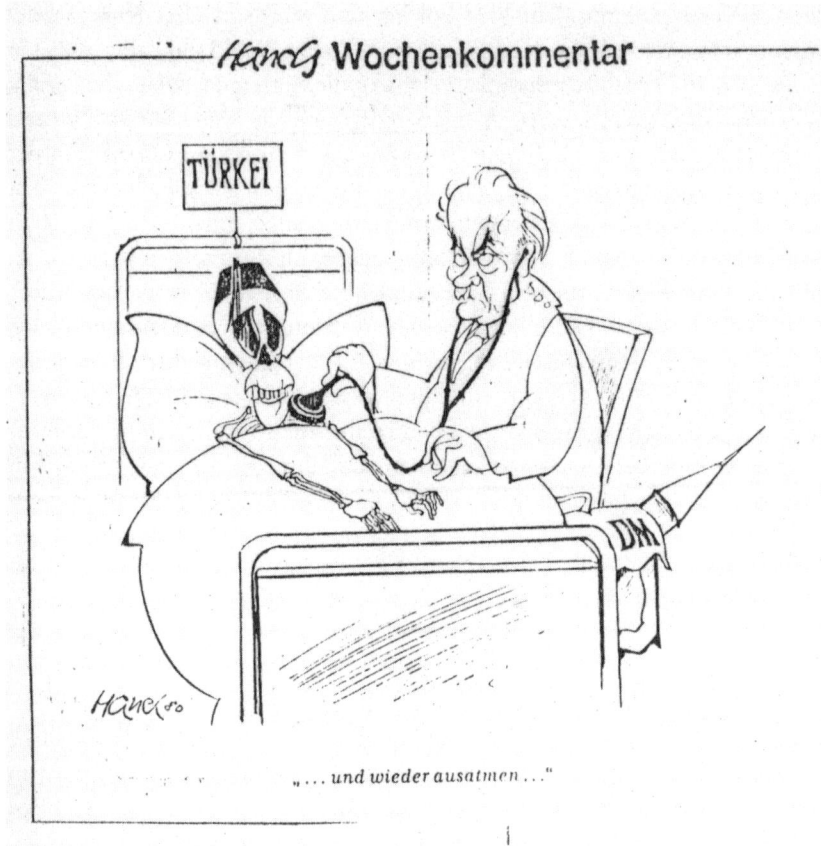

TÜRKEI

„... *und wieder ausatmen* ..."

Die wirtschaftliche Sanierung der Türkei erwies sich 1980 als eine wahre Sisyphos-Arbeit.

Lage der Türkei lag deshalb eine der größten Herausforderungen an die politisch-ökonomische Solidarität und Koordinationsfähigkeit des Westens. Sie öffnete für den deutschen Finanzminister eine Bühne, auf der er seine von früheren Gelegenheiten her bekannten organisatorischen Fähigkeiten unter extremen Bedingungen erneut unter Beweis stellen konnte.

Die Türkei gehörte zu den Ländern, die am schwersten von den Erdölschocks der siebziger Jahre getroffen wurden. Das Land hatte bis dahin – einer von den Vereinten Nationen geförderten entwicklungspolitischen Mode folgend – eine extreme Importsubstitutionsstrategie verfolgt und dazu vor allem Staatsbetriebe ausgebaut und neu errichtet. Der Energieverbrauch war dadurch stark gestiegen. Nahezu vollständig von Öleinfuhren abhängig, behalf man sich zunächst mit kurzfristigen Eurodollarkrediten, bis sich binnen drei Jahren die Auslandsverschuldung verdoppelte und die gewohnten Kapitalzuflüsse aus dem Ausland ausblieben. Im Ergebnis stieg die Inflationsrate auf 50 Prozent, und jeder fünfte Türke war arbeitslos. Der Staat war bankrott. 1978 stellte die Türkei ihren Schuldendienst ein; damit versiegten auch die letzten kommerziellen Kreditquellen. Die neue Regierung des ›sozialdemokratischen‹ Premiers Bülent Ecevit musste, als die Wirtschaftskrise eskalierte, ihre Bündnispartner in NATO und OECD nicht lange bitten, ihr zu Hilfe zu kommen. Überall war die Bereitschaft groß, Ankara nicht im Stich zu lassen, während sich in seiner Nachbarschaft nach dem Sturz des Schahs im Iran ein Krisenherd von weltpolitischer Dimension entwickelte. Schließlich fiel auf dem Treffen der vier Westmächte auf der französischen Karibikinsel Guadeloupe im Januar 1979 auch eine klare politische Entscheidung zugunsten der Türkei. Nachdem sie sich über die Umrisse des späteren ›NATO-Doppelbeschlusses‹ zur Stationierung nuklearer Mittelstreckenraketen einig geworden waren, vereinbarten die USA, Großbritannien, Frankreich und Deutschland, gemeinsam eine solidarische Hilfsaktion für den Bündnispartner einzuleiten. Sie übertrugen dem Generalsekretär der OECD, Guy van Lennep, die technische Koordination, während das deutsche Auswärtige Amt im Namen der vier Mächte bei den übrigen 13 OECD-Mitgliedern für eine Beteiligung an der Aktion warb. Für die deutsche Federführung der Hilfsaktion sprachen in erster Linie die traditionell guten Beziehungen zwischen Deutschland und der Türkei, aber auch die Tatsache, dass Deutschland der wichtigste Handelspartner der Türken war. 17,6 Prozent der türkischen Einfuhren kamen 1978 von dort und 22,1 Prozent der Ausfuhren gingen dorthin. Die Bundesrepublik war daher auch wirtschaftlich an einem prosperierenden Partner am Bosporus interessiert. Nachdem die Deutschen mit gutem Beispiel vorangegangen waren und 200 Mio. Dollar über die sonstige Entwicklungshilfe hinaus gespendet hatten, kamen im Mai 1979 auf einer Konferenz der Geberländer in Paris Hilfszusagen von annähernd einer Milliarde Dollar zusammen. Alle Beteiligten machten die Gewährung ihrer Beiträge allerdings davon abhängig, dass sich die Türkei zunächst mit dem IWF über die Bedingungen eines neuen Kreditabkommens einigen müsste. Man erwartete von der türkischen Regierung vor allem die Abwertung der Lira in einer Größenordnung von 30 bis 50 Prozent und weitere finanz- und geldpolitische Korrekturen ihres internen Sanierungsprogramms. Hinzu kam ein privater Konsortialkredit in Höhe von 407 Mio. Dollar, an dem sich auch die Deutsche Bank und die Dresdner Bank beteiligten, der sich ebenfalls an der Konditionalität des IWF orientierte. Durch eine Umschuldungsaktion der Gläubiger, an der die Bundesrepublik zu einem Drittel beteiligt war, gelang es schließlich noch, die türkische Zahlungsbilanz kurzfristig um rund 1,1 Mrd. Dollar zu entlasten.

Alle diese gewiss beachtlichen Anstrengungen zusammengenommen waren jedoch auch nicht mehr als der Tropfen auf dem heißen Stein. Die Beteiligten waren sich deshalb darüber im Klaren, dass die einmalige Hilfsaktion dem Patienten zwar eine kurzfristige Erleichterung gebracht hatte, aber bei weitem nicht ausreichte, um die türkische Malaise dauerhaft zu heilen.[159] Deshalb kam der zweiten Phase

---

159 BMF, Türkeihilfe – Rückschau und Stand (August 1979), AdsD, DM 029.

des Gesamtprogramms der ›Türkeihilfe‹, der Ausarbeitung eines mittelfristigen Sanierungsplans in der Größenordnung von jährlich einer Milliarde Dollar auf die Dauer von fünf Jahren, die entscheidende Bedeutung zu. Dies umso mehr, als der Einmarsch sowjetischer Truppen in Afghanistan seit dem Jahreswechsel im Mittleren Osten eine neue Lage geschaffen hatte, die die strategische Bedeutung der Türkei noch einmal besonders unterstrich. Auch politisch rückte die Türkeihilfe jetzt auf der Prioritätenskala ganz nach oben, weil die Carter-Administration ihren Druck auf die europäischen und japanischen Verbündeten verstärkte, um dem ›sowjetischen Expansionsstreben‹ etwas Zählbares entgegenzusetzen. Vor diesem Hintergrund überließ der Bundeskanzler dem Finanzministerium die Federführung und ernannte im Januar 1980 Matthöfer zum Sonderbeauftragten der Bundesregierung, um die Leitung des erneut von Deutschland koordinierten westlichen Hilfsprogramms in der entscheidenden zweiten Runde zu übernehmen. Hinter dieser Wahl stand der Wunsch des Kanzlers und seines Finanzministers, einen eindrucksvollen deutschen Beitrag mit politisch befreiender Wirkung zu leisten, ohne dabei die eigenen Staatsfinanzen zu ruinieren. Angesichts absehbarer Haushaltsprobleme (und der bevorstehenden Bundestagswahlen) sollte diese personelle Konstellation auf jeden Fall ausschließen, dass das Auswärtige Amt – und in seinem Schlepptau das Verteidigungsministerium und das BMZ – wie so oft den bequemen Weg ging, einen ansehnlichen deutschen Beitrag zur Türkeihilfe durch großzügige ›Scheckbuchdiplomatie‹ zu Lasten des Steuerzahlers durchzusetzen. Für die Wahl des Finanzministers sprach auch der enge Zusammenhang des Hilfsprogramms der NATO und der OECD mit den Modalitäten der Kreditvergabe der IFIs. Auf dem Washingtoner Parkett war Matthöfer inzwischen bestens etabliert und wie kein anderer in der Lage, zwischen den Parteien zu vermitteln.

Kaum im Amt, begann der neue Koordinator sogleich deutlich zu machen, was er zur dauerhaften wirtschaftlichen Sanierung der Türkei für erforderlich hielt und wo er die Möglichkeiten und Grenzen des eigenen Beitrags sah. Seine erste Bestandsaufnahme, die er nach Dauerverhandlungen mit türkischen Fachleuten vornahm, war deprimierend. Die wirtschaftliche, finanzielle und politische Verfassung der Türkei rief nach einer wirklichen Kraftanstrengung der Geberländer, sollte die Hilfe nicht erneut im allgemeinen Chaos versickern. Das Land stand am Rande eines Bürgerkriegs. Schon jetzt forderte die politische Auseinandersetzung zwischen dem linken und dem rechten Lager Tausende von Opfern. Die Kurdische Arbeiterpartei PKK versuchte, durch Terror auf die Lage der nationalen Minderheit im Osten des Landes aufmerksam zu machen. Millionen von Türken froren, weil die Türkei ihre Ölrechnung nicht mehr bezahlen konnte. 20 Prozent Arbeitslosigkeit und eine Inflationsrate von annähernd 100 Prozent zerrütteten die Wirtschaft. Eine ineffiziente Staatsbürokratie, Korruption und riesige Produktionsausfälle gaben den wirtschaftlichen Selbstheilungskräften des Landes den Rest. Auch die Regierung des Vorsitzenden der rechts-konservativen Gerechtigkeitspartei, Süleyman Demirel, die im Herbst 1978 Ecevits Republikanische Volkspartei ablöste, fand kein wirksames Mittel dagegen. Immerhin war sie bereit, den von den

Experten des IWF diktierten Restriktionskurs durchzusetzen, auch wenn sie mit erheblichen sozialen Unruhen rechnen musste. Um die Türkei unter demokratischen Vorzeichen zu stabilisieren, konnte es daher nur heißen: nicht kleckern, sondern klotzen. Die ursprünglich ins Auge gefasste Finanzspritze von einer Milliarde wuchs so unter der Hand auf drei Milliarden Dollar. Matthöfer machte sich keine Illusionen darüber, dass die Bundesrepublik davon den Löwenanteil zu tragen hatte, wenn er den Amerikanern die Türkei-Sanierung als gewichtigen deutschen Beitrag zur Bewältigung der internationalen Krise ›verkaufen‹ wollte. Umso wichtiger schien es ihm, dem deutschen Engagement politisch korrekte Grenzen zu ziehen. Seine Zauberformel für die anstehende ›Kollekte‹ lautete daher: »Wir zahlen soviel wie die Amerikaner und jeder von uns so viel wie alle anderen zusammen.«[160] Im Prinzip hätten also die übrigen OECD-Länder zusammen mit den arabischen Ölstaaten nicht nur den Gesamtumfang der Hilfe bestimmen können, sondern auch die Tranchen der beiden ›Konsortialführer‹. In Wirklichkeit warteten sie aber alle auf eine Vorgabe aus Washington, an der man in ›angemessenen‹ Abstufungen den eigenen Beitrag orientieren konnte. Damit war das deutsche Kreditengagement auf 295 Mio. Dollar beschränkt, denn mehr wollten die USA auf keinen Fall aufbringen. Dass die Türkeihilfe nicht zu einem Haushaltsrisiko für die Bundesrepublik werden würde, stellte Matthöfer sicher, indem er sie in einem Junktim mit dem Verteidigungshaushalt verband:[161] »Es wäre doch widersinnig, einen Verteidigungshaushalt von rund 38,5 Mrd. DM um 8 oder 9 Prozent wachsen zu lassen und gleichzeitig zuzusehen, wie sich die Türkei wirtschaftlich und sozial desintegriert und die wirtschaftliche Grundlage ihrer Verteidigungsfähigkeit erodiert, so daß sie das russische Angriffspotential nicht mehr binden kann. Wir müssen die Türkei sanieren, wenn dies auch viel kosten mag.« Jede Mark, die Deutschland am Bosporus in die militärische Schlagkraft des maroden Bündnispartners investierte, so die Botschaft des Finanzministers an Apel und an das Brüsseler NATO-Hauptquartier, würde dort besser ihren Zweck erfüllen als zu Hause und damit gleichzeitig den deutschen Verteidigungshaushalt entlasten. In dieselbe Richtung zielte auch die Überlassung von 60 Panzern des Typs Leopard 1 aus Bundeswehrbeständen, die zu Hause planmäßig durch Panzer des weiterentwickelten Typs 2 ersetzt werden sollten. Nur wenn es gelang, den Verteidigungshaushalt weiterhin unter Kontrolle zu halten, ließ sich das für 1981 beschlossene Steuerpaket retten, das breite Schichten von Steuerpflichtigen von der Progression des Steuertarifs befreien und im mittleren Einkommensbereich die Progression mildern sollte.

Die hektische Betriebsamkeit, die Matthöfer in der ›Erkundungsphase‹ entwickelte, um zusammen mit der Türkei das Sanierungsprogramm aufzustellen und die Geberländer an ihre Pflichten zu erinnern, schloss auch die Abstimmung mit dem Bonner US-Botschafter Walter J. Stoessel, mit hohen NATO-Militärs sowie

160 Süddeutsche Zeitung vom 15. Februar 1980.
161 Interview im Handelsblatt vom 4. Februar 1980.

In Turgut Özal, dem späteren Staatspräsidenten der Türkei, fand Matthöfer auf türkischer Seite einen kongenialen Partner.

dem griechischen und saudi-arabischen Geschäftsträger ein. Erleichtert wurde ihm das Geschäft durch die reibungslose Zusammenarbeit mit Turgut Özal, dem Vize-präsidenten des staatlichen Planungsamtes und Chef-Wirtschaftsberater des türki-schen Ministerpräsidenten.[162] Mit dem ›Technokraten‹ Özal, der später unter dem Militärregime selbst zum Ministerpräsidenten avancierte und schließlich 1989 zum Staatspräsidenten gewählt wurde, kam Matthöfer sehr gut aus. Er bewegte sich »meist auf der gleichen Wellenlänge« wie der in der Weltbank ausgebildete Ökonom und teilte auch dessen Urteil über Carters Regierungskunst, die er, »wie wir alle, nicht besonders hoch einschätzte«.[163] Persönlich kam man sich ebenfalls näher, bot ihm doch Özal bei seinem ersten Besuch in der Türkei an, bei der Be-schneidung seines Sohnes die Rolle des ›Kirve‹ zu übernehmen, die ungefähr der eines christlichen Taufpaten entspricht.[164] Der Beginn des diplomatischen Teils der Operation ›Türkei‹ stand also unter guten Voraussetzungen. Zunächst traf sich

162 Der 1927 geborene Özal war ursprünglich Elektroingenieur und leitete das staatliche Planungs-amt, bevor er 1971 bei der Weltbank für zwei Jahre Industrie- und Bergbauprojekte leitete.
163 ›Diensttagebuch‹, 25.1.–2.2.1980, AdsD, DM 0404. Von den Sekretärinnen der BMF-Leitungs-ebene wurde der immer freundliche, etwas untersetzte Türke liebevoll »das kleine Özal« genannt.
164 ›Kirvelik‹ begründet ein virtuelles Verwandschaftsverhältnis, mit der das soziale Beziehungsnetz einer Familie erweitert wird. Matthöfer akzeptierte das Angebot mit gemischten Gefühlen, weil er »nicht wußte, worauf ich mich in einem fremden Land mit anderen, mir unbekannten religiösen Sitten und Gebräuchen einlassen würde«. Es kam dann freilich nicht dazu, weil »eine unabweisbare internationale Verpflichtung« den designierten Paten zu vorzeitiger Abreise zwang. Ebenda.

Matthöfer an seiner alten Wirkungsstätte bei der OECD, dem Pariser Château de la Muette, mit Generalsekretär van Lennep, der für Ende März eine Konferenz der Geberländer vorbereiten sollte.[165] Dann war der französische Finanzminister Monory an der Reihe, einen angemessenen Beitrag zuzusagen. Es folgte der Appell an den Rat der europäischen Finanzminister in Brüssel und ein Treffen mit dem österreichischen Finanzminister Hannes Androsch. Die Türkei drängte noch vor dem ersten Treffen in Ankara auf eine Soforthilfe, um die dringendsten Ölrechnungen zu bezahlen, und regte darüber hinaus die steuerliche Besserstellung der türkischen »Gastarbeiter« an, um deren Transfervolumen zu erhöhen.[166] Dagegen bestand die deutsche Seite darauf, die bevorstehende Reise nach Ankara »als reinen Informationsbesuch« zu bezeichnen, und vermied Festlegungen, »die über die Bekräftigung unserer Bereitschaft hinausgingen, eine Hilfsaktion zustandezubringen, die quantitativ und qualitativ über die des letzten Jahres hinausgeht und die – was den deutschen Beitrag angeht – wirtschaftliche sowie militärische Hilfe in einem angemessenen Verhältnis umfasst«.[167] Die Mission selbst erforderte ebenfalls viel diplomatisches Fingerspitzengefühl. Auf dem Flug nach Ankara legte Matthöfer deshalb Zwischenstopps in Genf und Athen ein. In Genf traf er zunächst Vertreter der arabischen Golfstaaten, allen voran den saudischen Sheik Mohammed-Ali Abal Khail, den wohl dienstältesten Finanzminister der Welt, eine Schlüsselfigur der Petrodollardiplomatie. Zu ihm und dem Präsidenten der saudischen Zentralbank SAMA, Abdul Aziz Al Quraishi, bestanden gute Beziehungen, die auf saudischer Seite der Vorstellung einer notwendigen, guten Dreiecksbeziehung zwischen den Ländern entsprachen, die Riad als ›Vormächte‹ betrachtete: die USA für Amerika, Deutschland für Europa und Saudi-Arabien für den Nahen Osten. Die Türkei spielte im politischen Weltbild der Saudis eine eher problematische Rolle. Aus ihrer Sicht verhielten sich die Türken noch immer wie die alten Kolonialherren, die sie einmal waren, und die »sich quasi darüber beschwerten, daß der ihnen von den Saudis zustehende Tribut immer noch nicht abgeliefert worden war«.[168] Die Nachfolger der Osmanen waren in Riad entsprechend unbeliebt. Andererseits wusste man im archaisch-autokratischen Königreich der Saudis nur zu gut, dass die strategische Position der Türkei mit ihrer schlagkräftigen und hoch motivierten Armee von 750000 Mann auch zum Überleben des eigenen Regimes beitrug. Sie signalisierten deshalb ihre Hilfsbereitschaft »bei ausreichender Kontrolle über die Mittelverwendung«.[169] In Athen, der nächsten Station der Reise, galt es, mögliche Störpotentiale vorab zu entschärfen. Zu den historisch bedingten Spannungen zwischen den beiden Anrainern des östlichen Mittelmeers war 1974 mit der tür-

---

165 ›Diensttagebuch‹, 4.2.1980, AdsD, DM 0404.
166 BMF, Abteilung VIII, Vermerk betr. Hilfsprogramm für die Türkei, hier: Besuch von Herrn Halefoglu, Botschafter der Türkei in der Bundesrepublik, bei Herrn Bundesminister Matthöfer am 28.1., Bonn, den 29. Januar 1980, AdsD, DM 029.
167 BMZ – L – Betr.: Kabinettsitzung am 27. Februar 1980; hier: Bericht über die Reise nach Genf/Athen/Ankara vom 16. bis 19. Februar 1980, AdsD, DM 029.
168 ›Diensttagebuch‹, 16.2.1980, AdsD, DM 0404.
169 ›Diensttagebuch‹, 4.2.1980, AdsD, DM 0404.

kischen Invasion des nördlichen Teils Zyperns ein neuer, akuter Spannungsherd hinzugekommen. Seitdem begegneten sich die beiden NATO-Partner noch feindseliger und wachten eifersüchtig darüber, dass der jeweils andere keinen Vorteil erlangte. Schon in der Vergangenheit hatte Griechenland die deutsche NATO-Militärhilfe für die Türkei argwöhnisch betrachtet und jeweils für sich – und mit Erfolg – Ausgleichsleistungen reklamiert. Dieses Mal hielt sich das griechische Störpotential allerdings in Grenzen. Athen hatte zum 1. Januar 1981 seine Aufnahme als 10. Mitglied der EG beantragt und war dabei auf deutsche Unterstützung angewiesen. Deshalb verzichtete Ministerpräsident Konstantin Karamanlis auf Forderungen, dass Deutschland angesichts der Schwäche der Türken Druck wegen der Zypernfrage ausüben sollte. Das war momentan nicht opportun, da es Ankara »einen Gesichtsverlust bringen könnte«. Der Wunsch der Griechen nach einem deutschen Finanzkredit stieß bei Matthöfer jedoch habituell auf taube Ohren. Griechenland gab sich schließlich mit der deutschen Erklärung zufrieden, »bei seiner Entwicklung in Europa hilfreich sein zu wollen«. Im Unverbindlichen hielten sich auch Matthöfers Zusagen, angesichts griechischer Befürchtungen einer unausgewogenen Waffenhilfe »eine Situation vermeiden zu wollen, die Griechenland als Gefährdung ansehen könnte«. Es kam schon einer kleinen diplomatischen Sensation nahe, dass er dem griechischen Außenminister Georgios Rallis im Kommuniqué ein Bekenntnis »für einen wirtschaftlich gesunden Nachbarn im Osten« abgewann und anschließend das Privileg genoss, über den ansonsten hermetisch geschlossenen griechisch-türkischen Luftraum nach Ankara weiterzufliegen.[170]

Der Empfang in der türkischen Hauptstadt stand ganz im Zeichen der traditionellen deutsch-türkischen Freundschaft. Matthöfers Amtskollege İsmet Sezgin beschwor »die Waffenbrüderschaft, die unsere Väter Schulter an Schulter erlebt haben«.[171] Er spielte damit auf die Schlacht von Gallipoli an. Dort hatten türkische Verbände unter deutschem Oberbefehl über starke anglo-französische Seestreitkräfte und Landungstruppen der Entente gesiegt. Die Verteidiger der Dardanellen, die nach deutschen Generalstabsplänen operierten, zwangen Anfang 1916 die Invasoren nach mehrmonatiger Schlacht zum verlustreichen Rückzug und verhinderten so eine logistische Verbindung und den strategischen Zusammenschluss der Entente mit ihrem russischen Verbündeten. In Deutschland war die Erinnerung an die Schlacht an den Dardanellen nach 1945 in Vergessenheit geraten, passte sie doch nicht mehr zur neuen Bündnislage. Sie spielte aber im Deutschlandbild der Türken nach wie vor eine große Rolle, zumal der spätere Republikgründer Mustafa Kemal dort als Divisionskommandeur seinen ersten großen Sieg errungen hatte. Um die Erwartung der Türken nicht zu hoch zu schrauben, reduzierte Matthöfer, dem der Gallipoli-Mythos aus seiner Jugendlektüre durchaus vertraut war,[172] in seinen Antworten auf die Begrüßungsreden die deutsch-türki-

---

170 Frankfurter Rundschau vom 19. Februar 1980.
171 Süddeutsche Zeitung vom 19. Februar 1980.
172 Wie die meisten seiner Altersgenossen hatte auch er die einschlägigen Bestseller gelesen und daraus sein erstes Türkei-Bild gewonnen: Clemens Laar, Der Kampf um die Dardanellen, Gütersloh 1936;

schen Gemeinsamkeiten lieber auf das gemeinsame Schicksal hoher Energie-Importabhängigkeit und leerer öffentlichen Kassen. Über seine parteipolitischen Präferenzen ließ er ebenfalls keine Zweifel aufkommen. Noch vor dem Treffen mit Demirel kam er mit dem Oppositionsführer Ecevit zusammen, dem er freilich vor allem klar machte, dass er keine realistische Alternative zum Wirtschaftsprogramm der Rechten sah. Die Regierung bestärkte er deshalb in ihrem drastischen Sanierungsprogramm, dessen Kernstück in der Abwertung der Lira, einer restriktiven Geldpolitik, Investitionsfreiheit für ausländische Unternehmen und der Liberalisierung der maroden Staatsbetriebe bestand. In den Augen der deutschen Delegation erschienen die von der Regierung Demirel eingeleiteten Sanierungsmaßnahmen zunächst durchaus »mutig und wirksam«.[173] Einig waren sich beide Seiten auch in der Einsicht, zuerst die wirtschaftliche Situation zu bereinigen, ehe man über Maximalforderungen im militärischen Bereich sprechen konnte. Matthöfer nutzte die gute Gelegenheit auch, um der türkischen Regierung den dezidiert restriktiven deutschen Standpunkt zur Frage der Freizügigkeit im Reiseverkehr und auf dem Arbeitsmarkt zu erläutern.[174] Der Assoziierungsvertrag mit der EWG, der dies vorsah, sei der einzige internationale Vertrag, den die Bundesrepublik ganz sicher nicht einhalten werde. Demirel nahm diese Feststellung ohne weiteren Kommentar zur Kenntnis. Die türkische Seite hatte andere Sorgen. Ihr ging es vor allem um finanzielle Soforthilfen, zumal die meisten Mittel aus dem Programm von 1979 noch nicht flossen. Mit einigen der Geberländer, wie Österreich, Japan, Luxemburg und Spanien, waren noch nicht einmal die Verträge geschlossen.

Die eigentliche Schlacht um die Türkeihilfe wurde aber nicht am Bosporus, sondern am Potomac geschlagen. Seit Anfang März antichambrierte der deutsche Finanzminister in Washington D.C., um mit der Carter-Administration die Eckdaten des Hilfsprogramms auszuhandeln. Gemessen an der ursprünglich angepeilten Marke von 300 Mio. Dollar lagen die Wunschvorstellungen beider Seiten noch sehr weit auseinander. Während Matthöfer anbot, den deutschen Beitrag auf 520 Millionen zu erhöhen, wenn die USA gleichzögen, hielt Carter nunmehr lediglich 200 Millionen mit den Erfordernissen der heimischen Inflationsbekämpfung für vereinbar.[175] Im Weißen Haus hatte man gehofft, die Deutschen würden es der amerikanischen Regierung erlauben, ohne außenpolitischen Schaden an der Türkeihilfe zu sparen, indem sie den amerikanischen Fehlbetrag aus eigener Tasche kompensierten. Bonn fürchtete jedoch, das Gebäude der Hilfszusagen würde dann wie ein Kartenhaus zusammenfallen und die ganze Last sich auf Deutschland ver-

---

Walter von Schoen, Die Hölle von Gallipoli. Der Heldenkampf an den Dardanellen, Berlin 1937.

173 DIE WELT vom 20. Februar 1980.
174 Am 12. September 1963 unterzeichneten die EWG-Staaten mit der Türkei ein Assoziierungsabkommen, das in seinem Artikel 12 auch die künftige Freizügigkeit der Arbeitnehmer einschloß. Ein Zusatzprotokoll aus dem Jahre 1973 proklamierte dann deren schrittweise Herstellung für die Zeit zwischen 1976 und 1986. Erst 1986 gelang es, diese Vereinbarung zu entschärfen. ›Diensttagebuch‹, 22.2.1982, AdsD, DM 0404.
175 ›Diensttagebuch‹, 13.3.1980, AdsD, DM 0404.

Konzert im Weißen Haus 1980 (von rechts): Hans und Traute Matthöfer,
Jimmy Carter, Helmut Schmidt, Rosalynn Carter, Loki Schmidt.

lagern. Matthöfer hielt deshalb am Junktim der Beiträge beider Länder fest und
zwang so die USA, wollte sie nicht an Prestige verlieren, wenigstens bei der ursprünglichen Zusage von 300 Mio. Dollar zu bleiben. Er selbst war nicht bereit,
über den amerikanischen Beitrag hinauszugehen. Dies schien schon deshalb gerechtfertigt, weil das Zuschusselement des deutschen Kredits bei 30 Jahren Lauf-
zeit mit 10 Freijahren und einem Zinssatz von 2 Prozent bei 193 Mio. Dollar lag
und damit weit höher war als der amerikanische Zuschusswert von 87 Mio. Dollar.[176] Auch angesichts der neuen Lage in Afghanistan sah Matthöfer keinen
Grund, die Statik seines Finanzplans zu verändern:[177] »Wir haben die Entwicklungshilfe für Pakistan nie gekürzt, die Waffenhilfe für die Türkei nie eingestellt,
das Obristenregime in Athen nie gestützt, kein Getreide in die UdSSR geliefert
und auch die Warenausfuhren nicht subventioniert.« Er spielte damit auf das ›Sün-
denregister‹ der Carter-Administration an, das dem moralischen Appell Washing-
tons, mehr für die ›Verteidigung der Freiheit‹ auszugeben, nicht gerade glaubwürdig machte. Geld des deutschen Steuerzahlers hatte der Finanzminister nicht zu
verschenken. Wenn überhaupt, dachte er an Zahlungen in symbolischer Währung,

176 BMF, Abt. VII, Hilfsprogramm für die Türkei, Bonn, den 16. Mai 1980, AdsD, DM 017.
177 Stuttgarter Nachrichten vom 5. März 1980.

wie den Boykott der olympischen Spiele in Moskau. Seine amerikanischen Gesprächspartner sahen sich dadurch aus ihrer Rolle der Weltmacht, die sich über mangelnde Solidarität ihrer Verbündeten bei der Abwehr des sowjetischen Expansionsdrangs beklagte, in die Defensive gedrängt. Es war Carter, der sich nun vor dem Vorwurf der Unentschlossenheit und Ambivalenz rechtfertigen musste. Der Präsident revanchierte sich, indem er Matthöfer ein Treffen im Weißen Haus »aus Termingründen« verweigerte.

Gleichzeitig empfing er aber die Vertreter der Opposition im Deutschen Bundestag, Walter Leisler Kiep (CDU) und Franz Josef Strauß (CSU), die er und sein Berater Zbigniew Breszinski in grotesker Verkennung der deutschen Verhältnisse und der Mentalität des Finanzministers um Schützenhilfe baten.[178] Matthöfer war darüber zwar verbittert, aber auch nicht bereit, die Eintrittskarte in das Weiße Haus mit dem Geld des Steuerzahlers teuer zu bezahlen. Er tröstete sich mit einem Witz, den Turgut Özal gern in Bonn erzählte:[179] »Dort stehen drei Weihnachtsmänner! Welcher davon ist Carter? – Der mit den Ostereiern.«

Der enttäuschende Ausgang des Washingtoner Hilfepokers blieb kurzfristig nicht ohne Auswirkungen auf die Bereitschaft der übrigen Länder, ihren eigenen Anteil festzulegen. Offenbar brauchten die OECD-Länder nun erst einmal Zeit, um sich auf die Lage einzustellen und den eigenen Beitrag in der Hackordnung der politischen Weltbühne zu sondieren. In Tokio holte sich der Bittsteller in Sachen Türkeihilfe deshalb eine diplomatisch verbrämte Abfuhr, als er im Anschluss an die Washingtoner Verhandlungen bei seinem japanischen Kollegen Station machte. Schlimmer noch: als wenige Tage später, am 26. März, in Paris die Geberkonferenz der OECD zusammentrat, wollten sich einige Länder noch nicht festlegen, sodass das Treffen auf Mitte April vertagt werden musste. Die neue Lage wurde in Ankara mit Betroffenheit registriert. In der Türkei wuchs der Argwohn, dass das Interesse an der Notlage des Landes nachlasse, nachdem die Besorgnis über die Afghanistan-Krise ihren Höhepunkt überschritten hatte. Hinzu kam, dass sich die türkische Regierung allmählich bewusst wurde, dass auch die Bundesrepublik nicht aus voller Tasche spenden konnte, sondern sich – nach eigenem Bekunden – »selbst auf der Straße der internationalen Kreditnehmer befindet«.[180] Immerhin überwies Matthöfer ohne weiteren Verzug im Vorgriff auf die spätere Regelung eine Soforthilfe in Höhe von 200 Mio. Dollar und forderte die übrigen OECD-Mitglieder auf, Gleiches zu tun. Es gelang ihm auch rasch, die Hilfsbereitschaft Saudi-Arabiens, Japans und der Europäer wieder anzukurbeln, sodass die zweite Runde der Geberkonferenz der OECD doch noch ein Erfolg wurde. Von den europäischen Staaten stellte Italien überraschend mit 115 Mio. Dollar den zweithöchsten Betrag zur Verfügung, sodass die Europäer mit 600 Mio. Dollar knapp die Hälfte der Gesamthilfe beisteuerten. Die Saudis blieben mit 250 Mio.

178 Walter Leisler Kiep, Was bleibt ist große Zuversicht – Erfahrungen eines Unabhängigen – Ein politisches Tagebuch, Berlin, Wien 1999, S. 262.
179 ›Diensttagebuch‹, 13.3.1980, AdsD, DM 0404.
180 Matthöfer trifft in Ankara auf eine verunsicherte türkische Regierung, FAZ vom 28. März 1980.

Dollar ein verlässlicher Partner und auch Japan beschloss nach sorgfältigen Beratungen, den Vorjahresbetrag um nicht weniger als 40 Prozent auf 100 Mio. Dollar zu erhöhen. Hinzu kamen die Ergebnisse der Umschuldungsaktion mit 800 Mio. Dollar, zu der Deutschland, Großbritannien und Frankreich am meisten beitrugen, und die Militärhilfe, an der sich die Bundesrepublik mit 600 Mio. Dollar beteiligte. Nach langen und mühsamen Verhandlungen sprang auch der IWF über seinen Schatten. Die Exekutivdirektoren des Fonds gewährten der Türkei einen Beistandskredit von rund 1,25 Mrd. Sonderziehungsrechten, dem Kunstgeld des IWF, was etwa 1,62 Mrd. Dollar entsprach. Das waren 625 Prozent der türkischen Quote – ein Satz, den die ›Welt-Zentralbank‹ bisher noch keinem Mitgliedsland zugestanden hatte. Die Weltbank stellte Programmkredite in Höhe von insgesamt 275 Mio. Dollar zur Verfügung. Die Hilfe der IFIs war allerdings an strenge Auflagen gebunden, die die Wechselkurspolitik, das Zinsniveau sowie die Verschuldung der öffentlichen Hand und der öffentlichen Unternehmen betrafen. Die Vereinbarung wurde in der Presse als großer Erfolg für Matthöfer gewertet, der sich bei den IFIs monatelang um eine möglichst umfangreiche westliche Türkeihilfe bemüht hatte.[181] Damit stand fest, dass es dem deutschen Finanzminister gelungen war, die erwartete Zahlungsbilanzlücke der Türkei durch eine konzertierte Aktion der westlichen Welt zu schließen, ohne selbst Verpflichtungen in unangemessener Höhe übernehmen zu müssen. Deutschland lag zwar an der Spitze der Geberländer, doch hatte die Statik des Beistandsplans, die feste Relationen der Beiträge aller Beteiligten vorsah, allen Belastungen standgehalten. Hans Matthöfer wurde jetzt in der deutschen Öffentlichkeit als jemand wahrgenommen und anerkannt, der auch »heikle politische Gespräche im Ausland mit einer beachtlichen Portion an Geschick zu führen versteht«.[182]

Mit der Einigung in Paris und Washington D.C. war für Matthöfer das türkische Abenteuer allerdings noch nicht abgeschlossen. Sowohl in Bonn als auch in Ankara blieb das Hilfsprogramm weiter umstritten. Meinungsverschiedenheiten zwischen den zuständigen deutschen Ministerien nutzend, äußerte Premierminister Demirel Ende Mai in einer Botschaft an Bundeskanzler Schmidt »ernste Besorgnisse« über Schwierigkeiten bei der Verwirklichung der deutschen Türkeihilfe.[183] Zwischen den Zeilen machte er Matthöfer für Verzögerungen und angebliche nachträgliche Kürzungen des Programms verantwortlich. Das Finanzministerium hatte es nämlich abgelehnt, für die beiden noch ausstehenden jährlichen Tranchen der Militärhilfe Verpflichtungsermächtigungen zu erteilen und damit Festlegungen zu treffen, die nach Meinung der türkischen Regierung für eine nachhaltige Abwicklung des Programms unerlässlich waren. Außerdem wurde ihm vorgeworfen, die Bereitstellung der Mittel mit Auflagen, Projekt- und Lieferbindungen zu verknüpfen, die ursprünglich nicht vorgesehen waren. Schließlich hieß es, das Ministerium habe schon früher zugesagte Beträge aus dem Entwicklungshaushalt auf

181 DIE WELT vom 20. Juni 1980.
182 Hans D. Barbier in der Süddeutschen Zeitung vom 22. Februar 1980.
183 Bonner General-Anzeiger vom 22. Mai 1980.

die von Bonn für 1980 neu bewilligte Summe angerechnet. Bei den inkriminierten Maßnahmen und Unterlassungen des BMF handelte es sich zum Teil um intern und international übliche Praktiken, zum anderen um zuviel überwiesene Beträge, die nun auch gegen den Widerstand des Auswärtigen Amtes und des BMZ wieder abgezogen werden mussten.[184] So hatte sich der Finanzminister nicht gescheut, einen »dreistelligen Millionenbetrag«, den das BMZ zuviel überwiesen hatte, und der von beiden Seiten geflissentlich übersehen wurde, von Özal wieder einzufordern. Aus Matthöfers Sicht war für das Störfeuer in erster Linie Hans-Dietrich Genscher verantwortlich, der, wie er vermutete, »gewiß mit größtem Unbehagen« beobachte, wie sich der Finanzminister in seinem Zuständigkeitsbereich tummelte. Er war sich deshalb bewusst, dass der Außenminister »nur darauf wartete«, ihm »wegen eines falschen Zungenschlages oder wegen eines anderen nichtigen Anlasses« am Zeug zu flicken. Der vollen Rückendeckung des Kanzlers gewiss, blieb Matthöfer jedoch ungerührt. Aus Gesprächen mit Turgut Özal wusste er, dass Vertreter des Auswärtigen Amtes, des BMZ und des Verteidigungsministeriums die Türken förmlich zur Kritik an seinen Maßnahmen ermunterten. Er sorgte deshalb umso entschiedener dafür, dass sich »die laienhafte Einmischung in unsere Innenpolitik, die sie ohne genaue Kenntnis der wirklichen Kräfteverhältnisse unternehmen«, nicht auszahlte. Weder war er bereit, »die Verschwendungssucht der Beamten und der Führung des BMZ zu tolerieren oder ohne Widerspruch hinzunehmen, denen nur daran gelegen war, die Zuwachsraten ihres Haushaltes in die Höhe zu treiben, oder den Türken Geld ohne Auflagen zu ihrer freien Verfügung auszuhändigen«, noch beeindruckten ihn »die Erpressungsversuche der türkischen Militärs und ihrer Verbündeten im BMVg, BMZ oder AA, mit ihren jeweiligen Ministern an der Spitze«.[185]

Seine intellektuelle Konfrontation mit der türkischen Realität blieb aber gleichwohl nicht auf die Ebene technokratischer Hilfeleistung beschränkt. Auf dem Höhepunkt seines Einflusses entwickelte er – genau wie früher – politische Träume, die freilich nie über das Stadium einer »vage[n] Idee« hinauskamen.[186] Er dachte über die Möglichkeit nach, die politische und soziale Demokratie in der Türkei so auszubauen, dass sie in der Lage wäre, »eine starke positive Ausstrahlung auf das gesamte Umfeld der Türkei im Nahen Osten, aber vor allem auch z. B. auf die etwa 60 Millionen Türkisch sprechenden Moslems in der UdSSR zu haben«. Matthöfers Versuch, in der Zusammenarbeit mit der kemalistischen Republikanischen Volkspartei Ecevits und der Friedrich-Ebert-Stiftung die Gelegenheit zu nutzen, das reformerische demokratische Potential in der Türkei organisatorisch zu stärken, blieb aber schon im Ansatz stecken. Er misslang wegen unüberbrückbarer Kommunikationsschwierigkeiten, die bei weitem nicht allein sprachlicher Art waren. Die Streitpunkte lagen vor allem in der unterschiedlichen Bewertung einer dirigistischen Planwirtschaftsbürokratie und in abweichenden Ansichten zum Staatseigentum an

---

184 ›Diensttagebuch‹, 10.6.1980, AdsD, DM 0404.
185 Ebenda.
186 ›Diensttagebuch‹, 30.3.1980, AdsD, DM 0404.

Großkonzernen. Gemeinsame Projekte scheiterten schon an der Unmöglichkeit, für die finanzielle Unterstützung der Arbeit korrekte Abrechnungsmethoden nach deutschem Standard zu vereinbaren oder Mindestanforderungen für den Nachweis der Verwendung der Mittel durchzusetzen. Am Ende stand schiere Resignation:[187] »Manchmal hatte man bei den Verhandlungen den Eindruck, es sei vielleicht besser, das erwünschte Geld gleich auf ein privates Schweizer Konto zu überweisen.«

Vor diesem Hintergrund kam der Militärputsch im September 1980, der dritte in der türkischen Geschichte, zwar unverhofft, aber doch nicht ganz überraschend. Das türkische Militär berief sich auf das Streitkräftegesetz, das der Verfassung zeitlich vorausging und die Armee zum legitimen ›Hüter des Kemalismus‹ machte. Damit konnte es den Schein der Legalität für sich in Anspruch nehmen und hatte darin wohl die große Mehrheit der Bevölkerung hinter sich. Die Einschätzung des deutschen Botschafters in Ankara, Dirk Oncken, ließ deshalb zwischen den Zeilen so etwas wie Sympathie oder zumindest Verständnis für die Putschisten erkennen.[188] Oncken ordnete sie »ganz knapp links von der Mitte« ein. An die Stelle der »Rhetoriker« in der Regierung seien »Spitzenfachleute« getreten. Das Militär wende zwar »handfeste Methoden« an, lasse aber nicht foltern. Vor allem aber: Während Demirel aus wahltaktischen Gründen vom verabredeten Wirtschaftsprogramm abgewichen sei, gebe das Militär jetzt dem zum stellvertretenden Ministerpräsidenten aufgewerteten Wirtschaftsfachmann Özal die Möglichkeit, das Programm zu verwirklichen.[189] Die Streiks hatten aufgehört, und es wurde wieder gearbeitet. Das wiederkehrende Vertrauen führte unter anderem auch zu steigenden Gastarbeiterüberweisungen. Matthöfer ließ diese Einschätzung des Botschafters unwidersprochen, wohl, weil sie mit seiner eigenen weitgehend übereinstimmte. In der Öffentlichkeit zeigte er sich einerseits entsetzt über die Verhaftung demokratischer Parteiführer, verschwieg aber andererseits auch nicht seine Enttäuschung darüber, dass die beiden großen türkischen Parteien keine Notstandskoalition gebildet hatten, um die mit der Auslandshilfe verbundene *Austerity*-Politik gemeinsam durchzusetzen.[190] Tatsächlich hatte er bei mehreren Gelegenheiten versucht, Demirel und Ecevit davon zu überzeugen, eine große Koalition zu bilden. Die beiden Spitzenpolitiker konnten sich aber nicht einmal auf einen gemeinsamen Präsidentschaftskandidaten einigen. Sie inszenierten im Parlament zahllose Scheinwahlgänge, wodurch monatelang jede ordentliche Gesetzgebung blockiert war. Das schwächte die Demokratie, »während draußen im Lande das Chaos und die Zahl der täglich von rechten und linken Terroristen Ermordeten immer größer

---

187 Ebenda. Er hatte 1960 als OEEC-Diplomat schon einmal die Türkei besucht und war mit einem ähnlichen Eindruck zurückgekommen. Matthöfer, Jahre, S. 457 f.

188 Vermerk betr. Gespräch BM Matthöfer mit Botschafter Dr. Oncken/Ankara am 20. 10. 1980, Bonn, den 21. Oktober 1980, AdsD, DM 029.

189 Turgut Özal gewann 1983 auch mit seiner neu gegründeten Anavatan Partisi (ANAP) die von den Militärs angesetzten Wahlen, nachdem die Türken zuvor in einem Volksentscheid mit annähernd 92 Prozent der Stimmen eine neue Verfassung angenommen hatten.

190 FAZ vom 13. September 1980.

wurde«.[191] Vor der Bundespressekonferenz nach seiner Beurteilung der türkischen Militärs befragt, ließ Matthöfer in gewundenen Worten sogar eine Spur von Verständnis erkennen:[192] »Ich hatte den Eindruck, daß die türkischen Militärpersonen, mit denen ich gesprochen hatte, zu einer solchen Aktion außerordentlich widerstrebend schreiten würden, wie sie nun doch stattgefunden hat.« Im Vergleich mit der korrupten Politikerelite hatte die meist in den USA oder Europa ausgebildete Generalität auch bei ihm im persönlichen Umgang einen viel besseren Eindruck hinterlassen. Er wollte deshalb den Vergleich mit Chile, der ihm von Journalisten vorgehalten wurde, nicht akzeptieren. Schließlich seien in Chile – anders als in der Türkei – »politische Gegner des Regimes auf grausame Weise gefoltert worden«.[193] Er entschloss sich daher, die Entwicklung in der Türkei »mit Sorgfalt« zu beobachten und sich zurückzuziehen, »wenn es in der Türkei zu Folterungen komme«. Vorerst wollte er aber »auf kleiner Flamme« weitermachen.[194]

Von Özal, den er nur wenige Tage später in Washington traf, ließ er sich dann die Hintergründe und Folgen der dramatischen Ereignisse vom 12. September genauer erläutern. Der nun mit außerordentlichen Vollmachten ausgestattete Wirtschaftsfachmann sollte nach dem Willen des Juntachefs, General Kenan Evren, die effektive Umsetzung des internationalen Hilfsprogramms garantieren. Özal bat deshalb die Bundesregierung, sich erneut bei einer internationalen Aktion zu engagieren, die dieses Mal 1,3 Mrd. Dollar umfassen müsse. Offenbar waren seine Erläuterungen der Lage zufriedenstellend, denn Matthöfer erklärte ihm die grundsätzliche Bereitschaft der Bundesregierung, »uns im gleichen Maße wie die USA zu beteiligen«.[195] Allerdings – so fügte er sogleich hinzu – seien »unsere innenpolitischen Schwierigkeiten, die der Unterstützung einer Militärdiktatur entgegenstünden«, nicht zu verkennen. Man einigte sich schließlich auf Lahnsteins Formel, »eine deutsche Beteiligung werde möglich sein, wenn sich alle Beteiligten darüber einig seien, daß die Natur des Regimes eine Hilfe nicht aus politischen Gründen ausschließe«. Konkret bedeutete dies – wie Matthöfer präzisierte –, »daß das Unterbleiben von Brutalitäten und Übergriffen der Militär- und Polizeiorgane und die Beibehaltung der Absicht, zur Demokratie zurückzukehren, Voraussetzungen für das Andauern seiner Hilfsbereitschaft sei«. Auch wenn das Militärregime nicht müde wurde zu erklären, dass die Folter in der Türkei verboten sei und gegebenenfalls gerichtlich verfolgt werde, ließ es sich bald in Dutzenden von Fällen nicht

191 ›Diensttagebuch‹, 13.9.1980, AdsD, DM 0404.
192 Vortrag vor der Bundespressekonferenz am 12. 09. 1980, dem Tag des Putsches; ›Diensttagebuch‹, 12.9.1980, AdsD, DM 0404.
193 Süddeutsche Zeitung vom 13. September 1980.
194 Vermerk betr. Gespräch BM Matthöfer mit Botschafter Dr. Oncken/Ankara am 20. 10. 1980, Bonn, den 21. Oktober 1980, AdsD, DM 029. Ursprünglich hatte es im Protokoll geheißen: »[…] wenn es zu massenhaften Folterungen komme.«
195 Dr. Wilfried Haesen, Vermerk über Gespräch BM Matthöfer und Sts Lahnstein mit dem stellvertretenden türkischen MP Turgut Özal am 29. September 1980 in Washington (Abschrift); ›Diensttagebuch‹, 29.9.1980, AdsD, DM 0404.

übersehen, dass das harte Durchgreifen der Militärs gegen den Terror auch Maßnahmen einschloss, die nach rechtsstaatlichen und demokratischen Maßstäben nicht tolerierbar waren. Sie trafen bei Matthöfer einen empfindlichen Nerv, sodass sich seine Distanzierung von den Vorgängen in der Türkei nicht länger aufschieben ließ. Er drängte deshalb bei den Vorbereitungen für eine neue Unterstützungsrunde zugunsten der in Ankara herrschenden Militärjunta darauf, dass – wie schon am Beginn des Hilfsprogramms – das Generalsekretariat der OECD in Paris die gesamte Koordination übernahm. Aber auch in der Sache selbst wuchs in Bonn die Zurückhaltung, sich weiter prominent an der Türkei-Hilfe zu beteiligen. Man wollte die Türken wieder in die Rolle des »Bittstellers« (»demandeurs«) bringen und sich selbst mehr im Hintergrund halten.[196] Argumente dafür gab es Anfang 1981 genug, wie Matthöfer seinem früheren Partner Özal immer wieder vortrug:[197] »Größtes Leistungsbilanzdefizit der Welt, hohes Haushaltsdefizit, Notwendigkeit hoher Kapitalaufnahme im Ausland, Null-Wachstum, gestiegene Arbeitslosigkeit.« Als Folge dieser veränderten Umstände falle es der Bundesregierung schwer, sich in gleicher Weise an einer neuen OECD-Aktion zu beteiligen wie im Vorjahr. Es sei schließlich nicht einzusehen, dass sich die Bundesregierung in Saudi-Arabien Geld leihe und dafür Zinsen zahle, damit die Türkei ihre Öleinfuhren an die OPEC bezahlen könne. Als schließlich Mitte September das neu ausgehandelte deutsch-türkische Regierungsabkommen über Verteidigungshilfe und finanzielle Zusammenarbeit in Bonn unterzeichnet wurde, stand der deutsche Beitrag aber immer noch mit 560 Millionen Mark zu Buche und blieb damit im Rahmen der bisherigen Hilfszusagen. Insgesamt erreichte die Türkeihilfe aber nicht mehr ihren Höchststand des Jahres 1980, als unter Matthöfers Ägide 3,098 Mrd. DM zusammen kamen. Die OECD-Länder zahlten 400 Millionen DM weniger und die arabischen Länder stellten ihre Hilfe ganz ein.[198] Obwohl die Türkei noch weit von der Konsolidierung ihrer Wirtschaft entfernt war, stellten sich bei den Geberländern deutliche Ermüdungserscheinungen ein.

196 Vermerk betr. Gespräch BM Matthöfer mit Botschafter Dr. Oncken/Ankara am 20. 10. 1980, Bonn, den 21. Oktober 1980, AdsD, DM 029.
197 Vermerk über das Treffen mit dem stellvertretenden türkischen Ministerpräsidenten Turgut Özal und dem türkischen Botschafter in Bonn, Aidinoglu, über die nächsten Schritte bei der geplanten Türkeihilfe-Aktion, Bonn, den 25. Februar 1981 (Abschrift). ›Diensttagebuch‹, 25.2.1981, AdsD, DM 0404.
198 Detlef Radke u. Hans-Helmut Taake, Das internationale Management der Finanzkrisen Ägyptens und der Türkei, in: Europa-Archiv 38 (1983), Bd. 1, Heft 2, S. 55.

TEIL 6

Ein Kanzler nach innen

›Unseren täglichen Matthöfer gib uns heute‹

Der Finanzminister nimmt im Kabinett nach dem Kanzler politisch den wichtigsten Rang ein, obwohl er im Protokoll der Bundesregierung einer ganzen Reihe ›klassischer‹ Minister nachgeordnet ist. Dies hat vor allem sachliche Gründe. Er ist für die Aufstellung und Durchführung des Haushaltsplans verantwortlich, in dem sich nicht mehr und nicht weniger als das Gesamtprogramm der Politik des Landes und der staatlichen Wirtschaftsführung niederschlägt. Indem der Finanzminister den Haushaltsplan aufstellt, entwirft er ein konkretes Regierungsprogramm in Gesetzesform. Dies kommt in der zentralen parlamentarischen Bedeutung der Haushaltsdebatte zum Ausdruck, aber auch in der beherrschenden Stellung, die die Geschäftsordnung der Bundesregierung dem Finanzminister in Haushaltsfragen verleiht. Sie gibt ihm die Macht, praktisch auf allen Politikfeldern, deren Gestaltung ausgabenrelevant ist, ein gewichtiges Wort mitzureden. Beschließt nämlich die Bundesregierung »in einer Frage von finanzieller Bedeutung« gegen ihn, so kann er diesem Beschluss ausdrücklich widersprechen.[1] Seine Durchführung muss dann unterbleiben, wenn nicht in einer neuen Abstimmung der Kanzler mit einer Mehrheit sämtlicher Bundesminister gegen den Finanzminister stimmt. Die daraus resultierende faktische Vetoposition beschränkt sich aber nicht allein auf die Zustimmung zu ausgabenträchtigen Entscheidungen des Kabinetts. Es liegt ganz beim Finanzminister, ob er in den ›Chefgesprächen‹, in denen er mit den Fachministern über die Aufstellung ihrer jeweiligen Einzelpläne verhandelt, die Haltung eines ›Kassenwarts‹ einnimmt, der lediglich die Grenzen des Budgets festlegt und alles andere seinen Ministerkollegen überlässt, oder ob er die Chefgespräche dazu nutzt, eigene inhaltliche Politikziele wenigstens indirekt durchzusetzen. Stilbildend war vor allem Fritz Schäffer gewesen, der als erster Finanzminister der Bundesrepublik (1949–1957) seine Privilegien bei der Haushaltsaufstellung und im Kabinett souverän dazu nutzte, Einfluss auf die Verteidigungspolitik in der Ära Blank zu nehmen.[2] Gerade dieses Beispiel zeigt allerdings eine spezifische Eigenart

---

1 § 26 der Geschäftsordnung der Bundesregierung vom 11. Mai 1951 in der Fassung der Bekanntmachung vom 23. Januar 1970, GMBl., S. 50. Es kommt daher in der Praxis selten vor, dass ein Finanzminister im Kabinett überstimmt wird. Eine Ausnahme war der Fall Karl Schiller, der am 28. Juni 1972 mit seinem Vorschlag eines gemeinsamen Floatings der EG-Währungen die Stimmen aller seiner Kabinettskollegen gegen sich hatte und deshalb zurücktrat. Emminger, D-Mark, S. 220 f.

2 Abelshauser, Wirtschaft und Rüstung, Kap. IV u. V. Theodor Blank war von 1950 bis 1955 ›Beauftragter des Bundeskanzlers für die mit der Vermehrung der alliierten Truppen zusammenhängenden Fragen‹ (Amt Blank) und 1955/56 Bundesminister für Verteidigung.

der politischen Gestaltungsmacht des Finanzministeriums, weil sein Chef in der Regel mehr verhindern als konzipieren kann. Er muss sich der Mithilfe der Ressortminister versichern, wenn er über den engeren Kern der Finanz- und Wirtschaftspolitik hinaus etwas bewirken will. Aber auch ohne diese strategische Hebelwirkung spielen die Chefgespräche für das politische Orientierungsvermögen des Finanzministers eine entscheidende Rolle. Sie machen ihn sensibel für die jeweiligen Problemzonen der Ressorts und verschaffen ihm einen einzigartigen Überblick über das gesamte Spektrum der Politik, wie ihn sonst nur der Kanzler über den koordinierenden Apparat des Kanzleramts gewinnen kann. Dabei hilft ihm der organisatorische Aufbau seines Ministeriums, der in sogenannten Spiegel-Ressorts die wichtigsten Politikfelder der Bundespolitik abbildet. Hinzu kommt, dass Matthöfer nun an der Spitze eines Ministeriums stand, in dessen Aufgabenbereich auch ein Großteil der wirtschaftspolitischen Kompetenzen des Bundes fiel, die keineswegs allein die Domäne des historisch erst spät (1919) hinzugekommenen Wirtschaftsministeriums waren. Zuletzt hatte Helmut Schmidt 1972 dafür gesorgt, dass auch die Zuständigkeit für die Geld- und Währungspolitik vom Wirtschafts- ins Finanzministerium verlagert wurde. Damit fiel dessen Chef auch die Verantwortung für die Ausgestaltung der entscheidenden Rolle Deutschlands in der *global governance* der Weltwirtschaft zu.

Verfügte der Finanzminister so schon qua Amt über eine Machtfülle, die ihn andere Ressortchefs überragen ließ, verschaffte Matthöfer die Nähe zum Kanzler noch mehr Einfluss. Man traf sich nicht selten allein oder *en famille* im Urlaub, um gemeinsam im Schmidtschen Segelrevier auf dem Brahmsee oder mit der ›Atalanta‹, einem früheren Lotsenschoner, der dem Hamburger Bankier Eric Warburg gehörte, unter den wachsamen Augen der Deutschen Marine auf der Ostsee zu kreuzen. Aber auch im Süden von Gran Canaria, wo beide Ehepaare regelmäßig einen Teil ihrer Ferien verbrachten, fanden die beiden Sozialdemokraten in Schmidts Domizil auf dem Monte Leon, in der bizarren Bergwelt oberhalb von Maspalomas, viel Zeit zum Schachspielen und lockeren Meinungsaustausch. Schmidt hielt als Kanzler keine wichtige Rede, ohne zuvor den Rat und thematische Anregungen des Freundes einzuholen. Wenn der Bundeskanzler in regelmäßigen Abständen Spitzenvertreter der Wirtschaft und der Gewerkschaften in den Bungalow hinter seinem Amtssitz zum Abendessen einlud, zählte Matthöfer neben Otto Wolff von Amerongen (DIHT), Fritz Esser (BDA), Niklas Fasold (BDI), Karl Hauenschild (IG Chemie), Eugen Loderer (IG Metall), Paul Schnitker (ZDH) und Heinz Oskar Vetter (DGB) zu den Stammgästen des Runden Tisches, dessen politische Legitimation noch aus der Hinterlassenschaft des 1976 gescheiterten Schillerschen Systems stammte. Die Regierung Schmidt war mehr denn je auf den Konsens der großen gesellschaftlichen Gruppen angewiesen, wollte sie nach dem Zerfall der Konzertierten Aktion wenigstens rudimentäre Formen von Kooperation auf der Spitzenebene der korporativen Marktwirtschaft erhalten. Matthöfer kam in dieser Runde eine wichtige Rolle zu, weil er nicht nur gute Beziehungen zu den Gewerkschaften pflegte, sondern auch Verbindung zu den jeweiligen BDI-Präsi-

Vor einem gemeinsamen Segeltörn mit dem Lotsenschoner Atalanta verabschieden sich die beiden Staatsökonomen in Kiel für einige Tage von der Wirtschaftskrise.

denten hielt. Mit Niklas Fasold, dem Nachfolger von Hanns Martin Schleyer, verband ihn noch aus seiner Zeit als Forschungsminister ein fast freundschaftliches Verhältnis. Als Fasolt wegen einer Steueraffäre zurücktreten musste, bemühte er sich um eine ähnlich gute Zusammenarbeit mit den neuen Männern an der Spitze des BDI, Rolf Rodenstock und dessen designiertem Nachfolger, dem Flick-Bevollmächtigten Eberhard von Brauchitsch. Im Rahmen dieser korporativen Interessenpolitik im Kanzleramt gab es zwei Arten von Spitzentreffen: den ›tripartistischen‹ Typus, der die gewählten Vertreter der wichtigsten Wirtschaftsverbände und Gewerkschaften zu einem ›runden Tisch‹ beim Kanzler zusammenführte, und den Typus des vertraulichen Hintergrundgespräches mit Schlüsselfiguren des einen oder anderen Lagers in getrennter Zusammensetzung. Dort kamen aus dem Lager der Wirtschaft (meinungs-)führende Unternehmer hinzu, wie Siemenschef Bernhard Plettner, der Vorstandsvorsitzende der teilprivatisierten VEBA AG, Rudolf von Bennigsen-Foerder, der Vorsitzende des Vorstandes der Volkswagen AG, Toni

Schmücker, oder der Vorstandssprecher der Deutschen Bank, Dr. Wilfried Guth. Auch in dieser Konstellation der Spitzengespräche fehlte Matthöfer nie.

Im operativen Regierungsgeschäft fiel ihm eine ähnliche Schlüsselstellung zu. Der neue Finanzminister gehörte ganz selbstverständlich jener Runde an, die Schmidt immer dann im Kanzleramt um sich scharte, wenn wichtige Entscheidungen anstanden. Außer Matthöfer zählten zu diesem sog. ›großen Kleeblatt‹ auch Hans Apel und Herbert Ehrenberg, der Nachfolger von Walter Ahrend an der Spitze des Bundesministeriums für Arbeit und Sozialordnung. Gelegentlich tagte die Runde auch in erweiterter Zusammensetzung, etwa wenn Karl Otto Pöhl, seit 1980 Präsident der Deutschen Bundesbank, Dieter Haack, der Bundesbauminister, oder gar der 1972 von seinem Amt als ›Superminister‹ für Wirtschaft und Finanzen zurückgetretene Karl Schiller hinzukamen.[3] Darüber hinaus gehörte Matthöfer auch dem Koalitionsausschuss an, in dem die politische Agenda der Regierung unter den Koalitionspartnern abgesteckt und ausgehandelt werden musste. Da die einzig denkbare Bruchzone der Regierungsarbeit von Liberalen und Sozialdemokraten mitten durch die Wirtschafts- und Finanzpolitik ging, kam es dabei nicht zuletzt auf die Fähigkeit des Finanzministers an, den Spagat zwischen den sozialpolitischen Ambitionen seiner eigenen Fraktion und der liberalen Präferenz für einen ›schlanken‹ Staat zu halten. In Wirtschaftsminister Otto Graf Lambsdorff traf er nicht nur in dieser Frage auf einen Kontrahenten, der ihm an politischer Rationalität und Pragmatismus in nichts nachstand. Vor allem die Freien Demokraten wollten in ›Hans Markthöfer‹ und ›Marktgraf Otto‹ nach dem Duo »Plisch und Plum« (Strauß und Schiller) der Großen Koalition wieder eine ähnlich stabilisierend wirkende politische Achse am Bonner Kabinettstisch sehen.[4] Seine tragende Rolle in der Bundesregierung und die enge Vertrauensbeziehung zum Kanzler zwangen Matthöfer freilich auch zu einem disziplinierten Umgang mit der neuen politischen Machtfülle. Alleingänge, wie die Affäre um die Charakterisierung des chilenischen Putschregimes als »Mörderbande«, konnte er sich schon als Forschungsminister nicht ein zweites Mal leisten, wollte er nicht die Solidarität des Bundeskanzlers überstrapazieren. Im neuen Amt hätten sie die Bundesregierung in noch größere Verlegenheit gestürzt. Mit jedem weiteren Beweis seiner Gunst band Schmidt den Freund – weit über das übliche Maß an Kabinettsdisziplin hinaus – noch enger an seinen eigenen Kurs. Allerdings wehrte sich Matt-

---

3   Karl Schiller nahm zumindest einmal, am 30. August 1981, am Treffen des ›erweiterten Kleeblatts‹ teil, wohl um die ›big spender‹ in der Runde mit der Autorität des politisch erfolgreichen Keynes-Exegeten aufzuklären, warum die keynesianische Konjunkturpolitik nunmehr »out« sei; Apel, Abstieg, S. 158. Er gehörte aber auch darüber hinaus seit 1980, als er wieder in den Schoß der SPD zurückgekehrt war, zu den Beratern der Bundesregierung. Schmidt empfahl Matthöfer beispielsweise, Schiller »zum Berater zu nehmen«, als es im Sommer 1981 darum ging, im Zusammenhang mit der Haushaltsaufstellung auch für »qualitative Maßnahmen«, wie etwa den Kampf gegen Schwarzarbeit und illegale Leiharbeit, zu werben. Abt.-Leiter 4, Ergebnisvermerk über das Gespräch des Bundeskanzlers mit BM Matthöfer zum Haushalt 1982 am 14. Juli 1981, Bonn, 15. Juli 1981, AdsD, DM 012.

4   So eine kritisch-ironische Bildunterschrift im ›Vorwärts‹ vom 10. September 1981.

Die Achse ›Hans Markthöfer‹ und ›Marktgraf Otto‹ (Lambsdorff) sollte wie einst ›Plisch‹ (Schiller) und ›Plum‹ (Strauß) die Koalition stabilisieren.

höfer vehement gegen den Vorwurf, er habe sich unter Schmidts Einfluss nach ›rechts‹ entwickelt. Diesem politischen Stereotyp der Bonner Szene hatte der Spiegel-Reporter Jürgen Leinemann in einem Psychogramm des Finanzministers im Wahlkampf 1980 eine viel beachtete Plattform geschaffen.[5] Schon die Grundannahme, auf der diese Einschätzung beruhte, hielt Matthöfer für unzutreffend:[6] »Was diese Leute nicht sehen wollen ist, dass Helmut Schmidt sich zwar in richtiger Einschätzung der öffentlichen Meinung in der Bundesrepublik einer rechten Terminologie und Argumentationsweise bediente – mit Erfolg, wie seine ungebrochen hohe Popularität bei den Wählern beweist – aber in konkreten Tagesentscheidungen meist – nicht immer – linke Positionen bezog.« Als Beispiele nannte er vor allem die Politikfelder Mitbestimmung, Abrüstung, Wiedervereinigung, Gleichberechtigung der Frauen, Vollbeschäftigung, ›Radikalenerlass‹ und Kriegsdienstverweigerung. Seit er Schmidt im Februar 1968 für die ›Welt der Arbeit‹ einen Artikel über Mitbestimmung entworfen hatte, den dieser ohne Abstriche als seinen eigenen übernahm, war sein Vertrauen in eine ›linke‹ Grundeinstellung des Kanzlers nicht mehr zu erschüttern.

Der fliegende Start in das Finanzministerium verschaffte dem neuen Chef der Bundesfinanzen zunächst einmal eine Atempause. Mit dem Haushaltsentwurf für 1978, für den noch sein Vorgänger verantwortlich zeichnete, konnte er gelassen

5 Dem Kanzler ähnlicher als sich selbst. Spiegel-Reporter Jürgen Leinemann über Bundesfinanzminister Hans Matthöfer, DER SPIEGEL (1980)36, 27–29.
6 Matthöfer an den Gewerkschaftshistoriker Gerhard Beier am 27. Oktober 1984. AdsD, DM 0404.

umgehen. Er war noch keine 24 Stunden im Amt, als er ihn vor der Länderkammer verteidigte, nachdem ihn Apel bereits in den Bundestag eingebracht hatte. Matthöfer hievte ihn ohne größere Schwierigkeiten über die Hürde des Bundesrates. Selbstverständlich war dies nicht. Obwohl die Wirtschaftsforschungsinstitute ein Wirtschaftswachstum von 2,5 Prozent vorhersagten und damit ein weiterer Schritt aus der konjunkturellen Krise wahrscheinlich wurde, wies der Haushalt bei einem Volumen von 188,7 Mrd. DM noch immer eine Nettokreditaufnahme von 30,8 Mrd. DM aus. Zu begründen war dies mit der anhaltend hohen Arbeitslosigkeit von rund 1 Million, die es vor dem Hintergrund verbreiteter weltwirtschaftlicher Stagnation zu rechtfertigen schien, auch bei anziehender Binnenkonjunktur die Staatsverschuldung zum Zwecke der Arbeitsbeschaffung weiter zu erhöhen. Es war aber klar, dass hier künftig der Brennpunkt des innenpolitischen Streites liegen werde. Bis dahin waren auch die bürgerlichen Parteien – ob in der Opposition oder in der Koalition – davon überzeugt gewesen, dass der Weg aus der tiefen Rezession von 1974/75 nur über umfassende öffentliche Investitionsprogramme bei gleichzeitigen Steuersenkungen führen konnte. Noch 1977 zeigte der finanzpolitische Sprecher der CDU/CSU, Franz Josef Strauß, Verständnis für den Wiederanstieg der Neuverschuldung des Bundes. Er kritisierte Apels Haushalt »nicht wegen der Höhe dieser Kreditaufnahme«, wusste er doch, »daß Sie gar nicht anders können«.[7] Eine höhere Staatsverschuldung erschien allen als eine »ökonomische Notwendigkeit« (Helmut Schmidt) und musste dabei vorübergehend in Kauf genommen werden. Schließlich hätte die Finanzierung der zusätzlichen Staatsausgaben über neue oder höhere Steuern bedeutet, dass dem Wirtschaftskreislauf lediglich im gleichen Umfang Mittel zugeflossen wären, wie sie ihm an anderer Stelle entzogen wurden. Seit 1975 hatte allein die Bundesregierung rund 35 Mrd. DM zusätzlich in den Wirtschaftskreislauf gepumpt. Um eine expansive Wirkung zu entfalten, mussten diese Ausgaben über Kredite finanziert werden (›deficit spending‹). Gleichzeitig beschloss der Bundestag Steuererleichterungen in Höhe von über 40 Mrd. DM, um so zusammen mit den Investitionsausgaben zur mittelfristigen Verstärkung und dauerhaften Verbesserung der Rahmenbedingungen für Wachstum und Beschäftigung beizutragen. Tatsächlich gelang es der Regierung Schmidt auf diese Weise, die westdeutsche Wirtschaft gegen den weltwirtschaftlichen Trend in einen kräftigen Aufschwung zu führen, der sich seit Mitte 1978 deutlich abzeichnete und bis weit in das Wahljahr 1980 hinein anhielt. Vor diesem Hintergrund forderte die Opposition im Bundestag – in Übereinstimmung mit der herrschenden Lehre in der Konjunkturpolitik – immer heftiger die Konsolidierung des Haushaltes und skandalisierte die ›prozyklisch‹ zunehmende Verschuldung des Bundes und der Länder als »Staatsbankrott«. Gleichzeitig forderte sie, in diesem Falle freilich gegen jede konjunkturpolitische Indikation, die Fortsetzung der Steuererleichterungen. Auch der Koalitionspartner FDP war für eine solche Politik empfänglich. Prominente Freidemokraten wie Wirtschaftsminister Otto Graf Lambsdorff, die stellver-

7   BT-Protokoll vom 5. Oktober 1979, 46. Sitzung, S. 3476.

tretende Parteivorsitzende Liselotte Funke und der Bundesgeschäftsführer Günter Verheugen hatten im Frühjahr 1978 »Steuerpolitische Leitlinien der FDP« formuliert, deren Umsetzung den Fiskus – wie das Finanzministerium errechnete – nicht weniger als 25,6 Mrd. DM an Steuerausfällen gekostet hätte.[8] Einige dieser Forderungen, wie etwa die Abschaffung der Kraftfahrzeugsteuer oder die Korrektur der steigenden Progressionswirkung des Einkommensteuertarifs auf die Arbeitnehmer, waren auch von Matthöfer nicht von der Hand zu weisen. Weniger Steuern bei gleichzeitigem Abbau der Nettokreditaufnahme stellten aber den Finanzminister vor eine praktisch unlösbare Aufgabe. Er dachte deshalb darüber nach, zugunsten einer Lohnsteuersenkung die Mehrwertsteuer um zwei Prozentpunkte von 12 auf 14 Prozent zu erhöhen, um einen finanziellen Deckungsspielraum von 13 Mrd. DM herauszuwirtschaften. Aber auch schon der Abbau der Nettokreditaufnahme drohte, die gerade jetzt dringend notwendigen politischen Gestaltungsmöglichkeiten auf dem Arbeitsmarkt über Gebühr einzuengen. Mit rund 4 Prozent lag die Arbeitslosigkeit zwar noch immer unterhalb der klassischen Vollbeschäftigungsgrenze, doch hatte die Ausnahmeerfahrung der ›Wirtschaftswunder‹-Zeit inzwischen ganz andere Maßstäbe gesetzt, an denen sich die Öffentlichkeit orientierte. Eine sozialdemokratisch bestimmte Regierung – das galt in der SPD-Bundestagsfraktion und in den Gewerkschaften als sicher – konnte Arbeitslosigkeit in dieser Höhe einfach nicht hinnehmen. Damit stand Matthöfer vor einem Dilemma. Der gesunde Instinkt des Finanzministers sagte ihm, dass an der Konsolidierung des Haushaltes kein Weg vorbei ging. Er musste also zusätzliche Ausgabenwünsche der Ressorts mit einer gewissen Härte abblocken. Darin hatte er Übung, ging ihm doch nicht zuletzt auf der europäischen Ebene wegen seiner harten Verhandlungstaktik der Ruf des »gnadenlosen Teutonen« voraus, seit er 1975 einen EG-Rat der Forschungsminister wegen ›lumpiger‹ 42 Millionen Mark auffliegen ließ.[9] Um diese Aura noch zu pflegen, zeigte er Journalisten gern einen Boxhandschuh, den ihm seine Frau in Anspielung an alte Bochumer Zeiten für sein Bonner Büro geschenkt hatte. Er ließ auch keine Gelegenheit aus, sein neues Credo zu verkünden: »Jeder vernünftige Finanzminister muss möglichst wenig Schulden machen.«[10] Er hatte sich rasch ausgerechnet, dass jede Milliarde, die er auf Pump finanzieren musste, in Wahrheit binnen zehn Jahren beim herrschenden Zinssatz von 7 Prozent das Doppelte kostete. Konsequenterweise lehnte er in seinen ersten öffentlichen Stellungnahmen nach der Amtsübernahme die Fortsetzung des bedingungslosen *deficit spending* vehement ab. Solche Praktiken erinnerten ihn an einen Radfahrer mit einem Platten, der alle 50 Meter absteigt und aufpumpt, statt den Schlauch zu flicken. Er war sich aber auch bewusst, dass er mit Sparen allein weder das Arbeitslosenproblem lösen noch sein eigenes politisches Überleben sichern konnte. Ge-

8 »Nur ein Schelm gibt mehr, als er hat.« Bundesfinanzminister Hans Matthöfer über die Steuerpläne der sozialliberalen Koalition, DER SPIEGEL, Nr. 26 vom 26. Juni 1978, S. 26.
9 Wolfgang Hoffmann, Der Linke, der ein Pragmatiker wurde, DIE ZEIT, Nr. 7 vom 10. Februar 1978, S. 22.
10 Mit einem Platten, DER SPIEGEL Nr. 19 vom 8. Mai 1978, S. 65.

fragt war eine Finanzpolitik aus einem Guss, die neue Gestaltungsmöglichkeiten öffnete, ohne dafür die finanzpolitische Handlungsfreiheit immer weiter einzuengen. Gefordert war jetzt von ihm nicht in erster Linie die Rolle des sparsamen Hausvaters, sondern die eines kreativen Wirtschaftsreformers. Neben dem ›Weltökonomen‹ Helmut Schmidt blieb auf der politischen Bühne der Bundesrepublik viel Platz für einen Schatzkanzler, der seine Aufgabe in der aktiven Umgestaltung der westdeutschen Wirtschaft sah, um ihr weiterhin komparative Vorteile auf dem Weltmarkt zu sichern.

Zunächst war aber über ein Vierteljahr lang wenig aus dem Finanzministerium zu hören. Matthöfer nutzte den Windschatten der Haushaltsverabschiedung, um sich gründlich auf seine neue Rolle und auf die bevorstehenden Gipfeltreffen in Bremen und Bonn vorzubereiten. Vor allem das Bonner Großereignis vom 16. und 17. Juli 1978 schien gerade recht zu kommen, um den Finanzminister aus seinem Dilemma zu befreien. Er musste sich nicht entscheiden, ob er der finanzpolitischen Vernunft Geltung verschaffen und gegen starke Kräfte in der SPD-Bundestagsfraktion und den Gewerkschaften einen harten Konsolidierungskurs durchsetzen sollte. Er war auch nicht gezwungen, allein gegen den erbitterten Widerstand der Bundesbank, des Koalitionspartners und der Opposition einen expansiven Kurs zu fahren, um der Massenarbeitslosigkeit Herr zu werden. Es genügte, nach einer angemessenen Schamfrist dem äußeren Druck nachzugeben und sich dabei auf die außenpolitische Ratio und auf Sachzwänge des Weltmarktes zu berufen – Argumente, denen sich Matthöfers finanzpolitische Widersacher ebenso wenig entziehen konnten wie die deutsche Öffentlichkeit. Diese Taktik bot auch für Helmut Schmidt, den weltwirtschaftlichen Präzeptor der G 7, die Chance, den USA im europäischen Interesse Konzessionen in der Energiefrage abzuhandeln. Washington hatte zur Weltwirtschaftskrise beigetragen, indem es seine Ölimporte seit dem Ölpreisschock von 1973 von 5 Mrd. (1972) über 27 Mrd. (1975) auf 45 Mrd. Dollar (1977) in die Höhe getrieben hatte.[11] Schon relativ kleine Einsparungen auf dem US-Markt hätten deshalb die internationalen Ölmärkte entscheidend beeinflussen können, sodass es sich lohnte, auch in dieser Richtung Druck auszuüben.

Die Versuchung, den Bonner Weltwirtschaftsgipfel zur Durchsetzung eines entschiedenen Programms gegen die Arbeitslosigkeit im Innern zu instrumentalisieren, wurde durch Anregungen aus dem wissenschaftlichen Raum noch verstärkt. Am 13. April veröffentlichte das Deutsche Institut für Wirtschaftsforschung (DIW) eine Studie, deren Anspruch dem neuen Finanzminister wie eine Verheißung klingen musste:[12] »Eine mittelfristige Strategie zur Wiedergewinnung der Vollbeschäftigung.« Die Berliner Konjunkturforscher waren davon überzeugt, dass wirksame Arbeitsmarktstrategien unter den herrschenden Bedingungen nicht mehr ohne die Erschließung völlig neuer Nachfragebereiche auskämen. Sie rieten der öffentlichen Hand, neue Investitionsausgaben in Angriff zu nehmen, deren Größenordnungen vergleichbar waren mit den Programmen zur Wiederherstel-

11 Ebenda, S. 170.
12 DIW, Strategie, S. 147–157.

lung einer angemessenen Wohnungsversorgung in den fünfziger und sechziger Jahren. Die Vorschläge riefen bei FDP und CDU/CSU blankes Entsetzen hervor, wurden aber von Matthöfer positiv aufgenommen. Er konnte sich in seiner früheren Arbeit als Forschungsminister und in seinen neuen strukturpolitischen Überlegungen weitgehend bestätigt fühlen. Wie das DIW sah er die künftigen politischen Handlungsfelder in der Wiedergewinnung und Verbesserung der Umweltqualität, im Ausbau der Lebensqualität der Städte, in der Durchsetzung neuer, energiesparender Technologien und in der Integration und besseren Versorgung von benachteiligten Gruppen in der Gesellschaft. Auch er wollte dafür die in seinen Augen viel zu hohe Sparquote in der Bundesrepublik abbauen, die Investitionsquote in die Höhe treiben und die privaten und öffentlichen Investitionen »nach bestimmten Kriterien« fördern.[13] Die Überlegungen, die in der Studie des DIW mitschwangen, und die Resonanz, die sie beim Finanzminister – und wohl auch beim Kanzler – fanden, waren inspiriert von der Faszination eines möglich erscheinenden Wunders auf dem Arbeitsmarkt. Zumindest aber schien ein Befreiungsschlag denkbar, um die drohende langfristige Belastung der deutschen Wirtschafts- und Finanzpolitik durch den wirtschaftlichen und gesellschaftlichen Krebsschaden der Massenarbeitslosigkeit noch einmal abzuwenden. Immerhin hatte die Studie nachgewiesen, dass ein zusätzliches Programmpaket von 130 Mrd. DM bis 1985 den Staatshaushalt nicht zusätzlich belasten, sondern im Gegenteil durch zu erwartende Multiplikator- und Akzeleratoreffekte entlasten würde. Solche wissenschaftlich fundierten Überlegungen bestärkten Matthöfers Entschlossenheit, noch nicht der weit verbreiteten politischen Stimmung nachzugeben, die immer lauter nach Haushaltskonsolidierung und Umkehr vom Expansionskurs rief. Zuvor wollte er nichts unversucht lassen, das Arbeitslosenproblem zu lösen. Der äußere Druck durch die G 7, noch dazu im eigenen Land öffentlichkeitswirksam in Szene gesetzt, kam ihm da nicht ungelegen. Matthöfer machte daraus eine auch schon in den siebziger Jahren politisch nicht gerade korrekte Philosophie:[14] »Wenn man schon vergewaltigt wird, soll man sich zurücklehnen, sich entspannen und es genießen.«

Im Frühsommer kündigte der Finanzminister die Rückkehr aus seiner Denkpause mit einem Paukenschlag an. In einem von der ARD zur besten Sendezeit übertragenen Streitgespräch mit einem seiner Vorgänger, dem Bayerischen Ministerpräsidenten Franz Josef Strauß, meldete er erfolgreich und für jedermann sichtbar seinen Anspruch an, *der* Gegenspieler des Oppositionsführers zu sein.[15] Er eröffnete damit Helmut Schmidt die Option, sich aus den Niederungen des politischen Tagesgeschäfts herauszuhalten und in der Rolle des internationalen Staatsmannes und ›Weltökonomen‹ zu brillieren. Matthöfer hatte sich sorgfältig auf seinen Fernsehauftritt vorbereitet und dazu die Psyche seines Gegenübers genau studiert. Der Erfolg war durchschlagend. Er reizte Strauß zu verschwitzter Pole-

13 Hans Mundorf, Qualm im Kabinett, Handelsblatt vom 26. Mai 1978.
14 ›Diensttagebuch‹, 26.9.1978, AdsD, DM 0404.
15 ›Diensttagebuch‹, 21.6.1978, AdsD, DM 0404.

mik, indem er ihm Widersprüche in früheren Aussagen vorhielt. Er selbst blieb dagegen so gelassen, dass ihn auch neutrale Beobachter wegen seiner Ruhe, seiner kühlen Sachlichkeit und Souveränität beglückwünschten. Bei dieser Gelegenheit entwickelte er einen medialen Stil, der ihm künftig wie ein Markenzeichen anhing und den er bewusst kultivierte: »Fernsehen ist ein cooles Medium. Da dürfen keine Emotionen rein.«[16] Folgerichtig leerte sich sein Gesicht, wurde weiß und flach, wann immer eine Fernsehkamera auf ihn schwenkte. Was für seine leibhaftigen Zuhörer gelegentlich zur Qual werden konnte, bewährte sich als »öffentlich-rechtliche Maske« auf der Mattscheibe durchaus. Diese Professionalität machte den Finanzminister bald zu einem begehrten Interviewpartner für Fernsehjournalisten. Die Leiterin der ZDF-Wirtschaftsredaktion, Fides Krause-Brewer, soll ihn deshalb, einem Bonner Ondit zufolge, sogar in ihr tägliches Gebet eingeschlossen haben: »Unseren täglichen Matthöfer gib uns heute.«[17]

Wenn der geborene Westfale seinen bayerischen Widersacher in der direkten Konfrontation buchstäblich keinen Stich machen ließ, so lag dies aber nicht allein an Äußerlichkeiten. Matthöfer hatte sich in seinem neuen Chefzimmer zwischen sozialistischen Devotionalien und bürgerlichem Nippes aus der Arbeitswelt offenbar gut auf die kommende Debatte über die künftige Wirtschafts- und Finanzpolitik vorbereitet.[18] So fiel es ihm leicht, weitere Steuersenkungen unter Hinweis auf gerade wirksam gewordene Steuererleichterungen vorerst abzublocken und sich ganz auf Vorschläge zur Umstrukturierung der Ausgabenseite des Haushalts zu konzentrieren. Ohne schon Einzelheiten zu nennen, unterstrich er die Notwendigkeit, den Anteil der Investitionen zu erhöhen, insbesondere der Infrastrukturinvestitionen im öffentlichen Bereich, die Voraussetzungen für ein »vernünftiges Wirtschaftswachstum« und für viele private Investitionen seien. Bevor die zweite Ölpreiskrise 1979 die Frage der Energiepreise und des Ölverbrauchs mit Macht in den Vordergrund schob, war es dieses Ziel einer möglichst produktiven und die Wettbewerbsfähigkeit fördernden gesamtwirtschaftlichen Strukturpolitik, das Matthöfers Politik als Bundesfinanzminister bestimmte. Er war sich bewusst, dass er auf diesem Weg nicht nur den Widerstand von Franz Josef Strauß und der Opposition überwinden müsse. Schließlich widersprach es der politischen Lebenserfahrung, von einem Kommunal-, Gesundheits- oder Familienpolitiker, von einem Verteidigungs- oder gar von einem Entwicklungspolitiker (gleich welcher politischen Couleur) die Einsicht zu verlangen, dass eine an sich wünschenswerte Ausgabe angesichts der finanzpolitischen oder gesamtwirtschaftlichen Lage zurückgestellt werden müsse. Gerade deshalb sah er die Verantwortung des Finanzministers

16 Dem Kanzler ähnlicher als sich selbst. Spiegel-Reporter Jürgen Leinemann über Bundesfinanzminister Hans Matthöfer, DER SPIEGEL Nr. 36/1980, S. 27.
17 Matthöfer macht (bald) nicht mehr mit, ›Bunte‹ vom 25. Februar 1982.
18 In das bescheidene Interieur aus Alex Möllers Zeiten hatte Matthöfer lediglich vier persönliche Dinge integriert: ein Stehpult, eine von Helmut Schmidt geschenkte Schiffsuhr, die etwa 50 cm hohe Bronze-Statue eines Stahlwalzers als Reminiszenz an seinen Lehrbetrieb, und – offenbar in Erinnerung alter SDS-Zeiten – ein kleines August-Bebel-Portrait. Bonner General-Anzeiger vom 30. März 1978.

vor allem darin, »die Grenzen des finanzpolitisch Verantwortbaren aufzuzeigen und zur Geltung zu bringen«. Das bedeutete im Zweifel nichts Geringeres als der Anspruch auf eine »Einmischung in fremde Politikbereiche«,[19] die weit über die Zuständigkeit eines Finanzministers hinausging und eine hohe wirtschaftspolitische Kompetenz voraussetzte. Mehr noch, es verlangte nach einem starken Mann im Kabinett, der in der Lage war, die Prioritäten nach einem ganzheitlichen Konzept zu setzen, sozusagen einem ›Kanzler nach Innen‹. Matthöfer war sichtlich dazu bereit, sich dieser Herausforderung zu stellen.

Der Soliditätsminister

Ein finanzpolitischer Paradigmenwechsel

Die Rückkehr der Globalisierung auf die geistige Landkarte der deutschen Politik ging mit schmerzhaften Einschränkungen der wirtschaftspolitischen Autonomie im Inneren einher. Wichtige Hebel der Konjunktursteuerung und der Wachstumspolitik verloren nach dem Öffnen der außenwirtschaftlichen Flanke ihre Wirksamkeit. Der schöne Traum, mit nationalen Mitteln Wachstum und Stabilität der wirtschaftlichen Entwicklung sowie den kontinuierlichen Ausbau des Sozialstaats zu planen und über die gesamtwirtschaftliche Steuerung des Kreislaufs auch durchzusetzen, war ausgeträumt. Das Erwachen fiel umso schwerer, als unter der Ägide des Keynesianismus beachtliche wirtschaftliche und soziale Leistungen erzielt worden waren. Dies betrifft zum einen die öffentliche Infrastruktur – von kommunalen Schwimmbädern bis zum Hochschulbau –, die von konjunkturpolitisch induzierten Zusatzausgaben der öffentlichen Haushalte am meisten profitierte. Zum anderen entstand in dieser Zeit ein Netz sozialer Sicherheit, das international seinesgleichen suchte. 1969, im Antrittsjahr der Regierung Brandt, betrugen die Sozialausgaben, d. h. die Ausgaben für soziale Sicherung, soziale Kriegsfolgen und Wiedergutmachung, 25 Mrd. DM. Bis 1974, dem ersten Jahr der Ölpreiskrise, waren sie auf 38 Mrd. DM angewachsen. Am Ende der Regierungszeit der sozialliberalen Koalition lagen sie bei nicht weniger als 83 Mrd. DM. Sie waren also auch und gerade während der Krisenzeit der Weltwirtschaft dramatisch gestiegen. 1974 machte der Anteil der Sozialausgaben an den staatlichen Gesamtausgaben 28 Prozent aus, 1981 schon 36 Prozent. Auch der Anteil der Sozialausgaben am Bruttosozialprodukt war von 1970 bis 1981 von 16 auf 24 Prozent angewachsen. Gleichzeitig sank jedoch der Anteil der Investitionen am Sozialprodukt kontinuierlich von 26,5 auf 21 Prozent, während sich die Zahl der Arbeitslosen von 600.000 (1974) auf 1,1 Millionen fast verdoppelte. Eine Neuauflage aufwändiger Arbeitsbeschaffungsprogramme auf der Grundlage wachsender Staatsverschuldung, wie

19 Hans Matthöfer, Möglichkeiten und Grenzen der Finanz- und Währungspolitik in der gegenwärtigen weltwirtschaftlichen Lage, in: Alfred Nau, Hg., Wirtschaft International. Hamburger Wirtschaftstage der FESt [27.–28. April 1978], Bonn 1978, S. 21–34.

sie nach der ersten Ölpreiskrise erfolgreich eingesetzt worden waren, stieß gleichwohl an die Grenzen globaler wirtschaftlicher Zwänge. Seit Ende der siebziger Jahre wusste Matthöfer, dass die Arbeitslosigkeit – weil »strukturell« verursacht – »nicht durch demand management zu vermindern« war.[20] Gegen die weltwirtschaftlichen Ursachen der Arbeitslosigkeit schien kein nationales Kraut gewachsen.

Der letzte Versuch, mittels der Globalsteuerung doch noch die Wende auf dem Arbeitsmarkt auf nationaler Ebene zu erzwingen, war schon nicht mehr ganz freiwillig gewesen. Gegen Matthöfers wachsende Skepsis, strukturelle Arbeitslosigkeit lasse sich nicht mit gesamtwirtschaftlich wirksamen Kreislaufspritzen kurieren, sorgte die Ratio des Bonner Weltwirtschaftsgipfels 1978/79 noch einmal für einen sprunghaften Anstieg des staatlichen ›deficit spending‹. Immerhin schienen die weltwirtschaftlichen Rahmenbedingungen zu stimmen, war doch der deutsche Beitrag Teil einer konzertierten Aktion im Weltmaßstab, sodass international gleichgerichtete expansive Maßnahmen die nationale Konjunkturpolitik unterstützten. Tatsächlich erlebte die Wirtschaft der Bundesrepublik seit Mitte 1978 bis weit in das Jahr 1980 hinein einen kräftigen Aufschwung auf breiter Basis. Verantwortlich dafür waren aber weniger die Beschlüsse des Gipfels als die partielle Überwindung der kontraktiven Folgen der Erdölpreiskrise, eine Politik, die seit 1974 mit einem gewaltigen öffentlichen Investitionsprogramm in Angriff genommen wurde. Bis 1980 flossen rund 37 Mrd. DM an zusätzlichen Staatsausgaben in den Wirtschaftskreislauf, während die Konjunktur gleichzeitig durch Steuererleichterungen in Höhe von 48 Mrd. DM weiter angekurbelt wurde. Ebenfalls entscheidenden Anteil an der Überwindung der tiefen Rezession hatte die verantwortungsvolle Preis- und Lohnpolitik der autonomen Tarifvertragsparteien, die auch ohne eine ›Konzertierte Aktion‹ der Bundesregierung angemessen auf die Folgewirkungen des Ölpreisschocks reagierten. Wo immer die Ursachen dafür lagen – die steigende Tendenz des Wirtschaftswachstums (1978: 3,5; 1979: 4,5 Prozent) und der Anstieg der Zahl der Erwerbstätigen um mehr als eine halbe Million signalisierten eine Wende zum Besseren. Die Inflationsrate, die bei 6 Prozent gelegen hatte, normalisierte sich 1978 bei 2,5 Prozent, und auch die Zahl der Arbeitslosen ging ungeachtet struktureller und demographischer Hindernisse leicht auf 876.000 zurück. Bevor aber die Wirtschafts- und Finanzpolitik Gelegenheit hatte, die Richtung der Intervention zu verändern, stellte die Entwicklung der Ölpreise die Verbraucherländer erneut vor fast unlösbare Probleme.

Allein in den 15 Monaten zwischen dem Jahresende 1978 und dem Jahresbeginn 1980 erhöhte die OPEC erneut die Preise um rund 120 Prozent, d. h. um mehr als in den vorausgegangenen fünf Krisenjahren. Die Ölrechnung der Bundesrepublik stieg dadurch von 30 Mrd. DM in 1978 oder 2,5 Prozent des Sozialprodukts auf 45 Mrd. DM in 1979 und dann erneut auf über 65 Mrd. DM zu Beginn des Jahres 1980. Damit mussten 4,5 Prozent des Sozialprodukts für Ölim-

---

20 Vermerk über das Gespräch des Herrn Bundeskanzlers mit Secretary Miller und Chairman Volcker im Überseeclub Hamburg am 29. September 1979, AdsD, DM 034.

porte aufgewendet werden, und weitere Preiserhöhungen sollten rasch folgen. Anders als nach dem ersten Schock war die Außenwirtschaft jetzt nicht mehr in der Lage, die Belastung aufzufangen und sogar in Überschüsse der Leistungsbilanz umzuwandeln. Nachdem sie 1978 mit 17,5 Mrd. DM wieder einen Überschuss in einer Größenordnung erzielt hatte, wie sie vor Ausbruch der ersten Ölpreiskrise üblich war, kam es 1979 erstmals seit 1966 wieder zu einem Leistungsbilanzdefizit von rund 10 Mrd. DM – und noch dazu mit steigender Tendenz. Der Aderlass, den die Energierechnung verursachte, war offensichtlich stärker als die Anpassungsfähigkeit des Exports an die neuen Wettbewerbsbedingungen auf dem Weltmarkt. Bis dahin hatte die Bundesrepublik geradezu chronische Leistungsbilanzüberschüsse erzielt, die sich bei der Bundesbank zu einem Devisenpolster von 69 Mrd. DM und zu Goldbeständen von 3.600 Tonnen summierten. Bewertet wurden die Goldreserven zum ›Einkaufspreis‹ von 4.700 DM pro Kilo. Tatsächlich lag der Marktpreis aber bei 29.000 DM pro Kilo. Daran gemessen lag die ›stille Goldreserve‹ bei mehr als 80 Mrd. DM und war damit höher als die gesamten ausgewiesenen Devisenreserven. Vor diesem Hintergrund gab es keinen Grund, das Defizit zu dramatisieren. Problematischer war, dass sich binnen eines Jahres der Handelsbilanzüberschuss halbiert hatte, der Abbau der Arbeitslosigkeit stockte und sich für 1980 ein vorzeitiges Ende des Konjunkturaufschwungs abzeichnete.

Damit stand der Finanzminister vor einem Dilemma. Einerseits sprach der kommende Abschwung der Konjunktur auch aus seiner Sicht für ein erneutes *deficit spending*. Die Verfassung im Allgemeinen und das Stabilitäts- und Wachstumsgesetz (StWG) im Besonderen verlangten von ihm den Einsatz aller finanzpolitischen Mittel, um Konjunkturschwankungen auszugleichen und das gesamtwirtschaftliche Gleichgewicht wieder herzustellen. Er war aber auch von der Sache her von der Wirksamkeit dieses Instrumentariums fest überzeugt und war sich sicher, »daß es trotz verschlechterter außenwirtschaftlicher Rahmenbedingungen immer wieder möglich ist, einen selbsttragenden Konjunkturaufschwung in Gang zu bringen und einen höheren Beschäftigungsgrad zu erreichen«.[21] Die klügsten Köpfe unter seinen Widersachern hatten zu diesem Zeitpunkt bereits erkannt, dass das von ihnen in der Großen Koalition mitgeschaffene konjunkturpolitische Instrumentarium dringend revisionsbedürftig war. Sie waren nach eingehender Kritik an den konzeptionellen Mängeln antizyklischer Konjunkturpolitik davon überzeugt, dass die Alternative der deutschen Wirtschaftspolitik nicht ›Massenarbeitslosigkeit‹ oder ›dauernde Staatsverschuldung‹ sein konnte. So hielt der wirtschaftspolitische Vordenker der CDU, Kurt Biedenkopf, den Staat »noch nicht einmal für berufen, alle konjunkturellen Schwankungen einzuebnen. Denn konjunkturelle Schwankungen sind nötig, um strukturelle Probleme rasch und wirksam zu überwinden.«[22] Er riet daher seiner Partei mit guten konjunkturtheoreti-

---

21 Hans Matthöfer, Grundzüge sozialdemokratischer Wirtschafts- und Finanzpolitik in den 80er Jahren (Denkschrift vom Sommer 1980), AdsD, DM 130.
22 Kurt Biedenkopf u. Meinhard Miegel, Die programmierte Krise. Alternativen zur staatlichen Schuldenpolitik, Stuttgart 1979, S. 107.

schen Gründen, auf Distanz zur gesamtwirtschaftlichen Verpflichtung des StWG zu gehen. Demgegenüber interpretierte Matthöfer den gesetzlichen Rahmen der westdeutschen Konjunkturpolitik eher restriktiv: »Deshalb hat der Staat die permanente Aufgabe, frühzeitig und vorsorglich gegenzusteuern, um schon das Entstehen wirtschaftlicher Ungleichgewichte im Keim zu verhindern.«[23] Beide Seiten waren freilich weit entfernt davon, wirksame Konzepte gegen die Massenarbeitslosigkeit zu entwickeln oder auch nur ihre Ursachen zu verstehen.

Auch wenn er ihren wirtschaftlichen Nutzen noch immer betonte, wusste aber auch Matthöfer, dass die Verschuldung des Bundes, der Länder und der Gemeinden mit 450 Mrd. DM seit langem die Grenze des politisch Vernünftigen erreicht hatte. Er hatte dies auch schon unmittelbar nach seiner Amtsübernahme öffentlich zu Protokoll gegeben. Inzwischen hatte sich diese Einsicht nur noch verstärkt. Allein die Verschuldung des Bundes überschritt im Herbst 1979 die 200-Milliarden-Grenze. Auch wenn er keine wie immer definierte wirtschaftliche Obergrenze der Verschuldung gelten lassen wollte, sprachen doch zwei politische Argumente dafür, wenigsten die Nettokreditaufnahme zurückzufahren – auch wenn aus konjunkturpolitischen Gründen das Gegenteil geboten schien. Zum einen näherten sich die Ausgaben für Zinsen und Tilgung rapide dem Volumen der Nettokreditaufnahme der öffentlichen Haushalte. 1973, vor der ersten Ölpreiskrise, waren lediglich 3 Mrd. DM für Zinsen und Tilgung angefallen. 1978, vor dem zweiten Ölschock, belasteten bereits 10 Mrd. DM für diese Zwecke den Bundeshaushalt. Schon jetzt stand fest, dass es 1983 22 Mrd. DM sein würden. Der Anteil der Zinsausgaben an den Gesamtausgaben des Bundes stieg damit auf 9 Prozent. Noch betrug der akkumulierte Anteil der gesamten öffentlich Schulden am Bruttosozialprodukt seit 1949 lediglich 25 Prozent und lag damit weit unter dem internationalen Vergleichsniveau.[24] Früher oder später mussten aber auch in Deutschland der Handlungsspielraum der Wirtschafts- und Konjunkturpolitik und die Handlungsfähigkeit des Staates enger werden. Zum anderen war es der Opposition im Deutschen Bundestag gelungen, das Schuldenthema in einer Art und Weise emotional aufzuladen, die den Menschen unter die Haut ging. Rationale Erwägungen fielen in dieser Atmosphäre nicht mehr auf fruchtbaren Boden. Zunächst hatte die CDU/CSU Mitte der siebziger Jahre, als die Verschuldung des Bundes noch bei 70 Mrd. DM lag, eine offene Inflation vorausgesagt und diese der Regierung Brandt zur Last gelegt. Als dann die Stabilisierung des Geldwertes nach innen und die wachsende Kaufkraft der D-Mark nach außen nicht mehr zu übersehen waren, versuchte sie die wirtschaftliche Kompetenz der Regierung Schmidt mit dem Hin-

---

23 Matthöfer, Grundzüge, AdsD, DM 130.

24 In Großbritannien erreichte dieser Anteil 43 Prozent, in den USA 37 Prozent und in den Niederlanden 30 Prozent. Lediglich die Schweiz lag in etwa gleichauf. Nach einer anderen Berechnung des DIW stieg die Quote der Verbindlichkeit bis Ende 1980 zwar auf 37 Prozent des BSP, doch lagen auch in dieser Rechnung die Vergleichswerte der USA (über 50 Prozent), Belgiens (unter 60 Prozent), Großbritanniens und Italiens (beide über 60 Prozent) deutlich über den deutschen. DIW, Staatsverschuldung, Inflation und Wachstumsschwäche, Wochenbericht 27/81 vom 2. Juli 1981, S. 308.

weis auf die »anhaltende Massenarbeitslosigkeit« zu erschüttern. Nachdem auch die Arbeitslosigkeit 1978/79 wieder zurückging, verlagerte sie ihre Stoßrichtung schließlich auf die Kritik an der wachsenden öffentlichen Verschuldung und prognostizierte für 1983 den »Staatsbankrott«. Die Zeitungen des Springer-Verlages und Teile der bürgerlichen Presse verstärkten diese Kampagne noch, indem sie vor einer unmittelbar bevorstehenden »Währungsreform« warnten. Zunächst wurden diese Warnungen indirekt vorgetragen. In einer dpa-Meldung vom 5. Mai 1980 hieß es: »Als ›völligen Unsinn‹ bezeichnete ein Sprecher der Deutschen Bundesbank Informationen, denen zufolge eine Neuordnung des bestehenden Währungssystems bereits beschlossene Sache sei. In einer in der ›Welt am Sonntag‹ abgedruckten Meldung eines Schweizer Informationsdienstes war von einer angeblich bevorstehenden Umstellung des Währungssystems und der Ausgabe neuer Geldscheine die Rede gewesen.« Je näher die Wahlen rückten, desto grotesker wurden die Vorwürfe. Obskure Wählervereinigungen, wie die Bürgeraktion ›Demokraten für Strauß‹, verglichen die Staatsverschuldung der Regierung Schmidt mit den Ergebnissen der Hitlerschen Rüstungspolitik und untermauerten die Horrormeldung einer unmittelbar bevorstehenden Währungsreform mit dem Hinweis, die Bundesbank habe das neue Geld bereits gedruckt.[25] Für Matthöfer war dies ein durchsichtiges Manöver, um »das Vertrauen der Bürger in die wirtschaftliche und soziale Stabilität in unserem Lande zu untergraben und Existenzängste zu schüren«. Er wusste, dass es nicht genügte, die Bevölkerung darüber aufzuklären, dass die Bundesbank seit 1960 eine neue Grundausstattung mit Geld bereithielt, um auf Fälschungen großen Ausmaßes vorbereitet zu sein. Er holzte lieber zurück:[26] »Wer die Sozialdemokraten mit den Nazis vergleiche, das finanzielle Ergebnis des Zweiten Weltkrieges mit dem Ergebnis der SPD-Politik gleichstelle und wer alten Leuten mit dem ›Schreckgespenst‹ der Währungsreform Angst einjage, den bezeichne er ›als Pack‹.« Das Verhalten der Opposition stelle »eine Perfidität von Goebbelsschem Format« dar.[27]

Er sah in der Kampagne einen letzten Versuch des am 2. Juli 1979 zum Kanzlerkandidaten der CDU/CSU gewählten Bayerischen Ministerpräsidenten Strauß, im Wahlkampf zu punkten, nachdem »der Sonthofener Fahrplan der Machtergreifung sich als Rohrkrepierer erwiesen hat«.[28] In einer Rede auf der Tagung der CSU-Landesgruppe in Sonthofen hatte Strauß im November 1974 eine langfristige Strategie entwickelt, um den Machtwechsel herbeizuführen. Er warnte seine Parteifreunde, aber auch die Wirtschaftspolitiker der CDU, davor, sich in konstruktiven – und daher immer auch angreifbaren – Besserungsvorschlägen zu verstricken, und riet zur Obstruktion: »Zur Taktik jetzt: Nur anklagen und warnen,

---

25 Gerüchte über Währungsreform: Ist unser Geld in Gefahr? Welt am Sonntag vom 18. Mai 1980; Staatsbankrott: Keine Rettung für die D-Mark, Diagnosen 7 (1980), S. 8 f.; Staatsschulden – Die lähmende Last, Wirtschaftswoche 35 (1981), S. 32–38.
26 Frankfurter Rundschau vom 15. August 1980.
27 Leine-Zeitung vom 25. August 1980.
28 Matthöfer, Grundzüge, AdsD, DM 130.

aber keine konkreten Rezepte etwa nennen.«[29] Der Rat wurde prompt befolgt. Einerseits beklagte die Opposition die nach Matthöfers Überzeugung zur Konjunkturstützung und zum Ausgleich der kontraktiven Ölpreiseffekte notwendige öffentliche Kreditaufnahme, andererseits machte sie immer wieder neue ausgabenwirksame Vorschläge und verlangte darüber hinaus an vielen Stellen Steuervergünstigungen für die Wirtschaft. Allein in der laufenden achten Wahlperiode summierten sich die finanziellen Mehrforderungen der CDU/CSU-Fraktion nach Berechnung des BMF auf 125 Mrd. DM.[30] Auch wenn davon nur ein Teil über die Mitherrschaft des Bundesrates durchsetzbar war, so blieb immerhin ein virtuelles Arsenal attraktiver Wahlgeschenke übrig, über deren Finanzierung sich die Opposition keine Gedanken machen musste. Fünf Jahre nach Sonthofen drohte diese Strategie mit dem Thema Staatsverschuldung doch noch zum Erfolg zu kommen, wenn ihr Matthöfer nichts Überzeugendes entgegensetzen konnte.

Die Entscheidung der Bundestagsfraktion der CDU/CSU, Franz Josef Strauß gegen den Niedersächsischen Ministerpräsidenten Ernst Albrecht zum Kanzlerkandidaten zu wählen, machte auch alle Überlegungen, das Dilemma im Rahmen einer Großen Koalition zu lösen, zur Makulatur. Schon im Februar 1978, als der Bundeskanzler seinen neuen Finanzminister in die Pflicht nahm, gehörte die Option einer Großen Koalition zur ersten politischen *tour d'horizon,* mit der die beiden Freunde künftige Konstellationen der Bonner Politik gedanklich abschritten. Von dem Abgeordneten und Gewerkschafter Matthöfer war bekannt, dass er ein überzeugter Anhänger der Großen Koalition war und 1969 einer Fortsetzung dieser Zusammenarbeit den Vorzug vor einer kleinen Koalition mit der FDP gegeben hätte. Es lag daher nahe, dass ihn Schmidt bat, den Kontakt zu den Persönlichkeiten der Union zu pflegen, denen gegebenenfalls eine Schlüsselfunktion in einer Neuauflage dieses Bündnisses zugefallen wäre. So nahm Matthöfer jede Gelegenheit wahr, mit dem Stuttgarter Oberbürgermeister Manfred Rommel zu sprechen, dem Schmidt eine führende Rolle beim Zustandekommen einer eventuell notwendig werdenden Großen Koalition zutraute.[31] Es war auch nicht zu übersehen, dass der Finanzminister mit seinen unmittelbaren ›Gegenspielern‹ in der C-Fraktion, Hansjörg Häfele und Gerhard Stoltenberg, im Ausschuss mehr als im Plenum, einen freundlichen Umgang pflegte. In den vertraulichen Vieraugen-Gesprächen, die er an ›freien‹ Samstagvormittagen in seiner Kronberger Wohnung mit Journalisten führte, spielte das Thema ebenfalls eine Rolle. Es war sicher kein Versehen, dass Matthöfer wenige Tage vor der Wahl des CDU-Politikers Karl Carstens zum Bundespräsidenten einem Frankfurter Finanzjournalisten ins Notizbuch formulierte, dass »er sich in einer bestimmten Situation ein Bündnis aus CDU und SPD gut vorstellen könne«. Burckhart Salchow, der einer seiner bevorzugten Gesprächs-

---

29 Wortprotokoll der Rede am 19. November 1974, abgedruckt in: DER SPIEGEL Nr. 11 (1975), S. 34–41 (›Aufräumen bis zum Rest dieses Jahrhunderts. Franz Josef Strauß über die Strategie der Union‹, Zitat, S. 36).
30 Matthöfer, Grundzüge, AdsD, DM 130.
31 ›Diensttagebuch‹, 18.8.1978, AdsD, DM 0404.

partner auf der Penthouse-Terrasse mit dem Taunusrundblick war, fühlte sich ausdrücklich ermuntert, »die frappierenden freundlichen Bemerkungen über die CDU-Politiker Stoltenberg und Häfele« festzuhalten, während ihm Matthöfer untersagt hatte, »die kritischen Anmerkungen zu Albrecht und Barzel« mitzuschreiben.[32] Mit dem Hinweis auf eine Koalition aus CDU (!) und SPD bezog sich Matthöfer auf die seit Jahren schwelende Debatte über eine Neuordnung der Parteienlandschaft. Vorstellungen, die CDU könnte sich von ihrer bayerischen Schwesterpartei trennen und sich in der Tradition der Weimarer Zentrumspartei als Koalitionspartner der SPD empfehlen, spielten schon in Strauß' Sonthofener Rede eine wichtige Rolle. Sie wurden vor allem Rainer Barzel zugeschrieben, der sie nach seiner Entmachtung als Partei- und Fraktionsvorsitzender mit Helmut Schmidt unter vier Augen erörtert haben soll.[33] Mit dem Beschluss, die Fraktionsgemeinschaft zwischen CSU und CDU im Deutschen Bundestag aufzukündigen, fügte Strauß diesem Strategiespiel auf der Kreuther Tagung der CSU-Landesgruppe im November 1976 eine weitere Variante hinzu. Auch wenn die CSU diesen Beschluss schon nach wenigen Wochen revidieren musste, zeigten sich die durch ihn hervorgerufenen Risse innerhalb der Union doch im Vorfeld der Kandidatenaufstellung zur Bundestagswahl 1980 erneut.

Als endlich klar war, dass Franz Josef Strauß der Herausforderer des Bundeskanzlers sein werde, konnte dies nicht ohne Konsequenzen für die künftige Strategie des Finanzministers bleiben. Gegen die tiefsitzenden Ängste der Wähler konnte er nicht mehr den Chefvolkswirt geben, der einzig auf die Kraft von Sachargumenten setzt und rein rationale Überzeugungsrabeit leistet. Es war ohnehin eine Sisyphosarbeit, die komplexen Zusammenhänge der Weltwirtschaftskrise immer wieder auf Neue gegenüber einer skeptisch bis feindlich eingestellte Presse darzustellen, um in der Öffentlichkeit das Vertrauen in seine Politik zu stärken und sie gegen gezielte Verunsicherungskampagnen zu immunisieren. Die Angst vor Staatsverschuldung und einer daraus zwangsläufig resultierenden Währungsreform war im politischen Unterbewusstsein der Deutschen so tief eingegraben, und die traumatischen Folgen zweier Währungskatastrophen im 20. Jahrhundert waren so wenig verarbeitet, dass rationale Argumente dagegen keine Chance hatten. Mehr als ihm lieb war, musste Matthöfer deshalb in der Auseinandersetzung mit Strauß auch zu Inszenierungen Zuflucht nehmen, die im Kampf um die Seele des Wählers

---

32 Burckhart Salchow an Matthöfer, Bad Schwalbach, den 28. Mai 1979, AdsD, DM 123. Das Gespräch hatte am 19. Mai stattgefunden, die Bundespräsidentenwahl am 23. Mai. Am 14. Juni kolportierte auch die Illustrierte STERN, Matthöfer denke »über die Vorzüge einer ›Großen Koalition‹ nach, sodass dieser am 21. Juni in einem Leserbrief ein – schwaches – Dementi folgen lassen mußte: »Hierzu stelle ich fest: Ich halte eine Große Koalition nicht nur für unwahrscheinlich, sondern unter den gegebenen und vorhersehbaren Umständen auch nicht für wünschenswert.«

33 Während der Flick-Affäre knüpften sich daran Spekulationen, die Beraterhonorare von 1,6 Millionen DM, die der Flick-Konzern 1973 an den Bundestagspräsidenten zahlte, hätten dem Zweck gedient, Barzel ›abzufinden‹ und Kohl den Weg an die Parteispitze zu ebnen. Barzel trat deshalb im Oktober 1984 – nach seiner Vernehmung vor dem Flick-Untersuchungsausschuß – von seinem Amt zurück. »Ein hohes Maß an Heuchelei«. Spiegel-Reporter Jürgen Leinemann über den Auftritt Rainer Barzels vor dem Flick-Untersuchungsausschuß, DER SPIEGEL, Nr 44 (1984), S. 24 f.

mehr Wirkung versprachen als fachliche Argumente. Seinen engsten Beratern erschien die Gefahr einfach zu groß, »durch zu prononcierte Festlegungen auf ›vorausschauende Strukturpolitik‹, staatliche Programme oder gar ›Strukturräte‹ der These Nahrung zu geben, wir seien auf dem Weg zu dirigistischer Wirtschaftspolitik«.[34] Auch war zu befürchten, dass der Slogan der Opposition »Freiheit oder Sozialismus« sowohl bei der großen wie der mittleren Industrie auf fruchtbaren Boden fiel – von den Selbstständigen ganz zu schweigen. Dort war das Gefühl, die eigene Entfaltungsfreiheit werde durch staatliche Programme und ihre bürokratische Durchführung zunehmend eingeengt, in der Tat weit verbreitet. Das Bekenntnis zur unternehmerischen Freiheit musste deshalb überzeugender ausfallen als bisher, um nicht Strauß in einem entscheidenden Bereich das Feld zu überlassen. Matthöfer war sich bewusst: »Wer die ganze Wirtschaft gegen sich hat, kann keine Modernisierungs- oder Strukturpolitik mehr betreiben.« Noch gefährlicher musste es aber sein, sich im Wahlkampf auf Versprechungen festlegen zu lassen, die dann nach den Wahlen nicht einzuhalten waren. Gefahr drohte in dieser Hinsicht vor allem von den Sozialpolitikern der eigenen Fraktion. Auch Matthöfer hielt Reformen auf dem Gebiet der sozialen Sicherheit und der Renten für »unumgänglich«. Während aber die Mehrheit der Fraktion im Hinblick auf die Wahlen materielle Verbesserungen anstrebte, stand für den Finanzminister die Konsolidierung der Finanzierung der sozialen Sicherung im Vordergrund. Er musste sich möglichst rasch in die Debatte einschalten, weil sonst verbindliche Festlegungen durch die Sozialpolitiker zu erwarten waren, »die nur durch ganz massive zusätzliche Leistungen aus dem Bundeshaushalt gedeckt werden« konnten. Ziel sollte sein, wenigstens »einen gedanklichen Schritt« auf die von einem breiten Spektrum kritischer Beobachter – von Eppler bis Blüm – vertretene Position zuzugehen, »daß eine ständige quantitative Expansion des Sozialsystems in seinen gegenwärtigen Strukturen nicht die letzte Antwort auf alle Lebensfragen sein muß«.

Überraschenderweise kam die Wahlkampfleitung der Partei diesen Vorstellungen weit entgegen. Sie drängte Matthöfer geradezu, diese für sein Verhältnis zur Fraktion und zur Partei nicht risikolose Position zu übernehmen. Der Leiter der Abteilung politische Planung, Wahlen und Öffentlichkeit beim Vorstand der SPD, Volker Riegger, kam gleich beim ersten Strategiegespräch im Gästehaus der Friedrich-Ebert-Stiftung auf den Punkt: »M[atthöfer] müsse eine der Hauptangriffs- und Abwehrstützen in der Auseinandersetzung mit Strauß sein.«[35] In erster Linie verlangte der Wahlkampfplaner von Matthöfer, den »Solidtätsminister« sichtbar zu machen. Das Schlimmste, was die SPD zu befürchten habe, sei ein schwacher Finanzminister, der allen Wünschen nachgebe. Vielmehr müsse er – bis hin zur Herbeiführung einer Show-down-Situation – Härte zeigen und dabei »notfalls bis zu einer Rücktrittsdrohung gehen«. Die Partei werde ihn dafür nicht lie-

34 [Ministerbüro], Stichworte zur ersten Wahlkampfstrategiebesprechung am 25. September [1979], AdsD, DM 034.

35 Leiter Ministerbüro, Vermerk betr.: Gespräch mit Rieger (!) und Bentele am 12. 10. 1979 im Gästehaus der FES auf dem Bonner Venusberg, Bonn den 15. Oktober 1979, AdsD, DM 034.

ben, ihn aber, weil sie Verständnis für seine Rolle habe, respektieren, wenn er diese Aufgabe kompetent ausfülle. Riegger sah den Finanzminister dazu »in einer starken Position«. Zum einen sei er »von der sachlichen Argumentation her« der Herausforderung gewachsen, aber auch »weil der Kanzler sich ein Scheitern des Finanzministers nicht leisten könne«. Der derart Hofierte sah freilich das Problem seiner Wahlkampfstrategie nicht beim Kanzler, sondern »im Verhältnis zur Fraktion und Partei«. Weder könne er die Schuldendiskussion verharmlosen, noch werde er alle Ausgabenwünsche erfüllen. Da der »Widerspruch zwischen dem abstrakt auch von der Fraktion und den Ressorts bekundeten Willen zur Konsolidierung und dem tatsächlichen Forderungsverhalten [...] immer problematischer [werde]«, erwartete er gerade von dieser Seite die größten Probleme. Er zweifelte auch daran, ob er die »Einzelkämpferstrategie« lange durchhalten könne. Die Öffentlichkeit dürfte nicht den Eindruck haben, dass er »individuell einer Neigung nachgebe, immer zu bremsen«, sondern dass er im Allgemeininteresse handle, wenn er Widerstand gegen überzogene Forderungen leiste – und dass die Partei diese Verpflichtung anerkenne. Im Kabinett hatte der Finanzminister bereits auf seine Entschlossenheit hingewiesen, sich in der Fraktion nicht mehr überstimmen zu lassen. Er sah aber noch »kein Rezept, wie die in der Fraktion wirkenden vielfältigen Kräfte in die notwendige Disziplin eingebunden werden könnten«. Der SPD-Wahlkampfplaner stimmte ihm zu: »Die Sozialpolitiker seien dabei, einen nicht zu verantwortenden Forderungskatalog aufzustellen.« Ihnen gegenüber müsse Härte gezeigt werden. Im Ergebnis des Gesprächs war Riegger über Matthöfers »skeptische Beurteilung der eigenen Position in der Schulden- und Konsolidierungsfrage überrascht«. Gleichwohl hielt er »eine positive Darstellung des BMF als des Garanten der finanzpolitischen Solidität für möglich und erforderlich«. Er versprach, sich dafür einzusetzen, dass Willy Brandt diese positive Darstellung auch in seiner im Dezember bevorstehenden Berliner Parteitagsrede öffentlich aufgreife. Schließlich legte er Wert darauf, dass Matthöfer auch offensiv werden müsse: »Neben dem ›Solidaritätsminister‹ müsse der ›Fortschrittsminister‹ sichtbar bleiben, der mit dem Festhalten an den Zielen MdW, HdA, OR ›85 die fortschrittlichen Kräfte vertrete.« Matthöfer erklärte sich dazu bereit, beklagte aber auch in Sachen Mitbestimmung die fehlende Unterstützung durch die Fraktion.

Der Finanzminister hatte allen Grund, in der SPD-Bundestagsfraktion die größte Herausforderung an den ›Solidaritätsminister‹ zu sehen. Unmittelbar vor dem Gespräch mit Riegger hatte deren Vorsitzender ihn in einem längeren Schreiben gedrängt, »die leidige formale Diskussion um die Erreichung des 0,7 % Ziels bei Debatten um eine angemessene Höhe der für die Entwicklungspolitik bereitzustellenden Mittel baldmöglichst zu beenden, das heißt überflüssig zu machen«.[36] Im Prinzip hätte dies eine Verdoppelung des Entwicklungshilfevolumens bedeutet, wobei die zusätzlichen Mittel nach Wehners Vorstellung ganz besonders an die »Konfliktstaaten« im südlichen Afrika (Tansania, Sambia und Botswana) sowie an

---

36 Wehner an Matthöfer, persönlich, betr. Haushalt 1980 – Einzelplan 23 BMZ, Bonn, 27. September 1979, AdsD, DM 127.

Uganda und an Ghana gehen sollten. Auch Länder in Lateinamerika, wie Nicaragua, die Dominikanische Republik, Peru und Ecuador, gehörten zu den potentiellen Empfängern, weil dort, wie auch in Afrika, »politische Führungen gefährdet (waren), die uns politisch mit Vertrauen und mit der Absicht, zu demokratischen Entwicklungen beizutragen, gegenüberstehen«. Matthöfer hatte bereits – ohne große Begeisterung – einer überproportionalen Erhöhung des Einzelplans 23 zugestimmt und lehnte jeden weiteren Anstieg der Ausgaben für Entwicklungshilfe kategorisch ab. Er tat dies aus stabilitätspolitischen Gründen, war aber auch in der Sache längst davon überzeugt, dass die gängige Praxis der Entwicklungshilfe weitgehend wirkungslos blieb.[37] Gegen Wehner mobilisierte er den Kanzler als Bundesgenossen. Schmidt stellte den Wehnerschen Vorschlag in einen größeren koalitionspolitischen Zusammenhang, eher er in lakonischer Kürze das 0,7%-Ziel der Vereinten Nationen auf die lange Bank schob. Vor 1983 sei es nicht zu realisieren. Vor allem aber machte er außenpolitische Gründe für seine Ablehnung geltend:[38] »Es trägt nicht zur Glaubwürdigkeit der Bundesrepublik Deutschland bei, wenn sie zwar einerseits die Mittel für die öffentlichen Entwicklungshilfeleistungen nochmals aufstockt, sich aber andererseits widersetzt, die Mittel für den Verteidigungshaushalt für 1980 um 3 v.H. real anzuheben.« Im Kabinett mussten beide, Matthöfer und Schmidt, zum äußersten Mittel greifen, um die Forderungen mehrerer Minister nach weiteren Milliarden für Entwicklungshilfe abzuwehren. Nachdem der eine gedroht hatte: »Dann müsst Ihr Euch einen anderen Finanzminister suchen«, fügte der andere hinzu: »Auch eine andere Regierung.«[39] Damit war deutlich geworden, dass Schmidt sich ohne Wenn und Aber hinter die als drakonisch empfundenen Sparmaßnahmen seines Finanzministers stellte und damit dessen Rolle in der Wahlkampfstrategie des Parteivorstandes absicherte. Für Matthöfer ging es aber nicht allein um eine Taktik, mit der die oppositionelle Beschwörungsformel vom ›Staatsbankrott‹ unterlaufen werden sollte. Er war vielmehr fest entschlossen, auch über den Wahltag hinaus auf Stabilitätskurs zu bleiben, um seiner Finanzpolitik wieder mehr Handlungsspielraum zu verschaffen.

Ein bisschen Theaterdonner war aber doch dabei, als er am 1. Februar 1980 allen Fraktionsmitgliedern einen Brief schickte, in dem er den Zustand der Bundesfinanzen als »äußerst angespannt« bezeichnete und dringend vor weiteren Ausgabenwünschen warnte. Das vorliegende Steuerpaket bleibe zwar »gerade eben noch« in einem vertretbaren Rahmen, doch solle dies niemanden in Sicherheit wiegen.[40] »Allergrößte Ausgabendisziplin ist notwendig, wenn wir die Aufgaben,

---

37 Er meinte damit nicht nur die Ineffizienz der Methoden, sondern auch Unzulänglichkeiten bei den Empfängern. So hatte er auf der Kabinettssitzung vom 29. April 1979 gefordert, die Bundesregierung dürfe sich bei internationalen Konferenzen wegen angeblich zu geringer Entwicklungshilfeleistungen »nicht von korrupten Regimen gegen das Schienbein treten lassen«. Heinz Murmann in einem Porträt Matthöfers im Kölner Stadt-Anzeiger vom 2. Mai 1979.
38 Schmidt an Wehner, persönlich, Bonn, 8. Oktober 1979, AdsD, DM 127.
39 ›Diensttagebuch‹, 29.4.1979, AdsD, DM 0404.
40 ›Diensttagebuch‹, 1.2.1980, AdsD, DM 0404. Am 9. Februar veröffentlichte die Süddeutsche Zeitung den Brief auszugsweise.

HANDELSBLATT: Pielert

Seit 1980 weigerte sich Matthöfer konsequent, den Ausbau des Wohlfahrtsstaates auf Kredit zu finanzieren – auch gegen Herbert Wehner.

die auf uns zukommen werden, erfolgreich lösen wollen und wenn das deutsche Volk Vertrauen darin haben soll, daß wir die Staatsgeschäfte auch weiterhin solide und verantwortungsbewusst führen«, schrieb Matthöfer, nachdem er bei einem Vortrag über die Finanzlage in seiner Fraktion auf zu wenig Verständnis gestoßen war. Er könne keine weiteren Zugeständnisse machen, »weil ich die Partei nicht in die Lage bringen will und darf, Leistungszusagen nach den Wahlen wieder zurücknehmen zu müssen«. Er spielte dabei auf die Situation nach den Wahlen von 1976 an, als die Opposition mit dem Vorwurf der ›Rentenlüge‹ allzu großzügige Versprechungen der Regierung nach den Wahlen als ›Luftnummern‹ gegeißelt hatte. Matthöfers Worten folgten bald auch Taten. Auf der Kabinettssitzung vom 19. März zog er die Notbremse des Paragraphen 41 der Bundeshaushaltsordnung und belegte Ausgaben in Höhe von rund 1,5 Mrd. DM mit einer vorläufigen Sperre. Damit verlieh er seiner Forderung Nachdruck, die Mehrausgaben des wegen des ›Britenrabatts‹ notwendigen Nachtragshaushaltes durch Einsparungen an anderer Stelle zu finanzieren, »weil eine weitere Verschuldung ausscheidet«.[41] Es handelte sich freilich nicht um endgültige Streichungen, sondern um eine auf sechs Wochen befristete Sperre. Dann sollte das Kabinett abschließend über die Ausgaben des Nachtragshaushaltes beschließen. So heftig die betroffenen Minister auch widersprachen, so blieb diese Maßnahme doch deutlich unter den im Wahlkampfkonzept des ›Solidätsministers‹ vorgesehenen Möglichkeiten der Anwendung der Arti-

41 ›Diensttagebuch‹, 19.3.1980, AdsD, DM 0404. §41 BHO vom 19. August 1969 sieht vor, dass der BMF es von seiner Einwilligung abhängig machen kann, ob Verpflichtungen eingegangen oder Ausgaben geleistet werden (BGBl. I, S. 1284).

kel 112 und 113 GG. Danach hätte die Bundesregierung und namentlich der Finanzminister verlangen können, die parlamentarische Beschlussfassung über solche Gesetze auszusetzen, die vermehrte oder neue Ausgaben vorsehen. Spektakulär wirkte die Haushaltssperre im Wahljahr gleichwohl, und sie trug dazu bei, Matthöfers neues Image als ›Sparkommissar‹ der Bundesregierung zu begründen. Zu den Opfern des neuen Kurses gehörte nicht zuletzt auch Herbert Wehner, der, nachdem er in Sachen Entwicklungshilfe abgeblitzt war, in attraktiveren Renten den Knüller für den Wahlkampf sah. Seine Vorschläge wurden auf ein Minimum reduziert. Vor allem die von Wehner geplante ausgabenwirksame Koppelung des Bundeszuschusses für die Rentenversicherung an die Rentenausgaben, anstatt wie bisher an die Lohnentwicklung, strich Matthöfer – durch Schmidt gedeckt – aus dem Programm. Mit Mühe konnte der Fraktionsvorsitzende wenigstens das ›Baby-Jahr‹, d. h. die Gutschrift eines Rentenjahres pro Kind zugunsten erwerbstätiger Frauen, vor dem Matthöferschen Rotstift retten. Doch auch das Restprogramm kostete immerhin noch 3,5 Mrd. Mark.

In der Öffentlichkeit wurde diese Wende als noch dramatischer empfunden, als sie in Wirklichkeit war. Auch wenn er ganz zu Beginn seiner Amtszeit die Stabilität der Finanzen rhetorisch ganz hoch angesetzt hatte, erweckte er in der Praxis bis dahin doch den Eindruck, er »habe nachgerade Spaß am Geldausgeben«.[42] Vor allem wenn es darum ging, des Bundeskanzlers außenpolitische Ambitionen zu finanzieren, stellte er die gesunden Instinkte des leidenschaftlichen Finanzministers gern zurück und erwies sich als ein »absolut loyaler Diener seines Herrn im Kanzleramt«. Kein Defizit konnte ihn schrecken, weil er ›keine Alternative‹ dazu sah, und er musste befürchten, in der Öffentlichkeit als jemand zu gelten, der eine »Nach-uns-die-Sintflut-Politik« betrieb. Vor diesem Hintergrund markierte der Brief an die »lieben Genossinnen und Genossen« der SPD-Bundestagsfraktion vom Februar einen regelrechten finanzpolitischen Paradigmenwechsel. ›Nichts geht mehr‹, war jetzt die Devise, die über den Wahltag im Oktober hinaus gültig sein sollte. Er machte die neue Linie seiner Finanzpolitik Helmut Schmidt noch vor den Wahlen in einem persönlichen und vertraulichen Brief aktenkundig, der in einem ungewöhnlich geschäftsmäßigen Stil gehalten war.[43] Darin ging es ihm nicht allein um das Ende der Spielräume für zusätzliche Ausgaben. Auch die Einnahmeseite geriet nun in den Blick, zumal sie für die strukturelle Unterfinanzierung des Bundeshaushaltes wesentlich mitverantwortlich war. Er legte deshalb mit Blick auf künftige Koalitionsverhandlungen die Belastungsgrenzen für den Bundeshaushalt aus Steuerentlastungsbeschlüssen der Bundesregierung für 1981 und 1982 sehr restriktiv aus und drückte die geplante Neuverschuldung weit unter das in der mittelfristigen Finanzplanung vorgesehene Niveau. Von der Notwendigkeit eines Gesetzesmoratoriums wollte er gleichwohl nicht sprechen: »Zwar sind die finanzpolitischen Spielräume aller Ebenen nun sehr eng geworden, aber es kann

---

42 Artikel »Schatzkanzler« in Capital 5/80.
43 Matthöfer an Schmidt, persönlich / vertraulich, Bonn, den 20. Juni 1980, AdsD, DM 120.

keinen finanzpolitischen Stillstand der Gesetzgebung geben.« Er ließ jedoch den Kanzler nicht darüber im Unklaren, dass »weitere finanzielle Konzessionen nicht mehr möglich« seien. Eine »gewisse Flexibilität« hielt er für nötig, um ein vollständiges Scheitern künftiger Verhandlungen mit dem Koalitionspartner und den Ländern zu verhindern: »Andererseits darf zu keinem Zeitpunkt ein Zweifel daran aufkommen, dass die eingangs aufgezeigten Belastungsgrenzen für das Gesamtpaket für den Bund absolute Höchstgrenzen darstellen und ich ein auch nur geringfügiges Überschreiten nicht würde verantworten können«. Offensichtlich war Matthöfer fest entschlossen, aus der im Wahlkampf erfolgreich erprobten Rolle des Soliditätsministers in die 9. Wahlperiode durchzustarten und auch künftig nicht mehr von seinem stabilitätsbetonten Kurs abzuweichen. Den Vorwurf des Opportunismus musste er sich dafür nicht gefallen lassen. Matthöfer wusste, dass ihm dieser Schritt möglicherweise in der Öffentlichkeit Sympathien einbringen würde, nicht aber innerhalb der eigenen Partei und der Gewerkschaften. Selbst zu Hause, im Frankfurter Wahlkreis, mochten ihm nicht alle folgen. Er wurde nur noch mit knapp zwei Drittel der Delegiertenstimmen wieder zum Bundestagsdirektkandidaten für den Wahlkreis 142 nominiert. Zuvor musste er sich in dreistündiger Debatte heftige Unmutsäußerungen über die sozialdemokratische Regierungspolitik in Bonn im Allgemeinen und über seine persönliche Vertretung der Frankfurter SPD im Besonderen anhören. Ähnlich erging es ihm auf dem Berliner Parteitag, wo erstmals wieder eine Mitte-Rechts-Koalition um Egon Franke, Hans-Jochen Vogel und Günter Metzger, allesamt Mitglieder der ›Kanalarbeitergewerkschaft‹ in der SPD, dem linken Flügel bei den Wahlen einen Denkzettel verpasste. Viele Vorstandsmitglieder verloren unter diesen Umständen im Vergleich zum Hamburger Parteitag von 1977 Stimmen, die meisten aber Matthöfer, der 100 Stimmen weniger für sich verbuchen musste. Der Grund dafür lag sicher nicht in seiner Vermittlungsarbeit in Sachen Kernenergie, die kaum weniger wichtiger war als in Hamburg. Vielmehr straften viele Delegierte den Finanzminister für seine kritische Sicht der finanziellen Folgen von noch mehr Sozialpolitik und Entwicklungshilfe. Seine Metamorphose zur Gestalt eines Finanzministers, »wie sie sein muß: unerbittlich sparsam und kassandrisch die Grenzen des Möglichen beschwörend«,[44] war nicht nach dem Geschmack aller Genossen. Er konnte sich damit trösten, dass er dennoch nach Schmidt bei den Vorstandswahlen die meisten Stimmen erhielt. Viel Zustimmung kam dagegen von der bürgerlichen Presse, die ihn, wie die Financial Times, wegen seines Geschickes und seiner Konsequenz lobte. Dort verglich ihn Jonathan Carr mit dem berühmten Entfesselungskünstler Harry Houdini, weil er sich immer wieder aufs Neue aus seinen Verstrickungen herauswand und sich als Typus des politischen Problemlösers (political ›fixer‹) profilierte, wie er ansonsten nur in Italien vorkam.[45] Gerade dies war aber das Problem: Je häufiger Matthöfer von der falschen Seite gelobt wurde, desto mehr wurde

---

44 Artikel »Schatzkanzler« in Capital 5/80.
45 Jonathan Carr, Escape from a budget tangle, Financial Times vom 9. Juli 1980. Matthöfer wird dort als ›man of the week‹ gefeiert.

ihm Verrat an seinen ursprünglich linken Überzeugungen vorgeworfen. Weder die mit den Gewerkschaften eng verflochtene Gruppierung der ›Sozialhysteriker‹ (Schmidt) um Herbert Ehrenberg, noch die in der internationalistischen und ökologischen Gefühlswelt verwurzelte Zunft der Entwicklungspolitiker um Erhard Eppler brachten Verständnis für die scheinbare Wende des früheren linken Flügelmanns auf. Selbst die lockeren Sprüche, die der Finanzminister gern im Munde führte, wurden jetzt genüsslich gegen ihn gewendet und als Beleg seines Gesinnungswandels gedeutet: »Früher hielt ich den Sozialismus für die beste Gesellschaftsform, heute weiß ich, es ist die GmbH & Co. KG.« In der öffentlichen Wirkung schadete das neue Image aber weder ihm selbst noch seiner Partei. Bei den Bundestagswahlen am 5. Oktober 1980 setzte sich die sozial-liberale Regierungskoalition erneut durch. Der Stimmenanteil der SPD stieg minimal von 42,6 (1976) auf 42,9 Prozent, dem immerhin zweitbesten Stimmenanteil bei allen Bundestagswahlen. Die FDP, die ihren Wahlkampf unter anderem mit dem Slogan ›Wer Schmidt will, muß FDP wählen‹ führte, erhöhte ihren Anteil von 7,9 auf 10,6 Prozent. Sie konnte sich als der eigentliche Sieger der Wahlen fühlen. In Matthöfers Wahlkreis erhielt die SPD 45,5 Prozent der Stimmen und verbesserte sich damit um 0,8 Prozentpunkte gegenüber 1976. Er selbst steigerte seinen Anteil an den Erststimmen auf 48,4 Prozent. Das waren 1,5 Prozentpunkte mehr als 1976 und lag 2,9 Prozentpunkte über den SPD-Zweitstimmen im Wahlkreis 142. Er hielt damit eindeutig seinen CDU-Gegenkandidaten Helmut Link auf Distanz, der, ebenfalls der IG Metall angehörig, bei 40,4 Prozent der Stimmen blieb.

Die Tornado-Affäre: Mit solchen Freunden, …

Schon in der ersten Fraktionssitzung nach den Wahlen zog Matthöfer die Lehren aus der Wahlkampfauseinandersetzung und machte nach dem Kanzler auch den Genossen klar, dass er nicht einfach zur finanzpolitischen Tagesordnung zurückkehren wollte.[46] Das »massive Hochziehen des Themas Staatsverschuldung« hatte der Union auch nach seiner Auffassung nicht entscheidend genutzt. Vielleicht waren das »hemmungslose Überziehen« und das »offenkundig absurde Gerede von der Währungsreform« sogar kontraproduktiv gewesen. Dennoch hatte die öffentliche Debatte über Staatsbankrott und Geldentwertung nach dem Urteil des BMF »bei den Wählern erstmals bewusstseinsverändernde Wirkungen gezeigt, die wir sehr ernst nehmen müssen«. Nun befürchtete er, dass daraus allzu leicht eine Stimmung entstehen könnte, »die es der Bundesregierung unmöglich macht, Kredite aufzunehmen, soweit die volkswirtschaftliche Lage dies erfordert«. Es galt daher, die kommenden Jahre zu nutzen, um durch Aufklärung über »finanzpolitische Zwangsläufigkeiten« unbegründete Ängste abzubauen. Er wusste aber, dass dies

---

46 Bundesfinanzminister Hans Matthöfer anlässlich der SPD-Fraktionssitzung am 8. Oktober 1980 in Bonn [Redemanuskript], AdsD, DM 033.

nur glaubwürdig sein könne, »wenn wir den Umfang der Kreditaufnahme auf das unabweisbar Notwendige beschränken und die absolute Solidität weiterhin zum Maßstab unserer Politik machen«. Wie es seine Art war, versuchte er, den SPD-Abgeordneten die finanzpolitische Problematik am Modell rational zu erklären. Allein um die Verschuldungsquote von inzwischen 30,4 Prozent des Bruttosozialprodukts zu halten, mussten ambitionierte Zielwerte der mittelfristigen Finanzplanung erreicht werden: ein Wachstum des Sozialprodukts um 7 Prozent (!) und die Rückführung der jährlichen Nettoneuverschuldung von gegenwärtig über 3 Prozent auf 2 Prozent des Bruttosozialprodukts, wie sie die Bundesbank, der Sachverständigenrat und auch das BMF als Obergrenze einer konjunkturneutralen Kreditfinanzierungsquote verlangten. Beide Bedingungen waren aber nur schwer zu erfüllen. Wenn das Wirtschaftswachstum nicht um 7, sondern lediglich (!) um 5 Prozent anstieg, würde allein dies eine Verdreifachung der Schulden innerhalb von 20 Jahren und einen entsprechenden Anstieg der Zinslast bedeuten. Kein unrealistisches Szenario, denn schon in der Vergangenheit waren die Wachstumsmöglichkeiten der Wirtschaft systematisch überschätzt worden, weil sich die Prognosen an den Ausnahmeerfahrungen der ›Wirtschaftswunderzeit‹ orientierten. Aber auch die Rückführung der jährlichen Rate der Neuverschuldung war nur unter äußerst restriktiven Bedingungen vorstellbar. Bei gleicher Steuerquote durften nämlich die Ausgaben der öffentlichen Hände insgesamt nur deutlich langsamer steigen als das Wirtschaftswachstum. Diese bestanden aber zu einem Drittel aus Personalausgaben, die nach aller Erfahrung überproportional anstiegen, und auch ein großer Teil der gesetzlich festgelegten Ausgaben, wie die meisten Sozialleistungen, folgten dieser Eigengesetzlichkeit. Das bedeutete, dass die verfügbaren Anteile der öffentlichen Haushalte auf jeden Fall real, wahrscheinlich aber auch nominal sinken mussten, »damit wir uns überhaupt dem Ziel annähern können, die Neuverschuldungsrate wieder auf 2 Prozent zu drücken«.

Die in Siegeslaune versammelte Fraktion war nicht in der Stimmung, sich volkswirtschaftliche Lektionen anzuhören. Vielleicht hatte der eine oder andere Abgeordnete sogar geglaubt, Matthöfer werde nach der Wahl die Rolle des ›Soliditätsministers‹ augenzwinkernd wieder ablegen, um erneut die Spendierhosen anzuziehen, zumal sich der konjunkturelle Himmel über Deutschland wieder verdüsterte. Umso größer war der Schock, als die sozialdemokratischen Mandatsträger erfuhren, dass der Finanzminister die für den Haushalt 1981 vorgesehene globale Minderausgabe und die vorsorglich angeordneten Bewirtschaftungssperren ernst nahm und sie noch verschärfen wollte. Auch dort, wo – »politisch durchaus nicht ohne Grund« – Erwartungen geweckt wurden, wollte Matthöfer die »finanzpolitischen Notwendigkeiten« berücksichtigt sehen: »Umwelt-, Wohnungsbau-, Familien-, Energie- und Wirtschaftspolitik, auch die Sozialpolitik müssen künftig von vornherein unter Einbeziehung der finanzpolitischen Möglichkeiten durchdacht und geplant werden.« Auch ihm ging es gewiss nicht darum, »all das, was mit großen Mühen und unter größtem sozialpolitischem Einsatz seit dem Krieg in unserem Land geschaffen worden ist, in Frage zu stellen«. Er bestand aber auf der Beachtung

„Sie sind zwar auf dem richtigen Weg, Herr Matthöfer, aber zum Biwakieren ist es noch etwas früh!"

Die vieldiskutierte Steuerreform kam angesichts wachsender Ausgaben gegen die Arbeitslosigkeit nur langsam voran (Welt der Arbeit, September 1978).

des wirtschafts- und finanzpolitische Primats, »bevor man daran geht, dieses ja schon hochentwickelte System weiter auszubauen«. Einmal in Schwung gekommen, warnte er die Abgeordneten auch davor, die Erwartung eines unbegrenzten Wachstumsoptimismus für immer fortzuschreiben. Selbst seinem Lieblingsthema, der vorausschauenden Strukturpolitik, fügte er neue Variationen hinzu, die unter den Genossen deutlich weniger Beifall fanden als die früheren. Er wollte sie nun stärker auf den privaten Sektor beziehen, »in dem die unternehmerischen Kräfte geweckt und gestärkt werden müssen«. Vor allem aber warb er für die Einsicht, dass die höheren Preise für importierte Energie »zusätzlich mit einem Verzicht auf Konsum bezahlt« werden müssten. Die Fraktion reagierte schockiert.

Von nun an sollte keine Fraktionssitzung vergehen, in der Matthöfer nicht im Brennpunkt kritischer Debatten stand. Immer wieder musste er erklären, warum auf einmal nicht mehr gelten sollte, was bisher unangefochten zum Kernbestand sozialdemokratischer Überzeugungen auf dem Gebiet der Wirtschafts- und Finanzpolitik gehört hatte. Zählte *deficit spending* bis dahin zum selbstverständlichen Repertoire moderner Konjunkturpolitik und wurde Sparen in die Nähe der unheilvollen Brüningschen Deflationspolitik gerückt, so hieß es nun umzudenken. Währungsproblemen und der Sicherung des finanzpolitischen Handlungsspielraums galt nun die Hauptsorge des Finanzministers. Tatsächlich diente die Nettokreditaufnahme fast nur noch einem Selbstzweck. Von 53 Mrd. DM, die der Finanzminister 1980 am Kapitalmarkt aufnahm, musste er 28 Mrd. DM für Tilgung ausgeben, 14 Mrd. DM für Zinsen und nur 11 Mrd. DM blieben ihm an zusätzlichen, frei verfügbaren Mitteln.[47] Dieser Teufelskreis musste gestoppt werden, auch wenn die Arbeitslosigkeit wieder anstieg. Anders als nach der ersten Ölpreiskrise musste er nun auch das Leistungsbilanzdefizit ins Kalkül ziehen, das ganz andere Rahmenbedingungen für die Geld- und der Arbeitsmarktpolitik schuf. Die Bundesbank war dazu verurteilt, Hochzinspolitik zu treiben, wollte sie nicht den DM-Kurs abstürzen lassen und die Importpreise steil in die Höhe treiben. Die Folge wären Inflation, höhere Lohnforderungen, Streiks und »die ganze britische Kette«. Die wesentliche Ursache für das Leistungsbilanzdefizit lag in der Tatsache, dass die Bundesrepublik »in einem Jahr über 20 Mrd. DM mehr ausgeben mußte für weniger Öl«. Während aber die SPD-Fraktion ihre Wählerklientel vor steigenden Öl- und Gaspreise durch Subventionen und sozialpolitischen Protektionismus schützen wollte, drängte Matthöfer auf eine rasche Umstrukturierung der Energiequellen und die nachhaltige Drosselung des Ölverbrauchs. Beides wollte er durch Steuererhöhungen auf importierte Energien noch zusätzlich anreizen. Natürlich hätte dies auch die Besitzer privater Swimmingpools getroffen, im Wesentlichen aber – wenig sozialverträglich – Mieter, Pendler, Landwirte und Autofahrer. Darauf glaubte er aber keine Rücksicht nehmen zu dürfen, sah er doch in einer kräftigen Steuererhöhung »nichts anderes als eine Waffe im Verteilungskampf zwischen dem Bundesfinanzminister und der OPEC«. Der Streit um die Erhöhung der Mineralölsteuer war indes nur einer von vielen Schauplätzen heftiger Kämpfe mit der Fraktion. Die Forderungsliste war entschieden länger: »3 % reale Verteidigung, 0,7 für '85, 1 Pfennig für die Gemeinden.«[48] Dies wiederum schockierte den Finanzminister, sodass er die Fraktionskollegen beschwor: »Dies ist die erste (ordentliche) Fraktionssitzung der Legislaturperiode, was wird dann in der nächsten und übernächsten? Was wird denn da an guten Dingen da sein, die finanziert werden müssen? Genossen, das Geld ist nicht da. Wir haben's nicht.« Am Ende heftiger Debatten stand dann regelmäßig Matthöfers *ceterum censeo*.[49] »Es geht überhaupt kein Weg daran vorbei, daß wir eine Operation vornehmen müssen, bei der die konsumtive Beanspruchung des BSP durch öffentliche oder Sozialversicherungsausgaben ein Stück zurückgenommen werden muß. Dies ist eine ökono-

---

47 Abschrift des Tonbandprotokolls der Fraktionssitzung der SPD am Montag, den 3. November 1980, AdsD, DM 033.
48 Ebenda. Das Ziel, die Verteidigungsausgaben um real 3 Prozent zu erhöhen, ging auf eine Verpflichtung gegenüber der NATO zurück. Die Absicht, die Entwicklungshilfeausgaben bis 1985 auf den Stand von 0,7 Prozent des Bruttosozialprodukts zu bringen, entsprach einer Norm der UNO, die freilich weltweit nirgendwo eingehalten wurde. 1 Pfennig (von 7) sollte den Gemeinden zweckgebunden aus der Mineralölsteuererhöhung zufallen, um den öffentlichen Nahverkehr auszubauen.
49 VA, Fraktion am 31/3/[1981], AdsD, DM 033.

misch notwendige, eine von der Bundesbank und der Geldpolitik her erzwungene und eine finanzpolitisch unabweisbare Forderung.« Es half nichts. Mit der Verschlechterung der Wirtschaftslage mehrten sich die Spannungen mit der Bundestagsfraktion, die immer häufiger nach einem Konjunkturprogramm rief. Die Abschreibungsbedingungen der Wirtschaft sollten verbessert werden, eine Investitionszulage wurde gefordert und Umschulungs- und Qualifizierungsmaßnahmen für Arbeitslose dazu. Alles in allem summierten sich diese Wünsche auf mehrere Milliarden. Matthöfer ließ sie von sich abprallen »wie eine Betonwand«.[50] In der 1. Lesung des Haushaltes 1981 lehnte der Finanzminister dann alle zusätzlichen Ausgabenprogramme »im jetzigen Zeitpunkt« ab.[51] Dem Plenum des Bundestages empfahl er, Abschied zu nehmen von der Vorstellung, »als ob es immer unvermindertes, auf materiellen Verbrauch zielendes Wachstum« geben könnte und es bei 1,12 Millionen Arbeitslosen »auf einem hohen Wohlstandssockel« selbstverständlich wäre, »Vollbeschäftigung wieder zu erreichen und zu sichern, unabhängig davon, was sonst in der Welt passiert«. Und unter dem Beifall der CDU/CSU-Opposition fügte er von einem SPD-Minister bisher Unerhörtes hinzu. Die gesamtwirtschaftliche Lage gebiete es, die Grenzen *staatlicher* Einwirkungsmöglichkeiten richtig einzuschätzen: »Entscheidend sind nicht staatliche Ausgaben, sondern unternehmerische Entscheidungen, Initiativen, Investitionen und Innovationen.« Die FDP-Fraktion schwieg verblüfft, die SPD-Fraktion betroffen. Die konjunkturpolitische Wende der Regierung Schmidt war damit auch offiziell vollzogen. Lediglich konjunkturbedingte Steuermindereinnahmen wollte der Finanzminister hinnehmen. Allein sie reichten freilich aus, um die geplante Neuverschuldung von 27 Mrd. DM bis April 1981 bereits auf 33 Mrd. DM ansteigen zu lassen.

Als ein Störfaktor besonderer Art für die neue Haushaltspolitik erwies sich von Anfang an der Verteidigungshaushalt. Auf dem NATO-Gipfel in Washington hatten Schmidt und Apel im Mai 1978 die Verpflichtung unterschrieben, das westdeutsche Wehrbudget real um 3 Prozent zu erhöhen. Wie der Anstieg zu berechnen war, blieb – wie immer bei politischen Vereinbarungen unter souveränen Staaten – in weiten Grenzen offen und ließ nach innen und außen viel Raum für kreative Buchhaltung und taktische Verhandlungsspielräume. Schmidt war zweifellos daran interessiert, in der NATO als zuverlässiger und potenter Partner zu gelten, um seinen Einfluss als strategischer Kopf im Spitzenfeld der internationalen Politik auch materiell abzusichern. Für Apel bot die Bindung an die NATO eine wichtige Geschäftsgrundlage, um im härter werdenden Verteilungskampf der Ressorts nicht den Kürzeren zu ziehen. Dagegen hatte Matthöfer Schwierigkeiten, ausgerechnet die Verteidigungsausgaben zu verschonen, wenn er andererseits dem Wachstum der Sozialausgaben oder der Entwicklungshilfe Grenzen setzen musste. Hinzu kam der Verdacht, Apel habe sein Ministerium nicht im Griff und sei unfähig, die in

50 Apel, Abstieg, S. 149.
51 Dt. Btg., 9/15 vom 23. Januar 1981, S. 501–512.

der Bundeswehr endemische und weit verbreitete Verschwendung von Steuermitteln zu verhindern. Druck von außen hätte da helfen können, Remedur zu schaffen. Für eine sachdienliche Zusammenarbeit der wichtigsten Minister der Regierung Schmidt fehlte jedoch jede Voraussetzung. Ganz im Gegenteil, hatte doch der Streit zwischen den beiden Rivalen um die Gunst des Kanzlers tiefere Ursachen. In der SPD repräsentierten sie unterschiedliche politische Flügel und waren deshalb schon oft im innerparteilichen Konflikt zusammengestoßen. Öffentlich wurde der Dissens 1973 auf dem Parteitag von Hannover, als sich Apel nicht an den auch von Matthöfer ausgehandelten Personalkompromiss hielt und gegen alle Absprachen die Wahl des schleswig-holsteinischen Linksaußen Jochen Steffen in das Parteipräsidium verhinderte. Seitdem sann Matthöfer auf Revanche.[52] Der Konflikt setzte sich fort, als beide im Kabinett Schmidt saßen und der Finanzminister regelmäßig die aufwändigen Projekte des Forschungsministers besonders kritisch betrachtete. Nach der Regierungsumbildung im Februar 1978 saß Matthöfer am längeren Hebel. Er weigerte sich konsequent, die mit der NATO getroffene Vereinbarung zum Nennwert zu honorieren und lehnte ein reales Wachstum der Verteidigungsausgaben um drei Prozent kühl ab. Apel, dem es als ehemaligem Finanzminister sichtlich schwer fiel, in die Rolle des Bittstellers zu wechseln, lenkte schließlich ein und gab sich mit einem Zuwachs zufrieden, der sich lediglich nominal um die Dreiprozentmarke bewegte. Politische Beobachter interpretierten diese Auseinandersetzung auch als Machtkampf zwischen den »rivalisierenden Kronprinzen des Kanzlers«.[53]

Das Feilschen um einen angemessenen Zuwachs des Verteidigungshaushaltes war aber nur ein harmloses Vorspiel für die dramatischen Belastungen, die von der Tornado-Affäre ausgingen. Die Geschichte der Beschaffung des Mehrzweck-Kampfflugzeugs ›Tornado‹ geht bis in die Zeit der Großen Koalition zurück, als einige europäische NATO-Staaten und Kanada ein europäisches Nachfolgemodell für den skandalumwitterten amerikanischen Jagdbomber ›Starfighter‹ projektierten. Die ursprüngliche deutsche Bestellung von 700 Flugzeugen reduzierte Georg Leber 1972 auf 312 Waffensysteme, weil sich der Preis eines Fluggeräts inzwischen um mehrere hundert Prozent auf rund 60 Millionen DM erhöht hatte. Darin spiegelte sich auch die Rolle, die dem Tornado als ›militärischem Standbein‹ des Airbus zukam. Wie in den USA sollte auch in Europa die Entwicklung einer zivilen Luftfahrtindustrie durch militärische Aufträge ›quersubventioniert‹ werden. Zunächst blieb das Produktionsvolumen aber weit hinter der Planung zurück, sodass entsprechende Haushaltsansätze für die zahlreichen anderen Rüstungsprojekte der Bundeswehr (vom Leopard 2 bis zum fliegenden Frühwarnsystem Awacs) verwendet wurden. Als dann die Hersteller 1979 das Fertigungstempo unerwartet steigerten, wurde das Verteidigungsministerium völlig überrascht. Noch im April 1980 gab die Bundeswehr aus dem Nachtragshaushalt bewilligte Mittel ausschließlich

---

52 Stiller Triumph, DER SPIEGEL, Nr. 27 (1978), S. 23.
53 Ebenda.

„Matthöfer, sei so nett – schlag doch mal eben die Scheibe ein!"

Das Haushaltschaos des Verteidigungsministers Apel machte dem Finanzminister
immer wieder einen Strich durch die Rechnung.

für Treibstoff, Munition und Personalkosten aus. Erst im August 1980 gewann die Hardthöhe Klarheit über die Verbindlichkeiten für 1980 und 1981. Wenige Tage vor der Bundestagswahl wurde bekannt, dass 1,3 Mrd. DM zur Finanzierung des Tornado fehlten.

Die »schreckliche Wahrheit« (Apel) platzte mitten in Matthöfers Aufbruch in die finanzpolitische *Austerity*. Er war deshalb lediglich bereit, 600 Millionen DM als Nothilfe zur Verfügung zu stellen. Weitere Forderungen lehnte er kategorisch ab. ›Sachzwänge‹ wollte er nicht anerkennen. Er war fest davon überzeugt, dass kein Angestellter einer NATO-Agentur, kein Beamter oder Soldat die Freiheit hatte, Verträge abzuschließen, die Ausgaben verursachten, die über die Ansätze des vom Bundestag beschlossenen Haushaltsgesetzes hinausgingen. Vor allem aber hatte nach seiner Überzeugung kein Vorstand eines Industrieunternehmens, das fast ausschließlich von Aufträgen des Bundes lebte, das Recht, auf die Einhaltung von Verträgen zu bestehen, die keine gesetzliche Grundlage hatten. Für ihn war dies letztlich eine Machtfrage, wobei der Souverän am längeren Hebel saß und den Unternehmer notfalls in die Schranken weisen musste:[54] »Wer sitzt in dem Aufsichtsrat, der über seinen Anstellungsvertrag entscheidet? Diesen Herren muß klar-

54 ›Diensttagebuch‹, August 1980, AdsD, DM 0404.

gemacht werden, dass sie mit schweren wirtschaftlichen Sanktionen des Bundes rechnen müssen und auch das eigene Mandat riskieren, wenn sie das betreffende Vorstandsmitglied trotz seiner mangelnden Bundestreue vor oder nach Ablauf seines Vertrages weiterbeschäftigen.« Während Matthöfer so argumentierte, konnte er an Apels Gesicht ablesen, dass ihm eine solche Einstellung zu industriellen Entscheidungs- oder Produktionsprozessen völlig fremd war. Sein Urteil über den Verteidigungsminister fiel entsprechend kritisch aus: »Für ihn, der in seinem Leben nur Erfahrungen in vom wirklichen Leben weit entfernten Bürokratien hatte sammeln können, waren solche Prozesse offenbar nicht von Menschen geplant und gesteuert, sondern eher etwas wie Naturereignisse, die unbeeinflussbar abliefen und deren Erzeugnisse man annehmen und bezahlen musste, ganz abgesehen davon, daß eine solche Einstellung des Ministers seinen Militärs, die er beeindrucken wollte, selbstverständlich gut in den Kram paßte.« Später fügte er noch voller Verachtung hinzu:[55] »So tat er das, was er tun konnte. Er konzentrierte seine ganze Intelligenz und Arbeitskraft auf innerparteiliche Intrigen oder auf Konspirationen mit dem Koalitionspartner gegen den Finanzminister und erpreßte die Fraktion und den BK mit Rücktrittsdrohungen, von denen er selbstverständlich wußte, daß sie in der SPD mit ihren Komplexen auf diesem Gebiet bei einem Verteidigungsminister besonders wirksam waren.«

Zu dieser Einschätzung passte, dass Apel in Genscher und vor allem in Wehner seine stärksten Bündnisgenossen fand. Der Fraktionsvorsitzende nahm an der entscheidenden Kabinettssitzung am 16. Dezember 1980 teil und warf sich für Apel in die Bresche, nachdem dieser zunächst keinen Durchbruch erzielen konnte. In einem seiner gefürchteten spontanen, in Wirklichkeit aber kühl kalkulierten Wutausbrüche unterstellte er den versammelten Ministern und dem Bundeskanzler, dass sie »augenscheinlich nicht begriffen, um was es ginge«, schließlich müsste die Rechnung auch dann bezahlt werden, wenn Apel zurückträte.[56] Und an Matthöfer gewandt fügte er hinzu:[57] »Ein Finanzminister, der nicht in der Lage ist, eine Milliarde zusätzlich für die Bundeswehr zu beschaffen, zeigt, daß er den Anforderungen seines Amtes nicht gewachsen ist.« Matthöfer blieb nur, Wehner auf die Verfassungslage hinzuweisen, »nach der der BK und nicht ein Fraktionschef bestimmt, wer als Finanzminister geeignet ist«. In der Sache selbst musste er dennoch klein beigeben. In einer Sitzungsunterbrechung kam es zu einem Vieraugengespräch mit dem Bundeskanzler, in dem er Schmidt, der nicht glaubte, einen Rücktritt des Verteidigungsministers verantworten zu können, aus der Klemme half, »in die ihn die Apel'sche Rücktritts-Erpressung gebracht hatte«. Apel erhielt weitere 700 Millionen DM. Dies war nicht genug, um den Verteidigungsminister völlig zufrieden zu stellen, aber doch weit mehr, als dies mit dem neuen Kurs des Finanzministers vereinbar war. Anders als Wehner scheute sich Matthöfer nicht, allzu heftigen

---

55 Ebenda. Dieser Zusatz stammt aus der Zeit nach seiner Zugehörigkeit zur Regierung des Bundeskanzlers (BK) Schmidt.
56 So zitiert bei Apel, Abstieg, S. 144.
57 ›Diensttagebuch‹, 16.12.1980, AdsD, DM 0404.

Druck Seitens der NATO ebenso entschieden zurückzuweisen und selbst zum Angriff überzugehen. Als ausgewiesener Freund des amerikanischen *life style* und ebenso bewährter Stalinismus-Kritiker konnte *er* sich ein offenes Wort erlauben. In einer Fernsehdiskussion über das Ziel, die Verteidigungsausgaben real um drei Prozent zu steigern, stellte er deshalb an die Adresse der USA die rhetorische Frage, ob Länder, die viermal größer als die Bundesrepublik seien, auch in zwölf Tagen vier Millionen Mann aufbieten könnten, ausgebildet, in Kenntnis ihres Kampfauftrages und motiviert, ihre Heimat zu verteidigen.[58] Es machte ihm auch nichts aus, indirekt auf die Insidern wohlbekannten Probleme der amerikanischen Berufssoldaten in Deutschland anzuspielen, indem er die Qualität der Bundeswehr über den grünen Klee lobte:[59] »Und wenn ich mir mal die Bundeswehr ansehe, die einen Querschnitt der Bevölkerung darstellt, mit einem durchschnittlichen Intelligenzquotienten. Sie können auch alle lesen und schreiben, wir haben kein Drogenproblem, wir haben eine gut ausgebildete Truppe mit modernen Waffen.« All dies müsse man sehen, bevor man »mechanistische Maßstäbe« wie der 3-Prozent-Quote unkritisch akzeptiere. Apel war jedenfalls nicht bereit und wohl auch nicht fähig, in einer schwierigen Lage der deutschen Finanzen die Ansprüche der NATO und der eigenen Militärs politisch den Möglichkeiten anzupassen.

Das Ergebnis war vorhersehbar. Schon im Mai 1981 musste sich der Finanzminister erneut mit den Folgen der Tornado-Affäre befassen, nachdem sich der Verteidigungsausschuss des Deutschen Bundestages bereits im Februar als Untersuchungsausschuss zur Aufklärung der Finanzierungsprobleme dieses Waffensystems konstituiert hatte. Diesmal schlugen die Wellen im geschäftsführenden Fraktionsvorstand der SPD hoch. Wieder hatte Wehner die Initiative ergriffen und alle von Haushaltssorgen geplagten Minister eingeladen. Die Bundeswehr brauchte erneut 1,175 Mrd. DM, die nur durch zusätzliche Kredite aufzubringen waren. Der Finanzminister lehnte daher ab und verwies Apel auf den Dienstweg.[60] Gleichwohl beschloss die Fraktionsspitze, den Verteidigungshaushalt zu erhöhen. Matthöfer fragte daraufhin Wehner, »ob er und der Fraktionsvorstand beabsichtigten auf diese Weise die Gemeinsame Geschäftsordnung der Bundesregierung außer Kraft zu setzen, nach der der BMVg zuerst mit dem BMF zu reden habe und der Haushaltsentwurf im Kabinett beschlossen werde«. Wehner brüllte im Stakkato zurück: »Ich – habe – ja – nur – helfen – wollen.« Matthöfers bittere Replik: »Fragt sich nur, wem? Mir jedenfalls nicht«, führte »in einem aufgeregten, allgemeinen Durcheinander« zur Auflösung der Sitzung. Im Grunde hatte Wehner aber Recht. Auch wenn der Umgang des Verteidigungsministers mit der Tornado-Beschaffung eine Schlamperei war oder zumindest zeigte, dass Apel sein Haus nicht im Griff hatte,

---

58 Süddeutsche Zeitung vom 13. November 1980.

59 ›Diensttagebuch‹, 13.11.1980, AdsD, DM 0404. Graf Lambsdorff, der – von Matthöfer konsequent mit ›Herr Graf Lambsdorff‹ angeredet – gleichfalls an der Fernsehdiskussion teilgenommen hatte, bemerkte nach Ende der Sendung sarkastisch: »Sie haben vergessen zu sagen: Und sie sind alle weiß!«

60 Apel, Abstieg, S. 152; ›Diensttagebuch‹, 3.5.1981, AdsD, DM 0404.

kam die Regierung an der Lösung des Finanzierungsproblems doch nicht vorbei. Noch einmal versuchten Schmidt und Matthöfer, Apel in die Verantwortung zu nehmen. Vor der entscheidenden Kabinettssitzung boten sie ihm 420 Millionen DM an. Den Rest sollte er durch Nachverhandlungen und Umschichtungen im Verteidigungshaushalt einsparen. Um Matthöfer diesen Kompromiss zu erleichtern, hatte ihm der Bundeskanzler – »ganz offensichtlich innerlich sehr bewegt« – eindringlich seine allgemeinpolitischen und innerparteilichen Schwierigkeiten geschildert und ihn – »ohne dies allerdings offen auszusprechen« – aufgefordert, im Interesse der Partei und »in seinem persönlichen Interesse als Bundeskanzler« nachzugeben.[61] Matthöfer wollte diese Bitte des Kanzlers »angesichts unserer engen persönlichen Bindungen und der festen Allianz, die wir in allen sonstigen Fragen hatten«, nicht ablehnen und kündigte ihm »mehr oder weniger zähneknirschend« sein Einlenken an. Aus Matthöfers Sicht kam es aber noch schlimmer. Apel glaubte, mit einem Teilbetrag nicht auszukommen, und lehnte den Vorschlag ab. Er zog es vor, mit seiner Forderung in die Kabinettssitzung zu gehen. Er spekulierte damit auf die Unterstützung durch den Außenminister, der jedes Interesse daran hatte, die deutschen NATO-Verpflichtungen bis auf den letzten Heller zu erfüllen. Apel wusste, dass er damit die FDP in eine Schiedsrichterrolle über den Konflikt unter SPD-Ministern brachte und er seiner Partei und der Autorität des Kanzlers im Kabinett schaden werde. Seinen eigenen Abstieg von der Karriereleiter klar vor Augen, kannte er gleichwohl keine Skrupel, wie er seinem politischen Tagebuch offen anvertraute:[62] »Ich weiß, daß mein Verhalten nicht besonders fein und anständig ist. Aber ich bin fast am Ende. Und meine miese Methode hat Erfolg – 830 Millionen mehr.« Ähnlich trickreich ging Apel vor, um seinen Anteil am Bundeshaushalt 1982 um eine Milliarde DM über das geplante Maß hinaus anzuheben. Er hatte mit Herbert Ehrenberg, seinem engsten Verbündeten auf dem rechten SPD-Flügel, abgesprochen, dass ihm 320 Millionen DM für Zahlungen in die Rentenversicherung der Soldaten erlassen würden, damit er dieses Geld für Baumaßnahmen im Bereich der Bundeswehr konjunkturbelebend einsetzen konnte. In den Augen des Finanzministers war dies einfach nur ein »Buchhaltungstrick« und daher »reine Augenwischerei«. In Wirklichkeit wollte der Verteidigungsminister mit den frei werdenden Mitteln zusätzlich Waffen im Ausland beschaffen und damit das Hauptproblem der deutschen Außenwirtschaftspolitik, das Leistungsbilanzdefizit, noch vergrößern. Nicht zuletzt mit Hilfe Herbert Wehners konnte sich Apel gleichwohl durchsetzen. Dass ausgerechnet der Arbeitsminister dabei mitwirkte, auf Kosten der Altersversorgung der Soldaten den Verteidigungshaushalt zu erhöhen, ließ Matthöfer in einem späteren Kommentar über diesen Coup besonders kritisch urteilen:[63] »Da diese Maßnahme – wie vorherzusehen – seitdem jedes Jahr fortwirkt, hatten die beiden die Sozialversicherung dauerhaft um Milliarden geplündert, in dem vergeblichen Versuch, Apel bei seinen Militärs einen vorüberge-

61 ›Diensttagebuch‹, 7.5.1981, AdsD, DM 0404.
62 Apel, Abstieg, S. 153, 157.
63 ›Diensttagebuch‹, 28.7.1981, AdsD, DM 0404.

henden Augenblick lang etwas beliebter zu machen.« Besonders ärgerlich war aus seiner Sicht auch, dass die Streichung der Sozialversicherungsbeiträge nicht einmal etwas dazu beitrug, das mit den Amerikanern vereinbarte 3-Prozent-Ziel zu erreichen, jenes »uns von Georg Leber in der NATO eingebrockte blödsinnige und geistlose, weil mechanistische Drei-Prozent-Ziel realen Wachstums des Verteidigungshaushaltes«. Apel, der die wirtschaftlichen Folgen seines Handelns gut abschätzen konnte, ließ sich davon nicht mehr beeindrucken. Offenbar verfolgte der einstige *shooting star* der Schmidt-Mannschaft keine eigenen politischen Ziele mehr, außer sich mit List und Tücke über Wasser zu halten.

Ein zweifelhafter Erfolg, denn die Finanzen der Bundeswehr glichen nach wie vor einem Fass ohne Boden, die Koalition litt unter dem politischen Spiel über die Koalitions-Banden, und der neue finanzpolitische Kurs der Bundesregierung verlor an Glaubwürdigkeit. Apel stand dem Verhalten seiner Kommandeure machtlos gegenüber, die sich – oft im Zusammenspiel mit der Opposition – weigerten, den Sparanweisungen ihres Inspekteurs oder Ministers Folge zu leisten. Einige Regimentskommandeure veranstalteten sogar Panzerwettrennen, um die Haushaltsansätze für den Treibstoffverbrauch nach altem kameralistischen Brauch zum Ende des Haushaltsjahres auszuschöpfen. Wütende Proteste des Finanzministers blieben wirkungslos.[64] Ganz vergeblich blieb sein beharrlicher Widerstand jedoch nicht. Um eine Wiederholung des finanziellen Desasters künftig auszuschließen, holte sich Apel auf Druck des Bundeskanzlers mit Manfred Emcke einen gewieften Manager aus der Privatwirtschaft auf die Hardthöhe, der, wie einst Ernst Wolf Mommsen bei Schmidt, die Entscheidungsabläufe im Ministerium verbessern und ein ›Frühwarnsystem‹ gegen Überraschungen à la Tornado einrichten sollte. Dies zahlte sich aus, denn schon im Juni 1981 drohte eine weitere Finanzierungsaffäre im Rüstungsgeschäft. Diesmal waren es sechs Fregatten, deren Fertigstellung ohne weitere Bundeszuschüsse gefährdet schien. Endlich versuchte Apel auch, sich der spezifischen Führungsmittel seines Hauses zu bedienen. Er befahl nicht nur den ökonomischen Umgang mit Ressourcen, sondern veranlasste darüber hinaus die Inspekteure der Teilstreitkräfte, auf die Durchsetzung der Befehle zu achten – was im militärischen Kodex von Befehl und Gehorsam ebenso wichtig ist wie der Befehl selbst. Im Kabinett war er jedoch nach wie vor nicht zu Kompromissen bereit:[65] »Wem das nicht paßt, der kann mich ja wegschicken.« Längst ging es auch nicht mehr allein um die Finanzen. In der Auseinandersetzung um den NATO-Doppelbeschluss über die Stationierung von Mittelstreckenraketen in Europa war eine zweite Front entstanden, in der Apel innerparteilich in die Defensive geriet. Dort stand er an der Seite des Kanzlers. Auch deshalb fand Schmidt nicht mehr die Kraft, eine offenkundige Fehlbesetzung des Verteidigungsministeriums zu korrigieren. So sorgte der Wehrhaushalt bis zuletzt für Sand im Getriebe der neuen ›Finanzpolitik der Solidität‹. Aber auch der Volkswirt Apel wehrte sich immer

64 ›Diensttagebuch‹, 25.1.1981, AdsD, DM 0404.
65 Apel, Abstieg, S. 162.

kompromissloser gegen eine Abkehr von der keynesianischen Philosophie in der Konjunkturpolitik. Nicht einmal sein früherer akademische Lehrer Karl Schiller, von Schmidt aus didaktischen Gründen in das ›Große Kleeblatt‹ zurückgeholt, konnte ihn vom Gegenteil überzeugen. Zusammen mit Arbeitsminister Ehrenberg kritisierte Apel die Matthöfersche Finanzpolitik als prozyklisch, weil sie im Aufschwung der Jahre 1978 und 1979 die Nettokreditaufnahme nicht stärker drosselte und nun, da sich wieder eine Zunahme der Arbeitslosigkeit abzeichnete, auf zusätzliche Arbeitsbeschaffungsprogramme verzichten wollte. Im ›Rat der Volkswirte‹ im Kanzler-Bungalow sprachen sich mit Matthöfer, Pöhl und Schmidt zwar die für die Konjunkturpolitik Verantwortlichen für den neuen Kurs aus, doch wurden ihre Ideen und Handlungsvorschläge regelmäßig von den Anhängern der alten Lehre »zerpflückt und schließlich verworfen« – et vice versa.[66] Die mentale und lebensweltliche Divergenz zwischen Matthöfer und Apel, den beiden Aspiranten um die Schmidt-Nachfolge hätte nicht größer sein können. Beide kamen aus sprichwörtlich ›kleinen Verhältnissen‹, fanden über das Ökonomiestudium den Einstieg in ihre Karrieren und waren ähnlichen Arbeitsrhythmen unterworfen. Und doch lag ihre Lebensgestaltung weit auseinander. Apel ließ wenig intellektuelle Ambitionen erkennen und suchte im kleinbürgerlichen häuslichen Ambiente Schutz und Erholung vor politischem Stress – Familie, Kirche, Segeln, Fußball. Im Vergleich dazu führte sein Rivale ein geradezu asketisches Leben von intellektuellem Zuschnitt, dominiert von einer kaum zu stillenden geistigen Neugier. Die politischen Mentalitäten der beiden Kontrahenten fielen ebenfalls weit auseinander. Apels protestantischem Ethos des ›hier stehe ich, ich kann nicht anders‹ stand Matthöfers an der Durchsetzung von Inhalten orientierte Machtpolitik gegenüber, die manchmal machiavellistische Züge annahm. Und schließlich trennte die beiden Minister eine Gemeinsamkeit: Sie waren, stärker als dies im politischen Geschäft üblich ist, auch emotional mit Helmut Schmidt verbunden.

Gewerkschaftlicher Widerstand: … wer braucht da noch Feinde?

Einer der Kernvorwürfe von Apel und Ehrenberg lautete, Matthöfer habe die »Arbeitnehmerbeziehungen der SPD« verdorben, ohne den angestrebten Erfolg zu bringen.[67] Sie wurden darin meist noch von der einzigen Frau im Kabinett, Antje Huber, unterstützt. Den Grund dafür sahen sie in der nach der Bundestagswahl »in atemberaubendem Tempo« vollzogenen Kurswende von der in ihren Augen bis dahin erfolgreich praktizierten expansiven Wirtschafts- und Finanzpolitik zu der angeblich aus Amerika und Großbritannien übernommenen »modischen Kombination von Angebotspolitik und Sozialstaatskritik«. An dieser Kritik ist in soweit etwas Wahres, als Matthöfers neuer Kurs zur Überwindung des Leistungsbilanzdefizits in der Tat der Angebotsseite der Wirtschaft größere Beachtung schenkte als

66 Ebenda, S. 148.
67 Herbert Ehrenberg, Über die Gründe für einen tiefen Fall, FAZ vom 6. Dezember 1990.

zuvor und sich die ›Finanzpolitik der Solidität‹ auf absehbare Zeit mit einem weiteren substantiellen Ausbau des Sozialstaates nicht vertrug. Andererseits konnte bei einer Nettokreditaufnahme von 37,5 Mrd. DM (1981) nicht ernsthaft die Abkehr von einer expansiven Fiskalpolitik behauptet werden, und auch der Sozialstaat wurde trotz widriger Rahmenbedingungen noch weiter ausgebaut. Der Streit entbrannte denn auch nicht so sehr um Einschränkungen des Sozialstaates, sondern um die soziale Ausgestaltung seiner wohlfahrtsstaatlichen Komponente. Als Beispiel dafür kann das Gesetz zur Steuerentlastung und Familienförderung vom August 1980 gelten.[68] Es entlastete breite Schichten der Steuerzahler und brachte Leistungsverbesserungen für Familien mit Kindern. So wurde der Weihnachtsfreibetrag angehoben, die Proportionalzone im Einkommensteuertarif verlängert, die Höchstsätze bei den Sonderausgaben wurden verdoppelt und der Haushaltsfreibetrag für Alleinstehende mit Kindern wurde deutlich erhöht. Um die Ausgestaltung des Kindergelds war es zuvor zu einem heftigen Streit mit der Ministerin für Jugend, Familie und Gesundheit gekommen. Antje Huber lehnte – von den Gewerkschaften lebhaft unterstützt – den von Matthöfer vorgeschlagenen Kindergrundfreibetrag als sozial ungerecht ab. Sie verlangte stattdessen einen einkommensunabhängigen Zuschlag zum Kindergeld, von dem auch die Bezieher niedriger Einkommen profitiert hätten. Hubers Vorschlag stieß in der SPD-Fraktion und bei den Gewerkschaften auf größte Sympathie, hatte aber keine Chance, von der FDP akzeptiert zu werden. Matthöfers Vorschlag war der Versuch eines Kompromisses, an dem die Sozialpolitiker der SPD allerdings »die sozialdemokratische Handschrift« vermissten.[69] Für den Finanzminister lagen die Vorzüge des eigenen Vorschlages auch woanders: Der Bund hätte lediglich 42,5 Prozent der Gesamtkosten tragen müssen. Außerdem waren die kinderbedingten Steuerentlastungen von der Höhe des Einkommens der Eltern unabhängig und für alle Steuerzahler gleich hoch. Koalitionspolitisch kam der Streit höchst ungelegen, weil er die Freien Demokraten erneut in eine Schiedsrichterrolle über kontroverse Vorschläge der sozialdemokratischen Regierungsbank brachte. Heraus kam schließlich die Erhöhung des Kindergeldes für das zweite Kind um 20 DM monatlich und für das dritte und jedes weitere Kind um 40 DM. Das Kriterium der sozialen Ausgewogenheit nahm bei den allfälligen Belastungen der Steuerzahler und Empfänger staatlicher Transferzahlungen, die der finanzpolitische Konsolidierungskurs nach sich zog, naturgemäß weiter an Bedeutung zu. Vor diesem Hintergrund war es eine Tatsache, dass der 1980 einsetzende Kurswechsel die Gewerkschaftsbeziehungen der SPD im Allgemeinen und der Regierung Schmidt im Besonderen extrem belastete. Dies fiel umso mehr ins Gewicht, als die großen Gewerkschaften der Regierung bis dahin die politische Massenbasis stellten und der Bundeskanzler und sein Finanzminister daher große Anstrengungen unternahmen, die Führungsspitzen der Gewerkschaften in wichtige Entscheidungsprozesse einzubeziehen.

68 BGBl. I, S. 1381.
69 Süddeutsche Zeitung vom 28. November 1979.

Als Matthöfer sein Amt als Finanzminister angetreten hatte, waren seine Beziehungen zur Welt der Gewerkschaften noch in Ordnung. Vergangene Konflikte in Sachen Mitbestimmung und Vermögensbildung schienen längst vergessen. Im Gegenteil: Der ›Humanisierungsminister‹ hatte sich gerade bei den Gewerkschaften große Sympathien erworben, und auch der ›Atomminister‹ vertrat ungeachtet aller Kompromissanstrengungen vor allem die Interessen der ›Energiegewerkschaften‹. Mit der IG Metall hatte er längst seinen Frieden gemacht. Zwar fehlte seiner Beziehung zu Loderer und den anderen Mitgliedern des Frankfurter Vorstandes nach dem Eklat von 1972 noch immer die kollegiale Wärme. Im Verhältnis zu den Praktikern an der Basis überwog jedoch die gegenseitige Sympathie, insbesondere zu dem Stuttgarter Bezirksleiter Franz Steinkühler, der bereits für jedermann sichtbar aufgebrochen war, an die Spitze der weltgrößten Gewerkschaft aufzusteigen. Die beiden Metaller hatten sich bei der praktischen Umsetzung des Programms ›Humanisierung der Arbeit‹ immer wieder gegenseitig die Bälle zugespielt. Auch wenn er selbst nicht mehr fest in der Arbeitnehmerorganisation verankert war, konnte Matthöfer doch mit einigem Recht die Gewerkschaften als seine virtuelle Hausmacht betrachten. Es dauerte freilich nicht lange, bis es zu ersten Irritationen zwischen dem Finanzminister und dem Arbeitnehmerlager kam. Auf der Suche nach Steuervereinfachungen und Möglichkeiten, Subventionen abzubauen, scheute sich der noch junge Amtsinhaber nicht, auch Steuertatbestände infrage zu stellen, die von den Arbeitnehmern als Privileg in Anspruch genommen wurden und deren Abschaffung tabuisiert war. So schlug er vor, zu überlegen, ob nicht durch die Steuerfreiheit der Zuschläge für Sonntags-, Feiertags- und Nachtarbeit gesundheitsschädliche und inhumane Arbeitszeitregelungen steuerlich subventioniert würden, und ob dies auf Dauer im Interesse der Arbeitnehmer liege.[70] In dem Protestschrei von Seiten der Gewerkschaften, der von der Wirtschaftspresse noch unterstützt wurde, ging freilich der wichtigere Teil seines Vorschlags völlig unter. Er hatte nämlich die Gewerkschaften aufgefordert, in ihrer Rolle als Tarifvertragspartei gleichlaufend zum Abbau der Steuervergünstigungen die Zuschläge tarifvertraglich wesentlich zu erhöhen. Sie hätten damit den Druck auf die Unternehmer erhöht, eine Arbeitsorganisation einzuführen, die es erlaubte, normale Arbeitszeiten ohne Überstunden einzuhalten. Dies hätte nach seiner Überzeugung nicht nur gesundheitsschädigende und sonstige negative Wirkungen der bestehenden Arbeitszeitregelung auf die Arbeitnehmer wesentlich vermindert, sondern durch den Wegfall von Überstunden sowie von Sonn- und Feiertagsarbeit auch wünschenswerte gesamtwirtschaftliche Beschäftigungseffekte gehabt. Als Vorbild stand ihm dabei die von der amerikanischen Automobilarbeitergewerkschaft United Automobile Workers durchgesetzte Standardformel »time and a half for overtime« vor Augen, die er sich »pretty goddam fast« auch gern für Deutschland gewünscht hätte.[71] Er biss aber

---

70 Reinhard Uhlmann, Hans ›Simplizissimus‹, Handelsblatt vom 13. Dezember 1978. Dieselbe Forderung wurde wieder im Wahlkampf 2005 von Seiten der CDU erhoben und stieß erneut auf lautstarken Protest der SPD und der Gewerkschaften.
71 ›Diensttagebuch‹, 13.12.1978, AdsD, DM 0404.

damit bei den Tarifvertragsparteien auf Granit. Es war für beide Seiten bequemer, einen Teil der Zuschläge auf den Steuerzahler abzuwälzen. Für die Tarifexperten der Gewerkschaften lag der Nachteil der von Matthöfer vorgeschlagenen Regelung darin, dass sie ihre engen Verteilungsspielräume bei künftigen Verhandlungen mit den Arbeitgebern zusätzlich verkleinern würde.

Hatte dieses Beispiel schon die unterschiedlichen Denkweisen zwischen dem Gewerkschafter im Finanzministerium und seinen Kollegen in den Gewerkschaftszentralen gezeigt, nahmen die Missverständnisse noch zu, je zurückhaltender die Arbeitsbeschaffungspolitik ausgestaltet wurde. Anstatt große Programme mit Krediten zu finanzieren, ging Matthöfer im Herbst 1979 zu gezielten Einzelmaßnahmen über. Die Arbeitslosigkeit war zwar zurückgegangen, mit 800.000 aber auch aus seiner Sicht nicht tolerierbar. Deshalb hatte die Bundesregierung ein auf Problemregionen und -branchen konzentriertes Schwerpunktprogramm entwickelt, für das insgesamt 900.000 DM bereit standen. Es blieb freilich weit hinter den Erwartungen der Gewerkschaften zurück, die weiterhin in Milliarden-Dimensionen dachten. Matthöfer unternahm daher große Anstrengungen, auf einem Treffen im Bildungszentrum Sprockhövel beim Vorstand der IG Metall Verständnis für seine Lage zu wecken und die versammelten Vorstandsmitglieder und leitenden Funktionäre vom Sinn und Erfolg seiner neuen Arbeitsmarktpolitik zu überzeugen. Der Versuch schlug jedoch gründlich fehl. Zuerst verhinderten die Gastgeber eine angemessene Berichterstattung in der Presse, indem nur wenige Lokalberichterstatter eingeladen wurden. Später zirkulierte dann innerhalb der Organisation der IG Metall auch noch ein apokryphes ›Protokoll‹ dieser Sitzung, das Matthöfers Position »in heimtückisch entstellter Weise« wiedergab.[72] Dieser fühlte sich denn auch spontan an seine Mobbing-Erfahrungen mit der IG Metall erinnert. Sein Verdacht fiel auf das für Bildungsfragen zuständige Vorstandsmitglied Hans Preiss, stand mit ihm doch noch eine Rechnung offen. Aber auch in freundlicherer Umgebung fiel es Matthöfer schwer, seine Gewerkschaftskollegen zur aktiven Unterstützung der »unter den gegebenen Umständen und Kräfteverhältnissen einzig möglichen Vollbeschäftigungsstrategie« zu bewegen.[73] So glaubte er zwar, nach stundenlangen Debatten seine Freunde überzeugt zu haben, wie den für Wirtschaftspolitik zuständigen DGB-Vorstand Alois Pfeiffer oder den Chefvolkswirt des DBG, Rudolf (Rudi) Henschel. In der Praxis hielt diese Übereinstimmung aber nie lange vor. Matthöfer erklärte sich dies individualpsychologisch: »Wenn sie dann aber dem gesammelten ›Unverstand der Massen‹ in Delegierten-Konferenzen, Vorstandssitzungen usw. gegenübersaßen, dann verließ sie wohl der Mut, den ein Sachverständiger nun einmal braucht, wenn er mit seiner Meinung oder seiner Überzeugung allein einem Kreis von Laien gegenübersteht, die von ihren falschen Überzeugungen durch Vernunftargumente nicht so leicht abzubringen sind«. Der Grunddissens zwischen dem Finanzminister und seinen Freunden

---

72 ›Diensttagebuch‹, 17.9.1979, AdsD, DM 0404.
73 ›Diensttagebuch‹, September 1979, AdsD, DM 0404.

aus der Arbeiterbewegung lag freilich auch an den unterschiedlichen theoretischen Ansätzen, mit denen sie an die Probleme herangingen. Matthöfer rekurrierte in Grundsatzfragen in der Regel auf Marx und kam dabei oft zu Ergebnissen, die dem gewerkschaftlichen Denken fern lagen. So stand er zusammen mit Peter von Oertzen allein, wenn im Parteivorstand der SPD oder auf dem Wahlparteitag in Essen die gerade auch von gewerkschaftlicher Seite erhobene Forderung nach Einführung des Maschinenbeitrags für Arbeitgeber zur Debatte stand. Die ›Maschinensteuer‹ sollte den Arbeitgeberbeitrag zur Sozialversicherung auf eine neue Bemessungsgrundlage stellen und die Finanzierung der sozialen Sicherheit auch an der wirtschaftlichen Leistungsfähigkeit, vor allem aber am wirtschaftlichen Ertrag des Kapitaleinsatzes orientieren. Schon vordergründig sprach gegen die Maschinensteuer, dass sie wegen des starken internationalen Wettbewerbs weder wünschenswert noch technisch und verfassungsrechtlich möglich gewesen wäre. Die neue Abgabe hätte durch zusätzliche Belastungen den technischen Fortschritt behindert und komplizierte bürokratische Regelungen erforderlich gemacht. Der an der Marxschen Mehrwerttheorie geschulte Ökonom wusste aber auch, dass nicht das tote Kapital oder die Maschinen neue Werte schufen, sondern allein die menschliche Arbeit. Die Vorstellung, »Monsieur le Capital« und »Madame la Terre« könnten als soziale Charaktere ihren Spuk treiben und Mehrwert hecken, war von Marx gründlich ridikülisiert worden.[74] Es war deshalb sicher kein Zufall, dass nur die beiden Vorstandsmitglieder, von denen man annehmen konnte, sie hätten ihren Marx studiert und verstanden, bei der Abstimmung über den Antrag die ›Nein‹-Stimmkarte hoben. Durchsetzen konnten sie sich freilich nicht, weil sie der an den ›gesunden Menschenverstand‹ appellierenden Eloquenz eines Herbert Ehrenberg nicht gewachsen waren. So sehr er sich auch mühte, war Matthöfer nicht in der Lage, dem Gewerkschaftsflügel seiner Partei zu vermitteln, »daß es nicht zum Sozialismus oder auch nur zu einer produktiveren Wirtschaft führt, wenn man mit Dutzenden solcher Regelungen lediglich wichtige Funktionsmechanismen des Kapitalismus lahm legt und darüber hinaus nicht das Allergeringste bewirkt«.[75] Für ihn diente Ehrenberg daher als lebendes Beispiel für die Richtigkeit der Brechtschen Behauptung, eine gute marxistische Bildung sei nicht unter 20.000 Goldmark zu haben. Sonst bekäme man nämlich eine, sagt Brecht in den ›Flüchtlingsgesprächen‹, bei der der Hegel fehlt oder der Ricardo.[76] Bei den meisten Gewerkschaftsfunktionären fehlte aber sogar der Marx.

Letztlich ging es jedoch in der Auseinandersetzung mit den Gewerkschaften weniger um eine theoretisch fundierte Wirtschafts- und Sozialpolitik als um die

---

74 Karl Marx, Das Kapital. Kritik der politischen Ökonomie, 3. Band, Buch III: Der Gesamtprozeß der kapitalistischen Produktion (Hamburg 1894), MEW 25, Berlin 1964, S. 838.
75 ›Diensttagebuch‹, 11.6.1980, AdsD, DM 0404.
76 Bert Brecht, Ausgewählte Werke in sechs Bänden, Fünfter Band: Prosa, Flüchtlingsgespräche, Frankfurt a. M. 1997, S. 57. Matthöfer spielte damit auf Ehrenbergs wirtschaftspolitische Abhandlung »Zwischen Marx und Markt« (Frankfurt a. M. 1974) an, die zwar häufig auf Marx rekurrierte, ohne sich jedoch ernsthaft mit ihm auseinanderzusetzen.

Durchsetzung interessengebundener Standpunkte. Ein Arbeitnehmervertreter, der aus Einsicht in die Notwendigkeit einer massiven Erhöhung der Mineralölsteuer zugestimmt hätte, musste befürchten, sein Mandat zu verlieren. Er zog es deshalb vor, die Einführung einer allgemeinen, allen Arbeitnehmern zugute kommenden Entfernungspauschale zu fordern, um sie zur verstärkten Bildung von Fahrgemeinschaften anzureizen. Eine solche interessengerechte Lösung des Problems hätte den Finanzminister aber jährlich zusätzlich 800 Millionen DM gekostet, sodass sich die Interessen der Organisation und des Gemeinwohls nicht ausgleichen ließen. Auch von einem anderen Vorschlag der Gewerkschaften, der Regionalisierung der Kilometerpauschale zugunsten von Pendlern in wirtschaftlich schwachen Gebieten, hielt Matthöfer nichts. Er bevorzugte den direkten Weg über Steuererhöhungen, gemildert durch die Förderung und Erneuerung des Wohnungsbaus in den Städten und die Verbesserung des Nahverkehrs. Auseinandersetzungen dieser Art waren also programmiert. Der Konflikt, der im Sommer 1981 mit dem DGB und den mächtigen Einzelgewerkschaften ausbrach, war freilich anderer Art. Im Vorfeld der Operation '82, mit der Matthöfer die fällige Konsolidierung des Bundeshaushaltes anstrebte, zogen die Gewerkschaften der Bundesregierung eine rote Linie, die zu überschreiten den offenen Widerstand der Arbeiterorganisationen zur Folge gehabt hätte. In einer an Eindeutigkeit nicht zu überbietenden Intervention beim Bundeskanzler warnte der Vorsitzende des DGB die Bundesregierung und die im Bundestag vertretenen Parteien »vor Sparmaßnahmen, die den beschäftigungspolitischen Erfordernissen entgegenstehen und zu weiteren Belastungen der Arbeitnehmer und ihrer Familien führen«.[77] Heinz Oskar Vetter bezog sich zunächst auf eine Erklärung der Präsidenten der Wirtschafts- und Arbeitgeberverbände, die eine »eventuelle Illusionen über ein weitgehendes Verständnis der Regierungspolitik in diesen Kreisen« zerstört habe. Er geißelte »die Arroganz, die Opferbereitschaft der Arbeitnehmer auf die sozialpolitischen Bereiche selbst zu konzentrieren«, als »unerträglich«. In der Bekämpfung der Arbeitslosigkeit »durch Beschneidung der Versicherungsleistung an Arbeitslose« sah er »neben dem wirtschaftlichen Widersinn nichts anderes als eine moralische Verurteilung, eine Schuldzuweisung, die von der eigentlichen Urheberschaft ablenken soll. Der DGB-Chef präsentierte aber auch ein Alternativprogramm zu den in Bonn diskutierten Kürzungen gesetzlicher Leistungen. Allein 15 Milliarden DM ließen sich nach Meinung der Gewerkschaften durch höhere Steuerbelastung für Spitzenverdiener, Freiberufler und Landwirte, einen weiteren Subventionsabbau, die Reform des EG-Agrarmarktes und die Senkung der Verteidigungsausgaben einsparen. Zur Finanzierung der hohen Kosten der Arbeitslosigkeit verlangte Vetter eine Arbeitsmarktabgabe. Kürzungen des Arbeitslosengeldes lehnte er »mit aller Schärfe« ab.

---

77 ›Diensttagebuch‹, 25.8.1981, AdsD, DM 0404. Obwohl das Schreiben streng vertraulich behandelt wurde (»Außer dem Empfänger kennst nur Du diesen Brief«), kamen wesentliche Teile seines Inhalts schon lange vorher an die Öffentlichkeit. Vetter hatte schon in einem früheren, der Presse zugespielten Brief an den Bundeskanzler versucht, gegen Kürzungen im Haushaltsentwurf zu intervenieren. Frankfurter Rundschau vom 15. Juli 1981 und Kölner Stadt-Anzeiger vom 16. Juli 1981.

Franz Steinkühler, der Stuttgarter Bezirksleiter der IG Metall, organisierte Ende 1981 den gewerkschaftlichen Widerstand gegen Matthöfer.

Außerdem setzte er sich für eine sechsprozentige »Ergänzungsabgabe« für Besserverdienende ein. Der Brief schloss mit der kaum verhüllten Drohung, der DGB werde gegen Sparmaßnahmen in der Krankenversicherung und Gesundheitspolitik »zwangsläufig mit allen geeigneten Mitteln ankämpfen«, und machte eine »zusätzliche beschäftigungspolitische Komponente« zum entscheidenden Kriterium »für die Beurteilung der Aktivitäten der Bundesregierung in dieser schwierigen Situation«. Dies alles waren Forderungen, die der Finanzminister weder erfüllen wollte noch konnte, selbst wenn es die NATO, die Tornado-Affäre, die Europäische Gemeinschaft und den Koalitionspartner FDP nicht gegeben hätte.

Die Konsolidierungspolitik der Bundesregierung stürzte die Gewerkschaften in einen inneren Konflikt. Auch ihnen war bewusst, dass eine CDU/CSU geführte Bundesregierung den Arbeitnehmern und Arbeitslosen noch härtere Opfer abverlangen würde, was die traditionelle Loyalität der Mehrheit der hauptamtlichen Gewerkschaftsfunktionäre mit der sozialdemokratisch geführten Regierung stärkte. Sie fürchteten aber gleichzeitig um ihre Identifizierung mit den originären Aufgaben der Arbeitnehmervertreter, wenn sie der Bundesregierung auf einem Kurs folgten, der zwar langfristig die Interessen ihrer Mitglieder zu wahren versprach, ihnen aber kurz- und mittelfristig den Verzicht auf, wie es schien, angemessene Forderungen und Besitzstände abverlangte. Deren Verteidigung war ihnen umso wichtiger, als die Tarifpolitik immer weniger Spielräume bot. So war die einst gewaltige Lohndrift Anfang der achtziger Jahre praktisch verschwunden. Mehr noch: die Arbeitnehmer mussten deutliche Reallohnverluste hinnehmen. Außerdem wurde der kämpferische Kurs der Gewerkschaften mit einer Stabilisierung des tendenziell sinkenden Organisationsgrades belohnt, der speziell in der Gruppe der Arbeiter sogar signifikant zunahm. Als Matthöfer im Sommer 1981 zum ersten Mal einen Haushalt konzipierte, der moderate Einschnitte in Leistungsgesetze vorsah (Operation '82), war der innere Konflikt der DGB-Gewerkschaften zwischen Identität und Loyalität klar zugunsten der eigenen gewerkschaftlichen Interessenlage entschieden. Den ›Widerstand‹ der Gewerkschaften gegen den Finanzminister führte ausgerechnet Franz Steinkühler an, der bis dahin eher zu Matthöfers Freunden gehört hatte. In den mit einer Auflage von 400.000 Exemplaren in den Betrieben Baden-Württembergs verteilten ›Metall-Nachrichten‹ rief er für den 8. November die Mitglieder der IG Metall zu einer Massendemonstration gegen »Arbeitsplatzverlust und soziale Demontage, gegen die Sparbeschlüsse der Bundesregierung, für das Recht auf Arbeit« auf, der 70.000 Arbeitnehmer nach Stuttgart folgten.[78] Die Kernsätze des Flugblatts sollten die sozialdemokratischen Mitglieder der Bundesregierung ins Herz treffen. So schrieb der Bezirksleiter: »Unter dem Vorwand, Missbräuche zu beseitigen und sparen zu wollen, fährt die Bundesregierung mit einem Mähdrescher über die sozialen Leistungen hinweg.« Er spielte damit auf die Kampagne der Regierung an, weit verbreitete Missbräuche beim Bezug von Arbeitslosengeld zu erschweren. Noch entschiedener verurteilte Steinkühler die geplanten Haushaltskürzungen der SPD/FDP-Koalition als einen »Anschlag auf den sozialen Besitzstand der Arbeitnehmer, der in Jahrzehnten mühsam erkämpft werden mußte«. Kein einziger der Sparvorschläge treffe die Reichen – ganz im Gegenteil: »Steuervergünstigungen und Subventionen bietet die Regierung ihnen förmlich an«. Matthöfer war über das Flugblatt schockiert, das der Bundesregierung und namentlich ihm eine betrügerische und sozialfeindliche Haltung unterstellte und durch Aufmachung und Maßlosigkeit der Sprache offenbar feindselige Gefühlte wecken wollte. Er machte sich gleichwohl die Mühe, in einem längeren Schreiben an den »lieben Kollegen« Steinkühler auf alle Angriffe einzugehen, falsche Behauptungen zu korrigieren und für eine faire Art der Auseinandersetzung zu werben.[79] Vehement verteidigte er auch seine Entscheidung für Steuervergünstigungen der Flick-Holding, die gerade zum dritten Mal mit einem Antrag nach §6b Einkommensteuergesetz erfolgreich gewesen war. Steinkühler hatte in den Steuerprivilegien für Flick ein Symptom für die soziale Schieflage der Regierungs-

---

78 Metall-Nachrichten vom 30. September 1981.
79 Matthöfer an Steinkühler, Bonn, den 28. Oktober 1981, AdsD, DM 012.

politik gesehen und dafür indirekt auch Matthöfer verantwortlich gemacht. Große Hoffnung hatte der Finanzminister freilich nicht, mit seinem Appell die in dem Flugblatt enthaltenen »unrichtigen Behauptungen schnell wieder aus der Welt zu schaffen«. Er wusste aus eigener Erfahrung nur zu gut, wie schwer es war, gegen die schlechte Stimmung an der Basis Überzeugungsarbeit zu leisten. Er nutzte jede Gelegenheit, auf Großveranstaltungen, wie in der der Dortmunder Westfalenhalle, Betriebsräten und Vertrauensleuten der Gewerkschaften die »Finanz- und Beschäftigungspolitik der Bundesregierung in weltweit schwierigen Zeiten« zu erläutern. Mit mäßigem Erfolg. In Dortmund musste er sich von einem Betriebsrat sagen lassen:[80] »Die Stimmung ist mies, und das nicht erst seit den Sparbeschlüssen. Daß die sozial ausgewogen sein sollen, laß' ich mir auch von dir nicht weismachen.« Allerdings ließen sich die Gewerkschaften im Ruhrgebiet nicht zu solchen Feindseligkeiten hinreißen wie im Stuttgarter Parade-Bezirk der IG Metall; dazu hing die kriselnde Stahlindustrie an der Ruhr zu sehr am Tropf staatlicher Hilfen. Der Essener Bezirksleiter Kurt Herb machte aber ebenfalls aus seinem Herzen keine Mördergrube, wenn er auf derselben Veranstaltung sich zwar von Steinkühler distanzierte (»Dazu sind wir zu verantwortungsbewusst«), Matthöfer aber nicht mit Kritik verschonte: »Durch die Sparbeschlüsse wird es eine Umverteilung zugunsten der Selbständigen und Unternehmer geben. Da beißt keine Maus einen Faden ab.« Nicht zum ersten Mal musste Matthöfer einsehen, dass es »praktisch unmöglich« war, innerhalb des zeitlichen Rahmens solcher Veranstaltungen alle Informationen zu vermitteln und alle Zusammenhänge zu erklären, »deren Kenntnis zur Beurteilung und zum Verständnis meiner Entscheidungen oder meiner Argumentation eigentlich erforderlich gewesen wäre«.[81] Und fast resignierend fügte er hinzu: »Aber ich versuche es halt immer wieder. Es gibt in einer Demokratie keine andere Möglichkeit.« Steinkühler blieb jedenfalls uneinsichtig. Er nutzte die Stuttgarter Großkundgebung, um seiner schriftlichen Retourkutsche auf Matthöfers Protestbrief Publizität zu verschaffen. Er warf dem Bonner Kollegen vor, in der Wirtschaftspolitik »tendenziell« den Weg Margaret Thatchers und Ronald Reagans einzuschlagen und bezweifelte, »ob Du verstehen willst, daß Werbung um Vertrauen beim nationalen und internationalen Kapital, bei Gewerkschaftsgegnern […] und Devisenspekulanten zwangsläufig gleichbedeutend ist mit einem nachhaltigen Vertrauensverlust bei Arbeitnehmern«.[82] Allein 1982, so rechnete der Gewerkschafter dem Finanzminister vor, würden die Arbeitnehmer insgesamt um fast elf Milliarden, die Unternehmer und Selbstständigen dagegen nur um knapp 700 Millionen Mark belastet. Er war auch nicht bereit, Matthöfers von Marx inspirierter Formel der ›Distribution auf antagonistischer Basis‹ zuzustimmen. »Ich muß und

---

80 Westdeutsche Allgemeine Zeitung vom 6. Oktober 1981.
81 ›Diensttagebuch‹, 6.10.1981, AdsD, DM 0404.
82 Suse Weidenbach in der Stuttgarter Zeitung vom 9. November 1981; ›IGM: Matthöfer verschärft Wirtschaftskrise‹, ›Welt der Arbeit‹ vom 12. November 1981. Die gesamte Korrespondenz zwischen Matthöfer und Steinkühler seit dem 30. September wurde am 23. November 1981 in der Frankfurter Rundschau dokumentiert.

will vielmehr unterstreichen«, hieß es in dem Antwortbrief, »daß die von Dir übernommene Propagandaformel von Gewinnen – Investitionen – Arbeitsplätzen die gesellschaftliche Beschäftigungskrise verschärfen und die staatliche Finanzkrise nicht meistern wird.« Matthöfer fiel es sichtlich schwer, den Attacken Steinkühlers ebenso grundsätzlich zu begegnen. Er beschränkte sich darauf einzufordern, »daß die Auseinandersetzung von der Seite der Gewerkschaften nicht mit stark übertriebenen oder schlicht falschen oder verfälschenden Argumenten oder Tatsachenbehauptungen geführt« wurde.[83] Sein Kontrahent hielt dies für »Detailhuberei«. Er behauptete sogar, Matthöfer wisse, dass er, Steinkühler, in der »strategischen Linie« Recht habe. Er hatte auch guten Grund zu dieser Annahme, war er doch selbst ein Produkt der Matthöferschen Bildungsoffensive in der IG Metall. Noch Anfang der siebziger Jahre hätte sich die Position des ›Lehrers‹ in der ›strategischen Linie‹ kaum von der seines Kritikers und früheren ›Schülers‹ unterschieden. Die Tragik des Finanzministers lag nun darin, dass er einsehen musste, dass viele der Überzeugungen des jungen Matthöfer nicht mehr gültig waren und er sich schwer tat, den eigenen inneren Erfahrungs- und Wandlungsprozess selbst denen zu erklären, die er als Mitstreiter auf dem Weg in eine bessere Welt bis dahin für unverzichtbar gehalten hatte. Vor allem aber sah sich Matthöfer um eine alte Freundschaft betrogen. Für ihn war Steinkühler immer ein Mann mit Zukunft gewesen. Der Verdacht, dass der künftige Gewerkschaftsführer längst an einer Gewerkschaftsstrategie für die Nach-Schmidt-Ära arbeitete, wurmte den Ex-Gewerkschaftsfunktionär Matthöfer umso mehr.

Der Kronprinz

Operation '82

Schon in den Koalitionsverhandlungen, die auf die Bundestagswahl im Oktober 1980 folgten, gehörte die Haushaltskonsolidierung zu den unumstrittenen Gemeinsamkeiten der Regierungsparteien. Eine expansive Konjunkturpolitik zur Ankurbelung der schwächelnden Wirtschaft sollte es nicht geben, um das Leistungsbilanzdefizit nicht weiter zu vergrößern und die Verschuldung zu bremsen. Matthöfer einigte sich mit Graf Lambsdorff rasch auf eine Begrenzung der Nettokreditaufnahme auf 27 Mrd. DM. Auch als der Wirtschaftsminister seine Wachstumsprognose von 2,5 Prozent auf ein Prozent nach unten korrigieren musste und deutlich wurde, dass die Arbeitslosenzahl über die Millionengrenze steigen würde, blieben beide Seiten auf Konsolidierungskurs. Das machte massive Einsparungen notwendig. Überraschenderweise war es dennoch nicht die Finanzpolitik, sondern die Mitbestimmung, an der sich das Schicksal der Koalition entscheiden sollte. Helmut Schmidt war offenbar bereit, die Fortsetzung der Koalition an der Frage

---

83 ›Diensttagebuch‹, 12.11.1981, AdsD, DM 0404.

der Weiterentwicklung der Mitbestimmung scheitern zu lassen.[84] Man einigte sich zwar ohne größeren Streit auf die Fortschreibung der Montanmitbestimmung für weitere sechs Jahre in allen bis dahin betroffenen Betrieben. Über den Ausbau der Mitbestimmung außerhalb des Montanbereichs kam es aber zwischen den Verhandlungsführern nicht zu einer Einigung. Der Kanzler musste von seinen eigenen Mitstreitern geradezu gezwungen werden, in diesem Punkt nachzugeben. Die Führung der SPD, die große Mehrheit der Fraktion mit ihrem Vorsitzenden Wehner, aber auch führende Gewerkschafter wollten die Erneuerung der Koalition nicht an der Mitbestimmungsfrage scheitern lassen, solange es noch Gemeinsamkeiten auf scheinbar wichtigeren Gebieten gab. Matthöfer wäre für seinen Teil dem Bundeskanzler in diesem Punkt sicher gefolgt, knüpfte seine Mitarbeit aber ebenfalls an Bedingungen. In einem Gespräch unter vier Augen mit Graf Lambsdorff setzte er die Erhöhung der Mineralölsteuer durch, auf die er sich im Wahlkampf bereits öffentlich festgelegt hatte. Die Idee, dass die Mineralölsteuer der Schlüssel zur Überwindung des Leistungsbilanzdefizits und der Strukturschwäche der deutschen Wirtschaft sei, begann sich bei ihm immer stärker festzusetzen. Für Graf Lambsdorff war es nur schwer nachvollziehbar, dass Matthöfer in dieser scheinbar zweitrangigen Frage die Koalition gefährden wollte. Er musste jedoch rasch erkennen, dass das sozial-liberale Regierungsbündnis einen neuen Finanzminister hätte suchen müssen, wenn er in diesem Punkt nicht nachgegeben hätte. Das aber wollte er auf keinen Fall riskieren, hatte er doch längst erkannt, dass Matthöfer nicht nur wegen der Wahlkampftaktik in die Rolle des ›Soliditätsministers‹ geschlüpft war. Nach einer Verhandlungsunterbrechung akzeptierte die FDP deshalb stillschweigend den Steuererhöhungsplan. Wenn der kleinere Koalitionspartner zu diesem Zeitpunkt bereits die spätere Wende im Hinterkopf hatte, so war es sicher nicht die Frage der Haushaltskonsolidierung, an der sich die Wechselphantasien entzündeten. Je entschiedener Matthöfer in dieser Sache handelte, desto weniger konnte sich die FDP-Führung als Sparkommisariat gerieren und ihren Partner in die Rolle des unseriösen Schuldenmachers drängen. An derartigen Versuchen fehlte es freilich trotzdem nicht. Schon in der ersten Kabinettssitzung musste der Kanzler seinen Wirtschaftsminister Lambsdorff mahnen, nicht länger »in fremden Vorgärten Mist abzuladen«.[85] Der Dung verpeste nämlich das Revier des Finanzministers. Graf Lambsdorff hatte zuvor in der ›Bild-Zeitung‹ die Notwendigkeit betont, schon in den nächsten Monaten die öffentlichen Haushalte in Ordnung bringen zu müssen. Er wollte damit offenbar den Eindruck erwecken, als habe Matthöfer jenes »Schuldenchaos«, das die Opposition im Wahlkampf nicht müde wurde zu behaupten, gegen den Willen der Liberalen angerichtet. Ganz in diesem Sinne sprach auch der Haushaltsexperte der FDP, der Berliner Abgeordnete Hans-Günter Hoppe, im Plenum des Deutschen Bundestages wiederholt von der »tickenden Zeitbombe« der Verschuldung. Da die Vertreter des Wirtschaftsministeriums aus

---

84 ›Diensttagebuch‹, 26.10.1980, AdsD, DM 0404.
85 DER SPIEGEL vom 13. Oktober 1980. ›Diensttagebuch‹, 13.10.1980, AdsD, DM 0404.

der Sicht des BMF »wohl eher auf der expansionistischen Seite« standen, waren ihre Vorwürfe ziemlich unglaubwürdig. Künftig sollten sie noch viel mehr an Glaubwürdigkeit verlieren.

Die Marschrichtung der Operation '82 wurde Mitte Juli 1981 im Kanzleramt ausgegeben, wo sich Schmidt und Matthöfer mit ihren engsten Mitarbeitern trafen, um noch vor der Abreise zum Weltwirtschaftsgipfel von Ottawa die nötigen Arbeitsaufträge zu verabreden.[86] Man war sich einig, dass die Koalitionsberatungen über den Haushalt 1982 auf der Grundlage einer Vorlage des Finanzministers erfolgen sollten. Matthöfer konnte daher nicht der Wortführer der SPD-Seite sein. Während sich ›Weltökonom‹ und ›Chefvolkswirt‹ rasch über die restriktiven Eckwerte des Haushaltes – 26,5 Mrd. DM Neuverschuldung und Zuwachs von 4,2 Prozent auf 240,8 Mrd. DM – einigten, hatte beide ihre Zweifel, »ob alle Maßnahmen in die wirtschaftliche Landschaft passen« und »die Regierung mit dem Maßnahmenpaket nicht zu kurz springe«. Das Konzept sollte vor allem noch politisch klare Konturen bekommen, damit seine Mittelstellung zwischen den extremen wirtschaftspolitischen Konzeptionen von Reagan und Mitterand nicht einfach nur darin bestünde, dass es »verwaschen« sei. Schließlich einigte man sich auf drei »wesentliche Elemente«, die der Operation '82 ihre unverwechselbare Richtung geben sollten. Erstens sollte die staatliche Kreditaufnahme herabgesetzt werden, um den zinspolitischen Spielraum der Bundesbank zu erweitern, da von der US-Administration vorläufig keine Kursänderung erwartet wurde. Davon versprach man sich die Stärkung der Wirtschaft und eine Verbesserung der Lage am Arbeitsmarkt. Zweitens sollte ein signifikanter Teil der staatlichen Konsumausgaben zu investiven Zwecken »umstrukturiert« werden, um so den Beschäftigungseffekt zu verstärken. Um die Finanzierung eines solchen Programms bei gleichzeitiger Entlastung des Kapitalmarktes möglich zu machen, sollten schließlich – drittens – die Bundesausgaben, die Subventionen und die Steuervergünstigungen reduziert werden. Im Rahmenprogramm standen dann noch »gezielte Maßnahmen« zur Verbesserung der deutschen Leistungsbilanz, wie z. B. die Erhöhung der Heizölsteuer und die Einführung einer Erdgassteuer. Vor allem aber waren sich Schmidt und Matthöfer darin einig, dass man »den Leuten deutlich vor Augen führen [müsse], daß die gegenwärtige ökonomische Lage keinen Spielraum mehr im sozialpolitischen Raum zuläßt«. Schon jetzt drängte der Finanzminister darauf, dass die für 1984 geplante Rentenreform nicht zu materiellen Verbesserungen führen könne, sondern kostenneutral sein müsse. Der Bundeskanzler wollte allerdings die öffentliche Diskussion darüber auf die Zeit nach dem SPD-Parteitag im Frühjahr 1982 verschieben, weil er sonst Unruhe in der Öffentlichkeit befürchtete. Politische Vorsicht und das Gebot der sozialen Ausgewogenheit standen auch Pate, wenn sich der Bundeskanzler nach seiner Rückkehr aus Kanada »eine Aufstellung in Form einer Matrix« wünschte, aus der die Wirkungen und die Kosten aller »in der Diskussion

---

86 Ergebnisvermerk des Abteilungsleiters 4 im Kanzleramt, Heick, über das Gespräch des Bundeskanzlers mit dem Finanzminister am 14. Juli 1981, Bonn, den 15. Juli 1981. Weitere Teilnehmer: Chef BK, Staatsminister im BK, PSt Böhme, St Obert. AdsD, DM 0404.

befindlichen Vorschläge« abzulesen seien. Sie sollte nach Klientelen der Parteien differenziert sein und möglichst viele soziale Unterscheidungskriterien zulassen.

Das politische Bonn schwirrte im Sommer 1981 voller Gerüchte. Sie übertrafen sich gegenseitig an düsteren Prognosen und hatte alle denselben Tenor: Der Haushalt 1982 wird Heulen und Zähneknirschen auslösen, wie es der Finanzminister schon 1980, also vor den Wahlen öffentlich angekündigt hatte. Alles lief noch dazu vor einer politischen Drohkulisse ab, die Hans-Dietrich Genscher in einem Brief an die Mandatsträger seiner Partei mit Feststellungen wie: »Unser Land steht am Scheideweg ...« errichtet hatte. Darin war von einer »Bewährungsprobe unserer freiheitlichen Ordnung« die Rede und von der Notwendigkeit einer »Wende«.[87] Für viele politischen Beobachter gab es nun keinen Zweifel mehr, dass die Koalitionskarten neu gemischt werden sollten. Die entsprechenden Verhandlungen wurden durch den Brief nicht gerade erleichtert. Es war eine Sache, finanzpolitische Wahrheiten auszusprechen, eine andere, sie in Zahlen zu gießen und im Haushaltsgesetz 1982 für alle verbindlich zu machen. Genscher hatte es da relativ leicht. Anders Matthöfer: Wieder waren es nicht in erster Linie die Opposition oder der Koalitionspartner, die von der Notwendigkeit der Operation '82 überzeugt werden mussten, sondern die eigenen Leute. Der Schlüssel zu einer Wende in der Finanzpolitik lag in der SPD-Bundestagsfraktion. Dort war die Meinung weit verbreitet, der Dissens innerhalb der Koalition sei inzwischen so groß, dass es nichts schaden würde, wenn die Regierung »daran kaputt gehe«.[88] Für viele Abgeordneten machte es keinen Unterschied mehr, ob sie in die Opposition gingen oder die zu erwartenden tiefen Eingriffen in Bereiche, die den Sozialdemokraten am Herz lagen, hinnehmen mussten. Selbst Herbert Wehner wollte solchen Stimmen nicht mehr deutlich widersprechen, ging es ihm doch nur noch darum zu verhindern, dass das Regierungsbündnis »aus Anlaß des Verhaltens der Sozialdemokraten« scheiterte. Teile der Bundestagsfraktion wagten sich da deutlich weiter vor. Matthöfer verteidigte die Operation '82 vor dem ›Gesprächskreis Oskar Lafontaine‹, einer Gruppe ›linker‹ Abgeordneter mit Ambitionen, und fühlte sich dabei wie vor einem Gremium der Opposition. Die feindseligen Kommentare, die er sich anhören musste, gipfelten in Ehmkes Urteil: »Ihr seid verbraucht und müßt abgelöst werden«.[89] Zuvor hatte der frühere Kanzleramtsminister ein Angebot Schmidts, in die Regierung einzutreten, mit dem Bild kommentiert: »Die Ratten betreten das sinkende Schiff« – und dankend abgelehnt. Der Sturz des Kanzlers wurde offenbar von nicht wenigen SPD-Abgeordneten in Kauf genommen und nicht mit dem Ende sozialdemokratischer Gestaltungsmacht in der Politik gleichgesetzt. Es war deshalb ein geschickter taktischer Zug, dass Schmidt, von Matthöfer darin unterstützt, die Fraktionsführung bat, eine »Querschnittsarbeitsgruppe« unter dem Vorsitz von Heinz Westphal einzurichten, die Vorschläge für

87 ›Diensttagebuch‹, 20.8.1981, AdsD, DM 0404. Siehe dazu auch Hans Heigert, Der Anfang vom Ende, Süddeutsche Zeitung vom 5. September 1981.
88 Herbert Wehner in der Sitzung der Fraktion am 8. September 1981, AdsD, DM 027.
89 ›Diensttagebuch‹, 14.6.1981, AdsD, DM 0404.

die Konsolidierung des Haushaltes machen sollte.[90] Der Abgeordnete von Herne war nicht nur Vorsitzender des Arbeitskreises ›Öffentliche Finanzwirtschaft‹ der Fraktion, sondern unterstützte auch loyal den Kurs der Regierung – und dies nicht nur, weil er auf deren Unterstützung bei der Lösung der Stahlkrise im Ruhrgebiet dringend angewiesen war. Westphal sollte auch – neben Brandt – die Position der SPD in den Koalitionsverhandlung vertreten.

Die Arbeitsgruppe nahm Ende Juni nach Konsultationen im Kanzleramt ihre Arbeit auf und kam innerhalb weniger Tage zu einer Reihe von Vorschlägen und Prüfungsaufträgen, die auf einer Sondersitzung der Fraktion im Juli in Richtlinien für die Haushaltsverhandlungen mit der FDP umgesetzt wurden. Danach wurde der Finanzminister auf Ziele verpflichtet, die sich mit seinen eigenen Vorstellungen durchaus vereinbaren ließen. Die Haushaltsstruktur sollte »in Höhe einer zweistelligen Milliardensumme« verbessert werden, wobei für den beschäftigungspolitischen Teil nur im Rahmen von Einsparungen Raum blieb. Dabei durften »die Kernbestandteile des sozialen Netzes« nicht gefährdet werden, und die jeweiligen Maßnahmen sollten »sozial ausgewogen« sein. Die Arbeitsgruppe Westphal hielt ihre Vorschläge damit für vereinbar, obwohl sie darin durchaus Belastungen sah, die »für vielfältige Bevölkerungsgruppen und Institutionen mit Sicherheit als harte Eingriffe empfunden werden«. Sie stellte aber fest, dass es sich dabei »im wesentlichen um Korrekturen am im Weltvergleich erreichten hohen Wohlstandsgrad unserer Gesellschaft handelt«. Besonders umstritten war die Forderung nach einer Ergänzungsabgabe für Bezieher hoher Einkommen, aus deren Erträgen beschäftigungspolitische Eventualprogramme finanziert werden sollten. Es gelang Matthöfer im Verlauf der Diskussion, diese Forderung auf den Status einer bloßen »Möglichkeit« zu reduzieren, sodass er in der Öffentlichkeit distanzhaltend formulieren konnte, »der Deutsche Gewerkschaftsbund und *einige* Sozialdemokraten halten dies für einen vernünftigen Vorschlag«.[91] Als dann von Seiten der FDP im August neue, weitergehende Sparvorschläge gemacht wurden, zog der Fraktionsvorstand die Tabuzone noch enger: keine Kürzung des Arbeitslosengeldes und der Arbeitslosenhilfe und keine Einführung von Karenztagen beim Arbeitslosengeld oder bei der Lohnfortzahlung im Krankheitsfall für Arbeiter. Obwohl auch Matthöfer die Wiedereinführung von Karenztagen für Arbeiter entschieden ablehnte, musste er sich gerade in diesem Punkt vom linken *und* rechten Flügel der Fraktion harsche Kritik gefallen lassen. Denn so sehr er auch er den FDP-Vorschlag als Provokation empfand, zögerte er unter den taktischen Zwängen des koalitionsinternen Machtspiels dennoch nicht, über die Forderung nach Karenztagen zu verhandeln. Er stellte freilich die Gegenforderung, auch Angestellte und Beamte in eine solche

90 Helmut Schmidt vor der SPD-Fraktion am 26. Juni 1981, AdsD, DM 027.
91 Willy Brandt mit kritischer Spitze gegen Matthöfer auf der Fraktionssitzung vom 8. September 1981, AdsD, DM 027. Tatsächlich stammte die Idee einer Ergänzungsabgabe aus der Umgebung des DGB-Vorstandsmitglieds Pfeiffer und wurde dann »kunstvoll« von den Ministerpräsidenten Johannes Rau und Holger Börner in den Entscheidungsprozess der SPD eingespeist. Süddeutsche Zeitung vom 18. September 1981.

Regelung einzubeziehen, wohl wissend, dass diese aus politischen und rechtlichen Gründen nicht realisierbar war. Weder lag es im Interesse der FDP, ihre eigene Klientel zu belasten, noch ließ das Alimentationsprinzip in der Beamtenbesoldung eine solche Ausweitung zu. Ein entsprechender Prüfauftrag an den Innenminister kam rasch zu diesem vorhersehbaren Ergebnis. Damit hatte der Finanzminister zwar den Vorstoß des Koalitionspartners erfolgreich pariert, mit seiner scheinbaren Verhandlungsbereitschaft aber die Gefühle vieler Sozialdemokraten auf der Ebene symbolischer Politik tief verletzt. Von Apel über Ehrenberg bis Steinkühler scheuten seine Widersacher denn auch nicht davor zurück, Matthöfer wider besseres Wissen die Bereitschaft zu unterstellen, Karenztage für Arbeiter zu akzeptieren.[92] Ähnlich unversöhnlich verlief die Front in Sachen Heizölsteuererhöhung und Einführung einer Erdgassteuer. Matthöfer kam es darauf an, auf diesem Weg »die Strukturen zu verändern, die zu unseren Schwierigkeiten führten, und zwar sowohl auf der Einnahmen- wie auf der Ausgabenseite«.[93] Er hatte nach zahlreichen Vorgesprächen mit FDP-Abgeordneten und nach einem Hinweis Genschers im Kabinett den Eindruck, dass ein solcher Vorstoß wahrscheinlich nicht an den Freien Demokraten scheitern würde. Anders als die Einführung einer Ergänzungsabgabe wären Heizöl- und Erdgassteuern auch gegen ein negatives Votum des Bundesrates mit einfacher Mehrheit im Bundestag durchsetzbar gewesen. Es handelte sich um Bundessteuern, die vom Zoll erhoben wurden und dabei die Mitwirkung der Länder nicht erforderten. Weil es aber unpopuläre Steuern waren, deren Belastungswirkung noch dazu als sozial unausgewogen galt, stieß der Finanzminister hier in der SPD auf eine einheitliche Front der Ablehnung. Vor allem die Bezirks- und Landesvorsitzenden der Partei zogen es vor, die populäre, aber mit Sicherheit nicht durchsetzbare Forderung nach einer Ergänzungsabgabe zu erheben, als im Vertrauen auf die eigene Kraft etwas zuzulassen, das die Regierung realistischerweise hätte durchsetzen können. Selbst alte politische Freunde, wie der niedersächsische Linke Peter von Oertzen oder der Ostwestfale Heinz Junker, der in den frühen fünfziger Jahren zu Matthöfers besten ›links‹-Werbern gehörte, machten da keine Ausnahme. Kein Wunder, dass der Finanzminister den »Verlust an Realitäts- bzw. Verantwortungsbewusstsein und an Gestaltungswille in der Partei fast zum Verzweifeln« fand.[94] In der Forderung nach einer Ergänzungsabgabe für Bezieher höherer Einkommen sah er nicht nur einen Beweis für die reiche Begabung der Sozialdemokraten »im Erfinden neuer Steuern und Abgaben«, sondern vor allem auch »eine reine Propaganda- und Alibifunktion«. Er wollte jedenfalls »diese illu-

---

92 Apel verband seine Kritik an Karenztagen mit der Frage: »Wo bleibt eigentlich die gerechte Verteilung der Lasten, vor allem auf die starken Schultern? (Apel, Abstieg, S. 156); Ehrenberg sah in der »Bereitschaft zu sozialen Einschnitten«, wie er sie in Matthöfers angeblichem Vorschlag für die Einführung von Karenztagen erkannte, einen der Gründe für den Fall der Regierung Schmidt (Ehrenberg, Gründe, FAZ vom 6. Dezember 1990). Auch Steinkühler ließ sich diese Polemik nicht entgehen, um die »Massen« gegen die Regierung zu mobilisieren (›Widerstand‹, Metall-Nachrichten vom 30. September 1981).
93 ›Diensttagebuch‹, 25.7.1981, AdsD, DM 0404.
94 Ebenda.

sionäre Flucht der SPD aus der Verantwortung nicht mitmachen«. Stolz war er darauf, die Substanz der sozialen Sicherung in allen ihren Zweigen zu bewahren. Die Operation '82 stellte keine der seit 1969 durchgeführten großen sozialpolitischen Reformen infrage. Insbesondere blieb das Niveau der Alterssicherung ohne Abstriche erhalten. Im Gegenteil, die Renten wurden wie geplant zum 1. Januar 1982 um 5,8 Prozent erhöht. Auch die Kriegsopferversorgung, in den Koalitionsverhandlungen von der FDP zur Disposition gestellt, blieb von Einschnitten verschont. Dagegen nutzte er die günstige Gelegenheit, um eine Reihe steuerlicher Regelungen zu korrigieren, die er schon immer für unvernünftig gehalten hatte. Dazu zählten in erster Linie die Halbierung der Steuerermäßigung bei Sparförderungsprogrammen für Arbeitnehmer, die Abschaffung der steuerfreien Rücklagen für Investitionen in den Entwicklungsländern, die Abschaffung des ermäßigten Umsatzsteuersatzes für freie Berufe, der Wegfall des Vorsteuerabzugs bei der Anschaffung von Betriebs-Pkw (den die CDU/CSU im Vermittlungsausschuss dann wieder einführte), die Absenkung der steuerrechtlich zulässigen Pensionsrückstellungen und die Einschränkung des sogenannten Flick-Paragraphen 6 b des Einkommensteuergesetzes, der Übertragungsmöglichkeiten von Veräußerungsgewinnen vorsieht, die zu Steuerstundungen führen. Die meisten dieser steuerpolitischen Maßnahmen musste er gegen den Widerstand der FDP durchsetzen, deren Klientel vor allem betroffen war. Auf diese Weise gelang es ihm nicht nur, in seinen Augen ärgerliche Regelungen in der Steuergesetzgebung zu beseitigen, sondern auch dauerhaft 1,4 Mrd. DM an zusätzlichen Einnahmen zu erzielen.

Am Ende stand ein Haushaltsentwurf, der Entlastungen in Höhe von 15,8 Mrd. DM auswies. Die Konsolidierung des Haushaltes der Bundesanstalt für Arbeit trug mit insgesamt 7 Mrd. DM am meisten dazu bei. Die gegen Matthöfers Willen von der Fraktion durchgesetzte Erhöhung der Tabaksteuer, der Branntweinsteuer und der Schaumweinsteuer brachte 2 Mrd. DM. Das zweite Haushaltsstrukturgesetz, das auch Kürzungen des Kindergelds mit sich brachte, entlastete den Haushalt um weitere 6,6 Mrd. DM. Innerhalb des Haushaltes wurde erheblich zugunsten der Stahlindustrie, des Bauwesens, der Energieeinsparung und der Investitionsförderung umgeschichtet. Auch hier nutzte Matthöfer die Gelegenheit, alte Steckenpferde zu reiten. Er übernahm die Vorschläge einer weiteren Arbeitsgruppe der SPD-Fraktion unter der Leitung von Wolfgang Roth, um strukturverbessernde Investitionen in der Stahlindustrie und im IT-Sektor zu finanzieren, wobei er endlich die Zustimmung der Länder erhielt, das Fernwärmeprojekt und andere energiesparende Investitionen in die Zuständigkeit des Bundes zu überführen. Alles in allem beliefen sich die zusätzlich beschäftigungswirksamen Maßnahmen bis 1985 auf 20 Mrd. DM – davon 10 Mrd. DM beim Bund. Vor dem Hintergrund einer sich rapide verschlechternden Konjunktur war dies freilich nicht viel mehr als ein Feigenblatt und unterstrich noch einmal den konsolidierenden Charakter der Operation '82. Zur Deckung des zusätzlichen Finanzbedarfs von 7,8 Mrd. DM beanspruchte der Finanzminister höhere Gewinnablieferungen der Bundesbank, erhöhte den Beitragssatz zur Arbeitslosenversicherung auf 4 Prozent und kürzte die

Ausgaben für Forschungsförderung, Verteidigung und Zinsen. Im Übrigen sorgte eine Kampagne gegen den Missbrauch bei Sozial-, Steuer- und Subventionsgesetzen für jede Menge Ärger bei den Gewerkschaften, brachte der Staatskasse aber wenig Zählbares ein.

In der SPD-Fraktion fand der Entwurf am Ende doch eine unerwartet große Mehrheit. Lediglich 17 Abgeordneten stimmten dagegen und drei enthielten sich. Die Zustimmung machte deutlich, dass eine erfolgversprechende Alternative politisch nicht realisierbar war. Sie erfolgte im Wissen, »daß eine andere Parlamentsmehrheit sich sehr schnell auf dem Rücken der Arbeitnehmer, auf dem Rücken der Arbeitslosen, ja auf dem Rücken der Sozialhilfeempfänger einigen würde und Eingriffe in das soziale Netz vornehmen könnte, die wir abgewendet haben«.[95] Unüberhörbar klang auch hier die Koalitionsfrage durch. Kenner der politischen Agonie des Parlamentarismus in der Endphase der Weimarer Republik, wie Willy Brand und Herbert Wehner, neigten nämlich dazu, die Lage der sozialliberalen Koalition mit der Situation der großen Koalition unter Hermann Müller im März 1930 zu vergleichen. Diese letzte demokratisch-parlamentarische Regierung unter einem sozialdemokratischen Kanzler war, wie Brandt immer wieder betonte, nicht an einem oberflächlichen Konflikt in einer Sachfrage gescheitert (die Erhöhung des Arbeitslosenversicherungsbeitrags zur Arbeitslosenversicherung um ¼ Prozent), sondern an der Absicht der liberalen Deutschen Volkspartei (DVP), aus der Koalition auszutreten – koste es was es wolle.[96] Brandt kapitulierte zwar vor dem »ökonomischen Sachverstand«, auf den sich Matthöfer berief (»Das muß man halt zur Kenntnis nehmen.«), behielt sich aber vor, im Koalitionsausschuss – wie schon Wehner im Kabinett –, auf die ursprünglichen Forderungen der Fraktion nach einer Ergänzungsabgabe und einem zusätzlichen, kreditfinanzierten Konjunkturprogramm zurückzukommen.[97] Offensichtlich hatte die Fraktionsspitze nicht aus Einsicht in die binnen- und weltwirtschaftliche Notwendigkeit der Operation '82 ihren Segen gegeben, sondern aus Gründen der politischen Taktik. Hätte die SPD allein regiert, so schien man dort zu glauben, wäre alles ganz anders ausgegangen. Matthöfer und Schmidt waren dagegen fest davon überzeugt, dass nicht alles »ganz anders ausgegangen wäre, wenn wir nur allein gewesen wären«.[98] Der Finanzminister plädierte offen für eine »vorbehaltlose Überprüfung des Gesamtspektrums der öffentlichen Leistungen«, die vor den Sozialausgaben nicht Halt machen dürfe: »In den vergangenen Jahren starken Wachstums haben wir manchen Luxus, man-

---

95 Heinz Westphal auf der Fraktionssitzung vom 8. September 1981, Protokoll, AdsD, DM 027.
96 Brandt berief sich dabei auf die historische Forschung; vgl. Helga Timm, Die deutsche Sozialpolitik und der Bruch der Großen Koalition im März 1930 (1952) (Beiträge zur Geschichte des Parlamentarismus und der politischen Parteien, 1) Düsseldorf 2. Aufl. 1982.
97 Brandt auf der Fraktionssitzung vom 8. September 1981, Protokoll, AdsD, DM 027.
98 Schmidt, ebenda. Dies spiegelt sich vor allem in den Denkschriften und Positionspapieren der Führungsebene des BMF wider, in denen weitreichende Reformansätze diskutiert wurden, deren Durchsetzung nach Meinung der Verfasser nicht an der FDP, sondern am BMA zu scheitern drohten. So z. B. von Staatssekretär Lahnstein am 23. Juli 1981 und von Leiter I A, persönlich, an Matthöfer, ebenfalls im Juli 1981, AdsD, DM 012.

chen Mißstand, manche Verzierungen und auch manche Schlupflöcher hinge-nommen, deren Beseitigung für die aktiven Arbeiter und Angestellten eher mehr als weniger soziale Gerechtigkeit bedeuten wird.«[99] Jetzt gelte es, einen schwierigen und schmerzhaften Lernprozess zu vollziehen, weil in einer Zeit, in der es keinen Zuwachs zu verteilen gebe, die Erschließung neuer Ressourcen für produktive In-vestitionen »durch Einsparungen« den Vorrang habe und der soziale Fortschritt nicht mehr wie in der Vergangenheit organisiert werden könne. Matthöfer legte sich auch schwer ins Zeug, um in der Fraktion den Mythos von der Durchset-zungsfähigkeit der FDP zu erschüttern. Als er seine nicht enden wollende Liste von Beispielen vortrug, die den Gegenbeweis liefern sollte, wurde er freilich immer wieder von kritischen Zwischenrufen unterbrochen. Kein Zweifel, auf dem Gebiet der Wirtschafts- und Finanzpolitik standen die regierenden Sozialdemokraten dem Koalitionspartner in der Sache näher als der eigenen Fraktion.

Kronprinz wider Willen

Die Einbringung des Haushaltes 1982 in den Deutschen Bundestag geriet für den Finanzminister zu einer parlamentarischen Sternstunde. Nicht nur die Haushalts-experten aller Fraktionen – von Rudi Walther (SPD) über Ingrid Matthäus-Maier (FDP) bis Hans Jörg Häfele (CDU/CSU) – sahen in der Operation '82 einen großen Wurf. Die Opposition und die Arbeitgeber lobten den Minister, weil er in seiner Etatrede das hohe Lied der Eigeninitiative und der Leistung gesungen hatte. Die Liberalen waren ihm dankbar, weil er mit ihnen dafür gesorgt hatte, die Er-gänzungsabgabe zur Lohn- und Einkommensteuer abzuwenden. Selbst die Sozial-demokraten, die Matthöfer manche Konzession gegenüber dem Koalitionspartner verübelten, blieben am Ende von der staatsmännischen Leistung ihres Mannes im Finanzressort nicht unbeeindruckt. Lediglich die IG Metall ließ sich nicht besänf-tigen. Franz Steinkühler mochte durch den faktischen parteiübergreifenden Kon-sens sogar noch darin bestärkt worden sein, ›die Massen‹ gegen einen Finanzmi-nister zu mobilisieren, der 19 Jahre lang einer der führenden Funktionäre seiner Gewerkschaft gewesen war. Wer Matthöfer noch immer als linken Flügelmann im Kabinett Schmidt ansah, musste in der Tat den Eindruck haben, dass der Beifall immer häufiger von der falschen Seite kam. Für die bürgerliche Presse gab es keinen Zweifel, dass Matthöfer gestärkt aus der Auseinandersetzung um die Sparbeschlüsse hervorgegangen sei. Die liberale Wochenzeitung ›DIE ZEIT‹ wollte ihm für seine Haushaltsrede gleich zwei Oscars verleihen – wohl für Drehbuch und schauspie-lerische Leistung – und fragte ohne jede Ironie: »Hans Matthöfer Superstar?«[100] In den Augen des Rheinischen Merkur avancierte er – was aus konservativer Sicht durchaus als Lob gedacht war – »vom linken Flügelstürmer zum halbrechten Prag-

99 Hans Matthöfer, Die Wirtschafts- und Finanzpolitik steht vor großen Herausforderungen, in: Die Neue Gesellschaft 28 (1981), S. 600.
100 Gunter Hofmann, Ein Kanzler nach innen, DIE ZEIT vom 25. September 1981.

matiker«, weil er sich »wie ein Fels in der Brandung gegen die Forderung vieler Parteifreunde und der Gewerkschaften stemmt, aus Krediten ein milliardenschweres Arbeitsmarktprogramm zu zimmern«.[101] Wenn die rechten Liberalen einen Linken so richtig gut finden und die »Unionschristen« sogar unsozial, so musste dies nach Meinung der links-liberalen Süddeutschen Zeitung wie ein »kühler Abschied vom alten Ideal« wirken. Über Matthöfers Motive ließ sich von außen nur spekulieren: »Einer, der Sachverstand vorweisen kann, einer, der täglich zwölf bis 16 Stunden arbeitet, keinerlei persönlichen Luxus treibt, nicht trinkt, nicht raucht, nicht gerne Essen geht, hat vermutlich eher als andere das Gefühl, die notwendigen Grausamkeiten begehen zu können.«[102] Da mochte es wie ein bürgerlicher Ritterschlag aussehen, dass Hermann Josef Abs seinen langjährigen Kronberger Nachbarn erstmals zum Sonntagnachmittagstee in sein Haus in der Königsteiner Straße einlud.[103] Auch in Washington, wohin Matthöfer noch am Tag seiner Haushaltsrede aufbrach, um an der Jahrestagung des Internationalen Währungsfonds teilzunehmen, konnte er sich selbstbewusst zeigen. Die Märkte reagierten prompt – und genauso, wie es der Volkswirt erwartet hatte. Der Dollarkurs sank, der Kurs der Mark stieg.[104] Gleichzeitig ging das deutsche Leistungsbilanzdefizit deutlich zurück: von 9,1 Mrd. DM im ersten Quartal auf 5,3 Mrd. DM im zweiten Quartal 1981. Verglichen mit dem Vorjahr verdoppelte sich in der ersten Jahreshälfte auch der Handelsbilanzüberschuss. Alle außenwirtschaftlichen Indikatoren schienen der Bundesbank mehr Spielraum für sinkende Zinsen zu geben. Matthöfer bestand deshalb gegenüber dem ebenfalls in Washington weilenden Bundesbankpräsident Pöhl energisch darauf, diese Handlungsmöglichkeit zugunsten der deutschen Binnenkonjunktur auch zu nutzen. Er hatte dazu ausdrücklich auch das Mandat des Kanzlers, der eine entsprechende Gesprächsunterlage Matthöfers mit zustimmenden Marginalien versehen hatte.[105] Mit dem Haushaltskonsens im Rücken und dem »Vertrauen in die eigene Kraft« fiel es Matthöfer auch leicht, in Washington dem Sendungsbewusstsein der Reagan-Administration zu widerstehen. Er teilte weder die auf der Jahrestagung des IWF grassierende Furcht vor der Ansteckungskraft der ›Reagonomics‹, noch die entgegengesetzte Hoffnung auf eine neue wirtschaftliche Führungsrolle der USA: »Wir müssen unsere eigene Politik betreiben. Ich sehe kein Land in der Welt, daß uns in jeder Hinsicht Vorbild sein könnte.«[106]

Immer häufiger wurde der Finanzminister jetzt auch als der ›Kronprinz‹ des Bundeskanzlers gehandelt, der sich Mitte Oktober 1981 einer Herzschrittmacher-

101 Lothar M. Marscheid, Des Kanzlers Kronprinz, Rheinischer Merkur / Christ und Welt vom 29. Januar 1982.
102 Herbert Riehl-Heyse, Kühler Abschied vom alten Ideal, Süddeutsche Zeitung vom 18. September 1981.
103 ›Diensttagebuch‹, 15.11.1981, AdsD, DM 0404.
104 Der Wechselkurs des Dollar verschlechterte sich gegenüber der Mark von 2,57 DM Mitte August auf 2,28 am 23. September.
105 GL 42 / Chef BK an Bundeskanzler betr. Argumentation der Bundesbank zur Geldpolitik, Bonn, den 24. September 1981.
106 Interview mit Hilde Purwin in der Neuen Ruhrzeitung vom 2. Oktober 1981.

Operation unterziehen musste. Für Insider war es längst kein Geheimnis mehr, dass Schmidt ernsthaft am Herzen erkrankt war und deshalb möglicherweise einem Nachfolger Platz machen musste. Begonnen hatten die Spekulationen um die Gesundheit des Regierungschefs im Februar 1980, als der deutsche Bundeskanzler auf einem der üblichen deutsch-französischen Konsultationstreffen in Paris einen schweren Schwächeanfall erlitt und während eines Vier-Augen-Gesprächs mit dem französischen Staatspräsidenten Giscard d'Estaing kollabierte.[107] Der Kanzler verlor in den präsidialen Gemächern des Elysée-Palastes eine Zeitlang das Bewusstsein, konnte aber nach kurzer ärztlicher Behandlung wieder seine Amtsgeschäfte aufnehmen. Der Öffentlichkeit blieb der Zwischenfall verborgen, doch ließen sich die nun häufig wiederkehrenden Zeichen der Schwäche seiner engeren Umgebung nicht verheimlichen. Auch Matthöfer blieb der Gesundheitszustand des Freundes nicht verborgen, zumal er die einsetzenden Positionskämpfe der möglichen Nachfolger aus nächster Nähe erlebte. Seine Konkurrenten aus der eigenen Partei sahen in ihm einen Favoriten auf die Nachfolge des Bundeskanzlers. Aus seiner Perspektive war es vor allem die rechte Ministerriege Apel, Ehrenberg und Huber, die ihn »gemeinsam bei Einzelprojekten behinderte und blockierte und mir keinen einzigen Erfolg gönnte, der nach ihrer Ansicht meine Chancen erhöht hätte«.[108] Inzwischen hatte der Führer dieser Seilschaft seinen Gipfelsturm zwar schon abgebrochen und war im ›Abstieg‹ begriffen, doch kam es noch immer zu gelegentlichen Beißreflexen gegen den potentiellen Rivalen. Die Öffentlichkeit nahm die Gesundheitsprobleme Schmidts erst richtig wahr, als er sich am Herzen operieren lassen musste. Matthöfer befand sich zu diesem Zeitpunkt auf einer privaten Reise durch den Norden der DDR, wo er mit seiner Frau und seiner Schwägerin die Städte ihrer Jugend besuchte: Schwerin, Milow, Eggesin, Ueckermünde, Stralsund, Neubrandenburg und Rostock. Auf Anraten des Schleswig-Holsteinischen Ministerpräsidenten Gerhard Stoltenberg zeigte die Reisegesellschaft Flagge und war mit dem Dienstwagen samt Stander und ministerieller Entourage unterwegs.[109] Wo immer es zwischen den Verwandtenbesuchen möglich war, suchte Matthöfer das Gespräch mit den Einheimischen, die in ihm einen der populärsten deutschen Politiker erkannten und ihm trotz Stasi-Überwachung nicht aus dem Weg gingen. Sein Bekanntheitsgrad in der Bevölkerung, der zu diesem Zeitpunkt westdeutschen Umfragen zufolge bei 93 Prozent lag, blieb in der DDR sicher nicht wesentlich dahinter zurück. Kein Zweifel, der Finanzminister zeigte weit über den üblichen Rahmen seiner Amtsgeschäfte hinaus Präsenz und erwies sich auch in dieser Hinsicht als ein Kanzler nach Innen. Es war daher nur folgerichtig, dass er die Reise unverzüglich abbrach und nach Bonn zurückkehrte, als ihn die Nachricht von der Herzschrittmacher-Operation des Kanzlers erreichte.

Es blieb sicher nicht ohne symbolische Bedeutung, dass Matthöfer der erste

---

107 Giscard beschreibt diesen Zwischenfall eingehend in seinen Erinnerungen »Macht und Leben« (Berlin 1988, S. 49–54).
108 ›Diensttagebuch‹, 29.8.1981, AdsD, DM 0404.
109 ›Diensttagebuch‹, 10.–14.10.1981, AdsD, DM 0404.

Kabinettsminister war, den der Kanzler am Krankenbett empfing. Inzwischen lief nämlich die Nachfolgediskussion schon auf Hochtouren. Schon vor der Operation waren im Sommer 1981 Spekulationen laut geworden, wer denn der nächste Bundeskanzler werden würde, wenn Helmut Schmidt – aus welchen Gründen auch immer – nicht weiter zur Verfügung stand. Den Auftakt machte Ernst-Dieter Lueg, der einflußreiche Leiter des Bonner ARD-Studios. Als Gast-Kolumnist in ›Bild am Sonntag‹ stellte er in großer Aufmachung die Frage »Wer kommt nach Schmidt?« Neben Holger Börner und Hans-Jochen Vogel sah er vor allem Matthöfer in der Rolle des »Kronprinzen«.[110] Er charakterisierte ihn als »ehrgeizig, sachkundig und knallhart«. Auch war er in seinen Augen kein »Fachidiot«, verfügte er doch als ehemaliger Forschungsminister und Entwicklungshilfe-Staatssekretär »durchaus über Bandbreite«. Dass er Englisch und Französisch sprach und kein Neuling auf der internationalen Bühne war, kam hinzu. Sein Urteil fiel deshalb sehr klar aus: »Dieser Hans Matthöfer hat immer seine Schularbeiten gemacht, ist immer präsent und reaktionsschnell.« Die ›Bild-Zeitung‹ verfolgte das Thema weiter, indem sie vor dem Hintergrund der Operation '82 die Spaltung der SPD an die Wand malte und die Kandidaten-Diskussion fortsetzte.[111] Danach gehörten zu Schmidts engerem Favoritenkreis angeblich Matthöfer, Apel und Vogel. Da aber Apel noch unter der Tornado-Affäre litt und Vogel als Berliner Oppositionspolitiker aus dem Blickfeld der Öffentlichkeit geraten war, gab das Massenblatt Matthöfer die besten Chancen. Zum »Lieblingsminister« des Kanzlers qualifizierten Matthöfer nach Meinung der ›Bild-Zeitung‹ vor allem seine guten Fachkenntnisse auf den Gebieten Energieforschung, Währungspolitik und Finanzen. Nach der Herzoperation des Kanzlers erreichte die Nachfolge-Debatte auch die seriöse Presse. Der ›Spiegel‹ wunderte sich, dass Matthöfer aus dem »Bonner Milliardendebakel« so ungeschoren hervorging:[112] »Da wird verniedlicht und vertuscht, wird getrickst und frisiert – und der Minister, der für alles geradezustehen hätte, sieht sich zum Kanzler-Kandidaten geadelt.« Auch der ›Rheinische Merkur‹ hielt Matthöfer für »des Kanzlers Kronprinz«, weil sein Ansehen noch jede Etatkrise überstanden hatte, weil er sich auch beim Koalitionspartner »hohen Respekts« erfreute und Schmidt die menschlichen und fachlichen Qualitäten seines Finanzministers schätzte.[113] Das ›Hamburger Abendblatt‹, schockiert, dass »auch Helmut Schmidt gesundheitlich Grenzen hat«, legte sich unter den Kandidaten um die Nachfolge ebenfalls auf die Rangfolge Matthöfer, Apel, Vogel fest:[114] »Hans Matthöfer ist im Augenblick in der Beurteilung des Kanzlers das stärkste Pferd im SPD-Ministerstall.« Klaus Bölling, der die Entwicklung als Teilnehmer an der täglichen Mitar-

110 ›Bild am Sonntag‹ vom 9. August 1981, S. 16.
111 »Wenn sich die SPD spaltet, haben beide verloren«, ›Bild-Zeitung‹ (Ausgabe Köln) vom 29. August 1981.
112 Treuer Blick und falsche Zahlen, DER SPIEGEL 35(1981)45, 20–21.
113 Lothar M. Marscheid, Des Kanzlers Kronprinz. Vom linken Flügelstürmer zum halbrechten Pragmatiker, Rheinischer Merkur/Christ und Welt vom 22. Januar 1982.
114 Joachim Stoltenberg, Wer passt in die Fußstapfen Schmidts? Hamburger Abendblatt vom 15. Oktober 1981.

beiterbesprechung mit dem Kanzler (›kleines Kleeblatt‹) aus nächster Nähe verfolgte, bestätigte dies in seinen politischen Erinnerungen mit dem Hinweis, dass Schmidt in Matthöfer jemanden sah, der »mit Hartnäckigkeit für eine geistige ›Vertiefung‹ der Politik geworben hat (und) dem die Bewältigung der Tagesprobleme nicht genug war.[115] Dies qualifiziere ihn in den Augen des Kanzlers »für den Fall, daß ich einmal gegen den Baum fahre«. Für manche journalistische Beobachter lag seine Qualifikation zum Kanzler-Nachfolger jedoch lediglich darin, anders als Apel »keine sichtbaren Fehler gemacht« zu haben.[116] Andere wiederum kreideten ihm mangelnde Ausstrahlungskraft an, weil er als Redner spröde wirkte und im Fernsehen keine Emotionen zeigte.[117] Trotz des hohen Bekanntheitsgrades wurde sein Sympathiewert von der Boulevardpresse nicht gerade hoch gehandelt, nicht einmal in seiner eigenen Partei. Entscheidend aber war, dass nicht nur der Kanzler, sondern auch der Koalitionspartner FDP dem Finanzminister deutliche Avancen für die Nachfolge machten. Der ›Platow-Brief‹, ein liberaler Wirtschaftsdienst und Matthöfer alles andere als gewogen, empfand es als »sensationell«, dass FDP-Chef Genscher den Finanzminister nicht nur in der Fernsehsendung »Bilanz«, sondern auch gegenüber seiner Umgebung lobte.[118] Offenbar wollte er damit – so das Insider-Blatt – zu erkennen geben, dass die Liberalen auch mit einem Kanzler Matthöfer koalieren könnten. Schon nach der Einbringungsrede für den Haushalt 1982 hatte der FDP-Vorsitzende und Bundesaußenminister erklärt, »er finde sich in Matthöfers Rede wieder«.[119] Keine Frage, im Herbst 1981 stand der einstige »linke Flügelstürmer« des Kabinetts Schmidt nur einen Herzschlag vom Kanzleramt entfernt.

Der Nachfolge-Kandidat selbst tat freilich nichts, um seinen Anspruch anzumelden. Wäre der Fall eingetreten und hätte ihn – was alles andere als sicher war – die SPD-Bundestagsfraktion für das Amt des Regierungschefs vorgeschlagen, hätte er sich der Aufgabe wohl nicht entzogen. Alles andere wäre einer Kapitulation vor dem eigenen Lebenstraum gleich gekommen, dessen Verwirklichung Macht voraussetzte. In der Position des Kanzlers hätte er jedenfalls noch einmal versuchen können, jene inzwischen auf pragmatische Formate geschrumpften Ziele zu erreichen, die zu realisieren ihm als Minister verwehrt geblieben waren. Er dementierte eigene Ambitionen, die ihm unterstellt wurden, allerdings recht glaubwürdig mit dem Hinweis auf Schmidts offensichtliche Handlungsfähigkeit: »Es wird keinen Schmidt-Nachfolger geben, weil der Helmut Schmidt wieder voll dabei ist und nicht das Handtuch werfen wird«.[120] Seine Selbstbeurteilung, das Amt sei »nach seiner festen Meinung für ihn eine Nummer zu groß«, wirkte dagegen eher wie eine Demonstration politisch korrekter Bescheidenheit, die auf Widerspruch hoff-

---

115 Klaus Bölling, Bonn von außen betrachtet, Stuttgart 1986, S. 144.
116 Die Rheinpfalz vom 16. Oktober 1981.
117 Matthöfers Drohung für den Fall des Sturzes der Regierung: Man wird uns mit Privatfernsehen überziehen! ›Stern‹ von 26. November 1981.
118 ›Der Platow Brief‹ vom 30. Oktober 1981.
119 Hilde Purwin in der Neuen Rhein-Zeitung vom 26. September 1981.
120 Interview mit Ulrich Rosenbaum im ›Stern‹ vom 26. November 1981.

te.[121] Aber auch in der Sache selbst machte er sich kaum Illusionen. Er hatte mit der Einbringung des Haushaltes zwar einen Achtungserfolg errungen, war aber Realist genug um zu wissen, dass er dabei gerade die Vorstellungen, die ihm am Herzen lagen, nicht durchsetzen konnte. Warum sollte er dann die Bürde des Amtes noch weiter tragen, wenn sie ihm immer weniger eigene Gestaltungsmacht verlieh? Der Korrespondent der Süddeutschen Zeitung stellte denn auch einen Zusammenhang zwischen dem Erfolg der Operation '82 und Matthöfers Amtsmüdigkeit her:[122] »Könnte auch eine Rolle spielen, daß der Mann keine Karriere mehr machen will?« Tatsächlich hatte er sich zu diesem Zeitpunkt bereits die Option für einen Ausstieg aus dem Amt des Finanzministers weit offen gehalten. Schon im April begründete er einen dreiwöchigen ›Kurlaub‹ in einem Sanatorium am Tegernsee mit »leichten Herzrhythmusstörungen«, wo schon der schlichte Hinweis auf seine Arbeitslast von täglich 14 oder 15 Stunden genügt hätte, um die Notwendigkeit einer Auszeit zu begründen.[123] Er kokettierte seit vielen Jahren mit einem schwachen Herzen, nachdem sich dies Anfang 1971 zum ersten Mal als taktisch nützlich erwiesen hatte, um im Mobbing-Krieg mit der IG-Metall-Spitze eine Atempause zu gewinnen. Wenn er nun mitten in der Nachfolgedebatte wieder auf seine angeblichen Herzrhythmusstörungen zurückkam, deutet dies jedenfalls nicht auf brennenden Ehrgeiz hin, gegebenenfalls die Nachfolge Schmidts anzutreten. Er nahm zwar seine Amtsgeschäfte uneingeschränkt wahr, sagte aber Anfang November eine Reihe von Terminen ab und ließ sich auf internationalen Konferenzen durch seine Staatssekretäre vertreten.[124] Damit nicht genug, heizte seine Frau Traute das Thema durch Interviews noch weiter an. Sie versicherte der ›Bild-Zeitung‹, die Herzrhythmusstörungen ihres Mannes seien seit jener Frühjahrsattacke immer wieder gekommen:[125] »Das geht nicht so schnell weg. Er ist aber nicht akut krank.« Wenig später spielte sie die Angelegenheit weiter hoch, indem sie demselben Blatt bekannte:[126] »Mir ist ein lebender Bundestagsabgeordneter lieber als ein toter Minister.« Matthöfer selbst sorgte für ein kräftiges Echo: »Ich habe die Schnauze voll. Ich möchte nicht in den Sielen sterben.« Zum ersten Mal ließ er bei dieser Gelegenheit die Öffentlichkeit wissen, er denke ernsthaft daran, im März 1982 zurückzutreten. Tatsächlich war es eine politische Krankheit, die so inszeniert wurde. Nachdem er sich mit seinen Vorstellungen in der Fraktion nicht durchsetzen konnte, mochte er nicht weitermachen »mit einer Politik, die ich für grundsätzlich falsch hielt und deshalb auch nicht rechtfertigen wollte«.[127] Andererseits lag ihm viel daran, nicht im Konflikt mit Helmut Schmidt aus der Regierung zu

121 ›Diensttagebuch‹, 15.10.1981, AdsD, DM 0404.
122 Herbert Riehl-Heyse, Kühler Abschied vom alten Ideal, Süddeutsche Zeitung vom 18. September 1981.
123 Heinz Murmann, Das Herz brachte ihn aus dem Rhythmus, Kölner Stadt-Anzeiger vom 10. April 1981.
124 Frankfurter Rundschau vom 3. November 1981.
125 ›Bild-Zeitung‹ vom 2. November 1981.
126 ›Bild-Zeitung‹ vom 17. Dezember 1981.
127 ›Diensttagebuch‹, 17.12.1981, AdsD, DM 0404.

scheiden. Da kamen ihm ›Herzrhythmusstörungen‹ gerade recht, die, wenn es sie je gegeben hätte, leicht zu verbergen gewesen wären. Viel später räumte Matthöfer in einem Interview des Bayerischen Fernsehens ein, er habe dem Kanzler seinen Rücktritt sechs bis acht Wochen vor dem geplanten Termin angekündigt und hinzugefügt:[128] »In der Zwischenzeit lasse ich mal meine Herzrhythmusstörungen ›frei laufen‹.« Ende 1981 wollte er sich freilich noch alle Optionen offen halten, denn er dementierte die Ankündigung seines Rücktritts in der ›Bild-Zeitung‹ mit der allseits akzeptierten Erklärung, er sehe dazu keinen Anlass, weil sein Gesundheitszustand ihm gestatte, seine Arbeit »ordentlich zu tun«.[129] Zu diesem Zeitpunkt wäre die Ankündigung seines Rücktritts aber auch schon fast zwangsläufig als Schuldeingeständnis interpretiert worden. Inzwischen war Matthöfer nämlich unversehens in den Sog eines der größten Skandale geraten, der das politische System der Bundesrepublik je erschüttert hat: die Flick-Spendenaffäre.

---

128 Hans Matthöfer im Gespräch mit Klaus Kastan, α-Forum des Bayerischen Rundfunks am 25. September 2000.
129 Kölner Stadt-Anzeiger vom 18. Dezember 1981.

TEIL 7

Die Aporie der Politik

Der Flick-Skandal

Absurd, abstrus, abwegig, kafkaesk

Die erste Konfrontation des Finanzministers mit dem Skandalvorwurf hatte alle Züge einer billigen Schmierenkomödie. In den ersten Dezembertagen 1981 platzte ein bis dahin in der Presseabteilung wohlgelittener Journalist, der Spiegel-Reporter Dirk Koch, in Begleitung eines nervösen Alwin Steinke unangemeldet in das Ministerbüro in der Graurheindorfer Straße. Nach einer dramaturgisch geschickt gesetzten Kunstpause eröffnete Koch dem verdutzten Minister, er wisse aus absolut zuverlässiger und sehr vertraulicher Quelle von einer 100.000-Mark-Spende des Flick-Konzerns an die SPD, die über Matthöfer gelaufen sei. Es gebe freilich keinen Grund zur Aufregung. Es handele sich um versteuertes Geld, das vom Empfänger unverzüglich und ordnungsgemäß an die SPD weitergeleitet worden sei. Der überrumpelte Minister nahm die Geschichte zunächst nicht sonderlich ernst, weil sie ihm »absurd, abstrus, abwegig, geradezu kafkaesk« erschien.[1] Abgesehen von der rechtlichen, moralischen und politischen Fragwürdigkeit der ihm unterstellten Verquickung von Amtstätigkeit und Spendenakquise kam ihm schon der von Koch genannte Betrag »lächerlich gering« vor. Entsprechend spontan und ironisch fiel seine Antwort aus: »Unfug! Wenn Sie einmal hören, jemand habe mir 10 Millionen angeboten, dann kommen Sie bitte wieder.« In Wirklichkeit hatte Koch die Höhe der angeblich von Flick über Matthöfer der SPD gespendeten Summe noch bewusst übertrieben. Wie am 14. Dezember im Spiegel zu lesen war, hatte er etwas von 50.000 DM läuten hören und wollte seinem Opfer wohl eine Falle stellen. Hätte sich der Minister über die Übertreibung empört, wäre dies wenigstens dem Grunde nach einer Bestätigung der Geschichte gleichgekommen. Die Rechnung ging aber nicht auf. Matthöfer war sich absolut sicher, dass keine Spende des Flick-Konzerns an die SPD gegangen war – weder *über* ihn noch *wegen* ihm. Eine Spende dieser Größenordnung wäre ihm sofort gemeldet worden und so musste er nicht erst telefonisch nachfragen, wie Koch verlangte. Je hartnäckiger der Spiegeljournalist war und je fordernder seine Haltung wurde, desto weniger war der Finanzminister bereit, sich auf weitere Diskussionen einzulassen. Schließlich beschied er Koch: »Wir leben schließlich in einem Rechtsstaat. Ich muß wohl dem Spiegel nicht meine Unschuld beweisen.« Im Spiegel las sich dies später so:[2]

---

1 Hans Matthöfer, Die Flick-Affäre aus meiner Sicht, Bonn, im Juni 1984, maschinenschriftliches Manuskript, AdsD, DM o. Nr.
2 Hausmitteilung, DER SPIEGEL, Nr. 52 vom 21. Dezember 1981, S. 3.

»Weiß ich nicht und will das auch nicht wissen.« Und schließlich: »Ich nehme doch dem Spiegel und der Staatsanwaltschaft nicht die Arbeit ab.«

Mehr noch als solche branchenüblichen Verfälschungen erweckten missverständliche Äußerungen des Parteikassierers Friedrich Halstenberg den Verdacht, an der Sache könnte doch etwas dran sein. Der Schatzmeister der SPD kannte die ›großzügige‹ Spendenpraxis des Flick-Konzerns und wollte offenbar nichts ausschließen, um nicht von den Fakten widerlegt zu werden. Er spekulierte, über den Sachverhalt gebe es vermutlich »sieben Wahrheiten«. Zunächst vermutete er, Matthöfer habe eine 50.000 Mark-Spende von Flick, die an ihn gerichtet war, korrekt der zuständigen Parteistelle »offenbart«. Dann präzisierte er, das Geld sei der Frankfurter SPD »avisiert« worden, dort aber nie eingegangen. Und schließlich erklärte er dunkel:[3] »Ich habe keinen Anlaß zu einem Zweifel. Ich kann vielmehr nach jüngsten sorgfältigen Recherchen feststellen, daß eine Flick-Spende bei keinem der in Betracht kommenden Bezirks- oder Unterbezirksvorstände eingegangen oder bekannt geworden ist. Ich schließe daher aus, daß eine für Herrn Matthöfer bestimmte Flick-Spende tatsächlich angekommen ist.« Dies ließ viele Deutungen offen und der Spiegel konnte triumphierend mitteilen, die Höhe der infrage stehenden Summe von 50.000 DM habe Koch allein von Halstenberg erfahren:[4] »Eine Summe, die nie gezahlt und nie avisiert worden ist?« In Wirklichkeit ging es aber – wenn überhaupt – um ganz andere Beträge.

Im Herbst hatte die Bonner Staatsanwaltschaft im Zusammenhang mit Ermittlungen in der seit Mitte der siebziger Jahre schwelenden Parteispenden-Affäre gegen mehrere westdeutsche Konzerne auch die Düsseldorfer Zentrale des Flick-Konzerns durchsucht. Dort wurden mehr als 100 Firmen im In- und Ausland geführt, die einen jährlichen Gesamtumsatz von knapp 10 Mrd. DM hatten und mehr als 45.000 Mitarbeiter beschäftigten. Neben umfangreichen Aufzeichnungen über die »offizielle« und »inoffizielle« Spendenpraxis der Verwaltungsgesellschaft für industrielle Unternehmungen Friedrich Flick GmbH, die als konzernleitende Obergesellschaft die aus mehreren Teilkonzernen bestehende Flick-Gruppe beherrschte, fiel den Fahndern auch ein Schlüssel zu einem Bankschließfach in die Hände, das minutiöse handschriftliche Aufzeichnungen des Flick-Direktors und Chef–»Buchhalters« Rudolf Diel über angebliche Zuwendungen an Repräsentanten aller Bundestagsparteien enthielt. Sie belegten eine bis ins Jahr 1951 zurückreichende »besondere Pflege der Bonner Landschaft«, sei es durch Barauszahlungen an Angehörige des Flick-Konzerns, die sie für diesen Zweck einsetzen sollten, oder durch direkte Geldzuwendungen (»Spezialbriefe«) an »Freunde des Hauses«.[5]

---

3 »Im nächsten Wahlkampf nur noch die Hälfte«. Spiegelinterview mit dem SPD-Schatzmeister Friedrich Halstenberg über die Parteienfinanzierung, DER SPIEGEL, Nr. 51 vom 14. Dezember 1981, S. 21.

4 Hausmitteilung, DER SPIEGEL, Nr. 52 vom 21. Dezember 1981, S. 3.

5 Für die Zeit von 1975 bis 1981 sind die Eintragungen sorgfältig dokumentiert in der 111seitigen Verfügung des Bonner Staatsanwalts Dettmann vom 14. Januar 1982, mit der er die Ermittlungen in der sogenannten »Flick-Affäre« begründete. AdsD, DM 0307 »Flick«. In einem dort wiedergegebenen Schreiben von Brauchitschs an Flick heißt es dazu: »Ich glaube, wir sollten nicht unterschät-

Dabei stießen die Staatsanwälte auch auf Unterlagen, die über den Verdacht auf Steuerdelikte hinaus auch eine Einflussnahme von Angehörigen des Flick-Konzerns auf Amtsträger möglich erscheinen ließen. Offenbar sollte die Zustimmung von Politikern zu laufenden Anträgen des Konzerns auf Steuerstundung in Milliardenhöhe erkauft werden. Es ging also um den Verdacht auf Vorteilsannahme und Vorteilsgewährung (gemäß §§ 331, 333 StGB) und um den Verdacht auf Bestechung bzw. Bestechlichkeit (gemäß §§ 332, 334 StGB). Aus dem Parteispenden-Sumpf der illegalen und steuerverkürzenden politischen Spendenpraxis von Unternehmen erwuchs so durch diesen Zufallsfund eine noch brisantere Affäre, die den Verdacht auf Korruption im großen Stil aufkommen ließ.

Business as usual?

Es schien so, als habe der Generalbevollmächtigte Eberhard von Brauchitsch, ein Jugendfreund des Konzernchefs Friedrich Karl Flick, seit 1975 Millionenbeträge ausgegeben, um den Verkauf eines Großteils der Flick-Anteile an Daimler-Benz möglichst steuerneutral zu gestalten. Offenbar hatte Flick unter dem Eindruck der Ölpreiskrise von 1973 beschlossen, sich vom Großteil seiner Automobilinteressen zu trennen, und Anfang 1976 Anteile in Höhe von 29 vH des Grundkapitals der Daimler-Benz AG an die Deutsche Bank verkauft, die es übernahm, das Aktienpaket aufzuschnüren und an das breite Publikum weiterzureichen. Die Bundesregierung, die in der Person des Bundeskanzlers frühzeitig über den Verkauf informiert wurde, begrüßte diese Lösung, stand als Alternative doch der Einstieg des Iran in das Herz der deutschen Automobilindustrie zur Debatte.[6] Immerhin hatte der Schah von Persien zuvor bereits 25,4 % der Krupp-Aktien übernommen und die Familie Quandt ihren Daimler-Anteil von 12,5 % an Kuwait verkauft. Das schockierte die deutsche Öffentlichkeit und weckte die Furcht vor einem Ausverkauf nationaler Güter. Es gab daher von Anfang an keinen Zweifel, dass der Flick-Konzern in den Genuss der Steuerstundungsmöglichkeiten der Paragraphen 6 b Einkommensteuergesetz (EStG) und 4 Auslandsinvestitionsgesetz (AIG) kommen würde, wenn die Wiederanlage des Veräußerungsgewinns deren Voraussetzungen erfüllte. Tatsächlich hatte der Verkauf des Aktienpakets stille Reserven in Höhe von 1.935 Mio. DM freigelegt, weil der aktuelle Preis der Aktien weit über dem Nennwert von 344,3 Mio. DM lag. Im Prinzip wären dafür allein an Körperschaftssteuern 986 Mio. DM fällig geworden. Für diesen Fall sahen das Einkommensteuergesetz und das Auslandsinvestitionsgesetz aber Steuerstundungsmöglichkeiten bis zu einer definitiven Veräußerung vor, wenn der Buchgewinn im In- oder Ausland

zen, welche große Bedeutung für unser Haus die besondere Pflege der Bonner Landschaft, aber auch der gutwilligen Leute im Gewerkschaftsbereich hat.« (S. 60)

6 Aus zwei Treffen mit dem Bundeskanzler – im April 1976 und im Oktober 1979 – dürfte Friedrich Karl Flick den Eindruck mitgenommen haben, die Bundesregierung würde sich nicht gegen eine steuerliche Gleichbehandlung mit anderen Wiederanlegern stiller Reserven sträuben.

wieder so angelegt wurde, dass das Ergebnis dem öffentlichen Interesse entsprach, den notwendigen Strukturwandel oder die Innovationsfähigkeit der deutschen Wirtschaft zu fördern. Um in den Genuss dieser Regelung zu kommen, bedurfte es jeweils einer Bescheinigung des federführenden Bundeswirtschaftsministeriums, dass die neue Anlage den rechtlichen Voraussetzungen entsprach. Aber auch die jeweiligen Landeswirtschaftsminister mussten zustimmen, ehe der Schein erteilt werden konnte. Das Finanzministerium war dagegen lediglich ins *Benehmen* zu setzen. Es durfte also Stellung nehmen, konnte aber *rechtlich* gesehen durch die Verweigerung seiner Zustimmung die Entscheidung des Wirtschaftsministeriums nicht verhindern. Lediglich in Fällen, in denen das Zielgebiet von Wiederanlagen aufgelöster stiller Reserven in die Kompetenz des Finanzministers fiel, wie z. B. im Versicherungssektor, musste das Wirtschaftsministerium das *Einvernehmen* mit dem großen Bruder herstellen, ehe es in der Lage war, die Bescheinigung auszustellen. Diese Regelung war im Steueränderungsgesetz von 1964 eingeführt worden, als Wirtschaftsminister Ludwig Erhard, das Ende des ›Wirtschaftswunders‹ vor Augen, die Notwendigkeit sah, den Strukturwandel der deutschen Wirtschaft zu fördern.[7] Ohne den neu eingefügten § 6 b EStG wäre nicht zu erwarten gewesen, dass vor allem mittelständische Unternehmen stille Reserven mobilisierten, um neue, innovative Investitionen zu finanzieren. Bei einer prohibitiven Steuerlast von bis zu 70 % (56 % Körperschafts- oder Einkommensteuer plus 14 % Gewerbeertragssteuer) wäre dies auch nicht gerade rational im Sinne einer einzelwirtschaftlich sinnvollen Anlageentscheidung gewesen. Obwohl die Regelungen vor allem mit den Bedürfnissen kleiner und mittlerer Unternehmen begründet worden waren, sahen die einschlägigen Gesetzesbestimmungen gleichwohl keine Einschränkungen ihrer Wirksamkeit für Großunternehmen vor.

Grundsätzlich gab es also keine Handhabe, Flick die Segnungen der §§ 6b EStG und 4 AIG zu verweigern, auch wenn dies politisch durchaus populär gewesen wäre. Im Gegenteil: eine Bundesregierung, die 10 Jahre nach Erhards Einsicht den Strukturwandel der deutschen Wirtschaft um so mehr voranbringen wollte, musste in den Flickschen Millionen, die nun eine Wiederanlage suchten, eine willkommene Unterstützung des eigenen wirtschaftspolitischen Kurses sehen. Kein Wunder also, dass die ersten vier Anträge auf Steuerstundung, die die Flick-Holding im Februar 1976 stellte, nahezu sang- und klanglos über die Bonner Bühne gingen. Es ging dabei um Kapitalzuführungen bei den konzerneigenen Unternehmen Dynamit Nobel AG in Troisdorf und Buderus'sche Eisenwerke in Wetzlar, aber auch um den Erwerb von 12,1 % der Stammaktien der W.R. Grace & Co, einem New Yorker Mischkonzern, der Flick die Chance zu – auch volkswirtschaftlich attraktivem – Technologietransfer zu bieten schien. Wirtschaftsminister Hans Friderichs (FDP) genehmigte schon im September mit einer taktischen Ausnahme die Anträge, sodass der Konzern eine erste Tranche von 430 Mio. DM aus seinem Veräu-

---

7 Gesetz zur Änderung des Einkommensteuergesetzes, des Sparprämiengesetzes und anderer Gesetze vom 16. November 1964; BGBl. I, S. 886 f.

ßerungsgewinn steuerneutral wieder anlegen konnte. Die Rolle des Finanzministeriums blieb dabei ausgesprochen zurückhaltend. Finanzminister Apel (SPD) weigerte sich demonstrativ, Vertreter des Konzerns zu empfangen, und nutzte den Spielraum, den ihm seine nachgeordnete Rolle im Genehmigungsverfahren bot, weidlich aus. Er gab seine politische Abneigung gegen die Flick-Anträge deutlich zu erkennen, ohne allerdings das Verfahren selbst durch bürokratisches Störfeuer aufzuhalten. Er kam damit einer Stimmung in der SPD-Fraktion entgegen, die die politische Verantwortung für die Steuerstundung voll und ganz auf den Koalitionspartner abladen wollte und sich selbst in Distanz zu dieser unpopulären Entscheidung hielt. Nicht nur in der SPD galt Friedrich Karl Flick wegen seiner Rolle als Erbe eines mit den Verbrechen des NS-Regimes kontaminierten Vermögens, wegen seiner engen politischen Freundschaft mit Franz Josef Strauß, den er massiv finanziell unterstützte, und wegen seines exzessiven Lebenswandels als Muster des ›hässlichen Kapitalisten‹. Vor allem die Abgeordneten Rolf Böhme und Dieter Spöri machten sich dabei zu Wortführern gegen die Anwendung der »pervertierten Gesetzesnorm« des EStG (Spöri) auf den Antrag des Flick-Konzerns. Der Bundeswirtschaftsminister fühlte sich angesichts dieser Haltung des Bundesfinanzministers und der SPD-Fraktion »an der Grenze seiner Belastbarkeit«.[8] Friderichs verlangte daher, im Antrag einen ›Streichposten‹ einzufügen, der ihm die Möglichkeit bot, seine Entscheidung in der Öffentlichkeit so darzustellen, »daß der Fall Flick teils abgelehnt, teils akzeptiert wurde«.[9] Darüber hinaus vermutete später die Staatsanwaltschaft, dass sechs mutmaßliche Zahlungen an den Wirtschaftsminister in Höhe von insgesamt 365.000 DM, die Diel während dessen Amtszeit unter der Rubrik »inoffizielle Zahlungen« in seiner Kladde notiert hatte, Friderichs die Zustimmung erleichtern sollten. Auch wenn ähnliche Aufwendungen für den Finanzminister fehlen, gab sich der Konzern doch alle Mühe, sein Verhältnis zu Apel zu ›entspannen‹. Ein persönliches Treffen, das Mitte 1976 zwischen dem Finanzminister und dem Konzernherrn am Rande des Dortmunder Parteitages der SPD in dessen sauerländischer Jagdhütte ›Scharfenberg‹ stattfand, wurde denn auch von Apel als »Versöhnungsgespräch« eingestuft. Flick ging es darum, Apel »von einer uns gegenüber voreingenommenen und generell negativen Einstellung abzubringen«, und er überwies als Zeichen des guten Willens im Vorfeld des Treffens der Friedrich-Ebert-Stiftung eine Spende in Höhe von einer Million DM.[10] Aber auch danach, unter der Regie von Brauchitschs, riss der Strom der Zuwendungen nicht ab, sodass sie sich bis Mai 1981 auf 4,5 Mio. DM summierten, ehe sie von Friedrich Karl Flick als »maßlose Schenkung« kritisiert und unterbunden wurden.[11] Flick brachte

---

8 Der Vorsitzende des Aufsichtsrates der Friedrich Flick Industrieverwaltung AG MdB Dr. Reinhold Kreile (CSU) an von Brauchitsch, Betr. Haltung des Wirtschaftsministeriums zu § 6b EStG, AdsD, DM 0307 »Flick«, S. 23 f.
9 Ebenda, S. 24.
10 Aussage Flicks vor dem nach ihm benannten Untersuchungsausschuss des Deutschen Bundestages, Mitte März 1984 (Protokoll 25/128). Siehe auch Norbert A. Sklorz, Ohne Blessuren kommt keiner davon, Rheinischer Merkur vom 13. April 1984.
11 Vermerk für von Brauchitsch vom 25.5.1981, AdsD, DM 0307 »Flick« S. 72.

die Spenden an die Friedrich-Ebert Stiftung offensichtlich in Zusammenhang mit den steuerlichen Interessen seines Hauses, wenn er von Brauchitsch mahnte: »In welches Licht bringst Du das Haus, wenn wir 6 b-Anträge laufen haben und gleichzeitig in die Richtung dieser Regierung Wohltaten dieser Größenordnung ausschütten.«[12] Tatsächlich war die Friedrich-Ebert-Stiftung aber nicht in die gleiche Reihe zu stellen mit den diversen »staatsbürgerlichen Vereinigungen«, die von politischen Parteien zur ›Wäsche‹ von Spendengeld gegründet worden waren und im Mittelpunkt der Ermittlungen in der Parteispenden-Affäre standen. Als älteste deutsche politische Stiftung hatte sie eigene, gemeinnützige Ziele und verfolgte ausschließlich den Zweck, die demokratische Erziehung des deutschen Volkes und die internationale Zusammenarbeit im demokratischen Geiste zu fördern« (§ 2, 1 ihrer Satzung). Nach allgemeiner Auffassung leistete sie dabei wertvolle gesellschafts- und entwicklungspolitische Arbeit, war auf dem Gebiet der politischen Erwachsenenbildung erfolgreich und versuchte mit großem Geschick, Politiker und Unternehmer zu Gesprächen zusammenzubringen. So mögen die Flickschen Zuwendungen zwar nicht ohne Hintergedanken erfolgt sein, doch blieben sie deshalb doch durch und durch legal und dienten gemeinnützigen Zielen. Jedenfalls ermöglichten sie weder die Vorteilsnahme Einzelner, noch kamen sie in engerem Sinne einer politischen Partei zugute.

Nachdem der erste Flicksche »Geleitzug« in den sicheren Hafen eingelaufen war, folgte im November 1977 sogleich der zweite. »Geleitzüge« nannte von Brauchitsch diejenigen Antragspakete zu den §§ 6b EStG und 4 AIG, die jeweils im Verbund an den Strudeln der Ministerialbürokratie vorbei gelotst werden mussten. Das zweite Antragsbündel enthielt die Übertragung stiller Reserven auf den Erwerb von Aktien aus Kapitalerhöhungen bei Buderus und dem Feldmühle-Konzern sowie auf den Erwerb weiterer 6 Mio. Aktien oder 13 % des Stammkapitals von W.R. Grace. Während ersterer für Investitionen innerhalb des Gesamtkonzerns bereitgestellt wurde, sollte letzterer eine enge transnationale Kooperation zum Austausch von technischem Know how, insbesondere auf dem Gebiet der Kohletechnologie, begründen. Insgesamt ging es dabei um weitere 785 Mio. DM, die steuerneutral wieder angelegt werden sollten. Für Matthöfer, der im Februar 1978 sein neues Amt antrat, sah dies nach Routine aus. Gewiss musste man in beiden Häusern prüfen, ob die Kooperation mit Grace wirklich ernst gemeint war und nicht nur ein einfaches – nicht förderwürdiges – Anlagegeschäft verschleierte, doch war dies im Wesentlichen die Aufgabe des Wirtschaftsministeriums. Es gab jedenfalls für den Finanzminister keinen Grund, dessen Entscheidung infrage zu stellen. Immerhin stand die Causa Flick auf der Agenda, als der neue Chef mit seinem designierten Parlamentarischen Staatssekretär Böhme über die Bedingungen der künftigen Zusammenarbeit sprach. Dieser war schließlich dafür bekannt, den Steueranträgen des Hauses Flick extrem kritisch zu begegnen und mit aller

---

12 Ebenda, S. 73. Neben der FES standen auch der Neue Vorwärts-Verlag und der Parlamentarisch Politische Pressedienst der SPD auf der offiziellen Spendenliste des Flick-Konzerns.

Kraft auf eine Änderung der fraglichen Gesetzesnormen zu drängen. Matthöfer dagegen hielt die Regelungen des § 6b EStG durchaus für sinnvoll, ließen sie sich doch für eine in seinem Sinne dringend notwendige industrielle Strukturpolitik einsetzen. Mehr noch, er sah in ihnen sogar ein »Instrument der Investitionslenkung«, das »hundertmal vernünftiger« war »als z. B. die 1982 auch mit den Stimmen der SPD-Fraktion – und der 6 b-Gegner in ihr – beschlossene allgemeine Gießkannen-Investitionszulage«.[13] Das Auslandsinvestitionsgesetz wollte er dagegen – wie Böhme – abschaffen und hat dieses Ziel, was den § 4 angeht, während seiner Amtszeit auch erreicht.[14] Solange es in Kraft war, sah er freilich keinen Grund, es nicht anzuwenden, nur weil der Antragsteller ein Großkonzern war, dessen Chef die Last des Namens Flick trug. Böhme akzeptierte diese ihm wohlbekannte Position seines Ministers und sicherte ihm die Loyalität zu, die er ihm als Parlamentarischer Staatssekretär in besonderem Maße schuldig war.

Symbiosen

Mehr als an dem ›Geleitzug‹ selbst war Matthöfer an der Person seines Lenkers interessiert. Dabei beeindruckte ihn weniger der locker-pragmatische Stil von Brauchitschs oder der selbstbewußt-verbindliche Umgang, den dieser Abkömmling einer schlesischen Adelsfamilie mit Politikern pflegte, obwohl er solche Eigenschaften an seinem Gesprächspartner durchaus schätzte. Nach dem Rücktritt von Niklas Fasold, der über seine Verwicklung in die Parteispenden-Affäre gestolpert war, gewann Eberhard von Brauchitsch für Matthöfer noch eine ganz andere Bedeutung. Der Flick-Bevollmächtigte sollte nun zum eigentlichen Nachfolger Fasolds als Präsident des BDI und zum künftigen Präsidenten der Bundesvereinigung der deutschen Arbeitgeberverbände aufgebaut werden. Schon als Stellvertreter des amtierenden Übergangspräsidenten Rodenstock übte er unübersehbaren Einfluss aus und erwies sich für die Bundesregierung als ein wichtiger und in zentralen Fragen flexibler Ansprechpartner in der Wirtschaft. Er war also dabei, auf der Spitzenebene der Wirtschaftsverbände das Erbe des ermordeten Hanns Martin Schleyer anzutreten, mit dem er zu dessen Lebzeiten eng befreundet gewesen war. Da es zu Matthöfers Aufgaben innerhalb der Bundesregierung gehörte, den Kontakt zu den Wirtschaftsverbänden zu pflegen, legte er von Anfang an großen Wert auf ein gutes Verhältnis zu von Brauchitsch. Vor diesem Hintergrund wundert es nicht, dass die erste Begegnung der beiden ungleichen Wirtschaftsexperten schon am 1. März stattfand und inhaltlich einen asymmetrischen Verlauf nahm. Matthöfer nahm sich viel Zeit für das Gespräch mit von Brauchitsch. Er lud ihn zum Essen ins

13 Hans Matthöfer, Einleitungserklärung für den 1. Untersuchungsausschuss der 10. Wahlperiode des Deutschen Bundestages am 28. Februar 1984, S. 11; AdsD, DM 0306.
14 Das 2. Haushaltsstrukturgesetz vom 22. Dezember 1981 beseitigte den § 4 AIG völlig. Die inländische Regelung des § 6 b EStG wurde insoweit eingeschränkt, als die steuerfreie Übertragung von Veräußerungsgewinnen – ausgenommen von Grund und Boden – auf 80 % vermindert wurde.

Eberhard von Brauchitsch,
Flicks Generalbevollmächtigter
und designierter BDI-Präsident,
hatte seine eigene Art, die Bonner
Landschaft zu pflegen.

»Bauernstübchen« ein, ein in den Räumen des Ministeriums gelegenes kleines Restaurant, in dem der Finanzminister beim Essen mit wichtigen Gästen ungestört reden konnte. Der persönlich verbindliche und politisch flexible Flick-Manager schien Matthöfer besonders geeignet, den Dialog zwischen Wirtschaftsführern und Politik zu fördern, der zur Funktionsfähigkeit des deutschen Modells der korporativen Marktwirtschaft unverzichtbar war und deshalb von der Regierung Schmidt immer wieder gesucht wurde. Es ging dabei nicht nur um Wiederanknüpfungspunkte auf dem Feld der Mitbestimmung, das seit einer Verfassungsklage der Unternehmer brach lag. Gesprächsbedarf gab es auf fast allen Gebieten der Politik und nicht zuletzt in der Finanzpolitik.[15] Es war aber durchaus hilfreich, dass sich von Brauchitsch und mit ihm der Flick-Konzern in der Mitbestimmungsfrage »neutral bis kooperativ« verhielten, wie Matthöfer gerade von Helmut Schmidt erfahren hatte.[16] Die Pflege guter Beziehungen zu dem künftigen Doppelpräsidenten der deutschen Spitzenverbände der Wirtschaft fiel dem Finanzminister umso leichter, als er für dessen eigenes Anliegen viel Verständnis aufbrachte

15 Eine dieser typischen Gesprächsrunden über von Matthöfer angeregte »Spezialthemen«, die von Brauchitsch organisierte, setzte sich aus Bernhard Plettner (Siemens), Gerhard Prinz (Daimler-Benz), Otto Voisard (MAN), Volker Hauff, von Brauchitsch und Matthöfer zusammen. Von Brauchitsch an Matthöfer am 17. September 1979, AdsD, DM 123. Sie fand am 30. Oktober 1979 statt.
16 Flick-Bericht: Beschlußempfehlung und Bericht des 1. Untersuchungsausschusses nach Artikel 44 des Grundgesetzes, Dt. Btg., 10. WP, Drucksache 10/5079 (21. 02. 86), S. 148.

und deshalb aus seiner Sicht kein Konflikt zwischen öffentlichen und privaten Interessen zu befürchten war. Von Brauchitsch ging es bei dem Treffen naturgemäß vor allem darum, die Haltung des neuen Finanzministers zu den laufenden und künftigen Anträgen des Flick-Konzerns in Sachen Steuerstundung auszuloten. Dabei stand nicht der zweite Geleitzug im Mittelpunkt – der hielt fast unangefochten Kurs[17] und sollte Ende September auch an sein Ziel kommen, indem das Wirtschaftsministerium »im Benehmen« mit dem Finanzministerium die vier gewünschten Steuerbescheinigungen ausstellte. Viel wichtiger war von Brauchitsch die Vorbereitung des *dritten* Geleitzugs, mit dem der Flick-Konzern auch noch den Rest der stillen Reserven, die der Verkauf des Daimler-Pakets mobilisiert hatte, steuerneutral auf neue Anlagen übertragen wollte.

Im Mittelpunkt dieser dritten Tranche stand der geplante und schließlich im April gestellte Antrag auf Erteilung einer Bescheinigung nach § 6b EStG für den Erwerb von Geschäftsanteilen an der Versicherungsholding der deutschen Industrie GmbH (VHDI), die zu 51 % an der Gerling-Konzern-Versicherungs-Beteiligungsgesellschaft beteiligt war. Mit dieser Reinvestition von 209 Mio. DM wollte Flick eine mittelbare Mehrheitsbeteiligung am Gerling-Konzern erwerben. Matthöfer war auf dieses Thema gut vorbereitet. Sowohl der Vorsitzende des Beirates der VHDI, Otto Wolff von Amerongen, als auch der Leiter seiner eigenen Versicherungsabteilung hatten ihm geraten, den Antrag positiv aufzunehmen. Die VHDI stand zwar nicht unmittelbar vor der Auflösung, doch wurde ihre Existenz von einigen ihrer 59 Eigentümer unüberhörbar infrage gestellt. Zur Stützung des durch den Zusammenbruch der Kölner Herstatt-Bank stark angeschlagenen Gerling-Konzerns gegründet, galt die Versicherungsholding vielen nur als ein schnell zusammengezimmertes Notkonsortium, das früher oder später einer solideren Konstruktion weichen müsste. Wäre der Gerling-Konzern aber aus diesem Markt ausgeschieden, hätte dies nach Auffassung des dem Finanzministerium unterstehenden Bundesaufsichtsamts für das Versicherungswesen die Wettbewerbssituation auf dem Markt für Industrieversicherungen nachhaltig verschlechtert. Vor allem aber lag es im Interesse der Industrie, über einen deutschen Versicherer zu verfügen, der ihr auch auf die Auslandsmärkte folgte und auf dem EG-Versicherungsmarkt wettbewerbsfähig war.[18] Aus volkswirtschaftlicher Sicht stieß das Flick-Engagement bei Gerling also nur auf Zustimmung. Offen blieb die steuersystematische Bewertung. Hier musste Matthöfer vorerst passen, doch konnte er sich nach einem Gespräch mit Dr. Karl Koch, dem Leiter der Steuerabteilung des BMF, auch hier relativ sicher fühlen. Koch hielt als Ergebnis am 2. März Folgendes fest:[19] »Wenn das Wirtschaftsministerium sich auf den Standpunkt stellt, dass der Kauf von Gerling-

---

17 Wettbewerbspolitische Argumente des Bundeskartellamtes gegen die Grace und Feldmühle betreffenden Anträge wurden im Wirtschaftsministerium nach langer Diskussion intern ausgeräumt.
18 Stellungnahme des Bundesaufsichtsamts für das Versicherungswesen, zit. nach Matthöfer, Die Flick-Affäre aus meiner Sicht, Bonn, im Juni 1984, S. 39, AdsD, DM o. Nr.
19 Ministerialdirektor Dr. Koch, Vermerk über das Gespräch mit dem Minister am 2. März 1978, zit. nach Matthöfer, Die Flick-Affäre aus meiner Sicht, Bonn, im Juni 1984, S. 42, AdsD, DM o. Nr.

Aktien volkswirtschaftlich besonders förderungswürdig sei, würden wahrscheinlich gegen den Erwerb deutscher Versicherungsaktien keine steuerlichen Bedenken bestehen.« Und schon am 9. März signalisierte der damalige Leiter des in der Steuerabteilung zuständigen Referats, der spätere Bundesrichter Dr. Günter Söffing, gestützt auf eine zustimmende Stellungnahme der Grundsatzabteilung, abgezeichnet vom zuständigen Unterabteilungsleiter Dr. Adalbert Uelner, dem Abteilungsleiter Dr. Koch und dem Staatssekretär Dr. Obert, ein positives Votum:[20] »Geht man von dem vom BMWi geschilderten Sachverhalt aus, so bestehen unter Berücksichtigung der vom BMWi abgegebenen vorläufigen Stellungnahme keine Bedenken gegen die Erteilung einer Bescheinigung nach § 6b EStG.« Matthöfer ging daher kein großes Risiko ein, wenn er gegenüber von Brauchitsch das Engagements Flicks auf dem Versicherungsmarkt begrüßte und ihn sogar ausdrücklich darin bestärkte, den Gerling-Antrag zu stellen. Selbst wenn er seine Zusage unter den Vorbehalt des Ausgangs der steuerrechtlichen Prüfung stellte, ließ er doch keinen Zweifel, dass das BMF eine Entscheidung des BMWi letztlich mittragen würde. Wenn insoweit während des Gesprächs noch ein kleiner Vorbehalt blieb, war auch dieser schon nach wenigen Tagen oder Wochen beseitigt. Staatssekretär Lahnstein teilte Flick denn auch Anfang April telefonisch mit, dass der Gerling-Antrag im BMF zustimmend aufgenommen werde:[21] »Die Versicherungsabteilung in seinem Hause habe bereits positiv Stellung genommen. Ebenso liege eine positive Auskunft des Bundesaufsichtsamtes für das Versicherungswesen vor. Minister Matthöfer hat nach Ihrem Gespräch (vor etwa drei Wochen) sich ebenfalls im Hause positiv geäußert und gebeten, das Verfahren zu beschleunigen, um unsere Verhandlungen zu erleichtern.« Auch Lahnstein beeilte sich zu versichern, er stehe »jederzeit gern zur Verfügung, um [Flick] zu helfen«. Ganz offenbar gab es für beide Seiten sowohl inhaltliche wie politische Gründe für die Pflege guter Beziehungen, und die steuerlichen Ansprüche des Flick-Konzerns standen dem nicht im Wege. Aus der Sicht Matthöfers waren sie im Gegenteil sogar Teil einer sachlich begründeten, politischen Symbiose, die von Brauchitsch zu einem nützlichen Helfer seiner Politik – in diesem Fall der industriellen Strukturpolitik – machte.

Eher protokollarische Bedeutung hatte ein Treffen zwischen Matthöfer und Friedrich Karl Flick im Politischen Club der Friedrich-Ebert-Stiftung in der Bonner Zitelmannstraße. Es kam auf Anregung des Unternehmers am 26. Juni zustande. Alfred Nau, der erste Vorsitzende der Friedrich-Ebert-Stiftung, hatte auch Rolf Böhme eingeladen, der innerhalb des BMF und darüber hinaus in der SPD-Bundestagsfraktion die Kritik an den Flick-Anträgen mit am heftigsten artikulierte. Vielleicht wollte Nau dieser Kontroverse die polemische Spitze nehmen, indem er den Widersachern Gelegenheit bot, sich persönlich kennen zu lernen. Die Anträge selbst standen nur indirekt auf der Tagesordnung. Flick referierte zu-

---

20 Dr. Söffing, Vermerk vom 9. März 1978, zit nach ebenda, S. 43.
21 Manfred Nemitz, Betr. Anruf von Herrn Staatssekretär Manfred Lahnstein, BMF, am 6.4.1978, Verfügung des Bonner Staatsanwalts Dettmann vom 14. Januar 1982, S. 44; AdsD, DM 0307 »Flick«.

nächst über die Beteiligung des Konzerns an der US-Filter Corporation, New York, einem amerikanischen Hightech-Unternehmen, das auf Umweltschutzprodukte spezialisiert war. Er folgte damit einer Anregung der FES, die im Vorfeld des Treffens darauf hingewiesen hatte, »daß Herrn Matthöfer die Modernisierung der deutschen Wirtschaft am Herzen liegt«.[22] Daneben ging es um Fragen der Herabsetzung des vermögensrechtlichen Schachtelprivilegs und der Revision des deutschamerikanischen Doppelbesteuerungsabkommens, über die Böhme berichtete. Weitere Themen wurden offenbar ebenfalls angesprochen. Von Brauchitsch, der selbst nicht am Gespräch teilnahm, aber von dem anwesenden Flick-Direktor Günter Max Paefgen unterrichtet wurde, notierte:[23] »Man habe ausführlich über das Thema Grace sprechen können, Kooperationsvertrag, Know-how-Austausch etc. etc. Matthöfer und Böhme hätten erklärt, dass sie den gesamten zweiten Geleitzug ohne Beanstandungen durchlaufen lassen würden, wenn das Bundeswirtschaftsministerium entsprechend votiert.« Im Übrigen habe Matthöfer Flick ermuntert, »noch weiteres in der Bundesrepublik zu tun«. Pflichtgemäß stellte er aber auch die Gretchenfrage, »wo denn der Finanzminister bleibe«, worauf Flick geantwortet habe, dass aus der Daimler-Transaktion 300 Millionen an das Finanzamt gingen. Flicks Interesse an dem Gespräch in der Friedrich-Ebert-Stiftung lag wohl vor allem darin, dem Finanzminister zu demonstrieren, dass er nicht einseitig einer politischen Richtung verpflichtet war. Matthöfer lockte vor allem die Neugier auf einen Unternehmer, dem der Ruf eines eiskalten Kapitalisten vorausging. Anders als sein lutherisch geprägter Amtsvorgänger hegte er als Marxist keine moralischen Vorurteile gegenüber Vertretern dieser Klasse, wenngleich Flicks exaltierte und verschwenderische Lebensführung diesem Rollenbild nicht entsprach und ihn eher als ›Plutokraten‹ auswies. Matthöfer erlebte einen befangenen, zurückhaltenden und schüchternen Konzernherrn, der sich in der plüschigen Atmosphäre des Politischen Clubs ganz offensichtlich unwohl fühlte. Wie nicht anders zu erwarten war, fanden die beiden ungleichen Charaktere auch keinen gemeinsamen Gesprächsfaden. Auch in dieser Hinsicht konnte Flick seinem *major domus* von Brauchitsch nicht das Wasser reichen. Matthöfer ließ sich denn auch nicht auf Einzelheiten ein, sondern versprach, den US-Filter-Antrag zu prüfen, sobald er ihm als Teil des dritten Geleitzuges vorlag. Nau übernahm es, die Unterlagen außerhalb des Dienstweges vorzeitig zu übermitteln.[24]

Während das zweite Antragspaket Ende September – also nach 10 Monaten – positiv beschieden wurde, sollte sich die Genehmigung der im April, Juli und Dezember 1978 gestellten Anträge des dritten Geleitzuges bis in den August 1981 hinziehen. Für diese Verzögerung gab es zahlreiche Gründe. Politisch wuchs das

22 Paefgen an den Geschäftsführer der FES, Dr. Günter Grunwald, am 7. Juni 1978, in: Flick-Bericht, S. 108.
23 Zit. nach Flick-Bericht, S. 108.
24 Vor dem Flick-Untersuchungsausschuss sagte Matthöfer aus, er habe dieses Verfahren »in hohem Maße ungewöhnlich« gefunden und der politischen Korrektheit wegen »das ganze Ding in den Shredder geworfen« – zumal er die Anträge des dritten Geleitzugs bereits Anfang Juli auf dem Dienstweg erhalten hatte. Prot. 23/17.

Unbehagen am Ausmaß der von Flick beantragten Steuerstundung, das alle bisher bekannten Fälle weit in den Schatten stellte. Aus dem Daimler-Buchgewinn von 1,9 Mrd. DM hatte der Konzern die steuerneutrale Übertragung von insgesamt 1.680 Mio. DM stiller Reserven auf neue Anlagen beantragt. Am Ende wurden davon immerhin Immerhin 1.449 Mio. DM für förderwürdig im Sinne der §§ 6b EStG und 4 AIG befunden. Je näher aber die Bundestagswahlen vom Oktober 1980 rückten, desto weniger waren alle Beteiligten bereit, eine weitere unpopuläre Entscheidung von solcher politischen Brisanz zu treffen. Inhaltlich gab es sowohl Zweifel an der Förderwürdigkeit des Engagements bei der US-Filter Corporation, als auch an der steuersystematischen Zulässigkeit einer Genehmigung im Falle der Doppelholding VHDI. Lediglich die dritte Komponente im letzten Antragspaket, eine Kapitalerhöhung bei der konzerneigenen PCV – Projektierung Chemische Verfahrenstechnik GmbH, Ratingen –, wurde nicht weiter problematisiert. Auf dem Monitor des in Bonn und der Welt viel beschäftigten Bundesfinanzministers tauchten die Anträge erst wieder im Januar 1980 auf, als von Brauchitsch eine Offensive startete, um den dritten Geleitzug noch vor dem Wahlkampf in sicheres Gewässer zu bringen. Gewiss war auch Matthöfer nicht entgangen, dass in seinem Hause der Widerstand gegen den Gerling-Antrag immer stärker wurde – nicht nur von Rolf Böhme, der sich letztlich immer loyal verhalten würde. Es war vielmehr der zuständige Unterabteilungsleiter in der Steuerabteilung, Adalbert Uelner, der schwerwiegende fachliche Einwände gegen den Antrag formulierte. Nach seiner Auffassung, die vom zuständigen Staatssekretär Obert offenbar geteilt wurde, hätte die gesellschaftsrechtliche Konstruktion der VHDI als Doppelholding zur Folge gehabt, dass eine uneingeschränkte Genehmigung des Antrages nicht wie im Gesetz vorgesehen zur Steuerstundung, sondern zum Wegfall der Steuerpflicht überhaupt führte. Matthöfer nahm diese Bedenken durchaus ernst, wog sie aber gegen die volkswirtschaftlichen Vorzüge einer Gerling-Sanierung ab. Er blieb deshalb grundsätzlich bei seiner Zusage, die er von Brauchitsch im März/April 1978 gegeben hatte, und verlangte von seiner Steuerabteilung die Erarbeitung »kreativer Auflagen«, um eventuell auftretende steuersystematische Probleme zu beseitigen. Je massiver von Brauchitsch bei ihm vorstellig wurde, um den dritten Geleitzug zu beschleunigen, desto mehr neigte der Minister dazu, der Steuerabteilung Zeit zu lassen, eine angemessene Lösung zu finden. So beschied er den drängenden von Brauchitsch, dass es zwar sinnvoll wäre, die Entscheidung noch vor Beginn des Wahlkampfes zu treffen, es aber objektive Gründe für eine weitere Verzögerung der Sache geben könnte. »Matthöfer hat«, so von Brauchitsch, »darauf hingewiesen, daß insbesondere seine Steuerabteilung (Unterabteilung Uelner) zunehmend unter Arbeitsbelastung klage. Insoweit haben weder er (Matthöfer) noch seine Staatssekretäre irgendeinen Einfluß. Matthöfer bot aber an, erneut über das Thema zu sprechen, wenn sich konkrete Anzeichen für eine Verzögerung ergeben sollten.«[25]

25 Vermerk von Brauchitsch vom 18.1.1980; Verfügung des Bonner Staatsanwalts Dettmann vom 14. Januar 1982, S. 63; AdsD, DM 0307 »Flick«.

Tatsächlich aber blockte das Ministerbüro alle Versuche von Brauchitschs, mit Matthöfer über den dritten Geleitzug zu sprechen, bis zum 16. Juli rigoros ab. Erst als sich von Brauchitsch brieflich bitter darüber beklagte, fand sich der Finanzminister zu einem Telefonat bereit:[26] »Ich hatte in den letzten Wochen durchaus Verständnis dafür, daß die großen nationalen und internationalen Aufgaben, die von ihnen behandelt und entschieden werden mußten, Vorrang hatten vor der Erfüllung meiner Bitte, für ein kurzes Gespräch zur Verfügung zu stehen. Heute wird mir von Sekretariat zu Sekretariat übermittelt, daß ein Gespräch zwischen uns – auch ein Telefonat – nicht sinnvoll sei, wenn es sich um das Thema 6b handele, weil die Dinge in Ihrem Hause zur Vorbereitung eines solchen Gesprächs noch nicht hinreichend aufbereitet seien.« Aber auch in dem folgenden Telefonat ließ sich Matthöfer nicht festlegen. Schließlich müsse seine Steuerabteilung im Vergleich zur bisherigen Verwaltungspraxis ein »neues Instrumentarium« entwickeln, um den Gerling-Antrag genehmigungsfähig zu machen. Dies beanspruche Zeit und habe mit parteipolitischen Rankünen oder Wahlkampfüberlegungen nichts zu tun.[27]

Wg. Matthöfer

Aus der Sicht des Flick-Konzerns waren für die Verzögerung nicht nur sachliche Gründe maßgebend. Fritz Wacker, der für ›6b-Angelegenheiten‹ freigestellte Direktor, notierte nach einem Gespräch mit einem Beamten des Wirtschaftsministeriums[28]: »Der Wind, der uns – zunächst um die Ecke – aus dem Bundesfinanzministerium ins Gesicht bläst, hat seine Stärke nicht nur aus in der Sache liegenden Gründen und geht mit großer Wahrscheinlichkeit nicht nur von den beteiligten Beamten aus.« Zwar blieb auch Wacker das restriktive Verhalten Uelners nicht verborgen, doch entsprach es dem Weltbild der Flick-Lobbyisten, die wahren ›Schuldigen‹ in den oberen Rängen der Politik zu suchen oder dort wenigstens auf Abhilfe zu hoffen.[29] Wenn schon der Minister nicht selbst auf der Bremse stand, wie es bei Matthöfer offensichtlich der Fall war, so musste es nach dieser Auffassung politische Kräfte geben, die ihn an der Durchsetzung seiner Überzeugung im eigenen Hause hinderten. Folglich kam es darauf an, diese Kräfte systematisch zu schwächen, um schließlich doch den nötigen Handlungsspielraum für die Durchsetzung der eigenen Interessen zu gewinnen. In diese Zeit fielen eine

---

26 Von Brauchitsch an Matthöfer am 10. Juli 1980, zit. nach Flick-Bericht, S. 205.
27 Ebenda.
28 Vermerk für von Brauchitsch am 19.12.1979; Verfügung des Bonner Staatsanwalts Dettmann vom 14. Januar 1982, S. 62; AdsD, DM 0307 »Flick«.
29 In seiner Rechtfertigungsschrift »Der Preis des Schweigens« geht von Brauchitsch so weit, jede Art von Parteispenden als unfreiwillig zu sehen. Bei den Zuwendungen an die Parteien handele sich in Wirklichkeit um »Schutzgelder«, mit denen die Wirtschaft das Wohlverhalten der Politik habe erkaufen müssen. Aus seiner Sicht waren Parteispenden demnach, weil systemimmanent, »nichts anders als eine Form der indirekten Steuern« (Berlin 1999, S. 104).

Reihe von Eintragungen des Flick-Generalbuchhalters Rudolf Diel, die Zahlungen des Flick-Konzerns an von Brauchitsch oder seine Lobbyistenkollegen dokumentierten, deren Zielrichtung jeweils durch den Namen eines Politikers angedeutet wurde. Darunter findet sich unter dem Datum des 30. Januar 1980 auch ein Beleg mit der Bleistifteintragung »v.B. wg. Matthöfer 40 000.–«, dessen Existenz dem Spiegel offenbar vom Hörensagen bekannt geworden war, als er im Dezember 1981 eine Zahlung in Höhe von zunächst 100.000, dann 50.000 DM an Matthöfer unterstellte. Unter dem gleichen Datum hatte Diel auch notiert »v.B. wg. Brandt 50 000.–« und »v.B. wg. Graf Lambsdorff 40 000.–«. Es folgten aus dem Bereich der SPD (aber bei weitem nicht nur dort) weitere ›Belege‹ wg. Lahnstein, wg. Ehmke und wg. Nau, nachdem schon zuvor wg. Porzner[30], wg. Junghans[31], wg. Ehrenberg, wg. Bahr, wg. Eppler, wg. Böhm(e) und erneut wg. Brandt und wg. Graf Lambsdorff einschlägige Unterlagen entstanden waren. Es handelte sich dabei durchweg um Namen, die aus der Sicht des Unternehmens direkt oder indirekt in einem Zusammenhang mit seinen Steuergeleitzügen standen. Daneben enthielt das ominöse Bankschließfach freilich auch noch zahlreiche Belege, die Zahlungen in Millionenhöhe an Personen suggerierten, die mit der Flick-Affäre im engeren Sinne nicht befasst waren.[32] Wie sich bald zeigen sollte, hatte das Kürzel ›wg.‹ in der Buchhaltung der Flick-Lobbyisten – wie von Brauchitsch später in seiner Verteidigungsschrift erläuterte[33] – eine »vielgestaltige Bedeutung«. »Wegen« konnte zum einen im Sinne von ›gegen‹ gemeint sein. Das Geld diente dann dem Zweck, einen Flick-Kritiker politisch zu bekämpfen, wie etwa im Falle von Böhme oder Eppler. »Wg.« konnte aber auch bedeuten, dass die genannte Summe – meist bar in einem Umschlag – wirklich an den namentlich ausgewiesenen Endempfänger gezahlt wurde, der sie für seinen Wahlkampf oder für andere Zwecke seiner Partei verwendete, wie z. B. Helmut Kohl oder Horst Ehmke. Das Kürzel diente schließlich auch noch der Umschreibung von Zuwendungen, die im weitesten Sinne die Politik des genannten ›Empfängers‹ unterstützen sollten, auch gegen dessen Willen und ohne dass dieser in die Operation eingeweiht wurde. Die dritte Variante bezeichnete daneben auch offizielle Spenden des Hauses Flick an gemeinnützige Organisationen, die dem genannten Politiker nahestanden, bzw. Zahlungen an ›Spendenwaschanlagen‹ der Parteien. Sie bestanden aus versteuertem Geld, hatten aber den Vorteil höherer steuerlicher Abzugsfähigkeit als bei direkten Parteispenden. »Inoffizielle Zahlungen«, wie sie im Flick-Jargon hießen, stammten dagegen

---

30 Konrad Porzner, späterer Präsident des Bundesnachrichtendienstes (1990–1996), war seit 1972 stellvertretender Vorsitzender der SPD-Bundestagsfraktion und 1972–1974 Parlamentarischer Staatssekretär im BMF.

31 Hans-Jürgen Junghans gehörte dem SPD-Fraktionsvorstand an und leitete von 1969 bis 1983 den Arbeitskreis Wirtschaft der Partei.

32 Einen Überblick gibt Otto Schily, Politik in bar. Flick und die Verfassung unserer Republik, München 1986, S. 60–68.

33 In Auszügen wiedergegeben in: Die besondere Pflege der Bonner Landschaft, DER SPIEGEL Nr. 4 (1983), S. 17–32, hier: 21. Siehe auch ZEIT-Dossier: Affäre Flick, DIE ZEIT, Nr. 44 vom 28. Oktober 1983, S. 19.

zumeist aus schwarzen Kassen, die zuvor mit großer krimineller Energie gefüllt worden waren.[34]

Ein Großteil der mit den Namen von Sozialdemokraten etikettierten Mittel sollte offenbar dem Zweck dienen, Matthöfer – und vor ihm Apel – in der Bundesregierung und in der SPD-Bundestagsfraktion zu helfen, sich gegen die Kritiker des Flick-Projektes durchzusetzen. So versprach der stellvertretende SPD-Vorsitzende Hans-Jürgen Wischnewski im August 1980 von Brauchitsch angeblich, »Böhm [sic!] und Spöri [zu] ermahnen, ihre durchaus legitimen Änderungswünsche der §§ 6 b und 4 nicht zu vermischen mit dem konkreten Fall Flick«.[35] Darüber hinaus sollte Wischnewski dem Finanzminister zu verstehen geben, »daß ein positives Votum von Matthöfer keinerlei Schwierigkeiten beim Bundeskanzler, bei der Partei und bei der Fraktion auslösen« werde. Wer die beteiligten Personen kannte, wusste freilich nur zu gut, dass damit Vorstellungen verbunden waren, die keinerlei Bezug zur Realität hatten. Ähnliches gilt für die angebliche Rolle von Alfred Nau, über die von Brauchitsch nur wenige Tage später folgendes notierte:[36] »Er war bereits über die Intervention bei Wi. unterrichtet und wird in Abstimmung mit W.B. auch seinerseits den erforderlichen positiven Hinweis an Ma. geben.« Dies klang eher nach Wichtigtuerei oder wie die Vorspiegelung eines machtvollen Tätigkeitsnachweises gegenüber seinem Konzernherrn als nach professioneller Einflussnahme auf politische Vorgänge. Die Vorstellung, auf diesem Wege Matthöfers Entscheidungsfindung zu beeinflussen, ist schwer nachvollziehbar. Wer die politische Position des Finanzministers im Jahre 1980 auch nur annähernd verfolgt hatte, musste wissen, dass er schon ganz andere Entscheidungen gegen Partei und Fraktion vertreten und durchgesetzt hatte und in seinem Verhältnis zu Helmut Schmidt keiner Vermittlung bedurfte. Von Brauchitschs Aufzeichnungen hatten aber auch deshalb mit der Wirklichkeit wenig zu tun, weil der Bundeskanzler – bei aller grundsätzlichen Offenheit für die Flickschen Anträge – schon Anfang August empfohlen hatte, eine Entscheidung nicht mehr vor den Wahlen zu treffen, und damit bei Matthöfer offene Türen einlief.[37] Ein anderes Beispiel für die Arbeitsweise der Flick-Lobby zeigt der Fall Uelner. Über den Unterabteilungsleiter des BMF glaubte Wacker zu wissen, er sei »bekanntlich der FDP-Hauswart im Bundesfinanzministerium«.[38] Er folgerte daraus: »Daher ist zu überlegen, ob demnächst bei L. oder vielleicht G. (?) interveniert werden soll.« Tatsächlich führte diese

---

34 Siehe dazu Hans Werner Kilz u. Joachim Preuss, Flick. Die gekaufte Republik, Hamburg 1983, Kap. 4 u. 5.

35 Notiz vom 7.8.1980; Verfügung des Bonner Staatsanwalts Dettmann vom 14. Januar 1982, S. 69; AdsD, DM 0307 »Flick«. Wischnewski saß mit Matthöfer zusammen auch oft im ›Kleeblatt‹ des Bundeskanzlers.

36 Notiz vom 13. August 1980; ebenda, S. 71.

37 Ministerialdirigent Hermann-Günter Heick, Vorlage für den Bundeskanzler vom 31. Juli 1980; Schmidt hatte auf einen entsprechenden Vorschlag hin verfügt: »Empfehlg. gemäß Ziffer 8 intern gegenüber BMF/(BMWi?) betreiben.« Zit. nach Flick-Bericht, S. 209 f.

38 Vermerk vom 27.7.1980. »(?)« im Original; Verfügung des Bonner Staatsanwalts Dettmann vom 14. Januar 1982, S. 67f; AdsD, DM 0307 »Flick«.

Überlegung schon wenige Tage später zu einem Gespräch von Brauchitschs mit Genscher in dessen Haus in Wachtberg-Pech. Für den Außenminister und Vizekanzler war der liberale Ministerialdirektor – jedenfalls nach von Brauchitschs Aufzeichnungen – »ein brillanter Steuersystematiker, aber gleichzeitig auch ein puristischer Gerechtigkeitsfanatiker.«[39] Er verglich ihn insoweit »– obwohl parteipolitisch altliberal – mit Böhme und Spöri«. Genscher glaubte aber dennoch, »ein ›Packende‹ für die Einwirkung auf Uellner [sic!] zu haben«. Ob diese – von Genscher bestrittene – Hilfszusage tatsächlich Konsequenzen hatte oder lediglich der Phantasie eines hoch bezahlten Managers entsprang, der seine kostspielige Variante Flickscher Interessenpolitik seinem misstrauischen Jugendfreund gegenüber immer wieder aufs Neue zu legitimieren hatte, muss dahingestellt bleiben. Jedenfalls macht auch diese Darstellung deutlich, wie sich von Brauchitsch wirksame Interventionen in den politischen Entscheidungsprozess vorstellte.

Die Vorstellung, von Brauchitsch habe Matthöfer ein Kuvert mit 40.000 DM in die Hand gedrückt, klingt abenteuerlich. Gelegenheit dazu wäre am Rande eines Vortrags gewesen, den der Finanzminister am 7. Februar 1980 vor dem Industriekreis für Auslandsbeziehungen in Düsseldorf gehalten hat. Jedenfalls saß von Brauchitsch dort im Auditorium. Es wäre nicht das erste Mal gewesen, dass der Flick-Manager Bargeld direkt übergeben hätte. Etwa an Alfred Nau, der solche Spenden freilich immer mit seiner Unterschrift quittierte und damit ›offiziell‹ machte.[40] Ein »großer Teil der in den [Dielschen – WA] Listen verzeichneten Personen« bestätigte jedenfalls, von der Staatsanwaltschaft als Zeugen befragt, die Richtigkeit der Aufzeichnungen.[41] Hat vielleicht ein enger Mitarbeiter des Ministers – etwa der sturmerprobte Alwin Steinke – das Geld in Düsseldorf abgeholt, wie dies Juliane Weber, die Vertraute Helmut Kohls, gelegentlich zu tun pflegte?[42] Oder überwies die Flick-Zentrale den Betrag direkt auf das Wahlkampfkonto des Frankfurter Bundestagsabgeordneten, wie es der Spiegel kolportierte und SPD-Kassierer Halstenberg zunächst nicht ausschließen wollte? Auch wenn sie noch so abenteuerlich erschienen – die Staatsanwaltschaft musste solche Überlegungen zunächst einmal ernst nehmen, weil sie längst der gängigen ›Spendenpraxis‹ der Bonner Republik entsprachen. Am 14. Januar 1982 eröffnete sie deshalb ein Ermittlungsverfahren gegen Matthöfer und andere, um einem Anfangsverdacht auf Verstoß gegen die §§ 331ff StGB nachzugehen. Nach »außerordentlich umfangreichen und schwie-

39 Notiz (»Besonders vertraulich«) vom 8. August 1980; ebenda, S. 68 f.
40 »Ich habe keine Erklärung dafür.« Aus dem Protokoll der Vernehmung des Zeugen Alfred Nau, abgedruckt in: Kilz/Preuss, Flick, S. 371. Nach den Ermittlungen der Staatsanwaltschaft verteilte Flick in der fraglichen Zeit regelmäßig sogenannte »Spezialbriefe« mit Bargeld – auch ›Umschläge‹ genannt – an zahlreiche Abgeordnete des Deutschen Bundestages, was für sich genommen auf keiner Seite des Geldtransfers eine Straftat war. Verfügung des Bonner Staatsanwalts Dettmann vom 14. Januar 1982, S. 94ff; AdsD, DM 0307 »Flick«.
41 Protokoll der Vernehmung Matthöfers durch die Bonner Staatsanwälte Dettmann, Gawlik und Irsfeld am 28.10.1982, S. 2; AdsD, DM 0349. Es handelte sich dabei ausschließlich nicht um Amtsträger, sodass das Eingeständnis keine rechtlichen Folgen für die Befragten hatte.
42 Dafür liegen freilich, anders als im Falle Weber, keine entsprechenden Vermerke in der Düsseldorfer Konzernzentrale vor. Siehe dazu Schily, Politik, S. 140 f.

Zu Alfred Nau, dem Chef der Friedrich-Ebert-Stiftung, hatte Matthöfer ein vertrauensvolles Verhältnis. Über Geld wurde nie gesprochen.

rigen Ermittlungen«, die akribische Untersuchungen von Spuren aller möglichen Arten der Zuwendung einschlossen, kam sie am 29. November 1983 zur Entscheidung, das Verfahren gegen Lahnstein und Matthöfer einzustellen, weil sich »der für eine Anklage erforderliche Verdacht, dass sie Vorteile erhalten haben, nicht ergeben« hatte.[43] In anderen Fällen, gegen Friderichs, Graf Lambsdorff und den ehemaligen Wirtschaftsminister von Nordrhein-Westfalen, Horst-Ludwig Riemer, sowie gegen von Brauchitsch und dessen Gehilfen Nemitz, erhob sie am selben Tag bei dem Landgericht Bonn Anklage wegen fortgesetzter Bestechlichkeit bzw. wegen Bestechung.

Schon vor den ersten Berichten im Spiegel und dem offiziellen Beginn der Ermittlungen hatte die Ausstellung der Bescheinigungen für zwei Anträge des dritten Flickschen »Geleitzugs« am 12. August 1981 auch in den Reihen der SPD heftige Kritik ausgelöst.[44] Matthöfer musste seine Entscheidung deshalb in einem am

---

43 Staatsanwaltschaft Bonn, Presseerklärung vom 29. November 1983; ›Diensttagebuch‹, 29.11.1983, AdsD, DM 0404.

44 Der US-Filter betreffende Antrag, der wohl nur taktisch motiviert gewesen war, wurde vorher zurückgezogen, weil der Konzern seine Anteile inzwischen weiterverkauft hatte. Immerhin konnte er auch dabei wegen der inzwischen eingetretenen Aufwertung des Dollar einen Gewinn von 100 Mio. DM verbuchen.

4. September allen SPD-Fraktionsmitgliedern zugeleiteten Brief rechtfertigen. Nachdem der Justitiar des Flick-Konzerns mit einer öffentlichen Darstellung des Vorgangs, die eventuell das Steuergeheimnis tangieren würde, unter der Bedingung »größtmöglicher Schonung des Gerling-Konzerns« einverstanden war, wehrte sich der Finanzminister vor allem gegen den in der Fraktion erhobenen Vorwurf, dass er mit seiner Zustimmung zu der Bescheinigung des BMWi »in Zeiten besonderer Finanzknappheit ein sachlich nicht vertretbares ›Steuergeschenk‹ gewährt habe«. Er ging vor allem auf die Stabilisierung des Marktes für Industrieversicherungen ein, die die Beteiligung des Flick-Konzerns bei Gerling bewirkt habe, legte schließlich aber noch mehr Wert auf die Feststellung, dass die Steuerstundung kein »Steuergeschenk« sei, weil der Flick-Konzern auf sie einen gesetzlichen Anspruch habe:[45] »Man könne über den § 6b EStG denken, wie man wolle; solange die Vorschrift im Gesetz stehe, müßten die aus ihr folgenden Ansprüche auch erfüllt werden. Wenn der Eindruck entstünde, auf gesetzliche Investitionsförderungsbestimmungen sei kein Verlaß, würde man dieses Instrument zu einer Zeit schwächen, wo man gerade im Begriff sei, es neu einzusetzen.« Kein Zweifel, hier lag für Matthöfer der politische Kern seiner eigenen, von Anfang an positiven Einstellung gegenüber den alle bisherigen Dimensionen sprengenden Ansprüchen des Flick-Konzerns. Alle Versuche der Staatsanwaltschaft, einen Zusammenhang zwischen der angeblichen Zuwendung aus dem Hause Flick und seiner Entscheidung für die Steuerstundungen in den umstrittenen Fällen Grace oder Gerling herzustellen, mussten daher ins Leere stoßen. Gerade in jenen Monaten nach der Eintragung Diels ›wg. Matthöfer‹ am 30. Januar 1980 wimmelte Matthöfers Ministerbüro den ungeduldig werdenden von Brauchitsch immer wieder ab, wenn er um einen Termin in Sachen 6b nachkam. Bis lange nach den Bundestagswahlen herrschte im Finanzministerium im wahrsten Sinne des Wortes ›Denkpause‹, um geeignete Auflagen zur Lösung des steuersystematischen Problems im Falle Gerling zu finden.

Auch die Zuwendung selbst blieb ein Phantom. Quittiert hatte Diel ja lediglich eine entsprechende Barauszahlung an von Brauchitsch. Eine direkte Übergabe in bar erscheint ebenso wenig vorstellbar wie in den Fällen wg. Brandt, Böhme oder Eppler. ›Gegen‹ Matthöfer musste das Geld ganz offensichtlich auch nicht eingesetzt werden. Bliebe nur eine Verwendung der Mittel, um Matthöfers Standpunkt in Sachen 6b im weitesten Sinne – und damit auch das Anliegen des Flick-Konzerns – zu unterstützen. Sie hätte außerhalb der Kenntnis und Kontrolle des angeblich Begünstigten gelegen und wäre ihm somit ebenfalls nicht anzulasten. – Oder setzte von Brauchitsch das Geld für ganz andere Zwecke ein und schob ›wg. Matthöfer‹ nur vor, um einen plausiblen Grund für den Griff in die ›Kriegskasse‹ zu haben?

---

45 Muster-Antwortbrief auf kritische Anfragen, zit. nach Flick-Bericht, S. 268.

Rheingold

Vielleicht wollte von Brauchitsch aber auch nur eine weitere Schenkung an die Friedrich-Ebert-Stiftung vor den kritischen Augen seines Chefs ›verstecken‹, indem er sie auf mehrere fingierte Empfänger aufteilte.[46] In seiner ›Schutzschrift‹ behauptete der Flick-Manager, er habe Nau 1980 aus seiner Dispositionskasse einen Betrag von 125.000 DM zugewendet, ihn aber intern nicht unter Naus Namen quittiert, und er habe Diel am 30. Januar die Namen von Brandt und Matthöfer genannt, um eine Entnahme von 90.000 DM zu rechtfertigen.[47] Im Juli seien wg. Lahnstein noch einmal 35.000 DM hinzugekommen, die ebenfalls an Nau gingen. Das Geld übergab von Brauchitsch angeblich Nau persönlich, einmal in dessen Büro, einmal in einem Bonner Hotel. Die Tarnung machte aus seiner Sicht durchaus Sinn, weil Friedrich Karl Flick der wachsenden Spendenflut immer skeptischer begegnete und bereits eine Anfrage von Brauchitschs, »der F.E.St. mit einem Betrag von ca. 1 Mio. DM unter die Arme zu greifen«, negativ beschieden hatte.[48] Für diese Variante könnte auf den ersten Blick auch die Aussage Paefgens vor dem Flick-Untersuchungsausschuss im Mai 1984 sprechen. Der Flick-Gesellschafter gab als Zweck der Zuwendungen an die Friedrich-Ebert-Stiftung die Abwehr des Kommunismus und die Unterstützung der Sozialisten auf der Iberischen Halbinsel an. Dafür war Naus Organisation ganz sicher die richtige Adresse. Wenn er auf diese Weise den Verdacht zerstreuen wollte, auf dem Umweg über die Stiftung eigentlich die SPD begünstigt zu haben, so wurde er darin noch vom Ollenhauer-Haus unterstützt. Der Obmann der Partei im Bonner Untersuchungsausschuss, der Bundestagsabgeordnete Peter Struck, ließ sich Ende Oktober 1984 sogar dazu hinreißen, vor einer Gruppe niedersächsischer SPD-Juristen die Modalitäten des spanischen Transfers näher zu charakterisieren. Eckardt Spoo, ein der Sozialdemokratischen Partei nahestehender Journalist, berichtete darüber in der Frankfurter Rundschau:[49] »Ein Teil der mehr als vier Millionen DM, die der SPD vom Flick-Konzern zugeflossen sein sollen, sei gar nicht im Inland verwendet worden, sondern Hans-Jürgen Wischnewski habe das Geld gleich im Koffer an den spanischen Sozialistenführer Felipe González weitergegeben, der damit seinen Wahlkampf finanziert habe. Das sei doch ohne Zweifel ein guter Zweck gewesen.« Mochte Struck die bildhafte, aber nicht ganz unrealistische Darstellung der Rolle des Schmidt-Vertrauten noch im Scherz gemeint haben, so ließ er doch keinen Zweifel daran aufkommen, dass ein guter Teil der Flick-Spendenmillionen zur Hilfe für die Demokraten in Spanien, Portugal und Lateinamerika verwendet wor-

---

46 Zu dieser Deutung neigte später Matthöfer selbst; Interview in Bad Soden am 16. Juni 2007. AdsD, DM 0404. In seinem Prozess stellte auch von Brauchitsch in seiner ›Schutzschrift‹ die Zusammenhänge so dar. Die ZEIT, Nr. 44 vom 28. Oktober 1983, Dossier, S. 20.

47 Flick war für sie ein Reizwort. Eberhard von Brauchitsch in seiner Verteidigungsschrift zu Zahlungen an SPD-Politiker, DER SPIEGEL, Nr. 4 (1983), S. 24 f.

48 Notiz für von Brauchitsch vom 27. Mai 1981; Verfügung des Bonner Staatsanwalts Dettmann vom 14. Januar 1982, S. 73; AdsD, DM 0307 »Flick«.

49 Frankfurter Rundschau vom 1. November 1984.

den war. Was von Struck als Befreiungsschlag im Innern gedacht war, erwies sich allerdings als Rohrkrepierer für den spanischen PSOE, der nach dieser Darstellung von Flick-Geld profitiert hätte, als er in den Wahlen von 1982 die Regierungsmehrheit gewann. Die sozialistische Partei musste sich nun gegen eine Pressekampagne wehren, die von der rechtskonservativen Alianza Popular geschürt wurde, um Ministerpräsident González als käuflichen Flick-Vasallen in Misskredit zu bringen.[50] Peter Struck sah sich gezwungen, dem Präsidenten der Regierung des Königreichs Spanien in gewundenen Worten zu versichern, er habe niemals erklärt, mit Flick-Geld sei »der Wahlkampf der PSOE finanziert worden« oder González sei »in irgendeiner Form direkt Geld übergeben worden«.[51] Auch Wischnewski dementierte an Eides statt. Jahre später, als sich die Wogen der »Rheingold-Affäre« wieder geglättet und »El Caso Flick« in Spanien fast vergessen war, spielte die Friedrich-Ebert-Stiftung allerdings noch einmal die spanische Karte, um sich gegen den Vorwurf der Geldwäsche zugunsten der SPD zu verteidigen.[52]

Tatsächlich wäre es wegen der damaligen Schwerpunktbildung in der politischen Arbeit der Stiftung denkbar, dass ein Teil der offiziellen Flick-Spenden seinen Weg nach Spanien gefunden hat – notgedrungen auch unter konspirativen Umständen. Hilfe bei der Wiederherstellung der Demokratie gehörte nach ihrer Satzung ausdrücklich zu den vornehmsten Aufgaben der Stiftung, und sie hat sie in der fraglichen Zeit auch in vorderster Linie geleistet. Daraus abzuleiten, der Flick-Konzern wollte sich Verdienste um die Förderung des Sozialismus in Spanien erwerben, erscheint gewagt – auch wenn es dem Unternehmen aus europäischer Perspektive nicht gleichgültig sein konnte, ob die sozialistische UGT oder die kommunistischen Comisiones Obreras die spanischen Arbeiter organisierten. Der Konzernherr musste vielmehr im eigenen Hause mühsam genug von den potentiell positiven Auswirkungen der Zuwendungen an die Stiftung auf die eigenen steuerlichen Interessen überzeugt werden. Immer öfter kamen ihm da Zweifel, die er von Brauchitsch auch wissen ließ:[53] »Die Freundlichkeiten Bonn gegenüber haben mir bisher nicht geholfen.« Es ist in der Tat mehr als fraglich, ob die Flickschen Millionen Matthöfer – und vor ihm Apel – beeindruckt haben. Selbst wenn ihm die verborgenen Segnungen der Düsseldorfer Lobbyarbeit für sein spanisches Lieblingsprojekt bekannt gewesen wären, hätte dies ja weder seine grundsätzliche Zustimmung zu den Flick-Anträgen beeinflusst, noch hat sie tatsächlich seiner mehr

50 Walter Haubrich, Leichtfertige Zeitungen und vergessliche Politiker in Spanien, FAZ vom 11. Dezember 1984, S. 6. Seit 1977 war es spanischen Parteien verboten, Geld aus dem Ausland anzunehmen.

51 Struck an González, Bonn, den 15. November 1984, AdsD, DM 010.

52 Geldkuverts im Gepäck, DER SPIEGEL, Nr. 22 vom 28. Mai 1990, S. 55–59. Das Ermittlungsverfahren wegen illegaler Parteispenden gegen das geschäftsführende Vorstandsmitglied der FES, Dr. Günter Grunwald, und den Vorsitzenden ihres Kuratoriums, den Bankier Walter Hesselbach, stellvertretend für den inzwischen verstorbenen FES-Vorsitzenden Alfred Nau – nicht gegen die FES als Organisation – war zu diesem Zeitpunkt allerdings mit Bescheid vom 16. Mai 1990 von der Bonner Staatsanwaltschaft bereits eingestellt.

53 Notiz für von Brauchitsch vom 30. Januar 1981; Verfügung des Bonner Staatsanwalts Dettmann vom 14. Januar 1982, S. 76; AdsD, DM 0307 »Flick«.

als drei Jahre währenden Geduld mit den hauseigenen Flick-Kritikern ein Ende gesetzt. Es gehörte aber wohl zu den habituellen Voraussetzungen und Ritualen des Spendengeschäfts, dass Nau als langjähriger Schatzmeister der SPD und Vorsitzender der FES niemals mit ihm über solche Zusammenhänge gesprochen hat.[54] Als seine eigene Verwicklung in den Flick-Skandal kolportiert wurde, nutzte Matthöfer schließlich doch die Gelegenheit des 50jährigen SPD-Jubiläums Walter Hesselbachs, um im Politischen Club der FES von Alfred Nau und Günter Grunwald persönlich in Erfahrung zu bringen, »was sich mit Flick und von Brauchitsch in Bezug auf Spenden an die SPD oder die FESt wirklich abgespielt hatte«.[55] Er wurde enttäuscht: »Alfred Nau war wie immer liebenswürdig, verbindlich und freundlich, sagte jedoch über die betreffenden Spenden auch auf intensive Befragung hin kein einziges Wort.« Lediglich Hesselbach, der später hinzukam, meinte sybillinisch, »die Partei werde schon niemanden im Stich lassen, der in ihrem Auftrag eine Postkutsche überfallen hätte«,[56] wobei er offen ließ, zu wessen Erbauung dieser hoffnungsvolle Gedanke eigentlich dienen sollte.

Semper aliquid haeret

Über Mangel an Unterstützung konnte sich Matthöfer nicht beklagen. Der Kanzler stellte sich ausdrücklich vor seine Minister und lehnte ein Rücktrittsangebot seines Amtschefs Lahnstein ab. Auch die Frankfurter SPD bedauerte »die unhaltbaren Verdächtigungen und Verleumdungen«, denen ihr Abgeordneter nun ausgesetzt war:[57] »Wir lassen keinen Keil zwischen uns treiben.« Willy Brandt, Helmut Schmidt und Herbert Wehner wiesen jeden Zweifel an Matthöfers persönlicher Integrität zurück, sprachen ihm das Vertrauen aus und versicherten ihm die Solidarität der Bundestagsfraktion und darüber hinaus der gesamten Partei. Auch seine Frau Traute trat an die Öffentlichkeit und klagte den Spiegel in einem Leserbrief des Rufmords an. Die Art und Weise, wie das Magazin diesen Leserbrief in seinen Hausmitteilungen gegen Matthöfer verwendete, ließ selbst die Spiegel-Journalistin Marion Schreiber für das Opfer Partei ergreifen:[58] »Ich finde es fies, was sie mit dem Brief Deiner Frau in der ›Hausmitteilung‹ gemacht haben. Ich schäme mich.« Traute Matthöfer fand sich dann unversehens ebenfalls in die Ermittlungen der Staatsanwaltschaft einbezogen. Ihr Mann hatte 1978 dem Drängen von Josef Neckermann, dem Vorsitzenden der deutschen Sporthilfe, nachgegeben und eine Einladung zum Ball des Sports angenommen. Als die Tombola verlost wurde, ›applizierte‹ von Brauchitsch in seiner Eigenschaft als ›Tischherr‹ jeder der an

54 Interview mit Matthöfer am 16. Juni 2007 in Bad Soden; AdsD, DM 0404.
55 ›Diensttagebuch‹, 10.12.1981, AdsD, DM 0404.
56 Ebenda.
57 Fred Gebhardt, SPD, Unterbezirk Frankfurt an Matthöfer am 5. März 1982, AdsD, DM 134.
58 Marion Schreiber, Bonner Büro des Spiegel, am 22. Dezember 1981 an Matthöfer; AdsD, DM 025.
    Die Spiegel-Journalistin bezog sich auf die Hausmitteilung vom 21. Dezember 1981, DER SPIEGEL
    Nr. 52 (1981), S. 3.

*Der ›Spiegel‹ machte sich zum Sprachrohr einer öffentlichen Vorverurteilung,
gegen die sich Matthöfer kaum wehren konnte.*

›seinem‹ Tisch sitzenden Damen ein Los. Neben Traute Matthöfer kamen auch die
Damen von Brauchitsch, Kohl und Mischnick in den Genuss dieser »Courtoisie«.
Mit einem ihrer Lose, sie verfügte einschließlich des geschenkten über ein knappes
Dutzend, gewann Traute Matthöfer einen der Hauptgewinne, einen mit Diamant-
splittern besetzten Perlenring. Höflich bedankte sie sich bei von Brauchitsch für

das Los, das ihr Glück gebracht habe. Das brachte ihr eine anonyme Anzeige einer weiblichen Person bei der Staatsanwaltschaft ein, die nach Lage der Dinge nur von einer der anwesenden Damen gekommen sein konnte. Glücklicherweise fand sich der Ring – er hatte einen Wert von 300 bis 400 DM – noch nach drei Jahren in der Asservatenkammer des BMF, wo er seiner Wiederverwendung als Tombola-Preis harrte.[59]

Es gab allerdings auch offene und versteckte Kritik von innerparteilichen Gegnern und ›Parteifreunden‹, die den Kurs des Finanzministers in der Flickschen Steuersache von Anfang an falsch fanden. So konnte es sich SPD-Schatzmeister Halstenberg nicht verkneifen, Matthöfers angebliche Spendenannahme »politisch instinktlos« zu nennen, obwohl er – wie sich bald zeigen sollte – von den Fakten keine Ahnung hatte. Der Abgeordnete Spöri beharrte darauf, die Minister Graf Lambsdorff und Matthöfer hätten dem Flick-Konzern ein »Steuergeschenk« gemacht.[60] Auch in der seriösen Presse, die zunächst zurückhaltend über den Fall berichtete, wurden Vorverurteilungen bald die Regel. Die Frankfurter Rundschau, Matthöfers Wahlkreiszeitung, schrieb noch im Februar 1984, also nach der Einstellung des Verfahrens:[61] »Brauchitsch ließ und läßt Türen öffnen zu den Regierenden. Beispielsweise durch Bundeswirtschaftsminister Graf Lambsdorff beim damaligen Finanzminister Hans Matthöfer, um mit ihm einen Millionen-Steuerhandel für Flick zu besprechen. Die Bedienung ist prompt. Nach nur 36 Stunden ist der Fall geregelt.« Auch wenn es in Wirklichkeit mehr als 36 Monate dauerte, bis Flicks Antrag beschieden war: Semper aliquid haeret. Das Zusammenspiel von mangelndem Sachverstand und journalistischer Verantwortungslosigkeit, das hier deutlich wird, war kein Einzelfall. Matthöfer dokumentierte später anhand der Berichterstattung über die Aussage Uelners vor dem Untersuchungsausschuss das Ausmaß journalistischer Unzulänglichkeit, das die Flick-Affäre gleichzeitig auch zu einem Skandal der deutschen Presse machte.[62] Vor diesem Hintergrund war es fast selbstverständlich, dass der ›Spiegel‹, der Matthöfer zwei Jahre lang per Titel-Steckbrief als korrupt anprangerte, auch die Einstellung des Verfahrens noch für einen weiteren Angriff nutzte. Das Magazin verbreitete noch am Montag vor der staatsanwaltlichen Erklärung das haltlose Gerücht, die Staatsanwaltschaft erhebe auch Anklage gegen den ehemaligen Finanzminister. Wer über fünf Jahre die Presseberichterstattung zur Flick-Affäre verfolgt und für zutreffend gehalten hatte, konnte auch unmöglich das Urteil des Landgerichts Bonn verstehen, das die An-

---

59 Vernehmung Matthöfers vor dem Flick-Spendenausschuss am 28. Februar 1984, Prot. 23/82 ff.; AdsD, DM 0306. Helmut Schmidt musste sich ähnlicher Vorwürfe erwehren. Ein schwerer silberner Leuchter, den ihm Flick zum Geburtstag geschenkt hatte, fand sich im Trophäen-Keller des Kanzleramtes.

60 Spendenaffäre: »Vielleicht sieben Wahrheiten«, DER SPIEGEL, Nr. 51 (1981), S. 18 f.

61 Frankfurter Rundschau vom 9. Februar 1984.

62 Stellungnahme zu Berichten über Aussagen des Abteilungsleiters im Bundesministerium der Finanzen, Dr. Adalbert Uelner, vor dem 1. Untersuchungsausschuss des Deutschen Bundestages, vervielf. Ms., Kronberg (4. Februar 1985).

geklagten im Februar 1987 in der Hauptsache freisprach.[63] Für Matthöfer dagegen, der die Problematik aus nächster Nähe kannte, kam dies nicht überraschend. Er war von Anfang an von der Unschuld des Wirtschaftsministers überzeugt und setzte sich auch öffentlich für ihn ein. Dagegen gelang es im öffentlichen Diskurs über den Flick-Skandal nicht, zwischen den beiden wesentlichen Dimensionen der Affäre zu differenzieren. Zum einen ging es um den Umgang der zuständigen Ministerien mit den Anträgen des Flick-Konzerns. Sie hatten, wie das Gericht feststellte, nach Recht und Gesetz verfahren, auch wenn dies aus vielerlei politischen Gründen nicht einfach gewesen war. Ein *Bonner Watergate* (Süddeutsche Zeitung) war die Flick-Affäre also gerade nicht. Durch rechtswidrige und selektive Veröffentlichungen aus vertraulichen Ermittlungsunterlagen der Staatsanwaltschaft aufgeheizt, war aber ein Meinungsklima entstanden, in welchem eine fehlinformierte Öffentlichkeit selbst dann nicht von ihren Vorverurteilungen abrückte, als schon längst Recht gesprochen war. Zum anderen kam aber in diesen Ermittlungen über die Flick- und Parteispenden-Affäre – von vielen Beteiligten offen eingeräumt – vieles zum Vorschein, das die politische Kultur der Bundesrepublik zu Recht infrage stellte. Schwarze Kassen in Millionenhöhe, Bargeldübergaben in Kuverts, Durchstechereien, unverhohlene finanzielle Einflussnahmen auf die Politik – man musste kein ›Systemveränderer‹ sein, um darin eine Horrorgeschichte über die Abgründe des Kapitalismus zu erkennen.

Wer zu früh kommt …

Das ›Ölpapier‹

Wenn bei Matthöfer im Laufe des Jahres 1981 die Amtsmüdigkeit wuchs, lag das nicht an der Flick-Affäre. Im Gegenteil, als der Bestechungsverdacht aufkam und zunächst auch der Finanzminister belastet schien, wäre ein Rücktritt das falsche Signal gewesen. Im Dezember hatte er seinen Rückzug aus dem Kabinett publizistisch schon gut vorbereitet; jetzt ruderte er zurück, um stattdessen noch einmal den Versuch zu unternehmen, in der Regierungskoalition, der SPD-Bundestagsfraktion, der Deutschen Bundesbank, aber auch in der Öffentlichkeit, Unterstüt-

---

63 Von Brauchitsch bekam wegen Steuerhinterziehung zwei Jahre Gefängnis, die gegen Zahlung einer Geldbuße von 550.000 DM auf drei Jahre zur Bewährung ausgesetzt wurden. Lambsdorff und Friderichs wurden ebenfalls wegen Steuerhinterziehung zu Geldstrafen von 180.000 DM bzw. 61.500 DM verurteilt. Die Verurteilungen bezogen sich auf eher periphere Punkte der Anklage, die bei Lambsdorff seine Tätigkeit als Schatzmeister der FDP Nordrhein-Westfalen und bei Friderichs seine Funktion als Vorstandsmitglied der Dresdener Bank betrafen. Den Kernpunkt der Anklage – den Vorwurf der Bestechung bzw. der Bestechlichkeit – sah die Strafkammer nicht als erwiesen an: Sicher bestehe »der nicht unerhebliche Verdacht«, dass Lambsdorff und Friderichs zur Zeit ihrer Ministertätigkeit Zahlungen von Flick erhalten hätten. Ein direkter Zusammenhang dieser Zahlungen mit der Steuerstundung für Flick im Sinne einer »Unrechtsvereinbarung« sei aber nicht nachweisbar.

zung für sein wichtigstes politisches Ziel zu erlangen: die Wiederherstellung der Vollbeschäftigung. Längst ging es ihm dabei nicht mehr um Arbeitsbeschaffungsprogramme der klassischen keynesianischen Art. In seinem Kopf zeichnete sich seit 1979 eine Strategie ab, die es ermöglichen sollte, das notwendige Ziel der Haushaltskonsolidierung mit den Herausforderungen der Außenwirtschaft, des Arbeitsmarktes und einer ökologisch schonenden Wirtschaftsweise zu verbinden. Zum ersten Mal skizzierte er diese Vorstellung, in der die strukturpolitische Instrumentalisierung der Mineralölsteuer nach Art der späteren ›Ökosteuer‹ eine zentrale Rolle spielte, in einem Schreiben an Helmut Schmidt.[64] Der Bundeskanzler hatte ihn zuvor in einem privaten Brief aufgefordert, ihm seine »Gedanken über das nächste Jahr, über das kommende Jahrzehnt unseres Landes und über die Rolle, die unser Land und seine Regierung in diesem Zeitraum spielen sollen«, mitzuteilen.[65] Schmidt bereitete sich auf eine größere Rede auf dem SPD-Parteitag in Berlin vor, doch war dies nur der äußere Anlass für die Vornahme einer gründlichen Analyse der politischen Lage.In seiner Antwort ging Matthöfer deshalb in erster Linie auf die Notwendigkeit ein, »das Interesse und wenn möglich das Verständnis, vielleicht sogar die Mitwirkung junger Menschen auf diese Zukunftsfragen und unsere eigenen damit verbundenen Ziele zu lenken«. Gemeint waren »der ganze Komplex der ›Grenzen des Wachstums‹«, die Bewahrung und Sicherung des Friedens in der Welt und, damit zusammenhängend, das »Nord-Süd-Thema«. Im Hinblick auf die Jugend riet er auch dazu, »die ökologische Seite der Politik noch einmal gründlich zu überdenken«. Es sei zwar nicht nötig, »nur aus wahltaktischen Erwägungen hektische Betriebsamkeit im Umweltbereich zu entfalten« – aber es gebe doch keinen Zweifel daran, »daß die ›Grünen‹ wahlentscheidende Bedeutung gewinnen können«. Er wollte weder die zunehmende Energieknappheit einseitig als eine »negative Zukunftsdrohung« deuten, noch das Energiesparen als »eine Art von krisenhafter Rationierung elementarer Lebensmöglichkeiten« verstehen, sondern in beidem »einen heilsamen Anstoß zur Suche nach ökologiebewußteren und gleichzeitig menschlichen Lebensformen« erkennen. Die Aufwertung ökologischer Ziele öffnete ihm gleichzeitig einen Weg aus der finanz- und strukturpolitischen Doppelkrise und – in letzter Konsequenz – auch aus der Massenarbeitslosigkeit.

Matthöfer kam in seinen Reden und Stellungnahmen auch nach Ende des Wahlkampfes von 1980 immer wieder auf dieses Thema zurück, weil es ihn offenbar nicht ruhen ließ. Dabei entstand ein variations- und facettenreiches Bild einer wirtschafts- und finanzpolitischen Problemlösung, das ihn selbst immer stärker überzeugte und dessen komplexe ›Schönheit‹ allmählich eine magische Wirkung auf ihn ausübte. In der politischen Praxis gelang es ihm aber nur selten, seinen Zuhörern das Gesamtbild seiner Strategie verständlich zu machen. Zumeist wurde es auf den Vorschlag einer kräftigen Steuererhöhung auf Heizöl und Benzin verkürzt und entsprechend kritisch kommentiert. Immerhin hatte die Bundesregie-

---

64 Matthöfer an Schmidt, Bonn, den 16. November 1979, AdsD, DM 127.
65 Schmidt an Matthöfer (Persönlich-Vertraulich), Bonn, den 3. Oktober 1979, AdsD, DM 127.

rung auf Drängen des Finanzministers schon im Dezember 1980 die Anhebung der Mineralölsteuer für Benzin (7 Pfennige) und Diesel (3 Pfennige) beschlossen und zum 1. April 1981 in Kraft gesetzt. Wenn jetzt erneut an einer Steuerschraube gedreht werden sollte, die den Preis eines ›Jedermann-Gutes‹ unmittelbar berührte, so war dies den meisten Menschen nur schwer zu vermitteln. Mehr noch als der Widerstand der Boulevardpresse, die sich zum Anwalt des kleinen Mannes stilisierte, trug die Kritik der SPD-Bundestagsfraktion dazu bei, dass Matthöfers neue Ansätze scheiterten. Schon im ersten Anlauf konnte sich Matthöfer in der Fraktion nur mühsam gegen diese kritischen Stimmen durchsetzen. Jetzt, im Rahmen der Operation '82, schwoll der Chor der Ablehnung noch stärker an. Vor allem in den Flächenländern machte die SPD dagegen mobil. Unter Führung des hessischen Ministerpräsidenten Holger Börner sprachen sich zehn SPD-Landtagsfraktionen gegen eine weitere Anhebung der »Benzinsteuer« aus, weil sie es »im Interesse der Bevölkerung unseres Landes für ausgeschlossen (hielten), das Massenverbrauchsgut Erdgas und Heizöl noch höher zu besteuern«.[66] Die unteren Einkommensschichten – so der Tenor der SPD – dürften nicht am stärksten belastet werden. Matthöfer musste zwar nachgeben, um seine Operation '82 nicht zu gefährden, war aber nicht bereit, seinen Plan für eine Rückkehr zur Vollbeschäftigung ganz zu den Akten zu legen. Im Gegenteil, er unternahm einen weiteren Anlauf, sich durchzusetzen, jetzt aber nach gründlicherer Vorbereitung.

Ende 1981 nutzte er die wenigen freien Tagen ›zwischen den Jahren‹, die er wie immer mit seiner Frau Traute in einer Feriensiedlung im Süden Gran Canarias verbrachte, um sein Konzept systematisch zu erschließen und weiter zu entwickeln. Die umfangreiche Denkschrift, die bei dieser Gelegenheit entstand, nannte er »Mut zur Vollbeschäftigung«.[67] Im Januar ließ er den zweiten Entwurf der Denkschrift unter einigen seiner politischen Freunde kursieren, um deren Kritik und Verbesserungsvorschläge aufzunehmen. Unter ihnen waren Alois Pfeiffer, wirtschaftspolitischer Sprecher des geschäftsführenden DGB-Vorstandes, Björn Engholm, Bundesminister für Bildung und Wissenschaft, und Reinhard Ueberhorst, der sich bei seinem erfolgreichen Auftreten als Vorsitzender der 1978 vom Deutschen Bundestag eingesetzten Enquete-Kommission »Zukünftige Energie-Politik« einen guten Ruf als Umweltpolitiker erworben hatte und 1981 Berliner Senator für Gesundheit und Umwelt war. Später bezog Matthöfer auch Unternehmer in seine Vorbereitung ein, so etwa den Vorsitzenden von AEG-Telefunken, Heinz Dürr, der ihn mit Hinweisen auf zukunftsorientierte, förderungswürdige Investitionsfelder versorgte. Aber auch Otmar Emminger, inzwischen Bundesbankpräsident im Ruhestand, gehörte zu seinen Briefpartnern.[68]

---

66 Aus dem Fernschreiben Börners an Bundeskanzler Schmidt, das der Presse zugespielt wurde: Börners Mahnung, in Frankfurter Rundschau vom 27. August 1981.
67 Die auf 73 Seiten angewachsene Fassung vom 3. März 1982 ist wohl die letzte, ausgereifte Version. Diskutiert wurde aber vor allem die zweite Fassung vom 25. Januar (68 S.); AdsD, DM 023.
68 Korrespondenz in AdsD, DM 018.

»Wie und mit welchen politisch-rechtlichen Steuerungsstrukturen ist es möglich, aus der Phase eines exponentiellen Wachstums in geordneter Weise, ohne ökonomische Krisen, in ein ökonomisch-ökologisches Gleichgewicht zu gelangen«? Diese Frage, die er seiner Denkschrift voranstellte, war nicht mehr neu. Sie hatte in den siebziger Jahre in wachsendem Maße die Forschung inspiriert.[69] Nun kam es darauf an, sie vom »grünen Tisch« in die politische Realität zu übertragen. Diesem Ziel sollte die Ausarbeitung der Denkschrift dienen. Sie enthielt »*Vorschläge für aufeinander abgestimmte und sich gegenseitig verstärkende mittel- und langfristig wirkende Maßnahmen zur Beseitigung der Arbeitslosigkeit in der Bundesrepublik* durch Investitionsförderung zur Umstrukturierung und Erhöhung der Leistungs- und Wettbewerbsfähigkeit der deutschen Wirtschaft, Einsparung von importierter Energie und besseren Umweltschutz sowie *Vorschläge zur konjunkturgerechten Finanzierung* dieser Maßnahmen.«[70] Mehr als diese hölzerne Formulierung brachte der folgende Satz die Absicht des Autors auf den Punkt: »Wenn man allerdings will, könnte die Verwirklichung der Vorschläge ein Schritt zur Versöhnung von Ökonomie und Ökologie sein.«

Matthöfers Ausgangspositionen waren erfahrungsgesättigt. Alles, was er und seine Mitstreiter bisher zur Sicherung der Beschäftigung beigetragen hatten – hohe Nettokreditaufnahme, Zukunftsinvestitionsprogramm, 1. Subventionsabbaugesetz, Operation '82 –, war zwar beachtlich, aus seiner Perspektive aber bei weitem nicht ausreichend, um die Arbeitslosigkeit in den nächsten Jahren entscheidend zu vermindern. Auch vor dem Hintergrund der demographischen Entwicklung hielt er es für falsch zu glauben, »die enorme Aufgabe, zur rechten Zeit für eine ausreichende Zahl von Arbeits- und Ausbildungsplätzen zu sorgen, würde sich gewissermaßen von selbst durch einen ›normalen‹ Wirtschaftsaufschwung lösen.« Aus dem Arbeitsmarkt schieden die zahlenmäßig schwächeren Kriegsjahrgänge aus, während die Zahl der Arbeitsuchenden wegen der geburtenstarken Jahrgänge bis zur Mitte der achtziger Jahre noch um mehr als eine halbe Million steigen würde. Es war auch abzusehen, dass die Zahl der eingewanderten Türken von 1,5 Millionen auf knapp 2 Millionen anstieg, weil viele Familienangehörige nachziehen wollten. Es hätte da schon eines realen Wirtschaftswachstums von 5 bis 6 Prozent bedurft, um den Arbeitsmarkt zu räumen. Dies war aber nach dem Ende des ›Wirtschaftswunders‹ ein ganz unrealistisches Szenario geworden – von qualitativen Problemen des Arbeitskräfteangebots auf einem extrem segmentierten Arbeitsmarkt ganz zu schweigen. Mit konventionellen Methoden der Arbeitsbeschaffung oder im Vertrauen auf die Marktkräfte allein war diese Situation nicht mehr zu retten. Matthöfers Ansatz war deshalb ein anderer.

Der Schlüssel zur Lösung des Problems lag für ihn in einem dauerhaft höheren Investitionsanteil, d. h. in einer Umstrukturierung der Verwendungsseite des Sozi-

---

69 So ausdrücklich: Hans Christoph Binswanger, Werner Geissberger, Theo Ginsburg, Wege aus der Wohlstandsfalle – der NAWU-Report: Strategien gegen Arbeitslosigkeit und Umweltkrise, Frankfurt a. M. Juli 1980.

70 Matthöfer, Mut zur Vollbeschäftigung, 3. März 1982, S. 1 (Hervorhebungen im Original).

alprodukts von konsumtiven zu investiven Zwecken. Dies war nicht nur für den privaten Sektor, sondern gerade auch für die öffentliche Hand anzustreben. Dafür galt es zunächst, den Teufelskreis von Arbeitslosigkeit und Haushaltsdefizit zu durchbrechen, um mit zunehmendem Einkommen auch wieder über höhere Steuereinnahmen zur Investitionsfinanzierung zu verfügen. Absolute Kürzungen bei staatlichen Verbrauchsausgaben waren seiner Meinung nach nicht nötig. Viel wichtiger erschien es ihm, »die Wachstumsdynamik [bei den konsumtiven Ausgaben] durch Verminderung der Zuwachsraten der Verbrauchsausgaben zu bremsen und Beschlüsse über neue Verpflichtungen zu verhindern«. Das war schwierig genug, wusste doch gerade auch Matthöfer, dass dies »bei den gegenwärtigen Strukturen eine Umverteilung zu Lasten der Arbeitnehmer bedeutete«.[71] Wenn soziale Leistungen gekürzt werden mussten, bedeutete dies bei gleichzeitiger Förderung der Investitionstätigkeit aus öffentlichen Mitteln eine aktive Umverteilung aus Steuermitteln zugunsten der Kapitaleigner. Der eingefleischte Gegner von Georg Lebers »Vermögensbildung in Arbeitnehmerhand« hielt es deshalb jetzt politisch für opportun, »über zusätzliche Instrumente zur Förderung des Eigentums von Arbeitnehmern am Produktivvermögen nachzudenken«. Hier lag ganz offenbar ein Zugeständnis an die Galerie.[72]

Noch größere Brisanz verlieh der Denkschrift aber die Verknüpfung dieser Umverteilungsproblematik mit dem Problem der steigenden Ausgaben für Ölimporte. 1981 wurden zwar 20 Prozent weniger Öl importiert als 1978, dafür aber wegen steigender Kartellpreise 35 Mrd. DM mehr ausgegeben. Die Tatsache, dass der Anteil der Ausgaben für Ölimporte am Sozialprodukt seit 1973 von 1,5 auf mehr als 4,2 vH gestiegen war, sich also fast verdreifacht hatte, verlangte nach außergewöhnlichen Reaktionen. Der Strukturpolitiker sah einen Ausweg in der Beschleunigung der Entwicklung zu einer weniger energieintensiven, immateriellen Produktionsweise, die in der ›Wirtschaftswunderzeit‹ zu kurz gekommen war. Für den Finanzminister lag ein anderes, noch dazu kurzfristig wirksames Mittel in der Verteuerung von Öl und Benzin durch höhere Steuern. Hier löckte die Denkschrift wider den Stachel und wurde deshalb nicht zu Unrecht in der Öffentlichkeit auch »Ölpapier« genannt. Für Matthöfer öffnete jedoch gerade dieser Vorschlag den Weg aus dem Teufelskreis. Deutlich höhere Steuereinnahmen hätten es ihm erlaubt, die Investitionstätigkeit zu fördern, ohne den Staat weiter verschulden zu müssen. Steuererhöhungen auf Öl standen auch im Wettbewerb zu den Preiserhöhungsspielräumen der OPEC, weil sie geeignet waren, den Verbrauch rascher zu senken, als dies über den Markt möglich erschien. Damit unterstützten sie auch den Abbau des Leistungsbilanzdefizits, der sich seit dem zweiten Quartal 1981 bereits abzeichnete. Massiv steigende Ölpreise kamen aber nicht zuletzt auch der

---

71 Ebenda, S. 8.
72 Noch in der Operation '82 hatte Matthöfer eine drastische Streichung der staatlichen Sparförderung durchgesetzt. Sein Abrücken von einer Position, die er seit seinem Streit mit Georg Leber auf dem Nürnberger SPD-Parteitag 1968 zäh verfolgte, setzte daher viele Beobachter in Erstaunen. Wolfgang Hoffmann, Was lange währt …, DIE ZEIT vom 16. April 1982

Umwelt zugute, da sie zu seinem sinkenden Öl- und Benzinverbrauch und damit zu einer geringeren Luftverschmutzung führten, der umweltschädlichen Zersiedelung des Landes entgegenwirkten und die Entwicklung emissionsärmerer Technologien beförderten. Es war für Matthöfer nicht nachzuvollziehen, dass sich jemand dem Gewicht dieser Argumente nicht beugen wollte.

Gewiss hätte eine Senkung des internationalen Zinsniveaus zumindest die strukturpolitische Komponente des Problems ebenfalls verbessern können. Vor allem die hohen amerikanischen Zinsen verursachten erhebliche Kapitalabflüsse aus Deutschland. 1980 entsprach die ›Kapitalflucht‹ im privaten Bereich (19,0 Mrd. DM) nahezu der Höhe der öffentlichen Kreditaufnahme im Ausland (20,9 Mrd. DM). Das Defizit in der Leistungsbilanz (29,8 Mrd. DM) schlug deshalb voll auf die Devisenreserven durch und verminderte sie um 25,7 Mrd. DM. An eine Änderung der US-Hochzinspolitik war auf absehbare Zeit nicht zu denken, und so musste sich die Bundesrepublik – soweit dies möglich war – durch eigene Anstrengungen von diesen negativen Einflüssen auf die Binnenkonjunktur abkoppeln. Dies aber hieß:[73] »Durch Veränderung der Verbrauchsgewohnheiten und Produktionsstrukturen muß der Verbrauch von Importenergie, insbesondere von Öl, dauerhaft begrenzt und gedrosselt werden.« Das »Ölpapier« enthielt folglich einen »ergänzungs- und änderungsfähigen Katalog« von Maßnahmen, die aus dem Mehraufkommen der Energiesteuern finanziert werden sollten, um in nahezu allen Bereichen der Volkswirtschaft massive Einsparungen des Energieverbrauchs zu erzielen. Hier schickte Matthöfer alle strukturpolitischen Pferde wieder ins Rennen, die er seit seiner Ernennung zum Forschungsminister im Stall hatte: von der Fernwärme über den Ausbau des Schienenverkehrs und die Förderung des öffentlichen Personennahverkehrs bis zu einem umfassenden Sonderprogramm ›Mikroelektronik und Energieverbrauch‹. Der Katalog machte auch deutlich, dass sich ökologische und ökonomische Ziele nicht widersprechen mussten. Für die kommenden drei Jahre plante er, 13,5 Mrd. DM in die staatliche Förderung entsprechender energiesparender und umweltfreundlicher Investitionen zu lenken.[74] Es galt, die Spielräume des Ölsparens sowohl technisch als auch ökonomisch auszuschöpfen; immerhin gab es Schätzungen, dass 50 % des Ölverbrauchs eingespart werden könnten.[75] Gleichzeitig beließ die Anhebung der Steuerbelastung das für die Umstrukturierung der Wirtschaft benötigte Kapital im Inland, wogegen es sonst ohne Gegenleistung an die Ölexporteure abgeführt wurde. Allerdings wusste auch Matthöfer, dass staatliche Programme nicht ausreichten:[76] »Der notwendige Strukturwandel zur Bewältigung der vor uns stehenden Anforderungen muß in der Wirtschaft erfolgen und von ihr getragen werden.« Dem möglichen Einwand, höhere Steuern auf Energie seien für die Unternehmen ein Investitionshindernis, begeg-

---

73 Matthöfer, Mut, S. 13; Hervorhebung im Original.
74 Ebenda, S. 22–24.
75 Rat von Sachverständigen für Umweltfragen, »Energie und Umwelt«, Sondergutachten, hrsg. von Karl-Peter Winters, Bonn, März 1981, Tz. 341.
76 Matthöfer, Mut zur Vollbeschäftigung, 3. März 1982, S. 33 (Hervorhebungen im Original).

nete er mit dem Hinweis auf eine neue Studie der Fraunhofer-Gesellschaft, die den Energiekosten selbst in energieintensiven Industriezweigen eine eher untergeordnete Bedeutung zumaß.[77] Am Standort Deutschland kam es weitaus mehr auf die Qualifikation des Personals und das verfügbare Forschungs- und Innovationspotenzial an. Ein preisgünstiges Energieangebot mochte hier sogar kontraproduktive Folgen haben, weil es den notwendigen Wandel zu einer weniger energieintensiven immateriellen Produktionsweise bremste. Die finanzielle Mehrbelastung der Verbraucher hielt sich nach seiner Berechnung ebenfalls in engen Grenzen – zumal ohne die Steuererhöhung soziale Härten in noch höherem Ausmaß zu erwarten waren. Ein durchschnittlicher Autofahrer würde bei einer Mineralölsteuererhöhung um 7 Pfennig, die Matthöfer offenbar anstrebte, mit etwa 7 DM im Monat zusätzlich belastet.[78] Ein Anstieg um 1 Pfennig je Liter Mineralöl bzw. um 0,90 DM je 100 cbm Erdgas hätte dem Finanzminister aber immerhin etwa 1,35 Mrd. DM zusätzlich eingebracht. Am Ende musste Matthöfer einräumen, dass Steuererhöhungen auf Importenergien »sicher auf Widerstand stoßen« würden. Er sah aber keine bessere Möglichkeit, die Beschäftigung zu sichern und neue Arbeitsplätze zu schaffen. Vor allem aber verlangte er von seinen Kritikern »den Mut zu vorübergehend unpopulären Maßnahmen«, wenn es darum ging, die viel beschworene Priorität der Vollbeschäftigung durchzusetzen. Er war sich sicher, dass ihm der Erfolg Recht geben werde.

Das Scheitern der ›Ökosteuer‹

Es musste ihm freilich schon bald aus den Reaktionen möglicher Verbündeter in seiner eigenen Partei – etwa von Erhard Eppler, Peter von Oertzen, Björn Engholm oder Alois Pfeiffer – deutlich geworden sein, dass kaum jemand die Tragweite seines Vorschlages erkannte. Engholm machte seine Unterstützung davon abhängig, wie weit der Finanzminister das groß angelegte Programm zur Förderung überbetrieblicher, durch den Bund finanzierter Ausbildungsstätten, das das Bildungsministerium vorgeschlagen hatte, einbeziehen würde.[79] In der Sache gab es da große Übereinstimmung, doch musste die Verknüpfung mit einem unter föderalistischen Strukturen problematischen Vorhaben die Durchsetzung des Matthöferschen Vorschlags weiter komplizieren. Auch die grundsätzliche Zustimmung Pfeiffers war durch allerlei kritische Einwände relativiert und machte »eine Akzeptanz-Chance innerhalb der Gewerkschaften« vom Einbau mehrerer »Sozialkomponenten« abhängig.[80] Das von ihm vorgeschlagene Junktim mit der Einführung einer Ergän-

77 Franz Garnreiter u. a., Zur internationalen Wettbewerbsfähigkeit energieintensiver Industriezweige in der Bundesrepublik Deutschland (= Fraunhofer-Gesellschaft zur Förderung der angewandten Forschung e. V. – ISI), Karlsruhe, Januar 1982.

78 Matthöfer, Mut zur Vollbeschäftigung, 3. März 1982, S. 44. 1981 war gelegentlich auch schon von 10 % die Rede.

79 Engholm an Matthöfer, Bonn-Bad Godesberg, den 27. Januar 1982, AdsD, DM 018.

80 Pfeiffer an Matthöfer, Düsseldorf, den 22. Januar 1982 (privat), AdsD, DM 018.

Scheich Abdullah Matthöfer vom Emirat Bonn.　　　Zeichnung: Wolter

Es war der Öffentlichkeit nur schwer zu erklären, dass Steuererhöhungen auf
Ölimporte langfristig das Problem lösen konnten.

zungsabgabe für höhere Einkommen, einer großzügigen Pendler-Kilometerpau-
schale und einem Heizkostenzuschuss in Härtefällen hätte die Realisierung des
Programms nicht gerade erleichtert. Vor allem aber machte Matthöfers Hoffnungsträger in den Gewerkschaften mit seinem Vorschlag, die Möglichkeit zusätzlicher
Nettokreditaufnahmen zur Finanzierung klassischer Arbeitsbeschaffung zu erwä-
gen, deutlich, dass er den Sinn des Ölpapiers nicht verstanden hatte. Offenbar sah
Pfeiffer in der Denkschrift des Finanzministers eine beliebige Verhandlungsmasse,
an die er die üblichen politischen Maßstäbe anzulegen hatte. Das für Wirtschaftsfragen zuständige DGB-Vorstandsmitglied, das sich selbst in der Position eines
»zumindest konstruktiven Kritikers« der Matthöferschen Vorstellungen sah, ließ
ihn denn auch nicht im Zweifel darüber, dass sich »bei einer ersten Diskussion
Deiner Gedanken während unserer Bundesvorstandsklausur vor einer Woche im
Bayerischen Wald [...] deutliche Widerstände gegen Dein Konzept [gezeigt hat-
ten]«. Im Klartext bedeutete dies, dass sich im Bundesvorstand des DGB keine
Mehrheit für den Vorschlag fand – »zumal das Konzept in all seinen Verästelungen
nur von ausgefuchsten Ökonomen voll durchschaut werden kann«. Vielleicht lag
darin der Grund, dass selbst alte Mitstreiter wie Erhard Eppler oder Peter von Oertzen das Ölpapier in der SPD-Fraktion auf seine fiskalische Komponente reduzier-

ten. Die niedersächsische SPD, deren Vorsitzender von Oertzen war, lehnte in einem Schreiben an Bundeskanzler Schmidt, Finanzminister Matthöfer und Fraktionschef Wehner eine Erhöhung der Mineralöl- und Heizölsteuer als »wirtschaftlich fragwürdig, politisch unvertretbar und zutiefst unsozial« ab.[81] Die niedersächsischen Sozialdemokraten, die am 21. März eine Landtagswahl bestehen mussten, fürchteten »katastrophale psychologische Auswirkungen« einer solchen Erhöhung bei den Bürgern. Die Last würde vor allem einkommensschwächere Bevölkerungskreise treffen. Sie machten sich damit zu Wortführern der innerparteilichen Opposition gegen eine Erhöhung der Mineralölsteuer und sorgten dafür, dass ihre Argumente gegen die Vorschläge des BMF von der Springer-Presse öffentlichkeitswirksam in hoher Auflage verbreitet werden konnten. Da half auch nichts, dass liberale Kommentatoren wie die Wirtschaftsredaktion der Süddeutschen Zeitung dem Plan durchaus gute Seiten abgewinnen konnten.[82] Sie wünschten dem Diskussionsbeitrag des Finanzministers »eine unpolemische und kritische Bewertung«, weil er sich wohltuend von anderen Vorschlägen abhob: »Das ist keine Ansammlung von Verteilungsmätzchen von der Kürzung der Bewirtungsspesen über eine Ergänzungsabgabe für Millionäre bis hin zur Kürzung des Kindergeldes für Großgrundbesitzer; was Matthöfer hier vorlegt, ist an den Kriterien der Effizienz, der Produktivität, des Wachstums und der Beschäftigung ausgerichtet.«

Der Bundeskanzler mag dies genauso gesehen haben und unterstützte seinen Finanzminister nach Kräften – ohne sich freilich in dieser Frage stark zu exponieren. Erst im Sommer 1982, als das Ölpapier längst zur Makulatur geworden war, bekannte sich Schmidt vor der SPD-Bundestagsfraktion ausdrücklich zum Vorschlag einer »Benzinsteuer«.[83] Er fügte aber im Hinblick auf eine Wiedervorlage nüchtern hinzu: »Es hat doch keinen Zweck, alle die ollen Kamellen nun ein drittes Mal durchzukauen. Die Sozialdemokratie selber hat das abgelehnt. Ich habe mich gemeinsam mit Hans Matthöfer dafür eingesetzt. Da muß man mit sich selber auch konsistent bleiben.« Nach dem Motto ›Wer nicht hören will, muß fühlen‹ machte der Bundeskanzler der Fraktion klar, welche Folgen aus der Ablehnung resultierten. Alles, was die sozial-liberale Regierung seit 1970 wirtschafts- und sozialpolitisch geleistet habe, rechnete der Kanzler vor, sei aus Quellen finanziert worden, die jetzt versiegt seien. Die Belastung der Arbeitnehmer ließ sich nach dem Anstieg der Abgabenquote von 34 auf 38 % und bei einer Grenzsteuerbelastung von 49 % nicht mehr weiter erhöhen.[84] Die Kreditaufnahme aller öffentlichen Körperschaften hatte sich im gleichen Zeitraum von 1,5 auf 5 % mehr als

81 ›Diensttagebuch‹, 28.1.1982, AdsD, DM 0404.
82 Hans D. Barbier, Modernisierungsplan mit Tücken, Süddeutsche Zeitung vom 28. Januar 1982. Zustimmung kam auch von eher konservativen Wirtschaftsredakteuren, so z. B. von Heinz Murmann (Matthöfers Mut, Kölner Stadtanzeiger vom 28. Januar 1982).
83 Schlußwort von Bundeskanzler Helmut Schmidt in der Diskussion der SPD-Bundestagsfraktion am 30. Juni 1982, AdsD, DM 032.
84 Die Grenzbelastung eines ledigen Arbeitnehmers war von 1970 bis 1982 von 28,1 % auf 46 % gestiegen. V. Lietmeyer, Entwicklung und Perspektive der Belastung mit direkten Abgaben, in: Deutsche Steuerzeitung, Heft 8 (1983), S. 157 ff.

verdreifacht. Und der Anteil der Investitionen, der zugunsten von Leistungsgesetzen um ein Drittel – von 24,5 % auf 16,5 % – gesunken war, ließ sich mit Rücksicht auf die konjunkturelle Lage nicht weiter herunterfahren. Schmidt folgerte daraus:[85] »Seit die Weltwirtschaftskrise voll auch auf unser Land durchschlägt, sind die Voraussetzungen, unter denen die eben geschilderte finanzwirtschaftliche Entwicklung der letzten zwölf Jahre noch erträglich war, nicht mehr gegeben.« Wer nicht den »Mut zur Vollbeschäftigung« aufbrachte, so wurden die SPD-Abgeordneten indirekt belehrt, musste sich eben damit abfinden, dass die Zeit expandierender Sozialleistungen vorüber war. Mehr noch: »Wer mehr beschäftigungswirksame Maßnahmen machen will, muß sehr viel tiefer in die Sozialleistung schneiden.« Die Alternative zur Ablehnung des Ölpapiers bedeutete für die größere der beiden Regierungsparteien praktisch das Ende ihrer Handlungsfähigkeit. Der Kanzler konnte daher die Fraktionsmitglieder nur noch mahnen, sich nicht auf die Seite derjenigen zu schlagen, »die das Risiko eines Scheiterns und die Schuld für ein Scheitern auf unsere Schultern laden«.

Bei aller Sympathie für das Ölpapier war es aber doch Helmut Schmidt gewesen, der eine der letzten Hoffnung seines Finanzministers zunichte gemacht hatte, noch eine politische Mehrheit für seinen Masterplan zu organisieren. Matthöfer hatte seit den Koalitionsverhandlungen nach den Wahlen von 1980 in Sachen Ökosteuer engen Kontakt zur FDP gehalten. Dort wusste man deshalb schon lange, wie wichtig ihm der ökologisch-technologische Weg zur Wiedergewinnung der Vollbeschäftigung war. Die FDP-Spitze lehnte den Vorschlag, der am 27. Januar zum ersten Mal auf der Tagesordnung der Koalitionsrunde stand – anders als die von Teilen der SPD-Fraktion und den Gewerkschaften geforderte Ergänzungsabgabe –, auch nicht rundweg ab. Die finanzpolitische Sprecherin der FDP-Bundestagsfraktion, Ingrid Matthäus-Maier, ging sogar noch einen Schritt weiter und sprach sich ausdrücklich für die Erhöhung der Mineralölsteuer und die Umsetzung des Ölpapiers aus, nachdem sie den Finanzminister bereits zuvor mit großem Nachdruck im Kampf um die Abschaffung der Kraftfahrzeugsteuer und ihrer Umlegung auf die Mineralölsteuer unterstützt hatte. Die wenigsten Bonner Beobachter wussten allerdings, dass sich Matthäus-Maier schon seit Weihnachten 1980 mit ihrem SPD-Kollegen über ein gemeinsames Vorgehen in der Frage der Ökosteuer verständigt und am Ende sogar an der Formulierung der Denkschrift selbst mitgewirkt hatte. Gelegenheit dazu bot sich jeweils während der Aufenthalte des Ehepaares Matthäus am Feriendomizil der Matthöfers in San Agustín auf Gran Canaria. Nachdem man sich durch die gemeinsame Niederlage in Sachen Abschaffung der Kraftfahrzeugsteuer auch persönlich näher gekommen war, hatte Matthöfer die junge liberale Abgeordnete auf die Ferieninsel eingeladen und sie bei einem guten Abendessen in Playa del Inglés für eine gemeinsame Strategie im Sinne des späteren Ölpapiers gewonnen.[86] Seitdem trafen sich die Familien regelmäßig

---

85 Bundeskanzler Helmut Schmidt in der Fraktionssitzung am Dienstag, den 22. Juni 1982, AdsD, DM 032.

86 ›Diensttagebuch‹, 26.12.1980, AdsD, DM 0404.

in der Nachweihnachtszeit im Hause Matthöfer auf den Kanaren, sodass es nicht ausblieb, dass auch die Denkschrift bereits *in statu nascendi* zum Gegenstand intensiver ›parteiübergreifender‹ Erörterungen wurde. Von daher konnte sich der Finanzminister im Koalitionslager einer wichtigen Verbündeten sicher sein. Aber auch Genscher lehnte seinen Plan nicht eindeutig ab. Matthöfer hatte sogar den Eindruck gewonnen, der FDP-Chef finde seine Begründung der Notwendigkeit einer Mineralölsteuererhöhung »mit ihren strukturellen Wirkungen« einleuchtend.[87] Innenminister Gerhard Baum, dessen Unterstützung er wegen der ökologischen Dimension seines Planes eigentlich erwartet hatte, reagierte dagegen eher zurückhaltend. Auch Graf Lambsdorff blieb »in voller Deckung«, während sein Staatssekretär Otto Schlecht öffentlich von einer »Konsumentenstrafsteuer« sprach, die überflüssig sei, weil die Verbraucher von sich aus schon genug Energie sparten. Später räumte auch er ein, das Wirtschaftsministerium hätte wohl »einiges daraus« mitmachen können.[88]

Bevor Matthöfer aber die Resonanz des Ölpapiers bei den Freien Demokraten voll ausloten konnte, bereitete Helmut Schmidt diesem Versuch seines Finanzministers, im Kabinett Verbündete zu gewinnen, unsanft ein Ende. Der Kanzler rechnete im Verhältnis zu seinem Koalitionspartner längst mit dem Schlimmsten und rückte daher taktische Fragen immer stärker in den Vordergrund. Für neue, richtungsweisende Projekte schien in einer Koalition, die sich seit Monaten unübersehbar auf die Scheidung vorbereitete, nicht mehr die Zeit. In Bonn pfiffen es die Spatzen von den Dächern, »daß die FDP-Spitze nahezu fest entschlossen war, das Bündnis mit den Sozialdemokraten als nicht mehr handlungs- und regierungsfähig erscheinen, also scheitern zu lassen«.[89] Schon im Herbst 1981 hatte die FDP einen entsprechenden Versuch gewagt, war aber »zu kurz gesprungen, zumal der Kanzler kühler und klüger war als Genscher und Lambsdorff«. Spätestens seit Schmidt diese Einschätzung des Bonner Korrespondenten der Süddeutschen Zeitung genüsslich vor der Fraktion zitiert hatte, war klar, dass er die taktische Herausforderung des Koalitionspartners annehmen wollte.[90] Hätte sich die FDP Matthöfers Vorschlag zu eigen gemacht, wäre ihr im schlimmsten Fall ein Hebel zugefallen, den sie gegen die SPD einsetzen konnte, um deren Zerstrittenheit und Handlungsunfähigkeit zu demonstrieren. Schmidt sah daher in Matthöfers Annäherung an die FDP vor allem die Risiken, die daraus im Konfliktfall für das Ansehen des sozialdemokratischen Regierungsteils erwachsen konnten. Mehr noch als »schädliche Indiskretionen« fürchtete er eine Konstellation, in der Genscher in »eine Schiedsrichterfunktion über die SPD« geriet, »etwa nach dem Motto, die Sozis könnten

---

87 ›Diensttagebuch‹, 20.12.1981–11.1.1982, AdsD, DM 0404.
88 Interview am 8. November 1999 in Bonn im Rahmen des Oral-History-Projekts der FES: AdsD, DM 0404.
89 Hans Heigert, Der Anfang vom Ende, Süddeutsche Zeitung vom 5. September 1981, S. 4.
90 Helmut Schmidt vor der SPD-Bundestagsfraktion am 8. September 1981, Protokoll, S. 36; AdsD, DM 027.

nicht einmal ihre eigenen Angelegenheiten und Standpunkte klären«.[91] Er ließ deshalb Matthöfer über seinen Amtschef mitteilen, er möge doch »back to square no. one« gehen, um die Koalitionsprobleme mit der FDP nicht weiter zu komplizieren. Matthöfer akzeptierte das Veto des Kanzlers: *Roma locuta, causa finita.*

»Du hättest härter kämpfen müssen!«

Was dann in der Koalitionsrunde in der Nacht zum 5. Februar 1982 in Abwesenheit des Finanzministers und ohne ernsthafte Diskussion seines Alternativplans als Regierungspolitik beschlossen wurde, brachte das Fass endgültig zum Überlaufen. Matthöfer, der diesem Gremium nicht angehörte, aber als Experte hinzugezogen wurde, hatte zuvor noch einmal versucht, eine Lanze für seinen Plan zu brechen, fand aber auf keiner Seite des Tisches Mitstreiter. Stattdessen einigte man sich über seinen Kopf hinweg rasch auf ein konventionelles Arbeitsbeschaffungsprogramm, das selbst hinter das keynesianische Gebot des *deficit spending* zurückfiel. Zur Finanzierung sollte die Mehrwertsteuer um einen Prozentpunkt erhöht werden – ein Vorhaben, dessen Ablehnung durch die Union im Bundesrat schon jetzt sicher war. Nicht bereit, dieses fragwürdige Manöver mitzumachen, verließ Matthöfer verärgert die Runde und meldete sich für die kommenden Tage krank.[92] Die ›Gemeinschaftsinitiative für Arbeitsplätze, Wachstum und Stabilität‹, die die Bundesregierung daraufhin verabschiedete, blieb weit hinter dem zurück, was der Finanzminister für notwendig hielt.[93] Neben eine zeitlich begrenzte Investitionszulage in Höhe von 4 Mrd. DM trat ein 6-Mrd.-Programm zur Subventionierung öffentlicher und privater Kredite, das die staatliche Kreditanstalt für Wiederaufbau auflegte. Die ebenfalls beschlossene Erhöhung der Mehrwertsteuer sollte am vorhergesehen Widerstand der Unionsmehrheit im Bundesrat scheitern. Nach der Intervention des Bundeskanzlers gegen eine koalitionspolitische Instrumentalisierung des Ölpapiers stand für Matthöfer bereits vorher fest, dass sich die FDP »mit ihren rein umverteilungspolitisch motivierten Maßnahmen zugunsten der oberen Einkommensschichten voll durchsetzen konnte«, weil sie wusste, dass Helmut Schmidt unter dem Druck von SPD-Fraktion und Gewerkschaften irgend etwas vorlegen musste, »was wie ein Beschäftigungsprogramm aussah oder jedenfalls so bezeichnet werden konnte«. Was die Koalitionsspitzen vereinbart hatten, war nach der Überzeugung des Finanzministers angesichts der aktuellen ungenutzten Kapazitäten und der Nachfragelücke nicht nur ökonomisch unsinnig, sondern mit Blick auf die restriktive Geldpolitik der Bundesbank und auf die Kürzungen in den öffentlichen Haushalten sogar kontraproduktiv. – »Strukturelle Wirkungen«, die die

---

91 Notiz von Kanzleramtschef Lahnstein an Matthöfer, ohne Datum. AdsD, DM 032.
92 ›Der Platow Brief‹ vom 08. Februar 1982. Dort wurde Matthöfers Verhalten anerkennend kommentiert: »Matthöfer ist nicht bereit, wie ein Spieler mit dem Schicksalsbuch der Nation umzugehen; das ehrt ihn!«
93 ›Diensttagebuch‹, 3.2.1982, AdsD, DM 0404.

Beschäftigungslage und die Leistungsbilanz langfristig zu verbessern geeignet gewesen wären, die Produktivität erhöht und die Umweltverschmutzung vermindert hätten, wurden gar nicht erst angestrebt. Kein Zweifel, Matthöfer konnte das Ergebnis unmöglich öffentlich vertreten oder argumentativ begründen, wenn er sich selbst und der Öffentlichkeit gegenüber glaubwürdig bleiben wollte. In seinem Ölpapier, das inzwischen im politischen Bonn weit verbreitet war, hatte er noch über die Wirkung einer Mehrwertsteuererhöhung geschrieben:[94] »Sie ist konjunkturpolitisch unerwünscht, weil die unmittelbaren arbeitsplatzvernichtenden Wirkungen des Kaufkraftentzugs sofort eintreten.« Einzig, um der Regierung Schmidt nicht zu schaden, rang er sich später bei einigen Anlässen doch noch lobende Worte für das Programm ab. Dabei war er sich darüber im Klaren, die Grenze seiner politischen Wirkmächtigkeit erreicht zu haben. Er stand nun auf verlorenem Posten – und war entschlossen, von jener Option Gebrauch zu machen, die er seit Frühjahr 1981 taktisch aufgebaut hatte.

Die Modalitäten des Rücktritts zielten darauf ab, seinen Bruch mit der Wirtschafts- und Finanzpolitik des 3. Kabinetts Schmidt nach außen hin nicht in Erscheinung treten zu lassen. Als Helmut Schmidt ihm in Anwesenheit von Willy Brandt und Herbert Wehner das für ihn desaströse Ergebnis des Koalitionsgespräches eröffnet hatte, reichte er ihm zwar anschließend unter vier Augen unverzüglich seinen Rücktritt ein, bestand aber nicht auf dessen sofortigem Vollzug. Um Schmidt nicht öffentlich zu desavouieren, sollte er erst in etwa sechs Wochen und für die Öffentlichkeit aus gesundheitlichen Gründen erfolgen, um den Zusammenhang mit den aktuellen Entscheidungen zu verschleiern. Weil er ihn gern im Kabinett behalten wollte, fragte ihn der Kanzler spontan, ob er nicht doch lieber ein kleineres Ministerium übernehmen wolle. Matthöfer schlug ein, und man einigte sich rasch auf das Postministerium. Zwar hätte er lieber das Bundesministerium für wirtschaftliche Zusammenarbeit genommen und wollte seinem alten Mitstreiter Kurt Gscheidle, dem amtierenden Postminister, auf keinen Fall in die Quere kommen. Schmidt räumte jedoch seine Bedenken aus, weil Kurt Gscheidle wegen zahlreicher Probleme – unter anderem mit seiner eigenen Postgewerkschaft – auf jeden Fall aus dem Kabinett ausscheiden müsse, ohne Rücksicht darauf, wer sein Nachfolger werden würde.

Auch wenn damit die Entscheidung in eigener Sache gefallen war, ließ das Schicksal des Ölpapiers auch den designierten Postminister noch nicht los. Nachdem der Plan am Widerstand der eigenen Fraktion, an koalitionstaktischen Erwägungen und an der »Popularitätsbarriere«[95] gescheitert war, suchte sein Autor Unterstützung bei einer Institution, die über den Verdacht, ihre Entscheidungen nach populistischen Maßstäben zu treffen, weit erhaben war: dem Zentralbankrat. Bei den Präsidenten der Landeszentralbanken und dem Direktorium der Bank konnte er zwar nach den Schlachten der Vergangenheit keine spontane Zuneigung erwar-

94 Matthöfer, Mut, S. 37.
95 So die Einschätzung von Reinhard Ueberhorst im ›Vorwärts‹ (»Entweder man schafft beides oder gar nichts«) vom 18. Februar 1982.

ten. Hier durfte der Volkswirt aber auf eine Auseinandersetzung mit seinen Vorstellungen vertrauen, die sich auf der Ebene des fachlichen Diskurses bewegte und allein der Sache verpflichtet war. Ohne die ausdrückliche Rückendeckung des Bundeskanzlers hätte Matthöfer diesen Vorstoß sicher nicht unternommen. Schließlich hatte er seine Loyalität zum Regierungschef gerade wieder einmal unter Beweis gestellt. Helmut Schmidt war also offenbar ebenfalls fest davon überzeugt, dass Matthöfers innovatives Rezept einer strukturpolitisch eingesetzten Ökosteuer die Chance in sich barg, seiner erodierenden politischen Macht neue Substanz zu verleihen. Zu frustrierend war die Aussicht, in der Koalition weitere erbitterte Grabenkämpfe führen zu müssen, ohne in der Finanzpolitik wirklich Gelände zu gewinnen:[96] »Der Finanzminister und ich werden insgesamt Sparmaßnahmen quer durch den Garten vertreten müssen. Zugleich werden wir den ernsten Versuch zu unternehmen haben, allzu weitgehende Steuerermäßigungsvorstellungen abzuwehren und stattdessen mindestens eine lukrative Steueroase abzubauen.« Im Bündnis mit der Bundesbank hätte die Regierung Schmidt einen neuen, Erfolg versprechenden Anlauf nehmen können, um über die Ökosteuer die drängenden finanz- und strukturpolitischen Probleme zu lösen und dabei noch etwas Gutes für die Umwelt zu tun. Deshalb wagte sich Matthöfer mit dem Papier in die Höhle des Löwen. Auf der Sitzung des Zentralbankrates am 18. Februar stellte er seine Gedanken zu einen nachhaltigen Energiespar- und Beschäftigungsprogramm zur Debatte und zwang die Bundesbank, dazu ausdrücklich Stellung zu nehmen.

Die Rechnung ging jedoch nicht auf. Tatsächlich verwies der Zentralbankrat Matthöfers Ölpapier nach kurzer Diskussion an die Experten der Hauptabteilung Volkswirtschaft der Deutschen Bundesbank. Diese legten am 26. März eine Stellungnahme vor, die sich in ungewöhnlich kompromissloser Form gegen staatliche Eingriffe der vorgesehenen Art aussprach und dringend empfahl, die Entwicklung weiter dem Marktmechanismus zu überlassen.[97] Dass die Ablehnung so entschieden ausfiel, war nicht so ohne weiteres zu erwarten, hatte doch Otmar Emminger auf Matthöfers Papier zuvor sehr positiv reagiert. Gerade auch die steuerliche Seite des Planes fand bei dem früheren Bundesbankpräsidenten hohe Anerkennung:[98] »Ihr Plädoyer für eine Erhöhung der Energiesteuern finde ich sehr eindrucksvoll und überzeugend. Wir können uns das in der heutigen Lage umso mehr leisten, als wahrscheinlich für die nächsten ein bis zwei Jahre keine schwerwiegenden Er-

96 So in einem Vermerk über Strategie und Taktik von Bundesregierung und SPD während der folgenden Monate, den Helmut Schmidt nach dem Münchner Parteitag der SPD und angesichts der bevorstehenden Landtagswahlen und des DGB-Kongresses verfasste. ›Diensttagebuch‹, 30.4.1982, AdsD, DM 0404.

97 Hauptabteilung Volkswirtschaft, Stellungnahme zu dem von Minister Matthöfer vorgeschlagenen Energiespar- und Beschäftigungsprogramm, Frankfurt a. M., 26. März 1982, AdsD, DM 018.

98 Emminger an Matthöfer am 18. Februar 1982, AdsD, DM 018. Auch der Vorstandssprecher der Deutschen Bank, F. Wilhelm Christians, wunderte sich, »dass man zum Beispiel seine Vorschläge zur Erhöhung der Mineralölsteuer und zur Verwendung dieser Mittel für strukturelle Modernisierungsmaßnahmen im Grunde zu wenig konsequent aufgenommen hat« und vermutete: »Das Terrain war einfach noch nicht danach.« Interview am 14. September 1999 in Düsseldorf im Rahmen des Oral-History-Projekts der FES: AdsD, DM 0404.

*In der Chefetage der Deutschen Bundesbank (von rechts): Otmar Emminger,
Helmut Schmidt und Hans Matthöfer – meist auf Konfrontationskurs.*

höhungen der Öl-Importpreise bevorstehen.« Emminger stützte sich dabei auf
Informationen aus erster Hand, die er bei einem Treffen mit dem saudischen und
dem kuwaitischen Ölminister gewonnen hatte. Er sah darin – wie Matthöfer – eine
Chance, eigene Handlungsspielräume zu gewinnen und über Steuererhöhungen
den Druck auf den Verbrauch aufrecht zu erhalten. Deshalb – und aus strukturpolitischen Gründen – stellte sich Emminger voll hinter den Matthöferschen Vorschlag: »Ich kann Ihnen nur, lieber Herr Matthöfer, guten Erfolg bei Ihren Bemühungen um eine Konsolidierung unserer Staatsfinanzen und vor allem bei der von
Ihnen so energisch vertretenen Umstrukturierung von der Konsumtion zur Investition wünschen.« Er sollte neben Reinhard Ueberhorst der einzige unter den von
Matthöfer vorab Konsultierten bleiben, der sich vorbehaltlos hinter das ›Ölpapier‹
stellte.

Die Bundesbank folgte ihrem früheren Präsidenten nicht. Die Volkswirte der
Bank teilten zwar Emmingers Prognose kurzfristig stagnierender oder sogar fallen-
der Ölpreise, zogen aber aus dieser Prämisse ganz andere Konsequenzen. Sie führten das sich seit Mitte 1981 abzeichnende Überangebot auf den Mineralölmärkten
und den daraus resultierenden Preisdruck auf »längerfristig angelegte Einsparungs-
und Umstellungsprozesse« bei den Ölverbrauchern zurück. Sie sahen sich deshalb
außerstande, eine sichere Zukunftsperspektive für den Ölpreis zu bestimmen.
Ginge aber der reale Ölpreis mittelfristig gegenüber dem Höchststand von 1981
zurück, so glaubten die Experten der Bundesbank, könnten sich die vorgeschlagenen Subventionen strukturinnovativer Investitionen als »Fehlallokationen« erwei-

sen; auch die erhoffte dauerhafte Beschäftigungswirkung werde dann nicht eintreten. Für einen solchen Rückgang spräche vieles, weil es sich nicht nur um »reine Verbrauchseinschränkungen« handele, sondern um Ergebnisse von Umstellungsprozessen, »die längerfristig angelegt sind und somit auch bei einem zeitweiligen Preisrückgang weiter gehen dürften«. Daneben monierte das Gutachten, dass die Vergabe von Zinssubventionen im Maßnahmenkatalog des Papiers »die Wirkung des Zinsmechanismus tendenziell schwäche und damit auch die Kreditpolitik der Bundesbank«.

Mit dem Versuch, im Kampf um eine langfristige und wirksame Strategie gegen die wichtigsten Probleme der deutschen Wirtschafts- und Finanzpolitik einen mächtigen institutionellen Verbündeten zu gewinnen, war Matthöfers Plan endgültig gescheitert. Auf dem Münchner Parteitag der SPD führte der scheidende Finanzminister nur noch ein Rückzugsgefecht und warnte die Genossen vor »blankem Illusionismus«:[99] »Ihr habt nur die Wahl, ob Pendler weiterhin billig vom Wohnort zum Arbeitsplatz fahren oder ob ihr etwas für die Beschäftigung tun wollt.« Es gelang auch seinen Nachfolgern nicht, den langfristigen Herausforderungen, denen sich die Bundesrepublik konfrontiert sah, eine umfassende und nachhaltige wirtschaftspolitische Strategie entgegenzusetzen. Als die ›Ökosteuer‹ schließlich 1999 eingeführt wurde, diente sie der Finanzierung des weiteren Ausbaus des Sozialstaates und gerade nicht den strukturpolitischen Zielen, die Matthöfers Ölpapier damit verfolgt hatte. Nach dem Ende der Regierung Schmidt dauerte es freilich nicht lange, bis in der SPD die Einsicht reifte, dass man mit der Ablehnung des Vorschlages einen schweren Fehler gemacht hatte. Dieter Spoeri, nicht gerade ein enger Freund des Finanzministers, war nicht der einzige, der Reue zeigte:[100] »Ich kann noch heute meine Enttäuschung darüber nicht verdrängen, wie eine regierende SPD zu Jahresanfang [1982] die Unterstützung von Ingrid Matthäus-Maier (FDP) für diesen Plan Matthöfers leichtfertig ungenutzt ließ. Dabei war das Matthöfer Konzept nichts anderes als eine realistische und gesetzgebungsreife Umsetzung ihrer energiepolitischen Parteitagsbeschlüsse. Der Lohn der Mutlosigkeit war dann eine Investitionszulage, die jetzt von der Wirtschaft unter hämischer Begleitmusik mit bescheidenen Investitionseffekten abkassiert wird.« Helmut Schmidt mochte ähnlich gedacht haben, als er mit Matthöfer auf einem langen Segeltörn vor Gran Canaria die Schlacht Revue passieren ließ. Über die

99 Hannoversche Allgemeine Zeitung vom 23. April 1982.
100 Dieter Spöri, Die neuen Freiheiten des Sozialdemokraten, ›Vorwärts‹ vom 21. Oktober 1982. Nur wenige in der SPD-Spitze zeigten diese Weitsicht auch schon früher, wie Peter Glotz, der am 4. Februar 1982 in sein Tagebuch schrieb: »Der gute, ökonomisch durchdachte Plan Matthöfers ist vom Tisch; das war allerdings nicht nur die FDP, sondern das waren wir selber auch.« (Kampagne in Deutschland: Politisches Tagebuch 1981–1983, Berlin 1986, S. 144). Im Wahlkampf 1986/87 hielt der Spitzenkandidat der SPD, Johannes Rau, am Ölpapier fest, ohne es allerdings in den Vordergrund seiner Kampagne zu stellen: »Der Vorschlag von Hans Matthöfer, der inzwischen auch bei der EG-Kommission Zustimmung findet, nämlich Importenergien steuerlich zu belasten, bleibt auf der Tagesordnung.« (Protokoll des SPD-Bundesparteitages in Nürnberg vom 25.–29. August 1986, S. 144)

strategische Bedeutung des Ölpapiers wurde er mit seinem Freund rasch einig, doch fiel die Manöverkritik knapp aus. Schmidt wollte keine Larmoyanz aufkommen lassen und wies kritische Untertöne souverän zurück:[101] »Du hättest härter kämpfen müssen.« Sein selbstkritischer Vorschotmann gab ihm darin durchaus Recht. Wichtiger war aber etwas anderes. Im Kampf um das Ölpapier war Matthöfer weitgehend auf sich allein gestellt gewesen. Schmidt hatte ihn im entscheidenden Moment mit wehenden Fahnen untergehen lassen, um die Koalition weiter über die Runden zu bringen. Erst als es zu spät war, stellte sich der Kanzler auf dem Münchner Parteitag der SPD unverbindlich hinter den Plan seines Finanzministers (»Ich hatte für Matthöfers Vorschläge durchaus Sympathie.«). Zuvor hatte jedoch Matthöfer schon auf dem Parteitagsgelände einer staunenden Öffentlichkeit seinen Wechsel ins Postministerium bekannt gegeben. Im Rückblick stellt sich freilich die Frage, ob das zentrale Problem der deutschen Wirtschafts- und Finanzpolitik nicht doch ein besseres Schlachtfeld geboten hätte, um den Führungsanspruch sozialdemokratischer Politik in schwieriger Zeit durchzusetzen. Der Finanzminister – und mit ihm die Regierung Schmidt – hatte die bittere Erfahrung zu machen, dass Politik oft genug in der Ausweglosigkeit endet (›All politics end in failure‹). Umso mehr kam es darauf an, der Aporie der Politik die Festigkeit der Überzeugung und die Rationalität des politischen Handelns entgegenzusetzen.

Von den Genossen verschlissen

Die Öffentlichkeit quittierte Matthöfers Entscheidung mit Respekt, in den sich Bedauern über das Ausscheiden eines ebenso angesehenen wie kompetenten Finanzministers mischte. In Abwägung der politischen *und* fachlichen Kompetenz galt er vielen, gerade auch konservativen und liberalen Beobachtern als der in der Reihe der sozialdemokratischen Finanzminister seit 1969 fähigste.[102] Sie stellten ihn, der es nach Fritz Schäffer (1949–1957) am längsten in diesem Amt ausgehalten hatte, damit an die Spitze einer illustren Reihe: Alex Möller, Karl Schiller, für kurze Zeit Helmut Schmidt, Hans Apel. Schließlich hatte er mehr als alle anderen den Kampf um eine Verbesserung der Haushaltsstruktur, um den Verzicht auf nicht mehr bezahlbaren sozialstaatlichen Konsum, um die fiskalpolitische Nutzbarkeit eines die volkswirtschaftliche Investitionsbereitschaft und -tätigkeit fördernden Haushalts zu einem Hauptanliegen gemacht. In der Finanzwelt wurde ihm auch zugute gehalten, sein Haus und seine Materie im Griff zu haben wie keiner seiner unmittelbaren Vorgänger. Kaum jemand, der ihm Versagen bei der Bekämpfung der finanzpolitischen Probleme vorwarf:[103] »Nicht an seinen Misserfolgen sollte man ihn messen, sondern an seiner volkswirtschaftlichen Kompetenz, an seiner Fähigkeit, politisch konzeptionell zu denken, und an seiner Erfahrung

101 Interview mit Hans Matthöfer am 23. August 2003 in San Agustín.
102 Dieter Piel, Das war Matthöfer, Börsenzeitung vom 24. April 1982.
103 Dieter Piel, Abschied in Ehren, DIE ZEIT vom 30. April 1982.

im politischen Grabenkampf.« Genau dies bescheinigte ihm nahezu die gesamte Wirtschaftspresse. Scheitern, so der Tenor, war in diesen Zeiten für einen Finanzminister geradezu unvermeidlich. Vor diesem Hintergrund mutete die Herausforderung des Haushaltes 1983 nicht furchterregend an und wurde nicht als Grund für den Rücktritt angesehen:[104] »Und wenn er sich einmal das Zahlenwerk für das nächste Jahr vornimmt – ist die Aufgabe dann wirklich so alptraumhaft?« Es war klar: wer die Operation '82 erfolgreich bewältigt hatte, musste sich vor dieser vergleichsweise leichten Aufgabe nicht ins Postministerium flüchten. Es gab freilich auch Stimmen, die den Wechsel mit dem Schicksal des Ölpapiers in Verbindung brachten. Aus dieser Perspektive wurde Matthöfer als dritter Finanzminister nach Alex Möller und Karl Schiller »von seinen Genossen verschlissen«, weil er mit seinen Ideen in der eigenen Partei wenig Anklang fand:[105] »Immerhin schienen Matthöfers Modelle doch sehr viel mehr Pfiff zu haben als die phantasielose Parole seiner Parteifreunde, die Reichen sollten mehr Steuern zahlen.«

Der so Gelobte nahm den Abschied vom Finanzministerium nicht zum Anlass, eine Zwischenbilanz seiner politischen Arbeit zu ziehen und dabei die eigenen Erfolge hervorzuheben. Allerdings beließ er es auch nicht bei launigen Abschieds- und Dankesworten. In einer Grundsatzrede vor den Mitarbeitern kam er vielmehr auf die politischen Probleme zu sprechen, denen er sich nicht erst während seiner Amtszeit gestellt hatte, die aber gleichwohl noch lange ohne Lösung bleiben sollten.[106] Die Liste der *gravamina* geriet ihm lang und hatte mit Finanzpolitik im engeren Sinne wenig gemein: Gestaltung des wirtschaftlichen Strukturwandels und Schaffung neuer Arbeitsplätze durch Innovationen; Erschließung neuer Energiequellen und schonender Umgang mit begrenzten natürlichen Ressourcen; Verbesserung der Umweltqualität des wirtschaftlichen Wachstums; Verbesserung der Arbeitsbedingungen; Entwicklung geeigneter Technologien für die Entwicklungsländer; Verbesserung der Wettbewerbsfähigkeit durch neue Produktionstechniken; Beherrschung der neuen Entwicklung in der Mikroelektronik, Datenverarbeitung und Kommunikation. Dort lagen für ihn die Möglichkeiten, neue Wachstumskräfte und Initiativen zu entfalten, um die »gegenwärtige Phase der Stagnation« durch neue Lösungen zu überwinden und zugleich Zukunftsperspektiven zu eröffnen, »nach denen heute von vielen, vor allem junge Menschen gefragt wird«. Es waren nicht zufällig die Politikfelder, die er auch als Finanzminister im Auge hatte. Finanzpolitik im engeren Sinne war ihm dagegen lediglich ein Instrument, »das mit allen anderen zusammenwirken soll, um unser Gemeinwesen durch die Krisen der Gegenwart und der Zukunft möglichst unbeschädigt zu steuern«. Er wies deshalb die gegen die Staatsverschuldung pauschal erhobene Kritik zurück, »die sich bis zu einer nach dem Krieg noch nicht gekannten Polemik steigerte«. Das Problem der Finanzpolitik lag für ihn nicht in der in den Jahren 1981 bis 1983 umstrit-

104 So Heinz Murmann im Kölner Stadtanzeiger vom 21. April 1982.
105 So Hans H. Zencke in der Rheinischen Post vom 26. April 1982 und in der Bonner Rundschau vom 27. April 1982.
106 Redemanuskript, Bonn, den 28. April 1982, AdsD, DM 014.

Der Stabhochspringer   HANDELSBLATT: Bensch

*Am Missverhältnis zwischen weitgehend festgelegten wachsenden Ausgaben des
Bundes und seinen konstanten Einnahmen mußte jeder Finanzminister verzweifeln.*

tenen Höhe der öffentlichen Kreditaufnahme. Entscheidend war ihm vielmehr die
Antwort auf die Frage, ob die Gesamtheit der öffentlichen Ausgaben unter den
gegenwärtigen ökonomischen Bedingungen produktiv genug ist, um die Höhe der
Kreditaufnahme und ihre Folgelasten in der Zukunft zu rechtfertigen. Sie fiel für
ihn negativ aus, weil es »Ausgabenblöcke« gab, »die weniger produktiv sind oder
vielleicht gar nichts zur Überwindung unserer Wachstums- und Strukturprobleme
beitragen«. Gemeint waren »ständig ansteigende Sozialausgaben« und die Lohnnebenkosten der Wirtschaft – beides nicht gerade beschäftigungsfördernd. Insbesondere die überproportionale Dynamik der Sozialausgaben, klagte er, war vollständig der finanzpolitischen Steuerung entzogen. Die Finanzminister von Bund
und Ländern sahen sich mit Ausgabenzwängen konfrontiert, die oft über 90 % der

Etatrahmen ausfüllten, »so daß die Spielräume für neue gezielte Maßnahmen auf ein Minimum zusammenschrumpfen«. Seit dem Beginn der zweiten Ölpreiskrise war daher der operative Teil des Bundeshaushalts real sogar geschrumpft.[107] Hier lag für ihn die Wurzel seiner Forderung nach einer Umstrukturierung des Sozialprodukts zugunsten produktiver, innovativer und investiver Verwendungen. Aber auch in nüchternen Zahlen betrachtet, fiel der Finanzrahmen des Bundes zu knapp aus. Obwohl der Bundesbankgewinn gestiegen war, lag 1982 der Anteil der Einnahmen des Bundes am Bruttosozialprodukt mit 13 % lediglich auf dem Niveau des Jahres 1970. Der Anteil seiner Ausgaben war jedoch im gleichen Zeitraum von 13 % auf 15,3 % gestiegen. Kein Finanzminister wäre in der Lage gewesen, aus dieser von der sozialliberalen Koalition politisch gewollten Diskrepanz eine Finanzpolitik des ausgeglichenen Haushalts zu gestalten. Alles, was er tun konnte, war, die Lücke mit dem Prinzip Hoffnung auf höheres Wachstum zu füllen, das der Wirtschaftsminister regelmäßig beschwor. Dies aber war nach dem Ende der Rekonstruktionsperiode längst nicht mehr realistisch.

Patentrezepte hatte er nicht anzubieten, wohl aber Einsichten, die nicht allein aus der Krise der Weltwirtschaft und der ökologischen Problematik folgten. Für das eigene Land sah er die Schwierigkeit, sich diesen Herausforderungen zu stellen, vor allem in der »langen Gewöhnung am Wohlstand«, die »manchen den Blick für die ökonomischen Grundtatsachen getrübt« habe: »Daß nämlich aller Wohlstand auf Arbeit beruht, daß es keine Garantie für den wirtschaftlichen Erfolg gibt und daß die Konkurrenz groß und hungrig ist.« Gewiss war er der letzte, der den Wert, auch den wirtschaftlichen Wert der Sozialversicherung infrage gestellt hätte. Er sah jedoch eine Grenze dort, wo die Sozialsysteme Menschen davon abhielten, ihre eigenen Kräfte so zur Entfaltung zu bringen, wie es ihnen eigentlich möglich wäre. Eine Krankenversicherung, die eine Krankenquote von 7 bis 8 % hervorbrachte, litt für ihn weniger unter individuellem Mißbrauch als unter offenkundigen Systemmängeln. Von dieser Einsicht war es nicht mehr weit zu anderen ketzerischen Fragen: »Sind heute Rentenbezieher noch die Unterprivilegierten unserer Gesellschaft, die – weitgehend befreit von Sozialabgaben und direkten Steuern – oft genug neben ihrer brutto angepaßten Rente weitere Einkünfte kumulieren können?« Und schließlich schnitt er auch noch ein Problem an, das erst 20 Jahre später auf die Agenda der deutschen Politik kam und immer noch umstritten ist: »Wie groß müßte eigentlich der Anreiz sein, damit es attraktiv bleibt, sich auch unter schwierigen Bedingungen um eine Arbeit zu bemühen und dann motiviert zu werden, die besten Arbeitsergebnisse zu erzielen? Und wie hoch ist heute noch das Differential zwischen der Nettoposition eines Facharbeiters nach Abzug von Steuern und Sozialausgaben und der Nettoposition derer, die soziale Versorgungen mit Nebeneinkünften und Nebentätigkeiten kombinieren können?« Ein sozialdemokratischer Finanzminister, der solche Fragen stellte, tat gut daran, in ein Ressort zu

---

107 Zu den Rahmendaten der Finanzpolitik siehe auch Thilo Sarrazin, Die Finanzpolitik des Bundes 1970 bis 1982. Eine kritische Würdigung, in: Finanzarchiv NF Band 41 (1983), S. 373–387. Der heutige Finanzsenator von Berlin war der letzte Leiter des Matthöferschen Ministerbüros.

wechseln, das nicht an der vordersten Front der gesellschaftspolitischen Auseinandersetzung lag. In der Politik gilt nicht nur jenes 1989 populär gewordene russische Sprichwort, dem zufolge jemand, der zu spät kommt, vom Leben bestraft wird. Noch viel härter trifft es jene Politiker, die zu früh kommen, als dass sie schon auf der Woge des Zeitgeistes surfen könnten. Dieses Schicksal traf Matthöfer nun zum wiederholten Mal.

Rückzug ins Postministerium

Die Vereidigung des neuen Ministers für das Post- und Fernmeldewesen war einer jener seltenen Momente, derentwegen Traute Matthöfer ihre Abneigung gegenüber der Bundeshauptstadt überwand, um bei ihrem Mann zu sein. Auch Genoveva Matthöfer war aus Dortmund angereist, um mit ihrer Schwiegertochter auf der Diplomatentribüne das Zeremoniell zu verfolgen. Von Journalisten angesprochen, wie sie den Wechsel finde, antwortete Traute fröhlich:[108] »Gut! Landbriefträger leben länger.« Sie hielt sich damit weiter an das Drehbuch, das ihr seit Frühjahr 1981 die Rolle der um die Gesundheit ihres Mannes besorgten Ehefrau zuwies. Der neue Postminister hatte indessen nicht die Absicht, wesentlich kürzer zu treten. Immerhin stand er nun an der Spitze des größten deutschen Unternehmens und sollte eine Aufgabe übernehmen, die ihm außerordentlich zusagte. Die Entscheidungen für knapp ein Viertel aller industriellen Investitionen gingen über seinen Schreibtisch. Damit ließ sich durchaus aktive Strukturpolitik treiben, zumal sie schwerpunktmäßig den zukunftsträchtigen Sektor der Telekommunikation betraf. Die Post war auch der größte Arbeitgeber in der Bundesrepublik. 540.000 Arbeitnehmer verhalfen dem Unternehmen zu einem Personalkostenanteil von 54 %. Jeder Postminister, der schwarze Zahlen schreiben wollte, musste deshalb auch Kostenbewusstsein im Personalbereich durchsetzen und durfte den Konflikt mit den mächtigen Personalräten und der Postgewerkschaft nicht scheuen. Daran war Matthöfers Vorgänger Gscheidle, der zuvor Vorsitzender der Postgewerkschaft gewesen war, letzten Endes gescheitert. Auch auf diesem Gebiet war der neue Chef zuversichtlich, brachte er doch im Umgang mit Betriebsvertretungen und Gewerkschaften aus früherer Tätigkeit Erfahrung mit ins Amt, ohne dass dadurch Interessenkonflikte programmiert waren. Als Chef und alleiniges Vorstandsmitglied des Unternehmens Deutsche Bundespost war Matthöfer von parlamentarischer Kontrolle weitgehend unabhängig. Für seinen Etat von 50 Mrd. DM brauchte er lediglich das Einvernehmen mit dem Finanzminister und die Zustimmung des Post-Verwaltungsrates, der hier die Rolle des Aufsichtsrates übernahm. Mit einer Ablieferung von 3,8 Mrd. DM an den Bundeshaushalt, wie sie für 1982 vorgesehen war, musste er sich darum keine Sorgen machen. Es blieben der Post noch immer 1,5 Mrd. DM Gewinn. Lediglich die mittelfristigen Zukunftsaussichten

108 Bonner Rundschau vom 2. Mai 1982.

waren etwas eingetrübt, sodass er damit rechnen musste, dass seine unternehmerischen Qualitäten bald auf die Probe gestellt würden.

In der Sache konnte er nun nachholen, was er 1974 bei seiner Ernennung zum Bundesforschungsminister aus Unerfahrenheit freiwillig ausgeschlagen hatte, um seinem Freund und Mitstreiter Kurt Gscheidle die Chance zu lassen, in die Regierung Schmidt einzutreten. An verantwortlicher Stelle an der Modernisierung des IT-Sektors teilzuhaben, bereitete ihm sichtlich Freude. Vor allem drei Projekte hatten es ihm angetan: die Entwicklung des Bildschirmtext-Dienstes, aus dem einmal der E-Mail-Anbieter t-online hervorgehen sollte, die Einführung des Telefax-Betriebs und die Beschaffung des ersten deutschen Fernmeldesatelliten. Keines der Projekte konnte er freilich während der sechs Monate seiner Amtszeit entscheidend beeinflussen. Immerhin reiste er zweimal in die USA, um über den Kauf des drei Jahre alten amerikanischen Fernmeldesatelliten Weststar III zu verhandeln. Dieser sollte die Zeit überbrücken helfen, die bis zum Bau eines eigenen Satelliten durch ein deutsches Konsortium vergehen würde. Der Postminister wurde jedoch während seiner Amtszeit nicht mit seinem US-Kollegen handelseinig, weil ihm die geforderten 70 Mio. Dollar zu teuer waren. Als Monopolist, der die Nachfrageseite des Marktes weitgehend beherrschte, musste er nur Geduld haben, um einen besseren Preis durchzusetzen. Die Zeit, die zur Realisierung der beiden übrigen Dienste nötig sein würde, schätzte er – wie alle Experten des Ministeriums – völlig falsch ein. Bis der 1983 offiziell gestartete Bildschirmtext-Dienst die ersten 400.000 Anschlüsse zählte, sollte es zehn Jahre dauern. Ursprünglich wollte Matthöfer schon 1983 allen Postkunden die Möglichkeit zum Home banking bieten. Viel schneller und von niemandem erwartet verbreitete sich der Fax-Verkehr. Noch bei seinem ersten Besuch als Postminister in den USA war von Plänen die Rede, Briefe elektronisch in eine andere Stadt zu übertragen, um sie dann durch einen Briefträger austragen zu lassen. Nur kurze sechs Jahre später hatte sich dann das Faxen von Haus zu Haus weltweit voll durchgesetzt. Wenigstens gelang es Matthöfer, den Ausbau des Selbstwählferndienstes zu beschleunigen. Noch im Mai legte die Post ein Programm auf, das als Beitrag zum Beschäftigungsprogramm der Bundesregierung zusätzliche 223 Mio. DM vorsah, den Löwenanteil davon in Maßnahmen zum Abbau des Staus, der immer noch regelmäßig beim Übergang zum Billigtarif um 18 Uhr eintrat. Zur Unterstützung lancierte Matthöfer dazu auch eine breit angelegte Anzeigen- und Plakataktion, in der die Post die Telefonkunden dazu aufforderte, nicht zu den Spitzenzeiten abends und sonntags zu telefonieren. Die Post versprach, jährlich 50.000 neue Fernleitungen zu installieren und insgesamt mehr als drei Milliarden DM in den Ausbau des Fernnetzes zu stecken.[109]

Nichts im Auftreten des neuen Hausherrn im Postministerium ließ darauf schließen, dass er sich auf eine kurze Gastrolle einstellte. Im Gegenteil. Wie schon in seinen früheren Ministerien machte er sich auch hier auf den langen Weg durch die Amtsstuben. Mit einer Kanne Tee in der Hand besuchte er alle 70 Referate, um

---

109 ›Diensttagebuch‹, 30.6.1982, AdsD, DM 0404.

sich ›vor Ort‹ mit seinen Beamten und deren Aufgaben vertraut zu machen. Obwohl er sich nach dem Abgang aus dem Finanzministerium von einer übermäßig großen Last befreit fühlte und »endlich mal wieder einer konfliktfreieren Beschäftigung nachgehen« wollte, bescheinigten ihm auch seine neuen Mitarbeiter ein »gewaltiges Pensum«.[110] Er gab sich auch Mühe, seinem alten Ruf als ›Siemensminister‹ wieder gerecht zu werden, wenn auch in einem etwas anderen Sinne. Er drückte dort während der Urlaubszeit die Schulbank, um in einem Schnellkurs sein Wissen über die wichtigsten Kommunikations-Technologien, von der digitalen Fernsprechvermittlungstechnik über Glasfaserkommunikation bis zur Satellitenübertragung auf den neuesten Stand zu bringen. Matthöfer betrachtete das Training als Teil einer Strategie, möglichst schnell alles zu begreifen, was in seinem Ministerium vorgeht. So sehr er sich auch anstrengte, die Grundlagen für eine längere, erfolgreiche Amtszeit zu schaffen, auch die öffentlichkeitswirksame Tour durch die Postämter der Republik nicht scheute, so musste ihm doch klar sein, dass die politische Musik in diesem Krisensommer und Herbst 1982 woanders spielte. Dies war umso mehr der Fall, als er noch immer im engsten Beraterkreis des Kanzlers saß und der Kontakt zu den alten Mitarbeitern im Finanzministerium nicht abgebrochen war.

Agenda 1990: Das Lahnstein-Papier

Matthöfers Rückzug aus dem Finanzministerium machte die Zusammenarbeit der Koalitionsparteien in der Bundesregierung nicht leichter. Ein Ende der Rezession war nicht abzusehen, und Prognosen einer konjunkturellen Wende erwiesen sich immer wieder als verfrüht. Bei der Aufstellung des Haushaltes 1983 blockierten sich die Koalitionsfraktionen gegenseitig. Während die SPD-Fraktion ein Beschäftigungsprogramm vorschlug, das entweder durch Kredite oder eine »Ergänzungsabgabe« auf höhere Einkommen finanziert werden sollte, forderte die FDP-Fraktion Einsparungen im Sozialhaushalt zur Haushaltskonsolidierung und zur Finanzierung staatlicher Investitionsförderung. Vor diesem Hintergrund trafen die Parteien auf beiden Seiten Entscheidungen, die geeignet waren, eine weitere Zusammenarbeit in der Regierung zu erschweren. Auf dem Münchner Parteitag der SPD sprach sich die Mehrheit der Delegierten für staatliche Investitionslenkung aus.[111] Wirtschaftsminister Otto Graf Lambsdorff (FDP) zog daraufhin eine klare Grenzlinie: »Unsere Partei, unsere Bundestagsfraktion, unsere Mitglieder der Bundesregierung werden sich an dem langen Marsch, der von München in die Rumpelkammer des Investitionsdirigismus, der Steuererhöhung, der geballten Schuldenerhöhung führen soll, ganz gewiss nicht beteiligen.«[112] Die Wirtschafts-

---

110 So Almut Haunschild in der NRZ vom 28. Mai 1982.
111 Über die provokativen Begleitumstände dieser Entscheidung s. Apel, Abstieg, S. 208 f.
112 »Lambsdorff erhebt die Wirtschaftspolitik zur Koalitionsfrage«, FAZ Nr. 96 vom 26. April 1982, S. 1.

*Manfred Lahnstein war durch seine frühere Arbeit als Staatssekretär
im Finanzministerium auf die Nachfolge Matthöfers gut vorbereitet.*

politik war zur Koalitionsfrage geworden. Nur wenige Wochen später, am 17. Juni
1982, stellte die FDP die Weichen für eine Neuorientierung ihrer Bündnispolitik.
Nach Niederlagen in mehreren Bundesländern sprach sie sich in Hessen für ein
Wahlbündnis mit der CDU aus. Alles deutete darauf hin, dass man versuchte, das
sinkende Regierungsschiff zu verlassen.

Im Herbst 1982 näherte sich der wirtschaftspolitische Konflikt zwischen den
Koalitionsparteien seinem Höhepunkt. Als sich die Lage weiter zuspitzte, hielt es
Schmidt für notwendig, eine Klärung herbeizuführen, und forderte den Wirt-
schaftsminister Anfang September auf, seine Position schriftlich niederzulegen.
Gleichzeitig bat er Manfred Lahnstein, seinen früheren Kanzleramtschef und
Matthöfers Nachfolger an der Spitze des Finanzministeriums, ebenfalls um eine
Beurteilung der Lage und um eine Darstellung der eigenen Handlungsmöglichkei-
ten.[113] Lambsdorff veröffentlichte sein Papier unter dem Titel »Konzept für eine

113 Interview mit Helmut Schmidt am 25. Mai 2004 in Hamburg, AdsD, DM 0404. Siehe auch Klaus
Bölling, Die letzten 30 Tage des Kanzlers Helmut Schmidt. Ein Tagebuch, Reinbek 1982, S. 27.

Politik zur Überwindung der Wachstumsschwäche und zur Bekämpfung der Arbeitslosigkeit« am 9. September[114], machte darin die Unvereinbarkeit der Positionen innerhalb der Koalition öffentlich und zwang Schmidt indirekt, ihn und die übrigen FDP-Minister zu entlassen. Der Weg war nun frei für das konstruktives Misstrauensvotum der Opposition, das zum 1. Oktober den Regierungswechsel herbeiführte. Lahnsteins Denkschrift[115] zog keine dramatischen Konsequenzen nach sich. Möglicherweise hat sie ihren Adressaten gar nicht mehr erreicht. Und doch dokumentiert sie – wie auf seine Art auch das Lambsdorff-Papier – einen Stand der Einsichten in die Probleme der deutschen Wirtschaft, der über weite Strecken bis heute nicht überholt ist. Die Denkschrift wirft auch insoweit ein Licht auf die Position des alten Finanzministers, als sie von dessen ehemaligen Mitarbeitern Jürgen Wefelmeier und Thilo Sarrazin entworfen wurde und weitgehend den selbstkritischen Gedanken entspricht, die Matthöfer auf seiner Abschiedsfeier schon öffentlich gemacht hatte. Zugleich entsprach sie aber auch ganz klar der Handschrift des neuen Finanzministers. In der Sache gab es zwischen den beiden Schmidt-Vertrauten keinen nennenswerten Dissens.

Lahnstein antizipierte das Papier des Wirtschaftsministers als Auftakt für eine politische Inszenierung, die spätestens dem kommenden FDP-Parteitag die Notwendigkeit einer »neuen Mehrheit« auch im Bund begründen sollte. Dagegen bleibe der sozialdemokratischen Regierungsmehrheit nichts anderes übrig, als »Positionen festzuhalten und schon politische Oppositionsarbeit vorzubereiten, die Herausforderung voll aufzunehmen und die eigene Antwort auf die wirtschaftliche Problematik so überzeugend wie möglich zu formulieren«. Die anstehende Rede zur Haushaltseinbringung wie geplant unter das optimistische Motto zu stellen: »Die Stimmung ist schlechter als die wirkliche Lage«, war angesichts einer sich rapide verschlechternden wirtschaftlichen Lage, zunehmender Arbeitslosigkeit und drohender Steuermindereinnahmen nicht mehr möglich. Überraschenderweise ging Lahnstein aber gleichwohl nicht auf Konfrontationskurs zum Koalitionspartner FDP. Der letzte Finanzminister der Regierung Schmidt eröffnete seine Agenda '90 vielmehr mit einem Paukenschlag, indem er »eine Kernthese für den Koalitionswechsel schwer zu bestreiten« fand: »Der Wirtschaftsminister hat Recht, wenn er auf eine stärkere Beachtung der ökonomischen Prinzipien des Wettbewerbs, möglichst wirtschaftliche Preisbildung und Allokationen (auch bei der Preisbildung für Arbeit), mehr Anpassungsflexibilität, dauerhafte Anreize für unternehmerisches Handeln und Investitionen, Abbremsen der Sozialabgabenlasten drängt.« Er hielt es auch für erwiesen, »dass Lohn- und Lohnnebenkosten tendenziell Arbeitsplätze in Grenzbetrieben zerstört haben und auch weiterhin bedrohen«. Mehr Arbeitszeitflexibilität mit entsprechender Lohnflexibilität sei nötig. Richtig erschien ihm auch, »dass das ständige Zunehmen der Sozialausgaben, die

---

114 Sonderdruck der »Bonner Depesche« vom 9. September 1982, abgedruckt als: Das »Wendepapier« in: Otto Graf Lambsdorff, Frische Luft für Bonn. Eine liberale Politik mit mehr Marktwirtschaft als Staat, Stuttgart 1987, S. 64–89.
115 Denkschrift, 26 S., undatiert (zwischen dem 1. und 9. September 1982), AdsD, DM 032.

Verringerung von Einkommensunterschieden [...] die Wirtschaftstätigkeit eher belasten«. Und schließlich gab er Lambsdorff Recht, »wenn er die Ergänzungsabgabe als verfehlt ablehnt und darin eine kaum überwindbare Kluft im ökonomischen Denken der Koalitionspartner erkennt«. Offenbar hegte Lahnstein noch immer die Hoffnung, mit der FDP einen Kompromiss zu finden. Er hatte in den zahlreichen Lagebesprechungen beim Kanzler immer wieder für Geduld mit dem Koalitionspartner geworben und war damit in der Minderheit geblieben.[116] Matthöfer schwieg bei diesen Gelegenheiten hartnäckig, wohl weil er seine innere Zerrissenheit zwischen heftiger Kritik an der Wirtschaftspolitik der Koalitionsregierung und der Loyalität zum Kanzler nicht überwinden konnte.

Der eigenen Agenda legte Lahnstein eine Liste von Problemen zugrunde, auf die die Wirtschaftspolitik reagieren müsse.[117] Sie resultierten einerseits aus der Rückkehr der Globalisierung in die Rahmenbedingungen für Wirtschafts- und Finanzpolitik, andererseits aus den Anpassungsschwierigkeiten, die sich aus der notwendigen Neuorientierung nach dem Ende der »Scheinsicherheit makro-ökonomischer ›Gesetzmäßigkeit‹« der sechziger Jahre ergaben.[118] Probleme der ersten Kategorie folgten seiner Meinung nach »aus dem extremen Kostengefälle und dem hohen Arbeitsreservoir in der 3. Welt«, aber auch aus der »zielstrebigen Nutzung technologischer Möglichkeiten« in Ländern wie Japan, Südkorea, Taiwan und anderen südostasiatischen Aufsteigern. Als Konsequenz schien der Niedergang des Schiffsbaus, der Konsumgüterindustrie, der Textilindustrie, der Elektronik, der Bauwirtschaft und weiter Teile der Grundstoffindustrie unmittelbar bevorzustehen. Sogar letzten Bastionen der deutschen Exportindustrie, wie dem Maschinen- und Anlagenbau, drohe die Schleifung. Zu den Problemen der zweiten Kategorie zählte Lahnstein den Zwang zum institutionellen Wandel, also zur Durchsetzung neuer Denk- und Handlungsweisen, um zu verhindern, dass Deutschland den Anschluss an die neuesten Entwicklungslinien immaterieller Produktion verpasse. Hinzu kämen dann noch ein zum Wohlfahrtsstaat mutierender Sozialstaat und die ungünstige demographische Entwicklung. Der »Rentenberg« warf seinen Schatten voraus.

Die Feststellungen, die Lahnstein aus diesen Einsichten ableitete, dokumentieren nicht nur das Ende ökonomischer Machbarkeitsträume, sie belegen auch den neuen Realismus, der die Wirtschaftspolitik seit der Rückkehr der Globalisierung leitete:[119] »Es gibt kein ›sicheres Rezept‹, um Vollbeschäftigung, Wohlstand und soziale Sicherheit in unserem Land (und im Ausland) zu garantieren.« Vor diesem Hintergrund hielt der neue Finanzminister es nicht für ausgeschlossen, dass »viele der Bestrebungen des Wirtschaftsministers« [Lambsdorff] zumindest tendenziell die Chance erhöhten, »daß die Entwicklung besser verlaufen kann«. Entscheidend war für ihn freilich nicht »die intellektuelle Erkenntnis«, sondern die Fähigkeit, diese auch in einer pluralistisch organisierten Gesellschaft durchzusetzen«. Diese

---

116 Bölling, 30 Tage, S. 20 f.
117 Die Liste ist wiedergegeben in: Abelshauser, Wirtschaftsgeschichte, S. 443.
118 Denkschrift, S. 8.
119 Ebenda, S. 10 f.

lag aber auch für Lahnstein – durchaus im Unterschied zu Matthöfer – nicht in erster Linie in den Händen der Politik: »Eine Regierung kann eine Gesellschaft nicht fundamental verändern.« Gleichwohl sah Lahnstein die Schwäche des Konzepts des Wirtschaftsministers vor allem darin, dass die von ihm vorgeschlagene Veränderung der Rahmenbedingungen »nur ein Hoffnungswert« war: »Es fehlt an substantiellen Aussagen, wie tatsächlich neue Wachstumskräfte in Gang kommen sollen.« Er fürchtete, aus einem weltweit praktizierten »Angebotskurs« könnte eine Abwärtsspirale der Nachfrage- und Wachstumserwartungen resultieren. Daneben vermisste er in dem von ihm antizipierten Lambsdorff-Papier eine überzeugende Antwort auf das Problem der Jugendarbeitslosigkeit. Bei allen Vorbehalten war er jedoch bereit anzuerkennen, dass die Defizitfinanzierung zum Teil ökonomisch nicht gerechtfertigter Sozialansprüche und unproduktiver Staatstätigkeit kein geeignetes Instrument zur Wiederherstellung der Vollbeschäftigung war, sodass eine »mittelfristige Korrektur« erforderlich erschien.

Die Agenda, die Lahnstein daraus entwickelte, fasste altbewährte Strategien zusammen, enthielt aber auch Systemkorrekturen, deren Notwendigkeit »weiten Teilen der SPD-Führung« bekannt war, aber nicht offen ausgesprochen wurde. Eine eigenständige Regierungsposition, die sich sowohl vom Standpunkt der FDP als auch von dem des SPD-Parteitags, der Fraktion und der Gewerkschaften unterscheiden sollte, musste sich in zwei Richtungen profilieren: Zum einen galt es, den Maßstab der Gerechtigkeit auch bei einer notwendigen Reform der Sozialversicherungen stärker zu betonen. Die Koalitionsregierung durfte nicht einseitig Interessen verfolgen, wie etwa die der Wohnungseigentümer oder der Strom-, Kernenergie- und der Gaswirtschaft. Sie musste qualitative, umweltverträgliche Wachstumsziele ansprechen und ein Programm gegen die Jugendarbeitslosigkeit entwickeln. Andererseits kam es darauf an, die Agenda auch nach links abzugrenzen – durch die Ablehnung eines weiteren Anstiegs von Steuern und Abgaben und dadurch, dass sie wieder »stärker wirtschaftlichen Gesetzmäßigkeiten« Rechnung tragen sollte. Heraus kam eine lange Liste denkbarer Schritte, die in ihrer Gesamtheit ganz offensichtlich weder in einer Koalition mit der FDP noch im »gesellschaftlichen Konsens« mit den Gewerkschaften und mit der Zustimmung der Sozialpolitiker in der SPD-Fraktion gangbar waren. Im Einzelnen lässt sich diese Agenda '90 in zehn Punkten zusammenfassen:[120]

1. Die Politik müsse eine starke internationale Komponente aufweisen. Die Union habe keine bessere Alternative zur Regierungspolitik anzubieten, um die Risiken zu minimieren, die der massiv vom Welthandel abhängigen Bundesrepublik durch internationale Entwicklungen drohten.

2. Der Anstieg der Lohn- und Lohnnebenkosten müsse gebremst werden. Die Idee, mittelfristig real stagnierende Lohnabschlüsse hinzunehmen und aus steigender Investitionstätigkeit resultierende Kapitalbildung auch an die Arbeitnehmer weiterzugeben, sei theoretisch richtig. Die »grundlegende Erkenntnis«,

120 Ebenda, S. 14 ff.

dass in Grenzbetrieben zu hohe Lohn- und Lohnnebenkosten Arbeitsplätze (und Ausbildungsplätze) zerstören, wurde zum Element jeder beschäftigungspolitischen Strategie erklärt. Ihre Umsetzungsmöglichkeit wurde freilich skeptisch beurteilt: »Offenbar mangelt es aber auf allen Seiten an der Bereitschaft, diesen Weg zu gehen und die zweifellos großen Schwierigkeiten zu überwinden.«

3. Korrekturen der Sozialversicherungssysteme seien notwendig, um den Anstieg (!) der Sozialabgabenlast »endlich« wirkungsvoll abzubauen. Auf dem Gebiet der Arbeitslosenversicherung gehe es dabei weniger darum, »daß der Arbeitslosenanspruch von 68 % des letzten Nettogehalts zu hoch ist (obwohl man sich sehr wohl eine sozial bedürfnisgerechte Differenzierung vorstellen kann), als daß die Arbeitsämter nicht mehr effektiv zwischen unvermeidbarer Arbeitslosigkeit und mangelnder Selbsthilfe unterscheiden können.« Die Arbeitslosenversicherung müsse daher stärker nach sozialer Bedürftigkeit differenziert werden, desweiteren sei über Darlehenskomponenten nachzudenken und darüber, wie die Betreuung der Arbeitsämter effektiver gestaltet und die bisher ineffiziente Zumutbarkeitsanordnung mit mehr Leben gefüllt werden könne.

4. Im Gesundheitswesen gehe es nicht ohne die »Stärkung der Eigenverantwortlichkeit«. Ärztliche Krankschreibungen dürften nicht beliebig ausgestellt werde. Ärzte, Pharmazie, Krankenhäuser, Kurbäder und andere medizinische Dienstleister dürften sich nicht länger nach dem Prinzip der Umsatz- und Gewinnmaximierung verhalten. Alle Anbieter gesundheitlicher Leistungen müssten unter Wettbewerbs- und Kostendruck gestellt werden. Das Prinzip der Selbstbeteiligung sei einzuführen.

5. Der weit verbreiteten (wenn auch nicht begründeten) Sorge vor einem unkontrollierten Ausufern der Staatsverschuldung müsse mit einer überzeugenden, mittelfristig angelegten »Konsolidierungsstrategie« begegnet werden. Nur in diesem Rahmen verspreche es Erfolg, auch »positive« Anregungen, d. h. zusätzliche Ausgaben, in Betracht zu ziehen.

6. Die Bundesbankgewinne seien stärker zur Finanzierung weiterer Maßnahmen heranzuziehen, um die Kreditfinanzierung einzudämmen.

7. Um Konsumkaufkraft in investitionsbereites Risikokapital umzuwandeln, sei an die Veräußerung öffentlichen Eigentums zu denken.

8. Die Kreditanstalt für Wiederaufbau solle Zinshilfeprogramme für Innovationen in kleineren Unternehmen einrichten.

9. Der IT-Bereich sei zu fördern.

10. Zur Bekämpfung der Jugendarbeitslosigkeit könnten ausbildenden Betrieben Ausnahmen von den geltenden Normen (Lehrlingsvergütung, Ausbildungsordnung, Blockunterricht) bewilligt werden, wenn dafür überzeugende Sachgründe nachgewiesen würden, die Zahl der Ausbildungsplätze erhöht werden würde und das Ausbildungsziel nicht gefährdet sei.

Die Umsetzung dieser Agenda setzte – schon wegen der Mehrheitsverhältnisse im Bundesrat einen Konsens unter den großen Parteien voraus Dazu war es unumgänglich, dessen war sich ihr Verfasser bewusst, Tabus zu brechen und tief in bestehende Leistungsgesetze einzugreifen. Dies war wiederum nur mit Hilfe jener faktischen Großen Koalition durchzusetzen, die seit 1948 in sozialpolitischen Fragen praktiziert wurde.

Lahnsteins Agenda '90 deckte sich in vielen grundsätzlichen Positionen, wenn auch nicht in allen Einzelheiten, mit der liberalen Wunschliste Lambsdorffs, deren *essentials* neben marktwirtschaftlicher Politik, mittelfristiger Haushaltskonsolidierung, Stärkung der privaten und öffentlichen Investitionen vor allem die Finanzierbarkeit der sozialen Sicherungssysteme und mehr eigenständige Selbstvorsorge umfassten. Doch genauso, wie das Aktionsprogramm des Finanzministers von der brüchigen sozial-liberalen Koalition nicht mehr umzusetzen war, konnte auch das Lambsdorff-Papier nicht als Lastenheft einer christlich-liberalen Koalition dienen. Der Wirtschaftsminister war sich dessen bewusst, dass sich sogar seine eigene Partei dazu »wohl kaum [hätte] durchringen können«, vom neuen Koalitionspartner ganz zu schweigen.[121] Beide Papiere markieren aber nichtsdestotrotz den Stand eines Lernprozesses, der Anfang der achtziger Jahre erreicht war und seitdem kaum Fortschritte gemacht hat. Die Agenda '90 des Wendeherbstes 1982 ließe sich mit nur ganz wenigen Umformulierungen auch zur Begründung und Erläuterung der Agenda 2010 der Regierung Schröder verwenden. Zwei Jahrzehnte lang ist offenbar wenig geschehen, um den Reformstau aufzulösen.

… villeicht werd wider kummen?

Auf Arbeitsuche

Die Abschiedsrede des scheidenden Postministers fiel weit weniger grundsätzlich aus als die des Finanzministers. Er hob die Verbesserungen hervor, die im Beschäftigungsverhältnis der Postler in der letzten Zeit eingetreten waren, und erinnerte in Anwesenheit seines Nachfolgers Christian Schwarz-Schilling an das Versprechen seines Vorgängers Kurt Gscheidle, dass jeder einen Arbeitsplatz bei der Post behalten werde. Er schloss seine kurze Ansprache mit einer Strophe aus einem der letzten Gedichte Ulrich von Huttens (1488–1523), die von der Versammlung mit großem Beifall aufgenommen wurde:[122] »Ich habs gewagt, bin drum verjagt, das klag ich allen frummen, wie wol noch ich nit weiter fliech, villeicht werd wider kummen.« Tatsächlich sollte für den gerade 57 Jahre alt gewordenen Berufspolitiker die Suche nach einer für seine Ansprüche und Fähigkeiten angemessenen

---

121 Otto Graf Lambsdorff, Die Wende und was bleibt zu tun, in: ders., Frische Luft für Bonn, Stuttgart 1987, S. 90.

122 Er verknüpfte dabei zwei Strophen aus »Ain new lied her Ulrichs von Hutten« (1521): »Ich habs gewagt mit sinnen und trag des noch kain rew, …. hett warhait ich geschwigen, mir wären hulder vil: nun hab ichs gsagt, bin drum verjagt, das klag ich allen frummen, …«; siehe auch ›Diensttagebuch‹, 05.10.1982, AdsD, DM 0404.

Beschäftigung zum beherrschenden Thema der nächsten vier Jahre werden.

Auf der Bühne der Bonner Politik fiel ihm auch unter den Protagonisten der Opposition keine Hauptrolle mehr zu. Mit Helmut Schmidts Verzicht, als Spitzenkandidat für den kommenden Wahlkampf zur Verfügung zu stehen, vollzog sich innerhalb der SPD ein personeller Übergang, der auch die engsten Getreuen des Kanzlers an den Rand drängte. Die Kür Hans-Jochen Vogels zum Kanzlerkandidaten symbolisierte zwar alles andere als einen Aufbruch zu einer neuen Politik, hatte der ehemalige Justizminister doch schon früher zur ›Kanzlerreserve‹ der sozial-liberalen Koalition gezählt. Matthöfer wurde – anders als zwei Jahre zuvor – aber nicht mehr in die Diskussion um die Schmidt-Nachfolge einbezogen. Auf den Abgeordneten warteten nun die harten Bänke der Opposition. Matthöfer wurde ordentliches Mitglied im Bundestagsausschuss für Forschung und Technologie und Stellvertreter im Ausschuss für das Post- und Fernmeldewesen. Die Routine fand freilich in den vorgezogenen Neuwahlen am 6. März 1983 rasch ein Ziel. Naturgemäß fiel ihm im Parlament vor allem die Rolle zu, die Wirtschafts- und Finanzpolitik seiner Nachfolger kritisch zu kommentieren. Sein fachliches Urteil über den beschäftigungs-, haushalts- und steuerpolitischen Einstand der »Übergangsregierung Kohl/Zimmermann/Genscher« ließ an Schärfe nichts zu wünschen übrig. Matthöfer warf der CDU/CSU vor, in punkto Nettokreditaufnahme, Mehrwertsteuererhöhung, linearer Subventionskürzung, Rückgabe der heimlichen Lohn- und Einkommensteuererhöhungen, höheren Beiträgen zur Arbeitslosenversicherung und vorgezogenen Erhöhungen zur Rentenversicherung ihre Versprechungen aus der Zeit der Opposition nicht wahr gemacht bzw. ins Gegenteil verkehrt zu haben. Auch könne eine zukunftsorientierte Wachstumsoffensive auf keinen Fall mit Ausgabenkürzungen für Bildung, Wissenschaft und Forschung beginnen. Dass der Ergänzungshaushalt der Koalition keine neuen Konzepte der sozialen Sicherheit aufweise, sei zwar nicht zu kritisieren, denn schließlich begännen alle Parteien erst jetzt zu überdenken, wie sich die Systeme der sozialen Sicherheit angesichts schwieriger Wachstumsbedingungen in die Rahmendaten einfügen ließen. Kritikwürdig sei aber, »daß CDU/CSU und FDP, ohne ein solches Konzept zu haben, massive Eingriffe beschließen.«[123] Besonders unpassend sei zudem, dass Bundesfinanzminister Gerhard Stoltenberg einerseits von einer »weltweiten Wirtschaftskrise« spreche, andererseits aber die Folgen der voraus geschätzten Wirtschaftsdaten als »Erblast« bezeichne: »Und der für die den Finanzzahlen zugrundeliegenden Schätzungen federführende Wirtschaftsminister [Graf Lambsdorff] sitzt dabei und nickt fröhlich lächelnd Zustimmung.« Die Prognose des Oppositionssprechers über die Wirkungen der neuen Politik fiel entsprechend kritisch aus. Weil sie seiner Meinung nach »mit dem Instrument des Haushalts Einkommensumverteilung von unten nach oben vornimmt«, werde sie mehr Arbeitslosigkeit erzeugen und am Ende mit einem wesentlich höheren Defizit dastehen, als das, mit dem sie jetzt selbst rechne. Im Interesse des deutschen Volkes könne man daher

123 Handelsblatt vom 16. Dezember 1982.

nur hoffen, dass der Wähler am 6. März dem konservativen Zwischenspiel ein schnelles Ende bereite.[124]

Um dazu beizutragen, führte Matthöfer die hessische SPD als Spitzenkandidat der Landesliste in den vorgezogenen Bundestagswahlkampf. Seine intensiv geführte Winterkampagne spielte sich daher meist in Hessen ab; diesmal allerdings wieder wie früher ohne die organisatorische und logistische Unterstützung eines Ministerbüros. Dessen Aufgaben musste nun in jeder Hinsicht seine Frau Traute übernehmen, zumal der Kandidat selbst keinen Führerschein besaß. Sie fuhr ihn im VW-Passat der Familie in einem harten Winter zu rund 90 oft schlecht vorbereiteten, frustrierenden SPD-Versammlungen in halbgefüllten kleinen Sälen, vor allem auch in Nordhessen, in der Rhön, gelegentlich aber auch in Baden-Württemberg. Matthöfer empfand viele dieser dilettantisch geleiteten Veranstaltungen geradezu als kontraproduktiv.[125] Typisch für die desolate Lage der Partei waren zudem endlose, nicht immer nützliche Diskussionen, die anwesende potentielle Wähler eher verprellten als von der Notwendigkeit überzeugten, SPD zu wählen. Der Kontrast zu den seit einem Jahrzehnt gewohnten perfekt inszenierten Auftritten mit Ministertross konnte nicht deutlicher ausfallen. Die Reise ging jeweils hin und zurück über den vereisten Rimberg, das Eingangstor zum waldreichen hessischen Hinterland. Das wahlkämpfende Ehepaar wollte, soweit das möglich war, an jedem Abend nach Hause. Es war in jenes Alter gekommen, in dem man »nicht mehr gern in kleinen Hotels übernachtet, wo man sich in durchhängenden, knarrenden Betten schlaflos hin und her wirft, auf verrauchten oder sonstwie durch die Bezüge hindurch nicht gut riechenden Kopfkissen schläft, die veralteten, nicht gut funktionierenden oder leicht angeschmutzten, abgenutzten sanitären Anlagen verwünscht und sich beim unruhigen Schlafen auf durchgelegenen alten Matratzen das Kreuz aushebt.«

Matthöfers eigene Auftritte im Wahlkampf erfüllten in der Regel die an ihn gestellten Erwartungen. Er zeigte sich kämpferisch, um auch den letzten Wähler am 6. März an die Wahlurne zu bringen, und zerpflückte »geradezu genüßlich« die seit dem Regierungswechsel von der, wie er es nannte, »Rechtskoalition« vollzogene Politik.[126] Diese durch Wortbruch zustande gekommene Regierung habe durch den Griff in die Taschen der Bürger eine krisenverschärfende Umverteilung zugunsten Besserverdienender vorgenommen. Seit es diese Koalition gebe, habe die Arbeitslosenzahl um 700.000 zugenommen und der Schuldenstand im Bundeshaushalt sei so hoch wie nie zuvor in der Geschichte der Bundesrepublik. In den anschließenden Diskussionen herrschte meist ein aggressiver Grundton. Matthöfers Gegner ließen es sich selten entgehen, ihn mit der Unterstellung zu reizen, »auch Sie haben bei Flick die Hand aufgehalten«.[127] Und auch der Angegriffene scheute nicht vor Tiefschlägen zurück, wenn er mit Blick auf den 6. März eine Pa-

124 Interview in den ›Tagesthemen‹ der ARD vom 16. Dezember 1982.
125 ›Diensttagebuch‹, Februar 1983, AdsD, DM 0404.
126 Rüsselsheimer Echo vom 9. Februar 1983.
127 Schläge unter die Gürtellinie, Gränz Bote (Tuttlingen) vom 26. Februar 1983.

rallele zu den letzten noch halbwegs freien Reichstagswahlen im Jahre 1933 zog: »Es wäre am 5. März 1933 vernünftig gewesen, SPD zu wählen, so wie es am 6. März vernünftig sein wird, weil jetzt wieder Weichen gestellt werden müssen, um den Frieden nach außen und die Beschäftigung im Inneren zu sichern, die Umwelt besser zu schützen und Freiheit, Gerechtigkeit, Solidarität und Mitmenschlichkeit in unserer Gesellschaft zu mehren.« Es nutzte nichts. Bei den Bundestagswahlen siegten CDU/CSU (48,8 %) und FDP (6,9 %). Auch in Hessen lag die CDU vorn. Matthöfer unterlag in seinem Wahlkreis seinem IG-Metall-Kollegen Helmut Link von der CDU und verdankte seinen letzten Einzug in den Bundestag seinem Spitzenplatz auf der Landesliste.

Nach den Wahlen konnte Matthöfer den politischen *horror vacui* einer unfreiwillig ins Glied zurückgetretenen Führungspersönlichkeit noch weniger verkraften. Der Alltag eines parlamentarischen Hinterbänklers füllte ihn nicht aus. Führungsaufgaben in der Partei boten sich ihm aber nicht an. Seine enge Bindung an Helmut Schmidt erwies sich nun als wenig hilfreich. Er gehörte keinem der Netzwerke in der Partei an, und es gab kaum einen prominenten Sozialdemokraten, dem er als Finanzminister nicht schon einmal seine Macht und intellektuelle Überlegenheit gezeigt hätte.[128] Es gab aber auch inhaltliche Probleme. Seine Distanz zu den zaghaften Neuansätzen der Partei wurde vor allem auf den Feldern ›Friedenspolitik‹ und ›Umweltschutz‹ deutlich. Er hatte zwar in seinem ›Ölpapier‹ wie bis dahin kein anderer sozialdemokratischer Spitzenpolitiker die »Versöhnung« von Ökonomie und Ökologie propagiert, doch bevorzugten die nun tonangebenden Umweltpolitiker in der SPD wie Erhard Eppler einen weit weniger ökonomistischen Ansatz. Ähnlich verhielt es sich mit der ›Friedenspolitik‹. Auf dem außerordentlichen Parteitag der SPD im Kölner Messe-Kongress-Zentrum stimmte er im November 1983 zusammen mit Helmut Schmidt und 23 weiteren Delegierten demonstrativ gegen den außenpolitischen Kurswechsel der Partei und für den früheren Regierungsstandpunkt in Sachen NATO-Doppelbeschluss.

Auf demselben Parteitag wurde Katharina Focke zur Spitzenkandidatin der SPD für die bevorstehenden ersten Direktwahlen zum Europaparlament gewählt. Auch in dieser Personalie spiegelte sich Matthöfers Chancenlosigkeit, wenn es darum ging, nach der Bonner Wende ein neues politisches Amt von Gewicht zu übernehmen. Schon im Mai hatte ihn Peter Glotz, der Bundesgeschäftsführer der SPD, angeblich im Auftrag Willy Brandts, nach seiner Bereitschaft gefragt, für diese Position zu kandidieren. Der ›Politisch-Parlamentarische Pressedienst‹ der Partei rechnete daraufhin Matthöfer Chancen aus, als Spitzenkandidat der SPD

---

128 Die Art und Weise, wie der Finanzminister seine engsten Mitarbeiter Haesen, Wefelmeier oder seinen persönlichen Referenten Peer Steinbrück als »Todesengel« ausschickte, um seinen Anordnungen Geltung zu verschaffen, wurde von seinen Kabinettskollegen durchaus kritisch als »Edelbrutalismus« empfunden. Interview mit Jürgen Schmude am 26. Oktober 2007 in Hamburg; AdsD, DM 0404. Matthöfer war mit Brecht der Meinung, dass es nicht angehe, »der Güte die Schwäche zuzubilligen, wie dem Regen seine Nässe« (Fünf Schwierigkeiten beim Schreiben der Wahrheit, 1938).

für die Europawahl aufgestellt zu werden.[129] Nachdem er zugesagt hatte, musste er allerdings feststellen, dass der Parteivorsitzende weder bereit noch in der Lage war, seine Kandidatur aktiv zu unterstützen. So stand er bald auf einsamem Posten. Die innerparteilich einflussreichen Nordrhein-Westfalen nominierten Katharina Focke, die bereits im Straßburger Palais d'Europe als Abgeordnete Erfahrungen gesammelt hatte. Aber auch der Landesvorstand der hessischen SPD sprach sich in geheimer Abstimmung einmütig gegen Matthöfer und für den früheren Frankfurter Oberbürgermeister und amtierenden Vorsitzenden der sozialistischen Europa-Fraktion, Rudi Arndt, aus. In Straßburg, wo sich der designierte Kandidat des Parteivorstandes persönlich und mit einer schriftlichen Dokumentation seiner europapolitischen Positionen vorstellte, stießen seine Ambitionen ebenfalls nicht auf Gegenliebe. Vor den Europa-Abgeordneten der SPD musste er seine Kandidatur selbst begründen, weil sich niemand fand, der die Laudatio übernahm. So wurde ihm bald klar, dass er »ein gut organisiertes politisches Kartell« vor sich hatte, das für seine politischen Argumente nicht empfänglich war und »geschlossen seine handfesten persönlichen materiellen Mandatsinteressen gegen den Einbruchsversuch eines Außenseiters verteidigte«.[130] Er hatte vor allem Rudi Arndt in Verdacht, die Springer-Presse gegen ihn zu instrumentalisierten. Unter Hinweis auf die feste Haltung, die Matthöfer als Finanzminister gegenüber den Ausgabenwünschen des Europaparlaments eingenommen hatte, kolportierte die ›Welt‹ das neueste Straßburger Ondit:[131] »Matthöfer als Spitzenkandidat für Europa – das sei ja so, als mache man Graf Dracula zum Direktor einer Blutbank.« Nach dieser massiven Kampagne gegen den Einzug des Ex-Ministers in die europäische Spitzenpolitik war es auch kein Wunder, dass der Vorschlag, Matthöfer die traditionell der Opposition zustehende Position eines der beiden deutschen EG-Kommissare zu übertragen, ebenfalls keine Realisierungschance hatte. Das Rennen machte vielmehr der wirtschaftspolitische Sprecher des DGB, Alois Pfeiffer, also immerhin einer seiner politischen Freunde. Matthöfer musste erkennen, dass es Mechanismen und Strukturen innerhalb der SPD gab, die er bis dahin noch nicht kannte. Die sozialistische Europa-Fraktion, deren Einfluss er offensichtlich unterschätzt hatte, arbeitete geschlossen gegen ihn – auch solche Europa-Abgeordneten, von denen er vermutet hatte, sie müssten seine politischen Freunde sein.

Vor diesem Hintergrund mutet es fast wie eine Trotzreaktion an, dass er sich nach einem Gespräch mit dem Vorsitzenden der SPD-Bundestagsfraktion, Hans-Jochen Vogel, offiziell aus der deutschen Innenpolitik verabschiedete:[132] »Wie Du weißt, habe ich mich nach meinem Ausscheiden aus der Bundesregierung dafür entschieden, den Rest meines Arbeitslebens der Unterstützung der demokratischen Kräfte in Spanien und Lateinamerika zu widmen.« Vor allem wollte er sich auf die »Förderung der technologischen und wirtschaftlichen Zusammenarbeit« zwischen

---

129 ›Diensttagebuch‹, 31.5.1983, AdsD, DM 0404.
130 ›Diensttagebuch‹, 8.6.1983, AdsD, DM 0404.
131 DIE WELT vom 10. Juni 1983.
132 Matthöfer an Vogel am 10. August 1983, AdsD, DM 0404.

der Bundesrepublik und der spanisch sprechenden Welt konzentrieren. Für diese persönliche Weichenstellung glaubte er nach dem Wahlsieg des PSOE in Spanien die besten Voraussetzungen vorzufinden. Bei den Parlamentswahlen hatten die spanischen Sozialdemokraten eine absolute Mehrheit errungen, und Matthöfers politischer Ziehsohn Felipe González Márquez bildete im November 1982 die erste rein sozialistische Regierung Spaniens. Diese Entwicklung und die Nachricht vom Eintritt Matthöfers in den PSOE hatten im April 1983 in der Presse für einigen Wirbel gesorgt. Der ›Bayernkurier‹ und die ›Bild-Zeitung‹ verbreiteten, Matthöfer wolle nun weitgehend auf den Kanarischen Inseln leben und sein Bundestagsmandat von dort aus wahrnehmen. Selbst sozialdemokratische Ortsvereine, die seine Arbeit in Frankfurter Wahlkreis gar nicht kannten oder kennen konnten, fassten empörte Protestresolutionen, weil sie diese neue Variante des Status eines ›Abgeordneten von Barcelona‹ für unmoralisch hielten. Tatsächlich hatte Matthöfer den Ortsverein San Bartolomé de Tirajana sogar mitgegründet. Das war allerdings schon im Jahr 1976. Jetzt war er offiziell in den Ortsverein eingetreten, weil er mithelfen wollte, die schwache Parteiorganisation des PSOE aufzubauen und stärker zu machen. Trotz der Dementis setzte sich in der Öffentlichkeit die Vorstellung fest, damit sei auch ein dauerhafter Ortswechsel verbunden, und Matthöfer wolle sich nach seiner Amtszeit wieder stärker seinen spanischen und lateinamerikanischen Interessen widmen.[133] Ganz falsch war dieser Eindruck nicht.

Matthöfer gehörte zu den ersten ausländischen Politikern, die Gelegenheit hatten, mit dem neuen spanischen Regierungschef nach seiner Amtsübernahme zu einem längeren Gespräch zusammenzutreffen. Er bestärkte González in seiner Neigung, alle Inflationsquellen von Anfang energisch einzudämmen und nicht, wie dies innerhalb des PSOE im Gespräch war, einen bestimmten Prozentsatz Preissteigerungen ›zuzulassen‹. Er riet ihm, den Weg einer kompromisslosen Wirtschaftspolitik einzuschlagen, die ganz auf die vier Jahre später tatsächlich erfolgte Aufnahme in die Europäische Gemeinschaft ausgerichtet war. Diese seit 1982 verfolgte Politik der Inflationsbekämpfung und Senkung der Staatsausgaben war im Hinblick auf die heiklen Aufgaben der Industriereform und der Liberalisierung des Waren- und Geldverkehrs von entscheidender Bedeutung.[134] Außerdem versuchte er, wie auch bei anderen Gelegenheiten, ihm die Wichtigkeit einer sparsamen Haushaltspolitik nahe zu bringen, da nach seiner Meinung nur so die Mittel für Gebiete und Projekte aufzubringen waren, die für das Wirtschaftswachstum von großer Bedeutung sind. Aus der Euphorie des ›historischen‹ Triumphs heraus entwickelte er zusammen mit seinem regierenden Freund eines dieser Projekte gleich selbst. An diesem langen Nachmittag im Moncloa-Palast entstand die Idee zu einer breit angelegten deutsch-spanischen Industriekooperation in Lateinamerika. Bei dieser Zusammenarbeit dachte Matthöfer vorwiegend an private Investitionen, die er anregen und koordinieren wollte. Ein sozialistisches Spanien erschien beiden als

---

133 Kölner Stadt-Anzeiger vom 16. März 1983.
134 Jorge Semprún, Federico Sánchez verabschiedet sich, Frankfurt am Main 1994, S. 76 f.

tragfähige Brücke zwischen Europa und Lateinamerika, um in Kooperation den demokratischen Sozialismus und ein sozial gerechtes Entwicklungsmodell durchzusetzen. Die Verwirklichung eines lange gehegten Traumes schien wieder in Reichweite zu rücken. Außer mit González sprach Matthöfer später noch mit den Ministern Miguel Boyer (Wirtschaft und Finanzen), Enrique Baron (Transport, Post und Tourismus), Carlos Solchaga (Industrie) und Fernando Moran (Äußeres). Sie waren ebenfalls alle an einer Zusammenarbeit interessiert, im Allgemeinen bei der geplanten Modernisierung der spanischen Wirtschaft, und auch bei den gemeinsamen Projekten in Lateinamerika im Besonderen. Um den Plan gründlich vorzubereiten, traf Matthöfer auch mit der Führung der UGT und dem Präsidenten und Generalsekretär des spanischen Unternehmerverbandes Confederación Española de Organizaciones Empresariales (CEOE) zusammen.[135]

Ein neues Arbeitsgebiet zeichnete sich ab, das aber in Wirklichkeit ein altes war. Es war daher durchaus sinnvoll, dass sich Matthöfer nun auch für die Position des Präsidenten der Deutschen Stiftung für Internationale Entwicklung (DSE) interessierte, ein Amt, das er bereits Anfang der siebziger Jahre inne gehabt hatte. Er musste jedoch rasch erfahren, dass nunmehr andere Wettbewerbsbedingungen auf dem Markt für politische Ämter herrschten. Der FDP-Abgeordnete Hans-Günter Hoppe, bis dahin kaum als Entwicklungspolitiker aufgefallen, machte das Rennen.[136] Da es Matthöfer aber nicht um das Amt, sondern um die Sache ging, bewarb er sich stattdessen um die Stelle des Geschäftsführers der Deutschen Entwicklungshilfe-Gesellschaft. Er kannte das Aufgabengebiet recht genau, das bis dahin von seinem früheren Kollegen Karl-Heinz Sohn ausgefüllt wurde. Im Mittelpunkt seiner künftigen Arbeit hätten Lateinamerika und Spanien gestanden, also genau die Regionen, denen er verstärkt auch beruflich seine Aufmerksamkeit widmen wollte. Es war für die Öffentlichkeit nur schwer nachvollziehbar, warum ein hochkarätiger Politiker, der an Ämtern und Ehren viel erreicht hatte, eine weisungsgebundene, operative Aufgabe weit unterhalb seines Anspruchsniveaus übernehmen wollte. Hinzu kam, dass er sich auch finanziell verschlechtert hätte, weil er dazu sein Abgeordnetenmandat mit den dazugehörigen Versorgungsbezügen hätte aufgeben müssen. In der Presse hielt man deshalb immer häufiger ein anderes Motiv für ausschlaggebend:[137] »Das Bedürfnis tätig zu sein, im Geschirr zu stehen – und nicht einfach aufhören zu müssen.« Da auch die DEG zur politischen Ämterpatronage der FDP gehörte, versuchte Matthöfer Nutzen aus seinem – wie er glaubte – guten Verhältnis zur FDP-Spitze zu ziehen. Er rief Hans Dietrich Genscher, Otto Graf Lambsdorff und Walter Scheel an, der seit 1980 Aufsichtsratsvorsitzender der DEG war, um seine Kandidatur zu fördern. Er dachte freilich nicht mehr daran, dass er gerade mit dem früheren Bundespräsidenten, der dazu geneigt hatte, sein Bestätigungsrecht bei Personalentscheidungen des Ministers Matthöfer restriktiv auszulegen, manchen Strauß ausgefochten hatte. Jetzt sorgte Scheel dafür, dass die

135 FAZ vom 22. Dezember 1982.
136 DIE ZEIT vom 28. Oktober 1983.
137 Ebenda.

Matthöfer gehörte zu den wenigen Politikern, von denen Fidel Castro Widerspruch
duldete. Im Mai 1985 kommt es in Havanna zum Treffen mit dem Commandante.

Bewerbung des Ex-Ministers unberücksichtigt blieb. Mochte er dafür auch gute
Gründe anführen: Aus Matthöfers Sicht waren es jedenfalls jene alten Reibereien,
die dazu beitrugen, »daß mir auch diese Sache schiefging, wie auch alles andere in
jener unglücklichen Phase unmittelbar nach unserem Ausscheiden aus der
Regierung«.[138]

Auf die Friedrich-Ebert-Stiftung war freilich auch in der Not Verlass. Sie bot
ihm die Möglichkeit, mehrfach auf höchster Ebene in Venezuela, Kolumbien,
Peru, Argentinien und Kuba seinen Plan eines Zentrums zur Förderung der technologischen und wirtschaftlichen Zusammenarbeit zwischen Europa und Iberoamerika zu erörtern.[139] Er konnte sich dabei auf das Netzwerk sozialer Forschungseinrichtungen stützen, das die Stiftung unter dem Namen ›Instituto

---

138 ›Diensttagebuch‹, 10.8.1983, AdsD, DM 0404.
139 Im März 1983, im Februar und im September 1984 traf sich Matthöfer in Venezuela mit dem
    Präsidenten Jaime Lusinchi und Repräsentanten der staatlichen Erdölfirma PDVSA; im August
    1983 war es der Präsident von Bolivien Jaime Paz Zamorra und in Lima Alan García Pérez und
    weitere führende Vertreter des an die Macht strebenden Partido Aprista Peruano (APRA); im Ok-
    tober 1983 die Südamerikavertreter deutscher Firmen (VEBA, Siemens) in Caracas; im November
    1983 und im August 1984 in Bogotá der Justizminister Rodrigo Lara Bonilla und der kolumbia-
    nische Präsident Belisario Betancour; im August 1984 der argentinische Präsident Raul Alfonsín
    (im September 1985 erneut in Bonn) und führende Banker in Buenos Aires; im Mai 1985 in Ha-
    vanna Fidel Castro und der kubanische Außenminister; im September 1985 der brasilianischen
    Arbeitsminister Almir Pazzianotto in Bonn.

Latinoamericano de Investigación Social‹ (ILDIS) in den meisten Ländern Süd-amerikas und der Karibik unterhält. Das neue Projekt, das Matthöfer und Gonzá-lez entwickeln wollten, fügte sich gut in diesen Rahmen, der demokratische Insti-tutionen, wirtschaftliche Reformen und eine Politik der sozialen Gerechtigkeit fördern wollte. Entsprechend positiv fiel das Echo der Gesprächspartner aus, die in den bereisten Ländern über die Macht verfügten, derartige Projekte voranzu-treiben. Matthöfer konnte aber auch schroff reagieren, wenn er es aus politischen Gründen für angebracht hielt. Im Mai 1985 traf es Fidel Castro. Auf seiner Wer-betour hatte der Minister a. D. auch in Havanna Station gemacht, um über die westeuropäisch-kubanischen Beziehungen zu referieren.[140] Er plädierte für mehr Demokratie und wirtschaftlichen Wohlstand, eingebettet in intensive Beziehun-gen zu einem starken, unabhängigen und vereinigten Westeuropa. Die eigentliche Diskussion begann aber erst am Abend in Castros Regierungspalast. Der Com-mandante wollte vor der deutschen Delegation zunächst zu einer seiner berüchtigt langen Reden ansetzen. Er ließ sich aber schließlich von Matthöfer unterbrechen, der ihm auf Spanisch knapp und klar zu verstehen gab:[141] »Genug der Predigten und schönen Worte, Commandante, reden wir vom Geld.« Castro, der seinen Gast seit 1959 als kritischen Freund Kubas kannte, reagierte verständnisvoll. Er ließ sich auf eine Diskussion über die Probleme der Auslandverschuldung Lateinamerikas ein und sprach sich für einen allgemeinen Schuldennachlass aus. Matthöfer, der die Verhältnisse gut kannte, wies dem *Maximo Leader* nach, dass dies lediglich be-deuten würde, dass »wieder einmal die armen Steuerzahler und Bankkunden der reichen Länder für die Reichen der armen Länder zahlen würden«.[142] Die soge-nannte Außenverschuldung entspräche nämlich je nach Land zu 60 bis 80 % den Auslandsguthaben der reichen Latinos. Ohne eine Reform der Besteuerung sei das Problem nicht zu lösen. Castro konterte freundlich-ironisch:[143] »Oh, ich weiß, wer Sie sind. Sie sind ein Subversiver. Sie sind ein Kommunist. Sie wollen sich in die inneren Angelegenheiten anderer Länder einmischen.« Matthöfer machte sich schließlich bei allen unbeliebt, als er spät in der Nacht eine Einladung Castros in dessen Kellerbar ablehnte. Er hatte in Vorgesprächen versucht, die Freiheit wenigs-tens eines langjährig einsitzenden politischen Gefangenen zu erreichen und war auf »knallharte Ablehnung« gestoßen. Er wollte daher »den Anschein jedweder Kameraderie vermeiden – auch in kleinem Kreise in einer Kellerbar beim achten ›mojito‹.« Der Ärger bei den übrigen Mitgliedern der Delegation, die von den Hin-tergründen nichts wussten, war groß.[144]

---

140 Hans Matthöfer, Relaciones europeo-occidentales – cubanas: Balance y perspectivas, Vortrag in La Habana anläßlich eines Seminars der FESt, hektogr. Ms. (14. Mai 1985).
141 Walter Haubrich, Lateinamerikakenner der FAZ und Mitglied der Delegation, erinnerte sich in einem späteren Artikel in seiner Zeitung an diesen Abend (Zur Umkehr nicht fähig, FAZ vom 13. August 1996).
142 Hans Matthöfer, Bericht über die Diskussion vom 14. Mai 1985, ›Diensttagebuch‹, 14.5.1985, AdsD, DM 0404.
143 Ebenda.
144 Interview mit Ulrich von Alemann am 8. Dezember 2006 in Berlin.

Die deutsch-spanische Initiative war schon Anfang 1984 so weit gediehen, dass es in der Madrider Moncloa zu Gesprächen über die Gründung eines Zentrums für die europäisch-lateinamerikanische wirtschaftliche und technische Zusammenarbeit im Süden Gran Canarias kam. Felipe González war mit Matthöfer einer Meinung, dass eine solches Projekt das Ergebnis menschlicher Zusammenarbeit konkreter Personen sein müsse, dass man sie also gezielt organisieren müsse, weil sie nicht automatisch erfolgen würde. Die gemeinsame Vorstellung war, so jedenfalls der feste Eindruck der deutschen Seite[145], dass ein Zentrum geschaffen würde, in dem Entscheidungsträger beider Weltregionen sich treffen konnten, um in einer angenehmen Umgebung ungestört und gut vorbereitet über konkrete Möglichkeiten der Kooperation und über genau definierte Fragen der Wirtschafts-, Finanz- und Technologiepolitik beider Regionen zu sprechen. Die Beteiligung von Repräsentanten der spanischen und deutschen Privatwirtschaft war vorgesehen. Die Hoffnung auf ein dauerhaftes Engagement hatte sicher dazu beigetragen, dass Hans und Traute Matthöfer ihren langjährigen Mieterstatus in einer Feriensiedlung aufgaben und im März 1983 eine Eigentumswohnung auf Gran Canaria kauften. Die Drei-Zimmer-Wohnung mit großem Balkon im 6. Stock des Hauses ›Balcón de San Agustín‹ im Süden der Insel war unmittelbar am Atlantik gelegen und erlaubte einen freien, unverbaubaren Blick aufs Meer. Sie ließ sich in ihrem bürgerlich-bescheidenen Zuschnitt aber auch nicht entfernt mit den Villen vergleichen, die deutsche Politiker, Industrielle und Medienstars ganz in ihrer Nähe errichteten. Nachdem sich die Explorationen für das Projekt auf allen Schauplätzen erfolgversprechend anließen, schrieb Matthöfer einen Brief an Felipe González, mit dem er die Gründung einer ›Asociación para el Fomento de la Cooperación Económica y Técnica entre Europa e Iberoamérica‹ auch offiziell anregte, und der einen Bericht über die bisher von ihm geleistete Arbeit mit Vorschlägen für das weitere Verfahren enthielt.[146] Gespräche mit dem spanischen Außenminister über die Umsetzung des Plans auf Gran Canaria folgten in Madrid. Danach war Matthöfer vom Fortschritt des Projekt so fest überzeugt, dass er in Bonn eine gemeinnützige ›Gesellschaft zur Förderung der technologischen und wirtschaftlichen Zusammenarbeit zwischen Europa und Iberoamerika‹ ins Leben rief. Die Gründungsversammlung fand mit Unterstützung und in Anwesenheit von Helmut Schmidt in der Deutschen Parlamentarischen Gesellschaft statt.[147] Intensive Gespräche mit interessierten deutschen Firmen folgten.

Die Ausarbeitung der konkreten Details und die Gründung des Zentrums selbst lagen auf spanischer Seite in den Händen von Luis Yáñez-Barnuevo, dem für die Zusammenarbeit mit Lateinamerika zuständigen Staatssekretär, der gleichzeitig Mitglied der engsten PSOE-Führungsgruppe aus der Gründungszeit in Sevilla war. An seinem passiven Widerstand scheiterte schließlich die Verwirklichung des Plans. Da er ansonsten ein zuverlässiger Freund und Verbündeter Felipe González'

145 ›Diensttagebuch‹, 29.1.–5.2.1984, AdsD, DM 0404.
146 ›Diensttagebuch‹, 27.9.1984, AdsD, DM 0404.
147 ›Diensttagebuch‹, 15.11.1984, AdsD, DM 0404.

war, wollte sich der spanische Regierungschef mit ihm wegen einer vergleichsweise unbedeutenden Sache nicht anlegen. Er behandelte die Angelegenheit dilatorisch. Matthöfers Brief blieb deshalb zu seinem gelinden Ärger und Erstaunen unbeantwortet. Das Thema war damit für ihn erledigt. Er wollte den Spaniern behilflich sein und in Lateinamerika große Ziele verwirklichen, aber auf keinen Fall den Eindruck erwecken, als sei er ein Arbeitsloser, dem sie helfen müssten, weil er um jeden Preis eine Beschäftigung suchte.[148] Im Grunde war der Plan bereits gescheitert, als Matthöfer noch voller Hoffnung Ende 1984 die deutsche Entwicklungsgesellschaft gründete. Zu dieser Zeit engagierte er sich auch in seinem Ortsverein San Bartolomé de Tirajana auf Gran Canarias. Er erstellte für die Stadtverwaltung von Las Palmas ein Gutachten über die Trinkwasser-Situation im Süden der Insel, als wegen des ständig sinkenden Grundwasserspiegels Meerwasser ins Grundwasser eindrang und so die Versorgung gefährdete. Seine Idee, Wasser in Tankschiffen nach Gran Canaria zu schaffen und nicht den Weg der Entsalzung des Grundwassers zu gehen (›Carta dirigida a mis amigos sobre el agua potable en el sur de Gran Canaria‹, Dezember 1984), erschien zwar Umweltschützern »vernünftig, technisch durchführbar und finanziell machbar«, fand aber bei den lokalen Politikern keinen Anklang.[149] Es sollte noch drei Jahre dauern, ehe auch der Fehlschlag der ›Gesellschaft zur Förderung der technologischen und wirtschaftlichen Zusammenarbeit zwischen Europa und Iberoamerika‹ endgültig besiegelt wurde. Auf Antrag Matthöfers löschte das Amtsgericht Bonn Ende 1987 die Gesellschaft im Vereinsregister.[150] Schon Anfang 1987 hatte sich Matthöfer in Madrid ›offiziell‹ von González und von seinen politischen Ambitionen in Spanien verabschiedet.[151] Seitdem der PSOE in der Regierung saß, kam er mit den spanischen Sozialisten – wobei er González als Person ausdrücklich ausnahm – nicht mehr zurecht. Offenbar wollten sie den Eindruck erwecken, es habe vor ihrem Wahlsieg keine Vorgeschichte und keine internationale Unterstützung gegeben. Schon aus innenpolitischen Gründen erschien es opportun, die Geschichte der Partei so darzustellen, als habe man alles selbst aus eigener Kraft geschafft. Matthöfer fühlte sich verschiedene Male irregeführt, von oben herab behandelt und hatte »schlicht und einfach von der Art, wie sie mich behandelten, die Nase voll«. Jetzt musste er sich endgültig eingestehen, dass er einige Monate seines Lebens vergeblich gearbeitet hatte, und dass seine Reputation als zuverlässiger Gesprächspartner bei den potentiellen Partnern in Lateinamerika und in Deutschland gelitten hatte.

148 ›Diensttagebuch‹, 27.9.1984, AdsD, DM 0404.
149 Der ›Stern‹ vom 20. August 1987, S. 124A – 125F.
150 ›Diensttagebuch‹, 30.11.1987, AdsD, DM 0404.
151 ›Diensttagebuch‹, 20.1.1987, AdsD, DM 0404; als die spanische Regierung Anfang 1990 erneut um seine Hilfe bei der Finanzierung und Organisation einer jetzt »Centro de Enquentro de Tres Continentes« genannten Einrichtung auf Gran Canaria ersuchte, die nun auch Afrika einschließen sollte, ließ er den Brief von Luis Yanez unbeantwortet. ›Diensttagebuch‹, 5.2.1990, AdsD, DM 0404.

Der Schatzmeister

Anfang September 1985 schien die politische Karriere des bald Sechzigjährigen an ihr Ende gekommen zu sein. Schon auf dem Essener Parteitag hatte er nicht mehr für den Parteivorstand kandidiert. Die Zeichen standen schlecht für ihn. Die Parteitagsregie ließ an einer prominenten Stelle ausgerechnet Johannes Rau eine Rede über »Die dritte industrielle Revolution und die Zukunft der Arbeit« halten. Matthöfer, der in dieser Frage mit Recht die höhere Kompetenz für sich beanspruchte, vermerkte es wehmütig in seinem ›Diensttagebuch‹.[152] Er bescheinigte Rau zwar »Schlagfertigkeit und Popularität«, zweifelte aber an seiner fachlichen Qualifikation.[153] Er hielt ihn deshalb auch nicht für geeignet, um seine eigenen früheren Ansprüche auf die Position des Kanzlerkandidaten legitimerweise zu ›erben‹. Die Abneigung beruhte offenbar auf Gegenseitigkeit. Nach dem triumphalen Wahlsieg der SPD in Nordrhein-Westfalen hatte Helmut Schmidt Rau schriftlich geraten, er möge doch die Talente Matthöfers nicht ungenutzt lassen.[154] Die Intervention blieb jedoch erfolglos. Wenn nun der allein regierende Landeschef auch in der Bundespartei an die Spitze drängte, musste dies Matthöfers Einfluss weiter schmälern. Als er eine Absicherung über die Landesliste verlangte, wurde ihm dies von Willi Görlach, dem Vorsitzenden des SPD-Bezirks Hessen-Süd, verweigert.[155] Vor diesem Hintergrund erschien nun der Verzicht auf eine erneute Kandidatur zum Bundestag geradezu logisch. Als seinen Nachfolger im Wahlkreis Frankfurt III schlug er Volker Hauff vor, der ihm als Forschungsminister nachgefolgt war. Matthöfer kannte nur zu genau die Mechanismen des politischen Wettbewerbs um attraktive Wahlkreispositionen und Listenplätze. Er wollte sich selbst ein ähnliches Schicksal ersparen, wie er es vor 25 Jahren seinem Vorgänger Georg Stierle bereitet hatte. Freilich spielte bei dieser Entscheidung noch anderes mit hinein: die Frustration über die Aussicht auf einen neuen, unzulänglichen Wahlkampf und die Enttäuschung über das Fehlen einer seinen Fähigkeiten angemessenen Einbindung in die Parteiarbeit an der Spitze. Doch just in dieser Situation, als gerade als er dabei war, mit diesem Kapitel seines Lebens abzuschließen, erreichte ihn völlig unerwartet das Angebot, die Nachfolge von Hans-Jürgen Wischnewski als Schatzmeister der SPD anzutreten. Als ihn der stellvertretende Parteivorsitzende Vogel frühmorgens in seiner Bonner Wohnung anrief, zögerte er »keine dreißig Sekun-

---

152 ›Diensttagebuch‹, 17.–21.5.1984, AdsD, DM 0404.
153 Der Gewerkschaftshistoriker Gerhard Beier im Gespräch mit Hans und Traute Matthöfer am 1.9.1985, AdsD, DM 0404. Matthöfer erinnerte sich mit Grimm an die Rolle, die der stellvertretende Parteivorsitzende bei der lauen Aufnahme seines »Ölpapiers« im Parteivorstand gespielt hatte: Nach dem Referat des Finanzministers gab Rau, der den Vorsitz führte, einen seiner beliebt-berüchtigten seichten Witze zum Besten (»Adjutant an Reichspräsidenten: Der Dollar ist gesunken! Hindenburg: Und die brave Besatzung, konnte sie gerettet werden?«) und zerstörte so den Spannungsbogen, den Matthöfer zuvor kunstvoll aufgebaut hatte.
154 Ebenda.
155 Interview mit Hans Matthöfer am 17.10.2005 in Berlin.

den«, bevor er zustimmte.[156] Er war froh, »endlich wieder eine vernünftige Arbeit zu haben«, und empfand es durchaus als »ehrenvoll, Schatzmeister der SPD sein zu dürfen«. Tatsächlich war er davon überzeugt, dass das Amt des Schatzmeisters an Bedeutung gleich nach dem des Vorsitzenden komme.[157] Zu diesem Zeitpunkt war bereits eine Woche vergangen, seit Wischnewski im Streit über die Zukunft des ›Vorwärts‹ seinen Rücktritt erklärt hatte. »Ben Wisch«, der als Schatzmeister einen rigiden Sparkurs eingeschlagen hatte, wollte das sozialdemokratische Traditionsblatt nicht weiter à fond perdu mit jährlich 2 Mio. DM aus der Beitragskasse subventionieren, obwohl nur 4,5 % der Mitglieder das Blatt abonniert hatten. Insgeheim spielte bei seiner Entscheidung wohl auch eine Rolle, dass er den ›Vorwärts‹ für ein »Scheißblatt« hielt[158], das der Regierung Schmidt innerparteilich manchen Knüppel zwischen die Beine geworfen hatte und politisch seinen Standort im links-esoterischen Nirgendwo des sozialdemokratischen Weltanschauungsspektrums einnahm. Als nun binnen eines Jahres die verkaufte Auflage von 52.000 auf 47.000 und die Abonnementszahl von 49.000 auf 44.000 fiel, verlangte er ultimativ die Zusammenlegung der ungeliebten Verlustquelle mit dem ›Sozialdemokrat Magazin‹, das allen Mitgliedern – ob sie wollten oder nicht – gegen einen kalkulierten Medienanteil am Beitrag ins Haus geliefert wurde. Er musste sich freilich von Willy Brandt Mangel an Sensibilität vorhalten lassen:[159] »Wie stellst du dir denn das vor, wenn die Partei ihre Traditionszeitung einstellt?« Schon vorher hatte Hans-Jochen Vogel unmissverständlich erklärt, dass eine Liquidation »Selbstverständnis und Bewußtsein der Partei entscheidend treffen würde«. Nach dieser Kritik an seiner Amtsführung war Wischnewski »nicht mehr bereit, die Oberlehrermanieren von Hans-Jochen Vogel hinzunehmen«, und demissionierte.[160]

Die Suche nach einem Nachfolger gestaltete sich nach dieser Vorgeschichte schwierig. Im Präsidium, dem elfköpfigen Führungsgremium der SPD, waren der Bremer Senatspräsident Hans Koschnick, Hans Apel, Ingrid Matthäus-Maier und der Bremer Ökonomieprofessor Ingomar Hauchler als potentielle Nachfolger diskutiert worden.[161] Für die einen kam ein neuerliches »Himmelfahrtskommando« nicht infrage, ihnen fehlte der Kampfgeist; die anderen fanden letztlich wegen ihres Mangels an Erfahrung keine Gnade in den Augen der Präsidiumsmitglieder.[162] Matthöfer verfügte über beides. Er brachte den Kampfgeist mit, der nötig war, den Augiasstall der SPD-Medienpolitik auszumisten, und reichlich Erfahrung im Um-

156 ›Diensttagebuch‹, 16.9.1985, AdsD, DM 0404.
157 Der Gewerkschaftshistoriker Gerhard Beier im Gespräch mit Hans und Traute Matthöfer am 15. September 1985 in Kronberg/Ts., AdsD, DM 0404.
158 Zit. nach Thomas Schürmann, Das Ende des Vorwärts. Eine Monographie über den Liquidationsprozeß der sozialdemokratischen Wochenzeitschrift zwischen 1975 und 1989, Frankfurt am Main 1997, S. 151.
159 Helmut Lölhöffel, Ben Wisch: Des Schatzmeisters lauter Abgang, in: Frankfurter Rundschau vom 4. September 1985, S. 3.
160 Ebenda.
161 Helmut Lölhöffel, Um dieses Amt rissen sich die Kandidaten nicht, Frankfurter Rundschau vom 14. September 1985, S. 3.
162 Apel, Abstieg, S. 348 f.

gang mit Finanzen. Wischnewski hatte in seinem Rücktrittsbrief den Parteifinanzen ein schlechtes Zeugnis ausgestellt, als er schrieb: »Ich hoffe, daß mein Schritt der Partei hilft, den Weg zu solider Sparsamkeit zu finden.« Matthöfer, der keines seiner Ministerien wie ein Buchhalter verwaltet hatte, versprach eine andere Lösung. Er besaß nicht die Mentalität eines Parteikassierers; von ihm konnte erwartet werden, dass er politische Schwerpunkte setzte und sie auch realisierte. Vor allem aber hatte er große Lust, seine künftige Aufgabe als Verleger des ebenso traditionsreichen wie verlustbringenden Parteiorgans ernst zu nehmen und eine inhaltliche und wirtschaftliche Basis für dessen Weiterleben zu finden. Die Herausforderung, wenigstens den Vorwärts aus den Trümmern des einst so stolzen sozialdemokratischen Presseimperiums zu retten, reizte Matthöfer nicht aufgrund seines Traditionsbewusstseins oder gar nostalgischer Anwandlungen. Für ihn war die Presse ein unverzichtbares Mittel, um Politik zu organisieren. Er hatte dieser Überzeugung auf zahlreichen Stationen seiner politischen Laufbahn immer wieder Tribut gezollt, obwohl er das wirtschaftliche Risiko einer Zeitung aus eigener Anschauung nur zu gut kannte. Er sah deshalb im Vorwärts in erster Linie ein hohes politisches Gut der Partei, wenn es denn gelänge, aus einer mittelmäßigen, in der närrischen Randzone der Politik operierenden Zeitschrift ein ernstzunehmendes Forum für sozialdemokratische Politik zu machen. Es lag daher nahe, dass er sogleich ein »offensives strategisches Redaktionskonzept« entwickelte, um den Vorwärts zu einer Mischung aus »linkem *Spiegel* und *Time-Magazine*« umzubauen. Auf dieser Linie hatte er während seiner Studienzeit mit *links* keine schlechten Erfahrungen gemacht. Im Grunde hatte sich aus seiner Sicht an der Richtigkeit des damaligen Konzepts nichts geändert.

Wie immer ging er das Problem zunächst von der organisatorischen Seite an. Schon auf der Sitzung des Präsidiums am 14. Oktober legte er ein umfangreiches Konzept vor, das alle kommenden Veränderungen in einer »fast unterschriftsreifen Vereinbarung« mit dem neuen Generalverleger ankündigte.[163] Danach übertrug er die verlagstechnische Betreuung auf die gewerkschaftseigene Union-Druckerei und Verlagsanstalt in Frankfurt, die an der Auslastung ihrer Kapazitäten interessiert war. Matthöfer kannte den Betrieb seit seiner Studentenzeit aus der Praxis. Die Union-Druckerei sollte den Vorwärts-Verlag mit allen Risiken übernehmen und dafür zunächst einen jährlichen Zuschuss von einer Million DM erhalten. Zur Freude der leidgeprüften sozialdemokratischen Führung fügte er hinzu: »Ich strebe an (fast würde ich sagen, ich verpflichte mich) den Zuschuß der Partei von einer Million DM im Jahre 1986 in den Folgejahren (1987 bis 1990) jeweils um DM 200.000.- zu senken, so daß der »Vorwärts« 1991 zuschußfrei und ab 1992 mit Gewinn arbeitet.« Er stellte den Vorwärts auf Magazinformat um, erhöhte den Seitenumfang und die Personalstärke der Redaktion deutlich und führte technische Neuerungen ein, die den Druck von Farbanzeigen ermöglichten. Die Zeit-

---

163 Bericht über den Verhandlungsstand bei der Neuordnung des »Vorwärts« mit der Bitte um Billigung. Vorlage für die Sitzung des Präsidiums am 14.10.85 für Top 1, AdsD, DM Ordner BGAG-Vogel.

schrift sollte so auch für die Werbewirtschaft attraktiver werden.[164] Auch inhaltlich wollte er neue Wege gehen und dazu ein neues Redaktionsteam zusammenstellen: »Das war schon eine ganz besondere Gruppe von Menschen mit sehr dezidierten Meinungen und manchmal sektiererischen Ansichten.«[165] Die neue, »aufklärerische Wochenschrift« Vorwärts sollte berichten, »was in der SPD vorgeht, was in ihr gedacht, überlegt, argumentiert und analysiert wird«, ohne dadurch zum innerparteilichen Diskussionsforum zu werden.[166] Im Vordergrund stand nach seiner Vorstellung vielmehr die publizistische Außenwirkung der Partei: »Es fehlt uns ein Organ, an dem keiner vorbeikommt, der sich über die SPD, ihre Meinungsbildungsprozesse, deren Absichten und Ergebnisse sowie die Stellungnahmen der Partei zu allen aktuellen Ereignissen, über die Kritik an den bestehenden Verhältnissen informieren will.«[167] Konkret hieß das, dass der Vorwärts in seiner politischen Berichterstattung vielfältiger werden musste, mit weniger namentlich gezeichneten Meinungsartikeln und mehr recherchierten Beiträgen zu heiklen Problemen wie Steuerflucht oder Korruption. Er sollte sich außerdem mit den Strategien anderer Parteien und mit gegnerischen ideologischen Strömungen auseinandersetzen. Schließlich galt es, dem Leser durch konfrontative Interviews und Streitgespräche auch einen unmittelbaren Zugang zu anderen Meinungen zu bieten. Matthöfer strebte eine Zeitschrift an, die sich als »Stimme der SPD« an alle richtete, die »die Welt verbessern« wollten.[168] In dem Maße, wie sie verstärkt aus dem Innenleben der Partei und der Gewerkschaften berichtete, sollte sich ihre Fixierung auf den SPD-Parteivorstand lockern. So wurde rasch deutlich, dass Matthöfer detaillierte Vorstellungen entwickelte, wie der Vorwärts zu retten sei. Je klarer sich dieses Programm abzeichnete, desto mehr traten die Konzepte des vom Parteipräsidium ebenfalls im September 1985 bestellten Sanierers Frank Dahrendorf und auch die Vorschläge der übrigen mit Angelegenheiten des Vorwärts befassten ›sachkundigen‹ Vorstandsmitglieder Egon Bahr (Journalist), Rudolf Dreßler (Schriftsetzer) und Peter Glotz (Kommunikationswissenschaftler) zurück.

Obwohl der neue Schatzmeister neben der Zahl der Redakteure auch das Budget der Redaktion erhöhen wollte, um ihr eigene Recherchen, auch im Ausland, zu gestatten, regte sich dort rasch Widerstand. Die Vorwärts-Mitarbeiter beklagten, dass Matthöfer zuvor diskutierte Reformmodelle, wie z. B. das Stiftungs- und Genossenschaftsmodell, ohne das vorgesehene Benehmen mit der Belegschaft endgültig zur Seite gelegt hatte und damit die Redaktion »in einer wichtigen Phase der Vorwärts-Geschichte … von der Entscheidungsfindung über das wirksamste

---

164 Helmut Lölhöffel, Vorwärts mit Elan. Geld und Macht, in: Frankfurter Rundschau vom 3. Dezember 1985, S. 3.
165 Matthöfer zit. nach Schürmann, Ende, S. 159.
166 Helmut Lölhöffel, Vorwärts mit Elan. Geld und Macht, in: Frankfurter Rundschau vom 3. Dezember 1985, S. 3.
167 ›Vorwärts‹ vom 30. August 1986.
168 Süddeutsche Zeitung vom 26. Februar 1986.

redaktionelle und publizistische Konzept« ausschloss.[169] Sie rügten auch seinen »frühkapitalistischen Führungsstil« und meinten damit seine autoritäre Entscheidungspraxis oder was sie aufgrund markiger Sprüche (»Wir können stundenlang diskutieren, entscheiden werde ich.«) dafür hielten.[170] Die meisten betroffenen Journalisten hielten Matthöfers Vorschläge für eine neue thematische Orientierung des Vorwärts mit dem insider-eigenen Hochmut gegenüber dem angeblichen Laien für dilettantisch und unprofessionell. Der neue Schatzmeister konnte vorschlagen, was er wollte, und die Redaktion mit Material versorgen, das ihr ohne ihn nicht zugänglich gewesen wäre: Er stieß immer auf reflexartige Ablehnung, »weil sie mir beweisen wollten, daß ich mich als Verleger nicht in die Arbeit der unabhängigen Redaktion einzumischen hätte«.[171] Sie ließen den Verleger und Herausgeber daher gegen eine »Gummiwand« laufen, um jeden Einfluss von ihm auf die Redaktion zu verhindern. Auch der Verlagsleiter konnte sich mit dem neuen Konzept eines externen verlegerischen Service nicht anfreunden und trat zurück. Lediglich Chefredakteur Gerhard Hirschfeld unterstützte zunächst den neuen Kurs, weil er darin eine Chance für das Überleben seiner Zeitschrift sah. Sein Verbleib an der Spitze der Redaktion war aber eher der Schwierigkeit zu verdanken, einen neuen, politisch profilierten Chefredakteur zu bestellen. Klaus Bölling, der frühere Pressesprecher der Regierung Schmidt, und der ehemalige Vorwärts-Chefredakteur Gerhard Gründler lehnten ab, weil sie unter den herrschenden Bedingungen nicht an einen Erfolg glaubten. Der Vorschlag, den umweltpolitischen *shooting star* und SPD-Bundestagsabgeordneten Hermann Scheer zu berufen, stieß auf den geschlossenen Widerstand der Redaktion, die darin die Gefahr eines Durchgriffs der Partei auf ihre journalistische Freiheit sah.

Matthöfer ließ sich von der Kritik nicht beirren und stellte im Februar 1986 dem Präsidium, der Fraktion und schließlich auch der Öffentlichkeit den neuen Vorwärts vor. Gleichzeitig stockte er die 11-köpfige Redaktion um 8 weitere Journalisten auf. Ziel war es, die Wochenschrift »im Gleichschritt mit der sich infolge der Werbemaßnahmen erhöhenden Auflage« auf einen mit anderen Wochenblättern vergleichbaren Personalstand zu bringen.[172] Bis zur Jahresmitte wuchs die Redaktion immerhin auf 23 Mitglieder an. Angestrebt wurde langfristig eine Auflage, die etwa 10 Prozent der 913.000 SPD-Mitglieder und einem Prozent der SPD-Wähler entsprach. Das wären 220.000 potentielle Leser gewesen. Matthöfer traute sich aber nicht, dieses Ziel öffentlich zu nennen, »weil mich alle für verrückt halten könnten«.[173] Zunächst ging es »nur« darum, die Startauflage von 43.000 Exemplaren zu verdoppeln. Im Präsidium konnte er sich mit seinen Vorstellungen mühelos durchsetzen, weil die Partei keine personelle und inhaltliche Alternative

---

169 Redaktionsausschuss des Vorwärts an Egon Bahr u. a. zur Entwicklung des Vorwärts, Bonn, 30. Oktober 1985, ›Diensttagebuch‹, 30.10.1985, AdsD, DM 0404.
170 ›Diensttagebuch‹, 12.12.1986, AdsD, DM 0404.
171 ›Diensttagebuch‹, 22.10.1985, AdsD, DM 0404.
172 1986 beschäftigte der SPIEGEL etwa 150, die ZEIT rund 90 Redakteure.
173 Süddeutsche Zeitung vom 26. Februar 1986.

zu seinem Kurs sah. Einen neuen Eklat um das Amt des Schatzmeisters konnte sich die SPD nicht erlauben. Aber auch in der Öffentlichkeit überwog die Zustimmung, schien es doch, als vereinige Matthöfer »Ideen und Elan« in seiner Person, besitze »Geld und Macht« und verkörpere somit eine »Traumkonstellation von Verlegereigenschaften«.[174] Tatsächlich löste der Schatzmeister die meisten seiner Versprechen auch ein. Er steigerte das Anzeigenaufkommen des *Sozialdemokrat Magazins* auf das Sechsfache und konnte damit den Vorwärts quersubventionieren. Besonders spanische Unternehmen inserierten nun mit Vorliebe in der SPD-Mitgliederzeitschrift. Wenn Anzeigenaufträge lockten, reiste Matthöfer aber auch nach Malta, wo er die (vergebliche) Mühe auf sich nahm, die Labour Party politisch zu beraten, um auf der Mittelmeerinsel Kunden zu akquirieren.[175] Immerhin gelang es ihm, einen Anzeigen-Auftragsbestand von knapp 2 Mio. DM zu ›erwirtschaften‹ und so den notwendigen Zuschuss der Partei in Grenzen zu halten.[176] In der Hauptsache verlief der Neustart des Vorwärts aber wenig glanzlos. Auch umfangreiche Werbemaßnahmen entfachten nur ein Strohfeuer. Die verkaufte Auflage stieg lediglich um 2000 Exemplare, um bis zum Jahresende sogar wieder annähernd auf den Ausgangsstand zurückzufallen. Matthöfer führte dies auf den Mangel an journalistischer Qualität zurück, der durch die personelle Verstärkung offenbar nicht behoben werden konnte. Er warf der Redaktion vor, sie habe die Auflage nicht gebracht. Freilich musste er es sich gefallen lassen, auch selbst dafür verantwortlich gemacht zu werden – hatte er doch bei der Auswahl des neuen Personals kräftig mitgewirkt. Er konnte jedenfalls nicht verhindern, dass der Vorwärts Anfang April 1986 zum Forum einer »infamen Herabsetzung« (Helmut Schmidt) führender Sozialdemokraten wurde. Ganz im Stile kommunistischer und linksradikaler Kritik an der »rechten Sozialdemokratie« hatte ein langjähriger freier Mitarbeiter eine »Blutspur« von der Ermordung Rosa Luxemburgs über Auschwitz und das Attentat auf Rudi Dutschke bis zu der Verfolgung der Roten Armee Fraktion (RAF) gezogen und sie der Nation als Geschichte der »Abtreibungen ihrer schöneren, menschlicheren Möglichkeiten« vorgehalten: »Abtreibungen, an denen übrigens die Sozialdemokratie der Eberts und Scheidemänner, der Lebers und Schmidts stets ›staatstragend‹ mitwirkte.«[177] Matthöfer hatte sich zwar einen kri-

---

174 Helmut Lölhöffel, Vorwärts mit Elan. Geld und Macht, in: Frankfurter Rundschau vom 3. Dezember 1985, S. 3.

175 ›Diensttagebuch‹, 15.11.–20.11.1986, AdsD, DM 0404; die Anzeigenaufträge sollten offenbar aus libyschen Quellen finanziert werde. Matthöfer roch den Braten und lehnte dankend ab.

176 ›Diensttagebuch‹, 1986, AdsD, DM 0404 (offenbar ein später eingefügter und daher nicht genau datierter Kommentar).

177 Kraft Wetzel, Ein Mensch, eine Frau von ungeheurer Leuchtkraft, ›Vorwärts‹ vom 5. April 1986, S. 42; zuvor war schon eine von der Gesamtredaktion verantwortete Glosse über Helmut Kohls Chefsekretärin Juliane Weber erschienen, der ein ›Verhältnis‹ zu ihrem Chef unterstellt wurde. Sie wurde in der SPD weithin als eine »als Satire verkleidete Geschmacklosigkeit und Unanständigkeit« kritisiert. Vorwärts-Redaktion: Wochenpost. Liebe Juliane Weber! ›Vorwärts‹ vom 29. März 1986, S. 5 u. Johannes Rau, Geschmacklos und unanständig, ›Vorwärts‹ vom 12. April 1986, S. 4. Weitere Irritationen lösten Attacken des ›Vorwärts‹ auf führende Sozialdemokraten aus, die der Springer-Presse Interviews gaben oder in ihren Blättern publizierten (Aktion BILD-STÖRUNG).

tischen Vorwärts gewünscht, sah in der von Tatsachen ungebremsten Schmähkritik an der SPD aber ein Hindernis für die Auflagenerhöhung des Blattes, die sich ja vor allem über Abonnements von Sozialdemokraten und SPD-Wählern vollziehen sollte. Dieser Personenkreis wurde jedoch in seiner überwiegenden Mehrheit von linksradikaler Gesinnungslyrik abgestoßen, während viele Alt-Abonnenten den ›Blutspur-Artikel‹ zum Anlass nahmen, um zu kündigen. Als der Verleger und Herausgeber den Rücktritt des zuständigen Redakteurs erzwang und auch weitere Eingriffe in die personelle Zusammensetzung der Redaktion vornahm, verschärfte sich der Konflikt so sehr, dass Chefredakteur Hirschfeld schließlich im August, während des SPD-Parteitages in Nürnberg, auf dem die Wahl des Schatzmeisters auf der Tagesordnung stand, mit Aplomb den Dienst quittierte. Er übte harsche Kritik an den Entscheidungen des Verlegers, die er als »Management by hü und hott« qualifizierte. Später nannte er ihn sogar einen »Hochstapler«, weil er gegebene finanzielle Zusagen nicht eingehalten habe. An der Arbeit des Herausgebers beklagte er die »Verquickung redaktioneller Arbeit mit wahlkampfbestimmten oder anzeigenakquisitorischen Aufgaben«. Zum Beweis zitierte er in seiner Kündigung aus einen Brief Matthöfers: »Sozialdemokratische Körperschaften … geben mir keine Anzeigen. Die meisten Vertreter der Industrie sind sowieso nicht ansprechbar. Wenn ich bei persönlichen Bekannten in der Industrie eine halbe Zusage erwirkt habe, dann tritt sie der VORWÄRTS anschließend in den Hintern. So geschehen bei Buddenberg von BP und Kaske von Siemens. (Keine Kritik. Ihr seid natürlich ungeheuer frei, nur Geld drucken kann ich natürlich nicht.)«[178] Der Schatzmeister hielt dagegen. Er weigerte sich, Geld in eine Zeitschrift zu stecken, die vom Leser nicht akzeptiert wurde: »Die Mittel waren da, aber nicht für ein erwiesenermaßen hoffnungsloses Projekt.« Er plante nun einen völligen Neuanfang. Sowohl der Vorwärts als auch das Sozialdemokrat Magazin sollten in einem neuen sozialdemokratischen Zeitschriftenprojekt aufgehen. Lediglich den Traditionsnamen wollte er erhalten, ansonsten aber eine Wochenzeitschrift gründen, die für »ein Vielfaches der heutigen ›Vorwärts‹-Leser« von Interesse sein würde.[179] Für ihn, den Zeitungsfreak, war das Scheitern der Wiederbelebungsversuche für das Parteiorgan kein Grund zum Aufgeben. Er sah im Gegenteil die Chance, aus der Not eine Tugend zu machen. Im Juni 1986 ließ er ein Exposé ausarbeiten, das die Bedingungen für eine Wochenschrift für Politik und Kultur beschrieb, die sich an die »politisch Engagierten links von der CDU, den ›rot-grünen‹ Teil der Bevölkerung«, richtete. Nichts sollte mehr an den Volkshochschul-Journalismus des alten Vorwärts und seinen gesinnungssozialistischen Mief erinnern. Bis zu 30 Spitzenjournalisten waren vorgesehen, um unter der Leitung eines erfahrenen, parteiunabhängigen Chefredakteurs das Blatt in wenigen Jahren auf eine Auflage von 200.000 bis 250.000 Exemplaren zu bringen.[180] Das war Zukunftsmusik, zeigte

178 Schürmann, Ende, S. 176 f.
179 Vorstand der Sozialdemokratischen Partei Deutschlands (Hg.), Jahrbuch der Sozialdemokratischen Partei Deutschlands: 1986–1987, Bonn 1988, S. 422.
180 Exposé zum Vorwärts, Hamburg, Januar 1987, S. 14–19

aber, dass der Schatzmeister noch nicht bereit war, seinen Traum, der SPD einen wirksamen medialen Resonanzboden zu schaffen, aufzugeben. Zunächst aber hing es in der Schwebe, ob es überhaupt zu einem *Relaunch* des Vorwärts kommen würde.

Die Anstrengung um die Rettung des Vorwärts war gewiß die spektakulärste, aber nicht die einzige Herausforderung, die das Amt des Schatzmeisters für Matthöfer bereithielt. Bei seinem Amtsantritt warf die Bundestagswahl vom Januar 1987 bereits ihre Schatten voraus. Die Finanzplanung der SPD ging von der Erwartung aus, einen Stimmenanteil von 42 Prozent zu erzielen – mit entsprechend hohen Wahlkampferstattungszuschüssen aus der Bundeskasse. Sollte aber, was Matthöfer nicht ausschloss, der *worst case* eintreten und die SPD abgeschlagen bei 35 Prozent der Wählerstimmen landen, musste ihr oberster Kassenwart gegenüber der Planung mit einem Defizit von 20 Mio. DM rechnen.[181] Nun waren die Finanzen der Partei zwar insoweit konsolidiert, als sie keine neuen Schulden machte. Sie war aber schon jetzt hoch verschuldet und konnte es sich nicht erlauben, das zu erwartende Defizit durch eine kostspielige Wahlkampfführung noch weiter zu erhöhen. Die Verteidigung der im Wahlkampfhaushalt festgelegten Kreditlinie war deshalb das Mindeste, das der Schatzmeister erreichen musste. Erleichtert wurde ihm das Geschäft durch eine auf dem Nürnberger Parteitag gerade beschlossene Regelung, nach der jede Überschreitung des Haushalts der Zustimmung einer Zweidrittelmehrheit im Vorstand bedurfte. Dennoch kam es schließlich auf die Festigkeit des Kassierers an. Je mehr Hektik im Wahlkampf aufkam und je finsterer sich die Gewinnaussichten eintrübten, desto stärker wuchs die Bereitschaft der Spitzenkandidaten und der Wahlkampfmanager, die eine oder andere Million zusätzlich auszugeben, ganz nach dem Maxime: »Nach uns die Sintflut!« Natürlich machte sich Matthöfer im Präsidium nicht gerade beliebt, als er »unglaublich zäh« (Willy Brandt) Widerstand leistete.[182] Seine Position war aber unantastbar, nachdem er in Nürnberg gerade offiziell und mit hoher Stimmenzahl gewählt worden war. Ein abermaliger Rücktritt des Schatzmeisters mitten im Wahlkampf erschien undenkbar. Er verfügte darüber hinaus auch über eine sehr starke moralische Überzeugungskraft und große Unabhängigkeit, weil er das Amt – anders als seine Vorgänger – ehrenamtlich ausübte. Dieser Verzicht war ihm gewiß nicht ganz leicht gefallen, war ihm eine gute Bezahlung seiner Arbeit doch immer auch eine Genugtuung gewesen. Er hatte ihn aber bewußt inszeniert, um seinen politischen Spielraum innerhalb der SPD-Führung zu vergrößern.[183]

In seiner Zähigkeit, sich den Ausgabenwünschen des Spitzenkandidaten und seiner engsten Helfer zu entziehen, wurde der Schatzmeister durch seine Einschät-

---

181 Tatsächlich lag das Wahlergebnis am 25.1.1987 mit 37 Prozent der Zweitstimmen eher am unteren Rand der Erwartungen (CDU/CSU: 44,3; FDP: 9,1).

182 Martin E. Süskind, Ein Stück Granit für den angeschlagenen Konzern, Süddeutsche Zeitung vom 4. Dezember 1986.

183 Der Gewerkschaftshistoriker Gerhard Beier im Gespräch mit Hans und Traute Matthöfer am 28. Februar 1986, AdsD, DM 0404.

zung der sozialdemokratischen Wahlkampfmaschine bestärkt. Auf den Sitzungen der Wahlkampfleitung, an denen vor allem der Bundesgeschäftsführer Peter Glotz, der Pressesprecher der Partei Wolfgang Clement, Bodo Hombach (als Landesgeschäftsführer der SPD in Nordrhein-Westfalen und Vertrauensmann von Johannes Rau) und Horst Ehmke teilnahmen, gewann er den Eindruck einer »wenig professionellen und ziemlich amateurhaften« Arbeit.[184] So »rundherum befriedigend und sympathisch« ihm die Zusammenarbeit mit Glotz, Clement und Hombach auch sonst erschien, so vermisste er doch eine zentrale Strategie, an der sich ihre Einzelmaßnahmen ausrichteten. Infolgedessen wurde sehr viel Geld für Meinungsumfragen ausgegeben, ohne dass dadurch die operative Führung des Wahlkampfes unterstützt worden wäre. Es ging meist darum, die verständliche Neugier über das zu erwartende Wahlergebnis zu befriedigen, und nicht um die Gewinnung von Erkenntnissen über sinnvolle inhaltliche Schwerpunkte oder Formen und Mittel der Wahlwerbung. Bestimmte Meinungsforscher lieferten auch bestellte Ergebnisse, die dann an Journalisten weitergegeben und über die Medien verbreitet wurden. Matthöfer war doch überrascht, wie kaltschnäuzig alle Beteiligten vorgingen. Er hielt es auch für wenig sinnvoll, je nach Wahlkampf wechselnde, über politische Inhalte nichts aussagende Gesichter von Politikern oder gar von Schauspielern zu plakatieren, statt sinnvolle politische Aufklärung – etwa durch eine gute Wochenzeitschrift wie sie der Vorwärts hätte sein können – zu finanzieren. Er verweigerte daher in der Schlussphase seine Zustimmung zu Krediten für einige große Plakatierungsaktionen mit dem Konterfei des Spitzenkandidaten, weil er das Geld im *Relaunch* des Vorwärts für besser angelegt hielt. Nach den Bundestagswahlen, auf dem Bundesparteitag in Münster, fand diese Haltung durchaus Anerkennung. Der Vorsitzende der Kontrollkommission der SPD, Peter Conradi, würdigte den Kampf des Schatzmeisters gegen die sinnlose Ausgabenflut:[185] »Hans, du hast die Parteifinanzen in einer schwierigen Situation übernommen. Du hast sie wesentlich verbessert, und wenn du nicht gewesen wärst – du warst da stärker als die Kontrollkommission –, hätte der PV beim Bundestagswahlkampf 1987 noch einige Millionen mehr ausgegeben.«

Andere Aufgaben, die der Schatzmeister bei Amtsantritt vorfand, konnte er nur aufgreifen, aber nicht konsequent weiterverfolgen, weil die Zeit fehlte. Dazu gehörte die ›Computerisierung‹ der Schatzmeisterei. Er selbst arbeitete seit 1983 mit einem Schreibcomputer und bereitete nun seinen neuen Arbeitsbereich auf die Methoden des ›direct mail‹-Geschäfts vor, die er während eines Aufenthalts in den USA studierte.[186] Neben neuen Methoden der Wahlkampfführung interessierte er sich vor allem für das ›direct mail fund raising‹, um die hohe Spendenbereitschaft

184 ›Diensttagebuch‹, 1986, AdsD, DM 0404.
185 Vorstand der SPD (Hg.), Protokoll vom Parteitag der SPD in Münster, 30.8.–2.9.1988, Greven 1988, Erster Verhandlungstag, S. 68.
186 ›Diensttagebuch‹, 5.–12.4.1986, AdsD, DM 0404. Eine seiner kompetentesten Mitarbeiterinnen entpuppte sich 1993 als Agentin des Staatssicherheitsdienstes der DDR, die für ein monatliches Salär von 500 DM regelmäßig Daten nach Ostberlin übermittelte.

der SPD-Mitglieder vom Ortsverein stärker auf die Parteizentrale zu lenken. Eine erste Aktion unter SPD-Mitgliedern führte im Oktober/November 1986 zu einem beachtlichen finanziellen Erfolg. Da in seine Amtszeit auch die Beratungen des Bundesverfassungsgerichts über die gesetzliche Regulierung der Parteienfinanzierung fielen, musste er auch auf diesem Felde Stellung beziehen. Vor die Alternative gestellt, die Finanzierung aus Haushaltsmitteln des Staates oder aus eigener Kraft sicherzustellen, entschied er sich klar für die Stärkung der eigenen Anstrengungen und gegen die Erschließung neuer Quellen aus öffentlichen Mitteln. Auch er hielt es im Prinzip für besser, wenn sich die Parteien in einer Demokratie aus öffentlichen Mitteln und nicht aus Spenden potenter privater Kapitalgeber finanzierten. Er sah aber auch die Nachteile: Mitglieder und Sympathisanten wurden demotiviert und in ihrer eigenen finanziellen Opferbereitschaft geschwächt. Außerdem musste die staatliche Alimentation den Einfluss der zentralen Bürokratie stärken und damit ihre Unabhängigkeit vom Willen der Mitglieder. Vor allem aber lehnte Matthöfer die Konstruktion des gesetzlich vorgesehenen »Chancenausgleichs« ab, weil über diesen Mechanismus das unterschiedliche Spendenaufkommen der Parteien mit öffentlichen Mitteln zum Teil kompensiert wurde.[187] Jeder, der eine Spende an die SPD gab, finanzierte so ohne sein Wissen oder sogar gegen seinen Willen gegnerische Parteien mit. Die SPD war zwar nicht unschuldig an der Einführung dieser Regelung, doch hatte man offenbar das damals noch unbekannte Spendenaufkommen der Ortsvereine unterschätzt. Mitgliederbeiträge wurden in den ›Chancenausgleich‹ noch nicht einbezogen, sodass der Schatzmeister große Anstrengungen unternahm, das Aufkommen aus Mitgliederbeiträgen zu Lasten der Spenden zu erhöhen. Die Skala reichte von 3 DM für Studenten und Arbeitslose bis 400 DM für Mitglieder, die mehr als 7.000 DM monatlich verdienten. Fast ein Drittel der Mitglieder gab vor, es lebe unter dem Existenzminimum. Der tatsächlich gezahlte Durchschnittsbeitrag lag bei 7,50 DM. Matthöfer versuchte daher, die Beitragsstaffel anzuheben und den seiner Meinung nach viel zu niedrigen Höchstbeitrag abzuschaffen. Er scheiterte aber am Widerstand der Ortsvereine, die lieber Spenden zur freien Verfügung entgegennahmen, als ihre Mitglieder im Interesse der Gesamtpartei zur Beitragsehrlichkeit anzuhalten. Auch den Mitgliedern mangelte es an der Bereitschaft, der neuen, ›nach oben offenen Matthöfer-Skala‹ mehr als Spott entgegenzubringen. Sein Nachfolger, der Hamburger Bundestagsabgeordnete Hans Ulrich Klose, gab den Anlauf deshalb stillschweigend wieder auf.[188] Seine Wahl im Präsidium, die er vor allem dem Durchsetzungsvermögen Oskar Lafontaines verdankte, markierte den ersten weithin sichtbaren personellen Übergang zur ›Generation der Enkel‹ in der SPD. Matthöfer hinterließ Klose einen zehnseitigen Brief voller Ratschläge und Hinweise für seine

---

187 Hans Herbert von Arnim, Die Partei, der Abgeordnete und das Geld, Mainz 1991, S. 39; tatsächlich schafften die Parteien den Chancenausgleich bei der Novellierung des Gesetzes 1988 nicht ab, sondern weiteten ihn zugunsten der größeren Parteien noch aus.
188 Helmut Herles, Nur Kassierer genügt ihm nicht, FAZ vom 25. August 1987.

künftige Tätigkeit als Schatzmeister der SPD.[189] Eine Eingangsbestätigung war diese Geste seinem Nachfolger nicht wert. Auch im Vorwärts weinte man Matthöfers Tätigkeit als Sanierer keine Träne nach. Das Blatt räumte zwar ein, der »heutige Vorwärts« trage auch seinen Stempel, verabschiedete ihn aber kühl: »Die Redaktion hat – unbeschadet früherer Meinungsverschiedenheiten – Hans Matthöfer zu danken: für manchen Rat und Hilfe.«[190] Tatsächlich hatte der Vorwärts mit dem Weggang des Schatzmeisters eine aussichtsreiche Perspektive verloren, die eng mit dem verlegerischen Ehrgeiz und der akquisitorischen Fähigkeit Matthöfers verknüpft war. Zwei Jahre später stellte Klose das Parteiorgan ein.

189 ›Diensttagebuch‹, 9.3.1987, AdsD, DM 0404.
190 ›Vorwärts‹ vom 21. Februar 1987

TEIL 8

Das Ende der Gemeinwirtschaft

Der Sanierer

Fliegender Wechsel

Ende November 1986 – auf dem Höhepunkt des Wahlkampfes – zeichnete sich für den Schatzmeister ganz unerwartet die Möglichkeit einer vierten Karriere ab. Helmut Teitzel, im geschäftsführenden Vorstand des DGB für das Beteiligungsvermögen der Gewerkschaften zuständig, besuchte ihn in seiner Kronberger Wohnung, um ihm im Auftrag von Ernst Breit den Vorsitz im Vorstand der Beteiligungsgesellschaft für Gemeinwirtschaft AG (BGAG) anzubieten. Ohne viel zu überlegen, einfach auf seine innere Stimme hörend, sagte Matthöfer grundsätzlich zu.[1] Im Grunde hatte er die Entscheidung schon vor Jahren getroffen. Im Vergleich zu den Zwängen, in denen er als Politiker stand, erschienen ihm die Autonomie und Durchsetzungsmacht eines Vorstandsvorsitzenden eines großen Unternehmens immer als Wunschvorstellung, die er gelegentlich im Scherz auch offenbarte.[2] Seine Erfahrung mit der Leitung eines Großunternehmens wie der Post hatte ihn darin noch bestärkt. Dem Angebot folgte eine Woche in Bonn und Düsseldorf, in der er unbehelligt von öffentlicher Neugierde in Gesprächen mit Breit und Brandt das Angebot ausloten konnte. Aus Bonn für das Wochenende nach Hause zurückgekehrt, offenbarte er dann seiner Frau:[3] »Ich werde der Lappas-Nachfolger.« Der Name von Alfons Lappas war zu diesem Zeitpunkt ebenso bekannt wie berüchtigt, weil er in gleich zwei Skandale verwickelt war, die die wirtschaftliche und politische Kultur der Bundesrepublik erschütterten. Als Vorstandsvorsitzender der BGAG, die seit 1974 als Holding der gemeinwirtschaftlichen Unternehmen der Gewerkschaften fungierte, stand er von Anfang an im Mittelpunkt der Bemühungen, den Skandal um die gemeinnützige Wohnungsbaugesellschaft Neue Heimat (NH) einzudämmen. Dieser hatte Anfang 1982 mit der Aufdeckung persönlicher Bereicherung und Untreue des NH-Chefs Albert Vietor und seiner Entourage begonnen.[4] Die Affäre erschütterte das Vertrauen der Gläubiger in die Solidität des Unterneh-

---

1 ›Diensttagebuch‹, 11.12.1986, AdsD, DM 0404.
2 In einer Home-Story der Illustrierten ›Bunte‹ vom 25. Februar 1982 (»Matthöfer macht (bald) nicht mehr mit«) wurde er aus einem Vortrag vor Spitzenmanagern im Rhein-Hotel Dreesen mit den Sätzen zitiert: »Einen guten Unternehmer würde ich auch noch abgeben.« AdsD, DM 102.
3 Der Gewerkschaftshistoriker Gerhard Beier im Gespräch mit Traute und Hans Matthöfer am 29. November 1986, AdsD, DM 0404.
4 Neue Heimat. Die dunklen Geschäfte von Vietor und Genossen, DER SPIEGEL, 6 vom 8. Februar 1982. Kurt Hirche, Der Koloss wankt. Die Gewerkschaftsunternehmen zwischen Anspruch und Wirklichkeit, Düsseldorf 1984.

Um Schaden von der BGAG abzuwenden, musste Matthöfer Alfons Lappas verteidigen – und empfand gleichzeitig eine tiefe Abneigung gegenüber seinem Vorgänger.

mens, obwohl die Bilanz mit einem Immobilienbestand im Wert von rund 22 Mrd. DM keine Überschuldung auswies. Dennoch stellten die den Aktiva gegenüberstehenden Kreditschulden in Höhe von rund 17 Mrd. DM eine latente Gefährdung der Zahlungsfähigkeit des Konzerns dar. Dies galt vor allem für einen 1,7 Mrd. DM Kredit, der, kurzfristig bei 40 Banken aufgenommen, Ende 1986 fällig war. Wenn die Gläubigerbanken die zugesagten Kreditlinien kündigten oder die öffentliche Hand gegebene Bürgschaften nicht mehr verlängerte, drohte sich eine gefährliche Lücke im Liquiditätsmanagement der NH zu öffnen. Die weltweit größte Wohnungsbaugesellschaft stand daher seit 1982 am Rande des Bankrotts. Allein für Zinsen musste die NH jährlich 1,2 Mrd. DM ausgeben. Das entsprach etwa den gesamten Mieteinnahmen eines Jahres. 1986 hatte sich an dieser Schieflage nichts geändert, obwohl der gemeinwirtschaftliche Unternehmensverbund nichts unversucht ließ, um sich von der Last des hoch verschuldeten Unternehmens zu befreien. Für einen dieser Versuche, den gescheiterten ›Verkauf‹ der Neuen Heimat an den bis dahin weithin unbekannten Berliner Großbäcker Horst Schiesser zu einem symbolischen Preis von einer Mark, musste Lappas die Verantwortung übernehmen. Lappas‹ zweifelhafte Bekanntheit nahm noch zu, als er als Zeuge vor dem Parlamentarischen Untersuchungsausschuss ›Neue Heimat‹ die Aussage verweigerte. Er wurde deshalb auf Betreiben des Ausschussvorsitzenden und auf Anordnung des Bonner Amtsgerichts vor laufenden Fernsehkameras auf dem Gewerkschaftskongress der IG Metall in Hamburg verhaftet und für zwei Tage in Beugehaft genommen. Die Affäre Lappas löste im Deutschen Bundestag tumultartige Szenen aus und provozierte den (untauglichen) Versuch der SPD-Führung, die wahlkampfbedingten Schachzüge der Koalitionsparteien mit den Praktiken der Nationalsozialisten zu vergleichen.[5] Lappas eignete sich aber nicht zum Märtyrer. Er wurde bald darauf zum Rücktritt gezwungen, nachdem Einzelheiten seines Vertrages und seiner Amtsführung bekannt geworden waren, die ihn gerade bei Gewerkschaftsmitgliedern als exemplarischen Fall des ›hässlichen Kapitalisten‹ erscheinen ließen und den DGB auch insgesamt desavouierten. Seit dem 13. November war die Gewerkschaftsspitze daher auf der Suche nach einem Lappas-Nachfolger.

Der ideale Kandidat musste einerseits über genügend unternehmerisches Geschick verfügen, um das angeschlagene gewerkschaftliche Wirtschaftsimperium vor dem völligen Untergang zu bewahren, und andererseits hinreichend Vertrauen und gewerkschaftlichen Stallgeruch ausstrahlen, um den langwierigen Sanierungsprozess im Einvernehmen mit der gewerkschaftlichen Basis und der Öffentlichkeit durchzustehen. Ernst Breit (DGB), Franz Steinkühler (IGM) und Monika Wulf-Mathies (ÖTV), die zusammen die Mehrheit der Anteilseigner repräsentierten, einigten sich rasch auf Matthöfer, dem sie als einzigem der Kandidaten zutrauten, aus der verfahrenen Situation wieder herauszufinden. Schwieriger war es, die SPD davon zu überzeugen, ihren gerade erst eingearbeiteten Schatzmeister wieder ziehen zu lassen, um den Gewerkschaften aus der Patsche zu helfen. Dabei spielte weniger eine Rolle, dass Matthöfer auf dem Höhepunkt des Wahlkampfes für die Partei unentbehrlich war. Die ›Strategen‹ der SPD-Wahlkampfleitung – Clement, Ehmke, Glotz und Hombach – neigten eher zur Selbstüberschätzung, als dass sie in der täglichen Arbeit wirklich auf den Rat des erfahrenen Organisators zurückgreifen wollten. Stärker ins Gewicht fiel das Argument, dass mit dem Wechsel des Schatzmeisters an die Spitze der Gewerkschaftsholding in der Öffentlichkeit der Eindruck entstehen konnte, die SPD übernehme für den NH-Skandal die Mitverantwortung – genauso wie es die Wahlkampfstrategie der Koalitionsparteien seit langem suggerierte. Andererseits musste aber auch die SPD daran interessiert sein, den Schwelbrand bei der Schwesterorganisation auszutreten, ehe die Flammen alle Quartiere der politischen Arbeiterbewegung erfassten. Jedenfalls ließ sich Willy Brandt von Ernst Breit dazu bewegen, die Personalie Matthöfer zu unterstützen und den Wechsel gegen die Kritiker in der eigenen Partei zu verteidigen. Seine Bedingung, der Schatzmeister müsse bis zur Abwicklung des Bundestagswahlkampfes sein Amt in vollem Umfang weiter ausüben, hatte dabei wohl eher taktische Bedeutung, denn es war klar, dass der designierte BGAG-Chef nun ganz andere Sorgen haben würde, als dem schwindsüchtigen Wahlkampf der Sozialdemokraten noch einmal neue Impulse zu geben.

Die »schweren Bedenken«, die in der Partei vor allem Hans-Jochen Vogel, Holger Börner und Heidemarie Wieczorek-Zeul formulierten, machte sich Brandt deshalb nicht zueigen.[6] Sie richteten sich auch weniger auf die jetzt schon vorher-

5 Andreas Kunz (Hg.), Die Akte Neue Heimat. Krise und Abwicklung des größten Wohnungsbaukonzerns Europas 1982–1998. Band 1: Analysen und Interviews, Frankfurt a. M. 2003, S. 241.
6 Brandt an Matthöfer (handschriftlich), Bonn, den 2. Dezember 1986, AdsD, DM Ordner BGAG-Vogel.

sehbare Niederlage als auf die befürchteten Turbulenzen danach. Vogel machte sich zum Wortführer und appellierte an den Schatzmeister:[7] »Du bist in dieser Lage ein stabilisierender Faktor. Wegen Deiner Festigkeit, Deiner Nüchternheit und Deiner Zuverlässigkeit besitzt Du auch eine natürliche Autorität. Es würde unsere Schwierigkeiten nachhaltig vermehren, wenn Du gerade jetzt gehst.« Er appellierte aber auch an die Solidarität des Genossen: »Um es ganz offen zu sagen: Ich fühle mich auch selbst ein wenig im Stich gelassen. Ich kann nicht gehen.« Matthöfer bedankte sich bei Vogel für dessen »gute Meinung«, glaubte aber nicht, »daß sie weit verbreitet sein kann, denn ich erinnere mich noch, daß mir in den drei Jahren nach dem Ausscheiden aus der Bundesregierung aber auch alles schiefgegangen ist«.[8] Noch waren der Groll und die Frustration über die ihm zugefügten Verletzungen stark genug, um jeden Solidaritätsappell abprallen zu lassen: »Ich würde aber wohl noch heute ohne sinnvolle Beschäftigung herumlaufen, wenn Hans-Jürgen [Wischnewski] damals nicht überraschend das Handtuch geworfen hätte. Damals hat es sieben Tage gedauert, bis man darauf kam, mich zu fragen. Es würde mich sehr wundern, wenn vorher nicht einige Kandidaten, die als besser geeignet betrachtet wurden, abgesagt hätten.« Aber auch in der Sache selbst sah Matthöfer gute Gründe, das neue Amt zu übernehmen, ohne damit objektive Interessen der Sozialdemokratie zu verletzen. Er war fest davon überzeugt, »daß nur ein festes Bündnis zwischen SPD und Gewerkschaften unserer Sache zum Erfolg verhelfen kann«. Es bestürzte ihn daher, mit ansehen zu müssen, wie groß die »objektive und bewußtseinsmäßige Kluft« zwischen den Gewerkschaften und einigen führenden SPD-Mitgliedern geworden war. Damit meinte er nicht etwa seine eigenen bitteren Erfahrungen, die er beim Untergang des Kabinetts Schmidt mit »den Steinkühlers und den Hensches« (Helmut Schmidt) hatte machen müssen. Anders als der Bundeskanzler, der den Gewerkschaften lange nachtrug, dass sie seiner Regierung jene Politik nicht hätten erlauben wollen, die sie dann mit geringerem Widerstand von der Regierung Kohl hingenommen hätten,[9] war sein Finanzminister offenbar bereit, das Kriegsbeil zu begraben, um nach der Machtübernahme der sozialdemokratischen ›Enkelgeneration‹ nicht ganz heimatlos dazustehen. Er war auch davon überzeugt, mit seinem Stellungswechsel »der Partei bei wichtigen Teilen unserer Stammwähler vielleicht sogar helfen« zu können: »Jedenfalls glaube ich, nein, ich bin davon überzeugt, daß ich an der neuen Stelle – nicht nur wegen

7   Vogel an Matthöfer (persönlich/vertraulich), Bonn, den 2. Dezember 1986, AdsD, DM Ordner BGAG-Vogel.
8   Matthöfer an Vogel, Bonn, den 3. Dezember 1986, AdsD, DM Ordner BGAG-Vogel.
9   Bundeskanzler a. D. Helmut Schmidt am 25. Mai 2004 in Hamburg im Gespräch mit dem Verf., Protokoll, AdsD, DM 0404. Zehn Jahre zuvor drückte er sich im Gespräch mit dem Redakteur der Matthöfer-Festschrift, Gerhard Beier, drastischer aus. Die Gewerkschafter dürften sich nicht wundern, wenn ihnen jetzt von der Regierung Kohl »die Schwänze und die Eier abgeschnitten werden«. Protokoll des Gesprächs mit Helmut Schmidt, Bonn, am 7. November 1984, AdsD, Ordner Bezugspersonen & Freunde Ia. Gemeint war u. a. der stellvertretende Vorsitzende der IG Druck & Papier, Dr. Detlef Hensche, der mit Steinkühler zu den schärfsten Kritikern der Wirtschafts- und Finanzpolitik der Regierung Schmidt gehört hatte.

der auf dem Spiel stehenden finanziellen Größenordnungen – der Gesamtbewegung mehr nutzen kann als jetzt.«[10] Unausgesprochen kam hinzu, dass er »die Art, wie in Bonn – insbesondere auch in den Sitzungen des SPD-Parteipräsidiums – Politik gemacht wurde, gründlich leid« war.[11] Umso mehr lockte ihn das Neue, reizten ihn die zu erwartenden Herausforderungen ebenso wie die Annehmlichkeiten, die der neue Job mit sich brachte. Für einen 61-jährigen Mann war es keine unbillige Überlegung, das Bonner Budenleben mit der Bequemlichkeit und Wärme des Kronberger Ehelebens zu tauschen, hatte die BGAG doch ihren Sitz im benachbarten Frankfurt. Und schließlich mochte ihm auch wegen der (trotz taktischer Deckelung) noch immer guten Bezahlung der Wechsel an die Spitze der BGAG nicht als »das größte aller vorstellbaren Übel« erscheinen. Schon 1982, als er zum ersten Mal mit dem Ende seiner Politikerkarriere geliebäugelt hatte, hatte er keinen Hehl daraus gemacht, dass er sich auch vorstellen konnte, Unternehmer zu werden, zumal »Unternehmer sein leichter ist im Vergleich zum Finanzminister«.[12] Später brachte er den Unterschied zwischen der Arbeit in der Wirtschaft zur Arbeit in der Politik auf die Formel »Halbe Arbeit bei drei- bis vierfachem Gehalt«.[13]

Anfang Dezember 1986, als die Kritik in der Partei an seinem Amtswechsel offen einsetzte, hatte Matthöfer also seine Entscheidung bereits getroffen, das Angebot der Gewerkschaften anzunehmen, und Willy Brandt bestärkte ihn darin. Brandt war es auch, der die »eindringliche Bitte« Ernst Breits, Matthöfer »freizugeben«, öffentlich beantwortete:[14] »Angesichts der unabweisbaren Aufgabe für die Gemeinwirtschaft, verlorenes Vertrauen zurückzugewinnen, kann sich die SPD dieser Bitte nicht verschließen. Die Idee der Gemeinwirtschaft ist gefährdet und muß vor weiterem Schaden bewahrt werden.« Brandt wies darauf hin, dass Matthöfer eine der wenigen Persönlichkeiten sei, die über Parteigrenzen hinweg in Wirtschaft und Politik höchstes Ansehen genössen. Er verkörpere nicht nur ein neues Programm, sondern auch einen anderen Stil, als er bei den gemeinwirtschaftlichen Unternehmungen der Gewerkschaften »in den letzten Monaten da und dort hervortrat«. Der Parteivorsitzende spielte damit auf die Kritik an, die sich am Jahreseinkommen des zurückgetretenen BGAG-Vorsitzenden entzündet hatte. Die kolportierte Größenordnung von 750.000 DM war in Gewerkschaftskreisen, aber auch in der breiten Öffentlichkeit als »für Gewerkschafter« unangemessen hoch empfunden worden, obwohl sie – vielleicht aber auch weil sie – sich nicht signifikant von den Gehältern in der privaten Wirtschaft unterschied. Sie lag dort eher am unteren Rand des Gehaltsspektrums für Spitzenmanager. Vom obersten Repräsentanten der Gemeinwirtschaft wurde mehr Zurückhaltung erwartet, und

---

10 Matthöfer an Vogel, Bonn, den 3. Dezember 1986, AdsD, DM Ordner BGAG-Vogel. Etwas kryptisch fügte er noch hinzu: »Wenn ich die personelle Konstellation zustande bringe, die mir vorschwebt, dann wird dies auf längere Sicht auch für die Partei vorteilhaft sein.«
11 ›Diensttagebuch‹, 11.12.1986, AdsD, DM 0404.
12 Matthöfer macht (bald) nicht mehr mit, ›Bunte‹ vom 25. Februar 1982.
13 Gespräch des Verf. mit Hans Matthöfer am 16. Juni 2007 in Bad Soden. AdsD, DM 0404.
14 Mitteilung an die Presse vom 3. Dezember 1986/673, Service der SPD für Presse, Funk, 1 V.

Matthöfer war dazu bereit. Da er aus seiner früheren Tätigkeit als Abgeordneter und Minister volle Versorgungsbezüge erworben hatte, neigte er zunächst dazu, wie schon beim Amt des Schatzmeisters, die neue Aufgabe als Ehrenamt aufzufassen und auf Bezüge völlig zu verzichten. Nachdem dies in der Familie und bei seinen engsten Beratern auf wenig Verständnis gestoßen war, ließ er sich auf ein Jahresgehalt von 450.000 DM ein und verzichtete auf die üblichen Prämien und Pensionszusagen.[15] Die Gehaltsfrage spielte auch in der Stellungnahme des IG Metall-Vorsitzenden Steinkühler an alle Verwaltungsstellen und Bezirksleitungen eine große Rolle.[16] Er unterstrich die Übereinstimmung mit Matthöfer, dass »ein Gewerkschafter sich für die Wahrnehmung einer Aufgabe der Gewerkschaftsbewegung nicht 750.000 DM oder vergleichbare Jahresgehälter bezahlen lassen sollte«. Vor allem aber hob er die Tatsache hervor, dass der langjährige Gewerkschaftsfunktionär insbesondere als ehemaliger Finanzminister »nicht nur über die notwendige Sachkenntnis und Erfahrung, sondern auch über vielfältige Kontakte zu Kreditinstituten und Ministerien in Bund und Ländern« verfügte. Nachdem nun auch die IG Metall sich öffentlich hinter die Kandidatur Matthöfers gestellt hatte, gab es an seiner Wahl auf der Aufsichtsratssitzung der BGAG am 11. Dezember nicht mehr den geringsten Zweifel. Die Aufsichtsräte wählten ihn schließlich einstimmig zum Vorstandvorsitzenden. Die Öffentlichkeit quittierte den Einsatz Matthöfers als Joker im Spiel um die Rettung der Gewerkschaftsunternehmen insgesamt positiv. Das Presseecho geriet – vier Jahre nach seinem Ausscheiden aus der Bundesregierung – zum Lackmustest seiner verbliebenen Popularität und seines politischen Ansehens. Vom liberalen Graf Lambsdorff (»Wenn einer die Probleme lösen kann, traue ich es Matthöfer zu.«)[17] bis zur linken ›Tageszeitung‹ (»Matthöfer gilt als integre Persönlichkeit, die selbst weder Filz noch anderen Dreck am Stecken zu haben scheint.«)[18] attestierten die meisten Beobachter Matthöfer politisches Fingerspitzengefühl, ökonomischen Sachverstand, angenehmen Umgang, aber auch Härte in der Sache. Insgesamt überwog in der Presse die Meinung, die Besetzung der Lappas-Nachfolge mit dem ehemaligen Finanzminister sei eine »Ideallösung« und »ein Stück Granit für den angeschlagenen Konzern«.[19] Die Wahlkampfrhetorik der CDU, die in der Personalie Matthöfer den lebenden Beweis für Genossenfilz und linke Misswirtschaft sah, stieß dagegen weitgehend ins Leere. Allerdings ließ sich der Schaden, den die Affären um die Neue Heimat und den ›roten Kapi-

---

15 Der Gewerkschaftshistoriker Gerhard Beier im Gespräch mit Traute und Hans Matthöfer am 29. November 1986 in Kronberg. AdsD, DM 0404. Das Anfangsgehalt steigerte sich zunächst auf 800.000 DM, um sich über zwei Folgeverträge hinweg auf die Größenordnung von einer Million DM im Durchschnitt der insgesamt zehnjährigen Amtszeit zu entwickeln. Gespräch des Verf. mit Hans Matthöfer am 17. Oktober 2005 in Berlin. AdsD, DM 0404.

16 Vorstand der IG Metall an die Verwaltungsstellen, Bezirksleitungen und Bildungsstätten der IG Metall, Frankfurt a. M., den 4. Dezember 1986. AdsD, DM o. Nr.

17 DIE WELT vom 4. Dezember 1986.

18 Ulli Kulke, »Der richtige Mann«? Die Tageszeitung vom 4. Dezember 1986.

19 Frank J. Eichhorn, Hans Matthöfer ist im Umgang mit Milliardenschulden geübt, Stuttgarter Zeitung vom 4. Dezember 1986; Martin E. Süskind, Ein Stück Granit für den angeschlagenen Konzern, Süddeutsche Zeitung vom 4. Dezember 1986.

talisten‹ Lappas im SPD-Wahlkampf bereits angerichtet hatte, kaum noch steigern. Der Nachteil, den die SPD aus dem Wechsel davontrug, wurde eher im Verlust an »politischen und Finanzmanagement-Qualitäten« gesehen, der »für die Genossen schwer zu verkraften« sei:[20] »Dem Präsidium geht viel Potenz verloren.« Matthöfer wollte auch die bürgerliche Presse nur wünschen, »daß die DGB-Spitze auch nach seinem Dienstantritt am 1. Februar mit der notwendigen Rückendeckung dafür sorgen wird, daß der absolut integre Profi den Gewerkschaften und der Gemeinwirtschaft aus dem Sumpf wieder heraushelfen kann«.

Ein Frühstücksdirektor?

Matthöfer haftete zwar der notwendige gewerkschaftliche Stallgeruch an, doch gehörte er nicht zu den Präfekten des gemeinwirtschaftlichen Imperiums, das die Gewerkschaften nach 1945 aus den Trümmern des Dritten Reiches glanzvoller denn je wieder aufgebaut hatten. Lange Zeit teilten sich Albert Vietor und Walter Hesselbach die Macht über die Unternehmenswelt der Gewerkschaften, der eine in Hamburg als Vorstandsvorsitzender der Neuen Heimat (NH), der andere in Frankfurt als Chef der gewerkschaftseigenen Bank für Gemeinwirtschaft (BfG). Matthöfer kannte Walter Hesselbach noch als Mitstreiter und »Tatfunktionär« in der »Kampfgemeinschaft Sozialistischer Jugend«, die Anfang der fünfziger Jahre in Frankfurt handfest gegen Manifestationen der Rechte zu Felde gezogen war. Seit einem studentischen Praktikum in der Bank deutscher Länder, der Vorläuferin der Deutschen Bundesbank, wo der Bankbeamte als Betriebsratsvorsitzender agierte, gehörte er auch zu seinen Bewunderern. Seine Achtung vor dem erfolgreichen Aufsteiger sollte noch wachsen, als der Außenseiter die versprengten gewerkschaftlichen Kreditinstitute zusammenfasste und mit der von ihm von 1961 bis 1977 geführten BfG im deutschen Bankgewerbe große Erfolge feierte. Später zählte Matthöfer Hesselbach zu seinen Freunden, zumal er mit dem erfolgreichen Spendensammler und dem gewieften, wenn auch nicht unangefochtenen Berater für schwierige Finanzoperationen von SPD und FES in leidender Solidarität verbunden war. Was er an dem ›roten Bankier‹ schätzte, war denn auch nicht dessen Leidenschaft für die Gemeinwirtschaft, die er selbst in seiner Laudatio zum 75. Geburtstag des Freundes nur mit einem distanzierenden Halbsatz erwähnte.[21] Viel wichtiger war ihm sein praktisches politisches Engagement, das auch den kämpferischen Einsatz in der Grauzone zur Illegalität nicht scheute. Herbert Wehner hatte diese engagierte Leidenschaft gefordert, als er die Frage stellte: »Ich weiß ja nicht, wie ihr Sozialdemokraten Euch den Klassenkampf vorstellt.« Beide, Hesselbach und Matthöfer, entwickelten darin ähnliche Vorstellungen, was wohl auch ihre gegenseitige Zuneigung erklärte. Der designierte BGAG-Chef empfand deshalb

20 DIE WELT vom 5. Dezember 1986.
21 Rede aus Anlaß des 75. Geburtstages von Walter Hesselbach am 20. Januar 1990 im Frankfurter Römer, Maschinenschr. Ms., S. 4, AdsD, DM Ordner BGAG.

Neue Heimat-Chef Albert Vietor verschärfte durch persönliche Verfehlungen die wirtschaftliche Misere des Wohnungsbau-Konzerns.

zwar ›menschlich‹ und politisch eine tiefe Zuneigung gegenüber Hesselbach und konnte sich dessen Sympathien ebenfalls sicher sein.[22] Er war aber nie Teil seiner Entourage oder gar von ihm abhängig. Schon gar nicht gehörte er zum Nachwuchskader des Bankiers, der sich ansonsten nahezu vollständig aus dem Dunstkreis seines alten Frankfurter SDS rekrutierte und Matthöfer daher wohlbekannt war. An der Spitze aller gemeinwirtschaftlichen Unternehmen, die formal unter der Aufsicht der BGAG standen, und nach 1977 auch der BfG, herrschten deshalb Hesselbachs ehemalige persönliche Referenten, die er gezielt in die Schlüsselpositionen seines Konzerns lanciert hatte und die sich auch untereinander eng verbunden fühlten. Auf Grund seines Charismas fiel es dem Gewerkschaftsbankier leicht, die Gemeinwirtschaft wie eine auf ihn eingeschworene Ordensgemeinschaft zu führen. Auch Lappas gehörte diesem Kreis an. Er war unter Hesselbach zunächst bis 1985 Mitglied des Vorstandes der BGAG und saß in dieser Position in den Aufsichtsräten der Neuen Heimat Gemeinnützig (NH-G) und der Neuen Heimat Städtebau (NH-S). Dann übernahm er von seinem Chef den Vorsitz der BGAG. Es hätte nun in der Kontinuität des gemeinwirtschaftlichen Funktionärskreislaufs gelegen, wenn Rolf-Jürgen Freyberg nachgerückt wäre, der ebenfalls dem illustren

22 Hesselbach hatte 1985 zusammen mit Helmut Schmidt die Festschrift zu Matthöfers 60. Geburtstag (»Kämpfer ohne Pathos«) herausgegeben. Im Gegenzug fand dieser einfühlsame Worte für Hesselbach in seiner Laudatio zum 75. Geburtstag, obwohl er zu diesem Zeitpunkt bereits auf den Trümmern des Gemeinwirtschaftsimperiums stand und dessen Konstruktionsfehler nur zu gut kannte. Er hielt es aber im Interesse der Arbeiterbewegung nicht für opportun, diese Kritik auch öffentlich zu machen. Siehe auch Matthöfers Vorwort in: Michael Schneider, Walter Hesselbach – Bankier und Unternehmer, Bonn 1995.

Matthöfer versuchte Walter Hessel-bach, den Prinzipal des Gemein-wirtschaftsimperiums der Gewerk-schaften, vor Imageschaden zu schützen.

Kreis der persönlichen Referenten des ›roten Abs‹ angehörte und nun im Vorstand der BGAG für die Finanzen zuständig war. Ambitionen wurden auch dem Vorstandsvorsitzenden der Volksfürsorge Deutsche Lebensversicherung AG, Werner Schulz, nachgesagt.[23] Sie alle waren auch eingeschworene Anhänger der Gemeinwirtschaftsideologie, die nach beiden Weltkriegen zu den Alternativen einer neuen Wirtschafts- und Gesellschaftsordnung gezählt hatte, sich aber weder Anfang der zwanziger, noch Ende der vierziger Jahre durchsetzen konnte. Innerhalb der wieder erstarkten kapitalistischen Marktwirtschaft übernahmen die gemeinwirtschaftlichen Unternehmen der Gewerkschaften aber wenigstens pragmatisch die Aufgabe, für die Arbeiterschaft besonders prekäre Engpässe in der Versorgung mit Wohnungen und Lebensmitteln zu überwinden oder auf dem Gebiet der Finanzdienstleistungen die Gewerkschaften und ihre Mitglieder mit passgenauen Angeboten zu unterstützen. Darüber hinaus fand die Gemeinwirtschaft als Legitimationslehre für gewerkschaftliches Engagement in der Wirtschaft ein esoterisches Rückzugsgebiet. Sie sollte zeigen, dass mit sozial verpflichtetem Kapital in einer Marktwirtschaft sehr wohl erfolgreich für das Gemeinwohl gearbeitet werden konnte, wobei dem Gewinn eine grundsätzlich andere, weniger entscheidende Antriebskraft zukam als in privaten Unternehmen.

Wenn nun Matthöfer von den Gewerkschaften für die Führungsposition in der BGAG vorgesehen war, und nicht Freyberg oder Schulz, bedeutete dies allein schon einen harten Bruch mit den eingefahrenen Spielregeln und signalisierte die

23 Gespräch des Verf. mit Hans Matthofer am 16. Juni 2007 in Bad Soden. AdsD, DM 0404.

Bereitschaft der Anteilseigner, gegen die Phalanx der bis dahin völlig autonom operierenden Hesselbach-Schüler einen Neuanfang durchzusetzen. Auf Matthöfer fiel nicht der leiseste Verdacht, ein unkritischer Anhänger der Lehre von der Gemeinwirtschaft zu sein. Auch er vertrat zwar die Auffassung, es müsse unternehmerische Alternativen zur privaten Marktwirtschaft geben. Er wies diese Funktion freilich den bestehenden staatlichen und öffentlichen Unternehmen zu, denen er vor allem strukturpolitische Aufgaben übertragen wollte. Nie wäre er deshalb – wie Hesselbach – auf die Idee gekommen, die Post sei »das bedeutendste gemeinwirtschaftliche Unternehmen der Welt«.[24] In keiner seiner zahlreichen Veröffentlichungen zu diesem Thema spielte der Gemeinwirtschaftsgedanke eine Rolle, obwohl er auch in solchen Zeitschriften publizierte, die dieser Richtung verpflichtet waren.[25] So nahe Matthöfer der Gewerkschaftsbewegung auch stand, so groß war doch seine innere Distanz zur Gruppe ihrer gemeinwirtschaftlichen Unternehmen und deren innerem Führungszirkel.

Die naheliegende Vorstellung, Matthöfer hätte Anfang 1987 mit der BGAG die Leitung einer Machtzentrale übernommen, die ihm die Steuerung und Kontrolle der Gruppe der gemeinwirtschaftlichen Unternehmen des DGB erlaubte, geht weit an der Wirklichkeit vorbei. Hinter der Nebelwand gemeinwirtschaftlicher Rhetorik verbarg sich in Wirklichkeit ein Steuersparmodell. Die BGAG wurde 1974 gegründet, um auf legale Weise steuerliche Vorteile im Umfang von mehreren hundert Millionen DM zu erlangen.[26] Ihr Geschäftsbetrieb blieb zunächst weitgehend virtuell. Nach der Funktionsweise seiner Konstruktion gefragt, übte Hesselbach in der Öffentlichkeit »Zurückhaltung«, denn »es handelt sich um recht delikate Zusammenhänge«.[27] Die Beteiligungen, die die BGAG bei ihrer Gründung von der BfG übernahm, übertrafen nominal und vor allem wertmäßig ihr Eigenkapital um ein Vielfaches. Zum Ausgleich gewährten der DGB und seine Einzelgewerkschaften der Holding hochverzinsliche Gesellschafterdarlehen, die sich auf der Passivseite der Bilanz niederschlugen. Der steuerliche Reiz dieser Konstruktion lag darin, dass die Gewerkschaften als ›Berufsverbände ohne wirtschaftlichen Geschäftsbetrieb‹ Zinserträge aus Gesellschaftsdarlehen steuerfrei vereinnahmen konnten. Dagegen waren sie – weil nicht körperschaftssteuerpflichtig – nicht in der Lage, die in der Dividende der BfG enthaltenen Kapitalertragssteuer von 25 % auf eigene Steuerschulden anzurechnen. Die BGAG dagegen unterlag voll der Körperschaftssteuerpflicht und konnte somit die Vorsteuer der BfG von der eigenen Steuerschuld abziehen. Ihre Gewinne wurden zudem von ihrem Zinsaufwand für die Gesellschafterdarlehen weitgehend aufgezehrt, der voll und steuerlich ungeschmälert den

---

24 Walter Hesselbach, Dankansprache, in: »… daß man mich immer in die Pflicht nehmen kann!« Ansprachen zu 65. Geburtstag von Walter Hesselbach, Köln 1980, S. 60.

25 Vgl. dazu das Verzeichnis der Schriften Hans Matthöfers.

26 Protokoll der Sitzung des Aufsichtsratspräsidiums der BGAG vom 3. März 1983, Anlage 3, BGAG-Archiv, AR/ARP-Protokolle, Bd.25, aus: Kunz, Akte, Band 2, Dokumente, Dok. 1.6, S. 511.

27 Hesselbach, Antwort, in: Heinz-Oskar Vetter et al. (Hg.), Die gemeinwirtschaftlichen Unternehmen der deutschen Gewerkschaften, Frankfurt a. M. 1978, S. 33.

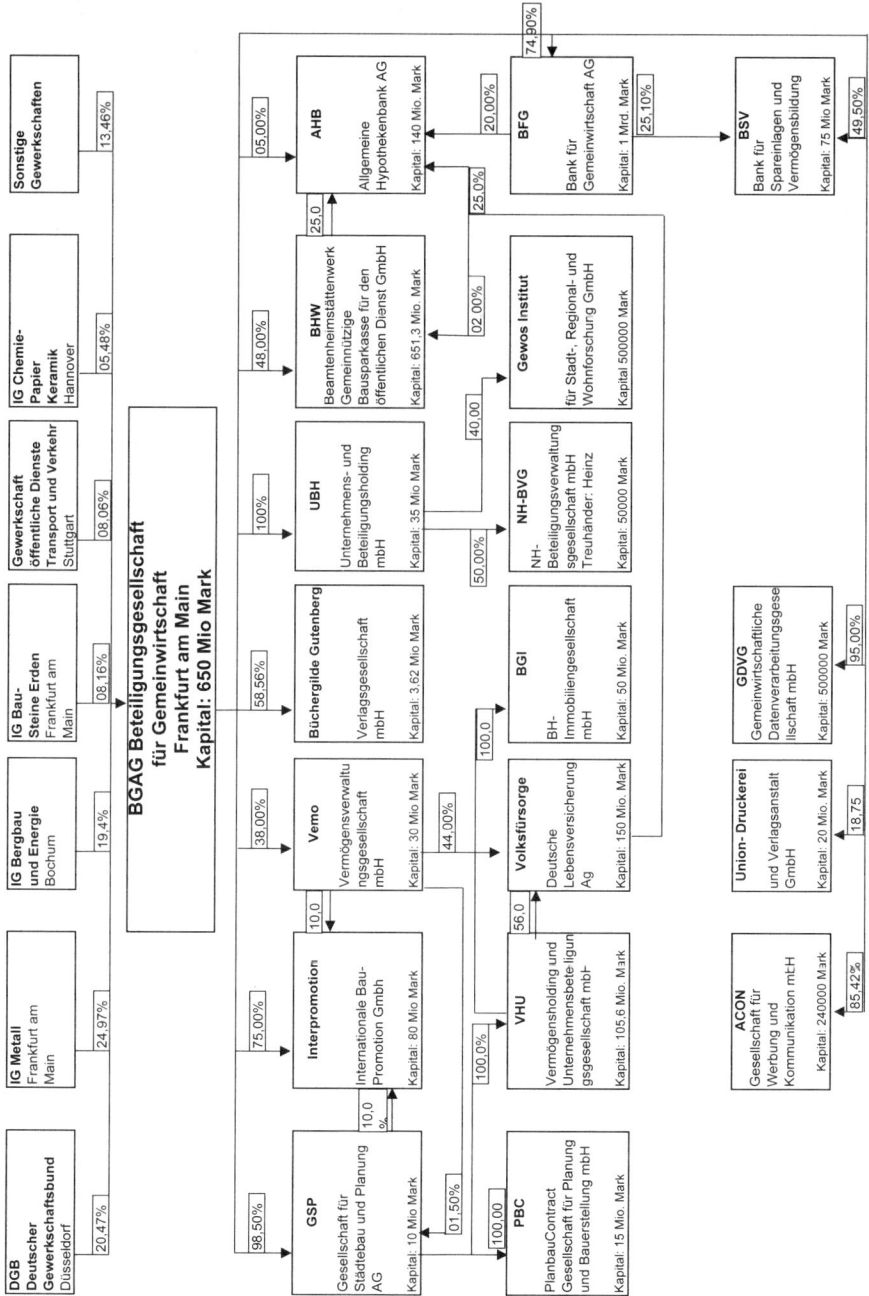

Hinter der eindrucksvollen Bilanzsumme der BGAG von 87 Mrd. DM verbargen sich beim Amtsantritt Matthöfers bereits zahlreiche Risiken.

Der Unternehmer Matthöfer weist eine makellose Bilanz auf. Seine dritte Karriere lieferte weniger Stoff für Träume, dafür aber wirtschaftlichen Erfolg.

gewerkschaftlichen Eigentümern zugute kam. Der Umweg über die BGAG diente also dazu, bei der BfG und anderen Beteiligungsunternehmen zu besteuernde Dividendenerträge in steuerfreie Zinserträge der Gewerkschaften umzuwandeln. Die BGAG fungierte aber auch als Kreditbeschaffer für die chronisch unter Eigenkapitalschwäche leidende BfG und entlastete das Kreditinstitut von den Beteiligungen an Nicht-Banken. Nach außen hin hielt sie die Beteiligungen der Gewerkschaften an den Unternehmen der Gemeinwirtschaft. Dazu gehörten anfangs die BfG und die Volksfürsorge (Vofü), später die Neue Heimat, eine starke Minderheitsbeteiligung an der co op AG (bis 1985) und eine Reihe kleinerer Unternehmen, wie z. B. g-u-t, das gemeinwirtschaftliche Unternehmen für Touristik (bis 1977), die Büchergilde Gutenberg oder die Frankfurter Union-Druckerei. Formal stand die BGAG damit 1985 an dreizehnter Stelle in der Rangordnung der größten deutschen Unternehmensgruppen. Ihre vier dominanten Töchter gehörten alle zu den hundert größten Unternehmen in Deutschland. Mit knapp 90.000 Mitarbeitern und einer Wertschöpfung von mehr als 4 Mrd. DM machte die unter dem Dach der BGAG versammelte Gruppe der gemeinwirtschaftlichen Unternehmen nach außen keinen schlechten Eindruck.[28] Jedes ihrer Beteiligungsunternehmen nahm in seiner jeweiligen Branche eine führende Position ein. Die BfG zählte zu den

28 Alfons Lappas, Zu den Aufgaben der BGAG, BGAG-Archiv, Doku 99, Bd. 5, aus: Kunz, Akte, Band 2: Dokumente, Dok. 1.8, S. 511 f.; Monopolkommission (Hg.), Die Wettbewerbsordnung erweitern, 7. Hauptgutachten der Monopolkommission 1986/87, Baden-Baden 1988.

bedeutenden überregionalen Universalbanken, die Vofü gehörte zu den drei wichtigsten Lebensversicherern, was auch für das Beamtenheimstättenwerk (BHW) in der Bausparbranche galt. Die genossenschaftlich geprägte co op AG, an der die BGAG eine Beteiligung von 39 % besaß, rangierte unter den sechs größten Lebensmitteleinzelhändlern. Und das ungleiche Unternehmenspaar Neue Heimat Gemeinnützig (NH-G) und Neue Heimat Städtebau (NH-S) nahm innerhalb der Wohnungswirtschaft noch immer eine Sonderstellung ein. Gerade wegen dieser herausragenden Bedeutung ihrer ›Töchter‹ hatte die BGAG in Wirklichkeit aber kaum Einfluss auf deren Geschäftspolitik.[29] Manche von ihnen, wie die BfG, die NH, co op oder die Vofü fühlten sich nicht einmal verpflichtet, an die Holding zu berichten. Keiner der Herzöge des Gemeinwirtschaftsimperiums, wie Diether Hoffmann von der NH, Thomas Wegscheider von der BfG oder Werner Schulz von der Vofü (und schon gar nicht Walter Hesselbach und Albert Vietor in der Generation davor), sahen in der BGAG eine übergeordnete Kommandozentrale, deren Direktionsgewalt sie anzuerkennen hätten. Der Vorstandsvorsitzende der BGAG war in ihren Augen nichts anderes als ein Frühstücksdirektor und Finanzdienstleister, während die operative Führung der gemeinwirtschaftlichen Unternehmen – erst recht nach dem NH-Skandal – nach wie vor bei der BfG lag. Diese Realität stand im Widerspruch zum erklärten Willen der Anteilseigner, die seit dem Ausbruch der NH-Krise der BGAG eine erweiterte Aufsichts-, Koordinations- und Informationsfunktion zuwiesen, damit sie ihre Aufgabe als »Treuhänder der Gewerkschaften« wahrnehmen konnte.[30] Schon um diese Blockade durch die Herzogtümer aufbrechen, musste der neue BGAG-Chef die Machtverhältnisse innerhalb der Gruppe entschieden verändern, denn kampflos war dieses Ziel offensichtlich nicht durchzusetzen. Es sollte sich jedoch bald herausstellen, dass auf die BGAG noch weiterreichende Aufgaben warteten. Bis dahin galt der Grundsatz, dass die geschäftspolitischen Entscheidungen innerhalb der Gruppe dort getroffen werden sollten, wo sie nach Fachwissen und Marktnähe am besten beurteilt werden konnten, nämlich bei den einzelnen Unternehmen. Je deutlicher aber wurde, dass nicht nur die NH, sondern auch weitere Paradestücke der Gemeinwirtschaft wie die BfG oder die Vofü nur mit Mühe schwarze Zahlen ausweisen konnten, in Wirklichkeit aber den Gewerkschaften hohe Kosten der Eigentümerschaft verursachten, desto stärker musste sich das operative Zentrum der Gruppe in die Holding verlagern. Sollte das Engagement Matthöfers, offenbar mit Blick auf die Bewältigung der NH-Affäre, zunächst auf drei Jahre begrenzt bleiben, so wurde daraus schrittweise ein ganzes Jahrzehnt, in dem die Gruppe der gemeinwirtschaftlichen Unternehmen der Gewerkschaften nicht nur gründlich saniert, sondern auch unternehmenspolitisch neu legitimiert werden musste.

29 Dazu grundsätzlich: Anke Hassel, Wer beherrscht die Gemeinwirtschaft? Unternehmenskontrolle in politischen Unternehmen, in: Alle Macht dem Markt? Fallstudien zur Abwicklung der Deutschland AG, hrsg. v. Wolfgang Streeck u. Martin Höpner, Frankfurt a. M. 2003, S. 93–117.
30 BGAG (Hg.), Beschlüsse des DGB und seiner Gewerkschaften zum Thema gemeinwirtschaftlicher Unternehmen, Frankfurt a. M. 1985, S. 6 f.

Im Einzelnen zeichneten sich zu Beginn der Amtszeit des neuen BGAG-Chefs neben der Lösung der Machtfrage eine ganze Reihe größerer Baustellen ab, die er alsbald in Angriff nehmen musste, wollte er nicht – wie die Presse gelegentlich unkte – als »Konkurs- oder Auslaufverwalter« gelten.[31] So blieb die Zukunft der NH-Gruppe auch nach einem im Herbst 1986 geschlossenen Stillhalteabkommen mit ihren 167 (!) Gläubigerbanken ungewiss. Die Gefahr des Zusammenbruchs der Neuen Heimat war noch lange nicht gebannt. Auch in der BfG hatten sich erhebliche, für Außenstehende schwer erkennbare Risiken aufgebaut. Die Bank war seit Jahren auf hohe, regelmäßige Gesellschafterdarlehen angewiesen. Sie erwies sich als in hohem Maße sanierungsbedürftig. Mehr noch: Die meisten Beteiligungsunternehmen der BGAG litten unter zu hohen Kosten, insbesondere im Personalbereich, unter Organisationsmängeln, einer verfehlten Produktpolitik und unklaren Unternehmenszielen. Anpassungen an die Marktentwicklung waren versäumt worden. Die meisten dieser Probleme ließen sich in ihren Ursachen direkt oder indirekt auf typische Schwächen des gemeinwirtschaftlichen Unternehmenskonzepts zurückverfolgen. Aber auch die Holding selbst war in einer schlechten Verfassung. Es bestand ein krasses Missverhältnis der Eigenmittel zu der Höhe des Anlagevermögens und den darin enthaltenen Risiken. Lediglich 22 % des Anlagevermögens waren durch Eigenkapital gedeckt. Für eine virtuelle Konstruktion, deren Hauptzweck es war, Steuern zu sparen, mochte das angehen, nicht aber für eine Führungsholding, der immer mehr Aufgaben zufielen, die früher von der BfG oder NH wahrgenommen wurden. Der dramatische Rückgang der Bilanzsumme spiegelte dagegen eher den beginnenden Sanierungs- und Gesundungsprozess der BGAG wider. 1985 standen 650 Mio. DM Eigenkapital noch einer Bilanzsumme von knapp 86,9 Mrd. DM gegenüber.[32] 1986 schied die BfG aus dem Konsolidierungskreis der Konzernbilanz aus, sodass die Bilanzsumme drastisch auf 7,4 Mrd. DM schrumpfte. Die BGAG war mit Eigenkapital unterfinanziert, ihre Verschuldung bei Banken im In- und Ausland mit über 40 % der Bilanzsumme gefährlich hoch. Und schließlich deckten die der Holding aus ihren Beteiligungen zufließenden Erträge nur zu einem kleinen Teil die Refinanzierungskosten. Einige Beteiligungen blieben sogar chronisch ertraglos.

Ein Seiteneinsteiger tat sich schwer, die kunstvoll verschachtelte Konzernstruktur zu durchschauen. Sie war im Laufe der Zeit entstanden, um die Steuerersparnis zu optimieren oder um den Kapitalfluss zwischen den Mitgliedsunternehmen durch Beteiligungsaustausch zu lenken. Wann immer ein Unternehmen des Gemeinwirtschaftverbunds zusätzliche Mittel nötig hatte, musste eine Schwestergesellschaft einspringen und eine Beteiligung kaufen. So ließen sich Lücken schließen, ohne die Liquidität des Konzerns anzuspannen. Als Schaltstellen in diesem Verschiebebahnhof fungierten der BGAG nachgeordnete Holdings, wie die Vermö-

31 Ekkehard Kohrs, Der Bergarbeitersohn folgt dem Mann mit dem Bonzen-Image, Bonner Generalanzeiger vom 4. Dezember 1986.
32 Hans Matthöfer, Pressegespräch zum Jahresabschluß 1986 der BGAG am 4. September 1987 (Manuskript), AdsD, DM 019.

gensholding und Unternehmensbeteiligungsgesellschaft mbH (VHU) oder die Vermögensverwaltungsgesellschaft mbH (Vermo). Mit der NH-Abwicklung war noch eine Holding der besonderen Art dazu gekommen: die NH-Beteiligungsverwaltungsgesellschaft mbH (NH-BVG), die unter der Kontrolle des von den Gläubigerbanken und den Gewerkschaften eingesetzten Treuhänders stand. Jede Entscheidung, die der Vorstand zu treffen hatte, wirkte sich deshalb auch mittelbar an vielen Stellen innerhalb des Konzerns aus und musste sehr sorgfältig in ihren Konsequenzen auf den Gesamtverbund erwogen werden. Matthöfers hatte in seinem Vertrag mit dem Aufsichtsratsvorsitzenden Breit durchgesetzt, dass sein vertrauter und engster Mitarbeiter, Hans-Jürgen Wefelmeier, einen Posten als ›Stabschef‹ des Vorstandvorsitzenden erhielt. Wefelmeier war aber in dieser Hinsicht keine große Hilfe. Er hatte Matthöfer durch alle Ministerien begleitet und war dabei in den Rängen der Ministerialbürokratie immer höher gestiegen. Am Ende verfügte er im Finanzministerium über den Status eines ›politischen Beamten‹ und konnte von der neuen Regierung nach Beamtenrecht ohne weiteres in den einstweiligen Ruhestand versetzt werden. Da er in den Augen der neuen Herren (aber auch der eigenen Standesvertretung) seine Beamtenlaufbahn im Wesentlichen parteipolitischem Kalkül verdankte, lebte der 1943 geborene Wefelmeier seit der Bonner Wende unfreiwillig als Privatier in Köln und ließ sich nur zu gern ›reaktivieren‹. Matthöfer wollte den klugen Taktiker und loyalen Mitarbeiter auch in der neuen Position wieder an seiner Seite wissen, da er dadurch seine bewährte Arbeitsweise im kleinen Team fortsetzen konnte.[33] Wenn es um Arkana und innere Funktionsweisen des Konzerns ging, war Matthöfer allerdings ganz auf seine Vorstandskollegen Rolf-J. Freyberg und Manfred Wiesmeier angewiesen. Freyberg war der einzige – und blieb es auf lange Zeit –, der die BGAG, ihre handelnden Personen, ihre Struktur und Eigenheiten, ihre Geschichte und Probleme in- und auswendig kannte. Er wusste, wo die ›Minenfelder‹, aber auch die versteckten Reserven lagen. Der promovierte Jurist war in Finanz-, Steuer- und Bilanzierungsfragen absolut sattelfest und stellte sein Wissen loyal in den Dienst der BGAG, wohl auch, weil er erwarten konnte, nach Ablauf eines ursprünglich auf drei Jahre angelegten ›Gastspiels‹ des *elder statesman* selbst an die Spitze der BGAG aufzurücken. Dass es dann doch zehn Jahre dauern würde, ehe der Sanierer den Platz an der Spitze wieder räumen und Freyberg die Nachfolge überlassen würde, hing mit der Vielzahl verdeckter Probleme zusammen, die unter dem langen Schatten des NH-Skandals erst nach und nach ans Tageslicht kamen. So steuerte Ende 1989, als Matthöfers Dreijahresvertrag dem Ende zuging, die Auseinandersetzung mit der Bayerischen Staatsregierung um den Verkauf der NH Bayern ihrem Höhepunkt zu und machte einen Wechsel an der Spitze praktisch unmöglich. Mindestens ebenso hinderlich für eine reibungslose Stabübergabe wirkte sich die Verwicklung Freybergs in die gerade beginnende co op-Affäre aus, in der die Staatsanwaltschaft wegen der Bildung einer

---

33 Wefelmeier trat im April 1991 als Staatssekretär des Ministeriums für Wirtschaft, Verkehr und Technologie in die von Hans Eichel (SPD) gebildete hessische Landesregierung ein.

kriminellen Vereinigung (!), Bilanzfälschung und unerlaubter Rückgewähr von Einlagen auch gegen den 1985/86 amtierenden Vorstand der BGAG ermittelte. Die meisten dieser Probleme waren Anfang 1987 noch nicht auszumachen, hätten Matthöfer aber auch nicht davon abgehalten, das Angebot der Gewerkschaftsführung anzunehmen. Sein Entschluss, von der Politik in die Wirtschaft zu wechseln, stand fest – auch wenn ihm vor dem Hintergrund des NH-Skandals und der Lappas-Affäre klar sein musste, dass es sich dabei nicht um einen Spaziergang handeln würde. Allerdings förderte die kurze Vertragsdauer, auf die sich alle Beteiligten zunächst einstellten, nicht gerade den Entwurf einer kohärenten Sanierungsstrategie. Die unternehmerische Agenda der BGAG wurde vielmehr weitgehend von außen bestimmt, auch wenn es am Ende so schien, als sei sie einer langfristigen Strategie des neuen Vorstandsvorsitzenden gefolgt. Matthöfer musste sich den Herausforderungen in der Reihenfolge stellen, wie sie auf ihn zukamen.

Auf den Ruinen der Gemeinwirtschaft

Ganz oben auf der Tagesordnung stand die Liquidation der NH. Hier schienen die Würfel bereits gefallen und die Machtverhältnisse geklärt, als Matthöfer im Dezember die Bühne betrat. Das Jahr 1986 hatte eine Reihe hektischer Versuche gesehen, den NH-Skandal aus der Welt zu schaffen, was in der politisch aufgeladenen Atmosphäre eines Wahljahres nahezu aussichtslos erschien. Lappas' Verzweiflungsakt, den gemeinnützigen Wohnungsbaukonzern *en bloc* zu verkaufen, um so die Schuldenlast mit einem Schlag loszuwerden, endete in einem Fiasko. Die Gläubigerbanken waren nicht bereit, die Gewerkschaften aus der Haftung zu entlassen. Viele von ihnen hatten der NH sorglos Kredite gewährt, weil sie sicher zu sein glaubten, der DGB und seine Einzelgewerkschaften, deren Reichtum sie weit überschätzten, würden in letzter Instanz dafür einstehen. Die offenbar schlecht vorbereitete Initiative des BGAG-Vorsitzenden weckte nun auch Zweifel an Wahrheit und Klarheit der NH-Bilanz, die rechnerisch einen ›Puffer‹ von rund 5 Mrd. DM zwischen dem Buchwert der aktivierten Immobilien und der Höhe der Verschuldung auswies. Das Mißtrauen wuchs umso mehr, als Lappas vor dem Verkauf an Schiesser eine Bewertung der NH-Bilanz durch die bundeseigene Wirtschaftsprüfungsgesellschaft ›Treuhand‹ verhindert hatte. Ein solches unabhängiges Testat galt als Voraussetzung für eine politische Lösung der Krise, die der Chef der NH, Diether Hoffmann, bis dahin anstrebte. Offenbar befürchtete Lappas aber, die staatlichen Kontrolleure könnten die NH ›kaputt prüfen‹.[34] Der Schnäppchen-Verkauf an einen privaten Interessenten zum symbolischen Preis von einer Mark warf nun die Frage auf, ob es den ›Puffer‹ überhaupt noch gab. Aus diesem Grund – und weil sie dem Sanierungskonzept des Käufers kein Vertrauen schenkten – erzwangen die Banken nach nur 43 Tagen die Rückabwicklung des Kaufvertrages und drohten mit einem ›Haftungsdurchgriff‹ auf die BGAG.

34 Interview mit Lappas in: Kunz, Akte, Band 1, S. 145.

Auf dem Höhepunkt der Krise zeichneten sich aber auch die Umrisse einer Lösung ab. Die Banken setzten die Ernennung eines Treuhänders durch, der alle Vollmachten besaß, um im Rahmen eines Regionalisierungskonzepts in eigener Verantwortung über den Verkauf der NH an die Bundesländer zu verhandeln. Die BGAG erklärte sich auch bereit, der Aachener und Münchener Versicherungsgruppe eine Mehrheitsbeteiligung an der BfG zu verkaufen, um auf diese Weise den finanziellen Spielraum zu schaffen, der für eine planmäßige Abwicklung der NH nötig war. Im Gegenzug gestanden die Banken der BGAG zu, anstatt verlorene Zuschüsse zu leisten, wirtschaftlich gesunde Teile der NH aus der Verfügungsmasse des Treuhänders herauszukaufen und sie direkt der BGAG anzugliedern. Als Treuhänder beider Seiten wurde Heinz Sippel bestellt, der zuvor zehn Jahre lang als Vorsitzender der Hessischen Landesbank (Helaba) seine Qualitäten als Sanierer unter Beweis gestellt hatte. Als Bankier genoß er vor allem das Vertrauen der Gläubigerbanken. Er übernahm den Vorsitz des NH-Aufsichtsrates und verfügte dort über alle Stimmrechte. Darüber hinaus fiel Sippel in der Hamburger Zentrale praktisch auch die operative Führung zu, da beide NH-Geschäftsführer aus sehr unterschiedlichen Gründen nicht mehr zur Verfügung standen.[35] Die Grundlage seiner Arbeit bildete die Absicht beider Seiten, eine auf drei Jahre angelegte ›Auffanglösung‹ anzustreben. Danach sollte sich die NH in geordneter Weise aufgelöst haben, sei es durch Regionalisierung auf die Länder oder durch die schonende Verwertung möglichst großer Wohnungsbestände am offenen Markt. Als Matthöfer zusammen mit Wefelmeier Ende des Jahres bei Sippel die Lage sondierte, musste er erkennen, dass bereits alles im Sinne des Treuhänders geordnet zu sein schien.[36] Es blieb ihm nichts anderes mehr übrig, als Sippels Angebot anzunehmen, sich vor jeder wichtigen Entscheidung abzusprechen, um sich gegenseitig vor Überraschungen zu schützen. Nach anfänglichen Schwierigkeiten entwickelte sich diese Zusammenarbeit (»Sippel-Runden«) so gut, dass beide Seiten davon profitierten.

Am 23. Januar 1987 nahm Matthöfer – eine Woche früher als vorgesehen – im 35. Stock des BfG-Hochhauses, dem heutigen Eurotower, am Frankfurter Theaterplatz offiziell seine Arbeit auf. Auch wenn ihm gegenüber der NH die Hände gebunden waren, so verfügte er nun wenigstens im Verhältnis zu den übrigen Konzerntöchtern über alle Vollmachten und Befugnisse, die eine Führungsholding brauchte, die der BGAG bis dahin aber fehlten. Der Test auf die Belastbarkeit dieser Garantien stand freilich noch aus. Immerhin stärkten ihm die Anteilseigner demonstrativ den Rücken. So versicherte ihm der DGB-Bundesvorstand auf seiner Klausurtagung in Oberursel, wie ernst es ihm mit dem Ausstieg aus der Gemeinwirtschaft war:[37] »Zu dem auf dem Bundeskongress des DGB beschlossenen Weg

35 Der eine, Diethart Köcher, beging – offenbar aus persönlichen Gründen – Selbstmord. Der andere, Wilfried Bundt, musste ausscheiden, weil er, wie es früher anscheinend auch andere Vorstands- und Aufsichtsratsmitglieder der NH erfolgreich praktiziert hatten, ohne jedes Unrechtsbewusstsein die Rechnung eines Luxusbordells über 4.300.- DM als Betriebsausgabe abgerechnet hatte. ›Diensttagebuch‹, 20.1.1987, AdsD, DM 0404.
36 Interview mit Sippel, in: Kunz, Akte, Band 1, S. 270–272.
37 ›Diensttagebuch‹, 11.2.1987, AdsD, DM 0404. Gemeint war der auf dem 13. Bundeskongress des

des geordneten Rückzuges und damit der Abwicklung der Neuen Heimat gibt es für die Gewerkschaften keine tragbare Alternative.« Vordringlich sei die Lösung der Probleme der gemeinnützigen Neue-Heimat-Gruppe, doch betrachte man den Rückzug aus der Gemeinwirtschaft damit noch längst nicht als abgeschlossen. Ein Selbstläufer war aber auch die Abwicklung der NH nicht. Schließlich konnte es dem BGAG-Vorsitzenden – anders als dem Treuhänder – nicht darum gehen, um jeden Preis zu verkaufen und alle anderen Akteure – allen voran die Gläubigerbanken und die Öffentliche Hand – völlig aus der Verantwortung zu entlassen. Von den Gläubigern erwartete er einen eigenen Beitrag zur Lösung des Schuldenproblems, weil sie zusammen mit dem profitablen Kredit*geschäft* auch das Kredit*risiko* übernommen hätten. Staat und Gebietskörperschaften waren nach seiner Überzeugung verpflichtet, so weit es ihnen möglich war, für die wirtschaftlichen Folgen des Zusammenbruchs des Wohnungsmarktes einzustehen, nachdem sie Jahrzehnte lang von der Tätigkeit des Wohnungsbaukonzerns profitiert hatten. Immerhin hatte die Neue Heimat bis in die siebziger Jahre dafür gesorgt, dass ›sozialer Wohnungsbau‹ kein leeres Wort blieb. ›Schaffung von Wohnraum‹ war in der Nachkriegszeit das mit Abstand wichtigste Ziel staatlicher Sozialpolitik, und anders als viele andere Felder der Sozialen Marktwirtschaft war es kein unerfülltes Desiderat geblieben. Unter der Ägide der Neuen Heimat entstanden an die 500.000 Wohnungen, von denen zeitweise mehr als 300.000 im Bestand der Wohnungsbaugesellschaft blieben. Sie wurden von ihr nach den strengen Regeln des ›Wohnungsgemeinnützigkeitsgesetzes‹ (WGG) von 1930 verwaltet, die während des Dritten Reiches noch verschärft worden waren.[38] Bei der Festsetzung der Mieten durften sich die Baukosten nur mit einer Verzinsung von 4 % niederschlagen, während sie größtenteils zu Marktbedingungen finanziert waren, mit Zinsen, die weit über dieser Marge lagen. Gleichzeitig begrenzte das Gesetz die Rendite aus dem Anlagekapital auf ebenfalls 4 % und regelte so den Rückfluss der Gewinne in eine gemeinnützige Verwendung. Die Neue Heimat entlastete damit in der Phase des Wiederaufbaus die öffentlichen Hände von Aufgaben, deren unmittelbare Übernahme und direkte Finanzierung aus den Haushalten des Bundes, der Länder und der Gemeinden ansonsten nur schwer vorstellbar gewesen wäre. Der Konzern leistete so einen unersetzlichen Beitrag zur staatlichen Sozialpolitik und zur Sozialverträglichkeit des ›Wirtschaftswunders‹.

Als die besonderen Wachstumsbedingungen der Nachkriegszeit in den sechziger Jahren ausliefen und die ›kleine Weltwirtschaftskrise‹ der siebziger Jahre auch auf die Bundesrepublik übergriff, setzte die Führung der NH weiter auf Wachstum

DGB in Hamburg (25.–31. Mai 1986) beschlossene Rückzug aus der »unternehmerischen Wohnungswirtschaft«, der allgemein als Signal zum vollständigen Ausstieg aus der Gemeinwirtschaft verstanden wurde. Dieser wurde dann im Mai 1990 auf dem 14. Bundeskongress beschlossen. Nikolaus Hüwe, Die Beteiligungsgruppe der Gewerkschaften 1989, in: Gewerkschaftsjahrbuch 1990. Daten – Fakten – Analysen, hrsg. v. Michael Kittner, Köln 1990, S. 631.

38 Die Fassung des »Gesetzes über die Gemeinnützigkeit im Wohnungswesen« vom 29. Februar 1940 (RGBl. I, 438) blieb auch nach 1945 in Kraft.

und vertraute auf die Rückkehr der früheren Dynamik. Sie fuhr fort, Grundstücke als Bauerwartungsland in Reserve zu halten, und baute weiter Wohnungen auf Halde. Erst 1983/84 stellte das Unternehmen den verlustreichen Vorratsbau und den Kauf von Grundstücken auf Kredit ein. Dies war bei steigenden Zinsen nicht ohne Risiko und sollte sich bald rächen. Der Hamburger Konzern wurde in seinen Fehlentscheidungen allerdings noch von den öffentlichen Händen und der Bundesregierung bestärkt, die ihm dieses Verhalten geradezu abverlangten, um die Arbeitslosigkeit durch die prozyklische Reaktion eines so wichtigen Akteurs nicht noch weiter anzuheizen. Gerade Matthöfer gehörte als Finanzminister zu jenen, die in diesem Sinne an die konjunkturpolitische Verantwortung der Gewerkschaften appelliert hatten:[39] »Macht das weiter, das kippt auch wieder um, und dann habt ihr von dem, was ihr in der Krise gemacht habt, eine positive Wirkung.« Er hatte sich gründlich getäuscht. In den frühen achtziger Jahren ging die Wohnungsnachfrage merklich zurück. Die Immobilienpreise stürzten ab. Die NH blieb auf ihrem hohen Grundstücksbestand sitzen, der, weil mit teuren Krediten finanziert, hohe Kosten verursachte, ohne dabei Einnahmen zu erzielen. Als dann die Bundesregierung nach der Wende von 1982 die Förderung des sozialen Mietwohnungsbaus einschränkte, geriet die NH noch mehr unter Druck. Sie vernachlässigte die Erhaltung der Wohnungen und ließ das Wohnumfeld verkommen. In manchen Großsiedlungen entwickelte sich kollektive Mietminderung geradezu zum Volkssport, in anderen häuften sich die Leerstände von Wohnungen. Vor diesem Hintergrund fiel die kriminelle Bereicherung von Albert Vietor und seiner Clique für das Betriebsergebnis kaum ins Gewicht. Sie bestimmte aber das Bild, das sich die Öffentlichkeit von den Ursachen der Schwierigkeiten machte. In Wirklichkeit lagen diese aber in der Verschlechterung ›objektiver‹ Rahmenbedingungen, auf die das Unternehmen zwar betriebswirtschaftlich falsch, aber immerhin doch so reagierte, wie es die politische Öffentlichkeit über alle Parteiengrenzen hinweg von ihm verlangte. An diese Zusammenhänge zu erinnern, fiel nach den Affären Vietor und Lappas extrem schwer. Im Gegenteil, es gehörte nun auch unter Sozialdemokraten und Gewerkschaftern zum politischen Komment, die Neue Heimat zum Sündenbock für alle Unzulänglichkeiten des Wohnungsmarktes und der staatlichen Wohnungsbauförderung zu machen. Der Arbeiterbewegung nahestehende Kritiker der ›real existierenden‹ Gemeinwirtschaft nach 1945 sahen im Zusammenbruch der Neuen Heimat in den achtziger Jahren sogar den »Höhepunkt eines Entlegitimierungsprozesses«, der spätestens 1954 eingesetzt habe, als der Bundesvorstand des DGB entschied, die gewerkschaftlichen Wohnungsbaugenossenschaften bei der Neuen Heimat zu zentralisieren.[40] Sie datierten das »Ende der Gemeinwirtschaft« in die fünfziger Jahre.

---

39 Interview mit Matthöfer, in: Kunz, Akte, Band 1, S. 381.

40 Rainer Weinert, Das Ende der Gemeinwirtschaft. Gewerkschaften und gemeinwirtschaftliche Unternehmen im Nachkriegsdeutschland, Frankfurt a. M.1994, S. 153. In der »Neuen Heimat« hatten die Nationalsozialisten 1939 die gleichgeschalteten ehemaligen Wohnungsbaugenossenschaften der Gewerkschaften zusammengefasst.

Es war deshalb für die Abwicklung der Neuen Heimat kein Vorteil, dass der Löwenanteil der Ende 1986 noch im Konzern vorhandenen 295.000 Wohnungen – und insbesondere der sanierungsbedürftige und defizitäre Wohnungsbestand – auf die Bundesländer fiel, in denen die SPD regierte. Aus historischen Gründen lag der Schwerpunkt der wirtschaftlichen Tätigkeit der Neuen Heimat Gemeinnützig (NH-G) in den Hansestädten Hamburg und Bremen sowie in Nordrhein-Westfalen. Dort regierte die SPD allein und trug auf Landesebene wie auch in den Kommunen in der Vergangenheit die größte Mitverantwortung am Aufstieg und Niedergang der NH-G. Im Süden und Südwesten war sie schwächer vertreten, operierte dort aber auf wachsenden und lukrativen Wohnungsmärkten, sodass diese regionalen Gesellschaften wirtschaftlich gesund blieben. Immerhin versuchte die BGAG durch die Gründung einer eigenen Immobiliengesellschaft, der BGI, größere Wohnungsbestände *en bloc* aus der NH-G herauszulösen, um sie langfristig unter günstigeren Bedingungen zu vermarkten. 1985 betraf dies 25.000 Wohnungen, doch sollte sich dieser Wohnungsbestand in den folgenden Jahren noch verdoppeln. Der Weg in die Regionalisierung versprach allen Betroffenen Vorteile. Die BGAG konnte versuchen, die öffentliche Hand in die Mitverantwortung zu nehmen, die Sozialbindung der Wohnungen würde gewahrt bleiben, und die Länder würden in die Lage versetzt, ihre wohnungspolitische Substanz zu konsolidieren. Ein weiteres Alternativkonzept sah den Verkauf von Wohnungen an ihre Mieter vor. Technische Schwierigkeiten, die aus einer Gemengelage von Genossenschafts- und Privateigentum folgten, zogen aber der Schaffung von ›Wohnungseigentum in Mieterhand‹ (WIM) enge Grenzen. An der Regionalisierung führte daher kein Weg vorbei – zumal der Versuch einer Gesamtlösung ebenfalls scheiterte. Im ersten Anlauf gelang es der BGAG 1986 aber nur, dem Land Hessen 98 % ihrer Geschäftsanteile an der NH Südwest »mit allen ihren Vermögenswerten und Verbindlichkeiten« zu verkaufen. Der Kaufpreis von 260 Mio. DM blieb angesichts großer stiller Bewertungsreserven in den 30.000 Wohnungen und in der Aussicht auf eine Wende am Wohnungsmarkt weit unter dem Marktwert, wurde aber unter den schwierigen Rahmenbedingungen von beiden Seiten als eine faire Lösung angesehen.[41] Ebenfalls im Dezember 1986 kaufte die BGAG die Neue Heimat Bayern aus dem Bestand des Treuhänders, um deren 33.000 Wohnungen in eigener Regie weiterzuverkaufen. Der Kaufpreis lag mit 417 Mio. DM deutlich über dem Buchwert, um so der Verpflichtung nachzukommen, der NH Kapital zuzuführen. Ein Jahr später erwarb Matthöfer aus demselben Grund mit der NH Baden-Württemberg (9.500 Wohnungen) eine weitere solide Regionalgesellschaft für die BGAG. Insider ahnten da schon, dass diese Entscheidungen die Chance eröffneten, schon zwei Jahre später beachtliche Gewinne zu erzielen. Inzwischen hatte nämlich die Bundesregierung gegen den Widerstand der Opposition angekündigt, zum 31. Dezember 1989 das Wohnungsgemeinnützigkeitsgesetz aufzu-

---

41 Presseerklärung des Hessischen Ministeriums für Finanzen zur Übernahme der NH Südwest vom 10. Dezember 1986, in: Kunz, Akte, Band 2, Dok. 8,14, S. 841–842.

heben.[42] Damit entfiel das Privileg der Steuerfreiheit für gemeinnützige Wohnungs- und Siedlungsunternehmen, im Gegenzug aber auch die Bindung der Mieten an die Kosten. Für private Erwerber öffnete sich so die Möglichkeit, die in den Wohnungsbeständen liegenden Bewertungsreserven zu mobilisieren. Marktkenner hielten es daher für wahrscheinlich, dass sich unter den neuen Bedingungen mit den beiden süddeutschen NH-Gesellschaften Erlöse erzielen ließen, die deutlich über den Buchwerten lagen:[43]„Leicht könnte Matthöfer damit statt 520 Mio. weit über 600 Mio. DM herausholen.« Sie sollten sich täuschen. Der Gewinn aus dieser Operation übertraf diese Schätzung am Ende um mehr als das Siebenfache.

Das Modell ließ sich aber nicht auf die große Masse der Wohnungen übertragen. Viele waren in einem Zustand, der eine Abwicklung über den Markt nicht ratsam erscheinen ließ, und die Gewerkschaften waren nicht bereit, ein massenhaftes *buy out* zu finanzieren. Auch die Geduld der Gläubiger stieß an ihre Grenzen, hatte sich doch die BGAG im Stillhalteabkommen mit den Banken zur Liquiditätsversorgung und zum Bilanzausgleich der NH bis Ende 1988 verpflichtet.[44] Sippel war als Treuhänder in erster Linie daran interessiert, zu einem raschen Abschluss der Verkaufsverhandlungen mit den Ländern zu kommen, um aus den Erlösen die Forderungen der Gläubiger zu befriedigen. Die Landesregierungen saßen deshalb als potentielle Käufer bei den Verhandlungen am langen Hebel. In den meisten Fällen nutzten sie ihn auch. Gerade die Sozialdemokraten mussten alles tun, um den Verdacht zu entkräften, sie wollten ihren Genossen von der Gemeinwirtschaft auf Kosten des Steuerzahlers aus der Patsche helfen. Parlamentarische Untersuchungsausschüsse in Bonn, Hamburg, Düsseldorf und München, die nicht nur von den jeweiligen Oppositionsparteien beantragt wurden, erzeugten ein Klima, das die Kompromissbereitschaft nicht gerade förderte. Eine wichtige Rolle spielten dabei angebliche Verstöße der NH gegen das Wohnungsgemeinnützigkeitsgesetz (WGG), aus denen die Landesregierungen hohe Straf- und Ersatzansprüche ableiteten. Sie dienten in den Verhandlungen als Druckmittel, um die BGAG gefügig zu machen und die Wohnungen zu einem Schnäppchenpreis zu übernehmen. Vor diesem Hintergrund verfügte der neue BGAG-Vorsitzende nur über wenige Trümpfe. Er versuchte, die guten Beziehungen zu nutzen, die er zu den meisten handelnden Personen pflegte, ohne damit freilich großen Eindruck zu machen.[45] Vor allem aber konfrontierte er die Gläubiger mit der Gretchenfrage,

---

42 Art. 21, Satz 1, Nr. 1 des Steuerreformgesetzes 1990 vom 25. Juli 1988 (BGBl. I, 1093) – Gesetz zur Überführung der Wohngemeinnützigkeit in den allgemeinen Wohnungsmarkt. Die Eigentümer konnten die Mieten dann »innerhalb des allgemein festgesetzten Rahmens selbstverantwortlich« festlegen.

43 ›Der Platow Brief‹ vom 6. Juli 1988.

44 Stillhaltevereinbarung 1987/88 zwischen den Gläubigerbanken und der NH-Gruppe vom 8. Dezember 1986, in: Kunz, Akte, Band 2, Dok. 8.9, S. 831 f.

45 Schreiben von Hans Matthöfer an Hans-Joachim Vogel vom 11. Mai 1987, in: Kunz, Akte, Band 2, Dok. 9.7, S. 863 f.

die er rhetorisch an die eigene Adresse richtete:[46] »Können die Gewerkschaften es sich leisten, einen Konkurs um jeden Preis zu vermeiden?« Er verneinte sie und begründete seine Bereitschaft, es notfalls auch zum Äußersten kommen zu lassen, mit Argumenten, die sich nicht zuletzt auch an die Länder und Kommunen richteten. Diese sollten wissen, dass ein Erpressungsversuch auch kontraproduktive Folgen haben könnte: »Sozialer Wohnungsbau ist eine öffentliche Aufgabe. Bund, Länder und Gemeinden haben den sozialen Wohnungsbau zu Bedingungen gefördert, die heute eine Nachsubventionierung [...] unausweichlich erscheinen lassen.« Und er folgerte daraus: »Entweder wir beteiligen uns gemeinsam an der Aufgabe, die NH sozialverträglich abzuwickeln, oder aber es wird am Ende des Stillhalteabkommens die öffentliche Erkenntnis stehen, daß das Scheitern der sozialen Wohnungswirtschaft in der NH selbst nach der Bundestagswahl 1987 als ein politisches Instrument gegen die Gewerkschaften eingesetzt werden sollte.« Im Mittelpunkt seiner ersten Pressekonferenz nach seinem Amtsantritt stand deshalb eine klare Botschaft.[47] Die BGAG sei zwar bereit, einen hohen Preis für die sozialverträgliche Abwicklung der NH zu zahlen und dabei an »die Grenze des Zumutbaren« zu gehen. Ihr Vorsitzender denke aber nicht daran, »zu Preisen zu verkaufen, die nicht dem tatsächlichen Wert entsprechen«. Die BGAG werde keine »zeitlich unbegrenzte Allein-Verantwortung« übernehmen und könne daher auch nicht ausschließen, dass es nach Ablauf des Stillhalteabkommens bei der Neuen Heimat zu einer »Zwangsverwertung« komme. Er war sich durchaus bewusst, dass die Gewerkschaften die politische und soziale Erschütterung, die ein Konkurs der NH auslösen würde, kaum aushalten könnten. Seine öffentliche Kampagne zielte aber darauf ab, sich der berechtigten Interessen und Ängste der NH-Mieter zu bedienen, um seinerseits Druck auf die Verhandlungsführer der Länder auszuüben.[48]

Der Verkäufer

Schadensbegrenzung: Die Regionalisierung der Neuen Heimat

Zunächst schien es, als ginge die Rechnung auf. In Bremen hatten die regierenden Sozialdemokraten die Neue Heimat noch immer in guter Erinnerung. Sie war in den fünfziger Jahren »das Instrument Bremens für den sozialen Wohnungsbau«.[49] Der Stadtstaat konnte sich ganz auf den sozialen Wohnungsbau konzentrieren,

46 Bankensitzung am 15. Juni 1987, in: Kunz, Akte, Band 2, Dok. 9.8, S. 865 f.
47 Pressegespräch zum Jahresabschluß 1986 der BGAG am 4.9.1987, AdsD, DM 019.
48 Das Echo auf diese unverhüllte Drohung war weit über die Wirtschaftspresse hinaus hörbar. Die dpa-Meldung »Matthöfer schließt Konkurs der Neuen Heimat nicht aus« (dpa vom 4. September 1987) wurde von nahezu allen Zeitungen in großer Aufmachung wiedergegeben und vielfach variiert.
49 Interview mit Bernd Meyer, Senator für das Bauwesen des Landes Bremen, in: Kunz, Akte, Band 1, S. 77.

ohne Steuermittel für den Grundstücksaufkauf einsetzen zu müssen. Es entstanden so für die damalige Zeit vorbildliche Wohnanlagen, wie die Neue Vahr und die Gartenstadt Vahr, die in der Zeit von 1958 bis 1962 fertig gestellt wurden. Die große Aufbauleistung, auf die Bremen stolz sein konnte, war ohne die enge Zusammenarbeit mit der NH gar nicht denkbar. Auch für die Bremer Arbeiterbewegung drohte ein Stück der eigenen Vergangenheit mit der Neuen Heimat unterzugehen. Diese starke Identifizierung mit der NH schuf an der Weser günstige Voraussetzungen für eine rasche und faire Auffangaktion. Anfang September 1987 kaufte das Land Bremen die Neue Heimat Bremen mit 43.000 Wohnungen und allen Verbindlichkeiten zum Preis von einer Mark und löste so einen beträchtlichen Teil der Kreditschulden ab. Rechtzeitig vor der Bürgerschaftswahl, in der die SPD schließlich ihre absolute Mehrheit knapp verteidigte, konnte die Landesregierung damit ihre Stammwähler beruhigen. Die BGAG wurde eine ›Problemgesellschaft‹ los und schien vor einem Durchbruch ihres Regionalisierungskonzepts zu stehen. Bremen erwarb auch alle auf seinem Territorium liegenden Wohnungen und Grundstücke der ebenfalls der NH gehörenden Nordwestdeutschen Siedlungsgesellschaft (NWDS) sowie die in Bremen besonders maroden Wohnungsbestände der BGI. Dafür zahlte der Senat einen Preis, der ca. 200 Mio. DM über dem Buchwert lag. Matthöfer war zufrieden:[50] »Die Bremer Sozialdemokraten haben uns gut behandelt, aber durch die Wende auf dem Wohnungsmarkt stellt sich der Kauf nachträglich für die Stadt auch als ungewöhnlich günstig dar.« Aus dem gleichen Grund wirkte sich eine andere Besonderheit der Bremer Regionalisierung ebenfalls sehr positiv für die BGAG aus. Da Niedersachsen nicht bereit war, die auf seinem Gebiet liegenden 6.200 Wohnungen der NH Bremen zu erwerben, musste die Holding insoweit selbst als Käufer auftreten. Sie erwarb damit unfreiwillig Vermögenswerte, die sie schon kurze Zeit später unter verbesserten Marktbedingungen mit Gewinn veräußern konnte.

Für die BGAG weniger erfreulich entwickelte sich der Verkauf der NH Nordrhein-Westfalen. Sie hatte diesen Wohnungsbestand schon im November 1986 aus dem NH Bestand herausgekauft, doch scheiterten die Verhandlungen zunächst an extrem unterschiedlichen Preisvorstellungen. Matthöfer verhandelte also in eigener Verantwortung, auch wenn dies, wie das Bremer Beispiel gerade gezeigt hatte, in der Praxis kaum einen Unterschied machte. Sein Kontrahent, der Minister für Stadtentwicklung, Wohnen und Verkehr Christoph Zöpel, gehörte zu jenen karriereorientierten Jungpolitikern, die an einer fairen Lösung weniger interessiert waren als am vordergründigen Erfolg der eigenen Verhandlungsführung. Zöpel schreckte nicht davor zurück, der BGAG mit Entschädigungsforderungen aus angeblichen Verstößen gegen das WGG zu drohen. Dies war eine in hohem Maße heuchlerische Position, gehörten doch zum Bruch des WGG in der Regel zwei. Der Vorwurf der Komplizenschaft fiel deshalb an das Land und die Kommunen

---

50 ›Diensttagebuch‹, 4.9.1987, AdsD, DM 0404. Siehe auch Interview mit dem Verf. am 17. Oktober 2005 in Berlin. DM 0404.

zurück. Natürlich wollte der Bauminister vom Vollzug absehen, wenn sich die BGAG zu zusätzlichen Leistungen verpflichtete, wie Bilanzausgleichszahlungen und Entlastungen von sonstigen Risiken, die eigentlich dem Käufer oblagen. Sie summierten sich am Ende auf eine Gesamtbelastung der BGAG in Höhe von 300 Mio. DM.[51] Bis zu einem gewissen Grad brachte Matthöfer sogar Verständnis für das Verhalten seiner nordrhein-westfälischen Parteifreunde auf:[52] »Die Genossen in NRW hatten die Hosen gestrichen voll. Sie hatten nun schon zwei Legislaturperioden unter einem Neue-Heimat-Untersuchungsausschuss zu leiden und wollten auf keinen Fall einen dritten.« Bis zuletzt zog der Bauminister immer wieder neue Forderungen aus der Tasche, die er mit Drohungen und schmutzigen Tricks durchzusetzen versuchte.[53] Auch eine von Matthöfer angeregte Intervention Vogels in der Düsseldorfer Staatskanzlei führte nicht dazu, dass der mit absoluter Mehrheit regierende Rau seine vornehme Zurückhaltung ablegte. Matthöfer meinte deshalb wohl auch den von ihm wenig geschätzten Kanzlerkandidaten der SPD, wenn er klagte:[54] »Nordrhein-Westfalen hat sich uns gegenüber nicht anständig verhalten.« Der BGAG-Chef fühlte sich regelrecht »erpreßt«. Auch der Sprecher der Bankenseite, WestLB-Vorstand Eberhard Weiershäuser, räumte ein, die BGAG sei gezwungen worden, weit unter Wert zu verkaufen.[55] Zuletzt brach Matthöfer die Verhandlungen mit Zöpel ab und brachte ihn mit der Drohung, doch lieber ein alternatives Konzept zur marktwirtschaftlichen Verwertung der NH NRW-Bestände zu verfolgen, zur Räson.

So »unerfreulich« die Regionalisierung in Nordrhein-Westfalen auch verlief, so trug sie doch zu einem Zwischenstand der Abwicklung bei, der die Beteiligten zu Beginn des Jahres 1988 zu einer optimistischen Perspektive einlud. Der ursprünglich hohe Bestand an Wohnungen (295.000) und Krediten (17,1 Mrd. DM) war bereits auf rund ein Drittel geschrumpft. Lediglich 111.000 Wohnungen und ein Kreditvolumen von 6 Mrd. DM harrten noch der Abwicklung.[56] Dazu beigetragen hatten die Ergebnisse der Regionalisierung, Verkäufe an die BGAG und sonstige Operationen der BGI. Auf dem Weg der Regionalisierung waren 105.000 Wohnungen verkauft worden, mit einer Reduzierung des Kreditvolumens um 5,7 Mrd. DM. Die BGAG hatte 40.000 Wohnungen übernommen und damit Kredite im Umfang von 2,6 Mrd. DM abgelöst. Durch sonstige Geschäfte der BGI, wie z. B. durch *en bloc*-Verkäufe oder durch Veräußerungen an Mieter im Rahmen des WIM-Projekts, verringerten sich die entsprechenden Zahlen noch einmal um 39.000 Einheiten bzw. 2,8 Mrd. DM. Diese Entwicklung hätte zu einer deutlichen

---

51 BGAG-Vorstand Manfred Wiesmeier auf der Aufsichtsratssitzung am 8. Dezember 1987, BGAG-Archiv, AR/ARP-Protokolle, Bd. 113, abgedruckt in: Kunz, Akte, Band 1, S. 312. Siehe auch ebenda, Band 2, Dok. 10.15, S. 896 f.
52 ›Diensttagebuch‹, 4.7.1987, AdsD, DM 0404.
53 Interview mit Manfred Wiesmeier, Kunz, Akte, Band 1, S. 319.
54 Interview mit Hans Matthöfer, ebenda, S. 319.
55 Interview mit Eberhard Weiershäuser, ebenda, S. 321.
56 Schreiben des Treuhänders Heinz Sippel an die Gläubiger der Neuen Heimat vom 22. Januar 1988, in: Kunz, Akte, Band 2, Dok. 10.18, S. 903–905.

Entspannung führen können, zumal sich der Markt für Immobilien immer mehr aufhellte und auch die Ankündigung der Aufhebung des WGG die wirtschaftlichen Rahmenbedingungen deutlich verbesserte. Unter diesen Umständen wäre eine Revision des Stillhalteabkommens nicht nur wirtschaftlich möglich, sondern auch nötig gewesen, um den Interessen der Schuldnerseite entgegenzukommen. Tatsächlich erwies sich aber die Vereinbarung mit den Banken immer mehr als eine Zwangsjacke, die die Bewegungsfreiheit der BGAG mehr als notwendig einengte. Sie stärkte die Position der Käufer, die ›saubere Bilanzen‹ verlangten und damit der BGAG in hohem Maße Verluste und Risiken aufbürdeten.

Deutlich wurde dies am Beispiel der letzten wichtigen Regionalisierungsverhandlungen, die mit der Freien und Hansestadt Hamburg unter der Ägide des Treuhänders geführt werden mussten. Sie verliefen kaum weniger »unerfreulich« als die Verhandlungen mit Nordrhein-Westfalen. Wie die Regierung in Düsseldorf stand auch der Hamburger Senat unter dem Druck eines parlamentarischen Untersuchungsausschusses, dessen Ergebnisse vor allem die sozialdemokratischen Stammwähler tief verunsicherten. Bei Wahlen konnte dies den Ausschlag geben. Die Mieter von 41.600 Wohnungen machten mit ihren Familien in einem Stadtstaat wie Hamburg mit 400.000 Wahlberechtigten einen beachtlichen Teil der Wählerschaft aus. Vor den Wahlen im Mai 1987 einigten sich Senat und BGAG deshalb rasch auf ein ›Konsenspapier‹, das die Eckdaten des geplanten Vertragsabschlusses festhielt. Hauptstreitpunkt war die Einbeziehung von 5.000 Wohnungen der BGI in eine Übernahme der Gesellschafteranteile an NH-Gesellschaften »zum Nullwert«. Dies war für die BGAG angesichts eines sich rapide verbessernden Immobilienmarktes ein großes Zugeständnis, das der Senat durch die Zusage einer Kapitalzuführung an die NH von 150 Mio. DM nur unzulänglich kompensierte. Die Einigung wirkte sich positiv auf das Abschneiden der SPD in den Bürgerschaftswahlen aus. In den berüchtigten NH-Wohnanlagen Luisenhof (Bramfeld) und Mümmelmannsberg stieg ihr Wähleranteil von 46,9 auf 65,6 bzw. von 64,2 auf 70,7 vH.[57] Offensichtlich blieben die Mieter der Neuen Heimat vom Aufkaufbeschluss des Senates nicht unbeeindruckt. Die Neuwahl im Mai war nötig geworden, weil aus den Bürgerschaftswahlen vom November 1986 keine Mandatsverteilung hervorgegangen war, die die Bildung einer tragfähigen Koalition erlaubt hätte. Die SPD war nicht länger stärkste Partei und die FDP, der potentielle Koalitionspartner, an der 5-Prozent-Klausel gescheitert. Im Ergebnis der Neuwahlen zog die SPD zwar wieder als stärkste Partei in die Bürgerschaft ein, wo sie auf eine koalitionsbereite FDP traf. Für die Lösung des NH-Problems bedeutete dies aber nichts Gutes. Die Liberalen hatten sich im Wahlkampf über den »NH-Skandal« profiliert und forderten nun eine Lösung, die erkennbar ihre Handschrift trug. Die Regionalisierung der NH Nord war damit zur Koalitionsfrage geworden – und das Konsenspapier zur Makulatur. Die FDP bevorzugte nun anstelle der Übernahme von Gesellschaftsanteilen (und allen Verbindlichkeiten) zum symbolischen Preis

---

57 Hamburger Abendblatt vom 18. Mai 1987.

von einer Mark den Kauf der unbebauten und bebauten Grundstücke, die dazu neu bewertet werden mussten. Der verabredete zeitliche Rahmen der Übernahme platzte, weil die Verhandlungen von vorne beginnen mussten. Als der Hamburger Koalitionsausschuss auch noch die Absicht offenbarte, 10.000 Wohnungseinheiten nach Erwerb am Markt weiterzuverkaufen, schien der Konflikt programmiert. Die FDP wollte offenbar von der Besserung des Wohnungsmarktes profitieren und gleichzeitig den Übernahmepreis weiter zugunsten der Hansestadt drücken. Als Hebel diente, wie schon in NRW, der Hinweis auf angebliche Verstöße der NH Nord gegen das WGG, deren Ahndung man vom Wohlverhalten der BGAG abhängig machte. Insbesondere Matthöfers Vorstandskollegen Freyberg und Wiesmeier beanspruchten dagegen gleiches Recht für alle und plädierten für die Übernahme der NH Nord durch die BGAG, wie dies ja schon in den Fällen NH Bayern und NH Südwest praktiziert worden war. Je länger sich die Verhandlungen hinzogen, desto stärker zeichneten sich die potentiellen Vorteile einer marktwirtschaftlichen Lösung für die gewerkschaftliche Holding ab. Bei steigenden Immobilien- und Baulandpreisen, die Mehrerträge von 200 Mio. DM erwarten ließen – so das rein wirtschaftliche Kalkül der BGAG-Vorstände –, hätte man drohende Strafen wegen der Verstöße gegen das WGG, wie sie in der Ära Vietor gang und gäbe gewesen waren, aus der Portokasse gezahlt.[58] In dieser Frage zeichnete sich zum ersten Mal ein ernsthafter Konflikt innerhalb des BGAG-Vorstandes und zwischen der Holding und dem Treuhänder ab. Sippel hielt die Forderungen der hanseatischen Liberalen zwar ebenfalls für unangemessen und sah im Weiterverkauf der Wohnungen durch den Senat einen möglichen Verstoß gegen das Prinzip der Sozialverträglichkeit, das eine wichtige Geschäftsgrundlage des Regionalisierungskonzepts war. Er drängte die Gewerkschaften aber dennoch, die Verhandlungen fortzusetzen, um eine »Schlammschlacht« zu vermeiden, aus der sie erfahrungsgemäß nicht makellos hervorgehen würden. Matthöfer hatte den Aufsichtsräten der BGAG, den Vorsitzenden der mächtigen Einzelgewerkschaften, schon vorher erklärt, er »könne von einer Konfliktstrategie nur abraten«.[59] In NRW habe er in einer ähnlichen Situation noch die offene Auseinandersetzung riskiert, doch schätze er in Hamburg »die Lage als politisch um einiges schwieriger ein«. In diesem Urteil folgten ihm die meisten Gewerkschaftsführer. Auch wenn sie mit Hermann Rappe von der IG Chemie darin übereinstimmten, dass »die Gewerkschaften kein Geld zu verschenken hätten«, scheuten sie doch den Vorwurf der Öffentlichkeit, sie wollten die Regionalisierung aufgeben, »um Kasse zu machen«.[60] In richtiger Einschätzung der politischen Belastbarkeit seiner Gewerkschaftskollegen und des Stimmungstiefs, in dem die Arbeiterbewegung seit dem skandalumwitterten Zusammenbruch ihrer ›dritten Säule‹, der Gemeinwirtschaft, steckte,

---

58 Verlauf des Gesprächs von Herrn Dr. Sippel mit Gewerkschaftsvorsitzenden und Hauptkassierern am 7. November 1988, in: Kunz, Akte, Band 2, Dok. 11.20, S. 944.
59 Aufsichtsratssitzung der BGAG vom 29. September 1988 (Auszug aus dem Protokoll), in: ebenda, Dok. 11.17, S. 938.
60 Monika Wulf-Mathies, ÖTV, im Gespräch mit Dr. Sippel, ebenda, Dok. 11.20, S. 944.

ließ sich der BGAG-Vorsitzende ganz von seinem politischen Instinkt leiten und folgte nicht den Wirtschaftlichkeitsüberlegungen seiner Vorstandskollegen. Indem er sich auf die Seite des Treuhänders stellte, der ebenfalls kein Risiko eingehen wollte, entschied er den sich anbahnenden Konflikt zugunsten einer konsequenten Fortführung des Regionalisierungskonzepts. Er stärkte Breit den Rücken, der schließlich Sippel grünes Licht gab, auf dem Weg zu einer »geräuschlosen Lösung« voranzugehen.

Diese politisch opportune Leisetreterei sollte die Gewerkschaften zwar ein paar hundert Millionen Mark kosten[61], aber auch das Ende eines dunklen Kapitels gewerkschaftlicher Wirtschaftstätigkeit ankündigen. Dass es ein Ende mit Schrecken sein würde, hatten die Anteilseigner längst antizipiert. Auch auf der Hamburger Seite bedurfte es eines langen Klärungsprozesses, ehe sich eine für beide Parteien akzeptable Lösung abzeichnete. Erst nach einer Umbildung des Senates fand der neue Bürgermeister Henning Voscherau den Ausweg aus der politischen Blockade innerhalb der Koalition: Er beauftragte ein angesehenes Hamburger Bankhaus und einen unabhängigen Wirtschaftsprüfer mit der Verhandlungsführung und entzog sie damit dem Parteienstreit. Es gelang nun, bis Jahresende einen Vertrag zustande zu bringen, der den Ankauf der Wohnungen für 175 Mio. DM, d. h. weit unter dem Marktpreis, vorsah. Etwa ein Viertel der Wohnungen gingen dabei an ein freies Wohnungsunternehmen. Die Hamburger Liberalen schufen damit einen Präzedenzfall, auf den sich die BGAG berufen konnte, als sie ihren eigenen Wohnungsbestand ebenfalls außerhalb der gemeinnützigen Wohnungswirtschaft platzierte, um so von der Hausse auf dem Wohnungsmarkt zu profitieren. Zunächst aber musste sie die Verluste tragen, die bei der NH Nord anfielen, weil diese fortan nur noch für die Pensionen der früheren Mitarbeiter und andere Altlasten zuständig war.

Ähnlich desaströs für die BGAG verlief die Abwicklung der NH Berlin, die über rund 20.000 Wohnungen im Westberliner Stadtgebiet verfügte. Auch hier lagen die Preisvorstellungen weit auseinander. Während die NH zunächst auf einem Kaufpreis von 227 Mio. DM bestand, wollte der Berliner Senat lediglich 120 Mio. DM bezahlen. Auch hier setzte sich eine politische Lösung zu Lasten der Gewerkschaften durch, zumal die oppositionelle SPD in dieser Frage mit der schwarz-gelben Landesregierung am selben Strang zog, um ihre Kontaminierung mit der politischen Idee der Gemeinwirtschaft vergessen zu machen. Allerdings blieb der Wohnungsbestand der BGI dieses Mal außerhalb des Pakets, sodass sich die Chance einer marktwirtschaftlichen Lösung bot, die mit dem Verkauf an einen privaten Investor auch genutzt wurde. Berlin sollte nach NRW und Hamburg die letzte der verlustreichen und unerfreulichen Stationen der Regionalisierung sein.

Anfang 1989 war das einst erdrückende Kreditvolumen der NH von 17,1 Mrd. DM als Folge der Regionalisierung auf 1,55 Mrd. DM zusammengeschrumpft. Schon im Sommer 1988 hatte Matthöfer den Banken und Sparkassen das Ende

---

61 Interview mit Rolf-J. Freyberg, in: Kunz, Akte, Band 1, S. 334.

der Durststrecke angekündigt:[62] »Wir gehen davon aus, daß […] zu Beginn des Jahres 1989 das Kapitel Neue Heimat abgeschlossen sein wird.« Freilich gehörten der BGAG zu Jahresbeginn noch immer fast 150.000 Wohnungen, die im Wert zusehends stiegen. Dazu gehörten u. a. die Bestände der NH-Regionalgesellschaften in Bayern (33.000) und Baden-Württemberg (9.500) sowie im Norden die nicht in die Regionalisierung einbezogenen Reste der NH Bremen (38.500) und NH Nord (17.000). Unter ihnen ragte die NH Niedersachsen mit 25.000 Wohnungen weit heraus, aber auch die BGAG-Töchter Allgemeine Wohnungsvermögens AG (ALLWO) und BGI verfügten noch mit 8.000 bzw. 15.600 Wohnungen über nennenswerte Bestände. Zahlreiche Wohnungen, die die BGAG aus der gemeinnützigen NH herausgekauft hatte, um dem maroden Konzern Liquidität zuzuführen, waren in der Zwischenzeit schon am freien Markt oder an ihre früheren Mieter verkauft worden. Vor allem aber hatte Matthöfer schon 1987 damit begonnen, das Auslandsengagement der Neuen Heimat Städtebau (NH-S), die nicht gemeinnützig war, zu beenden. Die NH-S war 1969 gegründet worden, um dort freie Hand zu haben, wo das WGG die Grenzen der Gemeinnützigkeit eng gezogen hatte. So arbeiteten beide Konzernteile Hand in Hand, wenn es darum ging, die großen Wohnanlagen der Neuen Heimat Gemeinnützig mit Infrastruktur zu versorgen, wie z. B. mit Schulen, Kinos oder Einkaufszentren. Dies war durchaus wörtlich zu nehmen, denn eine einheitliche Geschäftsführung lenkte beide Unternehmen, NH-G und NH-S, innerhalb eines sogenannten Gleichordnungskonzerns in Personalunion. Mit ihrer Tochter Neue Heimat International versuchte die NH-S aus ihren Ressourcen und ihrem Know how Nutzen zu ziehen. Öffentlich begründet wurde dies mit der Notwendigkeit, das Gemeinwirtschaftsprinzip auf die europäische Ebene zu übertragen, damit der gemeinsame Markt durch gegenseitige Lernprozesse gestärkt werde. Die NH-International investierte allerdings oft auch in ausgesprochen spekulative Objekte, die – wie das berühmte Hotel Loews in Monaco – nicht nur sehr weit vom jedem Modell gemeinnützigen Wohnungsbaus entfernt lagen, sondern auch in einem demonstrativen Gegensatz zur Ideologie der Gemeinwirtschaft als dritter Säule der Arbeiterbewegung standen. Die Auswirkungen der kleinen Weltwirtschaftskrise der siebziger Jahre machten nun gerade diesen Teil des Bau- und Wohnungsmarktes äußerst volatil. Als die BGAG Ende der siebziger Jahre eine Beteiligung von 49 % der NH-S in ihr Portfolio nahm, diente dies bereits dazu, das in eine Dauerkrise geratene Unternehmen mit frischem Geld zu versorgen. Die Verluste bewegten sich rasch auf eine Größenordnung von 3 Mrd. DM zu.[63] Wie bei ihren anderen Töchtern auch, verfügte die Holding hier nicht über Einfluss auf die Geschäftspolitik.

Das sollte sich mit Matthöfers Berufung an die Spitze der BGAG ändern. Er kannte die Problematik zumindest indirekt, war er doch schon früh mit Investitionen der NH-S und ihrer internationalen Töchter in Berührung gekommen. Im

62 Frankfurter Rundschau vom 23. Juli 1988.
63 Interview mit Rolf-J. Freyberg, in: Kunz, Akte, Band 1, S. 66.

Frankfurter Nordweststadt-Zentrum, einem typischen Produkt der NH-S, hatte er so manche Wahlkampfkundgebung abgehalten. Auf seinen Reisen durch Südamerika hatte er immer wieder Gelegenheit gehabt, in gewerkschaftseigenen Objekten zu wohnen. So besaßen die Gewerkschaften in Caracas das Hotel Avila, das weit über der Stadt lag und zu den besten Adressen der venezuelanischen Hauptstadt gehörte. Später sollte es der BGAG nicht einmal gelingen, das Luxushotel wieder loszuwerden, weil es denkmalgeschützt war. Matthöfers »Lieblingsobjekt« in Frankreich war eine Anlage der NH-S am Pariser Passy Kennedy, einer Spitzen-Wohnlage am Seine-Ufer:[64] »Ich frage Sie, was hatte der Deutsche Gewerkschaftsbund am Passy Kennedy zu tun in einem Luxus dieser Art?« Die Wohnanlage war im Guiness Book of Records verzeichnet, weil sie die höchsten Mieten pro Quadratmeter in Europa verlangte. Trotz eines computergesteuerten virtuellen Golfplatzes im Keller entpuppte sich der Bau jedoch als »eine Riesenfehlinvestition«. Wie bei zahlreichen anderen wirtschaftlichen Fehlspekulationen auch waren die Verluste vom Management über viele Jahre hinweg verschleiert worden. Dem Sanierer fehlte es daher nicht an Motivation, das Engagement der NH-S in Österreich, Frankreich, Belgien und in den Niederlanden zu beenden, um wenigstens diese Verlustquellen zu stopfen. 1988 folgte die Auflösung der Anlagen in Venezuela, Mexiko und Italien. Insgesamt standen bei der Abwicklung der NH-International Aktiva in Höhe von rund 4 Mrd. DM auf dem Spiel, die überwiegend fremdfinanziert waren. Die NH-S war schon 1985 in Gesellschaft für Städtebau und Planung AG (GSP) umbenannt worden. Einige ihrer Tochterunternehmen, wie die Baudata oder die Planbaucontract Gesellschaft für Planung und Bauerstellung mbH (PBC), wurden veräußert, andere von der NH Niedersachsen übernommen. Die GSP selbst und ihre frühere Tochter NH International, die inzwischen Internationale Bau-Promotion GmbH (Inter-Promotion) hieß, blieben im Beteiligungskreis der BGAG. Während die Liquidation der Inter-Promotion ohne weiteren Rufschaden der Gewerkschaften im Ausland gelang, vollzog sich die Beilegung der Auseinandersetzungen, in die die NH-S/GSP mit den meisten (öffentlichen) Bauherren über die Höhe von Garantieleistungen bei Großbauvorhaben verwickelt war, nicht ohne schrille Begleitmusik. Allein die Aufarbeitung des Skandals um das Klinikum Aachen, Europas größtes und mit 2,5 Mrd. DM auch teuerstes Krankenhaus, beschäftigte zwei Parlamentarische Untersuchungsausschüsse und unzählige Gerichte. Im Sommer 1989 wurde auch dafür mit dem Land Nordrhein-Westfalen ein für die BGAG günstiger Vergleich geschlossen.

Fingerhakeln: Staat oder Marktwirtschaft?

Die Flurbereinigung im Norden sprengte an vielen Stellen das Schema der Regionalisierung. Einerseits weigerten sich Bremen und Hamburg, Wohnungen zu übernehmen, die nicht auf ihrem Territorium lagen. Andererseits waren Nieder-

---

64 Interview mit Hans Matthöfer, in: Kunz, Akte, Band 1, S. 66.

sachsen und Schleswig-Holstein nicht bereit, eine Lösung unter staatlicher Ägide zu betreiben. Diese Haltung der norddeutschen Flächenländer schuf eine Entflechtungsproblematik, die in vielen Fällen einen komplizierten und langwierigen Schuldnerwechsel erforderte. Damit öffnete sich für die BGAG aber auch ein weites Feld für lukrative Veräußerungsstrategien auf einem für sie vorteilhaften Markt. Alternative Vermarktungswege, wie der Verkauf von Wohnungen an Mieter (WIM) oder der *en bloc*-Verkauf von Anlagen an lokale Genossenschaften oder freie Wohnungsunternehmen, traten nun aus dem Schatten der Regionalisierung heraus und erwiesen sich als einträglich. Dabei blieb das Prinzip der Sozialverträglichkeit in der Regel unangetastet, d. h. die Käufer mussten sich verpflichten, von Luxussanierungen oder unangemessenen Mieterhöhungen abzusehen. Mit der Konsolidierung der NH Niedersachsen (ab 1993 DI Deutsche BauBeCon AG) verfügte die BGAG weiter über eigene Kapazitäten im Wohnungs- und Siedlungsbau. Dies sollte sich vor allem nach der Vereinigung Deutschlands lohnen.

Der neue *marketing mix* der BGAG wurde in den betroffenen Bundesländern unterschiedlich aufgenommen. Die sozialdemokratisch geführte schleswig-holsteinische Landesregierung wehrte sich mit allen Mittel gegen den Einsatz marktwirtschaftlicher Methoden. Sie scheute nicht davor zurück, alle öffentlichen Baudarlehen zu kündigen und darüber hinaus Kündigungszinsen zu fordern. Es grenzte schon an politische Erpressung, wenn Innenminister Hans Peter Bull (SPD) Matthöfer für den Fall einer marktwirtschaftlichen Lösung androhte, »sich aus wohnungspolitischen Gründen gezwungen [zu] sehen, die Ordnungsbehörden der Belegenheitsstädte und -gemeinden anzuweisen, auf Einhaltung der gesetzlichen Vorschriften ein besonderes Augenmerk zu richten«.[65] Matthöfer konterte kühl, die BGAG werde nicht umhin kommen, »ihre wirtschaftlichen Interessen dadurch zu wahren, die Wohnungen an diejenigen Interessenten zu veräußern, die neben einem marktüblichen Preis die Mieterschutzklauseln in den Kaufverträgen der BGI anerkennen«.[66] Die BGI werde dabei selbstverständlich »die gesetzlichen Vorschriften strikt beachten«. Die Zeit für politische Erpressungen war offensichtlich vorbei. Die BGAG hatte sich unter Matthöfers Führung wieder öffentlichen *good will* erarbeitet und profitierte von deutlich verbesserten Rahmenbedingungen. Das Land Niedersachsen lehnte zwar das Regionalisierungskonzept ebenfalls ab. Ministerpräsident Ernst Albrecht (CDU) war die Stabilisierung der NH Niedersachsen im Rahmen eines auch von den Gläubigern abgesegneten Gesamtkonzepts aber gleichwohl wichtig genug, um sich auf vier Jahre mit Zuschüssen (30 Mio. DM), Zinsverzicht (2,7 Mio. DM) aus Wohnungsförderungsdarlehen des Landes und Bürgschaften zu beteiligen.[67] Sogar den Gläubigerbanken war der Erfolg des

---

65 Bull an Matthöfer am 21. Februar 1989, in: Kunz, Akte, Band 2, Dok. 12.14, S. 982.
66 Matthöfer an Bull am 3. März 1989, in: ebenda, S. 984.
67 Pressemitteilung des niedersächsischen Sozialministeriums vom 17. August 1988, in: Kunz, Akte, Band 2, Dok. 12.9, S. 974 f. sowie Dok. 12.10 (Schreiben des niedersächsischen Sozialministers Hermann Schnipkoweit an Dr. Heinz Sippel vom 25. August 1988 wegen eines Konzepts für die Stabilisierung der wirtschaftlichen Lage der Neuen Heimat Niedersachsen), ebenda, S. 975 f.

Experiments einen Beitrag von 10,5 Mio. DM wert. Die BGAG wiederum unterstützte ihre Tochter mit dem Herauskauf von 8.400 Wohnungen, die sie auf ihre im Mai 1988 gegründete Wohnungshandelsgesellschaft ALLWO übertrug. Sie schuf damit die Voraussetzung für die erfolgreiche Umsetzung des WIM-Projekts. Alle diese Operationen wirkten viel weniger spektakulär als die großen Regionalisierungsabschlüsse in Bremen, NRW oder Hamburg. Die meisten Beobachter betrachteten sie aber dessen ungeachtet als eine ›Erfolgsgeschichte‹, obwohl sie eher historische Glücksfälle waren, da sie sich nicht auf die Masse der Abwicklungsfälle übertragen ließen. Matthöfer war und blieb skeptisch gegenüber den marktwirtschaftlichen Komponenten des Konzepts, da sie – sehr zu seinem Bedauern – »keine große Rolle gespielt« hätten.[68] Er blickte aber mit Stolz auf die Konsolidierung der NH Niedersachsen, die seine unternehmerische Handlungsfreiheit erheblich vergrößerte.

Hätten sich die Gewerkschaften 1986 nicht ausdrücklich aus der Wohnungswirtschaft verabschiedet, wäre die Abwicklung der süddeutschen NH-Gesellschaften spätestens 1989/90 nicht mehr notwendig gewesen. Sowohl die baden-württembergische Gemeinnützige Wohnstättengesellschaft mbH (GEWOG – wie die NH dort jetzt wieder hieß) als auch die NH Bayern waren wirtschaftlich gesunde Unternehmen und schrieben schwarze Zahlen. Der DGB-Beschluss allein hätte deshalb Matthöfer nicht veranlasst, die Abwicklung der NH auch dort fortzusetzen, wo sie aus wirtschaftlichen Gründen nicht zwingend erforderlich war. In gewisser Weise hatte er ja – wenn auch anfangs unfreiwillig – mit dem Aufbau eigener wohnungswirtschaftlicher Unternehmen in Niedersachsen und Schleswig-Holstein gegen den erklärten Willen seiner gewerkschaftlichen Prinzipale gehandelt. Was aber in Norddeutschland unternehmenspolitisch sinnvoll erschien, stellte sich ihm in Süddeutschland ganz anders dar. Hier konnte er - in Übereinstimmung mit seinen Kapitaleignern – nicht einsehen, »wieso die Gewerkschaften noch eine sinnvolle Aufgabe darin haben, Wohnraum zur Verfügung zu stellen«.[69] Viel wichtiger schien es ihm, durch einträgliche Verkäufe im Süden die Verluste wenigstens teilweise wieder auszugleichen, die die sozialverträgliche Abwicklung der NH den Gewerkschaften bisher verursacht hatte. Sowohl in Baden-Württemberg als auch in Bayern strebte die BGAG zunächst eine Lösung durch Regionalisierung an. Es gab allerdings keinen zeitlichen Druck der Gläubiger und des Treuhänders, zu einem raschen Abschluß zu kommen. Die BGAG hatte beide Gesellschaften schon im Dezember 1986 bzw. 1987 aus der Verfügungsmasse des Treuhänders herausgekauft, sodass Matthöfer allein Herr des Verfahrens war. Baden-Württembergs Landesregierung hatte unter ihrem Ministerpräsidenten Lothar Späth (CDU), einem ehemaligen NH-Geschäftsführer, zunächst einen Preis geboten, der mit 100 Mio. DM weit unter dem Buchwert lag. Das Angebot war aber wohl nicht ganz ernst gemeint, denn Späth machte aus seiner Überzeu-

---

68 Interview mit Hans Matthöfer, in: Kunz, Akte, Band 1, S. 344.
69 Ebenda.

gung, die Privatisierung der GEWOG sei die für Baden-Württemberg »kongenialste« Lösung, von Anfang an keinen Hehl.[70] Im September 1989 fand Matthöfer schließlich in der A/S INVESTA, einem Unternehmen der britischen Lonrho-Gruppe, einen Käufer, der für die inzwischen auf 4.200 Wohnungen geschrumpfte GEWOG (mit der PBC als Zugabe) 150 Mio. DM zahlte. Obwohl der Kaufvertrag alle Sicherungen für eine sozialverträgliche Übernahme enthielt, stieß die Privatisierung gerade innerhalb der Mannheimer Gewerkschaften auf heftige Kritik.[71] Auch wenn die Kritiker nicht mehr erreichten, als den Verkauf um einige Wochen hinauszuzögern, machte ihre Intervention doch deutlich, wie unpopulär Privatisierung im Wohnungsmarkt immer noch war.

Es gehörte deshalb Mut dazu, eine ähnliche Lösung auch für Bayern ins Auge zu fassen. Im Frühjahr 1987 hatte Matthöfer daher zunächst mit Franz Josef Strauß korrespondiert, um auch im Freistaat das Regionalisierungsmodell umzusetzen. Doch schon die ersten Verhandlungen zeigten, wie weit das Modell der Gemeinnützigkeit mit dem Wegfall des WGG gegenüber der Privatisierung wirtschaftlich ins Hintertreffen geraten war. Die Fortführung der NH Bayern durch eine landesnahe gemeinnützige Wohnungsgesellschaft wäre aus Sicht der Landesregierung nur bei einem Kaufpreis denkbar gewesen, der bei 320 Mio. DM lag. Damit unterboten die Bayern sogar noch den Kaufpreis, den die BGAG im Dezember 1986 an die NH gezahlt hatte, um dort Bilanzlücken zu schließen. Für die BGAG war dieses Angebot deshalb nicht akzeptabel. Matthöfer, der im September 1987 die ersten Verhandlungen führte, zögerte offenbar dennoch, ob er es vielleicht doch annehmen sollte.[72] Er wäre damit dem Rat Sippels gefolgt, der ihn als Berater nach München begleitet hatte. Er teilte aber auch selbst die Befürchtungen des Bankiers, dass eine Privatisierungslösung gegen den geschlossenen Widerstand der Bayerischen Staatsregierung, der Münchner SPD und der gewerkschaftlichen Basis kaum darstellbar war. Matthöfer hatte sich nach dem ersten Gespräch vorbehalten, Einzelheiten des bayerischen Preisvorschlags noch einmal zu prüfen. Es dauerte immerhin acht Monate, ehe der BGAG-Vorsitzende im Mai 1988 dieses Angebot, das von bayerischer Seite als »320-Millionen-Handschlag« bezeichnet wurde, endgültig ablehnte. Er tat dies unter dem Eindruck ernsthafter Kaufabsichten privater Wohnungsgesellschaften, die bereit waren, ein Vielfaches für die NH Bayern anzulegen. Der Preisunterschied zwischen den Angeboten privater und gemeinnütziger Gesellschaften ließ sich dabei keineswegs aus unterschiedlichen Bedingungen der Sozialverträglichkeit erklären. Wichtiger waren steuerliche Vorteile, die sich aus der Übernahme der NH Bayern ergaben. Der Wegfall des WGG erlaubte es einem Erwerber, in die Eröffnungsbilanz alle Aktiva zum Verkehrswert einzuset-

---

70 Matthöfer an Späth am 26. Mai 1988. in: Kunz, Akte, Band 2, Dok. 13.3b, S. 989.
71 Schreiben des Konzern- und Gesamtbetriebsratsvorsitzenden der DaimlerBenz AG Mannheim, Herbert Lucy, an den DGB-Vorsitzenden Breit am 30. Oktober 1989, in: Kunz, Akte, Band 2, Dok. 13.5b, S. 993–995.
72 Briefwechsel zwischen dem Bayerischen Staatsminister des Inneren, August R. Lang, und Hans Matthöfer im Frühjahr 1988 (26. Februar 1988), in: Kunz, Akte, Band 2, Dok. 13.8, S. 1002.

zen, nachdem ja Gemeinnützigkeit nicht mehr bestand. Das daraus resultierende gewaltige Abschreibungspotential ließ sich über viele Jahre hinweg nutzen, um die Gesamtsteuerlast des Unternehmens zu minimieren. Der Kauf der NH Bayern rechnete sich daher vor allem für Unternehmen, die Gewinne aus anderen Quellen mit den Abschreibungen verrechnen wollten. Auf diese Weise finanzierte sich der Kauf weitgehend selbst. Dagegen fiel die Verpflichtung, keine Luxussanierungen vorzunehmen und keine unangemessen hohen Mieten zu verlangen, kaum ins Gewicht. An all dies dachte Matthöfer, als er im Juli 1988 in einem Brief an die Gläubigerbanken in Bezug auf die süddeutschen Bestände »in guter bis sehr guter Lage« eine neue Gangart ankündigte:[73] »Da das Wohnungsgemeinnützigkeitsgesetz zum 1.1.1990 entfällt, streben wir hier besondere Lösungen an.« In Bonn und München wurde dies als Signal verstanden, dass der BGAG-Vorsitzende den profitablen Weg beschreiten wollte, »seine Ringeltäubchen in Schwabing zu Geld zu machen«, nachdem das Finanzministerium das WGG weggeholzt hatte.

In den Gesprächen, die Innenminister Edmund Stoiber in der Regierungszeit des Strauß-Nachfolgers Max Streibl mit Matthöfer führte, spielten daher ganz andere Preisvorstellungen eine Rolle. Matthöfer verlangte jetzt 947 Mio. DM und erklärte Stoiber ausführlich die Vorteile, die private Interessenten aus dem Wegfall des WGG zogen. Seinem Eindruck nach verstand Stoiber die neue Lage durchaus und schien eine Mittlerrolle zwischen der BGAG und Kaufinteressenten aus dem Bereich der öffentlichen Wirtschaft, wie der Bayerischen Landesbank und der Bayerischen Landesversicherung, einnehmen zu wollen. Ende 1989 kam es in zwei Verhandlungsrunden zu einer Annäherung der Vorstellungen über den Kaufpreis, der mit 850 Mio. DM schon in der Nähe des BGAG-Vorschlags lag.[74] Die Münchner Presse reagierte auf die Gerüchte über eine nahe bevorstehende Einigung nahezu euphorisch. Die Süddeutsche Zeitung sah darin »eine Chance, den drohenden Verkauf der Neuen Heimat Bayern an die dänische Thorsen-Gruppe noch verhindern zu können«.[75] Matthöfer beeilte sich, »aufgetauchte Spekulationen, die Verträge über einen Verkauf für 900 Millionen Mark« an die Dänen seien bereits unterschriftsreif ausgehandelt«, zu dementieren. In einem Brief an eine Gruppe besorgter Augsburger Pfarrer (!) bekräftigte er seine Bereitschaft, jederzeit über »eine bayerische Lösung« zu reden, »allerdings nur auf der Grundlage eines realistisch ermittelten Unternehmenswertes«. Vor diesem Hintergrund versicherte der Münchner Merkur seine Leser, sie könnten beruhigt Weihnachten feiern: »Es zeichnet sich eine Lösung ab, nach der die öffentlich-rechtliche Bayerische Landesbank den NH-Brocken übernimmt und den Bewohnern einen Miet(er)schutz garantiert«.[76] Offenbar folgte der Bayerische Ministerrat auf seiner Sitzung am

---

73 Frankfurter Rundschau vom 23. Juli 1988.
74 Chronologie der Gespräche und des Briefwechsels zwischen der BGAG und der Bayerischen Staatsregierung über den Verkauf der Neuen Heimat Bayern vom November 1989 bis Mai 1990, Gespräche am 13. November und 22. Dezember 1989, in: Kunz, Akte, Band 2, Dok. 13.9, S. 1007.
75 Süddeutsche Zeitung vom 27. November 1989.
76 Münchner Merkur vom 23. Dezember 1989.

30. Januar 1990 Stoibers Kurs aber nicht, sodass sich das Klima zwischen den Kontrahenten im neuen Jahr dramatisch verschlechterte. Schon vorher hatte Ministerpräsident Streibl in einem äußerst polemischen Brief Ernst Breit in kaum verhüllter Form aufgefordert, Matthöfer das Verhandlungsmandat für die NH Bayern zu entziehen.[77] Er vermutete, die BGAG beharre unter allen Umständen auf einer Veräußerung der Neuen Heimat Bayern, weil es den Gewerkschaften darauf ankomme, »mit einem kräftigen Veräußerungsgewinn ihre Streikkassen aufzufüllen«. Dies zielte vor allem auf Wirkung in der Öffentlichkeit ab und ließ für die Fortsetzung der Verhandlungen wenig Gutes erwarten. Den Aufsichtsratsvorsitzenden der BGAG beeindruckte Streibl damit wenig. Immerhin wusste nun auch Breit, dass die Bayerische Staatsregierung fest entschlossen war, nicht kampflos aus dem Pokerspiel um den Verkauf der NH Bayern auszusteigen. Sie ließ es nun auf einen politischen Machtkampf ankommen und reduzierte folgerichtig Ihr Preisangebot auf »nicht wesentlich mehr als 500 Millionen DM«. Für Matthöfer bedeutete dies, dass starke Nerven mit ziemlich genau 458 Mio. DM honoriert würden, hatte doch gerade die bayerische Doblinger-Gruppe nicht weniger als 958 Mio. DM verbindlich für die NH Bayern geboten. Das war ihm die Mühe wert.

Mit Alfons Doblinger trat ein Mann auf den Plan, der zunächst in vielem an den Protagonisten der Affäre Schiesser erinnerte. Wie Horst Schiesser war auch Doblinger ein eher mittelständischer, der breiten Öffentlichkeit bis dahin kaum bekannter Unternehmer. Der 46-jährige *selfmademan* aus der Oberpfalz hatte sich vom Langholzfahrer zu einem der 400 reichsten Männer der Bundesrepublik hochgearbeitet.[78] Nun stand er an der Spitze einer Gruppe von Unternehmen, zu denen die Doblinger Industriebeteiligung KG, München, gehörte, die das Kaufangebot für die NH Bayern vorlegte. Anders als Schiesser hatte er allerdings ein Konzept – und das sogar in doppelter Hinsicht. Bisher war seine Gruppe schwerpunktmäßig im Gewerbe- und Industriebau tätig. Mit der Übernahme der NH wollte er sein Engagement in der Bau- und Wohnungswirtschaft verstärken. Er beabsichtigte daher, die NH Bayern als Ganzes zu erhalten und fortzuführen. Mehr noch als diese unternehmensstrategische Perspektive überzeugte Matthöfer das finanzielle Kalkül, das hinter dem Angebot stand. Doblinger machte mit seiner Gruppe etwa 60 Mio. DM Gewinn. Mit dem Abschreibungspotential, das er mit der NH Bayern kaufte, sparte er also jährlich rund 30 Mio. DM Steuern, sodass sich der Erwerb auf längere Sicht zum großen Teil selbst finanzierte. Man musste kein Experte sein, um zu wissen, dass Doblinger im Begriff war, das Geschäft seines Lebens zu machen. Ironischerweise hatte der Freistaat dabei nicht nur wirtschaftlich und wohnungspolitisch das Nachsehen; er musste sich über den Fiskus auch noch unfreiwillig an den Kosten der Privatisierung beteiligen. Und Matthöfer hatte nun

77 Am 11. Januar 1990. Kunz, Akte, Band 2, Dok. 13.9.
78 Dieter Piel, Hinter den Kulissen wird mächtig gegen den Handel agiert, Hannoversche Allgemeine Zeitung vom 25. Mai 1990. Das amerikanische Wirtschaftsmagazin ›Forbes‹ hatte Doblinger einen Platz in der Reihe der reichsten Deutschen zugewiesen.

doch noch eine »bayerische Lösung« gefunden, die sich mit den Interessen der BGAG vereinbaren ließ.

Der Rückzug der bayerischen Staatsregierung hatte im Wesentlichen zwei Gründe. Zum einen war es schwierig, ein gemeinnütziges Modell zu finden, das einen Kaufpreis in der Nähe von 900 Millionen Mark gerechtfertigt hätte. Schließlich hatte sich sowohl die BGAG als auch der Freistaat ja öffentlich auf eine sozialverträgliche Übernahme festgelegt, sodass der Erwerber zwar die Nachteile der neuen Rechtslage in Kauf nehmen musste, also den Wegfall der Steuerfreiheit, ihre Vorteile, also kräftige Mieterhöhungen, jedoch nicht nutzen konnte. Vor allem aber war der Kauf von Abschreibungspotential für Unternehmen des öffentlich-rechtlichen Sektors grundsätzlich weniger attraktiv als für private Mitbewerber. Zum anderen setzten sich im Kabinett wohl jene Kräfte durch, die das Thema »Neue Heimat« in den anstehenden Wahlkämpfen nutzen wollten, um in die Stammwählerschaft der Sozialdemokraten einzubrechen. Gelegenheit dazu boten die bayerischen Kommunalwahlen im März und die Bundestagswahl vom Dezember 1990. Nachdem die Würfel gefallen waren, setzte die Regierung deshalb alles daran, die Öffentlichkeit gegen den DGB und die »linke Misswirtschaft« zu mobilisieren. Im Mittelpunkt ihrer Angriffe stand nicht Doblinger, dessen Bonität und Zuverlässigkeit außer Frage stand. Seine großzügige Spendenpraxis zugunsten der CSU machte ihn weitgehend immun gegen Angriffe aus dem Regierungslager. Stoibers Feindbild richtete sich vielmehr gegen »rote Banditen in Frankfurt«, wie sein Staatssekretär Peter Gauweiler die BGAG zu nennen pflegte, denen er kapitalistische Methoden und die Verletzung des Gemeinwohls vorhielt.[79] In einem Brief »an die Mieterinnen und Mieter der Neuen Heimat Bayern« wies der Innenminister denn auch das »Ansinnen« zurück, das Land solle sich mit eigenen Mitteln an einer Lösung beteiligen.[80] Die Staatsregierung könne es »vor den Bürgern nicht verantworten, mit ihren Steuergroschen die Neue Heimat Bayern mitzuerwerben und so für die Misswirtschaft der Gewerkschaften im Neue-Heimat-Konzern zu zahlen«. An denselben Personenkreis gerichtet, bekräftigte Matthöfer zwar seine Bereitschaft, »Gespräche ohne Vorbedingungen und Vorbehalte wieder aufzunehmen«.[81] Er sah aber auch »Grund zu der Annahme, daß die Bayerische Staatsregierung an Gesprächen über die Neue Heimat Bayern aus wahlpolitischen Motiven nicht interessiert ist«. Der BGAG-Vorsitzende beließ es nicht bei verbalen Konterattacken. Er musste vor allem den politischen Widerstand aus den eigenen Reihen fürchten. Insbesondere in München, wo mehr als ein Drittel der NH-Wohnungen lag, verbündeten sich nämlich Gewerkschafter und Sozialdemokraten

---

79 Kunz, Akte, Band 2, Dok. 13.9.
80 Chronologie der Gespräche und des Briefwechsels zwischen der BGAG und der Bayerischen Staatsregierung über den Verkauf der Neuen Heimat Bayern vom November 1989 bis Mai 1990, Brief von Dr. Edmund Stoiber an die Mieterinnen und Mieter der Neuen Heimat Bayern am 20.2.1990, in: Kunz, Akte, Band 2, Dok. 13.9, S. 1010. Ein solches »Ansinnen« hatte es freilich bis dahin in den Verhandlungen auch nicht gegeben.
81 Brief von Hans Matthöfer an die Mieterinnen und Mieter der Neuen Heimat Bayern am 23.2.1990, ebenda, S. 1011.

mit der Staatsregierung aus Furcht davor, wegen der BGAG moralisch in Misskredit zu geraten. Matthöfer wollte deshalb auf jeden Fall verhindern, »daß der BGAG die Schuld für ein schlechtes Wahlergebnis der SPD zugeschoben wurde.«[82] Mit Geld und Organisation half er im Wahlkampf kräftig nach, um in den NH-Wohnanlagen, die auch in München traditionell zu den Hochburgen der SPD zählten, einen Stimmeneinbruch zu verhindern. Offenbar war die Intervention erfolgreich, denn die Ergebnisse konnten sich in Giesing, Neuperlach und dem Hasenbergl gegen den Trend noch verbessern. Mit teilweise über 60 % der Stimmen erzielte die SPD hier ihre besten Ergebnisse.[83]

Nach den Kommunalwahlen begann die Staatsregierung, auf Zeit zu spielen, um die Entscheidung bis zum 14. DGB-Bundeskongress zu verzögern. Von diesem ›Parlament der Arbeit‹, das Ende Mai in Hamburg bevorstand, versprach sich Ministerpräsident Streibl eine letzte Chance, die Gewerkschaftsbasis gegen den Verkauf zu mobilisieren. Er forderte deshalb Breit auf:[84] »Fallen Sie Herrn Matthöfer in den Arm, damit eine sozialverträgliche Lösung nicht verbaut wird!« Das *timing* war wohl kein Zufall, denn am selben Tag unterschrieben in Frankfurt Matthöfer und Doblinger den Kaufvertrag und ließen ihn notariell beurkunden. Er enthielt zahlreiche Sicherungsklauseln, die einen sozialverträglichen Übergang des Eigentums an der Neuen Heimat garantierte. Doblinger verpflichtete sich nicht nur, die gegenwärtige Geschäftspolitik beizubehalten, die Struktur und das Ziel des Unternehmens weitgehend zu übernehmen und die Mitbestimmung der Arbeitnehmer auf Unternehmensebene zu erhalten. Er war sogar bereit, der BGAG einen Sitz im Aufsichtsrat zu überlassen, um ihr die Kontrolle der vertraglichen Vereinbarungen zu erleichtern. Seine wichtigsten Zugeständnisse an die Mieter bestanden darin, auf Luxusrenovierungen zu verzichten, keine Verkäufe vorzunehmen und die Mieten im Rahmen der Vergleichsmiete lediglich um maximal 5 % jährlich anzuheben.[85] Mit Hinweis auf diese Regelungen fiel es Matthöfer leicht, den Vertrag auch gegen Kritik auf der entscheidenden Aufsichtsratssitzung am 7./8. Mai durchzusetzen. Sowohl die Bayerische Staatsregierung als auch der Münchner Oberbürgermeister Georg Kronawitter (SPD) hatten noch in letzter Minute telegrafisch für eine weitere Aufschiebung der Entscheidung plädiert, waren aber gescheitert. Nach dem Beschluss warf CSU-Generalsekretär Erwin Huber in einem offenen Brief Matthöfer sogar vor, er habe den Vertrag mit Doblinger schon vor den Kommunalwahlen »praktisch unter Dach und Fach« gebracht, und leitete daraus den Vorwurf des Wahlbetrugs ab.[86] Er gab diesem aber nur Gelegenheit, seine eigene Dar-

---

82 ›Diensttagebuch‹, 30.3.1990, AdsD, DM 0404.

83 Süddeutsche Zeitung vom 30. März 1990.

84 Brief von Dr. Max Streibl an Ernst Breit am 27. April 1990. Kunz, Akte, Band 2, Dok. 13.9, S. 1013.

85 Doblinger gründete sogar einen Härtefonds für Mieter in finanziellen Nöten, um das Vertrauen seiner Mieter zu gewinnen. Eine anfangs skeptische SPD-Stadträtin sprach später von »den Zusagen eines Ehrenmannes«. Klaus Ott, Der Schäfer und seine Herde, Süddeutsche.de, Ressort Wirtschaft, vom 18. Juli 2007.

86 Huber an Matthöfer am 16. Mai 1990, in: Kunz, Akte, Band 2, Dok. 13.15, S. 1026 f.

stellung auf dem gleichen Wege der Öffentlichkeit zu unterbreiten und seinen Triumph zu genießen.[87]

Gewonnen hatte der BGAG-Chef die Auseinandersetzung mit der Bayerischen Staatsregierung gleichwohl noch nicht. Schon beim Fingerhakeln um eine öffentlich-rechtliche Lösung hatten sich beide Seiten über gegnerische Fouls beklagt. Nun, in der Schlussphase des Verkaufs der NH Bayern, entwickelte sich ein regelrechter »Wirtschaftskrimi« (Matthöfer). Über die eigene Niederlage verärgert, versuchten die Bayern alles, um das Geschäft noch nachträglich zu torpedieren. In der Finanzierungsfrage glaubten sie am längeren Hebel zu sitzen. Doblinger mochte zwar ein reicher Mann sein, doch war auch er nicht in der Lage, eine knappe Milliarde Mark aus eigenen Mitteln aufzubringen. Der Vertrag mit der BGAG verpflichtete den Käufer, den Kaufpreis bis Ende Mai aufzubringen, sollte die Vereinbarung nicht hinfällig werden. Die Bayerische Landesbank, die an dem Geschäft interessiert war, zog sich zurück, nachdem Streibl sein Veto ankündigte. Auch die Deutsche Pfandbrief- und Hypothekenbank (Depfa) und die Deutsche Siedlungs- und Landesrentenbank (DSL-Bank) mussten passen. Sie gehörten zu zwei Dritteln bzw. zur Hälfte dem Bund und trauten sich nicht, gegen den Willen des Bundesfinanzministers Theo Waigel (CSU) Doblinger den Kredit zu geben. Die Suche nach einem Finanzier geriet so zu einem Lehrstück für den Unternehmer Matthöfer, der ja selbst auch maßgebliche Beteiligungen an Banken in seinem Portefeuille hatte. Er hätte es bis dahin nicht für möglich gehalten, dass es der Bayerischen Staatsregierung und den Bonner CSU-Ministern gelingen würde, nahezu das gesamte deutsche Bankensystem zu veranlassen, sich dem bayerischen Außenseiter zu verweigern oder bereits gegebene Zusagen zurückzuziehen. Selbst Dr. Hans Fahning, der Vorstandsvorsitzende der Hamburger Landesbank, SPD-Mitglied, Aufsichtsrat der NH und ein guter alter Bekannter des BGAG-Chefs, fiel um und machte eine von seinen Vorstandskollegen gegebene Zusage einer Rückbürgschaft gegenüber einer Essener Hypothekenbank wieder rückgängig,[88] weshalb der ebenfalls schon zugesagte Essener Kredit platzte. Matthöfer musste in einer großen persönlichen Anstrengung seine Verbindungen zu einflussreichen Politikerkollegen mobilisieren, um wenigstens die Berliner Bank, die dem Land Berlin gehörte, bei der Stange zu halten. Sie übernahm den Löwenanteil der Finanzierung. Selbst die BfG sträubte sich mit Rücksicht auf ihre Münchner Filiale, einen Beitrag zu leisten, und musste dazu gewungen werden. Doch auch mit dem Einspringen der BfG-Tochter Bank für Sparanlagen und Vermögensbildung AG (BSV) reichte die Kreditfinanzierung nicht aus. Die BGAG sah sich schließlich gezwungen, Doblinger einen Teil des Kaufpreises gegen hohe Verzinsung zu stunden. Anderenfalls hätte sich die Bayerische Staatsregierung doch noch durchgesetzt, was nach Matthöfers Einschätzung »für uns – und damit für den DGB – schlicht und einfach eine Katastrophe gewesen wäre«.[89] Immerhin bekam er so einen Vorgeschmack auf

87 Matthöfer an Huber am 17. Mai 1990, ebenda, S. 1027–1029.
88 ›Diensttagebuch‹, 25.5.1990, AdsD, DM 0404.
89 Ebenda.

die Härte des Geschäftes, das in anderen Problemzonen seiner Holding noch auf ihn wartete:[90] »Worte wie ›Pacta sunt servanda‹ oder ›ein Mann, ein Wort‹, Begriffe wie ›ehrbarer Kaufmann‹ konnte man offenbar vergessen, wenn der BMF oder die bayerische Landesregierung Druck auf die Vorstände von Banken ausübten.« Im Vergleich dazu mussten ihm die kritischen Worte, die CSU-Vize Stoiber in seinem Grußwort auf dem Hamburger Bundeskongress des DGB über den Doblinger-Deal fand, wie *business as usual* vorkommen. Der christlich-soziale *shooting star* räumte ein, Matthöfer habe zwar »als Unternehmer« gewonnen, als Arbeitnehmer-vertreter habe er aber bei hunderttausenden Mietern »viel Vertrauen verloren«.[91] Sein Resümee fand wohl bei vielen Delegierten klammheimliche Zustimmung: »Der finanzielle Gewinn kann den ideellen Verlust nicht aufwiegen.« Matthöfer habe den Kaufpreis innerhalb von drei Jahren von 320 Mio. DM auf das Dreifache hochgeschraubt: »Das ist ein Gewinn, der selbst ausgebuffte Kapitalisten blaß wer-den läßt.« Hinter der Polemik steckte auch Anerkennung für den Unternehmer Matthöfer, der sich dort, wo *er* im Abwicklungsprozess der NH das Sagen hatte, nicht ins Bockshorn jagen ließ. Stoiber warnte die ›Parlamentarier der Arbeit‹ aber auch, an die »Quadratur des Kreises« zu glauben, d. h. an den Erhalt einer guten Sozialabsicherung der Mieter trotz des hohen Verkaufspreises der Immobilien auf dem freien Markt. Sein Appell, »den mieterrechtlichen Schutz auch vor dem Hin-tergrund dieser Erfahrungen noch weiter auszubauen«, wurde von den Gewerk-schaftsdelegierten durchaus beifällig aufgenommen.

Mit dem erfolgreichen Verkauf der NH Bayern, den dann letztlich auch die Bayerische Landesregierung akzeptieren musste, fand die Abwicklung der Neuen Heimat ihren versöhnlichen Abschluss. Der Art und Weise, wie Heinz Sippel und Hans Matthöfer den maroden Konzern vor dem Bankrott bewahrten, um ihn in enger Kooperation sozialverträglich in seine Einzelteile zu zerlegen, zollten die meisten Betrachter hohe Anerkennung. Verglichen mit dem, was hätte passieren können, wenn es zu einem Konkurs gekommen wäre, hielt sich der Schaden in Grenzen. Kein Mitarbeiter der NH war entlassen worden, kein Mieter verdrängt, kein Verfahren noch offen, kein Handwerker oder Gläubiger um sein Geld ge-prellt. Die Eigentümer hatten sich wenigstens im Untergang so verhalten, wie es die Ideologie der Gemeinwirtschaft verlangte, und nicht einen bequemen Ausweg gewählt, der ihnen nach den Spielregeln der kapitalistischen Wirtschaft durchaus offen gestanden hätte. Sie löffelten die Suppe aus, die ihnen unfähige und charak-terlose Manager eingebrockt hatten. So fehlten dem Neue-Heimat-Skandal am Ende nahezu alle klassischen Kennzeichen eines wirtschaftlichen Desasters. Dass es so kam und sich die Rechnung schließlich in Grenzen hielt, war Matthöfers

---

90 Ebenda. 9 Jahre später, im Interview mit Andreas Kunz, präzisierte er die Anfälligkeit von Banken gegenüber politischem Druck: »Sobald sie politischen Druck von rechter Seite bekommen, kippen sie um.« Kunz, Akte, Band 1, S. 370.

91 DGB-Bundesvorstand (Hg.), 14. Ordentlicher Bundeskongress des DGB, Hamburg 20.–26.5.'90, Parlament der Arbeit, Protokoll, Frankfurt a. M. 1990, S. 86. Der Bundeskongress tagte standesge-mäß in dem von der NH-S errichteten Congress-Centrum.

Verdienst. Ohne sein Prestige, seine Integrität, Beharrlichkeit und Durchsetzungsfähigkeit hätte der BGAG-Vorstand bei aller fachlichen Qualität im Politpoker den kürzeren gezogen. Die Abwicklung der NH war nicht nur ein prekäres wirtschaftliches Manöver, sondern auch ein Politikum ersten Ranges. Der Treuhänder war daher ebenso auf die Kooperation mit dem erfahrenen Politiker angewiesen, wie der BGAG-Chef auf die Zusammenarbeit mit dem sanierungserprobten Bankier. Allein diese Symbiose verhinderte, dass die Auflösung des NH-Konzerns ausschließlich zu Lasten der Gewerkschaften ging. Der Beitrag, den die Banken aus ihrem Kreditrisiko beisteuerten, bewegte sich mit rund 100 Mio. DM im symbolischen Bereich. Ob Regionalisierung oder Privatisierung – sie profitierten auf jeden Fall, weil sie entweder mit ihrem Engagement im sicheren Hafen einer landeseigenen Gesellschaft landeten und die Kreditlinien verlängern konnten, oder weil ihre Kredite voll abgelöst wurden. Am meisten profitierten die öffentlichen Hände von der Regionalisierung der NH. Sie nutzten mehr oder weniger rücksichtslos die Notlage der Gewerkschaften aus und sorgten so für den Transfer von milliardenschwerem Gewerkschaftsvermögen in öffentliches Eigentum. Verlierer waren demnach die Gewerkschaften. Sie verloren nicht nur das Vermögen des NH-Konzerns, das beim Amtsantritt Matthöfers wohl bereits völlig aufgezehrt war, obwohl die Bilanz immer noch einen Substanzwert von ca. 5 Milliarden Mark auswies. Nur in seltenen Fällen gelang es im Zuge der Regionalisierung, die stillen Reserven zu heben, die in den Wohnungen und Grundstücken der Neuen Heimat verborgen waren. Die Gewerkschaften finanzierten aber noch darüber hinaus den Abwicklungsprozess. Nach einer Aufstellung, die Matthöfer im Frühjahr 1989 für den Aufsichtsratsvorsitzenden Breit anfertigen ließ, hatte die BGAG bis dahin rund 3,3 Mrd. DM aufgewandt, um den NH-Konzern zu stützen.[92] Es handelte sich dabei um Abschreibungen, Barleistungen, Zuschreibungen, Verlustübernahmen und Finanzierungskosten. Inwieweit diese Aufwendungen auch Rentabilitätsbelastungen darstellten, muss offen bleiben, weil ihnen ja Vermögenswerte und Beteiligungen gegenüber standen, die die BGAG zum Ausgleich aus der Masse des NH-Konzerns herauskaufte und selbst erst später veräußerte. Manfred Wiesmeier schätzte den Renditeschaden bis Anfang 1989 auf nicht mehr als 750 bis 800 Mio. DM, wobei er voraussetzte, dass die noch ausstehenden Veräußerungen wenigstens den Buchwert und die Vorhaltekosten einbrachten.[93] Spätestens seit 1989 übertrafen die Verkaufserlöse aber diesen Mindestansatz beträchtlich, sodass der Schaden gegen Null tendierte. Allein der außerordentliche Ertrag aus dem Doblinger-Deal – der Kaufpreis lag um 532 Mio. DM über dem Buchwert von 426 Mio. DM – trug somit erheblich dazu bei, die Rentabilitätsbelastung der BGAG aus der NH-Abwicklung in Grenzen zu halten. Matthöfer weigerte sich beharrlich, eigene

92 Matthöfer an Breit am 26. Mai 1989 und »Leistungen der BGAG an die Neue Heimat«, in: Kunz, Akte, Band 1, S. 400 u. 436–438.
93 Kunz, Akte, Band 1, S. 400. Diese Schätzung ist allerdings mit Vorsicht zu behandeln, weil Wiesmeier daran interessiert war, seine eigene Rolle beim Verkauf von Wohnungen und Grundstücken am Markt hervorzuheben.

Schätzungen darüber anzustellen, »was die Sanierung der NH wirklich gekostet hat.« Das herauszufinden würde »viel zu viel Arbeit« erfordern. Es interessierte ihn auch nicht mehr, als er das Kapitel Neue Heimat endlich schließen konnte: »Es ist vorbei.«[94] Im September 1990 legte Heinz Sippel sein Treuhandmandat nieder. Er sah seine Arbeit als beendet an. Die Kontrolle der von ihm treuhänderisch verwalteten Neue Heimat Beteiligungsverwaltungsgesellschaft (NH-BVG) ging auf die BGAG über. Matthöfer war wieder Herr im ganzen Haus. Zum Jahreswechsel 1991/92 hörte die GSP, früher Neue Heimat Städtebau, zu bestehen auf. Im Juni 1998 wurde schließlich auch die Neue Heimat Gemeinnützig juristisch für tot erklärt und ihre letzte Nachfolgeorganisation, die Hamburger Verwaltungs- und Betreuungs-AG (HVB), mit der BGAG verschmolzen.[95]

Matthöfers Ehrgeiz, das zu Beginn seiner Amtszeit als BGAG-Vorsitzender noch vorhandene Gewerkschaftsvermögen zu sichern, zu mehren und in neue Formen zu gießen, rührt wohl auch aus dem Wunsch, den Niedergang des Lebenswerkes Walter Hesselbachs möglichst schonend zu gestalten. Jedenfalls tat er alles, um das Andenken an den *spiritus rector* der Gemeinwirtschaft nicht mit einem Wirtschaftsskandal zu verdunkeln. Mit Blick auf Hesselbachs Rolle in der Arbeiterbewegung verfolgte er eine klare Strategie:[96] »Die alte Gemeinwirtschaft hat große Erfolge im Sinne der arbeitenden Menschen erzielt. Es gab große Probleme. Die wurden gelöst, und jetzt geht es mit neuer Kraft weiter, denn Gewerkschaften brauchen […] dringend eigene Unternehmen.« Wollte er verhindern, dass »in epischer Breite das Scheitern der Unternehmen der ehemaligen Gemeinwirtschaft und die Korruption der Kollegen« diskutiert wurde, musste er alles tun, um das Ausmaß des Schadens zu begrenzen. Der Zusammenbruch der Gemeinwirtschaft war in mancher Hinsicht für die Gewerkschaften eine Katastrophe, von der sie sich nur langsam erholen würden. In finanzieller Hinsicht blieb aber der Schaden – wie auch für die Belegschaften, Mieter, Handwerker und Gläubiger – sehr begrenzt. Jene Skandale im ›kapitalistischen‹ Sektor der deutschen Wirtschaft, wie sie kurz danach mit Namen wie Metallgesellschaft, Jürgen Schneider oder Procedo/Balsam verbunden waren, machten da einen deutlichen Unterschied aus.[97]

94 Hans Ulrich Helzer, Tobias Mündemann, Verlorene Heimat, DIE ZEIT Nr. 41 vom 2. Oktober 1992, S. 32.

95 Verschmelzung der HVB (Rechtsnachfolgerin der NH Hamburg bzw. der NH AG) auf die BGAG am 5. Juni 1998, in: Kunz, Akte, Band 2, Dok. 14.3, S. 1031–1033.

96 Matthöfer an Karl-Heinz Stanzick (BGAG) am 27. Juni 1994, betr. Hesselbach-Biographie, AdsD, DM Tageskopien BGAG.

97 Im Skandal um die Metallgesellschaft verloren die Gläubiger Anfang der neunziger Jahre durch Spekulationen 2 Mrd. DM. Der Bauunternehmer Jürgen Schneider betrog 1994 seine Gläubiger (die es ihm allerdings auch leicht machten) um 5 Mrd. DM. Die Deutsche Bank, die am meisten geschädigt wurde, beglich schließlich wenigstens 50 Mio. DM (›Peanuts‹) an Handwerkerrechnungen. Im Skandal um die Balsam-Pleite weigerten sich die Versicherungen 1994 unter Hinweis auf dubiose Vertragsklauseln für den Schaden von 1,7 Mrd. DM einzutreten, der durch ›Luftgeschäfte‹ des ostwestfälischen Unternehmens entstanden war.

Der Unternehmer

Die Neuordnung des gewerkschaftlichen Beteiligungsvermögens

Den Zusammenbruch der NH vor Augen, nahmen sich die Gewerkschaften spätestens 1986 ganz offen den Ausstieg aus der gemeinnützigen Wohnungswirtschaft vor. Ihr künftiges Verhältnis zur Gemeinwirtschaft im Allgemeinen blieb dagegen weiter unausgesprochen. Es war klar: Diese Frage musste schon mit Rücksicht auf das öffentliche Ansehen und den Marktwert der verbliebenen gemeinwirtschaftlichen Unternehmen diskret behandelt werden. Gleichwohl hatte Matthöfer bei seinem Amtsantritt nicht die geringsten Zweifel, dass es über die Liquidation der NH hinaus zu seinen Aufgaben gehören würde, auch die Gemeinwirtschaft als ganze auf den Prüfstand zu stellen. Er gewann sogar den Eindruck, als wollte sich die DGB-Führung aus ihrem wirtschaftlichen Engagement völlig zurückziehen, weil ihr nach den Erfahrungen in der Wohnungswirtschaft das unternehmerische Risiko zu hoch erschien. Der Gedanke, es könnten weitere akute Krisenherde innerhalb des Beteiligungskreises der BGAG sichtbar werden, spielte im Vergleich dazu keine entscheidende Rolle. Allerdings gab es deutliche Alarmzeichen. Seit 1981 – und erst recht nach 1982, als der NH-Skandal das Ergebnis belastete – musste z. B. die Bank für Gemeinwirtschaft immer wieder Gesellschafterhilfen in Anspruch nehmen, um ihre Ertragsschwäche zu kompensieren. Wie alle Beteiligungsunternehmen der BGAG litt auch die BfG unter fundamentalen Problemen.[98] Sie blieb in ihrer Organisation, ihrer Kostenstruktur, der Qualität der Dienstleistungen und im Hinblick auf ihre strategischen Marktziele hinter der Entwicklung maßgeblicher Wettbewerber zurück. Es gelang ihr nicht, die hohe Kostenbelastung abzubauen, die nicht zuletzt ihre ›gemeinwirtschaftliche‹ Ursache in einer zu großen und zu teuren Belegschaft hatte. Sie ging im Auslands- und Firmenkundengeschäft hohe Risiken ein, um Schwächen im übrigen Bankgeschäft zu verdecken. Hinzu kamen schwerwiegende Fehleinschätzungen der Zinsentwicklung, die zu falschen Anlageentscheidungen führten und hohe Abschreibungen auf Wertpapiere nach sich zogen. Ein über Jahre akkumulierter Verlust von Marktanteilen und Gewinnchancen war das Resultat. Im Ergebnis blieb dies auch den Eigentümern nicht verborgen, ohne dass sie im Einzelnen über die Gründe informiert waren. Matthöfer war sich jedenfalls im Rückblick sicher, dass er »auch bei größerer Bemühung [...] nicht den tatsächlichen Umfang der gut verschleierten BfG-Probleme hätte erkennen können, von den erst später sichtbar werdenden Ausmaßen des co op-Skandals ganz zu schweigen«.[99] Er nahm daher den Verkauf einer knappen Mehrheit der BfG-Anteile (50 % plus eine Aktie) an die Aachener und Münchener Beteiligungs-AG (AMB) als das wahr, was auch die Eigentümer

---

98 Matthöfer, Mündlicher Vortrag auf der Sitzung des Beirates der BGAG am 2. Dezember 1996 im Haus des DGB, Düsseldorf, AdsD, DM Ordner BGAG.

99 ›Diensttagebuch‹, 11.12.1986, AdsD, DM 0404. Der Kommentar wurde etwa um 2000 eingefügt.

darin sahen: eine strategische Entscheidung der Gewerkschaftsspitze, die in der Gemeinwirtschaft nicht länger ein ideologisch wie wirtschaftlich lohnendes Investment sah und es daher vorzog, das Vermögen ihrer Organisation aus dem operativen Risiko der Unternehmensführung herauszunehmen. Der Deal mit der AMB war im Dezember 1986 ein erster Schritt in diese neue Richtung. Mehr als der finanzielle Spielraum, der gewiß auch nötig war, um das Stillhalteabkommen mit den Gläubigerbanken der NH zu sichern, reizte die Gewerkschaften dabei der Rückzug aus der vordersten Linie der unternehmerischen Verantwortung und die Hoffnung auf eine rentable Öffnung der gemeinwirtschaftlichen Verfassung der BfG. Der neue BGAG-Chef, der bei seinem Amtsantritt insoweit vor vollendeten Tatsachen stand, sah in dem Verkauf der BfG-Aktien denn auch kein Zeichen von Schwäche. Im Gegenteil: Der übernehmende Versicherungskonzern honorierte einen von der Gewerkschaftsseite bis dahin investierten Nettokapitalbetrag in Höhe von 145,75 Mio. DM mit einem Kaufpreis von 1,86 Mrd. DM und bescheinigte der BfG damit eine im Branchenvergleich bemerkenswerte Performance. Entgegen der landläufigen Vorstellung, die Gewerkschaften hätten aus Not ihr Tafelsilber verschleudert, führte erst der Verkauf der BfG dazu, prekäre Eigentumstitel in solide Vermögenswerte zu verwandeln.

Offenbar hatten die gewerkschaftlichen Unternehmen dem Markt etwas zu bieten, das über ihren ideologischen Anspruch weit hinausreichte und ihre Schwäche im operativen Geschäft für den Käufer in den Hintergrund treten ließ. Es lag auf der Hand, diese Attraktion mit den Eigenarten des Kundenstamms zu erklären, der überdurchschnittlich viele Arbeitnehmer und kleine und mittlere Unternehmen umfasste. Darin sahen viele Wettbewerber eine ideale Ergänzung des eigenen Profils. Auch die engen und besonderen Geschäftsbeziehungen zu den Gewerkschaften zählten sicher zu den *assets,* die potentielle Käufer zu einer relativ günstigen Bewertung von Beteiligungen an ehemals gemeinwirtschaftlichen Unternehmen motivierten. Der Ruf vom sagenhaften Reichtum der Gewerkschaften hatte zwar unter dem NH-Skandal gelitten, doch wurden sie als Großkunden nach wie vor mit Respekt behandelt. Jede Ausstiegsstrategie, davon war Matthöfer von Anfang an überzeugt, musste deshalb nach einem Weg suchen, mit diesen Pfunden kräftig zu wuchern. Auch ganz ohne jeden wirtschaftlichen Zwang lag es also im Interesse der Gewerkschaften, ›strategische‹ Partner zu finden, die bereit waren, das unternehmerische Risiko zu übernehmen und den komparativen Vorteil enger Geschäftsbeziehungen zu den Gewerkschaften und ihren Mitgliedern zu honorieren. Der BGAG-Vorsitzende war sich auch der paradoxen Folgen bewusst, die diese Entscheidung nach sich zog. Je weiter sich die großen BGAG-Töchter aus der operativen Verantwortung zurückzogen, desto mehr musste nahezu zwangsläufig die Bedeutung der Holding wachsen, weil sie sich unangefochten von konkurrierenden Ansprüchen der Töchter zur Machtzentrale entwickeln konnte. Darüber hinaus fielen die kleineren Töchter, die bisher eng mit der BfG oder der Volksfürsorge verbunden waren, dann unter die direkte Führung der BGAG, mussten sie doch von der Beteiligungsgesellschaft vor jeder Transaktion aus ihren früheren Abhän-

Entwicklung der Verbindlichkeiten

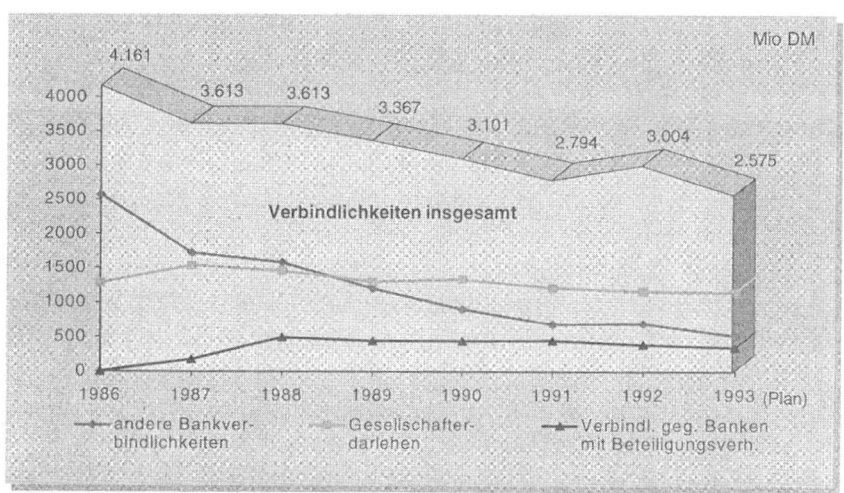

Der Abbau von Bankschulden war für die Rückführung der Verbindlichkeiten der BGAG die wesentliche Voraussetzung.

gigkeitsbeziehungen herausgekauft werden. Damit wuchs der Druck, im Zuge der Neuordnung des gewerkschaftlichen Beteiligungsvermögens auch eine umfassende Konzernstrategie zu entwickeln, die diesen Unternehmen – im Wesentlichen Immobilien- und Finanzdienstleister – einen sinnvollen Platz im organisatorischen Rahmen der Arbeiterbewegung zuwies, um ihren Fortbestand zu legitimieren. Dies warf zuletzt die grundsätzliche Frage auf, ob Gewerkschaften überhaupt eigene Unternehmen brauchten. Sie wurde relativ spät gestellt, weil andere Probleme auf den Nägeln brannten.[100] Zu den Randbedingungen der Neuordnung gehörte auch die Sanierung der Finanzen der BGAG, die den Löwenanteil ihrer Verbindlichkeiten von 4,2 Mrd. DM bei fremden Banken platziert hatte.[101] Anfangs (1986) noch mit 2,6 Mrd. DM zu Buche stehend, nahmen Anteil und Volumen rasch und stetig ab, um sich Anfang der neunziger Jahre mit knapp über 500 Mio. DM auf einem erträglichen Niveau zu stabilisieren. Der absolute Rückgang der Bankschulden wurde nur zu einem geringen Teil durch Verbindlichkeiten bei eigenen Beteiligungsbanken kompensiert. Dagegen blieb der Anteil der Gesellschaf-

100 Es dauerte fast vier Jahre, ehe Matthöfer seine Überlegungen offen zur Diskussion stellte: Brauchen Gewerkschaften eigene Unternehmen? Allgäuer Kamingespräche (FESt), Kaufbeuren, Hotel Goldener Hirsch, 21. September 1990, Maschinenschr. Ms., 7 S., AdsD, DM Ordner BGAG und: Brauchen Gewerkschaften eigene Unternehmen? In: Karl Krahn, Gerd Peter u. Rainer Skrotzki (Hg.), Immer auf den Punkt – Beiträge zur Arbeitsforschung, Arbeitsgestaltung, Arbeitspolitik, Willi Pöhler zum 60. Geburtstag, Dortmund 1994, S. 33–44.
101 Matthöfer, Vortrag, AdsD, DM Ordner BGAG.

terdarlehen mit rund 1,3 Mrd. DM während der gesamten Ära Matthöfer nahezu konstant. Gemessen an der drastisch auf 2,575 Mrd. DM (1993) reduzierten Gesamtlast der Verbindlichkeiten nahm ihre Bedeutung sogar noch zu. Schließlich sollte ja die BGAG ihre ursprüngliche Funktion als Steuersparmodell für die Gewerkschaften auch nach der Neuordnung nicht verlieren.

Nach dem erfolgreichen Einstieg in die Neuordnung der BfG stand bei Matthöfers Amtsantritt der Verkauf von Teilen der Volksfürsorge als nächstes auf der Tagesordnung. Dabei ging es nicht um irgendeine Unternehmensgruppe der Assekuranz-Branche. Das 1912 als Volksfürsorge Gewerkschaftlich-Genossenschaftliche Versicherungs-Aktiengesellschaft gegründete Unternehmen hatte sich inzwischen mit einer Versicherungssumme von fast 70 Mrd. DM zu einem der größten Lebensversicherer der Bundesrepublik entwickelt. Darüber hinaus repräsentierte die Vofü noch den zweitgrößten Hausratsversicherer mit rund 1,5 Millionen Verträgen und war die Nummer Zwei der Privathaftpflichtversicherer mit rund 175.000 Verträgen. Sie galt außerdem als ein besonders günstiger Rechtsschutzversicherer, der 680.000 Verträge mit fast 2,5 Millionen Risiken betreute. Auf den meisten Geschäftsfeldern profitierte die Volksfürsorge von ihren engen Beziehungen zu den Gewerkschaften. Vor allem das Vertriebssystem baute im Wesentlichen auf die Mitarbeit von 34.000 nebenberuflich tätigen Gewerkschaftsfunktionären, die sich bei der Akquisition von Verträgen nicht nur von monetären Motiven leiten ließen. Die Nähe zu den Gewerkschaften wirkte sich in mancher Beziehung aber auch ungünstig auf das Geschäft aus. So lag der Wert einer durchschnittlichen Vofü-Lebensversicherungspolice mit 17.000 DM deutlich unter dem Branchendurchschnitt von 32.600 DM. Eine weitere Besonderheit, der Abschluss von Gruppenverträgen mit den Gewerkschaften, brachte dem Konzern nicht immer Gewinn ein. Es gehörte vielmehr nach wie vor zu seiner gemeinwirtschaftlichen Orientierung, den Abschluss einer ansonsten für ihn lukrativen Freizeit-Unfallversicherung, wie sie jedes neue Gewerkschaftsmitglied als Morgengabe erhielt, ergebnisneutral zu kalkulieren. Ideologische Gründe verhinderten auch den Aufbau einer gemeinwirtschaftlichen ›privaten‹ Krankenversicherungssparte. Man wollte den Ortskrankenkassen und anderen gesetzlichen Krankenversicherungsträgern nicht auch noch von dieser Seite Konkurrenz machen. Vor allem aber erschütterte der NH-Skandal das Vertrauen der Kunden in die ›Versicherung der kleinen Leute‹, sodass das Neugeschäft 1986 um 3,6 % zurückging.[102] So kam es dazu, dass die Vofü mehr Zinsen für Kapitalbeteiligungen auswies als Gewinne. Insgesamt kostete die Gewerkschaften die Eigentümerschaft an dem Versicherungskonzern Jahr für Jahr 50 bis 60 Mio. DM.[103] Es war also höchste Zeit, dass der neue BGAG-Chef seiner Versicherungstochter eine Neuordnungsstrategie verordnete, die sich

---

102 Rudolf Kahlen, Keiner will die kleinen Leute. Gemeinwirtschaftschef Matthöfer kann die Volksfürsorge nicht verkaufen, DIE ZEIT, Nr. 38, vom 11. September 1987. 1987 erreichte die Vofü wieder eine zweistellige Wachstumsrate.
103 Interview mit Matthöfer am 17. Oktober 2005 in Berlin, Protokoll, AdsD, DM 0404.

am Vorbild der BfG orientierte und geeignet war, das Beteiligungsvermögen der Gewerkschaften in einen sicheren Hafen zu bringen.

Matthöfer plante von Anfang an, eine Führungsmehrheit des Volksfürsorge-Kapitals einem strategischen Partner anzubieten, darüber hinaus ein knappes Viertel der Anteile (25 % minus 2 Aktien) an die Börse zu bringen und selbst nur eine Schachtelbeteiligung von 25 vH (und eine Aktie) zu halten. Mit dem Verkauf an einen strategischen Partner wollte er zwei Fliegen mit einer Klappe schlagen. Zum einen erlaubte diese Konstruktion den Ausstieg aus der operativen Unternehmensführung, die nach der Aufgabe des gemeinwirtschaftlichen Modells nicht mehr zwingend erforderlich war, um die Ziele gewerkschaftlicher Beteiligungspolitik zu erreichen. Vielmehr verband sich mit einer neuen unternehmerischen Führung die Hoffnung auf neue Märkte und offenen Innovationstransfer, wovon auch die Gewerkschaften profitieren würden. Zum anderen wollte er den ›Paketzuschlag‹ realisieren, von dem er sich gegenüber einem vollständigen Börsengang einen Mehrertrag von einer Milliarde Mark versprach. Soviel sollte es einem Erwerber wert sein, ein mehrheitsfähiges Aktienpaket zu erwerben, das ihm die unternehmerische Führung erlauben würde. Ein solcher Aufschlag auf den (Börsen-) Verkehrswert war zur Sanierung der BGAG-Bilanz von lebenswichtiger Bedeutung. Der Holding brachte der Verkauf einer ihrer Töchter nur dann Geld in die Kasse, wenn der Preis über den Buchwerten lag. Diese waren aber durch häufiges Verschieben von Aktienpaketen innerhalb des Beteiligungskreises inzwischen nahe an die Verkehrswerte herangekommen. Zuletzt hatte die BGAG 1986 durch eine Umbuchung von 23 % Volksfürsorge-Anteilen von der VHU zur Vemo einen außerordentlichen Ertrag von 500 Mio. DM erzielt, mit dem sie Bilanzlöcher stopfte.[104] Nur ein kräftiger Paketzuschlag verhalf daher der BGAG zu der Liquidität, die sie dringend in Sachen NH benötigte.

Beides, die Partnersuche und der Börsengang, setzte entschiedene Anstrengungen voraus, den Versicherungskonzern organisatorisch zu ›liften‹, um ihn auf Augenhöhe mit der Konkurrenz zu bringen. Viele Wettbewerber verfügten beispielsweise längst über »Ablauffonds‹, die es gestatteten, der Kundschaft für freiwerdendes Geld aus Lebensversicherungen eine attraktive Wiederanlage zu bieten. Damit nicht Milliardensummen zu den Banken abwanderten, gründeten die meisten Versicherer eigene Kapitalanlagegesellschaften. Die Vofü hatte dies lange nicht für nötig gehalten, weil sie auch in dieser Hinsicht eng mit der BfG zusammenarbeitete. Jetzt wurde es Zeit, eigene Ablauffonds einzurichten. Noch wichtiger nahm Matthöfer die Neuordnung der Konzernstruktur. Sie war bis dahin so angelegt, dass alle Fäden bei der Lebensversicherungsgesellschaft zusammen liefen. Dies hatte aus der Sicht des Unternehmens den gravierenden Nachteil, dass nahezu alle Erträge nach geltendem Versicherungsrecht an die Kunden abgeführt werden mussten, auch die aus Beteiligungen wie der Sachversicherung oder der Haft-

---

104 Rolf-J. Freyberg, Pressegespräch zum Jahresabschluß 1986 am 4. September 1987, AdsD, DM 019.

pflichtversicherung. Eine Holding, die alle Versicherungssparten formal gleichberechtigt unter einem Dach vereinte, konnte hier Abhilfe schaffen. Sie unterlag nicht den strengen Bestimmungen der Versicherungsaufsicht und bot den angemessenen Rahmen für die aus der Sicht eines renditeorientierten Anlegers notwendige Entflechtung der Volksfürsorge Lebensversicherung AG. Die Vernachlässigung einer effizienten Konzernstruktur hatte im Übrigen historische und ideologische Gründe. Als die BfG 1968 die Volksfürsorge Lebensversicherung AG Hamburg erwarb, verfolgte sie damit nur sehr begrenzte versicherungswirtschaftliche Ziele. Es ging ihr in erster Linie darum, mit Hilfe dieser Beteiligung einen im nationalen und internationalen Vergleich der konsolidierten Bilanzsummen höheren Rang unter den Kreditinstituten einzunehmen.[105] Zur Lebensversicherung AG gehörten damals schon die Sachversicherung AG, die Hamburger Internationale Rückversicherung AG und die Rechtsschutz-Versicherung AG. Anfang der siebziger Jahre kam die Volksfürsorge Bausparkasse hinzu.[106] Die BfG verfügte damit über alle Voraussetzungen für den Aufbau eines umfassenden Allfinanzkonzerns aus Teilzahlungsbanken, Hypothekenbank, Bausparkasse, Lebens- und Sachversicherung, wie er in ähnlicher Form durch Neugründungen, Beteiligungserwerb oder Kooperation von vielen Kreditbanken angestrebt wurde. Allerdings ließ die BfG die Chance verstreichen, sich daraus einen Wettbewerbsvorteil zu verschaffen, da das Versicherungsgeschäft aus der Sicht der Bank von nachgeordneter Bedeutung war. Die Ausrichtung an wirtschaftlichen Kriterien wie dem der Kundenfreundlichkeit, die ja durchaus mit gemeinwirtschaftlichen Gedanken kompatibel war, überlagerte den Aspekt der Gewinnorientierung. Langfristig schränkte diese Vernachlässigung des Gewinns den unternehmerischen Spielraum stark ein. So wies die Volksfürsorge mehr Zinsen für Kapitalbeteiligungen aus als Gewinne. Zuletzt ging es darum, wenigstens die Kosten der Eigentümerschaft, die bei jährlich zwischen 50 und 60 Mio. DM lagen, zu reduzieren.[107] Die Versäumnisse, die das Unternehmen in diese Situation gebracht hatten, galt es nun schleunigst aufzuarbeiten. Zwar stand die BfG für den Aufbau eines Allfinanzkonzerns nicht mehr uneingeschränkt als Partner zur Verfügung, doch konnte die BGAG auch auf ihre eigenen Bankenbeteiligungen zurückgreifen.

Die Neugliederung der Vofü sollte parallel zu Matthöfers Bemühungen anlaufen, einen potenten Partner für die Übernahme der Aktienmehrheit zu finden, um den Preis dieser Transaktion noch in die Höhe zu treiben. Bei der Suche nach dem neuen Großaktionär wollte der BGAG-Chef keine weltanschaulichen Tabus gelten lassen. Hauptsache, die neue Konstellation diente der »langfristigen Sicherung der Arbeitsplätze durch die Erschließung neuer Märkte« oder der »zukunftsweisenden Erneuerung« des Konzerns – so die offizielle Sprachregelung.[108] Zum Auftakt eines

---

105 Vetter, Unternehmen, S. 87.
106 Geschäftsbericht der Bank für Gemeinwirtschaft AG, Frankfurt a. M. 1972, S. 50.
107 Interview mit Matthöfer am 17. Oktober 2005 in Berlin; AdsD, DM 0404.
108 Hans Matthöfer, Pressegespräch zum Jahresabschluß 1986 der BGAG am 4. September 1987 (Manuskript), AdsD, DM 019.

Marathons von Verkaufsverhandlungen, die sich mit insgesamt 15 Interessenten über zwei Jahre hinziehen sollten, wandte er sich zunächst dem Wunschpartner Nr. 1 der Gewerkschaften zu: den Sparkassen. Mit ihrer örtlich vielfach ausgeprägten gewerkschaftlichen und SPD-Infrastruktur und ihrer gemeinwirtschaftlichen Orientierung standen sie der Unternehmenskultur der Vofü zweifellos sehr nahe. Es überrascht deshalb nicht, dass sich Matthöfer und der Sparkassenpräsident Helmut Geiger im Spitzengespräch schon bald recht nahe kamen. Allerdings lagen die Ausgangspositionen in preislicher Hinsicht noch weit auseinander. Die Sparkassen schätzten den Gesamtwert der Volksfürsorge auf 2,2 Mrd. DM, während der BGAG-Vorsitzende als taktischen Verhandlungseinstieg mit ca. 4 Mrd. DM nahezu den doppelten Wert ins Spiel brachte.[109] Die Gespräche scheiterten jedoch, noch ehe der Preispoker beginnen konnte. Der Widerstand kam aus einflussreichen Instituten und Regionalverbänden der Sparkassenorganisation, die sich – ganz wie auf der anderen Seite die BGAG – von einem Versicherungspartner innovative Anstöße erhofften, die sie gerade nicht von einer ihnen ähnlichen Unternehmenskultur erwarteten. In einer so heterogenen Organisation wie den Sparkassen reichten einzelne kritische Stimmen aus, um die schwache Verbandsspitze zu entmutigen, und so musste Geiger vor der Option, in Verhandlungen über die Volksfürsorge einzutreten, passen. Es folgten Gespräche mit der Schweizer Winterthur Versicherung, deren Generaldirektor Gerhard Christen sich jedoch nach offenen Verhandlungen für den Kauf der Kölner Nordstern Versicherungsgruppe entschied. Auch die Deutsche Bank, bei deren Sprecher Alfred Herrhausen das Duo Matthöfer und Wefelmeier vorsprach, lehnte dankend ab. Schließlich verhandelte Matthöfer bis in den Sommer hinein auch mit einem Bevollmächtigten von Carlo De Benedetti, dem Chef des italienischen Olivetti-Konzerns, dem in der Branche der Ruf eines »knallharten Sanierers« anhing.[110]

Die Volksfürsorge und der Machtkampf um die Liquidation der Gemeinwirtschaft

Anders als die Verhandlungen mit der Sparkassenorganisation passten Matthöfers Versuche, mit ausländischen Kapitalisten ins Gespräch zu kommen, nicht mehr in das Weltbild vieler Gewerkschafter, die noch immer der Idee der Gemeinwirtschaft nachhingen. Vor allem in den Augen des Vofü-Vorstandsvorsitzenden Werner Schulz überschritt er damit in der innergewerkschaftlichen Auseinandersetzung

---

109 ›Der Platow Brief‹ vom 11. November 1987.
110 Rudolf Kahlen, Keiner will die kleinen Leute. Gemeinwirtschaftschef Matthöfer kann die Volksfürsorge nicht verkaufen, DIE ZEIT, Nr. 38, vom 11. September 1987. Ausgerechnet die einzige Offerte aus den USA stellte sich als Betrugsmanöver heraus. Der frühere Bundeswirtschaftsminister Hans Friderichs, der jetzt als Berater tätig war, hatte sich, wie Matthöfer 1988 in sein Diensttagebuch eintrug, »als aktiver Türöffner für Leute (betätigt), die mit uns eine gigantische Betrugsoperation vorhatten, deren Lügengeschichten aber unseren sofort einsetzenden Recherchen in den Vereinigten Staaten nicht standhielten«. ›Diensttagebuch‹, 9.9.1977, AdsD, DM 0404.

um den wirtschaftlichen Standort der organisierten Arbeiterbewegung den Rubikon. Der offene Widerstand der Konzernzentrale, der damit herausgefordert wurde, war aber weniger ein Kampf um allgemeine gemeinwirtschaftliche Prinzipien als um persönliche Interessen der Beteiligten. Dem Vofü-Vorstand und einem großen Teil der organisierten Belegschaft konnte es nicht gleichgültig sein, wer am Hamburger Alsterufer das Kommando übernehmen würde. Schulz hatte bis dahin bei Matthöfer gezielt den Eindruck erweckt, ihm auf dem Weg in die Neuordnung der Volksfürsorge zu folgen. Angeblich sei das sogar seine eigene Idee gewesen, nur habe die BGAG es früher immer blockiert, die Vofü zu einer Holding zu machen, um sie auf dem Kapitalmarkt attraktiver erscheinen zu lassen. In Wahrheit lag Schulz nichts ferner als eine Umwandlung der Volksfürsorge in eine Holding. Er wollte nur Zeit gewinnen, wie Matthöfer mutmaßte, um hernach den Neuordnungsplan »mit unverschämter Offenheit zu hintertreiben und zu sabotieren«.[111] Er wollte nicht an einen strategischen Partner verkaufen, sondern alles tun, um Herr im eigenen Haus zu bleiben. Er schlug daher vor, nicht 25 %, sondern 75 % des Stammkapitals (minus eine Aktie) an der Börse zu platzieren, um auf diese Weise weiter selbst Regie führen zu können. Im nun offen ausbrechenden Konflikt mit Matthöfer konnte sich Schulz auf starke Bataillone stützen. Hinter ihm standen nicht nur sein Vorstand, sondern auch die Betriebsräte der drei großen Volksfürsorge-Sparten – Leben-, Sach- und Rückversicherung – sowie die Arbeitnehmerbank im paritätisch mitbestimmten 20-köpfigen Aufsichtsrat der Lebensversicherung AG. Schulz konnte sich zudem auf den Aufsichtsratsvorsitzenden verlassen. Gustav (Gustl) Fehrenbach, stellvertretender Vorsitzender des DGB, galt gemeinhin als anständiger Kerl und guter Gewerkschafter, war aber seiner Aufgabe im Kontrollgremium der Volksfürsorge Lebensversicherung AG in der Sache nicht gewachsen. Dadurch völlig in die Abhängigkeit des Vofü-Vorstandes geraten, folgte der ehemalige Amtsrat und stellvertretende Vorsitzende der Postgewerkschaft meist unkritisch dessen Vorgaben und ließ sich von der gemeinwirtschaftlichen Rhetorik der Matthöfer-Gegner leicht beeindrucken. So war es für Schulz nicht schwer, seinen Aufsichtsratsvorsitzenden davon zu überzeugen, die BGAG sei dabei, die hehre Idee der Gemeinwirtschaft für ein Linsengericht einzutauschen. Tatsächlich ging der Umbau der Vofü in eine Holding voll zu Lasten der Kunden, weil nunmehr lediglich die Gewinne aus der Lebensversicherungssparte an die Inhaber von Policen weitergeleitet wurden. Ähnliche, »auf eine Erhöhung der Produktivität und Verbesserung der Marktstellung ausgerichtete Strukturreformen« (BGAG) hatten zuvor schon Wettbewerber wie der Deutsche Herold hinter sich gebracht und waren dafür öffentlich – auch von den Gewerkschaften – gescholten worden. Und wenn Matthöfer in einem Referat auf der Frankfurter Fachkonferenz »Gemeinwirtschaft« des Vorstandes der IG Metall eine Senkung der Personalkosten bei den gewerkschaftlichen Unternehmen forderte[112], weil sie bei-

111 ›Diensttagebuch‹, 20.7.1988, AdsD, DM 0404.
112 ›Diensttagebuch‹, 11.3.1988, AdsD, DM 0404.

spielsweise bei der Vofü um 12 % über dem Branchenschnitt lagen, meinte er zwar etwas anderes als eine Senkung der individuellen Gehälter, konnte aber nicht verhindern, dass es für den Gewerkschafter Fehrenbach ganz nach einem Angriff auf die Errungenschaften der Arbeiterbewegung klang, den es abzuwehren galt. Er wusste, dass Matthöfer, wenn er schon auf Gewinnorientierung und Personalkosten abstellte, es nicht würde ausschließen können, dass auch die Mitbestimmung auf die ›Reform‹-Agenda einer kapitalmarktorientierten Unternehmenspolitik geriete; und damit stünde ein ein weiteres Markenzeichen der Gemeinwirtschaft zur Disposition. Als Aufsichtsratsvorsitzender hatte Fehrenbach ausdrücklich auf sein Doppelstimmrecht verzichtet und somit der Arbeitnehmerbank in jeder Hinsicht die volle paritätische Mitbestimmung zugestanden. Nun ließ er sich vom Vorstand und den mächtigen Betriebsratsvorsitzenden gegen Matthöfers Neuordnungskurs in Stellung bringen. Obwohl er ihm ursprünglich zugesichert hatte, den Vorsitz im Aufsichtsrat zum Jahresbeginn 1988 für den BGAG-Chef zu räumen, weigerte er sich schließlich doch, den Wechsel zu vollziehen. Damit stellte er sich auch ausdrücklich gegen den Willen des DGB-Vorstandes. Er konnte sich dies aber leisten, weil seine Funktion als CDU-Quotenmann seine Stellung im Vorstand nahezu unantastbar machte. Da er auch mit seinem Rücktritt vom stellvertretenden DGB-Vorsitz drohte, wenn er von Matthöfer zur Niederlegung des Aufsichtsratsvorsitzes gezwungen würde, blieb Ernst Breit nichts anderes übrig, als den BGAG-Vorsitzenden zu bitten, sich vorerst damit abzufinden.[113]

Nachdem der offene Machtkampf mit Schulz und seinen Verbündeten ausgebrochen war, pochte Matthöfer auf seine Vollmachten, die ihm die Kapitaleigner bei seinem Amtsantritt übertragen hatten. Er hatte Schulz in seine Verkaufsverhandlungen gar nicht erst einbezogen, weil ihm klar war, dass er das Principal-Agent-Problem nicht lösen konnte, das bei dem gegebenen Zielkonflikt zwischen ihm als ›Prinzipal‹ und Schulz als seinem ›Agenten‹ auftrat. Die Nutzenfunktionen beider Seiten lagen offenbar unüberbrückbar weit auseinander. In dieser Situation musste sich Matthöfer dagegen wehren, »daß die Gewerkschaften in Gefahr geraten, als 100prozentige Eigentümer der Vofü gegenüber den Vorständen nicht mehr ihre Eigentümerrechte wahrnehmen zu können«.[114] Schließlich hätte er sich zu Recht Vorwürfe gefallen lassen müssen, wenn er Zweifel an deren Durchsetzungsfähigkeit aufkommen ließe. Für ihn stand deshalb fest:[115] »Die verkaufen sich nicht selber, sondern wir verkaufen die.« Er war der festen Zuversicht, dass die Eigentümer in solch vorhersehbaren Konflikten hinter ihm stünden, und trachtete nun die entsprechenden Zusagen in Anspruch zu nehmen.

Was diese Garantien wirklich wert waren, wurde ihm freilich rasch bewusst, als er Mitte Juni 1987 am Rande einer SPD-Veranstaltung in Bonn mit einem kleinen Kreis der unmittelbar Betroffenen im Bonner Büro des DGB zusammentraf, um

---

113 ›Diensttagebuch‹, 5.7.1988, AdsD, DM 0404.
114 In einem Interview mit der ›Welt der Arbeit‹ vom 28. Juli 1988.
115 Rudolf Kahlen, Keiner will die kleinen Leute. Gemeinwirtschaftschef Matthöfer kann die Volksfürsorge nicht verkaufen, DIE ZEIT, Nr. 38, vom 11. September 1987.

sich Rückendeckung gegen »die Sabotagehaltung des Vorstandsvorsitzenden der Volksfürsorge« zu verschaffen.[116] Zuvor hatte er erfahren, dass Schulz gegen seinen ausdrücklichen Willen auf eigene Faust ebenfalls Verhandlungen über den Verkauf von Vofü-Anteilen führte. Der BGAG-Vorsitzende erkannte rasch, dass keiner der Anwesenden – mit Ausnahme von Breit – »überhaupt verstand und auch nicht verstehen wollte, worum es ging«. Zum ersten Mal erfuhr er bei dieser Gelegenheit, dass Schulz offenbar ein »verbrieftes Vetorecht« gegen bestimmte Entscheidungen der BGAG besaß, das er in den Verkaufsverhandlungen auszuüben gedachte. Das Treffen wurde für Matthöfer ein »reines Fiasko«. Er erkannte, dass er vom DGB-Vorstand keine Unterstützung bei der Lösung seiner Aufgaben erwarten konnte. Vor die Wahl gestellt, zurückzutreten oder den Kampf anzunehmen, blieb er seinem Charakter treu. Er war fest entschlossen, auch ohne Rückendeckung aus Düsseldorf weiterzumachen und den Machtkampf für sich zu entscheiden. Aus dem Gespräch mit der DGB-Spitze zog er freilich die Konsequenz, sich auch seinerseits keinem gewerkschaftspolitischen Mandat zu verpflichten, das zu den gesellschaftsrechtlichen Rahmenbedingungen des Vorstandsvorsitzenden einer Aktiengesellschaft oder zu seinen eigenen unternehmenspolitischen Überlegungen im Widerspruch stand. Nach diesem Zwischenspiel war klar, dass der Machtkampf mit den Verteidigern der letzten Bastion der Gemeinwirtschaft und den Nutznießern ihrer Pfründe einem neuen Höhepunkt zustreben musste.

Für den dramatischen *show down* suchte sich Matthöfer ein sicheres Gelände. Nach diskret geführten Verkaufsgesprächen löste er im Herbst 1987 eine Sensation aus, als er eine weitgehende Einigung mit dem Vorstandsvorsitzenden der Deutschen Genossenschaftsbank (DG-Bank), Helmut Guthardt, publik machte. Die meisten Experten sahen darin nicht nur »eine der spektakulärsten Transaktionen der letzten Jahre«, sondern bewerteten sie auch in der Sache als »eine großartige Finanzoperation«.[117] Sie hatte aber auch im gewerkschaftlichen *Infight* ihre Vorzüge. Ein Verkauf an das Spitzeninstitut der Genossenschaftsbanken hätte die Transaktion weit weniger angreifbar gemacht als frühere Versuche einer rein marktwirtschaftlichen Lösung. Immerhin stand der genossenschaftliche Kreditsektor – wie die öffentlich-rechtliche Sparkassenorganisation – der Gemeinwirtschaft nahe, auch wenn sich die Verwandtschaft inzwischen mehr auf weltanschauliche Rhetorik gründete als auf tatsächliche Handlungsweisen und Zielsetzungen. Im Großen und Ganzen ähnelte die mit der DG-Bank gefundene Lösung der frühen, erfolglosen Absprache mit den Sparkassen. Die Bank sollte zusammen mit den fünf genossenschaftlichen Zentralkassen und einigen großen Genossenschaften 50 % (plus eine Aktie) des Grundkapitals der Volksfürsorge Versicherungsgruppe übernehmen. Die Kreditgenossenschaften verfügten zwar mit der R+V Versicherung in

---

116 ›Diensttagebuch‹, 14.6.1987, AdsD, DM 0404. Anwesend waren außer ihm Breit, Fehrenbach, Teitzel, Schulz und der Vorsitzende der Gewerkschaft Handel, Banken und Versicherungen (HBV), Günter Volkmar.
117 ›Der Platow Brief‹ vom 11. November 1987.

Wiesbaden über eine eigene Versicherungsgruppe,[118] deren Geschäft aber fast ausschließlich über den Bankschalter betrieben wurde, sodass die Ehe mit der Volksfürsorge, die auf Vertreterbasis arbeitete, eine zweite Vertriebsschiene als ideale Ergänzung öffnete. Der neue Versicherungskonzern sollte nach dem Münchner Allianz Konzern mit 7,2 Mrd. DM Prämienvolumen zur zweitgrößten deutschen Versicherungsgruppe avancieren, mit deutlichem Abstand zur weiteren Konkurrenz. In ihr hätte die DG-Bank unangefochten das ›Sagen‹ gehabt. Einige Fragen blieben freilich noch offen. So ließ die Umwandlung der Vofü in eine Holding noch immer auf sich warten. Schulz hatte die Einleitung konkreter Schritte bis dahin immer wieder hinausgeschoben. Jetzt übernahm Matthöfer die Initiative und beantragte die dazu notwendige Genehmigung beim Bundesaufsichtsamt für das Versicherungswesen. Er rechnete sich eine rasche und positive Entscheidung aus, weil die geplante Fusion auch in der Bundesregierung auf uneingeschränkte Zustimmung stieß. Außerdem war es Matthöfer gewesen, der als Finanzminister die Berufung des Chefs der Versicherungsaufsicht, August Angerer, gegen hartnäckigen Widerstand in der SPD durchgesetzt hatte. Jedenfalls setzte er nun Schulz auf diesem Gebiet stark unter Druck.

Offen blieb auch die Frage nach dem Kaufpreis. Anfänglich rechnete sich Matthöfer gute Chancen aus, für den Mehrheitsanteil an der Vofü über 2 Mrd. DM zu erzielen. Dann kam es am 19. Oktober 1987, dem Schwarzen Montag, zu jenem berüchtigten Börsenkrach, der mit einem Schlag den Dow Jones um 22,6 % abstürzen ließ.[119] Insgesamt verlor der amerikanische Aktienmarkt an diesem einen Tag 500 Mrd. Dollar an Wert – der mit Abstand höchste Tagesverlust aller Zeiten. In Frankfurt hielten sich die Kursverluste zwar im weltweiten Vergleich noch in Grenzen, doch verloren auch hier die Aktionäre im Herbst ein Fünftel ihres Vermögens. Versicherungsaktien gaben sogar besonders stark nach. Vor diesem Hintergrund gingen beide Seiten nach dem Crash nur noch von einem Kaufpreis von rund 1,5 Mrd. DM aus, der allerdings noch unter dem Vorbehalt der Ergebnisse eines Gutachtens der Wirtschaftsprüfer stand. Bis Mitte 1988 sollte der Verkauf über die Bühne gegangen sein. An ein *going public* war unter diesen Bedingungen auf absehbare Zeit gar nicht zu denken, was die Position des Vofü-Vorstandes, der ja gerade auf einen großen Börsengang gesetzt hatte, weiter schwächte. Schulz hatte eigenmächtig mit Klaus Röller, dem Vorstandssprecher der Dresdner Bank, den Verkauf von 75 % der Vofü-Aktien vorbesprochen.[120] Nach dem Crash hätte dieser Börsengang nur noch 1,3 Mrd. DM gebracht – und damit weniger, als Guthardt Matthöfer für einen Mehrheitsanteil von 50 % (plus einer Aktie) an der Vofü

118 Sie ging aus der 1922 gegründeten, bis 1973 Raiffeisen und Volksbanken Versicherung genannten Versicherungsgruppe der Raiffeisen-Genossenschaften und Volksbanken hervor.

119 Die Ursache des Crashs lag in der erstmaligen Anwendung eines Computerprogramms zur vollautomatischen Steuerung von Aktiendepots (Portfolio Insurance). Es überwachte die Kurse, um gegebenenfalls automatisch Kauf- oder Verkaufsaufträge auszulösen. Am 19. Oktober 1987 überfluteten derart programmierte Rechner die Aktienbörse in New York mit Verkaufsaufträgen. Benedikt Fehr, Der vollautomatische Börsenkrach, FAZ, Nr. 48 vom 26. Februar 2008, S. 23.

120 DER SPIEGEL, Nr. 27, vom 4. Juli 1988, S. 78 f.

geboten hatte. Allerdings standen Schulz noch andere Mittel und Wege zur Verfügung, um die Abmachungen zu sabotieren. Mit der Aufsichtsratsmehrheit im Rücken suchte er sich ein innergewerkschaftlich delikates Feld, um seine Ablehnung des Deals nach außen hin deutlich zu machen und sich vor dem befürchteten direkten Zugriff Guthardts auf seine Domäne zu schützen. Mitte Juni 1988 – der Verkauf schien nun unmittelbar vor dem Abschluss zu stehen – unterzeichnete er einen Haustarifvertrag mit der HBV, der die seit 1954 geltenden, außerordentlich weitgehenden Mitbestimmungsrechte bei der Volksfürsorge demonstrativ bestätigte. Es gab die volle paritätische Mitbestimmung im Aufsichtsrat, und die Rechte des Betriebsrats gingen weit über die Regelungen des Betriebsverfassungsgesetzes hinaus. Dabei hatte ihn die BGAG eigens aufgefordert, »zum jetzigen Zeitpunkt, da man in aussichtsreichen Verhandlungen mit einem Käufer für die Assekuranzgruppe stehe, den Vertrag nicht zu unterzeichnen«.[121] Offenbar hatte Schulz auf diese Weisung nur gewartet, denn er setzte noch in der folgenden Nacht, morgens um vier, seine Unterschrift unter den Tarifvertrag. Der Affront war perfekt.

Tatsächlich hatte das besondere Ausmaß der betrieblichen Mitbestimmung bei der Volksfürsorge bis dahin während der Verhandlungen kaum eine Rolle gespielt. Die DG-Bank schien bereit zu sein, das Mitbestimmungsprivileg als Teil der Unternehmenskultur in einem gemeinwirtschaftlichen Unternehmen zu akzeptieren. Auch Matthöfer glaubte nicht daran, dass die Mitbestimmung im Aufsichtsrat seine Verkaufschancen beeinträchtigen würde. Die Möglichkeit einer Interessengemeinschaft der Arbeitnehmerbank mit dem Minderheitsaktionär BGAB, die rechnerisch zu einer Überparität der Gewerkschaften führen könnte, hielt er lediglich für ein Gedankenspiel. Er wusste ebenso wie sein Verhandlungspartner Guthardt aus praktischer Erfahrung, dass die Unternehmensmitbestimmung in der Praxis viel weniger konfliktträchtig war, als dies von Seiten der Mitbestimmungsgegner propagiert wurde. Immerhin war er im Vorjahr zum 21. Mann im Aufsichtsrat der Mannesmannröhren-Werke AG gewählt worden, wo man offenbar nicht befürchtete, er könne die Neutralität dieser Funktion zugunsten der Arbeitnehmerseite verletzen. Im Übrigen wussten alle Beteiligten, dass die Vofü seit der Betriebsvereinbarung von 1954 glänzend mit der Mitbestimmung gefahren war; wie Matthöfer vermutete: gerade ihretwegen. Dass die Verhandlungen mit der DG-Bank letztlich scheiterten, lag denn auch nicht an den Inhalten des Tarifvertrages, den Schulz so demonstrativ in letzter Sekunde vor Abschluss des Kaufes unterzeichnet hatte – auch wenn Guthardt seinem Verhandlungspartner den abschlägigen Bescheid schon am Tag nach der Unterzeichnung des Tarifvertrages übermittelte. Das Scheitern der Verhandlungen lag vielmehr an Schulz' ablehnender Geste selbst: Der DG-Bankchef deutete das Manöver als Ausdruck mangelnder Kooperationsbereitschaft in Vorstand, Betriebsrat und Aufsichtsrat der Volksfürsorge, und er scheute vor den Reibungsverlusten zurück, die daraus nach der Übernahme zu erwarten waren. Die Mitbestimmung spielte nur insoweit eine Rolle, als

121 DIE ZEIT, Nr. 28, vom 8. Juli 1988, S. 17 f.; ›Diensttagebuch‹, 15.6.1988, AdsD, DM 0404.

die Gewerkschaft HBV – offenbar in enger Abstimmung mit Schulz – von der DG-Bank die Anerkennung einer Art Meistbegünstigungsklausel verlangte, nach der alle Mitbestimmungsprivilegien der Vofü-Belegschaft auf alle Mitarbeiter der neuen größeren Versicherungsgruppe zu übertragen waren. Das ›Handelsblatt‹ stellte abschließend fest, dass allen bekannt gewesen sei, dass diese Art von Mitbestimmung bei der Volksfürsorge Tradition habe:[122] »Man kann aber nicht einerseits die Gewerkschaftsmitglieder als lukrativen Markt haben und andererseits die gewerkschaftlichen Errungenschaften mit der Brechstange abbauen wollen.«

Auf den ersten Blick hatte Matthöfer die Partie also verloren. Er hatte sogar alle Hände voll zu tun, zu verhindern, dass die gescheiterte Vertragsunterzeichnung nicht auch noch den Bankrott der BGAG nach sich zog. Der zu erwartende Liquiditätszufluss war nämlich längst eingeplant, um unabweisbare Zahlungsverpflichtungen in Sachen Neue Heimat zu erfüllen. Ein recht unkonventioneller Kredit der Schweizer Effektenbank Crédit Suisse First Boston (CSFB) über 1,5 Mrd. DM wendete schließlich die Zahlungsunfähigkeit noch in letzter Minute ab. Wie dramatisch sich die Lage zugespitzt hatte, offenbarte der BGAG-Chef am Ende seiner Amtszeit, als er, nach dem wichtigsten Vorgang seiner BGAG-Tätigkeit gefragt, eben diese dramatische Rettungsaktion nannte.[123] Kaum hatte er seine Handlungsfähigkeit zurück gewonnen, war er fest entschlossen, die Niederlage im Verkaufspoker mit der DG-Bank noch in einen Sieg zu verwandeln. Er musste nur den Schock, den das Scheitern des schon sicher geglaubten Deals bei den gewerkschaftlichen Eigentümern ausgelöst hatte, dazu nutzen, um im Innenverhältnis endlich klare Verhältnisse zu schaffen, d. h. die Machtfrage zu seinen Gunsten zu entscheiden. Schulz hatte den Fehler gemacht, in der Endphase der Verhandlungen aus der verdeckten Kampfführung heraus in die offene Feldschlacht überzugehen, und damit für jedermann klar erkennbar das Scheitern der Verkaufsverhandlungen verursacht. Auf dem Gebiet der Mitbestimmung war seine Position gerade im Gewerkschaftslager unangreifbar. Auch Matthöfer fand den Haustarif in der Sache gerechtfertigt. Er ließ sich deshalb nicht in die Ecke drängen, dem Tarifvertrag seine Zustimmung zu verweigern, was sein Recht gewesen wäre. Die Provokation, die im *timing* des Vertragsabschlusses lag, konnte er jedoch nicht hinnehmen. Viel schwerer wogen aber noch die Sabotage des Holding-Konzepts im Allgemeinen und eine schwere Indiskretion, die Schulz zwei Tage vor der Bilanzpressekonferenz der Volksfürsorge am 15. Juni lancierte. So wurde ›termingerecht‹ bekannt, dass sich die BGAG beim Schweizer Bankverein in Basel einen Milliardenkredit gegen die Verpfändung von Anteilen an der Volksfürsorge besorgt hatte. Tatsächlich musste die Vermo auf ihren Anteil von 44 % einen Effektenlombardkredit in dieser

---

122 Handelsblatt vom 20. Juli 1988.

123 Helmut Kipp, BGAG muss die Bankschulden weiter senken, Börsenzeitung vom 13. Dezember 1996. Matthöfer dankte dem Bankier Dr. Francis Christe, der für die Kreditzusage verantwortlich war, in einem privaten Brief ausdrücklich für »faire Zusammenarbeit und ermutigende Unterstützung«. Matthöfer an Christe, Frankfurt a. M. den 19. Juli 1991, AdsD, DM Ordner BGAG Tageskopien.

Höhe aufnehmen, um die Zahlungsfähigkeit der von den Kosten der NH-Abwicklung getriebenen BGAG zu garantieren. Diese Tatsache machte deutlich, wie dringend die Gewerkschaften den Paketzuschlag brauchten, um Liquidität zu mobilisieren; sie signalisierte aber auch allen Beteiligten die bittere Notlage der BGAG, was die Verhandlungsposition Matthöfers gegenüber Guthardt nicht gerade stärkte. Auf der Pressekonferenz danach befragt, wies Schulz öffentlich auf den Dissens mit Matthöfer hin, indem er ausdrücklich betonte, er habe an der Beschlussfassung über den Milliardenkredit nicht teilgenommen und sei auch sonst nicht im Bilde:[124] »Es gibt viele Dinge, die wir nicht wissen.« Vor diesem Hintergrund war sich die Presse, die in großer Aufmachung über das Scheitern des schon für sicher gehaltenen Deals berichtete, über die Schuldzuweisung sicher. So ließ DIE ZEIT keinen Zweifel daran, dass sich Schulz »quergelegt« habe[125], die Börsenzeitung machte »das eigenmächtige Handeln des Volksfürsorge-Vorstandes« für den Eklat verantwortlich«[126] und die Frankfurter Rundschau fragte:[127] »Wer ist eigentlich dieser Hans M., der die Tricks und Lügen, die Intrigen und Leichtfertigkeiten der letzten Monate ertragen hat: meist schweigend und ohne den Bettel hinzuwerfen?« Guthardt schlug in dieselbe Kerbe. Er bescheinigte Matthöfer, er habe sich alle Mühe gegeben, die zugesagten Voraussetzungen für den Kaufvertrag zu schaffen. Die Schwierigkeiten im eigenen Bereich habe er aber unterschätzt. Dann brachte der DG-Bankchef das Problem auf den entscheidenden Punkt:[128] »Während beim Kauf der BfG-Mehrheit durch die Aachen-Münchener auf Seiten der BfG alle mitzogen, um aus dem Dunst der Gemeinwirtschaft herauszukommen, war es in unserem Fall genau umgekehrt.« Es dämmerte nun auch dem letzten Gewerkschaftsführer, dass der ›Unabhängigkeitskrieg‹, den Schulz und seine Gefolgschaft unter dem Banner der Gemeinwirtschaft führten, die Gewerkschaften teuer zu stehen kommen würde. Matthöfers Ultimatum fiel so auf fruchtbaren Boden. Entweder gehe Schulz oder er, lautete die eine Forderung. Die andere war die nach Ablösung des überforderten Gustl Fehrenbach als Aufsichtratsvorsitzender.[129]

Fest entschlossen, den Konflikt durch Konfrontation zu lösen, zögerte der BGAG-Vorsitzende aber doch, die Brechstange anzusetzen. Jemand, der wie er in der betriebsnahen Mitbestimmung einen wichtigen Schritt zur Demokratisierung der Arbeitswelt sah und viele Jahre als Gewerkschafter für ihre Verwirklichung gekämpft hatte, musste den geschlossenen Widerstand der Belegschaft, der Betriebsräte und der Arbeitnehmerbank im Aufsichtsrat der Volksfürsorge als eine Herausforderung besonderer Art empfinden. Gewiss, es war nicht das erste Mal, dass er gewerkschaftliche Ziele, die er für richtig hielt, auch gegen Betriebsräte und betriebliche Arbeitnehmervertreter durchsetzen musste. In der Ford-Aktion der sech-

---

124 DIE ZEIT, Nr. 28, vom 8. Juli 1988, S. 17 f.
125 Ebenda.
126 Börsenzeitung vom 8. Juli 1988.
127 Jutta Roitsch in der Frankfurter Rundschau vom 8. Juli 1988.
128 Handelsblatt vom 6. Juli 1988.
129 ›Diensttagebuch‹, 5.7.1988, AdsD, DM 0404.

ziger Jahre, bei der ja der Kampf um die betriebsnahe Mitbestimmung im Mittelpunkt stand, hatte die Abwehr eigenmächtiger, von den Gewerkschaften abgekoppelter Arbeitervertreter paradoxerweise einen großen Teil seiner Energie und Arbeitszeit absorbiert. Jetzt, mehr als zwanzig Jahre später, waren die Rollen aber anders verteilt. Belegschaft und Betriebsrat bestimmten sowohl am Arbeitsplatz als auch auf Unternehmensebene die Entscheidungen des Unternehmens weitgehend mit. Darüber hinaus kämpften sie Seite an Seite mit dem Vorstand für die Erhaltung der Gemeinwirtschaft, die diesem ein hohes Maß an Autonomie und ihnen selbst eine ganze Reihe von materiellen und ideellen Vorrechten sicherte. Matthöfer dagegen vertrat die Interessen des gewerkschaftlichen Arbeitgebers, der es sich nicht länger leisten konnte, ein Modell aufrecht zu erhalten, das – wie es schien – für die Arbeiterbewegung jede Perspektive verloren hatte. Der Schutz von Belegschaftsinteressen spielte in seinem Konzept nur insoweit eine Rolle, als die Fortsetzung des gemeinwirtschaftlichen Kurses unter den veränderten Rahmenbedingungen »objektiv« den Bestand der Arbeitsplätze gefährdete. Diese Gefahr drohte durchaus, doch ließ sich Matthöfers Argumentation praktisch kaum noch von der des Arbeitgeberlagers unterscheiden, das mit dieser Art von Rhetorik den Einsatz der Produktivitätspeitsche legitimierte. Alles, was ihm blieb, war der Appell an die Belegschaftsvertreter, mit ihrer Organisation Solidarität zu üben, auf die sie in ihrer Notlage auch als Arbeitgeber Anspruch hatte.

Sein erster Auftritt auf der gemeinsamen Betriebsversammlung der drei großen Vofü-Sparten Volksfürsorge Deutsche Lebensversicherung, Volksfürsorge Deutsche Sachversicherung und Hamburger Internationale Rückversicherung gab nicht zu großer Hoffnung Anlaß. In seiner kurzen Rede vor mehreren tausend Arbeitnehmern im Hamburger Congress Centrum gelang es ihm nicht, die Belegschaft vom Nutzen der geplanten Neuordnung zu überzeugen.[130] Er erläuterte seinen Zuhörern den Sinn eines Verkaufs von Anteilblöcken an einen Käufer mit ›strategischen‹ Interessen, weil der Mehrertrag, den diese Operation gegenüber einem allgemeinen Börsengang erzielen würde, wesentlich über Erfolg und Misserfolg des BGAG-Sanierungskonzeptes als Ganzes entscheiden würde. Sein Argument, die Zusammenarbeit mit einem ›strategischen‹ Partner mache auch die Vofü stärker und vor allem die Arbeitsplätze »wirklich sicher«, beeindruckte die Versammlung wenig. Es blieb auch abstrakt und blutleer, weil er es sich verkniff, mit dem Management abzurechnen. So blieb unausgesprochen, dass die seit Jahren Marktanteile verlierende Volksfürsorge ein »neues innovatives Management« benötigte, das sich insbesondere um den Aufbau neuer Vertriebswege kümmern müsste, wenn langfristig die Arbeitsplätze erhalten bleiben sollten. Die Diskussion beherrschten vielmehr die mächtigen Betriebsratsvorsitzenden der Sparten Lebens- und Sachversicherung, Kurt Götsch und Jürgen Colberg, die mit der Attitüde von Klassenkämpfern Matthöfer zu einem herzlosen Vertreter des Kapitals stilisierten, der bereit sei, in seiner Sanierungswut über Leichen zu gehen. Sie konnten sich dabei auf

---

130 ›Diensttagebuch‹, 11.3.1988, AdsD, DM 0404.

Ausführungen des BGAG-Chefs beziehen, die er zuvor auf Fachkonferenzen der IG Metall und der HBV zum Thema »Gemeinwirtschaft« zu Protokoll gegeben hatte.[131] Vor allem seine Forderung, das Niveau der Personalkosten deutlich zu senken, wurde nun gegen ihn gewendet. Da half ihm nicht, dass er die Schicksalsfrage der Gemeinwirtschaft aus taktischen Gründen ausdrücklich offen ließ:[132] »Wer wollte heute mit Sicherheit ausschließen, ob es nicht in Zukunft unter veränderten Bedingungen Bedürfnisse nach so etwas wie Gemeinwirtschaft gibt und ob nicht auch die Gewerkschaften dabei etwas einzubringen haben.« Man merkte die Absicht und war verstimmt. Die Betriebsräte machten keinen Hehl daraus, dass sie bereit waren, alle Nachteile für den Eigentümer billigend in Kauf zu nehmen, solange sie nur die uneingeschränkte Kontrolle über ihr eigenes Unternehmen behielten. Dem Solidaritäts-Appell Matthöfers hielt Jürgen Colberg deshalb das zynische Credo entgegen:[133] »Ihr geht doch sowieso alle kaputt.«

Nach dem DG-Bank-Debakel tat der Betriebsrat denn auch alles, um dem BGAG-Chef den Schwarzen Peter zuzuspielen, nachdem er schon während der Verhandlungen zum Buhmann der Hamburger Belegschaft geworden war. Die Arbeitnehmervertreter im Aufsichtsrat waren offenbar wild entschlossen, dem ungeliebten Kontrolleur bei der geplanten Wahl zum neuen Aufsichtratsvorsitzenden einen Denkzettel zu verpassen. Sie wollten Matthöfer ihre Stimmen verweigern, um mit dem ›Nein‹ der Arbeitnehmerbank nach innen und außen ihren Widerstandswillen zu bekunden. Sehr zur Verblüffung seiner Widersacher reiste der designierte Aufsichtsratsvorsitzende dennoch erneut an die Alster, um es wenige Tage vor der Entscheidung noch einmal im Guten zu versuchen. Hier im kleinen Kreis der mitbestimmenden Aufsichtsräte konnte er, anders als auf der Massenveranstaltung im Congress-Centrum, sein Fähigkeit voll ausspielen, Menschen im rationalen Diskurs zu überzeugen. Auch ohne neue Argumente gelang es ihm, Zweifel zu wecken, ob das Feindbild, das die Vofü-Führung von ihm zeichnete, wirklich zutraf. Nach dem Hamburger Überraschungscoup geriet es jedenfalls ins Wanken. Matthöfer konnte es sich sogar leisten, vor seiner Wahl zum Aufsichtsratsvorsitzenden zu erklären, er werde – anders als Fehrenbach – grundsätzlich nicht auf sein Doppelstimmrecht verzichten, es aber nur in vitalen Fragen der Volksfürsorge und der Gewerkschaftsbewegung ausüben. Gewählt wurde er dennoch: Ein einzigartiger Fall in der Geschichte der Gemeinwirtschaft. Die Entscheidung fiel aber nicht am Hamburger Alsterufer, sondern im BfG-Hochhaus am Frankfurter Theaterplatz. Dort im Sitzungssaal des 36. Stockwerks setzte Matthöfer am 7. Juli Schulz vor den versammelten Eigentümern und Aufsichtsräten auf die Anklagebank, während sich der ›Angeklagte‹ vor der Tür bereithielt, zu den Vorwürfen Stellung zu

---

131 Am 14. Oktober 1987 in Frankfurt a. M. und am 19. November 1987 in Leverkusen.
132 Aus dem Referat auf der Fachkonferenz »Gemeinwirtschaft« der IG Metall: ›Diensttagebuch‹, 14.10.1987, AdsD, DM 0404.
133 ›Diensttagebuch‹, 5.7.1988, AdsD, DM 0404. Colberg, der »große Klassenkämpfer« (Matthöfer), avancierte 1991 – auch mit Zustimmung des BGAG-Chefs – zum Arbeitsdirektor der Sachversicherungssparte, sein kongenialer Kollege Götsch immerhin zum Abteilungsleiter bei der Vofü.

nehmen. Dazu kam es nicht. Als die Tür aufging, hatte der Vofü-Chef seinen Posten schon verloren. Nur wenig später fiel auch die zweite Entscheidung zu Matthöfers Gunsten. Gustl Fehrenbach trat als Aufsichtsratsvorsitzender der Vofü-Leben ab, um dem Vorstandsvorsitzenden der BGAG Gelegenheit zu geben, von dieser Position aus direkt in den Versicherungskonzern hineinzuregieren. Der stellvertretende DGB-Vorsitzende gab sich zwar geschlagen, war aber innerlich nicht überzeugt. Unter Freunden machte er aus seinem Herzen keine Mördergrube und urteilte harsch über die menschliche Seite der Auseinandersetzung. Es sei »eine Schweinerei«, was Matthöfer mit der Volksfürsorge und mit Schulz gemacht habe.[134] Für den Vorstandsvorsitzenden der BGAG zählte vor allem eines: Er hatte nun alle für eine erfolgreiche Verwertung des Versicherungskonzerns und aller anderen Beteiligungen der Gewerkschaften erforderlichen Kompetenzen in seiner Hand.

Es war auch höchste Zeit. Unmittelbar nach dem Scheitern der genossenschaftlichen Option bahnte sich eine andere Lösung an, der Matthöfer bei Weitem den Vorzug gab. Die Aachener und Münchener Beteiligungs-AG, die bereits bei der BfG die Führung übernommen hatte, zeigte nun auch Interesse an der Volksfürsorge. In Aachen hatte man den Aufbau eines ›Idealkonzerns der Geldwirtschaft im Auge‹, bei dem die Volksfürsorge ein wichtiger Baustein sein konnte. Entsprechend hoch war das Interesse, das sich auch in der Höhe des finanziellen Angebots niederschlug. Mit Helmut Gies, dem Chef der Finanzholding AMB, arbeitete Matthöfer schon in Sachen BfG vertrauensvoll zusammen, sodass auch in dieser Hinsicht alle Voraussetzungen für eine rasche Einigung vorlagen. Allerdings brauchte AMB einen Partner, der mit ihr zusammen die Führungsmehrheit bei der Vofü erwerben sollte. Sie fand ihn unter tätiger Mithilfe der BGAG in der italienischen Versicherungsgesellschaft La Fondiaria S.p.A. mit Sitz in Florenz. Diese war bereit, einen entsprechenden Anteil über ihre Frankfurter Verwaltungs- und Beteiligungs GmbH in einen Pool zur Beherrschung der Vofü einzubringen. Zusammen wollten sie 50 % und zwei Aktien zum Preis von 1,5 Mrd. DM erwerben und Matthöfer eine »Dreier-Kooperation« anbieten. Da inzwischen alle Stolpersteine aus dem Weg geräumt waren, stand einem raschen Vertragsabschluss am 2. Dezember nichts mehr im Wege. Nachdem die Machtfrage geklärt war, musste die Arbeitgeberbank im Aufsichtsrat von BGAG und Vofü lediglich zustimmend schweigen, um den Vertrag zu legitimieren. Die Arbeitnehmerbank schickte sich in das Unvermeidliche, nicht ohne laut über Matthöfers »Fakten schaffende Informationspolitik« zu klagen. Matthöfer konterte:[135] ›Ich vertrete hier Interessen der deutschen Gewerkschaften.‹ Der letzte Vertragsvorbehalt, den La Fondiaria an die Neuordnung der Holding geknüpft hatte, verlor seine Wirkung, nachdem das Bundesaufsichtsamt für das Versicherungswesen in der ersten Jahreshälfte 1989 die Übertragung der Versicherungsbestände auf einen bis dahin leeren Firmenmantel,

---

134 DER SPIEGEL, Nr. 28, vom 11. Juli 1988, S. 72 f. Schulz fiel nicht allzu tief: er wurde Chef der Landeszentralbank von Schleswig-Holstein.

135 Handelsblatt vom 29. November 1988.

die ehemalige Katharina Grundstücksgesellschaft mbH, genehmigte. Die Volksfürsorge Lebensversicherung AG konnte nun endlich rückwirkend zum 1. Januar 1989 die Funktionen einer Holding übernehmen. Für den BGAG-Chef stand fest, dass die Volksfürsorge mit dem Rückhalt der neuen Aktionäre, mit neuen Produkten, mit neuen Vertriebswegen, mit Hilfe kostensenkender Synergieeffekte und eingebunden in ein Europakonzept in jeder Hinsicht expandieren würde. Mit Wolfgang Kaske schickten die Aachener ihren besten Mann aus dem Vorstand der AMB an die Alster. Er qualifizierte sich dort für eine Karriere, die ihn an die Spitzen von Vorstand und Aufsichtsrat von AMB katapultierte. Obwohl die Aachen-Münchener Finanzholding mit italienischer Hilfe bei der Volksfürsorge ›protokollarisch‹ die Führung übernahm, teilten Gies und Matthöfer in der Praxis der Lenkungs- und Herrschaftsverhältnisse paritätisch Macht und Verantwortung. In Aachen wusste man sehr genau, dass ohne die Mitwirkung der BGAG kein wichtiger Beschluss gefasst werden konnte. Obwohl der BGAG-Chef in seiner Person glaubwürdig zum Ausdruck brachte, niemals die besonderen Mitbestimmungsverhältnisse für seine Zwecke zu instrumentalisieren, waren sie doch nicht aus der Welt zu schaffen. Es bedurfte ihrer aber nicht, um einen gewissen Zwang zur Kooperation mit der BGAG zu konstituieren. Gies war auf Matthöfer auch im Rahmen der Corporate Governance der BfG angewiesen, die seiner Finanzgruppe den Vertriebsweg über den Bankschalter öffnete. Der Sprung der Aachen-Münchener in die Spitzengruppe der deutschen Erstversicherer setzte also eine enge Zusammenarbeit mit dem Minderheitsaktionär voraus. Dieser war weder an Einzelheiten der operativen Geschäftsführung interessiert, noch erhob er – seinem renditeorientierten Beteiligungskonzept folgend – Anspruch auf ein aktives Mitgestaltungsrecht bei der Transformation der Vofü-Gesellschaften von gemeinwirtschaftlichen in privatwirtschaftliche Unternehmen. Auf dieser Grundlage gab es wenig Konfliktstoff, der die symbiotische Beziehung der Großaktionäre hätte belasten können. Auch die Mitbestimmung stand dem Anpassungsprozess nicht im Weg. Als BGAG-Vertreter fiel es Matthöfer sicherlich schwer, etwa in Fragen des Zweigstellen- und Personalabbaus, im Aufsichtsrat gegen die Arbeitnehmerbank zu stimmen. Vom doppelten Stimmrecht des Vorsitzenden musste er jedoch in keinem Fall Gebrauch machen.[136]

Die Operation ›Volksfürsorge‹ war damit noch nicht abgeschlossen. Über eine qualifizierte Minderheitsbeteiligung von 25 % (plus eine Aktie) hinaus, die ihm bei Entscheidungen im Aufsichtsrat eine Sperrminorität sicherte, hatte Matthöfer noch weitere 25 % (minus 3 Aktien) der Vofü-Anteile im Portefeuille, die er an der Börse platzieren wollte. Der dafür in Aussicht genommene Termin im September 1990 erwies sich freilich als ungünstig. Am 31. Juli attackierte der irakische Diktator Saddam Hussein das Nachbarland Kuweit und löste damit überregionale Spannungen aus, die schließlich zum ersten Golfkrieg führten. Der Krieg gefähr-

---

136 So Gerhard Czerwensky, der ehemalige Chefredakteur des ›Platow Briefes‹, in einem Gespräch vom 17. September 1990.

dete die Versorgung des Weltmarktes mit Erdöl und löste weltweit eine Talfahrt der Aktienkurse aus. Ein *going public* der Volksfürsorge schien unter diesen Bedingungen nicht ratsam und musste abgeblasen werden. Als Matthöfer ein Jahr später einen zweiten Anlauf nahm, sah das Börsenklima viel freundlicher aus. Der deutsche Aktienindex DAX näherte sich einem Allzeithoch. Die Deutsche Bank, die die Federführung im emittierenden Bankenkonsortium übernahm, pries den Börsengang als die größte Kapitalmarkttransaktion, seit sie 1986 die ehemals Flickschen Unternehmen Feldmühle, Buderus und Dynamit Nobel als Feldmühle-Nobel AG an die Börse gebracht hatte. Die internationale Zusammensetzung des Konsortiums, an dem auch die Commerzbank und die CSFB Effektenbank beteiligt waren, machte den Weg frei für die erste Eurosyndizierung bei einem Dividendentitel. Präsentationen in London, Paris, Mailand, Genf und Zürich heizten die Nachfrage noch an. Dabei wurden ganz neue Marketingmethoden eingesetzt. Matthöfer nahm im Sommer 1991 gleich dreimal – in Frankfurt, Zürich und London – an der *Road show* zur Förderung des Vertriebs der Volksfürsorge-Aktie teil.[137] Als frei handelbare Inhaberaktien übten die Papiere auch auf Kleinanleger eine große Anziehungskraft aus, zumal es sich um den mit Abstand liquidesten Börsenwert handelte. Bis dahin war es bei den eher selten am offenen Markt gehandelten Versicherungsaktien üblich gewesen, vinkulierte Namensaktien auszugeben, deren Handhabung kompliziert ist und das breite Publikum eher abschreckte. Kein Wunder, dass das neue Papier von Insidern mit Vorschusslorbeeren geradezu überhäuft wurde. Ein Börsenreport errechnete ein Kurspotential von 1.300 DM je 50 DM-Aktie, sodass die Aktie bei einem vermuteten Ausgabekurs zwischen 800 und 900 DM ein Schnäppchen zu werden versprach.[138] Andere Insider, wie die Redakteure des Platow Briefs, räumten mit »alten Vorurteilen« gegen das frühere Flaggschiff der Gemeinwirtschaft auf und bescheinigten dem neuen Vorstandsvorsitzenden Kaske »blendende Arbeit«.[139] Der Börsengang unterstützte noch die Anstrengungen der Vofü, sich vom alten Image eines gewerkschaftsnahen Versicherungskonzerns zu lösen, der vor allem durch günstige Angebote für Arbeitnehmer und ›kleine Leute‹ hervorgetreten war. Diese Hinwendung zu einer neuen Unternehmenskultur der Gewinnmaximierung und Kostenorientierung machten die Volksfürsorge nach ihrem Börsengang zu einem frühen erfolgreichen Beispiel des Übergangs vom stakeholder value- zum shareholder value-Prinzip in Deutschland. Für die BGAG zählte in der Tat nur noch das Ergebnis: Bei einem Fixing von 800 DM spülte die Emission von 999.997 Aktien einen Ertrag von 768 Mio. DM in ihre Kassen.[140] Dies war noch einmal deutlich mehr, als zwei Jahre zuvor AMB und La Fondiaria mit Paketzuschlag für ihren jeweiligen Anteil bezahlt hatten. Als das von der Wirtschaftspresse gezündete Kursfeuerwerk abgebrannt war, fiel das

---

137 ›Diensttagebuch‹, 9.–11.7.1991, AdsD, DM 0404.
138 ›map-report‹, Artlenburg, vom 19. Juni 1991.
139 Volksfürsorge mausert sich zur Perle, ›Der Platow Brief‹, Nr. 67, vom 21. Juni 1991.
140 Matthöfer, Vortrag zur Lage der BGAG und ihrer Beteiligungsunternehmen in der Vorbesprechung der Anteilseigner der BGAG, ›Diensttagebuch‹, 25.9.1991, AdsD, DM 0404.

Papier mit dem DAX und den übrigen Versicherungsaktien bis Anfang September auf 700, um 1992 beim Kurs von 380 seinen Tiefpunkt zu erreichen. Die Deutsche Bank zeigte sich großzügig und übernahm den Emissionsrest zum Kurs von 450.[141] Matthöfer hatte offenbar nicht zu billig und auch zum richtigen Zeitpunkt verkauft. Die aus dem Verkauf zufließende Liquidität diente vor allem der Tilgung kurzfristiger Bankkredite. Eine Schachtelbeteiligung blieb bis Ende 1993 im Portefeuille der BGAG. Sie qualifizierte den BGAG-Chef zum strategischen Spieler in dem bald einsetzenden Machtkampf zwischen dem staatlichen Versicherungsriesen Assurances Générales de France (AGF) und der AMB. Die AGF, die unter ihrem charismatischen Generaldirektor Michel Albert die feindliche Übernahme seines Partners AMB anstrebte, schuf durch diese Attacke eine Lage, in der Matthöfers Veto-Position in der Volksfürsorge außerordentlich an Wert gewann. Sie sollte ihm die Hebelwirkung verschaffen, die er brauchte, um auch die eigenen Interessen an der Sanierung der BfG durchzusetzen.

Die Sanierung der Gewerkschaftsbanken (BfG, AHB, BSV und BHW)

Im Vergleich zu dem Machtkampf, der um die Volksfürsorge entbrannt war, verlief die Umwandlung der Bank für Gemeinwirtschaft in eine marktorientierte Geschäftsbank, die sich jetzt BfG-Bank nannte, nach 1986 eher unspektakulär. Der hohe Preis, den die Versicherungsgruppe AMB für die Führungsmehrheit an der Frankfurter Gewerkschaftsbank bezahlt hatte, und die Tatsache, dass die neuen Herren dem seit 1977 amtierenden Vorstandsvorsitzenden Thomas Wegscheider weiter ihr Vertrauen schenkten, deuteten auf einen ebenso reibungslosen wie soliden Übergang in die Zeit nach der Gemeinwirtschaft hin. Schon zwei Jahre später häuften sich jedoch Pannen und Affären, die die Bank nicht mehr loswurde. Ihre Verwicklung in den skandalumwitterten Zusammenbruch der Einzelhandelskette co op AG erregte großes Aufsehen. Sie schmerzte ganz besonders, weil sie erneut die Herkunft der BfG-Bank aus der Gemeinwirtschaft thematisierte und deutlich machte, dass die Bank immer noch nicht endgültig aus deren Schatten herausgetreten war. Sie gehörte zu den Hauptgläubigern der früheren Konsumgenossenschaft und musste wie alle anderen Gläubigerbanken auch drei Viertel ihrer Kredite abschreiben, um co op vor dem völligen Zusammenbruch zu bewahren. Schlimmer noch: statt nach der bösen Erfahrung der NH-Affäre möglichst rasch und entschieden auf Distanz zu dem neuen Brandherd zu gehen und das Menetekel als eine Botschaft aus der eigenen Vergangenheit zu deuten, ließ sich Wegscheider zu einem zweiten Fehler hinreißen. Er warf gutes Geld schlechtem hinterher und stellte zusammen mit der DG-Bank seines Freundes Guthardt 540 Mio. DM in bar zur Verfügung, um den Forderungsverzicht der zahlreichen Gläubigerbanken überhaupt möglich zu machen. Darüber hinaus erklärten sich

141 Interview mit Matthöfer am 16. Juni 2007 in Bad Soden, AdsD, DM 0404.

beide Banken bereit, neues co op-Kapital in Höhe von 350 Mio. DM zu zeichnen, wenn die Aktionärsbanken des Unternehmens von ihrem Bezugsrecht nicht Gebrauch machen würden. Einmal in die selbst gewählte Rolle von Rettern der co op AG geschlüpft, kauften Wegscheider und Guthardt schließlich auch noch die co op Industrie AG. Dabei handelte es sich um eine co op-Tochter von zweifelhaftem Wert, die im Grunde nur aus einem Bündel von Verträgen bestand. Vor den meisten seiner problematischen Entscheidungen versäumte es Wegscheider, die BfG-Gremien zu befassen, und gab so der BGAG keine Chance zum Eingreifen.

Einmal im Lichtkegel der Kritik, rückten noch andere Schwächen der BfG ins Blickfeld. Zwei Jahre nach dem Einstieg der neuen Anteilseigner musste Matthöfer zur Kenntnis nehmen, »dass die neuen Impulse, die er sich davon versprach, nicht ausreichten, um die Ertragskraft der Bank im erforderlichen Maße zu steigern.«.[142] Der Bank war es nach 1986 nicht gelungen, ihren »administrativen Wasserkopf aus Gewerkschaftsinteressen«[143] abzubauen. Es fehlte an einer langfristig angelegten Strategie, obwohl das Management wusste, dass die Bank Jahr für Jahr Verluste in dreistelliger Millionenhöhe verkraften musste, die an der Substanz zehrten. Anstatt sich auf eine Geschäftsidee zu konzentrieren, die ihren komparativen institutionellen Vorteilen entgegenkam, um sich dort mit guten Leistungen zu profilieren, versuchte sie, auf möglichst vielen Gebieten mit den großen Universalbanken mitzuhalten. Vor allem der Anspruch, als eine der großen international tätigen Geschäftsbanken aufzutreten, führte schließlich zu einem weit überdimensionierten und kopflastigen Apparat mit entsprechend großzügigen Managementstrukturen. Die Bank ging deshalb im Auslands- und Firmenkundengeschäft hohe Risiken ein, um Schwächen im übrigen Bankgeschäft zu verdecken. Hinzu kamen Fehleinschätzungen der Zinsentwicklung, die zu falschen Anlageentscheidungen führten und hohe Abschreibungen auf Wertpapierbestände nach sich zogen. Das Kreditgeschäft mit Ländern wie Israel, Polen, der Sowjetunion und anderen Ostblockstaaten, das zu Zeiten der Gemeinwirtschaft politisch hoch gelobt und unter der Ägide Hesselbachs stark gefördert wurde, litt nun, je näher der Zusammenbruch der Sowjetunion und ihres Wirtschaftsblockes rückte, immer mehr Not. Insgesamt belief sich das Länderrisiko nach Branchenschätzung auf 2,5 Mrd. DM.[144] Matthöfer schätzte die Summe der Verluste und entgangenen Gewinne, die in der Zeit, als Wegscheider die Verantwortung für die Bank trug, zu beklagen waren, auf weit mehr als vier Milliarden Mark.[145] Dazu rechnete er alle Haltekosten der fremdfinanzierten BfG-Anteile der BGAG, den entgangenen Gewinn in den ausschüttungslosen Jahren, den Verzehr stiller Reserven und die Kosten aller direkten und indirekten Stützungsmaßnahmen – etwa durch die Übernahme von

142 Matthöfer, Überlegungen zur Zukunft der BGAG, Frankfurt/Main, 18. April 1989, AdsD, DM Ordner BGAG.
143 Interview mit Matthöfer am 16. Juni 2007 in Bad Soden, AdsD, DM 0404.
144 Traurig aber wahr, ›Der Platow Brief‹ vom 1. April 1992.
145 ›Diensttagebuch‹, 12.1.1990, AdsD, DM 0404.

Krediten an die Neue Heimat in Höhe von 800 Mio. DM oder durch den Kauf überbewertet Anteile der Vofü (zum Kurs von 3000!), der BSV und der AHB. Allein 1990 summierten sich die Verluste auf eine Milliarde. Lediglich die Hälfte davon konnte die BfG-Bank selbst in der Bilanz darstellen, indem sie stille Reserven auflöste, etwa durch den Verkauf ihrer co op-Aktien oder von Immobilien. Der Rest fiel den Gesellschaftern zur Last. Matthöfer, der die Verhältnisse bei der BfG-Bank offenbar besser einschätzen konnte als sein Partner Gies, dachte sogar darüber nach, ob es nicht besser wäre, die Bank zu liquidieren.[146] Er machte sich keine Illusionen über den Willen und die Fähigkeit des Spitzenmanagements, das Kreditinstitut wieder aus dem Sumpf zu ziehen. Eine Liquidation einer Bank dieser Größenordnung hatte es bis dahin aber noch nicht gegeben. Sie war nicht im Stillen abzuwickeln. Am Ende würden die Gesellschafter ihr Geld mit großer Sicherheit restlos verlieren. Nicht auszudenken auch, was ein dritter Zusammenbruch eines ehemals gemeinwirtschaftlichen Unternehmens dem Ruf der Gewerkschaften zufügen konnte. Der Schaden, den die Neue Heimat angerichtet hatte, haftete allen Beteiligten noch gut im Gedächtnis. Es blieb den Gesellschaftern daher nichts anderes übrig, als ihrem Unternehmen auf absehbare Zeit Bilanzhilfe zu leisten und die Sanierung der Bank ernsthaft anzupacken.

Das erste Problem, das es zu lösen galt, lag in der Personalie Wegscheider. Der Aachener Mehrheitsaktionär drängte auf seine Ablösung, um ihn durch einen Mann seines Vertrauens zu ersetzen. Auch Matthöfer wollte sich für den Hesselbach-Nachfolger nicht mehr stark machen. Der BfG-Chef hatte bei ihm den letzten Kredit durch eine Illoyalität gegenüber der BGAG in der co op-Affäre verspielt. Wegscheider hatte der BGAG nämlich die Unterstützung der BfG in einem Zivilprozess verweigert, der von der co op AG gegen ihre frühere Großaktionärin angestrengt worden war. So hatte er den Verteidigern der BGAG nicht erlaubt, die BfG-Akten zu den einzelnen Anklagepunkten einzusehen, und darüber hinaus ›vergessen‹ – absichtlich, wie Matthöfer meinte – dort, wo es nach dem Gesetz zulässig gewesen wäre, belastendes Material zu vernichten.[147] Der BGAG-Chef vermutete sogar, dass Wegscheider gehofft habe, als ehemaliger Teileigentümer von co op zu profitieren, falls die BGAG den Prozess verlöre und Schadensersatz bezahlen müsste. Dieses Verhalten des alten Weggefährten aus seiner SDS-Zeit empfand er angesichts der Unterstützung, die umgekehrt die BfG von der BGAG erfahren hatte und immer noch beanspruchte, »als krankhaft, kurzsichtig und engstirnig«. Er nahm daher gern den Ball auf, der ihm aus Aachen zugespielt wurde, und beteiligte sich aktiv an der Ablösung des Hesselbach-Schülers, der sich zunächst sträubte, die Konsequenzen aus seinem Versagen zu ziehen. Wie immer gab Matthöfer auch in diesem Fall rationalem Verhalten den Vorrang vor offener Wut und Enttäuschung. Um Wegscheider auf unauffällige Weise loszuwerden und ihm gleichzeitig einen ehrenhaften, das Prestige der Gewerkschaften schonenden Ab-

---

146 Vortrag vor dem Ausschuß für Finanzen und Verwaltung des DGB am 23. November 1990 in Frankfurt a. M., AdsD, DM Ordner BGAG.
147 ›Diensttagebuch‹, 12.1.1990, AdsD, DM 0404.

gang zu sichern, wandte er sich an Karl Otto Pöhl, seinen früheren Mitstreiter im Berater-Kleeblatt des Bundeskanzlers. Seine Frage, ob denn eine Chance bestünde, den BfG-Chef zum hessischen Landeszentralbankpräsidenten zu machen, verstand der Bundesbankpräsident genauso, wie sie gemeint war. Pöhl erkundigte sich ostentativ, und das daraufhin einsetzende Gerede in der sehr kommunikationsintensiven Frankfurter *banking community* zwang Wegscheider prompt zum Rücktritt. Mit dem Vorsitzenden mussten auch fast alle übrigen Mitglieder des alten Vorstands die Bank verlassen. Matthöfer sah es mit gemischten Gefühlen, dass der im Januar 1990 abgehalfterte Banker sein volles Gehalt bis zum Ende seiner Vertragsdauer erhielt, nebst einer Pension, »die mindestens doppelt so hoch sein würde, wie die meine nach 26 Jahren Bundestag und zehn Jahren Bundesregierung«.[148]

Nachfolger Paul Wieandt stand in dem Ruf, ein erfahrener Bankensanierer zu sein. Der 54-jährige Pfälzer hatte zuvor sechs Jahre die Landesbank Rheinland-Pfalz geleitet, die in einer schweren Krise steckte. Beide Eigentümer übertrugen ihrem Wunschkandidaten den Auftrag, der Bank ein drastisches Sanierungsprogramm zu verordnen, das nach einer schmerzhaften Zäsur und einer Schrumpfungskur die Suche nach einem neuen Partner erleichtern würde. Spätestens Mitte 1990 waren sich Gies und Matthöfer einig, dass kein Weg daran vorbeiging, die Führung der Bank an einen dritten Partner abzugeben. Neben einer ersten Tranche der Kapitalerhöhung von 500 Mio. DM zeichnete sich schon eine weitere Notwendigkeit zur Bilanzhilfe in gleicher Höhe ab, um Abschreibungen auf Wertpapiere, das co op-Debakel und den notwendigen Sozialplan zu finanzieren. Insgesamt beanspruchte der Sanierungsprozess bis 1992 fast drei Milliarden Mark aus Gesellschafterhilfen und den Verbrauch stiller Reserven aus den sechziger und siebziger Jahren in Höhe von 2,5 Mrd. DM.[149] Die BGAG übernahm bundesweit 27 Filialgrundstücke der BfG-Bank zu überhöhten Preisen, um ihr so die Auflösung stiller Reserven zu ermöglichen. Ohne dieses Engagement der Eigentümer wäre auf die Schieflage der Bank unweigerlich der Zusammenbruch gefolgt. Mit dieser Intervention wurde aber ungewollt die Bindung der BGAG an die Bank noch enger als zuvor, womit auch der Druck zunahm, einen potenten Käufer zu finden. Trotz ihrer Fortschritte unter Wieandt drohte die Sanierung der BfG-Bank zu einem Fass ohne Boden zu werden. Schon jetzt hatte AMB ihren Anteil, der 1986 1,9 Mrd. DM gekostet hatte, auf 1,35 Milliarden abgeschrieben, und die BGAG folgte mit 1,2 Milliarden auf dem Fuße. Matthöfer und der neue AMB-Chef Wolf-Dieter Baumgartl wussten, dass die Entwicklungsmöglichkeiten der Bank im Inland angesichts wachsender Risiken in einem schwierigen Bankenumfeld eng begrenzt waren. Eine Europastrategie, die angezeigt schien, ließ sich aber nur mit einem ausländischen Partner vorstellen. Matthöfer war deshalb fest zum Verkauf entschlossen, »wenn jemand kommt, der für die Bank etwas mitbringt und einen ver-

148 Ebenda.
149 Matthöfer, Mündlicher Vortrag auf der Sitzung des Beirates der BGAG am 2. Dezember 1996 im Haus des DGB in Düsseldorf, AdsD, DM Ordner BGAG.

nünftigen Preis zahlt«.[150] Aussichtslos schien ihm das Warten nicht: »Irgend jemand wird einmal verstehen, daß Anteile an einer solchen flächendeckenden deutschen Großbank mit großer Ost-Erfahrung sonst nicht zur Verfügung stehen. Jeder, der in den deutschen Markt will, kommt an der BfG nicht vorbei.«

Passives Abwarten war nicht Matthöfers Sache. Er hatte seit September 1991 einen Köder ausgeworfen, um Käufer anzulocken. Gleichzeitig verfolgte er eine komplexe Strategie zur Erreichung seines Zieles. Dabei kam ihm die sich zuspitzende Auseinandersetzung um die feindliche Übernahme der AMB durch AGF sehr zupass. Baumgartl war fest entschlossen, der Übernahme durch die Franzosen erbitterten Widerstand entgegen zu setzen. Dabei kam ihm das deutsche Aktienrecht zu Hilfe, das die Stimmrechtsberechtigung vinkulierter Namensaktien von einem Beschluss des Vorstands abhängig machte. Schon jetzt verfügte die AGF neben bereits stimmberechtigten Aktien über eine Schachtelbeteiligung von 25,1 %, deren Eintrag ins Aktienbuch der AMB noch ausstand. Baumgartl verweigerte den Eintrag und hielt darüber hinaus nach ›weißen Rittern‹ Ausschau, die durch ›freundlichen‹ Erwerb von AMB-Aktien den Franzosen die Akquisition weiterer Stimmanteile erschweren sollten. Er dachte dabei in erster Linie an die Volksfürsorge, der er den Kauf einer kleinen Sperrminorität von 10 % der AMB-Aktien im Wert von 400 Mio. DM zumuten wollte. Ohne Matthöfers Zustimmung war dies aber nicht möglich, weil die BGAG ja nach wie vor ihrerseits eine große Sperrminorität an der Vofü hielt. Was freilich den Aachener Partner in seinem Abwehrkampf gegen AGF gestärkt hätte, schien für die BGAG nur teuer und riskant zu sein. Auf das bei AMB angelegte Kapital war lediglich eine Verzinsung von maximal 4 % zu erwarten. Es wäre damit deutlich rentabler gewesen, das Kapital am Kapitalmarkt anzulegen oder es in den Aufbau des Vofü-Netzes in den neuen Bundesländern zu investieren. Börseninsider waren sich deshalb einig, dass »der kaufmännisch versierte und auch sonst mit allen Kniffen klug agierende Matthöfer [...] sich gegen den von Baumgartl eingefädelten AMB/Vofü-Deal sperren [musste]«.[151] Für den BGAG-Chef barg der nicht zustande gekommene Deal gleichwohl eine besondere Schönheit. Er hätte die Auflösung des Beherrschungsvertrags zwischen AMB und Volksfürsorge vorausgesetzt und damit der BGAG ganz neue Perspektiven eröffnet. Vor allem aber hätte ihm die Transaktion das Eintrittsbillet in den exklusiven Spielerkreis verschafft, der bei dem Ringen um die feindliche Übernahme an der Aachener und Münchener Allee mitreden durfte. Um einen ›Entherrschungsvertrag‹ zu vermeiden, entschied sich die AMB schließlich doch zu einem Hilferuf an La Fondiaria, die mit dem Erwerb von rund 20 % der Aktien als ›weißer Ritter‹ in die Bresche sprang.[152] Doch auch ohne den Ritterschlag ließ sich der BGAG-Chef nicht auf die Rolle eines Beobachters am Spielfeldrand abdrängen.

150 Frankfurter Neue Presse vom 17. März 1992.
151 ›Der Platow Brief‹ vom 14. Februar 1992.
152 Gerhard Kutscher, Die Gespräche mit den Franzosen sind »auf gutem Weg, aber noch voll im Fluß«, Handelsblatt vom 29. September 1992. Den Großteil des Pakets übernahmen die Florentiner vom ehemaligen AMB-Großaktionär Royal Insurance.

Matthöfer spielte nämlich bereits seit Monaten aktiv in der erbitterten Ausein-andersetzung zwischen Deutschen und Franzosen mit – im Wesentlichen auf Sei-ten der Franzosen. Im September 1991 hatte Michel Albert seinen Vertrauten, Claude Tagger, der im Erfolgsfall für die AGF in den Vorstand der AMB eintreten sollte, nach Frankfurt geschickt, um die Interessen der BGAG auszuloten. Albert war nicht verborgen geblieben, dass die Volksfürsorge eventuell in die Auseinan-dersetzung eingreifen konnte, und wollte Matthöfers Position kennen lernen. Zu-sammen mit Freyberg traf man sich im Restaurant ›Piemonte‹ in der Nähe des Frankfurter Rathauses, wo die BGAG-Spitze gewöhnlich mit Geschäftspartnern und Journalisten vertrauliche Gespräche führte. Der gut deutsch sprechende Tag-ger zeigte sich als ungewöhnlich offener Gesprächspartner, dem offenbar viel daran lag, einen Gesprächsfaden zwischen Matthöfer und Albert zu knüpfen. Es stellte sich heraus, dass es über Jean-Ives Haberer, den Chef des Crédit Lyonnais (CL), und den ehemaligen Industrie- und Finanzminister René Monory bereits ein lo-ckeres Netzwerk von Beziehungen zwischen den beiden gab. Haberer arbeitete Ende der siebziger Jahre, Anfang der achtziger Jahre als Spitzenbeamter im franzö-sischen Superministerium für Wirtschaft und Finanzen und hatte an den deut-schen Finanzminister nur die besten Erinnerungen. Mit Monory teilte Matthöfer manche positive Erfahrung, als sie im deutsch-französischen Tandem, zuerst als Forschungsminister, dann als Finanzminister, Europapolitik gemacht hatten. Seit-dem verband die beiden ein über das Politische hinausgehendes Freundschafts- und Vertrauensverhältnis. Jetzt gehörte Monory zu den engsten europapolischen Mitstreitern Alberts, und auch Haberer zählte zu seinem Freundeskreis. Matthöfer nutzte die freundschaftliche und vertrauliche Atmosphäre des Abends dazu, den Franzosen wissen zu lassen, dass er die Beteiligung einer französischen Bank an der BfG erwäge, um so im Kampf um die Macht bei AMB eine neue Front zu eröff-nen. Immerhin lag es auch im Interesse der Aachener, die Mehrheit der BfG zu verkaufen. Während Baumgartl dadurch vor ein Dilemma gestellt würde, konnte die BGAG davon nur profitieren. Es dauerte dann nur wenige Wochen, bis die Runde in derselben Zusammensetzung und am selben Ort erneut zum Essen zu-sammentraf.[153] Dieses Mal war allerdings auch Michel Albert mit von der Partie. Man einigte sich rasch auf den Versuch, ein Junktim zwischen dem Kauf der BfG durch den Crédit Lyonnais und der Übernahme der Sperrminorität in der AMB durch die AGF herzustellen. Der an der Ecole Nationale d'Administration (ENA) zum *inspecteur des finances* ausgebildete Sozialdemokrat und Anwalt des Rheini-schen Kapitalismus entwarf einen Schlachtplan, der Matthöfers ursprüngliche An-regung aufnahm, die Zahl der Akteure aber noch um deutsche Banken und Versi-cherungskonzerne erweiterte. Orchestriert wurden diese Hilfstruppen von der Allianz, dem größten europäischen Versicherungskonzern, der wiederum Großak-tionär der Dresdner Bank war, die zwischen 12 und 15 % der AMB-Anteile hielt. Sie sollten Baumgartl demonstrieren, dass sein Handlungsspielraum, der durch das

<hr>

153 ›Diensttagebuch‹, 11.2.1992, AdsD, DM 0404.

Milliardengrab BfG bereits eng geworden war, noch weiter geschmälert werde, wenn er im Machtkampf mit der AGF nicht nachgebe. Die Verschwörer verabredeten sich für Anfang Juni, um in Poitiers, der Hauptstadt des Departement Vienne, ohne Zeitdruck weiter zu sprechen. Dann sollte auch Monory dabei sein, dessen Beziehungen zur Regierung im Falle der Übernahme der BfG unverzichtbar waren und der für Poitiers im Französischen Senat saß. Der Inhalt des Gesprächs mit Albert erschien Matthöfer wichtig genug, um bereits zwei Tage später Staatssekretär Horst Köhler, der als Vertrauter des Bundeskanzlers galt, in dessen Büro im BMF aufzusuchen, um darüber zu berichten.

Schon eine Woche nach dem Frankfurter ›Kriegsrat‹ führte Matthöfer am Pariser Boulevard des Italiens, dem Sitz des Crédit Lyonnais, mit Haberer erste Gespräche über die Möglichkeit einer Mehrheitsbeteiligung des CL an der BfG Bank AG.[154] Der CL-Chef zeigte großes Interesse an dem vorgeschlagenen Geschäft. Die staatliche Bank, die vor dem Ersten Weltkrieg knapp vor der Deutschen Bank als größte Bank der Welt galt, suchte Zugang zu dem nach der Wiedervereinigung noch attraktiver gewordenen deutschen Bankenplatz und sah in der BfG ganz in Matthöfers Sinne einen nahezu idealen Einstieg in den deutschen Markt. Ganz neu war diese Überlegung in Paris übrigens nicht. Der CL hatte seit Jahren ein Auge auf die BfG geworfen, war aber bei Wegscheider abgeblitzt. Er wollte den Franzosen keinen Einblick in die Geschäftsbücher der Bank geben, weil er damit rechnen musste, dass sie die Schwächen der Bank gnadenlos offen gelegt hätten. Inzwischen hatte die BfG Bank eine Perspektive, war intern besser aufgestellt und so für den CL erst recht interessant geworden. Die Tatsache, dass es Wieandt mit Unterstützung von AMB und BGAG gelungen war, 100 von 215 BfG-Filialen in kurzer Zeit zu schließen und die Zahl der Beschäftigten von 6500 auf 5000 abzubauen, nötigte den Franzosen Respekt ab. Alle anderen, vor allem taktischen Überlegungen, die sich an das Geschäft mit AMB knüpften, rangierten aus der Sicht der Traditionsbank an zweiter oder dritter Stelle. Dennoch musste der CL Rücksicht auf die Interessen der ebenfalls staatlichen AGF nehmen, die im Machtpoker um die Beherrschung der AMB das Junktim dringend brauchte. Vor allem der deutsche Rechtsbeistand des französischen Versicherungskonzerns, die Düsseldorfer Sozietät Wessing & Partner, der auch FDP-Parteichef Lambsdorff angehörte, stellte diesen Zusammenhang immer wieder ebenso geschickt wie aggressiv her.[155] Über die Rolle, die Matthöfer auf beiden Schauplätzen spielte, wurde viel spekuliert, ohne dass Näheres bekannt wurde. Selbst der Platow Brief, dessen Redakteure in früheren Fällen über die Pläne des BGAG-Chefs aus erster Quelle meist gut unterrichtet waren, konnte nur mutmaßen:[156] »Wir haben zuverlässige Informationen, daß hinter den Kulissen an einem strategischen Neuanfang für die AMB gebastelt und an einem Netz für die BfG geknüpft wird. Unsere Vermutung, daß Matthöfer hierbei einen wichtigen Part spielt, wurde inzwischen bestätigt.« Je länger sich aber das

154 ›Diensttagebuch‹, 19.2.1992, AdsD, DM 0404.
155 Crédit Lyonnais wird BfG-Mehrheit kaufen, ›Der Platow Brief‹ vom 25. März 1992.
156 ›Der Platow Brief‹ vom 21. Februar 1992.

Tauziehen um den französischen Einfluß bei AMB hinzog, desto mehr bremste das Junktim den Fortschritt der Verhandlungen über die Übernahme der BfG, anstatt sie – im Sinne des Erfinders – zu beschleunigen. In dieser Patt-Situation bewährte sich noch einmal die Achse Matthöfer – Albert. Die beiden Sozialdemokraten waren sich inzwischen so nahe gekommen, dass sie offen über taktische Finessen reden konnten. Gelegenheit und Muße dazu bot sich auf dem Weg von Paris nach Poitiers, den die Bundesgenossen im TGV zurücklegten. Sie besprachen die weitere Art des Vorgehens der AGF, wobei Matthöfer dem ENArchen Ratschläge gab, »wie nach meiner Kenntnis und Erfahrung bestimmte Personen in der AMB zu behandeln seien, um die von der AGF gewünschten Ergebnisse zu erzielen«.[157] Es entstand ein Szenario, an dem sich das Vorgehen der AGF in den folgenden Wochen orientierte – im Interesse beider ›Strategen‹. Bei einem trockenen Sancerre, wie er auf den Kreidehängen am oberen Lauf der Loire wächst, brachte Matthöfer dann auch noch Senator Monory auf den neuesten Stand der BfG-Verhandlungen, um von seinem Einfluss innerhalb der französischen Staatswirtschaft zu profitieren. Der Preis, den er dafür zu zahlen hatte, ein Besuch des von Monory geförderten ›Futuroscope‹, einer monumentalen Demonstration französischer Technikgläubigkeit, schien dafür nicht zu hoch.

Wenn die Verhandlungen mit Haberer dennoch ins Stocken gerieten, lag dies an sehr unterschiedlichen Preisvorstellungen. Die AMB bezifferte den Gesamtwert der BfG auf der Grundlage ihres Buchwertes auf 3,6 Mrd. DM. Der CL war dagegen nicht bereit, davon mehr als die Hälfte zu bezahlen. Man wusste in Paris, dass die Bank unter Verkaufsdruck stand, und war von der Idee, über einen großzügig bemessenen Einstieg in die BfG zur Auflösung des Konfliktes zwischen AGF und AMB beizutragen, nicht sehr begeistert. Der Zeitplan, das Geschäft bis Ende des Jahres abzuschließen, geriet ins Wanken. Drei renommierte Investmentbanken, Morgan Grenfell für den Großaktionär AMB, Goldman Sachs für die Franzosen und CSFB für die BGAG, wurden eingeschaltet, um die Verhandlungen auf eine objektive Grundlage zu stellen. Sie kamen jedoch zu höchst unterschiedlichen Bewertungen der bestehenden Kredit- und Länderrisiken und der problematischen Struktur des Zinsgeschäfts der BfG.[158] Damit landete der Ball wieder im Feld der Spitzenmanager. Zunächst versuchte Matthöfer, alle an der Dreiecksbeziehung AGF – AMB – CL Beteiligten in der BfG Bank zu Geheimverhandlungen an einen Tisch zu bringen. Protokollarische Hindernisse überwand er mit der Formel, »daß es einen Einlader und Gastgeber nicht gibt, sondern daß wir uns lediglich darauf verständigt haben, in diesem Kreis in dem Rahmen des anstehenden Objektes, nämlich der BfG Bank AG, zusammenkommen«.[159] Er ergriff als erster das Wort und versuchte, die Probleme zu umreißen, die durch Verhandlungen zu

---

157 ›Diensttagebuch‹, 1.6.1992–2.6.1992, AdsD, DM 0404.
158 Dauerbrenner BfG / Crédit Lyonnais – Die Bankenaufsicht drängt, ›Der Platow Brief‹ vom 5. Oktober 1992.
159 Matthöfer an Baumgartl am 12. Juni 1992, AdsD, DM Ordner BGAG Tageskopien. Das Treffen fand am 15. Juni in der BfG Bank statt.

lösen waren. Alle Ansätze zu einer Einigung scheiterten aber an der Intransigenz Baumgartls. Für diesen Fall hatten die beiden TGV-Reisenden bereits einen Alternativplan in petto. Albert machte – Matthöfers Rat folgend – dem Aufsichtsratsvorsitzenden der Aachener Versicherungsgruppe Gies ein verlockendes Angebot: Er sollte Vorsitzender des Aufsichtsrates bleiben dürfen und darüber hinaus Mitglied des Verwaltungsrates der AGF werden. Gies reagierte, wie von Matthöfer vorhergesagt. Derart schmeichelhafte Bedingungen erleichterten es ihm, den Kampf gegen den von Albert mobilisierten »Schulterschluß geballter Wirtschaftsmacht« aufzugeben und seinen allzu prinzipientreuen Vorstandsvorsitzenden Baumgartl zu opfern.[160] Damit änderte sich die Konstellation auf Seiten der AMB entscheidend. Für den Nachfolger Wolfgang Kaske war weder die Sperrminorität der AGF bei der AMB, noch die Übernahme der BfG-Mehrheit durch den CL eine Prinzipienfrage. Allein der Preis zählte. Mitte Juli konnte Matthöfer CL-Chef Haberer mitteilen, dass die ihrem gemeinsamen Projekt entgegenstehenden Hindernisse endgültig ausgeräumt wurden.[161] Damit standen die Franzosen in Aachen endlich kurz vor dem Ziel und gaben sich nun ihrerseits in Frankfurt kompromissbereit. Sie stimmten schon im Vorfeld der Einigung der Verlängerung des Vertrages von Wieandt zu. Das Junktim zwischen beiden Verhandlungsrunden war inzwischen noch fester geknüpft. Eine außerordentliche Hauptversammlung, von den AMB-Kleinaktionären erzwungen, hatte es ausdrücklich wieder hergestellt. Dennoch schien Haberer die besseren Karten zu haben. Mit der BfG ging es zwar inzwischen wieder aufwärts, doch brauchte die Bank dringend kräftige Finanzspritzen, um ihre Schwächen beim Eigenkapital und bei den Ost-Krediten zu beheben. Beide Kreditinstitute – BfG und CL – gerieten zunehmend in den Sog der konjunkturellen Abschwächung, die ihre Probleme noch klarer hervortreten ließ. Der CL rückte mit schlechten Geschäften in die Schlagzeilen, sodass führende Rating-Agenturen seine Bonität zurückstuften. Er teilte damit das Schicksal der BfG, die trotz gewisser Etappensiege des neuen Managements ebenfalls im Rating zurückfiel. Die ehemalige Gewerkschaftsbank geriet damit erneut in das Visier des Bundesaufsichtsamtes für das Kreditwesen, dessen Chef Wolfgang Kuntze auf eine rasche Verkaufslösung drängte.[162] Paradoxerweise wirkte sich das wachsende Image-Problem des CL eher positiv auf dessen Kompromissbereitschaft aus, musste man doch jetzt in Paris umso mehr daran interessiert sein, durch einen Erfolg in Frankfurt wieder positive Schlagzeilen zu produzieren.

Nur vor diesem Hintergrund ließ sich der Abschluss nachvollziehen, den Haberer Mitte November schließlich im Frankfurter Sheraton Airport Hotel paraphierte und durch Handschlag besiegelte.[163] Danach waren die Franzosen bereit,

160 Wie Vorstände auf skandalöse Weise demontiert werden, ›Der Platow Brief‹ vom 19. Oktober 1992.

161 »[…] les obstacles qui s'opposaient à notre projet commun ont été écartés définitivement«; Matthöfer an Haberer am 15. Juli 1992, AdsD, DM Ordner BGAG Tageskopien.

162 Dauerbrenner BfG/Crédit Lyonnais – Die Bankenaufsicht drängt, ›Der Platow Brief‹ vom 5. Oktober 1992.

163 ›Diensttagebuch‹, Ende November/Anfang Dezember 1992, AdsD, DM 0404.

im Rahmen eines komplexen Deals, einschließlich einer für unmittelbar nach der Übernahme geplanten Kapitalerhöhung, zwei Milliarden Mark für ihre BfG-Mehrheit zu zahlen. Weitere für die BGAG vorteilhafte Vertragsklauseln kamen hinzu. Beide Minderheitsgesellschafter sicherten sich Put-Optionen. Sollte 1999 der Beherrschungsvertrag zwischen CL und BfG auslaufen, konnten BGAG und AMB Haberers Nachfolger Jean Peyrelevade auch ihre restlichen Anteile von je 25 % anbieten – zu einem bereits weitgehend festgelegten Preis, der nicht unter dem aktuellen Verkaufspreis liegen würde. Auch die Rendite aus den Minderheitsbeteiligungen war bis 1995 mit 6,5 % auf recht hohem Niveau garantiert. Danach sollte sie bis 1999 sogar auf 10 % steigen. Im Gegenzug mussten die Verkäufer eine Nachschussverpflichtung für nachträglich eintretende Risiken eingehen, die sie freilich für nur wenig realistisch hielten. Sie trat auch nie ein. Für die deutsche Seite war diese Abmachung fast zu schön, um wahr zu sein. Kaum war die Delegation des Crédit Lyonnais wieder in Paris gelandet, wollten die Franzosen denn auch nichts mehr von dem Vertrag wissen und drängten auf Neuverhandlung. Offenbar hatten sie zu spät bemerkt, dass das Bundesaufsichtsamt für das Kreditwesen ihnen in die Hände gespielt hatte, als es den Verkaufsdruck auf die BfG erhöhte. Nun glaubten sie, sie müssten nur noch etwas warten, bis ihnen die angeschlagene Bank wie eine reife Frucht zufiele. Wollten sie auch nur eine Chance haben, die Franzosen zur Raison zu bringen, mußten sich Matthöfer und Wieandt etwas einfallen lassen. Es galt, die BfG rasch aus der Schusslinie der Bankenkontrolleure zu bringen und Verbündete in der Bankenwelt zu finden, die dabei helfen konnten, die Franzosen auf den Weg der Vertragstreue zurückzuholen. Beides schien – jedenfalls auf deutscher Seite – nicht ohne die Mitwirkung des Sprechers der ›Deutschland AG‹ möglich zu sein. Diese Funktion hatte nach allgemeiner Meinung der Vorstandsvorsitzende der Deutschen Bank, Hilmar Kopper, inne. Er war von Anfang an gut über die komplexe Verhandlungslage informiert, weil seine Londoner Tochter Morgan Grenfell im Konflikt AMB-AGF als Berater fungierte. Als ihm Matthöfer und Wieandt ihren Plan präsentierten, war er deshalb gut vorbereitet und stimmte ihm sofort zu. BGAG und AMB beabsichtigten, der BfG 70 % der Anteile an der Deutschen Handelsbank, die diese für 200 Mio. DM aus der Konkursmasse der DDR-Wirtschaft erworben hatte, zum Preis von 800 Mio. DM abzukaufen. Dadurch entstand bei der BfG ein Buchgewinn von 600 Mio. DM. Die BfG konnte auf diese Weise Ihre Bilanz ›zumachen‹ und so dem Griff der Bankenaufsicht entkommen. Die Eigentümer der BfG hätten so Zeit gewonnen, eine endgültige Lösung für die Bank zu finden. Vor allem aber zerstörte diese Operation jede Hoffnung des CL auf ein rasches Schnäppchen. Die dringend benötigte Erfolgsmeldung hätte sich für die Franzosen in eine neue Niederlage verwandelt. Kopper war sofort bereit, diesen Deal zu finanzieren, und gab sich zur Sicherung mit den Aktien der Deutschen Handelsbank zufrieden. Wahrscheinlich wusste er, dass die Drohung allein reichen würde, um den CL wieder zur Vernunft zu bringen. Der Banker war nach Matthöfers Eindruck »über das Verhalten des CL ehrlich empört und entrüstet«.[164] Er wollte »im Notfall« einige Kollegen mobilisieren, die glaubhaft öffentlich erklären würden, sie stünden zur BfG und würden für jede notwendige Liquidität sorgen, die erforderlich wäre, um einen Run auf die Bank auszuschließen. Wieandt sorgte nach dem Gespräch sofort dafür, dass das Ergebnis des Gespräches den Franzosen bekannt wurde. Zuerst reagierte Michel Albert. Er rief Matthöfer an, um seinem Freund auszurichten, Haberer sei um seinen Ruf als vertrauenswürdiger internationaler Banker sehr besorgt. Dann ließ der CL wissen, alles sei ein Missverständnis gewesen. Man stehe selbstverständlich zu den Inhalten des im November abgeschlossenen Vertrages.

Am 23. Dezember 1992 unterschrieben schließlich Repräsentanten von AMB, BGAG und Crédit Lyonnais im Frankfurter BfG-Hochhaus offiziell die Verträge über den Verkauf von 50 % plus einer Aktie der BfG Bank an die Franzosen.[165] Im Gegenzug genehmigte die Hauptversammlung der AMB am 30. Dezember in Aachen nach längerer und lebhafter Debatte die Eintragung von im Eigentum der AGF stehenden vinkulierten Namensaktien in das Aktionärsverzeichnis der AMB.[166] Matthöfer war vorsorglich an die Aachener und Münchener Allee gereist, um im Falle nicht vorhersehbarer Schwierigkeiten zugunsten der AGF einzugreifen. Die Genehmigung des Verkauf von BfG-Anteilen an den CL, die ebenfalls auf der Tagesordnung stand, verlief, wie nicht anders zu erwarten, völlig reibungslos. Wieder – wie schon Ende 1986 – sah es so aus, als hätte die BGAG einen gefährdeten Teil des Gewerkschaftsvermögens in Sicherheit gebracht und sich mit dem Rest ein gutes Renditeobjekt gesichert. Im Zuge der Aufräumarbeiten, die die AMB nach dem Ende der Schlacht vornahm, gelang es Matthöfer sogar noch, bei einem Börsenkurs unter 500 DM seinen restlichen Schachtelanteil an der Volksfürsorge Holding AG den Aachenern für 780 Mio. DM zu verkaufen. Damit hatte er für die Volksfürsorge insgesamt 3,1 Mrd. DM erlöst. Bei der BfG Bank, wo er noch immer einen Anteil von 25 % minus zwei Aktien hielt, sorgte wieder die Mitbestimmung dafür, dass der Mehrheitsaktionär die Interessen der BGAG berücksichtigen musste. Es dauerte allerdings einige Zeit, bis die Franzosen einsahen, dass sie gegen die Vertreter der Arbeitnehmer und die beiden Stimmen der BGAG im paritätisch besetzten Aufsichtsrat der BfG keine Mehrheit hatten. Sie waren deshalb gezwungen, sich vorher mit ihrem Juniorpartner abzustimmen, wenn im Aufsichtsrat alles glatt gehen sollte. Schon aus diesem Grunde hatte Matthöfer ein starkes Interesse an einem guten Verhältnis zu den BfG-Arbeitnehmern und stimmte sich in Sachfragen ständig mit ihnen ab.[167] Für den Rest seiner Amtszeit tauchte die BfG Bank nicht mehr auf dem Problem-Monitor des BGAG-Chefs auf.[168]

164 Ebenda.
165 ›Diensttagebuch‹, 23.12.1992, AdsD, DM 040.
166 ›Diensttagebuch‹, 30.12.1992, AdsD, DM 040.
167 ›Diensttagebuch‹, 21.5.1996, AdsD, DM 040.
168 Erst nach 1997 geriet der Crédit Lyonnais selbst in Schwierigkeiten und musste die BfG Bank 2000 an die Skandinaviska Enskilda Banken (SEB) aus dem schwedischen Wallenberg-Konzern

Die Kette der Sanierungsfälle sollte aber auch nach der Lösung der BfG-Krise nicht abreißen. Lange Zeit ragten die kleineren Banken im Beteiligungskreis der BGAG, die Allgemeine Hypothekenbank AG (AHB) und die Bank für Sparanlagen und Vermögernsbildung (BSV), wie Felsen aus der tobenden Brandung um das gewerkschaftliche Beteiligungsvermögen. Das Eigentum an der AHB, die eine Bilanzsumme von 13 Mrd. DM und ein Grundkapital von 140 Mio. DM auswies, lag zur Hälfte bei der BGAG, während sich das Beamtenheimstättenwerk (BHW) und die Deutsche Beamtenversicherung (DBV) in den Rest teilten. Die BGAG hatte ihren Anteil aus der BfG und der Vofü herausgelöst, bevor sie deren Aktienmehrheit Ende 1986 bzw. 1988 abgab. Die AHB schüttete regelmäßig eine Dividende von 22 % aus, was der BGAG einen Ertrag einschließlich Steuern von 24 Mio. DM jährlich einbrachte. Sie galt als »glanzvolle Perle« unter den unabhängigen Hypothekenbanken, die keiner großen Geschäftsbank angeschlossen waren.[169] Es gab deshalb keinen Grund, den Versicherungen des Vorstandes der AHB zu misstrauen, die Ertragslage sei zufriedenstellend und die Dividende nachhaltig gesichert. Umso schwerer wog der Schock, als der Vorstand der AHB seinem Aufsichtsratsvorsitzenden Hesselbach Mitte Juli 1991 mitteilen musste, eine Fehleinschätzung der Zinsentwicklung und die anhaltend inverse Zinsstruktur zwinge ihn zu einer scharfen Korrektur der bisherigen Geschäftspolitik. Man müsse sich von Aktivüberhängen bei Kommunaldarlehen und Geldanlagen trennen und dabei einmalig hohe Verluste hinnehmen. Um sie auszugleichen, stünden zwar stille Reserven zur Verfügung. Als Folge würden sich aber die zinslosen Passiva erheblich vermindern, sodass künftig eine Dividende in unveränderter Höhe nicht mehr zu erwarten sei.[170] Tatsächlich hatte die AHB seit mehr als zwei Jahren den Grundsatz der zins- und fristenkongruenten Refinanzierung verletzt. Geschäfte mit Schuldscheindarlehen von Bund, Bahn, Post und öffentlich-rechtlichen Kreditinstituten wurden am Geldmarkt kurzfristig refinanziert, um den Zinsertrag zu stabilisieren, der seit der Trennung von der BfG unter Druck geraten war. Als die Zinsstruktur Ende 1989 einen inversen Verlauf nahm, d. h. ›kurzes‹ Geld teurer als ›langes‹ wurde, nahm das Unglück seinen Lauf. Auftretende Verluste deckte der Vorstand zunächst durch die Auflösung stiller Reserven ab – ohne Wissen des Aufsichtsrates. Erst als im Sommer 1991 weitere erhebliche stille Reserven durch Verkauf von Aktivüberhängen aufgebraucht waren, offenbarte sich der Vorstand der Bank dem Aufsichtsratsvorsitzenden und den Gesellschaftern.

verkaufen. Für den Fall des Weiterverkaufs hatte Freyberg ein Nachschussrecht der BGAG im Vertrag festgeschrieben. Die Franzosen durften nur Kasse machen, nachdem sie die Anteile der Minderheitsaktionäre zu für diese günstigen Bedingungen ablösten. Als es soweit war, intervenierte Matthöfer bei EG-Kommissarin Wulf-Mathies, die daraufhin auf eine Verkaufsauflage für die BfG drängte. Heute firmiert die ehemalige Bank für Gemeinwirtschaft als SEB Bank und ist eine der größten Auslandsbanken in Deutschland.

169 Schwere Zinsschieflage bei Allgemeiner Hyp – Eigentümer des Instituts versuchen fieberhaft, den Flurschaden zu begrenzen, ›Der Platow Brief‹ vom 16. Oktober 1991.

170 Matthöfer, Vortrag zur Lage der BGAG und ihrer Beteiligungsunternehmen in der Vorbesprechung der Anteilseigner der BGAG am 25. September 1991; ›Diensttagebuch‹, 25.9.1991, AdsD, DM 0404.

Angesichts offener Positionen in Milliardenhöhe befürchteten die aufgeschreckten Kontrolleure zunächst einen Gesamtschaden von 350 bis 500 Mio. DM.[171] Eine sorgfältige Prüfung durch die KPMG Deutsche Treuhand und einen vierköpfigen Ausschuss, dem die drei Anteilseigner und ein Arbeitnehmervertreter angehörten, ließ jedoch niedrigere Verluste erwarten, sodass der Fortbestand der Bank doch nicht gefährdet war. Der Verlust von 300 Mio. DM, der schließlich bewältigt werden musste, ließ sich durch die Mobilisierung der vorwiegend in Tochter- und Enkelgesellschaften liegenden stillen Reserven aus eigener Kraft abdecken. Dazu gründeten die Anteilseigner eine Gesellschaft, die diese Immobilien kurzfristig übernahm, um sie nach und nach zu vermarkten. Es war nicht ohne symbolische Bedeutung, dass ganz oben auf der Liste der zu veräußernden Objekte auch der repräsentative Hauptsitz der AHB an der Bockenheimer Landstraße 25 stand, der mit seinem großbürgerlichen und soliden Ambiente einer noblen Privatbank alle Ehre gemacht hätte. Hier residierte auch der Bundesverband Gemeinwirtschaftlicher Unternehmen, dessen Präsident noch immer Walter Hesselbach war. Der ›König ohne Land‹ war an dieser Entscheidung nur noch am Rande beteiligt und erfuhr vom drohenden Verlust seines letzten Hauptquartiers durch einen Brief Matthöfers, seines Stellvertreters im Aufsichtsrat.[172] Dieser begann nun damit, den Aufsichtsrat vorsichtig über die Gemeinwirtschaft und die Gewerkschaften hinaus zu öffnen. Er lud Lothar Späth ein, in den neu zu wählenden Aufsichtsrat der Hypothekenbank einzutreten.[173] Schließlich wurde auch der von Hesselbach eingesetzte vierköpfige Vorstand der AHB entlassen. Dies war nun schon das dritte Mal, dass Matthöfer das Spitzenpersonal eines gemeinwirtschaftlichen Unternehmens ablösen musste. Ganz offenbar gehörte es zu den Ursachen der Misere der Gemeinwirtschaft, dass die Vorstände gewerkschaftlicher Unternehmen in der Lage waren, weitgehend autokratisch zu entscheiden und sich der Kontrolle durch die Eigentümer systematisch zu entziehen. Diese machten es ihnen allerdings auch leicht, indem sie ihr nahezu grenzenloses Vertrauen offenbar in erster Linie auf ideologische Übereinstimmungen gründeten. Hinzu kam eine Art Dominoeffekt, der sich nach dem Zusammenbruch der Neuen Heimat durch die Reihen der gemeinwirtschaftlichen Unternehmen fortpflanzte. Seit die symbiotischen Beziehungen unter den Gewerkschaftsunternehmen gestört waren, fehlte ihnen ein wesentliches Element gegenseitiger Marktstabilisierung. So war es auch zur Krise der AHB gekommen. Die Misere nahm ihren Lauf, nachdem die BfG 1989 begann, das eigene Hypothekengeschäft auszubauen, und die frühere Tochter damit weitgehend auf ihre eigenen Kräfte verwies, welche allerdings nicht ausreichten. Die Personalaufwendungen lagen wie bei allen gemeinwirtschaftlichen Unternehmungen deutlich über dem Branchendurchschnitt. Vertriebsbasis und Refinanzierung waren für einen Alleingang nicht ausgelegt.

---

171 ›Der Platow Brief‹ vom 1. November 1991.
172 Matthöfer an Hesselbach am 11. September 1991, AdsD, DM Ordner BGAG Tageskopien.
173 Matthöfer an Späth am 28. Januar 1992, AdsD, DM Ordner BGAG Tageskopien.

Am wenigsten traf dies für die Bank für Sparanlagen und Vermögensbildung AG zu. Da sie nun praktisch vollständig der BGAG gehörte, erfreute sie sich der besonderen Aufmerksamkeit des Vorstandsvorsitzenden. Unter der Leitung von Friedrich Wilhelm Vöbel, der in der Branche als ebenso kostenbewusst wie innovativ galt, hatte sie in der Vergangenheit mehr neue Produkte auf den Markt gebracht als ihre Mutter BfG. In ihr steckte das Potential zu einer ganz neuen Kategorie von Bank. Als Matthöfers Vertrag im Januar 1992 für weitere fünf Jahre verlängert wurde, zählte er die BSV jedenfalls zu den Unternehmen seines Beteiligungskreises, mit denen er noch Großes vorhatte.[174] Er machte ihren weiteren Ausbau zur Chefsache, um sie in die Lage zu versetzen, »allen Anforderungen der Gewerkschaften vollauf gerecht zu werden«.[175] Die BSV war Mitte der sechziger Jahre gegründet worden, um an dem Massengeschäft mit Sparverträgen für vermögenswirksame Leistungen zu partizipieren, die einige Gewerkschaften im Rahmen ihrer Tarifverträge als Optionen für ›Vermögensbildung in Arbeitnehmerhand‹ vorgesehen hatten. Da sie als ›Briefbank‹ ohne Filialen und Publikumsverkehr auskam, entwickelte sie im Laufe der Jahre besondere Techniken der Kommunikation mit ihren Kunden, die dem Typus der ›Direktbank‹ entsprachen, wie er sich vor allem in den USA seit den späten siebziger Jahren etablierte. Gerade darin sah Matthöfer, der die amerikanische Entwicklung aus eigener Anschauung kannte, die Chance zur »strategischen Positionierung der BSV als Gewerkschaftsbank«.[176] Alle Aufgaben, die dabei zu bewältigen waren, vom Cash-Management zur Sicherung der Streikbereitschaft bis zur praktischen Organisation der Beitragsabbuchung, ließen sich im Rahmen einer Briefbank – anders als mit dem teuren Verwaltungs-Wasserkopf der BfG – außerordentlich kostengünstig abwickeln. Als Partner bevorzugte er die IG Metall, die sich ursprünglich nicht an den tarifvertraglich abgesicherten vermögenswirksamen Leistungen für Arbeitnehmer beteiligt hatte. Er dachte aber auch an mögliche europäische Verbündete. Seinem alten Freund Werner Thönnessen, der noch immer als Vize-Generalsekretär des Internationalen Metallarbeiterbundes in Genf fungierte, erteilte er den Auftrag zu einem Gutachten, das den Markt für Briefbanken in Frankreich eruieren sollte, denn er wollte herausfinden, »ob eine entsprechende französische Bank bereit wäre, sich an der BSV zu beteiligen«.[177]

Während er die »notwendigen Restrukturierungsmaßnahmen« einleitete, musste er feststellen, dass auch sein Lieblingskind kränkelte. Erste Hinweise lieferte ihm seine ureigene Methode des ›management by wandering around‹. Nach wochenlangen Visiten in den Abteilungen und zahlreichen Gesprächen mit den Angestellten wusste er, wie unzufrieden die Mitarbeiter waren, weil sie keine klare

---

174 Matthöfer steuert BGAG für weitere fünf Jahre, Süddeutsche Zeitung vom 26. März 1992.
175 Matthöfer an das Mitglied des geschäftsführenden Vorstandes der IG Metall Werner Schreiber am 17. Juli 1991, AdsD, DM Ordner BGAG Tageskopien.
176 Ebenda.
177 Matthöfer an Thönnessen am 19. Juli 1991, AdsD, DM Ordner BGAG Tageskopien.

Linie in der Entwicklung der Bank erkennen konnten.[178] Die Ergebnisse für 1991 gaben ebenfalls keinen Anlass, mit der Performance der Bank zufrieden zu sein. Es fehlte eine Strategie, die der Bank erlaubt hätte, aus der Stagnation herauszukommen und am allgemeinen wirtschaftlichen Wachstum teilzunehmen. So war nicht abzusehen, wie sie Marktanteile zurückgewinnen sollte, die sie aufgrund ihres Potentials eigentlich erreichen konnte. Matthöfer gründete daher eine Arbeitsgruppe, in der Vertreter von BGAG, BSV und zwei Unternehmensberatungsfirmen, Seebauer & Partner und Rainer Leben, versuchen sollten, einen neuen Kurs abzustecken und die dafür notwendigen Maßnahmen vorzuschlagen. Die Probleme der Bank lagen bald offen zu Tage. Als reine Produktbank ohne bestimmte Zielkundengruppe war sie ungünstig am Markt positioniert. Da ein Ertrags-Controlling fehlte, blieb weitgehend verborgen, welche Produkte Ertrag brachten und welche nicht. Refinanzierungsmethoden und Banksteuerung waren hoffnungslos veraltet. Mitten in die interne Diskussion von Reformansätzen hinein platzte auch hier die Hiobsbotschaft, dass die Bank in Gefahr sei, nicht nur Marktanteile, sondern über kurz oder lang sogar die Existenzgrundlage zu verlieren. Matthöfer erhielt von einem befreundeten Bankier der Frankfurter Metzler-Bank und einem Vertreter des Einlagensicherungsfonds der deutschen Banken eine »freundschaftliche Warnung [...] vor der ungünstigen und langfristig nicht ungefährlichen Entwicklung in der BSV«.[179] Die beiden Herren hatten sich mit ihm zum Mittagessen verabredet, um den Spielregeln der Frankfurter *banking community* Geltung zu verschaffen. Kein Zweifel, die Deutschland AG funktionierte.

Matthöfer reagierte sofort. Ohne ein Gespräch mit dem Vorstandsvorsitzenden abzuwarten, ließ er bekanntgeben, er beabsichtige nicht, den Vertrag mit Vöbel zu verlängern. Er hatte ihn schon wenige Tage vor der Warnung schriftlich wissen lassen, dass ihm »in den letzten Wochen und Monaten doch schwere Bedenken entstanden sind, die mit der Leistung der Bank in den letzten Jahren, der zukünftigen Entwicklung auf dem Bankenmarkt und der daraus folgenden Überprüfung der BSV-Strategie, Deiner Konzeption der Bank im Lichte der Konzernstrategie, Deinem Führungsstil usw. zu tun haben«.[180] Der Sprecher des Vorstandes der BSV Bank, der zum Zeitpunkt seiner ›Freistellung‹ im Krankenhaus lag, intervenierte daraufhin bei Hesselbach, zu dessen engerer Gefolgschaft er zählte. Die wohl als Rüge zu verstehende Frage des Aufsichtratsmitglieds an seinen Vorsitzenden Matthöfer, ob er sich denn über die Rechtslage im Klaren sei, beantwortete dieser kühl mit ›ja‹. Bei Vöbel entschuldigte er sich »für Umstände, die ich nicht kontrollieren konnte«, fügte aber hinzu, er meine, seiner »Funktion nur so gerecht werden zu können«.[181] In der Sache selbst beauftragte er den Unternehmensberater Rainer Leben mit der »strategischen Neuausrichtung« der Bank im Sinne der von ihm vorbe-

---

178 Matthöfer, Ansprache mit anschließender Diskussion auf der Betriebsversammlung der BSV Bank am 25. März 1992, ›Diensttagebuch‹, 25.3.1992, AdsD, DM 0404.

179 ›Diensttagebuch‹, 8.4.1992, AdsD, DM 0404.

180 Matthöfer an Vöbel am 3. April 1992, AdsD, DM Ordner BGAG Tageskopien.

181 Matthöfer an Vöbel, ca. 9. Mai 1992, AdsD, DM Ordner BGAG Tageskopien.

reiteten Umwandlung in eine Direktbank neuen Stils. Sie wurde als »Bank für den mittleren Standardkunden« mit wenigen, aber attraktiven Angeboten konzipiert. Das innovative Direktkonto unterstützte wichtige Hausbankvorteile. Telefonbanking und Direktvertriebsmaßnahmen rundeten das neue Design ab. Auch die Eigenkapitalbasis wurde in den folgenden beiden Jahren jeweils um 100 Mio. DM gestärkt. Das Prinzip der »Finanzierung aus einer Hand« erwies sich als erfolgreich. Die Bank wuchs stärker als der Markt. Schon 1993 hob sie ihre Dividende von 6,5 auf 10 % an und stärkte gleichzeitig noch die Rücklagen. Die Umbenennung in Deutsche Direktbank AG trug diesem neuen Auftrag und Design Rechnung. Nach Intervention der Deutschen Bank, die eine Namensverwechselung befürchtete, wurde sie erneut umbenannt, diesmal in Allgemeine Deutsche Direktbank AG (DiBa). Für sie suchte Matthöfer gegen Ende seiner Amtszeit mit Hilfe der Metzler-Bank einen strategischen Partner.[182] Die BGAG fand ihn 1998 in dem niederländischen Bankkonzern ING Groep, der 49 % der DiBa für 1,4 Mrd. DM kaufte und die größte deutsche Direktbank schließlich 2003 vollständig übernahm.

Es wäre ein Wunder gewesen, wenn die BHW-Gruppe von den typischen Strukturproblemen gewerkschaftlicher Unternehmen verschont geblieben wäre. Der Beamtenheimstätten-Konzern, an dem die BGAG zu 48 % beteiligt war, erhielt 1990 eine Holding-Struktur, damit er seine Geschäftsfelder – Bausparkassen, Bank, Lebensversicherung – klarer gegeneinander abgrenzen konnte. Dessen ungeachtet litt auch er unter den Kosten übertariflicher Bezahlung und hohem Verwaltungsaufwand. Im kollektiven Bauspargeschäft war die Ertragssituation unbefriedigend, weil die Tarife kaum Verdienstspannen zuließen, im außerkollektiven Geschäft drückten konzernfremde Refinanzierungswege auf die Margen. Das Ergebnis des BHW lag deshalb sehr weit von den Zielvorstellungen entfernt, die sich die BGAG im Rahmen ihrer neuen Beteiligungsstrategie von ihrer »größten Investition« machte. Matthöfer hielt es für »dringend erforderlich, dass das BHW seinerseits für den BGAG-Anteil mindestens 100 Millionen DM Gewinn produziert, damit das von den Gewerkschaften hier eingesetzte Kapital marktgerecht verzinst wird«.[183] Davon konnte 1993 bei einem Jahresüberschuss von insgesamt 65,7 Mio. DM noch keine Rede sein. Für Matthöfer stand außer Zweifel, dass der Weg aus der »Sackgasse« nur über den Verkauf der Mehrheit der Anteile »an einen fremden Dritten« möglich wäre.[184] Zuvor musste aber der Haustarif gekündigt werden, damit in »Anlehnung an den Branchentarif eine Abschmelzung der BHW-Gehälter auf das Branchenniveau erreicht werden« konnte. Um das Unternehmen in »eine verkaufsfähige Form« zu bringen, hielt er es darüber hinaus für nötig, den überhöhten Personalbestand »auf das zur Erledigung der Arbeit erforderliche Maß« zurückzuführen. Schließlich galt es, die Politik des Unternehmens »ohne weitere

182 ›Diensttagebuch‹, 27.7.1996, AdsD, DM 0404.
183 Matthöfer an Dr. Regina Görner, Mitglied des geschäftsführenden Bundesvorstandes des DGB, am 14. Oktober 1994, AdsD, DM Ordner BGAG Tageskopien.
184 Matthöfer an Heinz-Werner Meyer, Vorsitzender des Bundesvorstandes des DGB, am 3. Mai 1993 (persönlich/vertraulich), AdsD, DM Ordner BGAG Tageskopien.

Das Schicksal von BfG-Chef Thomas Wegscheider steht stellvertretend für ein halbes Dutzend Entlassungen von Gemeinwirtschaftsvorständen in der Ära Matthöfer.

Verzögerung« neu zu bestimmen. Matthöfer wusste, dass sich diese Ziele nur erreichen ließen, »wenn wir beachtliche Konflikte in Kauf nehmen«. Es war sogar zu befürchten, dass diese angesichts der Rivalität der im Unternehmen vertretenen Gewerkschaften (HBV, KOMBA, DAG) besonders intensive Formen annehmen würden. Der BGAG-Chef warnte deshalb den DGB-Vorsitzenden Heinz-Werner Meyer, »ein begabter Rhetoriker« könnte auf dem DGB-Kongress die Gelegenheit der Vorstandswahlen nutzen, um »zum Schaden der Betroffenen seine Beschwerden loszuwerden«. Dies alles sollte seine Forderung begründen, auch hier externe Unterstützung durch einen Unternehmensberater in Anspruch zu nehmen, um die üblichen Reformschritte gegen ein Management durchzusetzen, das selbst Teil des Problems war. Der sozialverträgliche Abbau mehrerer hundert Stellen in der Hamelner Zentrale und die Anpassung des Haustarifes in Richtung auf die branchenübliche Vergütungsstruktur waren Aufgaben, die den Betroffenen selbst nicht leicht fielen.

Am Ende stand auch hier die Ablösung des Vorstandes mit dem Vorsitzenden Louis Storck, einem alten Jagdfreund von Alfons Lappas. Es war das fünfte Revirement eines ›gemeinwirtschaftlichen‹ Vorstandes, für das Matthöfer im Zuge seiner Sanierungsarbeit maßgebende Verantwortung trug. Eine schrittweise Erhöhung der Dividende und der Eigenmittel belohnte den Eingriff. Den Verkauf der strategischen Mehrheit konnte Matthöfer indes gegen seinen Partner, den Deutschen Beamtenbund, nicht durchsetzen. Als Alternative sollte die BHW Holding GmbH Berlin / Hameln 1997 als Aktiengesellschaft an die Börse gehen, als ein Skandal die BTA Betriebs- und Anlagegesellschaft mbH – das Pendant der BGAG beim Deutschen Beamtenbund – erschütterte.[185] BTA und BGAG betrieben gemeinsam eine Immobilien- und Vermietungsgesellschaft, die sich später Agathon

---

185 Krause Geschäfte, DER SPIEGEL, Nr. 1 (1997) vom 30. Dezember 1996, S. 32 f.

nannte. Deren PR-Tochter Publica unterhielt seit Anfang der achtziger Jahre einen Beratervertrag mit der Unternehmensberatung Wisco im Schweizer Interlaken. Mitte der achtziger Jahre übernahm der Sohn des Aufsichtsratsvorsitzenden und Chefs der Beamtengewerkschaft, Alfred Krause, die Geschäftsführung der Publica. Hatte dies schon den Geruch von Nepotismus, kam es bald noch schlimmer. Alfred Krause junior war bis zu seinem Eintritt in die Publica Eigentümer der Wisco gewesen und pflegte offenbar auch danach noch sehr besondere Beziehungen zu der PR-Agentur im Berner Oberland. Er nutzte den bestehenden Beratervertrag, um Aufträge in Höhe von 3,6 Mio. DM bei seiner früheren Firma zu platzieren. Die Rechnungen bezahlte der Geschäftsführer meist persönlich per Verrechnungsscheck in der Schweiz. Die Arbeitsergebnisse der Wisco fanden sich aber nirgends dokumentiert, sodass der Verdacht nahe lag, es handelte sich dabei um Scheinaufträge. Wirtschafts- und Betriebsprüfer fanden darüber hinaus Belege für ein Kick-Back-System, das Krause bei Agenturaufträgen den Rückfluss von 25 % der Auftragssumme sicherte.[186] Zu den Begünstigten der Wisco-Connection zählten neben Krause junior auch Vater Krause sowie dessen Jagdfreunde Storck und Lappas. Es war eine der letzten Amtshandlungen des BGAG-Chefs, diesen Skandal aufzuklären, um die wertvolle Beteiligung am BHW aus den negativen Schlagzeilen zu bringen und den Börsengang doch noch erfolgreich zu gestalten.

Der co op-Prozess

Vom Beginn der co op-Affäre im Oktober 1988 bis zur Beilegung des Zivil- und Strafprozesses Anfang 1994, also über einen Zeitraum, der mehr als die Hälfte seiner Amtszeit umfasste, war Matthöfers Tätigkeit an der Spitze der BGAG von hohen Schadenersatzforderungen und der Drohung schwerster Imageschäden überschattet. Zeitweise stellten die möglichen Konsequenzen des Rechtsstreits sogar das wirtschaftliche Überleben der BGAG infrage. Die Bedeutung des co op-Prozesses war damit alles andere als die eines bloßen Nebenkriegsschauplatzes, der angesichts des parallel ablaufenden Ringens um die Rettung des Gewerkschaftsvermögens und die Neuordnung des Beteiligungskreises zu vernachlässigen wäre. Wenn der Prozess für die Kläger am Ende wie das Hornberger Schießen ausging und die co op-Affäre in einen handfesten Justiz-Skandal umschlug, war dies nicht zuletzt Matthöfers Hartnäckigkeit und Gerechtigkeitssinn zu verdanken, der entschieden gegen alles vorging, was auch nur im Ansatz dazu taugte, die Gewerkschaften zu diskriminieren – ob es nun von skrupellosen Klägern, feindseligen Staatsanwälten, voreingenommenen Richtern oder einer leichtfertig vorverurteilenden Öffentlichkeit kam. Er hatte ein feines Gespür für die politische Dimension der Affäre, die dem Verfahren weit mehr goût verlieh als die Frage nach möglichen Verstößen gegen das Aktienrecht. Wie schon im Bundestagswahlkampf 1986/87 gab es auch vor der

---

186 Interview mit Matthöfer am 16. Juni 2007 in Bad Soden, AdsD, DM 0404.

Wahl von 1990 den Koalitionsparteien Gelegenheit, die wirtschaftliche Kompetenz von Gewerkschaften und Sozialdemokratie am Beispiel der Gemeinwirtschaft in Zweifel zu ziehen und einzelne ihrer Repräsentanten zu kriminalisieren; ganz davon abgesehen, dass die wirtschaftliche Handlungsfähigkeit und der finanzielle Spielraum der Gewerkschaften entscheidend geschwächt zu werden drohte.

Die Vorgänge, auf die sich die Vorwürfe der Presse und dann auch die der Staatsanwaltschaft bezogen, reichen in die Mitte der achtziger Jahre zurück, als die BGAG noch mit 39 % am Stammkapital der co op AG beteiligt war. Das mit einem Umsatz von mehr als 10 Mrd. DM und 60.000 Mitarbeitern in über 1600 Supermärkten und zahlreichen Fachmärkten zu den führenden Einzelhändlern zählende Unternehmen stand gerade am Ende einer Sanierungsphase, zu der auch die BGAG ihren Beitrag hatte leisten müssen. Für den weiteren Expansionskurs, der dem ehrgeizigen Vorstandsvorsitzenden Bernd Otto vorschwebte, wollten sich die Gewerkschaften vor dem Hintergrund des akuten Stützungsbedarfs der Neuen Heimat dann nicht mehr hergeben. Es lief daher alles auf einen Börsengang hinaus, um den Weg für das weitere Wachstum des Konzerns freizumachen. Für ein *going public* stellte die Gewerkschaftsbeteiligung freilich eher ein Hindernis dar. Insbesondere nach dem Zusammenbruch der Neuen Heimat schadete das gemeinwirtschaftliche Image der Umsatzentwicklung der co op-Märkte. Der ›Gewerkschaftsmief‹ machte es der co op AG auch schwer, den branchenüblichen Praktiken einer ›kostenbewussten‹ Personalpolitik zu folgen. Gerade in der Lebensmittelbranche hatten inzwischen Methoden des Lohndumpings, des Einsatzes teilzeitbeschäftigter Kräfte und der Rationalisierung Einzug gehalten, deren Anwendung durch ein Unternehmen »der Gewerkschaften« breite öffentliche Kritik provoziert hätte. Trotzdem versuchte die co op AG schon im Vorfeld des Börsenganges alles, um steigende Erträge auszuweisen und ihre Wettbewerbsfähigkeit auf dem Markt unter Beweis zu stellen. Beeinflusst durch die gewerkschaftskritische Einstellung des größten Teils der Wirtschaftspresse, fürchtete der Vorstand negative Auswirkungen auf den Emissionskurs der co op-Aktie, wenn die Beteiligungsgesellschaft für Gemeinwirtschaft zu den Anbietern gehören würde. Otto, ein ehemaliger Gewerkschaftsfunktionär, drängte deshalb den Aufsichtsratsvorsitzenden der co op AG, Alfons Lappas, und den Bundesvorstand des DBG, die Gewerkschaften sollten sich im Interesse der Expansionspläne und der Börseneinführung von ihren Anteilen an der co op AG trennen.[187]

Schon 1984 hatten co op-Vorstand und BGAG eine lockere Gesprächsrunde eingerichtet, die sie intern »Arbeitskreis zur Umgestaltung der Gesellschafterverhältnisse bei der co op AG« nannten. Sie kam in lockerer Folge insgesamt fünfmal zusammen, um über die Bewältigung der Sanierungskosten zu diskutieren, die von einem der Gesellschafter, der Gesellschaft für Handelsbeteiligung (GfH), nicht aus eigener Kraft getragen werden konnten. Die GfH, deren Beteiligung an co op bei

---

187 Felix Herzog, Solidarität unter Verdacht. Über den Versuch der Kriminalisierung der Gewerkschaften im Fall co op, Köln 1995, S. 102.

33,24 % lag, gehörte zu 90 % der Genossenschaftlichen Zentralkasse Basel (GZB), deren Anteile wiederum im Wesentlichen durch Kredite der BGAG und der BfG fremdfinanziert waren. Die BGAG musste daher wohl oder übel ein Interesse daran haben, der überschuldeten GfH mit Kredit unter die Arme zu greifen. Aus dem gleichen Grund setzte sie sich gegenüber der BfG dafür ein, die Kreditlinie der GfH zu prolongieren. Im Gegenzug sollte die co op AG künftig aber selbst dafür sorgen, dass sich eine Überschuldung der GfH nicht wiederholen würde. Diese Abrede schlug sich in Freybergs nach der Erinnerung geführten Aufzeichnungen unter dem Stichwort »Übergang der Verantwortung« nieder.[188] Andere Beteiligungsverhältnisse wurden als Folge der Gespräche neu geordnet. Die Anteile der Skan, einer Beteiligungsgesellschaft dänischer und schwedischer Genossenschaften, die noch bei 1,8 % lagen, wurden zunächst von der Vermo übernommen, einer Vermögensverwaltungsgesellschaft, die zum Beteiligungskreis der BGAG gehörte, und schließlich innerhalb des genossenschaftlichen Sektors weiterveräußert. Ihren vorläufigen Abschluss fand die Sanierung im Sommer 1984 mit der Öffnung für Kleinaktionäre, die nach der Verschmelzung der co op Verbraucher AG auf die co op AG einen Anteil von 9,95 % hielten. Es gab also viel Gesprächsstoff zwischen der co op AG und ihrem Großaktionär, der angesichts dieser Entwicklung durchaus dazu neigte, seinen Anteil an dem Einzelhandelsunternehmen zu verkaufen. Eine Beteiligung, die einen Sanierungsaufwand von 200 Mio. DM verursachte und keine Dividende erzielte, passte nicht mehr in die Landschaft, die der Zusammenbruch der NH für das wirtschaftliche Engagement der Gewerkschaften hinterlassen hatte.[189]

Der Kreis der potentiellen Käufer war freilich eng begrenzt. Einerseits sollten sie nicht aus dem gewerkschaftlichen oder dem prinzipientreuen genossenschaftlichen Bereich kommen, um die Verpuppung der co op AG in ein marktkapitalistisches Unternehmen nicht zu behindern. Die BGAG hatte sich zu diesem Zeitpunkt unter ihrem Vorstandsvorsitzenden Lappas noch nicht zur Abkehr von ihren weltanschaulichen Prinzipien entschieden und musste bei Preisgabe gemeinwirtschaftlichen Terrains weiteren Imageschaden befürchten. Die genossenschaftliche Seite hegte ähnliche Bedenken und wollte ebenfalls einen Clash der Unternehmenskulturen verhindern. Dies schloss andererseits den Verkauf an einen Marktkonkurrenten aus. Als Übergangslösung bis zum Börsengang bot sich die Übernahme durch die DG-Bank an. Die Verhandlungen begannen auch vielversprechend, scheiterten aber bald an Belastungen, die auf das Dachinstitut der deutschen Genossenschafts- und Raiffeisenbanken durch die Übernahme der angeschlagenen Bayerischen Raiffeisen-Zentralbank zukamen.[190] Als Alternative bot sich die Be-

188 Ebenda, S. 96.
189 Hans Matthöfer, Aktuelle Informationen zur Situation co op. Ausführungen auf der Kreisvorsitzendentagung des DGB, Landesbezirk Bayern, in Würzburg am 8. Mai 1991, AdsD, DM Ordner BGAG.
190 Bernd Otto, Der co op-Skandal. Ein Lehrstück aus der deutschen Wirtschaft, Frankfurt a. M., New York 1996, S. 45.

teiligungsverwaltungsgesellschaft BdKV an, die der Bund deutscher Konsumgenossenschaften (50 %), die Co op Kreditgenossenschaft e. G. (20 %) und – einmal mehr – die GfH (30 %) eigens dazu gegründet hatten, die BGAG-Anteile zu übernehmen. Der BdK war neben der Genossenschaftlichen Zentralbank seinerseits mit 10 % in der GfH engagiert, gehörte also bereits indirekt zum Eigentümerkreis der co op AG. Die BdKV bot auf den ersten Blick die Gewähr, den gewerkschaftlichen Anteil ›sicher‹ auf die genossenschaftliche Seite überzuleiten. Nach langen internen Auseinandersetzungen verkaufte ihr die BGAG schließlich zum Jahresende 1985 ihre co op-Beteiligung. Der Kaufpreis von 190 Mio. DM wurde in voller Höhe von der niederländischen Amsterdam-Rotterdam-Bank (AMRO) finanziert. Da die BdKV keine Sicherheit bieten konnte, verbürgte sich der Schweizer Bankverein (SBV) bis zur Höhe von 100 Mio. DM für die Transaktion.[191]

Damit schien das Kapitel co op in den Büchern der BGAG geschlossen. Die Börseneinführung der co op-Aktie ging im Herbst 1987 – drei Tage vor dem weltweiten Börsencrash – erfolgreich über die Bühne, nachdem das Geschäftsjahr 1986 allem Anschein nach außerordentlich gut gelaufen war. Der Kurs der Aktie stieg von 160 auf 508 DM im Oktober 1988. Erst als das Hamburger Magazin ›Der Spiegel‹ über den Verdacht auf Bilanzfälschung und systematische Aushöhlung der AG berichtete, stürzte das Papier ab.[192] Das Unternehmen stand am Rande des Bankrotts und musste mit den Banken einen Vergleich schließen. Zunächst schien der Skandal die BGAG nur am Rande zu berühren. Die angeblichen Enthüllungen über hohe Verschuldung, unübersichtliche Konzernstrukturen und Unregelmäßigkeiten im Management, die schließlich staatsanwaltliche Ermittlungen wegen des Verdachts auf Prospektbetrug auslösten, betrafen vor allem Verantwortliche der co op AG. Seitenhiebe auf Seilschaften, »die sich zum großen Teil schon aus Gewerkschaftszeiten kennen«,[193] nahmen in der Berichterstattung keinen großen Raum ein. Erst ein Jahr später sollte sich dies unter dramatischen Begleitumständen ändern. Im September 1989 durchsuchte die Frankfurter Staatsanwaltschaft die Räume der BGAG und verhaftete im November den früheren BGAG-Chef Lappas zusammen mit vier ehemaligen Vorständen und Direktoren der co op AG. Es folgte eine Flut von Beschuldigungen und öffentlichen Vorverurteilungen, die sich nun immer stärker gegen die Gewerkschaften richteten.[194] Wieder erfuhren die Betroffenen nur aus der Presse, worauf der Verdacht im Einzelnen zielte.[195] So hatte z. B. der Finanzvorstand der BGAG, Rolf-J. Freyberg, drei Jahre lang keine Gelegenheit, sich zu den kolportierten Vorwürfen im Ermittlungsverfahren zu äußern. Anfang 1990 sah sich dann auch die BGAG selbst mit zivilrechtlichen Forderungen der co op AG konfrontiert, deren Aktien nach einem radikalen Kapitalschnitt inzwischen zu 90 % der DG-Bank und der BfG gehörten. Zuvor hatten die

---

191 Co op – umgebaut und ausgehöhlt, DER SPIEGEL, Nr. 42 vom 17. Oktober 1988, S. 151.
192 Ebenda, S. 142–153.
193 Ebenda, S. 142.
194 Jetzt sind auch die Gewerkschaften angeklagt, Stuttgarter Zeitung vom 30. November 1989.
195 Staatsanwalt ermittelt, DER SPIEGEL, Nr. 46 vom 13. November 1989.

Gläubigerbanken für die Frankfurter co op-Zentrale einen Sanierungsvorstand unter der Leitung des ehemaligen Bundeswirtschaftsministers Friderichs bestellt, die Führung aber dem Gespann Guthardt/Wegscheider überlassen. Die umfangreiche Klageschrift versuchte in akribischer Weise die Vorgänge um den Verkauf des BGAG-Anteiles aufzuklären, um so eine Schadenersatzforderung aus Beihilfe beim Kauf eigener Aktien und aus verbotener Rückgewähr von Einlagen zu begründen. Ihr lag die These zugrunde, die gewerkschaftliche Holding sei seit Ende 1982, »wahrscheinlich sogar seit Ende 1979« direkt oder indirekt »wirtschaftliche Alleinaktionärin« der co op AG gewesen.[196] Über ihren nominellen Anteil hinaus müsse sich die BGAG nämlich auch die Anteile der GfH und der Skan zurechnen lassen, sodass sie die co op AG vollständig beherrscht habe. Die Diskussionen, die zwischen co op AG und BGAG im »Arbeitskreis Umgestaltung« geführt worden waren, interpretierten die Anwälte der Zivilkläger als Absprachen über den rechtswidrigen Erwerb eigener Aktien durch die co op AG und verbotene Rückgewähr von Einlagen an die BGAG. Als Schadenersatz forderten sie zunächst einen »Teilbetrag« von 53,3 Mio. DM, ließen aber durchblicken, dass sie insgesamt Anspruch auf 691 Mio. DM geltend machen könnten.[197] Tatsächlich erhöhten sie ihre Forderung stufenweise auf 394 Mio. DM. Dies war auch die Größenordnung, die als »Aktivposten« in den co op-Vergleichsstatus einging, weil die Gläubigerbanken hofften, sie im Zivilprozess gegen die BGAG erstreiten zu können.

Die BGAG wies die Klage als »unzulässig und unbegründet« zurück und erhob ihrerseits »Hilfswiderklage« in gleicher Höhe. Gleichzeitig machte sie für den Großteil der Forderung die »Einrede der Verjährung« geltend.[198] Die frühere Großaktionärin der co op AG bestritt, die BdKV beherrscht zu haben, und da keine Abhängigkeit vorgelegen habe, komme »ein rechtswidriger Erwerb eigener Aktien nicht in Betracht«.[199] Ihre Hilfswiderklage begründete die BGAG damit, dass die co op-Aktien nach ihrem Ausscheiden aus dem Aktionärskreis in den Jahren 1986 bis 1988 durch Gesellschaften des Handelskonzerns »mit erheblichem Gewinn« weiterveräußert worden seien. Wenn der Anteilserwerb rechtswidrig gewesen sein sollte, was co op behauptete und die BGAG bestritt, seien die früheren co op-Gesellschaften zur Herausgabe der Aktien an die Gewerkschaftsholding verpflichtet. Da sie hierzu aber nicht mehr in der Lage waren, müssten sie ersatzweise die bei der Weiterveräußerung erlangten Erlöse an die BGAG herausgeben. So argumentierte die gewerkschaftliche Seite. Das Zivilverfahren war seit 1989 anhängig, wurde aber über die Frage der Zuständigkeit verschleppt, weil sich keine Kammer um einen Prozess riss, dessen Führung besondere Kenntnisse des Konzernrechts

196 Amtsgericht, Haftbefehl gegen den Beschuldigten Dr. Bernd Otto, Frankfurt a. M. am 23. November 1989, abgedruckt in: Otto, co op-Skandal, S. 242. Die Haftbefehle folgten wie die spätere Anklageschrift im Wesentlichen den Formulierungen der Rechtsanwälte der Zivilklage.
197 Herzog, Solidarität, S. 136.
198 Matthöfer an Walter Dobmayer, Vorsitzenden des Vorstandes der co op AG, am 27. April 1992, AdsD, DM Ordner BGAG Tageskopien.
199 Tauziehen vor Gericht um fast 400 Millionen, Frankfurter Rundschau vom 17. Juli 1992.

voraussetzte. Als er Ende Oktober 1992 endlich begann, versuchte der Vorsitzende Richter, Diethelm Harder, den »komplizierten Streitstoff« zunächst auf dem Vergleichsweg zu entschärfen. Er lud die Parteien in sein Richterzimmer und schilderte die Entwicklung des Problems aus seiner Sicht.[200] Offenbar war er davon überzeugt, dass GfH und Skan »Strohfirmen« der BGAG gewesen seien. Sie hätten nämlich ihre von der BfG finanzierten Aktienpakete zwar verzinsen müssen, dafür aber keine Dividende bekommen. Die Probleme, die daraus entstanden, seien dann aber nicht von den Firmen selbst, sondern vom »Arbeitkreis Umgestaltung«, also zwischen BGAG und co op, erörtert worden. Danach seien die Besitzverhältnisse immer undurchsichtiger geworden. Vor diesem Hintergrund legte sich Harder dann in wichtigen Punkten des laufenden Verfahrens fest. Seiner Meinung nach war die Verjährungsfrist nicht abgelaufen, und auch in der Sache selbst gab er der Klägerin ohne weitere Beweisaufnahme Recht. Alle Indizien sprächen für ein Treuhandverhältnis zwischen der BGAG und der GfH-Eignerin, der Genossenschaftlichen Zentralbank. Für die GZB habe nämlich ein BGAG-Mitarbeiter die Geschäfte geführt. Im Sinne der Einlagenrückgewähr müssten daher über 200 Mio. DM an co op zurückfließen. Allerdings könne die co op AG nicht mit der vollen Summe rechnen, weil sie letztlich die Aktien mit Gewinn an die Banken weiterverkauft habe. Er schlug daher einen Vergleich in Höhe von 100 Mio. DM vor. Schließlich drohte er noch mit horrenden Prozesskosten, um seinem Vorschlag Nachdruck zu verleihen.

Matthöfer war sich selbst »nicht darüber im Klaren, was wirklich geschehen war«. Er wollte es im Einzelnen wohl auch nicht so genau wissen. Ihm ging es nur darum zu verhindern, dass die BGAG, »sprich die deutsche Gewerkschaftsbewegung«, 394 Mio. DM zahlen sollte. Spätestens nach dem ›Zimmertermin‹ bei Richter Harder musste er damit rechnen, dass die Gerichte die BGAG schuldig im Sinne der Anklage sprechen würden. Dennoch lehnte er – wie auch die Gegenseite – den richterlichen Vergleich ab. Nachdem das Verjährungsargument offensichtlich nicht stach, zog er einen weiteren Pfeil aus dem Köcher. Schon Ende 1991 hatte der BGAG-Chef die besten Steueranwälte der BDO Deutsche Warentreuhand AG mit der Prüfung »der steuerlichen Aspekte der Angelegenheit« beauftragt. Das Ergebnis machte ihm Freude, war es doch »für die Zivilkläger verheerend«. Matthöfer übernahm es selbst, seinen Prozessgegnern die bittere Erkenntnis zu vermitteln, dass sich für sie ein Sieg vor Gericht höchstwahrscheinlich in eine Niederlage vor dem Fiskus verwandeln würde.[201] Er übermittelte DG-Bank-Chef

---

200 Der Richter, die Co op-Affäre und die Kosten, Süddeutsche Zeitung vom 31. Oktober / 1. November 1992; ›Diensttagebuch‹, 31.10.–1.11.1992, AdsD, DM 0404.

201 Matthöfer an Dr. Helmut Wagner, Vorsitzender des Aufsichtsrates ASKO Deutsche Kaufhaus AG, am 26. März 1992; Matthöfer an Walter Dobmayer, Vorsitzender des Vorstandes der co op AG, am 26. März 1992; Matthöfer an Bernd Thiemann, Vorsitzender des Vorstandes der DG-Bank AG, am 26. März 1992, AdsD, DM Ordner BGAG Tageskopien. Co op gehörte inzwischen unter dem Namen Deutsche SB-Kauf zum Saarbrücker ASKO-Konzern. Die BDO/DWT ist eine der fünf führenden Gesellschaften für Wirtschaftsprüfung, steuer- und wirtschaftsrechtliche Beratung sowie Unternehmensberatung.

Thiemann, co op-Vorstand Dobmayer und dem ASKO-Aufsichtsratsvorsitzenden Wagner eine Ausarbeitung der BGAG über die »Reduzierung von nutzbaren steuerlichen Verlustvorträgen der co op AG aufgrund der Feststellungen der BDO in ihrem zweiteiligen Gutachten mit Datum vom 18.12.1991« und unterrichtete gleichzeitig auf verschiedenen Wegen die Finanzbehörden. Über die Wirkung der Aktion konnte Matthöfer seine Genugtuung nicht verhehlen:[202] »Es dauerte fast ein Jahr, bis die Gegenseite begriff, worauf sie sich eingelassen hatte, aber dann wurde sie kompromißbereit.« Es folgten zahlreiche Verhandlungen ohne richterliche Vermittlung. Verhandelt wurde selbst am Tag der Beerdigung Walter Hesselbachs. Man legte eine Pause ein, um dem Prinzipal der Gemeinwirtschaft gemeinsam die letzte Ehre zu erweisen.[203] Es sollte sich allerdings noch bis Januar 1994 hinziehen, bis mit Thiemann Einigung über einen Betrag von 25 Mio. DM erzielt wurde, also über rund 6 % der Ausgangsforderung.

Matthöfer feierte den für ihn vorteilhaften Vergleich nicht als Sieg. Angesichts der beachtlichen Positionsverbesserungen, die er zwischenzeitlich in den Verhandlungen erzielt hatte, betrachtete er »das Bestehen der Gegenseite auf Zahlung dieser Summe schlicht als Erpressung«, der er »eigentlich« nicht nachgeben wollte.[204] Er kalkulierte aber kühl die dann unvermeidlichen Prozesskosten mit 50 Mio. DM und berücksichtigte in seiner Rechnung auch die Risikozuschläge, die von den Banken insgeheim bei Kreditverhandlungen aufgeschlagen wurden, solange sie ein Prozessrisiko vermuteten. Politische Überlegungen kamen hinzu: »Im nächsten Jahr werden 19 Wahlen stattfinden, und es ist zu befürchten, auf jeden Fall nicht auszuschließen, daß es zu Auseinandersetzungen und Arbeitskämpfen zur Abwehr weiterer unternehmerischer Angriffe auf die Besitzstände der Arbeitnehmer kommt.« Es galt daher, weitere Anlässe für »gegnerische Publizität« zu vermeiden. Der Vergleich hatte auch die Einstellung aller Zivilprozesse auf Schadenersatz gegen BGAG-Angehörige zur Folge, was vor allem Freyberg zugute kam. Für eine vorteilhafte Beilegung des Strafprozesses waren jetzt ebenfalls die Weichen gestellt. Wie im Zivilprozess musste nämlich auch dort die Gegenseite »wegen der steuerlichen Folgen ernsthaft befürchten, daß wir im Strafprozeß verurteilt werden«. Schließlich ließ sich die relativ geringe Vergleichssumme in der Öffentlichkeit ohne Schwierigkeit als »Lästigkeitswert« begründen, sodass kein Makel auf der BGAG zurückblieb. Tatsächlich wunderten sich die meisten Zeitungen, warum sich die Deutsche SB-Kauf als Nachfolgerin der co op AG nun mit 25 Mio. DM zufrieden gab, wo doch ein Vergleich über 100 Mio. DM oder eine Verurteilung schon sicher schienen. Der Tenor der Berichterstattung fiel daher zugunsten der BGAG aus:[205] »Freuen kann sich darüber vor allem BGAG-Chef Hans Matthöfer. Er hat die Belastung für die BGAG klein halten können.«

202 ›Diensttagebuch‹, 31.10.–1.11.1992, AdsD, DM 0404.
203 ›Diensttagebuch‹, 12.11.1993, AdsD, DM 0404.
204 Aus einer internen Stellungnahme vor dem Aufsichtsrat der BGAG im Bad Breisiger Hotel »Vier Jahreszeiten. ›Diensttagebuch‹, 18.1.1994, AdsD, DM 0404.
205 FAZ vom 21. Januar 1994.

Nach dem dramatischen Auftakt der Ermittlungen Ende 1988 und der Verhaftung von Lappas Ende 1989 dauerte es bis März 1991, ehe die Staatsanwaltschaft Anklage gegen den Aufsichtsratvorsitzenden Lappas und weitere Mitglieder von Organen der co op AG sowie gegen drei noch aktive BGAG-Manager – unter ihnen Freyberg – erhob. Die der 2. Frankfurter Wirtschaftsstrafkammer vorgelegte Anklageschrift umfasste 329 Seiten. Sie warf den Angeschuldigten Untreue, Betrug, Kapitalanlagebetrug und Bilanzfälschung vor. Die Anklage konzentrierte sich im Falle Lappas ausschließlich auf die persönliche Seite der Schuld in jenen Punkten, die der BGAG im Zivilprozess zur Last gelegt wurden. Sie zwang damit die BGAG, für seine Verteidigung zu sorgen, um nicht auf diesem Umweg schuldig im Sinne der Zivilklage zu werden. Im Einzelnen wurde Lappas angeklagt, in den Jahren 1984 und 1985 als Aufsichtsratvorsitzender der co op AG mit veranlasst zu haben, dass die co op AG eigene Aktien erwarb. Für 1984 unterstellte die Anklage zwischen co op und BGAG einen »Treugeberwechsel« im Hinblick auf die Kontrolle der GfH und damit der bei der GfH liegenden co op-Aktien. Für 1985 sollte Lappas durch den Verkauf der BGAG-Aktien an die angeblich abhängige Konzerngesellschaft BdKV der co op AG geholfen haben, eigene Aktien zu erwerben. Schließlich habe er diesen Sachverhalt verschleiert, indem er unrichtige Darstellungen in den Konzernbilanzen der co op AG und der BGAG zugelassen habe. So seien die Anleger beim Börsengang der co op betrogen worden. Ähnliche Vorwürfe trafen auch drei Mitarbeiter der BGAG, der es jedoch gelang, diese Verfahren von der Hauptverhandlung abzutrennen und sich so zunächst aus dem Scheinwerferlicht der öffentlichen Aufmerksamkeit heraus zu halten. Während die Pressemitteilung der Staatsanwaltschaft die BGAG gar nicht erwähnte, übernahm der ›Spiegel‹ erneut die Rolle, die Gewerkschaften an den Pranger zu stellen.[206] Den Hamburger Journalisten standen offensichtlich nicht nur die Anklageschrift, sondern auch die Ermittlungsakten zur Verfügung, bei deren (illegaler) Auswertung sie sich auf eine angebliche Komplizenschaft der BGAG und der Gewerkschaften mit dem Co op-Management konzentrierten.

Dem Bericht war auch zu entnehmen, dass die Staatsanwaltschaft gegen einen kleinen Kreis von leitenden Angestellten der BGAG und der co op AG wegen »Bildung einer kriminellen Vereinigung« (§ 129 StGB) ermittelte. Gemeint waren damit offenbar die Diskussionen im »Arbeitskreis Umgestaltung«, bei denen die ›Optimierung‹ der Beteiligungsverhältnisse der co op AG auf der Tagesordnung stand. Der Straftatbestand des § 129 StGB war in der Bismarck-Ära nicht selten gegen Sozialisten angewendet und im Dritten Reich erneut politisch missbraucht worden. In den siebziger Jahren kam § 129a (Bildung terroristischer Vereinigungen) in das Strafgesetzbuch hinzu, um auf den Terror der Roten Armee Fraktion reagieren zu können. Der Verdacht lag nahe, und wurde von Matthöfer alsbald offen ausgesprochen, dass der Frankfurter Staatsanwalt Heinz-Ernst Klune § 129 missbräuchlich heranziehe, um sich Vorteile bei den Ermittlungen zu verschaffen. Bei

---

206 DER SPIEGEL vom 22. April 1991.

späteren Wirtschaftsstrafverfahren, die keinen politischen Hintergrund hatten, wurde er nicht mehr angewendet, und auch im Zusammenhang mit der co op-Affäre war es offenkundig, dass keine einzige Voraussetzung für diesen Tatbestand zutraf. Der Berliner Strafrechtslehrer Felix Herzog sah deshalb in der jahrelangen Belastung der Beschuldigten mit einem »bodenlosen Verdacht« eine schwere Verletzung des Gebots eines fairen Verfahrens.[207] Jedenfalls erlaubte die Berufung auf § 129 StGB den Staatsanwälten das Abhören der Telefone der Beschuldigten sowie weitere Einschränkungen ihrer Rechte. Aus der Anklageschrift wurde noch eine weitere Schieflage des Verfahrens deutlich. Sie enthielt – wie schon der Haftbefehl gegen Lappas – lange Passagen, die weitgehende inhaltliche Übereinstimmungen mit den Schriftsätzen der Rechtsanwälte der co op AG und ihrer zivilrechtlichen Klageschrift aufwies. Von Matthöfer zur Rede gestellt, forderte die hessische Justizministerin Christine Hohmann-Dennhardt (SPD) den Staatsanwalt zu einer dienstlichen Erklärung auf. Dieser räumte durchaus ein, sich der parteilichen Vorlage der Rechtsanwälte bedient zu haben:[208] »Einige sachgerechte und griffige Formulierungen, insbesondere zur Firmengeschichte, wurden von mir beim Diktat der Anträge aufgegriffen.« Die Zivilkläger, die Zugang zu den Ermittlungsakten hatten, griffen ihrerseits zur Begründung ihrer Anträge auf Schriftsätze der Staatsanwaltschaft zurück, die sich wiederum auf ihre eigenen Formulierungen stützten. Kein Wunder, dass sie behaupten konnten, die Anklageschrift entspreche »in vollem Umfang« dem bisherigen Tatsachenvortrag der Klägerseite. Matthöfer hätte gewiß nicht für alle Beschuldigten seine Hand ins Feuer gelegt. Sein Gerechtigkeitssinn und sein Gespür für politische Diskriminierung trieben ihn aber immer wieder zu Interventionen bei der neu ins Amt gekommenen hessischen Justizministerin. Sie blieben freilich im allgemeinen Klima der Gewerkschaftskritik ohne sichtbare Außenwirkung, da es gerade für eine sozialdemokratische Politikerin politischem Selbstmord gleichgekommen wäre, hätte sie sich *pro domo* für ein faires Verfahren eingesetzt. Sie drehte sogar den Spieß um und wies jeden Versuch zurück, »diesen Prozess zu politisieren und zu parteipolitischen Zwecken zu mißbrauchen«.[209]

So blieb Matthöfer nichts anderes übrig, als ebenfalls mit harten Bandagen zu kämpfen. Seine Anwälte unternahmen alles, um den Prozess zu verschleppen. Hatte schon der Staatsanwalt 450 Zeugen der Anklage benannt, so riefen sie noch weitere 150 für die Verteidigung auf. Das Verfahren sollte an seiner eigenen Monstrosität ersticken. Angeblich intervenierte der BGAG-Chef im Frühjahr 1991 im hessischen Justizministerium, »das Verfahren in Sachen co op-Strafprozeß nicht zu

---

207 Herzog, Solidarität, S. 154–174.
208 Zitiert nach ebenda, S. 139 f.
209 Co op-Ankläger erhalten Beistand aus Wiesbaden, Frankfurter Rundschau vom 6. August 1992. Im Dezember 1989, nach Lappas' Verhaftung, sah sich Matthöfer sogar der Kritik von »Metall«, dem Organ der IG Metall, ausgesetzt, weil er mit Rücksicht auf schwebende Verfahren zu wenig »zur Aufklärung unangenehmer Wahrheiten« beigetragen hätte. Metall vom 18. Dezember 1989

forcieren«.[210] Da die Haushaltsmittel für Gutachten im Zusammenhang mit dem co op-Prozess ausgeschöpft waren, dauerte es in der Tat sechs Monate, ehe neue Mittel freigegeben wurden. Im Ergebnis hielten die Verteidiger erst unmittelbar vor dem Verhandlungsbeginn die umfangreiche Expertise der Wirtschaftsprüfungsgesellschaft BDO in den Händen. Richter Gernot Bokelmann blieb nicht anders übrig, als die Hauptverhandlung gleich nach ihrem Beginn im Februar 1992 wieder zu vertagen, weil der Anklage unter diesen Bedingungen keine angemessene Stellungnahme möglich war. Und auch nach der Fortsetzung des Strafprozesses im August ging es nicht recht voran. Matthöfer tat alles, um den Vorsitzenden Richter der Strafkammer davon zu überzeugen, dass der Prozess in einem vertretbaren Zeitraum – etwa noch vor seiner Pensionierung – nicht abgeschlossen werden konnte. Damit wollte er erreichen, dass »es dann so schnell wie möglich zu irgendeinem für uns noch akzeptablen Deal der Justiz mit dem Angeklagten Lappas kommen kann«.[211] Aber auch die Gegenseite sah in dem ehemaligen BGAG-Chef eine Schlüsselfigur. Die Justiz hatte das Hauptverfahren gegen ihn ausschließlich auf BGAG-relevante Anklagepunkte reduziert. Wie Matthöfer meinte, geschah dies »wahrscheinlich in der Hoffnung des Staatsanwalts, er könne, wenn er dem Zeugen Lappas Zugeständnisse beim Strafmaß mache, ihn so gegen die BGAG drehen«.[212] Es bedurfte einiger Anstrengungen, die vor allem Manfred Wiesmeier unternahm, »Lappas zu stabilisieren und auf den rechten, BGAG-treuen Weg zu führen«. Schließlich ging die Rechnung der Verteidigung doch noch auf. Im Februar 1994 trafen Verteidigung und Staatsanwaltschaft eine Absprache, die eher der amerikanischen Praxis des *plea bargaining* entsprach als den Regeln der deutschen Strafprozessordnung. Alle gegen Lappas erhobenen Vorwürfe – Mitwirkung beim Erwerb eigener Aktien, Beihilfe zur Fälschung der co op-Bilanzen und Betrug zu Lasten der co op-Gläubigerbanken – wurden niedergeschlagen. Stattdessen stimmte der Angeklagte am 101. Verhandlungstag (!) einer Nachtragsklage zu, in der ihm vorgeworfen wurde, bis zu einer Million Mark aus dem co op-Vermögen veruntreut zu haben. Lappas konnte gleichwohl unwidersprochen erklären, das Geld sei ohne sein Wissen auf einem seiner Schweizer Konten eingegangen Er habe angenommen, die Mittel seien ausschließlich für gemeinnützige Zwecke in Afrika und Asien bestimmt gewesen. Er übernahm lediglich die Verantwortung dafür, »daß das Vermögen der Co op dadurch gefährdet wurde, daß ich nicht zur sofortigen Rückführung der Beträge in das Vermögen der Co op beigetragen habe«.[213] Vereinbart wurde eine geringfügige Freiheitsstrafe, die auf Bewährung ausgesetzt wurde. Indem es diesen Deal akzeptierte, blamierte sich das Frankfurter Landgericht sich in den Augen der Presse bis zur Lächerlichkeit. Das Hamburger Nachrichtenmagazin, das sich wie immer im Besitz der ganzen Wahrheit wähnte, brachte

---

210 Harald Schwarz, Strafprozeß co op – Gewerkschaftsholding: BGAG spielt auf Zeit, Frankfurter Rundschau vom 1. August 1992, S. 8.
211 ›Diensttagebuch‹, 18.1.1992, AdsD, DM 0404.
212 ›Diensttagebuch‹, 23.12.1991, AdsD, DM 0404.
213 Handelsblatt vom 17. Februar 1994.

den Ausgang einer vierjährigen Justizaffäre auf den Punkt:[214] »Der Sieger heißt Hans Matthöfer. Die Verlierer sind das Gericht und die Anklage. Nun heißt es, die gravierendsten Anklagepunkte seien einzustellen gewesen, weil ein Urteil in ›angemessener Zeit‹ nicht zu erwarten gewesen war. Doch dann hat man den Mund zu voll gehabt, als man anklagte und diese Anklage zuließ.« In ähnlicher Weise ging das Verfahren gegen Bernd Otto zu Ende. Auch er ließ sich auf ein *plea bargaining* mit der Staatsanwaltschaft in einer Nebensache ein, ohne ein Geständnis abzulegen. Danach setzte er die Justiz auf die Anklagebank, indem er ihr seine fast zwei Jahre dauernde, beugehaftähnliche Untersuchungshaft und den erpresserischen Einsatz rechtlicher Machtmittel vorhielt.[215] Er warf seinerseits Hans Friderichs, dem gescheiterten Sanierer der co op AG, vor, die Ausschlachtung eines profitablen Unternehmens nicht verhindert zu haben – was freilich auch schwierig sei, »wenn sich profitgierige Banken, willfährige Wirtschaftsprüfer und karrieresüchtige Staatsanwälte darin einig sind, ein öffentliches Exempel zu statuieren«. Wer in der Sache Recht hatte, konnte das Gericht nicht klären.

Anfang Oktober 1994 ging damit auch der Strafprozess, der über zwei Jahre zuvor mit Pauken und Trompeten eröffnet worden war, sang und klanglos zu Ende. Das spektakuläre Wirtschaftstribunal verwandelte sich in eine Farce. Die Staatsanwaltschaft konnte ausgerechnet ihre schwersten Vorwürfe nicht aufrechterhalten. Die Angeklagten, die einen Schaden von fast zwei Milliarden Mark angerichtet haben sollten, wurden schließlich wegen der Veruntreuung von vergleichsweise läppischen Millionenbeträgen verurteilt. Die Staatsanwaltschaft blieb jedoch nach wie vor bei ihrer Darstellung, die BGAG habe die co op AG zu 75 % beherrscht, als sie der Einstellung des Verfahrens gegen Freyberg mit der Auflage einer Geldbuße »wegen geringer Schuld« zustimmte. Allerdings konnte sie keine Beweise für diesen Zusammenhang beibringen, der ja für die Frage, ob die BGAG in die co op-Affäre verwickelt gewesen sei oder nicht, von zentraler Bedeutung war. Matthöfer warf der Staatsanwaltschaft deshalb Voreingenommenheit und Rechtsschöpfung vor. Er monierte nicht nur, dass sie Hypothesen, Kombinationen und Treuhandkonstruktionen des Prozessgegners übernommen und damit die »notwendige Objektivität der Ermittlung« verfehlt habe, sondern vor allem die »eigenwillig interpretierten Sachverhaltsdetails« der Staatsanwaltschaft. Offensichtlich habe ihr die Tatsache genügt, dass die BfG und BGAG der co op AG Kredite gewährten, um der BGAG eine Aktienmehrheit an der co op AG zuzurechnen.[216] Nach höchstrichterlicher Rechtsprechung genüge »tatsächliche Abhängigkeit« (von einem Gläubiger) aber nicht, um die Beherrschung eines Unternehmens (durch den Besitzer eines Mehrheitsanteils) zu unterstellen. Herrschaft und Abhängigkeit zwischen Unternehmen müssten vielmehr »rechtlich abgesichert« sein. Entsprechende vertragliche Absprachen konnte die Staatsanwaltschaft aber auch nach fünfjähriger Ermittlung nicht nachweisen. Matthöfers Urteilsschelte gipfelte in der Schlussfol-

---

214 Elende Kapitulation, DER SPIEGEL, Nr. 8 vom 21. Februar 1994, S. 87.
215 Otto, co op-Skandal, S. 10.
216 BGAG moniert »Rechtsschöpfung«, Süddeutsche Zeitung vom 13. Juli 1994.

gerung: »Würde dieses Beispiel freier Rechtsschöpfung Schule machen, wäre ein großer Teil der deutschen Unternehmen wenigen Banken, Versicherungen und Konzernen ›zurechenbar‹.«

Im Innenverhältnis formulierte Matthöfer seine Kritik an den »zweifelhaften und kriminellen Aktivitäten« seines Amtsvorgängers Lappas ebenso hart und schonungslos.[217] Er war fest davon überzeugt, dass es zu dem Zivilprozess gegen die BGAG nicht gekommen wäre, hätte es nicht den Hintergrund der persönlichen Bereicherung, des Betrugs, der Untreue und des »mit großer krimineller Energie« betriebenen Versuchs des Vorstands gegeben, »sich durch eine komplizierte internationale Operation die alleinige Verfügungsgewalt über den Konzern anzueignen«. Alle diese Vorgänge, vermutete er, »vollzogen sich unter den Augen und mit der stillschweigenden Billigung des vom Vorstand der co op mit Zahlungen auf seine Schweizer Konten bestochenen Kollegen Lappas«. Er wusste, dass sich diese Zuwendungen mindestens auf 2,6 Mio. DM summierten – und nicht, wie im Deal mit dem Staatsanwalt eingeräumt, ›nur‹ um eine Million. Lappas' Verhalten stand damit auf einer Stufe mit den »persönlichen Verfehlungen und Bereicherungen von Mitgliedern der Geschäftsführung der Neuen Heimat, die den Gewerkschaften gleichfalls schweren Schaden zufügten«. Über den Schadenersatz von fünf Millionen Mark hinaus, den Lappas der Nachfolgerin der co op AG für nicht satzungsgemäße Zahlungen »an seine Freunde im co op-Vorstand« leisten musste, stellte Matthöfer eine lange *chronique scandaleuse* zusammen, die auch den Vorwurf einschloss, das Spitzenmanagement der co op habe sich mit Lappas‹ Unterstützung »Ruhe durch Zugeständnisse an die Arbeitnehmer verschafft«, die weit über dem Branchendurchschnitt lagen – »auf Kosten der Anteilseigner.«. Lappas habe den Vorstand auch keineswegs gedrängt, Gewinne auszuschütten, die eine marktmäßige Verzinsung des Kapitals sichergestellt hätten. Der BGAG sei dadurch großer Schaden entstanden. Nichtsdestotrotz erfreute sich sein Vorgänger seit seinem unfreiwilligen Ausscheiden eindrucksvoller Pensionsbezüge in Höhe von monatlich 36.000 DM. Matthöfer versuchte, Lappas wenigstens an den Gerichtskosten von 3 Mio. DM »durch eine anteilige Kürzung seiner Pension auf 15.000 DM im Monat zu beteiligen«, was den Ruhebezügen des Vorsitzenden einer kleineren Gewerkschaft entsprochen hätte. Er scheiterte damit aber kläglich, weil sich alle Beteiligten von Lappas' Drohung einschüchtern ließen, angebliche Geheimnisse – von Korruptionsvorwürfen bis zum Meineid – zu enthüllen. Matthöfer resignierte: »Ich wäre bereit gewesen, das Risiko eines Konflikts mit Lappas einzugehen, war aber wieder einmal ganz allein und habe das Vorhaben dann schließlich aufgeben müssen.«

217 Vertraulicher Vermerk zur internen Verwendung in der BGAG, ›Diensttagebuch‹, 27.2.1995, AdsD, DM 0404.

Der Stratege

Ein kleiner, aber feiner Dienstleistungskonzern?

Im Frühjahr 1989 fand Matthöfer zum ersten Mal die Muße, über die Zukunft der BGAG nachzudenken. Das Stillhalteabkommen mit den NH-Gläubigerbanken war erfüllt, das BfG-Risiko geteilt, der Machtkampf um die Gemeinwirtschaft zu seinen Gunsten entschieden und die existenzielle Bedrohung durch die co op-Affäre noch nicht voll abzusehen. Eine *tour d'horizon,* die der BGAG-Chef für seine Anteilseigner anstellte, ließ die narbige Landschaft der gewerkschaftlichen Unternehmensbeteiligungen in einem milden Licht erscheinen.[218] Aus dem Zusammenbruch der Neuen Heimat erwartete er auch im schlechtesten Falle keine nachteiligen Folgen mehr. Er ging im Gegenteil – und nicht zu Unrecht – davon aus, dass sich die bis dahin aufgelaufenen Verluste noch weitgehend durch Erlöse aus dem Verkauf werthaltiger Reste des Konzerns auffangen ließen. Der Verkauf von BfG- und Vofü-Anteilen war ebenfalls recht gut gelungen. Damit hatte Matthöfer sein Ziel erreicht, das bei seinem Amtsantritt noch vorhandene Gewerkschaftsvermögen aus der untergehenden Gemeinwirtschaft zu retten und noch weiter bestehende Finanzinvestitionen zu konsolidieren. Es schien absehbar, dass die BGAG nicht nur weiterhin als Steuersparmaschine fungieren, sondern darüber hinaus in zwei bis drei Jahren »einen ordentlichen Gewinn« erzielen würde. Matthöfer hielt deshalb den Zeitpunkt für gekommen, über die weitere Entwicklung seiner Holding nachzudenken und ihre Aufgaben im Dienste der Gewerkschaften zu definieren. Er forderte daher die gewerkschaftlichen *stake holder* auf, eigene Vorstellungen zu entwickeln, welche neuen Bedürfnisse der Mitglieder und Organisationen zu berücksichtigen wären und wo die Zielgruppen, Produkte und Marktsegmente lägen, denen sich ihre Unternehmen zuwenden sollten. Es galt, dabei eigene komparative Wettbewerbsvorteile zu nutzen und den Mitgliedern »einen messbaren Zusatznutzen« zu verschaffen. Die Notwendigkeit eigener gewerkschaftlicher Unternehmen stellte er gar nicht erst infrage. Angesichts wachsender organisatorischer Schwierigkeiten in Folge sinkender Mitgliederzahlen hielt er es für »entscheidend wichtig, über die eigene organisatorische Kraft hinaus über zusätzlichen wirtschaftlichen und finanziellen Einfluß zu verfügen«. Anders als zur Zeit der Gemeinwirtschaft war dazu »fast zwangsläufig eine starke, steuernde Holding« erforderlich. Am Ende erwartete er »beachtliche finanzielle Erträge« aus der unternehmerischen Tätigkeit, Erträge, »die sehr wohl mit den Nettobeitragseinnahmen einiger kleiner Gewerkschaften konkurrieren können«.

Inhaltlich sollte sich der kleine, aber feine Dienstleistungskonzern, den Matthöfer anstrebte, auf die Beratung von Gewerkschaftsmitgliedern in Finanzfragen konzentrieren. Hier sah er durchaus eine Parallele zu der Rolle des Preisbrechers

---

218 Hans Matthöfer, Überlegungen zur Zukunft der BGAG, Frankfurt/Main, 18. April 1989, AdsD, DM Ordner BGAG.

bei Konsumgütern oder auf dem Wohnungsmarkt, »die gewerkschaftliche Unternehmen in früheren Zeiten nicht schlecht erfüllt haben«. Genug Substanz für einen Allfinanzkonzern, dessen Notwendigkeit seine Vorgänger im Nebel der Gemeinwirtschaft übersehen hatten, ließ sich aus seiner Sicht mit unternehmerischem Geschick immer noch aus den Resten des untergegangenen Imperiums anreichern. Im wirtschaftlichen und sozialen Wandel der Finanzdispositionen von Arbeitnehmerhaushalten und ihrer Nachfrage nach Finanzdienstleistungen sah er einen rasch wachsenden Markt. Dort vermutete er komparative Wettbewerbsvorteile für die Gewerkschaften – wenn sie es denn wollten und die BGAG der Versuchung widerstände, aus Spekulationslust und Gigantomanie »große Räder (zu) drehen«. Ein weiteres lukratives Geschäftsfeld machte er in der Kommunikations- und Datenverarbeitungstechnologie aus. Mit ihrer Hilfe wollte er einerseits neue Vertriebswege organisieren, um dem geplanten Allfinanzkonzern direkten Zugang zu den Arbeitnehmerhaushalten zu verschaffen. Dass damit Geld zu verdienen war, hatten die günstigen Verkaufserlöse bei BfG und Vofü gezeigt, mit denen die neuen Anteilseigner doch gerade die Chance der Zusammenarbeit mit den Gewerkschaften bzw. deren Mitgliedern honorieren wollten. Andererseits lag es aus seiner Sicht auch im Eigeninteresse großer politischer und gesellschaftlicher Organisationen, in die neuesten Informations- und Kommunikationssysteme zu investieren. Die Gewerkschaften mussten mit der Unternehmensseite auf diesem Gebiet zumindest gleichziehen, um die organisatorische Waffengleichheit im Klassenkampf zu behaupten und die eigenen Mitglieder optimal zu betreuen. Einige Einzelgewerkschaften hatten deshalb bereits eigene EDV-Dienste aufgebaut oder teilten sich Kapazität und Kosten mit anderen. In einer Zentralisierung bei der BGAG, die auf diesem Gebiet ebenfalls über beachtliche Ressourcen verfügte, lagen weitere Synergieeffekte.

Matthöfers Überlegungen bewegten sich insoweit auf einem sehr abstrakten Niveau, als er keinen Versuch unternahm, die Architektur des von ihm vorgeschlagenen Dienstleistungskonzerns näher zu beschreiben. Wie es schien, standen aber aus der Erbmasse der Gemeinwirtschaft genügend brauchbare Bausteine zur Verfügung, um ein solides Fundament zu mauern. Das eigentliche Problem lag vielmehr in der Frage, ob die gewerkschaftlichen Eigentümer der BGAG nach dem NH-Debakel noch bereit waren, sich auf ein neues Engagement in der Wirtschaft einzulassen. Der Diskussionsstand innerhalb der Gewerkschaften erlaubte auf diese Frage nach wie vor keine Antwort. Lediglich für den Bereich der Wohnungswirtschaft war eine negative Entscheidung gefallen. Dies war wohl auch der Grund, dass in den Zukunftsvorstellungen des BGAG-Chefs Immobiliendienstleistungen keinen Platz hatten, obwohl die Beteiligungsgesellschaft für Gemeinwirtschaft gerade auch hier über beachtliche Kapazitäten und wettbewerbsfähiges Know how verfügte. Matthöfer respektierte damit demonstrativ den 1986 gefassten Ausstiegsbeschluss des DGB aus der Wohnungswirtschaft. Wenn er nicht präziser werden wollte, was zukünftige Konstellationen in den übrigen Bereichen anging, hatte dies wohl auch persönliche Gründe. Der Dreijahresvertrag, mit dem er Anfang 1987 seine Sanierungsarbeit begonnen hatte, lief bald aus und warf die Frage nach seinem Nachfolger auf. Vor diesem Hintergrund hielt er es für unzweckmäßig, »daß jemand, der ausscheidet, eine solche Konzeption entwickelt und dann erwartet, daß irgendjemand anders, den er noch gar nicht kennt, sie später verwirklichen soll«. Die Zuspitzung der co op-Affäre und die Notwendigkeit neuer Baustellen auf dem Gelände der ehemaligen Gemeinwirtschaft machten dann im Dezember 1989 zwar eine Verlängerung seines Vertrages um weitere zwei Jahre geradezu zwingend. Die Entscheidung über das Ausmaß der wirtschaftlichen Tätigkeit der Gewerkschaften hing aber nach wie vor in der Schwebe. Deutete schon die Kürze der Vertragsverlängerung darauf hin, wie unentschlossen die Eigentümer waren, sprach auch die Stimmenthaltung der IG Metall und der HBV für Vorbehalte gegen eine allzu forsche Wiederaufnahme gewerkschaftlicher Unternehmensstrategien. Dass ausgerechnet die Aufsichtsratsvertreter jener beiden Gewerkschaften, denen Matthöfer angehörte, ihm ihre Zustimmung verweigerten, mag an seinem Stil gelegen haben, unbeirrt seinen Weg zu gehen, ohne sich zuvor einer Hausmacht zu versichern. Im Einzelnen ließen sich jedoch ganz unterschiedliche Gründe dafür finden.[219] Bei der HBV spielten möglicherweise noch Verletzungen eine Rolle, die der Verkauf der Vofü-Mehrheit und die Ablösung von Werner Schulz verursacht hatten. Im Votum der IG Metall, des größten Aktionärs der BGAG, schlug sich dagegen vor allem die wachsende Abneigung der Metaller nieder, sich erneut auf riskante finanzielle Manöver einzulassen. Matthöfer hatte zwar den Missbrauch der Gemeinwirtschaftsidee abgestellt und die unternehmerische Führung an den gewerkschaftlichen Beteiligungen strategischen Partnern überlassen, doch klangen in seinen Zukunftsvisionen auch neue Risiken an, wie sie im Wettbewerb auf schwierigen Märkten unvermeidlich waren.

Befürchtungen dieser Art sollten sich noch verstärken, als die BGAG Anfang 1990 endgültig von den Schockwellen des co op-Skandals eingeholt wurde. Schlimmer noch wirkte sich die konzerneigene ›Bankenkrise‹ aus: Ein Bestandteil des möglichen gewerkschaftlichen Allfinanzkonzerns nach dem anderen geriet in Schieflage. Banken und Versicherungen, die bis dahin als grundsolide galten, offenbarten die gleichen Schwächen wie zuvor die großen gemeinwirtschaftlichen Konzerntöchter. Vier Jahre lang war unter diesen Bedingungen an den Aufbau eines neuen Wirtschaftsimperiums der Gewerkschaften nicht zu denken. Erst als die letzte Bank saniert und der Alptraum der co op-Prozesse vorbei war, standen Überlegungen zur Zukunft der BGAG wieder auf Matthöfers Tagesordnung. Wie viele Pläne zuvor brachte er auch den »Entwurf von Umrissen einer vorläufigen strategischen Unternehmensplanung der BGAG« in der kreativen Urlaubsatmosphäre seiner Wohnung im Balcón de San Agustín auf Gran Canaria zu Papier.[220] Aus der Substanz der verbliebenen Beteiligungen steckte er drei strategische Geschäftsfelder ab, auf denen sich die BGAG künftig noch stärker als Dienstleistungsunter-

---

219 ›Diensttagebuch‹, 27.12.1989, AdsD, DM 0404.
220 ›Diensttagebuch‹, 24.7.–21.8.1993, AdsD, DM 0404.

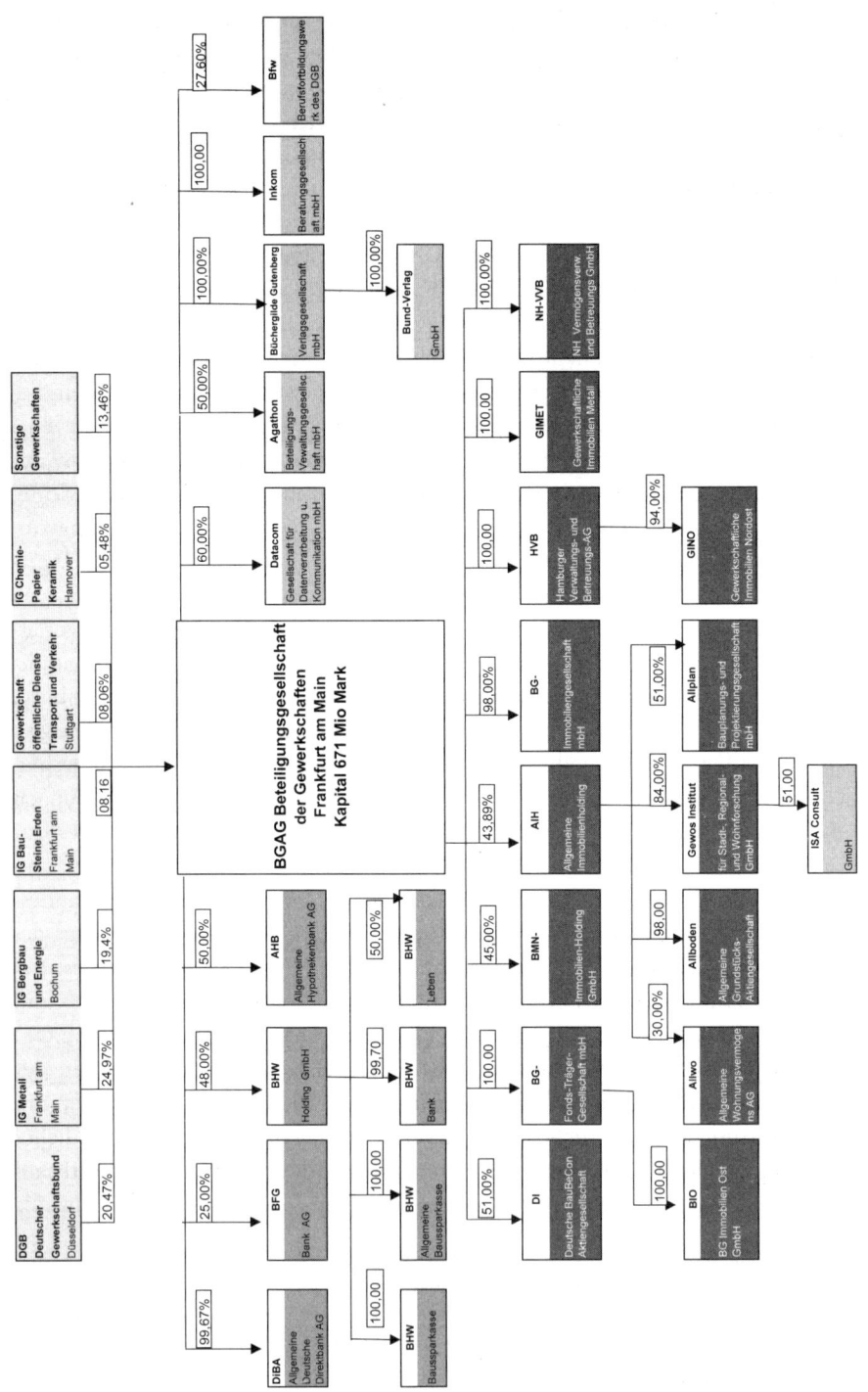

*Als Hans Matthöfer im Januar 1997 ausschied, war die BGAG saniert, gesund-
geschrumpft und neu aufgestellt.*

nehmen für die Gewerkschaften profilieren sollte: Finanzdienstleistungen, Immobilien und Serviceleistungen. Die Beschlusslage der Gewerkschaften hatte sich inzwischen weiter entwickelt. Auf dem 14. Bundeskongress des DGB in Hamburg hatte die kleine Gewerkschaft Holz und Kunststoff beantragt, »schrittweise alle gemeinwirtschaftlichen Unternehmen zu verkaufen«.[221] Ausgenommen sollten nur solche Betriebe sein, »die unerläßliche politische und kulturelle Aufgaben im Sinne der Gewerkschaftsbewegung wahrnehmen«. In der Beschlussfassung der Delegierten des »Parlaments der Arbeit‹ lasen sich die Forderungen am Ende etwas milder: Das Veräußerungsgebot, das sich die Gewerkschaften auferlegten, bezog sich nun nur noch auf »unternehmerische Risiken […], die die Erfüllung ihrer eigenen Aufgaben gefährden«. Ausdrücklich ausgenommen sollten alle Beteiligungen sein, »die der unmittelbaren Unterstützung der gewerkschaftlichen Arbeit dienen und die politische oder kulturelle Aufgaben der Gewerkschaften unterstützen«. Damit ließen sich alle Überlegungen rechtfertigen, die Matthöfer bereits 1989 angestellt hatte und die er nach wie vor seinen Neuordnungsplänen zugrunde legte. Der neue Beschluss schuf sogar wieder mehr Spielraum für die Beibehaltung von Dienstleistungen »rund um die Immobilie«, die noch immer etwa 30 % des Werts der BGAG-Beteiligungen ausmachten.

Der Boom in der Stadtsanierung und Infrastrukturerneuerung erlaubte vor allem im Osten den Abschluss guter Geschäfte. Die BauBeCon erweiterte sogar ihren Aktionsraum durch eigene Bestände in Berlin, Magdeburg und Brandenburg. Sie verdankte dies der Tatsache, dass Matthöfer sich gegen das »hasenfüßige Verhalten« des DGB-Vorsitzenden Heinz-Werner Meyer durchsetzte. Sehr entschieden – und letzten Endes auch erfolgreich – betrieb er in direkten Verhandlungen mit der Treuhandanstalt und durch aktiven Gesetzgebungslobbyismus die Restitution des früheren Gewerkschaftsvermögens in den neuen Bundesländern.[222] Im Wesentlichen war es Matthöfers Verdienst, Forderungen der ostdeutschen Landesämter zur Regelung offener Vermögensfragen zu blockieren, die den Entwurf des Nutzerschutzgesetzes bzw. Wohnraummodernisierungssicherungsgesetzes der Bundesregierung zu Lasten der Alteigentümer ändern wollten.[223] Der DGB und seine Einzelgewerkschaften traten schließlich ihre Ansprüche auf 8.000–12.000 Wohnungen, die vor 1933 dem ADGB gehört hatten, an Gesellschaften der BGAG ab. Die BGAG Immobilien Ost GmbH (BIO) kümmert sich seitdem um die Verwertung der Ansprüche aus dem Vermögen ehemaliger gewerkschaftlicher Wohnungsgesellschaften. Die Wiedervereinigung wirkte sich aber auch positiv auf den Wert der in den alten Bundesländern gelegenen Wohnungsbestände aus, die

---

221 DGB-Bundesvorstand (Hg.), 14. Ordentlicher Bundeskongress des DGB, Protokoll, Hamburg, 20.–26. Mai 1990, Frankfurt a. M. 1990, S. 656 f.

222 Interview des Verf. mit Wilfried Haesen (BIO) am 10. März 2004 in Berlin, AdsD, DM 0404, sowie Interview Andreas Kunz mit Hans Matthöfer, in: Kunz, Akte, Band 1, S. 344.

223 Matthöfer intervenierte schriftlich bei den Vorsitzenden der Koalitionsfraktionen, Wolfgang Schäuble und Hermann-Otto Solms, sowie im Bundeskanzleramt. Daneben führte er zusammen mit Wilfried Haesen am Rande des CDU-Parteitages Gespräche mit dem CDU-Berichterstatter zum Nutzerschutzgesetz. ›Diensttagebuch‹, 21. u. 22.10.1997, AdsD, DM 0404.

jetzt aus ihrer Randlage heraustraten. Nun zahlte es sich aus, dass die BGAG noch immer über rund ein Zehntel des früheren Wohnungsbestandes der Neuen Heimat verfügte – davon allein 22.000 eigene und 7.000 fremde Wohnungen bei ihrer Tochtergesellschaft BauBeCon.

Die Aussichten, aus den Trümmern der BfG und der Volksfürsorge einen schlagkräftigen Allfinanzkonzern aufzubauen, schienen zunächst ebenfalls gut. Matthöfer strebte die Verschmelzung der BHW-Bank AG mit der Allgemeinen Deutschen Direktbank AG an. Während die BGAG fast alle Aktien der DiBa im Portefeuille hatte, gehörte ihr die BHW-Bank nur knapp zur Hälfte. Beide Institute waren bereits wechselseitig mit je 10 % am Grundkapital beteiligt und im Hinblick auf Struktur, Ertrag und Klientel auf den ersten Blick ziemlich gleichgewichtig. Eine Fusion mit paritätischer Quote schien deshalb gut vorstellbar. Die BGAG wollte die BHW-Gruppe auch dazu bewegen, ihre Beteiligung an der Allgemeinen Hypothekenbank AG, die bei 25 % lag, zu Lasten des dritten Aktionärs, der zur Winterthur-Gruppe zählenden Deutsche Beamten-Versicherung (DBV), aufzustocken, um auch hier Parität zu erreichen. Im November 1994 schloß Matthöfer einen Kooperationsvertrag mit der BHW-Gruppe, der vorsah, die AHB auf Dauer als Baufinanzierungsinstitut der BHW Bausparkasse zuzuordnen. Die BGAG war offenbar bereit, zugunsten einer strategischen Neuordnung ihres Beteiligungskreises die Mehrheit an der AHB aufzugeben, die nach der Überwindung der Zinsschieflage bei Insidern längst wieder als »Bankperle« galt.[224] Im Gegenzug regelte der Vertrag auch die Zusammenarbeit zwischen DiBa und BHW-Bank, in der Matthöfer einen Nutzen für beide Institute sah, weil schiere Größe im Bankgeschäft »schon ein Argument« sei.[225] Die BGAG strebte die Fusion beider Häuser unter ihrem Dach an, um über eine ›Arbeitnehmerbank‹ zu verfügen, die mit einer Bilanzsumme von 6 Mrd. DM und ihrem innovativen Know how als Briefbank durchaus Chancen hatte, sich im harten Wettbewerb des Finanzmarktes zu behaupten. Matthöfer musste allerdings auf der Bilanzpressekonferenz 1995 einräumen, dass es in beiden Instituten Vorbehalte gegen solche Bestrebungen gebe, und wollte deshalb »nichts tun, was zu Unruhe führt, denn beide Banken laufen sehr schön«. Das große Potential der bereits angelaufenen Kooperation führte zwar auf beiden Seiten wieder zu glänzenden Geschäften, stärkte paradoxerweise aber auch das Unabhängigkeitsstreben der Beteiligten. Der Chef des BHW, Reinhard Wagner, sah sich selbst in der Rolle des Architekten eines BHW-Allfinanzkonzerns, der zur Nr. 1 im Bereich der Baufinanzierung werden könnte und auf gutem Weg zur Börsennotierung war. Der neue, ehrgeizige AHB-Vorsitzende Horst Alexander Spitzkopf sah seine Bewegungsfreiheit hingegen am ehesten in einem Machtvakuum zwischen BHW und BGAG gewahrt. Aber auch für die DiBa barg die Fusion mit der BHW-Bank wenig Perspektive. Wollte sie ihren innovativen Charakter als Direktbank behalten und weiter entwickeln, brauchte sie einen Part-

224 Die spektakuläre Weichenstellung, ›Der Platow Brief‹, Nr. 125 vom 27. Oktober 1993.
225 BGAG hat Altlasten »endgültig abgetragen«, Börsenzeitung vom 13. Juli 1995.

ner, der dieses Geschäft beherrschte. Das Argument der Größe allein zählte deshalb für sie nicht. Matthöfers Plan war vor diesem Hintergrund offensichtlich kein Selbstläufer.

Es ging dem BGAG-Chef auch nicht allein um wirtschaftliche Überlegungen – obwohl er nun nicht müde wurde, gerade dieses zu behaupten. Er hatte das abschreckende Schicksal der Gemeinwirtschaft vor Augen, wenn er den Anspruch der BGAG bescheidener formulierte: »Wir brauchen nicht mehr die dritte oder vierte Säule der Arbeiterbewegung zu sein.«[226] Auch stand seine Absicht, für die Gewerkschaften Gewinne zu erzielen, »und zwar kräftig«, nicht für sich allein. Die »ideologische Fehlorientierung des Walter Hesselbach«, die er 1994 zum ersten Mal offen aussprach, war für ihn kein Grund, das Kind mit dem Bade auszuschütten. Nicht die Gewerkschaftsbank selbst war das Problem, sondern ihre hausgemachte Schwäche:[227] »Hätten wir eine ordentliche Bank gehabt, als die Krise bei der Neuen Heimat aufbrach, hätte die BfG uns damals drei bis vier Milliarden Mark günstig besorgen können, stünden wir heute als Gewerkschaftsholding um zwölf Milliarden Mark reicher da.« Er zog daraus den Schluss, dass die Gewerkschaften dringend eine eigene Bank als »zusätzliches Machtinstrument« haben müssten – zumal sie sich im Ernstfall nicht auf das deutsche Bankensystem verlassen konnten. Insbesondere für den Fall längerer Arbeitskämpfe riet er deshalb den Eigentümern der BGAG zu einem Finanzkreislauf, »der voll den gewerkschaftlichen Interessen dienen und nicht von den Geschäftsbanken und ihren Arbeitgeber-Verbindungen ausspioniert werden kann«. Matthöfer hatte nämlich in der Praxis leidvoll erfahren müssen, dass im deutschen Bankgewerbe Geld »nicht unbedingt diskret« eingekauft werden konnte: »Spätestens nach fünf Stunden weiß die Gegenseite, wie es finanziell um die Streikbewegung steht.« Die Gewerkschaften waren deshalb in solchen Fällen nicht selten gezwungen, Kredite im Ausland aufzunehmen. Wenn Matthöfer für eine gezielte Rekonstruktion gewerkschaftlicher Wirtschaftsmacht plädierte, so stand dahinter ein Machtbegriff, der vor allem die Fähigkeit bedeutete, die Gesellschaft mit organisatorischen Mitteln im eigenen Interesse zu verändern. Zur Stärkung dieser Fähigkeit wollte er beitragen, wo immer er stand – auch wenn er inzwischen wusste, wie weit dieser Weg in eine andere Gesellschaft noch war. In gewisser Weise variierte er damit ein geflügeltes Wort, das ihm seit seiner Zeit als Finanzminister zugeschrieben wird:[228] »Früher hielt ich den Sozialismus für die beste Gesellschaftsform. Heute weiß ich, es ist die GmbH & Co. KG.« Ursprünglich als sarkastisch-ironische Replik auf Vorwürfe gedacht, er bewege sich im politischen Spektrum immer weiter nach rechts, barg dieser Scherz schließlich noch einen wahren Kern.

226 Mit Arbeiterbewegung nichts am Hut: Gewerkschaftsholding BGAG will jetzt nur noch Geld verdienen, Süddeutsche Zeitung vom 7. September 1994
227 Hans-Christoph Wehnelt über den Auftritt Matthöfers im Internationalen Club Frankfurter Wirtschaftsjournalisten, Hessischer Rundfunk, HR1, »Markt« am 6. September 1994.
228 Schatzkanzler, Capital, 1980, Heft 5.

Aus der Traum

Seinen Aktionären, den Gewerkschaften, fehlte es nach dem NH-Debakel an Phantasie, was sie mit ihrem Firmenimperium anfangen könnten. Die Lehren, die sie aus der Vergangenheit gezogen hatten, hießen ›rette sich, wer kann‹ und ›nie wieder‹. Die IG Bau-Steine-Erden, immerhin viertgrößter Aktionär der BGAG, schwor auf ihrem Gewerkschaftstag ausdrücklich der Beteiligung an gewerblichen Immobiliengeschäften ab. Aber auch Hauptaktionär IG-Metall hielt die erneute Ausweitung gewerkschaftlicher Unternehmenstätigkeit für politisch bedenklich. Als die ›Wirtschaftswoche‹ – nicht gerade als gewerkschaftsfreundlich bekannt – im August 1994 den neuen Kurs des BGAG-Vorsitzenden über den grünen Klee lobte, schrillten in Frankfurt die Alarmglocken. Das wirtschaftsliberale Blatt hatte Matthöfers Rolle an der Spitze der BGAG neu bewertet:[229] »Erst Konkursverwalter der Gemeinwirtschaft, jetzt Stratege und Visionär.« Dabei war die IG Metall längst fest entschlossen, die Bedeutung ihrer Holding in der Nomenklatur gewerkschaftlicher Hierarchien deutlich zurückzustufen. Klaus Zwickel, der inzwischen an der Spitze der Gewerkschaft stand, erkannte zwar Matthöfers Arbeit vorbehaltlos an, zog sich aber gleichzeitig aus dem Aufsichtsrat der BGAG zurück und überließ seinem persönlichen Referenten das Feld. Auch der neue DGB-Chef Dieter Schulte lehnte es ab, den vakanten Aufsichtsratsvorsitz seines verstorbenen Vorgängers Heinz-Werner Meyer einzunehmen. Ihn vertrat von der Öffentlichkeit fast unbemerkt DGB-Finanzvorstand Jochen Richert. Matthöfers Visionen passten gar nicht in diese Landschaft. Es blieb auch nicht bei protokollarischen Schritten. Kurz nach seinem siebzigsten Geburtstag wurde der in der Öffentlichkeit hoch gelobte ›Stratege‹ und ›Visionär‹ mit einer vertraulichen Vorstandsvorlage der IG Metall konfrontiert, die ihn auf den Boden der Tatsachen zurückholte. Gut ein Jahr vor seinem Ausscheiden aus der von ihm gerade in »Beteiligungsgesellschaft der Gewerkschaften« umbenannten BGAG forderten die Metaller eine Neuausrichtung, die offensichtlich bereits an seinen designierten Nachfolger Rolf-Jürgen Freyberg adressiert war. Kurzfristig hielt man in der Frankfurter Zentrale eine erhebliche Verringerung der Beschäftigtenzahl für notwendig, langfristig müsse die BGAG sogar »massiv« Firmen verkaufen.[230] Das Papier erteilte jedem Engagement der BGAG in den Bereichen Banken und Bausparkassen, Versicherungsgesellschaften und Werbeagenturen eine Absage. Eine »volle oder teilweise Anteilseignerschaft« komme dort nur in Ausnahmefällen infrage. Darüber hinaus hielt der IG-Metall-Vorstand nach dem Ende der Gemeinwirtschaft ein besonderes unternehmerisches Engagement der Gewerkschaften für »nicht mehr gewollt« und auch »nicht erforderlich«. Die größte deutsche Einzelgewerkschaft verfügte längst

---

229 Treuer Soldat. BGAG-Chef Matthöfer hat die Pleite erfolgreich abgewehrt. Doch die Gewerkschaftsbosse stehlen sich aus der Verantwortung, Wirtschaftswoche, Nr. 35 vom 26. August 1994, S. 36.

230 Auf Null zurückfahren – Die IG-Metall will das gewerkschaftseigene Firmenimperium zerschlagen, DER SPIEGEL, Nr. 48 (1995), S. 105.

über eigene Finanz- und EDV-Dienstleistungen, sodass sie das mögliche Wiedererstarken eines wirtschaftlichen Machtzentrums der Gewerkschaften mit Argwohn betrachtete. Ihre Initiative stieß indes nicht bei allen Mitaktionären auf uneingeschränkte Zustimmung. Vor allem die kleineren Gewerkschaften hielten eine Beteiligungsfirma, die die wirtschaftlichen Interessen der Gewerkschaften bündelte, durchaus für nützlich und rieten von übereilten Beschlüssen ab.[231] Dies änderte aber nichts an der neuen gewerkschaftspolitischen Linie, die eine weitgehende Auflösung des Unternehmensbesitzes vorsah – wenngleich diese mit ökonomischem Verstand und nicht um jeden Preis erfolgen sollte.

Für Matthöfer bedeutete das Veto der IG Metall das Ende aller unternehmerischen Träume und organisatorischen Umbaumaßnahmen, mit denen er seine zehnjährige Amtszeit krönen wollte. Er musste den Beweis schuldig bleiben, dass ein neu formierter und leistungsstarker Dienstleistungskonzern die Organisationskraft der Gewerkschaften wesentlich gestärkt hätte. Es mangelte an einem Nachfolger, der ebenfalls den Willen und die Kraft gehabt hätte, den Umbau gegen den inneren Widerstand der betroffenen Beteiligungsgesellschaften und die Eigendynamik der Finanz- und EDV-Märkte durchzusetzen. Die komparativen Vorteile der gewerkschaftseigenen Direktbank lagen offensichtlich nicht in der Hausbankfunktion für Einrichtungen der Arbeiterbewegung; und die Wettbewerbsfähigkeit der Datacom blieb weit hinter den ehrgeizigen Zielen zurück, die ihr der IT-Freak an der BGAG-Spitze setzte. Auch der Versuch, die BGAG stärker im Berufsfortbildungswerk des DGB zu engagieren, um dessen Leistungsfähigkeit und Attraktivität zu erhöhen, scheiterte. Matthöfer, der im Aufsichtsrat des Bfw saß, wollte persönlich Verantwortung übernehmen, weil er vom Wert dieser Einrichtung im Umfeld der Gewerkschaften überzeugt war und in ihr einen »Durchlauferhitzer bei der Mitgliederwerbung« sah.[232] Ziel war, das Programm des Bfw zu diversifizieren, um seine völlige Abhängigkeit von der Arbeitsverwaltung zu vermindern. Alle Anläufe, die er 1996 dazu nahm, liefen sich aber an der »Verzögerungstaktik der zuständigen Mitglieder des DGB-Vorstandes« tot und blieben schließlich »im Drahtverhau der DGB-Bürokratie« hängen. Im Herbst legte er deshalb seinen Sitz im Aufsichtsrat nieder.

Wie schwierig es war, den Nutzen einer neuen, dienstleistungsorientierten Aufgabenstellung der BGAG zu demonstrieren, zeigte das Versagen der konzerneigenen Beratungsfirma Incom. Sie hatte sich aus einer Tochtergesellschaft der Co op entwickelt, die einer begrenzten Klientel verbilligte Autos beschaffte. Dahinter stand die Idee, die Bindung der Mitglieder an ihre Gewerkschaft durch Vorteile zu erhöhen, die sich Incom mit Hilfe von Großeinkauf und der geballten Marktmacht von zehn Millionen Mitgliedern verschaffen konnte. Die IG-Metall, die das Modell zunächst umsetzen wollte, machte ihre Verwaltungsstelle Bochum zum Testmarkt und war vom Erfolg der Aktion zunächst überrascht. Als einziger Ort im Ruhrge-

---

231 Gewerkschaften über ›Ausverkauf‹ uneins, Frankfurter Rundschau vom 29. November 1995.
232 ›Diensttagebuch‹, 05.03.1995, AdsD, DM 0404.

biet wies Bochum – nicht zuletzt Dank der attraktiven Beigabe zur Mitgliedschaft – zunehmende Mitgliederzahlen und einen steigenden Beitragsdurchschnitt auf. Da die IG-Metall als steuerbefreite Berufsorganisation diese Art von Geschäften nicht betreiben durfte, ohne am Ende ihre Steuerprivilegien zu verlieren, übernahm die BGAG das Geschäftsmodell für ihre bis dahin nahezu unbekannte Beratungsfirma und stellte ihr für die Jahre 1996 bis 1998 eine Anschubfinanzierung in Höhe von 3,2 Mio. DM zur Verfügung. Der rührige Incom-Geschäftsführer Oskar Schröder versprach dafür allen Gewerkschaftsmitgliedern ›Bestkonditionen‹ beim Kauf hochwertiger Konsumgüter und Dienstleistungen. Ob für den Autokauf unter Listenpreis, den bundesweit günstigsten Bank- oder Baukredit, die Urlaubsreise oder die Freizeit: Überall sammelte Incom Prozente und Rabatte für seine Klientel. Schröder sah darin eine zeitgemäße Variante der alten Genossenschaftsidee, die für Marktgerechtigkeit sorgte:[233] »Verbilligt einkaufen konnten bisher nur privilegierte Berufsgruppen, die Arbeitnehmer waren immer die Dummen, jetzt bekommen endlich auch die organisierten Arbeitnehmer einen Schnaps obendrauf.« Vom Ansatz her entsprach die Aufwertung des Gewerkschaftsausweises durchaus der Vorstellung, die Matthöfer von dem ›Zusatznutzen‹ hatte, den sein Dienstleistungskonzern den Mitgliedern vermitteln sollte. Der Teufel steckte aber im Detail: Schröder setzte schon im ersten Jahr die gesamte Anlauffinanzierung in den Sand. Er entfachte eine gewaltige Kampagne, deren Publizität den Widerstand der Wettbewerber mobilisierte. Eine einstweilige Verfügung wegen angeblicher Verstöße gegen die Wettbewerbsregeln ruinierte praktisch das gesamte Automobilgeschäft der Incom. Um den Schaden zu begrenzen, trennte sich Matthöfer schließlich von seinem Geschäftsführer und brach die Kampagne ab. Die Episode hatte zwar keine große wirtschaftliche Bedeutung, fügte der BGAG in der Phase ihrer Zukunftsplanung aber großen Image-Schaden zu, der die Risikobereitschaft der gewerkschaftlichen Eigentümer sicher nicht erhöhte.

Vor diesem Hintergrund musste sich Matthöfer im letzten Jahr seiner Ära mit *business as usual* abfinden. Für den Mann an der Spitze der BGAG bedeutete dies, den Kampf gegen die Nachhut der Gemeinwirtschaft zu Ende zu führen, die in den beiden Verlagen der Gewerkschaften – der Büchergilde Gutenberg und dem Bund-Verlag – hartnäckige Rückzugsgefechte führte. Beide wiesen hohe Verluste aus, die regelmäßig durch Subventionen des DGB ausgeglichen wurden. Und beide litten unter den bekannten Problemen, die schon ganz andere Unternehmen der Gemeinwirtschaft an den Abgrund geführt hatten: unklare Unternehmensziele, eine autistisch anmutende *corporate governance* und korrumpierte Arbeitsbeziehungen, deren Folgen für Löhne, Pensionen und Abfindungen ihre Wettbewerbsfähigkeit schwer beeinträchtigten. Gewiß, im Vergleich zu den früheren Schlachten ging es nun nur noch um die sprichwörtlichen *peanuts*. Die Auseinandersetzung war dennoch nicht weniger heftig.

233 Ein Schnäppchen machen mit Gewerkschaftsausweis, Der Tagesspiegel vom 14. Dezember 1995.

Zunächst stand die Rettung der traditionsreichen Büchergilde Gutenberg auf der Tagesordnung, die sich mit 170.000 Mitgliedern als einzige Buchgemeinschaft neben dem Branchengiganten Bertelsmann noch halten konnte. Sie war 1924 vom Bildungsverband der deutschen Buchdrucker in Leipzig gegründet worden und wollte durch den Druck preiswerter Bücher auch den ärmeren Schichten den Zugang zu Bildung und Kultur ermöglichen. Noch 1974 verband Günther Grass mit der Büchergilde das hehre Ziel, »den Kontakt zwischen Schriftstellern und Arbeitern« weiter zu verbessern.[234] Offenbar ließ aber der Bildungshunger des lesenden Gilde-Arbeiters nach, und auch die große buchkünstlerische und buchhandwerkliche Tradition der Büchergilde garantierte nicht länger einen auskömmlichen Umsatz. Sie schrieb deshalb seit Jahren rote Zahlen und machte 1993 bei einem Umsatz von 31 Mio. DM Verluste in Höhe von 3,7 Mio. DM. Vor diesem Hintergrund kaufte die BGAG den 52,5-Prozent-Anteil des DBG und übernahm auch den gleichfalls defizitären gewerkschaftlichen Bund-Verlag. Matthöfer, der erneut seine Neigung für das Verlagsgeschäft ausleben konnte, tauschte zunächst den erfolglosen Geschäftsführer aus, um dann den Großteil des Vertriebsnetzes der Büchergilde an die Berliner Mediengruppe Weihönig & Partner zu verkaufen. Eric Weihönig dirigierte ein unübersichtliches Presse-Imperium, dessen wichtigste Objekte die Satire-Zeitung ›Titanik‹, die Zeitungen ›Freitag‹ und ›Junge Welt‹ sowie Galerie und Buchverlag ›Elefanten Press‹ waren. Er selbst und viele seiner Mitarbeiter stammten aus dem Umfeld der SEW, dem Westberliner Parteiableger der SED. Die Hoffnung der Gilde, damit die »Hauptverlustquelle« gestopft zu haben, trog freilich. Der Handel erwies sich als »glatter Fehlschlag«.[235] Matthöfers Spekulation, auf diese Weise das Bücher kaufende PDS-Potential für die Büchergilde zu erschließen, ging nicht auf. Als sich der Eindruck verdichtete, dass Weihönig die Buchhandelsgesellschaft nur ausbeuten wolle und dabei rechtliche Grenzen überschreite, machte die BGAG den Handel rückgängig und erwarb die Läden und Treffpunkte der Gilde wieder zurück.

Erfolgreicher erwies sich der Kurs der Professionalisierung der Gilde, den der neue Geschäftsführer Erich Hensler auf Matthöfers Rat einschlug, um mit dem »gemeinwirtschaftlichen Schlendrian« aufzuräumen. Die Mitgliederverwaltung wurde rationalisiert, eine neue EDV eingeführt, einige der verlustreichen Treffpunkte geschlossen und das Programm dem veränderten Lesergeschmack angepasst. Dies musste gegen den erbitterten Widerstand ›linker‹ Schriftsteller durchgesetzt werden, die wie Peter Härtling, Horst-Eberhard Richter, Harry Rowohlt, Klaus Staeck u. a. davor warnten, dass der kleinste deutsche Buchklub zu einem »schnöden Versandhaus« verkomme.[236] Vor allem aber setzte Matthöfer den kostspieligen Privilegien ein Ende, die sich die 120 Verlagsangestellten unter der Ägide der Gemeinwirtschaft durch die Aushandlung von Haustarifen gesichert hatten.

234 Linker Springer, DER SPIEGEL, Nr. 31 (1994), S. 155.
235 ›Diensttagebuch‹, 1.8.1994, AdsD, DM 0404.
236 Von der märchenhaften Genesung der Büchergilde Gutenberg, Frankfurter Rundschau vom 11. Oktober 1996.

Nachdem die Gewerkschaften seit 1980 nicht weniger als 74 Mio. DM in ihr kulturelles Vorzeigeobjekt hatten stecken müssen, schrieb die Gilde 1996 immerhin wieder eine »schwarze Null«.[237] Sie war kein »Non-Valeur« mehr, als sie 1998 im Rahmen eines Management-buy-out an fünf ehemalige Mitarbeiter verkauft wurde.

Die Auseinandersetzung um die ›Anpassung‹ des Bund-Verlages wurde mit noch härteren Bandagen geführt. Der DGB hatte einige subventionierte Zeitschriften eingestellt, die bis dahin wichtige Gewinnbringer waren. Der Betriebsrat des Verlages weigerte sich – unterstützt von der Kölner Bezirksleitung der IG Medien – hartnäckig, die neuen Rahmenbedingungen anzuerkennen und darüber mit der Verlagsleitung zu verhandeln. Als die BGAG daraufhin einseitig die Haustarife für die Bund-Mitarbeiter kündigte und sie auf den bestehenden Flächentarif verwies, traten diese in den Streik. Die IG-Medien nannten Matthöfers Änderungskündigung »schlichtweg unwürdig« und forderten den DGB auf, Matthöfer »eine Nachhilfestunde« im Umgang mit gewerkschaftlich organisierten Arbeitnehmern zu geben.[238] Der DGB dachte aber nicht daran, weil er das strukturell defizitäre Unternehmen auf Dauer weder subventionieren wollte noch konnte. So fiel Matthöfer als letzte Aufgabe an der Spitze der BGAG zu, die Bund-Belegschaft davon zu überzeugen, »daß auch Unternehmen im Eigentum der Gewerkschaften wirtschaftlich und ertragreich arbeiten müssen, wenn sie langfristig im Wettbewerb mit anderen Anbietern im Markt bestehen sollen.«[239] Er war durchaus bereit, der Belegschaft Zugeständnisse zu machen, etwa durch die Sicherung des Pensionsfonds in Höhe von 13 Mio. DM, für den keine Rücklagen gemacht worden waren. Um daraus kein Fass ohne Boden zu machen, verlangte er aber gleichzeitig die Abschaffung der Privilegien, wie er es zuvor schon bei der Büchergilde durchgesetzt hatte. Die rund 80 Mitarbeiter des Bund-Verlages sahen darin, dass sich Gewerkschaften als Arbeitgeber genauso verhielten wie andere Unternehmer, eine »absurde Situation«.[240] Der Konflikt endete in einer Schlichtungskommission unter dem Vorsitz des früheren IG-Metall-Vorsitzenden Hans Mayr, die schließlich eine für beide Seiten akzeptable Betriebsvereinbarung zum Sozialplan und zur Pensionsregelung zustande brachte.

Kein Zweifel, am Ende seiner zehnjährigen Amtszeit hatte Matthöfer den ursprünglichen Auftrag seiner Prinzipale gründlich erfüllt. Zum einen ging es um die Liquidation der Gemeinwirtschaft. Sie war symbolisch zu Ende gebracht, als Matthöfer auch im eigenen Haus – im Aufsichtsrat der BGAG – die Stimmrechtsparität abschaffte: von 18 auf 12 Personen verkleinert, gehörten dem Gremium nur

237 Büchergilde steht zum Verkauf. Gewerkschaften brechen langen Sanierungsversuch ab, Frankfurter Rundschau vom 11. Juli 1997, S. 8.

238 Reinhard Voss, Wieder Streik im Bund-Verlag. Änderungskündigungen empören die Belegschaft, Frankfurter Rundschau vom 30.3.1996.

239 Hans Matthöfer, Persönlicher Antwortbrief an den Kollegen Bezani vom Bund-Verlag, der an alle Beschäftigte des Bund-Verlages, an Aufsichtsrat und Beirat der BGAG, den Konzernbetriebsrat usw. verschickt wurde. Frankfurt a. M. am 11. April 1996. AdsD, DM 0404.

240 Warnstreik bei Gewerkschaftsverlag, Frankfurter Rundschau vom 18. Mai 1996, S. 4.

noch zu einem Drittel Arbeitnehmervertreter an, während die gewerkschaftlichen Eigentümer zwei Drittel der Sitze einnahmen. Die Rettung des Gewerkschaftsvermögens, die den zweiten Teil des Auftrages ausmachte, war zunächst nur eine Hoffnung, am Ende aber Realität. Niemand konnte wirklich erwarten, dass es gelingen konnte, den Gewerkschaften Vermögensteile in Milliardenhöhe zu erhalten, die Ende der achtziger Jahre schon verloren gegangen schienen. Dagegen scheiterten Matthöfers weiterreichende Visionen und strategische Pläne, die den Gewerkschaften mehr Handlungsfreiheit sichern sollten, am Ende an der Intransigenz der Großaktionäre.[241] Immerhin blieb aber die Funktion der BGAG-Holding erhalten, im Ernstfall die Liquiditätsbeschaffung der Gewerkschaften sicherzustellen. Dies war besonders für Arbeitskämpfe von Bedeutung, weil sie als Holding – anders als eine Bank – nicht der Großkreditmeldepflicht an die Bundesbank unterlag. Matthöfer fasste seine Leistung in seinem Rechenschaftsbericht selbst wie folgt zusammen:[242] »Die BGAG mit ihren Beteiligungen ist heute uneingeschränkt handlungsfähig, neu geordnet und gegenüber Risiken im Beteiligungsbereich, die zu jeder unternehmerischen Tätigkeit gehören, weit weniger anfällig als vor zehn Jahren. Die Probleme der Neuen Heimat sind gelöst, die der BfG Bank sind unter Kontrolle. Gewinnrücklagen in Höhe von 468 Millionen DM stellen einen beachtlichen Risikopuffer dar, der für die Bonität der BGAG bedeutsam ist. Der innere Wert der Aktien der BGAG hat messbar zugenommen.« Niemand hätte ihm darin widersprechen wollen. Das Presseecho auf seinen Eintritt in den Ruhestand war einheitlich und überaus positiv.[243]

Seinen Ausstand aus dem aktiven Berufsleben feierte der ausscheidende BGAG-Chef im Frankfurter Palmengarten.[244] Viele seiner ehemaligen Mitstreiter, der DGB-Vorsitzende Dieter Schulte, der hessische Ministerpräsident Hans Eichel und die EU-Kommissarin Monika Wulf-Mathies hielten Lobreden, Helmut

241 Möglicherweise schätzte die IG-Metall die Entwicklung der BGAG für die Ära nach Matthöfer realistisch ein. 2005 löste die drohende Pleite der AHB, die nach der Fusion mit der Rheinboden Hypothekenbank AG AHBR hieß, eine milliardenschwere Rettungsaktion der deutschen Banken aus, um das Image des Bankenplatzes Deutschland zu schützen. Die BGAG verlor dabei nicht nur ihre einstige ›Bankenperle‹. Sie musste auch weitere Beteiligungen (BauBeCon, BHW etc.) an private equity-Gesellschaften verkaufen, um die Verluste auszugleichen.

242 Vortrag in der Sitzung des Beirates der BGAG um 18.00 Uhr im Haus des DGB, Düsseldorf am 03. Dezember 1996, ›Diensttagebuch‹, 3.12.1996, AdsD, DM 0404.

243 ›Der Platow Brief‹ vom 17. Januar 1997 registrierte »Elogen für Hans Matthöfer«. Die Börsen-Zeitung bescheinigte ihm, »seine dritte Karriere als Sanierer mit Erfolg beendet« zu haben (Hans Matthöfer tritt ab, 30. Januar 1997). Neue Probleme, die 2005 die BGAG in die Existenzkrise stürzten, weil sie sich in Milliardenhöhe am Hypothekenmarkt verspekuliert hatte, wären unter Matthöfer nicht denkbar gewesen, hatte er doch immer die Gefahr erkannt und der Versuchung widerstanden, »aus Spekulationslust und Gigantomanie große Räder zu drehen«.

244 Nach seinem Ausscheiden behielt Matthöfer nur noch wenige Funktionen, wie den Aufsichtsratsvorsitz der »Dillinger Hütte Saarstahl Beteiligungs-AG«, den Vorsitz im Aufsichtsrat der Mannesmann-Röhrenwerke AG und den Sitz im Beirat der Papenburger Meyer-Werft. Nur wenige neue Aufgaben kamen noch hinzu: die Position des Aufsichtsratsvorsitzenden der Klöckner Werke AG und des Vorsitzenden des Kuratoriums der Otto-von-Bismarck-Stiftung. Vom März 1997 bis Anfang 2000 beriet er im Auftrag der Bundesregierung die bulgarischen Regierung in Wirtschaftsfragen. Danach zog er sich endgültig aus dem aktiven Berufsleben zurück.

Schmidt den Festvortrag. Schmidt bescheinigte seinem »lieben Freund Hans«, ein »echter Linker« geblieben zu sein und sprach ihn von den Politiker-Todsünden des Opportunismus und der Eitelkeit frei.[245] Matthöfers frühere Mitarbeiter, die sich bei dieser Gelegenheit um ihn versammelt hatten, waren inzwischen alle Staatssekretäre oder Minister geworden: Wilfried Haesen[246], Jürgen Wefelmeier[247], Thilo Sarrazin[248], Otto Ebnet[249], Manfred Lahnstein[250] und Peer Steinbrück[251]. An sie gerichtet verabschiedete er sich mit den Worten:[252] »Laßt Euch nicht entmutigen. Die Flut wird sich wieder wenden.«

245 Frankfurter Rundschau vom 17. Januar 1997.
246 Haesen hatte 25 Jahre mit ihm zusammengearbeitet, in der SPD-Fraktion, im BMZ, als persönlicher Referent und Kabinettreferent im BMFT, als Leiter des Ministerbüros im BMF und zuletzt, nach einem Zwischenspiel als Staatssekretär der Berliner Senatsverwaltung, in der BGAG als Personaldirektor und Geschäftsführer der BIO.
247 StS Wefelmeier war inzwischen Unternehmensberater geworden.
248 Sarrazin war Leiter des Ministerbüros im BMF, später Finanzstaatssekretär in Mainz und Finanzsenator in Berlin.
249 Ebnet war Matthöfers persönlicher Referent im BMF, später Wirtschaftsminister und Verkehrsminister in Mecklenburg-Vorpommern.
250 Lahnstein war bis 1980 StS im BMF, dann bis Ende April 1982 Chef des Bundeskanzleramtes und schließlich bis Ende September 1982 Bundesminister der Finanzen und kurzfristig auch Bundesminister für Wirtschaft.
251 Steinbrück war Matthöfers persönlicher Referent im BMFT, später Staatssekretär in den Ministerien für Wirtschaft, Technologie und Verkehr in Schleswig-Holstein, Minister für Wirtschaft und Mittelstand, Technologie und Verkehr und Ministerpräsident von NRW. Seit 2005 Bundesfinanzminister.
252 ›Diensttagebuch‹, 16.1.1997, AdsD, DM 0404.

Nach dem Wirtschaftswunder

Zum Schluss ist es notwendig, noch einmal ausdrücklich auf das biographische Modell (S. 14/15) zurückzukommen, das dieser Studie zugrunde liegt und ihren Ablauf im Hintergrund beeinflußt hat. Es sollte dem Biographen erlauben, seine Fragestellung im Chaos der Ereignisse nicht aus den Augen zu verlieren und die Ergebnisse der Untersuchung auf abstrakter Ebene übertragbar zu machen. Hat das Modell seine Aufgabe erfüllt und sind die Ergebnisse, die es hervorgebracht hat, den Aufwand wert? Der Leser wird sich darüber ein eigenes Urteil bilden. Aus der Sicht des Biographen fällt die Antwort aber eindeutig aus. Das Modell hat seine Eignung erwiesen, als stark vereinfachtes Abbild der Wirklichkeit zu dienen, an dem sich ein theoriegeleiteter Forschungsprozess orientieren konnte. Es hat die Erklärung komplexer Zusammenhänge erleichtert, die ansonsten wissenschaftlicher Analyse nicht zugänglich gewesen wären. Das Modell ließ Ergebnisse in Form von ›Lebensleistung‹ erwarten, die es freilich auf die Herausbildung neuer Denk- und Handlungsweisen und damit bewusst auf den Beitrag zur Weiterentwicklung des institutionellen Rahmens von Wirtschaft und Gesellschaft verkürzte. Die großen Fragen nach Glück und Erfüllung, die vielleicht ein ›gutes Leben‹ ausmachen, wurden deshalb erst gar nicht gestellt. Wer den ›privaten‹ Hans Matthöfer vermisst, sollte aber wissen, dass es ein zweites Leben, neben dem des Gewerkschafters, Politikers und Unternehmers, praktisch nicht gibt. Vieles spricht im Gegenteil dafür, dass auch das private Leben Matthöfers im Wesentlichen in seinem beruflichen und öffentlichen Wirken aufging. Dieser Befund dürfte für die Biographie von Menschen, die im öffentlichen Leben stehen, nicht untypisch sein. Es wäre allerdings auch eine unzulässige Vereinfachung, wenn man deswegen die Biographie Hans Matthöfers lediglich als eine Bilanzierung von Ergebnissen des institutionellen Wandels läse, zu dem ein Einzelner beigetragen hat. Wichtig war es ihr, jenen *Prozess* herauszuarbeiten, in dem sich intellektuelle und strategische Perspektiven unter dem Einfluss innerer Festlegungen und äußerer Herausforderungen im Laufe eines Lebens ändern. Matthöfers politischer und beruflicher Lebensweg ist für eine solche Untersuchung des Prozesses des Institutionenwandels exemplarisch, änderte er doch auf vielen Feldern seines Denkens und Handelns ›objektiv‹ den Standort, ohne sich dessen ›subjektiv‹ bewusst zu werden. Wer am verborgenen Privatleben eines Prominenten interessiert ist und enttäuscht wurde, könnte auch eine Entschädigung darin finden, dass das verborgene öffentliche Leben des Hans Matthöfer umso mehr und vielfältige Einblicke in Politik und Wirtschaft einer Zeit bietet, deren Probleme heute noch immer auf der Tagesordnung stehen.

Im Mittelpunkt steht ein Leben, das zwar charakteristische Züge seiner Zeit und seines sozialen und politischen Milieus verkörpert, dabei aber unverwechselbar und eigenartig bleibt. Der Versuch, den Lebensweg eines Mannes zu verfolgen, der wie Hans Matthöfer über ein halbes Jahrhundert hinweg gleich drei Spitzenkarrieren auf doch sehr unterschiedlichen Berufsfeldern absolviert hat, mündete immer wieder in Feldstudien, die der politischen und wirtschaftlichen Geschichte der Bundesrepublik jene Facetten hinzufügen, die ihre spezifische Färbung der Arbeiterbewegung und der Sozialdemokratie verdanken. Der biographische Blickwinkel erlaubte es, dabei nicht bei der Ereignisgeschichte stehen zu bleiben, sondern nach den geistigen und sozialen Wurzeln zu graben, aus denen diese Alternativen zur deutschen Politik der Wirtschaftswunderzeit entsprungen sind. Es ist ein ungewöhnliches Leben, weil seine Schauplätze in Zentren der deutschen Geschichte des zwanzigsten Jahrhundert liegen und sein Protagonist das Geschehen dort unmittelbar beeinflusst hat. Aus diesem Zusammentreffen von individuellem Handeln und kollektiven Rahmenbedingungen, von Ereignis und Struktur, bezieht diese Studie ihre Spannung. Sie will die Neugier des Lesers befriedigen, der wissen will, wie wichtige Weichenstellungen in Arbeitswelt, Politik und Wirtschaft zustande kamen, wie groß der Handlungsspielraum der beteiligten Akteure war und ob sie ihn genutzt haben, kurz: was Politik vermag. Wer an den Hintergründen so unterschiedlicher Entscheidungsprozesse wie des innergewerkschaftlichen Streits über die Praxis der Mitbestimmung, des deutsch-französischen Akkords über das europäische Währungssystem, der innen- und außenpolitischen Bewältigung der kleinen Weltwirtschaftskrise der siebziger Jahre oder der Liquidierung eines der großen Gesellschaftsprojekte des zwanzigsten Jahrhunderts, der Gemeinwirtschaft, interessiert ist, kommt auf seine Kosten. Historische Miniaturen, die Matthöfers Erfahrungen mit dem schwarzen Markt der ›Vorwährungszeit‹, seinen Stipendienaufenthalt in den USA, seine Arbeit im SDS und für ›links‹ oder auch seine führende Rolle bei der Mobilisierung und Koordination der Hilfe der westlichen Welt für die krisengeschüttelte Türkei analysieren, erlauben es, oft tiefer in die Probleme einzudringen als umfangreiche monographische Abhandlungen – wenn es sie denn gäbe.

Allerdings ging diese Untersuchung in ihrem Anspruch weiter. Sie fragte in der biographischen Perspektive zum einen nach spezifischen Eigenheiten und Bedingungen jener ›sozialdemokratischen‹ Ära der deutschen Politik, die nach dem ›Wirtschaftswunder‹ einsetzte, auf nahezu allen Politikfeldern innovative Alternativen hervorbrachte (›Modell Deutschland‹) und 1982 doch scheiterte, ehe sie 1998 ihre Fortsetzung fand. Sie wollte den biographischen Ansatz zum anderen auch dazu nutzen, Grundlagenforschung zu den Voraussetzungen und Bedingungen des von Menschen gestalteten institutionellen Wandels zu treiben. Es galt, im konkreten Fall herauszufinden, wie sich Denk- und Handlungsweisen wandeln und dabei auch die Spielregeln in Politik und Wirtschaft verändern. Auf die klassischen Politikfelder bezogen, die in Matthöfers Leben eine wichtige Rolle gespielt haben – Entwicklungspolitik, Strukturpolitik, Finanzpolitik –, fällt die Antwort leicht: Aus der biographischen Perspektive resultieren Einsichten, die den Forschungsstand zur Wirtschafts- und Politikgeschichte auf diesen Gebieten voranbringen. Die Herausforderungen der siebziger Jahre, die auf das Ende des ›Wirtschaftswunders‹ in den sechziger Jahren folgten, entzogen auf allen drei Gebieten jeder politischen Routine den Boden, machten alte Denkweisen obsolet und verlangten dringend nach neuer Orientierung.

In der Entwicklungspolitik stand am Ende der 1960 von den Vereinten Nationen verkündeten »Dekade der Entwicklung« die Ernüchterung, dass Kapitaltransfer allein nicht ausreichte, um den Teufelskreis der Armut zu durchbrechen. Die ›Marshallpläne‹ für Afrika und andere Entwicklungsregionen stießen ins Leere, weil dort wichtige gesellschaftliche und wirtschaftliche Voraussetzungen fehlten, die in Europa nach 1945 den raschen Wiederaufstieg möglich gemacht hätten. Westeuropa war arm gewesen, aber nicht unterentwickelt. Die Übertragung dieses – noch dazu gründlich missverstandenen Modells – auf die Entwicklungsländer musste deshalb scheitern. Matthöfer ging aber noch weiter und stellte das Konzept ›Entwicklungshilfe‹ überhaupt infrage – zwei Jahrzehnte bevor sich diese Skepsis generell durchsetzte. Er setzte der konventionellen Transferstrategie, die den zumeist in den USA beheimateten multinationalen Konzernen eine führende Rolle einräumte, die Alternative eines demokratischen und sozialistischen Entwicklungsmodells entgegen, das der eigenen gesellschaftlichen Kraftentfaltung vertraute. Es sollte dafür sorgen, die materiellen Opfer, die dem wirtschaftlichen und gesellschaftlichen Fortschritt zu bringen waren, politisch zu rechtfertigen, durch ideologische Überhöhung mit Sinn zu füllen und solidarisch auf viele Schultern zu verteilen. Entwicklungspolitik hatte sich aus seiner Perspektive auf die Stärkung und den Schutz dieser Alternative zur schematischen Übertragung des Standardkapitalismus der Ersten Welt zu konzentrieren. Wo immer die Wirtschafts- und Finanzeliten der Dritten Welt nicht bereit waren, in die Entwicklung des eigenen Landes zu investieren, musste Entwicklungspolitik die Bildung demokratisch legitimierter Institutionen unterstützen, die geeignet waren, das Versagen oder das Fehlen klassischer Investoren auszugleichen. Dieses Konzept knüpfte an das Gerschenkronsche Modell der Überwindung von wirtschaftlicher Rückständigkeit durch institutionelle Kompensation entwicklungspolitischer Defizite an, das in der kontinentaleuropäischen Wirtschaftsgeschichte des 19. Jahrhunderts seine Bestätigung findet.

Südamerika schien dazu – anders als etwa Afrika – günstige Voraussetzungen zu bieten. Immerhin hatten einige lateinamerikanische Länder, wie Argentinien, Brasilien oder Chile, schon früher erfolgreiche Ansätze für eigenes Entwicklungsprofil erkennen lassen, an denen diese Überlegungen anknüpfen konnten. Matthöfers Modell stützte sich aber auch auf die Analysen der von den Vereinten Nationen eingesetzten Comisión Económica para América Latina (Cepal), die in Santiago de Chile ihren Sitz hatte. Sie folgte der Dependencia-Theorie, propagierte deshalb die breite Mobilisierung der eigenen Ressourcen und verknüpfte diesen Ansatz mit herrschaftssoziologischen Argumenten. Für jemanden, der wie Matthöfer für die Gestaltung des Politischen ganz auf die Kraft der Organisation setzte, öffnete dies ein weites Feld der Hilfe zur Selbsthilfe, das vor allem den politischen Stiftungen offen stand, die sich die Entwicklungspolitik auf die Fahnen geschrieben hatten. Hier suchte er seit Ende der sechziger Jahre mit der Friedrich-Ebert-Stiftung, seit 1972 auch mit der Bundesregierung, sein Aufgabengebiet. Doch selbst im Falle Chiles, wo demokratische Spielregeln am festesten verankert und die Aussichten auf Erfolg am günstigsten schienen, gelang es ihm und den anderen Helfern nicht, den Aufbau effizienter Organisationen in Politik und Arbeitswelt wesentlich zu beeinflussen. Zwar musste die Regierung der chilenischen Volksfront schließlich der brachialen Gewalt rechtsgerichteter Militärs weichen, doch waren ihre hehren Ziele schon lange vor dem Putsch eigener organisatorischer Disziplinlosigkeit und wachsendem politischem Dogmatismus zum Opfer gefallen. Matthöfer setzte zwar – zu Recht – die »Mörderbande« des Pinochet-Regimes auf die Anklagebank, war sich aber sehr wohl darüber im Klaren, dass die Gründe für das Scheitern des chilenischen Experiments, dem er eine Leuchtturmfunktion für ganz Lateinamerika und die Iberische Halbinsel zugeschrieben hatte, nicht allein in der Intervention seiner inneren und äußeren Gegner zu suchen waren, sondern vielmehr in der Unzulänglichkeit des Reformprozesses selbst. Nachdem er ähnliche Erfahrungen bereits in seiner Arbeit als Gewerkschafter hatte machen müssen, wurde er so mit der Aporie von Politik konfrontiert, die sich mit rationaler Organisationsarbeit allein nicht überwinden ließ.

Ähnlich erging es ihm als ›Atomminister‹. Matthöfer trat sein Amt als überzeugter Anhänger einer zivilen Nutzung der Kernenergie an. Am Ende überwog aber die Skepsis vor einem forcierten Ausbau der Kernkraftwerke. Dabei resultierten die Vorbehalte, die ihn schließlich Ende 1977 für einen vorläufigen Baustopp plädieren ließen, keineswegs aus der Risikoabwägung oder gar aus konkreten Zweifeln an der Reaktorsicherheit. Er musste vielmehr aus der bis dahin dramatisch wachsenden Protestbewegung, die seine eigene Partei zu spalten drohte, den Schluss ziehen, dass ein ambitioniertes Programm zur friedlichen Nutzung der Atomenergie gegen eine starke und aktive Minderheit der Bevölkerung nicht durchzusetzen war. Er tauschte deshalb die Rolle des Promotors mit der des Moderators. Dabei kam ihm zugute, dass es ihm gelungen war, auch mit den Kritikern im Gespräch zu bleiben und eine – wenn auch schmale – Vertrauensbasis zu erhalten. Damit schuf er immerhin die Grundlage für die Arbeit der Enquete-Kommission ›Zukünftige Kernenergie-Politik‹, die der Deutsche Bundestag 1979 unter dem Vorsitz seines umweltpolitischen Mitstreiters Reinhard Ueberhorst einsetzte und die für viele Jahre die Grundlage für eine sachliche Erörterung der AKW-Problematik schuf. Für eine konsequente Durchsetzung des Energieprogramms der Bundesregierung, die er eigentlich für notwendig hielt, reichte der 1977 erzielte Kompromiss aber nicht. Der ›Atomminister‹ blieb zwar handlungsfähig und ging mit einem beachtlichen persönlichen Prestigegewinn aus der Auseinandersetzung hervor. Er sah sich aber gleichwohl zu Zugeständnissen gezwungen, die er langfristig nicht für tragfähig, ja sogar für gefährlich hielt. Erneut musste er die Erfahrung machen, dass sich politische Auseinandersetzungen rationaler Steuerung weitgehend entziehen. Gerade nach der ersten Ölpreiskrise von 1973 schien ihm ein Ausstieg aus der Kernenergie nicht gerechtfertigt, auch wenn er wusste, dass der Betrieb von Atomkraftwerken ebenfalls Abhängigkeiten schuf und die Kritiker in der Entsorgungsfrage im Kern durchaus rational argumentierten. Wenn er dennoch nicht auf den Ausbau der zivilen Nutzung der Atomkraft verzichten wollte, ging es ihm nicht allein um die Verfügbarkeit eines wichtigen Aktivpostens im breiten Mix der Energieträger, den er als Forschungsminister von Anfang an förderte. In der atomaren Technologie sah er auch ein strategisches und in seiner Anwendung universales Feld von Innovationen, von dem er sich Wachstumsimpulse und neue Arbeitsplätze versprach. Diese hielt er dringend für nötig, um das Gespenst der Massenarbeitslosigkeit zu bannen, das nach dem Zusammenbruch des Fordismus wieder auftauchte und aus seiner Sicht die Stabilität der Demokratie bedrohte. Der Ausfall der Atomkraft als Energie- und Innovationsträger erschien ihm umso problematischer, als viele der technologischen Neuerungen, die er als Forschungsminister – oft gegen heftigen Widerstand – schon *in statu nascendi* förderte, ganz offenbar unter der Ägide der Privatwirtschaft nicht die Kraft entwickelten, um entscheidend zur Lösung der Energie- und Arbeitsmarktprobleme beizutragen. Dies gilt zum einen für die Reaktivierung alter Technologien, die in neuer, effizienterer Gestalt die klassische Primärenergie ›Kohle‹ weiter am Markt halten sollten. Hätte sich die neue Kohletechnologie rentabel einsetzen lassen, wäre dies einem erfolgreichen Doppelschlag gegen das Energie- *und* Arbeitsmarktproblem gleichgekommen, weil deutsche Technik in der Gewinnung von Treibstoffen aus Kohle seit langem führend war. Kaum ein Politiker konnte sich dieser ausgesprochen populären Illusion entziehen; der Mann aus dem Revier, der Kohlemann, schon gar nicht. Die Machtlosigkeit der Politik zeigte sich aber auch am Beispiel der Entwicklung alternativer Energiequellen. Nahezu alles, worauf sich auch heute noch immer die Hoffnung auf eine Lösung des Energieproblems richtet – von den Biotreibstoffen über die Solarenergie bis zur Kernfusion – ist bereits in den siebziger Jahren angestoßen worden. Staatliche Förderung sollte der privaten Wirtschaft auf die Sprünge helfen, damit die ›invisible hand‹ des Marktes das Problem früher oder später lösen würde. Damit die Rettung aber nicht zu spät kam, setzte Matthöfer lieber auf die ›sichtbare Hand‹ staatlicher Strukturpolitik. Ihr waren jedoch unter den koalitions- und verfassungspolitischen Rahmenbedingungen der siebziger Jahre enge Grenzen gezogen. Sie erwies sich deshalb auch nicht immer als die effizientere Lösung. Eines seiner Lieblingsprojekte, der Ausbau eines bundesdeutschen Fernwärmeverbundnetzes, blieb weit hinter seinen Erwartungen zurück. Immerhin hätte damit rund die Hälfte des Primärenergieverbrauchs eingespart werden können. Dabei sprachen keine ernsthaften technischen oder wirtschaftlichen Argumente gegen seine Verwirklichung; es waren politische Reibungsverluste, die das Projekt schließlich zum ›Flop‹ werden ließen.

In den siebziger Jahren wandelte sich der Markt für politische Entscheidungen grundlegend. Folgte er bis dahin der Rekonstruktionsroutine der Wirtschaftswunderzeit, war es nun die Volatilität der Weltwirtschaft, die seine Gesetze bestimmte. In dieser Konstellation verlangte er zwar nach neuer Orientierung, ließ aber gleichzeitig deren Durchsetzung häufig am Beharrungsvermögen alter Denk- und Handlungsmuster scheitern. In diesem Dilemma konnte sich die Regierung Schmidt im internationalen Vergleich noch so erfolgreich gegen die Auswirkungen der Weltwirtschaftskrise stemmen und dabei eine führende Rolle innerhalb der sich konstituierenden *global governance* einnehmen – gemessen an den anachronistischen Maßstäben der deutschen Wirtschaftswundergesellschaft sah sie gleichwohl wie ein Verlierer aus. Für Matthöfers Zuständigkeitsbereiche galt dies in besonderer Weise. Da er über die für Politiker nicht selbstverständliche Fähigkeit verfügte, selbst und eigenverantwortlich zu denken, und sich in seinen Entscheidungen nicht zum Gefangenen von ›Experten‹ machen musste, setzte er in seinem jeweiligen Ressort entschlossen auf innovative Lösungen, nachdem er seine Entscheidung intensiv vorbereitet hatte. Weil er über keine Hausmacht verfügte, deren Gefolgschaft er sich vergewissern musste, gelang es ihm rascher und gründlicher als den meisten seiner politischen Peers, aus den erstarrten Denkmustern der Vergangenheit auszubrechen. In gewisser Weise übertraf er dabei selbst seinen Kanzler, der ihm in der Radikalität des Umdenkens zwar in nichts nachstand, aber schon von Amts wegen zu vorsichtigerem Taktieren verpflichtet war.

Das ›Ölpapier‹, das Matthöfer Ende 1981 als Antwort auf die Herausforderung der zweiten Ölpreiskrise praktisch im Alleingang entwarf, ist in dieser Hinsicht ein Schlüsseldokument. Es weist den Finanzminister aber auch als einen intellektuellen Volkswirt aus, der über das nötige Fachwissen hinaus den Blick für das Ganze nicht verliert. Er repräsentiert damit eine Ausnahmeerscheinung auf einem Feld, das noch heute in Deutschland zwischen Ignoranz und Fachblindheit schwach besetzt ist. Die Denkschrift reflektiert einen Stand der intellektuellen und fachlichen Auseinandersetzung mit dem Energie- und Arbeitsmarktproblem, der gerade auch angesichts der Ölpreisexplosion des Jahres 2008 keineswegs veraltet wirkt. Auch wenn einzelne Instrumente des Masterplans von 1981/82 inzwischen angewendet werden, wie z. B. die ›Ökosteuer‹, so ist die gegenwärtige Strategie zur Bewältigung der immer noch anhaltenden Wende auf dem Energiemarkt keineswegs auf der Höhe der damaligen Überlegungen. Als Matthöfer 1981 seine Denkschrift »Mut zur Vollbeschäftigung« verfasste, stand der Ölpreis mit 36 Dollar je Barrel auf einem Höhepunkt, nachdem er zehn Jahre zuvor noch keine zwei Dollar betragen hatte. Gewiss, die Insider des Ölgeschäfts hatten Recht, als sie einen signifikanten Rückgang des Preises vorhersahen: Schon Mitte der achtziger Jahre lag er nur noch bei der Hälfte des Höchststandes von 1981. Auch der Finanzminister wollte diese Entwicklung keineswegs ausschließen. Er sah aber gerade darin, dem Erdölkartell ein langfristiges strukturpolitisches Konzept entgegenzusetzen, die Chance für Handlungsspielräume der Politik. Mit sozialistischer Wirtschaftspolitik hatte dieser Ansatz nichts gemein; eher mit dem ursprünglichen Konzept der sozialen Marktwirtschaft, das einem starken Staat die Pflicht zur Intervention auferlegte, wenn der Markt versagte.[1] Da gegen das Preisdiktat der OPEC mit den Mitteln der Kar-

---

1 Siehe dazu jüngst: Akihiko Amemiya, Neuer Liberalismus und Faschismus: Liberaler Interventionismus und die Ordnung des Wettbewerbs, in: Jahrbuch für Wirtschaftsgeschichte 2008/2, 5.173-195.

tellaufsicht kein Kraut gewachsen war, lag in der strukturpolitischen Intervention die einzige Chance, dem Markt wieder zu seinem Recht zu verhelfen. Aus heutiger Perspektive, bei einem Ölpreis, der bereits kurzfristig die 140-Dollar-Marke passiert hat und jederzeit dorthin zurückkehren kann, mutet Matthöfers Initiative wie eine verpasste Gelegenheit an, die so schnell nicht wiederkehren wird. Seine Widersacher von damals, eine bizarre Koalition aus Marktideologen, Populisten aller Parteien, Autofahrerlobby und der Boulevard-Presse, bestimmen noch immer den Energiediskurs. Für sie gilt ein Michail Gorbatschow zugeschriebenes Bonmot: Wer zu spät kommt, den bestraft das Leben. Wer zu früh kommt, den ereilt in der Politik freilich das gleiche Schicksal. Von seinem Kanzler im Stich gelassen, ohne politische Hausmacht und ohne Chancen, sich gegen das Kartell aus Expertentum, Ignoranz und Opportunismus durchzusetzen, entschied sich Matthöfer für den Rücktritt. Die sozial-liberale Regierung entzog sich in der Phase ihrer Götterdämmerung einer politischen Aufgabe, die Mut erfordert hätte: Mut zur Vollbeschäftigung. Hätte sie sich ihr gestellt, wäre die erste sozialdemokratische Ära der Bundesrepublik vermutlich ebenfalls in der Weg- und Ratlosigkeit der Politik der frühen achtziger Jahre untergegangen. Sie hätte aber wenigstens die Hoffnung bewahrt, durch politisches Handeln die Massenarbeitslosigkeit zu überwinden.

Matthöfers politische Biographie erlaubt auch eine Nahaufnahme des dramatischen Paradigmenwechsels, der sich am Ende der siebziger Jahre in der Theorie und Technik staatlicher Einflussnahme auf den Wirtschaftskreislauf vollzog. Theorien, so will es eine hartnäckige wissenschaftsgeschichtliche Erfahrung, sterben gemeinhin erst mit dem Tode ihrer Anwender. In Deutschland war dies während der Amtszeit des Finanzministers Matthöfer anders. Hier verwandelte sich ein überzeugter Anhänger der Keynesianischen Lehre mitten im Strom in einen ebenso konsequenten wie aufgeklärten Vertreter einer auf Stabilität und Solidität ausgerichteten Haushaltspolitik, der gleichwohl das Ziel der Vollbeschäftigung nicht aus den Augen verlor. Hatte ihn zunächst der Gruppenzwang des Bonner G 7-Treffens davor bewahrt, den bereits zu Beginn seiner Amtszeit gefassten Vorsatz der Haushaltskonsolidierung auch konsequent umzusetzen, gab es für ihn danach keine Alternative mehr. Beschäftigungspolitik mit den Mitteln des *deficit spending* gehörte nicht länger zu seinen Optionen. Der Kampf gegen die Arbeitslosigkeit sollte vielmehr mit Ausgabendisziplin einhergehen. Im internationalen Weltwirtschaftsdiskurs der führenden Staatsmänner zählte Matthöfer seit 1979 zu den Verfechtern einer nachkeynesianischen Praxis, in der die Strategie des Mannes aus Cambridge auf ihren wesentlichen Kern reduziert werden sollte: für den Kampf gegen jene Gefahren, die von extremen und hartnäckigen gesamtwirtschaftlichen Nachfragelücken ausgehen. Antizyklische Globalsteuerung sollte nicht mehr zum Alltagsgeschäft des Finanzministers gehören, sondern im Arsenal der Wunderwaffen gegen Wirtschaftskatastrophen auf ihren Einsatz als ultima ratio der Politik warten. Die Umsetzung des neuen Konzepts im eigenen Land stieß vor allem im linken Spektrum der deutschen Politik auf Widerstand, das von der Mehrheit der SPD-Bundestagsfraktion bis zu einer kampfbereiten IG Metall reichte. In den eigenen

Reihen ließ sich der Konflikt durch wahlkampfstrategische Überlegungen zunächst neutralisieren, um nach dem Wahlsieg von 1980 an vielen Fronten umso heftiger auszubrechen. Es war klar: Wer trotz Haushaltskonsolidierung nicht auf Beschäftigungspolitik verzichten wollte, musste an anderer Stelle tief ins Fleisch schneiden. Nach Lage der Dinge gehörte die Sozialpolitik dazu. Hier hatte Matthöfer nur einen Verbündeten: den Kanzler, der ebenfalls im Rankenwerk eines zum Wohlfahrtsstaat mutierenden Sozialstaates das Messer ansetzen wollte. Auf Dauer war aber selbst der Kanzler nicht in der Lage, eine ins Mark ihres sozialen Gewissens getroffene Bundestagsfraktion zur Räson zu bringen, um es dem Finanzminister zu erlauben, Kurs auf die Haushaltskonsolidierung zu halten. Dieser sah deshalb in der durch die zweite Ölpreiskrise entstandenen Zwangslage einen Glücksfall, den es zu nutzen galt. Hier öffnete sich die Chance, spürbar die Steuern zu erhöhen, ohne dadurch das Arbeitsmarktproblem weiter zu verschärfen. Im Gegenteil: Wenn die regierende Mehrheit dazu den Mut aufbrachte, waren gerade Impulse zur Vollbeschäftigung zu erwarten, was den Druck auf den Finanzminister, den Sozialstaat zur Ader zu lassen, verringert hätte. Weder der eine Ausweg, die Deckelung des Sozialstaates, noch der andere, die strategische Steuerpolitik, verhießen freilich einen leichten Gang. Umso bemerkenswerter ist der Vollzug des Paradigmenwechsels in der Finanzpolitik vor einem Hintergrund, der seinem Vollstrecker weder ideologische noch taktische Vorteile versprach. Es bietet in vielerlei Hinsicht ein Lehrstück, ist doch die finanzpolitische Wende bis heute noch nicht in letzter Konsequenz vollzogen.

Traum und Wirklichkeit

Der institutionelle Wandel, so wurde gesagt, vollzieht sich zuerst im Inneren der Akteure – aber nur dann, wenn die ihnen zu Gebote stehenden Verhaltensmuster nicht mehr ausreichen, in hergebrachter Form auf endogene Einflüsse und exogene »Schocks« zu reagieren, oder wenn gravierende Veränderungen der Nutzenfunktion eine Modifikation des akkreditierten Normenrepertoires nötig macht. Für die vorliegende Untersuchung galt es deshalb, auch den Wandel in der Lebensführung des Akteurs Hans Matthöfer zu analysieren. In der entscheidenden frühkindlichen Phase erfuhr Matthöfer zweifellos eine soziale Imprägnierung, die seinem gesellschaftlichen Standort ein Leben lang große Stabilität verlieh. Die beiden Säulen, auf denen diese frühe Orientierung ruht – sozialer Katholizismus und anarchistischer Sozialismus – wurden zwar durch eine typische Sozialisation im Dritten Reich geschleift, beeinflussten aber weiterhin Matthöfers Denken. Inwieweit der »brutale Bruch mit der Tradition«, den die soziale Revolution des Nationalsozialismus vollzog, und inwieweit die Zerstörung der alten Loyalitäten im Dahrendorfschen Sinne das Denken des jungen Bochumers »modernisiert« hat[2], muss offen bleiben. Gegen eine *politische* Vereinnahmung des HJ-Führers wirkte sich jeden-

2 Dahrendorf, Gesellschaft und Demokratie in Deutschland, München 1965, S. 432, 435.

falls neben familiären Einflüssen vor allem das Kriegserlebnis aus. Der Zusammenbruch von 1945 öffnete neue Chancen. Jenseits der politischen Indoktrination hinterließ die abgebrochene Bildungskarriere des Volksschülers bleibende Wirkungen. Auch wenn sie seine Aufnahmekapazität in der Wissensvermittlung systematisch unterforderte, gab sie ihm doch Anreize und ließ ihm die Freiheit und die Zeit, die eigenen geistigen Fähigkeiten autodidaktisch zu entwickeln. Er nutzte diese Freiräume zu weiten Ausflügen in intellektuelle Welten, die er vor allem in Büchern fand. Die Fähigkeit zu träumen und das Erträumte in vielen Varianten durchzudenken, sollte ihn nicht mehr verlassen. Sie verlieh ihm sein Leben lang einen komparativen Vorteil auf dem politischen Markt für Konzeptionen und selbstständiges Denken.

Auf der exogenen Ebene waren es der Krieg und die Niederlage, die – wie bei nahezu allen Vertretern seiner Generation – die größten Erschütterungen in seinem persönlichen Institutionengefüge auslösten. Wie groß der Sprung in ideologischer Hinsicht war, den Matthöfer nehmen musste, um in die neue Traumwelt der Nachkriegszeit zu gelangen, wissen wir nicht. An seiner Entschlossenheit, sich politisch zu engagieren, kann aber seit dem Beginn seiner Frankfurter Studienzeit nicht mehr gezweifelt werden. Die soziale Revolution, deren Ankunft er in absehbarer Zukunft erwartete, wurde nun für viele Jahre zur Projektionsfläche seiner politischen Träume und Taten, seines Denkens und Handelns. Ihretwegen entschied er sich gegen eine Karriere in der privaten Wirtschaft, die ihm ebenfalls offen gestanden hätte. Der Eintritt in den Funktionärskader der IG Metall folgte wie zuvor schon die Mitgliedschaft in der SPD einer durchaus rationalen Entscheidung, die freilich nur wirklich zu verstehen ist, wenn man sie als Vollzug eines unter exogenem Druck von emotionaler Urgewalt zustande gekommenen persönlichen Paradigmenwechsels des ›45ers‹ begreift.

Mit der Aufnahme in den *brain trust* Otto Brenners geriet Matthöfer unter den Einfluss eines weiteren exogenen Kraftfeldes. Die emotionale Ausstrahlung des IG Metall-Chefs war stark genug, um das Denken und Handeln des bereits erwachsenen Mannes auf neue Themen zu lenken. Unter seinem Einfluss fühlte sich der Automationsexperte der IG Metall zum Propheten der kommenden technologischen Umwälzung und der damit verbundenen sozialen Revolution berufen. Damit nahm er im Kreis derer, die über die zukünftigen Aufgaben der größten Einzelgewerkschaft der Welt nachdachten, eine strategische Position ein, die er einem besonderen Verhältnis zum Vorsitzenden verdankte. Er rechtfertigte dieses Vertrauen auf seine Weise. Lange bevor in den sechziger Jahren der Stern der Automation als Leittechnologie der Zukunft sank und Anfang der siebziger Jahre auch das industrielle Leitbild der standardisierten Massenproduktion verblasste, verschaffte sich Matthöfer selbst Klarheit über die Richtung des technischen Fortschritts und ließ seinen Mentor an seinen Erkenntnissen teilhaben. Schon Mitte der fünfziger Jahre hatte er erkannt, dass es die vollautomatische Fabrik zwar geben werde, dann aber längst nicht mehr als Avantgarde der wirtschaftlichen Entwicklung. Dies galt für die USA, wo er bis dahin den *lead market* für Technologie vermutet hatte, und erst recht für Deutschland, das auch während der Hochphase der fordistischen Expansion in den fünfziger Jahren seine Fähigkeit zur diversifizierten Qualitätsproduktion bewahrt hatte. Mit diesen, fast im Alleingang erzielten Einsichten zwang sich der dreißigjährige Gewerkschafter selbst zu radikalem Umdenken über den Weg in die soziale Revolution, von deren Notwendigkeit er nach wie vor überzeugt war. Dass er aus dieser ihn und die Arbeiterbewegung irritierenden Erkenntnis in Ruhe die nötigen Konsequenzen ziehen konnte, verdankte er der geradezu väterlichen Fürsorge Otto Brenners, der seinem politischen Zögling eine dreijährige Denkpause in den USA verschaffte. Der IG Metall-Chef projizierte auf die Mitglieder seines *think tanks* viele der eigenen Hoffnungen und sah den Sinn seines Washingtoner Vorpostens nicht zuletzt darin, Gedankenexperimenten, die er nicht selbst anstellen wollte oder konnte, freien Lauf zu lassen. Er war deshalb offenbar bereit, ein Stück des Weges mitzugehen, den sein Repräsentant am Potomac für das weitere Engagement in der IG Metall konzipierte. Aber auch Matthöfer zögerte nicht, sich für die Ziele seines großen Vorbildes – wie er sie verstand – entschieden einzusetzen.

Nach der Rückkehr des Gewerkschaftsdiplomaten nach Frankfurt nahm er gleich drei Projekte mit diesem experimentellen Charakter in Angriff: die Ford-Aktion, den Kampf gegen die Notstandsgesetze und die Ausbildung von Bildungsobleuten. Alle drei waren ohne Brenners Anstoß und Förderung für einen jungen Angestellten des Gewerkschaftsvorstandes kaum denkbar. Am engsten gestaltete sich die Übereinstimmung im Kampf gegen die Notstandsgesetzgebung. Hatte Brenner seinem Mitdenker schon vorher dazu verholfen, in den Bundestag einzuziehen, machte er ihn nun vollends zu seinem Bonner Vertrauensmann. Die gemeinsame achtbare Niederlage in der Schlussabstimmung, die für den Abgeordneten ein Prestigeerfolg war und dem Vorsitzenden das Gesicht wahrte, trug eher noch zur Stärkung dieses Verhältnisses bei, als dass sie ihm schadete. In der Ford-Aktion, die der IG Metall weit über die Fordwerke hinaus einen großen Organisationserfolg mit betriebsnaher Mitbestimmung verhieß, zeigten sich aber schon die Grenzen der Brennerschen Bereitschaft, reizvolle Gedankenexperimente in gewerkschaftspolitische Realität umzusetzen und deren Konsequenzen für die *union governance* zu ertragen. Dies galt erst recht für den Plan, mit Hilfe der Bildungsarbeit der IG Metall einen breiten und kompetenten Kader für die langfristige Arbeit an der sozialen Revolution zu schaffen. Vieles spricht dafür, dass Matthöfer damit zwar im Sinne Brenners zu handeln glaubte; klar ist aber auch, dass er seinen Mentor über die letzten Ziele der Bildungsabteilung weitgehend im Unklaren ließ. Wie wichtig ihm das persönliche Verhältnis zum Vorsitzenden der IG Metall war, zeigt allein schon seine Weigerung, anzuerkennen, dass Brenner seiner Kaltstellung innerhalb der Gewerkschaftsverwaltung ausdrücklich zustimmte. Es dürfte kaum ein Zufall sein, dass Matthöfer den endgültigen Bruch mit der IG Metall erst im Todesjahr des Vorsitzenden vollzog.

Persönliche Beziehungen der besonderen, hoch emotionalen Art spielten auch eine Rolle, als Matthöfer in der Bundesregierung, die für zehn Jahre seine politische Bühne werden sollte, neue intellektuelle und strategische Ziele anstrebte. Bei aller gegenseitigen Wertschätzung und Freundschaft verband ihn mit dem sieben Jahre älteren Helmut Schmidt – wie mit dem 1907 geborenen Brenner – eine asymmetrische Beziehung. Sie verlangte von ihm uneingeschränkte Loyalität und Anerkennung des Führungsanspruchs des Kanzlers. Als Gegenleistung wuchsen ihm – wie schon bei der IG Metall – Kompetenzen und Handlungsmöglichkeiten zu, die seinen persönlichen Ambitionen weit entgegenkamen, aber auch hohe Ansprüche an seine Anpassungsfähigkeiten stellten. Matthöfer brach auf vielen Gebieten mit vertrauten Positionen: in der Wirtschafts-, Finanz-, Entwicklungs-, Energie-, Sicherheits- und der Gesellschaftspolitik. Das lässt sich vordergründig durch seinen Eintritt in »Schmidts Rekrutenschule« (Eppler) erklären, in Wahrheit aber nur mit seiner das übliche Maß weit überschreitenden persönlichen Loyalität zum Kanzler. Selbst das Scheitern des »Ölpapiers«, das ihn emotional aufwühlte, konnte diese Loyalität nicht erschüttern. Wegen der Breite des politischen Spektrums, über das sich diese Brüche erstreckten, trugen sie zum Wandel in der deutschen Politik wesentlich bei. So sichtbar sie nach außen waren und in der Presse immer wieder thematisiert wurden (»Vom linken Flügelstürmer zum halbrechten Pragmatiker«), so wenig empfand jedoch Matthöfer selbst seine aus neuen Einsichten resultierenden Kurswechsel als exogen erzwungene Anpassungsleistungen.

Der Unternehmer Matthöfer verfügte gewiss über mehr Autonomie und Handlungsspielraum als der Gewerkschafter und der Politiker. Offensichtlich fehlten auch die emotionalen Bindungen an die freundschaftliche Autorität ›vorgesetzter‹ Vorbilder, die ihn bis dahin so sehr geprägt hatten. Er war aber auch während seiner unternehmerischen Dekade mit exogenen Katalysatoren für institutionellen Wandel konfrontiert. Sie stellten ihn vor Entscheidungen, die sein Denken und Handeln erneut verändern sollten. In gewisser Weise ähnelten sie sogar dem bekannten Muster. Walter Hesselbach, der wie kein Zweiter das Gemeinwirtschafts-Imperium der Gewerkschaften verkörperte, gehörte zweifellos zu den Mentoren des jungen Gewerkschafters und Politikers und stand auch später noch in der überschaubaren Reihe jener Persönlichkeiten, für die Matthöfer mehr als nur kollegialen Respekt empfand. Allerdings fehlte es der emotionalen Bindung an Hesselbach an einer sachlichen Unterfütterung. Er war sich mit dem Bankier in der Loyalität gegenüber den Zielen der Arbeiterbewegung einig, hielt jedoch dessen Weg in eine gemeinwirtschaftliche Ordnung für falsch. Der gemeinsame Nenner dieser Beziehung lag am Ende darin, die ›Gemeinwirtschaft‹ still zu liquidieren, ohne den Gewerkschaften und dem Andenken an Hesselbachs Lebenswerk Schaden zuzufügen.

Die Vorstellung, eine Biographie entwickle sich im Spannungsfeld von institutioneller Einbettung und äußeren Herausforderungen und Schocks, führt aber allein noch nicht zum Ziel, den Wandel individueller Denk- und Handlungsweisen zu erklären. Gewiss, äußere Ereignisse oder dritte Personen, die in das Leben des Protagonisten treten, können durchaus wirkungsmächtig genug sein, um verfestigte Haltungen zu erschüttern oder die Ratio früherer Entscheidungen zu zerstören. Sie sind aber nur notwendige Voraussetzungen für individuelle Wandlungsprozesse, deren Ausgang gleichwohl ungewiss bleibt. Sie verraten noch nichts über die Entscheidungskriterien, die den Wandel oder die Persistenz alter Einstellungen hinreichend bestimmen. Diese sind persönlichkeitsbezogen und lassen sich nur auf biographischem Wege erschließen. Der Katalog dieser Kriterien ist nicht abschließend aufzustellen. Er umfasst aber in jedem Fall neben der persönlichen Nutzenfunktion vor allem die komparativen materiellen und emotionalen Vorteile, die eine bestimmte Entscheidung nach sich zieht, und den Vorrat akkreditierter Handlungsvarianten, die ein Akteur über viele Stationen seines Lebens akkumuliert hat.

Im Leben des Hans Matthöfer hat es eine überschaubare Abfolge von exogenen Herausforderungen oder Schocks gegeben, die ihm Entscheidungen über den Wandel seiner Lebensführung abverlangten. Der Eintritt in die NS-Staatsjugend, den er als siebenjähriger Arbeiterjunge erlebte, könnte die erste gewesen sein. Sehr wahrscheinlich ist dies aber nicht. Wichtiger waren der Kriegsausbruch im September 1939 und noch mehr die erzwungene ›Denkpause‹ im Sommer 1945. Seine Berufung in Otto Brenners *brain trust* veränderte zwar die Themen, nicht aber erkennbar auch seine neue Art zu denken und zu handeln. Erschüttert wurde sein Weltbild erst in den Jahren 1956/57, als er früher als die meisten anderen Experten erkannte, dass es eine ›Zweite Industrielle Revolution‹ nicht geben werde. In dieser Situation war es Otto Brenner, der seinen 32jährigen Mitstreiter neu motivierte. Der spätere Bruch mit der IG Metall – nicht zufällig nach dem Tode des Vorsitzenden – mag ein Schock gewesen sein. Seine intellektuellen und strategischen Ziele wurden davon gleichwohl wenig berührt – zumal sein Vertrauen in Brenner über dessen Tod hinaus unerschüttert blieb. Er hatte die Situation längst antizipiert und in der politischen Karriere einen ›zweiten Ausgang‹ gefunden, der es ihm erlaubte, aus der verfahrenen Situation zu entkommen, ohne seine materielle und politische Unabhängigkeit zu verlieren.

Zu den wichtigsten mentalen Zäsuren seines Lebens gehörte gewiss der Beginn der Freundschaft mit Helmut Schmidt. Mit dem Eintritt in dessen politische Leibgarde, spätestens aber mit seiner Berufung zum Forschungsminister im ersten Kabinett des Brandt-Nachfolgers, war der Sozialist Matthöfer gezwungen, sich in vielerlei Hinsicht der ›rechten‹ Camouflage seiner neuen politischen Heimat anzupassen. Es war paradox: als linker Flügelmann ins Kabinett aufgenommen, musste er auf die Plakatierung seiner sozialistischen Ziele weitgehend verzichten und sich der Kabinettsdisziplin des Freundes unterwerfen. Am Ende der Ära Schmidt stand der 57jährige Politiker noch einmal vor einer Herausforderung. Er fühlte sich von seiner Partei im Stich gelassen und wollte es allen noch einmal zeigen, die ihn schon abgeschrieben hatten. Seine dritte Karriere verlangte von ihm erneut eine Wandlungsfähigkeit, die von Außen gesehen nahezu an eine Totalrevision seiner früheren gewerkschaftlichen Positionen, vor allem in der Mitbestimmungsfrage, erinnerte.

Von den vier großen Zäsuren seines Lebens sah Matthöfer nur in den Schocks von 1939/45 und 1957 Anlässe für einen subjektiv empfundenen Richtungswechsel seines Denkens und Handelns. Der Krieg hatte ihm seine Jugend genommen, das Jahr 1957 seinen Traum von einer ›Zweiten Industriellen Revolution‹. Er wurde mit Herausforderungen konfrontiert, zu deren Bewältigung er nicht über Handlungsvarianten verfügte, die er sofort abrufen konnte. In beiden Fällen bedurfte es längerer Denkpausen, um sich neu zu orientieren. In den späteren Fällen – dem Eintritt in das Kabinett Schmidt und der Übernahme der BGAG-Führung – konnte er dagegen auf lebensgeschichtlich akkreditierte Alternativen zurückgreifen, die ihm die Widrigkeiten der Gewerkschaftspolitik, die Öde der parlamentarischen Routine, der Frust der Wahlkreisarbeit und die Weglosigkeit der praktischen Regierungsarbeit reichlich vermittelt hatten. Politische Träume hatten im Haifischbecken der Frankfurter IG Metall-Zentrale, in der Atmosphäre habitueller Aufgeregtheit der südhessischen Genossen im Frankfurter Ortsverein Nordost II, vor der gediegenen Langweile einer von Karl Mommer geleiteten Fraktionssitzung oder auch angesichts von Sachzwängen der Kabinettspolitik nicht lange Bestand, wenn sie nicht vielfach gebrochen und in pragmatisch vermittelbare Einzelteile zerlegt wurden. Für den außen stehenden Beobachter mochten dabei Brüche entstehen, für den Politiker selbst nicht. Er brauchte die Illusion, sein Ziel auf lange Sicht auf Umwegen doch noch zu erreichen, um überhaupt politikfähig zu bleiben. Matthöfer gehörte auch nie zu den bedingungslosen Verfechtern der sozialen Revolution – so sehr er sie sein Leben lang im Herzen bewegte. Als Marxist, der einen demokratischen und sozialen weg in eine bessere Welt suchte, war er sich immer über die Rolle im Klaren, die er auf seiner jeweiligen gesellschaftlichen Position zu spielen hatte. Er wollte bereit sein für die Revolution und die Gesellschaft auf sie vorbereiten; ›machen‹ wollte er sie nicht.

681

ANHANG

AA	Auswärtiges Amt
ADGB	Allgemeiner Deutscher Gewerkschaftsbund
AdsD	Archiv der sozialen Demokratie der Friedrich Ebert-Stiftung
AEG	Allgemeine Elektrizitätsgesellschaft AG
AFL-CIO	American Federation of Labor – Congress of Industrial Organizations
AG	Aktiengesellschaft
AGF	Assurances Générales de France, Paris
AHB	Allgemeine Hypothekenbank, Frankfurt a.M.
AIG	Auslandsinvestitionsgesetz
ALLWO	Wohnungshandelsgesellschaft ALLWO mbH
a.M.	am Main
AMB	Aachener und Münchener Beteiligungs AG, Aachen
APRA	Alianza Popular Revolucionaria Americana (gegründet 1924, umfasst u.a. Acción Democrática de Venezuela, Partido de Liberación Nacional de Costa Rica, Partido Socialista de Chile, Partido Aprista de Cuba)
ARD	Arbeitsgemeinschaft der Rundfunkanstalten Deutschlands
ASO	Alianza Sindical Obrera
Aufl.	Auflage
BDA	Bundesvereinigung der deutschen Arbeitgeberverbände
BDI	Bundesverband der deutschen Industrie
BdK	Bund deutscher Konsumgenossenschaften
BDO	BDO Deutsche Warentreuhand AG wurde 1973 wurde als Gesellschaft Binder, Dijker Otte & Co. gegründet.
BetrVG	Betriebsverfassungsgesetz
BfG	Bank für Gemeinwirtschaft Frankfurt a.M.
BGAG	Beteiligungsgesellschaft für Gemeinwirtschaft AG, ab 1994Beteiligungsgesellschaft der Gewerkschaften AG
BGBl.	Bundesgesetzblatt
BGI	BG-Immobiliengesellschaft mbH, Hamburg
BHO	Bundeshaushaltsordnung
BHW	Beamtenheimstättenwerk, Hameln
BIO	BGAG Immobilien Ost GmbH, Berlin
BIZ	Bank für Internationalen Zahlungsausgleich, Basel
BMA	Bundesministerium für Arbeit
BMBau	Bundesminister für Raumordnung, Bauwesen und Städtebau
BMBW	Bundesminister für Bildung und Wissenschaft

BMF	Bundesministerium der Finanzen / Bundesminister der Finanzen
BMFT	Bundesministerium für Forschung und Technologie
BMP	Bundesministerium für das Post- und Fernmeldewesen
BMVg	Bundesministerium für Verteidigung
BMZ	Bundesministerium für wirtschaftliche Zusammenarbeit
BP	British Petroleum Company
BSP	Bruttosozialprodukt
BSV	Bank für Sparanlagen und Vermögensbildung AG, Frankfurt a.M.
BVG	Betriebsverfassungsgesetz
CDU	Christlich-Demokratische Union
CEOE	Confederación Española de Organizaciones Empresariales
Cepal	Comisión Económica para América Latina y el Caribe
CIA	Central Intelligence Agency
CII	Compagnie Internationale pour l'Informatique
CL	Crédit Lyonnais, Paris
CNS	Confederatión National de Sindicatos
Co op	co op AG Frankfurt a.M.
CSFB	Crédit Suisse First Boston Effektenbank
CSU	Christlich-Soziale Union
DAG	Deutsche Angestellten Gewerkschaft
DBB	Deutscher Beamtenbund
D.C.	District of Columbia
DDR	Deutsche Demokratische Republik
DEG	Deutsche Entwicklungshilfe-Gesellschaft (später: Deutsche Investitions- und Entwicklungsgesellschaft)
DFU	Deutsche Friedens Union
DFZ	Deutsches Fachzeitschriften-Wirtschaftsmagazin
DGB	Deutscher Gewerkschaftsbund
DG-Bank	Deutsche Genossenschaftsbank
DGFK	Deutsche Gesellschaft für Friedens- und Konfliktforschung
DiBa	Allgemeine Deutsche Direktbank AG, Frankfurt a.M.
DIHT	Deutscher Industrie- und Handelstag
DIW	Deutsches Institut für Wirtschaftsforschung
DM	Deutsche Mark
DMV	Deutscher Metallarbeiter-Verband
DSE	Deutsche Stiftung für Entwicklungsländer / Deutsche Stiftung für Internationale Entwicklung
Dt. Btg	Deutscher Bundestag
Ecofin	Europäischer Rat der Wirtschafts- und Finanzminister
ECOSOC	Wirtschafts- und Sozialrat der Vereinten Nationen

ECU	European Currency Unit
EDV	Elektronische Datenverarbeitung
EG	Europäische Gemeinschaften
EGB	Europäischer Gewerkschaftsbund
EKD	Evangelische Kirche in Deutschland
ENA	Ecole Nationale d'Administration
EPA	European Productivity Agency
epd	evangelischer pressedienst
ERM	European Exchange Rate Mechanism / Europäischer Wechselkursmechanismus
ERP	European Recovery Programme (Marshallplan)
ESA	European Space Agency
EStG	Einkommensteuergesetz
et al.	et altera / und andere
EWG	Europäische Wirtschaftsgemeinschaft
EWS	Europäisches Währungssystem
FAZ	Frankfurter Allgemeine Zeitung
FDP	Freie Demokratische Partei
FES / FESt	Friedrich-Ebert-Stiftung
G 5 / G 7	Group of Five / Group of Seven
GATT	General Agreement on Trade and Tariffs
GdED	Gewerkschaft der Eisenbahner Deutschlands
GEW	Gewerkschaft Erziehung und Wissenschaft
GEWOG	Gemeinnützige Wohnstättengesellschaft mbH, Stuttgart (früher NH Baden-Württemberg)
GfH	Gesellschaft für Handelsbeteiligungen, Basel (Gesellschafter: GZB und BDK)
GG	Grundgesetz
GGO	Gemeinsame Geschäftsordnung der Bundesregierung
GmbH	Gesellschaft mit beschränkter Haftung
GMBl.	Gemeinsames Ministerialblatt der Bundesregierung
GMD	Gesellschaft für Medizinische Datenverarbeitung mbH
GSP	Gesellschaft für Städtebau und Planung AG (früher NH-S)
GZB	Genossenschaftliche Zentralkasse, Basel
HBV	Gewerkschaft Handel - Banken - Versicherungen
Hg.	Herausgeber
HJ	Hitler-Jugend
hrsg. v.	herausgegeben von
HVB	Hamburger Verwaltungs- und Betreuungs-AG (früher: Neue Heimat AG)

IBM	International Business Machines Corporation
ICL	International Computers Limited
IFIs	Internationale Finanzierungsinstitutionen (IWF und Weltbank-gruppe)
Ifo	Institut für Wirtschaftsforschung an der Universität München
IG	Industriegewerkschaft
IGM	Industriegewerkschaft Metall
IHK	Industrie- und Handelskammer
IMB	Internationaler Metallgewerkschaftsbund
ISI	Institut für Systemtechnik und Innovationsforschung der Fraunhofer Gesellschaft zur Förderung der angewandten Forschung e.V.
ISL	Independent Socialist League
ITF	Internationale Transportarbeiter-Föderation
ITT	International Telephone & Telegraph
IuD	Programm der Bundesregierung zur Förderung der Information und Dokumentation, 1974–1977

| JET | Joint European Torus |
| Juso | Jungsozialist |

KOMBA	Kommunalgewerkschaft für Beamte und Arbeitnehmer im dbb Beamtenbund und Tarifunion
KPD	Kommunistische Partei Deutschlands
KPMG	Klynveld, Peat, Marwick und Goerdeler (Internationale Wirtschafts-prüfungs-, Steuerberatungs- und Unternehmensberatungsgesell-schaft)
KSJ	Kampfgemeinschaft Sozialistischer Jugend

MdW	Mitbestimmung (in) der Wirtschaft
MEW	Marx / Engels-Werke
MG	Maschinengewehr
MITI	Ministerium für Außenhandel und Industrie, Japan
Ms.	Manuskript
NAWU	Neue Analysen für Wachstum und Umwelt (Projekt der Universität St. Gallen, Schweiz)
NATO	North Atlantic Treaty Organization / Nordatlantikpakt
NH	Neue Heimat
NH-G	Neue Heimat Gemeinnützige Wohnungs- und Siedlungsgesellschaft mbH Hamburg
NH-S	Neue Heimat Städtebau AG Hamburg
NRW	Nordrhein-Westfalen
NRZ	Neue Ruhrzeitung / Neue Rheinzeitung
NSDAP	Nationalsozialistische Deutsche Arbeiterpartei

688

NZZ	Neue Züricher Zeitung
OECD	Organization for Economic Cooperation and Development / Organisation für wirtschaftliche Zusammenarbeit und Entwicklung
OEEC	Organization for European Economic Cooperation
ÖTV	Gewerkschaft Öffentliche Dienste, Transport und Verkehr
o. J.	ohne Jahr
o. O.	ohne Ort
OPEC	Organization of the Petroleum Exporting Countries
OR '85	Orientierungsrahmen (19)85
p.	pagina
PBC	Planbaucontract Gesellschaft für Planung und Bauerstellung mbH, Hamburg
PDS	Partei des demokratischen Sozialismus
PDVSA	Petróleos de Venezuela S. A.
P.S.C.	Partido Socialista Canario
PSOE	Partido Socialista Obrero Español
PSts	Parlamentarischer Staatssekretär
PV	Parteivorstand
RKW	Rationalisierungskuratorium der Wirtschaft
RAF	Rote Armee Fraktion
SAP	Sozialistische Arbeiterpartei
SDS	Sozialistischer Deutscher Studentenbund
Skan	Skandinavia – Gesellschaft für Handelsbeteiligungen mbH
SPA	Socialist Party of America
SPD	Sozialdemokratische Partei Deutschlands
SS	Schutz-Staffel (der NSDAP)
StGB	Strafgesetzbuch
Sts	Staatssekretär
TUC	Trade Union Congress / Britischer Gewerkschaftsbund
UAW	United Automobile Workers
UGT	Union General de Trabajadores
UN	United Nations / Vereinte Nationen
VDE	Verband der Elektrotechnik Elektronik Informationstechnik e.V.
VDO	Tachometer Werke Adolf Schindler GmbH, Frankfurt a. M.
VEBA	Vereinigte Elektrizitäts- und Bergwerks AG (2000 ist die VEBA zusammen mit der ebenfalls staatlichen Vereinigte Industrieunternehmungen AG (VIAG) in der heutigen E.ON aufgegangen)

Vermo	Vermögensverwaltungsgesellschaft mbH, Frankfurt a.M.
VfZ	Vierteljahrshefte für Zeitgeschichte
VHDI	Versicherungsholding der deutschen Industrie GmbH
Vofü	Volksfürsorge Lebensversicherung AG Hamburg
WAZ	Westdeutsche Allgemeine Zeitung
WDR	Westdeutscher Rundfunk
WestLB	Westdeutsche Landesbank, Düsseldorf
WGG	Wohnungsgemeinnützigkeitsgesetz
WIM	Wohnungseigentum in Mieterhand
WP	Wahlperiode
WSI	Wirtschaftswissenschaftliches und Soziales Institut der Gewerkschaften
WVG	Wohnungsvermögensgesellschaft bzw. Wohnungsverwertungsgesellschaft
WZB	Wissenschaftszentrum Berlin
ZDF	Zweites Deutsches Fernsehen
ZDH	Zentralverband des deutschen Handwerks

25. September 1925	geb. in Bochum (Westfalen)
1932–1940	Volksschule an der Feldsieper Straße in Bochum
1935	Wölfling der katholischen Deutschen Pfadfinderschaft St. Georg
1936	Deutsches Jungvolk
1940	Hitler-Jugend
Ostern 1940–Ostern 1942	Handelsschule der Industrie- und Handelskammer (IHK) Bochum
Ostern 1942 bis April 1943	Kaufmännische Lehre bei der Eisen- und Hüttenwerke AG, Bochum
Mai bis September 1943	Reichsarbeitsdienst in Schwerin (Mecklenburg)
September 1943	Ausbildung zum Panzergrenadier in Wuppertal (Rheinprovinz)
Anfang Januar 1944	Verlegung an die Ostfront bei Odessa/Ukraine
28. April 1944	›Heimatschuss‹ in Jassy/Rumänien
1. April 1945	Beförderung zum Unteroffizier in Århus/Dänemark
2./3. Mai 1945	Sowjetische Kriegsgefangenschaft an der Elbe und Flucht
10. Mai–21. September 1945	Amerikanische und britische Kriegsgefangenschaft an der Elbe und im Lager bei Eutin (Ostholstein)
23. September 1945	Fortsetzung der Lehre bei der Eisen- und Hüttenwerke AG
Ende 1945–Juni 1948	Schwarzhändler in Herne (Westfalen) und Frankfurt am Main
Anfang 1946	Eintritt in die Industriegewerkschaft Metall
Juli 1946	Dolmetscherprüfung in Englisch (IHK Dortmund)
Dezember 1946	Abschluss der Lehre als Industriekaufmann
Anfang 1947–Herbst 1947	Sprachlehrer an der Bochumer »Progress GmbH – Institut für Fremdsprachen«

Herbst 1947– Februar 1948	Teilhaber der Progress GmbH
Anfang 1948	Eintritt in die Gewerkschaft Öffentliche Dienste, Transport und Verkehr (ÖTV)
September 1948	Sonderreifeprüfung am Goethe-Gymnasium in Frankfurt am Main
Wintersemester 1948–Dezember 1953	Studium der Wirtschaftswissenschaften an der Johann Wolfgang Goethe-Universität Frankfurt a. M.
Wintersemester 1949/50	Vorsitzender des Sozialistischen Deutschen Studen- tenbundes (SDS) Frankfurt
11. April 1950	Eintritt in die Frankfurter SPD
August 1950–Juni 1951	Studium an der Universität von Wisconsin/Madison (USA)
6. September 1951	Heirat mit Traute Mecklenburg
Wintersemester 1951/52	Vorsitzender des SDS Frankfurt
1. November 1951	Gründung der Zeitschrift ›links. Frieden, Freiheit, Sozialismus‹
Januar 1952–Mai 1953	Herausgeber und Redakteur von ›links‹
Juni 1953	Erster öffentlicher Medienauftritt. ›Volksstimme‹: »Kämpfer ohne Pathos«
Dezember 1953	Diplomprüfung in Volkswirtschaftslehre an der Uni- versität Frankfurt
Dezember 1953–1957	Automationsexperte der Abteilung Wirtschaft beim Vorstand der IG-Metall in Frankfurt am Main
Anfang 1954	Wiedereintritt in die IG Metall
18. Juni 1957– März 1961	Gewerkschaftsattaché bei der OEEC in Paris und Washington D.C.
1. Oktober 1960 bis 15. August 1972	Leiter der Abteilung Bildungswesen beim Vorstand der IG Metall
Dezember 1960– August 1964	Ford-Aktion

1961 (bis 1987)	Einzug in den Deutschen Bundestag für den Wahlkreis 142 (Frankfurt III) – seit 1983 über den 1. Platz der hessischen Landesliste
17. September 1961–1965	4. Wahlperiode (WP): Erststimmen 44,6 % / Zweitstimmen 44,8 %; Mitglied im Wirtschaftsausschuss und in dessen Unterausschuss ›Novellierung des Aktienrechts‹; seit 1963 stellv. Mitglied im Rechtsausschuss und stellv. Mitglied im Ausschuß Atomkernenergie und Wasserwirtschaft sowie im Ausschuss für wirtschaftlichen Besitz des Bundes
1962–1967	VDO-Aktion
1962 bis 30. Mai 1968	Parlamentarischer Kampf um die Notstandsgesetze
September 1965–1969	5. WP (46,7/47,9); Mitglied im Wirtschafts- und Mittelstandsausschuss, stellv. Mitglied im Rechtsausschuss und im Ausschuss für Wissenschaft, Kulturpolitik und Publizistik
1966–1968	AEG-Aktion
September 1969–1972	6. WP (53,1/49,5); Wirtschaftsausschuss, Ausschuß für wirtschaftliche Zusammenarbeit, stellv. Mitglied des Ausschusses für Bildung und Wissenschaft; seit 4.5.1971 stellv. Mitglied des Rechtsausschusses; seit 1.3.1972 stellv. Mitglied des Auswärtigen Ausschusses
1970–1982	Mitglied des Ehrenpräsidiums der deutschen Sektion von *amnesty international* (bis zur Auflösung des Gremiums)
Oktober 1970– Mai 1977	Herausgeber (seit März 1973 auch Verleger) von ›Exprés Español – Revista mensual de información‹
April 1971–März 1973	Präsident des Kuratoriums der Deutschen Stiftung für Entwicklungsländer, DSE (später: Deutsche Stiftung für Internationale Entwicklung; heute: InWEnt – Internationale Weiterbildung und Entwicklung gGmbH)
15. August– 15. Dezember 1972	Abteilungsleiter für besondere Aufgaben beim 1. Vorsitzenden der IG Metall (Verdrängung aus der Bildungsabteilung).

November 1972–1976	7. WP (54,0/47,8); Mitglied der Bundesregierung
15. Dezember 1972	Parlamentarischer Staatssekretär bei Erhard Eppler (Bundesministerium für wirtschaftliche Zusammenarbeit) im 2. Kabinett Brandt
April 1973	Verleihung des chilenischen Ordens ›*Gran Oficial de la Orden de Bernardo O'Higgins*‹ durch Präsident Salvador Allende
14. April 1973–21. Mai 1984	Mitglied des Parteivorstandes der SPD
Mai 1973–Mai 1974	Mitglied der ›Group of Eminent Persons« der Vereinten Nationen zur Ausarbeitung eines Verhaltenskodex für multinationale Unternehmen in der Dritten Welt
17. Mai 1974	Bundesminister für Forschung und Technologie im 1. Kabinett Schmidt
3. Oktober 1976–1980	8. WP (46,8/44,7); Mitglied der Bundesregierung
15. Dezember 1976	Bundesminister für Forschung und Technologie im 2. Kabinett Schmidt
16. Februar 1978	Bundesminister der Finanzen im 2. Kabinett Schmidt
April 1978–Mai 1982	Vorsitzender des Verwaltungsrates der Kreditanstalt für Wiederaufbau
1980	Koordinator der westlichen Finanzhilfe für die Türkei
5. Oktober 1980–1983	9. WP (48,4/45,5); seit 26. Oktober 1982: Ausschuß für Forschung und Technologie, stellv. Mitglied des Ausschusses für das Post- und Fernmeldewesen.
6. November 1980	Bundesminister der Finanzen im 3. Kabinett Schmidt
Seit 1881	Mitglied des Vereins zur Förderung demokratischer Volkserziehung (Trägerverein der Friedrich-Ebert-Stiftung)
28. April– 4. Oktober 1982	Bundesminister für das Post- und Fernmeldewesen im 3. Kabinett Schmidt
Seit 1983	Mitglied des Kuratoriums der Friedrich-Ebert-Stiftung

März 1983	Verleihung des ›Großkreuzes des Verdienstordens der Bundesrepublik Deutschland‹ durch Bundespräsident Karl Carstens
6. März 1983–1987	10. WP (1. Listenplatz Hessen; 44,0/40,2); Stellv. Mitglied der Ausschüsse für Forschung u. Technologie, Post- u. Fernmeldewesen, sowie für wirtschaftliche Zusammenarbeit
April 1983	Eintritt in die Spanische Sozialistische Arbeiterpartei (PSOE)
November 1984–1987	Gründung und Leitung der gemeinnützigen Gesellschaft zur Förderung der technologischen und wirtschaftlichen Zusammenarbeit zwischen Europa und Iberoamerika (geplanter Standort: Gran Canaria)
14. März 1985– 14. Juli 1986	Stellvertretender Vorsitzender der Enquête-Kommission Technikfolgenabschätzung und -bewertung des Deutschen Bundestages
September 1985	Verleihung des argentinischen Ordens ›*Gran Maestre de la Orden del Mayo al Mérito*‹ durch Staatspräsident Raúl Ricardo Alfonsín
16. September 1985–31. Januar 1987	Schatzmeister der SPD und Verleger des SPD-Organs »Vorwärts«
Oktober 1985	Erhebung in den Stand der ›*Grandes de España*‹ mit der Verleihung des ›*Gran Cruz del Mérito Civil*‹, des höchsten zivilen spanischen Ordens, durch König Juan Carlos I.
1. März 1986–1990	Herausgeber des Vorwärts (zusammen mit Egon Bahr und Peter von Oertzen)
1987–2008	Aufsichtsratsvorsitzender (21. Mann) der Mannesmannröhren-Werke AG, Düsseldorf
1. Februar 1987 bis Ende Januar 1997	Vorstandsvorsitzender der Beteiligungsgesellschaft für Gemeinwirtschaft AG (BGAG), seit Ende 1994: Beteiligungsgesellschaft der Gewerkschaften AG
19. November 1987	Eintritt in die Gewerkschaft Handel - Banken - Versicherungen (HBV) unter Beibehaltung der Mitgliedschaft in der IG Metall
1988–1990	Mitglied des Treuhandaufsichtsrats der SPD

1988–1997	Aufsichtsratsvorsitzender der Büchergilde Gutenberg
1988–1998	Vorsitzender des Aufsichtsrats der ISA-Consult GmbH, Hamburg, einer gewerkschaftlichen Beratungsgesellschaft für Innovation, Strukturpolitik und Arbeit
Januar 1988– Januar 1991	Mitglied des Aufsichtsrats der Thyssen AG, Duisburg
Januar 1988–Juli 1993	Mitglied des Aufsichtsrats der Volksfürsorge Deutsche Lebensversicherung AG, Hamburg (ab Juli 1988 Vorsitzender)
Januar 1988–Juli 1993	Vorsitzender des Aufsichtsrats der Volksfürsorge Deutsche Sachversicherung AG
Januar 1988–1997	Stellvertretender Vorsitzender des Aufsichtsrats der Bank für Sparanlagen und Vermögensbildung AG (BSV)
Januar 1988–März 1993	Mitglied des Aufsichtsrats der Bank für Gemeinwirtschaft AG (BfG-Bank), Frankfurt a.M.
Januar 1988–1997	Mitglied des Aufsichtsrats der Allgemeine Hypothekenbank AG (AHB), Frankfurt a.M.
Januar 1988–1999	Vorsitzender des Beirats des Bund-Verlages, Köln
Januar 1988– Dezember 1993	Vorsitzender des Aufsichtsrats der Neue Heimat GmbH, Hamburg (später: HVB Hamburger Verwaltungs- und Betreuungs-AG)
Januar 1989–Juli 1993	Vorsitzender des Aufsichtsrats der Volksfürsorge Holding AG, Hamburg
20. Mai 1989–1995	Vorsitzender des Kuratoriums von ORT Deutschland (ORT = Obschestwo Remesovono i zemledelcheskovo Truda), eines weltweiten jüdischen Hilfswerks, das gemeinnützige Fachschulen und Lehrwerkstätten in 28 Ländern in Asien, Afrika, Lateinamerika und Europa – vor allem jedoch in Israel – unterhält (World ORT Union)
15. Juni 1989–2003	Aufsichtsratsvorsitzender (21. Mann) der »Dillinger Hütte Saarstahl Beteiligungs-AG«, Dillingen

Oktober 1991–Juli 1994	Vorsitzender des Regionalen Aufbaustabes Neuruppin, der aus zehn Landkreisen bestehenden Planungsregion 1 im Nordwesten des Landes Brandenburg
Oktober 1991–1997	Vorsitzenden des Aufsichtsrats der Neuen Heimat Niedersachsen, Hannover (später: DI Deutsche Bau-BeCon)
Oktober 1992	Verleihung des chilenischen Ordens ›*Gran Cruz de la Orden de Bernardo O'Higgins*‹ durch Präsident Patricio Aylwin
Januar 1994–Dezember 1996	Mitglied des Verwaltungsrats der Kreditanstalt für Wiederaufbau (KfW)
Seit Januar 1995	Mitglied des Beirats der Bernhard Meyer GmbH & Co OHG (Meyer-Werft), Papenburg
Juni 1995	Gründung der Hans- und Traute-Matthöfer-Stiftung im Rahmen der Friedrich-Ebert-Stiftung
Seit Mai 1993	Mitglied des Aufsichtsrats der Bundesbaugesellschaft Berlin
März 1994–Herbst 1996	Mitglied des Aufsichtsrates des Berufsfortbildungswerkes (Bfw) des DGB
April 1996–Januar 1997	Mitglied des Aussichtsrats der EXPO AG in Hannover
Januar 1996–1997	Mitglied des Aufsichtsrats der Holding des Beamten-Heimstätten-Werkes (Januar bis März 1996 Vorsitzender)
April 1996–1997	Vorsitzender des Aufsichtsrats und des Beirates der Allgemeinen Deutschen Direktbank AG (später: DIBA bzw. ING-DIBA)
Juli 1996–April 1998	Vorsitzender des Ausschusses »Aufsichtsräte und Mitbestimmung« der Mitbestimmungskommission Bertelsmann-Stiftung/Hans-Böckler-Stiftung
März 1997–1999	Aufsichtsratsvorsitzender (21. Mann) der Klöckner Werke AG, Duisburg
März 1997–2000	Wirtschaftsberater der bulgarischen Regierung im Auftrage der Bundesregierung
Januar 1997–2006	Mitglied des Beirats der BGAG

Januar 1998–2003	Stellvertretender Vorsitzender und Vorsitzender des Kuratoriums der Otto-von-Bismarck-Stiftung
September 2005	Verleihung der Ehrenmedaille der *Universidad ›Complutense‹*, Madrid
November 2005	Verleihung der Ehrenbürgerschaft durch das Parlament des Bezirks San Bartolomé de Tirayana auf Gran Canaria
12. Mai 2008	Traute Matthöfer stirbt

Angestrebt wurde, alle von Hans Matthöfer verfassten und herausgegebenen Schriften aufzunehmen. Nicht enthalten sind die zahlreichen Leserbriefe, Übersetzungen und kleineren Redebeiträge, wohl aber eigene Zeitungsartikel, auch anonym oder unter Pseudonym veröffentlichte, sowie Interviews und Gespräche mit seiner Beteiligung, die publiziert wurden oder als Rundfunk- und Fernsehsendungen dokumentiert sind. Unveröffentlichte Manuskripte (Denkschriften, Positionspapiere, Dokumentationen, autobiographische Notizen, Redemanuskripte), deren Autorenschaft zweifelsfrei ist und die im Depositum Matthöfer im Archiv der Sozialen Demokratie der Friedrich-Ebert-Stiftung einzusehen sind, wurden ebenfalls berücksichtigt.

Die Anordnung folgt der Chronologie. Zusätze, die in den Quellen nicht enthalten sind und aus anderen Zusammenhängen erschlossen werden mußten, stehen in eckigen Klammern. Wenn möglich werden Zeitschriftenbeiträge wie im folgenden Beispiel zitiert: 5(1957)5, 26–27 (Jahrgang, Erscheinungsjahr, Heft, Seiten). Schriften von besonderer Bedeutung sind hervorgehoben.

1951–1955

>links<, Nr. 1 vom 1. November 1951: Redaktion zusammen mit Joachim Peter, Hg. SDS; Nr. 2 bis Dezember 1953: Hg. (abweichender Namen: von Dezember 1951 bis Mai 1952: > Ziel und Weg. Frieden, Freiheit, Sozialismus<; seit Mai 1952: >links. Frieden, Freiheit, Sozialismus<).

Freiheit für die Verdammten dieser Erde, >Ziel und Weg< 1(1951)3, 3–4

Von links besehen – Akademisches Proletariat, >Ziel und Weg< 2(1952)7, 12 [anonym].

Der Kampf um das Bewusstsein der an den Hochschulen ausgebildeten Berufsgruppen, >Ziel und Weg<, Sondernummer vom 16. März 1952, 5–6.

Bombe oder Kraftwerk? Atomforschung, Entwicklung und Möglichkeiten, >links< 2(1952)1, 30–34 [anonym].

›Otto Brenner‹, >links< 3(1953)2, 5 [anonym].

Die großen Krisen in den USA 1860–1941, Frankfurt a.M., 31. Januar 1953 (Diplomarbeit vorgelegt am Seminar für Wirtschafts- und Sozialgeschichte des Instituts für Wirtschaftswissenschaft der Johann Wolfgang Goethe-Universität Frankfurt am Main, Betreuer: Prof. Dr. Ernst Fraenkel), 88 S.

Sozialistische Kritiker Sombarts. Referat am 23. 7. 1953 im Seminar von Ernst Fraenkel, Ms., 6 S.

Die Europäische Zahlungsunion: Motive ihrer Gründung und Kritik ihres Wirkens. Referat am 28. Juli 1953 im Seminar von Fritz Neumark, Ms., 10 S.

Fritz Joß [Hans Matthöfer], Die Rechten wissen nicht, was die Linken schreiben. Zu konjunkturpolitischen Betrachtungen des ›Rheinischen Merkur‹, >Volksstimme< vom 16. Januar 1954.

Fritz Joß [Hans Matthöfer], Geht die Atempause zu Ende? Der Kapitalismus beginnt erneut, am Überfluß zu ersticken, >Volksstimme< vom 30. Januar 1954, 3.

Fritz Joß [Hans Matthöfer], Einkommensverteilung in den USA. Die andere Seite des Wohlstands, >links< Februar 1954, 21–22.

Fritz Joß [Hans Matthöfer], Investitionen und Konjunktur, >Neuer Vorwärts< vom 26. Februar 1954, 7.

Fritz Joß [Hans Matthöfer], Eine gute Lektion in Marxismus. Die kapitalistische Wirtschaft als Fessel der Produktion, >Hessische Zeitung< vom 29. Mai 1954, S. 4.

Fritz Joß [Hans Matthöfer], Neue volkswirtschaftliche Erkenntnisse. Sparen und Investieren, >links< September 1954, 20–22.

Zur Volkswirtschaftslehre. Einige Grundbegriffe, >links< Dezember 1955, 16–18.

1956–1960

[Die Automatisierung der Produktion, ihre Bedeutung für die Arbeiter und Angestellten der Industrie und ihre volkswirtschaftlichen und sozialen Auswirkungen]. Bericht, Frankfurt a.M. 1956, Ms.-Fragment, 184 S.

Lohnerhöhungen und langfristiges Wachstum der Produktivität, >Der Gewerkschafter< Frankfurt a.M., 4(1956)1, 22–23.

Fritz Joos [Hans Matthöfer], Von den Großbetrieben lernen. Moderne Methoden für die gewerkschaftliche Organisationsarbeit? >links< Februar 1956, 11–16.

Was ist Automation? >Der Gewerkschafter< Frankfurt a.M., 4(1956)3, 17–20.

Was ist Automation? >Gewerkschaftliche Beiträge zur Automatisierung< Köln (1956), 9–19.

Die Gefahren der Automation [Besprechung von Frederic Pollock, Automation – Materialien zur Beurteilung der ökonomischen und sozialen Folgen, Köln 1956], >Der Gewerkschafter< 4(1956)8, 36–38.

Der Unterschied zwischen den Tariflöhnen und den Effektivverdiensten in der Metallindustrie der Bundesrepublik (Schriftenreihe der IG Metall, 24), Frankfurt a.M. April 1956, 48 S.

Die Automatisierung der Produktion und die daraus entstehenden Aufgaben der Gewerkschaften. Referat am 11.11.1956 auf der Bezirksangestelltenkonferenz der IG Chemie, Papier, Keramik, Bezirk Niedersachsen, Hannover, hektogr. Ms., 22 S.

Die wirtschaftlichen und sozialen Auswirkungen der Automatisierung in der Sicht der Gewerkschaften, >Metall-Dienst< Sonderdienst, Frankfurt a.M. [Dezember 1956] 29 S.

Die wirtschaftlichen und sozialen Auswirkungen der Automatisierung in der Sicht der Gewerkschaften, in: Atombrief, 3(1957)1, S. 21–24.

Die wirtschaftlichen und sozialen Auswirkungen der Automatisierung. Notwendige gewerkschaftliche Konsequenzen, >Der Gewerkschafter<, 5(1957)5, 26–27.

Ein Lehrbuch für Betriebswirtschaft [Rezension von Hermann Funke, Die Betriebswirtschaft im Maschinenbau und in verwandten Betrieben, 2. Aufl., Freiburg i.Br. 1956], >Der Gewerkschafter< 5(1957)7, 37.

Address to the International Union of Electrical, Radio and Machine Workers (AFL-CIO), in: Proceedings. Second Biennial Economic Policy Conference, International Union of Electrical, Radio and Machine Workers (19.–20. September 1957), Louisville, Kentucky 1957, 19–20.

Der Mythos vom amerikanischen ›Volkskapitalismus‹, [Washington D.C., 1958], Ms., 4 S.

Probleme der automatischen Montage, >Der Gewerkschafter< 6(1958)1, 24–25.

Automation und Atomenergie – Teile der industriellen Revolution, >Der Gewerkschafter< 6(1958)4, 6–8.

Metallindustrie vor völlig neuen Problemen und Möglichkeiten. Die Technik der Zukunft, >Der Gewerkschafter< (1958)5, 10–13.

Raketentechnik in den USA, >Metall-Dienst< Mai 1958, 12 S.

Diskussionsvorschläge zur Bildungsarbeit der IG Metall, Frankfurt a.M. Dezember 1960, Ms., 29 S.,

Ein Vorausblick auf den technischen Fortschritt in der Stahlindustrie, >Gewerkschaftsnachrichten< (EPA-OEEC), Paris (1960)28, 11–19.

Gewerkschaftliche Organisierung der Angestellten in den USA, >Der Gewerkschafter< 8(1960)5, 28–29.

1961

Technological change in the metal industries. A survey of U.S. technical literature, Union Studies No. 18, hrsg. v. Trade Union Research and Information Service der European Productivity Agency, Zwei Teile, Paris 1961/1962, 119/120 S. (franz. Ausgabe: L'évolution technologique des industries métallurgiques – D'après les publications techniques des État-Unis, Paris 1961/1962).

›Tatsachen‹ für die Arbeiter und Angestellten der Ford-Werke AG, [Werkszeitung] Köln Anfang 1961. Ab Nr. 11/1963 ›Tatsachen‹ für die Mitglieder der IG-Metall in der Ford-Werke AG, verantwortl. Redakteur bis Nr. 30/1964.

Steigende Massenkaufkraft sichert Automobilabsatz, >Tatsachen< [1961]1, 2 [anonym].

Rücksichtslose Personalpolitik der Ford Motor Company, >Tatsachen< [1961]2, 2–3 [anonym].

Hohe Unfallzahlen bei Ford. Selbstverstümmelung wegen einer Rente? >Tatsachen< [1961]3, 1–2 [anonym].

Steigende Unfallzahlen bei Ford, >Tatsachen< [1961]7, 1–2 [anonym].

Superdividende bei Ford, >Tatsachen< [1961]7, 2–3 [anonym].

Sind die Ford-Löhne gesichert? >Tatsachen< [1961]7, 3 [anonym].

Fordlegenden, >Tatsachen< [1961]9, 1–2 [anonym].

Billige Arbeitskräfte, >Tatsachen< [1961]10, 1 [anonym].

Sicherheit am Arbeitsplatz, >Tatsachen< [1961]10, 2 [anonym].

Nordost-Anzeiger, Mitteilungsblatt für die Frankfurter Stadtteile: Bornheim, Nordend, Ostend, Dornbusch, Eckenheim, Fechenheim, Frankfurter Berg, Bonames, Preungesheim, Riederwald, Seckbach, Berkersheim, [Wahlkreiszeitung], Herausgeber und Redakteur, 1961, Nr. 1–11 [Auflage: 60.000].

Warum müssen wir eine neue Regierung haben? >Nordost-Anzeiger< (1961)3 und (1961)4.

Unsere Regierung ist zu alt, >Nordost-Anzeiger< (1961)5, 2.

Ungerechte Vermögensbildung, >Nordost-Anzeiger< (1961)6, 2.

Wohlstand ist für alle da, >Nordost-Anzeiger< (1961)7, 3.

Vom Chaos zur Ordnung, >Nordost-Anzeiger< (1961)8, 3.

Gesundes Volk – gesunder Staat, >Nordost-Anzeiger< (1961)9, 3.

Schwerindustrie und Politik, >Nordost-Anzeiger< (1961)10, 3.

John F. Kennedy – Wege zum Frieden«, >Nordost-Anzeiger< (1961)11, 6–13; (zusammen mit Oskar Negt).

1962

Wechselschichtarbeit schadet der Gesundheit, >Tatsachen< [1962]11,1 [anonym].

Ford und die Einführung der 40-Stunden-Woche, >Tatsachen< [1962] 12, 3–4 [anonym].

Mitbestimmung am Arbeitsplatz, >Tatsachen< [1962]14, 2 [anonym].

Schlechte Unternehmerargumente, >Tatsachen< [1962]15, 1 [anonym].

Das ist nun einmal so, >Tatsachen< [1962]15, 1–2 [anonym].

Hinter den Ford-Kulissen, >Tatsachen< [1962]15, 2–3 [anonym].

76 Prozent Gewinn, >Tatsachen< [1962]16, 1 [anonym].

Gefährliche Theorien, >Tatsachen< [1962]16, 2 [anonym].

Erfolgreicher Streik der Fordarbeiter in Ohio, >Tatsachen< [1962]16, 3–4 [anonym].

Ungerechte Lohnfindung, >Tatsachen< [1962]17, 1–3 [anonym].

Ford verliert immer mehr Boden, >Tatsachen< [1962]17, 3 [anonym].

Auch in Amerika, >Tatsachen< [1962]17, 3–4 [anonym].

Verschwörung gegen den Verbraucher? >Tatsachen< [1962]18,1–2 [anonym].

Teile und herrsche, >Tatsachen< [1962]18, 3 [anonym].

Das Ford-Tempo, >Tatsachen< [1962]19, 1 [anonym].

Kampf der Giganten, >Tatsachen< [1962]19, 2–3 [anonym].

Unternehmer unter einer Decke, >Tatsachen< [1962]19, 3 [anonym].

Tatsachen und Argumente, >Tatsachen< (1962)20, 1–3 [anonym].

Schuster, bleibt bei denen Leisten! >Tatsachen< (1962)21, 4 [anonym].

Waren das Zeiten (?), >Tatsachen< [1962]22, 1–2 [anonym].

Hohe Preise durch hohe Gewinne und hohe Handelsspannen, >Tatsachen< [1962]22, 4 [anonym].

Produktionsnormen in der amerikanischen Automobilindustrie, >Tatsachen< Sondernummer [1962], 3–5 [anonym].

Fordarbeiter in Amerika (Interview mit Ken Bannon, dem für Ford zuständigen Vorstandsmitglied der UAW), >Tatsachen< Sondernummer [1962], 1–3.

Kritische Bemerkungen zum Bericht der Bundesregierung über die Wirtschaftsentwicklung im Jahre 1962 und die Aussichten für 1963, hektogr. Ms. für die IG Metall, [1962], 37 S.

Die entschlossene Reaktion des amerikanischen Präsidenten, [1962], Ms. 8 S.

1963

Die Rolle der Bildungsarbeit im Rahmen einer neuen gewerkschaftlichen Strategie und Taktik, Maschinenschr. Ms., Frankfurt Dezember 1963 (»Nur zur persönlichen Information des Empfängers. Nicht zur Veröffentlichung«) 16 S.

Lebensgefährlicher Leichtsinn, >Tatsachen< [1963]1, 3 [anonym].

Amerikanischer Besuch, >Tatsachen< [1963]2, 3–4 [anonym].

Arbeitssicherheit bei Ford? >Tatsachen< [1963]3, 4 [anonym].

86 Prozent Dividende, >Tatsachen< [1963]5, 1–2 [anonym].

Unfallverhütung bei Ford, >Tatsachen< [1963]6, 1–2 [anonym].

Demokratie am Arbeitsplatz, >Tatsachen> [1963]7, 1 [anonym].

Internationales Finanzkapital, >Tatsachen< [1963]7, 1–2 [anonym].

Kesseltreiben gegen VW-Aktionäre, >Tatsachen< [1963]8, 1 [anonym].

Fords Unfallentschädigung, >Tatsachen< [1963]8, 3–4 [anonym].

Henry Ford II in Köln, >Tatsachen< [1963]12, 4 [anonym]

Das Einkommen Henry Fords II, >Tatsachen< [1963]13, 1 [anonym].

Warum will Ford nicht verhandeln? >Tatsachen< [1963]14, 1 [anonym].

Der Chef, ein Millionär, >Tatsachen< [1963]14, 1–2 [anonym].

Wir sind hier alle organisiert! >Tatsachen< [1963]15, 1–3 [anonym].

Christen und Klassenkampf, >Tatsachen< [1963]15, 3–4 [anonym].

Matthöfer erläutert die kulturpolitischen Grundsätze des DGB. Die Bürger zur Freiheit bilden, >Metall< 15(1963)16, 3.

Ford muss verhandeln! >Tatsachen< [1963]17, 1. [anonym].

Allgemein üblich? >Tatsachen< [1963]18, 1 [anonym].

Unsere Aufgaben für 1964, >Tatsachen< [1963]19, 1 [anonym].

Ein Höchstmaß persönlicher Freiheit, >Tatsachen< [1963]19, 3–4. [anonym].

Entwicklungstendenzen des technischen Fortschritts in der Metallindustrie, [Frankfurt a.M. ca. 1963], Ms. 10 S.

Die kulturpolitischen Grundsätze des DGB. Die Bürger zur Freiheit bilden, >Metall< 15(1963)16, 3.

IG-Metall-Brief für die Mitglieder bei VDO vom 28. August 1963.

Faschismus als Ausweg? [1963/64], Ms. 16 S.

1964

Gestorben für Ford, >Tatsachen< [1964]23, 1–2 [anonym].

Was will die IG Metall? Interview mit Alois Wöhrle, >Tatsachen< [1964]24, 1–3 [anonym].

Für menschenwürdige Arbeitsbedingungen, >Der Gewerkschafter< 12(1964)7.

Über die tariflichen Forderungen bei der Ford AG: Für menschenwürdige Arbeitsbedingungen, >Der Gewerkschafter< 12(1964)7, 243.

Industriepfarrer – bei Ford und anderswo, >Tatsachen< [1964]26, 1–3 [anonym].

Rollende Streiks, >Tatsachen<, [1964]27, 1–4.

Wechselschichtarbeit schädigt die Gesundheit, >Tatsachen< (1964) 27, 4.

Die Würde des Menschen am Arbeitsplatz, in: Protokoll SPD Parteitag Karlsruhe 1964, 672.

So wurde die Ford Motor Company organisiert, >Tatsachen< [1964]28, 1–4 [anonym].

Menschliche Würde am Arbeitsplatz. Gewerkschaftstag der UAW, >Tatsachen< [1964]28, 4.

Betriebsnahe Bildungsarbeit organisieren, >Der Gewerkschafter< 12(1964)5, 183–185.

Machtpolitik, >Tatsachen< [1964]29, 1 [anonym].

Am Beispiel der Ford-Werke AG: Kapitalistische Wirtschaftsweise und Eigentumsbildung, >Tatsachen< [1964]29, 3–4 [anonym].

Das Risiko in der Wirtschaft, >Tatsachen< [1964]29, 4 [anonym].

›Metall‹-Wechselseiten für die Ford-Werke in Köln, verantwortlich von Nr. 8/1964 bis 3/1965.

Plädoyer für die Würde des Menschen am Arbeitsplatz, in: Parteitag der Sozial-demokratischen Partei Deutschlands vom 23. bis 27. November 1964 in Karls-ruhe, Protokoll der Verhandlungen – Anträge, Karlsruhe 1964, 672.

1965

Bürokratie und gewerkschaftliche Demokratie, [Anfang 1965], Ms., 27 S.

Vorschlag für eine Grundlagenschulung in der IG Metall, in: Diskus-sionsbeiträge. IG Metall-Vorstand – Abt. Bildungswesen, hektogr. Ms. [Frankfurt a.M. ca. 1965], 8 S.

Begründung eines SPD-Antrags zum Aktiengesetz, Dt. Btg. (4) 184, 9 220–9 221, 9 226–9 227, 9 224–9 263, 19. Mai 1965.

Gegen den kalten Abbau der Mitbestimmung, Dt. Btg. (4)187, 9 394–9 395, 25. Mai 1965.

Bei uns SPD, [Wahlkreiszeitung] Herausgeber und Redakteur, Frankfurt a.M. Nr. 1–8 erscheint wöchentlich im Bundestagswahlkampf Sommer und Herbst 1965 [Auflage: 50.000–60.000].

Gemeinschaftsaufgaben, >Bei uns SPD< (1965)3, 2.

Sicherheit am Arbeitsplatz, >Bei uns SPD< (1965)5, 2.

SPD will besseren Mutterschutz, >Bei uns SPD< (1965)5, 3.

Sicherheit am Arbeitsplatz, >Bei uns SPD< (1965)5, 3.

Wiedervereinigung Deutschlands, >Bei uns SPD< (1965)6, 2.

Freunde in USA, >Bei uns SPD< (1965)7, 2.

Um der Demokratie willen, >Bei uns SPD< (1965)8, 2.

1966

>Alle in einer Gewerkschaft<. Mitteilungen für die Arbeitnehmer der AEG in Frankfurt, hrsg. v. IG Metall, Ortsverwaltung Frankfurt a.M. [Werkszeitung], neun Ausgaben in 1966/67, verantwortlicher Redakteur.

Gewerkschaftsprogramm für die AEG-Zentrale?, >Alle in einer Gewerkschaft<, [1966]1, 1 [anonym].

Fragen, Fragen, Fragen, >Alle in einer Gewerkschaft< [1966]1, 1 [anonym].

Techniker in den USA, >Alle in einer Gewerkschaft< [1966]1, 2 [anonym].

Haben Unorganisierte gleiche Rechte? >Alle in einer Gewerkschaft< [1966]1, [anonym].

Berufsnot der älteren Angestellten, >Alle in einer Gewerkschaft< [1966]1, 3 [anonym].

Stellungnahme zum Berliner Vorschlag für eine empirische Untersuchung [über »Gewerkschaftliche Bildungsarbeit als Instrument gesellschaftlichen Wandels« von Wilfried Gottschalch, Hubertus Hüppauf u.a.], hektogr. Ms., Ffm., April 1966, 20 S.

Vorschlag für eine Grundlagenschulung in der IG Metall, systematisierte Stichworte, hektogr. als >Diskussionsbeitrag<, IG Metall, ca. April 1966, 8 S.

Unidad Sindical, >Cuadernos Socialistas< Agosto 1966, Nr. 2, 11–14.

IG Metall klärt weiter spanische Arbeiter auf (Interview mit Hilde Purwin), >NRZ< vom 10. August 1966.

1967

Die bedenklichen Absichten des Franz Josef Strauß, >Bulletin des Fränkischen Kreises< Würzburg, (1967)104, 21–23.

Entlassungen bei der AEG, >Alle in einer Gewerkschaft< [1967]2, 1–2 [anonym].

AEG-Programm der IG Metall Frankfurt am Main, >Alle in einer Gewerkschaft<, (1967)2, 2 [anonym].

Sorgen und Probleme der AEG-Arbeitnehmer, >Alle in einer Gewerkschaft< [1967]3, 1–4 [anonym].

Bericht über eine Untersuchung, >Alle in einer Gewerkschaft< [1967]4, 1–2. Fünf Fortsetzungen bis Nr. 9 [alle anonym].

16 Prozent für anonyme Aktionäre, >Alle in einer Gewerkschaft< [1967]5, 1–2 [anonym].

Arbeitsplatz und Politik, >Alle in einer Gewerkschaft< [1967]5, 4. [anonym].

Wie wichtig sind eigentlich die Aktionäre? >Alle in einer Gewerkschaft< [1967]6, 4 [anonym].

Tabu der Gehälter?, >Alle in einer Gewerkschaft< [1967]7, 1 [anonym].

Techniker in der IG Metall, >Alle in einer Gewerkschaft< [1967]8, 1–3 [anonym].

IG Metall schützt Arbeitsplätze, >Alle in einer Gewerkschaft< [1967]8, 2–4 [anonym].

Arbeiter und Angestellte: Zusammen stärker, >Alle in einer Gewerkschaft< [1967]9, 1 [anonym].

Die Erhöhung der Wirksamkeit der Bildungsarbeit der IG Metall, Februar 1967, hektogr. Ms., 13 S., mit Anhang: Die Verwendung elektronischer Rechner und Datenverarbeitungsanlagen im gewerkschaftlichen Bildungswesen, 3 S.

Änderungsanträge zur Bundestagsdrucksache V/1879 [zur Notstandsgesetzgebung], zusammen mit Kurt Gscheidle, Rudolf Kaffka, Helmut Lenders und anderen, Bonn, 26. Juni 1967.

Werkschutzsorgen (Interview), >Vorwärts< vom 6. Juli 1967.

Seltsames Zusammenspiel zwischen Bonn und Madrid. Will die Bundesregierung Franco-Spanien endgültig ›hoffähig‹ machen? ›Frankfurter Rundschau‹ vom 3. August 1967.

Estraño concierto entre Bonn y Madrid, ›Servicio de Prensa‹, 175, 28. August 1967 [Übersetzung aus der ›Frankfurter Rundschau‹].

Notstandsgesetze unter Beschuss (Interview), ›Gewerkschaftspost‹ 9(1967) 5.

Matthöfer gibt sich optimistisch. Übernimmt SPD-Gesamtfraktion Vorbehalte zur Notstandsgesetzplanung? ›Frankfurter Rundschau‹ vom 27. November 1967.

Die bedenklichen Absichten des Franz Josef Strauß. Rede in Madrid mit viel politischem Sprengstoff. Deutsche Öffentlichkeit kaum informiert, ›Frankfurter Rundschau‹ vom 28. November 1967.

1968

Vorschlag zur Novellierung des Betriebsverfassungsgesetzes, ›Gewerkschaftliche Monatshefte‹ 19(1968)12, 751 f.

Naiver Fortschrittsgläubigkeit und konservativen Sehnsüchten zum Trotz [Referat über Mitbestimmung] Ms. [1968], 10 S.

Jenseits des Wohlfahrtsstaates, [Frankfurt a.M. ca. 1968], Ms., 6 S.

Die Mitbestimmung in einer demokratischen Gesellschaft, in: Günther Müller (Hg), Die Zukunft der SPD, Hamburg 1968, 109–115.

Legt SPD den DGB-Entwurf vor? Besseres BVG, ›Metall‹ 20(1968)1, 4.

Die Bedeutung der Mitbestimmung am Arbeitsplatz und im Betrieb für die politische Bildungsarbeit der Gewerkschaften, ›Die Neue Gesellschaft‹ 15(1968)1, 37–45.

Widerstandsrecht ins Grundgesetz, ›Frankfurter Rundschau‹ vom 12. Januar 1968, 5.

Rede in der Diskussion über Studentendemonstrationen, Dt. Btg. (5)154, 7 886–7 887, 9. Februar 1968.

Scheitern Notstandsgesetze? Vier Fragen an Matthöfer, ›Gewerkschaftspost‹ (IG Chemie), 22 (1968) 2.

Bis Sommer Entscheidung über Notstandsgesetz (Interview mit Hilde Purwin), ›NRZ‹ vom 20. Februar 1968.

Die Hürden sind überwindbar (Interview mit Hilde Purwin), ›Telegraf‹ vom 22. Februar 1968.

US-Vietnampolitik, ›Gehört – Gelesen‹ (1968)5, 487–496.

Ein strategisches Dilemma, ›Vorwärts‹ vom 14. März 1968.

Rede zur zweiten Beratung der Notstandsverfassung, Dt. Btg. (5)174, 15. März 1968.

Diskussionsbeitrag zur Vermögensbildung, Parteitag der Sozialdemokratischen Partei Deutschlands vom 17. bis 21. März in Nürnberg. Protokoll der Verhandlungen (Bd.2), hrsg. v. Vorstand der SPD, Bonn 1968, 447–250.

Rede zum Arbeitssicherstellungsgesetz, Dt. Btg. (5)164, 8 585–8 587, 29. März 1968.

»Wir alle haben den Notstand satt« (Interview), >Der Spiegel<, 22(1968),16, 29 (15. April 1968).

Verbesserungen [der Notstandsgesetze], >Die Welt< vom 8. Mai 1968.

Die Automation und ihre Auswirkungen. Erster Hessischer Juniorentag in Offenbach, >Kurhessische Wirtschaft< vom 1. Juni 1968, 283.

Kampf um Notstandsgesetze geht weiter. Widerstand lohnt, >Metall< 20(1968)7, 5.

Notstandsplaner umgehen den Bundestag. Durch die Hintertür, >Metall< 20(1968)8, 4.

Rede zum Arbeitskampfrecht, Dt. Btg. (5)174, 9 314 f., 15. Mai 1968.

Rede zur Frage der Dienstverpflichtungen, Dt. Btg. (5)177, 9 578, 29. Mai 1968.

Rede anlässlich der 3. Lesung des verfassungsändernden Notstandsgesetzes, Verhandlungen des Deutschen Bundestages (5) 178, 9 631–9 635, 30. Mai 1968.

Konsequenz: Mehr Demokratie! >Frankfurter Rundschau< vom 20. Juni 1968.

Forderung nach bezahltem Bildungsurlaub ist legitim, >Welt der Arbeit< vom 12. Juli 1968.

Belastet Bildungsurlaub die Wirtschaft? >Frankfurter Rundschau< vom 17. Juli 1968.

Mehr Mitbestimmung (Interview), >Vorwärts< vom 15. August 1968.

Mitbestimmung, >Informationen der Sozialdemokratischen Fraktion im Deutschen Bundestag< vom 16. August 1968.

Mitbestimmung am Arbeitsplatz, >Express International< 5(1968)60, 5 (20. August 1968).

›Betriebsnahe Tarifpolitik‹ >Express International<, 5(1968)6, 7 (28. August 1968).

Begründung des Bildungsurlaubs. Bildungsurlaub als Teil des gesamtgesellschaftlichen Demokratisierungsprozesses, [Frankfurt a.M. Juni 1968]Ms. 7 S.

Bildungsurlaub, >Christ und Welt< vom 28. Juni 1968.

Bildungsurlaub für jeden Arbeitnehmer (Interview mit Hilde Purwin), >NRZ< vom 29. Juni 1968.

Großunternehmen und Öffentlichkeit, >Frankfurter Rundschau< vom 8. August 1968.

Begrenzte Kosten für Unternehmen, >Stimme der Arbeit<, Monatsblatt evangelischer Arbeitnehmer und evangelischer Industrie- und Sozialarbeit, 10(1968)8/9, 184–185.

Es legitima la peticion de vacaciones pagadras para formacion, >El Noticiero< (1968)9, 3.

Discours sur colonialisme et néocolonialisme, in: Union Inter-parlamentaire, Compte rendu de la LVIe Conférence Interparlamentaire, tenu à Lima (Pérou) du 5 au 13 septembre 1968, II, Genf 1969, 362–364.

Mitbestimmungsvorschläge >Gewerkschaftliche Monatshefte<, 19 (1968)12, 751 f.

Mitbestimmung. Auf den Gesetzgeber warten? >Der Sozialdemokrat< 13(1968)10, 4 f.

Teile und herrsche! >Alle in einer Gewerkschaft< (1968)10.

Planung und Förderung für wen? >Alle in einer Gewerkschaft< (1968)11.

Jeder soll seine Rente selbst berechnen, >Frankfurter Rundschau< vom 23. Oktober 1968.

Mitbestimmung im Für und Wider. Mehr Mitgestaltung am einzelnen Arbeitsplatz, Tarifvertragsgesetz und Betriebsverfassungsgesetz als Instrumente, >Handelsblatt< vom 4. November 1968.

Die >große Lösung< – Mitwirkung am Arbeitsplatz, >Vorwärts< vom 14. November 1968.

Rede zur inhaltlichen und methodischen Verbesserung der politischen Bildungsarbeit, Dt. Btg. (5)196, 10 573–10 575, 15. November 1968.

Raus aus der Konzertierten Aktion? >Express International< 6, vom 16. November 1968.

Es geht um den Bildungsurlaub – SPD-Initiative (Interview), >Metall< 20(1968) 23.

Gleiche Startchancen für alle Talente, >Frankfurter Rundschau < vom 10. Dezember 1968.

Kleine Koalition und Mitbestimmung, >Frankfurter Rundschau< vom 22. Dezember 1968.

Mehr Freizeit durch kürzere Wegezeit (Interview mit Stadtrat Walter Möller), >Alle in einer Gewerkschaft< (1968)18, 3–4.

Die ganz große Ehe und ihre Probleme für Angestellte und Arbeiter. Gedanken zur Kooperation zwischen Siemens und AEG-Telefunken, >Alle in einer Gewerkschaft< (1968)19, 1–2.

1969

Von der parlamentarischen zur partizipativen Demokratie, >Werden – Jahrbuch für die deutschen Gewerkschaften<, Köln 1969, 7–13.

Die Mitbestimmungsentwürfe der SPD, >Arbeitnehmer-Brief<, Frankfurt a.M., 141, Januar 1969, 1–2.

Arbeiterdemokratie oder Parteidiktatur?, >Der Gewerkschafter< 20(1969)1.

Vorbeugungshaft. Kriminalpolitisches Credo [ca. 1969], Ms. 10 S.

Ein Schritt voran im gesellschaftlichen Demokratisierungsprozess. Die Mitbestimmungsentwürfe der SPD, >Der Sozialdemokrat< 14(1969)1, 7.

Meinungsfreiheit – Meinungsbildung – Mitbestimmung (Referat in der Arbeitsgemeinschaft B, Jugendkongress der SPD in Bad Godesberg, vom 11.–12. 1.
1969), hektogr. Ms., 6 S.

Rede zu den Gesetzentwürfen der SPD zur Mitbestimmung, Dt. Btg. (5) 210, 11
360–11 367, 22. Januar 1969.

Modell für ein demokratisches Bildungswesen, >Der Gewerkschafter< 17(1969)2,
56–57.

Interview über das AEG-Programm, >Metall< März 1969, Ms., 3 S.

Gerechtigkeit für Arbeiter, >Frankfurter Rundschau< vom 14. März 1969.

Arbeitnehmer zweiter Klasse?, >Frankfurter Rundschau< vom 19. März 1969.

Maschinerie der Unterdrückung. Spaniens Opposition kämpft gegen den Terror,
>Der Gewerkschafter< 17(1969)4, 136–137.

Vermögensbildung und Mitbestimmung, Rede am 16. April 1969 auf dem Außerordentlichen Parteitag der SPD vom 16.–18. April in der Godesberger Stadthalle
(Protokoll, 242–245).

Fünfzehn Ansatzpunkte für eine Demokratisierung aller Lebensbereiche, in: Festschrift, hrsg. vom DGB, Kreis Nürnberg, 39–42 (1. Mai 1969).

Dort kämpfen, wo man stark ist! >Welt der Arbeit< vom 1. Mai 1969.

Wir brauchen keine Vorbeugehaft, >Frankfurter Rundschau< vom 21. Mai
1969.

Im Jahr nach der Flaute, >Alle in einer Gewerkschaft< (1969)20, 1–2.

›Frankfurter Gespräch‹ mit Freiherrn von Kühlmann-Stumm (FDP) und Heinrich
Gewand (CDU) >Hessischer Rundfunk< am 8. Juni 1969.

Denken in Divisionen sichert den Frieden nicht. Die immer bedrohlicher werdende Situation in Lateinamerika erfordert eine neuartige Politik, >Frankfurter
Rundschau< vom 11. Juni 1969.

Mischkonzerne – neue Stufe der Konzentration, >Gewerkschaftliche Umschau<
13(1969)7, 137–138.

Mehr Vorteile für Arbeitnehmer-Erfinder, >Frankfurter Rundschau< vom 23. Juli
1969.

Ein entscheidender Durchbruch [bei der Lohnfortzahlung im Krankheitsfall],
>Informationsbrief< der SPD-Fraktion, Bonn, Juli 1969, 4 S.

Lateinamerika mit seinen heute 260 Millionen Menschen …, [Frankfurt a.M.]
8. Juli 1969, Ms., 12 S.

Politische Apathie und Mitbestimmung, >Frankfurter Rundschau< vom 15. August 1969.

Aufwertung und Einkommensverteilung, >Frankfurter Rundschau< vom 20. September 1969.

Fraktionszwang und Demokratie, >Frankfurter Rundschau< vom 15. Oktober
1969.

Kleine Koalition und Mitbestimmung, >Frankfurter Rundschau< vom 22. Dezember 1969.

1970

Zur aktuellen Diskussion in der Bundesrepublik um die Ausweitung der Mitbestimmung [Punktation über Möglichkeiten einer Mitbestimmungsgesetzgebung im Rahmen der kleinen Koalition], Ms., [Anfang 1970], 9 S.

Erklärung zur Unterstützung der Forderung der demokratischen Opposition in Spanien, mit Anhang: Bemerkungen zur Situation in Spanien, Ms., [Januar 1970], Bonn, 2 S.

ÇSSR und Selbstbestimmung, Ms. vom 12. 2. 1970, 7 S.

Spanier kämpfen um demokratische Rechte. Mindestprogramm der Opposition veröffentlicht, >Bremer Bürgerzeitung< vom 13. Februar 1970.

Der Kampf um Mitbestimmung in Spanien, >SPD-Pressedienst< vom 13. Februar 1970.

Zur Situation in Spanien, >Express International< vom 20. Februar 1970.

Biedenkopf-Gutachten und Mitbestimmung (Interview), >Sender Freies Berlin< am 27. Februar 1970.

»Sie hätten Spreti retten können« (Interview), >Konkret< vom 23. April 1970.

Zu einigen Punkten des Entwurfs einer Grundsatzerklärung der DKP, Ms. vom 28. März 1970, 5 S.

Dreißig Jahre Schweden? >Frankfurter Rundschau< vom 7. April 1970.

Was tut Bonn? (Interview zur Preispolitik mit Jakob Moneta) >Metall< 22(1970)8, 4.

Friedenssicherung durch Entwicklungshilfe, >Welt der Arbeit< vom 24. April 1970.

Verhaftet und verprügelt wie in alten Zeiten. Von Liberalisierung ist in Spanien nichts zu spüren, >Frankfurter Rundschau< vom 24. April 1970.

Missbrauch durch Francos Justiz (Interview mit Hilde Purwin), >NRZ< vom 30. April/1. Mai 1970.

Ein Mord und seine Konsequenz, >Pardon< 9(1970)5, 12–17.

Der Beitrag politischer Bildung zur Emanzipation der Arbeitnehmer. Materialien zur Frage des Bildungsurlaubs, Arbeitsheft 223 der IG Metall, Frankfurt a.M. Mai 1970, 96 S.

SPD-Heute (Interview), >NDR-Schulfunk< am 4. Mai 1970.

Privatinvestitionen keine Hilfe, >Publik< vom 8. Mai 1970.

Vision de España de hoy, >España Libre< (New York) 32(1970)4, 1.

Bildungsurlaub. Setzt neue Prioritäten! >Der Gewerkschafter< Frankfurt a. M. 18(1970)10, 389.

Exprés Español. Revista mensual de información, Frankfurt a.M., Nr. 1/Oktober 1970 – Nr. 80/Mai 1977, ab Nr. 2 – Nr. 30/März 1973, Hg. und Verleger.

El camino hacia una Europa democratica y la ampliación de las Comunidades [Der Weg in die Demokratie und die Erweiterung der Europäischen Gemeinschaften], Ms., Mai 1970, 12 S.

El camino hacia una Europa democratica (Interview), >El Noticiero Universal< vom 22. Mai 1970.

Der Beitrag der politischen Bildung zur Emanzipation der Arbeitnehmer, Materialien zur Frage des Bildungsurlaubs, Arbeitsheft 223 der IG Metall, Frankfurt a.M., Mai 1970, 96 S.

Conversatio amb el Dr. Matthöfer, >El Maresne< vom 29. Mai 1970.

Kein Urlaub in Spanien (Interview), >Blätter des Bielefelder Kulturrings< Nr. 238/239, Juni/Juli 1970, 174–175.

Discours sur moyens de mettre fin au colonialisme (1. 10. – 9. 10. 1970), in: Union Interparlamentaire, Compte Rendu de la LVIIIe Conferénce Interparlamentaire, tenue à la Haye (Pays-Bas), II, Genf 1971, 416 f.

Käuferstreik: Die vergessene Waffe, >Der Gewerkschafter< 18(1970)11, 430–43.

Käuferstreik: Die vergessene Waffe, >Arbeitnehmerbrief – Informationen und Diskussion über sozialdemokratische Betriebsarbeit im SPD-Bezirk Hessen-Süd<, Nr. 163, Dezember 1970.

Sabotage. Legitimes Kampfmittel oder Maschinenstürmerei?, >Der Gewerkschafter< 18(1970)12, 466–467.

Wer hat Angst vorm roten Mann? >Konkret< (1970)1.

Gewerkschafter rufen zur Solidarität gegen den Burgos-Prozeß auf (Interview), >Zeit im Funk< Hessischer Rundfunk am 16. Dezember 1970, Ms., 4 S.

Die Reaktion auf die Todesurteile in Burgos (Gespräch), >Hessischer Rundfunk – Passiert – Notiert< am 29. Dezember 1970, Ms., 9 S.

1971

Streiks und streikähnliche Formen des Kampfes der Arbeitnehmer im Kapitalismus, in: Dieter Schneider (Hg.), Zur Theorie und Praxis des Streiks, Frankfurt a.M. 1971, 155–209.

SPD und Notstandsgesetze. Zum Beitrag ›Fraktion und Parteiorganisation‹ (PVS 1969, 604 ff.), >Politische Vierteljahresschrift (PVS) – Zeitschrift der Deutschen Vereinigung für Politische Wissenschaft< 12(1971)1, 122 f.

Streiken ohne Streik: Arbeiten nach Vorschrift, >Der Gewerkschafter< 19(1971)2, 66–67 und 3, 106–107.

Planen für die Zukunft – Brandt beruft ›Kommission für wirtschaftlichen und sozialen Wandel‹, >Metall< 23(1971)5, 4.

Bildungsurlaub bis 1973 durchsetzen (Interview), >Metall< 23(1971)6, 15.

La ayuda al desarrollo como garantia de la paz, >Exprés Español< (1971)4, 29.

Rede zur entwicklungspolitischen Konzeption der Bundesregierung, Dt. Btg. (6)115, 6 783–6 785, 28. April 1971.

Arbeitsteilige Produktion und Streiktaktik: Punkt- und Engpassstreiks, >Der Gewerkschafter< 19(1971)5, 188–189.

Angst vor zuviel Klugheit, >Welt der Arbeit< (1971)18, 2.

Hilfe auch für gefangene Guerilleros (Interview), >Politisch-Parlamentarischer Pressedienst< 22(1971)83, 1–2.

Verhaftung von Carlos Pardo in der Sendung für spanische Arbeiter (Interview), >Bayerischer Rundfunk< am 22. Mai 1971.

Wie verhütet man den III. Weltkrieg? >Der Sozialdemokrat< (Informationsorgan der Sozialdemokratischen Partei Deutschlands – Bezirk Hessen-Süd) 16(1971)6 (Besprechung des Buches: >Kriegsfolgen und Kriegsverhütung< von H. Afheld, A. Künkel, A. Pfau, E. Rahner u. a. [hrsg. v. Carl Friedrich von Weizsäcker], München 1971).

Taktiken im Arbeitskampf – Schwerpunkt und Sukzessivstreiks, >Der Gewerkschafter< 19(1971)6, 230–231.

Das Franco-Regime in Spanien – 35 Jahre nach dem Putsch, >Die Neue Gesellschaft< 18(1971)7, 498–501.

Zum Deutschen Komitee für Angola, Guinea-Bissao und Mosambik (Interview), >Afrika Heute< (1971)13, 275.

Friedenssicherung durch verstärkte Entwicklungshilfe, >Münchner Merkur< vom 26. Juli 1971.

El régimen franquista y la solidaridad internacional, >Exprés Español> vom 11. August 1971.

Internationale Kapitalkonzentration und Gewerkschaftsbewegung, >Gewerkschaftliche Monatshefte< 22(1971)8, 469–476.

Tauschgeschäft mit Portugal: EWG-Mitgliedschaft gegen Freigabe der Kolonien (Interview), >Evangelischer Pressedienst< (1971)9, 1–3.

Zwischen Zufriedenheit und Klassenbewusstsein, >Arbeitnehmer-Brief< 171, September 1971.

»Ich möchte Ihre Aufmerksamkeit …«, >Handbuch der Entwicklungshilfe<, Oktober 1971, 8–12.

Es gibt kein Überleben (Besprechung des Buches >Kriegsfolgen und Kriegsverhütung<, hrsg. v. Carl F. von Weizsäcker, München 1971), >Der Gewerkschafter< 19(1971)11, 440–441.

Aussichten der Einführung eines bezahlten gesetzlichen Bildungsurlaubs noch bis 1973 (Interview), >Metall< 23(1971)25, 6.

1972

Entwicklungshilfe und Friedensstrategie, Ms. [1972], 53 S.

Wir organisieren einen Betrieb [Rahmenentwurf für eine Lehrgangsunterlage über eine systematische gewerkschaftliche Organisations- und Bildungsarbeit in Großbetrieben der Metallindustrie], [Frankfurt a.M. 1972], hektogr. Ms., 159 S.

Demokratie ja – Mitbestimmung nein?, Ms. [1972], 10 S.

Neuere Tendenzen in der gesellschaftspolitischen Arbeiterbildung in der Bundesrepublik Deutschland, Dezember 1971 / Januar 1972, Ms. 10 S.

Die politischen Aufgaben sozialdemokratischer Vertrauensleute und Betriebsratsmitglieder (Wahlkampfrede), Ms. [1972], 6 S.

Ausländisches Kapital in der Bundesrepublik Deutschland, Entwurf eines Arbeitshefts für die Bildungsarbeit der IG Metall, Ms., [1972], 75 S. [unvollendet].

Ziele und Absichten des ›Exprés Español‹ (Interview), ›Juso‹ (1972)1/2, 16.

Gewerkschaftliche Bildungsarbeit und Betriebsverfassungsgesetz am Beispiel der IG Metall, > Gewerkschaftliche Monatshefte< 23 (1972) 2, 124–127.

Die neuen Rechte nutzen (Gastkommentar), >Neue Hannoversche Presse< vom 23. Februar 1972, 3.

Wir müssen Chile schnell und umfassend helfen (Interview), >Entwicklungspolitik – Nachrichten, Analysen, Meinungen<, Informationsdienst der Zentralredaktion des Evangelischen Pressedienstes, (1972)3/4, 1–4.

Kapitalhilfe und Entwicklungspolitik (Internes Positionspapier), Ende 1972, 5 S.

Unterentwickelte Länder und entwickelte Gewerkschaften, >Gewerkschaftliche Monatshefte< 23(1972)7, 407–413.

CDU. Wenig Konkretes für politisch Suchende, (Rezension von: Nobert Blüm, Reaktion und Reform. Wohin geht die CDU?), >Wirtschaftswoche< 26(1972) vom 21. Juli 1972.

Wirtschaftswachstum und soziale Gerechtigkeit: Wege und Modelle zukünftiger Gesellschaften in Lateinamerika (Eröffnungsrede als Präsident der deutschen Stiftung für Entwicklungsländer. Internationale Tagung am 17. – 19. 10. 1972), Bonn, Ms., 3 S.

Präsident Allende darf nicht scheitern – Chile braucht unsere Hilfe, >Metall< 24(1972)23, 3.

1973

»Da halte ich es mit Napoleon« (Interview), >Konkret< Nr. 4 vom 18. Januar 1973, 8 f.

[Schwerpunkte der politischen Arbeit als Parlamentarischer Staatssekretär im BMZ] – Interview mit Inga Krugmann-Randolf, >Entwicklung und Zusammenarbeit< 14(1973)1, 3–4.

Entwicklungspolitik und soziale Gerechtigkeit, >Vorwärts< vom 26. Januar 1973.

Mitbestimmung in der Wirtschaft, in: Politisches Seminar der Staatsbürgerlichen Vereinigung 1954 e.V., 20. und 21. Tagung vom 10.–14.5. und vom 8.–12.11.1971 in Bad Godesberg, Bergisch Gladbach 1973, 29–37.

Entwicklungspolitik fängt unten an, >Vorwärts< vom 1. Februar 1973.

Was hat die Dritte Welt vom ›Fremdenverkehr‹? >SPD-Pressedienst< vom 13. Februar 1973.

Hilfe für Vietnam, >Das ÖTV-Magazin< (1973)3, 13.

Kein ›Modell‹ – aber Erfahrungshilfe. Die Arbeiterselbstverwaltung in Jugoslawien, >SPD-Pressedienst<, 4–6 vom 19. April 1973.

Ist das ›jugoslawische Modell‹ übertragbar? – Zur internationalen Bedeutung der Arbeiterselbstverwaltung in Jugoslawien, >Vorwärts<, 18 vom 26. April 1973.

Velicastna naloga s stevilmini vprasanji, >Delo< Belgrad, vom 30. April 1973.

Von sechs Kindern bleibt in Indien nur eins am Leben (Interview), >Welt der Arbeit< vom 1. Mai 1973.

Schwerpunkt Lateinamerika (Interview mit Günter Geschke), >Deutsches Allgemeines Sonntagsblatt< vom 27. Mai 1973.

Betrifft: Prognosen und ihre Chancen, >Konkret< (1973)7, 6–7.

Egoismus, Solidarität und die Macht der Spezialisten [über Dienst-nach-Vorschrift-Aktionen der Fluglotsen], >Konkret< (1973)28, 6–7.

Chiles Demokratie nicht im Stich lassen! >SPD-Pressedienst< vom 26. Juli 1973.

La Republica Federal de Alemania intensificara su politica de ayuda al desarrollo (Interview mit Klaus Jelonneck), >Exprés Español< (1973)35, 23–25.

Wird eine Politik daraus? – Kritisches zur EKD-Denkschrift über den Entwicklungsdienst, >Lutherische Monatshefte< (1973)8, 399–400.

Die Multinationalen in den Griff bekommen, >SPD-Pressedienst< vom 1. August 1973.

Interview zur Kapitalhilfe an Jugoslawien, >WDR – Mittagsmagazin< am 2. August 1973.

Das Problem der Ausländer im Wahlkreis. Die politische Nichtbeachtung muss beendet werden, >SPD-Pressedienst<, 5–7 vom 8. August 1973.

Gefahren für die Entwicklungsländer (Interview), >Dritte Welt Information< (epd) vom 1. September 1973.

Rolle multinationaler Großkonzerne beim Umsturz in Chile (Interview), >Südwestfunk< am 18. September 1973.

Im Gespräch: Putsch in Chile – das Ende einer Entwicklung, >Frankfurter Rundschau< vom 19. September 1973.

Hat ITT in Chile mitgemischt? (Interview) >Morgenpost< vom 20. September 1973.

Wie mächtig sind die Konzerne? (Interview) >Express< vom 21. September 1973.

Ausländer mit ständigem Wohnsitz sind auch Steuerzahler. Eine mittelbare Beteiligung an der politischen Willensbildung ist dringend notwendig, >Frankfurter Rundschau<, 9, vom 25. September 1973.

Entwicklungsgelder für Chile (Interview), >Vorwärts< vom 27. September 1973.

Aufgeschlossen gegenüber Lateinamerika (Interview), >Die Feder< (1973)9, 26.

Die Entwicklungsländer müssen selbst ihren Weg suchen (Interview), >Evangelischer Pressedienst< Oktober 1973.

Multinationale im Verhör. [Matthöfer über UN-Hearing] >Manager Magazin< 3(1973)10, 24–25.

Der Stellenwert der Agrarhilfe im entwicklungspolitischen Konzept der Bundesrepublik Deutschland, >Der Tropenlandwirt< 74(1973) Oktober, 133–140.

El problema de los extranjeros en el distrito electoral. Debe terminarse la desconsideración política, >Exprés Español< 37/Oktober 1973, 26–27.

Zur Problematik multinationaler Unternehmen – Studienkommission der Vereinten Nationen, >Zeitschrift für die Vereinten Nationen und ihre Sonderorganisationen<, Oktober 1973, 1007 f.

Ein Kodex für die Multinationalen gesucht (Interview), >Die Welt< vom 4. Oktober 1973.

Multinationale Konzerne bedrohen die Freiheit, >ÖTV-Magazin< (1973)11, 17 f.

Die Problematik Multinationaler Konzerne. Spannungsverhältnis zwischen überregionaler Konzernstrategie und öffentlichem Interesse, >Die Neue Gesellschaft< 20(1973)11, 873–877.

Interessenpolitik als Entwicklungshilfe. Klarstellung zum ›Gastarbeiterprogramm‹ der CDU, >SPD-Pressedienst<, 6–7 vom 19. November 1973.

Ein Technologieinstitut für die Dritte Welt, >Vorwärts< vom 27. November 1973.

Braucht Indien eine Autowelle? >Vorwärts< vom 29. November 1973.

Kontrolle der multinationalen Konzerne (Interview), >Politisch-Parlamentarischer Pressedienst< 24(1973)232, 1–3.

Eine Herausforderung des Gewissens. Die Verantwortung der Politiker im Kampf gegen die Folter, >SPD-Pressedienst< vom 12. Dezember 1973.

Frankfurter Gespräch [über die Lage im Ostblock], >Hessischer Rundfunk< am 16. Dezember 1973.

Die entwicklungspolitische Konzeption der Bundesregierung, Redemanuskript, Nürnberg, 29. Mai 1973 (überarbeitet am 6. Juni 1974).

Entwicklungstendenzen in der Arbeitskräftestruktur der Bundesrepublik unter besonderer Berücksichtigung der Fragen der ausländischen Arbeiter und der Standortpolitik der Unternehmer, Ms. [1973/1974], 8 S.

1974

Zur Aufgabe der Politik, in: Kurt P. Tudyka (Hg.), Multinationale Konzerne und Gewerkschaftsstrategie, Hamburg 1974, 23 ff.

Forschungspolitik für eine lebenswerte Zukunft (Hg. zusammen mit Volker Hauff), Grafenau-Döffingen 1974, 119 S.

Forschungspolitik und Innovation, in: 25 Jahre Fraunhofer-Gesellschaft, München 1974, 15–19.

Streiks und streikähnliche Kampfformen der Arbeitnehmer, in: Das Unternehmen in der Gesellschaft. Universitätsseminar der Wirtschaft, USW-Schriften für Führungskräfte hrsg. v. H. Albach u.a., Bd. 6, Wiesbaden 1974, 107–158.

Eine neue Strategie für die Beschäftigung der Massen (Interview mit Inga Krugmann-Randolf), >Entwicklung und Zusammenarbeit< 15(1974)1, 5–6.

Interview zur Entwicklungshilfepolitik, >ZDF – Bonner Perspektiven< am 20. Januar 1974.

CDU-Kampagne gegen Erhard gegen Erhard Eppler – Tatsachenfeststellungen zu einer trüben Politikaktion, >SPD-Pressedienst< vom 25. Januar 1974.

Interview zu Vorwürfen des Bundesrechnungshofs gegen die Amtsführung des BMZ, >WDR II-Mittagsmagazin< am 25. Januar 1974.

Internationale Arbeitskampfmaßnahmen sind angesichts von Möglichkeiten und Praxis internationaler Geschäftspolitik legitim, >Politisch-Parlamentarischer Pressedienst< vom 30. Januar 1974.

Interview zur Flüchtlingshilfe, >ZDF – Blickpunkt< am 5. Februar 1974.

Keine Krise der deutschen Entwicklungspolitik (Interview), >Auslandskurier< 15(1974)2, 8–9.

Beratungsdienst zur Investitionspolitik vorgeschlagen, >Entwicklungspolitische Informationen< (1974)4, 2 f.

>Technische Hilfe gegen Entgelt< in Ölstaaten, >SPD-Pressedienst<, vom 23. April 1974.

Menschliche Arbeitsbedingungen, >Juso< (1974)5, 20 f.

Una >Tecnologia democratica<, >L'Unita< (Rom). A colloquio con gli economisti europi Hans Matthöfer am 4. Mai 1974:

Mehr Arbeitsplätze schaffen (Interview), >Die Zeit< 29(1974) vom 10. Mai 1974.

Report of the Group of Eminent Persons to Study the Impact of Multinational Corporations on Development and on International Relations, hrsg. v. United Nations, Department of Economic and Social Affairs, New York 22. Mai 1974.

Gesellschaftliche Perspektiven der Forschungspolitik, Vortrag auf der Festversammlung der Max-Planck-Gesellschaft am 21. 6. 1974 in Münster in Westfalen, >Bulletin< vom 25. Juni 1974.

Forschungspolitik und Innovation (Vortrag auf der Festveranstaltung der Fraunhofer-Gesellschaft in München am 28. 6. 1974), >Bulletin< (1974)82, 823–825.

Der Fortschritt in der Medizin darf nicht vom Zufall abhängen, >Metall< 25(1974)18.

Wege zu menschengerechter Arbeit, >Vorwärts< vom 5. September 1974.

Forschung für menschlichere Arbeitsbedingungen, >Bildung und Politik< (1974)10.

Mit Technologie der Dritten Welt helfen, >Vorwärts< vom 3. Oktober 1974

Die Bedeutung neuer Technologien zur Lösung von Strukturproblemen, Vortrag beim Verband deutscher Elektrotechniker in Hamburg am 8. Oktober 1974, >Bulletin< (1974)119, 1 209–1 211.

Verbesserung des öffentlichen Nahverkehrs, Rede zur Einweihung der Demonstrationsanlage Kabinentaxi in Hagen, >Bulletin< (1974)123, 1 248–1 250.

Technologie sichert Arbeitsplätze – Weiterer Ausbau einer krisenfesten Wirtschaftsstruktur, >Sozialdemokratischer Pressedienst< vom 25. Oktober 1974.

Forschung im Dienst der Gesundheit, >SPD-Pressedienst< vom 29. Oktober 1974.

Matthöfer über Helmut Schmidt, >Konkret< (1974)11, 4.

Die Bedeutung neuer Technologien zur Lösung von Strukturproblemen, >Der Gemeindetag<, 27(1974)11, 293–294.

Forschungspolitik und Wirtschaft, >Die Neue Gesellschaft< 21(1974)11, 929–932.

Rede zum Verstromungsgesetz bzw. Energie-Programm der Bundesregierung, Dt. Btg. (7)129, 8 724–8 727 am 8. November 1974.

Die Bedeutung der Mikroelektronik für Industriestruktur und Gesellschaftspolitik, Vortrag am 14. 11. 1974 zur Eröffnung des 6. Internationalen Kongresses Mikroelektronik in München, in: Hans Matthöfer u. Alfred Prommer, Die Industrie im Zeichen der elektronischen Großintegration (hrsg. v. Siemens AG), Berlin 1975, 14–25.

Für eine leistungsstarke Wirtschaft und eine humanere Welt (Interview), >Gießener Universitätsblätter<, Hg.: Präsident der Gießener Justus-Liebig-Universität und Gießener Hochschulgesellschaft, 7(1974)2/Dezember, 9–15.

Forschungspolitik für eine humane Gesellschaft (Gespräch), >Bild der Wissenschaft< 11(1974)12, 52–58.

Acerca de Helmut Schmidt, >Exprés Español< 51/Dezember 1974, 33.

La investigación cientifica al servicio del pueblo (Interview), >Exprés Español< 51/Dezember 1974, 34–37.

Forschung und Entwicklung für die Länder der Dritten Welt (Interview), >Bonner Generalanzeiger<, 16 vom 5. Dezember 1974.

Europäische Kooperation in der Forschungs- und Technologiepolitik, Rede auf der Vollversammlung der WEU am 4. 12. 1974 in Paris, >Bulletin< (1974)147, 1 470–1 472.

Mit ›Helios A‹ Richtung Sonne (Interview), >WELT AM SONNTAG<, 3 vom 8. Dezember 1974.

Ein Kodex für die Multis, >SPD-Pressedienst< vom 10. Dezember 1974.

Rede auf der Jahresversammlung der WEU am 6. Dezember 1974 in Paris, BMFT-Mitteilungen vom 12. Dezember 1974.

Den Krieg verhindern, den Frieden bewahren, Ansprache vor der DGFK anlässlich der Ernennung Gustav Heinemanns zum Ehrenpräsidenten am 5. Dezember 1974 in der Bonner Beethovenhalle, >Bulletin< (1974)150, 1 509–1 512, 12. Dezember 1974.

Für die Mehrheit planen. Technologietransfer muss sich an den Bedürfnissen der Entwicklungsländer orientieren, >Die Zeit< 29(1974)52, 40 vom 20. Dezember 1974.

Den Krieg verhindern, den Frieden bewahren (Ansprache), >DGFK-INFORMA-TIONEN<, Bonn-Bad Godesberg, H. 3/1974 – H. 1/1974, 2–4.

Lebensfähigkeit Berlins als wissenschaftliches Zentrum (Rede im Heinrich-Hertz-Institut am 13. 12. 1974), >Bulletin< (1974)157, 1 595–1 597.

1975

Qualität des Lebens – Die gesellschaftspolitischen Zielvorstellungen der SPD, >Mitteilungen< des Sozialamtes der evangelischen Kirche von Westfalen, Villigst (1975)18, 41–53.

Reihe >Forschung aktuell<, Hg. Frankfurt a.M., 1975 ff.

Multinationale Konzerne und Entwicklungsländer, in: Gerhard Leminsky u. Bernd Otto (Hg.), Gewerkschaften und Entwicklungspolitik, Köln 1975, 423–42.

Lasertechnik für die Medizin, >Der Sozialdemokrat< 20(1975)1, 7.

Forschung für eine menschenwürdige Arbeit, Forschung für die Sicherung unseres Lebensbedarfs, >Frauen< 1(1975)1, 33.

Gemeinsam unsere Energieversorgung sichern, Energie für morgen (Interview), >Beiträge aus Politik, Wirtschaft, Technik, Forschung<, Berlin 1975, 9–14.

Technologietransfer ist auch eine öffentliche Aufgabe, >Zeitschrift für Kulturaustausch< 25(1975)1, 45–47.

Nahverkehr muss attraktiver werden >ÖTV-Magazin< (1975)1, 7.

Einsatzmöglichkeiten neuer Energiesysteme, Programmstudie >Sekundärenergiesysteme<, sechs Teile, hrsg. v. BMFT, Bonn 1975.

Teil I: >Bedarfsanalyse und Strom< (Vorwort).

Teil II: >Kohleveredlung< (Vorwort).

Teil III: >Wasserstoff< (Vorwort).

Teil IV: >Fernenergie< (Vorwort).

Teil V: >Fernwärme< (Vorwort).

Teil VI: >Bewertung und Vergleich sowie Vorschläge für ein Förderungsprogramm< (Vorwort).

Programm der Bundesregierung zur Förderung der Information und Dokumentation (IuD-Programm), 1974–1977 (Vorwort), Bonn 1975, 1–2.

3. D[aten]V[erarbeitungs]-Programm 1979 wieder auf 400 Mio. DM (Interview), >Online< 14(1976)1/2, 22–23.

Ausbau zur Denkzentrale. Die Bundesregierung stärkt die Forschung in Berlin, >Berliner Stimme< vom 18. Januar 1975.

Vortrag auf einer Informationsveranstaltung mit Verlegern zum Informations- und Dokumentations-Programm im BMFT am 19. Januar 1975.

Die Zukunft der europäischen Datenverarbeitung (Interview), >Le Monde< am 28. Januar 1975.

Strukturwandel unvermeidlich, >Kölner Stadtanzeiger< vom 31. Januar 1975.

Die Lehren [aus dem Putsch der Militärs in Chile], >Konkret< (1975)2.

Staat und Wirtschaft – Kooperationspartner in Forschung und Entwicklung (Interview), >Die Wirtschaft< (IHK Rhein-Neckar), (1975)2, 53–54.

Erst UNIDATA, dazu ICL, vielleicht auch einen amerikanischen Partner und dann rund 12 Prozent vom Weltmarkt (Interview), >Computerwoche<, Nr. 6 am 7. Februar 1975.

Energiekrise darf kein Vorwand für weniger Umweltschutz sein, >BMFT-Mitteilungen< (1975)2, 13.

Produktivitätssteigerungen im öffentlichen Dienst – Eine entscheidende Aufgabe, >BMFT-Mitteilungen< (1975)2, 14.

Rede über sektorale Umstellung und Modernisierung im Energiebereich, Dt. Btg. (7)149, 10 348–10 350 am 20. Februar 1975.

Aufgaben und Notwendigkeiten des technischen Fortschritts (Vortrag auf dem IG Metall-Kongress ›Angestellte und technischer Fortschritt‹ am 21. 2. 1975 in Hamburg), >Bulletin< (1975)27, 266–270.

Solidarität [mit Chile], >Konkret< (1975)3, 13.

ZVI spricht mit Matthöfer (Interview), >Der Ingenieur im öffentlichen Dienst< 4(1975)3, 37–41.

Energieversorgung auf vielen Wegen, >Öffentliche Wirtschaft und Gemeinwirtschaft< 24(1975)3, 92–94.

Mehr Lebensqualität durch die Forschung (Interview), >VDE Mitglieder-Informationen<, März 1975, 1–4.

Kohle birgt viele Möglichkeiten (Interview), >Informationen für die Mitarbeiter der Ruhrkohle AG< (1975)3, 2.

Möglichkeiten der weiteren Entwicklung der Kernenergie. Vortrag auf der Internationalen Fachtagung zum Stand der Entwicklung des Schnellen Brüters, >Bulletin< (1975)37, 367–368.

440 Millionen für Super-Datenbank, >Computerwoche<, Nr. 10 vom 7. März 1975.

Die Arbeitswelt humanisieren, >Druck und Papier<, 11 vom 17. März 1975.

»Ich setze mich für eine größere Beteiligung der Gewerkschaften an unseren Forschungsprogrammen ein« (Interview mit Edmund Möller), >Der Gewerkschafter< 13(1975)4, 6–9.

Zukunftschancen der europäischen Datenverarbeitungsindustrie, >Online< 13(1975)4, 204–206.

Lieber Strauß als Schmidt. Warum Sektierer meinen: ›Je schlimmer desto besser‹, >Konkret< (1975)4.

Forschungspolitische Ziele der Bundesregierung (Vortrag auf der Tagung des Verbandes der Chemischen Industrie), Schriftenreihe >Chemie und Fortschritt<, Verband der Chemischen Industrie, (1975)4, 9–18.

Multinationale Unternehmenstätigkeit und öffentliches Interesse, >WSI-Mitteilungen< 28(1975)4, 160–161.

Technologie ist kein Selbstzweck (Interview), >GMD-Spiegel< (1975)2, April/Mai, 8–15.

Fernwärme spart 20 Milliarden (Interview mit Hilde Purwin), >Neue Ruhr Zeitung< vom 5. April 1975.

Statt Umweltfragen gibt es Sojabohnen (Interview), >Vorwärts< am 10. April 1975.

Kernenergie und Öffentlichkeit, >Bulletin< (1975)48, 455–458.

Bedeutung der staatlichen Forschungs- und Technologiepolitik, Rede auf einer Tagung des Verbandes der unabhängig beratenden Ingenieurfirmen am 9. April 1975 in Bonn, >Bulletin< (1975)49, 464–467.

Energieforschung als Aufgabe nationaler und internationaler Kooperation, in: Energiewirtschaftliches Institut an der Universität Köln, Hans Karl Schneider, Hg., Neuorientierungen der Energiewirtschaft. Vorträge und Diskussionsbeiträge der 18. Arbeitstagung am 17. und 18. April 1975 in der Universität Köln, München 1975, 116–138.

Technologie ist kein Selbstzweck (Interview), >GMD-Spiegel<, April/Mai 1975, 8–15.

Bewährungsprobe für die Demokratie, >Umwelt< (Düsseldorf) (1975)5, 4.

Die gesellschaftspolitische Bedeutung der E[lektronischen] D[a-ten]-V[erarbeitung], >Data Report< 10(1975)5, 6–7.

Zur Forschungs- und Energiepolitik der Bundesregierung, in: Kraftwerk 2000. Ein energiepolitisches Forum der Evangelischen Akademie Bad Boll vom 1.–4. 5. 1975, hrsg. v. Kurt Naumann, Stuttgart 1975, 11–19.

Forschungspolitik als gesellschaftliche Strukturpolitik, >Gewerkschaftliche Monatshefte< (1975)6.

Forschungs- und Energiepolitik – Antworten auf die Wachstumskrise? in: Politisches Seminar der Staatsbürgerlichen Vereinigung 1954 e. V., 26. Tagung vom 2.–6. 6. 1975 in Bonn Bad Godesberg, Köln 1976, 64–77.

Forschungsprogramm zur Humanisierung der Arbeitswelt, Vortrag auf dem Unternehmer-Seminar der >Arbeitsgemeinschaft zur Förderung der Partnerschaft in der Wirtschaft e. V.< am 7. Juni 1975 in Mayschoß/Ahr, >Bulletin< (1975)75, 709–714.

Neue Aufgaben der Forschungspolitik, Rede auf der OECD-Wissenschaftsministerkonferenz in Paris, >Bulletin< (1975)83, 780–781.

[Atomkraftwerke und Atomschutz] (Interview), >Deutsche Bauern-Korrespondenz< 28(1975)7, 204–205.

Forschungspolitik heute und morgen, >Sprechsaal< (1975)7, 401–406.

Auch fossilbefeuerte Kraftwerke sind gefährlich (Interview), >ÖTV-Magazin< (1975)7, 11–13.

Sicherung und Ausbau der Berliner Wirtschaft (Interview), >Bulletin< (1975)88, 836–837.

Ein wichtiges Reformziel sozialliberaler Politik, >SPD-Pressedienst< vom 10. Juli 1975.

Förderung des technischen Fortschritts, Vortrag auf der Tagung der Fraunhofer-Gesellschaft e. V. über die »Anwendung von Halbleiter-Bauelementen in der mittelständischen Industrie«, >Bulletin< (1975)93, 878–881.

Medienpolitische Aspekte des Kabelfernsehens, >Hessische / Niedersächsische Allgemeine< vom 26. Juli 1975.

Wie steht die Bundesregierung zu den Forschungen im Bereich des Rad / Schiene-Systems? >Die Bundesbahn< 51(1975)8, 491–492.

Know-how auch für die Kleinen. Mittelstandsförderung (Interview), >Manager Magazin< 5(1975)8, 14–17.

Der Club of Rome am Wendepunkt, >Vorwärts< vom 7. August 1975.

Nur moderne Wirtschaft sichert die Arbeitsplätze (Interview mit Hilde Purwin), >Neue Ruhrzeitung< vom 16. August 1975.

Bislang keine Alternative (Interview) >Die Zeit< 29(1975) vom 23. August 1975.

Eine andere Art von Wachstum (Gespräch mit Gerd von Wahlert und Siegfried von Kortzfleisch), >Lutherische Monatshefte< 14(1975)9, 491–494.

Warum schweigen die Kernforscher? >Atomwirtschaft-Atomtechnik< Düsseldorf, (1975)9, III

Eile nach langer Weile (Interview), >Aachener Prisma< 24(1975)9, 4–5.

Die Arbeit des ›Club of Rome‹ muß nationale Konsequenzen ermöglichen, >Analysen und Prognosen< Berlin, 7(1975)5, 3.

Industrieländer kein Vorbild, >Evangelischer Pressedienst<, Oktober 1975.

Der Dritten Welt mit angepassten Technologien helfen (Interview), >Politisch-Parlamentarischer Pressedienst< vom 24. Oktober 1975.

Kampf gegen den Krebs, >Praline< vom 30. Oktober 1975.

Forschungspolitische Ziele der Bundesregierung, Referat auf der Mitgliederversammlung des Verbandes der Chemischen Industrie, Mainz, 30.–31. Oktober 1975, Schriftenreihe >Chemie und Fortschritt<, hrsg. v. Verband der chemischen Industrie e. V., (1975)4, 9–18.

Gespräch mit einem Aufsteiger, >Der Aufstieg<, (1975)11, 39–41.

Wohin fließen die Millionen? Zum Forschungsbericht 1975, >Bild der Wissenschaft< Stuttgart, 12(1975)11, 102–120.

Rede auf dem SPD-Parteitag vom 11.–15. November 1975 im Mannheimer Rosengarten zum Problem der Kernkraftwerke und der Energieversorgung (Protokoll der Verhandlungen vom 14. November 1975, 799).

1976

Begrüßungsrede, in: Die Zukunft der Energie- und Rohstoffversorgung: Möglichkeiten und Probleme internationaler Zusammenarbeit. Bericht über eine internationale Konferenz der FESt vom 6.–8. 6. 1975 in der Heimvolkshochschule

Bergneustadt. Redaktion: Erik Gurksdies und Egon Erwin Müller, Bergneustadt 1976, 3–5.

Vorwort, in: Anwendung der Halbleitertechnik in der Uhrenindustrie, Förder-maßnahmen des BMFT 1976–1979, hrsg. v. Fraunhofer-Gesellschaft zur Förderung der angewandten Forschung, Karlsruhe 1975/76, I–II.

Forschung und Technologie für eine zukunftsgerichtete Energie- und Rohstoff-politik, in: BMFT, Zukunftsorientierte Energie- und Rohstoffpolitik, Bonn-Bad Godesberg 1976, 18–25.

Geleitwort, in: Kernenergie. Mensch. Umwelt, hrsg. v. Kurt Oeser und Horst Zilleßen, Köln 1976, 7 f.

Vorwort, in: Menschlich Überleben. Technologien für den Frieden (Reihe Friedenspolitische Konsequenzen, Hg.), Bd. 5, hg. von Klaus Lefringhausen, Johannes Rau und Heinz G. Schmidt, Wuppertal 1976, 7 f.

Perspektiven deutscher Forschungs- und Technologiepolitik, in: Menschlich Überleben. Technologien für den Frieden (Reihe Friedenspolitische Konsequenzen, Hg), Bd. 5, hrsg. v. Klaus Lefringhausen, Johannes Rau u. Heinz G. Schmidt, Wuppertal 1976, 9–20.

Menschliche Arbeitsbedingungen haben ihren Preis, >Werden< Jahrbuch des DGB 1976, 73–77.

Vorwort, in: Technologien für die Sicherheit im Straßenverkehr (Forschung aktuell, Hg.) Frankfurt a.M. 1976, Reihe 7–11.

Vorwort, in: Energiequellen für Morgen (Forschung aktuell, Hg.), Frankfurt a.M. 1976, V.

Vorwort, in: Sonnenenergie (Forschung aktuell, Hg.) Frankfurt a.M. 1976, 5–6.

Vorwort, in: Umweltforschung (Forschung aktuell, Hg.), Frankfurt a.M 1976, 7–9.

Vorwort, in: Datenverarbeitung (Forschung aktuell, Hg.), Frankfurt a.M. 1976, 5 f.

Vorwort, in: Kernenergie. Eine Bürgerinformation, hrsg. v. BMFT, 2. Auflage, Bonn 1976, 6–7.

Forschungsprogramm zur Humanisierung der Arbeitswelt, in: Humanisierung des Arbeitslebens. Eine Dokumentation, zusammengestellt von Günter Keil u. August Oster, Bad Honnef 1976, 112–117.

Humanisierung der Arbeit (Referat auf der Konferenz des DGB-Landesbezirks Nordrhein-Westfalen am 23. September 1976 in Gelsenkirchen), in: Reformpolitik im Interesse der Arbeitnehmer (Materialien zur gewerkschaftlichen Bildungsarbeit, Heft 1, >Humanisierung der Arbeit<), hrsg. v. DGB-Landesbezirk Nordrhein-Westfalen, Düsseldorf [1976], 11–31.

Forschung in der Bundesrepublik Deutschland, Hg. mit Hans-Hilger Haunschild, Stuttgart 1976.

Vorwort, in: Weltraumprogramm der Bundesrepublik Deutschland 1976–1979, hrsg. v. BMFT, Bonn 1976, 1.

Vorwort, in: Drittes Datenverarbeitungsprogramm der Bundesregierung, hrsg. v. BMFT, Bonn 1976, 3.

Für eine menschliche Zukunft. Sozialdemokratische Forschungs- und Technologiepolitik, Düsseldorf 1976, 267 S.

Konzentration der Kräfte, >Börsenblatt für den deutschen Buchhandel< 32(1976)30, 543–544.

Positive Erfahrungen mit nuklearem Schiffsantrieb. Matthöfer zieht Bilanz, >Hansa< 113(1976)18, 1 457–1 458.

Die Bedeutung der angewandten Forschung in Deutschland, in: 150. Todesjahr Joseph von Fraunhofers, München 1976, 35–42.

Ressourcensicherung und vorausschauende Strukturpolitik als technologiepolitische Aufgabe, in: Modernisierung der Wirtschaft – sichere Arbeitsplätze, Bonn 1976, 61–86.

Vorwort, in: Forschungsprogramm Humanisierung des Arbeitslebens – Eine Information des BMFT, Bonn 1976.

Was bedeutet ›Humanisierung des Arbeitslebens‹? (Interview), >Umschau in Wissenschaft und Technik< 76(1976)1, 5–6.

Es ist zu befürchten, dass wir mit einer gewissen Arbeitslosenquote fertig werden müssen (Interview), >Druck und Papier< vom 19. Januar 1976, 6–7.

Rede zum Rahmenprogramm Energieforschung, Dt. Btg. (7)215, 14 896–14 900 und 14 925–14 931 am 22. Januar 1976.

Warum wird die Windenergie nicht genutzt? >Süddeutsche Zeitung< vom 24. Januar 1976.

España y la Comunidad Europea. M. contesta al interrogante abierto sobre el acercamiento de España a la Comunidad Europea, >Exprés Español< 65/Februar 1976, 34 f.

So leben wir im Jahr 2000, >Bild Zeitung< vom 4. Februar 1976.

Ansprache im Rahmen des Bürgerdialogs Kernenergie am 31. Januar 1976 in Essen, >Bulletin< (1976)16, 167–169.

Alternativen zur Kernenergie. Vortrag mit Diskussion (mit Gunter Altner und Klaus Lubkoll) auf der Tagung in der Evangelischen Akademie Bad Boll (6.–8. Februar 1976), >Protokolldienst<, 4, Bad Boll 1976, 88 S.

Fernwärme aus Wärme-Kraft-Kopplung, >Süddeutsche Zeitung< vom 27. Februar 1976.

Ein Schritt auf dem Wege zur Parität, >Wir in Frankfurt< 5(1976)1, 3.

Interview über Fragen der Forschungs- und Technologiepolitik, >Welt Report< 2(1976)6, 23–26.

Schwere Gefahr für unser Land, >Wir in Frankfurt< 5(1976)2, 2.

Erfolgreiche Förderung der Grundlagenforschung (Ansprache zur Einweihung des neuen Institutsgebäudes der Max-Planck-Institute für Festkörperforschung und für Metallforschung am 30. März 1976), >Bulletin< (1976)38, 356–358.

Forschung und Technologie im Dienst der Gesundheit. Diskussionsentwurf eines längerfristigen Rahmenprogramms, hrsg. v. BMFT, Bonn 1976, 88 S. (zusammen mit Katharina Focke).

Innovationsmarkt Forschung und Technologie – ein neuer Weg zum Produkt, >Rationalisierung< 27(1976)4, 82–84.

Schaffung menschengerechter Arbeitsbedingungen – ein Ziel staatlicher Forschungsförderung, >Bulletin< (1976)40, 373–377.

Menschliche Arbeitsbedingungen haben ihren Preis (Rede während des Humanisierungskongresses in Essen am 6. April 1976), >Werden – Jahrbuch für die deutschen Gewerkschaften<, Köln 1976, 73–77.

Schaffung menschengerechter Arbeitsbedingungen: ein Ziel staatlicher Forschungsförderung, in: Menschengerechte Arbeit – Erfahrungsaustausch zwischen Forschung und betrieblicher Praxis (Dokumentation zum RKW-Kongress am 6.–7. April 1976 in Essen) Frankfurt a.M. 1976, 14–29.

Schaffung menschlicher Arbeitsbedingungen – Ein Ziel staatlicher Forschungsförderung, >Bulletin< (1976)40, 373–377.

Atomgeschäft mit Brasilien. Matthöfer: Folterer sind »ehrlose Lumpen« (Interview), >Vorwärts< (1976)16, 5.

Den unsterblichen Tiger am Schwanz gepackt (Gespräch), >Der Spiegel< 30(1976)17, 30–34.

Für Automatenarbeit ist der Mensch zu schade (Rede vom 6. April 1976 auf dem RKW-Kongress in Essen), >Frankfurter Rundschau< vom 20. April 1976.

Freiheit ist kein Schlagwort, >Wir in Frankfurt< 5(1976)3, 2.

Erster freier UGT-Gewerkschaftskongress in Madrid. Mythen werden nicht gehandelt, >Vorwärts< vom 29. April 1976.

Journalisten fragen, Politiker antworten (Interview), >ZDF< am 29. April 1976.

Forschungspolitik zur Zukunftsbewältigung. Kann die Forschungspolitik zur Gestaltung der Zukunft beitragen? >Analysen und Prognosen über die Welt von morgen<, Berlin, 8(1976)5, 3.

Wirtschaft und Staat als Partner im technologischen Innovationsprozeß aus der Sicht des Staates (Vortrag anlässlich der Hannover-Messe am 2. Mai 1976), >Bulletin< (1976)51, 478–483.

Die Bedeutung der angewandten Forschung in Deutschland (7. Mai 1976), in: 150. Todesjahr Joseph von Fraunhofers 1787–1826, Reden und Ansprachen, Festveranstaltung der Fraunhofer-Gesellschaft und des Deutschen Museums in München 1976, 35–42.

Wachsender Energiebedarf zwingt zum Reaktorbau (Interview mit Birgit-Ingeborg Loff), >Frankfurter Rundschau< vom 19. Mai 1976.

Forschung und Technologie stärker in den Dienst der Gesundheit stellen, in: >Gesundheit< – Gesundheitspolitische Fachkonferenz der SPD in Gelsenkirchen, hrsg. v. Vorstand der SPD, Bonn 1976, 61–76.

Humane Zukunft durch Forschung sichern (Gespräch), >Evangelische Kommentare< 9(1976)6, 351–354.

Ziele des dritten Datenverarbeitungsprogramms, >GMD-Spiegel< (1976)2, Juni, 19–33.

Freiheit oder Strauß, >Wir in Frankfurt< 5(1976)4, 2.

Die Aufgaben von Meeresforschung und Meerestechnik (Rede am 15. 6. 1976 anlässlich der Eröffnung des Kongresses und der Ausstellung INTEROCEAN in Düsseldorf), >Bulletin< (1976)73, 697–700.

Für die Zukunft gut gerüstet, >SPD-Pressedienst< vom 23. Juni 1976.

Ziele der Forschungspolitik der Bundesregierung als Teil ihrer Gesamtpolitik, Dt. Btg. (7)252, 17947–17953.

Ressourcensicherung und vorausschauende Strukturpolitik als technologiepolitische Aufgabe, in: Modernisierung der Wirtschaft – sichere Arbeitsplätze. Sozialdemokratische Fachkonferenz am 25.–26. Juni 1976 in Bremen, hrsg. v. Vorstand der SPD, Bonn 1976, 61–74.

Forschung und Entwicklung auch für die Arzt-Praxis? >Arzt und Wirtschaft< Juli 1976.

Interviews und Gespräche zur Kernenergie. ›Den unsterblichen Tiger am Schwanz gepackt‹, Karlsruhe 1976, 118 S.

Hausmüll als neue Rohstoffquelle (Interview), >Nürnberger Nachrichten< vom 17. Juli 1976.

Mit aktiver Forschungspolitik Arbeitsplätze sichern, >Frankfurter Rundschau< vom 22. Juli 1976.

Compensaciones financieras en un Estado Federal: ¿La Republica Federal, un modelo? (Interview mit Irene Rüde), >Exprés Español< (1976)71, 31 f.

Bilanz der Forschungs- und Technologiepolitik, >Die Neue Gesellschaft< 23(1976)8, 624–626.

Wie frei wird künftig Meeresforschung sein? Seerechtskonferenz – Herausforderung und Chance zugleich, >Frankfurter Rundschau< vom 4. August 1976.

Verstärkter Ausbau der Forschung im Gesundheitsbereich, >forum – infodienst gewerkschaftspresse<, Nr. 118 vom 6. August 1976.

Lieber sozial als unchristlich, >Wir in Frankfurt< 5(1976)5, 2 vom 8. August 1976.

Förderung von Projekten des öffentlichen Personennahverkehrs (Interview mit Karin Storch), >ZDF-Länderspiegel< am 30. August 1976.

Für die Zukunft gut gerüstet. Unsere forschungspolitische Bilanz kann sich sehen lassen, >Bildung und Politik< 11(1976)9, 195–197.

Forschungspolitik zur Zukunftsbewältigung – Kann die Forschungspolitik zur Gestaltung der Zukunft beitragen? >Analysen und Prognosen< (1976)9, 3.

Nicht nur den Großen helfen, >BMFT-Mitteilungen< (1976)8/9, VII.

›Die Frage heißt: Wie wollen wir künftig leben?‹ (Sonderdruck eines Streitgesprächs in der Redaktion des >Vorwärts< mit Carl Amery in Bonn am 18. November 1976 über dessen Buch ›Natur als Politik‹), Bonn 1976. Moderation: Jens Fischer u. Ulrich Rosenbaum.

Sind die Probleme der Umweltverschmutzung und Rohstoffverknappung auf demokratische Weise zu lösen? Rede vor der Tagung der internationalen Sachverständigen-Union in Saarbrücken am 19. November 1976, >Bulletin< 23, 1 186–1 190.

Standort der JET-Großversuchsanlage zur Gewinnung von Energie durch Kernverschmelzung (Interview), >Südwestfunk< am 21. Dezember 1976.

1977

Utopie oder Wirklichkeit? Streitgespräch zwischen Robert Jungk und Hans Matthöfer, >Bild der Wissenschaft< (1977)1, 86–93.

Politische Perspektiven der rationellen Energie-Verwendung, >Energie<, Berlin 1977, 15–25.

Vorwort, in: Bürgernahe Gestaltung der sozialen Umwelt. Probleme und theoretische Perspektiven eines Forschungsverbundes, hrsg. von Franz-Xaver Kaufmann, Meisenheim a. G. 1977, V –VII.

Vorwort, in: Energy Research and Energy Technologies Program, 1977–1980, hrsg. v. BMFT, Bonn 1977, 3.

Vorwort, in: Fernwärme (Forschung Aktuell, Hg.) Frankfurt a.M.1977, 5–6.

Vorwort, in: Sonnenenergie II (Forschung Aktuell, Hg.), Frankfurt a.M.1977, 7–8.

Vorwort, in: Verbraucherforschung, (Forschung Aktuell, Hg.), Frankfurt a.M. 1977, 5–7.

Vorwort, in: Energie, Beschäftigung, Lebensqualität, hrsg. von Wilhelm Dröscher u. a., Bonn 1977.

Grundlagen und Anwendung der Systemtechnik, >Analysen und Prognosen<, 9(1977)49, 21–22.

Forschungs- und Technologiepolitik und Arbeitswelt, in: Strukturelle Arbeitslosigkeit durch technologischen Wandel? (Referate, gehalten auf der Technologie-Tagung der IG Metall 24./25. Mai 1977, Frankfurt am Main), hrsg. v. Vorstand der Industriegewerkschaft Metall für die Bundesrepublik Deutschland, Frankfurt a.M. 1977, S. 43–57.

Umweltverschmutzung und Rohstoffverknappung, >Wasser, Luft und Betrieb< 21(1977)1/2, 34–35.

Energien der Zukunft – welche Rolle spielt die Kernenergie? in: Probleme der Kernenergie. Chancen, Risiken und Perspektiven in einer sich wandelnden Energiewirtschaft (Internationaler Fachkongress der Friedrich-Ebert-Stiftung in der Stadthalle zu Bonn-Bad Godesberg zum Thema: »Probleme der Kernenergie, Chancen, Risiken und Perspektiven in einer sich wandelnden Energiewirtschaft« am 3./4. Oktober 1977), Bonn 1977, S. 12–20.

Energien der Zukunft – welche Rolle spielt die Kernenergie? in: Energiepolitik in der Entscheidung, hrsg. von Vereinigung Deutscher Elektrizitätswerke e. V. Frankfurt a.M. 1977, 18–28.

Vorwort, in: Programm Energieforschung und Energietechnologien 1977–1980, hrsg. v. BMFT, Bonn 1977, 3.

Vorwort, in: Programm Technologien zur Nutzung der Sonnenenergie 1977–1980, hrsg. v. BMFT, Bonn 1977, 3 f.

Interviews und Gespräche zur Kernenergie, 2. Aufl., Heidelberg 1977, 99 S.

Humanisierung der Arbeit und Produktivität in der Industriegesellschaft, Köln 1977.

Vorwort, in: Programm Forschung zur Humanisierung des Arbeitslebens, 2. Aufl., hrsg. v. BMFT, Bonn 1977.

Hg.: Otto Rammstedt, Bürgerbeteiligung und Bürgerinitiativen. Legitimation und Partizipation in der Demokratie angesichts gesellschaftlicher Konfliktsituationen, Villingen 1977.

Politische und technologische Probleme der Kernenergie, in: Energiepolitik in Nordrhein-Westfalen. Auswertung der energiepolitischen Konferenz NRW 1977 in Recklinghausen, hrsg. von Christoph Zöpel, Düsseldorf o. J., 31–42.

Die Kräfte des Fortschritts nicht zersplittern. Das Lager der spanischen Demokratie braucht Unterstützung, >SPD-Pressedienst< vom 13. Januar 1977.

Forschung als Wettlauf um das Überleben (Gespräch), >Schwarzwälder Bote< vom 14. Januar 1977.

Unter der Wolke des Atoms. Die Zeit-Redaktion diskutierte mit Experten das große Thema der kommenden Jahre: Kernfrage – Kernenergie, >Die Zeit<, Sonderdruck aus den Nummern 3, 4, 5 (1977) vom 21. Januar 1977.

Energie und Umwelt (Rede anlässlich der Eröffnung des Kongress >Energie und Umwelt< am Februar 1977 in Düsseldorf), >Bulletin< (1977)12, 113–115.

Ungeklärte Fragen der Kernenergie, wie zum Beispiel über Fragen der Endlagerung (Interview mit Hans Jürgen Rosenbauer), >ARD – Bericht aus Bonn< am 11. Februar 1977.

ESA-Sitzung (Interview), >Hessischer Rundfunk – Passiert – Notiert< am 14. Februar 1977.

Europas Brücke nach Lateinamerika. Für den Demokratisierungsprozess in Spanien trägt die SPD eine besondere Verantwortung (Interview), >Vorwärts<, 14 vom 24. Februar 1977.

Intervención de Hans Matthöfer en el III congreso de P.S.C., >Exprés Español< 78/März 1977, 25.

Rede auf der Eröffnungsveranstaltung zur Woche der Brüderlichkeit am 6. März 1977 in Frankfurt, >Bulletin< (1977)22, 207.

»Kernenergie ja – aber nicht mit Gewalt« (Interview), >Der Spiegel< 31(1977)14, 49–53.

Probleme der Umweltverschmutzung und Rohstoffverknappung, >Der Ingenieur im Öffentlichen Dienst< Göttingen 6(1977)2 (April), 25–31.

Apoyar al PSOE y a la UGT con todas nuestras fuerzas (Interview), >Exprés Español<, 79/April 1977, 17–19.

Forschungs- und Technologiepolitik zur Stärkung der Innovationskraft kleiner und mittlerer Unternehmen, >Rationalisierung< München, 28(1977)4, 74–75.

Denkpause in Sachen Kernenergie, >SPD-Pressedienst< vom 20. April 1977.

Konsequenzen einer Genehmigungspause für Kernkraftwerke, hektogr. Ms., [1977], 12 S.

Forschungsinvestitionen haben Schlüsselbedeutung, >SPD-Pressedienst< vom 21. April 1977.

Aktivierung des Technologie-Transfers (Rede auf der Hannover-Messe), >Bulletin< (1977)42, 383–388.

Energie. Diskussionsleitfaden, Forum SPD, Bonn 1977, 102 S.

Schlusswort, in: Dokumente. Fachtagung ›Energie, Beschäftigung, Lebensqualität‹ in Köln, Forum SPD, hrsg. vom Vorstand der SPD, Bonn 1977, 168–179.

Innovationen für die Welt von morgen, >Umschau In Wissenschaft und Technik< 77(1977)5, 140–146.

Entscheidend für die Zukunft: Energie und Umwelt, >Wasser, Luft und Betrieb< 21(1977)5, 269–270.

Hg.: Schnelle Brüter, pro und contra. Protokoll des Expertengesprächs vom 19. Mai 1977 im BMFT, (Argumente der Energiediskussion, Bd. 1), Villingen 1977, IX, 182 S.

Am Rande der Hybris (Stellungnahme zum gleichnamigen Artikel in >Der Spiegel< 31(1977)23, 36–44), hektogr. Ms., 25 S.

Ein Beispiel gegeben, >Deutsches Allgemeines Sonntagsblatt< vom 29. Mai 1977.

Rationellere Energieverwendung durch Fernwärme, >Fernwärme International< 6(1977)3, Juni, 55–57.

Die größten Fehler vermeiden (Interview), >Wirtschaftswoche< 31(1977)25, 18–19.

Hochtemperaturreaktor und Schneller Brüter (Rede), Dt. Btg. (8)31, 2 300–2 305.

Schlüsselrolle der Technik, >Rheinischen Merkur< vom 17. Juni 1977.

Direkte oder indirekte Forschungsförderung (Rede), Dt. Btg. (8)35, 2 646–2 649.

Humanisierung der Arbeit als Aufgabe der Forschungspolitik, Vortrag anlässlich der Tagung der Sozialakademie Dortmund am 20. Juni 1977, >Bulletin< (1977)66, 620–626.

Eine Herausforderung für Europa – Fusionsenergie kann nur in Europäischer Kooperation erreicht werden, >SPD-Pressedienst< vom 28. Juli 1977.

Die wirtschaftliche Bedeutung der Energieforschung, >Sparkasse< 94(1977)8, 260–263.

EDV-Förderung auch für den Handel, >DFZ Wirtschaftsmagazin< 6(1977)8, 4.

Arbeit soll nicht stupide Routine sein (Interview), >Welt der Arbeit< vom 10. August 1977.

Die Denkpause macht den Strom viel teurer (Interview), >Stuttgarter Nachrichten<, 3 vom 10. August 1977.

Eine List gegen die Basis der Partei (Interview), >Welt am Sonntag< vom 14. August 1977.

»Ich wünsche Herrn Kohl viel Glück.« Auch die CDU bekommt ihre Kernenergie-Kontroverse (Interview), >Vorwärts< (1977)33, 8.

Gegen eine Verteufelung der Kernenergie-Diskussion, >SPD-Pressedienst< vom 19. August 1977.

Verantwortung der Wissenschaft für den Frieden in der Welt, Ansprache auf der Pugwash Conference on Science and World Affairs am 24. August 1977 in München, >Bulletin< (1977)80, 757–760.

Technologien für Entwicklungsländer, in: Dokumente. Fachtagung Entwicklungspolitik der SPD am 1./2. September 1977 in Wiesbaden, Forum SPD, hrsg. vom Vorstand der SPD, Bonn [Oktober] 1977, 30–36.

Forschung schafft Arbeitsplätze, >Angestellten-Magazin< (DGB) vom 6. September 1977.

Kernenergie – die Bewältigung unserer Zukunft als Chance und Risiko, >Gewerkschaftliche Monatshefte< 28(1977)10, 626–633.

Energien der Zukunft – welche Rolle spielt die Kernenergie, in: Probleme der Kernenergie. Chancen, Risiken und Perspektiven in einer sich wandelnden Energiewirtschaft, Bonn 1977 [Internationaler Fachkongress der FESt in der Stadthalle zu Bonn-Bad Godesberg vom 3.–4. Oktober 1977], 12–20.

Jahrelanges Tauziehen um JET beendet, >Sozialdemokratischer Pressedienst< vom 26. Oktober 1977.

Umweltschutz und Kernkraftfragen (Rede), Dt. Btg. (8)51, 3 941–3 945.

Sozialwissenschaften – Konkurrenz zu Naturwissenschaft und Technik? (Interview), >Umschau in Wissenschaft und Technik< 77(1977)22, 730–732.

Hg.: Bürgerbeteiligung und Bürgerinitiativen. Legitimation und Partizipation in der Demokratie angesichts gesellschaftlicher Konfliktsituationen. Wissenschaftliche Redaktion: O. Rammstedt, Argumente in der Energiediskussion – Bd. 3, Villingen, November 1977, 480 S.

Hg.: Energiebedarf und Energiebedarfsforschung. Referate und Ergebnisse einer Tagung des BMFT in Zusammenarbeit mit dem Projekt ›Kernenergie‹ der Universität Bremen. Wissenschaftliche Redaktion: D. von Ehrenstein, J. Wichert in Zusammenarbeit mit R. A. Dickler, Argumente in der Energiediskussion – Bd. 2, Villingen im November 1977, 408 S., Vorwort, XXI f.

Verantwortung der Wissenschaft für den Frieden. Ansprache vor der Pugwash-Konferenz, >DGFK-INFORMATIONEN<, Bonn, (1977)2, 10–12.

Es gibt kein Patentrezept (Interview), >Vorwärts< vom 3. November 1977.

Tendenzwende: Ja zum Atomstrom? (Interview), >ZDF – Bonner Perspektiven< am 13. November 1977.

Hoffnung und Gefahren. Gen-Forschung in der politischen Diskussion, >Bild der Wissenschaft< 14(1977)12, 162–177.

Eine Herausforderung an die Forschungspolitik, >Sozialdemokratischer Pressedienst< 32(1977)246.

1978

Die Arbeitswelt sollte menschlicher werden, >Werden – Jahrbuch für die deutschen Gewerkschaften<, Köln 1978, 76–80.

Für eine menschliche Zukunft, 2. überarbeitete Neuauflage, Düsseldorf, Februar 1978, 263 S.

Geleitwort und Grußwort zum Deutschen Steuerberaterkongress 1978, in: Steuerberaterkongress-Report, Deutscher Steuerberaterkongress 1978 der Bundessteuerberaterkammer, Bonn, und dem Deutschen wissenschaftlichen Steuerinstitut der Steuerberater und Steuerbevollmächtigten e. V., Bonn, München 1978, V, 19–23.

Atomstaat – Utopie oder Wirklichkeit? Streitgespräch zwischen Hans Matthöfer und Robert Jungk, >Bild der Wissenschaft< (1978)1, 86–93.

Humanisierung der Arbeit als Aufgabe der Forschungspolitik, >Soziale Sicherheit< 27(1978)1, 1–4.

Leitmotiven im Forschungshaushalt (Rede), Dt. Btg. (8)69, 5 505–5 506.

Zur Standortfrage des JET (Rede), Dt. Btg. 8(69), 5 548–5 550.

Humanisierung der Arbeit und Produktivität in der Industriegesellschaft, 2. Aufl., Köln, Februar 1978, 189 S.

An Steuersenkungen ist für längere Zeit nicht zu denken (Interview), >Münchner Merkur< vom 17. Februar 1978.

Mit Vertrauen, Geduld und gutem Willen an richtigen Antworten arbeiten (Interview mit Hans-Henning Zencke), >Bonner Rundschau< vom 17. Februar 1978.

Nur auf dem Gebiet der Steuern betrete ich Neuland (Gespräch mit Hilde Purwin), >Neue Ruhr Zeitung< vom 17. Februar 1978.

Rede zur Begründung des Bundeshaushalts 1978 im Bundesrat am 17. Februar 1978.

Rede zum Jahreswirtschaftsbericht 1978, Dt. Btg. (8)75, 5 914–5 917.

Rede über die Förderung von Forschung und Entwicklung bei kleineren und mittleren Unternehmen, Dt. Btg. (8)75, 5 968–5 970.

Rede zur Besteuerung der Landwirtschaft, Dt. Btg. (8)76, 6 010–6 012.

Die Werftsituation aus der Sicht der Bundesregierung, in: 7. Nationale Schiffbaukonferenz der IG Metall in Hamburg am 3. März 1978, Protokoll, hrsg. vom IG Metall-Vorstand, o. O. u. J., 37–46.

Muss Fortschritt unmenschlich sein? Vier Jahre Forschung zur Humanisierung des Arbeitslebens<, >Vorwärts< (1978)11, 16.

Werften im Strukturwandel, >Sozialdemokratischer Pressedienst< vom 22. März 1978.

Die Humanisierung der Arbeit. Ein Gebot volkswirtschaftlicher und sozialer Vernunft, >L 76<, 2. Vierteljahr (1978) Nr. 8, 170–176.

Rede über die Neuverteilung des Steueraufkommens zwischen Bund, Ländern und Gemeinden, Dt. Btg. (8)83, 6 573–6 575.

Rede über die Sicherung unserer Energieversorgung, Dt. Btg. (8)86, 6 792–6 794.

Rede zur Einbringung eines Gesetzentwurfs zur Änderung des Kraftfahrzeugsteuergesetzes, Dt. Btg. (8)86, 6 817–6 818.

Rede im Bundesrat zur Regierungsvorlage eines neuen Umsatzsteuergesetzes zur Anpassung an die vom Rat der Europäischen Gemeinschaft am 17. Mai 1977 beschlossene 6. Richtlinie zur Harmonisierung der Umsatzsteuer in der Gemeinschaft (457. Sitzung, 115–118).

Möglichkeiten und Grenzen der Finanz- und Währungspolitik in der gegenwärtigen weltwirtschaftlichen Lage, in: Alfred Nau (Hg.), Wirtschaft International. Hamburger Wirtschaftstage der FESt, [27.–28. April 1978], Bonn 1978, 21–34.

Werften im Strukturwandel, >Wehrtechnik< (1978)5, 90–92.

Die gesamtwirtschaftliche Rolle der Finanzpolitik. Rede vom 27. April 1978 auf der Tagung der FESt, Wirtschaft International, in Hamburg, >Bulletin< (1978)41, 393–400.

Rede zur Forschungs- und Entwicklungstätigkeit der mittelständischen Wirtschaft, Dt. Btg. (8)90, 7 169–7 171.

Flicken statt dauernd Pumpen (Interview), >Wirtschaftswoche< vom 12. Mai 1978.

Bonn streicht Subventionen von 276 Millionen DM (Interview), >Saarbrücker Zeitung< vom 13. Mai 1978.

Matthöfer: Alle Kraft für Steuervereinfachung (Gespräch), >Hamburger Abendblatt< vom 18. Mai 1978.

Ein Volk von Sparern zur Zeit unerwünscht (Gespräch), >Handelsblatt< vom 19. Mai 1978.

Die Werftsituation aus der Sicht der Bundesregierung, >Hansa< 115(1978)6, 461–464.

Gemeinsamer wird's humaner, >Stern< vom 1. Juni 1978.

Rede zu struktur- und beschäftigungspolitischen Maßnahmen, Dt. Btg. (8)93, 7 355–7 358.

Rede zum Gesetz zur Änderung des Investitionszulagengesetzes und anderer Gesetze im Bundesrat am 2. Juni 1978 (459. Sitzung, 143–145).

Rede zum Entwurf des Nachtragshaushalts zum Bundeshaushalt 1978 im Bundesrat (459. Sitzung, 147–153).

Lohnsteueranstieg ungerecht (Interview), >Welt am Sonntag< vom 4. Juni 1978.

Gestaltung des Haushalts 1979 (Vortrag), >Bundespressekonferenz< vom 7. Juni 1978.

›Die Opposition nimmt ihre eigenen Vorschläge nicht ernst‹ (Interview), >Vorwärts<, 19 vom 8. Juni 1978.

Nicht mehr im Stande der Unschuld (Interview zur Notwendigkeit der Steuervereinfachung), >Wirtschaftswoche< 32(1978) vom 9. Juni 1978.

Wird die Verschuldung gefährlich? Polemik gegen ›die öffentlichen Schuldenmacher‹ zeigt mangelnden Sachverstand, >Rheinischen Merkur< vom 16. Juni 1978.

Rede zum 30. Jahrestag der Währungs- und Wirtschaftsreform in der Frankfurter Paulskirche am 20. Juni 1978 (Veranstalter: IHK Frankfurt und Ludwig-Erhard-Stiftung), Ms., 43 S.

Rede zu den Leitlinien des Bundesverfassungsgerichts für außerplanmäßige Ausgaben, Dt. Btg. (8)99, 7 906–7 9

Rede zur Änderung des Einkommensteuertarifs, Dt. Btg. (8)99, 7 894–7 897.

Rede zum Entwurf zur Änderung des Investitionszulagengesetzes im Bundesrat am 23. Juni 1978 (460. Sitzung, 164–169).

Rede zur Änderung des Mineralölsteuergesetzes im Bundesrat (460. Sitzung, 184–185).

Die SPD wird sich nicht querlegen (Interview), >Bild am Sonntag< vom 25. Juni 1978.

Nur ein Schelm gibt mehr, als er hat (Gespräch), >Der Spiegel< 32(1978)26, 26–29.

Gaddum's Vorschläge entlasten die Großen, >Sozialdemokratischer Pressedienst< vom 29. Juni 1978.

Rede zum Mineralölsteuergesetz im Bundesrat am 7. Juli 1978 (461. Sitzung, 240).

Erklärung zur Änderung der geltenden Antragsfrist für den Lohnsteuer-Jahresausgleich im Bundestag (461. Sitzung, 250–251).

Erklärung im Bundesrat zu einem Steueränderungsgesetz 1978 und zu dem bayerischen Gesetzentwurf zur Neugestaltung des steuerlichen Kinderlastenausgleichs (461. Sitzung, 254–255).

Keine Radikalkuren, >Westfälischen Nachrichten< vom 8./9. Juli 1978.

Berlin muß sein Potential In Wissenschaft und Technik noch stärker entfalten (Interview), >Berliner Stimme< vom 8. Juli 1978.

Tax Breaks, Investments Boost German Economy, >American Banker< vom 9. Juli 1978.

Sparförderung neu durchdenken (Interview), >Wirtschaftswoche< (WiWo Special Existenzgründung), 8–9 vom 10. Juli 1978.

Hoher technologischer Stand der deutschen Industrie (Rede beim Treffen der Vorstände von Unternehmen mit Bundesbeteiligung am 30. Juni 1978 in Berlin), >Bulletin< (1978)78, 742–747.

Neue Struktur nötig (Interview), >Die Zeit< 33(1978) vom 21. Juli 1978.

Nach dem Gipfel: Strohfeuer heizt nicht, >Sozialdemokratischer Pressedienst< vom 18. Juli 1978.

Ein berechtigter Kern …, >Die Zeit< 33(1978) vom 21. Juli 1978.

Matthöfer: Steuer wird nicht scheitern (Interview), >Express< (Köln/Bonn) vom 30. Juli 1978.

Kontroverse um die Lohnsummensteuer, Das Modell der Bundesregierung, >Wirtschaftsdienst< 58(1978)9, 431–438.

Zur Begründung der Abschaffung der Lohnsummensteuer (Interview), >ZDF< am 2. August 1978.

Städte im Revier sollen keine Verluste fürchten, >WAZ< vom 4. August 1978.

Weltweite Währungsimpulse – Zur Entwicklung des Europäischen Währungssystems, >Sozialdemokratischer Pressedienst< vom 10. August 1978.

Von Inflationsgefahr keine Rede. Hans Matthöfer zum neuen Europäischen Währungssystem (Interview), >Bonner Generalanzeiger< vom 11. August 1978.

Kohlesicherung dient ganz Europa (Interview), >WAZ< vom 15. August 1978.

Halbzeit in der Finanzpolitik, >SPD-Pressedienst< vom 22. August 1978.

Der Kapitalmarkt im Spannungsfeld von Kredit- und Schul-Denkpolitik, >Das Parlament< vom 23. August 1978.

BMFT stellt 10 Millionen Mark für Polizeiprojekte bereit, >Computerwoche<, Nr. 35 vom 26. August 1977.

Matthöfer: Autosteuer abschaffen (Interview), >Bild Zeitung< vom 28. August 1978.

Grunderwerbsteuer drastisch senken (Interview), >Welt der Arbeit< vom 31. August 1978.

Zum Bonner 13-Milliarden-Programm (Interview), >Bilanz< September/Oktober 1978, 16–18.

Kontroverse um die Lohnsummensteuer – Das Modell der Bundesregierung, >Wirtschaftsdienst< (1978)9, 431–433.

Finanzpolitik als Wachstumspolitik – Die Beschlüsse der Bundesregierung zur Stärkung der Nachfrage und zur Verbesserung des Wirtschaftswachstums, >Volks- und Betriebswirt< (1978)9, 16–17.

Hebesätze rauf – Über die kommunalen Finanzen, >Wirtschaftswoche< 32(1978)36, 22–23.

Matthöfer will Kraftfahrzeugsteuer und kleinere Verbrauchssteuern abschaffen (Interview), >Die Welt< vom 1. September 1978.

Die Lohnsummensteuer passt nicht in die Landschaft, >Handelsblatt< vom 11. September 1978.

Antrieb der Politik, >Das Parlament< 28(1978)38, 1–14.

»Den Herausforderungen der Zukunft Rechnung tragen«. Einbringungsrede zum Haushaltsentwurf 1979 und zum Finanzplan des Bundes bis 1982, Dt. Btg. (8)103, 8 114–8 124).

Rede zum Gesetz zur Änderung des Investitionszulagengesetzes und anderer Gesetze im Bundesrat am 22. September 1978 (462. Sitzung, 294–295).

Rede zum ›Maßnahmenbündel‹ als Ausführung der Beschlüsse des Weltwirtschaftsgipfels im Bundesrat (462. Sitzung, 306–312).

Kapitalmarkt im Spannungsfeld von Kredit- und Schuldenpolitik, ›Das Parlament‹ (Bonn) (1978)38, 3.

Kfz-Steuer abschaffen (Interview), ›Zeitung am Sonntag‹ vom 24. September 1978.

La stabilita monetaria obiettivo di Bonn (Interview mit Luciano Barile), ›IL sole‹ vom 27. September 1978.

Kundenschutz bei Versicherungen (Interview), ›Capital‹ 17(1978)10, 44–45.

Matthöfer: Weg mit der Auto-Steuer (Interview), ›Express‹ vom 07. Oktober 1978.

Fragen der Finanzgerichtsbarkeit und Steuergerechtigkeit (Vortrag vor der 25. Fachtagung für Richter der Finanzgerichte in Siegburg am 11. Oktober 1978), ›Bulletin‹ (1978)116, 1 086–1 088.

Rede zum Bundeshaushalt 1979 und zum Finanzplan bis 1982 im Bundesrat am 20. Oktober 1978 (463. Sitzung, 338–339).

Rede zum 2. Durchgang des Steueränderungsgesetzes 1979 im Bundesrat am 27. Oktober 1978 (464. Sitzung, 391–393, 407–409).

Die Steuern Schritt für Schritt vereinfachen (Interview), ›Das Haus‹ November 1978, 20–21.

Ein Schritt zur Währungsunion, ›Wirtschaftsdienst‹ (1978)11, 535–538.

Der Dollar hat es geschafft (Interview), ›Welt am Sonntag‹ vom 5. November 1978.

Rede zum Vermittlungsverfahren zum Steueränderungsgesetz 1979 im Bundesrat am 10. November 1978 (465. Sitzung, 428–430).

Bonner Bedingungen für Werftmilliarden (Interview), ›Hamburger Abendblatt‹ vom 11. November 1978.

Rede zur abschließenden Beratung des Steueränderungsgesetzes 1979 im Bundesrat am 24. November 1978 (466. Sitzung, 467–469).

Die Grenzen der Vermarktung – Fortschritt und Selbstbegrenzung (Rede beim ›Berliner Dialog‹ der FESt am 22. November 1978 in Berlin), ›Bulletin‹ vom 29. November 1978.

Finanzpolitische Aspekte der Exportförderung, ›Ost-West-Journal‹ (Wien) vom Dezember 1978.

Die Stabilität – Ein neuer Exportartikel (Interview), ›Deutsche Zeitung‹ vom 1. Dezember 1978.

Wieviel ist Berlin dem Bund wert? ›Berliner Stimme‹ vom 2. Dezember 1978.

Spaniens Verfassung braucht jetzt Leben, ›Sozialdemokratischer Pressedienst‹ vom 6. Dezember 1978.

Die Küste braucht ein Programm (Interview), ›Lübecker Nachrichten‹ vom 23. Dezember 1978.

1979

Zur Rolle der Finanzpolitik in der Wirtschafts- und Gesellschaftspolitik, in: Wirtschaftspolitik – kontrovers, hrsg. v. Diethard B. Simmert (Schriftenreihe der Bundeszentrale für politische Bildung, Bd. 146) Bonn 1979, 277–301.

Politik zugunsten von Konjunktur und Sparer, in: Geld und Währung (Schriftenreihe der Bundeszentrale für politische Bildung, Bd. 150) Bonn 1979, 33–36.

Die Rolle des Mittelstandes in der Gesellschaft von morgen, in: Bericht über den Wirtschaftstag 1979 der Volksbanken aus Hessen und Rheinland-Pfalz in Zusammenarbeit mit dem Institut für Genossenschaftswesen an der Phillips-Universität Marburg, Mainz 1979, 117–135.

Die Grenzen der Vermarktung – Fortschritt und Selbstbegrenzung, in: Die großen Streitfragen der achtziger Jahre, Berliner Dialog über unsere Zukunft, (Berliner Dialog, 3. Forum) hrsg. v. Peter Glotz, Bonn 1979; 99–113, 124, 130, 133–134, 139–141.

Handlungsfähigkeit des Bundes nicht in Frage stellen, >Sozialdemokratischer Pressedienst< vom 2. Januar 1979.

Dynamischer Prozess (Interview), >Wirtschaftswoche< 33(1979)2, 30–31.

Une mutation structurelle dans la stabilité, >Le Nouveau Journal< vom 11. Januar 1979.

Rede zu finanzpolitischen Fragen am 23. Januar 19. Dt. Btg. (8)130, 10 145–10 154.

Öffentliche Investitionen sind stärker betont (Interview), >Frankfurter Rundschau< vom 23. Januar 1979.

Rede über Nettokreditaufnahme, Währungsstabilität und Vollbeschäftigung am 26. Januar 1979, Dt. Btg. (8)133, 10 548–10 556.

Die Milliarden schaffen Einkommen (Gespräch), >Der Spiegel< 33(1979)5, 84–86.

Der Bund braucht seinen Anteil – Verteilung der Finanzmasse entspricht nicht mehr den Forderungen des Grundgesetzes, >Sozialdemokratischer Pressedienst< vom 1. Februar 1979.

Berlin kann sich auf Bonn verlassen, >Berliner Stimme< vom 3. Februar 1979.

Rede zu Finanzpolitik, Überversorgung und Elektrizitätserzeugung am 8. Februar 1979, Dt. Btg. (8)135, 10 671–10 674.

Keine übereilte Kurskorrektur, >Wirtschaftswoche< 33(1979).

Rede zum Haushaltsgesetz 1979 im Bundesrat, (Antwort auf eine Rede des bayerischen Ministerpräsidenten Dr. h. c. Franz Josef Strauß), 469. Sitzung, 5–8.

»Ich scheue das Wort Steuerreform« (Interview mit Bolke Behrens), >Stuttgarter Nachrichten< vom 24. Februar 1979.

Entwicklungstendenzen im bundesstaatlichen Finanzsystem, >Wirtschaftsdienst< 59(1979)3, 108–112.

Development policy. A contribution to peace policy, >Intereconomics< (1979)3, 127–132.

Neue Technologien und Innovationen für Bundesunternehmen, Rede zur Eröffnung des Vorstandstreffens der Bundesbeteiligungen am 22. Februar 1979 in Berlin, >Bulletin< (1979)27, 209–213.

Entwicklungspolitik als Beitrag zur Friedenspolitik (Rede in der Christuskirche zu Frankfurt am 28. Februar 1979), >Bulletin< (1979)28, 248–253.

Welche Entwicklungspolitik braucht die Welt? (Rede zum Entwicklungspolitischen Aschermittwoch in der Frankfurter Christuskirche), >Deutsches Allgemeines Sonntagsblatt< vom 11. März 1979.

Wegbereiter volkswirtschaftlicher Innovationen. Eine Herausforderung an die Leistungsfähigkeit der Banken, >Börsenzeitung< vom 24. März 1979.

Teures Öl kein Alibi für hohe Preise (Interview), >Express< vom 30. März 1979.

Aktuelle Fragen der Finanz- und Währungspolitik (Rede auf dem Deutschen Bankentag am 26. März 1979 in der Beethoven-Halle in Bonn), >Bulletin< (1979)39, 351–356.

Was bringt das EWS den Arbeitnehmern? >Berliner Stimme< vom 31. März 1979.

Die Entstehung neuer Finanzzentren, >West-Ost-Journal< (Wien) 12(1979)4/5, 9–10.

Initiativkräfte stärken – Hilfen für den Mittelstand, >Manager Magazin< 9(1979)4, 18–23.

Drucksache (Interview), >Capital< (1979)4, 13–15.

»Was veranlasst Sie und die SPD dazu, die Einkommensbesteuerung zu verschärfen? (Interview), >Agrarübersicht< (1979)4, 234–235.

Matthöfer will diese Steuern streichen (Interview), >Welt am Sonntag< vom April 1979.

Matthöfer: ›Das Kilometergeld wird nicht erhöht!‹ (Interview), >Bild Zeitung< vom 14. April 1979.

Staatliche Förderung der Wirtschaft, keine bürokratische Bevormundung, >Handelsblatt< vom 20. April 1979.

Die Sparförderung aushungern (Interview), >Die Zeit< 34(1979) vom 20. April 1979.

Chancen und Risiken des Europäischen Währungssystems, in: Das Europäische Währungssystem. Integrationsversuch mit falschem Werkzeug – das EWS ein politisches Demonstrationsprojekt ohne Substanz, >Bulletin der Aktionsgemeinschaft Soziale Marktwirtschaft< Heidelberg (1979)5, 1–12.

Wie lässt sich unser Steuersystem vereinfachen? (Gastkommentar), >Quick< vom 3. Mai 1979.

Aktuelle Fragen der Finanzpolitik (Referat), in: Steuerberaterkongress-Report 1979, Deutscher Steuerberaterkongress 1979 der Bundessteuerberaterkammer, hrsg. v. Bundessteuerberaterkammer, Bonn, und Deutsches Wissenschaftliches

Steuerinstitut der Steuerberater und Steuerbevollmächtigten e. V., Bonn, München 1979, 33–43.

Die Lebensbedingungen für die Menschen verbessern, in: Politik für das Ruhrgebiet. Dokumentation der Ruhrkonferenz am 8.–9. Mai 1979 in Castrop-Rauxel, hrsg. v. Landesregierung Nordrhein-Westfalen, Düsseldorf, 28–31.

Aus der Rede zur Begründung des Gesetzes zur Angleichung der Umsatzsteuer in den Europäischen Gemeinschaften am 17. Mai 1979, Dt. Btg. (8)154, 12 360–12 361.

Grüße der Bundesregierung zum Deutschen Sparkassentag, in: Stabiles Geld für gesundes Wachstum. Deutscher Sparkassentag 1979, veranstaltet vom Deutschen Sparkassen- und Giroverband e. V. am 16. und 17. Mai 1979 in München, Stuttgart o. J., 182–194 (17. Mai 1979).

Den Verkehrslärm an der Quelle bekämpfen, >Sozialdemokratischer Pressedienst< vom 29. Mai 1979.

Rede über Spanien und finanzpolitische Aspekte der Europapolitik, Dt. Btg. (8)157, 12 551–12 553.

Sparkassen Im Wettbewerb, >Der Landkreis< 49(1979)6, 228–230.

Die Entstehung neuer Finanzzentren. Rede vor dem Management Institut Hohenstein am 8. Juni 1979, >Bulletin< (1979)78, 731–735 (13. Juni 1979).

Ökologie als Rahmenbedingung der Politik (Referat auf dem 18. Deutschen Evangelischen Kirchentag vom 13.–16. Juni 1979 in Nürnberg), in: Deutscher Evangelischer Kirchentag Nürnberg 1979, Dokumente, hrsg. v. Harald Uhl, Stuttgart 1979, 503–509.

Gentlemen's Agreement als erster Schritt – Die Aufsicht über international tätige Kreditinstitute muss weitergeführt werden, >Börsenzeitung< vom 14. Juni 1979

Globalsteuerung hat sich bewährt, >Rheinischer Merkur< vom 15. Juni 1979.

Technologischer Fortschritt und weltweiter Strukturwandel (Rede zur Eröffnung der 1. Internationalen Fachmesse und Kongress für Hüttentechnik, METEC '79, in Düsseldorf am 16. Juni 1979), >Bulletin< (1979)81, 756–759.

Rede zur Einbringung des ersten Nachtragshaushalts 1979 im Bundesrat am 22. Juni 1979 (474. Sitzung, 179–181).

Rede zum Umsatzsteueränderungsgesetz im Bundesrat am 22. Juni 1979, (474. Sitzung, 173–175).

Rede zum Nachtragshaushaltsgesetz 1979 im Bundesrat am 22. Juni 1979, (474. Sitzung, 179–181).

Trotz Energiekrise ist Wachstum möglich, >Die Welt< vom 25. Juni 1979.

Rede zum Umsatzsteuergesetz 1980 im Bundesrat am 6. Juli 1979, (476. Sitzung, 213) und zur Kraftfahrzeugsteuer (476. Sitzung, 223).

Rahmenbedingungen für die Zukunft Berlins – was kann der Bund leisten? >Berliner Stimme< vom 7. Juli 1979.

Aggressivität nach Osten, Verachtung nach Westen, >Sozialdemokratischer Pressedienst< vom 11. Juli 1979.

Die Rendite ist sekundär … (Interview), >Wirtschaftswoche< 33(1979)30, 39.

Spitze bleiben (Interview), >Welt der Arbeit< vom 26. Juli 1979.

Warum Bonn jetzt doch die Steuern senken will (Interview), >Hamburger Abendblatt< vom 26. Juli 1979.

Steuersenkung, wenn drei Faktoren stimmen (Interview mit Peter Gillies), >Die Welt< vom 28. Juli 1979.

Aufgaben der Bundesunternehmen bei der Modernisierung der Wirtschaft, >Zeitschrift für öffentliche und gemeinwirtschaftliche Unternehmen< (1979)4, 433–442.

Ölpreise dürfen kein Vorwand für höhere Gewinne sein (Interview), >Westfälische Rundschau< vom 1. August 1979.

Keine hektischen Kehrtwendungen, >Frankfurter Rundschau< vom 3. August 1979.

Im Bergbau geht es nun aufwärts, >Einheit< vom 15. August 1979.

Vorrang für Stabilität? (Interview), >Welt der Arbeit< vom 30. August 1979.

Steuerpolitik 1979/80, >Sozialdemokratischer Pressedienst< 34(1979)66, 4–6.

Unser wichtigster Rohstoff: Die Kreativität der Facharbeiter, Ingenieure und Wissenschaftler, >Bild der Wissenschaft< (1979)9, 2.

Steuerpolitik ist zugleich beschäftigungssichernde Konjunkturpolitik (Interview), >Frankfurter Rundschau< vom 1. September 1979.

Wann kommt endlich die versprochene Steuersenkung? >Neue Revue< vom 3. September 1979.

»Mit solider Finanzpolitik Frieden und Wohlstand unseres Landes sichern. Einbringungsrede zum Haushaltsgesetz 1980, zum Finanzplan des Bundes 1979 bis 1983 und zum Zweiten Nachtragshaushaltsgesetz 1979, Dt. Btg. (8)168, 13 409–13 420 (12. September 1979) sowie Dt. Btg. (8)170, 13 544–13 552 (14. September 1979) und Dt. Btg. (8)192, 15 193–15 205 (10. Dezember 1979).

Rede zu Kinderfreibeträgen am 20. September 1979, Dt. Btg. (8)172, 13 650–13 653.

Funktion der Bundesunternehmen in der Marktwirtschaft (Vortrag vor dem Arbeitskreis ›Wirtschaft und Politik‹ der FESt am 20. September 1979), >Bulletin< (1979)111, 1 032–1 035.

Ungerecht, >Stuttgarter Nachrichten< vom 22. September 1979.

Strukturwandel erfordert Staatsengagement, >Handelsblatt< vom 24. September 1979.

Beim Lärmschutz gibt es kein Patentrezept (Interview), >Sozialdemokratischer Pressedienst< vom 27. September 1979.

Rede zum Umsatzsteuergesetz 1980 im Bundesrat (Inlandsbegriff) am 28. September 1979, (477. Sitzung, 247–248).

Finanzpolitische Rede, in: International Bank for Reconstruction and Development, International Finance Corporation, International Development Association. 1979 Annual Proceedings, Belgrade, Jugoslavia, October 2–5, 1979, 96–100.

Sind Sie pleite, Herr Matthöfer? (Interview), >Bunte Illustrierte< vom 4. Oktober 1979.

Rede zur Kreditaufnahme des Bundes am 11. Oktober 1979, Dt. Btg. (8)177, 13 913–13 915).

Der Rahmen stimmt – 10 Jahre erfolgreiche sozialliberale Finanzpolitik, >Sozialdemokratischer Pressedienst< 34(1979)80, 3.

Rede zur Neuregelung der Einkommensbesteuerung der Land- und Forstwirtschaft am 18. Oktober 1979, Dt. Btg. (8)180, 14 132–14 133.

Rede zum Haushaltsentwurf 1980 und zum Finanzplan des Bundes bis 1983 im Bundesrat am 19. Oktober 1979 (478. Sitzung, 326–327).

Geschenke werden nicht versprochen (Gastkommentar), >Berliner Stimme< vom 20. Oktober 1979.

Aus der großen Krise gelernt (Gastkommentar), >WAZ< vom 24. Oktober 1979.

Steuerharmonisierung in Europa: Chancen für mehr Steuergerechtigkeit und Steuervereinfachung oder neuer Zielkonflikt? >Deutsche Steuer-Zeitung< 67(1979) 11, 203–208.

Vorwort des Bundesministers der Finanzen, in: Der Finanzplan des Bundes 1979 bis 1983, Bonn, Oktober 1979, 5.

Zeitgemäße Betrachtungen zur Steuerpolitik (Rede), in: Bericht über den Steuerberatertag '79, Fachkongress des Deutschen Steuerberaterverbandes e. V. Bonn, 19.–21. November 1979 in München, 225–247.

Wird der Staat zum Vormund der Wirtschaft oder tut er nur, was Unternehmen allein nicht leisten können? ›Nicht nur auf den Markt verlassen.‹ Streitgespräch mit Prof. Wolfgang Stützel (FDP), >Die Zeit<, 34(1979)49, 33 f.

Rede zum Maßnahmenpaket 1979 im Bundesrat am 30. November 1979, (480. Sitzung, 380–382).

Rede zum Entwurf eines Gesetzes zur Änderung des Einkommensteuergesetzes, des Körperschaftssteuergesetzes und anderer Gesetze im Bundesrat am 30. November 1979, (480. Sitzung, 391–396).

Zur Neuregelung der Einkommensbesteuerung der Land- und Forstwirtschaft, >Deutsche Steuer-Zeitung< 67(1979)23, 443–444.

Der Bund will nicht länger alleine zahlen – Warum das Kindergeld durch einen Grundfreibetrag ersetzt werden sollte, >Frankfurter Rundschau< vom 5. Dezember 1979.

Wir haben 200 Milliarden auf der hohen Kante (Interview), >Quick< vom 13. Dezember 1979.

Alles zusammen geht nicht (Interview), >Die Zeit< 34(1979) vom 14. Dezember 1979.

Rede zu verschiedenen finanzpolitischen Fragen am 14. Dezember 1979, Dt. Btg. (8)194, 15 458–15 462.

Dank an den ausscheidenden Bundesbankpräsidenten Dr. Emminger, >Bulletin< (1979)158, 1 449–1 456.

Bonner Schuldenpolitik passt in die Konjunktur, >Handelsblatt< vom 31. Dezember 1979.

Aufgaben der Bundesunternehmen bei der Modernisierung der Wirtschaft, >Zeitschrift für Öffentliche und Gemeinwirtschaftliche Unternehmen< Baden-Baden, 2(1979)4, 433–442.

1980

Humanisierung der Arbeit und Produktivität in der Industriegesellschaft, 3. überarbeitete Auflage, Köln 1980, 240 S.

Steuervereinfachung – eine Zwischenbilanz, >Der Betrieb< 33(1980)39, 1 865–1 867.

Ölgelder-Recycling, >Zeitschrift für das gesamte Kreditwesen< 33(1980)24, 1 144–1 163.

Sozialstaat, in: Kampf um Wörter? – Politische Begriffe im Meinungsstreit, hrsg. u. eingeleitet v. Martin Greiffenhagen, München 1980, 439–445.

Vorwort, in: Gefährdete Weltfinanzen. Verschuldungsproblematik und internationale Finanzpolitik, hrsg. v. Hans-Bernd Schäfer, Bonn 1980.

Bücher können wirken, in: Henry Jacoby, Von des Kaisers Schule zu Hitlers Zuchthaus. Erlebnisse und Begegnungen. Geschichte einer Jugend links-außen in der Weimarer Republik, Frankfurt a.M. 1980, 7–9.

Die Gemeindefinanzreform – ein dynamisches Reformwerk, in: Politik als gelebte Verfassung. Aktuelle Probleme des modernen Verfassungsstaates, Festschrift für Friedrich Schäfer, hrsg. v. Jürgen Jekewitz, Michael Melzer, u.a., Opladen 1980, 214–232.

Der Bund will nicht länger allein zahlen, >Familienpolitische Informationen< 19(1980)1, 2–3.

Harte Arbeit gewürdigt, >Einheit< (IG Bergbau und Energie) vom 1. Januar 1980.

Vernunft und Vorsicht – so können die Risiken im Jahr 1980 gemildert werden, >Sozialdemokratischer Pressedienst< vom 3. Januar 1980.

Die Erfolge sind recht mager. Für eine neue Gesamtkonzeption im Kampf gegen die Drogensucht, >Vorwärts< 4 vom 10. Januar 1980.

Wir müssen um die Freiheit von Konsumzwängen kämpfen – Die statistische Kennziffer Bruttosozialprodukt sagt nur wenig über die Qualität der Lebensbedingungen aus, >Frankfurter Rundschau< vom 21. Januar 1980.

Auch 1980 geht's uns gut (Interview), >Bild Zeitung< vom 25. Januar 1980.

Hektik und Nervosität sind fehl am Platz, >Sozialdemokratischer Pressedienst< vom 29. Januar 1980.

Wirtschafts- und gesellschaftspolitische Ziele einer modernen Finanz- und Steuerpolitik, in: Bericht über die Fachtagung 1980 des Instituts der Wirtschaftsprüfer in Deutschland e. V. am 31. Januar 1980 in Düsseldorf, Generalthema: Das Steuerrecht im Wandel, Düsseldorf 1980, 13–23.

Wachstum trotz Ölkrise, >Wirtschaftswoche< 34(1980)5, 73–76.

Jede Generation vererbt Lasten und Nutzen, >Die Welt< vom 6. Februar 1980.

Hilfsprogramm für Türkei, >Sozialdemokratischer Pressedienst< vom 20. Februar 1980.

Sparen Sie Geld mit dem Finanzminister – Lohnsteuerjahresausgleich, >Quick<, 70–74 vom 21. Februar 1980.

EG-Ausgaben: Eine Senkung der Wachstumsrate ist unerlässlich, >Sozialdemokratischer Pressedienst< vom 21. Februar 1980.

Rede über den Finanzausgleich zwischen Bund und Ländern, Dt. Btg. (8)203, 16 274–16 276.

Rede zur Frage der Umsatzsteuerverteilung im Bundesrat am 29. Februar 1980, (483. Sitzung, 46–47).

Fortschritt ist Schicksal und Auftrag, >Öffentliche Wirtschaft und Gemeinwirtschaft< 19(1980)3, 85–86.

Zur finanzpolitischen Lage, Dt. Btg. (8)206, 16 515–16 520.

Wichtiger Anstoß für Europas Integration, >Handelsblatt< vom 13. März 1980.

Der Staat ist ein guter Partner, >Rheinischer Merkur / Christ und Welt< vom 14. März 1980.

Volkszählungsgesetz, >Sozialdemokratischer Pressedienst< vom 18. März 1980.

Rede zur Neuregelung der Einkommensbesteuerung der Land- und Forstwirtschaft im Bundesrat am 21. März 1980, (484. Sitzung, 77–79).

Rede zum Regierungsentwurf eines Steuerentlastungs- und Familienförderungsgesetzes im Bundesrat am 21. März 1980. (484. Sitzung, 104–105).

Zielvorstellungen und Realitäten humaner Arbeitsbedingungen (Rede auf dem Bundesjugendtag der Deutschen Steuergewerkschaft in Schwalbach / Saar), >Bulletin< (1980)35, 289–294.

Der eingeschlagene Weg ist gangbar, >Handelsblatt< vom 26. März 1980.

Kein Pokerspiel um Steuern, >Berliner Stimme< vom 29. März 1980.

Steuern werden doch gesenkt (Interview), >Bild am Sonntag<, vom 30. März 1980, 14–15.

Wachstumsgrenzen – Die Wirtschaft und die Lebensstilfrage, in: Karl Ernst Wenke et al., Die Lebensstilbewegung. Eine Zwischenbilanz, (Sonderheft >Wissenschaft und Praxis in Kirche und Gesellschaft< (1980)4), 157–172.

Die strengen Auflagen des IWF sind gerade heute mehr als nützlich, >Handelsblatt< vom 1. April 1980.

DM-Schwäche und Leistungsbilanzdefizit, >Sozialdemokratischer Pressedienst< vom 1. April 1980.

Starke Worte nützen wenig (Gespräch), >Der Spiegel< 34(1980)15, 37–44.

Solidarität mit dem türkischen Volk – Kein bloßes Lippenbekenntnis, >BMF Pressemitteilung< vom 16. April 1980.

Rede zur finanzpolitischen Lage, Dt. Btg. (8)211, 16 881–16 885.

Interview zur Geiselnahme im Iran, >ZDF – Die Bonner Runde< am 24. April 1980.

Die Bedeutung der Freien Berufe für Staat und Gesellschaft (Ansprache vor dem Bundeskongress der Freien Berufe im Saal der Bundespressekonferenz im Tulpenfeld), >Bulletin< (1980)47, 403–406.

An Steuersenkung wird nicht gerüttelt (Interview), >NRZ< vom 30. April 1980.

Stellungnahme des wissenschaftlichen Beirats beim Bundesministerium der Finanzen zur Diskussion über die Steuervereinfachung (Einführung), >Deutsche Steuererzeitung< 68(1980)9, 163–166.

Finanzierungsaufgaben im Bundesstaat, >Wirtschaftsdienst< 60(1980)5, 215–218.

Steuer- und Finanzpolitik für die 80er Jahre, in: Steuerberaterkongress-Report 1980, Deutscher Steuerberaterkongress 1980 der Bundessteuerberaterkammer, hrsg. v. Bundessteuerberaterkammer, Bonn, München 1980, 231–245.

Staatsverschuldung – Mittel oder Hemmschuh der zukünftigen Wachstums- und Beschäftigungspolitik? – Aus der Sicht der finanzpolitischen Praxis, in: Probleme der Staatsverschuldung, Bericht über den wissenschaftlichen Teil der 43. Mitgliederversammlung der Arbeitsgemeinschaft deutscher wirtschaftswissenschaftlicher Forschungsinstitute e. V. in Bonn, – 09. Mai 1980, Beihefte von >Konjunkturpolitik – Zeitschrift für angewandte Wirtschaftsforschung<, H. 27, 123–130.

Wir leben nicht über unsere Verhältnisse (Interview), >Vorwärts<, 3–4 vom 15. Mai 1980.

Rede zur finanzpolitischen Lage, Dt. Btg. (8)218, 17 531–17 535.

Stellungnahme im Bundesrat am 23. Mai 1980 (487. Sitzung, 211–212).

Eröffnungsrede zum Deutschen Schiffbautag am 3. Juni 1980 in: Dokumentation über den Deutschen Schiffbautag im Congress Centrum Hamburg, hrsg. v. Verband der Deutschen Schiffbauindustrie e. V., Hamburg 1980, 19–30.

Rede zum zweiten Durchgang des Steuerentlastungsgesetzes 1981 im Bundesrat am 13. Juni 1980 (488. Sitzung, 239–255).

Engagement für Europa, >Westfälische Nachrichten< vom 14. Juni 1980.

Rede zur Ölpreispolitik und zu anderen finanzpolitischen Fragen, Dt. Btg. (8)224, 18 083–18 095.

Warum der Staat Kredite aufnimmt, >Berliner Stimme< vom 21. Juni 1980.

Wege zum Ausgleich der Leistungsbilanz (Interview), >Auslandskurier< Schwäbisch-Hall, 21(1980)6, 8–9.

>Jahre ohne Arbeit sind verlorene Lebensjahre!< (Interview), >Bild am Sonntag<, 16 vom 6. Juli 1980.

Aufgaben einer vorausschauenden Wirtschafts- und Finanzpolitik der 80er Jahre, >Bauwirtschaftliche Informationen< vom Juli 1980.

Wir hätten Grundlagen unseres Wohlstands in Frage gestellt, >Westfalenblatt< vom 8. Juli 1980.

Können wir uns noch Reisen ins Ausland leisten? (Interview), >Hamburger Abendblatt< vom 15. Juli 1980.

Grundzüge sozialdemokratischer Wirtschafts- und Finanzpolitik in den 80er Jahren, Denkschrift, Sommer 1980, 20 S.

Sparpolitik gut gemeint – aber falsch, >Diagnosen< 7(1980)8, 10–11.

Sparsamkeit (Gespräch), >Capital< 10(1980)8, 26.

»Es gibt keine Lücken« (Interview), >Wirtschaftswoche< 34(1980)33, 26–27.

Mit Schulden die Zukunft sichern, >Welt am Sonntag< vom 17. August 1980.

Politik der Konjunkturprogramme ist erfolgreich gewesen (Interview mit Helmut Hillgärtner), >Metall< 32(1980)17, 13–14.

»Das stützt die Konjunktur« – Matthöfer: Großes Interesse an hoher Beschäftigung (Interview), >Welt der Arbeit< vom 21. August 1980.

Ohne Staatsverschuldung gäbe es keinen Wohlstand, >Die Quelle<, (1980)9 vom 31. August 1980.

Wenn's ums liebe Geld geht (Interview), >BfG Doppelpunkt< (1980)3, 13.

Stellungnahme des wissenschaftlichen Beirats beim Bundesministerium der Finanzen zur Diskussion über die Steuervereinfachung (Einführung), >Deutsche Steuer-Zeitung< 68(1980)9, 163–166.

Auslandsreisen bleiben unbehindert, >Der Grundstein< (1980)9.

Steuerpaket etwas leichter, >Holzarbeiterzeitung< (1980)9, 11.

Investitionen des Staates sichern uns Wohlstand und Arbeitsplätze, >Einheit< (IG Bergbau und Energie) vom 15. September 1980.

Der Mann mit dem Rotstift (Interview mit Dieter Balkhausen), >ZDF< am 15. September 1980.

Streitgespräch zur Staatsverschuldung, >ZDF-Magazin< am 24. September 1980.

Staatsschulden weit unter der Gesetzesgrenze (Interview), >Süddeutsche Zeitung< vom 1. Oktober 1980.

Rede auf der Jahresversammlung des IWF am 10. September 1980, >Bulletin< vom 3. Oktober 1980.

›Keiner meiner Vorschläge bringt Einschnitte in Sozialleistungen‹ (Interview mit Edmund Möller und Karl Pitz), >Der Gewerkschafter< 28(1980)11, 6–9.

Umlegung der Kfz- auf die Mineralölsteuer (Interview mit Hilde Purwin), >NRZ< vom 14. November 1980.

Chancen der Anpassung, >Berliner Stimme> vom 22. November 1980.

Haushalt Schritt für Schritt entlasten, >Sozialdemokrat Magazin< (1980)12.

Deutsche Schiffbauindustrie im Strukturwandel, >Hansa< 117(1980)12, 866–867.

Ölgelderrecycling nach dem zweiten Ölpreisschock, >Zeitschrift für das gesamte Kreditwesen< (1980)24, 12–16.

Nur halbherzige Korrekturen (Interview), >Manager Magazin< 10(1980)12, 26–32.

Ärger übers Weihnachtsgeld – muss das sein? (Interview), >Gong< (1980)48, 116–117.

Zur Kreditaufnahme des Bundes im Jahre 1980, >Blick durch die Wirtschaft< vom 8. Dezember 1980.

1981

Vorwort des Bundesministers der Finanzen, in: Der Finanzplan des Bundes 1980 bis 1984, Bonn, Januar 1981, 5.

Staatliche Kreditfinanzierung als rationales Instrument moderner Wirtschafts- und Finanzpolitik, in: Staatsverschuldung kontrovers, Köln 1981, 173–186.

Saudi-Arabien: Partner für die Bundesrepublik Deutschland, in:

Saudi-Arabien: Partner für die Bundesrepublik Deutschland, hrsg. v. Nah- und Mittelost-Verein, Hamburg [1981].

Beitrag der globalen und strukturellen Wirtschaftspolitik sowie der öffentlichen Finanzpolitik zur Wiedererlangung und Erhaltung der Vollbeschäftigung, in: Beschäftigungspolitik in den 80er Jahren, Köln 1981, 28–52.

Rede zur Einbringung des Bundeshaushalts 1981 im Bundestag und Vorlage des Finanzplans 1980 bis 1984, Dt.Btg. 9/79, 4612–4618 und Dt. Btg. 9/81, 4850–4857 u. 4861–4862 (23. Januar 1981).

Rede zur Einbringung des Bundeshaushalts 1981 (zum Mineralöl- und Branntweinsteueränderungsgesetz und zum Subventionsabbaugesetz) mit Erläuterungen, hrsg. v. BMF, Bonn, 23. Januar 1981, 62 S.

Eine ganz harte Zeit (Interview), >Vorwärts< vom 28. Januar 1981.

Innovationen nach Investitionen, >Öffentliche Wirtschaft und Gemeinwirtschaft< 30(1981)2, 57.

Wirtschafts-, Währungs- und Finanzpolitik 1981, Börsenforum der »Wirtschaftswoche« in Düsseldorf, >Wirtschaftswoche> vom 12. Februar 1981.

Zinssenkung – das beste Konjunkturprogramm (Interview), >Express< (Köln) vom 18. Februar 1981.

Rede zum Entwurf des Gesetzes zur Erhöhung der Mineralölsteuer, Dt. Btg. (9)23, 997–999.

Rede zum Bundeshaushaltsgesetz 1981 und Mineralöl- und Branntweinsteueränderungsgesetz im Bundesrat am 20. Februar 1981 (496. Sitzung, 31).

Zwei Jahre EWS – für den wirtschaftlichen Integrationsprozess Europas wichtig, >SPD-Pressedienst< vom 13. März 1981.

Kreditaufnahmen im Ausland von besonderer Bedeutung, >Handelsblatt< vom 28. April 1981.

Die deutsche öffentliche Wirtschaft in den 80er Jahren, >Öffentliche Wirtschaft und Gemeinwirtschaft<, Mai 1981.

Rede zum ›Subventionsabbaugesetz‹, Dt. Btg. (9)34, 1 774–1 777 (7. 5.1981).

Klarstellungen zur Haushaltslage – Die Verantwortung haben alle zu tragen, >Sozialdemokratischer Pressedienst< vom 15. Mai 1981.

Rede zum Haushaltsgesetz 1981, Dt. Btg. (9)40, 2 131–2 142.

Rede zum Haushaltsgesetz 1981 mit besonderer Berücksichtigung von Fragen des Ausbaus und Neubaus von Hochschulen im Bundesrat am 26. Juni 1981, 501. Sitzung, 190–192, 196–197.

Grenzen der Besteuerung, Rede auf der Jahresversammlung des Ifo-Instituts am 25. Juni 1981 in München, >Bulletin< vom 27. Juni 1981.

Bundeshaushalt 1981 (Vorwort), Reihe: Bürger-Informationen des BMF vom Juli 1981.

Die Wirtschafts- und Finanzpolitik steht vor großen Herausforderungen, >Die Neue Gesellschaft< 28(1981)7, 598–601.

Neue Anforderungen an die Finanzpolitik – Leistungsbilanzdefizit und weltwirtschaftlicher Strukturwandel zeigen Folgen, >Sozialdemokratischer Pressedienst<, 1–3 vom 14. Juli 1981.

Weil es unmöglich ist […]. Finanzpolitische Aufzeichnungen für Genossen und Kollegen, Ms. [etwa vom August 1981], 43 S.

Kommt unsere Wirtschaft unter die Räder oder schafft Bonn einen neuen Aufschwung? (Interview), >Stern< vom 6. August 1981.

Matthöfer über Macht und Geld, Land und Leute und sich selbst (Gespräch mit Gerd Courts), >Kölner Stadt-Anzeiger< vom 22. August 1981.

Aufgaben der deutschen Finanzpolitik in den 80er Jahren, >Bulletin for International Fiscal Documentation< (Amsterdam) 35(1981)8/9, 343–345.

Distribution auf antagonistischer Basis, Streitgespräch zwischen Hans Matthöfer und dem GEW-Vorsitzenden Erich Frister, >Erziehung und Wissenschaft< 33(1981)9, 6–12.

»Es ist ein erster Schritt« (Gespräch mit Wolfgang Hoffmann u. Michael Jungblut über die »Operation ’82«), >Die Zeit< 36(1981) vom 11. September 1981.

Operation ’82: Weichenstellung für Beschäftigung, >Sozialdemokratischer Pressedienst< vom 11. September 1981.

Staatsschulden – die lähmende Last, >Wirtschaftswoche< 35(1981)38, 32–38.

Einbringungsrede zum Haushaltsgesetz 1982 und Vorlage des Finanzplans 1981 bis 1985 des Bundes, Dt. Btg. (9)51, 4850–4857 (16. September 1981) u. (9)81, 4861–4862 (22. Januar 1982).

Ich rechne mit dem Aufschwung (Interview), >Quick<, 15 vom 17. September 1981.

»Aufgaben der deutschen Finanzpolitik in den 80er Jahren« (Rede vor dem Kongress der International Fiscal Association in Berlin in englischer Sprache. Deutscher Text im >Bulletin – International Bureau of Fiscal Documentation<, 21. September 1981.

Rede zum Zweiten Gesetz zur Verbesserung der Haushaltsstruktur (Haushalts-strukturgesetz) im Bundesrat am 25. September 1981 (503. Sitzung, 276–280, 305–309).

Kursänderung (Interview), >Capital< 21(1981)10, 12–13.

Rede vor dem Bundesrat zum Haushaltsgesetz 1982 am 9. Oktober 1981 (504. Sitzung, 329–335).

Gründlich neu überdenken. Nach Sparoperation (Interview), >Vorwärts<, 2 vom 5. November 1981.

Aktuelle Fragen der Finanz- und Wirtschaftspolitik (Vortrag des BMF vor der Mitgliederversammlung des Gesamtverbandes der Deutschen Versicherungswirtschaft e.V. am 5. November 1981 in Bonn), >Versicherungswirtschaft< 36(1981)23, 1 556–1 564.

Grenzen der Besteuerung, >Ifo-Schnelldienst<, 34(1981)25/26, 22–35.

Rede über Subventionen und Subventionsbericht, >Bulletin< (1981)101, 873–875.

Herausforderung und Chancen für die Entwicklung der Dritten Welt, 36. Weltkongress der Jaycees International in Berlin, >Bulletin< (1981)104, 898–903.

Rede zum 2. Durchgang des Zweiten Haushaltsstrukturgesetzes im Bundesrat am 27. November 1981 (506. Sitzung, 417–420, 426–427.

Rede im Vermittlungsverfahren für das Zweite Haushaltsstrukturgesetz im Bundesrat am 18. Dezember 1981 (507. Sitzung, 457–460).

Nicht allein auf Export setzen, >Handelsblatt< vom 31. Dezember 1981.

1982

Den technischen Fortschritt menschengerecht gestalten, >Schimmelpfennig-Review< Frankfurt a.M. (1982)29, 8–9.

Von der parlamentarischen zur partizipativen Demokratie, >Werden – Jahrbuch für die deutschen Gewerkschaften<, Köln 1982, 70–75 (Wiederabdruck aus dem Jahrbuch 1969).

Wir müssen fast zwei Millionen neue Arbeitsplätze schaffen, >Frankfurter Rundschau< vom 2. Januar 1982.

»Mut zur Vollbeschäftigung«, Ms. vom 25. Januar 1982, 68 S.

Finanzpolitik in weltweit schwierigen Zeiten ist zum Drahtseilakt geworden, >Remscheider Generalanzeiger< vom 27. Januar 1982.

Pluralismus hat sich bewährt, >Öffentliche Wirtschaft und Gemeinwirtschaft< 31(1982)2, 47–48, 52.

Wettbewerbsfähigkeit und staatliche Finanzpolitik, >Zeitschrift für Betriebswirtschaft<, Ergänzungsheft 2/1982, Wettbewerbsfähigkeit von Unternehmen, 167–173.

Vorwort, Bundeshaushalt 1982, Bonn, Februar 1982, 2–3.

Durch Investition profitieren (Interview), >Eisenwarenbörse< (1982)2, 12.

Bonn für Saarstahl-Vollfusion (Interview), >Saarbrücker Zeitung<) vom 8. März 1982.

Es geht nicht ohne Kredite (Interview mit Hilde Purwin), >NRZ< vom 17. März 1982.

Rede zum Gesetzentwurf über steuerliche und sonstige Maßnahmen für Arbeitsplätze, Wachstum und Stabilität (Beschäftigungsförderungsgesetz) vor dem Bundesrat am 26. März 1982 (510. Sitzung, 66–68, 69, 81–82).

Abschiedsrede als Bundesfinanzminister, Bonn, den 28. April 1982, 18 S.

Rede zur Beschaffungspolitik der Bundespost, Dt. Btg. (9)100, 6015 f. (13. Mai 1982).

›Mancher vergaß, daß unser Wohlstand auf Arbeit beruht.‹ Hans Matthöfers politisches Vermächtnis, >Frankfurter Rundschau< vom 17. Mai 1982, 14–15.

Rede auf dem Außerordentlichen Kongress der Deutschen Postgewerkschaft am 22. Juni 1982 in Frankfurt a.M. (Protokoll, 11–15).

Das Wissenschaftliche Institut für Kommunikationsdienste der Post, Rede vom 24. Juni 1982, >Bulletin<, 627–629, vom 6. Juli 1982.

Portofreiheit von Paketen nach Polen (Interview), >Deutschlandfunk< am 19. Juli 1982.

Die geplante engere Zusammenarbeit von Post und Bahn (Interview), >NDR I< am 20. Juli 1982.

Die Post als Arbeitsmarkt-Faktor – sie trägt mehr als 50 Prozent der Ausbildungsleistung des Bundes, >Sozialdemokratischer Pressedienst< vom 30. Juli 1982.

Bildschirmtext und Verkabelung (Interview), >Deutschlandfunk< am 23. August 1982.

Überlegungen zur künftigen Entwicklung des Post- und Fernmeldewesens, Vortrag vor dem Verwaltungsrat der Deutschen Bundespost, Bad Windsheim o. J. [1982], 46 S. (10.09.1982).

1983

Zehn Jahre nach dem blutigen Putsch: Eine Chance für die Demokratie in Chile? >L'80< (Köln) (1983)27, 57–60.

Gobernar durante diesiséis años ya fue un éxito (Interview), >Canarias 7< vom 11. April 1983.

Zuviel Verschwendung, >Rheinischer Merkur/Christ und Welt<, 9 vom 9. Juni 1983.

Die Krisen überwinden! Die Sicherung des Friedens ist ohne ein starkes Europa nicht möglich, >Sozialdemokratischer Pressedienst<, 5–8 vom 16. Juni 1983.

Zusammenhänge zwischen der Beeinflussung volkswirtschaftlicher Rahmenbedingungen durch die Finanzpolitik und einer vorausschauenden, ökologisch ausgerichteten Beschäftigungs- und Struktur-Politik, [Vortrag auf der Jahrestagung 1983 der Vereinigung Deutscher Wissenschaftler e.V. (VWD) ›Energie-

systeme im wirtschaftlichen Wandel‹ in Bochum am 22. Oktober 1983], hektogr. Ms., Bochum 1983, 18 S.

Cooperación Interamericana Frente al Problema de la Deuda Externa (Vortrag), Seminar der FESt im ›Centro de Convenciones de PROEXPO‹, Bogotá, Kolumbien am 11. November 1983.

Zusammenarbeit in der illegalen Zeit. Von der Franco-Diktatur zur Demokratie, ›Vorwärts‹ 12 vom 17. November 1983.

Zusammenhänge zwischen der Beeinflussung volkswirtschaftlicher Rahmenbedingungen durch die Finanzpolitik und einer ökologisch ausgerichteten Beschäftigungs- und Strukturpolitik, [Vortrag im Universitäts-Seminar der Wirtschaft am 6. Dezember 1983] hektogr. Ms., Erftstadt 1983, 18 S.

1984

Was will und wie arbeitet der Verein zur Förderung der technologischen und wirtschaftlichen Zusammenarbeit zwischen Europa und Lateinamerika? Ms. [1984], 3 S.

Die Flick-Affäre aus meiner Sicht, Ms., Bonn, im Juni 1984, 141 S.

Zuschüsse zu Anwaltskosten für Regierungsmitglieder (Interview), ›Deutschlandfunk‹ am 09. November 1984.

Die steuerliche Absetzungsfähigkeit von Bestechungs- und Schmiergeldzahlungen und ihre strafrechtliche Behandlung im In- und Ausland, vervielf. Ms. (12. November 1984), Bonn, 15 S.

Warum braucht Europa eine eigenständige Forschungs- und Technologiepolitik? Ms. (30. November 1984), 11 S.

Carta dirigida a mis amigos sobre el agua potable en el sur de Gran Canaria. Vervielf. Ms. (Dezember 1984), Kronberg im Taunus, 17 S.

1985

Zwischen Wittenberge und Eldena, in: W. Filmer, H. Schwan (Hg.), Mensch, der Krieg ist aus! Zeitzeugen erinnern sich, Düsseldorf und Wien 1985, 243–246.

Stellungnahme zu Berichten über Aussagen des Abteilungsleiters im Bundesministerium der Finanzen, Dr. Adalbert Uelner vor dem 1. Untersuchungsausschuss des Deutschen Bundestages, vervielf. Ms., Kronberg (4. Februar 1985), 13 S.

Bemerkungen anlässlich eines Expertengesprächs der FESt zur Vorbereitung der Arbeit der Enquête-Kommission des Deutschen Bundestages zur ›Einschätzung und Beurteilung von Technikfolgen‹, Bonn, Ms. (8. März 1985), 5 S.

Probleme der Technikfolgenabschätzung und -bewertung (Rede), Dt. Btg. (10)126, 9351–9352.

Relaciones europeo-occidentales-cubanas: Balance y perspectivas, Vortrag in La Habana anläßlich eines Seminars der FESt, hektogr. Ms. (14. Mai 1985), 20 S.

Neue Technologien: Herausforderung an Wirtschaft und Gesellschaft. Vortrag auf der Tagung ›Neue Technologien – Herausforderung an Führung und Organisation‹ der Akademie für Führungskräfte e. V., Bad Harzburg, im Hotel Vier Jahreszeiten in München, hektogr. Ms. (12. Juni 1985), 28 S.

Verkauf von Unternehmen mit Bundesbeteiligung, ›Zeitschrift für Öffentliche und Gemeinwirtschaftliche Unternehmen‹ Baden-Baden, 8(1985)3, 357–359.

Verleger: ›Vorwärts‹ (September 1985 – Januar 1987).

1986

Technischer Fortschritt und gesellschaftliches Bewusstsein (Vortrag auf der Jahreshauptveranstaltung der Arbeitsgemeinschaft Industrieller Forschungsvereinigungen, Wissenschaftszentrum, Bad Godesberg am 6. Mai 1986).

Chancen für Partizipation erhöhen (Gastkommentar), ›Computerwoche‹, Nr. 35 vom 29. August 1986.

Entwurf einiger Thesen für die Diskussion über ein Redaktionskonzept für den ›Vorwärts‹, hektogr. Ms. (23. Oktober 1986), 15 S.

1987

Die Verschuldung Lateinamerikas – nur Schuldenerlass wäre keine Lösung, hektogr. Ms. (1. Dezember 1987), Kronberg, 21 S.

1988

Nur Schuldenerlass ist keine Lösung, ›Der Gewerkschafter‹ 36(1988)2, 44–45.

Kapitalflucht, Korruption und brudermörderischer Rüstungswettlauf, ›Frankfurter Rundschau‹ (Deutschlandausgabe) vom 4. Februar 1988.

Einige Bemerkungen zur Wirtschafts- und Finanzpolitik der Bundesrepublik Deutschland als Überschussland sowie zur Verschuldungsproblematik der Länder Lateinamerikas (Referat auf dem Symposium der japanischen Zeitung ›Asahi Shimbun‹ in Tokio), ›Die Zeit‹ vom 24. Juni 1988.

Fuga de capitales, corruption y carrera armamentista, ›Desarrollo y cooperation‹ (1988)5, 13–15 vom 1. Mai 1988.

Krisenmanagement oder Chancenmanagement? (Vortrag auf der Arbeitstagung der Stiftung für Kommunikationsforschung, Wissenschaftszentrum, Bonn-Bad Godesberg, am 28. Oktober 1988), in: Kommunikation zwischen Spannung,

Konflikt und Harmonie, hrsg. v. Ulrich Lohmar und Peter Lichtenberg, Bonn 1991, 241–252.

1989

Leidenschaft zur praktischen Vernunft, Helmut Schmidt zum Siebzigsten, hrsg. v. Hans Matthöfer und Manfred Lahnstein, Berlin 1989, 501 S.

Ende der Gemeinwirtschaft? (Interview mit Erwin May), NDR-Hamburg, Thema der Woche, 14. Januar 1989, 6 S.

Überlegungen zur Zukunft der BGAG, Vortrag vor den Anteilseignern der BGAG in Düsseldorf am 1. März 1998, Frankfurt am Main, den 27. Februar 1989, Maschinenschr. Ms., 26 S. (sowie korrigierte Fassung vom 18. April 1989, 24 S).

Bericht zur wirtschaftlichen Lage, Betriebsversammlung der BGAG am 4. Juli 1989, Maschinenschr. MS., 14 S.

Verteuerung des Kraftverkehrs, >Handelsblatt< vom 18. November 1989.

1990

Rede aus Anlaß des 75. Geburtstages von Walter Hesselbach am 20. Januar 1990 im Frankfurter Römer, Maschinenschr. Ms., 10 S.

No se puede concebir un estado unico que pertenece a dos bloques militares distintos (Interview), >La Provincia< (Las Palmas) vom 11. Februar 1990.

Gefahren und Chancen: Wirtschafts- und Währungsgemeinschaft, Marktwirtschaft, Europa, Rede am 2. März 1990 auf einer Wahlkampfveranstaltung der DDR-SPD in Ballenstedt (auch in Quedlinburg und Köthen), Maschinenschr. Ms., 21 S.

Einführung in die Zusammenkunft der Beauftragten für das DDR-Geschäft der BGAG-Gruppe am 24. April 1990 in Frankfurt, Maschinenschr. MS., 6 S.

Mein Weg zu Ort, >Ort-Deutschland Magazin< 1(1990)1, 3 vom 1. September 1990.

Brauchen Gewerkschaften eigene Unternehmen? Allgäuer Kamingespräche (FESt), Kaufbeuren, Hotel Goldener Hirsch, 21. September 1990, Maschinenschr. Ms., 7 S.

1991

Beiträge zur Forumsdiskussion beim Europäischen Gespräch 1991, Festspielhaus, Recklinghausen, zum Thema: >Die Deutsche Mark im Kreuzverhör<, protokolliert in: Frank von Auer (Hg.), Der Nachbar Deutschland im europäischen

Haus – Erwartungen und Irritationen über eine ›Reichsgründung‹, Europäisches
Gespräch 1991, Missingen-Talheim 1992, 85–87.
Aktuelle Informationen zur Situation co op. Ausführungen auf der Kreisvorsitzendentagung des Deutschen Gewerkschaftsbundes, Landesbezirk Bayern, in Würzburg am 8. Mai 1991, Maschinenschr. Ms., 30 S.

1993

**»Agenda 2000 – Vorschläge zur Wirtschafts- und Gesellschaftspolitik« 1.–3. Auf-
lage, Bonn 1993 [Auflage: 29.000].**
Sin poder economico, nadie escuchara a europa (Interview) >La Provincia< (Las
Palmas) vom 15. August 1993.
Gewerkschafter und Bankier – Walter Hesselbach (20. Januar 1915–5. November
1993), >Gewerkschaftliche Monatshefte< 44(1993)11, 722–724.

1994

Brauchen Gewerkschaften eigene Unternehmen? In: Karl Krahn, Gerd Peter u.
Rainer Skrotzki (Hg.), Immer auf den Punkt – Beiträge zur Arbeitsforschung,
Arbeitsgestaltung, Arbeitspolitik, Willi Pöhler zum 60. Geburtstag, Dortmund
1994, 33–44.
Für umweltverträgliche Vollbeschäftigung, >Marktredwitzer Bote< vom 18. Feb-
ruar 1994.
SPD und Gewerkschaften. Zur Geschichte eines Bündnisses, hrsg. zusammen mit
Jochem Langkau und Michael Schneider, Band 1 und 2, Bonn 1994.
**Bericht über meine Tätigkeit als Leiter der Abteilung Bildungswesen der Indus-
triegewerkschaft Metall von 1960 bis 1972, Maschinenschr. Ms., Kronberg
i.T. 1994, 74 S.**

1995

Vorwort in: Michael Schneider, Walter Hesselbach – Bankier und Unternehmer,
Bonn 1995.
Erfolgsrezept für die Gemeinwirtschaft, >Mitbestimmung< (1995)1, 25–29.
Die BGAG im Wandel zu einer Dienstleistungsholding der Gewerkschaften, >Ge-
werkschaftliche Monatshefte< 46(1995)1, 35–40.
Vorwort, in: Solidarität unter Verdacht – Über den Versuch der Kriminalisierung
der Gewerkschaften im Falle co op, hrsg. v. Felix Herzog, Köln 1995, 11–15.

Technischer Fortschritt, Strukturelle Veränderungen in Wirtschaft, Gesellschaft und Beschäftigung, in: Festschrift zum Jubiläum der Deutsche Vermögensberatung AG, hrsg. v. Walter Wallmann, Frankfurt am Main 1995, 58–65.

Der Kapitalismus ist nicht die höchste Form der menschlichen Entwicklung – Gespräch mit Hans Matthöfer über SPD, Gewerkschaften, Mitbestimmung und Gemeinwirtschaft, >Gewerkschaftliche Monatshefte< 46(1995)11, 684–696.

1996–2004

Bericht zur Lage der BGAG auf der Sitzung des Beirates der BGAG im Haus des DGB, Düsseldorf, 2. Dezember 1996, Maschinenschr. Ms., 23. S.

Vorschläge für eine Beratung der bulgarischen Regierung auf wirtschafts- und finanzpolitischem Gebiet (Bericht über die Ergebnisse des Besuchs in Bulgarien an die KfW) vom 19. April 1997.

Lernen über Lernen – Bericht über einen fehlgeschlagenen Versuch, das gewerkschaftliche Bildungswesen zu reformieren in: Organisationslernen – institutionelle und kulturelle Dimensionen, >WZB-Jahrbuch<1998, hrsg. v. Horst Albach u. a, Berlin 1998, 121–134.

Frankfurter Beiträge zu Wirtschafts- und Sozialwissenschaften (Schriftenreihe der Hans- und Traute-Matthöfer-Stiftung), hrsg. v. Richard Hauser, Hugo Kossbiel u. Werner Meißner, Campus-Verlag, Frankfurt, New York 1999 ff.

Interview mit Klaus Kastan, >Alpha-Forum< des Bayerischen Rundfunks am 25. September 2000.

»Du hattest ja nichts hinter Dir«, Chronik meiner Tätigkeit als Gewerkschafter, Politiker und Manager (Maschinenschr. Ms.), Frankfurt am Main 2002.

Warum die SPD bei den Bundestagswahlen im Jahre 2002 Stimmen verlor und was sie tun muß, um 2006 besser abzuschneiden, (Maschinenschr. Ms.) Kronberg 2003, 8 S.

Die Jahre von 1925 bis 1961: Aus dem Kohlenpott in den Bundestag, (Maschinenschr. Ms.) Kronberg i. T. 2004.

QUELLEN- UND LITERATURVERZEICHNIS

A. Quellen

1. Archivquellen

Friedrich-Ebert-Stiftung, Archiv der sozialen Demokratie (AdsD),
Bonn-Bad Godesberg

Depositum Matthöfer (enthält neben privaten Unterlagen auch die Handakten aus
der Tätigkeit als Gewerkschaftsangestellter, Gewerkschaftsattaché der OEEC, Leiter der Bildungsarbeit der IG Metall, Parlamentarischer Staatsekretär bei Erhard
Eppler, Bundesminister für Forschung und Technologie, Bundesminister der Finanzen, Bundespostminister, Schatzmeister der SPD und Vorstandsvorsitzender
der BGAG).

IG Metall-Archiv im AdsD
– Bestand Vorstand
– Sammlung Knütter

Bestand SPD-Vorstand im AdsD

Deutscher Bundestag
Parlamentsarchiv, Bonn / Berlin

2. Schriftliche Quellen

Apel, Hans: Mit Geld allein wird Europa nicht gebaut (2. Dezember 1977), in: Re-
den und Interviews 5. Dr. Hans Apel, hrsg. v. BMF, Bonn 1978, S. 125–130.
Automation and Technological Change. Hearings before the Subcommittee on Eco-
nomic Stabilization of the Joint Committee on the Economic Report of the
United States Eighty-Fourth Congress, First Session, Washington D.C. 1955.
Battelle-Institut: Bürgerinitiativen im Bereich von Kernkraftwerken. Bericht für das
Bundesministerium für Forschung und Technologie, Frankfurt a.M., Februar
1975.
Becker, Jens u. Harald Jentsch (Hg.): Otto Brenner. Ausgewählte Reden 1946–1971,
Göttingen 2007.

Bericht über die Lage der Psychiatrie in der Bundesrepublik Deutschland: Zur psychiatrischen und psychotherapeutisch/psychosomatischen Versorgung der Bevölkerung (Bundestagsdrucksache 7/4200+4201), Bonn 1975.

BGAG (Hg.): Beschlüsse des DGB und seiner Gewerkschaften zum Thema gemeinwirtschaftlicher Unternehmen, Frankfurt a.M. 1985.

BMZ: 15 Jahre Bundesministerium für wirtschaftliche Zusammenarbeit – 15 Jahre Entwicklungspolitik im Spiegel der entwicklungspolitischen Debatten des Deutschen Bundestages (Materialien Nr. 57), Bonn 1976.

Brümmer, Hans: Geschäftsbericht, in: Niederschrift der Verhandlungen des 1. ordentlichen Gewerkschaftstages der Industriegewerkschaft Metall für die Bundesrepublik Deutschland im Gewerkschaftshaus Hamburg vom 18. bis 22. September 1950, o.O., o.J., S. 43.

Bundesministerium der Finanzen (Hg.): Subventionsbericht. Bericht der Bundesregierung über die Entwicklung der Finanzhilfen des Bundes und der Steuervergünstigungen für die Jahre 1975–1978, Bonn 1977.

Bundesministerium für Forschung und Technologie: Programm ›Elektronische Bauelemente‹ 1974–1978, Bonn 1974.

Bundesrechnungshof (Hg.): Bemerkungen des Bundesrechnungshofes zur Bundeshaushaltsrechnung für das Haushaltsjahr 1975, Bonn 1977.

Communiqué des Weltwirtschaftsgipfel in Bonn (Dokumentation), in: Süddeutsche Zeitung Nr. 162 vom 18. Juli 1978, S. 5–6.

Confederación Centro del PSOE: Sobre los origines y situación actuales PSOE nacidos del Congreso faccioso de Toulouse: Agosto 1972' (Informe Confidencial), London 1973.

Deutscher Bundestag, 6. Wahlperiode, Drucksache VI/1806.

Deutscher Bundestag: Protokoll der 2. öffentlichen Informationssitzung des Rechtsausschusses und des Innenausschusses am 16. November 1967, S. 46.

DGB-Bundesvorstand (Hg.): 6. Ordentlichen DGB-Bundeskongresses, Protokoll, Hannover, 22.–27. Oktober 1962, Düsseldorf o.J.

DGB-Bundesvorstand (Hg.): 14. Ordentlicher Bundeskongress des DGB, Hamburg 20.–26.5.'90, Parlament der Arbeit, Protokoll, Frankfurt a.M. 1990.

Die Wehrmachtsberichte 1939–1945, Band 3, 1. Januar 1944 bis 9. Mai 1945, Köln 1989.

Dörrich, Walter u. Klaus Schönhoven (Bearbeiter): Die Industriegewerkschaft Metall in der frühen Bundesrepublik (Quellen zur Geschichte der deutschen Gewerkschaftsbewegung im 20. Jahrhundert 10), Köln 1991.

Flick-Bericht: Beschlußempfehlung und Bericht des 1. Untersuchungsausschusses nach Artikel 44 des Grundgesetzes, Dt. Btg., 10. WP, Drucksache 10/5079 (21. 02. 86).

Geschäftsbericht 1954/55 des Vorstandes der Industriegewerkschaft Metall für die Bundesrepublik Deutschland, Frankfurt a. M. 1956.

Geschäftsbericht der Bank für Gemeinwirtschaft AG, Frankfurt a.M. 1972.

Geschäftsordnung der Bundesregierung vom 11. Mai 1951 in der Fassung der Bekanntmachung vom 23. Januar 1970, GMBl., S. 50.

Gesetz zur Förderung der Stabilität und des Wachstums der Wirtschaft vom 8. Juni 1967, BGBl. I S. 582.

Gesetz über den vaterländischen Hilfsdienst vom 5. Dezember 1916, RGBl I, S. 1333 ff.

Gesetz vom 15. Mai 1934, RGBl I, S. 381 und 1. bis 6. Anordnung zur Durchführung des Vierjahresplans, alle vom 7. November 1936, RABl I, S. 292 ff.

Gscheidle, Kurt, Rudolf Kaffka, Helmut Lenders, Hans Matthöfer und andere: Änderungsanträge zur Bundestagsdrucksache V/1879, Bonn 26. Juni 1967.

Haftbefehl gegen den Beschuldigten Dr. Bernd Otto, Amtsgericht Frankfurt a.M. am 23. November 1989, abgedruckt in: Otto, co op-Skandal, S. 240–257.

Hesselbach, Walter: Dankansprache, in: »… daß man mich immer in die Pflicht nehmen kann!« Ansprachen zu 65. Geburtstag von Walter Hesselbach, Köln 1980, S. 57–80.

IG Metall: 10. ordentlicher Gewerkschaftstag vom 27. September bis 2. Oktober 1971 in Wiesbaden, Protokoll, Frankfurt a.M. 1971.

IG Metall-Vorstand: Handbuch für die Vertrauensleute der IG Metall, Frankfurt am Main 1964.

IG Metall-Vorstand – Abt. Bildungswesen: Bericht über eine Befragung von Arbeiterinnen aus einem Frankfurter Betrieb, Fallstudie 001, Frankfurt a. M. o.J.

Johannes XXIII: Mater et Magistra, Rundschreiben über die jüngsten Entwicklungen des gesellschaftlichen Lebens und seiner Gestaltung im Lichte der christlichen Lehre, Rom, am 15. Mai 1961. Deutsche Ausgabe, hrsg. v. Kartellverband der Katholischen Arbeiter-Bewegung Deutschlands, Köln, München 1961.

Kommission für wirtschaftlichen und sozialen Wandel: Gutachten ›Wirtschaftlicher und sozialer Wandel in der Bundesrepublik‹, Bonn 1977.

Kunz, Andreas (Hg.): Die Akte Neue Heimat. Krise und Abwicklung des größten Wohnungsbaukonzerns Europas 1982–1998. Band 1: Analysen und Interviews, Band 2: Dokumente, Frankfurt a.M. 2003.

Leber, Georg: Rede zur Einbringung des Verteidigungshaushaltes am 26. Januar 1978. Verhandlungen des Deutschen Bundestages, 8. WP, Plenarprotokoll 8/69, 26. Januar 1878, S. 5471–5481.

Leo XIII: Über die Arbeiterfrage (Rerum Novarum, 1891), in: Erzbischöffliches Seelsorgeamt Köln (Hg.): Die Enzykliken Rerum Novarum – Quadragesimo Anno, Amtlicher deutscher Text, Düsseldorf 1950, S. 3–29.

Monopolkommission (Hg.): Die Wettbewerbsordnung erweitern, 7. Hauptgutachten der Monopolkommission 1986/87, Baden-Baden 1988.

Notstandsdebatte, 2. Beratung am 15. Mai 1968, in: Deutscher Bundestag, Chronik der 5. Legislaturperiode, Bonn o. J.

Petzina, Dietmar, Werner Abelshauser u. Anselm Faust: Sozialgeschichtliches Arbeitsbuch III. Materialien zur Statistik des Deutschen Reiches 1914–1945, München 1978.

Pius XI: Über gesellschaftliche Ordnung, ihre Wiederherstellung und ihre Vollendung nach dem Heilsplan der Frohbotschaft zum 40. Jahrestag des Rundschreibens Leos XIII. »Rerum Novarum« (Quadragesimo Anno, 1941), in: Erzbischöffliches Seelsorgeamt Köln (Hg.): Die Enzykliken Rerum Novarum – Quadragesimo Anno, Amtlicher deutscher Text, Düsseldorf 1950, S. 31–72.

Preiss, Hans: »Thesen zur Bildungsarbeit der IG Metall«, Gewerkschaftstag 1974. IGM-Vorstand, Geschäftsbericht 1971/1973.

Verhandlungen des Deutschen Bundestages 10 (1986) 139, Protokoll vom 10.9.1986.

Werner-Report: Report to the Council and the Commission on the Realization by stages of Economic and Monetary Union in the Community, in: Bulletin of the European Communities, Supplement II, Luxembourg, October 1970.

Rat von Sachverständigen für Umweltfragen: »Energie und Umwelt«, Sondergutachten, hrsg. v. Karl-Peter Winters, Bonn, März 1981.

Schumann, Michael: Ergebnisse einer Befragung über die Bildungsarbeit der IG Metall (vervielfältigtes Manuskript), Frankfurt am Main 1961.

SPD: Langzeitprogramm 1. Entwurf eines ökonomisch-politischen Orientierungsrahmens für die Jahre 1973–1985. Vorschläge zur Reform der Bodenordnung. Entwurf der gesundheitspolitischen Leitsätze. Leitsätze zur Vermögensbildung. Texte, Bonn-Bad Godesberg 1972.

SPD: Langzeitprogramm 2. Kritik zum »Entwurf eines ökonomisch-politischen Orientierungsrahmens für die Jahre 1973–1985, hrsg. v. Horst Heidermann, Bonn-Bad Godesberg 1972.

SPD-Vorstand (Hg.): Parteitag der Sozialdemokratischen Partei Deutschlands vom 17. bis 21. März 1968 in Nürnberg. Protokoll der Verhandlungen, Bonn 1968.

SPD-Vorstand (Hg.): Fachtagung »Energie, Beschäftigung, Lebensqualität« am 28. und 29 April 1977 in Köln, Dokumente, Bonn 1977.

SPD-Vorstand (Hg.): Parteitag der Sozialdemokratischen Partei Deutschlands vom 17. bis 21. März 1968 in Nürnberg. Protokoll der Verhandlungen, Bonn 1968.

SPD-Vorstand (Hg.): Jahrbuch der Sozialdemokratischen Partei Deutschlands: 1986–1987, Bonn 1988.

SPD-Vorstand (Hg.): Protokoll vom Parteitag der SPD in Münster, 30.8.–2.9.1988, Greven 1988.

United Nations, Department of Economic and Social Affairs: Summary of the hearings before the Group of Eminent Persons to study, New York 1974.

United Nations, Department of Economic and Social Affairs: Multinational Corporations in World Development, New York 1973.

United Nations, Department of Economic and Social Affairs: The impact of multinational corporations on development and on international relations, New York 1974.

United Nations, Department of Economic and Social Affairs: The impact of multinational corporations on development and on international relations. Technical papers: taxation, New York 1974.

Vetter, Heinz Oskar (Hg.): Humanisierung der Arbeit als gesellschaftspolitische und gewerkschaftliche Aufgabe. Protokoll der DGB-Konferenz vom 16. und 17. Mai 1974 in München, Frankfurt a.M., Köln 1974.

Wald, Peter (Hg.): Otto Brenner. Briefe 1933–1955, Göttingen 2007.

3. Interviews

Hans und Traute Matthöfer am 21. August – 2. September 2003 in San Agustín, Gran Canaria, Spanien

Wilfried Haesen (BIOS) am 10. März 2004 in Berlin

Kurt-Peter Schütt (FES) am 31. März 2004 in Caracas, Venezuela

Bundeskanzler a.D. Helmut Schmidt am 25. Mai 2004 in Hamburg

Reinhard Ueberhorst am 18. Juni 2004 in Elmshorn

Hans und Traute Matthöfer am 4. August 2004 in Kronberg im Taunus

Herbert Maatmann am 21. September 2005 in Nordhorn

Ingrid Matthäus-Maier am 25. September 2005 in Berlin

Santiago Rodriguez am 16. Oktober 2005 in Berlin

Hans Matthöfer am 17. Oktober 2005 in Berlin

Erhard Eppler am 25. Februar 2006 in Elmshorn

Peer Steinbrück am 4. September 2006 in Berlin

Michael Schumann am 7. Dezember 2006 in Berlin

Ulrich von Alemann am 8. Dezember 2006 in Berlin

Hans und Traute Matthöfer am 16. Juni 2007 in Bad Soden im Taunus

Jürgen Schmude am 26. Oktober 2007 in Hamburg

Dieter Konietzki am 27. Oktober 2007 in Hamburg

Manfred Lahnstein am 28. Oktober 2007 in Hamburg

B. Literaturverzeichnis

Abelshauser, Werner: Wirtschaft in Westdeutschland 1945–1948. Rekonstruktion und Wachstumsbedingungen in der amerikanischen und britischen Zone, Stuttgart 1975.

Abelshauser, Werner: Umsturz, Terror, Bürgerkrieg: Das rheinisch-westfälische Industriegebiet in der revolutionären Nachkriegsperiode, in: Revolution in Rheinland und Westfalen. Quellen zu Wirtschaft, Gesellschaft und Politik 1918–1923, Essen 1988, S. XI-LXII.

Abelshauser, Werner: Der Ruhrkohlenbergbau seit 1945. Wiederaufbau, Krise, Anpassung, München 1984.

Abelshauser, Werner: Wirtschaft und Rüstung in den Fünfziger Jahren (= Anfänge westdeutscher Sicherheitspolitik 1945–1956, hrsg. v. Militärgeschichtlichen Forschungsamt, Bd. 4/1), München 1997, 2001.

Abelshauser, Werner: Rüstungsschmiede der Nation? Der Kruppkonzern im Dritten Reich und in der Nachkriegszeit 1933–1951 (= Krupp im 20. Jahrhundert. Die Geschichte des Unternehmens vom Ersten Weltkrieg bis zur Gründung der Stiftung, hrsg. v. L. Gall, Teil III), Berlin 2002.

Abelshauser, Werner: The Burden of Power: Military Aspects of International Financial Relations during the Long 1950s, in: International Financial History in the Twentieth Century. System and Anarchy, hrsg. v. Marc Flandreau, Carl-Ludwig Holtfrerich u. Harold James, Cambridge 2003, S. 197–212.

Abelshauser, Werner: Kulturkampf. Der deutsche Weg in die Neue Wirtschaft und die amerikanische Herausforderung, Berlin 2003.

Abelshauser, Werner (Hg.): Die BASF – Eine Unternehmensgeschichte, 2. Aufl. München 2003.

Abelshauser, Werner (Hg.): Goering's Atlas. Das Handwerkszeug des Rüstungsdiktators. Geheimes Kartenmaterial aus dem Büro des Beauftragten für den Vierjahresplan Reichsmarschall Hermann Göring, Braunschweig 2004.

Abelshauser, Werner: Deutsche Wirtschaftsgeschichte seit 1945, München 2004.

Albrecht, Willy: Der Sozialistische Deutsche Studentenbund (SDS) – Vom parteikonformen Studentenverband zum Repräsentanten der Neuen Linken, Bonn 1994.

Amemiya, Akihiko: Neuer Liberalismus und Faschismus: Liberaler Interventionismus und die Ordnung des Wettbewerbs, in: Jahrbuch für Wirtschaftsgeschichte 2008, S. 173-195.

Anaya, Pilar Ortuno: European Socialists and Spain. The Transition to Democracy, 1959–77, Houndmills, Basingstoke 2002.

Angell, Alan: Chile since 1958, in: The Cambridge History of Latin America, Vol. VIII: Latin America since 1930, Spanish South America, Cambridge 1991, S. 311–382.

Angster, Julia: Konsenskapitalismus und Sozialdemokratie. Die Westernisierung von SPD und DGB, München 2003.

Apel, Hans: Der Abstieg. Politisches Tagebuch 1978–1988, Stuttgart 1990.

Arnim, Hans Herbert von: Die Partei, der Abgeordnete und das Geld, Mainz 1991.

Becker, Jens u. Harald Jentsch: Otto Brenner. Eine Biographie, Göttingen 2007.

Beier, Gerhard: SPD Hessen. Chronik 1945 bis 1988, Bonn 1989.

Biedenkopf, Kurt H. u. Meinhard Miegel: Die programmierte Krise. Alternativen zur staatlichen Schuldenpolitik, Stuttgart 1979.

Binswanger, Hans Christoph, Werner Geissberger, Theo Ginsburg: Wege aus der Wohlstandsfalle – der NAMU-Report: Strategien gegen Arbeitslosigkeit und Umweltkrise (1977), Frankfurt a.M. Juli 1981.

Blickle, Peter u. Thomas Adam (Hg.): Bundschuh. Untergrombach 1502, das unruhige Reich und die Revolutionierbarkeit Europas, Stuttgart 2004.

Blüm, Norbert: Mörder muß man Mörder nennen, in: Konkret, Juni 1975.

Blumenthal, W. Michael: Codetermination in the German steel industry; a report of experience, Princeton, N. J. 1956.

Bödecker, Hans-Erich: Biographie. Annäherungen an den gegenwärtigen Forschungsstand, in: ders. (Hg.): Biographie schreiben, Göttingen 2003, S. 11–63.

Bölling, Klaus: Bonn von außen betrachtet, Stuttgart 1986.

Borsdorf, Ulrich: Hans Böckler: Arbeit und Leben eines Gewerkschafters von 1875 bis 1945, Köln 1982.

Bourdieu, Pierre: Die biographische Illusion, in: BIOS, Zeitschrift für Biographieforschung und Oral History, Heft 1, 1990, S. 75–81.

Brandt, Willy: Erinnerungen, 5. Aufl. Frankfurt a.M., Berlin 1993.

Brauchitsch, Eberhard von: Der Preis des Schweigens. Erfahrungen eines Unternehmers, Berlin 1999.

Brenner, Otto: Vom Verhältnis zwischen Gewerkschaften und der SPD, Welt der Arbeit, Nr. 10 vom 8. März 1968, S. 3 f.

Broszat, Martin u. Saul Friedländer: Um die »Historisierung des Nationalsozialismus«. Ein Briefwechsel, in: Vierteljahrshefte für Zeitgeschichte 36 (1988), S. 339–372.

Brüder Grimm: Kinder- und Hausmärchen, Bd. 1, Stuttgart 1980.

Bundesvereinigung der deutschen Arbeitgeberverbände: Freiheitliche soziale Ordnung – heute und morgen, in: ›Der Arbeitgeber‹ vom 20. Oktober 1968, S. 558 f.

Carter, Jimmy: Keeping Faith. Memoirs of a President, London 1982.

Casson, Mark: Der Unternehmer. Versuch einer historisch-theoretischen Deutung, in: Geschichte und Gesellschaft 27 (2001), S. 524–544.

Chamberlain, Neil W.: The Union Challenge to Management Control, New York 1948.

Cierva, Ricardo de la: Historia del socialismo en España, Barcelona 1983.

Commons, John R., Don D. Lescohier u. Selig Perlman: The History of Labor in the United States, New York 1918.

Commons, John R.: Institutional economics: Its place in political economy, Madison, Wis. 1934.

Dahrendorf, Ralf et al.: Die Energiekrise. Episode oder Ende einer Ära? Hamburg 1974.

Dahrendorf, Ralf: Gesellschaft und Demokratie in Deutschland, München 1965.

Deutschbein, Max: Der Hamletmonolog »To be or not to be« (Hamlet III, 1, 56 ff.), in: Shakespeare Jahrbuch, Bd. 80/81, Weimar 1946, S. 31–69.

Deutsche Bundesbank: Internationale Organisationen und Gremien im Bereich von Währung und Wirtschaft (Sonderdrucke der Deutschen Bundesbank 3) 5. Aufl. Frankfurt/M. 1997.

Diebold, John: Automation. The Advent of the Automatic Factory, Princeton, N.J. 1952 (dtsch.: Die automatische Fabrik. Ihre industriellen und sozialen Probleme, Lauf bei Nürnberg 1954; 2. Aufl. Frankfurt a. M. 1955).

DIW: Eine mittelfristige Strategie zur Wiedergewinnung der Vollbeschäftigung, Wochenbericht des DIW 15/78 vom 13. April 1978, S. 147–157.

DIW: Staatsverschuldung, Inflation und Wachstumsschwäche, Wochenbericht des DIW 27/81 vom 2. Juli 1981, S. 305–312.

DIW: Das Dienstleistungs-Puzzle. Ein aktualisierter deutsch-amerikanischer Vergleich, in: Wochenbericht des DIW 35/98 vom 27. August 1998, S. 625–629.

Dwinger, Edwin Erich: Die Armee hinter Stacheldraht: das sibirische Tagebuch, Jena 1941.

Dwinger, Edwin Erich: Zwischen Weiß und Rot, Jena 1943.

Ehmke, Horst: Mittendrin. Von der Großen Koalition zur Deutschen Einheit, Berlin 1994.

Ehrenberg, Herbert: Zwischen Marx und Markt. Konturen einer infrastrukturorientierten und verteilungswirksamen Wirtschaftspolitik, Frankfurt a.M. 1974.

Emminger, Otmar: D-Mark, Dollar, Währungskrisen. Erinnerungen eines ehemaligen Bundesbankpräsidenten, Stuttgart 1986.

Engels, Markus u. Petra Schwartz: Alliierte Restriktionen für die Außenwirtschaftspolitik der Bundesrepublik Deutschland. Das Röhrenembargo von 1962/63 und das Erdgas-Röhren-Geschäft von 1982, in: »… die volle Macht eines souveränen Staates …« – Die Alliierten Vorbehaltsrechte als Rahmenbedingung westdeutscher Außenpolitik 1949–1990, hrsg. v. Berlin-Brandenburgische Akademie der Wissenschaften, Baden-Baden 1996, S. 227–242.

Eppler, Erhard: Maßstäbe für eine humane Gesellschaft: Lebensstandard oder Lebensqualität? Stuttgart 1974.

Eppler, Erhard: Komplettes Stückwerk. Erfahrungen aus fünfzig Jahren Politik, Frankfurt a. M., Leipzig 1996.

Erlander, Tage: Erinnerungen, 1901–1939, Bonn, Bad Godesberg 1974.

Fichter, Tilman: SDS und SPD. Parteilichkeit jenseits der Partei, Opladen 1988.

Fichter, Tilman: Vom linken Offiziersbund zur Revolte. Vier SDS-Generationen, in: Jürgen Seifert, Heinz Thörmer u. Klaus Wettig (Hg.), Soziale oder sozialistische Demokratie? Beiträge zur Geschichte der Linken in der Bundesrepublik. Freundesgabe für Peter von Oertzen zum 65. Geburtstag, Marburg 1989, S. 11–20.

Fourastié, Jean: Le grand espoir du XXième siècle – Progrès technique, progrès économique, progrès social, Paris 1949. (Deutsche Ausgabe: Die große Hoffnung des zwanzigsten Jahrhunderts, Köln 1954).

Fraenkel, Ernst: Die Wirtschaftsschule des Deutschen Metallarbeiterverbandes in Bad Dürrenberg, in: Die Tat, 18 (1926/7), S. 333.

Franck, Sebastian [Henry Jacoby]: Zur Kritik der politischen Moral. Kritik des politischen Verhaltens. Ein Beitrag zur Konzeption einer neuen sozialistischen Bewegung, (Prolit – ›Argumentationen‹ 3), Giessen 1972 [Original Paris 1938/39, Nachdruck 1947].

Friedrichs, Günter (Redaktion): Aufgabe Zukunft: Qualität des Lebens, Vierte Internationale Arbeitstagung der Industriegewerkschaft Metall für die Bundesrepublik Deutschland 11. bis 14. April 1972 in Oberhausen, 10 Bände, Frankfurt a.M. 1973.

Fromm, Erich: Haben oder Sein: die seelischen Grundlagen einer neuen Gesellschaft, Stuttgart 1977.

Galbraith, John K.: American Capitalism. The concept of countervailing power, Boston, Mass. 1952.

Galván, Tierno: Cabos sueltos, Barcelona 1981.

Garnreiter, Franz u.a.: Zur internationalen Wettbewerbsfähigkeit energieintensiver Industriezweige in der Bundesrepublik Deutschland (= Fraunhofer-Gesellschaft zur Förderung der angewandten Forschung e.V. – ISI), Karlsruhe, Januar 1982.

Gerschenkron, Alexander: Economic backwardness in historical perspective, in: The progress of underdeveloped areas, hrsg. v. Bert F. Hoselitz, Chikago 1952, S. 3–29.

Giscard d'Estaing, Valery: Macht und Leben. Erinnerungen, Berlin 1988.

Glotz, Peter: Kampagne in Deutschland: Politisches Tagebuch 1981–1983, Berlin 1986.

Grebing, Helga (Hg.): Fritz Sternberg – Für die Zukunft des Sozialismus. Werkproben, Aufsätze, unveröffentlichte Texte; Bibliographie und biographische Daten, Frankfurt a.M. 1981.

Grebing, Helga: Zeitgenosse sein – Zum 100. Geburtstag von Fritz Sternberg (1885–1985), in: Gewerkschaftliche Monatshefte 46 (1985) 7, S. 424–432.

Gurrieri, Adolfo: La obra de Prebisch en la Cepal, 3 Bd., Mexico Stadt 1982.

Häfele, Wolf: Neuartige Wege naturwissenschaftlich-technischer Entwicklung, in: Forschung und Bildung (Schriftenreihe des Bundesministeriums für wissenschaftliche Forschung, 4) Bonn 1963.

Harpprecht, Klaus: Die Glosse: die skeptische Generation, in: Die Neue Gesellschaft/Frankfurter Hefte 46 (1999), 898–899.

Hassel, Anke: Wer beherrscht die Gemeinwirtschaft? Unternehmenskontrolle in politischen Unternehmen, in: Alle Macht dem Markt? Fallstudien zur Abwicklung der Deutschland AG (Schriften des Max-Planck-Instituts für Gesellschaftsforschung Köln, Band 47), hrsg. v. Wolfgang Streeck u. Martin Höpner, Frankfurt a.M. 2003, S. 93–117.

Helm, Friedrich u. Peter Schmitt-Egner: Einleitung, in: Allgemeiner Kongreß der Arbeiter- und Soldatenräte Deutschlands. Vom 16. bis 21. Dezember 1918 im Abgeordnetenhause zu Berlin. Stenographische Berichte, Glashütten im Taunus 1972.

Hemingway, Ernest: For Whom the Bell Tolls, London 1940.

Herzog, Felix: Solidarität unter Verdacht. Über den Versuch der Kriminalisierung der Gewerkschaften im Fall co op, Köln 1995.

Hesselbach, Walter: Frankfurt am Main als Zentrum der Arbeiterbewegung, der Gemeinwirtschaft und des Finanzwesens, in: Helmut Schmidt u. Walter Hesselbach (Hg.), Kämpfer ohne Pathos. Festschrift für Hans Matthöfer zum 60. Geburtstag am 25. September, Bonn 1985, S. 15–18.

Hirche, Kurt: Der Koloss wankt. Die Gewerkschaftsunternehmen zwischen Anspruch und Wirklichkeit, Düsseldorf 1984.

Höffner, Joseph Kardinal: Christliche Gesellschaftslehre, 7. erw. Aufl. Kevelaer 1978.

Hohensee, Jens: Der erste Ölpreisschock 1973/74 (Historische Mitteilungen, Beiheft 17) Stuttgart 1996.

Hook, Sidney: Der Held in der Geschichte – eine Untersuchung seiner Grenzen und Möglichkeiten, Nürnberg 1951.

Hook, Sidney: The hero in history: a study in limitation and possibility. London 1945 (Brunswick u. London 1992).

Hounshell, David A.: Planning and Executing ›Automation‹ at Ford Motor Company, 1945–65: Its Consequences, in: Fordism Transformed. The Development of Production Methods in the Automobile Industry, hrsg. v. Haruhito Shiomi u. Kazuo Wada, Oxford 1995.

Hoyos, Max Graf: »Pedros y Pablos – Fliegen, Erleben, Kämpfen in Spanien, München 1939.

Hüwe, Nikolaus: Die Beteiligungsgruppe der Gewerkschaften 1989, in: Gewerkschaftsjahrbuch 1990. Daten – Fakten – Analysen, hrsg. v. Michael Kittner, Köln 1990, S. 629–639.

Hume, David: An Inquiery Concerning Human Understanding, London 1748.

Jacoby, Henry: Von des Kaisers Schule zu Hitlers Zuchthaus. Erlebnisse und Begegnungen. Geschichte einer Jugend links-außen in der Weimarer Republik, Frankfurt a.M. 1980.

James, Harold: Rambouillet, 15. November 1975. Die Globalisierung der Wirtschaft, München 1997.

Kalbitz, Rainer: Die Ära Otto Brenner in der IG Metall (Schriftenreihe der Otto-Brenner–Stiftung, Band 77) Frankfurt a.M. 2001.

Kalbitzer, Hellmut: Widerstehen oder Mitmachen – Eigensinnige Ansichten und sehr persönliche Erinnerungen, Hamburg 1987.

Kesting, Franz-Werner: Helmut Schelsky's ›Skeptische Generation‹ von 1957. Zur Publikations- und Wirkungsgeschichte eines Standardwerkes, in: Vierteljahrshefte für Zeitgeschichte 50 (2002), S. 465–496.

Keynes, John M.: The Means to Prosperity, London 1933.

Keynes, John M.: Allgemeine Theorie der Beschäftigung, des Zinses und des Geldes, unveränderter Nachdruck der Erstausgabe von 1936, Berlin 1955.

Kiep, Walter Leisler: Was bleibt ist große Zuversicht – Erfahrungen eines Unabhängigen – Ein politisches Tagebuch, Berlin, Wien 1999.

Kilz, Hans Werner u. Joachim Preuss: Flick. Die gekaufte Republik, Hamburg 1983.

Klotzbach, Kurt: Der Weg zur Staatspartei. Programmatik, praktische Politik und Organisation der deutschen Sozialdemokratie 1945 bis 1965, Berlin, Bonn 1982.

Koestler, Arthur: Darkness at noon, London 1940.

Krahn, Karl, Gerd Peter u. Rainer Skrotzki (Hg.): Immer auf den Punkt – Beiträge zur Arbeitsforschung, Arbeitsgestaltung, Arbeitspolitik, Willi Pöhler zum 60. Geburtstag, Dortmund 1994.

Krige, John, Arturo Russo u. Lorenza Sebesta, A History of the European Space Agency 1958–1987, Vol. II, The Story of ESA, 1973 to 1987, Nordwijk 2000.

Laar, Clemens: Der Kampf um die Dardanellen, Gütersloh 1936.

Lambsdorff, Otto Graf: Frische Luft für Bonn. Eine liberale Politik mit mehr Marktwirtschaft als Staat, Stuttgart 1987.

Le Tissier, Tony: Der Kampf um Berlin. Von den Seelower Höhen zur Reichskanzlei, Berlin 1997.

Lompe, Klaus: Gewerkschaftliche Politik in der Phase gesellschaftlicher Reformen und der außenpolitischen Neuorientierung der Bundespolitik 1969 bis 1974, in: Hans-Otto Hemmer, Kurt Thomas Schmitz (Hg.), Geschichte der Gewerkschaften in der Bundesrepublik Deutschland – Von den Anfängen bis heute, Köln 1990, 281–338.

Ludlow, Peter: The Making of the European Monetary System, London 1982.

[Luhmann, Niklas]: Vorsicht vor zu raschem Verstehen. Niklas Luhmann im Fernsehgespräch mit Alexander Kluge, in: Hagen, Wolfgang (Hg.): Warum haben Sie keinen Fernseher, Herr Luhmann? Berlin 2003, S. 49–78.

Marx, Karl: Der 18te Brumaire des Louis Bonaparte (1852), in: MEW 8, Berlin 1978, S. 111–207.

Marx, Karl: Lohnarbeit und Kapital, in: Neue Rheinische Zeitung, Nr. 264–269 vom 5. bis 12. April 1849, passim.

Marx, Karl: Das Kapital. Kritik der politischen Ökonomie, Erster Band, Buch I: Der Produktionsprozeß des Kapitals (Hamburg 1890), MEW 23, Berlin 1977.

Marx, Karl: Das Kapital. Kritik der politischen Ökonomie, Zweiter Band, Buch II: Der Zirkulationsprozeß des Kapitals (Hamburg 1893), MEW 24, Berlin 1977.

Marx, Karl: Das Kapital. Kritik der politischen Ökonomie, Dritter Band, Buch III: Der Gesamtprozeß der kapitalistischen Produktion (Hamburg 1894), MEW 25, Berlin 1979.

Maser, Werner: Helmut Kohl. Der Kanzler der Deutschen, Berlin, Frankfurt am Main 1990.

Mayntz, Renate u. Fritz W. Scharpf: Der Ansatz des akteurszentrierten Institutionalismus, in: dies. (Hg.).: Gesellschaftliche Selbstregelung und politische Steuerung, Frankfurt a.M. 1995, S. 39–72.

Möller, Alex: Der Staatseinfluß ist größer als man denkt, in: Vorwärts vom 18. Juli 1974.

Myrdal, Gunnar: Politisches Manifest über die Armut in der Welt, Frankfurt a.M. 1970.

Negt, Oskar: Hans Matthöfer. Sendschreiben an einen, der auszog, die Verhältnisse zu verbessern. Loyalität als politische Arbeitseigenschaft, in: ders.: Unbotmäßige Zeitgenossen. Annäherungen und Erinnerungen, Frankfurt a. M. 1994, S. 13–20.

Negt, Oskar: Soziologische Phantasie und exemplarisches Lernen, Frankfurt a. M. 1971.

North, Douglass C.: Theorie des institutionellen Wandels, Tübingen 1988.

Oertzen, Peter von: Nachruf auf Otto Brenner, in: Gewerkschaftliche Monatshefte 6/1972, S. 337–341.

Otto, Bernd: Der co op-Skandal. Ein Lehrstück aus der deutschen Wirtschaft, Frankfurt a.M., New York 1996.

Perlman, Selig: A Theory of the Labor Movement, New York 1928.

Peter, Joachim: Die Frankfurter Zeitschrift »links« – ein Forum für Praxis und Theorie des demokratischen Sozialismus; in: Schmidt/Hesselbach, Kämpfer, S. 19–24.

Pfister, Ulrich u. Werner Plumpe: Plädoyer für eine theoriegestützte Geschichte von Unternehmen und Unternehmern, in: Westfälische Forschungen 50 (2000), S. 1–21.

Pierenkemper, Toni: Von Krise zu Krise. Die Friedrich Krupp AG von der Währungsstabilisierung bis zum Ende der Weimarer Republik 1924 bis 1933 (= Krupp im 20. Jahrhundert. Die Geschichte des Unternehmens vom Ersten Weltkrieg bis zur Gründung der Stiftung, hrsg. v. Lothar Gall, Teil II), Berlin 2002.

Pollock, Frederick: Automation. Materialien zur Beurteilung der ökonomischen und sozialen Folgen (Frankfurter Beiträge zur Soziologie, 5), Frankfurt a. M. 1956.

Pollock, Frederick: Automation. Materialien zur Beurteilung ihrer ökonomischen und sozialen Folgen, Frankfurt a. M. 1956.

Pollock, Frederick: Die wirtschaftlichen und sozialen Folgen der Automatisierung, in: Revolution der Roboter. Untersuchungen über Probleme der Automatisierung. Eine Vortragsreihe der Arbeitsgemeinschaft Sozialdemokratischer Akademiker München, hrsg. v. Fritz Erler et al., München 1956, S. 65–105.

Priddat, Birger P. (Hg.): Neuroökonomie, Marburg 2008.

Rebentisch, Dieter: Gipfeldiplomatie und Weltökonomie. Weltwirtschaftliches Krisenmanagement während der Kanzlerschaft Helmut Schmidts 1974–1982, in: Archiv für Sozialgeschichte XXVIII (1988), S. 307–332.

Remeke, Stefan: Gewerkschaften und Sozialgesetzgebung. DGB und Arbeitnehmerschutz in der Reformphase der sozialliberalen Koalition, Essen 2005.

Radkau, Joachim: Aufstieg und Krise der deutschen Atomwirtschaft 1945–1975. Verdrängte Alternativen in der Kerntechnik und der Ursprung der nuklearen Kontroverse, Reinbek bei Hamburg 1983.

Radke, Detlef u. Hans-Helmut Taake: Das internationale Management der Finanzkrisen Ägyptens und der Türkei, in: Europa-Archiv 38 (1983), Band 1, Heft 2, S. 53–62.

Ridder, Helmut et al.: Notstand der Demokratie, Referate, Diskussionsbeiträge und Materialien vom Kongreß am 30. Oktober 1966 in Frankfurt a.M., Frankfurt a.M. 1967.

Ríos, César Alonso de los: La verdad sobre Tierno Galván, Madrid 1997.

Ristock, Harry: Neben dem roten Teppich – Begegnungen, Erfahrungen und Visionen eines Politikers, Berlin 1991.

Roth, Gerhard: Fühlen, Denken, Handeln. Wie das Gehirn unser Verhalten steuert, Frankfurt a.M. 2001.

Rucht, Dieter: Von Whyl nach Gorleben. Bürger gegen Atomprogramm und nukleare Entsorgung, München 1980.

Sachverständigenrat zur Begutachtung der gesamtwirtschaftlichen Entwicklung: Stabiles Geld – stetiges Wachstum, Jahresgutachten 1964/65, Stuttgart und Mainz 1965.

Schäfer, Friedrich: Die Notstandsgesetze. Vorsorge für den Menschen und den demokratischen Rechtsstaat, Köln, Opladen 1966.

Schelsky, Helmut: Die skeptische Generation. Eine Soziologie der deutschen Jugend, Düsseldorf, Köln 1957 u. Taschenbuchauflage 1984.

Schily, Otto: Politik in bar. Flick und die Verfassung unserer Republik, München 1986.

Schmidt, Helmut: Mit dem gleichen Ziel unterwegs, Welt der Arbeit, Nr. 50 vom 15. Dezember 1967, S. 3 f.

Schmidt, Helmut: Menschen und Mächte, Berlin 1987.

Schmidt, Helmut: Bonne Entente. Der General und seine Erben, Die Zeit, Nr. 19 vom 1. Mai 1987, S. 38.

Schmidt, Helmut: Die Deutschen und ihre Nachbarn, Berlin 1990.

Schmidt, Helmut: Weggefährten. Erinnerungen und Reflexionen, Berlin 1996.

Schmidt, Helmut u. Walter Hesselbach (Hg.): Kämpfer ohne Pathos. Festschrift für Hans Matthöfer, Bonn 1985.

Schneider, Michael: Demokratie in Gefahr? Der Konflikt um die Notstandsgesetze, Bonn 1986.

Schoen, Walter von: Die Hölle von Gallipoli. Der Heldenkampf an den Dardanellen, Berlin 1937.

Schramm, Percy R.: Kriegstagebuch des Oberkommandos der Wehrmacht 1944–1945, Teilband 2, Bonn o.J.

Schürmann, Thomas: Das Ende des *Vorwärts*. Eine Monographie über den Liquidationsprozeß der sozialdemokratischen Wochenzeitschrift zwischen 1975 und 1989, Frankfurt am Main 1997.

Schumann, Michael u. Horst Kern: Industriearbeit und Arbeiterbewußtsein – Eine empirische Untersuchung über den Einfluß der aktuellen technischen Entwicklung auf die industrielle Arbeit und das Arbeiterbewußtsein, Frankfurt a.M. 1970.

Schumann, Michael u. Horst Kern: Das Ende der Arbeitsteilung? Rationalisierung in der industriellen Produktion, München 1984.

Semprun, Jorge: Federico Sánchez verabschiedet sich, Frankfurt am Main 1994.

Sering, Paul [Richard Löwenthal]: Jenseits des Kapitalismus. Ein Beitrag zur sozialistischen Neuorientierung, Lauf bei Nürnberg 1947.

Servan-Schreiber, Jean-Jacques: Die amerikanische Herausforderung, Hamburg 1968.

Simon, Herbert: Homo rationalis, Frankfurt a.M., New York 1993.

Simon, Herbert: Models of Man, London, New York 1957.

Skinner, Burrhus F.: Contingencies of Reinforcement, New York 1969.

Sombart, Werner: Deutscher Sozialismus, Berlin 1934.

Sombart, Werner: Warum gibt es in den Vereinigten Staaten keinen Sozialismus? Tübingen 1906.

Soskice, David: Globalisierung und institutionelle Divergenz: Die USA und Deutschland im Vergleich, in: Geschichte und Gesellschaft (1999), S. 201–225.

Sternberg, Fritz: Die militärische und die industrielle Revolution, Berlin, Frankfurt a.M. 1957.

Sternberg, Fritz: Probleme und Auswirkungen der Automation, in: Automation – Gewinn oder Gefahr? Arbeitstagung des Deutschen Gewerkschafts-Bundes am 23. und 24. Januar 1958 in Essen, hrsg. v. DGB, Düsseldorf 1958, S. 13–44.

Sternberg, Fritz: »Living with the crisis – the battle against depression and war«, New York 1949.

Sternberg, Fritz: The coming crisis, New York/Toronto 1947.

Strothmann, Fritz: Die gewerkschaftliche Situation in den Betrieben (17.8.1959), in: ders., Gewerkschaft und Betrieb, o.O. 1962.

Thönnessen, Werner: Mein Tor zur Welt. Ein Lebensweg als Gewerkschafter und Intellektueller, Hamburg 2005.

Thum, Horst: Mitbestimmung in der Montanindustrie. der Mythos vom Sieg der Gewerkschaften (Schriftenreihe der Vierteljahrshefte für Zeitgeschichte, 45) Stuttgart 1982.

Timm, Helga: Die deutsche Sozialpolitik und der Bruch der Großen Koalition im März 1930 (1952), (Beiträge zur Geschichte des Parlamentarismus und der politischen Parteien, I) Düsseldorf 2. Aufl. 1982.

Ungerer, Horst: The EMS 1979–1990: Policies – Evolution – Outlook, in: Konjunkturpolitik 36 (1990), S. 329–362.

Vetter, Heinz-Oskar et al. (Hg.): Die gemeinwirtschaftlichen Unternehmen der deutschen Gewerkschaften, Frankfurt a.M. 1978.

Wallraff, H. Günter: »Wir brauchen Dich« – Als Arbeiter in deutschen Industriebetrieben, München 1966.

Wehler, Hans-Ulrich: Zum Verhältnis von Geschichtswissenschaft und Psychoanalyse, in: ders. (Hg.), Geschichte und Psychoanalyse, Köln 1971, S. 9–30.

Weinert, Rainer: Das Ende der Gemeinwirtschaft. Gewerkschaften und gemeinwirtschaftliche Unternehmen im Nachkriegsdeutschland, Frankfurt a.M. 1994.

Westphal, Heinz: Ungefährdet ist Demokratie nie – Erlebnisse und Erfahrungen mit deutscher Zeitgeschichte, Düsseldorf 1994.

Winnacker, Karl: Schicksalsfrage Kernenergie, Düsseldorf, Wien 1980.

Wittemann, Klaus Peter: Ford-Aktion. Zum Verhältnis von Industriesoziologie und IG Metall in den sechziger Jahren, Marburg 1994.

Wöhrle, Alois: Industriegewerkschaft Metall. Ein Leben in der Organisation, o. O., o. J.

Womack, James P. et al.: The Machine That Changed the World, New York 1990.

Zimmermann, Wilhelm: Der große deutsche Bauernkrieg (Volksausgabe), Berlin 1952.

INDEX DER PERSONEN, ORTE UND KORPORATIONEN

793

VERZEICHNIS DER BILDRECHTEINHABER

Archiv der sozialen Demokratie
S. 27, 29, 31, 33, 36, 41, 45, 47, 63, 73, 76 unten, 76 oben, 78, 83, 117, 135, 161, 176, 179, 205, 235, 246, 279, 282, 290, 298, 308, 338, 356, 361, 363 links, 380, 384, 475, 574, 575, 578, 642

Jupp-Darchinger-Archiv im Archiv der sozialen Demokratie
S. 104, 199, 500

Stadtarchiv Herne
S. 55

aus Privatbesitz
S. 32, 35, 81, 87, 116, 160, 181, 228, 234, 255, 265, 333, 347, 358, 367, 415, 424, 428, 439, 509, 551, 577, 609, 658

bpa, Bundesbildstelle
S. 352, 530

dpa, picture-alliance
S. 107, 309, 437, 568

Foto Joppen, Ffm
S. 131

Fotoagentur Sven Simon
S. 539

Keystone
S. 183

Peter Bensch
S. 534

Bernd Bruns / CCC, www.5c.net
S. 400

Walter Hanel / CCC, www.5c.net
S. 420

Klaus Pielert (Künstler), Haus der Geschichte, Bonn
S. 455

Jupp Wolter (Künstler), Haus der Geschichte, Bonn
S. 460, 464, 523

Der Spiegel
S. 514

nicht ermittelbar
S. 86, 363 rechts

Werner Abelshauser (1944) hat den Lehrstuhl für Allgemeine Geschichte (Wirtschaftsgeschichte) der Universität Bielefeld inne und gehört zu den Gründern des *Bielefeld Institute for Global Society Studies.* Zuvor war der an der Universität Mannheim ausgebildete Volkswirt geschäftsführender Direktor des Bochumer Instituts zur Erforschung der Europäischen Arbeiterbewegung und Leiter des Lehrstuhls für Europäische Geschichte des 20. Jahrhunderts an der Europäischen Universität in Florenz.

Zu seinen jüngsten Veröffentlichungen zählen eine Unternehmensgeschichte der BASF (München 2002/Cambridge 2004) und das Standardwerk »Deutsche Wirtschaftsgeschichte seit 1945« (München 2004). Seine Studie über den »Kulturkampf« (Berlin 2003) zwischen dem amerikanischen und dem deutschen Kapitalismus-Modell wurde ins Englische und Japanische übersetzt.